第一届船舶总体性能 CAE 软件创新发展研讨会论文集

何春荣 主编

主办单位
中国船舶科学研究中心
承办单位
深海技术科学太湖实验室
无锡市力学学会
《中国造船》编辑部

上海大学出版社

图书在版编目（CIP）数据

第一届船舶总体性能 CAE 软件创新发展研讨会论文集 / 何春荣主编. -- 上海：上海大学出版社，2023.2
ISBN 978-7-5671-4682-2

Ⅰ.①第… Ⅱ.①何… Ⅲ.①船舶性能 - 应用软件 - 学术会议 - 文集 Ⅳ.① U661-53

中国国家版本馆 CIP 数据核字 (2023) 第 025470 号

责任编辑　陈　露　厉　凡
特邀编辑　陈美平
封面设计　缪炎栩
技术编辑　金　鑫　钱宇坤

第一届船舶总体性能 CAE 软件创新发展研讨会论文集

何春荣　主编
上海大学出版社出版发行
（上海市上大路 99 号　邮政编码 200444）
（https://www.shupress.cn　发行热线 021-66135112）
出版人　戴骏豪

上海中船编印社有限公司排版
江苏凤凰数码印务有限公司印制　各地新华书店经销
开本　890mm × 1240mm 1/16　印张 38.75　字数 1145 千
2023 年 3 月第 1 版　2023 年 3 月第 1 次印刷
ISBN 978-7-5671-4682-2/U·8　定价 150.00 元

版权所有　侵权必究
如发现本书有印装质量问题请与印刷厂质量科联系
联系电话：025-57718474

《第一届船舶总体性能 CAE 软件创新发展研讨会论文集》编辑委员会

主　　编：何春荣

顾问编委：赵　峰　　解　德　　王嘉松　　曹　平
　　　　　肖汉林　　韦喜忠　　卢　蕊　　封培元

编　　委：（按姓氏笔画排序）

　　　　　丁　军　　卜淑霞　　尹志勇　　田志峰　　白亚强
　　　　　朱万年　　刘忠族　　刘　凯　　孙立宪　　李胜忠
　　　　　李海涛　　吴乘胜　　邹明松　　汪　俊　　汪雪良
　　　　　陈伟政　　陈奕宏　　陈美平　　陈鲁愚　　金建海
　　　　　周德才　　郑文涛　　洪方文　　褚学森

前 言

为促进新一代信息化技术与船舶总体性能 CAE 软件的深度融合，推进形成船舶总体性能创新研发的新生态，中国船舶科学研究中心联合国内相关知名高校和科研单位组织召开系列生态共建活动，旨在广泛分享创新研究成果和思想，打造众创共赢的创新研发新生态。由中国船舶科学研究中心主办，深海技术科学太湖实验室、无锡市力学学会、《中国造船》编辑部承办的"第一届船舶总体性能 CAE 软件创新发展研讨会"是其中的重要活动组成之一，会议于 2023 年 3 月在江苏无锡举办，并形成此论文集。

本书面向船舶总体性能 CAE 软件的创新发展，在船舶总体性能 CAE 软件发展战略、复杂几何表达与跨应用共模、CAE 软件视觉增强与智能交互、船舶总体性能研究中的新一代信息化技术融合与应用、船舶总体性能预报 / 评价 / 优化的新方法与新模型等重点研究方向，汇编了来自全国众多高校、科研院所的最新优秀研究成果，分享了在船舶总体性能 CAE 软件创新发展方面的诸多研究进展，将有助于激发行业对船舶总体性能创新研究模式的探索，为众多科研工作者和行业应用者提供一个开放的交流渠道。

目 录

船舶总体性能 CAE 软件发展战略

CAE 软件创新超越的战略路径
  何春荣　赵　峰……………………………………………………………（1）

复杂几何表达与跨应用共模

一种基于 NURBS 的船体曲面快捷建模方法
  张　伟　李胜忠　朱　锋　史远男……………………………………（7）
基于型线图的船体曲面重建
  吴敬芳　郝寨柳　王　洋　张　涛……………………………………（15）
基于先验约束神经网络的船型参数化设计
  王　洋　郝寨柳　吴敬芳　张　涛……………………………………（23）
一种基于贝叶斯调参的神经网络近似模型在船型优化中的应用
  张　奕　马　宁　顾解忡　史琪琪……………………………………（32）
基于 STL 三角网格技术的船体外形曲面生成方法研究
  钱宇亮　李胜忠　朱　锋　刘　浩……………………………………（45）
用于概念设计阶段的船型智能生成模块设计
  舒跃辉　李广年　杜　林　李胜忠　刘子祥……………………………（55）
典型复杂曲面交界面的超网格算法研究
  余　昕　吴乘胜　金奕星……………………………………………（62）
非结构网格多域交界面并行算法
  吕小敬　吴乘胜　金奕星　王建春　刘　钊　冷文浩……………………（73）
基于单元切割的自适应笛卡尔网格生成方法
  熊一川　肖周芳……………………………………………………（85）
十亿级网格高雷诺数不可压湍流大规模并行算法研究
  王建春　吴乘胜　张亚英　金奕星　王　星……………………………（97）
船舶推进节能装置的面网格划分技术研究
  常晟铭　丁恩宝　周　斌　王　超　刘登成……………………………（111）
基于参数化的船用螺旋桨多学科建模云平台初步研究
  沈　炜　周一一　邓洪永　姚　远……………………………………（121）

CAE 软件视觉增强与智能交互

船舶结构有限元分析结果虚拟可视化研究
  韦朋余　李春通　蒋　泽　王德禹 …………………………………………………（132）
基于 WebGL 的船舶 3D 模型可视化平台开发
  李　礼　李广年　杜　林　李胜忠　刘子祥 ………………………………………（142）
船舶总体性能三维数据云端可视化技术
  翟建平　程　成　赵　康　徐力敏 …………………………………………………（148）

船舶总体性能研究中的新一代信息化技术融合与应用

面向船舶总体性能领域的知识图谱构建方法研究
  冯　越　王东升　刘　莎　周淼淼 …………………………………………………（157）
基于一致性算法的船舶总体性能预报 APP 调度策略研究
  钱卫东　孙淦江　袁茂才　徐　源 …………………………………………………（166）
一种面向船舶试验数据的新型存储架构研究
  刘德丰　程　成　徐铭泽 ……………………………………………………………（173）
船体设计数据安全协同框架研究
  胡雪晖　洪华军　吴天祺　郭　伟　褚学森　李金库 ……………………………（180）
基于区块链的敏感数据安全保护
  程　成　刘子祥　王　祥 ……………………………………………………………（187）
基于云技术的水池试验信息化系统
  孙　强 …………………………………………………………………………………（198）
面向船舶结构极限强度虚实融合试验的多源信息解析融合方法研究
  蒋　泽　韦朋余　宋培龙　杜昀桐　王　连　刘　豪 ……………………………（205）
基于深度神经网络的流场缺失信息重构研究
  张　帆　胡海豹　任　峰　张　恒　宋　健 ………………………………………（214）

船舶总体性能预报/评价/优化的新方法与新模型

基于动态代理模型的舰船阻力预报方法
  刘子祥　李胜忠　赵　峰 ……………………………………………………………（219）
基于 RANS 方程的圆舭船型阻力性能虚拟试验应用流程研究
  朱　锋　李胜忠　鲍家乐　梁　川　刘子祥 ………………………………………（226）
机器学习在船舶操纵运动预报中的应用研究进展
  彭　超　何春荣 ………………………………………………………………………（234）
基于重叠网格的船舶规则波中操纵性数值仿真及运动响应分析
  杜　磊　褚福林　肖佳峰　程红蓉　陈京普 ………………………………………（243）
基于 CFD 的三体高速船操纵性能预报
  杨　立　张海华　薛　潮　宗　涛　刘焕飞 ………………………………………（257）
船舶运动预报模型结构参数一体化辨识
  董　琪　王　宁　张宇航　李志强　曲　凯　郝立柱 ……………………………（264）

基于增广 Hopfield 神经网络的船舶操纵响应模型辨识
  曾道辉　蔡成涛…………………………………………………………………………（275）
基于改进免疫优化算法的船舶运动模型辨识方法
  陈　卓　周则兴…………………………………………………………………………（288）
基于 RLS 的无人艇操纵性参数在线辨识与预报
  王宝林　董早鹏　李潇河　白亚强…………………………………………………（296）
基于有义波高的船舶稳性失效率统计外推方法
  曾　柯　顾　民　王田华　鲁　江……………………………………………………（303）
HydroSTAB 软件参数横摇预报数学模型验证研究
  鲁　江　卜淑霞　储纪龙　曾　柯　王田华　顾　民……………………………（313）
面向破舱稳性设计的协同优化算法
  尚小雪　黄晓皓　杨春蕾　盛庆武………………………………………………………（321）
基于船舶纯稳性丧失的船型优化计算
  王田华　顾　民　曾　柯　储纪龙……………………………………………………（328）
基于特征工程的螺旋桨性能快速预报
  金建海　李　亮　白亚强　单　敏　孙　俊…………………………………………（332）
水面船舶螺旋桨多性能预报中的几种机器学习方法效果比较研究
  谢　硕　陈奕宏　强以铭　李　亮……………………………………………………（338）
基于人工智能的台风路径预报方法研究
  束仲祎　王登婷　孙天霆………………………………………………………………（346）
实海域长短期耐波性预报系统开发及其集成的风浪数据统计特性分析
  张子文　马　宁　史琪琪………………………………………………………………（354）
自由液面流高精度数值模拟方法
  陈林烽………………………………………………………………………………………（365）
基于格子 Boltzmann 方法的钝体绕流数值模拟
  任　峰　张　帆　宋　健………………………………………………………………（372）
基于浸没边界格子玻尔兹曼方法的入水并行模拟
  肖裕程　陆芝庆　缪松成　鲍嘉伟　张桂勇…………………………………………（379）
基于深度学习求解流体动边界问题
  朱勇铮　邓　见　边　鑫………………………………………………………………（391）
点云格式下波浪载荷施加流程与船体强度分析案例
  田　径　王振阳　王文诚　朱　灵……………………………………………………（408）
水下耐压环肋圆柱壳强度预报标准模型验证技术研究
  高　原　谢晓忠　王　丹　黄如旭　陈沙古　李艳青………………………………（413）
超大型集装箱船的非线性设计载荷预报研究
  田　径　缪威龙　高　强　王振阳　赵伟之　孙士丽………………………………（421）
基于任意参考构型理论的有限元健壮格式在大变形碰撞计算中的应用
  初东阳　周章涛　刘国振　汪　俊……………………………………………………（429）
基于 ALE 流固耦合方法的冰山与系泊平台碰撞模拟
  张　岩　张松宝　赵伟栋………………………………………………………………（441）
船舶结构失效风险的数字化预后监测

　　　　王伊凡　连节松　叶远林　胡　龙　刘　炎…………………………………（450）
机器学习在实船样例不沉性分舱全局优化中的应用
　　　　杨春蕾　王金宝　盛庆武　严家文　潘常春　范佘明………………………（456）
海洋结构分析通用软件 SAM 前后处理存储方案的设计与实现
　　　　张浚哲　李　敏　徐　娜　王墨伟　金建海　丁　军………………………（465）
海洋结构分析通用软件 SAM 前后处理系统设计与实现
　　　　徐　娜　李　敏　丁　军　金建海　王墨伟…………………………………（471）
海洋结构分析通用软件 SAM 屈服与屈曲强度校核模块设计与实现
　　　　顾宇杰　张　凡　徐　娜　李　敏　金建海　丁　军………………………（478）
基于结构有限元分析软件 SAM 的船舶结构优化模块开发
　　　　陈凌浩　徐　娜　李　飞　蒋彩霞　金建海　丁　军………………………（485）
海洋结构分析通用软件 SAM 自主结构有限元求解器框架设计与实现
　　　　朱　灵　赵　南　袁西海　王文诚　王裕飞　严　伟………………………（493）
基于 SAM 软件圆锥壳结构模态分析的试验验证
　　　　胡志宽　黄　颜　胡　逸　王君翔…………………………………………（503）
汽-液相变模型在水下爆炸自由面空化预报中的应用
　　　　余　俊　王海坤　汪　俊　赵延杰　董九亭…………………………………（509）
基于浸入边界法的复杂边界流噪声数值模拟研究
　　　　赵　成　张　涛……………………………………………………………（521）
封闭旁支管路流致声共振数值模拟研究
　　　　殷文慧　王　曦　率志君　孙　强………………………………………（530）
透声窗材料参数对艏部水动力自噪声的影响
　　　　张　瑞　盛美萍　郭志巍　谢步亮………………………………………（540）
基于完全自由度三角形壳单元的结构振动数值分析
　　　　许树浩　裴尧尧　杨智雄………………………………………………（546）
极地海洋环境中薄板结构振动声辐射模拟的求解器研究
　　　　习　强　傅卓佳　徐文志……………………………………………（558）
隔振元器件标准模型机械阻抗测量不确定度评定
　　　　刘　朋　纪德权　胡志宽　田宏业　李　涛……………………………（566）
充液复合编织材料柔性接管的轴向阻抗研究
　　　　苏明珠　孙玉东　尹志勇　吴江海　孙凌寒　侯希晨……………………（573）
节能导轮螺旋桨空泡脉动压力快速预报
　　　　薛庆雨　黄树权　洪方文　宋家倩　张　忍…………………………（582）
船舶螺旋桨空泡噪声快速预报方法研究
　　　　宋明太　顾湘男　吕　江　陈奕宏　唐登海…………………………（589）
基于自适应降维切比雪夫代理模型的散货船结构优化设计
　　　　李　锋　曲石君　周亦辰　那景新………………………………………（595）
基于量子粒子群优化算法的螺旋桨参数优化探索
　　　　单　敏　白亚强　李潇河　孙　俊………………………………………（603）

CAE 软件创新超越的战略路径

何春荣，赵 峰

（中国船舶科学研究中心，无锡 214082）

摘 要

CAE 软件是数学、计算机科学和应用领域工程技术的综合性复杂系统，是当前举国共识的需要突破的自立自强科技方向。本文从软件开发与应用的二元特性出发，主动契合新一代信息化技术的赋能，创新拓展了软件新内涵，提出了 CAE 软件的研发新模式及相应的关键技术族，可望为推动我国 CAE 软件的创新超越发展提供参考。

关 键 词：CAE 软件；软件生命体；研发新模式；关键技术族
中图分类号：TP391.9

1 "跟跑"无法实现创新超越

1.1 迫在眉睫的需求与形势

CAE 即计算机辅助工程(Computer Aided Engineering)，是指用计算机对复杂产品或工程(如船舶、汽车等产品或桥梁、建筑等工程)进行性能分析，对其工作状态和运行行为进行模拟，以验证/优化设计。在复杂产品全寿命周期中，特别是在研究、设计和验证阶段，依托物理试验或CAE软件对其性能进行"测量"是一项必不可少的重要环节。CAE软件的应用极大地丰富了以物理试验为主的性能评估能力，已越来越成为主流手段[1-2]。

我国作为全球最大的发展中国家，科技的自立自强是实现民族伟大复兴的先导性基础保证。软件和芯片，已成为亟需突破"卡脖子"科技的共识领域。以CAE软件为代表的复杂工程应用软件，是工业、特别是国防科技工业应用中技术服务能力、创新再造能力的核心利器，这类软件技术复杂性强、学科涉及面宽，需要理论方法的原始创新、应用验证的持续积累和长期培植的研发应用生态，经济附加值高。但我国的CAE软件长期被国外技术与商品垄断，这严重影响我国国防科技工业的安全稳定和高质量发展，在当前百年未有之大变局的时代背景下，亟需建立自主的CAE软件研发应用生态。

1.2 一哄而上的热点冷思考

所幸的是，这种窘境已在发生重要的向好变化。举国上下正以前所未有的关注共识和大体量的经费投入布局CAE软件的自主研发。软件，尤其是CAE软件，一夜之间成了国家的科技热词。然而，仔细分析一下我国CAE软件当前的研发布局就可以发现，我们仍是在延续着一直的"跟跑"思维：以中心化的模式，打造一个个国外几十年前就起跑的、目前处于维护升级中的垄断软件的替代品，以实现自主可控。

这种研发路径，特别是在起步阶段，是完全合理的，也已经取得了显著的成绩，在国内也初步涌现出了一些代表性的国产CAE软件，在某些领域也基本实现了可部分代替国外商用软件的初衷。但是，我国已经是第一制造业大国，拥有全球最大的CAE应用潜在市场，而且CAE软件本身就是面向产品创新的，这种一哄而上的跟跑式研发模式，将很难让我们完成由制造大国向制造强国的转变。我们更应

收稿日期：2022-11-19；修改稿收稿日期：2022-11-19

该思考谋求后发优势，必须站在百年未有之大变局的新时代战略基点，摆脱"跟跑"思维，借助当前新兴技术及其发展趋势，依靠创新，加快实现我国CAE等工业软件的自主可控和自立自强[3]。

1.3 新一代信息化技术总趋势下的变局

近年来，大数据、云计算、人工智能、区块链等新一代信息化技术蓬勃发展，加速向经济社会各领域融合渗透、持续扩张，不断重塑经济社会新格局，并引起管理组织、商业形态、社会制度等方面的变革。人类正在步入新的科研范式变革周期，数据密集型科研范式变得越来越重要，研发活动向网络化、生态化方向发展，开源开放、知识共享成为新趋势，应用导向、场景驱动为科学发现和技术创新提供新方向。新一代信息化技术的赋能与增能，必将会对CAE软件的研发与应用，带来格局和模式上的重要变革，将重塑软件研发应用新生态。

为积极响应并推动这种变局，我们从新一代信息化技术的赋能出发，拓展软件的新内涵，提出CAE软件的研发新模式及相应的关键支撑技术族。

2 软件内涵的新拓展

2.1 二元有机性和动态生长性

软件，几乎是所有基础研究的输出结果和成果载体，也是新时代最有力的研究工具。仔细分析一下，拥有一个CAE软件，我们到底需要什么？一方面是方法和模型，另一方面应当是应用牵引。必须认识到CAE软件的模型往往产生于行业内、代码验证与应用场景，也在业务、在行业上有应用。而且还更应该认识到，CAE软件有一个易被忽视的要素——应用知识(settings)，即对应用对象如何建模的解读、模型参数的选取等经验知识。而这些应用知识，往往直接决定了CAE软件能否真正为产品或工程进行准确模拟和"测量"。随着软件越来越普及，应用必须成为CAE软件的核心环节。应用知识的发现、凝练、验证、封装；乃至沉淀、生长、复用。这些，丰富拓展了CAE软件的内涵[4]。

因此CAE软件，应当有拓展的内涵。或者说，借用生物学的表述，软件已悄然从工具，演进变成了"生命体"。其生命特征表现为：一是研发与应用的二元"有机性"，研发与应用共创、共享、共生；二是知识驱动的"生长性"，应用知识让CAE软件的能力像生命体一样自生长。

2.2 CAE 软件研发模式的转型

CAE 软件从技术本质来看，如图1所示，可以分解为三层：底层是物理学和数学（建模和计算），中间是计算机科学，外层（应用层）是应用领域工程学。

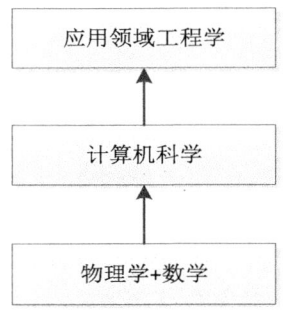

图 1 传统 CAE 软件研发的技术层级关系

其中底层是从物理规律/规则和数学公式出发，用一定的数学模型来表征物理规律/规则；而后再通过计算机语言编程来实现该数学模型，沉淀为软件核心的求解器，并利用计算机图形学的可视化和用户交互技术，实现该模型的建立过程（前处理）和求解结果的交互（后处理）[5]；最后，结合特定行业工程学的知识，提供相应应用领域的分析求解流程或解决方案，以帮助用户解决工程中的实际问题。

当前仍在船舶行业广泛使用的Fluent、Nastran、VA-ONE等耳熟能详的国外CAE软件，就是基于这种传统方式研发的。其背后所蕴含的物理机理、算法模型乃至规范、工艺等，在软件生产之前就应该是已经明确的。这些软件需求的源头，是掌握专业知识的行业专家，由专家将船舶行业相关的方法、模型、方程等梳理清楚形成软件需求之后，通过计算机编码予以实现，然后再回到应用行业进行专业测试与验证后发布使用。在发布使用后，根据用户使用经验（或数据），又提出新的软件需求，然后又重新开发或维护，如此循环，直到这个软件没有使用价值或维护代价太大而放弃。这种传统的CAE软件开发模式存在的主要问题，是基于中心化的模式，一个模型面向无尽的差异化应用，势必走向"通用化"；而通用软件专用所需的应用知识割裂，势必造成CAE软件只能由行业专家(researcher)来用。这种愈演愈烈的阳春白雪似的被动定位，让CAE软件背离普罗大众，难以真正融入工程设计流程。

软件内涵的新拓展，正是主动契合这一轮科技革命的发动机，也是新一代信息化技术的核心——智能化，即通过新兴技术实现赋新能、塑新态，助力我国CAE软件实现创新超越。其必然前提就是去中心化，让大家一起来创新。一方面，基于属性细分的原则，鼓励把小事硬化，封装知识，形成一个一个经验证好用、管用的构件。另一方面，全面拥抱新一代信息化技术，基于互联网技术，打造高速互联的环境底座；引入云技术，支持并发与协同，实现轻终端应用、资源与计算的云泛在；引入无感记账确权技术，保护知识产权与利益；研发图形化与轻代码的流程作坊，打通CAD和CAE的连接，让构件通过流程定制组装去解决一个一个具体的应用问题。

依据该想法，我们的软件在开始阶段，还是只能由行业专家(researcher)来用的"阳春白雪"软件产品，而随着应用的积累，通过集体智创、应用训练，可以使得软件不断生长为能力突出、可由应用端牵引发展细分的实用工具。此时整个研发活动的重头将转向网络化、生态化，应用导向、场景驱动应该成为软件能力的主要增长方式，开放、共享的多主体协同创新是研发主基调。整个CAE软件研发范式不再只是单纯的传统线性模式，而更多的是多维发力，软件研发的社会属性日益凸显，应用者的广泛参与共享成为软件研发越来越重要的导向。CAE软件的研发应用新模式将出现如图2所示的关系。

在图2所示意的新型CAE软件研发模式中，一方面，开发方仍然需要借助于计算机科学完成已经有明确规律的物理/数学建模仿真以及面向专家使用的软件功能开发（图2左侧部分）；另一方面，在完成这些工作的基础上，还要借助于新型计算机科学技术（新一代信息化技术），促进专家在应用过程中共享知识，使得专家知识不断注入以降低软件使用门槛、促进CAE软件广泛应用并走向大众化，同时随着众多应用场景的数据积累，通过数据关联来实现对复杂系统的建模仿真（灰黑盒模式），推动CAE软件核心能力的大幅提升。

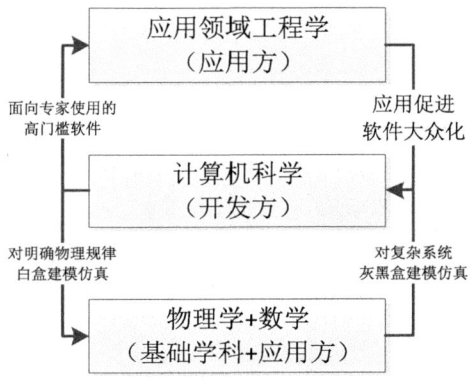

图 2 新型 CAE 软件研发的技术层级关系

3 新软件视角下的关键技术族

3.1 热潮中的缺位

如前文所述，当前全国都在关注支持CAE软件的自主可控和自立自强。但对于新一代信息化技术的引入或融入，是缺失的。其实自主软件的国家支持，几十年来一直也没断过，只不过规模和力度没有现在大。从新软件的视角看，行业知识和力量构成了"左手"，新一代信息化技术则是"右手"。前文（如图2）提到的面向智能化的CAE软件研发新模式，网络（互联）、云化（去中心化）、区块链（记账）三大底座，以及图形化与视觉增强、CAD与CAE共模等，均不在既有的"左手"，而"右手"由于缺乏场景信息和行业知识，无法融入落地。

那为什么阿里、腾讯这样的互联网大企业，还有华为这样的创新旗帜型企业，不去做CAE软件？网上有文章作了分析，给出的结论是：因为他们首先不会，其次不想，还有就是，没空。非常精辟。CAE软件的行业属性所包罗的千差万别的应用知识，在各自的行业里；搞新一代信息化技术的大厂，专注的是数据库新架构、网络协议及其拓展、图像识别及引擎和用户体验及其流量，致力于环境系统和平台的开发，而不是相对专门化的应用。

必须认识到，热潮下有缺位。恰恰，这些或是更为卡脖子的堵点！为此，我们从CAE行业相对专门化的应用出发，提出需要着重发力的新一代信息化技术范畴。

3.2 需要由行业应用牵引的关键技术族

在新软件思想引导下，CAE软件研发过程中，我们需要激发群体智慧，这个群体包含了熟悉底层物理和数学以及顶层应用工程学的行业专家，也包含计算机科学相关的开发者，需要打造一个前所未有的环境让他们都能共同参与软件研发，并在应用中不断演化完善。

目前大家称为CAE软件的，本质上只是砖胚，只不过有一些规模超级大而已；从末端应用来看，特别是从面向智能化来看，还不是一个蕴藏应用知识的模块化的东西。新的CAE软件则是砖头。面向智能化，我们当然需要砖胚、鼓励多研发砖胚；因为，这是形成砖头的前提。但是，我们同样也要认识到，从砖胚到砖头有着"淬火"创新的技术挑战。

自然地，支持CAE软件生命特征的技术，将构成软件拓展新内涵下的CAE软件研发的关键技术族。如前文所述，这些技术的核心支点一是智能化开发，以支撑非软件开发者的行业用户等也能快速参与开发；二是分布式环境，支撑去中心化的众创环境。如图3所示，主要包括：

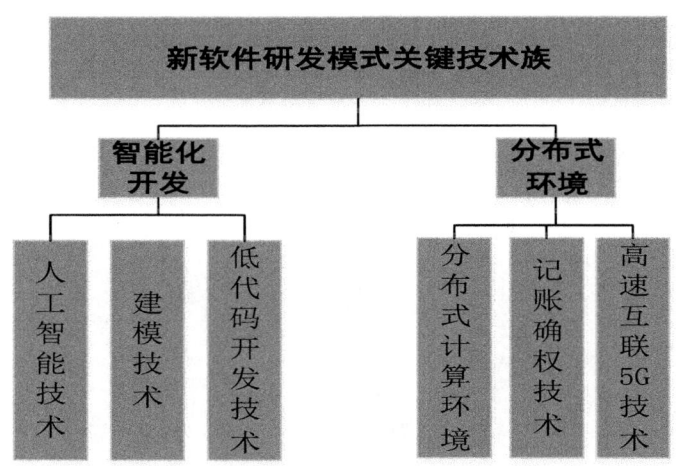

图 3 新型 CAE 软件研发的关键技术族

(1) 人工智能技术

人工智能是实现CAE软件应用走向大众化、实现对复杂系统灰黑盒建模仿真的技术基础。CAE软件使用过程的"高门槛"和仿真结果的可信度一直是CAE软件难以从研究走向大范围工程应用的瓶颈所在，同一个设计方案，不同的人员使用CAE软件分析往往会获得不同的分析结果。随着人工智能[6]、大数据等新一代信息技术的飞速发展，如何结合专家经验和应用数据提升CAE分析的可靠性，以及如何基于大数据或大子样数据开展复杂系统的建模仿真，均可以通过人工智能相关技术（含机器学习等）来完成，人工智能是CAE软件实现自生长的首要推手。

(2) 基于MBSE[7]的建模技术

MBSE是当前实现对复杂系统建模的主要指导思想。要实现对产品（或工程）的模拟与性能测量，"建模与仿真"仍然是CAE软件不变的主基调。如何用更有效、准确、可支持自生长需求的模型来表征实际系统、实体、现象乃至演化过程，无疑是重要的关键技术。面对当前越来越复杂的系统，以及越来越频繁的模型信息交互，我们需要借助MBSE思想，来对复杂系统进行建模，以方便相关知识注入、共享及推演、发展。这也是新形势下面向复杂系统CAE软件的关键技术。

(3) 基于微服务的低代码开发技术

新型CAE研发模式需要广大没有多少软件开发经验的行业专家注入知识，并快速更新迭代，基于微服务的低代码开发技术为这个模式提供了可能。通过先进的微服务技术，提供简单功能"零"编码、复杂功能"少"编码的开发模式，可大幅提升应用软件持续集成和更新的效率。当前，基于微服务的低代码开发技术已经在互联网企业开发管理类复杂软件系统时，获得较广泛的应用。因此，在CAE行业专家应用牵引下，基于微服务的低代码开发技术也将是新型CAE软件研发模式的关键技术，并具备可行性。

(4) 以云化为主的分布式计算

CAE应用场景众多且分散，但同时又需要经常共享场景知识并进行综合，以云化为主的分布式计算为这种工作模式提供了可能性。分布式计算是基于网络的分而治之的计算方式，云计算是分布式计算的新形式，它可以把网络内的资源等云化后形成可供直接使用的资源池，从而使得服务对象——用户或某特定软件——像使用自然水一样直接使用它。其中云原生是一种利用云计算交付模型的优势来构建和运行软件的方法论，当使用云原生架构开发和运维应用程序时，它们能更快速地响应需求并将新想法融入新软件中。云原生开发为具有生命特征的软件的发展提供了无限想象空间，它为激发群智并快速吸收群智提供了途径。

(5) 面向身份标识的记账确权技术

在分布式共享环境中，为鼓励知识共享，需要有一套隐形面向身份标识的记账确权技术，来标识CAE软件系统中的各项软件和数据个体。区块链技术的应用就是一项非常重要的解决方案。简单地说区块链是分布式账本，通过加密算法、共识机制等技术构造信任机制，使其存储的数据安全可靠且防篡改，并实现软件和数据实体的记账与确权，确保在复杂的信息空间中能准确识别每个对象及相关活动[8]。

(6) 高速互联的5G/6G技术

与高效交通是人类现代社会高速发展的前提类似，高速互联的通信技术也是数字世界中软件继续快速发展的前提。5G/6G技术的出现和发展，为分布在网络中各个节点的高效信息交互创造了可能。

受通信技术的限制，如何为远端客户提供丰富、实时的仿真前后处理信息，一直是CAE软件应用普及的重要瓶颈之一。高速互联技术的发展，为CAE软件在分布式网络环境下的高效应用提供了可能，此外还为分布式数据库、图像引擎(更加丰富的视觉驱动)、用户体验等CAE应用关键支撑技术的发展提供了新动能。

4 结 论

本文从迫在眉睫的 CAE 工业软件需求和形势出发，结合当前一哄而上的 CAE 软件研发热潮和当前新兴信息化技术的发展趋势与影响，创新性地拓展了软件内涵，提出了软件是具有二元有机性和动态生长性生命体，并以此为引导，提出了 CAE 软件创新超越的研发新模式，并给出了当前信息技术热潮下，新模式落地还需要着力的主要关键技术族。本文提出的概念和发展思想，为更好地发挥新一代信息化技术的作用、促进以 CAE 为代表的软件的创新超越，提供了重要解决思路和实施参考。

参 考 文 献

[1] 赵峰, 吴乘胜, 黄少锋. 数值水池路线图[J]. 船舶力学, 2014, 18(8): 924-932.
[2] TSIOLAKIS V, BENSLER H P. Current CAE trends is the automotive industry[J]. Computational Methods in Applied Sciences, 2020, 54: 169-179.
[3] 邵珠峰, 赵云, 王晨, 等. 新时期我国工业软件产业发展路径研究[J]. 中国工程科学, 2022, 24(2): 86-95.
[4] 赵峰, 吴乘胜, 张志荣. 实现数值水池的关键技术初步分析[J]. 船舶力学, 2015, 19(10): 1209-1220.
[5] 金建海. 船舶 CAE 前后处理系统研制[D]. 无锡: 江南大学, 2012.
[6] 李德毅. 人工智能导论[M]. 北京: 中国科学技术出版社, 2018.
[7] 赵峰, 陈伟政, 韦喜忠, 等. 系统工程在船舶总体性能研发中的实践思考[J]. 中国造船, 2021, 62(2): 275-282.
[8] 黄华威, 孔伟, 彭肖文, 等. 区块链分片技术综述[J]. 计算机工程, 2022, 48(06): 1-10.

A Strategic Way for Leading CAE Software Innovation

HE Chunrong, ZHAO Feng

(China Ship Scientific Research Center, Wuxi 214082, China)

Abstract

CAE software is a comprehensive and complex system of mathematics, computer science and applied engineering technology. It is currently regarded as the necessary direction to break through for self-reliance and self-improvement science and technology. In view of the dual characteristics of software development and application, according with the empowerment of the new information technology, the new connotation of software is expanded creatively. And the new CAE software development model and the corresponding key technology family are provided. It is expected to provide reference for promoting the innovation and development of CAE software in China.

Key words: CAE software; Software life; New model for research and development; Key technology family

作 者 简 介

何春荣 男，1966 年生，博士，研究员，所长。主要从事船舶流体力学研究。
赵 峰 男，1964 年生，博士，研究员，首席科学家。主要从事船舶流体力学、船舶 CAE 软件研究。

一种基于 NURBS 的船体曲面快捷建模方法

张 伟[1*]，李胜忠[2]，朱 锋[2]，史远男[1]

(1. 哈尔滨工业大学（威海），威海 264209；
2. 中国船舶科学研究中心，无锡 214082)

摘 要

> 船体的几何建模是计算机辅助工程中复杂而重要的环节。论文提出了一种利用非均匀有理 B 样条(NURBS)快速建立船体表面几何模型的方法。根据已知的船体型值点，首先建立船体水线的 NURBS 表达式。在各条水线上按均匀参数分割获得截面曲线节点，进而基于无因次化的累积弦长参数化方法建立船体的三维广义截面曲线。通过广义截面曲线的重构，调整不同截面曲线上的参数分布，最终沿船长方向再次拟合生成船体的 NURBS 曲面。对于常规的船型，应用本文方法无需对船体表面进行加密处理，便可得到具备相当精度的船体几何模型，有效提高了船体建模的效率。

关 键 词：计算机辅助工程；船体几何建模；NURBS；参数化方法

中图分类号：U662.9

0 引 言

近年来，随着计算机图形学、计算力学等相关技术的快速发展，计算机辅助工程（computer aided engineering，CAE）在实际工程中起到的作用越来越明显。在船舶工程中，CAE已被广泛应用于船舶设计、型线优化、水动力计算等多个领域，成为解决复杂问题时重要而可靠的途径之一。要开展船舶相关的CAE分析，首先需要在计算机中建立目标船型的三维几何模型。可以说，快速而准确地建立目标船的几何模型，对于提升CAE分析的效率和精度都有重要的意义。

由于船体表面通常是复杂的双向曲度曲面，其几何模型是无法用初等解析函数表达的。要解决这一问题，目前常规的方法是引入计算机辅助设计（CAD）领域中常用的曲线和曲面数学工具，以型值点作为已知点，通过插值方式依次建立曲线、曲面，并通过曲面光顺最终确定船体表面的参数化表达式[1]。由于CAD中曲线曲面的形式多种多样，实现上述过程中曲线曲面插值的方法并不唯一[2-5]，而应用最为广泛的曲线曲面工具当属非均匀有理B样条（NURBS）。目前主流的船舶设计软件（如CAESES、NAPA）以及包含船舶设计模块的通用几何建模软件（如CATIA、Rhinoceros等）都采用NURBS作为底层数学工具处理船型的几何建模问题。国内外很多专家学者也利用NURBS作为工具，对船舶造型及CAD、CAE问题进行了细致的研究[6-16]。

本文在总结已有文献的基础上，提出了一种基于NURBS的船体曲面简化建模方法，即先后采用四次NURBS反算，快速生成船体的参数化表达式。与相关研究中报道的类似方法相比，本文方法能够很大程度地简化船体曲面的建模工作。对于常规的船型，在已知型值点的条件下，无需对船体表面进行任何的加密或调整处理，便可得到具备相当精度的船体几何模型，大大提高船体建模的效率。

收稿日期：2022-11-09；修改稿收稿日期：2022-11-25
基金项目：船舶总体性能创新研究开放基金(14022103)

1 NURBS 的基本理论

NURBS曲线、曲面自20世纪70年代问世以来，经过不断的发展完善，目前已成为工业曲线曲面设计的国际标准。一条p次NURBS曲线的定义为：

$$\vec{C}(u) = \frac{\sum_{i=0}^{n} N_{i,p}(u)\omega_i \vec{P}_i}{\sum_{i=0}^{n} N_{i,p}(u)\omega_i}, a \leq u \leq b \tag{1}$$

式中，$\{\vec{P}_i\}$为控制顶点列，$N_{i,p}(u)$是定义在非均匀节点矢量$U=\{\underbrace{a,\cdots,a}_{p+1},u_{p+1},\cdots,u_{m-p-1},\underbrace{b,\cdots,b}_{p+1}\}$(共包含$m+1$个节点)上的$p$次B样条基函数，其表达式为：

$$\begin{cases} N_{i,0}(u) = \begin{cases} 1, & u_i \leq u < u_{i+1} \\ 0, & \text{otherwise} \end{cases} \\ N_{i,p}(u) = \frac{u - u_i}{u_{i+p} - u_i} N_{i,p-1}(u) + \frac{u_{i+p+1} - u}{u_{i+p+1} - u_{i+1}} N_{i+1,p-1}(u) \end{cases} \tag{2}$$

NURBS曲面由两个方向的控制点网格、两个节点矢量和单变量B样条基函数定义，其表达式为：

$$\vec{S}(u,v) = \frac{\sum_{i=0}^{n}\sum_{j=0}^{m} \vec{P}_{i,j} N_{i,p}(u) N_{j,q}(v) \omega_{i,j}}{\sum_{i=0}^{n}\sum_{j=0}^{m} N_{i,p}(u) N_{j,q}(v) \omega_{i,j}}, 0 \leq u \leq 1, 0 \leq v \leq 1 \tag{3}$$

式中，$\{\vec{P}_{i,j}\}$为控制顶点网格，$N_{i,p}(u)$和$N_{j,q}(v)$分别为定义在节点矢量 $U=\{\underbrace{0,\cdots,0}_{p+1},u_{p+1},\cdots,u_{r-p-1},\underbrace{1,\cdots,1}_{p+1}\}$ 和 $V=\{\underbrace{0,\cdots,0}_{q+1},v_{q+1},\cdots,v_{s-q-1},\underbrace{1,\cdots,1}_{q+1}\}$ 上的 B 样条基函数，U 中包含 $r+1$ 个节点，V 中包含 $s+1$ 个节点，并且各量间满足 $r = n + p + 1$，$s = t + q + 1$。

NURBS 曲线的相关计算包含"正算"与"反算"两类。已知 NURBS 曲线或曲面的表达式和相关的节点矢量，求曲线上各点的空间坐标的计算称为"正算"。而已知空间各点，通过拟合求 NURBS 曲线曲面节点矢量和控制顶点网格的计算称为"反算"。对船体建模工作而言，通常是给定船体的型值点，通过拟合求解曲面的 NURBS 表达式，因此属于典型的"反算"过程。

2 快捷建模方法的基本步骤

本研究采用四次 NURBS 反算的方法，建立船体曲面的 NURBS 表达式。下文中以建立 S-175 集装箱船的船体几何模型为例，对具体算法进行说明。为方便描述，建立船体参考坐标系 O-XYZ，OX 轴正向指向船首，OY 轴正向指向左舷，原点 O 位于船体水线面中心。

2.1 建立水线的NURBS表达式

第一次NURBS反算从船体的水线入手，根据同一条水线上已知的各半宽型值点，沿船长方向计算水线的NURBS曲线表达式。如图1所示，首先输入已知的型值点，记为$\vec{Q}_{i,j}$，其第一个下标i表型值点处于的水线标号，以船舶基线为0，沿Z轴正向递增，第二个下标j表示型值点在水线上的位置，以船尾部的第一个点为0，沿X轴正向递增。

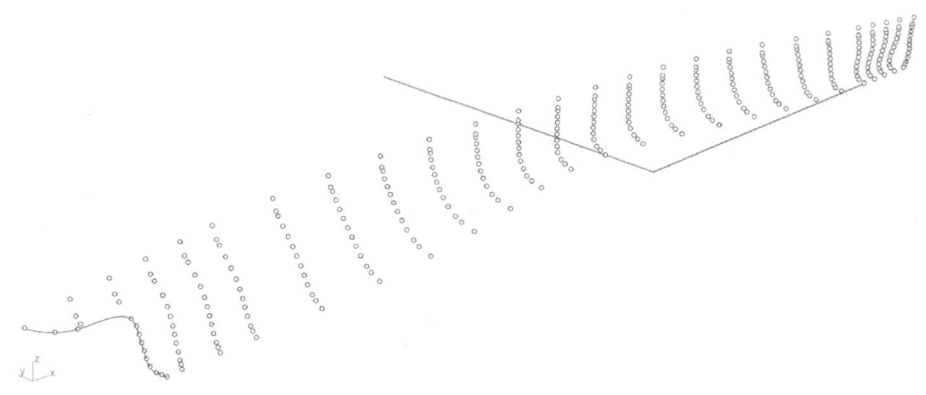

图 1 S-175 集装箱型值点

假定NURBS曲线各控制点对应的权因子均为1.0，根据各水线上的型值点反算水线的参数化表达式。由于同一条水线上的型值点 $\vec{Q}_{i,j}$ 的第一个下标相同，假设待求水线上共包含n+1个型值点，则j的取值范围为j=0,1,…,n。各型值点按累积弦长方法进行参数化，令d为该条水线的总弦长 $d = \sum_{j=1}^{n} |\vec{Q}_{i,j} - \vec{Q}_{i,j-1}|$，则第j个型值点对应的参数值 $\bar{u}_j$ 可表示为：

$$\bar{u}_0 = 0, \quad \bar{u}_n = 1, \quad \bar{u}_k = \bar{u}_{k-1} + \frac{|\vec{Q}_k - \vec{Q}_{k-1}|}{d}, \quad k=1,2,\cdots,n-1 \tag{4}$$

相应地，构造节点矢量 $\vec{U} = \{u_0, u_1, \cdots, u_{n+6}\}$，其中

$$u_0 = \cdots = u_3 = 0, \quad u_{n+3} = \cdots = u_{n+6} = 1, \quad u_{j+3} = \bar{u}_j, \quad j=1,2,\cdots,n-1 \tag{5}$$

按给定两端导矢的反算方法，可列出曲线反算的代数方程组如(6)式所示。

$$\begin{cases} \vec{P}_0 = \vec{Q}_0 \\ \vec{P}_1 - \vec{P}_0 = \dfrac{u_4}{3} \vec{D}_0 \\ \vec{P}_{n+2} - \vec{P}_{n+1} = \dfrac{1-u_{n+2}}{3} \vec{D}_n \\ \vec{P}_{n+2} = \vec{Q}_n \\ \vec{Q}_k = N_{k,3}(\bar{u}_k)\vec{P}_k + N_{k+1,3}(\bar{u}_k)\vec{P}_{k+1} + N_{k+2,3}(\bar{u}_k)\vec{P}_{k+2}, (k=1,2,\cdots,n-1) \end{cases} \tag{6}$$

式中，$\vec{D}_0$ 和 $\vec{D}_1$ 分别为水线首尾端的导矢，实践中根据距离首尾端最近的两个型值点通过矢量相减确定。

通过求解方程组(6)可以获得待求的第i条水线的控制顶点 $\vec{P}_{i,j'}$。注意到，由于引入了两端导矢，第i条水线上的控制点个数比型值点个数多2个，因此 j' 的变化范围为 $j'=0,1,\cdots,n+2$。由于方程组(6)对任意一条水线均成立，为方便起见在(6)中省略了 $\vec{Q}_{i,j}$ 和 $\vec{P}_{i,j}$ 的第一个下标。通过求解方程(6)得到的控制顶点 $\vec{P}_{i,j'}$ ($j'=0,1,\cdots,n+2$) 配合节点矢量 $\vec{U}=\{u_0,u_1,\cdots,u_{n+6}\}$，便可得到水线的参数化表达式：

$$\vec{W}_i(u) = \sum_{j'=0}^{n+2} N_{j,3}(u) \vec{P}_{i,j'}, \quad 0 \leq u \leq 1 \tag{7}$$

将上述算法应用到图1所示的S-175集装箱船各型值点,可以得到由型值点建立各条水线的NURBS曲线如图2所示。

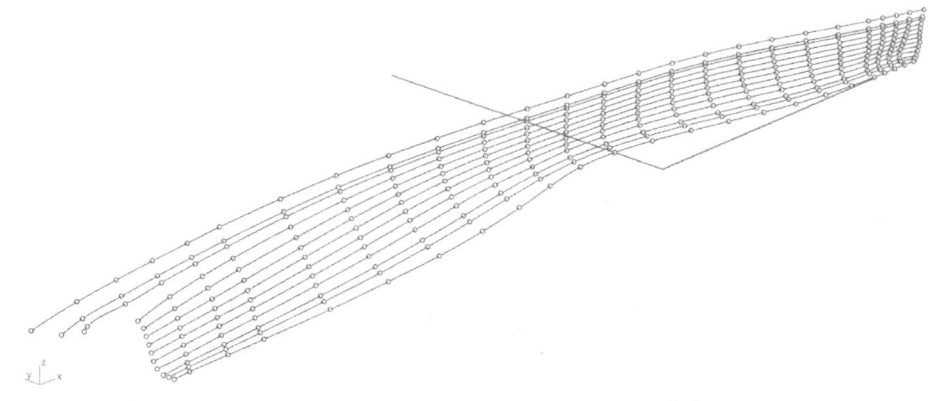

图 2 由型值点建立各条水线的 NURBS 曲线

2.2 建立广义截面曲线

在获得各条水线的NURBS表达式后,即可开始沿吃水方向进行第二次NURBS曲线的反算。为此,将式(7)给出的各条水线按等参数分割。假设沿船长方向将各水线M等分,得到水线上按参数均匀分布的离散点$\vec{R}_{i,j}$ ($i=0,1,\cdots,U-1$; $j=0,1\cdots,M$),为行文方便,将这些点称之为"截面曲线节点"。$\vec{R}_{i,j}$的第一个下标i表示该点的垂向索引,以船舶基线上的点为0,沿Z轴正向递增。第二个下标j表示该点水平方向索引,以船尾部的第一个点为0,沿X轴正向递增。这里要注意,由于船体的型值表上0水线通常不与半船体的边界重合,因此在反算各截面曲线时,除首尾轮廓线外,还需要给其他的各截面曲线人为增加一个零点,即对首尾轮廓线上的点

$$\vec{R}'_{i,j} = \vec{R}_{i,j} \quad (i=0,1,\cdots,U-1;\quad j=0,M) \tag{8}$$

对其他截面曲线上的点

$$\begin{aligned}
\vec{R}'_{i,j} &= \vec{R}_{i-1,j} \quad (i=1,2,\cdots,U;\quad j=1,2,\cdots,M-1) \\
\vec{R}'_{0,j} &= \{x_{0,j}, 0, 0\} \\
x_{0,j} &= x_{1,j} - y_{1,j}\frac{x_{2,j}-x_{1,j}}{y_{2,j}-y_{1,j}}
\end{aligned} \tag{9}$$

式中,$x_{i,j}$和$y_{i,j}$分别为点$\vec{R}'_{ij}$的X和Y坐标。

对示例的S-175船,生成的$\vec{R}'_{ij}$点如图3所示。

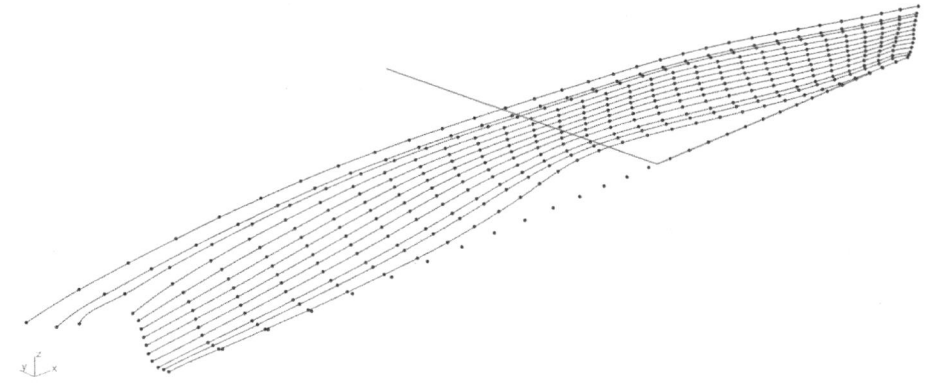

图 3 将各条水线按等参数分割,获得离散的截面曲线节点

获得 $\vec{R}'_{i,j}$ 后,对参数对应相等的点(即第二个下标相同)沿垂向进行拟合,考虑到船体的长度远大于其宽带和吃水,这里使用无因次的累计弦长参数化方法,增加参数的船宽和吃水的敏感度。具体的参数化方法为:对第二个下标相同的一组 $\vec{R}'_{i,j}$ 点,记其坐标为 $(x_i, y_i, z_i), i=0,1,\ldots,S$,其中

$$S = \begin{cases} U-1 & if \quad j=0, M \\ U & else \end{cases} \quad (10)$$

令

$$d' = \sum_{i=1}^{S} \left(\sqrt{\left(\frac{x_i - x_{i-1}}{L}\right)^2 + \left(\frac{y_i - y_{i-1}}{B/2}\right)^2 + \left(\frac{z_i - z_{i-1}}{T}\right)^2} \right) \quad (11)$$

则第 i 个点对应的参数值 $\bar{u}'_i$ 可表示为

$$\bar{u}'_0 = 0, \ \bar{u}'_S = 1, \ \bar{u}'_i = \bar{u}'_{i-1} + \sqrt{\left(\frac{x_i - x_{i-1}}{L}\right)^2 + \left(\frac{y_i - y_{i-1}}{B/2}\right)^2 + \left(\frac{z_i - z_{i-1}}{T}\right)^2}/d, \ i=1,2,\cdots,S-1 \quad (12)$$

相应地,构造节点矢量 $\bar{U}' = \{u'_0, u'_1, \cdots, u'_{S+4}\}$,其中

$$u'_0 = \cdots = u'_3 = 0, \ u'_{S+1} = \cdots = u'_{S+4} = 1, \ u'_{j+3} = \frac{1}{3}\sum_{i=j}^{j+3-1} \bar{u}_i, \ j=1,2,\cdots,S-3 \quad (13)$$

按不指定导矢的反算方法,求解以下方程组便可获得待求的截面曲线的控制顶点 $\vec{P}_I$:

$$\vec{R}'_i = \sum_{I=0}^{S} N_{I,3}(\bar{u}'_k)\vec{P}_I, \quad I=0,1,\cdots,S \quad (14)$$

方程组(14)对任意截面曲线均成立,为方便起见在(14)中省略了 $\vec{R}'_{i,j}$ 的第二个下标。得到的控制顶点 $\vec{P}_I$ $(j=0,1,\cdots,S)$ 配合节点矢量 $\bar{U}' = \{u'_0, u'_1, \cdots, u'_{S+4}\}$,便可确定各截面曲线的表达式,记为:

$$\vec{C}_j(u) = \sum_{I=0}^{S} N_{I,3}(u)\vec{P}_{I,j}, \ 0 \le u \le 1 \quad (15)$$

注意到,式(15)给出的截面曲线 $\vec{C}_j(u)$ 为三维空间曲线,参考文献[15]称这些曲线为"广义截面曲线"。与传统的横截面曲线相比,广义截面曲线能够更加均匀地描述船体的曲率沿船长的变化情况。对S-175集装箱船,按上述算法建立的广义截面曲线如图4所示。

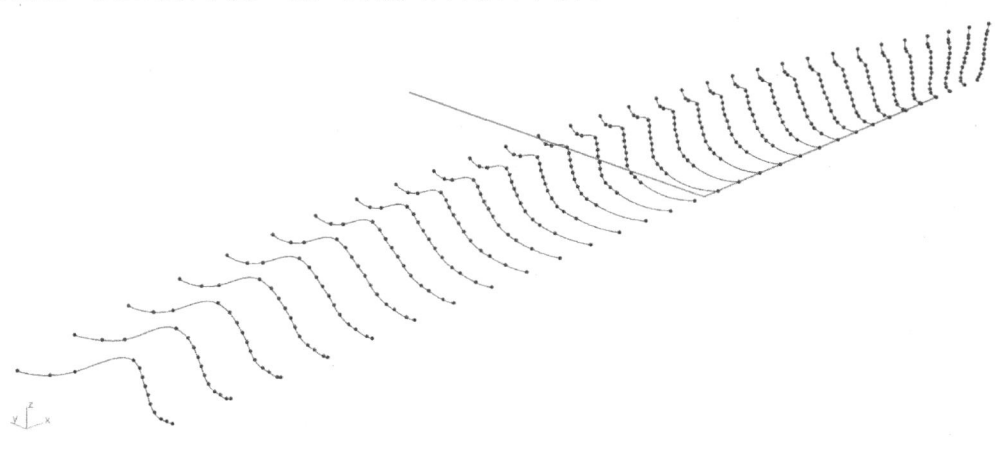

图4 根据截面曲线节点反算得到的广义截面曲线

2.3 广义截面曲线的重构与NURBS曲面的生成

由于第二次反算得到的各广义曲线节点矢量并不相同,无法直接生成NURBS曲面。为此,在第二次反算得到的截面曲线上,按照等参数分割方法再次获得新的"截面曲线节点"。具体方法是首先采用相同的参数分隔$\{\bar{u}_k'\}$,$k=0,1,\cdots,n'$,在各条已知截面曲线上找出$n'+1$个节点。然后以这些节点为已知点,再次对各截面曲线进行重构,即进行第三次NURBS曲线反算。经过重构后的截面曲线各个节点已经有了对应的参数值$\bar{u}_k'$,故可不再按式(12)进行参数化,而是直接使用$\{\bar{u}_k'\}$计算节点矢量即可。

通过重构调整沿吃水方向各截面曲线的节点分布之后,各条截面曲线已拥有相同的节点矢量,因此可进一步生成NURBS曲面。事实上,对NURBS曲面的反算,只需以第三次反算得到的各广义截面曲线的控制点为已知点,再次沿船长方向进行第四次反算即可。计算中可采用各条水线参数化结果的平均值生成船长方向的节点矢量[17],其余的计算过程与第一次反算类似,这里不再详述。通过四次NURBS反算,最终得到的S-175集装箱船NURBS模型如图5所示。

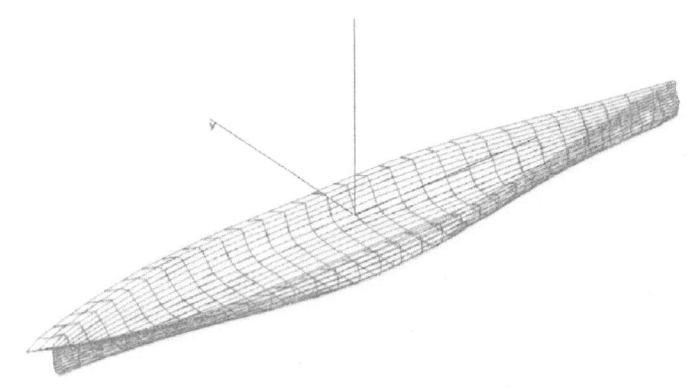

图 5 最终建立的 S-175 集装箱船几何模型

从图5可以看到,生成的船体曲面采用单片NURBS进行表达,避免了不同曲面之间存在缝隙、干涉等问题对常规的船型。在整个建模操作过程中,不需要对船体型值文件进行加密或额外调整,因此很大程度上简化了建模过程,提升了效率。

3 结 论

本文提出了一种利用非均匀有理B样条(NURBS)快速建立船体表面几何模型的方法。通过先后四次NURBS曲线反算,对实现了对常规船型的NURBS曲面表达。对常规船型的建模,本文设计的方法无需对船体型值进行任何加密处理,借助于三维广义截面曲线及无因次化的累计弦长参数化等技术,可以直接生成具有相当精度的船体几何模型,有效地提升了船体建模的效率。基于论文提出的方法,后续研究中将针对更加复杂的船型开展建模工作,进一步为工程实际应用提供有效的技术支持。

参 考 文 献

[1] NOWACKI H. Five decades of computer-aided ship design[J]. Computer-Aided Design, 2010. 42(11): 956-969.

[2] COONS S A. Surfaces for computer-aided design of space figures[Z]. Unpublished notes, M.I.T., Mechanical Eng. Dept., Cambridge, MA, January, 1964.

[3] ZHAO C J. The use of bezier surface in the design of a ship hull surface[A]// Proc. of Computer Applications in the Automation of Shipyard Operation and Ship Design[C]. 5th. 1985.

[4] MUNCHMEYER F C, SCHUBERT C, NOWACKI H. Interactive design of fair hull surfaces using B-splines[J]. Computers in Industry, 1979, 1(2): 77-86.

[5] ROGERS D F. B-Spline curves and surfaces for ship hull definition[A]// Proc. of SCAHD [C]. 2001: 79-96.

[6] VENTURA M, GUEDES SOARES C. Hull form modeling using NURBS curves and surfaces[A]// Proc. of the 7th International Symposium on Practical Design of Ships and Mobile Units, Elsevier Science[C]. 1998: 289-296.

[7] VENTURA M, GUEDES SOARES C. Surface intersection in geometric modeling of ship hulls[J]. Journal of Marine Science and Technology, 2012, 17(1): 114-124.

[8] PERCIVAL S, HENDRIX D, NOBLESSE F. Hydrodynamic optimization of ship hull forms[J]. Applied Ocean Research, 2001, 23(6): 337-355.

[9] KO K H. A Survey: application of geometric modeling techniques to ship modeling and design[J]. International Journal of Naval Architecture & Ocean Engineering, 2010, 2(4): 177-184.

[10] KO K H, Park T, Kim K H, et al. Development of panel generation system for seakeeping analysis[J]. Computer-Aided Design, 2011, 43(8): 848-862.

[11] 林焰, 纪卓尚. 船体 B 样条的数学描述及计算机方法[J]. 中国造船, 1996, (4): 81-86.

[12] 张明霞, 纪卓尚, 林焰. 面向计算的船体曲面 NURBS 造型[J]. 船舶工程, 2001, (5): 10-11, 40.

[13] 仵大伟, 林焰, 纪卓尚. 船体曲面的 NURBS 表达与设计[J]. 大连理工大学学报, 2002, 42(5): 569-573.

[14] 陈绍平, 陈宾康. 基于 NURBS 曲线的双艉船型线设计研究[J]. 中国造船, 2001, (2): 7-11.

[15] 闫秋莲, 杨启. 基于 NURBS 的船体曲面重构[J]. 船舶工程, 2006, 28(5): 5-9.

[16] 钱宏, 刘敏, 贺庆, 等. 基于 NURBS 曲面插值的船体曲面重构[J]. 中国造船, 2016, 57(1): 138-148.

[17] Piegl L, Tiller W. The NURBS Book[M]. Springer-Verlag, 2nd Edition, 1996.

A Fast Modeling Method for Hull Surface Based on NURBS

ZHANG Wei[*1], LI Shengzhong[2], ZHU Feng[2], SHI Yuannan[1]

(1. Harbin Institute of Technology (Weihai), Weihai 264209, China;
2. China Ship Scientific Research Center, Wuxi 214082, China)

Abstract

Geometric modeling of ship hull is a complex and important task in computer aided engineering (CAE). In this paper, a rapid method of building ship hull geometric model using no uniform rational B spline (NURBS) is presented. According to the given offsets, the NURBS expression of hull's waterline is firstly established. The section curve nodes are obtained by uniform parameter segmentation on each waterline, and then the three-dimensional generalized section curve of the ship is established based on the dimensionless cumulative chord length parameterization method. Through the reconstruction of generalized section curves, the parameter distribution on different section curves is adjusted, and finally the NURBS surface expression is generated via fitting the control points along the ship length direction. When it is applied to a conventional ship type with given offsets, the developed method yields accurate ship geometric model without any manual data encryption, therefore, it could effectively improve the efficiency of hull modeling.

Key words: Computer aided engineering; CAE; Geometric modeling; NURBS; Method of parameterization

作者简介

张　伟　男，1983 年生，副教授。主要从事数值船舶水动力学、船型开发等方面研究。
李胜忠　男，1980 年生，研究员。主要从事船舶总体性能研究。
朱　锋　男，1986 年生，高级工程师。主要从事船舶水动力性能研究。
史远男　男，2001 年生，硕士研究生。主要从事计算船舶流体力学研究。
*通讯作者：张伟

基于型线图的船体曲面重建

吴敬芳[1,2]，郝寨柳[2]，王　洋[1,2]，张　涛*[1,2]

（1. 江南大学，无锡 214000;

2. 中国船舶科学研究中心，无锡 214000）

摘　要

基于型线图的船体曲面建模主要采用型线放样方法，有很大的局限性，主要体现在精度和效率方面。论文结合机器视觉与多模态技术，针对BP基本算法应用于曲面重建的缺点，提出多模态数据融合的方法，并利用低秩张量融合策略调整权重张量，使得收敛曲线能够迅速摆脱平缓的区域，构建了一种以BP神经网络为基础的船体曲面重建模型。设计了一个神经网络模型用于融合型线图、主尺度多模态数据并提取船型几何特征，利用非均匀有理B样条(Non-Uniform Rational B-Splines，NURBS)技术对船型曲面进行建模，实现了型线图到船体曲面的自动重建。对真实船舶数据的重建实验表明，该方法在计算时间、识别精度方面均具有高质量的结果，对于提升船舶建模行业的资源利用效率和建模质量有重要意义。

关　键　词：计算机视觉；船体三维重建；多模态融合；NURBS；型线图
中图分类号：TP399

0 引　言

由于船体呈流线型，船艏带有球艏，船艉开有轴隧孔，船体结构复杂而且曲面曲率变化太大，无法利用简单的曲面放样技术一次性完成建模，一般采用型线放样的方式[1-3]。这种独立给部分船体建模最后进行缝合方法的局限性主要体现在效率差、存在误差。因此，如何快速准确地由初始的二维型线图获取船体曲面信息，实现船舶曲面自动建模，是船体曲面重建领域存在的一个迫切问题。

在机器视觉领域，由二维RGB图像重建三维模型的过程称为图像三维重建。传统的三维重建方法经过长期发展已趋于成熟，它们中大多数是基于多视图的方法，主要通过几何算法匹配、融合多视图的物体信息，重建出三维模型[4-6]。其缺点是需要科研人员具备足够的专业知识，并且需要在设备配置、图像采集方面花费大量精力和资源。基于深度学习的图像三维重建根据数据的输入方式可以分为单视图三维重建和多视图三维重建。单视图三维重建可以定义为从包含目标物体的单张图像中尽可能精确地重建出所描绘的物体的三维形状。若将单图像三维重建直接应用于由图像型线图实现船体三维重建，需要面临如下挑战：不适定问题（Ill-posed problem），由于单幅图像包含的信息量非常少，如果没有其他先验条件的限制，重建结果不唯一[7]。

多模态融合可以通过融合不同模态特征得到更多的互补信息，这对于多种类别的分类任务和细粒度特征的识别都有明显优势，目前已广泛应用于行为识别、图像字幕生成、情感识别等不同场景中[8-9]。

NURBS[10]曲面建模技术能基于曲线和曲面的形式对目标地物三维模型的轮廓和外形进行准确精细的表达，目前主要用于重建曲面复杂物体的三维模型。

因此，本文提出一种多模态数据融合的船体曲面重建方法，具体来说，首先通过构建的图像与文本多模态融合网络提取型线图和船型主尺度多模态数据的特征以推断出船体曲面特征参数，然后结合

收稿日期：2022-10-19；修改稿收稿日期：2022-11-24

NURBS技术生成光滑船体曲面，实现由初始二维型线图自动建模船体曲面，能够提升船舶建模行业的资源利用效率和建模质量。

1 NURBS 曲线曲面基础

非均匀有理B样条曲线（NURBS）是一种用于复杂曲面建模问题的曲线和曲面设计方法。NURBS曲线由一个方向上的单个参数定义，是具有双向曲率性质的复杂空间曲面，方式为u/v，度为p/q的NURBS曲面表示如下：S

$$S(u,v)=\frac{\sum_{i=0}^{n}\sum_{j=0}^{m}\omega_{i,j}P_{i,j}N_{i,p}(u)N_{j,q}(v)}{\sum_{i=0}^{n}\sum_{j=0}^{m}\omega_{i,j}N_{i,p}(u)N_{j,q}(v)} \quad (1)$$

式中，控制顶点$P_{i,j}(0\leq i\leq n;0\leq j\leq m)$在拓扑互补矩形矩阵中形成一个控制网格，$\omega_{i,j}$是相应的权重，$N_{i,p}(u)(0\leq i\leq n)$和$N_{j,q}(v)(0\leq j\leq m)$分别是在节点向量$U=\{u_0,\cdots,u_{n+p+1}\}$和$V=\{v_0,\cdots,v_{m+q+1}\}$定义的阶数$p$和$q$的B-样本基函数。

由于直接用单个NURBS曲线表示完整的型线是不切实际的，在NURBS中引入权重，并利用步进、插值等基本算法将多条曲线连接成平滑或折叠的曲线，能够很好地拼接不同自由形式、直线和二次曲线。

2 图像与文本多模态融合网络

针对型线图和船体主尺度多模态船体曲面重建的问题，分别构建了一个图像嵌入子网络和文本嵌入子网络用于从单模态特征m_i、m_t中提取单模态表示x_i、x_t。然后引入张量网络（Tensor Fusion Network, TFN）[11]机制，通过创建多维张量来捕获单模态和多模态间的相互作用，实现模态内与模态间的动态建模从而得到多模态表示o，但是在TFN方法中，权重维度和计算复杂度随着模态数的增加呈指数增长。为了解决这个问题，本文使用Low-Rank Tensor Multimodal Fusion[12]机制将权重张量进行分解以提高效率。图像与文本多模态融合网络结构如图1所示。

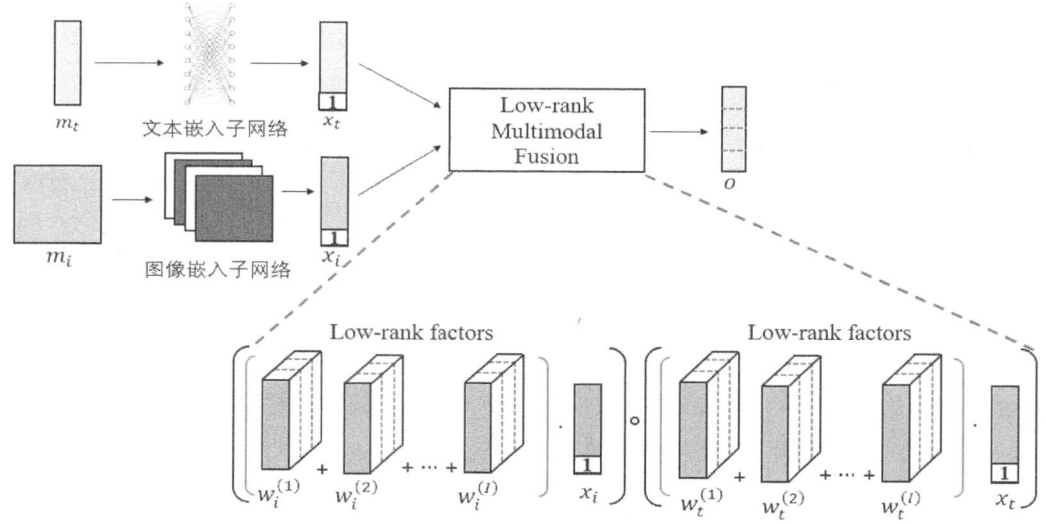

图1 图像与文本多模态融合网络模型结构

先将单模态输入m_i、m_t分别传入图像嵌入子网络、文本嵌入子网络中来获得单模态特征x_i、x_t，LMF通过将权重张量分解为特定低阶模态因子融合单模态特征以生成多模态表示o，然后多模态表示可用于预测船体曲面参数。

2.1 图像嵌入子网络

型线图中各站位的横剖线等是最重要的船型信息来源，通过使用图像嵌入子网络来提取型线特征。子网络输出提供图像嵌入 $x_i \in \mathbb{R}^{1001}$。

论文提出的图像嵌入子网络主要基于ShuffleNetV2[13]模型，不同之处在于将原来ShuffleNetV2最后的1×1卷积层换为步长为2的3×3卷积层，并在后面添加一个最大池化层，结构如表1所示。

表 1 图像嵌入子网络结构

	输出尺寸	输出通道数	卷积核大小	步长	重复次数
Conv1	512×64	24	3×3	2	1
MaxPool2d	256×32	24	3×3	2	1
Stage1	128×16	176	—	2	1
	128×16	176	—	1	3
Stage2	64×8	352	—	2	1
	64×8	352	—	1	7
Stage3	32×4	704	—	2	1
	32×4	704	—	1	3
Conv2	16×2	1024	3×3	2	1
MaxPool2d	8×1	1024	3×3	2	1
avg_pool2d	1×1	1024	—	—	1
Conv3	1×1	1001	—	1	1

ShuffleNetV2主要由两种构建块构成。一种是当特征图尺寸保持不变时，先用通道分离操作将特征图在通道维度上分到两个分支提取特征，每个分支依次经过1×1卷积、3×3深度卷积、1×1卷积；将两个分支处理后的特征图沿着通道维度拼接；然后使用通道混洗加强不同分支间的信息交流。另一种是当特征图尺寸减半时，用通道分离操作将特征图分到两个分支提取特征，一个分支包含1个步长为2的3×3深度卷积和1个1×1卷积，另一个包含2个1×1卷积和1个步长为2的3×3深度卷积，然后，两个分支的输出沿着通道维度拼接，使用通道混洗加强不同分支间的信息交流。Stage1，Stage2，Stage3中步长为2的部分使用第二种构建块，步长为1的部分使用第一种构建块。

2.2 文本嵌入子网络

对于每个含有船体总长、型宽、型深、吃水的主尺度数据，使用文本嵌入子网络U_t提取一组尺度特征。子网络由全连接层神经网络实现。子网络输出提供文本嵌入 $x_t = U_t(m_t; W_t) \in \mathbb{R}^{1001}$，其中$m_t$是子网络的输入，$W_t$是网络的权重。

船体主尺度嵌入子网络通过六层全连接神经网络实现，第一层为输入层，第六层为输出层，第二至五层为隐藏层，相邻两层之间，上一层的输出为下一层的输入，每个节点都包含权重、偏置、激励函数。假设第k层第j个节点的输出为y_j^k，则它与k-1层的n个节点间的对应关系

$$y_j^k = f\left(\sum_{i=1}^n y_i^{k-1} \cdot w_{ij}^k + b_j^k\right) \tag{2}$$

式中，w_{ij}^k 为第 k-1 层的第 i 个节点的输出传到第 k 层第 j 个节点时所占的权重，b_j^k 为第 k 层第 j 个节点对应的偏置，f 为激励函数，本文所用激励函数为 ReLU（Rectified Linear Unit）函数。

2.3 低秩张量多模态融合算法

多模态融合的目标是将多个单模态表示融合为一个紧凑的多模态表示。张量是通过在输入模态上取外积来创建的。模态子集间的相互作用用张量建模，公式(3)为单模态表达生成输入张量 X

$$X = \bigotimes_{u}^{U} x_u \quad x_u \in \mathbb{R}^{d_u} \tag{3}$$

式中，x_u 是附加一个1的输入表示，$\bigotimes_{u=1}^{U}$ 表示由 u 索引的向量集的外积。输入张量 $X \in R^{d_1 \times d_2 \times \cdots \times d_u}$ 通过线性层 $g(\cdot)$ 生成矢量表示。

$$o = g(X; W, b) = X \cdot W + b \quad o, b \in R^{d_y} \tag{4}$$

式中，W 是层的权重，b 是偏置。当 X 是 U 阶张量时（其中 U 是输入模态数），权重 W 为 $U+1$ 张量 $R^{d_1 \times d_2 \times \cdots \times d_u \times d_o}$。为减少计算量，Low-Rank Tensor Multimodal Fusion 将加权张量 W 分解为 U 组模态特征因子，因此，W 由 d_o 个 U 阶张量 $\tilde{W}_k \in \mathbb{R}^{d_1 \times d_2 \times \cdots \times d_u}$ 构成，可以把每个 $\tilde{W}_k \in \mathbb{R}^{d_1 \times d_2 \times \cdots \times d_u}$ 分解为向量的形式。

$$W_k = \sum_{i=1}^{R} \bigotimes_{u=1}^{U} w_{u,k}^{(i)} \quad w_{u,k}^{(i)} \in R_u^d \tag{5}$$

式中，使得分解有效的最小值 R 定义为张量的秩，向量集 $\left\{\left\{w_{u,k}^{(i)}\right\}_{u=1}^{U}\right\}_{r=1}^{R}$ 称为原始张量的分解因子。分解因子可以重建低阶权重张量：

$$W = \sum_{i=1}^{I} \bigotimes_{u=1}^{U} w_u^{(i)} \tag{6}$$

把初始输入张量 X 分解为原始输入 $\{x_u\}_{u=1}^{U}$，这与将权重张量分解为特定模态低阶因子是并行过程。由于 $X = \bigotimes_{u=1}^{U} x_u$，公式(4)可以简化为

$$o = X \cdot W = \left(\sum_{i=1}^{I} \bigotimes_{u=1}^{U} w_u^{(i)}\right) \cdot \bigotimes_{u=1}^{U} x_u = \sum_{i=1}^{I} \left(\bigotimes_{u=1}^{U} w_u^{(i)} \cdot \bigotimes_{u=1}^{U} x_u\right) = \bigwedge_{i=1}^{I}\left[\bigotimes_{u=1}^{U} w_u^{(i)} \cdot x_u\right] \tag{7}$$

式中，$\bigwedge_{m=1}^{M}$ 表示张量序列的元素积，$\bigwedge_{m=1}^{2} a_m = a_1 \circ a_1$。

简化后，可以直接从输入单模态表示及其模态的分解因子计算 o，避免了输入张量 M 和权重张量 W 的复杂计算。在实践中，为了方便计算，改变了公式(7)中元素求和与乘积的顺序，即公式(8)，它将低阶因子连接到 U 的三阶张量中，并交换元素乘积和求和的顺序。

$$o = \sum_{i=1}^{I}\left[\bigwedge_{u=1}^{U}\left[w_u^{(1)}, w_u^{(2)}, \ldots, w_u^{(I)}\right] \cdot \hat{x}_u\right]_{i,:} \tag{8}$$

3 实验结果及分析

3.1 数据集与预处理

实验数据源为收集的177组货船的型线图、船体主尺度、船体曲面参数数据。其中，163组用于训练，14组用于验证。为减少空间精度的损失及节省计算资源，将图像统一重新调整尺寸为1024像素×128像素。

3.2 实验设置

实验训练的迭代轮数设置为8000，批量大小设置为2，使用具有动量项(0.9，0.999)的Adam[14]优化器，采用余弦退火策略将学习率从初始值2e-4稳定降低到1e-7。

训练过程使用平均绝对值误差和平均平方误差作为损失函数，计算预测曲面参数和相应真实曲面参数的区别，设预测曲面参数为$Y=(y_1,y_2,\cdots,y_m)$，真实曲面参数为$X=(x_1,x_2,\cdots,x_m)$，损失函数可表示为

$$L = \lambda_{MAE} \times L_{MAE} + \lambda_{MSE} \times L_{MSE} \tag{9}$$

$$L_{MAE} = \frac{1}{m}\sum_{i=1}^{m}|y_i - x_i| \tag{10}$$

$$L_{MSE} = \frac{1}{m}\sum_{i=1}^{m}(y_i - x_i)^2 \tag{11}$$

本文设置 $\lambda_{MAE}=1, \lambda_{MSE}=0.01$。

3.3 实验结果与分析

对图像与文本多模态融合网络模型进行训练，训练阶段的损失变化如图2所示，横轴表示训练的迭代数，纵轴表示每轮迭代的损失函数值，损失越小，表明算法的效果越好。模型通过大量的数据的训练，损失不断减小，在训练后期，逐渐趋于稳定，表明在训练后期有较好的收敛性和稳定性。

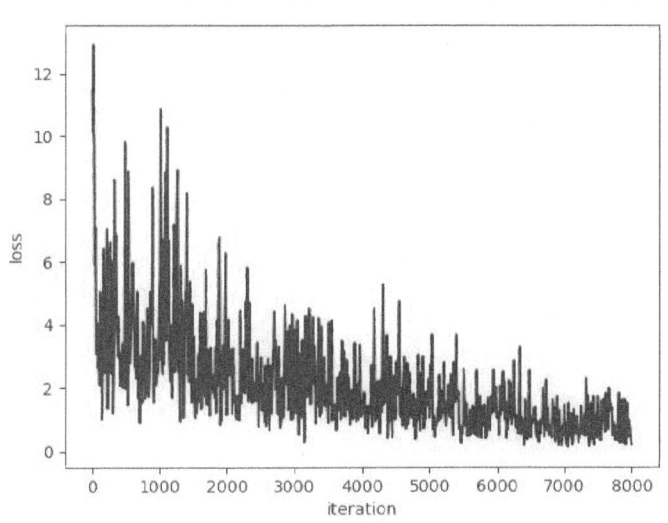

图 2 图像与文本多模态融合网络模型训练损失图

训练阶段结束以后，模型被保存在指定文件中并在测试阶段加载，在测试阶段模型参数不会更新。以某带球艏的货船为测试实例，基于其型线图（如图3所示）和部分主尺度数据（如表2所示），实现船体曲面模型的重建。如图4所示，重建的模型虽不包含船体上层结构，但在船体部分与原船舶三维设计模型吻合度较好，且能够满足曲面光滑的工程需求。

表 2 实例船的部分主尺度数据

船体主尺度类型	船长/m	船宽/m	船深/m	吃水/m
—	400	58.6	30.6	16.024

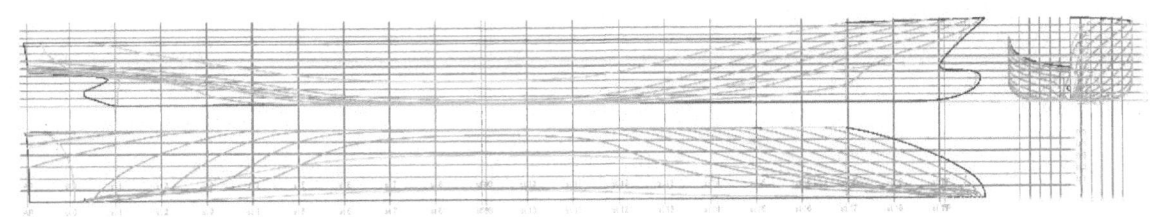

图 3 某货船型线图

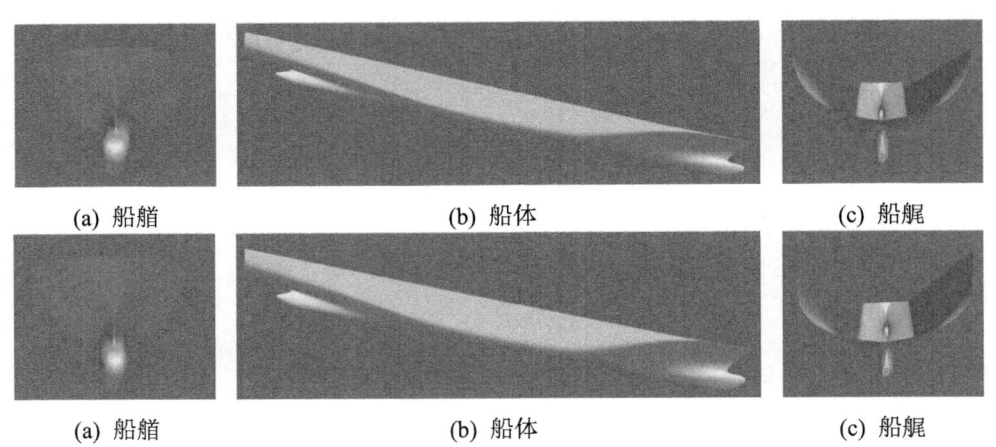

(a) 船艏　　　　　(b) 船体　　　　　(c) 船艉

(a) 船艏　　　　　(b) 船体　　　　　(c) 船艉

图 4 源船型与重建船体曲面模型比较

（第一行：本文方法重建的船体曲面模型；第二行：源船型模型）

为了量化论文所提方法对模型的重建精度，将源船型与重建船型的部分主尺度参数进行汇总，得到了如表3所示的对比结果，并以平均绝对百分比误差(MAPE)作为重建船型精度的评价指标，MAPE的定义为[15]

$$\eta_{MAPE} = \frac{1}{N}\sum_{i=1}^{N}\left|\frac{x_i - \hat{x}_i}{x_i}\right| \times 100\% \tag{12}$$

由表3可知，论文方法重建的船体主尺度与源船型主尺度间的MAPE保持在2%以内，精度较高，能够满足工作人员在实际船型重建工程中对精度的需求。其中排水体积和浸水面积因其数值较大，相对于其他类型的参数，模型对其预测的精度略差。

表 3 源船型与重建船型的主尺度数据及绝对误差

参数类型	源船型数据	重建船型数据	绝对误差/%
水线长/m	381.805	377.836	1.039%
浸水深度/m	16.024	16.023	0.006%
排水体积/m³	92996.528	91603.966	1.497%
浸水面积/m²	18639.829	18368.714	1.454%
最大剖面积/m²	392.761	389.728	0.772%
棱形系数/%	62.000	62.200	0.323%
方形系数/%	58.900	59.100	0.340%

为了评估秩的值对论文模型重建效果的影响，测试了在不同的秩的情况下，平均船型主尺度参数的MAPE的变化，结果如图5所示。当秩太小时，权重张量无法充分融合单模态特征，当秩太大时，网络容易陷入过拟合，以上两种情况都会导致MAPE增大，并且结果越来越不稳定。实验发现将秩设置为20时，模型训练后的性能表现较好。

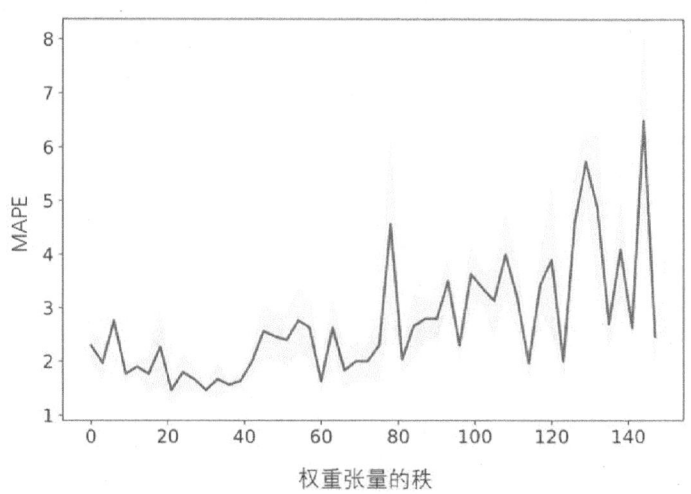

图 5 不同的秩对模型性能的影响

4 结 论

论文将机器视觉、多模态数据融合技术与 NURBS 技术相结合，基于以 ShuffleNetV2 为主干的卷积神经网络提取图像的单模态特征，通过全连接层提取文本的单模态特征，选择 Low-Rank Tensor Multimodal Fusion 作为模态融合策略，将两种单模态特征融合为丰富的多模态特征，最后使用 NURBS 技术结合特征参数生成船体曲面。实验结果表明论文提出的方法能够更快、更准确地完成基于型线图的船体曲面建模。

参 考 文 献

[1] 李尧, 仲铭, 谨等. 复杂船体曲面的一种草图重叠建模法[J]. 机械工程与自动化, 2018(05): 54-55, 58.

[2] 刘建全. 船体型线放样工艺精度分析与改进[J]. 内燃机与配件, 2021(23): 103-104. DOI:10.19475/j.cnki.issn1674957x.2021.23.049.

[3] 黄阳, 田凌. 基于图像的复杂曲面实体三维建模研究[J]. 制造业自动化, 2012, 34(10): 1-3.

[4] 陈晓明, 蒋乐天, 应忍冬. 基于Kinect深度信息的实时三维重建和滤波算法研究[J]. 计算机应用研究, 2013, 30(04): 1216-1218.

[5] 佟帅, 徐晓刚, 易成涛, 等. 基于视觉的三维重建技术综述[J]. 计算机应用研究, 2011, 28(07): 2411-2417.

[6] 齐继超, 何丽, 袁亮, 等. 基于单目相机与激光雷达融合的 SLAM 方法[J]. 电光与控制, 2022, 29(02): 99-102, 112.

[7] 李熙. 基于深度学习的图像三维重建算法研究[D]. 成都: 电子科技大学, 2022. DOI:10.27005/d.cnki.gdzku.2022.004196.

[8] 陈晓欢. 基于多模态融合的情感识别研究[D]. 延安: 延安大学, 2022. DOI:10.27438/d.cnki.gyadu.2022.000184.

[9] MITTAL T, GUHAN P, BHATTACHARYA U, et al. EmotiCon: Context-aware multimodal emotion recognition using frege's principle[C]// Proceedings of the IEEE Computer Society Conference on Computer Vision and Pattern Recognition, 2020.

[10] ZHOU HUI, FENG BAIWEI, LIU ZUYUAN, et al. NURBS-Based parametric design for ship hull form[J]. Journal of Marine Science and Engineering, 2022, 10(5): 686.

[11] ZADEH A, CHEN M, PORIA S, et al. Tensor fusion network for multimodal sentiment analysis[C]// Proceedings of the 2017 Conference on Empirical Methods in Natural Language Processing. 2017.

[12] Liu Z, Shen Y, Lakshminarasimhan V B, et al. Efficient low-rank multimodal fusion with modality-specific factors [C]// Proceedings of the 56th Annual Meeting of the Association for Computational Linguistics (Volume 1: Long Papers), 2018.

[13] MA N, ZHANG X, ZHENG H T, et al. Shufflenet v2: Practical guidelines for efficient CNN architecture design[C]// Proceedings of the European conference on computer vision (ECCV), 2018: 116-131.

[14] DIEDERIK P KINGMA, JIMMY BA. Adam: a method for stochastic optimization [C]// In Proceedings of International Conference on Learning Representations 2015.

[15] 顾兴健, 赵璐, 金明, 等. 基于 LSTM 神经网络的我国典型试航海域环境短期预报方法研究[J]. 中国造船, 2017, 58(04): 100-107.

Automatic Modeling of Hull Surface Based on Hull Lines

WU Jingfang[1,2], HAO Zhailiu[2], WANG Yang[1,2], ZHANG Tao[*1,2]

(1. Jiangnan University, Wuxi 214000, China;

2. China Ship Scientific Research Center, Wuxi 214000, China)

Abstract

At present, the hull curved surface modeling based on the hull lines mainly adopts the method of formulating the lines, which has great limitations, mainly reflected in accuracy and efficiency. Combining machine vision and multimodal technology, this paper proposes a multimodal data fusion method in view of the shortcomings of BP basic algorithm applied to surface reconstruction, and adjusts the weight tensor by using the low-rank tensor fusion strategy, so that the convergence curve can quickly get rid of the flat region, and a hull surface reconstruction model based on BP neural network is constructed. A neural network model is designed to fuse the hull lines and the main scale multimodal data, and extract the geometric characteristics of the ship type. The Non-Uniform Rational B-Splines (NURBS) technology is used to model the ship surface, which realizes the automatic reconstruction from the hull lines to the hull curved surface. The reconstruction experiment of real ship data shows that this method has high quality results in terms of calculation time and recognition accuracy, which is of great significance to improving the resource utilization efficiency and modeling quality of the ship modeling industry.

Key words: Computer vision; 3D hull surface modeling; Multimodal fusion; NURBS; Hull lines

作 者 简 介

吴敬芳　女，1997 年生，硕士研究生。主要从事机器视觉、人工智能等方面研究。

郝寨柳　男，1984 年生，硕士研究生。主要从事参数化建模、船型优化等方面研究。

王　洋　男，1998 年生，硕士研究生。主要从事机器视觉、人工智能等方面研究。

张　涛　男，1985 年生，副教授。主要从事机器视觉、人工智能等方面研究。

*通讯作者：张涛

基于先验约束神经网络的船型参数化设计

王 洋[1,2]，郝寨柳[2]，吴敬芳[1,2]，张 涛[*1,2]

(1. 江南大学，无锡 214000;
2. 中国船舶科学研究中心，无锡 214000)

摘 要

  当前常规的船型参数化设计主要基于插值方法，其求解过程繁琐，并且对复杂曲面的非线性逼近存在局限性。为解决上述问题，论文提出一种将先验约束神经网络模型直接应用于船型曲面生成的参数化设计方法。首先，根据船型设计需求构造一个船型曲面数据集，包含船型特征参数与对应的 NURBS 分片曲面。其次，建立一个用于船型参数化设计的先验约束神经网络，进行训练与优化。最后，部署训练完成的网络模型，输入目标船型特征参数，输出所需船型曲面。验证结果表明，经过训练的网络模型能够准确生成满足设计要求的船型曲面，测试样本的平均误差小于 5%，在计算机辅助设计领域具有较高的参考价值与实用前景。

关 键 词：计算机辅助设计；深度学习；非有理 B 样条线；参数化设计
中图分类号：TP399

0 引 言

  船型设计是船舶整体设计建造的基础，依托设计师经验进行母型船变换是当前船型设计的主流方法，其过程繁琐复杂。设计人员不仅要综合考虑船东的各项技术要求，还要综合考虑船舶的性能要求。设计效率低、专家依赖性高成为船舶设计中难以避免的问题，因此如何快速高效地设计出性能优良的船型也一直是国内外研究的热点问题。

  近年来，随着计算机图形学的迅速发展，非均匀有理B样条(Non-Uniform Rational B-Splines, NURBS)技术开始被广泛应用于船型的表达与生成。例如，Lu等[1]采用蒙皮技术，实现了一种基于型值的船型单一NURBS曲面表示方法。为了便于表达复杂船型曲面和保留船体特征，钱宏等[2]进一步地提出将船体曲面划分为数目较少的NURBS曲面片。查乐等[3]基于IGES(Initial Graphics Exchange Specification)文件主要特点，实现了基于牛顿迭代法的船体曲面网格自动划分。然而，上述研究仅将NURBS技术应用于船型曲面的数学表示，并未涉及基于几何特征的船体曲面参数变形与生成。在上述船型几何表达的研究基础上，Coppede等[4]提出了一种新的船体变形方法，它结合了用于船体表面建模的细分曲面技术和用于形状变化的自由变形技术。Zhou等[5]将NURBS技术应用于船体曲面的参数化几何建模，实现几何特征参数驱动下的船体曲面的参数化变形。该类参数化设计方法主要基于数学插值来实现几何特征参数到船型曲面曲线的映射，进而逼近得到船型曲面，其过程繁琐，且对复杂曲线、曲面的非线性逼近存在局限性。因此，探索一种高效、轻量的船型参数化设计方法，实现船型特征参数与船型曲面直接映射，对于优化船型设计过程具有重要意义。

  神经网络技术是一种强大的人工智能算法，它具有复杂网络结构，能够基于数据和机器经验来改进决策过程。在过去的几年中，神经网络技术已经成为处理分类和回归任务最通用有效的工具之一[6-7]，

收稿日期：2022-10-19；修改稿收稿日期：2022-11-24
基金项目：船舶总体性能创新研究开放基金(14422102)

并且广泛适用于众多应用领域，包括语音识别、机器翻译和自动驾驶。近段时间，一些学者开始以神经网络为基础，研究人工智能在计算机辅助设计（Computer Aided Design, CAD）方面的应用[8-9]。具有代表性的是，Gunpinar等[10]采用神经网络回归方法，构建了从船型轮廓到阻力系数的预测模型。Shaeffer等[11]重点研究了机器学习与海量船舶数据的融合，以改进船型设计过程。Ao等[12]开发了一种深度网络，实现了船型初始设计中总阻力的实时预测。不过，以上研究大都聚焦于神经网络在船舶性能方面的应用，而初始船型设计作为船舶设计的基础环节，基于神经网络技术的参数化船型生成也亟待研究。

论文提出了一种基于先验约束神经网络的船型参数化设计方法，直接将船型特征参数与船型NURBS曲面控制点作为网络的输入和输出，拟合生成工程可用的船型曲面文件。首先，选取船型典型特征参数并生成船型NURBS划分曲面，构造船型数据集。其次建立用于船型参数化设计的先验约束神经网络模型，通过迭代地训练网络模型、优化网络结构，得到高精度和高效率的网络模型。最后，部署训练完成的先验约束神经网络模型，以典型的带球艏杂货船为实例，比较期望模型与生成模型之间的误差，以及曲面的视觉效果。验证结果表明，应用该方法可以快速、准确生成满足工程精度要求的船型，同时生成的船型曲面具有光顺、无缝的优点，在计算机辅助设计领域具有较高的参考价值与应用前景。

1 NURBS

NURBS是由数学表达式构建的一种复杂曲面造型方法，具有高度的灵活性和准确性。相比传统的网格建模方式，NURBS所表示的物体造型也更加生动、逼真[13]。

1.1 B样条基函数与NURBS曲线

由$n+1$个控制点定义的p次NURBS曲线，可以表示为如下的分段有理多项式矢量函数：

$$\vec{C}(u) = \frac{\sum_{i=0}^{n} \omega_i \vec{P}_i N_{i,p}(u)}{\sum_{i=0}^{n} \omega_i N_{i,p}(u)} \qquad (1)$$

式中，$\vec{P}_i(0 \leq i \leq n)$为控制点序列，其连线形成曲线控制多边形，$\omega_i$为与控制点$p_i$对应的权因子。$N_{i,p}(u)$为定义在非周期非均匀节点矢量$U = \{u_0, u_1, \cdots, u_{n+p+1}\}$上$p$次规范B样条基函数，表示如下：

$$N_{i,0}(u) = \begin{cases} 1 & u_i \leq u \leq u_{i+1} \\ 0 & \text{其他} \end{cases} \qquad (2)$$

$$N_{i,p}(u) = \frac{u - u_i}{u_{i+p} - u_i} N_{i,p-1}(u) + \frac{u_{i+p+1} - u}{u_{i+p+1} - u_{i+1}} N_{i+1,p-1}(u) \qquad (3)$$

1.2 NURBS曲面

NURBS曲面是张量乘积非有理B样条曲面的有理推广，与NURBS曲线相似，其定义如下：

$$S(u,v) = \frac{\sum_{i=0}^{n}\sum_{i=0}^{m} \omega_i \vec{P}_i N_{i,p}(u) N_{j,q}(v)}{\sum_{i=0}^{n}\sum_{i=0}^{m} \omega_i N_{i,p}(u) N_{j,q}(v)} \qquad (4)$$

式中，$\vec{P}_{i,j}$为拓扑互补的矩形矩阵，构成了控制网格，$\omega_{i,j}$是对应的权因子。$N_{i,p}(u)$与$N_{j,q}(v)$分别为定义在节点矢量$U = \{u_0, u_1, \cdots, u_{n+p+1}\}$和$V = \{v_0, v_1, \cdots, v_{m+q+1}\}$上的$p$次、$q$次规范B样条基函数。

2 基于先验约束神经网络的船型参数化设计方法

参数化设计是一种高效的计算机辅助设计方法，指在参数与模型间建立特定的映射关系，当某个基本元素发生变化，生成模型也随之变动，这为设计过程带来更多的可能性。论文基于神经网络算法，提出了一种先验约束神经网络的船型参数化设计方法，该方法的基本流程如图1所示。先验约束神经网络模型的输入是与船型特性显式相关的特征参数，输出是NURBS船型曲面的控制点参数，最终拟合导出船舶设计行业兼容性较高的IGES三维模型文件。其中，输入参数包括型长、吃水等主尺度参数，方形系数、水线面系数等船型系数。输出的曲面模型由多个NURBS曲面分片组成，能够满足曲面光滑平顺、面片间无缝隙的设计要求。训练阶段应探索比对网络结构对性能的影响，最终优化得到泛化效果好、性能鲁棒的先验约束神经网络参数化设计模型。

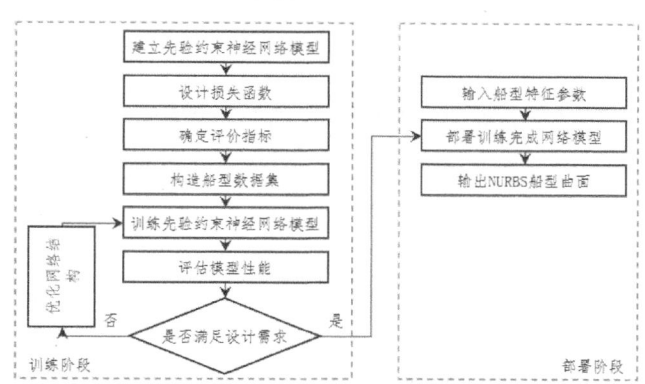

图 1 基于先验约束神经网络的船型参数化设计基本流程

2.1 先验约束神经网络模型

全连接神经网络(Fully Connected Neural Network, FCNN)具有强大的特征提取能力，可从复杂数据中确定映射关系，在非线性拟合任务上具有很好的适用性[14]。论文以FCNN为基础，引入船型样本先验约束，设计了一种用于船型参数化设计的带先验约束神经网络模型(Neural Networks with Prior Constraints, PCNN)，其网络结构如图2所示，是一类具有全连接结构的轻量化前馈神经网络。

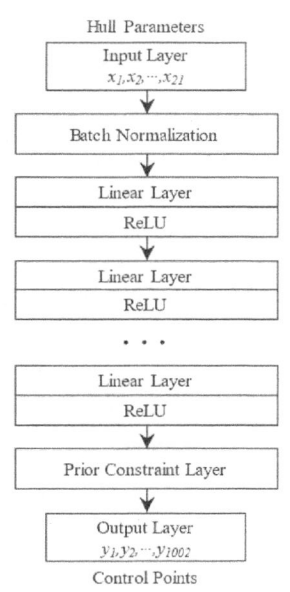

图 2 PCNN 网络结构示意图

PCNN模型的输入层为多个神经元节点，对应型长、型宽、型深、棱形系数等位序固定的船型特征参数。为了克服深度神经网络难以训练的难点，在输入层之后引入正则化层，对数据进行批规范化(Batch Normalization, BN)操作。BN作为网络模型的一部分，为浅层低维数据执行标准化，使得模型可以用更高的学习率来加速训练[15]。隐含层由多个全连接层组成，每层全连接之后紧接着一个非线性激活函数ReLU(Rectified Linear Units)。在网络末端添加一个先验约束层，通过对指定数据进行均值、归零等操作将所需几何参数自动修正，实现船型曲面分片间的缝合与平滑约束。最后的输出层包含1002个神经元，对应半船曲面所需的NURBS控制点参数。

2.2 损失函数

损失函数是评价神经网络模型训练完成程度的指标，损失函数的值越低，代表着预测值与实际数据的差距越小，说明网络模型的训练完成程度越高。因此，损失函数用于监督网络的训练，指导网络权重和偏置的更新。为缩小预测结果与实际结果之间的差距，采用平均绝对误差(Mean Absolute Error, MAE)与均方误差(Mean Square Error, MSE)的带权联合损失[16]来指导PCNN模型的训练。其中，MSE是最常用的回归损失函数，计算方法是求预测值与真实值之间距离的平方和；MAE则是另一种用于回归模型的损失函数，计算目标值和预测值差的绝对值之和，对异常点有更好的鲁棒性。具体的损失计算方式为

$$Loss = \omega_1 \cdot MAE + \omega_2 \cdot MSE = \omega_1 \cdot \frac{1}{n}\sum_{i=1}^{n}|y_i - \hat{y}_i| + \omega_2 \cdot \frac{1}{n}\sum_{i=1}^{n}(y_i - \hat{y}_i)^2 \tag{5}$$

式中，y_i为数据集中的几何参数真值，$\hat{y}_i$为网络模型的预测值；ω_1与ω_2分别为MAE与MSE的权重。

2.3 评价指标

模型的评价指标用于衡量模型训练的好坏程度。根据业务应用场景的不同，往往需要不同的评价指标。文中，选择测试数据集中样本的平均绝对百分比误差[17]作为评价指标，来确定不同神经网络模型之间的预测精度，具体计算方式如下：

$$\delta_{MAPE} = \frac{1}{n}\sum_{i=1}^{n}\frac{|y_i - \hat{y}_i|}{|y_i| + \beta} \tag{6}$$

式中，β为非零偏置常量，用于避免因真值y_i为零导致的计算异常。

3 实验结果与分析

为验证上述基于先验约束神经网络的船型参数化设计方法的可靠性，构造了用于模型训练的船型数据集，建立了PCNN模型，并进行了系列的实验与优化。

3.1 船型数据集构造

为了先验约束神经网络训练、调优工作的开展，需要从海量船型数据中分析选取典型特征参数，生成对应船型曲面，构造船型曲面数据集。论文以典型的带球艏杂货船为研究对象，基于现有样本船型建立船型曲面数据集。

在船舶设计中，船型特征参数对船型的全面、准确描述尤为重要。因此，根据船型几何特性与船舶设计需求，确定了船型特征参数格式，包括3类共21个参数，如表1所示。第一类是船舶的主尺度参数，包括诸如型长、型宽、吃水等特征参数，用于表达船舶的总体形状。第二类为船型系数参数，包

括方形系数、棱形系数等特征参数，这些参数与最终的船舶性能密切相关。第三类为其他参数，包括浮心纵向坐标、重心纵向坐标等细节参数，用于对船型特征更加精确的调整。

表 1 船型特征参数

类别	特征参数项		
主尺度	Length	Width	Depth
	Length of waterplane	Beam	Draft
	Displaced volume	Wetted area	—
船型系数	Block coefficient	Prismatic coefficient	Waterplane area coefficient
	Midship area coefficient	—	—
其他参数	LCB aft of DWL	LCF aft of DWL	1/2 angle of entrance
	LCG from midships	Max sectional area	Bulb transverse area
	Bulb height from keel	Draft at FP	Deadrise at 50% LWL

基于NURBS技术，设计一种船型曲面划分方法，如图3所示的带球鼻艏船型曲面划分示意图，沿着平边线、平底线和尾封板线等特征线，半船被划分为含语义信息的11块曲面片。由于球艏结构的复杂性，使用5块曲面片来实现船艏部分的精确表示，其余船舯、船艉各划分为4块、2块。

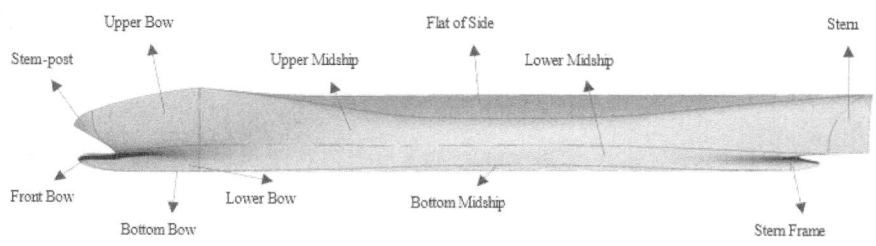

图 3 带球鼻艏船型的曲面划分

以船型特征参数为设计参数，按照上述的NURBS船型曲面划分方法，将原始船型曲面进行曲面划分与规范化处理，建立船型曲面数据集。数据集中样本船型由现有公开的船型、实验模拟的船型等可靠数据组成，为保证模型的准确性与泛化能力，数据特征间需要存在差异性，并且要保证训练数据的数量。最终构建的数据集由173艘带球艏结构的杂货船船型组成，每个样本包含一组特征参数作为输入数据，一组船型曲面作为网络训练的真值。数据集中船型型长分布如图4所示。

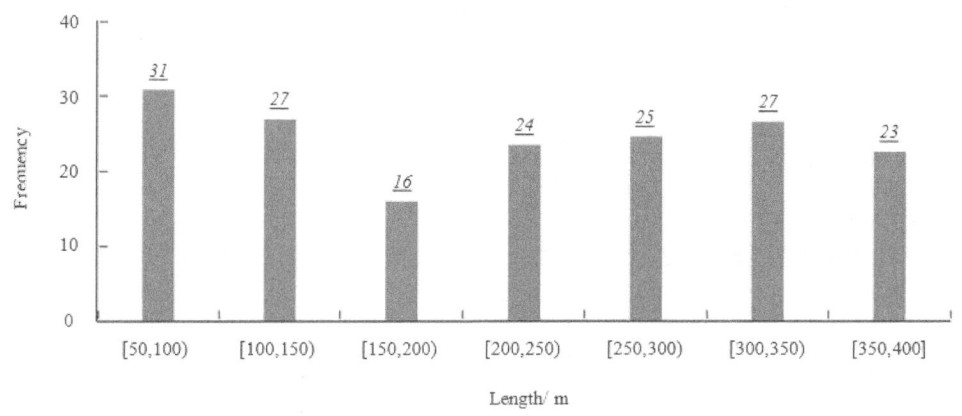

图 4 船型数据集型长区间分布

3.2 网络结构调优

神经网络具有较强的非线性映射特性，但是神经元的个数、隐含层的层数等网络结构参数都对网络输出结果的精度具有明显的影响。为了探究神经元与隐含层数目对先验约束神经网络性能的影响，建立含正则化层与先验约束层的PCNN模型，通过调整神经元与隐含层的数量来进行对比实验。实验中，将数据集划分出162艘船型用于训练，11艘船型用于评估模型的泛化性能。选择Adam为优化器，以上文设计的MAE&MSE联合损失误差为损失函数，保持训练的epoch为200，按照余弦退火策略进行学习率衰减，初始学习率为2×10^{-3}，实验结果如下表2：

表2 不同神经元与隐含层数目对训练结果的影响

神经元个数	隐含层数及对应的误差					单层模型计算时间/ms
	2	4	8	16	32	
16	0.038 1	0.098 9	0.123 1	0.126 0	0.124 9	0.246
32	0.027 9	0.065 2	0.103 3	0.124 9	0.124 1	0.253
64	0.025 5	0.050 8	0.090 1	0.120 7	0.118 1	0.267
128	0.024 4	0.051 9	0.084 5	0.128 0	0.118 8	0.304
256	0.027 4	0.059 5	0.085 2	0.125 9	0.108 3	0.380
128神经元参数量/K	132.074	165.098	231.146	363.242	627.434	—

从表2中可以看出，神经元个数对预测精度影响明显，当神经元个数小于128时模型处于欠拟合状态，通过增加神经元数目可以显著改善模型的预测精度，而神经元个数为256时模型则开始过拟合误差增大。隐含层数与模型性能也存在着密切的关联，结果中可以看出，在隐含层数为2时，预测误差整体较小，隐含层数增加导致过拟合问题，误差也随之增大。图5所示为设定网络层数2时不同神经元数目的训练曲线，图6所示为设定神经元数128时不同网络层数的训练曲线。通过比较不同网络结构下模型的预测精度，发现在神经元数为128、隐含层数为2时模型性能最优，并且其计算时间相对较短、网络参数量较小，满足轻量化要求，故选用为最终确定的网络结构。

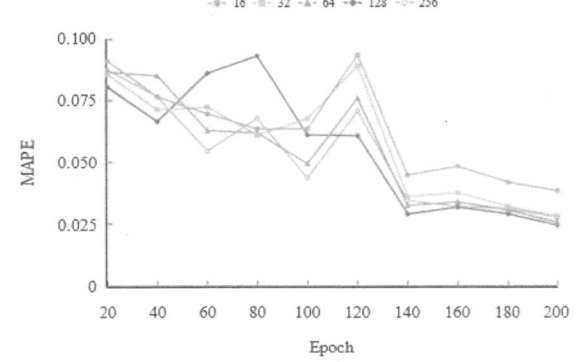 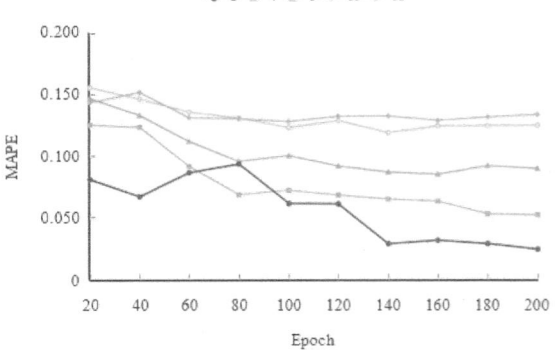

图5 层数为2时不同神经元数的训练曲线　　图6 神经元数为128时不同层数的训练曲线

3.3 实例分析

为验证PCNN船型参数化设计方法的可行性，以典型带球艏的245 m长散货船数据为例，测试其生成效果。

图7给出了通过PCNN模型生成的船体曲面与目标曲面的三视图比较。从图7中可以看出，由PCNN模型生成的船型曲面是平滑、光顺的，与目标船型曲面视觉上一致。得益于网络结构中的先验约束，生成船型具有曲面闭合准确、不存在缝隙的优点，具有较高的工程意义。

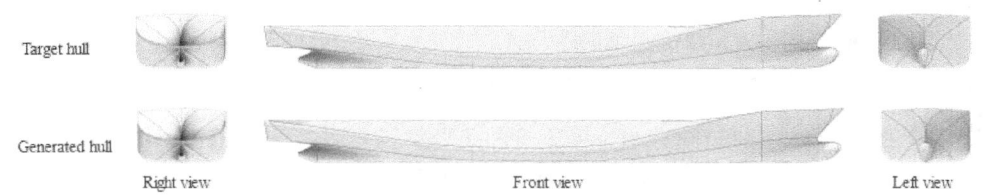

图 7 目标船型与生成船型的三视图比较

表3列出了船型部分数据、生成船型的测量值以及两者之间的相对误差，包括水线长、浸水深度、排水体积等常用参数。由表中所示数据可知，应用所提的PCNN模型进行参数化设计，相对误差在5%以内，能够满足设计人员的工程精度要求。

表 3 实例船型的目标数据、生成数据及其相对误差

参数类型	目标数据	生成数据	相对误差/%
水线长/m	233.534	232.783	0.322 6
浸水深度/m	10.407	10.406	0.009 6
排水体积/m³	51 237.215	51 976.65	1.422 6
浸水面积/m²	10 001.96	10 066.37	0.639 8
水线面面积/m²	7 053.292	7 147.329	1.315 7
最大剖面积/m²	366.875	371.339	1.202 1
棱形系数/%	59.8	60.1	0.499 2
方形系数/%	56.4	56.7	0.529 1
水线面系数/%	80.8	81.1	0.369 9

从以上测试结果来看，测试数据的相对误差均小于5%，但由于样本数量不足以及数据维度上的区别，排水体积、水线面面积、最大剖面积的预测误差相对较大，仍然存在优化空间。因此，下一步的研究工作将着重关注小样本学习方法，获取更加全面的船型数据，优化网络模型以更好地提取小规模数据集中的深层特征。

4 结 论

为实现快速高效的船型参数化设计，论文提出了基于先验约束神经网络的船型参数化设计方法，并以构造的基于NURBS分片曲面表示的船型数据集进行训练和实验。通过系列的实验，得出以下结论：

(1) 基于先验约束神经网络模型的船型参数化设计方法，能够快速、准确的生成所需船型曲面，可以优化船舶设计早期阶段的工作效率。

(2) 神经网络中神经元数目、网络层数对生成船型的精度有显著影响，对于船型生成任务，浅层网络性能更好。

(3) 模型性能与数据集规模、数据格式密切相关，为获得更加精确的生成结果，应不断优化船型数据集。

(4) 神经网络方法可以有效利用当前大数据资源，在计算机辅助设计领域具有较高的参考价值与实用前景。

参 考 文 献

[1] LU C, LIN Y, JI Z. Ship hull representation based on offset data with a single NURBS surface[J]. Ship Technology Research, 2007, 54(2): 81-88.

[2] 钱宏, 刘敏, 贺庆, 等. 基于NURBS曲面插值的船体曲面重构[J]. 中国造船, 2016, 57(01): 138-148.

[3] 查乐, 朱仁传. 基于 IGES 的船体 NURBS 曲面网格划分[J]. 第二十九届全国水动力学研讨会论文集(上册), 2018: 581-587.

[4] COPPEDE A, VERNENGO G, VILLA D. A combined approach based on subdivision surface and free form deformation for smart ship hull form design and variation[J]. Ships and Offshore Structures, 2018, 13(7): 769-778.

[5] ZHOU H, FENG B, LIU Z, et al. NURBS-Based parametric design for ship hull form[J]. Journal of Marine Science and Engineering, 2022, 10(5): 686.

[6] LECUN Y, BENGIO Y, HINTON G. Deep learning[J]. Nature, 2015, 521(7553): 436-444.

[7] SCHMIDHUBER J. Deep learning in neural networks: an overview[J]. Neural Networks, 2015, 61: 85-117.

[8] FENG F, NA W, JIN J, et al. Artificial neural networks for microwave computer-aided design: the state of the art[J]. IEEE Transactions on Microwave Theory and Techniques, 2022, 70(11): 4597-4619.

[9] WANG Y, JOSEPH J, ANIRUDDHAN UNNI T P, et al. Three-dimensional ship hull encoding and optimization via deep neural networks[J]. Journal of Mechanical Design, 2022, 144(10).

[10] GUNPINAR E, COSKUN U C, OZSIPAHI M, et al. A generative design and drag coefficient prediction system for sedan car side silhouettes based on computational fluid dynamics[J]. Computer-Aided Design, 2019, 111: 65-79.

[11] SHAEFFER A K, WILSON W, YANG C. Application of machine learning to early-stage hull form design[C]// SNAME Maritime Convention, smc-2020-098, 2020.

[12] AO Y, LI Y, GONG J, et al. An artificial intelligence-aided design (AIAD) of ship hull structures[J]. Journal of Ocean Engineering and Science, 2023, 8(1): 15-32.

[13] PIEGL L. On NURBS: a survey[J]. IEEE Computer Graphics and Applications, 1991, 11(01): 55-71.

[14] 张驰, 郭媛, 黎明. 人工神经网络模型发展及应用综述[J]. 计算机工程与应用, 2021, 57(11): 57-69.

[15] BENZ P, ZHANG C, KARJAUV A, et al. Revisiting batch normalization for improving corruption robustness [C]// Proceedings of the IEEE/CVF Winter Conference on Applications of Computer Vision, 2021: 494-503.

[16] WANG W, LU Y. Analysis of the Mean Absolute Error (MAE) and the Root Mean Square Error (RMSE) in assessing rounding model[J]. IOP Conference Series: Materials Science and Engineering, 2018, 324(1): 012049.

[17] DE MYTTENAERE A, GOLDEN B, LE GRAND B, et al. Mean absolute percentage error for regression models[J]. Neurocomputing, 2016, 192: 38-48.

Parametric Design of Ship Hull Based on Neural Networks with Prior Constraints

WANG Yang[1,2], HAO Zhailiu[2], WU Jingfang[1,2], ZHANG Tao[1,2*]

(1. Jiangnan University, Wuxi 214000, China;
2. China Ship Scientific Research Center, Wuxi 214000, China)

Abstract

At present, the traditional parametric design of ship hulls mainly adopts the interpolation method, which is complicated and has limitations in the nonlinear approximation of complex surfaces. To solve the above problems, a parametric design method that directly applies the prior constraint neural network model to ship surface generation is proposed in this paper. First, the ship surface dataset is constructed according to the ship design requirements, which contains the ship feature parameters and the corresponding NURBS slice surfaces. Second, a neural network with prior constraints for hull parametric design is designed, trained, and optimized. Finally, the trained network model is deployed, input the characteristic parameters of the target ship shape and output the desired ship shape surface. The validation results show that the trained network model can accurately generate ship surfaces that meet the design requirements, and the average error of the test samples is less than 5%, which has high reference value and practical prospects in the field of computer-aided design.

Key words: Computer-aided design; Deep learning; NURBS; Parametric design

作者简介

王　洋　男，1998年生，硕士研究生。主要从事机器视觉、人工智能等方面研究。
郝寨柳　男，1984年生，高级工程师。主要从参数化建模、船型优化等方面研究。
吴敬芳　女，1997年生，硕士研究生。主要从事机器视觉、人工智能等方面研究。
张　涛　女，1985年，副教授。主要从事机器视觉、人工智能等方面研究。
*通讯作者：张涛

一种基于贝叶斯调参的神经网络近似模型在船型优化中的应用

张 奕[2,3]，马 宁[1,2,3]，顾解忡[1,2,3]，史琪琪[1,2,3]

(1. 上海交通大学 海洋工程国家重点实验室，上海 200240；
2. 上海交通大学 船舶海洋与建筑工程学院，上海 200240；
3. 上海交通大学 海洋装备研究院，上海 200240)

摘　要

　　论文介绍了一种在船体形状自动优化过程中，利用贝叶斯优化建立多层感知器(MLP, Multilayer Perceptron)近似模型的方法。利用少量的模拟构建的 MLP 回归的近似模型代替了计算流体动力学(CFD)求解器来求解计算量较大的数值模拟。MLP 模型有许多参数，这些参数在很大程度上决定了模型的准确性，被称之为超参数。论文提出了一种贝叶斯调参的训练方法来获得这些参数。通过训练拉丁超立方体采样收集的数据，由优化后的超参数组成的 MLP 模型具有更高的回归精度。以 KRISO 集装箱船(KCS)为研究对象，对模型进行了验证，结果表明，该方法在船体优化中具有较好的精度和较少的时间消耗。

关　键　词：船型优化；多层感知器；近似模型；贝叶斯调参
中图分类号：U661.1

0 引　言

　　船体形状设计对船舶水动力性能有重要影响。基于仿真的设计(Simulation Based Design, SBD)技术为船型设计开辟了新的局面。该技术可以帮助设计工程师在约束条件下探索设计空间，并自动获得最佳设计方案[1-3]。图1显示了船型自动优化程序示意图，它主要包括了参数建模器、水动力性能求解器和优化算法。

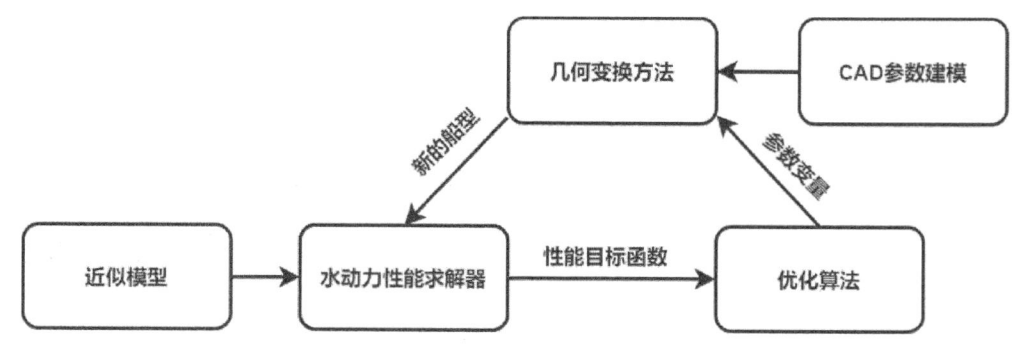

图 1　船型优化程序示意图

　　优化过程中需要大量的求解器模拟，这种时间和计算资源消耗很庞大而且通常是不可接受的。随着数据科学的快速发展，基于数据的近似模型算法可以在保证一定精度的情况下替代水动力性能求解

收稿日期：2022-11-21；修改稿收稿日期：2022-11-28

器预测水动力性能[4-6]。国内外对于近似模型的研究已经进行很长时间，经典的近似模型有响应面法(Response Surface Model, RSM)模型[7]、径向基函数(Radial basis function, RBF)模型[8]和克里金(Kriging)模型[9]。基于机器学习算法(Machine Learning Algorithms, MLA)的近似模型由于其强大的非线性表示、泛化和学习能力，在快速性能预测中越来越受到重视[10-11]。其中，MLP模型[12]被广泛用作回归预测模型。

通常，MLA回归模型包含模型参数和超参数[13]。通过拟合训练数据获得模型参数。控制模型结构和训练过程的超参数由使用者在训练前分配[14]。超参数包括分类超参数、离散超参数和连续超参数，是指用于指导神经网络模型运行的配置变量，例如学习率、隐藏层层数和优化方法等[15-16]。许多论文表明可以使用MLA回归模型来达到较好的拟合近似效果，然后向读者提供一组超参数组合以再现效果。事实上，这些超参数都是通过长时间的人工选择尝试获得的，在此过程中需要消耗大量的人工消耗。机器学习模型中的超参数优化通常被认为是一个黑箱优化问题，Bergstra在2011年的工作首次开创了机器学习模型的超参数优化领域[17]。主要的超参数优化方法如下：网格搜索(GS)[18]、随机搜索(RS)[19]、进化算法(EA)[20]和贝叶斯优化(BO)[21-22]。

GS是一种在超参数范围所构成的固定域中类似穷举搜索最优配置的方法。如果超参数的域相对较小，则该方法是有效的。RS是一种在给定有限的执行时间和资源的情况下，在搜索空间中随机选择超参数组合的方法。该方法可能无法找到最佳集合，并且难以控制搜索时间。此外，上述两种方法无法从其过去的结果和经验中学习，每次的超参数选择都是独立的。EA不适合超参数优化，因为它需要足够的样本点，并且优化效率不是很好。实验结果表明，贝叶斯优化算法优于其他全局优化算法[23]，贝叶斯优化是解决黑箱优化问题的一种非常有效的优化算法。它将未知函数的先验信息与样本信息相结合，利用贝叶斯公式获得函数分布的后验信息，然后，基于后验信息，我们可以推断函数在何处获得最佳值[24]。

论文工作的结构如下。首先，第1节描述了参数几何修改模型、船舶数值模拟求解器和优化算法。第2节描述了MLP近似模型和贝叶斯优化方法。第3节描述了优化的操作流程。第4节给出并讨论了优化结果。最后，第5节给出结论。

1 SBD 的基本要素

成功的船型优化的关键在于高效的几何修改模型、高精度快速求解器和高效的优化算法。在优化过程中，使用基于径向基函数插值的表面修改技术用于定义船体表面的局部变化，使用SHIPFLOW软件进行了水动力数值模拟，使用软件ISIGHT内置的多岛遗传算法用于搜索优化空间。

1.1 径向基函数插值变形方法

如果船体表面由离散点表示，其离散点 $x=(x,y,z)$ 的位移即船型变换的量，可通过径向基函数的和近似表达[25]：

$$s(x) = \sum_{j=1}^{N} \lambda_j \phi(x-x_j) + p(x) \tag{1}$$

式中，$x_j=(x_j,y_j,z_j)$是径向基函数的中心，N是控制点的数量，ϕ是关于 x 的欧式距离的给定径向基函数。大量研究给出了多种形式的径向基函数，可用于插值数据集，根据特征的不同可分为全支撑、局部支撑和紧支撑的径向基函数[26]。为了实际应用，论文采用 Wendland 紧支撑径向基函数[27]，其中低阶基函数会导致精度损失，而高阶基函数需要更多的计算资源。考虑到这一点，Wendland C2 基函数具有较好的平滑度，船体变形也不会过于剧烈，本文选择此为径向基函数，其表达式如下：

$$\phi(\eta) = (1-\eta)^4(4\eta+1) \tag{2}$$

在式(1)中，$p(x)$是一个低阶多项式，其表达式如下：

$$p(x) = c_1 + c_2 x + c_3 y + c_4 z \tag{3}$$

式(3)具体表达式如下：

$$\begin{bmatrix} x_1 \\ x_2 \\ x_3 \end{bmatrix} = \begin{bmatrix} c_{1x} & c_{2x} & c_{3x} \\ c_{1y} & c_{2y} & c_{3y} \\ c_{1z} & c_{2z} & c_{3z} \end{bmatrix} \cdot \begin{bmatrix} x \\ y \\ z \end{bmatrix} + \begin{bmatrix} c_{4x} \\ c_{4y} \\ c_{4z} \end{bmatrix} = A \cdot \begin{bmatrix} x \\ y \\ z \end{bmatrix} + T \tag{4}$$

式中，A表示旋转和缩放的复合变换，T表示平移变换。式(1)中的λ_j和式(3)中的c_i由插值条件决定：

$$s(x_j) = f_j, \quad j = 1,\cdots,N \tag{5}$$

式中，f_j是控制点位移的变换，如果位移为0，则视为固定控制点，如果位移不为0，则被认为是移动控制点，N是控制点的个数，另外，方程还需要满足正交约束：

$$\sum_{j=1}^{N} \lambda_j p(x) = 0, \quad \sum_{j=1}^{N} \lambda_j = 0, \quad j = 1,\cdots N \tag{6}$$

式中，x表示的是固定控制点和移动控制点。这样，λ_j和c_i的解由如下方程得到：

$$\begin{pmatrix} f \\ 0 \end{pmatrix} = \begin{pmatrix} M & P \\ P^T & 0 \end{pmatrix} \begin{pmatrix} \lambda \\ c \end{pmatrix} \tag{7}$$

然后将船体表面上点的坐标代入方程(1)，可以获得所有待解点的新坐标，从而实现船体表面形状修改的转换。在船体形状优化中，固定控制点用于保持船体表面不变，移动控制点用作设计变量以使船体变形。

1.2 CFD 分析和验证

论文中使用了两种求解器，SHIPFLOW 和 Star-CCM。

SHIPFLOW 将整个求解域划分为三个区域，并分别使用三个模型进行计算（如图 2 所示）。区域 1 是势流区域，覆盖整个船体和周围自由表面，采用 Rankine 源法求解兴波阻力。区域 2 表示船体表面上的薄边界层，基于动量积分法对边界层的厚度进行积分，以计算船舶前 2/3 船体上的摩擦阻力。区域 3 覆盖船体尾部，并延伸至尾流区域的一半船体长度，在这一区域，基于湍流模型的 RANS 方法被用于求解粘性阻力。

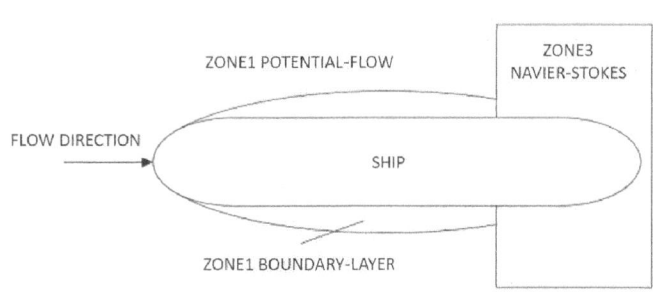

图 2 SHIPFLOW 计算域示意图

Star-CCM 采用数值水池进行数值模拟计算,图 3 显示了计算域和边界条件。由于船关于中纵剖面对称,计算时采用半船模型(数值结果换算到整船)。数值计算域长为 $5L_{pp}$(L_{pp} 是船的垂线间长),宽为 $2.5L_{pp}$,其中船前方取 $1.5L_{pp}$,船后方取 $2.5L_{pp}$,水深取 $2.5L_{pp}$,水平面距上界 $1.5L_{pp}$。

网格的质量决定了计算的精度,在优化之前,必须选择适当的网格。论文将 KCS 船作为验证模型,该船的主要尺度列于表 1 中。

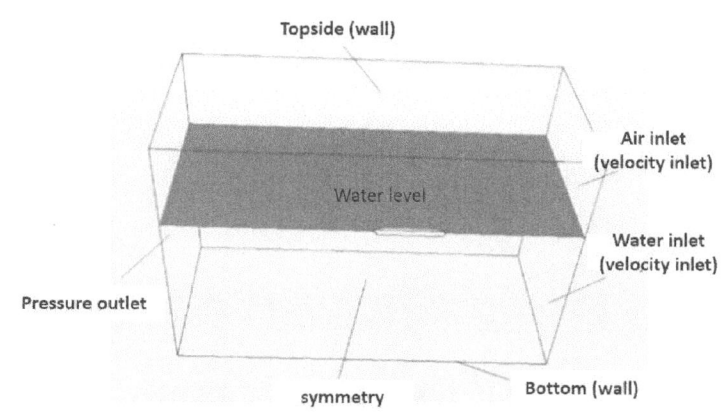

图 3 Star-CCM 的计算域和边界条件

表 1 KCS 船主尺度

参数	值
设计水线长 L_{WL}/m	230
型宽 B/m	32.2
型深 D/m	19
吃水 T/m	10.8
排水量 ∇/m³	52030
湿表面面积 S/m²	9424
Frude number (Fr)	0.26
Scale ratio (λ)	31.6

SHIPFLOW 的内置网格设置分为三种类型:粗、中和细(KCS 船网格数量分别为:280140、330270 和 389355)。图4和表2显示了数值计算和实验测量的总阻力系数之间的比较,总阻力系数表达式如式(8)所示,其中 R_t 表示总阻力,ρ 表示密度,v 表示排水体积,S 表示湿表面积。与实验结果相比,可以看出细网格和中网格的SHIPFLOW计算结果几乎相同。而在低Fr区域,Star-CCM在趋势上比其他求解器具有更好的精度,但它消耗更多的时间。

表 2 实验与仿真的结果对比 C_t

Fr	粗网格/10⁻³	中网格/10⁻³	细网格/10⁻³	Star-CCM/10⁻³	实验/10⁻³
0.152	4.132	4.114	4.128	3.370	3.641
0.195	3.791	3.782	3.789	3.335	3.475
0.227	3.654	3.648	3.651	3.411	3.467
0.260	3.599	3.674	3.681	3.563	3.711
0.282	4.341	4.341	4.364	4.162	4.501

$$y_n = C_t = \frac{Rt}{\frac{1}{2}\rho v^{2}s} \tag{8}$$

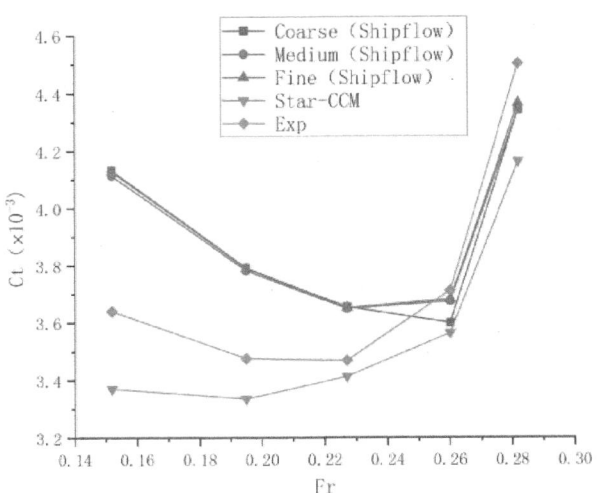

图 4　KCS 船的总阻力数值和实验结果

考虑到时间消耗和精度，本文在优化过程中选择具有中网格配置的SHIPFLOW进行水动力数值模拟，并选择Star-CCM作为验证。

1.3　多岛遗传算法

多岛遗传算法是一种先进的遗传算法，具有优异的全局搜索能力和更好的搜索效率。与传统的遗传算法相比，多岛遗传算法将种群划分为几个岛，分别在每个岛屿上单独进行传统的遗传算法操作，然后个体在岛屿之间迁移，迁移过程由两个参数控制：迁移速率和迁移间隔。迁移率表示从每个岛屿迁移的个体的百分比，迁移间隔表示每次迁移之间的代数。论文采用多岛遗传算法进行空间寻优。

2　基于 MLP 回归的近似模型

近似模型算法是一种替代求解器用于优化的技术，论文使用Sklearn[28]（Python中的机器学习第三方库）的MLP模型作为代理模型。

2.1　MLP 模型的定义

MLP是一种多层前馈神经网络模型，也称为深度前馈网络，由于MLP具有良好的非线性映射能力，在预测系统中取得了良好的效果。

MLP具有正向和反向信号传播，即函数信号和误差信号。函数信号正向传播，它通过神经元从输入传播到输出。将ω_{ji}表示与隐藏节点j相关联的输入x_i的权重向量，整个网络的输出是带有权重v_l的各隐藏节点函数的加权和。因此，对于给定输入向量的具有隐藏节点的信号隐藏层网络的输出函数表示为：

$$y_n = y(x_1, x_2, \cdots, x_m) = \sum_{j=1}^{l} v_l f\left(\sum_{i=1}^{m} \omega_{ji} x_i + \theta_j\right) \tag{9}$$

式中，θ_j表示第j个隐藏节点的阈值。误差信号进行反向传播，当网络输出结果时，通常使用能量函数将输出结果与预期结果进行比较，以获得误差信号。神经元接收误差信号，计算梯度向量，并通过整个网络调整权重。

2.2 MLP 模型的超参数

大量研究表明，MLP模型可以近似任何连续函数[29]。然而，MLP模型的回归能力取决于负责定义MLP的拓扑结构、学习能力、权重初始化和正则化系数的超参数。论文中优化的超参数是神经元、隐藏层、求解器、激活函数、alpha、学习率和初始学习率。

神经元和隐藏层：神经元和隐藏层数量体现输入和输出之间建立的MLP模型的映射能力。一方面，过多的神经元增加了时间计算，且更有可能产生过拟合，另一方面，更少的神经元和更少的隐藏层限制了MLP的映射能力。

求解器：MLP的求解器用于优化权重。求解器包括三种方法：LBFGS方法、SGD（随机梯度下降）方法和ADAM（自适应的矩估计梯度下降）方法。

激活函数：激活函数是MLP结构中神经元的基函数，它构成了模型的非线性拟合能力。图5展示了论文中三种激活函数：Logistic、ReLU（修正线性单元）、Tanh（双曲正切）。

Alpha：是损失函数中的L2正则化项，能够改进具有有限样本大小和大量参数的网络的泛化能力以及避免过度拟合。

学习率和初始学习率：利用学习率的随机梯度下降来优化损耗。当求解器为SGD时，调整学习率的方法，包括"Constant"、"Invscaling"和"Adaptive"。Constant表示用恒定的学习率更新权重，类似地，Adam方法使用初始学习率来更新权重。Invscaling使用"power_t"的逆缩放指数在每个时间步长"t"处逐渐降低学习率。Adaptive只要训练损失不断减少一直使用初始学习率，如果每两个连续的时刻未能将训练损失减少到一个阈值'tol'，则将当前的学习率除以5。

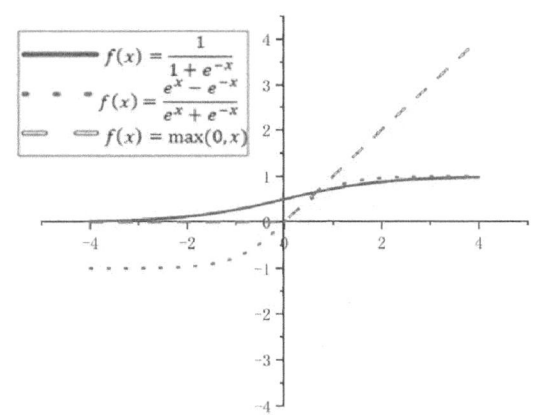

图5 激活函数示意图

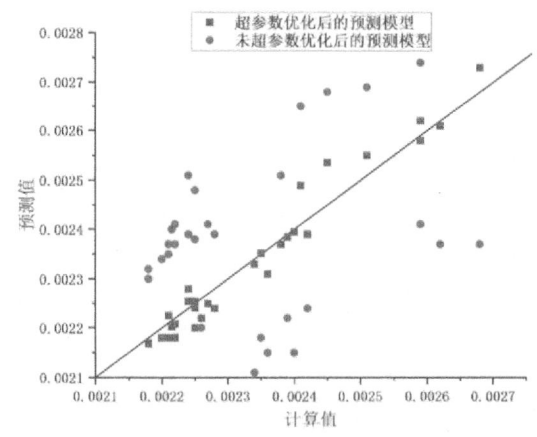

图7 不同超参数构建的MLP模型回归对比示意图

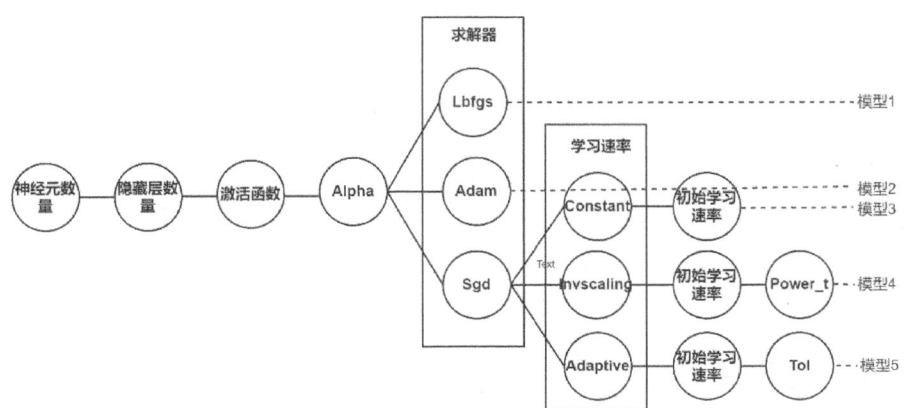

图6 MLP模型超参数示意图

如图6所示，MLP模型可分为由不同超参数组成的五个模型。上述超参数设置决定了MLP模型的性能。图7显示了使用相同数据集和不同超参数训练的MLP模型在预测性能方面的差异。

3 贝叶斯优化

Snoek等[21]提出了关于机器学习超参数调参的贝叶斯优化方法。基于序列模型的全局优化(SMBO)是解决超参数优化问题的有效方法。SMBO使用贝叶斯优化方法，该方法用于跟踪先前的评估，并基于概率模型选择后续的超参数集。贝叶斯优化主要包括四个方面：搜索空间、目标函数、概率回归模型和获取函数。贝叶斯优化可以简化为以下步骤[30]：

(1) 建立概率回归模型；
(2) 初始化一些随机的超参数集；
(3) 根据获取函数建议的超参数集评估模型(如果是第一次试验，从步骤(2)选择超参数)并计算目标函数的得分；
(4) 根据新的建议超参数和分数更新替代模型；
(5) 重复步骤(3)和(4)，直至达到给定的迭代次数。

搜索空间是由各项超参数范围构造的空间，这些超参数可以是连续的或离散的。目标函数是在给定的搜索空间内通过获取函数得到的一组超参数上训练机器学习模型后输出的损失值函数，损失值函数的定义可以是绝对误差，均方误差等论文以10折叠交叉验证的均方误差作为目标(损失值)函数，表达式如下：

$$Loss = \sum_{n=1}^{10} MSE(\theta_n - \theta_n) \tag{10}$$

泛化能力是指模型在训练集上训练后准确预测新数据的能力。K-fold交叉验证是一种评估模型泛化能力的方法。10折叠交叉验证的基本步骤如下：

(1) 原始数据集被分成10个子集，样本大小尽可能均衡；
(2) 第1子集被用作测试集，第2到第10子集被组合作为训练集；
(3) 训练集用于训练模型并计算评价函数的结果；
(4) 重复步骤(2)~(3)，依次取第2~10个子集作为测试集；
(5) 计算评价函数的平均值；

图8显示了本文中应用的10折叠交叉验证示意图。

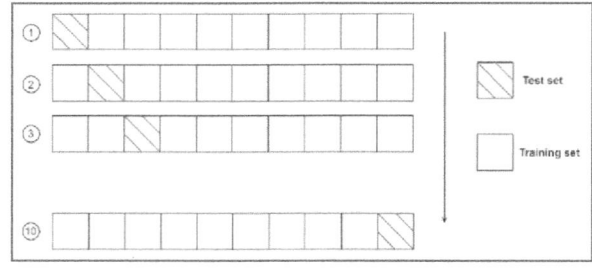

图8 10折叠交叉验证示意图

概率回归模型是使用先验的评估建立的，是目标函数的概率模型，因此每次迭代都通过评估目标函数上的超参数来更新概率回归模型。在给定的超参数集x下，目标函数y的概率回归模型的表达如下：

$$f(x) = p(y|x) \tag{11}$$

在该模型下，我们能够知道给定超参数集下的目标函数分布，论文具体的概率回归模型是由高斯过程回归建立。获取函数的作用是在每次迭代过程中为下次训练提供一组超参数集，为最优的超参数集提供方向。获取函数使用概率回归模型和前一组超参数的预测目标函数值来构建，最常用的获取函数是通过预期改进(EI，Expected Improvement)：

$$EI_{y^*} = \int_{-\infty}^{y^*} max(y^* - y, 0) \cdot p(y|x)dy \tag{12}$$

这里y^*是目标函数的阈值，x是建议的超参数集，y是使用超参数x的目标函数的实际值。目标是最大化x的预期改进，这意味着在概率模型$p(y|x)$下找到最佳超参数。如果$p(y|x)$在$y<y^*$处到处为零，那么超参数x预计不会产生任何改进。如果积分是正的，则意味着超参数x预期产生比阈值更好的结果。

4 船型优化的流程

船型优化的基本过程如下：

(1) 敏感度分析和选择RBF控制点。优化变量的选择通常决定优化结果的质量，具有更高变化范围或更好性能的控制点可能导致更好的优化结果。分别对船首以兴波阻力为目标和对船尾以总阻力为目标进行敏感度分析。此外，作为影响兴波阻力的一个重要因素，在球鼻艏鼻尖点处设置了一个RBF控制点以进行纵向的拉伸变换，即表示球鼻艏长度方向上优化变量。为了确保不影响船中部轮廓，在船中部区域设置了控制点。

(2) 取样和水动力计算。采样策略决定了近似模型的精度，本文使用拉丁超立方体方法进行采样。

(3) 训练MLP近似模型。通过MLP模型建立控制点与性能之间的映射关系来替代水动力计算求解器。MLP模型的超参数通过贝叶斯优化方法进行调整。具有不同层数的神经网络被单独训练，每个贝叶斯优化过程进行1000次迭代。

(4) 开始优化。为了满足工程要求，应限制排水体积和湿表面积。优化模型如下：

$$Min\,静水总阻力 \tag{13}$$

$$s.t.\ -0.5\% < \frac{S_{opt} - S_{original}}{S_{original}} < 0.5\% \tag{14}$$

$$-0.5\% < \frac{V_{opt} - V_{original}}{V_{original}} < 0.5\% \tag{15}$$

5 结果与讨论

根据敏感度分析的结果和优化变量的维度(如图9所示)，最终选择了8个控制点作为优化变量。图10显示了敏感度分析后8个控制点在优化区域的位置示意图。对8个优化变量进行了400个采样点的水动力计算，图11显示采样点在设计空间中分布均匀。图12显示了具有不同层的神经元的贝叶斯调参过程的损失函数结果图结果中消除了损失大于0.01的点，这里将它们看作欠拟合或过拟合的结果。可以看出当神经元层数较多时，欠拟合和过拟合的结果更多。图13显示了不同神经元层数训练出的最佳结果，可以看出，虽然理论上少量的神经网络层可能意味着较低的映射能力，但测试表明，当神经网络层的数量为3时的调参结果最优。这意味着，对于较多的神经元层数，可能需要更长时间的调参。同时可以看出，不同数量神经元层数训练出的最佳结果几乎没有差异。论文中使用贝叶斯方法调整MLP模型的超参数的整个过程需要12个小时不到。与简单克里格模型相比，具有优化参数的MLP模型具有更好的精度，如图14所示（图中直线的斜率为1，横坐标实际计算值，纵坐标是两种模型的预测值）。文中使用了相同的方法训练排水体积和湿表面积的近似模型。

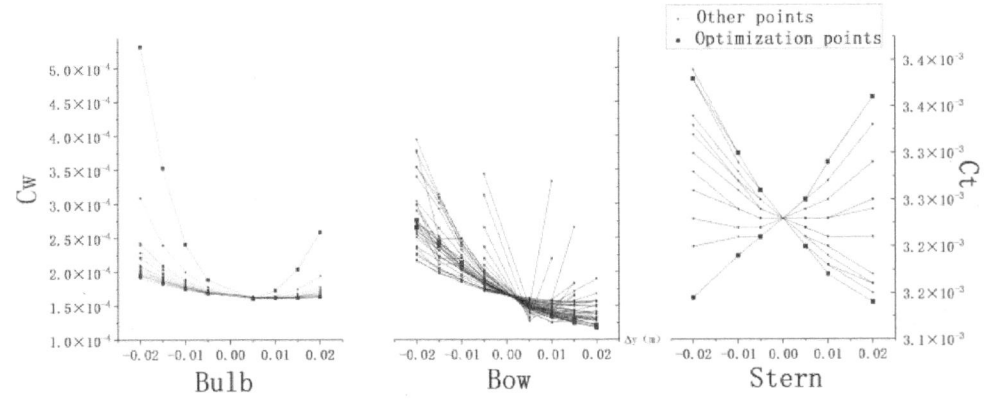

图 9 敏感度分析结果

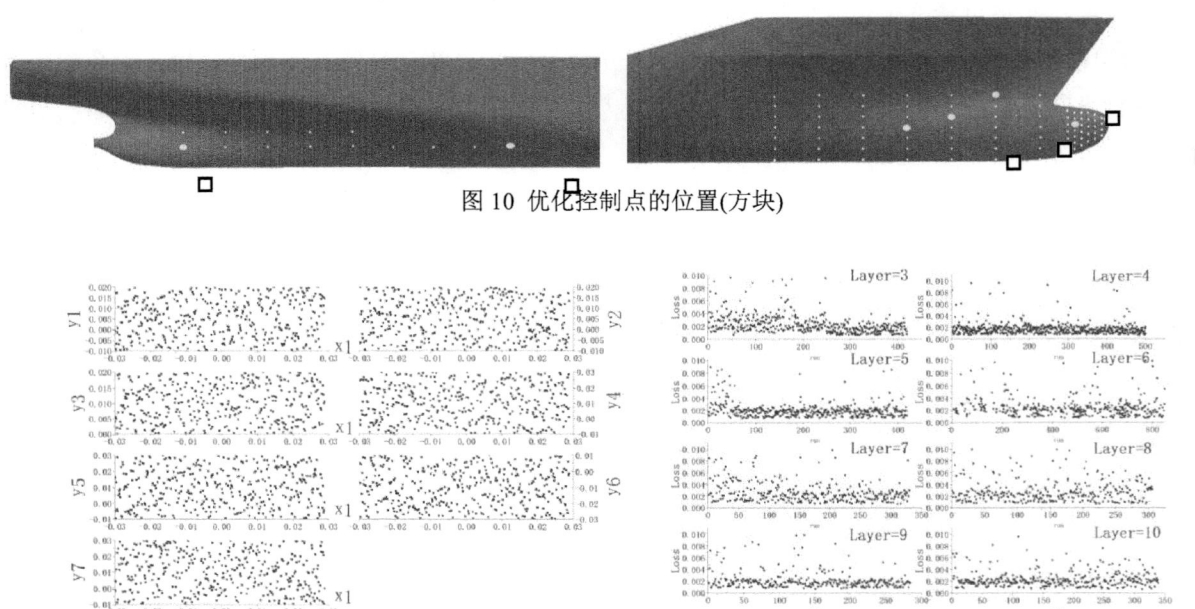

图 10 优化控制点的位置(方块)

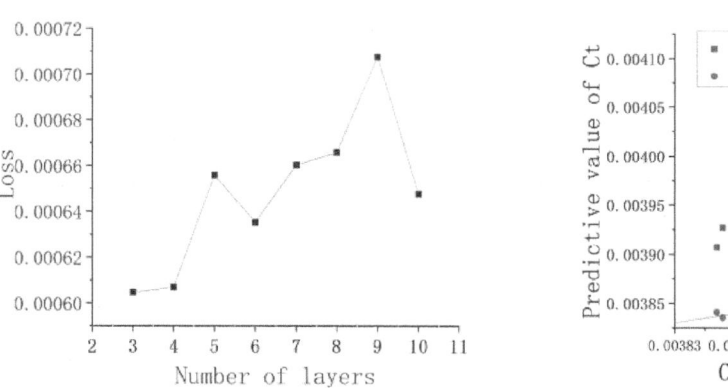

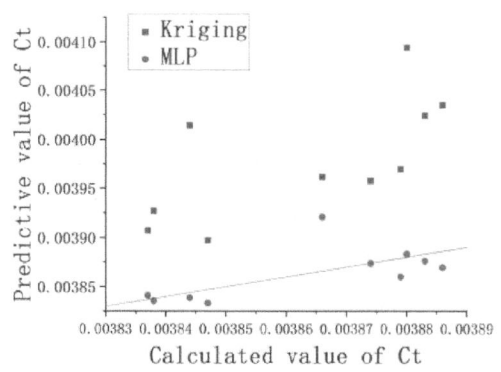

图 11 拉丁超立方采样示意图　　图 12 不同神经元层数的贝叶斯调参过程的损失结果图

图 13 不同神经元层数的最优调参结果　　图 14 贝叶斯优化后的 MLP 模型和简单克里金模型的拟合效果对比

使用多岛遗传算法进行优化。图15显示了8000次迭代后的优化迭代结果，结果表明了收敛的趋势。在优化迭代之后，选择最优解进行水动力计算，以验证预测值的准确性。选择三个解进行比较，一个是最优解，另两个是优化过程中的中间解。表3中列出的三个最优解的预测值和计算值之间的误差，分析表明MLP近似模型具有良好的准确性。在预测精度方面，误差小于1%，满足工程精度要求。

使用Star-CCM对最优船型进行总阻力验证。表4显示了用SHIPFLOW和Star-CCM对最优船型在Fr=0.26时的总阻力系数、排水体积和湿表面积变化结果。最优船型的总阻力系数使用SHIPFLOW计算降低了2.71%，使用Star-CCM降低了5.43%。此外，排水体积增加0.35%，湿表面积增加0.41%。为了进一步验证优化结果，在图16所示的一定速度范围内对最优解进行了数值模拟，数据表明，当Fr>0.2时，阻力系数明显降低。

表 3 MLP 近似模型预测值误差分析

案例	预测值/10^{-3}	计算值/10^{-3}	误差
Case 1	3.562	3.580	-0.945%
Case 2	3.566	3.588	-0.613%
Case 3	3.572	3.596	-0.667%

表 4 原始设计和优化设计的结果对比表

参数	原始船型	优化船型	变化
Case 1 C_t (总阻力, fr=0.26)	3.68×10^{-3}	3.58×10^{-3}	-2.71%
(Shipflow/Star-CCM)	/3.56×10^{-3}	/3.37×10^{-3}	/-5.43%
V(排水量)/m^3 (Shipflow)	1.6453	1.6511	+0.35%
S(湿表面积)/m^2 (Shipflow)	9.68	9.72	+0.41%

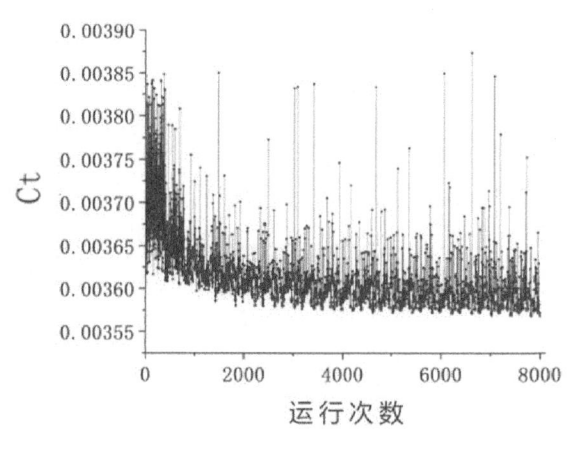

图 15 优化迭代图

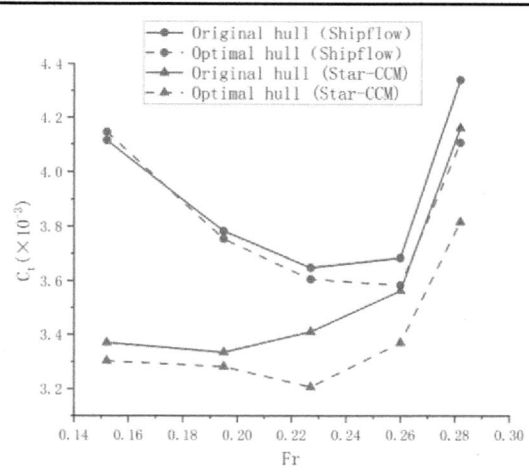

图 16 优化前后总阻力系数对比图

图17显示了初始设计和优化设计在三个区域的比较：球鼻艏、船艏和船尾。最优型线用绿色标记，初始设计用红色标记。就球鼻艏和船首而言，最优型线比初始设计更大，球鼻艏的长度更长。相反，优化后的船尾形状相对较瘦削。图18显示了初始设计和最优型线在Fr=0.26速度下的计算波形，根据观察，最优型线的体型减小了船首和肩部兴波，其振幅减小，从而降低了总阻力系数。此外，最优型线的波场分布更为柔和，波幅更小。

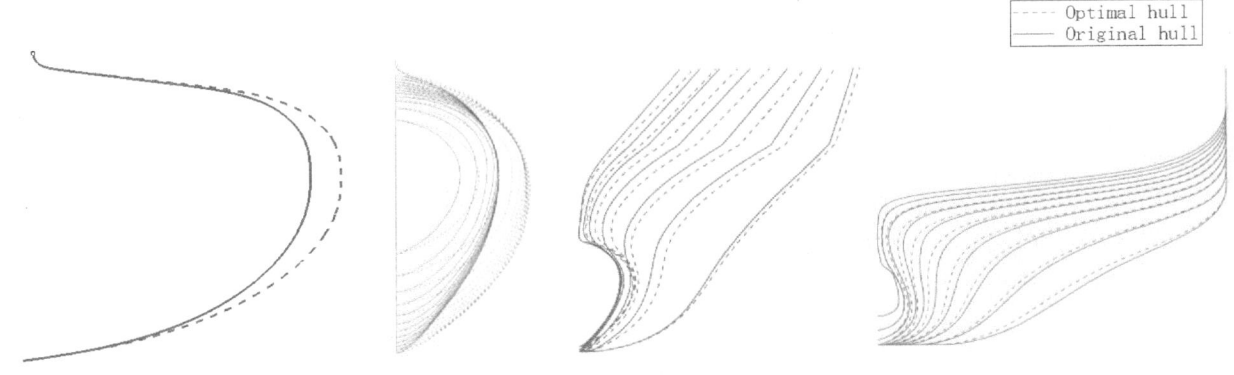

图 17 优化前后型线对比图

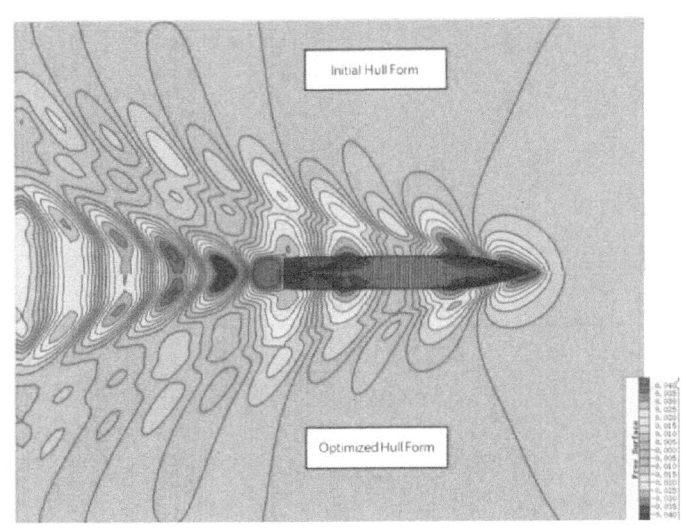

图 18 优化前后波形对比图(Fr=0.26)

6 结 论

  基于多岛遗传方法和径向基函数几何变形方法，结合 MLP 近似模型，建立了一个自动优化平台。通过该平台，可以实现船体模型的自动生成、水动力性能分析。用 CFD 计算拉丁超立方采样后的型线方案的流体动力学性能，贝叶斯优化算法用于调整 MLP 近似模型的超参数。通过超参数调整，MLP 近似模型的精度损失较小，其最优船型的预测误差在 1%以内。论文用 KCS 船作为验证模型，优化旨在降低 Fr=0.26 时静水中的船体总阻力系数。结果表明，使用 SHIPFLOW 实现了 2.71%的阻力系数降低。

  MLP 模型的超参数决定了近似模型的质量，使用贝叶斯方法来优化超参数可以大大提高替代模型的准确性，并减少无用的时间消耗，避免人工调参造成的过拟合结果。因此，基于贝叶斯超参数调参的 MLP 近似模型的应用是在满足精度的同时减少计算时间的有效途径，为快速优化设计提供了一种有效的方法。

参 考 文 献

[1] 欧阳旭宇, 常海超, 刘祖源, 等. 自适应采样方法在船型优化中的应用[J]. 上海交通大学学报, 2022, 56(7): 7.

[2] 刘志强, 刘鑫旺, 万德成. 基于 CFD 数值模拟和模型试验的三体船片体位置优化[J]. 中国造船, 2022(002): 063.

[3] 赵峰, 李胜忠, 杨磊. 全局流场优化驱动的船舶水动力构型设计新方法[J]. 水动力学研究与进展：A 辑, 2017, 32(4): 13.

[4] NIUTTA C B, WEHRLE E J, DUDDECK F, et al. Surrogate modeling in design optimization of structures with discontinuous responses[J]. Structural and Multidisciplinary Optimization, 2018, 57(5): 1857-1869.

[5] DU X, ZHU F. A new data-driven design methodology for mechanical systems with high dimensional design variables[J]. Advances in Engineering Software, 2018, 117: 18-28.

[6] 常海超, 冯佰威, 刘祖源, 等. 近似技术在船型阻力性能优化中的应用研究[J]. 中国造船, 2012, 53(1): 11.

[7] 印磊, 苏小平, 潘杰, 等. 基于响应面模型和 ASA 算法的汽车车灯灯体注塑成型工艺参数优化[J]. 塑料工业, 2021(009): 049.

[8] FORRESTER A I J, Keane A J. Recent advances in surrogate-based optimization[J]. Progress in aerospace sciences, 2009, 45(1-3): 50-79.

[9] 王刚成, 马宁, 顾解忡. 基于 Kriging 代理模型的船舶水动力性能多目标快速协同优化[J]. 上海交通大学学报, 2018(6): 8.

[10] 陈小平, 刘希洋, 周诗楠, 等. 数据驱动的船舶快速性能代理模型预报方法[J]. 舰船科学技术, 2022, 44(4): 6.

[11] NIE Z, LIN T, JIANG H, et al. TopologyGAN: Topology optimization using generative adversarial networks based on physical fields over the initial domain[J]. Journal of Mechanical Design, 2021, 143(3): 1-13.

[12] RYNKIEWICZ J. Asymptotic statistics for multilayer perceptron with ReLU hidden units[J]. Neurocomputing, 2019, 342: 16-23.

[13] CASTRO W, OBLITAS J, SANTA-CRUZ R, et al. Multilayer perceptron architecture optimization using parallel computing techniques[J]. PloS one, 2017, 12(12): e0189369.

[14] HUTTER F, KOTTHOFF L, VANSCHOREN J. Automated machine learning: methods, systems, challenges[M]. Springer Nature, 2019: 219.

[15] PENG Y, GONG D, DENG C, et al. An automatic hyperparameter optimization DNN model for precipitation prediction[J]. Applied Intelligence, 2022, 52(3): 2703-2719.

[16] DECASTRO-GARCÍA N, MUÑOZ CASTAÑEDA Á L, ESCUDERO GARCÍA D, et al. Effect of the sampling of a dataset in the hyperparameter optimization phase over the efficiency of a machine learning algorithm[J]. Complexity, 2019(6): 1-16.

[17] BERGSTRA J, BARDENET R, BENGIO Y, et al. Algorithms for hyper-parameter optimization[J]. Advances in neural information processing systems, 2011, 24: 2546–2554.

[18] 温博文, 董文瀚, 解武杰, 等. 基于改进网格搜索算法的随机森林参数优化[J]. 计算机工程与应用, 2018, 54(10): 4.

[19] FLOREA A C, ANDONIE R. A dynamic early stopping criterion for random search in svm hyperparameter optimization[C]. IFIP International Conference on Artificial Intelligence Applications and Innovations. Springer, Cham, 2018: 168-180.

[20] HAN J H, CHOI D J, PARK S U, et al. Hyperparameter optimization using a genetic algorithm considering verification time in a convolutional neural network[J]. Journal of Electrical Engineering & Technology, 2020, 15(2): 721-726.

[21] 邓帅. 基于改进贝叶斯优化算法的 CNN 超参数优化方法[J]. 计算机应用研究, 2019, 36(7): 4.

[22] FALKNER S, KLEIN A, HUTTER F. BOHB: Robust and efficient hyperparameter optimization at scale[C]. International Conference on Machine Learning. PMLR, 2018: 1437-1446.

[23] JONES D R. A taxonomy of global optimization methods based on response surfaces[J]. Journal of global optimization, 2001, 21(4): 345-383.

[24] 崔佳旭, 杨博. 贝叶斯优化方法和应用综述[J]. 软件学报, 2018, 29(10): 23.

[25] KIM H, YANG C. Design optimization of bulbous bow and stern end bulb for reduced drag[C]. The Twenty-third International Offshore and Polar Engineering Conference. OnePetro, 2013.

[26] MORELLI M, BELLOSTA T, GUARDONE A. Efficient radial basis function mesh deformation methods for aircraft icing[J]. Journal of Computational and Applied Mathematics, 2021, 392: 113492.

[27] WENDLAND H. Piecewise polynomial, positive definite and compactly supported radial functions of minimal degree[J]. Advances in computational Mathematics, 1995, 4(1): 389-396.

[28] KOMER B, BERGSTRA J, ELIASMITH C. Hyperopt-sklearn[M]. Automated Machine Learning. Springer, Cham, 2019: 97-111.

[29] GANG W, ZHENG O Y J. On the bound of the approximation capacity of multi-layer neural network[C]. 1991 IEEE International Joint Conference on Neural Networks. IEEE, 1991: 2299-2304.

[30] AGRAWAL T. Hyperparameter optimization in machine learning: make your machine learning and deep learning models more efficient[M]. New York, NY, USA: Apress, 2021.

Application of a Neural Network Approximate Model Based on Bayesian Tuning in Ship Form Optimization Software

Zhang Yi[2,3], Ma Ning[1,2,3], Gu Xiechong[1,2,3], Shi Qiqi[1,2,3]

(1. State Key Laboratory of Ocean Engineering, Shanghai 200240, China

2. School of Naval Architecture, Ocean and Civil Engineering, Shanghai Jiao Tong University, Shanghai 200240, China

3. Institute of Marine Equipment, Shanghai Jiao Tong University, Shanghai 200240, China)

Abstract

This paper introduces a method of using Bayesian Optimization to build a surrogate model called Multilayer Perceptron (MLP) in the process of automatic ship hull form optimization. The MLP regression replaces Computer Fluid Dynamics (CFD) solvers for solving computationally expensive numerical simulations. MLP model has many parameters called hyperparameters, which largely determine the accuracy of the model. The paper presents a training method called Bayesian tuning to obtain these parameters. By training the data collected through Latin Hypercube sampling, the MLP model composed of optimized hyperparameters has higher regression accuracy. The KRISO Container Ship (KCS) has been used as a verification model. The result shows that this procedure has better effectiveness and less time consumption in the ship hull optimization.

Key words: ship hull optimization; MLP; surrogate model; Bayesian tuning

作 者 简 介

张 奕 男，1995 年生，博士研究生。主要从事型线优化、机器学习等方面研究。

马 宁 男，1961 年生，教授。主要从事海洋波浪与船舶耐波性、波浪中失稳及其控制技术、波浪中操纵与控制、浮式海洋结构物水动力性能、船舶数字化智能设计等方面研究。

顾解忡 男，1962 年生，副教授。主要从事浮体运动学等方面研究。

史琪琪 女，1986 年生，工程师。主要从事船舶与海洋工程结构物水动力性能研究等方面研究。

*通讯作者：马宁

基于STL三角网格技术的船体外形曲面生成方法研究

钱宇亮[1]，李胜忠[2]，朱 锋[2]，刘 浩[*1]

（1. 南京航空航天大学，南京 210000；
2. 深海技术科学太湖实验室，无锡 214000）

摘 要

船舶外形曲面几何建模一直以来都是船舶设计及制造过程中的关键技术，但目前主流的NURBS曲面建模往往会使得船体曲面间存在明显缝隙，给设计制造带来很大困难。论文提出了一种基于船体外形三线构造整体STL网格的算法，根据三线和曲面拟合需要设定站位和重采样，连接相邻站位对应曲线上的点形成三角形条，构成了船体曲面整体三角网格。试验结果表明算法效果优异，计算效率大幅提高。

关 键 词：曲面重建；网格曲面；站位线；船舶外形建模
中图分类号：U662.2

0 引 言

船舶外形曲面几何模型是船舶概念设计、结构设计、船舶性能分析和船舶制造不可缺少的最基础的依据。但是，虽然CAD几何建模理论当前得到了长足的进步，细分曲面[1]、T样条曲面[2]、曲线网构造与插值[3]、等几何分析[4]等先进的几何建模技术已经出现并且在很多几何建模得以成功应用，但是，船舶领域的曲面建模和数据传递仍然以2000年左右的NURBS方法[5]为主。由于NURBS曲面在拓扑上是四边域曲面，因此NURBS方法表示船体外形曲面时，船体几何曲面总是由多个曲面片拼合而成，曲面片之间是有接缝的。图1所示是IGES格式保存的一个船体，对于IGES数据读入后，软件显示出来的曲面样式。

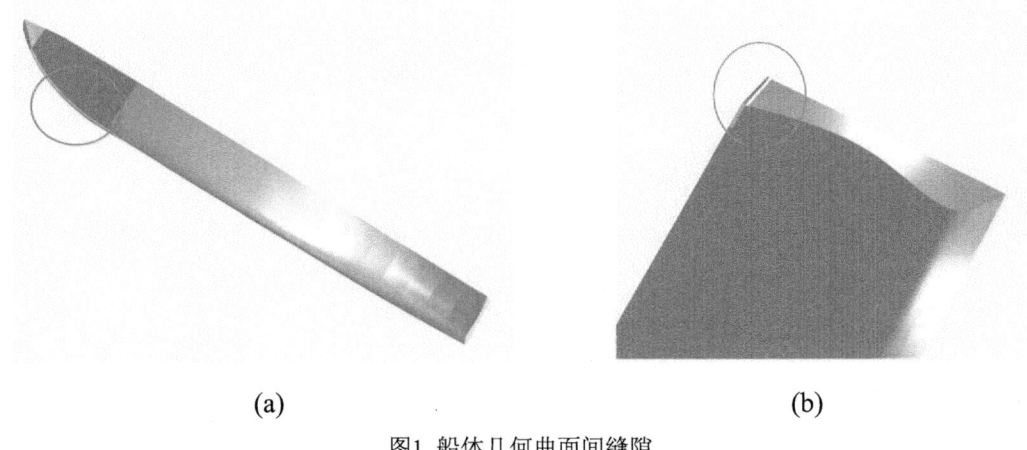

(a)　　　　　　　　　(b)

图1 船体几何曲面间缝隙

收稿日期：2022-11-04；修改稿收稿日期：2022-11-25
基金项目：深海技术科学太湖实验室船舶总体性能创新研究开放基金(14022104)

从图1可以发现，各个曲面之间的接缝非常明显。这些接缝不但是后续进行CAE、CAM几何处理的重要障碍，在进行船体外形三线（站位线、水线和纵剖线）曲面进行转换时，曲面片之间的接缝会导致大量细小曲线段的出现，这些细小曲线段是计算不稳定和时间消耗的重要根源。因此，面向船舶CAD、CAE、CAM的三型共模，采用无缝的整张曲面来表示船体外形具有重要的意义。

在各种曲面表示方法中，STL三角网格，即无结构三角网格，不但结构简单而且能够表示整张曲面，而且在现有计算机的计算和存储能力下，几乎可以以任意的工程精度逼近原始曲面，因此本文采用整张STL网格来表示船体外形曲面。传统STL网格的构造算法来自于CT影像数据，如著名的Mraching Cube算法[6]，或者点云数据的网格重建[7]，如Bayesian算法等[8]。但是，随着3D打印技术在近些年的迅猛发展，几何外形的切片技术日臻成熟，基于切片曲线构造整体三角网格成为一个简单实用的新技术。在船舶外形中，站位线（如图2所示）由于能反映船体的整体外形，因此其具有基于相邻切片曲线构造整体STL网格的天然优势，因此本文研究基于船体站位线构造STL网格的基础算法。本文后面的论述分为四个部分，第一部分是背景知识——船体三线[9]的基本概念，第二部分是复杂轮廓分组，第三部分是基于邻近曲线构造三角网格的基础算法，第四部分是算法验证，最后是总结和展望。

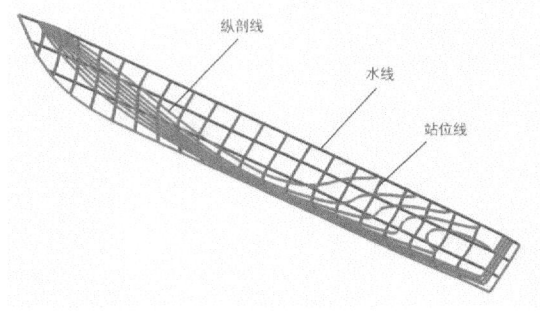

图 2 船舶船体型线

1 船体三线

如图3所示，站位线、水线和纵剖线是船舶设计领域表示船体外形的核心数据。其中，我们认为设计坐标系的XOY面平行于水平面，船体关于XOZ面左右对称。坐标原点在船尾后面的位置。我们认为站位线所在的平面平行于YOZ平面，水线所在的平面平行于XOZ平面，纵剖线所在的平面则平行于XOY平面。由于很多海轮存在船鼻艏和螺旋桨安装位置，如图4所示，而且船底部曲面的坡度很小、船身长宽比较大，因此，站位线之间的形状变化小，最能准确展现船体外形，本文在三线中选择站位线作为构造STL网格的皮面曲线，而把水线和纵剖线作为进行新增加站位线时计算的参考依据。

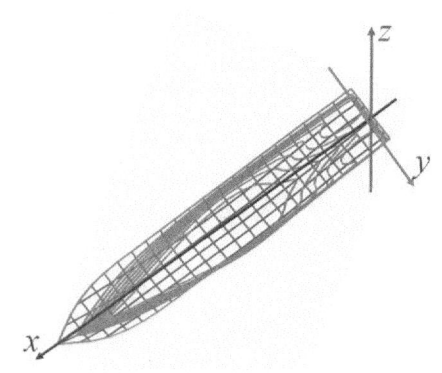

图 3 船体设计坐标系

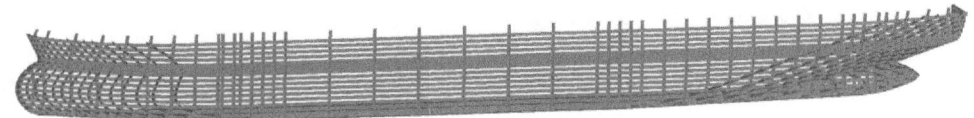

图 4 船底部曲面

由于在很多情况下,站位线上的点相比于构造STL网格的需要,或者比较稀疏,或者比较密集,前者导致三角网格曲面精度低,交互变形刚性大,后者会导致三角网格中的三角片过分密集,不但造成存储空间不必要的浪费,也会延长计算时间,影响计算的稳定性。采用基于角度分割的重采样方法。即先以弦长参数化得到节点矢量,反算得到拟合曲线,再用给定的分割参数确定曲线上的采样点坐标。下面将从三个方面说明基于角度分割的重采样方法:

(1) B样条曲线的表示:B样条理论在CAD系统中应用广泛,兼具了Bezier方法的优点,同时B样条的理论也十分成熟,其通过对其中参数在定义域内的分割来达到对数据点的采集符合本文对截面线数据重采样的要求。为了以后讨论的方便,以下给出B样条曲线的曲线方程。

给定了控制顶点和节点矢量,B样条曲线也就唯一确定了,其曲线方程可以写为:

$$P(u) = \sum_{i=0}^{n} d_i N_{i,k}(u), \quad i = 0,1,\cdots,n \tag{1}$$

(2) 基于B样条的曲线拟合:对截面线数据的B样条曲线的拟合,其实是B样条曲线生成的反过程,即已知型值点反求控制顶点的过程。大致如下:

取 $k = 3$,按三次B样条曲线拟合时,设已知 $m+1$ 个型值点 $q_i[x_i, y_i, z_i]$,则欲求 $m+3$ 个控制顶点 $d_i[x_i, y_i, z_i]$ 来拟合该截面线数据点集,取节点矢量为 $U = [u_0, u_1, u_2, \cdots, u_{m+6}]$。得到曲线方程为:

$$P(u_j) = \sum_{i=0}^{m+2} d_i N_{i,3}(u_j), \quad j = 3,4,\cdots,m+3 \tag{2}$$

式中,u_j 为数据点参数化的对应值。将定义域内的节点值依次代入曲线方程,得到如下矩阵形式:

$$\begin{pmatrix} N_{1,3}(u_3) & N_{2,3}(u_3) & & & \\ N_{1,3}(u_4) & N_{2,3}(u_4) & N_{3,3}(u_4) & & \\ & \ddots & \ddots & \ddots & \\ & & N_{m-2,3}(u_{m+2}) & N_{m-1,3}(u_{m+2}) & N_{m-3,3}(u_{m+2}) \\ & & & N_{m-2,3}(u_{m+3}) & N_{m-3,3}(u_{m+3}) \end{pmatrix} \begin{pmatrix} d_1 \\ d_2 \\ \vdots \\ d_{m-1} \\ d_m \end{pmatrix} = \begin{pmatrix} q_0 \\ q_1 \\ \vdots \\ q_{m-2} \\ q_{m-1} \end{pmatrix} \tag{3}$$

通过固定首末控制点,求解上述方程就得到拟合曲线的各个控制顶点。

(3) 计算Cox-De Boor点的重采样算法:至此,我们得到了由一组离散的截面线数据拟合成的曲线。根据B样条曲线的性质,可以按给定的参数值,求得曲线$P(t)$中的参数t对应的点。

设需采样$n+1$个数据点,则原首末数据点分别等于采样后数据的首末端点。

$$\begin{cases} Q_0' = Q_0 \\ Q_n' = Q_m \end{cases} \tag{4}$$

内部的 $n-1$ 个点由对应的参数 t 来确定,公式如下:

$$Q_i' = P(t), \quad i = 1, 2, \cdots, n-1 \tag{5}$$

对内部的 n-1个点，其实就是B样条曲线上的Cox-De Boor点，可以根据Cox-De Boor递推公式得到。

2 复杂轮廓分组

复杂轮廓分组是复杂外形切片连接成STL网格最重要的步骤。需要解决的就是轮廓间的对应关系的问题，这也是复杂截面线的相邻曲线构造三角形网格曲面的关键。为此，本节采用分组处理的思想，根据层间轮廓线的数量关系，将复杂截面线数据分成截面线数据一对一、多对多以及分叉问题三部分进行研究，缩小轮廓匹配的搜索范围。再利用适当的匹配方法判断各分组内轮廓的匹配关系，最后将匹配计算量大的分叉端口的对应问题进行单独处理。这是一个由全局到局部、由粗分到精分的过程。

2.1 拓扑重建的基本概念

拓扑重建的目的，就是在复杂截面线数据的曲面拟合过程中，分析采集的截面线体数据，对内部各个切片层上的截面线轮廓进行分类，确定各轮廓线所属的实体，保证几何重构的正确性。其研究的内容，主要还是针对分类过程中，对于各截面线轮廓的对应问题的处理。这在第一章关于截面线拟合曲面过程中关键问题的描述已经有了简单的介绍。

通过分析一组复杂的轮廓线，我们可以发现以下特点，如图5所示。

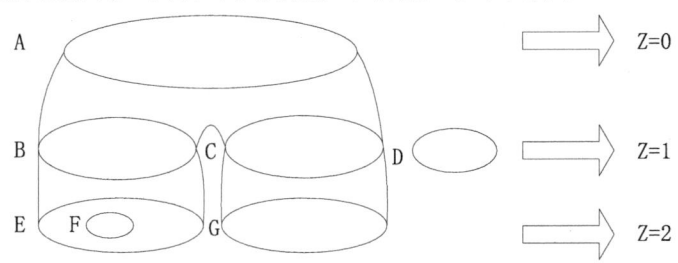

图 5 复杂轮廓的一般情况

图5显示了复杂截面线体数据一种比较有代表性的一般情况。第0层有一条轮廓线，第1和第2层都有三条。

首先，分析各层内部的轮廓线之间的关系，可以发现这三层都不存在轮廓线相交的情况，也就是说，对于某一层的多个截面线，因为其数据来自自实体的表面三维信息，因此不可能发生层内相交的情况。最多只会出现E和F的嵌套关系，即由于实体的空心结构导致的环状嵌套关系，而对于只提取实体外表面信息的情况，环状嵌套关系也不会出现。

其次，对于第1层和第2层之间，可以看出B和E，C和G发生对应关系，而轮廓线D没有对应的轮廓，也就是说当D在相邻的层间无法找到轮廓线于之对应时，就成为了孤立的"薄片"，这种情况更多的出现在断层扫描深度分辨率较低时对某个轴向距离较短的实体只采集到一层信息的时候。

再次，对于第1层和第0层之间，我们发现轮廓A同时与轮廓B和C发生了对应关系，这就是所谓的分叉端口的对应问题。

最后，当轮廓A的上部没有其他轮廓时，轮廓A相当于实体的一个末端（或者开端）。

另外，还有一种特殊情况，当所有提取的截面线数据都是实体的外轮廓时，对于如下情况，需要做单独处理，如图6所示。

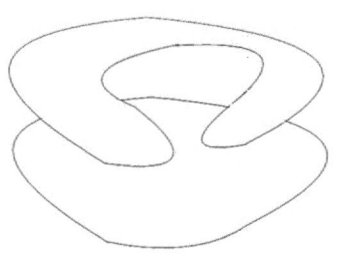

图 6 轮廓对应的特殊情况

这种情况比较特殊，其实是在对应的实体中出现了内环结构而产生的，为了后续拟合曲面的准确性，需要对此做单独处理。

通过上述分析，我们发现层间截面线数据的对应问题，主要有一对一（C-G和B-E）、一对多（A-BC）以及无对应（D）等三种情况。其中以一对多（A-BC）的情况相对复杂。

随着采样精度的不断提高，尤其是当体数据的深度分辨率能够达到一定的精度，就可以保证相邻切片截面线之间的拓扑相似性。因此在截面线数据采集时，应该尽量避免以一对多情况的发生，减少分叉端口的处理。

2.2 轮廓对应合理性的分析

上一小节介绍了拓扑重建的基本概念，并分析了常见的三种对应关系。那么在各个切片层上的截面线轮廓进行分类的过程中，就必然需要有相应的准则来区别各种对应关系。

首先需要说明当相邻两层间的轮廓线大于一对一，但对数相等，以二对二的情况为例，此时有可能出现如下三种情况，如图7所示。当成像深度分辨率远大于成像区域内物体之间的最小距离时，就能避免图7中表述的后两种情况。本文所研究的复杂截面线数据的精度是足够的，因此，不考虑后两种情况，即将第二种和第三种情况认定为不是合理的轮廓对应。

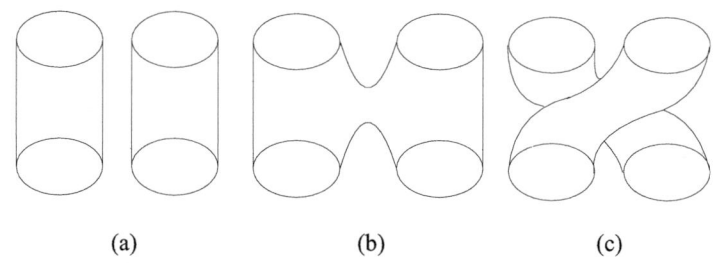

(a)   (b)   (c)

图 7 二对二对应问题的三种情况

对应轮廓的匹配，基于 Haig [10]等的总结。给出了如下轮廓对应的合理准则：

(1) 相邻两层的切片之间的最外层的轮廓线之间的对应是合法的。

(2) 利用从外到内级别由高到低的顺序逐级判断，当该切片中的一条轮廓线的所有高级别的轮廓线都没有和相邻层的之间产生对应轮廓，则这条实体边界轮廓与相邻层的最外层实体边界轮廓之间的产生合法的对应可能，即如果存在对应，则这种对应是合法的。

(3) 当某一切片层的内孔轮廓边界的所有高级轮廓线没有有对应关系，则它本身也没有对应关系。此内孔边界和相邻层的对应轮廓共同构成末端连接。

(4) 如果相邻层间的高级别的轮廓线之间存在对应关系，则它的低级别的轮廓的对应限制在与相邻层的低级别的轮廓的子集内。

(5) 边界轮廓对应一般是同属性的轮廓间的对应，实体边界轮廓与实体边界轮廓，内孔边界轮廓与内孔边界轮廓。

(6) 上述准则保证得到合法有效的拓扑结构，当只考虑外轮廓的对应问题时，在上述准则基础上，结合特殊情况，可以简化为如下：

(7) 最外层的实体边界轮廓与最外层的实体边界轮廓对应。

(8) 多个实体边界轮廓（不含内孔边界轮廓）同对应于相邻层的一个实体边界轮廓，并引入一个临界点。如图 8 所示。

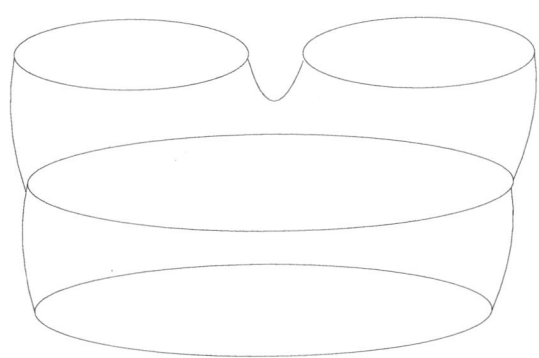

图 8 轮廓嵌套对应的准则

3 相邻对应曲线的连接

本节解决的是对应曲线的连接成三角形条的算法。假设曲线 C_A，C_B 是相邻两个站位上的对应曲线。上面的点的分布依次为 $A_1, \cdots, A_m, B_1, \cdots, B_n$，不失一般性，假设 $m \leq n$。首先确认，$A_1 \rightarrow B_1$，$A_m \rightarrow B_n$，即首末点分别对应。然后，对于每个 $A_i (i=2,\cdots, m-1)$，查找 $B_2,\cdots,B_{n-1}$ 中于之距离最近的点，假设与之距离最近的点形成的序列是 B_{k_i}，且 $k_{i+1} \geq k_i$。于是，$1,2,\ldots,n$ 被分割序列分割：

$$k_1, \cdots, k_i, k_{i+1}, \cdots, k_j, k_m$$

这里，$k_1=1$，$k_m=n$。如图 9(a)所示。

进一步地，我们考察点 A_i，A_{i+1} 与 B_{k_i}，$B_{k_{i+1}}$。我们让 $A_i \rightarrow B_{k_i}$，$A_{i+1} \rightarrow B_{k_{i+1}}$，对于 $B_{k_i+1},\cdots,B_{k_{i+1}-1}$，我们依次分配 A_i，A_{i+1} 中距离与之最近的点作为对应点。不失一般性，假设 $B_{k_i}, B_{k_i+1}, \cdots, B_{k_i+s}$ 对应 A_i，$B_{k_i+s+1},\cdots,B_{k_{i+1}}$ 对应 A_{i+1}。那么

(1) $B_{k_i} A_i B_{k_i+1}, \cdots, B_{k_i+s-1} A_i B_{k_i+s}$ 是三角形条中的三角形；

(2) $B_{k_i+s+1} A_{i+1} B_{k_i+s+2},\cdots, B_{k_{i+1}-1} A_{i+1} B_{k_{i+1}}$ 是三角形条中的三角形；

(3) $B_{k_i+s} A_i B_{k_i+s+1},\cdots, A_i A_{i+1} B_{k_i+s+1} A_i A_{i+1} B_{k_i+s+1}$ 是三角形条中的三角形；

如图9(b)所示。这样，我们就将离散曲线 C_A，C_B 连接成了无孔的三角形条。

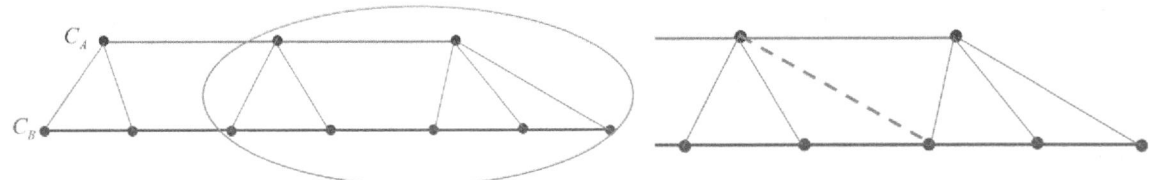

(a) 两个曲线之间的对应点　　　　　　(b) 两个邻近点之间的三角形剖分

图 9 离散曲线连接为三角形条过程

4 算法验证

我们采用四条具有代表性的船,一条内河渔政船,三条海船,对其站位线采用本文的算法构造三角形网格曲面,构造效果如图10-13所示。根据图示可以看出,网格曲面生成自然无缝接缝,多次实验效果稳定,计算时间低,效率高。

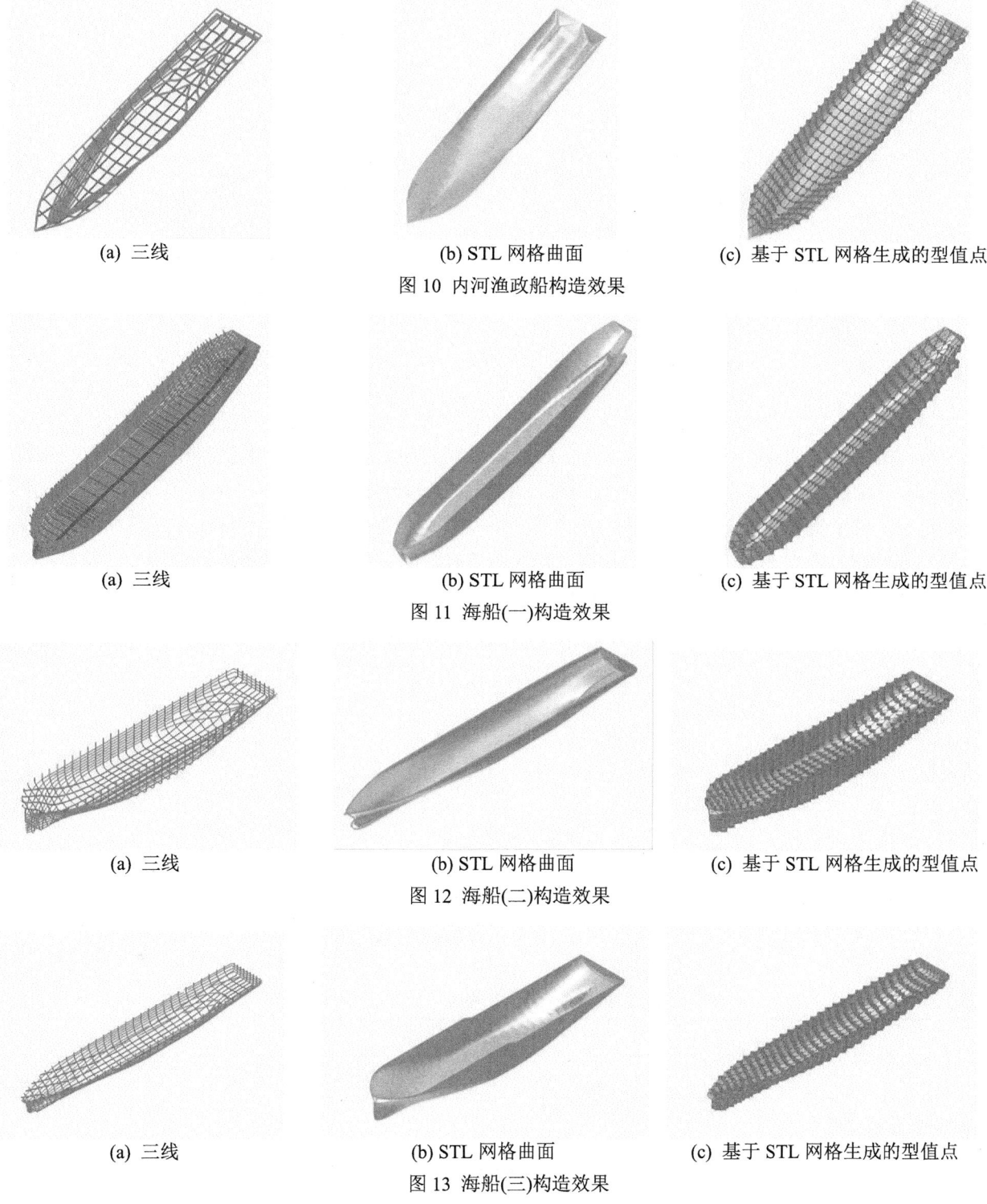

(a) 三线　　　　　　　　(b) STL 网格曲面　　　　　　(c) 基于 STL 网格生成的型值点
图 10 内河渔政船构造效果

(a) 三线　　　　　　　　(b) STL 网格曲面　　　　　　(c) 基于 STL 网格生成的型值点
图 11 海船(一)构造效果

(a) 三线　　　　　　　　(b) STL 网格曲面　　　　　　(c) 基于 STL 网格生成的型值点
图 12 海船(二)构造效果

(a) 三线　　　　　　　　(b) STL 网格曲面　　　　　　(c) 基于 STL 网格生成的型值点
图 13 海船(三)构造效果

艏艉由于其几何形式复杂，曲率变化较大，是船舶曲面构造中的关键和难点所在。采用本文的算法构造上图中海船(二)(三)艏艉后效果如图14-15所示，艏艉网格构造无缝自然，曲率过渡平滑，几何形式构造清晰自然。

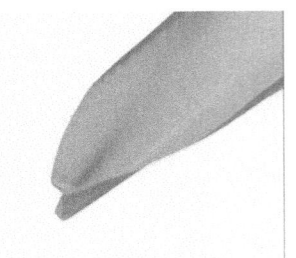 

(a) 艏艉俯视图　　　　　　　　　　　　(b) 艏艉侧视图

图 14 海船(二)艏艉构造效果

 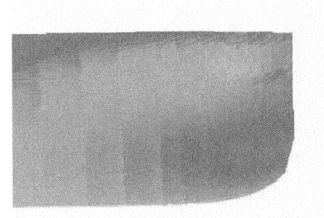

(a) 艏艉俯视图　　　　　　　　　　　　(b) 艏艉侧视图

图 15 海船(三)艏艉构造效果

选取两个相邻曲线，选取根据第三节算法所连接线的中点，测量并计算其与相邻曲线中位线的间隔距离与该相邻曲线距离的比值，如图16所示，作为衡量拟合精度的指标。分析结果如表1所示。根据结果显示，模型在包含100个站位，每个站位200个离散点左右的情况下，相比于常规算法如Mraching Cube算法时间花费，集成本算法的软件计算时间小于10秒，远远优于同类算法。模型间隔距离平均值在0.3 mm以内，极值在0.5 mm以内，拟合精度高。

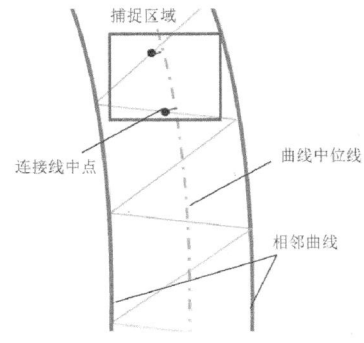 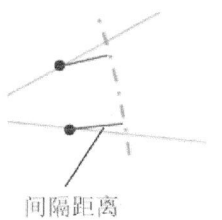

(a) 间隔距离选取　　　　　　　　　　　(b) 捕捉区域

图 16 连接线重点与曲面中位线间距离

表1 Attention-LSTM模型中注意力权重计算方法

序号	模型	占位数	离散点	算法时间/s			距离比值	
				Mraching Cube 算法	Bayesian 算法	本算法时间	最大值（%）	平均值（%）
1	内河渔政船	100	200	120	107	8.5	5.6	3.5
2	海船	100	200	118	95	7.9	5.2	2.8

5 结 论

本文针对传统船体外形曲面用 NURBS 曲面表示需要多个曲面片拼合,而且曲面片拼合存在缝隙的缺陷,提出了基于船体站位曲线构造整体 STL 网格的方法。首先根据三线总体信息和曲面拟合的需要增加站位;然后基于曲线拟合的原理对各个站位曲线进行重采样,确保在准确反映船体特征信息的情况下,点的数目尽可能少。最后对相邻站位对应曲线上的点进行连接,形成三角形条。各个三角形条上的三角形构成了船体曲面整体三角网格上的三角形。本文的算法已经集成到了船体设计软件 ShipDesign 中,该软件的实际使用表明,本文算法与同类三角网格构造算法相比,本文算法的计算效率可以提高 3 倍以上,而且还可以有效保持船体外形特征。

参 考 文 献

[1] MA W. Subdivision surfaces for CAD-an overview[J]. Computer-Aided Design, 2005, 37(7): 693-709.

[2] ZHANG Y, WANG W, HUGHES T J R. Solid T-spline construction from boundary representations for genus-zero geometry[J]. Computer Methods in Applied Mechanics and Engineering, 2012, 249: 185-197.

[3] YOO D J. Three-dimensional surface reconstruction of human bone using a B-spline based interpolation approach[J]. Computer-Aided Design, 2011, 43(8): 934-947.

[4] KIM H J, SEO Y D, YOUN S K. Isogeometric analysis for trimmed CAD surfaces[J]. Computer Methods in Applied Mechanics and Engineering, 2009, 198(37-40): 2982-2995.

[5] HU S M, LI Y F, JU T, et al. Modifying the shape of NURBS surfaces with geometric constraints[J]. Computer-Aided Design, 2001, 33(12): 903-912.

[6] RAJON D A, BOLCH W E. Marching cube algorithm: review and trilinear interpolation adaptation for image-based dosimetric models[J]. Computerized Medical Imaging and Graphics, 2003, 27(5): 411-435.

[7] HUANG J, ZHANG M, MA J, et al. Spectral quadrangulation with orientation and alignment control[M]. ACM SIGGRAPH Asia 2008 papers, 2008: 1-9.

[8] JENKE P, WAND M, BOKELOH M, et al. Bayesian point cloud reconstruction[C]// Computer Graphics Forum. Oxford, UK and Boston, USA: Blackwell Publishing, Inc, 2006, 25(3): 379-388.

[9] 杨永祥, 李永正, 王珂. 船体制图(第三版)[M]. 哈尔滨: 哈尔滨工程大学出版社, 2017.

[10] HAIG T D, ATTIKIOUZEL Y, ALDER M. Border marriage: matehing of contour of serial seetions[C]// IEEE Proeeedings, 1991, 138(5): 371-376.

Study on Generation Method of Hull Shape Surface Based on STL Mesh Technology

QIAN Yuliang[1], LI Shengzhong[2], ZHU Feng[2], LIU Hao[*1]

(1. College of Mechanical & Electrical Engineering, Nanjing University of Aeronautics and Astronautics, Nanjing 21000, China;
2. Taihu Laboratory of Deepsea Technological Science, Wuxi 214000, China)

Abstract

The geometric modeling of ship shape surface has always been a key technology in the process of ship design and manufacture. However, the current mainstream NURBS surface modeling often leads to obvious gaps between hull surfaces, which brings great difficulties to the design and manufacture. In this paper, an algorithm is proposed to construct the overall STL mesh based on three lines of hull shape. According to the requirements of three lines and surface fitting, station positions and resampling are set, and the points on the corresponding curves of adjacent stations are connected to form triangular bars, forming the overall triangular mesh of hull surface. The experimental results show that the algorithm is effective and the computational efficiency is greatly improved.

Key words: Surface reconstruction; Mesh surface; Station lines; Ship shape modeling

作者简介

钱宇亮　男，1998 年生，硕士研究生。主要从事点云重建等方面工作。
李胜忠　男，1980 年生，博士研究生。主要从事船舶总体性能方面研究工作。
朱　锋　男，1986 年生，硕士研究生。主要从事船舶水动力性能方面研究工作。
刘　浩　男，1972 年生，教授。主要从事 CAD/CAM、图形图像处理研究。
*通讯作者：刘浩

用于概念设计阶段的船型智能生成模块设计

舒跃辉[1]，李广年[*1]，杜　林[1]，李胜忠[2]，刘子祥[2]

（1. 宁波大学 海运学院，宁波 315000；
2. 中国船舶科学研究中心，无锡 214082）

摘　要

在船舶概念设计阶段中，船型建模工作不仅需要依赖丰富的母型船储备，更需要熟练掌握建模工具的设计师，具有一定的门槛。基于计算机视觉技术的船型序列相关型数据生成模块，能够通过训练神经网络模型来实现在概念设计阶段快速批量地生成船型样本：首先，准备用于神经网络训练的船型样本，对其进行无量纲处理，并按照几何特征进行标签化分类；然后，建立一个条件生成式对抗网络模型，并对不同标签样本进行训练，经过充分训练的网络模型能够生成具有指定特征的船型样本；最后，通过后处理程序，将船型样本进行三维化，批量输出三维船型文件。此类技术对船型智能设计、总体性能研究中的新一代信息化技术融合与应用提供理论和技术支持。

关　键　词：船型设计；生成式对抗网络；智能设计方法
中图分类号：U662.3

0　引　言

作为船舶设计优化工作的起点，船体曲面建模和几何重构技术不仅是整个流程"从零到一"的重要环节，也一直是船型优化过程中的重要研究方向[1-2]。在概念设计阶段，船型设计和开发工作不仅需要丰富的、充足的母型船数据，更需要熟练掌握建模软件的设计师来完成[3-4]。

现行主流船舶建模软件主要采用NURBS曲面建模方法[5]，部分软件会提供数量非常有限的船型样板，设计者必须根据设计需求在样板的基础上进行大量改动和修正，这不仅要求设计师具有丰富经验，同时还需要充足的母型船提供数据支持[6]。目前应用较为广泛的CAD(Computer-Aided Design)软件包括NX、CAESES、Rhino等[7]；专门用于船舶建模的软件有Maxsurf、DelftShip、Aveva Marine等[8]，详细软件界面如图1所示。

针对常规船型概念设计中的上述问题，现行的研究旨在通过基于NURBS曲线或曲面的参数化建模方法[9-10]、基于协同设计的船型设计方法[11]、优化设计过程的管理模式[12]等途径，细化船型设计任务及操作，从设计师角度实现集中力量，提升船型设计的总体效率[13]。随着人工智能的进一步发展，以计算机视觉为主的各类新兴技术在船舶与海洋工程领域得到了初步应用，其中基于卷积神经网络的船舶检测和分类技术已经取得了一定成果[14-15]，同时在船型曲面建模与生成方面也有了初步的研究[16-17]。

本文以船型设计的宏观层面为切入点，设计了一种用于概念设计阶段的船型快速生成模块，能够根据设计需求快速批量地生成具有指定特征、满足约束条件的船型方案。与常规建模软件不同，本文所介绍的模块主要采用在计算机生成模型领域较为主流的生成式对抗网络模型(Generative Adversarial Networks, GAN)[18]，通过引入大量船型的训练样本对神经网络进行训练，使其能够生成具有指定特征的船型样本，实现建模过程的自动化、大大减少人工介入、提升船型设计工作效率，如图2所示。

收稿日期：2022-10-19；修改稿收稿日期：2022-12-07
基金项目：船舶总体性能创新研究开放基金(14422101)

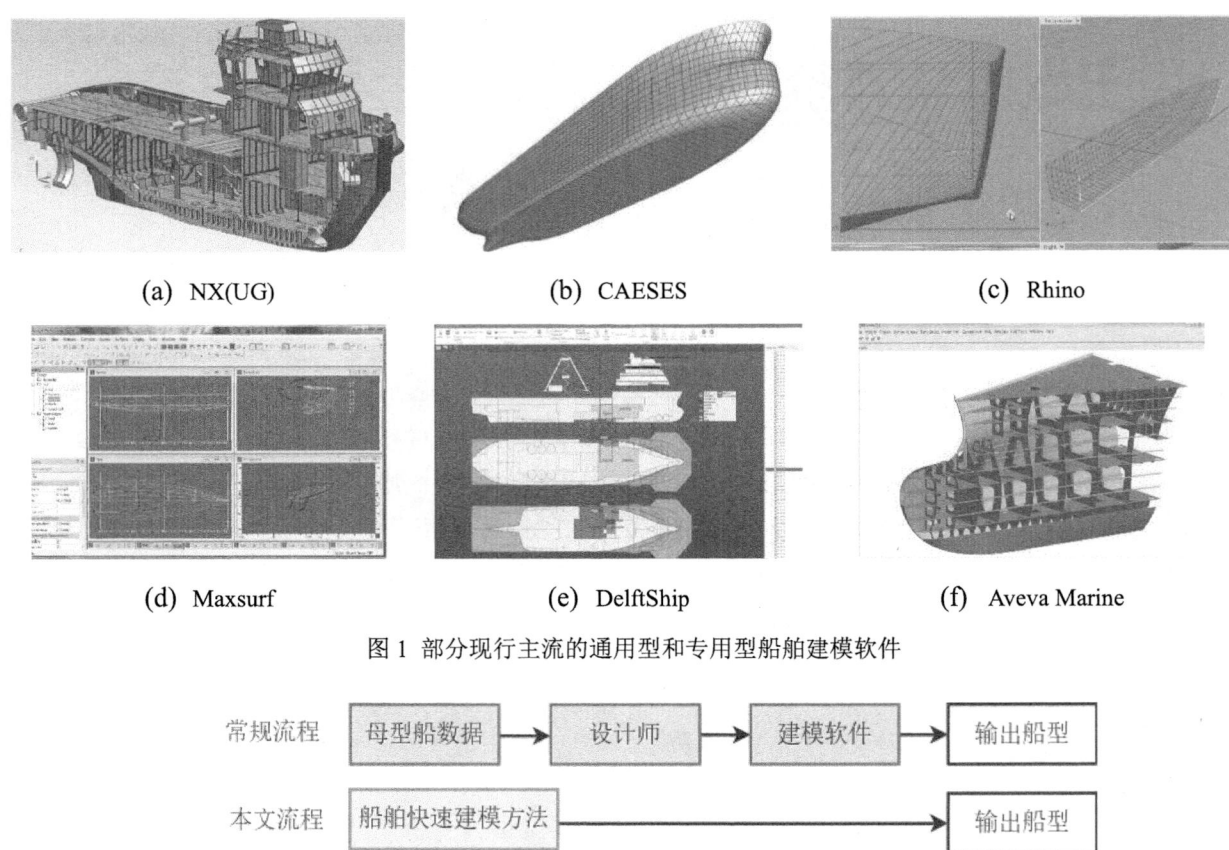

(a) NX(UG)　　　　(b) CAESES　　　　(c) Rhino

(d) Maxsurf　　　　(e) DelftShip　　　　(f) Aveva Marine

图 1 部分现行主流的通用型和专用型船舶建模软件

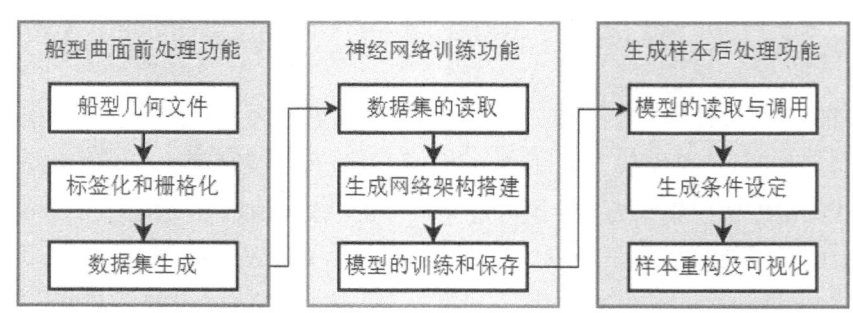

图 2 船型建模流程对比

区别于现行主流的建模方法，本文介绍的生成模块由于不需要内嵌曲面和曲线建模算法，所以整体结构非常精简，其主要由三个功能组成。模块结构如图3所示：船型样本前处理功能，主要是为神经网络训练准备充足的样本，进行数据栅格化和标签化；神经网络训练功能，主要是根据设计目标来训练一个条件生成式对抗网络，可以根据样本特征进行设定，并观察训练的关键指标，判断网络模型的训练质量；生成样本后处理功能，主要用于批量生成满足所需船型特征、主尺度和排水体积条件的船型数据。

图 3 船舶智能生成模块结构

1　样本准备与前处理

在训练神经网络之前，首先需要准备一个体量充足、船型多样、格式简洁的训练集，本文中的数据集样本由船型曲面的三维数据构成。前处理功能的基本流程如图4所示：首先，需要选取含有船型几何文件的文件夹，确定模型文件的绝对路径用于读取及数据处理，并在终端展示该路径下的几何文件数量，确定文件路径的选择正确与否；接着输入型深及船长方向上的分段数量等基础设定参数，前者是栅格化的网格规格设定，后者主要用于增加训练集数据体量，提升网络训练效率；然后程序会自动创建新的可视化窗口并展示船型曲面处理后的二维图像，用户需要根据船型几何特征的有无为船型数据赋予对应的类别标签；最后，将所有船型曲面数据进行整合并输出为通用的大型数据读取存储格式。

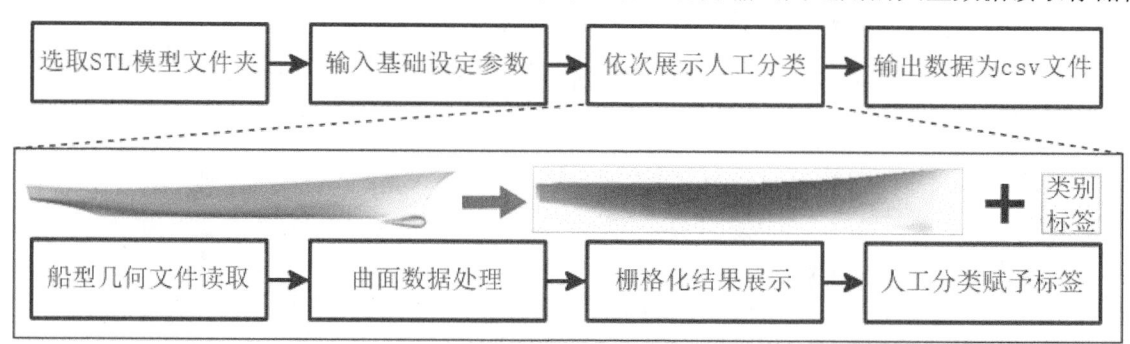

图 4 船舶几何文件前处理流程示意图

在前处理功能中，最重要的环节是船型样本的人工分类过程，用户需要根据船型曲面几何特征的有无，对显示的船型几何栅格化结果赋予标签。本文依据呆木或尾轴结构、球鼻艏、艏楼甲板升高三个显著的几何特征有无对船型曲面进行分类，排列组合后将数据库中的船型几何文件分为8类。在分类之前，为了消除尺度对于船体形状认知的影响，提高网络的认识和生成性能，本文将船型曲面数据进行一定的前处理。即按照曲面的型深和船长等比例插值截取16×64区域内的半宽值，再将半宽值数据归一化，同时，将船型曲面三维数据进行无量纲化并降维处理。最后，根据如图5所示的人工分类示意图，将混乱的船型数据库分类整理成用于网络训练的训练集。

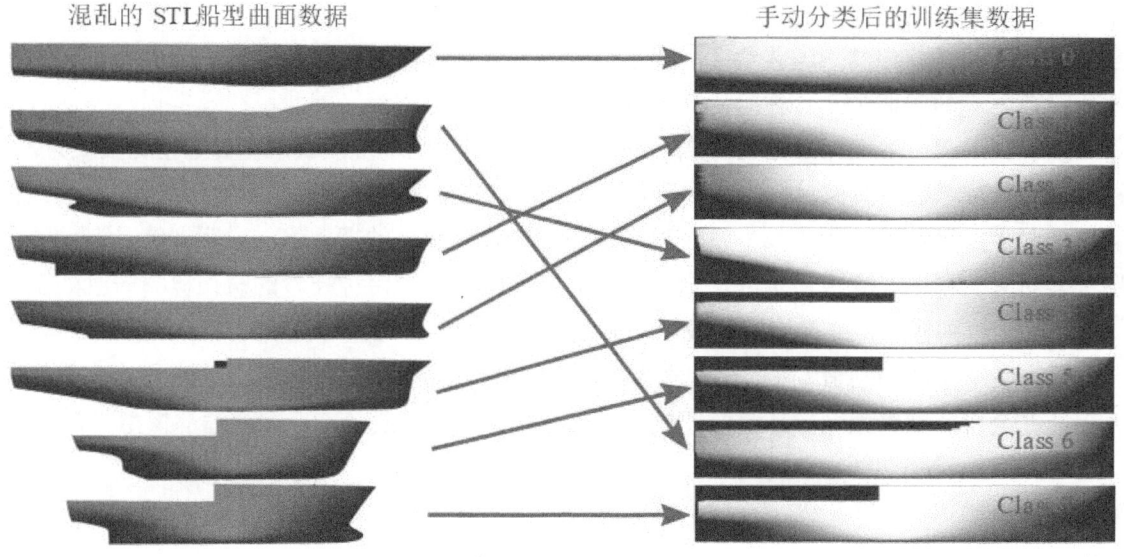

图 5 船型数据库人工分类示意图

2 网络搭建与训练

神经网络功能的主体是一个条件式生成对抗网络(Conditional GAN, CGAN)，如图6所示，其主要由一个用于区分样本真假的鉴别器，和一个用于输出伪造样本的生成器组成。判别器主要用于判断输入的数据是否为真实的船型曲面数据，其输出1个取值为0到1之间的标量（结果接近1则判定输入数据为真实样本，接近0则认为输入数据是伪造样本）。生成器主要用于生成符合类别标签的类似真实船型曲面数据的生成样本，将生成的样本输入鉴别器，利用鉴别器的误差反向传播对生成器进行权重更新训练。生成器输入包括了随机的噪声种子以及对应的船型曲面类别标签，当损失函数收敛或者迭代次数达到设定值时，则网络可以生成媲美真实样本的船型曲面数据。

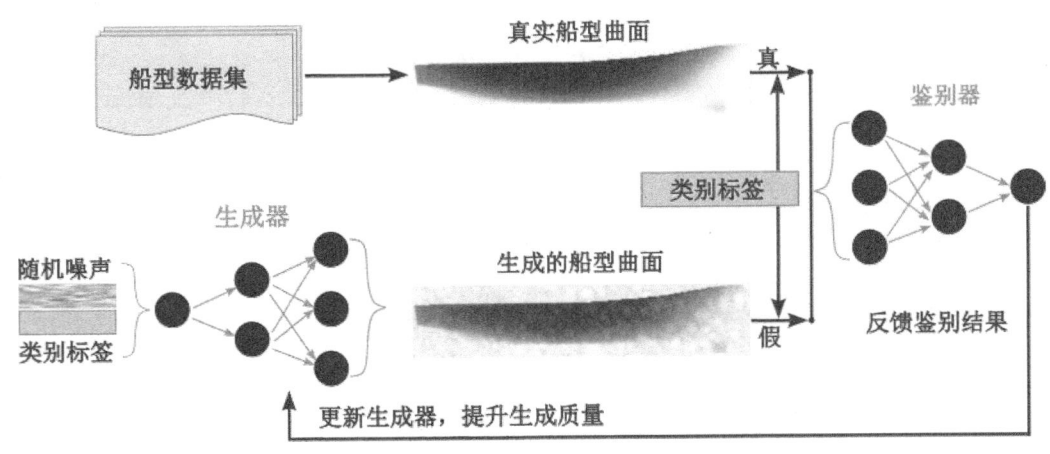

图 6 神经网络原理图

神经网络训练的循环主要包括两个步骤：第一步是基于前处理得到的真实船型曲面数据、生成器制造的伪造船型曲面、相应的类别标签依次训练鉴别器，通过设定的损失函数及优化器不断更新鉴别器各节点的权重，让网络对真实样本与生成（伪造）样本、样本特征与类别标签的联系有一个基本的认知；第二步是基于鉴别器对生成样本的鉴别结果，通过损失函数计算生成样本与真实样本之间的损失，经由优化器反馈更新生成器的节点权重，由此不断提升生成样本的质量，即提高生成器输出的伪造样本的质量。需要注意的是，如果在训练过程中鉴别器过弱而生成器过强，迅速成熟的生成器会迅速压制鉴别器的训练，使其无法获得区分样本反馈，导致训练失败。所以整个循环的关键在于把握鉴别器与生成器之间的强弱关系，在对抗训练中实现动态的纳什均衡。因此，在设定训练循环时，一般会在每一次迭代过程中先执行K次第一步再执行一次第二步，用训练次数来提高鉴别器的质量。

神经网络100次迭代的训练情况如图7所示，通过左侧的损失变化图可见在经过大约5次的短暂迭代后，鉴别器和生成器都趋向于小损失，这说明他们都在接近设定的期望值，说明训练是有效的；在右侧的鉴别器对真实样本及生成样本的认定概率图中，鉴别器对于两种样本的辨识概率一直处于波动的状态，这是因为鉴别器与生成器为了生成更高质量的样本一直在进行对抗。实际上在第5个迭代之后的模型已经具有较理想的识别概率（即生成样本的逼真度超过判别器的识别能力），但是GAN模型的训练指标并不能完全反映网络性能，还需要通过对比生成样本的实际质量来选取合适的模型文件。

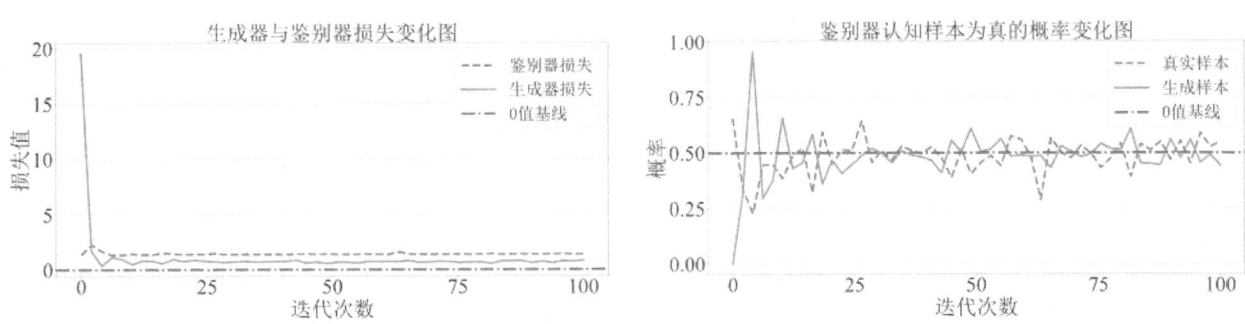

图 7 神经网络 100 次迭代训练情况示意图

3 后处理与船型输出

最后，本文作者设计了后处理功能，主要用于重构并展示生成的船型曲面，将经过挑选的理想曲面输出为船型几何文件。具体的流程如图8所示：首先是选取生成功能中保存的模型文件，程序会在终端展示网络的详细结构；接着输入船型设计的基本参数如主尺度参数和期望的曲面几何特征，此时程序会根据生成样本估算该参数设定下船型曲面的排水体积范围；然后输入推荐范围内的排水体积，设定需要的船型样本数，程序会在批量生成的样本中搜寻并保存符合要求的船型曲面数据；最后将保存的曲面数据进行重构和三维展示。

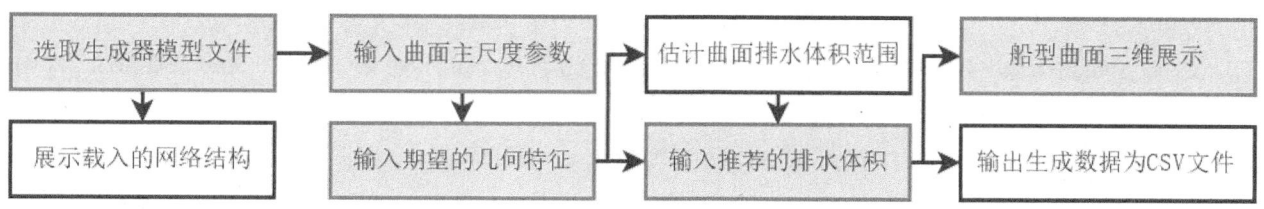

图 8 后处理与船型输出示意图

图9为包含了三种表面特征的三维船型曲面展示，作为第7类船型曲面，图中可以观察到曲面拥有明显的球鼻艏、艏楼甲板升高、艉部呆木结构，这说明目前经过充分训练的网络可以对此类不相容的船型几何特征进行有效的认知与生成。

图 9 船型曲面三维重构展示图

同时，使用者可以自行设定输出船型的主尺度参数，本文设定：船长120 m，船宽10 m，型深10 m，实际生成船型的排水体积与期望的排水体积较为接近，这说明网络在基于排水体积生成方面也有一定的效果。但是目前来看，生成的曲面依旧存在肉眼可见的噪点，特别是在船型轮廓线之外的部分，存在周期性波动的噪点。这是因为生成功能中调用的逆卷积计算方法本质上是信息增密的过程，由低维数据转向高维数据的过程中普遍存在的噪声数据，需要进一步通过曲面降噪算法提升曲面质量。

4 结 论

本文作者基于条件式生成网络(C-GAN)搭建了一种用于概念设计阶段的船型智能生成模块，能够根据使用者提出的船型特征和主尺度输出符合条件的船型样本。本文就此模块的基础功能进行了详细的描述与算例验证。经过了上述分析，可以得到的如下结论：

(1) 本模块可以在脱离常规参数化建模和 NURBS 曲面情况下，初步实现指定船型曲面的几何特征进行条件生成，并在指定主尺度和排水体积约束的情况下进行批量生成，说明此模块在船型智能设计方向上，具备初步的实用性和进一步开发潜力。

(2) 现有的网络结构对船型曲面空间数据的认知和生成还存在一定的局限性，生成的船型曲面往往带有明显的噪声，需要结合适配的后处理算法才可以得到生成效果较好的船型曲面，本文作者已经对此问题开展了进一步研究。

综上所述，本文初步测试了船型智能生成模块的基础功能，其能够根据需求迅速生成指定几何或区域特征的船型数据。在船舶概念设计阶段可以快速批量生成满足设计需求的船型曲面，实现了建模过程的自动化、大大减少了人工介入，将有助于提高设计师的工作效率，后续将聚焦该模块的实用性和工程应用，针对神经网络结构优化、网络训练收敛不稳定、生成样本的后处理等问题，深入开展进一步研究。

参 考 文 献

[1] 李胜忠, 梁川, 赵锋. 基于 MBSE 的船型与水动力性能研究设计模式探讨[J]. 舰船科学技术, 2021, 43(8): 1-5.

[2] 赵峰, 李胜忠, 杨磊. 全局流场优化驱动的船舶水动力构型设计新方法[J]. 水动力学研究与进展(A 辑), 2017, 32(04): 395-407.

[3] EBRAHIMI A, BRETT P O, ERIKSTAD S O, et al. Ship design complexity, sources, drivers, and factors: A literature review[J]. International Shipbuilding Progress, 2020, 67(2-4): 221-252.

[4] LEE D, LEE K-H. An approach to case-based system for conceptual ship design assistant[J]. Expert Systems with Applications, 1999, 16(2): 97-104.

[5] SHAMSUDDIN S M, AHMED M, SMIAN Y. NURBS skinning surface for ship hull design based on new parameterization method[J]. The International Journal of Advanced Manufacturing Technology, 2006, 28(9): 936-941.

[6] KIM H. Multi-objective optimization for ship hull form design[D]. George Mason University, 2009.

[7] HARRIES S, Abt C. Caeses-the holiship platform for process integration and design optimization[J]. A Holistic Approach to Ship Design, 2019, 1: 247-293.

[8] 秦帅帅. 船体三维参数化建模及稳性计算软件开发[D]. 大连: 大连理工大学, 2019.

[9] 张萍, 朱德祥, 何术龙. 参数化的船型设计方法[J]. 中国造船, 2008, 49(4): 26-35.

[10] 王栋, 荣焕宗. 数字化船型设计方法[J]. 船舶工程, 2008, 30(2): 13-15.

[11] 刘寅东, 苏绍娟. 船舶并行协同设计环境及关键技术[J]. 大连海事大学学报, 2011, 37(1): 25-28.

[12] 张进. 船舶设计中的项目管理模式探讨[J]. 船舶, 2007(1): 52-56.

[13] 缪国平, 朱仁传, 范佘明, 等. 以科学发展观指导船型设计和优化[J]. 上海造船, 2008(2): 1-5.

[14] DU L, LI G, ZHENG P, et al. Ship hull offset feature recognition functionality exploration based on convolutional neural networks[C]// The 32nd International Ocean and Polar Engineering Conference, 2022.

[15] 陈壮. 基于卷积神经网络的内河船舶检测与识别研究[D]. 大连: 大连理工大学, 2020.

[16] 杜林, 李广年, 郑彭军. 船体曲面特征的计算机视觉认知与生成机制研究[J]. 船舶力学, 2022, 26(07): 949-961.

[17] 刘希洋, 冯君, 孙文愈, 等. 基于生成对抗网络模型的船体型线逆向重构方法研究[J]. 中国造船, 2021, 62(04): 267-275.

[18] GOODFELLOW I, POUGET-ABADIE J, MIRZA M, et al. Generative adversarial nets[J]. Advances in neural information processing systems, 2014, 27.

An Intelligent Hull Form Generating Module for Ship Concept Design

SHU Yuehui[1], LI Guangnian[*,1], DU Lin[1], LI Shengzhong[2], LIU Zixiang[2]

(1. Maritime and Transportation College, Ningbo University, Ningbo 315000, China;
2. China Ship Scientific Research Center, Wuxi 214082, China)

Abstract

In the stage of concept design, ship hull modelling is significantly dependent with the amount of parents' ship database and the designers well-trained with CAD software, which does have some requirements. This paper provides a ship hull model generator outputting multiple samples after input the conditions immediately in concept design stage: initially, the samples with various geometric features would be labelled and nondimensionalized; secondly, a conditional generative adversarial network would be established and trained to generate ship hull samples; finally, the post-processing program would convert the generated samples to 3D ship model. This paper would contribute to the ship design based on artificial intelligence, and the fusion of general ship design methods and informalization technologies.

Key words: Ship hull design; Generative adversarial networks; Design methods based on artificial intelligence

作者简介

舒跃辉 男，1999年生，硕士研究生。主要从事船舶智能设计方法的研究工作。
李广年 男，1980年生，教授。主要从事船舶水动力构型优化设计研究。
杜　林 男，1988年生，讲师。主要从事船舶智能设计方法、多学科优化等方面的研究。
李胜忠 男，1980年生，研究员。主要从事船舶设计、水动力学性能优化等方面的研究。
刘子祥 男，1994年生，工程师。主要从事船舶水动力学性能评估方面的研究。
*通讯作者：李广年

典型复杂曲面交界面的超网格算法研究

余 昕[1]，吴乘胜[*1,2]，金奕星[1,2]

(1. 中国船舶科学研究中心，无锡 214082；
2. 中船奥蓝托软件技术有限公司，无锡 214082)

摘 要

保证非结构网格中曲面交界面流场信息传递的守恒性是计算流体力学中的难点问题。论文以平面、球面、圆锥台面及三者之间交、并、差集所形成的复杂平面-曲面复合交界面为研究对象，开展基于超网格的守恒性插值算法研究。论文提出了一种判断空间网格单元是否属于球面/圆柱台面的方法，结合二维-三维空间坐标变换，利用平面多边形求交算法在两个不共面的曲面网格单元中生成唯一超网格单元，并以此为媒介实现交界面网格间的二阶精度守恒型插值。论文通过典型分布函数测试和验证了算法的精度和守恒性。采用典型曲面交界面开展 MAU 螺旋桨的敞水 CFD 模拟，并与模型试验结果对比分析，表明文中研究的超网格算法，能够适用于船舶水动力学 CFD 中常见的曲面交界面。

关 键 词：超网格；交界面网格；守恒型插值；CFD
中图分类号：U661.1

0 引 言

对具有复杂几何构型或存在多体相对运动的计算对象进行非定常流动模拟是船舶水动力学CFD领域中的难点和热点问题。为此常采用多套网格技术将复杂对象分区，分区后每个计算对象独立生成网格以保证局部质量，子区域内单独进行数值计算以加快求解速度，区域间通过特定方式传递信息以实现耦合求解。交界面网格[1]和重叠网格[2]是解决多套网格耦合求解问题的两种主要方法。相比于重叠网格而言，交界面网格仅存在面重叠而不存在体重叠，无需进行"挖洞"操作及处理壁面重叠区，实现简单、计算效率高，广泛应用于螺旋桨敞水、船舶自航等常用CFD模拟中[3-6]。

交界面是多套网格之间的搭接边界，是不同计算域之间流场信息传递和耦合的媒介。流场信息交换的准确性直接影响到了流场求解的收敛速度和计算的稳定性，目前主要有两种方式：基于通量交换的方法使用非结构网格填充子区域之间的洞边界，将多套网格合并为单套计算[7-8]；基于流动物理量交换的方法通过流场参数插值以建立两套网格之间的联系[9]。与非守恒型插值相比，守恒型插值实现难度大，计算效率低，但在网格相对尺寸、类型差异明显的区域依然能够保证插值精度，且计算收敛快，不易出现非物理解，故适用于布置在流动变化较为剧烈区域中的交界面。

CFD模拟通常采用非结构/混合网格对几何外形复杂的计算对象进行离散。针对此类网格的守恒型插值大多数基于单元相交策略[10-12]，其中超网格(supermesh)方法[13-14]以网格单元互相布尔交集运算后形成的最小网格为通量传输的中间媒介来耦合多套网格数值计算，是一种物理意义明确，具有二阶精度的守恒型插值方法。目前学界大多使用二维多边形相交算法对平面交界面生成超网格以开展研究[15-17]，但计算机在用多个细小平面拟合曲面时会无法避免地产生几何间隙，二维求交算法不能直接应用于非共

收稿日期：2022-11-09；修改稿收稿日期：2022-11-25

形的三维曲面交界面单元。一种可行的解决方法即通过坐标变换，将单元投影至平面后求交。目前针对球、圆柱的处理方法[18-20]较为完善，但在实际工程应用，特别是船舶水动力学CFD应用中，交界面的几何形状更为复杂，大多数是多个平面-曲面几何体进行多种布尔运算后的结果，针对这类复杂交界面的研究工作非常少见。

为此，本文面向船舶自航等复杂CFD模拟的应用需求，针对船舶水动力学CFD模拟常用的球形、圆柱形、圆锥形、圆锥台形及其组合形成的复杂平面-曲面复合交界面开发一系列算法，以开发交界面网格的高精度、守恒型插值算法为目的，开展超网格算法研究。拓展了基于二维求交运算的超网格算法的适用范围，将其应用于平面-曲面复合交界面中，并较为详细地介绍了超网格生成、插值方法流程。研究表明，本文所采取的插值方法适用于网格分布非均匀、网格单元类型不同的平-曲面复合交界面，能够保证插值的守恒性，具有一定的工程使用价值。

1 超网格算法

1.1 基本概念

对于存在面重叠的两个网格区域 Ω_A 和 Ω_B，其交界面为 τ_A 和 τ_B，二者之间重叠部分的顶点集分别为 N_A 和 N_B。根据Farrell等[13]对超网格的定义，由 $\{\tau_A,\tau_B\}$ 可唯一确定网格面 τ_C，满足：

$$N_C \supseteq N_A \cup N_B \\ A(K_C \cap K) \in \{0, A(K_C)\} \forall K_C \in \tau_C, K \in \tau, \tau \in \{\tau_A, \tau_B\} \tag{1}$$

式中，$A(K)$ 表示网格面单元 K 的面积，N_C 为组成超网格 τ_C 的顶点集。上述公式表明，N_C 包含 τ_A 和 τ_B 重叠区域内所有顶点，且超网格中每个面单元 K_C 同时被 τ_A 和 τ_B 中某两个面单元 K_A 和 K_B 所包含。实际上，K_C 即为 K_A 和 K_B 进行布尔相交后的结果，故而其顶点集 N_C 除了包含 N_A 和 N_B 外，还包含了 K_A 和 K_B 每条边求交后所生成的节点。

在构建超网格的同时，需要记录单元之间的索引关系 $K_A \leftrightarrows K_C \leftrightarrows K_B$：

① $\chi_{K_A}(K_c^i) = K_A^m, \chi_{K_B}(K_c^i) = K_B^m \ \forall K_c^i \in \tau_c$：已知一个超网格单元 K_c^i，通过索引可得 τ_A 和 τ_B 中包含它的父单元 K_A^m 和 K_B^n；

② $\chi_{K_C}(K_A^i) = K_C^m, \chi_{K_C}(K_B^i) = K_C^n \ \forall K_A^i \in \tau_A, \forall K_B^j \in \tau_B$：已知交界面一侧某个面单元 K_A^i 或 K_B^j，通过索引可得 τ_C 中所有构成它的超网格单元 K_C^m 或 K_C^n。

以下对超网格构建的主要流程进行详细介绍。

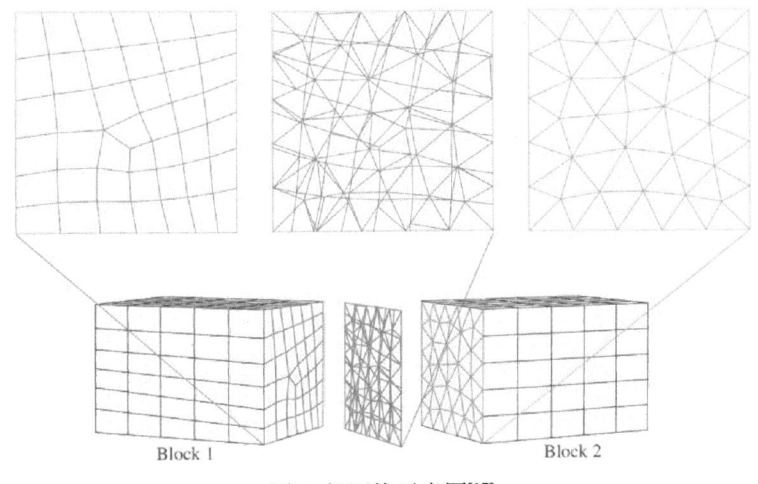

图 1 超网格示意图[17]

1.2 单元所属曲面识别方法

只有确定面单元是否为曲面的一部分、属于哪一个曲面几何体，才能使用相对应的二维坐标变换方法将曲面投影至平面。方便起见，假设已知构成交界面的所有典型曲面几何体（圆柱/锥台/球）的特征信息。

首先介绍网格面是否属于圆柱/圆锥/圆锥台的判定方法。如图2所示，已知圆锥台上下底圆心坐标为 $\vec{o_1}$ 和 $\vec{o_2}$，上下底面半径为 r_1, r_2，高为 H，母线与轴线夹角为 γ_0（圆柱 $\gamma_0 = 0$）。面单元法向量为 $\vec{n}$，面单元中心坐标为 $\vec{c}$。不失一般性，令 $r_1 \geq r_2$ 设面单元中心到轴线的距离为 d_V，到底面 o_1 所在平面的距离为 d_P，令 ε 为一小量，则：

Algorithm 1: whether mesh face belongs to cone

input: coordinates of the face center *c* normal vector *n*

1:      $\gamma = \cos^{-1}\left(\vec{n} \cdot \vec{o_1o_2} / \left\|\vec{n} \cdot \vec{o_1o_2}\right\|\right)$;

2:      **if** $\left|\gamma_0 + \gamma - \dfrac{\pi}{2}\right| < \varepsilon$

3:          **return** false;

4:      $d_V^2 = \text{PointLineDistanceSquare3D}\left(\vec{c}, \vec{o_1o_2}, \text{false}, \&d_P\right)$; //in ref.[21]

5:      **if** $d_V > \max(r_1, r_2)$ or $d_V < \min(r_1, r_2)$ or $d_P < -\varepsilon$ or $d_P > H + \varepsilon$

6:          **return** false;

7:      $r_C = r_1 - \dfrac{r_1 - r_2}{H} d_P$;

8:      **if** $|d_V - r_C| > \varepsilon$

9:          **return** false;

10:     **return** true;

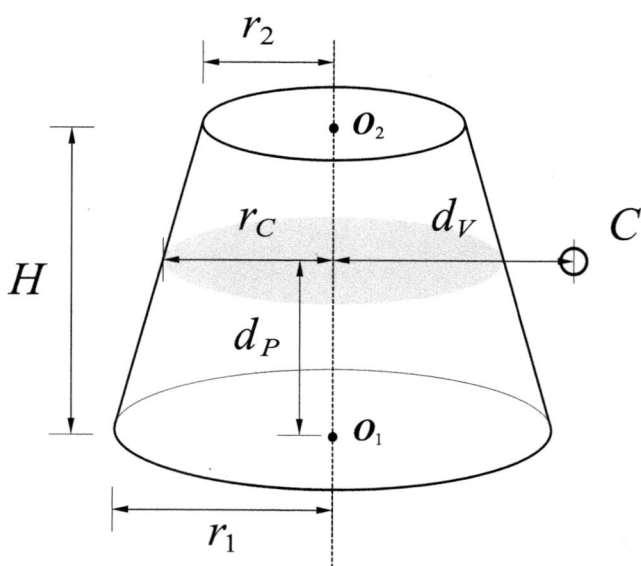

图 2 判断空间一点是否属于圆锥台曲面

其次为网格面是否属于球面的判定方法，假设已知球心坐标为 $\vec{o}$，半径为 r，则有：

Algorithm 2: whether mesh face belongs to sphere
---
input: coordinates of points $\vec{p_i}$ and center of face $\vec{c}$, normal vector $\vec{n}$

1:      **if** $\cos^{-1}(\vec{n} \times \mathbf{norm}(\vec{c}-\vec{o})) > \varepsilon$

2:          **return** false;

3:      invalidPoint = 0;

4:      **for** all point p_i of face **do**

5:          **if** $|\vec{p_i}.x * \vec{p_i}.x + \vec{p_i}.y * \vec{p_i}.y + \vec{p_i}.z * \vec{p_i}.z - r*r| > \varepsilon$

6:              invalidPoint++;

7:      **if** invalidPoint>=2

8:          **return** false;

9:      **return** true;

多边形面单元节点可能不在同一平面上，故可将其拆分为多个三角形进行判别，以保证面法向量与面中心计算的正确性。

1.3 单元所属曲面识别方法中圆柱形、圆锥台形、球形交界面的处理

圆柱、圆锥台形交界面常用于船舶自航等单一自由度（转动）的 CFD 模拟，球形交界面则用于三自由度(转动)运动中。对于前者的处理详见参考文献[19]，本文采用旋转球心投影法[19](rotate-Gnomonic projection)处理球形交界面，流程可概述为：

(1) 将 K_A^m 和 K_B^n 同时旋转至球底附近；
(2) 从球心做射线，将 K_A^m 和 K_B^n 的所有节点投影至球底 S 所在水平面；
(3) 在该二维水平面上进行网格求交运算；
(4) 将求交结果还原至球体表面相应位置。

步骤(1)中，设面单元 K_A^m 中 z 方向坐标最小的节点为 P_{bottom}，球心坐标为 $x_0=(x_0,y_0,z_0)$，令 $z'=(0,0,1)$，按下式计算旋转中心 P_{rot}、旋转轴 r 与旋转角度 θ_r：

$$P_{rot} = P_{bottom} - x_0 = (x_{rot}, y_{rot}, z_{rot})$$
$$\theta_r = \pi - \cos^{-1}(\frac{z_{rot}}{R}) \quad (2)$$
$$r = \frac{z' \times P_{rot}}{\|z' \times P_{rot}\|} = (x_r, y_r, z_r)$$

则旋转后 K_A^m 和 K_B^n 的节点坐标为：

$$x' = J_{rot} \cdot (x - x_0) \quad (3)$$

其中

$$J_{rot} = \begin{bmatrix} \cos(\theta_r)+(x_r)^2(1-\cos(\theta_r)) & x_r y_r(1-\cos(\theta_r))-z_r\sin(\theta_r) & x_r z_r(1-\cos(\theta_r))+y_r\sin(\theta_r) \\ x_r y_r(1-\cos(\theta_r))+z_r\sin(\theta_r) & \cos(\theta_r)+(y_r)^2(1-\cos(\theta_r)) & y_r z_r(1-\cos(\theta_r))-x_r\sin(\theta_r) \\ x_r z_r(1-\cos(\theta_r))-y_r\sin(\theta_r) & y_r z_r(1-\cos(\theta_r))+x_r\sin(\theta_r) & \cos(\theta_r)+(z_r)^2(1-\cos(\theta_r)) \end{bmatrix}$$

步骤(2)中，按下式计算节点投影后的二维空间坐标，其中 $\boldsymbol{x}' = (x',y',z')$，$R$为球的半径：

$$\begin{pmatrix} X \\ Y \end{pmatrix} = \begin{pmatrix} \dfrac{R}{|z'|}x' \\ \dfrac{R}{|z'|}y' \end{pmatrix} \tag{4}$$

步骤(4)中，将二维坐标转换至三维空间的变换公式为：

$$\boldsymbol{x} = \boldsymbol{J}_{rot}^{-1} \cdot \boldsymbol{x}' + \boldsymbol{x}_0 \tag{5}$$

其中

$$\boldsymbol{J}_{rot}^{-1} = \begin{bmatrix} \cos(\theta_r) + (x_r)^2(1-\cos(\theta_r)) & x_r y_r(1-\cos(\theta_r)) + z_r \sin(\theta_r) & x_r z_r(1-\cos(\theta_r)) - y_r \sin(\theta_r) \\ x_r y_r(1-\cos(\theta_r)) - z_r \sin(\theta_r) & \cos(\theta_r) + (y_r)^2(1-\cos(\theta_r)) & y_r z_r(1-\cos(\theta_r)) + x_r \sin(\theta_r) \\ x_r z_r(1-\cos(\theta_r)) + y_r \sin(\theta_r) & y_r z_r(1-\cos(\theta_r)) - x_r \sin(\theta_r) & \cos(\theta_r) + (z_r)^2(1-\cos(\theta_r)) \end{bmatrix},$$

$$\boldsymbol{x}' = \begin{pmatrix} x' \\ y' \\ z' \end{pmatrix} = \begin{pmatrix} R\sin\theta\cos\varphi \\ R\sin\theta\sin\varphi \\ R\cos\theta \end{pmatrix},$$

$$\begin{pmatrix} \theta \\ \varphi \end{pmatrix} = \begin{pmatrix} \pi - \tan^{-1}\left(\dfrac{\sqrt{X^2+Y^2}}{R}\right) \\ \tan^{-1}\left(\dfrac{Y}{X}\right) \end{pmatrix}$$

1.4 贡献单元搜索与多边形求交运算

大量的交界面网格单元中，仅有一个或几个单元与目标单元布尔交集运算后面积不为0。为提高计算效率，在求交前需快速定位出这些贡献单元。本文采用基于ADT(alternating digital tree)的方法[22-23]加速搜索。ADT树用包围盒(bounding box)的对角点坐标代替面单元所有节点坐标来储存几何信息和判定相交关系，故需对搜索结果进行二次筛查，以排除包围盒相交、但面单元实际不相交的情况（如图3）。筛查的思路为：若两个面单元不在同一平面，且不属于同一圆柱/锥台/球中的曲面，则将其排除；否则将面单元投影至二维平面，并使用分离轴算法[21]判断二维多边形的相交关系。若二者相交，投影后的节点坐标可直接参与后续计算。

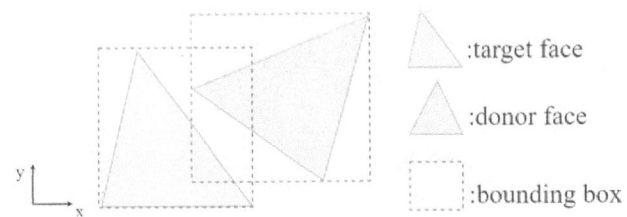

图3 两个面单元不相交，但其包围盒相交

得到正确的贡献单元并将其投影至二维平面后，本文采用二维Sutherland-Hodgman逐边切割法[24]生成超网格。该方法使用切割多边形的各边逐次对目标多边形进行切割，从而得到一个新的多边形（超网格）。生成超网格并转换至三维空间后，需记录其形心、面法向量、面积等几何信息，以及目标单元-超网格单元-贡献单元之间的索引关系。超网格生成流程图详见图4。

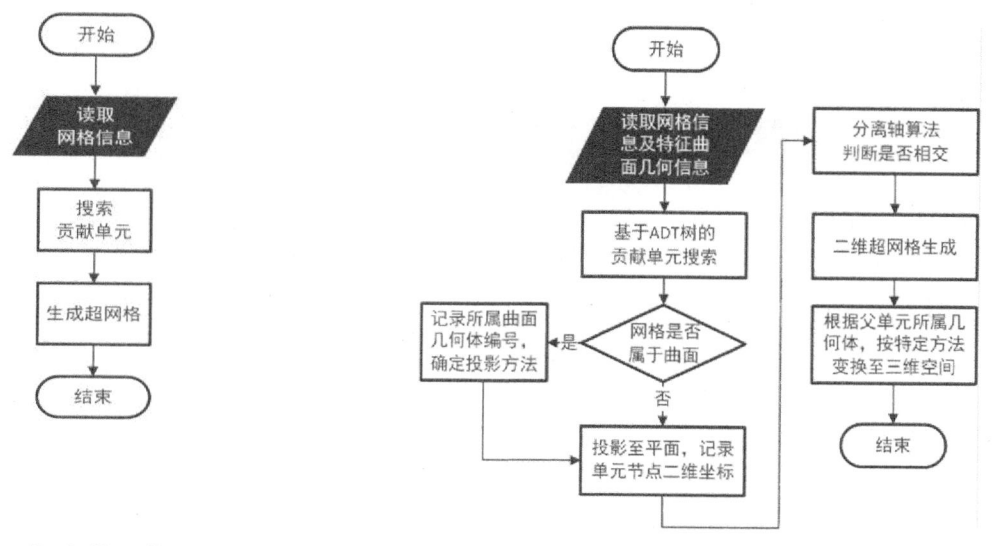

(a) 一般平面超网格生成　　　　　　(b) 适用于曲面的超网格生成

图 4 超网格生成流程图

1.5 基于超网格的多套网格耦合计算方法

本文采用梯度重构与面积加权的方式，以超网格为媒介实现交界面上变量的二阶精度通量重构[17,25]。方法如下：

(1) 首先计算超网格面心处变量值：

$$\phi_{K_C} = \phi_{owner} + \psi \nabla \phi_{owner} \cdot (\boldsymbol{x}_{K_C} - \boldsymbol{x}_{owner}) \tag{6}$$

式中，ψ 为梯度限制器函数。梯度计算时，交界面单元中心值由插值获得：

$$\phi_{K_A} = \frac{1}{A(K_A)} \sum_i A(K_C^i) \frac{\phi_{owner} d_{neigh,i} + \phi_{neigh,i} d_{owner}}{d_{owner} + d_{neigh,i}} \tag{7}$$

式中，$A(\cdot)$ 代表面积，d 为超网格面中心到其主/副单元体中心的距离，ϕ_{owner}、ϕ_{neigh} 分别为超网格的主/副单元体中心值，$K_C^i = \chi_{K_C}(K_A)$ 为构成主单元交界面的超网格单元编号。

(2) 然后将超网格上的流场变量插值到另一侧单元面中。其中 $K_B = \chi_{K_B}(K_C^i)$

$$\phi_{K_B} = \frac{1}{A_{K_B}} \left[\sum_{i=1}^{n} \phi_{K_C^i} A_{K_C}^i \right];$$

$$A_{K_B} = \sum_{i=1}^{n} A_{K_C}^i \tag{8}$$

数值模拟中，生成超网格的两个父单元分别作为超网格面的主、副单元进行离散方程的构造，具体方法详见文献[17]。

2 守恒性验证

本节通过组合圆柱/锥台/球体及一般平面几何来构造复杂平面-曲面复合交界面，并给定流场变量在计算域中的分布函数，通过在交界面间来回插值以检测超网格生成的几何误差与插值方法的精度误差。检验方法为：

(1) 假设物理量 ϕ 在流场中的分布满足以下函数，其中(x,y,z)为单元中心坐标：

$$\phi(x,y,z) = x + \sin\left(y + \frac{\pi}{6}\right) + \cos\left(z + \frac{\pi}{6}\right) \tag{9}$$

(2) 通过式(7)和式(8)将 ϕ 由 τ_A 传递至 τ_B，而后以 $K_B \in \tau_B$ 为贡献单元，将值传递回 τ_A；

(3) 按照上述方法在 τ_A 和 τ_B 之间相互插值500次，统计 ϕ 在 τ_A 上的积分值与真实值之间的误差，并检测目标单元的面积与构成它的超网格面积之和的误差：

$$\varepsilon = \frac{A(K_B) - \sum A(K_C^i)}{A(K_B)} \times 100\% \tag{10}$$

测试采用的交界面几何形状及网格如图5所示：

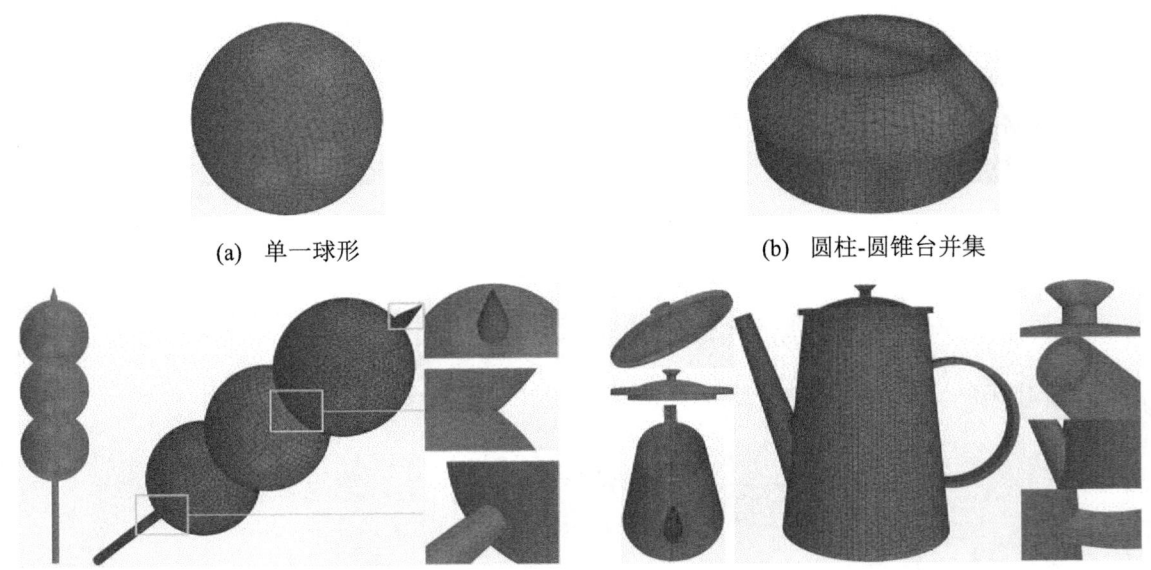

(a) 单一球形　　　　　　　　　　　(b) 圆柱-圆锥台并集

(c) 圆柱、圆锥台、球并集："糖葫芦"形　　(d) 多种平-曲面交、并、差集："水壶"形

图 5 插值测试所使用的网格

表1给出了四种平曲面超网格测试结果，结合程序耗时统计可得：

(1) 从计算速度上看，交界面网格单元数在10^5量级时，采用基于ADT树的贡献单元搜索耗时较低，且与整个交界面包围盒的长宽比有一定关联。超网格方法总耗时在3分钟以内，在实际工程应用中可以接受；

(2) 从面积误差上看，经过坐标变换及网格切割后超网格单元的总面积与原网格总面积基本相同，证明了几何运算基本准确。但"水壶"形交界面中存在极少部分小面积网格单元（面积为10^{-5}量级）在搜索贡献单元时出现误判，导致超网格生成错误，进而产生插值误差；

(3) 从插值误差上看，本文发展的方法在插值过程中能保证物理量的积分守恒，插值精度较高。

表 1 超网格测试结果

交界面几何形状	单元数量	搜索耗时/s	面积误差/%	500次插值误差/%
球形	3 728/4 728	0.06	7.50E-02	-0.009
圆柱、圆锥台组合	10 915/15 310	0.34	1.48E-02	0.026
"糖葫芦"形	13 907/19 666	17.66	1.41E-02	-0.309
"水壶"形	35 517/39 068	3.32	6.75E-04	0.672

3 计算方法的 CFD 验证

采用RNG k-ε湍流模型，使用本文开发的守恒型插值与基于逆距离加权的非守恒型插值[26]，设计一圆柱与圆锥台组合体形式的交界面对5叶MAU螺旋桨模型开展敞水性能数值计算，计算网格和计算工况见文献[26]。螺旋桨推力系数K_T、扭矩系数K_Q和敞水效率η计算公式如下，其中T和Q分别是螺旋桨推力和扭矩值，ρ为密度，n为转速，D为桨叶直径。

$$K_T = \frac{T}{\rho n^2 D^4}, \quad K_Q = \frac{Q}{\rho n^2 D^5}, \quad \eta = \frac{J}{2\pi} * \frac{K_T}{K_Q} \tag{11}$$

表2与图6分别给出了不同进速系数下螺旋桨的推力系数、扭矩系数和敞水效率的计算结果与试验数据的对比。从中可得：

(1) 两种不同的插值方法计算结果基本一致。主要原因是在敞水CFD计算中螺旋桨前方来流均匀，交界面附近流动梯度变化较小，非守恒型插值方法亦可满足要求，这与Meakin[27]的研究结果一致，证明了本文方法的可行性。

(2) 与试验数据对比可得，在螺旋桨的工作点附近(J=0.4,0.5)计算结果与试验吻合程度较高，验证了超网格方法计算精度满足工程需求。

表 2 螺旋桨敞水性能比较

J	K_T			$10K_Q$			η		
	守恒	非守恒	试验值	守恒	非守恒	试验值	守恒	非守恒	试验值
0.2	0.2714	0.2728	0.2949	0.3362	0.3371	0.3500	0.2576	0.2576	0.2570
0.3	0.2455	0.2464	0.2598	0.3129	0.3137	0.3210	0.3751	0.3751	0.3746
0.4	0.2151	0.2154	0.2214	0.2847	0.2848	0.2871	0.4815	0.4815	0.4810
0.5	0.1805	0.1808	0.1798	0.2507	0.2508	0.2479	0.5735	0.5735	0.5730
0.6	0.1420	0.1423	0.1349	0.2105	0.2106	0.2027	0.6453	0.6453	0.6443
0.7	0.0994	0.0997	0.0867	0.1634	0.1633	0.1509	0.6801	0.6801	0.6779

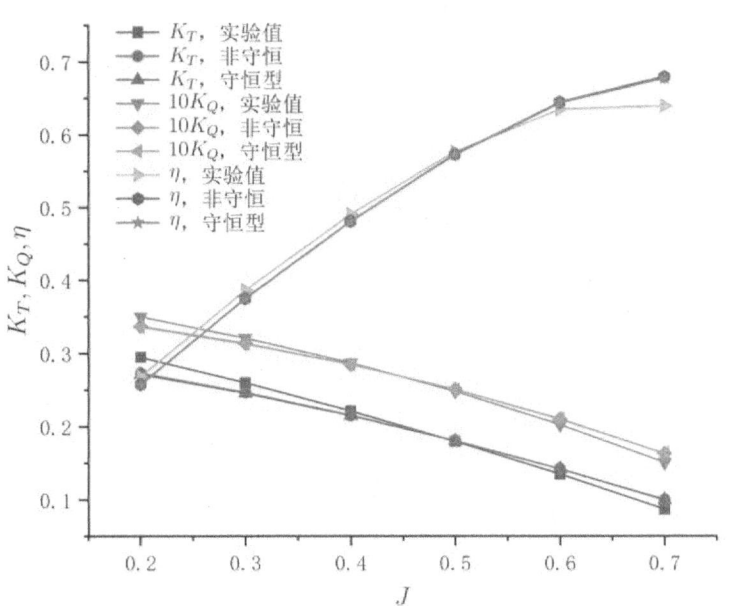

图 6 螺旋桨敞水性能曲线比较

4 结　论

本文介绍了由圆柱、圆锥台、球形曲面与一般平面几何构成的复杂非共形交界面的超网格生成方法，以及基于超网格的多套网格守恒型插值方法。主要内容和结论包括：

(1) 较为系统地介绍了针对常见曲面的超网格方法实现流程。包括识别网格单元所属曲面几何体(球/柱/锥台)的方法、基于 ADT 树的贡献单元搜索及贡献单元筛选算法、曲面网格单元映射至二维平面的方法与基于超网格的通量传输方法；

(2) 构造复杂平面 - 曲面复合交界面对上述方法进行测试。通过典型分布函数验证了基于超网格的插值方法在球体、圆柱与圆锥台面组合体、球与圆柱及圆锥台组合体和多种曲面布尔运算后产生的复杂交界面中的精度和守恒性。测试结果表明：①本文采用的基于 ADT 树的贡献单元搜索算法与基于分离轴算法的筛选算法准确度好，效率高；②针对球及圆柱锥台面的投影方法能够使二维多边形裁剪算法应用于三维曲面的超网格生成，保证了网格单元求交运算的计算效率；③基于梯度重构与面积加权的面通量重构方法合理扩大了插值模板，保持了通量在多次传输后的二阶精度守恒。

(3) 将超网格方法应用于螺旋桨敞水 CFD 模拟，并与模型试验结果进行对比分析。结果表明，在来流均匀，流场梯度变化较小的情况下，基于超网格的守恒型插值方法与非守恒型插值方法计算结果相当，且与试验值接近，证明了本文提出方法计算的准确性。

但本文方法存在如下不足：其一，对于母线与轴线夹角较大的圆锥台型交界面，本文提出的方法对接近上底平面的曲面网格单元识别精度稍显不足；其二，由于使用梯度更新面通量，且加入大量超网格单元参与计算，故超网格方法的耗时略高于逆距离权插值。

后续开展对典型散货船带与不带节能导管的自航 CFD 模拟与节能效果评估，通过与非守恒性插值算法模拟以及模型试验结果的对比分析，测试该方法在船模自航状态下复杂流场中的计算精度。

参 考 文 献

[1] RAI M M. Navier-stokes simulations of rotor/stator interaction using patched and overlaid grids[J]. Journal of Propulsion and Power, 1987, 3(5): 387-396.

[2] BENEK J, STEGER J, DOUGHERTY F C. A flexible grid embedding technique with application to the euler equations[A]. 6th Computational Fluid Dynamics Conference Danvers[C]// Danvers, MA, U.S.A.: American Institute of Aeronautics and Astronautics, 1983.

[3] 金奕星, 吴乘胜, 王建春, 等. 基于 RANSE 的螺旋桨模型敞水数值模拟方法研究[J]. 船舶力学, 2022, 26(01): 18-29.

[4] WANG J, LIU Z, WAN D. Numerical simulation of viscous flows around a surface combatant model at different drift angles using overset grids[J]. International Journal of Computational Methods, 2021, 18(05): 2041015.

[5] HANSSEN F-C W, GRECO M. A potential flow method combining immersed boundaries and overlapping grids: Formulation, validation and verification[J]. Ocean Engineering, 2021, 227: 108841.

[6] MENG Q, WAN D. Numerical simulations of viscous flow around the obliquely towed KVLCC2M model in deep and shallow water[J]. Journal of Hydrodynamics, 2016, 28(3): 506-518.

[7] 李亭鹤, 阎超. 二维 DRAGON 网格自动生成技术的研究[J]. 空气动力学学报, 2005(01): 88-92.

[8] ZHENG Y, LIOU M-S. Progress in the three-dimensional DRAGON grid scheme[A]. 15th AIAA Computational Fluid Dynamics Conference[C]// Anaheim, CA, U.S.A.: American Institute of Aeronautics and Astronautics, 2001.

[9] 张来平, 常兴华. 计算流体力学网格生成技术[M]. 北京: 科学出版社, 2017.

[10] MATHUR S. Unsteady flow simulations using unstructured sliding meshes[A]. Fluid Dynamics Conference[C]// Colorado Springs, CO, U.S.A.: American Institute of Aeronautics and Astronautics, 1994.

[11] MCNAUGHTON J, AFGAN I, APSLEY D D, et al. A simple sliding-mesh interface procedure and its application to the CFD simulation of a tidal-stream turbine: Sliding-mesh interface for cfd simulation of a tidal-stream turbine[J]. International Journal for Numerical Methods in Fluids, 2014, 74(4): 250-269.

[12] LOH C, TO W, HIMANSU A. A conservative treatment of sliding interface for upwind finite volume methods[A]. 47th AIAA Aerospace Sciences Meeting including The New Horizons Forum and Aerospace Exposition[C]// Orlando, Florida: American Institute of Aeronautics and Astronautics, 2009.

[13] FARRELL P E, PIGGOTT M D, PAIN C C, et al. Conservative interpolation between unstructured meshes via supermesh construction[J]. Computer Methods in Applied Mechanics and Engineering, 2009, 198(33-36): 2632-2642.

[14] FARRELL P E, MADDISON J R. Conservative interpolation between volume meshes by local Galerkin projection[J]. Computer Methods in Applied Mechanics and Engineering, 2011, 200(1-4): 89-100.

[15] 徐春光, 董海波, 刘君. 基于单元相交的混合网格精确守恒插值方法[J]. 爆炸与冲击, 2016, 36(03): 305-312.

[16] AGUERRE H J, MÁRQUEZ DAMIÁN S, GIMENEZ J M, et al. Conservative handling of arbitrary non-conformal interfaces using an efficient supermesh[J]. Journal of Computational Physics, 2017, 335: 21-49.

[17] RINALDI E, COLONNA P, PECNIK R. Flux-conserving treatment of non-conformal interfaces for finite-volume discretization of conservation laws[J]. Computers & Fluids, 2015, 120: 126-139.

[18] KRITSIKIS E, AECHTNER M, MEURDESOIF Y, et al. Conservative interpolation between general spherical meshes[J]. Geoscientific Model Development, 2017, 10(1): 425-431.

[19] XIAO Y, MING P J, HUANG J. Unified strategy of supermesh generation for planar, cylindrical, and spherical non-conformal interfaces by using 2-D intersection algorithm[J]. Applied Mathematical Modelling, 2021, 94: 791-813.

[20] XIAO Y, MING P J, YANG W M. A scalable, robust parallel algorithm on handling of sliding non-conformal interfaces with an efficient supermesh method[J]. Journal of Computational Physics, 2022, 471: 111648.

[21] SCHNEIDER P J, EBERLY D H. Geometric tools for computer graphics[M]. Amsterdam: Boston : Morgan Kaufmann Publishers, 2003.

[22] BONET J, PERAIRE J. An alternating digital tree (ADT) algorithm for 3D geometric searching and intersection problems[J]. International Journal for Numerical Methods in Engineering, 1991, 31(1): 1-17.

[23] 李鹏, 高振勋, 蒋崇文, 等. 重叠网格装配中的一种改进 ADT 搜索方法[J]. 北京航空航天大学学报, 2017, 43(06): 1182-1190.

[24] SUTHERLAND I E, HODGMAN G W. Reentrant polygon clipping[J]. Communications of the ACM, 1974, 17(1): 32-42.

[25] 崔鹏程, 唐静, 李彬, 等. 基于超网格的重叠网格守恒插值方法[J]. 航空学报, 2018, 39(03): 23-35.

[26] 金奕星, 吴乘胜, 王建春, 等. 基于自研 CFD 求解器的螺旋桨敞水数值模拟方法研究[J]. 中国造船, 2020, 61(S2): 113-119.

[27] MEAKIN R. Object X-rays for cutting holes in composite overset structured grids[A]. 15th AIAA Computational Fluid Dynamics conference[C]// Anaheim, California, USA, 2001: 2537.

Research on Super-mesh Algorithm of Typical Complex Curved Interface

YU Xin[1], WU Chengsheng[*1,2], JIN Yixing[1,2]

(1. China Ship Scientific Research Center, Wuxi 214082, China;
2. Wuxi Orient Software Technology Co. Ltd., Wuxi 214082, China)

Abstract

Assuring the conservation of flow field information transfer at curved surface interface in unstructured mesh is difficult in computational fluid dynamics. This work presents a conservative treatment of interface with complex geometry feature formed by Boolean operation such as intersection, union and difference for planar, cylindrical and spherical surface based on super-mesh algorism. A method to determine whether interface faces belong to spherical/cylindrical surface is proposed, combining with 3D↔2D coordinate transformation and 2D polygon clipping algorithm to generate a unique super-mesh face of two non-coplanar faces belonging to curve surface for the guarantee of second-order conservative flux transportation between regions. The precision and conservation of super-mesh algorithm is tested and verified by typical distribution function. Openwater CFD simulation of MAU propeller is carried out with typical curved interface, and the comparison with the model test results shows that the super-mesh algorithm studied in this paper can be applied to the common curved interfaces in ship hydrodynamics CFD.

Key words: Super-mesh; Grid-interface; Conservation interpolation; Computational fluid dynamics

作者简介

余　昕　男，1998年生，硕士研究生。主要从事计算流体力学算法开发等方面工作。
吴乘胜　男，1976年生，研究员。主要从事计算流体力学开发等方面研究。
金奕星　男，1990年生，高级工程师。主要从事船舶CFD应用研究等方面工作。
*通讯作者：吴乘胜

非结构网格多域交界面并行算法

吕小敬[1]，吴乘胜[1,2]，金奕星[1,2]，王建春[1,2]，刘钊[3]，冷文浩[1,2]

（1. 中国船舶科学研究中心，无锡 214082；
2. 中船重工奥蓝托无锡软件技术有限公司，无锡 214082；
3. 清华大学，北京 100084）

摘 要

多域交界面间错综复杂流场匹配和传递对并行计算模式及数据传输提出了极高的要求。论文针对非结构网格交界面并行的算法开展了研究，发展了一种改进的并行宿主单元搜索算法，该算法选择距离插值点最近的交界面单元或分区单元作为初始搜索单元，结合局部 N2N(neighbor to neighbor)搜索，染色和队列数据结构等方法，解决并行宿主单元搜索路径被分区或物面隔断的问题，实现了交界面并行宿主单元搜索和插值，同时设计了高效的缓冲通信模式，减少处理器间集合通信和通信等待耗时，最后，基于自主研发的船舶水动力 CFD 求解器 NaViiX(naval hydrodynamics oriented CFD solvers)，开展了螺旋桨敞水性能计算应用测试，验证了并行算法的正确性和高性能计算能力。

关 键 词：交界面；并行计算；并行搜索；螺旋桨敞水性能
中图分类号：V211.52

0 引 言

在船舶工程中，存在大量具有多体相对运动的复杂扰流，如船+节能装置，螺旋桨+轴等。针对该类问题，大部分CFD软件都采用交界面网格技术，即将流场中网格块相对运行划分为旋转域和静止域，通过构建多域间的网格连接和流场传递，实现不连续计算域的同步计算[1-3]。交界面方法在处理多体间具有周期性旋转运动或网格刚体运动时，避免了网格变形和新网格生成，且计算效率和计算效果更优[4]。但是，由于多域非结构网格的时空尺度，物理模型，离散方式等可能存在较大差异，且多域界面连接信息也可能随时间改变，计算域间错综复杂交界面流场匹配和信息交换通常消耗大量的内存和计算资源[5-6]。

近年来，高性能计算技术飞速发展，并行计算能力已是计算流体力学模拟不可或缺的功能。考虑到非结构网格多域交界面计算，由于网格单元间没有显式的映射关系，多域交界面流场匹配和传输技术对进程间通信模式和数据传输提出了极高的要求，也直接决定了模拟求解的成败和效率[6-7]。

目前交界面并行算法研究主要集中在交界面流场的匹配上，即根据交界面处插值点的几何关系找到宿主单元，建立插值点与宿主单元的流场关系。常用的串行宿主单元搜索算法有辅助网格法，穷举法，映射法和相邻单元搜索法(N2N)等。辅助网格的搜索效率与辅助结构网格的分辨率相关[8]，穷举法计算效率较低，映射法需要较为复杂的几何判定[9]，N2N方法具有较好的搜索效率，但是搜索路径可能被隔断，必须设置一定的重启搜索条件[10]。并行计算时，通常采用三种方式处理搜索过程，一是构建主-从处理器通信传输模式，即主进程串行控制交界面处宿主单元的搜索，完成多域交界面上的流场插值,并与主处理器间协同并行实现核心求解过程[11-12]。二是处理器分组,一组负载核心迭代计算,一组负责交界面的匹配,各组协同配合完成并行求解[13]。三是构建辅助结构网格,通过辅助结构网格定位,缩小处理器空间范围,实现处理器间的并行宿主单元搜索和插值[14-15]。主进程模式是所有的网格处理及交界面处理都在一个进程内进行,交界面流场匹配仍是一个串行过程,容易因为内存限制而无法模拟,同时处理器间负载不均衡。分组模式将交界面单元放置在相对较少的进程内,在少数进程实现并行交界面流场匹配,该模式具有较好组内的通信模式和组内负载均衡率,但组间负载不均衡,并行效率与应用模型密切相关。构建辅助网格法通过辅助结构化网格实现并行宿主单元搜索,并行搜索效率及内存消耗与辅助结构网格分辨率的选择密切相关。

考虑到多域间的并行流场匹配和传输技术是并行计算最大的挑战,本文首先针对非结构网格交界面并行的算法开展了研究,发展了一种改进的并行宿主单元搜索算法,该算法选择距离插值点最近的交界面单元或分区单元作为初始搜索单元,结合局部N2N搜索,染色和ADT数据结构等方法,解决并行宿主单元搜索路径被分区或物面隔断的问题,实现了交界面并行宿主单元搜索和插值,算法负载均衡好,并行度高且可以处理复杂网格系统。本文同时设计高效的通信模式和负载均衡策略,减少处理器间集合通信和通信等待耗时,保证流场数据正确高效传输。最后,基于自研CFD求解器NaViiX,开发相应的功能模块,并进行了初步的应用测试,验证了本算法的正确性和高效性,也为船舶多域流场同步计算提供技术支持。

1 求解器

1.1 控制方程形式

本文基于中国船舶科学研究中心自主开发的船舶水动力CFD求解器NaViiX开发交界面并行功能。基于有限体积法的惯性坐标系下的流动控制方程组统一模式为:

$$\frac{\partial}{\partial t}\int_V \phi dV + \oint_{\partial V} F_C \cdot dS - \oint_{\partial V} F_D \cdot dS = \int_V Q \cdot dV \quad (1)$$

式中,V为控制体,F_C为通过控制体的对流通量,F_D为通过控制面的耗散通量,Q为源项。求解周期性旋转部件的绕流问题时,将坐标系建立在旋转坐标系下,动量方程转变为:

$$\frac{\partial}{\partial t}\int_V \rho \mathbf{v} dV + \oint_{\partial V} \mathbf{f}_C \cdot dS - \oint_{\partial V} \mathbf{f}_D \cdot dS = \int_V \mathbf{f} \cdot dV + \int_{\partial V} \mathbf{f}_b \cdot dV \quad (2)$$

$$f_b = -2\rho |\varpi \times \mathbf{v}| - \rho |\varpi \times |\varpi \times \mathbf{r}|| \quad (3)$$

式中,ϖ为坐标系旋转角速度,$\mathbf{r}$为位移向量。在本文中,我们选择RNG k-ε湍流模型,无粘通量采用二阶迎风格式,粘性通量采用中心差分格式,同时利用SIMPLE算法解耦速度压力方程。

1.2 交界面方法

交界面方法的实质是在不连续的网格之间覆盖一系列插值点,通过插值点实现多域流场传递。交界面中多域流场匹配与传输可以分为四个过程:插值点生成,插值点宿主单元搜索,插值点流场计算及多域间插值点流场的传递。

插值点生成是根据交界面所属单元的几何信息,在交界面另一侧生成一系列网格点(插值点),图1所示,通过扩展一层插值点实现多域单元的空间重叠。

宿主单元搜索过程需要不断的判断插值点与候补单元的位置关系,并在候补单元中查询到正确的宿主单元，本文通过判断插值点与候补宿主单元的重心坐标的位置关系确定下一步宿主单元搜索方向，具体实现可参考[16]，找到宿主单元后，先构造该插值点的计算型函数，然后通过型函数和宿主单元的流场参数，计算插值点的流场参数[17]。对于多参考系模拟，多域网格间的相对位置不发生改变，宿主单元搜索只需要搜索一次，对于滑移网格方法，每步迭代后网格的相对位置均会发生改变，交界面插值点的宿主单元是动态的，每个时间步都需要进行插值点宿主单元搜索。

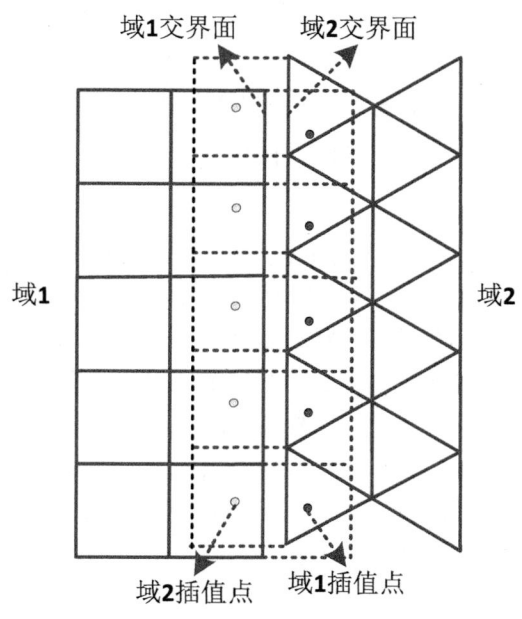

图 1 多域交界面示意图

2 交界面并行算法

2.1 并行分区

交界面方法模拟多域流场时，网格是固定的，每次计算不需要重新生成新的网格，因此仅需要一次并行分区，本文采用metis分区软件对各域进行剖分，如图2所示。

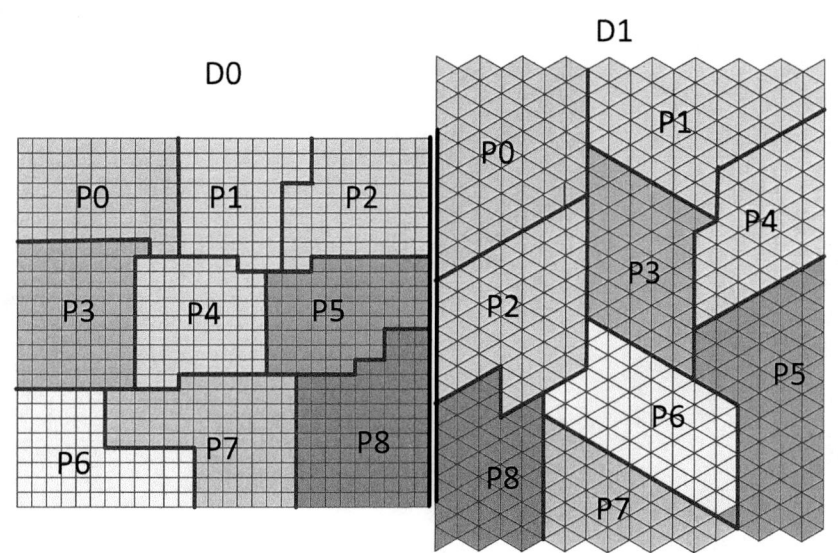

图 2 多域进程分区示意图

该并行分区方式保证每个处理器都会负责所有域的一部分网格,避免了因域间网格差异导致的处理器间负载不均衡。需要特别说明的是,交界面多域网格的并行分区与非交界面网格的分区是没有区别的,但是计算流程和处理器间通信传输模式却更为复杂,这是并行分区后处理器间不仅存在由并行分区产生的ghost单元流场传输,也存在多域交界面单元流场传输过程。交界面并行算法中,处理器间的信息匹配和传输主要分为4种:

(1) 各域网格传输。该部分主要是将网格信息通信给各处理器,数据量大,仅需要初始化时调用一次,为全局广播或收集操作,对性能影响不大。

(2) 各域交界面插值点几何信息传输。各处理器将插值点信息传输给其他处理器,属于全局-全局收集,传输数据量与交界面个数相关,定常模拟执行一次,非定常模拟每迭代步执行一次,对性能影响同样较小。

(3) 并行分区单元匹配和流场传输。调用metis后,原来有几何连接的单元被分到各个进程后,但是CFD插值计算时,仍然需要这些邻居的流场信息,需要在进程内增添一层影像区单元,如图3中D0:分区通信及D1:分区通信所示。该部分属于双向通行模式,即两个处理器间传递的ghost单元数与发送的ghost单元数相等,根据全局网格连接及metis分区结果,可较为简单的实现通信映射匹配。分区单元数据量相对较少,但是每次流场更新后都需要数据传输,调用频率高,信息传输机制对性能影响较大。

(4) 交界面流场匹配及传输。由于各域时空尺度和几何区域不同,各域内交界面总量可能相差较大,并行分区后,各进程内的交界面和宿主单元不会一一对应,且极端情况下某些进程内存在无交界面或宿主单元的情况,流场传递最为复杂,且非定常模拟时,处理器通信映射动态变化,每一步都需要重新计算映射关系,因此,虽然该部分传递数据量最少,但由于高调用频率和复杂流场传递过程,交界面流场的并行匹配需要复杂的通信映射拓扑,也直接影响模拟的精度和效率。

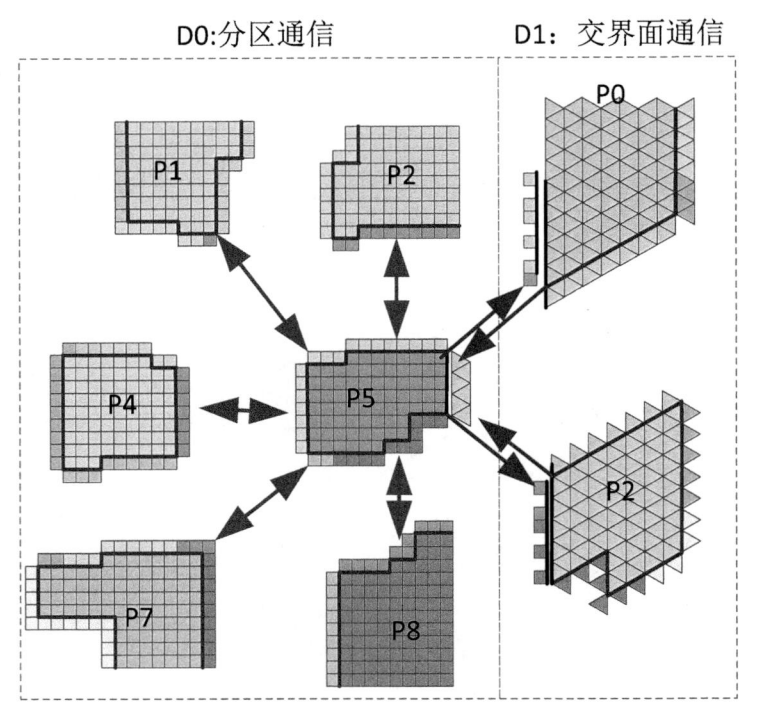
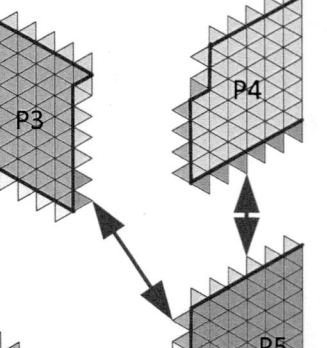

图3 多域交界面网格流场传输映射示意图

分区完成后,各进程还需要建立分区边界通信映射,交界面边界通信映射,完成进程内宿主单元插值,并将插值结果和分区边界流场传输给其他进程,整个软件计算流程如图4所示。

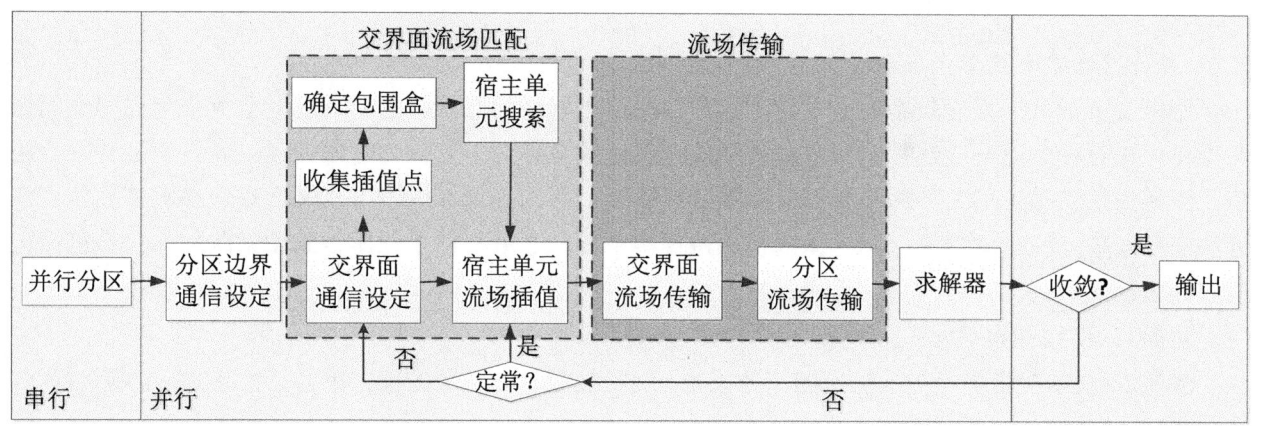

图 4 交界面网格并行计算流程图

2.2 并行交界面流场匹配

2.2.1 包围盒策略

并行分区后,每个处理器均可能含有各域的部分交界面点和网格,需要判断所有进程间的插值点与宿主单元传输情况。本文的搜索策略是先将全域内的交界面插值点收集到处理器内,由于仅需要保存插值点的几何和分布信息,且插值点个数远小于全局网格数,该过程对内存的需求不大。之后为了避免不必要的宿主单元搜索过程,根据处理器网格的空间范围,确定包围该搜索域的最小空间包围盒,二维为矩形包围盒,三维为立方体包围盒。若插值点在包围盒区域内,则可在处理器内搜索该插值点宿主单元,若插值点不在包围盒内,则插值点不在该处理器内,舍弃搜索,包围盒设置及计算框架如算法1所示。

算法1:确定包围盒及包围盒内插值点

```
For all nodes in processor do
    box.minx=min(box.minx, node.x);
    box.maxx=min(box.maxx, node.x);
    …
end for


gather the list of Interpolation points
for all processors do
    for Interpolation points in the processor do
        if Interpolation point outside the box, cycle
        Searching
          if find the host elements
              Interpolation
              Set the communication map
          endif
    endfor
endfor
```

2.2.2 并行宿主单元搜索

影响交界面N2N搜索效率的最主要因素是初始宿主单元的选择。为了减少插值点与全局网格的循环操作，串行搜索时一般选搜索域中距离插值点最近的交界面单元作为起始搜索单元。但是并行分区后，距离插值点最近的交界面单元可能离插值点很远，考虑到计算成本，本文选择选择距离插值点最近的交界面单元或处理器分区单元作为初始待搜索单元，之后将该单元压栈到搜索队列，并染色标记该单元已加入队列。并行宿主单元搜索过程如下：

步骤1：出栈搜索单元。

步骤2：根据搜索单元与插值点的拓扑关系，判断搜索单元是否为宿主单元，若是，宿主单元找到，搜索成功，若不是，进入步骤3。

步骤3：根据插值点与搜索单元重心坐标的位置关系，判断搜索单元内是否存在指示搜索方向的处理器内相邻单元Neighbor_INNER，判断搜索单元内是否存在指示搜索方向的相邻ghost单元Neighbor_GHOST。

步骤3.1 若仅存在Neighbor_GHOST单元，则将搜索单元的所有未染色的相邻单元压栈入搜索队列，染色标记后执行步骤4。

步骤3.2 若存在Neighbor_INNER单元，则判断这些单元是否已染色，若未染色，则压入搜索队列，染色标记执行步骤4。

步骤4：判断搜索队列是否为空，若为空，未搜索到宿主单元，退出该次搜索；若非空，再次执行步骤1。

步骤5：若搜索成功，宿主单元找到，设置插值点流场通信信息，计算插值型函数和插值点流场；若搜索失败，该插值点不在处理器内，结束搜索。图5给出了插值点宿主单元搜索过程。

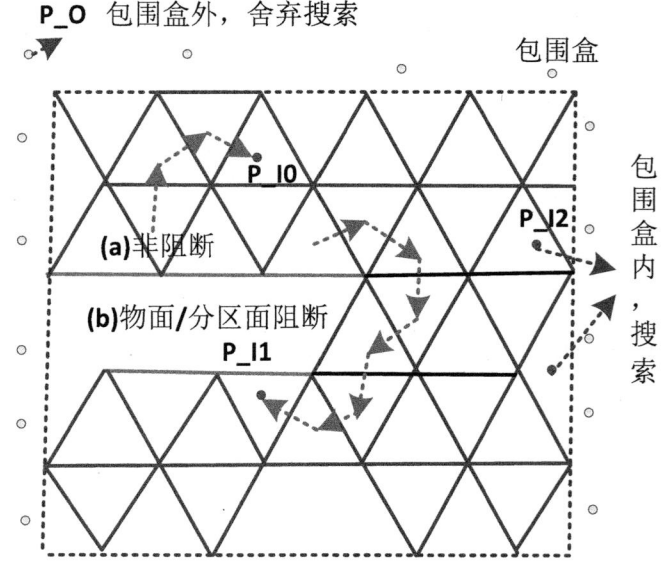

图5 宿主单元搜索过程

2.3 并行流场传输

本文采用异步点对点非阻塞通信模式，即处理器先根据通信进程数，循环发起非阻塞发送和非阻塞接受操作，再统一设置同步阻塞点确保点对点通信完成。该操作增大通信带宽的同时，尽可能的减少通信等待耗时，具体实现如算法2所示。

算法2：非阻塞流场传输模式	

!分区边界单元流场传输
for(i=0;i<Ncpus_ghost;i++){
  dst=sendlist_ghost[i];!通信处理器
  sendnum=sendnums_ghost[i];!通信单元数
  MPI_Isend(…); !非阻塞发送
  MPI_Irecv(…); !非阻塞接受
}
MPI_Waitall(…,status_send);!发送完成
MPI_Waitall(…,status_recv);!接收完成
	!交界面单元流场传输
	for(i=0;i<sendcpunums_if;i++){
	  dst=sendlist_if[i];!接收处理器
	  sendnums=sendnums_if[i];!发送宿主单元数
	  MPI_Isend(…);!非阻塞发送
	  …
	}
	for(i=0;i<recvcpunums_if;i++){
	  src= recvcpunums_list_if[i];!发送处理器
	  recvnums=recvnums_if[i];!接收交界面单元数
	  MPI_Irecv(…);!非阻塞接收
	}
	MPI_Waitall(…,status_send);!发送完成
	MPI_Waitall(…,status_recv);!接收完成

3 算例测试

为了验证本文设计的交界面并行算法及其程序的正确性和高性能计算能力，针对螺旋桨敞水数值模拟这一典型船舶性能分析应用进行了测试，其中算例1为内域四面体网格+外域四面体网格，交界面拓扑均为三角形，算例2为内域四面体+外域六面体网格，交界面拓扑为三角形和四边形，两个算例的网格及计算参数如图6及表1所示。

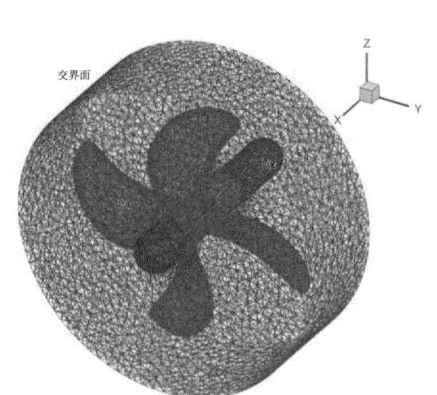
(a) 算例 1(内域四面体+外域四面体)

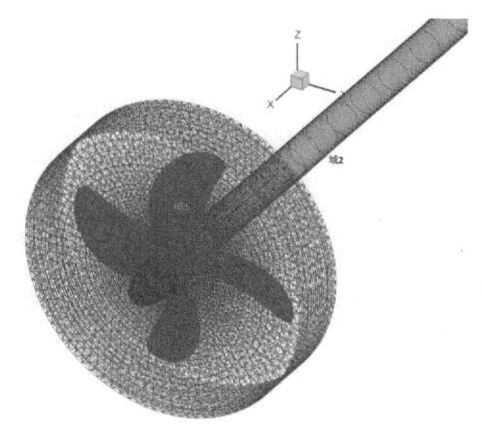
(b) 算例 2(内域四面体+外域六面体)

图 6 网格剖面视图

表1 计算网格及参数

说明	blk1网格总量	blk2网格总量	blk1交界面数	blk2交界面数	螺旋桨转速n	来流速度
算例1	617 993	170 183	8 476	6 090	18 r/s	1.8 m/s
算例2	405 179	252 000	20 274	6 400	30 r/s	5.176 m/s

表2为两个算例串行计算时耗时统计。由表可以看出,两个算例的宿主单元的搜索耗时分别为单步求解平均耗时的12.4%和28.4%,交界面插值约占单步求解平均耗时的5.2%和3.9%。由于螺旋桨敞水计算为定常模拟,仅需执行一次宿主单元搜索,因此单元搜索在测试算例的整体耗时中占比很小。为了便于分析,我们将单独统计宿主单元搜索的性能。

表2 螺旋桨敞水串行计算耗时统计

	宿主单元搜索耗时(s)	单步求解平均耗时(s)	单步求解交界面插值耗时(s)
算例1	1.91	15.43	0.81
算例2	5.80	20.385 13	0.80

图7为两个算例的流场计算和宿主单元搜索的加速比,可以看出,交界面并行求解具有较高的并行加速比,但宿主单元搜索的加速效果相对较差。这是由于metis分区可以保证所有进程内的网格单元负载均衡,但是处理器上的交接面单元数,宿主单元数并不相等,并行搜索效率取决于耗时最长的进程。图8、图9给出了算例1及算例2并行模拟时进程内最大/小宿主单元个数,最大/小交界面单元个数,最大/最小总单元数,可以看出进程间的总单元数近似相等,但是与交界面相关的单元数相差极大,甚至会出现某些进程内无宿主单元或交界面单元的情况,进程间交界面单元的不均衡分布导致并行搜索效率偏低。

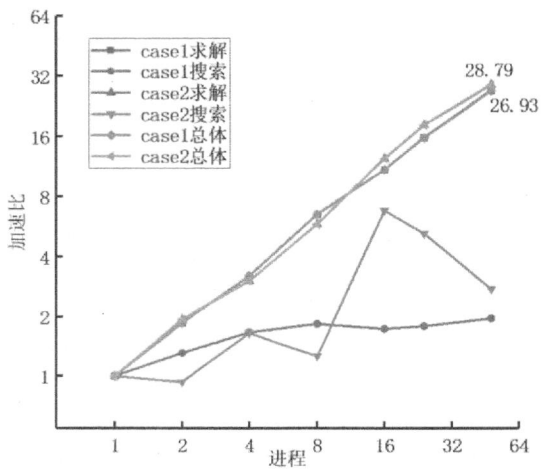

图 7 求解及宿主单元搜索的加速比

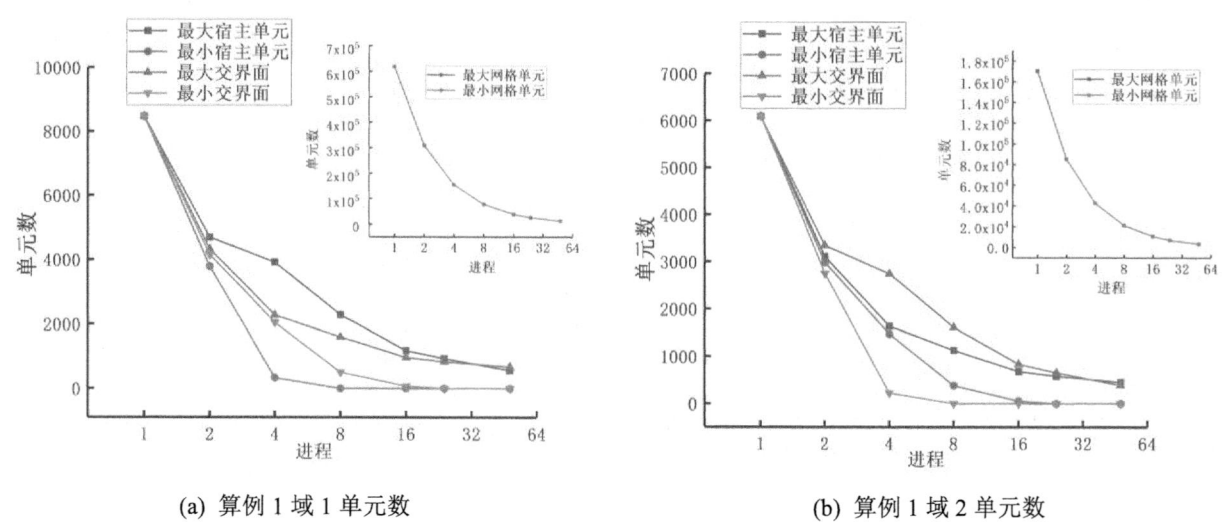

(a) 算例 1 域 1 单元数　　　　　　　　　　(b) 算例 1 域 2 单元数

图 8 算例 1 交界面并行后各进程单元数

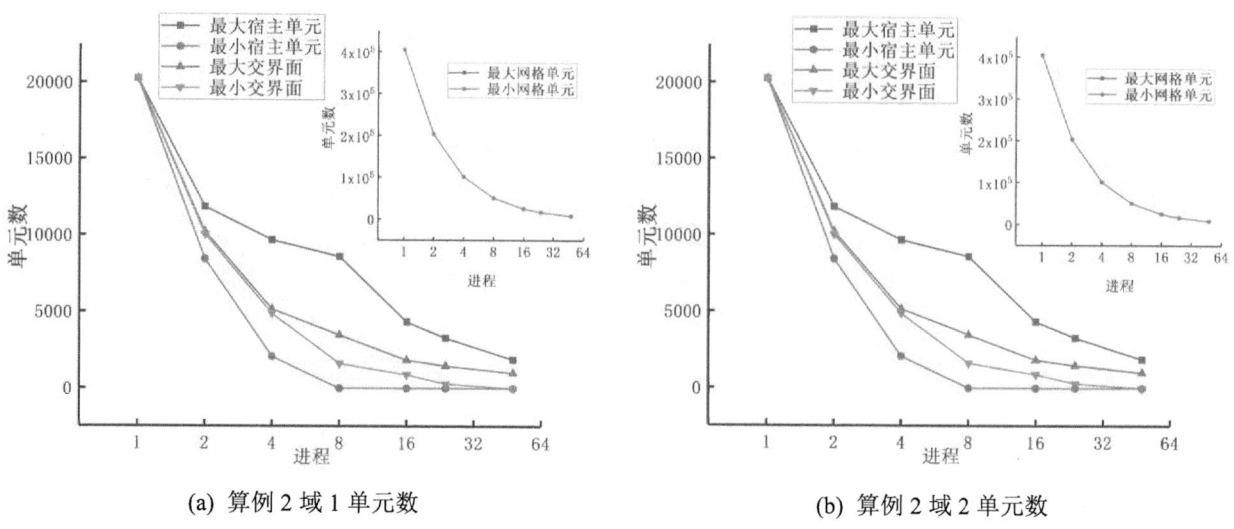

(a) 算例2域1单元数　　　　　　　　　　　　(b) 算例2域2单元数

图9 算例2交界面并行后各进程单元数

本文对串、并行模拟时的螺旋桨敞水性能进行对比，最大迭代步为1 500步，并基于此迭代步的计算结果进行并行算法正确性验证。两个算例的计算结果如表3所示。

表3　螺旋桨推力及扭矩结果

处理器	算例1		算例2	
	螺旋桨推力(N)	螺旋桨扭矩(N*m)	螺旋桨推力(N)	螺旋桨扭矩(N*m)
串行	223.20	-8.08	216.46	6.85
2	224.47	-8.11	216.46	6.85
4	224.46	-8.11	216.46	6.85
8	224.52	-8.11	216.46	6.85
16	224.63	-8.11	216.46	6.85
24	224.60	-8.11	216.46	6.85
48	224.62	-8.11	216.46	6.85

由表3可以看出，串、并行螺旋桨推力偏差在0.65%以内，螺旋桨扭矩偏差在0.37%以内。图10、图11给出了两个算例串行模拟与24处理器并行模拟下螺旋桨表面的压强分布，可以看出，并行交界面模拟的结果与串行模拟结果一致，本文设计的交界面并行方案及代码实现是正确的。

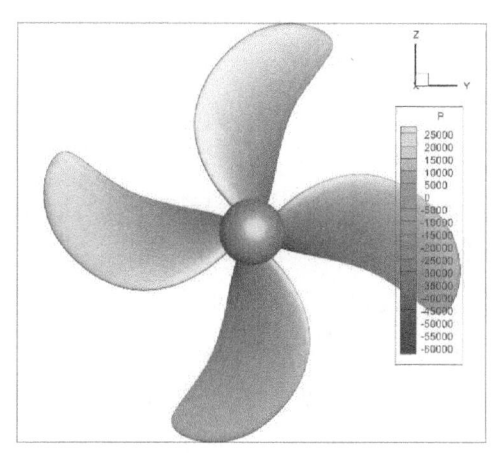
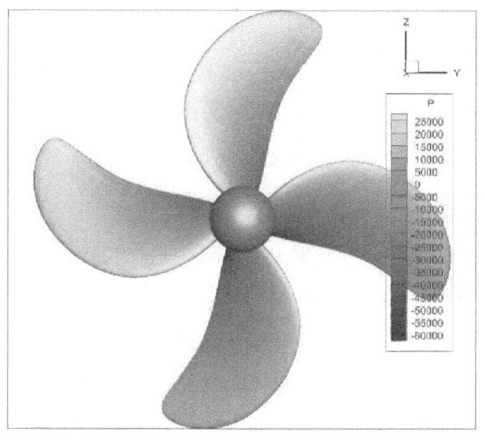

(a) 串行螺旋桨表面压强分布　　　　　　　　(b) 并行24处理器螺旋桨表面压力分布

图10 算例1螺旋桨表面压强分布

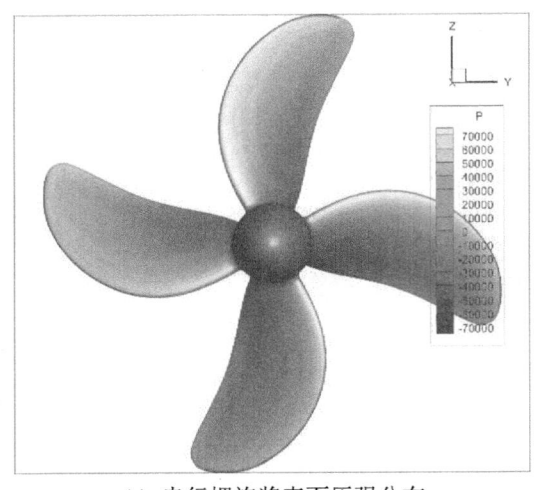
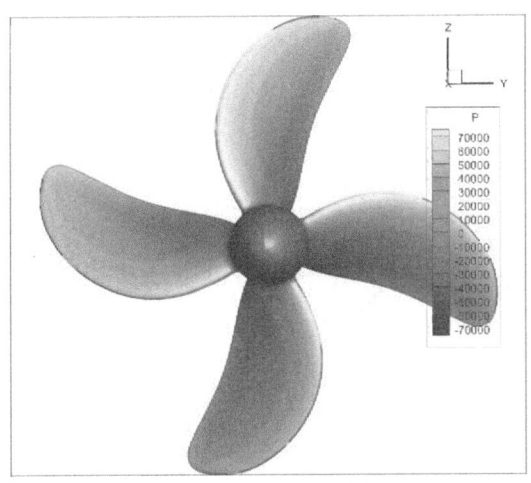

(a) 串行螺旋桨表面压强分布　　　　　　(b) 并行 24 处理器螺旋桨表面压力分布

图 11 算例 2 螺旋桨表面压强分布

4 结 论

本文针对非结构网格对于交界面的并行算法进行了研究，得到的结论如下：

(1) 发展的结合局部 N2N 搜索、染色及队列数据结构的并行宿主单元搜索算法，能解决并行宿主单元搜索路径被分区或物面隔断的问题，实现多域交界面间的并行宿主单元搜索和插值，保障完全并行化的交界面流场匹配和准确的流场数据传输。

(2) 高效的缓冲通信模式能减少处理器间集合通信和通信等待耗时，提高交界面流场传输效率。

(3) 基于自主研发的船舶水动力 CFD 求解器 NaViiX，开展了螺旋桨敞水性能计算应用测试，结果表明，该并行算法能保证计算结果的一致性和高效性，具有较好的工程实用价值。

未来我们将在以下方面开展工作：

(1) 探索更高效率的宿主单元搜索算法和插值算法。插值算法是多域交界面流场计算的核心问题，密切影响着交界面流场的匹配与传输。目前开发阶段主要集中在非守恒型插值算法，后续将进一步建立完备的算法库，提高宿主单元并行搜索效率。

(2) 进行系列应用测试，同时进一步开发和完善软件功能。

参 考 文 献

[1] KOOMULLIL R, CHENG G, SONI B, et al. Moving-body simulations using overset framework with rigid body dynamics[J]. Mathematics & Computers in Simulation, 2008, 78(5-6): 618-626.

[2] LUCCHINI, TOMMASO & D'ERRICO, GIANLUCA & JASAK, et al. Automatic mesh motion with topological changes for engine simulation[C]// SAE Paper. 2007, 10.4271/2007-01-0170.

[3] BLADES E L, MARCUM D L. A sliding interface method for unsteady unstructured flow simulations [J]. International Journal for Numerical Methods in Fluids, 2010, 53(3): 507-529.

[4] 金奕星, 吴乘胜, 王建春, 等. 基于自研 CFD 求解器的螺旋桨敞水数值模拟方法研究[J]. 中国造船, 2020, 61(S2): 113-119.

[5] TUCKER P G. Computation of unsteady turbomachinery flows: Part 1-progress and challenges[J]. Fuel and Energy Abstracts, 2011, 47(7): 522-545.

[6] KEYES DAVID E, MCINNES LOIS C et al. Multiphysics simulations: challenges and opportunities[J]. International Journal of High performance Computing Applications, 2013, 27(1): 4-83.

[7] BOER A D, ZUIJLEN A, BIJL H. Review of coupling methods for non-matching meshes[J]. Computer Methods in Applied Mechanics & Engineering, 2007, 196(8): 1515-1525.

[8] KHOSHNIAT M, STUHNE G R, et al. Relative performance of geometric search algorithms for interpolating unstructured mesh data[C]// Proceedings of the sixth International Conference on Medical Image Computing and Computer-Assisted Intervention. 2003: 391-398.

[9] 崔鹏程, 唐静, 李彬, 等. 基于超网格的重叠网格守恒插值方法[J]. 航空学报, 2018, 39(03): 23-35.

[10] LOHNER R. Robust, Vectorized search algorithms for interpolation on unstructured grids[J]. Journal of Computational Physics, 1995, 118(2): 380-387.

[11] 田书玲. 基于非结构网格方法的重叠网格算法研究[D]. 南京: 南京航空航天大学, 2008.

[12] 夏健, 田书玲, 王江峰, 等. 三维动态非结构重叠网格Navier-Stokes方程并行算法[J]. 航空学报, 2008(05): 1118-1124.

[13] GANINE V, AMIRANTE D, HILLS N. Enhancing performance and scalability of data transfer across sliding grid interfaces for time-accurate unsteady simulations of multistage turbomachinery flows[J]. Computers & Fluids, 2015, 115: 140-153.

[14] 叶靓, 张颖, 杨硕, 等. 旋翼流场计算嵌套网格并行装配方法改进研究[J]. 空气动力学学报, 2018, 36(04): 585-595.

[15] 宣传伟, 韩景龙. 重叠网格中隐式装配策略的改进[J]. 北京航空航天大学学报, 2020, 46(02): 350-358.

[16] 金奕星. 螺旋桨滑流的转/静交界面数值模拟方法研究[D]. 南京: 南京航空航天大学, 2015.

[17] MACPHERSON I, RODGERS J, ALLEN C B, et al. Sliding and non-matching grid methods for helicopter simulations[C]// Proceedings of the 44th AIAA Aerospace Sciences Meeting, 2006.

A Parallel Algorithm for Unstructured Grids with Interfaces of Multi Domains

LV Xiaojing[1], WU Chengsheng[1,2*], JIN Yixing[1,2], WANG Jianchun[1,2], LIU Zhao[3], LENG Wenhao[1,2]

(1. China Ship Scientific Research Center, Wuxi 214082, China;
2. CSSC Orient Wuxi Software Technology Co., Ltd. Wuxi 214082, China;
3. Tsinghua University, Beijing 100084, China)

Abstract

Matching and transfer of complex flow fields between unstructured grids with interfaces of multi domains put forward high requirements for parallel computing and data transmission strategies. In this paper, an improved parallel searching and interpolation strategy is proposed for unstructured grids with interfaces of multi domains. In this parallel searching strategy, the initial candidate cell is set as the interface cell or partition cell closest to the interpolation point, and then neighbor-to-neighbor searching methods on the local meshes with coloring and ADT structure are realized to solve the searching problems that searching paths are blocked by partition or boundaries. Besides, a well-designed communication mode is implemented to reduce the collection and latency processors. Finally, numerical simulations of propeller under open water condition are carried out based on the ship hydrodynamics oriented CFD solvers NaViiX (naval hydraulics oriented CFD solvers). The results show that the parallel algorithms are correct and efficient.

Key words: Interface; Parallel computing; Parallel searching; Open-water performance of propelor

作者简介

吕小敬 女，1989 年生，博士研究生。主要从事 CFD 软件开发、高性能计算及应用。
吴乘胜 男，1976 年生，研究员。主要从事水动力 CFD 计算方法、CFD 软件开发研究。
金奕星 男，1990 年生，高级工程师。主要从事 CFD 软件开发、船舶水动力 CFD 计算研究。
王建春 男，1989 年生，高级工程师。主要从事 CFD 软件开发、船舶水动力 CFD 计算研究。
刘 钊 男，1986 年生，高级工程师。主要从事高性能计算及应用、计算机系统结构研究。
冷文浩 男，1962 年生，副总工程师。主要从事 CAE 软件集成技术研究、船舶设计性能数据库技术研究。
*通讯作者：吴乘胜

基于单元切割的自适应笛卡尔网格生成方法

熊一川，肖周芳*

（杭州电子科技大学 计算机学院，杭州 310018）

摘 要

针对传统笛卡尔网格由于非贴体特征而难以应用于如高雷诺数粘性流动问题的高精度数值计算的缺点，本文提出了一种基于单元切割的自适应笛卡尔网格生成方法以生成保边界特征的贴体笛卡尔网格。对于复杂几何模型，基于单元切割的贴体笛卡尔网格生成过程需要处理复杂面片相交、单元拓扑处理和内外网格单元标记等一系列技术难题。针对复杂面片相交和求交后单元拓扑处理问题，提出了基于自适应精度求交算法和一致性退化处理流程，实现高鲁棒的网格切割面提取和切割面的合并简化，并根据切割面的拓扑顺序构建拓扑一致的边界切割单元。随后，结合卷绕数和染色法实现高效鲁棒的内外网格单元标记。针对不同区域不同网格单元尺寸定义需求，使用全叉树管理笛卡尔网格单元，实现网格的各向异性自适应尺寸设置。最后，通过复杂几何外形验证了本文笛卡尔网格生成方法的有效性，结果显示本文方法可以快速鲁棒生成复杂模型的贴体笛卡尔网格。

关 键 词：单元切割；贴体笛卡尔网格；自适应网格；面片求交；内外单元标记

中图分类号：U661.1

0 引 言

数值仿真分析技术已成为工程设计与分析中不可或缺的一项工具，其有助于缩短实际工程中的设计周期和减少研制费用。网格生成是数值仿真分析的关键前处理过程，网格质量的好坏会直接影响数值仿真的精度和效率[1]。常用的网格类型主要有结构网格、非结构网格、嵌套网格、笛卡尔网格和混合网格等几种[2]，各类网格各有优劣。结构网格具有求解精度高和所需单元数目少等特点，但由于其具有很强的拓扑约束，难以应用于复杂几何模型。非结构网格生成简单，且能适应任意复杂几何外形，但相比于结构网格，需要较高的存储代价，为获得较高的数值精度所需的网格量也较大。

笛卡尔网格结合了结构网格和非结构网格的优点。相对于其他类型的网格而言，笛卡尔网格可以在除边界附近区域得到和坐标轴对齐的高质量六面体网格；而且其生成流程简单，自适应加密和粗化十分方便，可以适应任意复杂的几何外形，对几何错误的容错能力也相对较强，在自动化程度方面有着天然的优势。所以，在实际工程应用中，笛卡尔网格在模型边界特征影响不大的仿真问题中很受欢迎。然而，笛卡尔网格存在一个非常严重的问题，那就是它的非贴体特性，即边界处的六面体网格点和网格面无法完全落在边界曲面上，使其难以应用于如高雷诺数粘性流动问题的高精度数值计算。

为了改善这一问题，在网格生成层面采用把边界处的笛卡尔网格转化为贴体网格的处理方法。这些方法可分为三类：边界投影法[3]、混合网格法[4-5]和单元切割法[6]。边界投影法首先将与边界相交的笛卡尔网格删除，然后将前锋面网格点和网格面投影到边界曲面形成边界附近的贴体网格，但是投影网格面容易导致几何特征的丢失。混合网格法则是在边界处基于边界面网格生成薄层的贴体网格，随后在新的贴体网格构成的区域内生成笛卡尔网格。这种方法避免了直接处理笛卡尔网格边界的问题，但是却无法充分利用笛卡尔网格的优势，而且需要额外处理边界的贴体网格和笛卡尔网格的交接问题。

收稿日期：2022-10-20；修改稿收稿日期：2022-11-25
基金项目：船舶总体性能创新研究开放基金(项目编号 14122201)

为适应模型边界高精度计算需求，单元切割法常被用来获得贴体的笛卡尔网格。这是通过将几何边界切割与边界相交的笛卡尔网格单元来构造的。目前适用于切割单元或多面体网格的各种离散化策略包括传统的嵌入/浸入式边界方法[7-8]、多面体（非）连续伽辽金方法[9]和结构保持模拟方法[10]等。一个理想的笛卡尔网格算法应该是鲁棒、高效，并且接受一般输入的，但随着几何外形的越来越复杂，相交情形复杂多样，又由于浮点精度的不可靠性，往往会遇到各种几何退化的情形，这对于构建拓扑一致的边界单元产生了很大的挑战。Aftosmis[11]提出了一种基于组件的笛卡尔网格生成方法，通过网格的随机数值扰动来绕过几何简并的问题，但是还是没法处理几种拓扑困难的情形。Zhou[12]采用昂贵但鲁棒的布尔算法设计用于相交任意三角形网格，能很好处理非流形网格以及具有精细的拓扑特征的网格，但生成较为耗时。Tao M[13]利用了笛卡尔网格面与坐标轴面对齐的特性，很好的对几何退化以及拓扑复杂的情况进行了快速处理，但是因为使用了统一的网格分辨率，所以无法对于边界处的网格进行自适应。

针对以上问题，本文使用了自适应精度和一致性退化处理来提取三角形网格切割笛卡尔单元产生的切割面，由给定交点的拓扑信息构建精确的表面多面体，这最大限度的避免了浮点精度误差的影响，可以保证几何上的鲁棒性。又通过全叉树管理笛卡尔单元，允许单元进行各向异性加密，这样可以使得用尽量少的网格量获得尽量高的计算精度，提升算法面对复杂外形和复杂计算的适应能力，提高网格生成效率。

1 自适应网格生成流程

针对复杂流动计算对贴体网格生成需求，本文采用如图1所示流程生成笛卡尔网格：

(1) 输入模型：读入离散表征形式的几何模型，为组织输入数据，以半边结构的方式存储离散几何面网格。

(2) 生成自适应网格：根据输入模型尺寸及给定全局网格尺寸，构建覆盖几何模型的包围盒，并以此作为笛卡尔网格的初始根单元。随后，根据全局网格尺寸生成均匀的笛卡尔网格。进而根据物面与笛卡尔网格的相交关系、模型表面曲率对均匀网格进行加密，直至网格尺寸满足尺寸变化要求。

(3) 切割单元：检测和模型表面网格存在相交关系的笛卡尔网格单元，以模型网格面对这些笛卡尔网格单元进行切割，切割过程主要为计算模型边界与笛卡尔网格单元的交点并形成切割面。

(4) 构建边界单元：根据内外关系，确定并标记位于计算区域外部的网格单元，随后删除这些外部网格单元。根据切割面的拓扑顺序构建拓扑一致的边界切割单元，得到最终贴体边界网格单元。

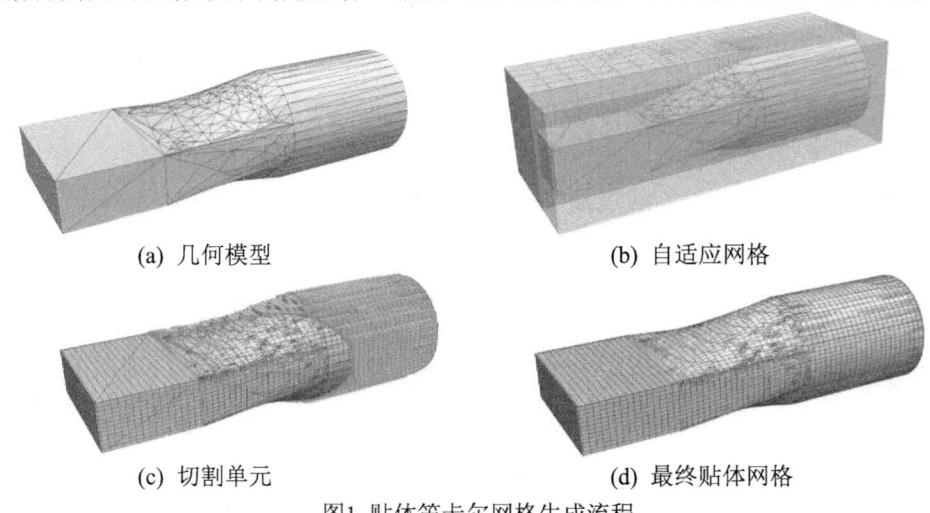

(a) 几何模型   (b) 自适应网格

(c) 切割单元   (d) 最终贴体网格

图1 贴体笛卡尔网格生成流程

在上述步骤中,步骤3涉及大量网格相交处理,快速且鲁棒相交计算是实现基于切割的笛卡尔网格生成方法的关键。为此,本文采用了快速相交测试、自适应计算精度和一致性退化处理等环节来提升算法效率和鲁棒性。在步骤4中需要去除外部单元,并构建边界单元以得到最终的贴体网格。本文采用卷绕数和染色算法确定外部单元,以及通过构建网格面拓扑获得边界网格单元。

2 网格自适应生成

2.1 辅助数据结构

在笛卡尔网格生成过程中涉及到数据的存储和单元的搜索等操作,这些操作的时间效率和空间效率与其采用的数据结构紧密相关。

本文采用全叉树结构[14]组织笛卡尔网格数据。全叉树结构类似于八叉树,以几何模型的包围盒作为根节点,其位于全叉数的第一层中。在网络生成过程中,区别于八叉树将节点一分为八,全叉树允许将节点细分成2个、4个或8个子节点,这使得网格具有了各向异性细化的能力。当细分为2个或4个子节点时,根据分割方向的不同会得到不一样的分割结果。图2展示了全叉树中节点细分的七种情形。

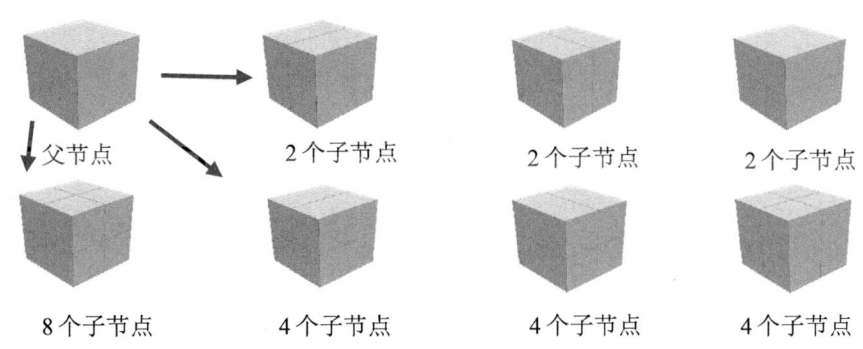

图2 全叉树细分类型

在笛卡尔网格生成过程中的切割单元环节,需要频繁的获取某个单元的邻居单元信息。本文借助单元的谱系图(pedigree)[15-16]来实现邻居单元的快速查找。谱系图根据单元细分方位规则,以二进制坐标形式来记录结点在叉树结构中的位置,并通过简单二进制计算快速定位某单元的邻居单元。

2.2 网格自适应加密

本文主要考虑基于几何特征的自适应笛卡尔网格生成,包括物面附近的网格自适应加密和基于曲率特征的网格自适应加密。为尽可能精确的表征模型物面,通常需在物面附近布置比在内部区域更小尺寸的网格单元。为此,在将网格单元进行细分得到初始网格单元后,对与物面相交的笛卡尔网格单元进行加密,加密次数根据网格单元尺寸进行确定,使得边界处的网格单元尺寸满足需求(见图3)。对于几何曲率特征,通常希望在高曲率的地方生成较小单元尺寸的网格单元,以获得较高的曲表面模型精度。由于本文以离散模型作为网格生成算法的输入,我们以相邻边界三角面片上的法向变化来衡量表面曲率特征。当同一个笛卡尔单元内物面网格的法向量变化大于指定阈值(见图4(a)),或者相邻笛卡尔网格单元的平均物面网格法向量之间的夹角大于指定值(见图4(b)),那么就将这些网格单元进行加密处理,使网格密度适应模型表面曲率的变化。值得注意的是,在进行网格加密时,可根据需要只对某一坐标方向的网格进行定向细分,比如法向量在某个坐标上的变化大于指定的阈值,那么就在这个方向上做各向异性细分。

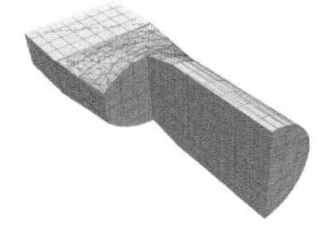 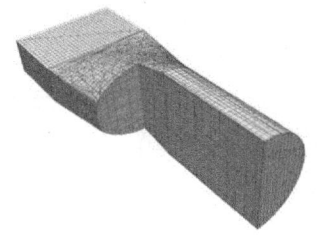

(a) 未加密网格截面　　　　　　　　　(b) 加密后网格截面

图3　物面相交单元加密

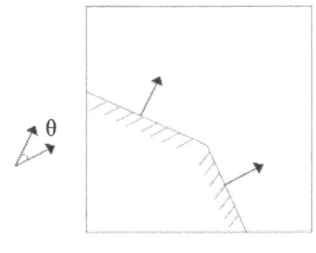 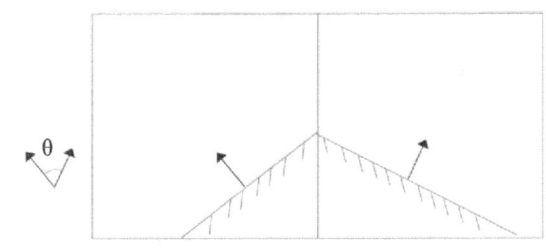

(a) 同一网格物面法向夹角　　　　　　　(b) 相邻网格物面平均法向夹角

图4　同一网格与相邻网格物面夹角

3　相交处理

对于笛卡尔网格与物面单元的相交处理是本文所要考虑的重点问题。将离散的三角面与笛卡尔网格单元进行切割获得边界面网格，在针对复杂几何外形时，其涉及复杂的求交情形。鲁棒高效的生成切割面是后序进行边界切割单元构建的基础。

3.1　相交测试及自适应精度算法

传统通过计算交点来判断线段和平面是否相交的算法由于使用到了除法，所以易受浮点精度的影响，是不鲁棒的，需要一种更稳健的方法进行相交测试。我们可以使用一种基于四面体有符号体积的计算算法[17]，这是一种无除法的三重积布尔校验，不依赖与对交点的具体计算。通过计算就能得到四面体的有符号体积，它的结果是存在方向性的。图5显示了相交检测的二阶段过程，判断线段AB是否穿过三角形CDE，首先需要判断AB是否穿过三角形所在平面。通过计算分别得出T_{ACDE}和T_{BCDE}的有符号体积，当且仅当两个符号体积有着相反的符号时，表示AB穿过平面。当确定了AB位于平面两边的条件时，只需判断AB的端点和三角形的三个顶点依次相连连成的四面体(T_{ABCD}, T_{ABDE}, T_{ABEC})体积有相同的符号时，便能确定AB穿过三角形围成的平面区域内。

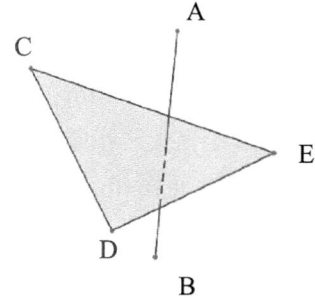 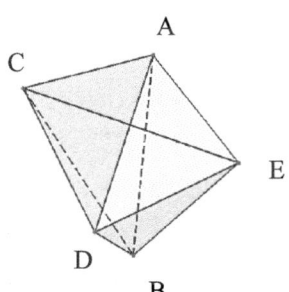

图5　相交测试

计算四面体有符号体积，会返回正负或零的结果。但是，由于浮点误差的存在，计算出的有符号体积值可能与真实值有着相反的符号，导致错误的结果，所以需要我们使用高精度算法进行精确计算来避免这种情况。但直接对所有操作都进行高精度运算会导致过大的时间开销，为了尽可能的提高运行效率，可以通过对舍入误差[18]的最大值进行估计，如果舍入误差大于有符号体积的绝对值，那么就认为这个结果值是不精确的，之后调用高精度计算程序计算结果值。这样即能够保证结果精确，又不会对效率产生很大影响。

3.2 一致性处理

有了精确求交，还需要对相交过程进行一致性处理才能避免点的冗余，以及退化的情况。给定一个笛卡尔网格六面体单元和一个物面三角形求取它们的切割面，首先需要求出所有的交点，本文求取交点的过程如下：

(1) 根据浮点坐标值判断三角形的三个顶点是否落在六面体内（包括六面体面），如果是的话，把相应的顶点加入交点列表。

(2) 三角形的三条三角边与每一个六面体面进行求交操作，如果相交，把交点加入交点列表。

(3) 六面体的每一条边与三角面进行求交操作，如果相交，把交点加入交点列表。

每一个求交操作都是先进行相交检测，然后使用带除法的直线平面交点算法求出交点的浮点坐标值。如果直接按照上述步骤求取切割面，会不可避免的遇到冗余点，以及各种因特殊相交情况导致拓扑不一致的问题，需要继续遵循以下准则以保证求交的顺利进行：

(1) 一条三角边与一个六面体面最多有一个交点，除非三角边的两个顶点都落在六面体内。

(2) 一条三角边与一个六面体最多有两个交点。

(3) 一条六面体边与三角面最多有一个交点。

对于第一条准则，考虑图6(a)中的情况，三角边穿过六面体边产生了一个交点，如果该三角边与两个边相邻六面体面都进行相交检测的话，就会出现一个冗余的交点。所以当三角边与六面体面相交，且交点位于六面体边上时，便不再检查该三角边与交点所在边相邻面的交点。再考虑图6(b)中的情况，三角边与一个六面体面平行，需要保留的是三角边通过两个相对六面体边产生的交点，我们把这两个交点归类为两个相对邻面与三角边的交点。在实际处理时，使用相交检测判断三角边两端点是否落在同一六面体面上，对处在同一平面上的边不进行相交判断即可。通过第一准则，我们可以过滤掉那些在切割面求取中因三角边通过六面体边（顶点）产生的冗余点。

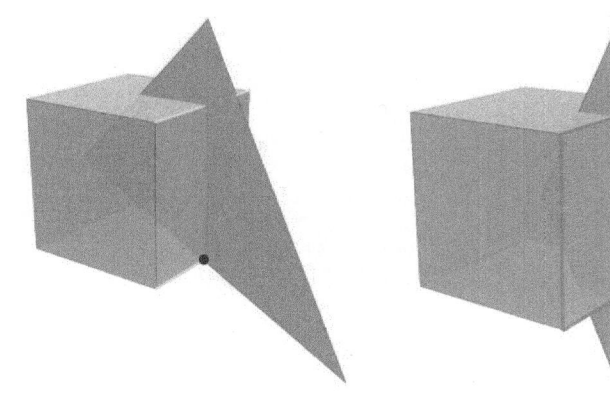

(a) 三角边穿过六面体边　　(b) 三角边与六面体面平行　　(c) 三角边穿过六面体边

图6 特殊相交情形

对于第二条准则，依旧考虑图6(b)。三角边与一个六面体面平行，实际上这产生了无数个交点，但根据第二准则我们只需要保留三角边通过两个相对六面体边产生的交点，这简化了逻辑复杂性。第二准则还可以与第一准则配合使用来加速求交进程，根据第一准则，可以维护一个面交点是否存在表，用来判断三角边是否在相应面上产生了交点。对于图6(c)的这种情形，只要首先求得了A交点，且判断出A交点落在六面体顶点上，就把与顶点相邻的三个六面体面加入是否存在交点表，那么在之后的遍历中，便无须求三角边与这三个面的交点，一旦找到另一个交点，就直接退出遍历。

对于第三条准则，是在处理六面体边与三角面交点时，要求一致性处理算法忽略交点落在三角边上的情况。因为在第一步求三角边与六面体面的交点时，我们已经获得了所有落在三角边上的交点，那么在进行六面体边与三角面求交时，只要检测到交点落在三角边上，就必然是个冗余点。例如图6(c)所示，先由三角边与六面体面求交获得了位于六面体边上的交点，在这之后，六面体边与三角面求交获得的交点因为被检测到位于三角边上而舍去。

这样，所有点的位置信息判断都是通过相交测试得到的，这最大程度地减少了浮点精度带来的影响，使得一致性处理程序能很好地处理各种简并情形。

3.3 切顶点正确连接

为了得到最终的切割面，需要把得到的切顶点按正确的顺序进行连接。虽然可以使用凸包算法对点进行排序获得切割面，但是由于浮点运算的不精确性，对于一些退化情况，例如三角形三个端点都在同一直线上，需要引入基于搜索面[19]的切顶点顺序处理。

搜索面可以位于三角形、三角边、单元格面、或单元格边上，我们需要在搜索面中搜索正在构造多边形的下一个顶点。给定一个正确的搜索面，应该总是存在一个唯一确定的交点作为下一个多边形顶点。主要思想是在当前搜索面上找到下一个顶点，然后改变搜索面。下一个搜索面由新添加的顶点相对三角形网格和单元格的位置决定。重复这个过程，取下一个顶点并更新搜索面，直到目标面上的所有交点都被分配给一个多边形。

3.4 切割面合并简化

在相交处理后产生了大量的切割面，为了便于计算，需要对切割面进行简化，以提高数值计算的速度。本文通过合并同一笛卡尔单元内的切割面来进行简化操作。切割面合并的标准是它们之间的夹角，当两个相邻切割面之间的夹角小于一定值时，就合并这两个切割面，图7展示了未合并切割面和合并切割面后的效果。

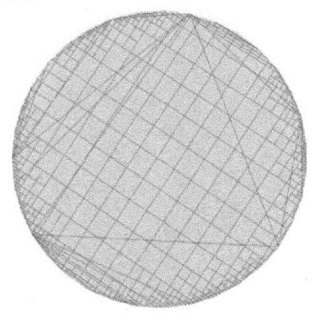
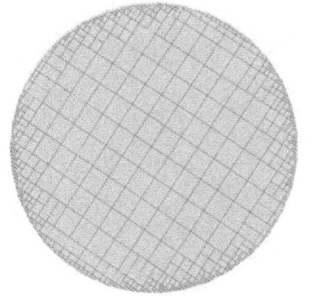

(a) 未合并切割面　　　　　　　　　　(b) 切割面合并后

图7 切割面的合并

4 贴体笛卡尔网格生成

在贴体笛卡尔网格生成中，首先需要对笛卡尔单元的内外情况进行判断，舍去外部的笛卡尔单元，然后根据三角切割面去构建切割单元，得到最终的贴体笛卡尔网格。下文将分别对这两个过程进行讲述。

4.1 内外单元标记

在进行相交计算后，需要对笛卡尔单元的内外情况进行判断，去除外部的笛卡尔单元，保留在物面内的笛卡尔单元，本文使用卷绕数(winding number)[20]以及染色算法[14]进行判断。卷绕数在二维上表示一个封闭曲线绕过该点的次数，通过卷绕数能够判断点在曲线的内部还是外部，点处在外部时卷绕数为零。把二维情况推广到三维，卷绕数其实就是在计算物面三角相对于点的立体角[20]，那么在离散的情况下只要计算每个物面三角形相对于顶点立体角的值，然后进行求和，就能得到卷绕数值。

当一个笛卡尔单元的八个顶点全部位于曲面外部时，它就是一个外部单元。但对每一个笛卡尔单元都进行这样的计算是十分耗时的，需要通过染色法来进一步提高网格内外判定效率。染色法通过查询相邻单元的内外标记，来直接赋予目标网格相同的内外标记。当确定了一个内部或者外部的染色源，就通过广度优先的方式对它的邻居单元赋予相同的内外标记，当碰到壁面单元（与物面网格相交的笛卡尔网格单元）就停止。通过这种方法能快速判断笛卡尔单元在物面内部还是外部。

4.2 构建切割单元

为了得到最终的贴体网格，需要通过三角切割面去构建切割单元。如图8所示，物面三角与笛卡尔网格相切得到了切割面（位于三角面上虚线围成的面片），而一个完整切割单元剩下的面则由网格面构成（位于网格面上虚线围成的面片）。

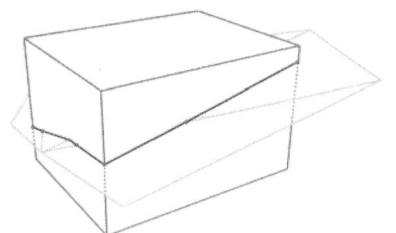
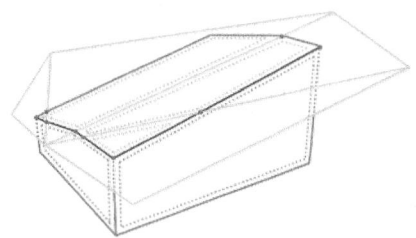

图8 切割单元构成

网格面的构建问题类似于多边形的切割问题，只要以单元面为顺序进行遍历，找出每个笛卡尔单元面上的网格切割面，便能得到最终的切割单元。如图9所示，首先找出一个面上的所有边界线，按照节点连接顺序对这些边界线进行依次相连，图中有向边界边形成了三组有向边界线组，边界线组的不同方向决定了需要保留的部分，基于保留左侧的原则，从某一个边界线组的顶点开始，以逆时针的顺序在笛卡尔单元边和边界线上进行搜索，把沿途遇到的顶点按顺序加入到当前网格面中直至遍历完所有边界线组。图9所示的单元面便最终产生了两个单独的切割面（图9(a)中虚线围成的区域）。

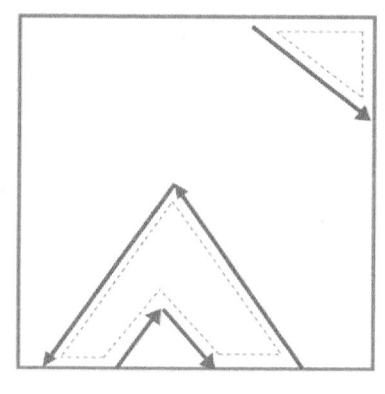
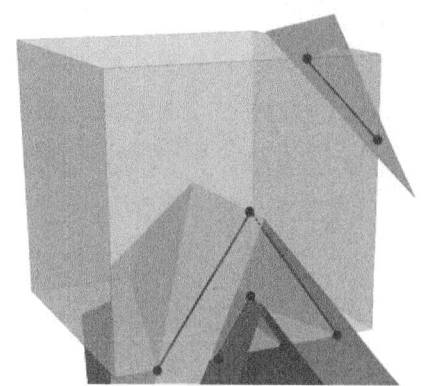

(a) 边界线组二维面显示　　　　　　　　(b) 三维相交情况

图9 切割面构建

5 数值实验

对于前面所述的网格技术，本章分别对三个模型进行了网格生成验证。在本文方法中，用户仅需对平均加密次数和自适应加密次数两个参数进行输入，其他过程均是自动完成。文中的测试用例均在个人电脑上运行，计算机配置为16 GB内存，AMD R7-5800H CPU，主频3.2 GHz。

5.1 燃烧室模型

图10(a)显示了一个燃烧室的通道结构模型，该模型有796个面片构成，由于更关注气流在通道内的流动，所以在网格生成中保留通道内的网格，删除通道之外的单元。网格的参数设置为平均加密3次，自适应加密5次，网格数据，时间数据如表1所示，网格单元的总体数量为38 930个，在交叉处理中CPU时间为0.9秒，整体消耗时间为4.4秒，图10(b)展示了保留的笛卡尔网格内部单元，得益于卷绕数和染色算法在内外标记中的应用，可以在毫秒级的时间内完成网格单元的内外区分。

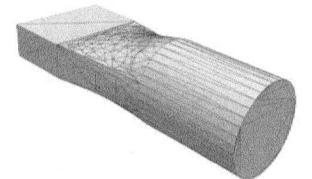 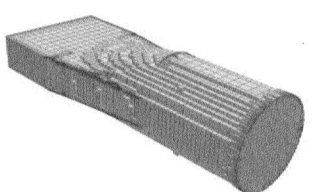

(a) 燃烧室物面网格　　　　　　　(b) 保留的内部单元

图10 燃烧室模型

图11显示了网格的横截面结构，由于使用了自适应生成技术，在物理量梯度变化特别大的壁面附近生成了更高密度的网格，在远离壁面处生成较稀疏的网格，这大大减少了网格量降低了计算复杂度；同时对各向异性网格的支持可以指定网格细化的方向，相比于各向同性网格，可以在指定流动方向上进行进一步细化。

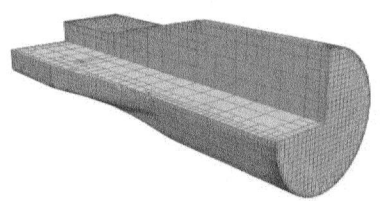 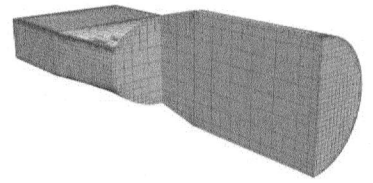

图11 燃烧室模型网格截面

5.2 船舶模型

图12(a)显示了由1 682个三角面片构成的船舶模型，该模型的尺度跨度较大，比如有大尺度的船壳板、甲板等部件，也有小尺度的桅杆等部件。图12(b)展示了放大的桅杆细节部分。

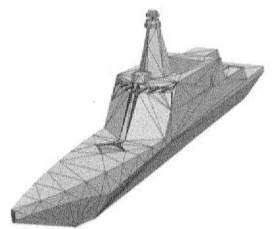 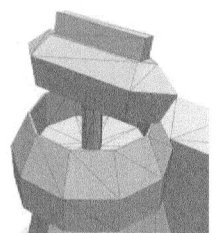

(a) 船舶模型物面网格　　　　　　　(b) 船舶桅杆细节

图12 船舶模型

在该模型中，更关注壁面外部的通量，所以选择保留外侧的网格单元。网格的参数设置为平均加密5次，自适应加密5次，网格数据，时间数据如表1所示，网格单元的总体数量为81 371个，在交叉处理中CPU时间为2.0秒，整体消耗时间为6.9秒。图13(a)展示了网格的截面，图13(b)展示了桅杆和驾驶台处的网格部分截面，可以看到在小尺度细节部分，网格通过加大细化级别，较好的保留了小特征的完整性。图14展示了放大后的桅杆截面细节，桅杆处的凹槽部分完美的刻画了出来。

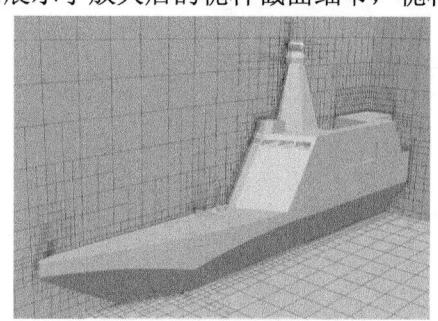 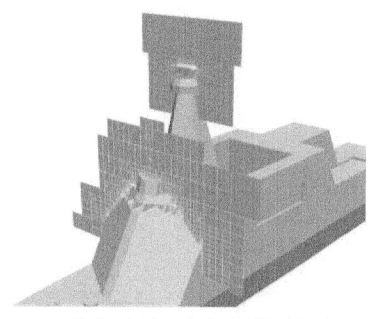

(a) 网格整体横截面　　　　　　　　　　(b) 桅杆与驾驶台网格截面

图13 船舶网格横截面

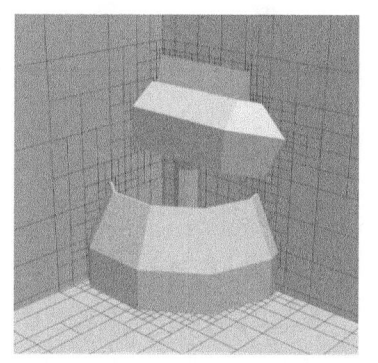 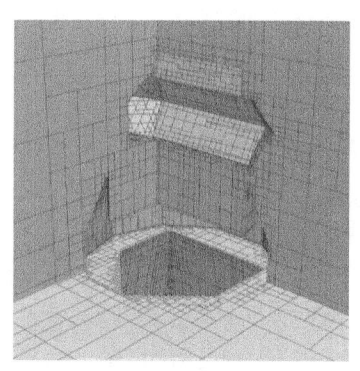

(a) 物面网格　　　　　　　　　　(b) 桅杆截面

图14 桅杆截面细节

5.3 潜艇模型

图15(a)显示了一个潜艇模型，由2 470个三角面片构成。为了验证网格生成算法在较大规模网格中的生成能力，在测试中选择平均加密5次，自适应加密8次，网格数据，时间数据如表1所示，网格单元的总数达到了2 379 518个，在交叉处理中共耗时48.8秒，整体耗时122.3秒。如图15(b)所示，物面网格在整个计算域中只占很小的一部分，所以虽然网格规模较为庞大，但是得益于全叉树结构的运用，在相交测试中，剔除了大部分没有与物面网格相交的单元，提高了求交效率。图16显示了网格三处特征位置的横截面结构，说明了在较大规模的网格中，算法依旧能很好的对网格进行自适应生成。

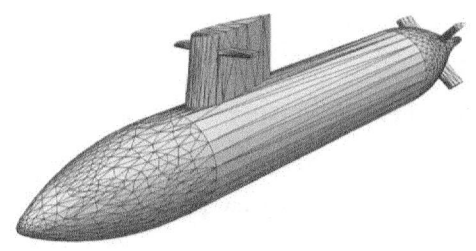 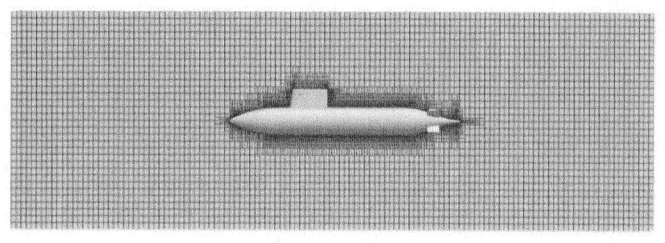

(a) 潜艇模型物面网格　　　　　　　　　　(b) 物面网格与整体笛卡尔网格比较

图15 潜艇模型

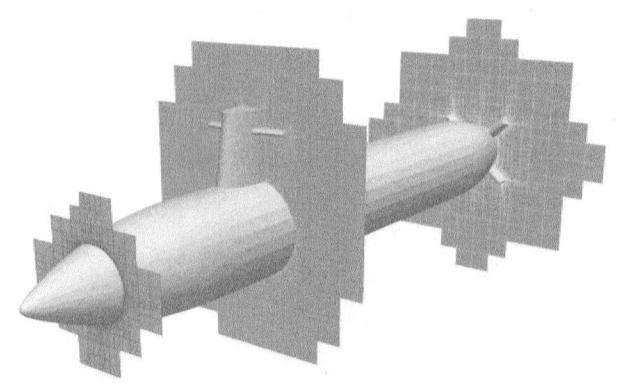

图16 潜艇网格横截面

表1 网格生成时间数据

物面模型	面片数	网格数量/10⁴		网格自适应/s	相交处理/s	构建边界单元/s	总处理时间/s
		背景网格	最终网格				
燃烧室	796	6.4	3.8	0.2	0.9	2.8	4.4
船舶	1682	10.4	8.1	1.2	2.0	3.5	6.9
潜艇	2470	579.4	237.9	16.9	48.8	55.8	122.3

6 结 论

本文发展了一个面向三维构型的笛卡尔网格方法，用于高效且鲁棒地生成基于切割的几何自适应笛卡尔网格。该方法通过全叉树管理笛卡尔单元，允许单元根据几何以及曲率信息进行各向异性加密，这样可以使得用尽量少的网格量获得尽量高的计算精度，提升算法面对复杂外形和复杂计算的适应能力，提高网格生成效率。然后使用了自适应精度和一致性退化处理来提取三角形网格切割笛卡尔单元产生的切割面，确保了在面对各种相交情况时顶点的一致性，以及冗余点的排除。使用给定交点的拓扑信息构建精确的表面多面体，最大限度的避免了浮点精度误差带来的影响，保证了几何上的鲁棒性。最后通过几个三维模型测试了本文的方法，得到了高效且鲁棒的结果。在接下来的工作中，将会基于并行化生成网格，进一步提高网格的生成效率。

参 考 文 献

[1] SLOTNICK J, KHODADOUST A, ALONSO J, et al. CFD vision 2030 study: a path to revolutionary computational aerosciences[J]. Mchenry County Natural Hazards Mitigation Plan, 2014.

[2] 张来平, 常兴华, 赵忠, 等, 著. 计算流体力学网格生成技术[M]. 北京: 科学出版社, 2017.

[3] OWEN S J, SHEPHERD J F. Embedding features in a cartesian grid[M]. Proceedings of the 18th International Meshing Roundtable. Springer, Berlin, Heidelberg, 2009: 117-138.

[4] 沈志伟. 基于混合笛卡尔网格方法的非定常流动问题研究[D]. 南京航空航天大学, 2016.

[5] ÖZKAN M. Development of cartesian based mesh generator with body fitted boundary layers[D]. Middle East Technical University, 2019.

[6] COIRIER W J, POWELL K G. Solution-adaptive Cartesian cell approach for viscous and inviscid flows[J]. AIAA Journal, 1996, 34(5): 938-945.

[7] LEE L, LEVEQUE R J. An immersed interface method for incompressible navier-stokes equations[J]. SIAM Journal on Scientific Computing, 2003, 25(3): 832-856.

[8] MITTAL R, IACCARINO G. Immersed boundary methods[J]. Annual Review of Fluid Mechanics, 2005, 37: 239-261.

[9] ANTONIETTI P F, MAZZIERI I. High-order discontinuous galerkin methods for the elastodynamics equation on polygonal and polyhedral meshes[J]. Computer Methods in Applied Mechanics and Engineering, 2018, 342: 414-437.

[10] LIPNIKOV K, MANZINI G, SHASHKOV M. Mimetic finite difference method[J]. Journal of Computational Physics, 2014, 257: 1163-1227.

[11] AFTOSMIS M J, BERGER M J, MELTON J E. Robust and efficient cartesian mesh generation for component-based geometry[J]. AIAA Journal, 1998, 36(6): 952-960.

[12] ZHOU Q, GRINSPUN E, ZORIN D, et al. Mesh arrangements for solid geometry[J]. ACM Transactions on Graphics, 2016, 35(4): 39.1-39.15.

[13] TAO M, BATTY C, FIUME E, et al. Mandoline: robust cut-cell generation for arbitrary triangle meshes[J]. ACM Transactions on Graphics, 2019, 38(6): 1-17.

[14] WANG Z J, CHEN R F. Anisotropic solution-adaptive viscous cartesian grid method for turbulent flow simulation[J]. AIAA Journal, 2002, 40(10): 1969-1978.

[15] OGAWA T. An efficient numerical algorithm for the tree-data based flow solver[C]// Proceedings of the First International Conference on Computational Fluid Dynamics, 2000.

[16] ISHIDA T, TAKAHASHI S, NAKAHASHI K. Efficient and robust cartesian mesh generation for building-cube method[J]. Journal of Computational Science and Technology, 2008, 2(4): 435-446.

[17] O'ROURKE J. Computational geometry in c(second edition)[M]. Cambridge: Cambridge University Press, 1998.

[18] LÉVY B. Robustness and efficiency of geometric programs: the predicate construction kit (PCK)[J]. Computer-Aided Design, 2016, 72: 3-12.

[19] SVELANDER F, KETTIL G, JOHNSON T, et al. Robust intersection of structured hexahedral meshes and degenerate triangle meshes with volume fraction applications[J]. Numerical Algorithms, 2018, 77(4): 1029-1068.

[20] JACOBSON A, KAVAN L, SORKINE-HORNUNG O. Robust inside-outside segmentation using generalized winding numbers[J]. ACM Transactions on Graphics (TOG), 2013, 32(4): 1-12.

Adaptive Cartesian Grid Generation Method Based on Cell Cutting

XIONG Yichuan, XIAO Zhoufang[*]

(School of Computer Science & Technology, Hangzhou Dianzi University, Hangzhou 310018, China)

Abstract

Due to the non-body-fitting characteristics, the traditional Cartesian meshes are difficult to apply to flow problems such as high Reynolds number viscous flow problems that require high accuracy. This paper proposes an adaptive Cartesian mesh generation method based on cell cutting to generate the body-fitted Cartesian mesh. For complex geometric models, the body-fitted Cartesian mesh generation process based on cell cutting needs to deal with a series of technical problems such as complex patch intersection, cell topology processing, and internal and external mesh cell marking. Aiming at the problem of intersecting and cell topology processing for complex patches, an adaptive precision intersection algorithm and consistency degeneration process are proposed to realize highly robust extraction of cutting surface and the merging and simplification of cutting surfaces, and the constructing of the topology of the boundary-cutting cells. Then, efficient and robust labeling of inner and outer mesh cells is achieved by combining winding numbers and coloring methods. According to the requirements of different mesh sizes in different regions, an Omni-tree is used to organize the Cartesian mesh cells to support the generation of anisotropic mesh cells. Finally, the effectiveness of the Cartesian mesh generation method is verified by complex geometries, and the results show that the method proposed in this paper can quickly and robustly generate body-fitted Cartesian meshes for complex models.

Key words: Cell cut; Body-fitted cartesian grid; Adaptive grid; Intersection; Internal and external cell mark

作 者 简 介

熊一川　男，1999 年生，硕士研究生。主要从事网格生成技术研究。

肖周芳　男，1986 年生，博士。主要从事网格生成技术、自适应流动计算等方面工作。

*通讯作者：肖周芳

十亿级网格高雷诺数不可压湍流大规模并行算法研究

王建春[*1,2]，吴乘胜[1,2]，张亚英[1,2]，金奕星[1,2]，王　星[1,2]

（1. 中国船舶科学研究中心，无锡 214082；

2. 中船奥蓝托软件技术有限公司，无锡 214082）

摘　要

本文研究了并行编程框架 JAUMIN 的组织架构与并行编程逻辑，采用进程内网格自动加密技术生成所需要的亿级网格，并基于上述框架完成了自研 CFD 求解器 NaViiX 的不可压湍流模拟算法的并行重构；针对不可压湍流模拟算法与亿级以上网格的适配性研究，本文研究了梯度计算、松弛优化等内容，实现了梯度算法修正、二次松弛等优化设计。以水面船标模 Wigley 和水下航行体标模 SUBOFF 为研究对象，分别开展了亿级和十亿级网格带与不带自由面、高雷诺数不可压湍流 CFD 模拟的大规模并行计算。计算结果验证了本文所研究的不可压湍流模拟并行算法的准确性；并行强扩展性测试验证了本文开发的并行算法的高效性，可为精细流场的大规模并行计算与分析提供有效的技术支撑。

关　键　词：高雷诺数；不可压湍流；NaViiX 求解器；JAUMIN 框架；强扩展性

中图分类号：U661.1

0 引　言

随着高性能超级计算机和并行算法的不断发展，科学与工程数值模拟的能力正在持续提升，可以模拟的重大应用问题的物理建模越来越精细化[1]。在计算流体力学（以下简称CFD）领域中，随着工程计算对精细流场捕捉的需求不断增多，对大规模并行计算的需求也日益增多。NASA 在CFD愿景2030[2]研究中指出，高性能计算技术及高精度物理模型的发展是实现计算航空科学革命的重要途径。由此可见，大规模并行计算技术研究对CFD的发展是十分必要的。

目前，在国内可压缩流自研CFD领域，大规模并行计算技术已经得到广泛的应用。王年华等[3]采用自研的非结构网格二阶精度有限体积CFD软件(HypreFLOW)进行了混合并行改造，针对机翼外挂物投放标模算例，生成3.6亿和28.8亿非结构重叠网格：采用3.6亿网格，在内部集群上12288核并行效率达到90%（以768核为基准），在天河2号上12288核并行效率达到70%（以384核为基准）；采用28.8亿网格，在in-house集群上进行了4.9万核的并行效率测试，并行效率达到55.3%（以4096核为基准）。

徐传福[4]团队基于自研软件，开展了MIC平台上CFD并行计算和性能优化研究，设计了基于MPI+Offload+OpenMP+SIMD的CPU-MIC异构协同并行算法，实现了数十亿网格规模的可压缩拐角直接数值模拟(Direct Numerical Simulation, DNS)，并行规模扩展到百万异构计算核心。

唐静等[5]采用基于非结构混合网格和有限体积法，发展了适用于工业级复杂外形气动计算的并行流动数值模拟方法，通过对上亿网格单元的运输机复杂构型绕流模拟，开展并行效率的测试，结果表

收稿日期：2022-10-19；修改稿收稿日期：2022-12-26

基金项目：高性能 CAE 软件共性平台项目(ZQ2019D212001)

明并行加速性能高,直到多达18816核并行效率都保持在80%以上。

相比于可压缩流CFD领域,大规模并行计算技术在国内不可压缩湍流自研CFD领域的应用研究起步更晚,发展成熟度还不够高。韦安阳[6]在平板湍流边界层的直接数值模拟研究中,采用结构网格,针对来流动量厚度雷诺数为80,设置求解网格数量为4096×512×128(2.68亿),计算核数为1024核,成功的模拟了壁面湍流由层流到转捩再到完全湍流的全过程。

张亚英[7]基于神威异构超算平台,开展了三维方柱体绕流的直接数值模拟研究。其采用三维交错网格,基于柱体长度的雷诺数为$Re=250$,设置求解网格数量960×640×300(2.46亿),主核间并行采用消息传递接口(简称MPI)实现,众核并行采用加速线程库Athread实现。最终采用512个节点(其中主核数为2048,众核数为131072)实现MPI+Athread的两级并行计算,成功捕捉到柱体绕流典型的马蹄涡、梢涡以及尾流中充分发展的反对称涡结构。

上述不可压缩湍流的大规模并行研究对象均为简单几何模型,采用的均为结构化网格,且雷诺数普遍较小,目前难以在实际不可压流CFD工程计算中发挥作用。考虑到实际工程计算中的模型要复杂得多,采用的往往是非结构贴体网格,涉及的模型尺度雷诺数至少是10^6量级,故本文开展了适用于非结构化网格高雷诺数不可压湍流模拟的大规模并行计算方法研究。

1 数值计算方法

控制方程采用RANS方程(Reynolds averaged Navier-Stokes equations),RANS连续性方程和动量方程如下所示:

$$\frac{\partial U_i}{\partial x_i}=0 \tag{1}$$

$$\frac{\partial U_i}{\partial t}+U_j\frac{\partial U_i}{\partial x_j}=-\frac{1}{\rho}\frac{\partial P}{\partial x_i}+\frac{1}{\rho}\frac{\partial}{\partial x_j}\left(\mu\frac{\partial U_i}{\partial x_j}-\overline{\rho u_i u_j}\right) \tag{2}$$

式中,ρ为流体密度,U_i为时均速度分量,P为时均压力,μ为动力粘度,$\overline{\rho u_i u_j}$为雷诺应力分量。

数值算法实现采用自研NaViiX求解器(Naval Hydrodynamics Oriented CFD Solvers)[8],该求解器由中国船舶科学研究中心独立自主研发,具有完全自主知识产权,目前具备以下功能:

(1) 能够实现三维定常、非定常单相湍流模拟($Re \leqslant 1.0E7$);
(2) 能够实现三维定常、非定常两相湍流模拟(密度比$\leqslant 1000$);
(3) 支持惯性坐标系、非惯性坐标系和多参考坐标系求解;
(4) 支持六自由度运动求解;
(5) 支持多套网格耦合求解;
(6) 支持MPI并行计算;
(7) 提供与主要商用CFD及前后处理软件的接口。

该求解器采用有限体积法(Finite Volume Method, FVM)离散不可压缩流N-S(Navier-Stokes)控制方程组。其中对流项采用二阶迎风差分格式,扩散项采用中心差分格式,压力速度耦合算法采用SIMPLE(Semi-Implicit Method for Pressure Linked Equations)或PISO(Pressure-Implicit with Splitting of Operators)算法对速度与压强进行解耦。离散后的代数方程组采用稳定双共轭(Bi-CGSTAB)算法进行求解,并采用代数多重网格(AMG)预条件子或不完全LU分解(ILU)进行加速收敛。NaViiX求解器软件架构如图1所示,NaViiX求解器内部可分为软件底层、软件中层和软件上层,其中底层为数据结构管理和线性代数方程组计算库，中层为数值离散格式，上层为物理模型与算法流程，均可供用户进行设置并显示。由图1还可以看出，NaViiX求解器提供了外部接口和辅助工具，外部接口主要使求解器能够兼容不同类型的前后处理软件，辅助工具用于软件调试和性能测试使用，该部分内容仅对求解器开发人员可见。为了实现亿级网格规模的并行计算，需要在已有求解器基础上开展包括网格并行加密、基于JAUMIN框架的并行重构、非结构网格梯度计算以及欠松弛优化等适配性研究。

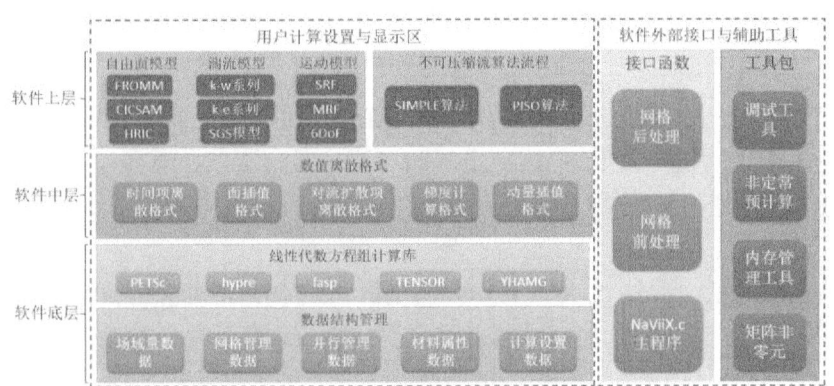

图 1 NaViiX 软件架构图

1.1 非结构化网格自动加密

非结构化网格与结构化网格最大的区别在于其拓扑是不确定的，其控制体编号是不规则的。非结构化网格的自动加密需要引用JAUMIN框架(J Parallel Adaptive Unstructured Mesh Applications Infrastructure)[9]中的并行加密工具，JAUMIN框架由北京应用物理与计算数学研究所和中物院高性能数值模拟软件中心联合研制，是"并行自适应非结构网格应用软件编程框架"的简称，是面向非结构网格应用软件研制的编程框架。该框架集成了高效非结构网格数据结构及索引算法，提供屏蔽并行实现的编程接口，支持领域专家在个人电脑上以"并行思考、串行编程"的方式快速研制并行应用软件。JAUMIN 框架已成功应用于重大科学装置结构力学分析[10]与优化设计、裂变能源[11]、武器物理、水利水电等领域，支撑多个千万亿次应用软件的快速研发和数值模拟应用。

加密原理就是在三维几何体中每条边均取其中心点，利用新的点重新构出加密后的网格。经过测试发现，该加密工具对三棱柱和六面体混合的非结构网格适用性较好，能够实现复杂船型网格的加密，加密基数为8，即对于该类型的非结构网格只能以8的n次方进行加密操作，n为非零整数，详细的加密操作流程如图2所示，加密前后网格示意图如图3所示。

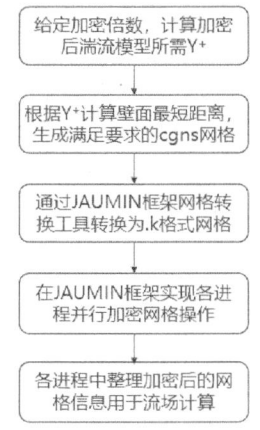

图 2 非结构化网格自动加密操作流程图

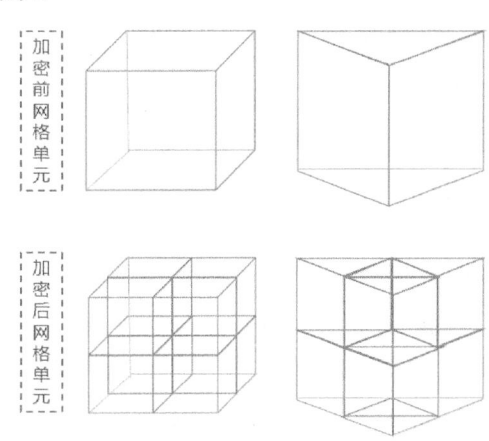

图 3 非结构化网格自动加密单元效果图

由于部分超算系统所用的计算节点最高内存（单节点）不足512G，对于亿级规模网格的存储和分区而言，采用单节点的分区操作会导致内存不足而无法进行。因而本文先用小规模的网格分区生成子网格并分配给各节点进程中，再利用并行加密工具，在每个节点中实现加密，最终实现总体网格数量达到亿级规模，这充分地利用了各节点的内存，且比先生成亿级网格再分区更加可行。

1.2 基于JAUMIN框架的并行重构

以不可压缩流SIMPLE求解流程[12]基于JAUMIN框架的并行重构来进行算法并行实现的说明。给出SIMPLE算法求解流程如图4所示：

(1) 给定速度分量、界面通量与压强的初始假定值u^*，v^*，w^*，F^*，P^*，计算动量方程得到假设的速度u^{**}，v^{**}，w^{**}，由于压强值是预估的因此求解的速度也是不准的，需要校正；

(2) 更新速度分量的主对角系数以及界面通量F^{**}构建压力修正方程系数矩阵和右端项，求解得到压力修正值；

(3) 利用压力修正值修正速度u^{**}，v^{**}，w^{**}、通量F^{**}和压强P^*得到u，v，w，F，P新值；

(4) 判断是否收敛，不收敛则将新值赋替换旧值回到1继续迭代，收敛则结束计算。

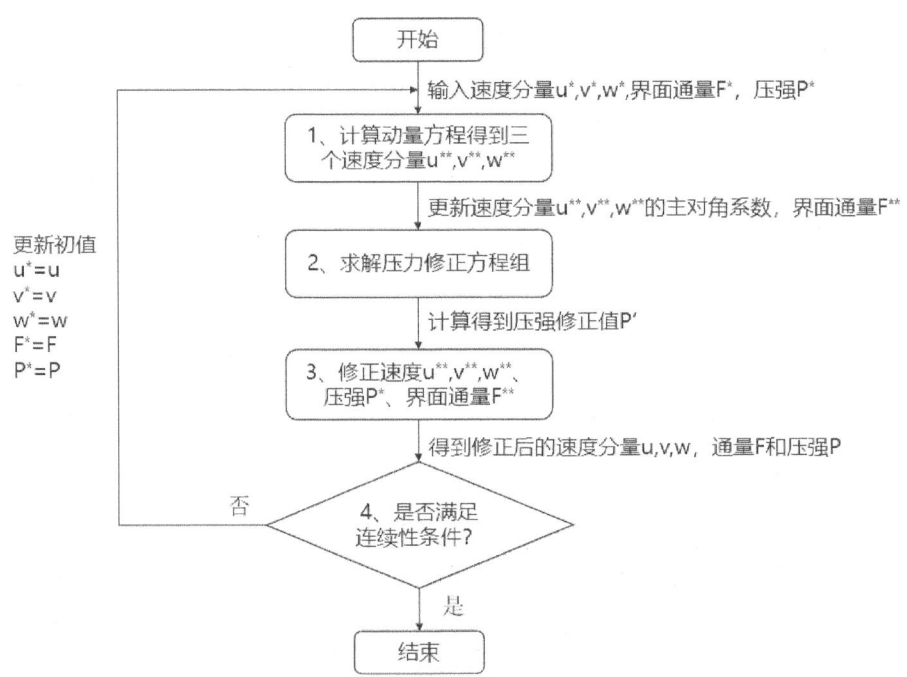

图4 三维稳态 SIMPLE 算法流程图

SIMPLE算法属于预估-校正类型，其目的就是为了不断迭代修正来实现同时满足连续性方程和动量方程。给出不可压缩流SIMPLE求解流程基于JAUMIN框架的并行重构如图5所示，由于JAUMIN框架是用C++编写的，故将图4中的三个求解步骤均设置为对应的策略类。策略类可以表征一个子流程，在各个策略类中设置相应的构件来实现并行计算，构件是实现进程子网格间并行操作部件，关于策略类和构件详见相关文献[13]，重构后的求解器便具备了大规模并行能力。

在不可压缩流SIMPLE算法中，压力修正量泊松方程的求解耗时占整个计算的80%左右，因此对压力修正量的泊松方程处理需要引入代数多重网格算法（简称AMG）来实现加速。AMG算法的原理是经典的迭代算法（如Jacobi、Gauss_Seidel方法），只能快速衰减微分方程的高频误差分量，却对低频误差分量效果不明显，而高频误差分量与低频误差分量是相对的，与网格尺度有关，在细网格上被视为低频的误差分量，在粗网格上可能为高频误差分量。因此，该方法采用不同尺度的多重网格，来实现在不同疏密的网格上消除不同频率（波长）的误差分量，最终返回到细网格上实现迭代收敛。多重网格法是迭代法与粗网格修正的组合，经过测试证明，迭代法可迅速地将那些高频误差分量误差抹去，粗网格修正则可以帮助消除那些光滑的低频误差分量。目前两层网格方法从理论上已经证明是收敛的，并且其收敛速度与网格尺度无关。

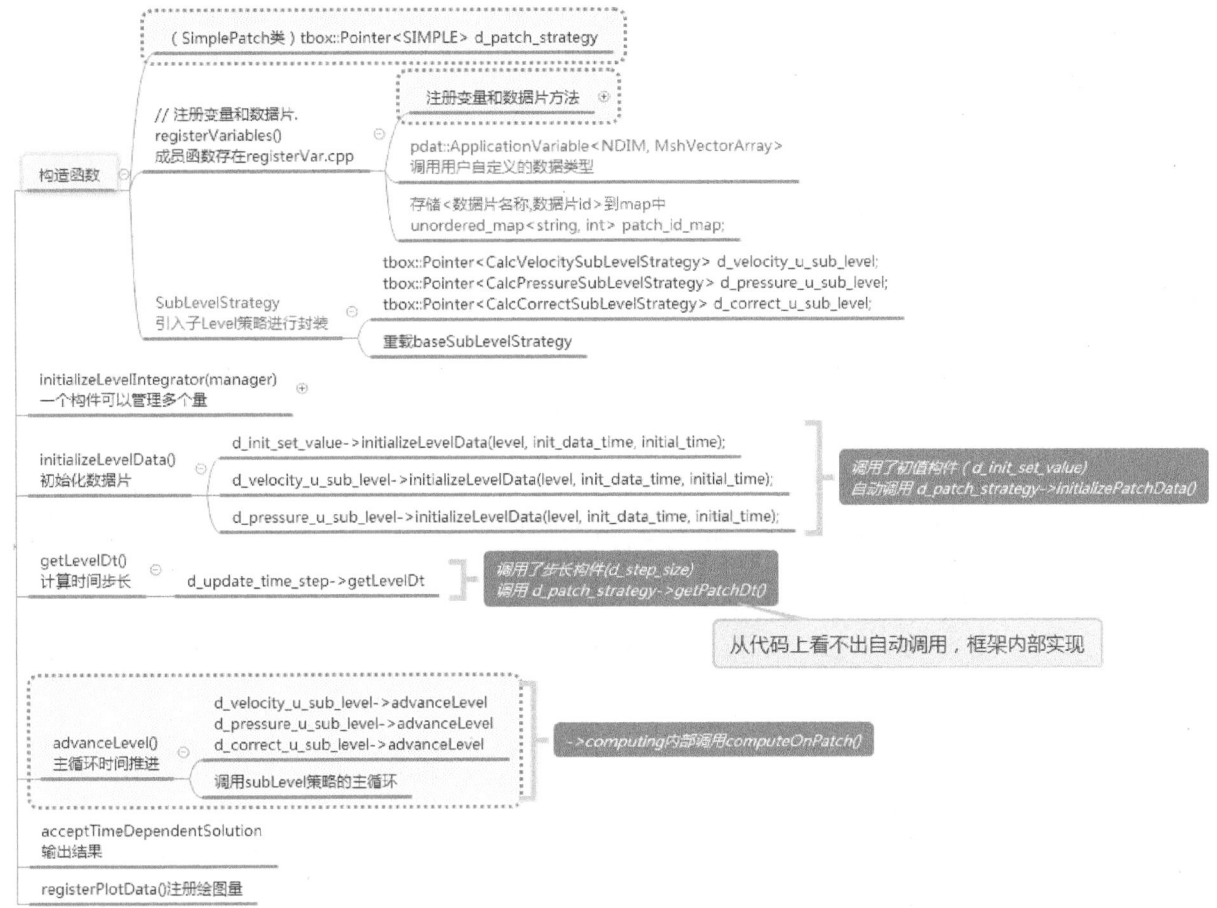

图 5 JAUMIN 框架下 SIMPLE 算法实现层级图

本文引入代数多重网格预条件库HYPRE，将AMG算法(BoomerAMG)作为预条件子配合共轭梯度算法实现加速求解压力修正量泊松方程，算法中的并行粗化策略[14]选为HMIS。

1.3 非结构网格梯度计算

采用有限体积方法离散RANS方程时，梯度算子的使用频率较高，不同的场景使用的梯度实现方法稍有差异，且不同的位置上的梯度计算方法也不相同。首先，网格中心的梯度采用格林公式：

$$\nabla \phi_C = \frac{1}{V_C} \sum_{f \sim nb(C)} \phi_f \boldsymbol{S}_f \tag{3}$$

式中，V_C 代表的是当前控制体单元体积，f表示的是控制体之间的界面中心，ϕ_f 表示的是边界面上的变量，$\boldsymbol{S}_f$ 表示的是边界面的面矢。由于网格相关量在前处理中就得到了计算，因此求梯度计算只要求解ϕ_f值。如图6(a)所示，C表示当前计算控制体，F表示临边控制体，当网格正交时，ϕ_f的计算采用线性插值格式，即：

$$\phi_f = g_C \phi_C + (1 - g_C) \phi_F \tag{4}$$

式中，g_C 表示比例因子，通常采用几何信息计算，其表达式为：

$$g_C = \frac{\|\mathbf{r}_F - \mathbf{r}_f\|}{\|\mathbf{r}_F - \mathbf{r}_C\|} = \frac{d_{Ff}}{d_{FC}} \tag{5}$$

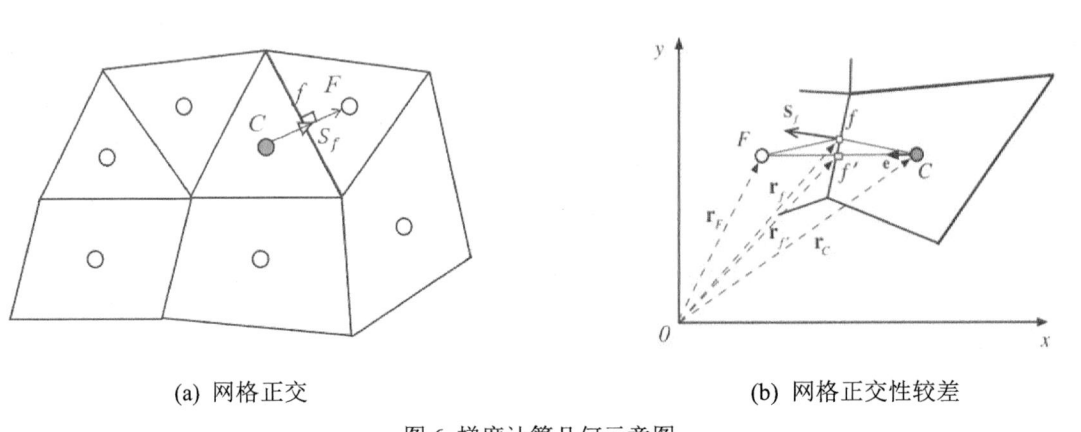

(a) 网格正交　　　　　　　　　　　(b) 网格正交性较差

图 6 梯度计算几何示意图

如图6(b)所示，当网格正交性较差时，控制体C和临边控制体F的连线与边界面相交的点不在边界面中心处，记为f'，此时ϕ_f需要由$\phi_{f'}$插值得到，给出插值公式如下：

$$\begin{aligned}\phi_f &= \phi_{f'} + (\nabla\phi)_{f'} \cdot (\mathbf{r}_f - \mathbf{r}_{f'}) \\ &= [g_C\phi_C + (1-g_C)\phi_F] + [g_C(\nabla\phi)_C + (1-g_C)(\nabla\phi)_F] \cdot (\mathbf{r}_f - \mathbf{r}_{f'})\end{aligned} \tag{6}$$

式中，$\mathbf{r}_{f'}$ 和 g_C 计算式为：

$$\mathbf{r}_{f'} = \frac{\mathbf{r}_f \cdot \mathbf{n}}{\mathbf{e} \cdot \mathbf{n}}\mathbf{e} \;,\; \mathbf{e} = \frac{\mathbf{CF}}{\|\mathbf{CF}\|} \;,\; g_C = \frac{\|\mathbf{r}_F - \mathbf{r}_{f'}\|}{\|\mathbf{r}_F - \mathbf{r}_C\|} = \frac{d_{Ff'}}{d_{FC}} \tag{7}$$

值得注意的是，在多相湍流求解中压强的梯度计算还需要考虑密度变化和重力项带来的影响，具体如下：

$$\begin{aligned}P_f &= P_{f'} + (\nabla P)_{f'} \cdot (\mathbf{r}_f - \mathbf{r}_{f'}) \\ &= [g_C P_C + (1-g_C)P_F + g_C\rho_C G(\mathbf{r}_f - \mathbf{r}_C) + (1-g_C)\rho_F G(\mathbf{r}_f - \mathbf{r}_F)] + [g_C(\nabla P)_C + (1-g_C)(\nabla P)_F] \cdot (\mathbf{r}_f - \mathbf{r}_{f'})\end{aligned} \tag{8}$$

式中，P_f 为界面上的压强值，$\mathbf{r}_{f'}$ 计算与式(7)一致，ρ 为密度，G 为重力加速度，g_C 计算公式如下：

$$g_C = \frac{\rho_F V_F}{\rho_C V_C + \rho_F V_F} \tag{9}$$

考虑到非结构网格单元存在非正交的情况较多，因此本文采用式(6)来进行控制体中心各变量的梯度计算，而对于多相流中涉及压力梯度的计算则采用式(8)，界面上的梯度值可以采用线性插值得到。

1.4 欠松弛优化

对于不可压缩多相湍流SIMPLE算法而言，为了加速收敛，分别使用欠松弛因子λ^s、λ^ε、λ^k、λ^v、λ^p对流体体积分数输运方程、湍流标准$k-\varepsilon$两方程、动量方程以及连续性方程进行欠松弛处理。欠松弛之所以能够加速收敛，在于该处理方式提高了方程组系数矩阵主对角占优性能。以动量方程为例，给出不加欠松弛的控制方程组如下：

$$a_C^v \boldsymbol{v}_C = -\sum_{F \sim NB(C)} a_F^v \boldsymbol{v}_F + \boldsymbol{b}_C^v - V_C \nabla p_C \tag{10}$$

加入欠松弛后的控制方程组如下：

$$\frac{1}{\lambda^v} a_C^v \boldsymbol{v}_C = -\sum_{F \sim NB(C)} a_F^v \boldsymbol{v}_F + \boldsymbol{b}_C^v - V_C \nabla p_C + \left(\frac{1-\lambda^v}{\lambda^v}\right) a_C^v \boldsymbol{v}_C^{(n)} \tag{11}$$

式中，$\boldsymbol{v}_C^{(n)}$ 为单元中心 C 上一次的迭代值，为已知量。由于欠松弛因子值大于0小于1，因此欠松弛处理后的系数矩阵主对角占优更明显，能够加速收敛，流体体积分数输运方程、湍流标准 $k-\varepsilon$ 两方程的欠松弛处理实现与动量方程一致。对于欠松弛因子 λ^p，由于压强没有独立的控制方程组，因而需要在修正压强时，进行如下处理：

$$P = P + \lambda^p P' \tag{12}$$

式中，P 为压强，P' 为压力修正值。考虑到网格精细化程度提升后，流场的变化剧烈会导致发散，本文根据压强的欠松弛方法对求解加入欠松弛后的动量方程得到的速度进行二次松弛处理，进一步控制流场速度变化的剧烈程度，即：

$$\boldsymbol{v}_C^{(n+1)} = \boldsymbol{v}_C^{(n)} + \lambda^{v1}(\boldsymbol{v}_C^{(n+1)} - \boldsymbol{v}_C^{(n)}) \tag{13}$$

式中，λ^{v1} 值选取为0.15。

2 研究对象与计算工况

本文研究对象为Wigley水面船和SUBOFF全附体水下潜艇，分别用于对亿级网格的大规模并行计算进行测试验证。

2.1 Wigley水面船

Wigley船型因其几何外形简单、网格正交性较好，实验验证数据丰富，常被用于船舶航行兴波数值模拟方法的验证，其船型数学表达式如下：

$$z = \frac{B}{2}\left\{1 - \left(\frac{2x}{L_{PP}}\right)^2\right\}\left\{1 - \left(\frac{y}{D}\right)^2\right\} \tag{14}$$

Wigley船型几何如下图所示：

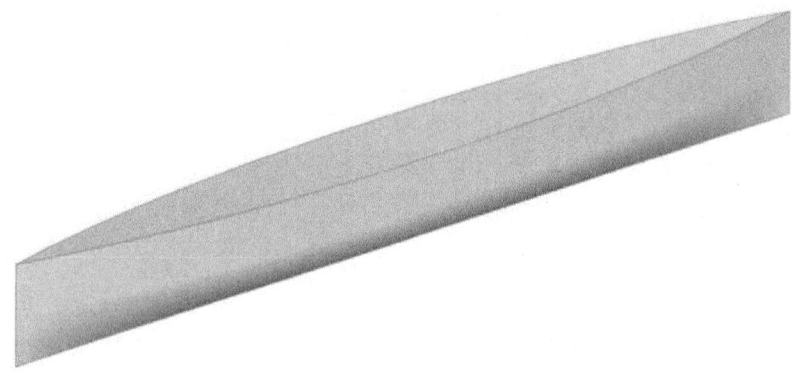

图 7 wigley 船型几何示意图

参照模型试验[15]中的船型参数，取船长L_{PP}=3 m，船宽B和吃水D分别满足D/L_{PP}=0.0625，B/L_{PP}=0.1。计算域范围取为：上游入口距船艏1.1倍船长，下游出口距船艉2.2倍船长，侧方和下方距船体1.1倍船长。考虑模型对称性，引入对称面边界条件，采用半模型计算，网格单元数1.2亿，计算网格与边界条件示意图如图8所示，主要有四类边界条件：速度入口，压力出口，对称面及固壁边界条件。

该案例采用多相湍流求解器求解计算，湍流模型使用标准$k-\varepsilon$模型，自由面采用VOF方法中的HRIC模型捕捉。计算工况设置为V=1.567 m/s(Fr=0.289)，时间步长设置为0.001 s，单个时间步最大内迭代步数设置为20，总的计算时间设置为20 s，并行核数为2560。流体分别选为20摄氏度下的水和空气，水的密度为998.2(kg/m³)，粘性系数为0.001003(Pa·s)，空气密度为1.225(kg/m³)，粘性系数为0.000017894(Pa·s)。

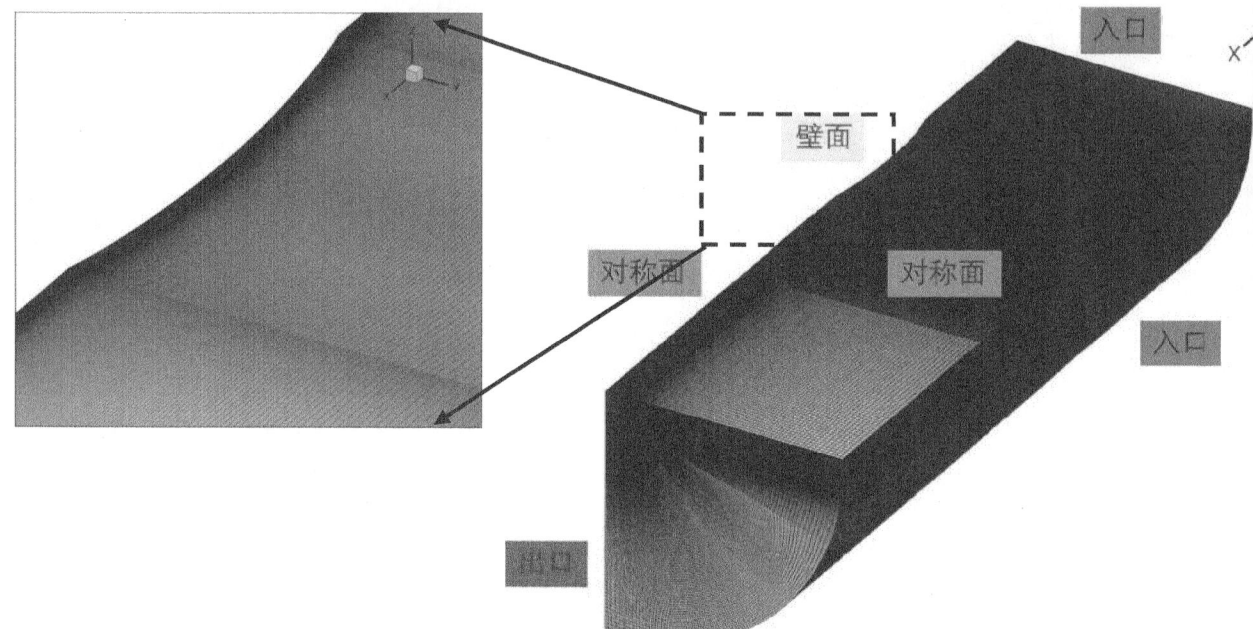

图 8 wigley船型计算网格和边界条件示意图

2.2 SUBOFF带附体水下潜艇

"SUBOFF带附体潜艇"是美国DARPA提出的潜艇模型，目前已经被广泛的使用于各种湍流模型的计算分析中，拥有丰富的实验数据和计算数据可作为对比验证数据，其几何构型如下图所示：

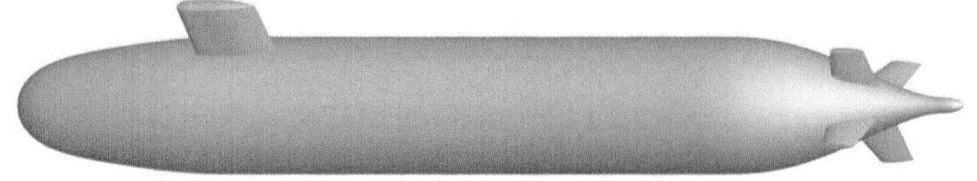

图 9 suboff带附体几何模型示意图

其中，艇长4.356 m，艇身最大直径0.508 m。指挥台为一直立的柱形体，导边位于艇身x=0.924 m处，随边位于艇身x=1.292 m处。4个尾翼的形状和大小均相同，截面为NACA 0020翼型，对称布置在艇尾部。计算域与边界条件设置如图10所示：

该案例采用单相湍流求解器准定常求解计算，湍流模型使用标准$k-\varepsilon$模型。计算工况设置为V=6.096 m/s(Re=2.7×10⁷)，最大迭代步设置为4000步。流体选为20摄氏度下的水，水的密度为998.2(kg/m³)，粘性系数为0.001003(Pa·s)。

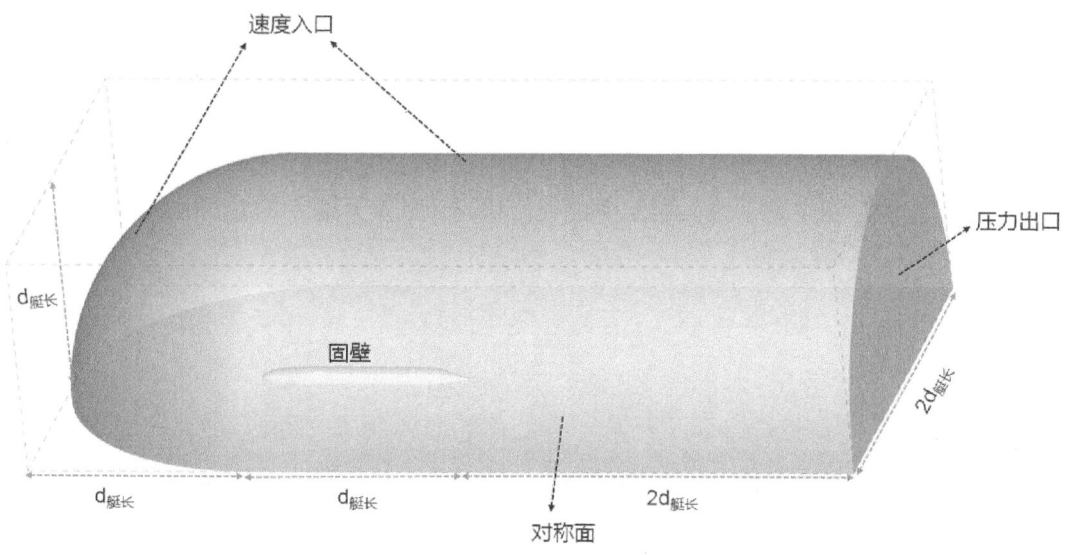

图 10 suboff 带附体计算域示意图

如图11所示,分别采用1.03亿网格和11.2亿网格对并行效率进行性能测试,对精细流场进行功能测试。并行效率测试主要针对强可扩展性,即对1.03亿网格采用不同核数进行100步迭代计算,统计计算耗时情况;精细流场测试主要是提高计算网格分辨率,对流场中的精细流动结构进行捕捉,可为流动噪声等精准预报内容提供数据支撑。

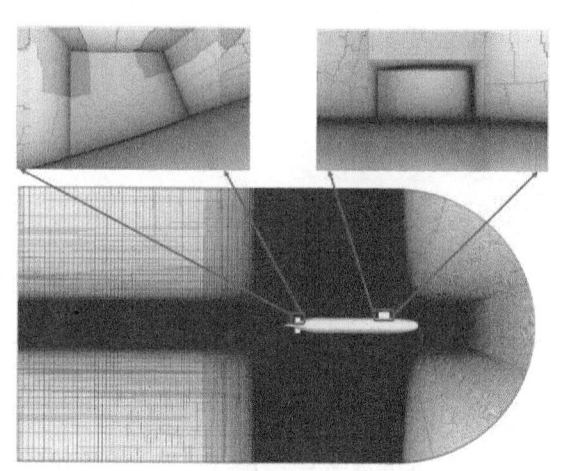

(a) suboff 带附体 1.03 亿网格示意图

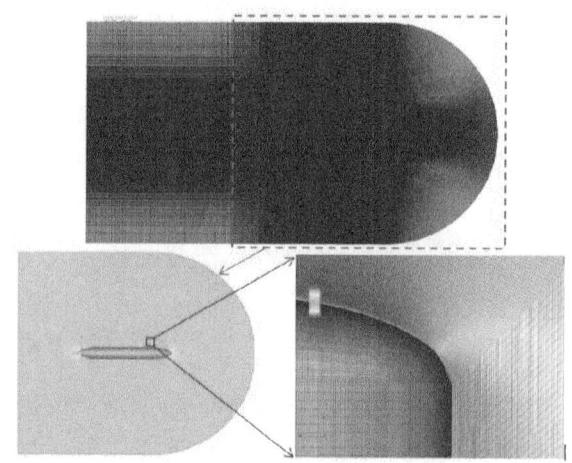

(b) suboff 带附体 11.2 亿网格示意图

图11 suboff带附体计算网格示意图

上述两个案例的大规模并行计算仿真平台为中国船舶科学研究中心超级计算机,硬件基本信息如表 1 所示。

表 1 大规模并行计算硬件信息

序号	硬件类型	参数
1	刀片系统	双路计算刀片
2	CPU瘦节点	Intel 6342 24核处理器(2.8GHz)*2
3	可使用总核心数	10560
4	内存	384GB DDR4 3200MHz

3 计算结果与分析

3.1 wigley水面船算例

图 12 给出了 2560 核并行分区后计算所得自由液面分布云图，其中蓝色部分表示的是空气流体，红色部分表示的水流体，图中每个块代表 1 个进程，块与块的交线表示的是进程间的边界。

图 12 并行分区及计算所得自由面分布云图

图13给出了计算得到的Wigley船航行兴波与实验结果的对比，可以得出在靠近船体对称面处的兴波与实验结果吻合的较好，远离船体向后以及向外侧，波形具有一定的衰减，这与远离船体的计算网格逐渐变疏有关。

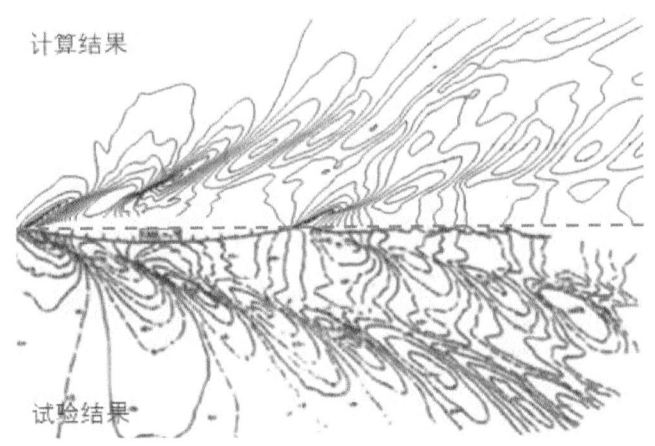

图 13 计算所得 Wigley 船舶航行兴波与实验对比结果

图14给出了模拟得到的Wigley船舷侧波形结果与试验结果对比。从图中可以看到，模拟结果波高总体趋势与试验结果基本一致，在船艏部的波峰略微偏低，肩部的波谷略微偏浅，中后部的波谷有一定的相位差，该结论与文献[16]基本一致，模拟结果初步验证了本文大规模并行算法的准确性。

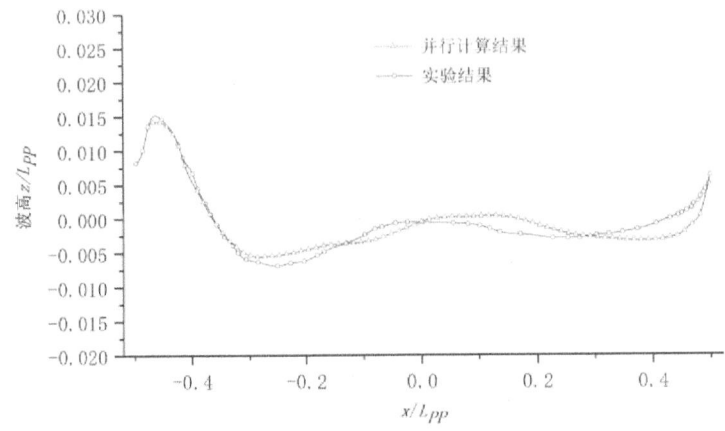

图 14 计算所得 Wigley 船舶航行船舷侧波高与实验对比结果

3.2 SUBOFF带附体水下潜艇算例

研究表明[17]，对于湍流模拟较为前沿的大涡模拟方法(LES)，当宏观雷诺数为2.3×10^5，其网格分辨率要求计算网格量为1亿。而实际工程应用中，雷诺数至少是10^6，湍流精细化模拟对网格分辨率的要求更高。因此，本文对SUBOFF带附体水下潜艇湍流绕流算例开展了1.03亿网格大规模并行效率测试和11.2亿网格大规模并行计算，测试面向后续发展高精度LES求解算法所需的大规模并行算法的相关性能。

3.2.1 1.03亿网格SUBOFF带附体并行效率测试

给出测试后的并行强扩展性结果如表2所示，并行效率测试基准为160核计算100步耗时。可以看出随着核数的增大，并行效率呈现超线性增长。出现这种超线性加速的原因主要是因为超级计算机的存储层次不同所带来的"高速缓存效概念"，即集合的缓存便足以提供计算所需的存储量，算法执行时便不必使用速度较慢的内存，因而存储器读写时间便能大幅度降低，这便对实际计算产生了额外的加速效果。从表中还可以看出，对于亿级网格采用2560核单步计算耗时仅需1.85 s，可见该算法在一定核数下对亿级网格的计算效率和并行效率较高。

表2 并行强扩展性结果

迭代步数	并行核数	计算总耗时(s)	并行效率
100	2560	185.318	104.17%
	1280	298.561	129.31%
	640	592.733	130.27%
	320	1287.46	119.95%
	160	3088.62	100%
	80	内存不足	内存不足

3.2.2 11.2亿网格SUBOFF带附体并行结果分析

经过上文并行效率测试，对11.2亿网格采用2560核并行计算4000个时间步。靠近进程边界的单元数共有1.00493亿，单进程内最大网格数为446016，最小网格数为431296，平均网格数为438304，因此各进程网格分布基本满足并行计算静态负载均衡要求。

(1) 潜艇表面压力系数分布

本文首先研究了艇体表面压力系数分布情况，压力系数C_P的计算公式如下：

$$C_P = \frac{P - P_\infty}{\frac{1}{2}\rho V_\infty^2} \tag{15}$$

式中，P_∞为计算域出口压强，V_∞为计算域来流速度，ρ为流体密度，计算所得压力系数分布曲线如图15所示。图中可以看出，潜艇首部、指挥台围壳前以及尾舵压力系数变化率大，其原因为潜艇首部、指挥台首部以及尾舵等阻碍了流体运动，流体的流速变化剧烈，因而压力系数变化率大。本文模拟结果与文献[18]中同样计算模型下模拟得到的压力系数变化曲线基本一致，模拟结果进一步验证了本文大规模并行算法的准确性。

(2) 潜艇纵剖面速度云图

图16为中纵剖面速度云图，同样可以看出，在潜艇首部、指挥台前部和尾舵前端速度变化较大。此外还可以看到，艇体前端、围壳上端以及艇体后端靠近尾翼区域均出现高速区域，这是因为这些区域为流线型区域，能够减少或者避免涡旋的形成，流体经过该区域所受到的阻力下降，流速得到提升。与压强系数相对应，本文计算所得中纵剖面速度云图与文献[18]中基本一致。

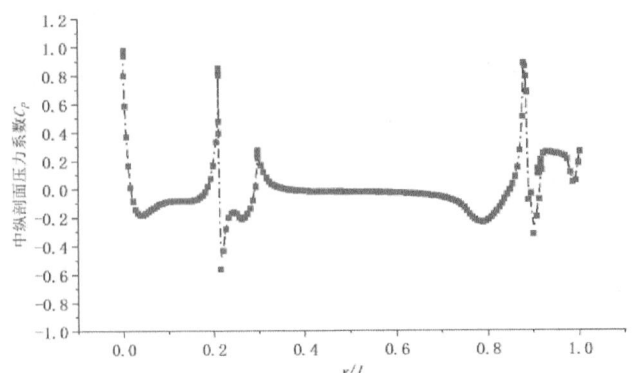

图 15 计算所得 SUBOFF 艇体中纵面压力系数分布结果

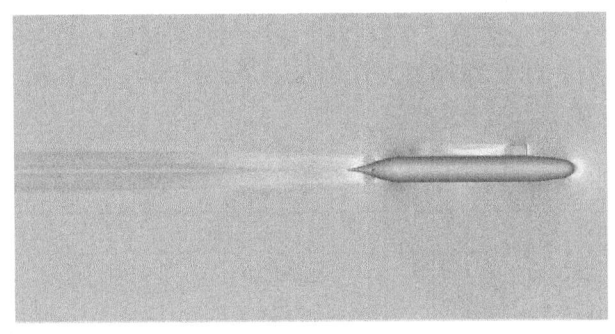

图 16 计算所得 SUBOFF 艇体中纵面压力系数分布结果

(3) 潜艇Q判据云图结果

图17(a)，17(b)，17(c)给出了1.03亿网格和11.2亿网格流场Q判据(Q=10)云图，图中明显可以看出流体流过围壳后形成的梢涡向后发展，部分涡系结构脱落后一直延伸到尾流场；可以看出在原有流线型的光体SUBOFF加入围壳附体后，对流场涡系结构形成和发展的影响较大，同时也会对尾流场的流动起到一定的影响作用；由尾舵附近流场Q判据可以明显看出，在尾舵与艇体结合部位围绕着尾舵一周向下发展的马蹄涡结构以及由尾舵上沿向后发展的梢涡结构；从图中还可以看到，本文设计的高雷诺数不可压湍流模拟算法，不仅能捕捉与艇体长度相当的大尺度涡，也可以捕捉到与网格长度相当的小尺寸涡。随着网格由1.03亿扩大到11.2亿，网格分辨率的提升带来了流场中更加精细结构的出现，如图17(a)和17(b)所示，可以明显看到11.2亿网格尾流场Q判据结构更加复杂多样，沿着尾舵向后发展的马蹄涡也更加不容易耗散掉。如图17(a)和图17(c)所示，也可以看到在围壳后缘到尾舵前沿的涡系结构更加准确，也更加直接的表现了围壳对流场结构发展所起的作用，这些精细化结果的捕捉离不开网格分辨率的提升。

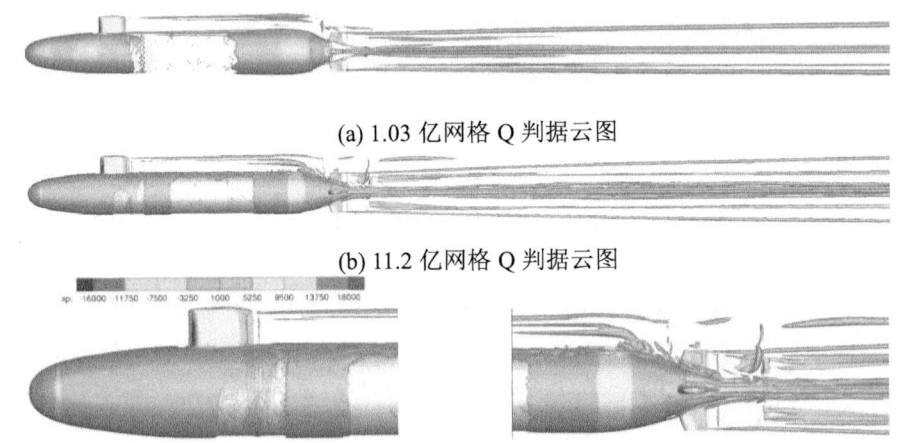

(a) 1.03 亿网格 Q 判据云图

(b) 11.2 亿网格 Q 判据云图

(c) 11.2 亿网格 Q 判据云图细节展示

图 17 计算所得 SUBOFF 潜艇 Q 判据(Q=10)云图

4 结 论

本文针对亿级规模以上网格不可压湍流模拟算法进行了适配性研究，得出以下结论：

(1) 开展了数值算法中梯度算法面插值格式修正、二次松弛优化等研究工作，能保证水面船舶和水下潜艇大规模并行计算结果的准确性和高效性，具有较好的工程实用价值。

(2) 完成了亿级网格 SUBOFF 带附体水下潜艇并行效率测试，算法在一定核数范围内强可扩展性高。

(3) 完成了高雷诺数不可压湍流场 11.2 亿网格规模的并行计算，提高了网格分辨率，初步实现了对流场精细结构的捕捉。

未来我们将在以下方面开展工作：

(1) 非定常、高精度大涡模拟算法的大规模高效并行算法研究及精细化流场结构分析。

(2) 多套网格大规模高效并行算法研究。

参 考 文 献

[1] MO Z Y. Extreme-scale parallel computing: bottlenecks and strategies[J]. Frontiers of Information Technology & Electronic Engineering, 2018, 19(10): 1251-1260.

[2] SLOTNICK J, KHODADOUST A, ALONSO J, et al. CFD vision 2030 study: a path to revolutionary computational aerosciences[R]. NASA, 2014.

[3] 王年华, 常兴华, 赵钟, 等. 非结构CFD软件MPI+OpenMP混合并行及超大规模非定常并行计算的应用[J]. 航空学报, 2020, 41(10): 15.

[4] 徐传福, 车永刚, 李大力, 等. 天河超级计算机上超大规模高精度计算流体力学并行计算研究进展[J]. 计算机工程与科学, 2020, 42(10): 12.

[5] 唐静, 李彬, 周乃春, 等. 基于非结构网格流场超大规模并行计算[J]. 空气动力学学报, 2019, 37(01): 61-67.

[6] 韦安阳. 湍流边界层的直接数值模拟研究[D]. 杭州: 浙江大学, 2014.

[7] 张亚英. 基于神威异构超算平台的三维不可压流动并行CFD计算研究 [D]. 北京: 中国舰船研究院, 2021.

[8] 王星, 吴乘胜, 赵峰, 等. 水面船形状因子的CFD计算研究[J]. 船舶力学, 2021, 25(11): 1488-1497.

[9] ZHANG Y. JAUMIN: A programming framework for large-scale numerical simulations on unstructured meshes[C]// Abstracts of 6th China-Brazil Conference on Scientific Computing, 2019.

[10] 王理想, 文龙飞, 王景焘, 等. 基于改进型XFEM的裂纹分析并行软件实现[J]. 中国科学: 技术科学, 2018, 48(11): 1241-1258.

[11] 郭海兵, 黄洪文, 马纪敏, 等. 有限元S_N中子输运模拟的区域分解并行[J]. 原子能科学技术, 2020, 54(06): 1074-1084.

[12] 李人宪. 有限体积法基础[M]. 北京: 国防工业出版社. 2008.

[13] 莫则尧, 刘青凯. 并行自适应非结构网格应用支撑软件框架（JAUMIN 1.10版）《用户手册》[Z].北京应用物理与计算数学研究所、中物院高性能数值模拟软件中心, 2019.

[14] 徐小文, 莫则尧, 曹小林. HYPRE中多重网格解法器的并行可扩展性能分析[J]. 软件学报, 2009, 20(zk): 8-14.

[15] BEDDHU M, JIANG M, TAYLOR L K, et al. Computation of steady and unsteady flows with a free surface around the wigley hull[J]. Applied Mathematics and Computation, 1998, 89(1): 67-84.

[16] 李晓东, 吴乘胜, 王星. 船舶航行兴波CFD模拟的代数型VOF方法研究[J]. 水动力学研究与进展A辑, 2022, (02): 252-261.

[17] SODJA J. Turbulence models in CFD[D]. University of Ljubljana, 2007.

[18] 徐妍, 高霄鹏. 附体对潜艇阻力性能的影响研究[J]. 舰船科学技术, 2021, (11): 35-40.

Research on Large-scale Parallel Algorithm for High Reynolds Number Incompressible Turbulence on Billions Grid

WANG Jianchun[1,2], WU Chengsheng[1,2], ZHANG Yaying[*1,2], JIN Yixing[1,2], WANG Xing[1,2]

(1. China Ship Scientific Research Center, Wuxi 214082, China;

2. Wuxi Orient Software Technology Co. Ltd., Wuxi 214082, China)

Abstract

In this paper, the organizational structure and parallel programming logic of the parallel programming framework JAUMIN were studied. The automatic mesh refined technology was used in each process to generate the required 100 million grid. Based on the above framework, the parallel reconstruction of the incompressible turbulence simulation algorithm of the self-developed CFD solver NaViiX is completed. Aiming at the research on the adaptability of incompressible turbulence simulation algorithm for grid of more than 100 million levels, gradient calculation, relaxation optimization and other contents were studied and gradient algorithm modification, secondary relaxation and other optimization designs were implemented in this paper. The surface ship model Wigley and the underwater vehicle model SUBOFF were used as the research objects, large-scale parallel CFD simulations of incompressible turbulence with and without free surface and high Reynolds number were carried out on the order of one billion and ten billions respectively. The computational results verify the accuracy of the parallel algorithm for incompressible turbulence simulation studied in this paper. The parallel strong scalability test verifies the efficiency of the parallel algorithm developed in this paper, which can provide effective technical support for large-scale parallel computation and analysis of fine flow field.

Key words: High Reynolds; Incompressible turbulence; NaViiX solver; JAUMIN framework; Strong scalability

作者简介

王建春　男，1989 年生，工程师。主要从事 CFD 软件开发、船舶水动力 CFD 计算研究。

吴乘胜　男，1976 年生，研究员。主要从事水动力 CFD 计算方法、CFD 软件开发研究。

张亚英　男，1994 年生，助理工程师。主要从事 CFD 软件开发、船舶水动力 CFD 计算研究。

金奕星　男，1990 年生，高级工程师。主要从事 CFD 软件开发、船舶水动力 CFD 计算研究。

王　星　男，1987 年生，高级工程师。主要从事 CFD 软件开发、船舶水动力 CFD 计算研究。

*通讯作者：王建春

船舶推进节能装置的面网格划分技术研究

常晟铭[1]，丁恩宝[1]，周 斌[*1]，王 超[2]，刘登成[1]

（1. 中国船舶科学研究中心 船舶振动噪声重点实验室，无锡 214082；
2. 哈尔滨工程大学 船舶工程学院，哈尔滨 150001）

摘 要

近年来，在船舶推进与节能技术领域，为了提高船舶运营的经济性，非常规构型的螺旋桨以及结构新颖的节能装置在民船领域应用越来越广泛。但是由于这些装置多使用较为复杂的几何构型，使其建模难度大大增加，限制了它们进一步的性能分析和设计优化工作。本文以半浸式螺旋桨、端板式螺旋桨以及门舵为例，采用余弦分割以及混合分割等面元分割的方式，对其表面结构化网格进行划分，设计出一种精度较高的面元划分思路，并得到了精度较高的三维模型，对船舶推进节能装置参数化建模平台的建立有重要意义。

关 键 词：非常规螺旋桨；节能装置；门舵；面网格；参数化建模
中图分类号：U664.3

0 引 言

近年来，能源的急剧消耗问题以及碳排放问题，在国际上越来越受到重视。有关碳达峰与碳中和目标的实现，具有长远意义。在船舶工程领域，船舶的能耗一般来源于船舶航行时主机能源的消耗。也正因如此，无论是船舶制造业或者是航运业，均提出绿色化的要求[1]。

在船舶推进领域中，高效的螺旋桨及节能装置的使用，可以在很大程度上节约燃料并减少碳排放，从而在提升经济性的基础上改善环保效益[2]。传统螺旋桨由于发展时间较早，目前无论是性能分析上或者优化设计上的理论都已趋于成熟，性能提升的空间非常有限。而以CLT螺旋桨、Kappel螺旋桨、耦合桨等为代表的非常规构型的特种推进器的提出，使得螺旋桨的水动力性能、空泡性能、脉动力性能等性能的进一步提升变得可能。除此之外，节能装置的使用可以在不改变螺旋桨的构型的基础上，对船艉附近的流场流动进行控制，并达到非常可观的节能效果[3]。目前不仅新船会采用节能装置来达到理想的能耗效果，老船的船东同样会选择给船舶增加节能装置去实现老船改造。

而无论是非常规构型的螺旋桨，抑或是结构较为新颖的节能装置，在建模上的难度都会大大增加。海军工程大学王睿[4]提出了一种Kappel桨叶梢部弯曲建模的方法，以KP505桨为例，改变桨叶的叶梢附近的纵倾值分布，并引入剖面旋转角概念，进而实现螺旋桨叶梢部分型值的直角坐标系下的三维转化。王超、赵雷明、马开放等[5-7]采用CFD、BEM等方法分析了端板参数对CLT桨的叶梢部涡流的影响，从较深层次揭示了主涡、二次涡及三次涡的演化规律。在边界元法中，改善了尾涡模型的建模方式，实现了CLT桨的变端板参数下的快速预报工作。半浸式螺旋桨以其在较高进速下的推力较大、效率较高、无空泡剥蚀的特性，目前多用于高速滑行艇、高速海警船等，有非常巨大的应用潜力[8]。但是其杯型随边的建模同样给半浸桨的优化带来了一系列的难度。俞永清、丁恩宝等[9]提出了一种半浸桨叶剖面的建模方式，奠定其参数化建模的基础，并对该剖面的入水机理进行了研究。后常晟铭、丁恩宝、王超等[10-12]对杯型叶剖面的建模方式进一步细化，并对叶剖面入水问题进行了较为精细的变参数分析。

收稿日期：2022-10-11；修改稿收稿日期：2023-01-03

门舵作为一种比较新型的节能装置，2017年11月首次应用于日本的2400GT集装箱船，并达到了14%的节能效果。近年来，国外学者Noriyuki Sasaki、Naz Yilmaz，国内学者翟树成、汪春辉等[13-15]均从不同角度对门舵的水动力性能进行研究，分析相关节能机理。

本文从端板式螺旋桨、半浸式螺旋桨以及门舵入手，采用余弦分割以及混合分割等面元分割的方式，对其表面结构化网格进行划分，设计出精度较高的面元划分思路。进而，结合参数化建模的思想，在它们实现变参数建模的基础上，实现变参数面元分割平台的创建，实现非常规构型螺旋桨以及节能装置的面元自动快速分割。

1 面元分割方法

在对结构物的表面划分面网格时，需要定义结构物表面相互正交的两个方向，并在这两个方向上依据不同的间隔划分节点。依据节点之间间隔取值方式的不同，面网格的划分可以分为平均分割以及余弦分割。

在余弦分割中，沿叶剖面的弦向，余弦分割遵从如下的关系式：

$$x_{ni} = \frac{1}{2}(1-\cos\beta_{ci})*chord \tag{1}$$

式中，$chord$为剖面的弦长值，x_{ni}为弦向不同型值点处的横坐标，β_{ci}为弦向不同位置处的余弦角大小，其值的大小为：

$$\beta_{ci} = \frac{i-1}{N_c}\pi \qquad i=1,2,\cdots,N_c+1 \tag{2}$$

式中，N_c为弦向划分网格数目。

对于平均分割而言，分割公式较为简单，具体如下所示：

$$x_{ni} = \frac{(i-1)}{N_c}chord \qquad i=1,2,\cdots,N_c+1 \tag{3}$$

在一维层面上，平均分割与余弦分割之间的差异如图1所示。

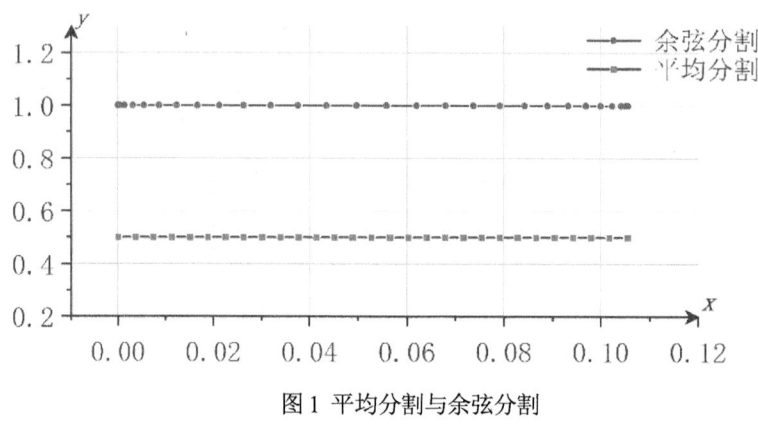

图1 平均分割与余弦分割

通过图1所示，可以较为清晰地发现，相比于平均分割，余弦分割在首端和尾端区域会有一个较为明显地加密效果。因此余弦分割更适合用于螺旋桨表面导边、随边以及叶梢和叶根等曲率变化较为剧烈的位置。

2 结果分析

2.1 端板式螺旋桨面元划分

叶梢带有端板式的螺旋桨，在第28届ITTC大会上已经被公认为典型的非常规构型螺旋桨。整体上，端板式螺旋桨的盘面比较小，叶梢部由于收缩，负载较大，具有较为良好的推力性能和较高的效率。

2.1.1 剖面型值三维坐标的转换

在CLT桨进行建模的过程中，其端板的存在，会较大程度上影响其叶梢附近区域的主参数分布，特别是纵倾值的分布，除此之外叶剖面旋转角的存在也会进一步增大端板式螺旋桨的建模难度。

常规构型的螺旋桨三维坐标的转换方式主要用到直角坐标系与柱坐标系下的坐标转换的思想，在螺旋桨的理论发展中，升力线理论、升力面理论以及边界元法理论的关于螺旋桨的前处理多采用这种方式，具体的型值转换方式可以参考文献[4]的相关介绍，本文不再赘述。

如图2所示，无论是几何形式还是纵倾分布，端板式螺旋桨的叶梢部与Kappel桨类似，因此在进行端板式螺旋桨的三维型值转换时，采取王睿提出的针对Kappel桨的参数旋转剖面的方法。这种方法需要在螺旋桨的型值主参数中增加一个不同半径处的剖面旋转角δ，转化后的三维直角坐标转换方程为：

$$\begin{cases} x = x_r + (-c_1+s)\sin\beta - \begin{pmatrix} y_b \\ y_f \end{pmatrix} \cos\beta\cos\delta \\ \theta = \theta_s + \dfrac{1}{r}\left[(-c_1+s)\cos\beta + \begin{pmatrix} y_b \\ y_f \end{pmatrix}\sin\beta\cos\delta\right] \\ y = \left[r - \begin{pmatrix} y_b \\ y_f \end{pmatrix}\sin\delta\right]\cdot\cos\theta \\ z = \left[r - \begin{pmatrix} y_b \\ y_f \end{pmatrix}\sin\delta\right]\cdot\sin\theta \end{cases} \quad (4)$$

式中，x，y与z分别指螺旋桨叶剖面型值点对应的直角坐标，x_r表示纵倾值，c_1为导边到母线的距离，β为几何螺距角，y_b和y_f分别指叶剖面型值点到弦线的距离，θ_s表示侧斜角，叶剖面参数的相关定义如图3所示，图中Skew和Rake分别表示侧斜值和纵倾值，角标0和blade分别指代参考叶剖面和不同径向位置叶剖面。

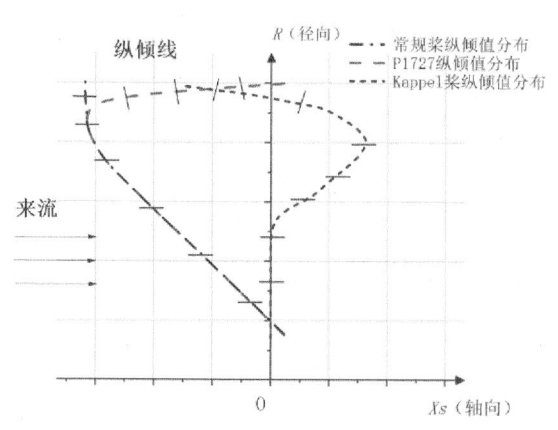

图2 端板式螺旋桨与常规桨纵倾值差异

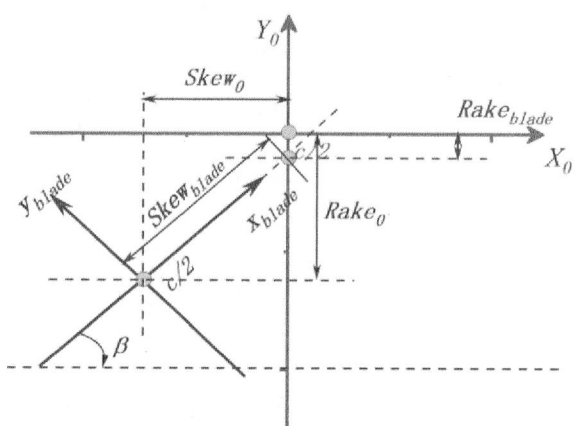

图3 叶剖面参数的相关定义

由图2所示,可以发现,在对端板式螺旋桨建模时,叶梢部附近的叶剖面不仅仅纵倾值会有非常明显的变化,同时也会比其他叶剖面多出一个旋转角参数,因此在端板式螺旋桨的参数化建模以及面元网格划分的过程中,只需要调整纵倾值x_r、旋转角δ以及梢部叶剖面弦长c的大小,便可以对端板的长度、宽度、倾斜角度等参数进行控制,从而达到高效建模和快速面元网格划分的效果。

2.1.2 端板式螺旋桨的面元划分

通过针对Kappel桨的叶梢建模特点,对端板式螺旋桨的叶剖面型值完成三维坐标的转换后,便可将映射到三维笛卡尔坐标系的型值点进行连线并完成网格划分。其中,在叶剖面依据型值点坐标进行插值的过程中,依靠余弦分割、平均分割等方式进行插值点的确定,并进行三次样条插值确定坐标点的全部坐标。

通过改变叶梢部剖面的叶剖面弦长、叶剖面旋转角度、叶剖面的纵倾值等参数,通过自编程的手段,对不同端板参数的端板式P1727螺旋桨的面元网格进行划分,网格划分的效果如图4和图5所示。

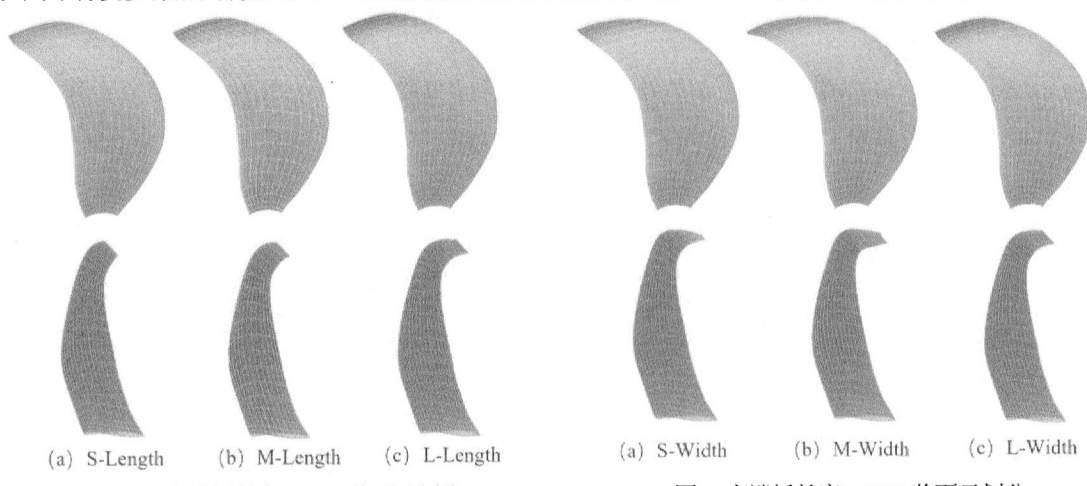

图 4 变端板长度 P1727 桨面元划分　　　　　图 5 变端板长度 P1727 桨面元划分

通过图4和图5所示,可以发现,整体上采用余弦分割的方式可以较为精细地描述P1727螺旋桨的几何形状,且通过余弦分割的方式,可以将桨叶的导边、随边以及叶梢附近的面网格充分加密且过渡均匀。为进一步验证该型值转换方式的普适性,通过相同的方式为KA型导管桨、4119桨等标模桨增加端板进行参数化建模与面网格划分,具体效果如图6所示。

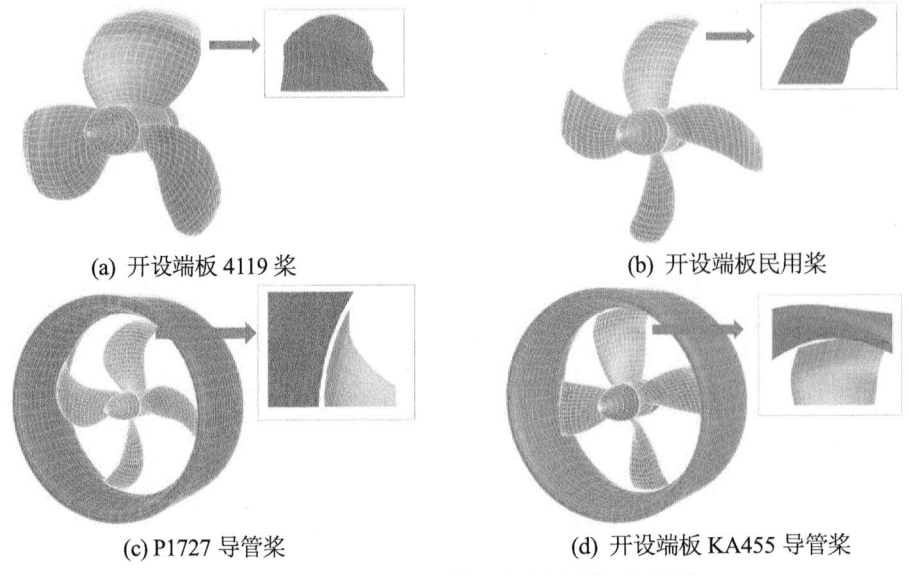

图 6 几种常规构型螺旋桨开设端板后的面元划分

图6显示4119标模桨、民用船舶螺旋桨以及导管桨在开设端板后的面网格的划分形式，其中端板的构建方式与3.1.1节阐述的方法相同，即增加叶梢纵倾值且为叶梢处剖面增加旋转角的方式进行端板结构的构建工作。通过图6的结果显示，本文所建立的端板桨的参数化建模方式和面元网格的划分方式能够满足螺旋桨的建模精度，为端板桨的参数化建模平台的建立具有一定的意义。

对于导管桨而言，其工作环境一般为较低的进速系数，桨叶的负载较大，在设计时一般会有一定的系泊推力要求，这也同时说明KA系列导管桨采用大负载形式的叶梢的原因。而在桨叶的叶梢处开设端板，同样是一个增加螺旋桨叶梢处负载的有效手段。图6(c)和图6(d)中的两种端板式导管桨的建模思路，即为端板式螺旋桨与常规的JD式导管协同建模，为未来新型导管桨的设计意义重大。

整体上，该节建立的螺旋桨叶梢端板处型值的转化方法，能够满足CLT式螺旋桨以及其他开设端板式螺旋桨的参数化建模以及面网格划分的精度要求。为未来采用BEM方法快速预报及对端板的水动力特性的流动控制影响的快速分析打下基础；除此之外，建立的方法可以实现端板式螺旋桨的快速参数化建模，一方面可以促进端板优化设计工作的进行，另一方面结合CFD方法也有助于研究端板对螺旋桨梢涡演变过程、端板对梢隙涡的演变过程等进行机理探究，为螺旋桨的水动力性能机理分析提供技术储备。

2.2 半浸式螺旋桨面元划分

半浸式螺旋桨，由于减小了轴支架等附体阻力，不会受到空泡溃灭对桨叶的不利影响以及高进速下较高的敞水效率，目前常用作高速滑行艇的推进装置[8]，并具有非常好的应用前景。一般来说，为了满足半浸桨高进速下的通气性能以及强度要求，其叶剖面与常规螺旋桨区别较大。

2.2.1 半浸桨叶剖面的参数化建模

对于半浸桨的叶剖面来说，其导边附近一般为过渡较为剧烈的直线式，其随边则会向叶面方向内凹，形成"杯型"。而目前若对半浸桨的杯型叶剖面继续细化分类，则又可以将其划分为图7所示的钻石型叶剖面和劈刀型叶剖面。

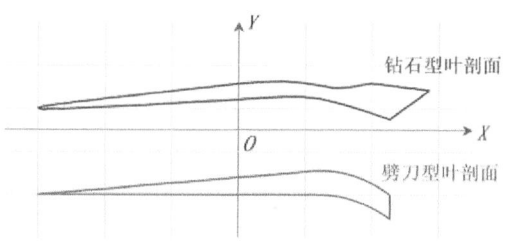

图7 半浸桨的杯型叶剖面

如图7所示，杯型叶剖面的类型不同，会存在截然不同的两种参数化建模的方式。半浸式螺旋桨所使用的钻石型叶剖面的随边处为两条相交的直线，且随边的封闭点为随边处的这两条直线的交点位置。而半浸桨所使用的劈刀型叶剖面的随边位置则更倾向于两个存在曲率的圆弧，并通过垂直于x轴的一条直线来使得随边的上下两个表面封闭。

关于半浸桨钻石型叶剖面的建模，其思路如图8所示。即通过型值点的输入，并结合三次样条插值的方法，获得图8红线上标注的叶剖面型值点。其中型值点的获取，则来源于文献[2]中的841-B型的半浸桨叶剖面型值。在杯型随边的处理上，思路则同图8标注的蓝线所示，即对叶面和叶背处杯型随边的型值线性外插，取两条直线的交点进行半浸桨叶剖面随边的封闭。其中叶背随边和叶面随边为两条斜率分别为k1和k2的直线，在实际的半浸桨钻石型叶剖面建模的过程中，调整k1和k2的大小后，即可对半浸桨钻石型叶剖面的随边形式进行改变。

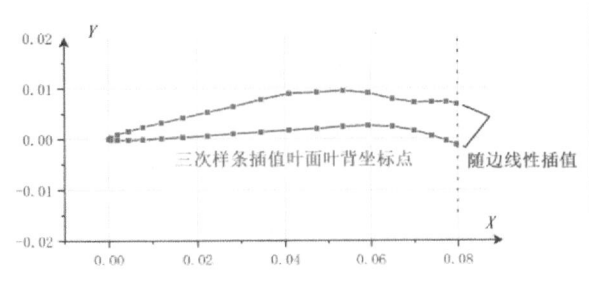
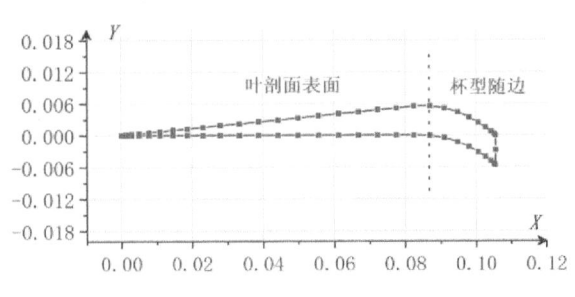

图 8 半浸桨钻石型剖面的建模方式　　　　　图 9 半浸桨劈刀型叶剖面

劈刀型叶剖面参数化建模的过程中，一般并不需要初始叶面和叶背坐标的输入，只要输入叶剖面的弦长以及随边厚度等参数即可进行建模。劈刀型叶剖面的几何形式如图9所示。

如图9所示，劈刀型的半浸桨叶剖面的建模方式与钻石型叶剖面的建模方式大不相同。在半浸桨的劈刀型叶剖面建模的过程中，不同于钻石型叶剖面，在整个包括随边在内的桨叶表面上，沿弦向均采用余弦分割的形式。整体上来看，对于半浸桨的劈刀型叶剖面的建模来说，叶面和叶背方向均采用分段函数的形式，叶面和叶背的叶剖面表面上采用一个直线函数的形式，为了恰当表达半浸桨劈刀型叶剖面的随边形式，在半浸桨叶剖面的随边附近，则采用圆弧形式的函数。具体的半浸桨劈刀型叶剖面的建模方式如图10所示。

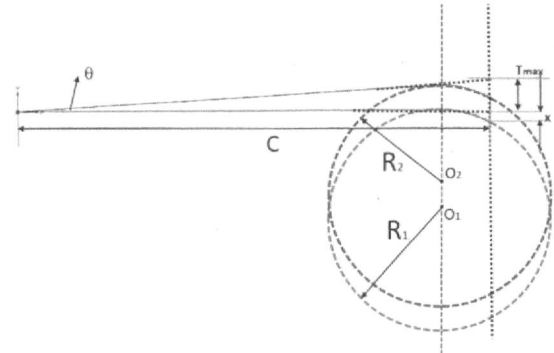

图 10 劈刀型叶剖面建模方式

2.2.2 半浸式螺旋桨的面元划分

在获取半浸桨叶面、叶背以及随边处的剖面型值点后，根据螺旋桨三维坐标转换的公式，可以将其进行三维笛卡尔坐标系下的转换，并按照各个叶剖面输出半浸桨不同叶剖面上的型值点三维坐标。在叶剖面的主参数型值确定的情况下，钻石型叶剖面和劈刀型叶剖面对应的三维参数化模型和面网格的划分形式如图11所示。

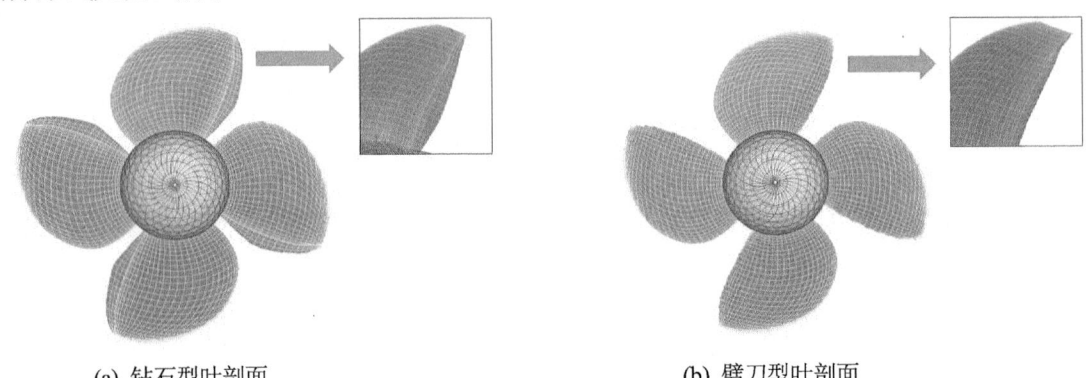

(a) 钻石型叶剖面　　　　　　　　　　　　(b) 劈刀型叶剖面

图 11 半浸式螺旋桨面网格划分

通过图11的显示，可以发现，本文提出来的半浸桨叶剖面，特别是杯型随边的插值建模方案是可以实现半浸桨三维模型和表面面网格的精细构建的。除此之外，不同的半浸桨叶剖面的生成方式，会对半浸桨叶剖面的参数化建模的结果有非常大的影响。整体上看，采用钻石型叶剖面的半浸桨随边较厚，而使用劈刀型叶剖面，半浸桨的杯型随边的厚度会明显变薄。由于半浸桨的各个叶剖面的最大厚度一般都集中于其随边附近的位置，因此叶剖面的选取势必会影响螺旋桨的强度校核的结果。本文建立的半浸式螺旋桨的快速参数化建模以及面网格划分的思路，将有助于未来对半浸桨的水动力特性的评估以及快速寻优等工作的进行，有助于螺旋桨近自由液面工作时相关机理特性的研究。

2.3 门舵几何面元划分

门舵作为一种较为新颖的节能装置，一方面吸收了导管的优势，在与螺旋桨配合工作时，能为螺旋桨的伴流场提供整流作用，为螺旋桨提供额外推力；另一方面，门舵为双舵式构型，可以根据船舶的操纵性要求，在工作时改变旋转角，为船舶的航行提供回转性。门舵自2017年在日本问世，便以其17%的节能效率吸引了众多科研工作着的目光。

2.3.1 门舵的参数化几何表达

目前国内外对门舵的研究较为匮乏，本文关于门舵的几何构型，主要参考文献[3]，相关参数的定义和几何建模方式，则主要参考螺旋桨导管的建模方式，门舵相关参数的几何定义如图12所示。

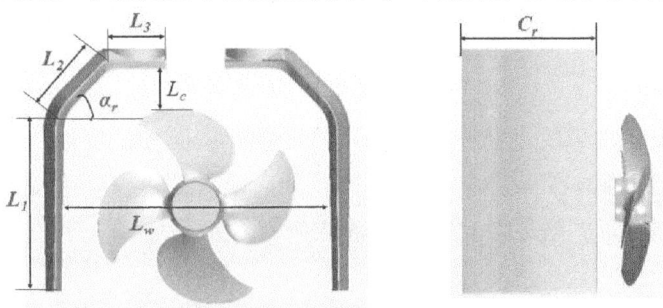

图12 门舵的参数化几何表达

图12显示门舵的一些几何参数的定义，在对门舵进行参数化建模的过程中，只要确定好图12中红色字体的相关参数，就可以确定门舵的几何构型。这些参数定义地较为直观，其中的L_1、L_2和L_3分别指代门舵的三段构型的长度尺寸。$α_r$则指代门舵的第二段构型的倾斜角，L_w指代门舵的宽度，C_r为门舵叶剖面的弦长大小。而L_c则表示门舵与螺旋桨之间的间隙宽度，L_c的长度为：

$$L_c = \frac{L_w - D}{2} \tag{5}$$

式中，D为螺旋桨的直径长度。

为了保证门舵模型的正常生成，还需要限制门舵的宽度L_w：

$$L_w \geq L_2 \cos α_r + L_3 \tag{6}$$

2.3.2 门舵的周向余弦分割

由图12所示的门舵几何构型，可以发现，在门舵的几何模型建立的过程中，其拐点的相连接的位置很难保证建模的精度。若在门舵的参数化建模的过程中，不对其拐点处进行处理，则在接下来的数值分析中，会造成拐点处的流动分离，降低门舵周围的流场计算精度。而余弦分割技术恰好可以对几何结构的首尾两端进行加密处理，通过将门舵的几何构型进行图13所示的不同分段的余弦分割，可以在控制面网格增加的基础上有效保证拐点处的建模精度。

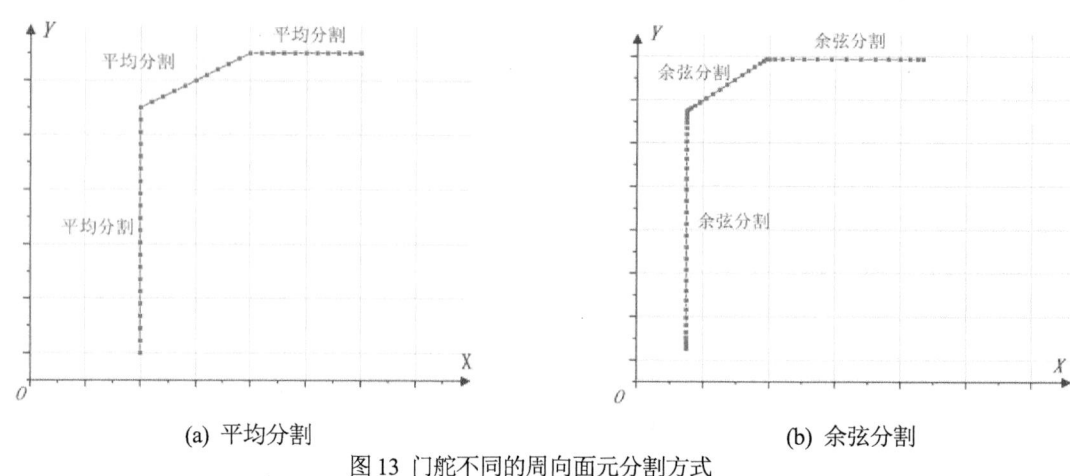

(a) 平均分割 (b) 余弦分割

图 13 门舵不同的周向面元分割方式

由图13可以发现，在门舵的周向采用余弦分割形式的面元分割后，可以有效解决拐点处的过渡问题。其中图13显示的是门舵在建模时的周向分布的中心线，一般来说，在进行门舵的参数化建模时，其叶剖面的型值点都是以该中心线的外径方向选取。这样处理最大的好处是，可以有效避免门舵两段相连构件之间的相交问题。在对门舵的中心线完成图13(b)所示的余弦分割后，只需将叶剖面上的余弦分割和插值后的型值点进行三维坐标的转化，即可完成门舵表面的面网格的划分。

2.3.3 门舵面元网格的划分

将门舵的中心线按照3.3.2节的余弦分割后，只要完成叶剖面的型值点的转化，即可得到门舵的面元网格的分布情况，为了表明本文提出的不同结构分别余弦分割建模精度提升的效果，将不同分割方式建模后的门舵面网格划分形式进行对比，对比的效果如图14所示。

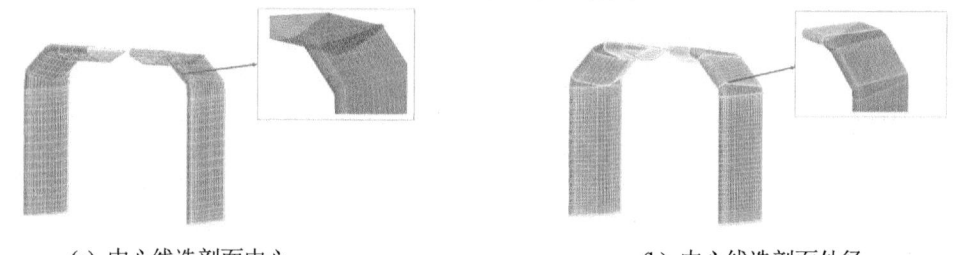

(a) 中心线选剖面中心 (b) 中心线选剖面外径

图 14 两种门舵建模方式比对

通过比对图14所显示的两种门舵参数化建模及面元网格划分的形式，可以很明显发现，若中心线选择剖面的中心，在门舵的拐点处，会发生图14(a)所示的非常明显的模型相交问题。在更改中心线的位置后，也即以外径为中心线后，可以发现，模型相交的问题得到很明显的解决。但总的来看，以外径为中心线后，由于门舵的叶剖面存在厚度，且弦向方向的叶剖面的厚度在前缘和后缘位置突变较大，三维模型下的面元网格在门舵拐点处的前缘与后缘，以及外表面的位置会存在周向尺寸较大的网格，影响门舵这些位置的面元网格的划分精度。未来为解决该问题，应该提出一种更加精细的模型拐点处的面网格的加密方法，使得面元的划分更加精细。

为了进一步观察本文提出的门舵参数化建模的精度，将参数化建模后的门舵面元模型与常规商船桨的面元模型进行匹配，结果如图15所示。

通过图15所示，可以发现，本文提出的门舵的参数化建模的方式，可以恰到好处地与桨叶的主尺寸进行匹配。这样就可以在接下来关于门舵的水动力机理分析以及研究门舵与螺旋桨的相关匹配机理分析时，大大提高数值分析时模型建立的精度和效率。

图 15 门舵与螺旋桨面元网格划分

3 结 论

本文通过自编程的方法，完成端板式螺旋桨、半浸式螺旋桨以及门舵等船舶推进节能装置的参数化建模和面网格的划分工作。在参数化的过程中，针对这些装置构型的特点，设计出适用于这些特定构型的面元分割思路，并总结相关结论如下：

(1) 在进行端板式螺旋桨的参数化建模时，通过在主参数中引入叶剖面旋转角，并调整靠近叶梢位置的叶剖面的纵倾值大小，可以较高精度地完成端板的建模工作。

(2) 半浸桨的随边构型不同于常规螺旋桨，在进行叶剖面模型的构建时，需要针对半浸桨的叶剖面特点，针对其随边形状进行参数化建模和面元划分工作。除此之外，根据半浸桨叶剖面种类的不同，建模的方式也存在较大差异。

(3) 门舵作为一种较为新颖的节能装置，具有一定的应用潜力，但是在其模型的拐点位置，容易发生模型相交的问题。通过改变叶剖面的中心线位置，可以有效解决模型相交的问题。未来可以在此基础上，对拐点位置的面网格进一步细化，提高面元划分精度。

参 考 文 献

[1] 刘建国. "碳达峰、碳中和"目标下水运行业低碳发展路径探析[J]. 中国远洋海运, 2021(08): 6, 26-28.

[2] 王晓强, 龚正琦. 水下螺旋桨技术发展现状与展望[J]. 中国水运, 2021(04): 74-76.

[3] 严周广, 陈雷强, 李鹏程, 等. 9 万吨级散货船消涡鳍设计与节能效果验证[J]. 中国造船, 2018, 59(01): 79-86.

[4] 王睿. 面元法分析及其应用于 Kappel 桨的相关研究[D]. 武汉: 海军工程大学, 2013.

[5] 马开放. 端板对 CLT 桨水动力及空泡性能的影响规律研究[D]. 哈尔滨: 哈尔滨工程大学, 2020.

[6] 常欣, 马开放, 王超, 等. CLT 桨的尾流场及梢涡特性数值分析[J]. 华中科技大学学报(自然科学版), 2020, 48(04): 79-84.

[7] 王文全, 赵雷明, 马开放, 等. 端板对叶梢负载桨空化性能影响数值分析[J]. 推进技术, 2021, 42(09): 2145-2151.

[8] 丁恩宝, 唐登海, 周伟新. 半浸式螺旋桨研究综述[J]. 船舶力学, 2002(02): 75-84.

[9] 俞永清, 余建星, 丁恩宝, 等. 二维"杯"形随边超空泡剖面入水数值研究[J]. 船舶力学, 2008(04): 539-544.

[10] 丁恩宝, 常晟铭, 孙聪, 等. 半浸桨不同半径切面入水的水动力特性[J]. 上海交通大学学报, 2022, 56(09): 1188-1198.

[11] 丁恩宝, 常晟铭, 孙聪, 等. 斜流角对半浸桨叶剖面入水的水动力特性分析[J]. 哈尔滨工程大学学报, 2022, 43(04): 472-480.

[12] 常晟铭, 丁恩宝, 王超. 半浸桨二维杯型切面入水现象的数值分析[C]// 第三十一届全国水动力学研讨会论文集(下册), 2020: 131-142.

[13] YILMAZ N, TURKMEN S, AKTAS B, et al. Tip vortex cavitation simulation of a propeller in a Gate Rudder® system[C]// A. Yücel Odabaşı Colloquium Series 3rd International Meeting on Progress in Propeller Cavitation And its Consequences: Experimental and Computational Methods for Predictions, 2018.

[14] CHUNHUI W, LIN L, CHAO W. Influence of gate rudder system on ship performance[C]// Proceedings of the Seventh International Symposium on Marine Propulsors, 2022.

[15] ZHAI S C, ZHANG R, et al. The numerical investigation of the hydrodynamic performance of a new twin rudder system [C]// Proceedings of the Seventh International Symposium on Marine Propulsors, 2022.

Research on Surface Mesh Generation Technology of Ship Propulsion Energy-saving Device

CHANG Shengming[1], DING Enbao[2], ZHOU Bin[*1], WANG Chao[3], LIU Dengcheng[1]

(1. National Key Laboratory on Ship Vibration and Noise, China Ship Scientific Research Center, Wuxi 214082, China;

2. Shanghai Branch of China Ship Scientific Research Center, Shanghai 200011, China;

3. College of Shipbuilding Engineering, Harbin Engineering University, Harbin 150001, China)

Abstract

In recent years, in the field of ship propulsion and energy saving technology, in order to improve the cost-effectiveness of ship service, propellers with unconventional configuration and energy saving devices with novel structure are more and more widely used in the field of merchant ships. However, due to the use of the complex geometric configurations, these devices are difficult to model, which limits their further performance analysis and design optimization. In this paper, the surface piercing propeller, propeller with endplate and gate rudder are taken as examples, and the structured surface grid is divided by using the methods of cosine segmentation and mixed segmentation. Furthermore, a panel element division method with high accuracy and a three-dimensional model with high accuracy is obtained, which is of great significance for the establishment of the parametric modeling platform of the ship propulsion energy-saving device.

Key words: Unconventional propeller; Energy-saving device; Gate rudder; Surface grid; Parametric modeling

作者简介

常晟铭　男，1996年生，硕士，助理工程师。主要从事船舶推进与节能技术。

丁恩宝　男，1973年生，研究员。主要从事船舶推进与节能技术。

周　斌　男，1986年生，高级工程师。主要从事船舶推进与节能技术。

王　超　男，1981年生，教授。主要从事船舶推进与节能技术、极区航行船舶航行性能研究

刘登成　男，1982年生，研究员。主要从事船舶推进与节能技术、计算流体力学研究。

*通讯作者：周斌

基于参数化的船用螺旋桨多学科建模云平台初步研究

沈 炜*，周一一，邓洪永，姚 远

（浙江大学 常州工业技术研究院，常州 213022）

摘 要

  随着船舶设计多样化、复杂化，多学科耦合设计、性能最优驱动等的发展趋势，基于多学科仿真开展性能评估是开展船舶总体性能优化设计的重要环节，不同学科仿真需要依据几何模型构建各自领域的仿真网格实现仿真，再依据性能评估结果开展模型几何调整优化，因此亟需一个供各专业进行统一几何模型建立及仿真模型获取的统一平台。本文以船用螺旋桨为典型部件，详细研究了该部件的几何描述参数及用于驱动固体力学专业及流体力学专业数值仿真网格模型生成的物理描述参数，同时平台利用 OpenCascade、Gmsh、Netgen 等开源组件，建立了船用螺旋桨部件的几何模型生成程序及仿真离散网格生成程序，以参数设计作为交互手段，以几何模型参数表达作为用户交互基础，针对各学科前处理工序特点设计 web 端可视化交互程序，实现了完整的建模云平台软件，完成从数据→几何→网格的自动化建模技术流程。

关 键 词：CAD/CAE；船用螺旋桨；参数化建模；网格剖分；云平台
中图分类号：TP391.9

0 引 言

  现代工业产品要求具有更低的开发成本，更短的研发周期以及更高的质量进行产品创新设计，实现对快速变化市场的敏捷响应，为了适应仿真性能驱动设计，计算机模拟物理产品的仿真模型应当可以重复修改、反复仿真分析，方便产品变型设计以及同一产品模型在不同学科领域的仿真分析。传统设计工具与现代设计工具差异较大，主要集中在需求分析阶段和概念设计阶段数字化协同建模[1]及系统建模等方面。突显出以计算机为产品设计支撑工具的现代产品协同一体化设计特点和方向。

  在船舶设计领域，基于多学科仿真开展性能评估是开展船舶总体性能优化设计的重要环节，模型几何是优化实施的承载对象，不同学科仿真需要依据模型几何构建各自领域的仿真网格实现仿真，再依据性能评估结果开展模型几何调整优化。传统方式基于模型成果进行各学科间的优化传递，各学科各专业独立作业，缺乏统一的约束和准则，且优化建议数据无法直观的反馈，需要不同专业重复建模和计算迭代。而通过共性的几何表达描述方法来驱动不同学科仿真网格与几何之间的相互映射，实现仿真网格与几何之间的联动，并保持设计空间中几何的唯一性，将有助于基于数值的模型优化设计演化的开展[2]。

  本文以船舶典型部件螺旋桨为对象，构建螺旋桨参数化驱动设计程序，实现螺旋桨部件几何数据与仿真数据的自动化生成与管理。螺旋桨设计参数化驱动的初衷为部件综合性能的最优，统一模型平台需要考虑为螺旋桨进行优化时，可以便捷建立起优化计算的样本空间，因此要获得对初始桨的几何

收稿日期：2022-10-19；修改稿收稿日期：2022-12-01
基金项目：船舶总体性能创新研究开放基金（14022107）

形状形成一种较为合理的参数化表达方式，以便通过参数调整自动生成或调整。该表达方式必须满足以下2个原则：一是准确描述初始桨形状，且表达参数的个数不能过多，否则优化时间过长、优化效果不理想；二是必须保证生成的样本空间中的螺旋桨几何形状光顺。几何数据转为物理计算模型的过程主要是网格划分及计算参数设定的过程，对于固体力学和流体力学两个学科而言，网格划分算法的本质并没有区别，但是对于流体力学和固体力学学科而言，处理上也有些许不同，比如固体有限元网格需要处理混合维度下的网格连接和耦合问题，比如梁杆、壳体单元与实体单元的连接处理，同时还要对应力集中位置或形体复杂位置进行加密处理，而流体力学网格有典型的近壁处边界层棱柱网格生成，这是固体力学学科中所不存在的。

1 模型描述研究

1.1 几何描述研究

船用螺旋桨主要参数包括直径、剖面螺距、剖面最大厚度、剖面弦长、剖面最大拱度、侧斜、纵倾、剖面翼型、叶数、毂径、旋向等，它们共同决定了船用螺旋桨的形状。

直径：螺旋桨旋转时(设无前后运动)叶梢的圆形轨迹称为梢圆，梢圆的直径称为螺旋桨直径，一般直径以 D 表示，半径以 R 表示；

剖面螺距：桨叶的叶剖面通常是螺旋面的一部分，剖面螺旋线段环绕轴线一周，则其两端之轴向距离等于此螺旋线的螺距 P，螺距 P 与直径 D 之比 P/D 称为螺距比；

剖面厚度：螺旋桨叶剖面多为翼型剖面，翼剖面内切圆直径中最大值为剖面最大厚度；

剖面弦长：连接剖面前后缘点，两点之间的距离为剖面弦长；

剖面最大拱度：剖面拱度指拱线偏离弦线的距离，偏离的最大距离为最大拱度 f_m；

剖面翼型：剖面翼型决定了剖面形态，可以通过输入剖面厚度、剖面弦长及剖面最大拱度，获得剖面每一个点的局部坐标；

侧斜：有侧斜螺旋桨其外形与参考线不相对称，剖面中点与参考线间的距离 X_S 称为侧斜，相应之角度 $θ_S$ 为侧斜角；

纵倾：叶面参考线与轴线的垂线成某一夹角 ε，称为纵斜角，参考线线段在轴线上的投影长度称为纵斜，用 ZR 表示，向桨后方为正。

可以对以上参数的性质与实现的功能进行进一步的分类，可以获得以下三类：

(1) 基础参数：

R：螺旋桨半径；r：螺旋桨剖面处半径；R0：桨叶起始位置；Nl：叶数；Dir：旋向；hub_R1：桨毂前端直径；hub_R3：桨毂后端直径；hub_H：桨毂长度。

(2) 径向定位参数：

P：桨叶螺距；ZR：桨叶纵倾；DLT：桨叶侧斜(剖面随边到桨叶母线距离)。

(3) 径向形状参数：

NACA：翼型类别识别参数，用以选择内置翼型描述方程；C：桨叶剖面弦长；T_{MAX}：桨叶剖面最大厚度；f_m：桨叶剖面最大拱度。

径向定位参数与径向形状参数可以得到r位置处的桨叶剖面型值点，二维型值点是不可以直接用于三维建模的，因为它们都是在局部平面坐标系内的数值。因此，首先需要将各半径处的叶切面二维平面型值点还原到对应的三维空间坐标系中，就是将各切面对应r位置的圆柱面上去，对于螺旋桨型值点从平面局部坐标系到空间全局坐标系的坐标变换，可采用如下对应的转换公式[4]：

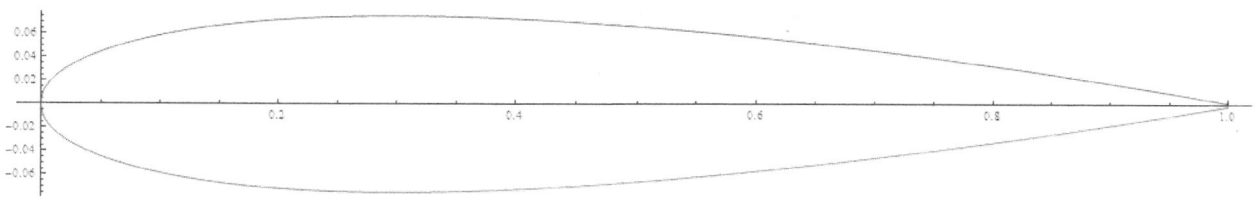

图 1 NACA 00xx 翼型

$$X = R_i \cos\left[\frac{Y_2 cos\phi - Z_2 sin\phi + Lcos\phi}{R_i}\right] \quad (1)$$

$$Y = R_i \sin\left[\frac{Y_2 cos\phi - Z_2 sin\phi + Lcos\phi}{R_i}\right] \quad (2)$$

$$Z = Y_2 sin\phi + Z_2 cos\phi + Lsin\phi - R_i tan\phi \quad (3)$$

定位参数与径向形状参数可以获得径向每个位置处的形状及定位,而径向桨叶每一个剖面处的参数均不同,且参数变化连续,可以考虑在保持剖面翼型不变的情下,对其径向参数分布用连续曲线拟合,进而实现调整拟合曲线形状对螺旋桨几何形状的调整。基于连续性考虑及调整便捷性考虑,选用贝塞尔曲线[4]作为径向参数的分布表达。

每条n阶贝塞尔曲线的形状由n+1个控制点进行控制,n次贝塞尔曲线B(t)的参数表达式为:

$$\boldsymbol{B}(t) = \sum_{k=0}^{n} B_{n,k}(t)\boldsymbol{P}_k \quad (4)$$

式中,$\boldsymbol{P}_k$为控制点,$B_{n,k}(t)$为Bernstein多项式,定义为:

$$B_{n,k}(t) = \binom{n}{k}t^k(1-t)^{n-k} \quad (5)$$

对于3阶贝塞尔曲线表达式为:

$$\boldsymbol{B}(t) = (1-t)^3\boldsymbol{P}_0 + 3t(1-t)^2\boldsymbol{P}_1 + 3t^2(1-t)\boldsymbol{P}_2 + t^3\boldsymbol{P}_2 \quad (6)$$

获得某项参数径向分布后,其径向不同位置处参数表达式为:

$$V_r = \boldsymbol{B}(r/R)\cdot V_0 \quad (7)$$

文献[3]通过对一些螺旋桨型值表径向参数分布向3~6阶贝塞尔曲线拟合结果可知,3阶贝塞尔曲线(图2)拟合的光顺性最好,因此无论是正向设计或型值逆向为模型参数,其径向参数分布表达均可采用3阶贝塞尔曲线。图3展示了桨叶螺距、桨叶纵倾、桨叶侧斜、桨叶剖面弦长、桨叶剖面最大厚度、桨叶剖面最大拱度值的径向曲线分布模式。

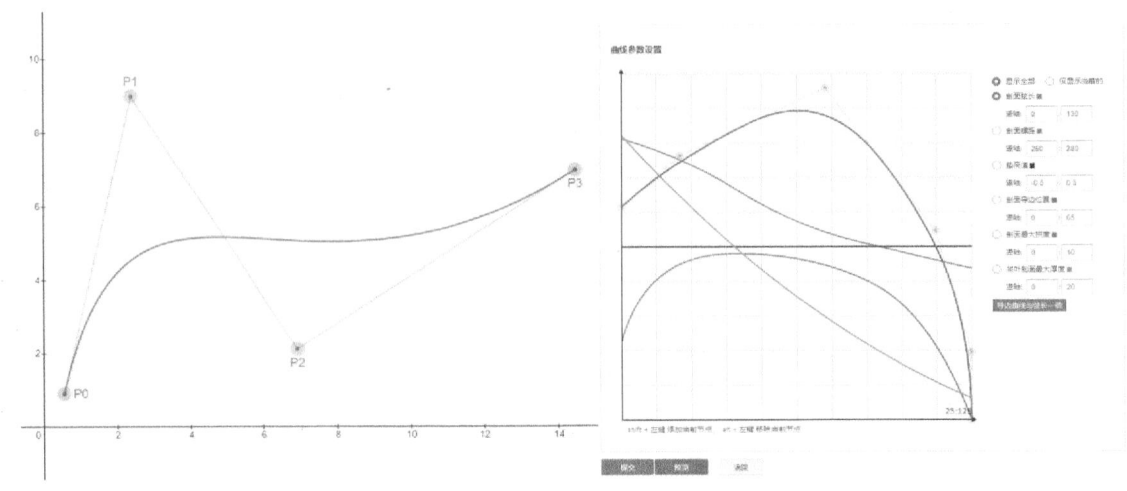

图 2 3 阶贝塞尔曲线　　　　　　　图 3 径向参数分布曲线交互

1.2 物理描述研究

对于大部分力学问题，完整的物理描述应包含以下几个部分：①数学模型；②离散网格信息；③材料、截面等属性常数；④边界条件描述。其中数学模型决定了数值模型代数方程形成方法及求解方法，实现上以提供选项方式供用户选择来实现分析软件中的对应功能组合，离散网格信息决定了数值模型的计算规模和计算精度，其信息应包含有网格元素的坐标、序号、类型、阶数和分组，材料、截面等属性常数及边界条件描述将依据离散网格信息中的信息在分析软件中进行代数矩阵组装和求解。

上述描述中除离散网格信息是需要进行剖分计算外，其余部分均为设定输入型数据，而离散网格则是需要利用网格剖分程序，通过输入 CAD 模型数据和网格剖分设定进行计算获得，对于复杂问题的计算域，划分网格是一个耗时又容易出错的步骤，有时要占到整个工程分析的 80%的时间，而对于既定零部件的既定分析问题，则可以利用自主开发的程序通过输入固定网格剖分参数来完成这个过程，以此来达到标准化模型需求。

对于螺旋桨的结构力学分析而言，划分域即为螺旋桨 CAD 模型域，且螺旋桨结构形态复杂适合采用四面体网格和三角形网格进行剖分处理，对于驱动网格生成要输入以下参数：

全局必要参数：
(1) MeshSizeMax：全局最大网格尺寸；
(2) MeshSizeMin：全局最小网格尺寸；

局部非必要参数：
(3) MeshSizeAreaMax：桨面网格最大尺寸；
(4) MeshSizeAreaMin：桨面网格最小尺寸；
(5) MeshSizeLeading：导边网格尺寸；
(6) MeshSizeTrailing：随边网格尺寸；
(7) MeshSizeHub：桨毂网格尺寸。

对于螺旋桨的流体力学分析而言，需要在整个流域中将螺旋桨 CAD 模型切除，使螺旋桨表面成为壁面，还需将流域网格划分为大、小两个流域。对大流域采用比较稀疏的网格，对小流域划分细密的网格，其中对螺旋桨周围的网格更要加密。与固体力学学科不同之处还有对湍流的处理，近壁区附近雷诺数较低，不能使用高雷诺数(Re)数的湍流模型，因此近壁区的流动采用壁面函数进行处理，这就要求根据不同的壁面处理方法，设定符合 Y+值的边界层网格尺寸，并且确保合适的网格尺寸增长率，使得边界层与流域网格过渡均匀，确保计算的稳定与收敛。对于驱动网格生成要输入以下参数：

全局必要参数：

(1) MeshSizeMax：全局最大网格尺寸；

(2) MeshSizeMin：全局最小网格尺寸；

(3) MeshSizeSmallDomainMax：小域最大网格尺寸；

(4) MeshSizeSmallDomainMin：小域最小网格尺寸；

局部非必要参数：

(1) MeshSizeAreaMax：桨面网格最大尺寸；

(2) MeshSizeAreaMin：桨面网格最小尺寸；

(3) MeshSizeHub：桨毂网格尺寸。

(4) MeshSizeEdge：导边、随边及几何交接处网格尺寸；

(5) MeshSizeBoundaryFirstLayer：边界层网格首层高度；

(6) MeshSizeBoundaryLayerNum：边界层网格层数；

(7) MeshSizeBoundaryLayerGrowthRate：边界网格高度增长率。

2 建模平台开发

2.1 总体架构模型

统一建模平台是为基于性能优化驱动设计的必要数据基础设施，多学科设计要求数据→模型→计算及其逆过程实现闭环，计算结果可以驱动数据更新迭代并进一步验证，这需要建模平台包含丰富合理的表达方法及工具来驱动多学科迭代。就船舶单个零部件而言，各学科各专业所用软件各有不同，工作验证传递需要通过既定的标准文件进行，而建模平台希望以描述参数为基础，模型部件完全采用描述参数进行驱动，使得描述参数与生成模型完全处于一一映射状态，不应包含人为的CAD交互操作，以此形成各专业公用平台，各专业各流程均能从平台获取所需模型数据，亦能通过描述参数的调整向各专业进行修改提资。

基于以上概念及需求，提出一种基于云平台的三维模型数据平台，该平台具有基于Web浏览器的轻量化可视交互系统及基于云服务器的CAD、网格剖分程序，同时具有中央数据库管理功能。

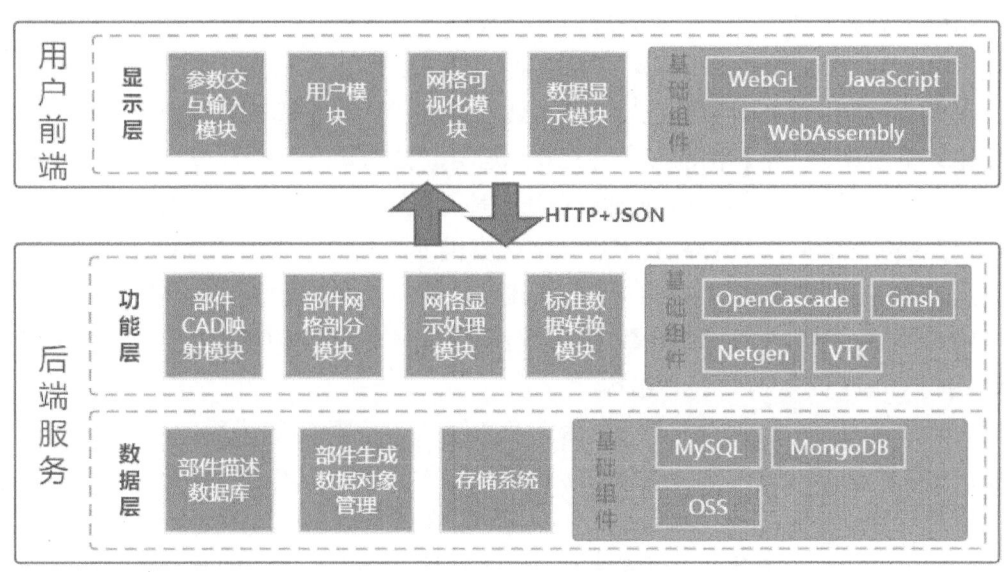

图 4 平台总体架构

2.2 可视化系统

WebGL（Web Graphics Library）是一种3D绘图标准[7]，允许把 JavaScript和OpenGL ES3.0结合在一起，通过增加OpenGL ES3.0的一个JavaScript 绑定，WebGL可以为 HTML5 Canvas提供硬件3D加速渲染，WebGL使得在支持HTML的canvas标签的浏览器中，不需要安装任何插件，便可以使用基于OpenGL ES3.0的API在canvas中进行2D和3D渲染，因此WebGL技术具有非常广泛的兼容性，仅需浏览器即可支持编写程序的运行，极大的简化平台部署和交互工作基础代码编写。

在WebGL的标准中，只有三种基本图形：点、线、三角形，各种复杂模型如一些游戏人物都是由这三种基本图形产生，因此前端可视系统应统一接收表面网格数据，通过WebGL技术在浏览器进行渲染获得3D模型的可视化效果。建模平台的所有交互操作都在Web平台实现，如图5所示用户在Web端输入模型描述参数，发送到后端服务器，服务器将计算好的几何模型数据和网格模型数据返回，由Web端进行显示。可视化端都支持常用的旋转、缩放和点选等操作，并且为了方便查看网格模型的内部情况，使用网格剖分功能可以查看网格模型的剖面。

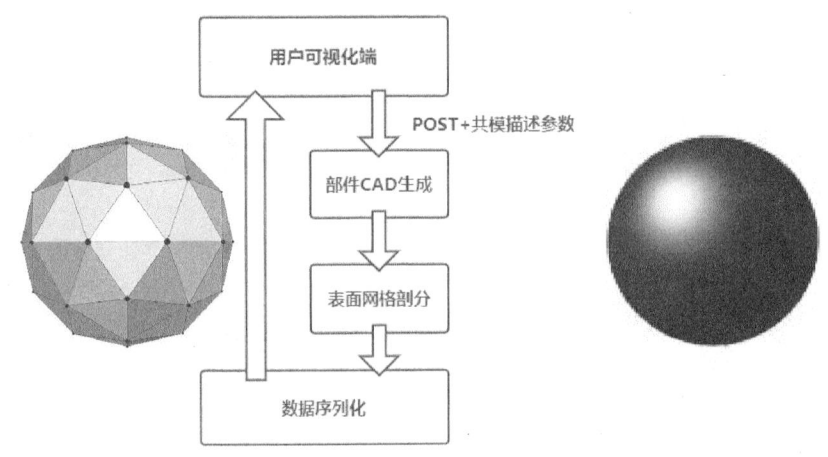

图 5 数据可视化标准流程

2.3 CAD 转换模块

船舶、航空航天等行业产品优良的性能很大程度上依赖优秀的型线表面，NURBS[6]方法为空间曲面的规定精度下的多项式表达，它为处理解析函数和模型形状提供了极大的灵活性和精确性。根据1.1几何描述研究，部件CAD模型的建立可以由基础几何描述参数驱动，具体驱动原理为操作CAD基础API功能，分别拟合出桨叶各断面曲线之后，将曲线放样蒙皮，再生成一个轮毂，然后通过圆周旋转的方法，围绕轮毂生成数个完全相同的桨叶进行布尔合并，通过上述几个环节，就基本完成了船用螺旋桨的参数化造型工作。平台采用OpenCascade开源库进行构建，其数据对象结构为边界表示法BREP（Boundary Representation），该结构是保存如何根据模型的几何形状尤其是欧拉拓扑边界构建模型所需信息的方法，该库具备比较完备的 NURBS 曲线和曲面的功能，通过对高级几何对象进行实现和封装，可以实现输入模型标准参数及辅助参数文件，自动化生成对应部件的CAD模型，并提供格式转换与导出，图6展示了OpenCascade典型API结构。

以螺旋桨部件为例，构成的CAD基础命令及高级几何元素如图7所示：

建模平台操作基本对象为部件，CAD转换模块内的程序基本单元即为特定部件的转换类，每种部件初始化方法及参数不同，内部属性也各有不同，但在工作流程逻辑中均会提供4个相同的基本方法，即：①文件输出；②对象指针；③可视化剖分；④描述及参数输出，因此该模块非常适合采用工厂方法模式进行程序设计，平台可实现插件式机制。

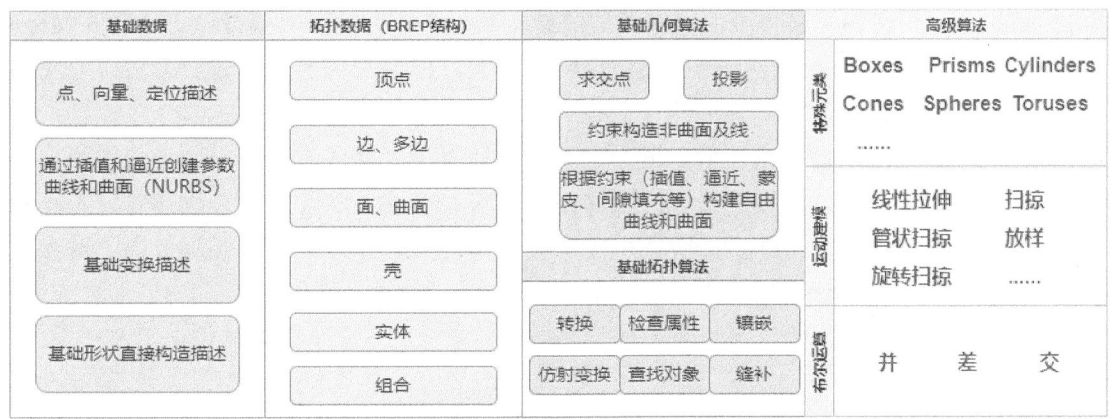

图 6 OpenCascade 中的 API 功能

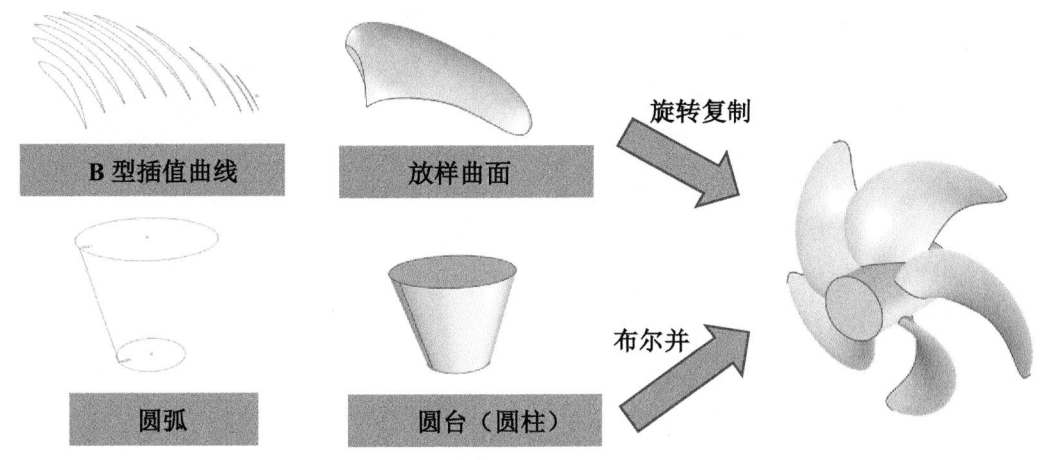

图 7 螺旋桨部件中的 CAD 命令组件

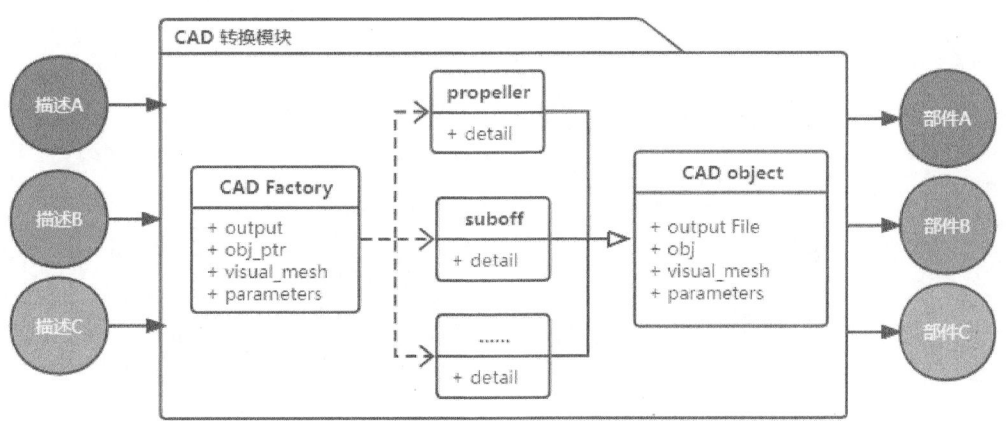

图 8 CAD 转换模块设计模式

2.4 网格剖分模块

网格引擎提供底层网格划分技术，包括标准几何导入识别、实现网格划分算法、网格优化、生成结果网格数据、导出标准中间网格格式，等等，是基础性功能研发，开源库如Netgen、Tetgen、Gmsh、CGAL都有提供对应的基础算法，这类引擎提供成熟的Delaunay与波前推进法网格算法来实现非结构化网格，同时提供拉伸、扭曲等算法将平面网格拓展成结构化网格，并且可以获得稳定优质的网格质量，可灵活适应弹性力学问题与流体力学问题的离散化网格方案。建模平台通过外部CAD转换模块与开源网格引擎进行安全的数据传输，获得强大的自主网格生成器。

不同学科下的仿真计算所需网格在满足既定的非畸变质量要求外，对于不同的力学条件和学科要求，还需要对网格的密度、特殊区域、边界分组等设定不同的要求。根据1.2物理描述研究，建模平台可以输入既定的物理描述参数，续接CAD数据生成对应的网格离散数据。图9、图10即为不同参数驱动下生成的固体力学和流体力学学科的网格信息模型。

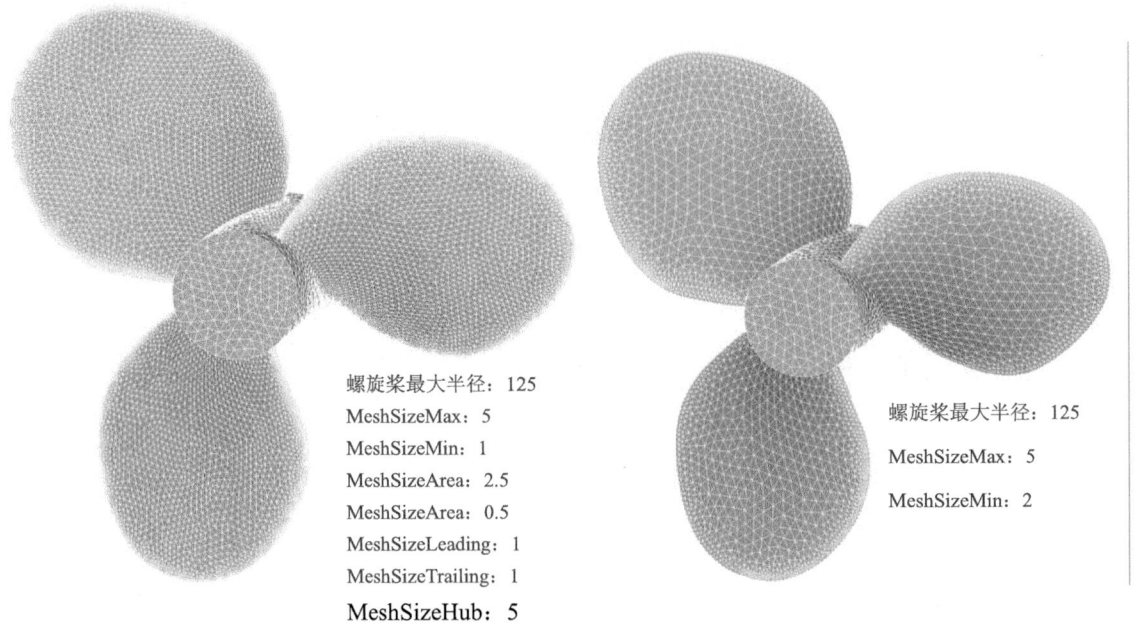

图9 不同参数驱动下生成的螺旋桨结构力学分析网格

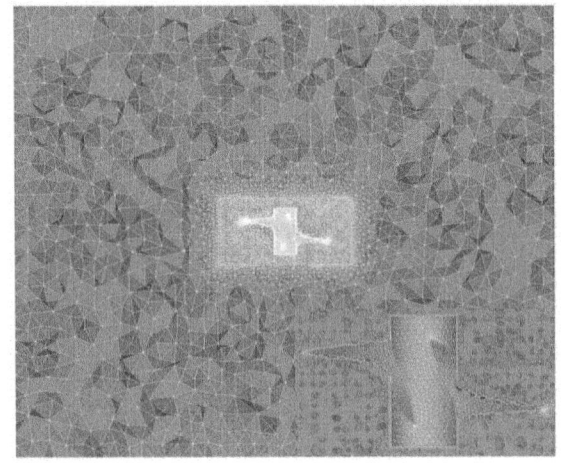
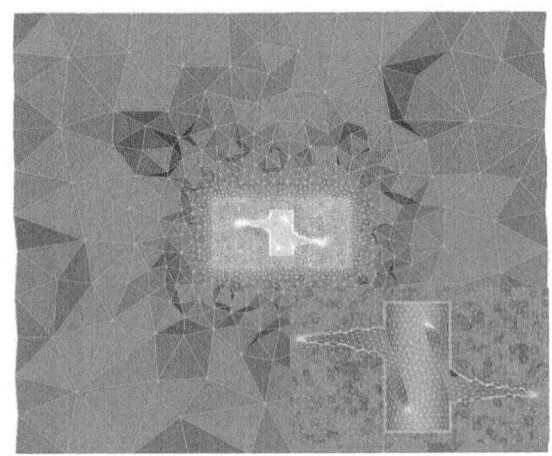

图10 不同参数驱动下生成的螺旋桨流体力学分析网格

2.5 模型数据管理

建模平台的交互核心是几何描述，螺旋桨部件的几何描述即为1.1节描述，其核心是为参数变量与CAD、CAE网格的映射关系，该映射应为对象函数或字典集合，映射结果即为模型文件，通常模型文件较大，不适合进行数据库化存储，而应转为对象存储，对象存储虽然存取吞吐量比较大，但IOPS性能低，不适合于数据分析及查询调取，因此建模平台应采用数据库与对象存储的混合管理方式形成数据湖模式。目前有一些基于分布式文件存储的开源数据库系统，可以兼顾使用操作的便利性与高负载的情况下弹性，通常数据库系统将数据存储为一个文档，数据结构由键值(key=>value)对组成，比如MongoDB的文档类似于 JSON 对象，字段值可以包含其他文档，数组、文档数组及对象存储地址。

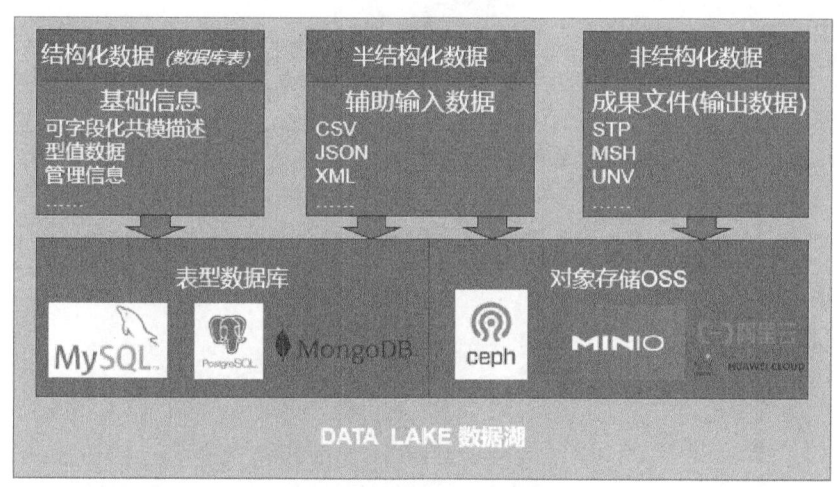

图 11 建模平台数据管理结构

2.6 平台功能实现

本平台以螺旋桨为设计实例，通过对螺旋桨几何模型描述输入，实现螺旋桨几何模型的快速生成，并提供STEP等标准格式的输出，支持物理参数描述生成对应的固体力学网格和流体力学网格，图12-图14即为模型数据平台实现效果，在螺旋桨功能界面中输入几何/物理描述，单击预览程序就会自动调用对应服务器端几何/网格映射函数，生成所有二维和三维型值点数值并生成CAD/网格数据，点击提交即可将模型描述与模型提交至中央数据库，其中模型描述存储为数据库表结构化数据，转换生成的型值数据即为半结构化数据分别存储在数据库中和对象文件中，生成的模型文件存储为对象文件，进而完成多学科模型的创建工作，实现协同数据管理。

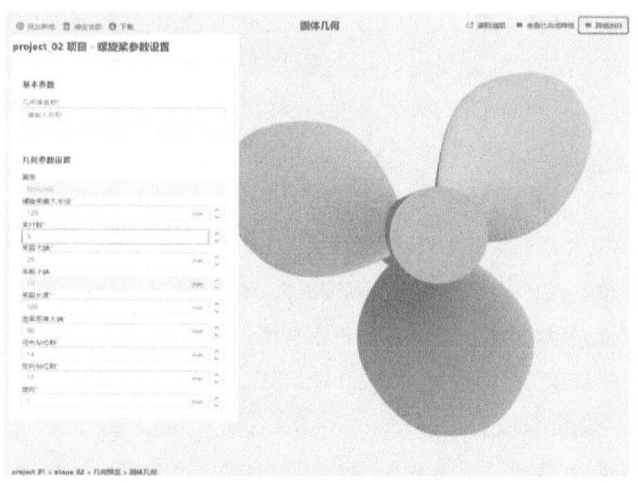

图 12 螺旋桨几何数据描述输入及生成

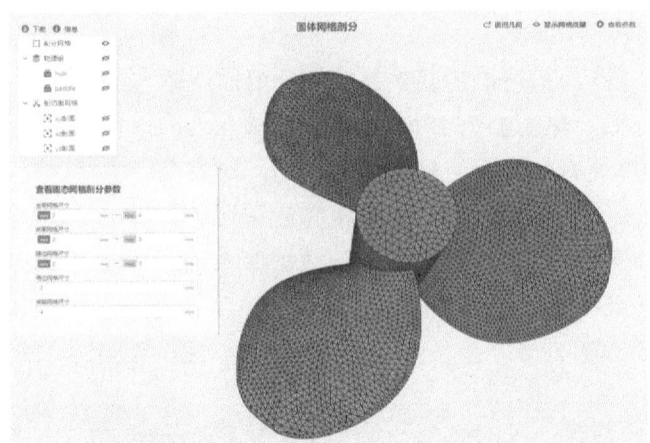

图 13 螺旋桨固体力学网格描述输入及生成

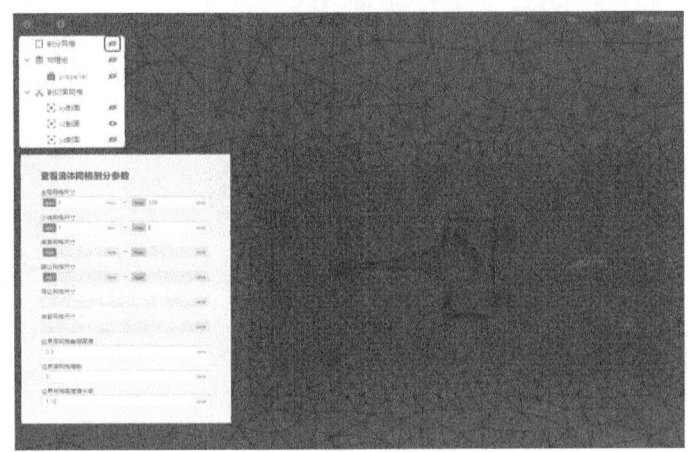

图 14 螺旋桨流体力学网格描述输入及生成

3 结 论

本文以船舶典型部件螺旋桨为模型研究对象，详细阐述了其几何描述建立、物理描述建立方法，针对描述方法开发实现了从参数语义到模型数据的转换，构建了模型交互可视平台及数据管理模式，解决了模型技术的多学科多领域异构模型之间难以进行数据交换、信息共享以及互操作等问题，设计了具有良好平台独立性和规约性的模型构建方案。通过平台进行参数化设计可以更好地实现了自主软件"中央枢纽"的作用，可以在不同阶段不同学科构建符合既定规范的模型，这种在抽象层次分离并实现模型表达和模型应用的方法，为实现更广泛的船用部件建模平台的实现奠定了基础。

参 考 文 献

[1] 孙亚东, 张旭, 宁汝新, 等. 面向多学科协同开发领域的集成建模方法[J]. 计算机集成制造系统, 2013, 03: 449-460.

[2] 戴磊. 基于 CAD/CAE 集成技术的开放式参数化结构形状优化设计平台: [D]. 大连: 大连理工大学, 2008.

[3] 戴磊. 一种螺旋桨参数化建模方法[J]. 舰船科学技术. 2015, 1(37): 34-38.

[4] 张宏伟, 王树新, 等. 螺旋桨三维建模方法研究[J]. 机床与液压. 2006, 11(5): 120-145.

[5] Eric Lengyel. 3D 游戏与计算机图形学中的数学方法[M]. 北京: 清华大学出版社, 2016.

[6] Les Piegl, Wayne Tiller. The Nurbs book (2nd.Edition)[M]. Springer, Berlin,1997.

[7] 方强. 基于 WebGL 的 3D 图形引擎研究与实现[D]. 合肥: 安徽大学, 2013.

Preliminary Study of a Cloud Platform for Multidisciplinary Modeling of Marine Propeller Based on Parameterization

SHEN Wei*, ZHOU Yiyi, DENG Hongyong, YAO Yuan

(Changzhou Industrial Technology Research Institute of Zhejiang University, Changzhou 213022, China)

Abstract

With the diversification and complexity of ship design, the trend of multidisciplinary coupling design and performance-optimized drive, performance evaluation based on multidisciplinary simulation is an important part of the overall performance optimization design of ships, and simulations of different disciplines need to be constructed based on geometric models. All disciplines use simulation models for calculations, and then carry out the geometric adjustment and optimization of the model according to the performance results. Therefore, there is an urgent need for a unified platform for all disciplines to establish unified geometric models and obtain a simulation models. Taking the marine propeller as a typical component, this paper studies in detail the geometric description parameters of the component and the physical description parameters used to drive the generation of numerical simulation mesh models for solid mechanics and fluid mechanics. At the same time, the platform uses OpenCascade, Gmsh, Netgen and other open source codes to establish a geometric model generation program for marine propeller and a mesh generation program, design a web-side visual interactive program according to the characteristics of the pre-processing of different disciplines, create the complete unified model cloud platform software, and complete the automatic unified model technology process (data→geometry→mesh).

Key words: CAD/CAE; Marine propeller; Parametric modeling; Meshing; Cloud platform

作 者 简 介

沈　炜　男，1986年生，高级工程师。主要从事拓扑优化、数值仿真等方面研究与软件开发。
周一一　男，1982年生，教授。主要从事空间结构设计与优化、数值仿真等方面研究。
邓洪永　男，1994年生，工程师。主要从事离散网格生成、数值仿真等方面研究。
姚　远　男，1993年生，工程师。主要从事CAD及可视化技术开发。
*通讯作者：沈炜

船舶结构有限元分析结果虚拟可视化研究

韦朋余 [1,2,3]，李春通 [1,2]，蒋　泽 [2,3]，王德禹 [*1,2]

(1. 上海交通大学 海洋工程国家重点实验室，上海 201100；
2. 上海交通大学 海洋装备研究院，上海 201100；
3. 中国船舶科学研究中心，无锡 214082)

摘　要

为解决船舶结构协同设计和评审过程中有限元分析结果异构数据的高效可视化和共享问题，提出了一种在虚拟现实环境实现有限元分析结果可视化的新型框架。首先，通过建立有效信息的约简算法来实现有限元模型和分析结果的轻量化。其次，基于面向对象的方法构建了不同学科数据的分层管理数据架构，形成了多种类型分析结果数据的融合机制。最后，采用多线程并行处理策略，在虚拟现实场景中开发了一系列的有限元网格剖分、模型重构、可视化渲染等算法和接口程序。通过实例验证表明：提出的复杂有限元分析结果数据的虚拟可视化策略，能够有效促进船舶结构设计过程中的科学交流、评估以及跨学科讨论。

关　键　词：船舶结构；虚拟现实；有限元分析；科学可视化
中图分类号：U663.2

0　引　言

近几十年来，协同设计在计算机辅助设计(CAD)领域得到了广泛的研究[1]。然而，在少数CAD系统中完成的结构设计却需要多学科分析系统进行验证，比如，船舶结构的静强度、振动响应、极限强度、疲劳损伤、流固耦合分析、复合材料分析等。不同学科的协同设计都严格依赖几何模型和数值模型的高精度数学表示与丰富的元数据以保持设计意图，其中不同数据类型之间的数据传递和转换是系统设计成功的核心要求之一。船舶结构的大型化趋势以及基于复合结构、复合材料的新型船舶结构设计，导致有限元分析 (FEA, Finite Element Analysis)数据规模呈指数级别的增长，给数据的交互和交换带来了困难。此外，大多数商用CAE软件包的用户界面不直观，用户难以掌握，传统二维视图的交互方式缺乏张量等结果数据的专门符号表示，动画显示效果较差[2]。在串行可视化方面，包含大量网格的精细模型可视化不流畅，三维模型的内部结果不易获取。因此，用户和模型之间的交互性弱、效率低。面对上述问题，基于虚拟现实(VR)的交互式仿真被认为有助于结构的设计和仿真。

虚拟产品的设计和评估过程涉及多学科、多部门的管理人员和工程设计人员。如今，虚拟现实(VR, Virtual Reality)技术已广泛应用于船舶早期设计阶段的结构仿真和设计验证[3]。相关应用主要集中在CAD数据标准化和可视化，例如使用中性格式进行模型转换[4-5]、CAD数据轻量化[6-8]、基于VR的虚拟装配[9]、设计审查[10]等。基于VR的环境中的交互式 FEA 被认为是结构设计和评估的有效手段[11]。但是简化FEA数据并在实际应用中实现交互和共享仍然是一个具有挑战性的问题。诸多研究开始致力于将计算机辅助工程(CAE, Computer Aided Engineering)分析与VR系统相结合。尽管VR技术在工程任务中的应用正在迅速增加，但它提供的支撑场景却远不能令人满意。

为了满足FEA数据在虚拟现实环境中的可视化交互需要,已经开发了一些商业软件平台,如CEI Ensight和GLView VTFx,但是有限的跨领域接口和非开源的特性限制了用户创新和扩展潜力。李春通等人调研了虚拟环境中实现CAE分析结果可视化方面的文献,发现大多数研究主要集中在静态分析数据的可视化,对动态分析数据的后处理研究较少[12]。Cho等[13]提出了一种表示方案,减少了有限元数据的规模,以增强可交换性。Cheng和Tu[14]提出了一种通过神经网络代理模型预测简单机械零件实时变形的方法。Hambli等[15]在虚拟场景中通过构建神经网络代理模型,来实时获取网球和球拍在冲击过程中产生的变形。上述研究可以通过改变训练值之间的特征参数来进行几何调整,但代理模型需要更长的时间来训练。Lee等人基于虚拟现实标记语言(VRML)构建了一种非沉浸式环境-FEMvrml,用户通过鼠标或操纵杆与虚拟模型交互,并在计算机屏幕上查看钢框架结构的有限元分析结果[16]。然而,这些研究工作并没有提供一种通用的方法,可以在单个轻量级数据结构中分层地容纳FEA数据。

目前关于船舶结构设计领域CAE可视化研究的文献报道较少。船舶结构的多学科有限元分析数据的性质是2D、3D和4D,其中包括过程的时间演化、大量矢量和标量数据。在VR环境中实现FEA数据可视化所遇到的主要困难之一是数据的交换和共享[4]。渲染的高计算成本、FEA数据低保真处理导致的丢失、数据异构等严重降低了其在工程应用中的有效性。本文提出了一种大型船舶FEA数据可视化的有效策略,包括FEA数据的轻量化、分层数据架构存储和管理、有限元模型的分割和重构、以及CAE分析结果的可视化等,确保大尺度的船舶结构CAD/CAE可视化的协同设计环境可以在台式机上流畅地显示,而不是在集群和云上。最终,开发了一种用于在VR环境中FEA数据交互的集成系统。

1 虚拟可视化系统框架

本研究旨在可视化来自有限元分析结果的复杂数据,并作为科学交流、模型评估和验证以及研究结果的跨学科讨论的基础。基于这些考虑,建立了如图1所示的框架。该系统由六个模块组成,分别是VR/CAE集成设计模块、FEA数据处理模块、可视化数据模块、虚拟环境模块、交互仿真及可视化模块、用户接口模块。本系统框架采用+客户端/服务(C/S)架构,用户可以在不同的客户端进行访问。在该系统中,对特定的CAE商业软件和求解器没有限制,并保留了开放的接口。CAE分析计算结果模块主要完成对有限元计算结果的前处理,分层存储不同学科分析来源的结果文件;FEA数据处理模块完成对FEA数据结果的读取、轻量化及分类存储等;可视化数据架构模块基于预定义的可视化数据类和函数库,将有限元分析数据转化为可直接用于可视化的数据结构,并将数据传输到虚拟场景中。虚拟场景构建模块是为完成虚拟仿真交互界面和底层驱动程序而搭建的。它包括一个基于点云技术的模型重建和渲染接口程序,通过可视化接口程序和交互式仿真可视化模块建立数据流通道。标量和矢量数据的可视化包括静态云图和动画(包括时间线)。用户可以通过多种交互方式生动地观察和评估结构的应力分布及变形等,从而提出结构设计的优化建议。接口设计模块主要是完成系统集成过程中的数据交互,比如网络数据传输、用户数据管理等。

为了将有限元分析产生的FEA数据转换为虚拟可视化数据,构建了相应的配置文件和脚本程序,执行了以下主要步骤:①FEA数据读取,通过配置文件控制读取的FEA数据类型、网格剖分方式等;②数据轻量化,去除冗余信息,提高数据传输和可视化效率;③数据转换,这是最重要的一步,将FEA数据转换为可视化的多学科分层数据架构,数据处理过程不是简单的"读和写",还有许多细节需要处理。

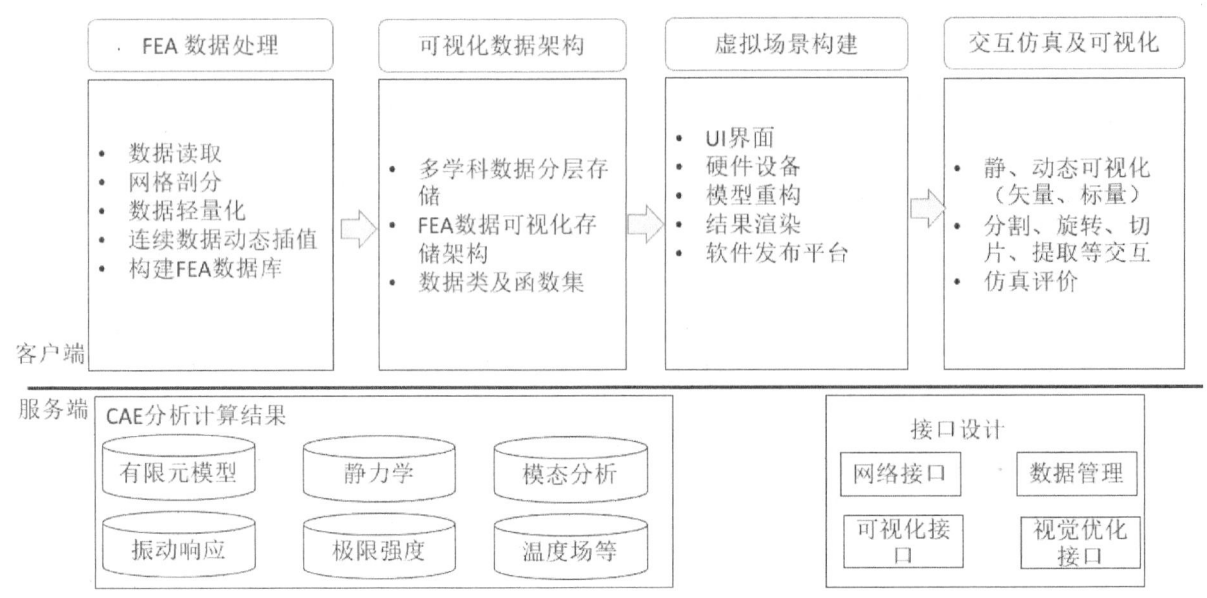

图1 系统架构图

1.1 FEA数据解析

FEA结果数据可视化的基础是获取有限元分析结果的数据结构。几乎所有的商业CAE软件的计算结果都是采用二进制文件进行存储，数据架构差异性较大且部分开源。每个模型的分析类型、实例、步骤、部件、框架、节点和打单员的存储比预期的要复杂。例如，Abaqus软件输出的.ODB 结果文件的数据层次关系如图2所示。FEA数据是由数值分析程序通过一系列时间步长在连续空间中离散采样计算形成的数据架构。它通常由模型数据（几何、拓扑数据）和结果数据组成。模型数据包括几何属性、拓扑结构和材料属性等信息。几何属性定义网格节点的数量和坐标。拓扑关系描述了节点之间的元素编号、类型和连接顺序，基本信息存储在RootAssembly的实例中。结果数据包括按步骤和框架组织的所有有限元计算数据。输出到数据库的每个分析增量称为一个框架[18]，数据类型可以分为标量数据和矢量数据。在本研究中，标量的数据主要是应力、变形等，矢量数据主要是位移、速度、加速度等。

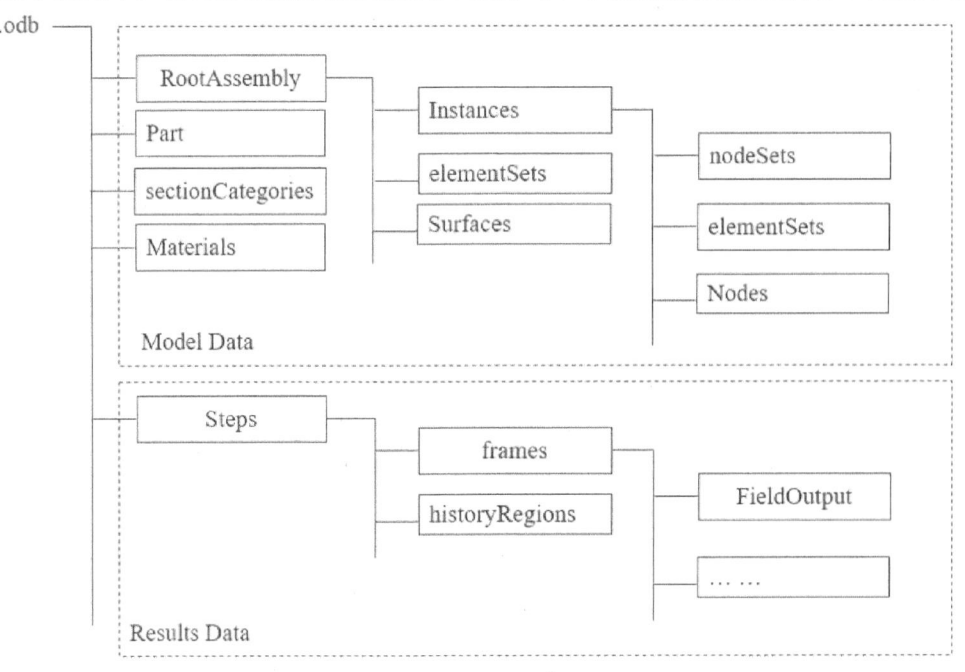

图2 ODB 文件(Abaqus 输出数据库)层次结构示意图[17]

1.2 FEA数据轻量化

FEA结果数据可视化过程中涉及到节点数据、单元数据、顶点序列、法线序列、边序列、纹理序列、时间步等信息，这些数据的提取与定义也将会直接影响到虚拟可视化模块的显示效率。不同软件平台产生的二进制结果文件数据架构不同，尤其是涉及多时间步分析的大规模网格，生成的结果文件可达几百GB。主要原因是FEA数据中存在大量的冗余节点和网格信息，比如重复出现的公共节点、网格公共边界等。数据剔除技术(Culling)是可视化领域一种基本的技术[19]，它的主要思想是从可视性的角度对所要处理的空间冗余数据进行删减，从而降低图形绘制过程的复杂性，提高可视化系统的性能，主要通过两个步骤来实现：①选择必要的有限元信息；②单元等数据块剔除有限元模型网格冗余信息。

节点属性数据和三角面片节点索引顺序是模型渲染的两个必要条件。对于低阶四边形单元网格的重建，要先将四边形网格剖分为三角形。如果剖分后的三角网格过于狭长，将影响网格内部插值渲染，进而使整体渲染效果降低。Delaunay三角剖分(DT)是许多应用中最常用的非结构化三角剖分方法[20]，基于Delaunay三角剖分判定标准，可以得到最佳的三角网格。

图3 FEA结果数据处理流程

1.3 可视化数据架构

如何组合来自不同研究项目的各种空间数据集并以轻量级的方式表达它们仍然是许多工程师面临的关键问题之一。在可视化过程中，不仅要解决异构数据的通用可视化表示问题，还要解决与时间步长相关的连续仿真数据的动态表示问题。在本研究中，如果时间步数大于1的连续仿真数据被归类为动态仿真数据，例如振动响应、极限载荷下动态失效过程的计算等。如果时间步数小于或等于1，则称为静态模拟数据，例如静态应力、应变和位移的可视化。为了更好的实现连续数据的动态表达，在开发的程序中嵌入插值算法，从而避免可视化过程中可能产生的卡顿现象。本研究开发的可视化系统在有限元仿真分析过程中根据时间步长读取连续的仿真数据，并将每个时间步长的计算作为数据集存储。仿真数据中的三维几何信息、节点-单元数据等数据块以连续数组的形式存储。为了更好地描述数据，我们通过一系列函数和类构建了可视化的层次化数据表示，如图4所示，只需将FEA数据表达为预定义的可视化分层数据结构，直接导入系统对标量和矢量数据进行可视化。

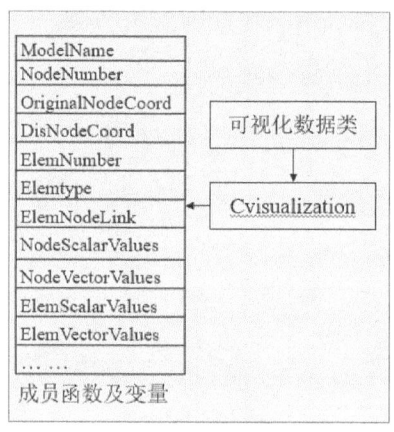

图 4 统一可视化数据架构

2 可视化系统实现及案例研究

将本研究开发的系统应用于某远洋客船结构分析数据的可视化，目标船舶船舯结构如图5所示，主尺度参数如表1所示。在结构分析过程中采用一种简化的有限元模型，关于有限元模型主要采用低阶三角形和四边形网格，单元数目为720 000，节点数目为580 000。考虑到本案例研究的重点是展示所提出的虚拟可视化交互方法，有关结构分析的更多信息请参考文献[21]。

在本案例中，有限元分析是在商业软件Abaqus中完成的。在原始文件中，有限元模型采用的格式为.inp，分析结果为二进制文件.odb。解析分析结果文件的脚本程序是用python语言实现的。考虑到Abaqus、Patran、Nastran等软件可以输出.rpt格式的计算结果，可视化模型选择.inp格式，可视化结果文件为.rpt格式。.inp文件具有完整的节点编号、单元编号及节点连接顺序等信息，非常方便进行四边形网格的分割和重组。通过windows系统自带的写字板功能，.inp文件可以直接被编辑，这对数据的检查是非常方便的。原始结果数据文件中包含了几乎所有的模型和分析信息，甚至是不必要的信息。表2列出了转换处理的结果，每种格式的压缩率因目标网格类型和包含信息而异。

在可视化策略中，首先完成模型的重构，然后进行节点解和单元解的赋值，最后完成模型的渲染和可视化。网格剖分和重组是完成渲染和可视化的前提条件。在重建过程中，首先导入可视化文件中的节点编号及坐标并在虚拟场景中形成点云。然后根据模型分割后的拓扑关系形成网格。最后对新构建的网格进行重组和重新编号。重构后的离散网格在虚拟环境中的漫游结果如图6所示，与原始模型具有良好的一致性。

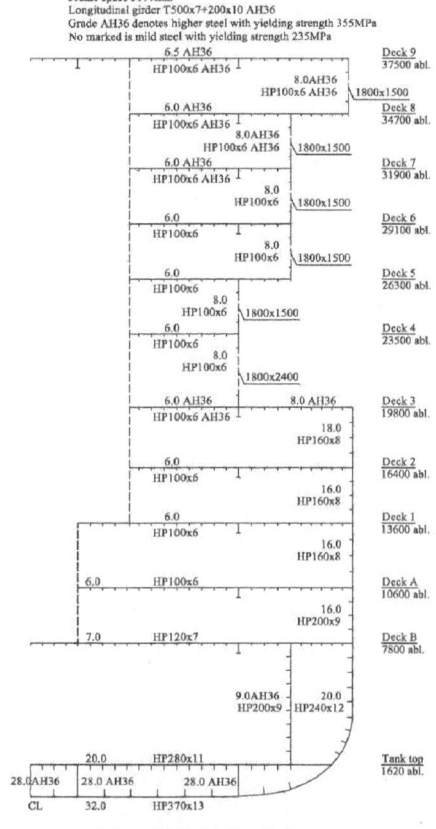

图 5 船舯结构形式

图 6 VR 环境下网格重构结果

表 1 船舶主尺度参数

Length	267 m
Moulded breadth	32.2 m
Depth to Main deck	19.8 m
Draught scantling	7.7 m

表 2 FEA 原始文件和可视化文件大小的比较

File name	Finite Element Analysis File			Visualization file	
	Selected result data	Type	Data size	Type	Data size
Model	Nodes, elements and topological relationships	.inp	9.53 MB	.inp	7.810 MB
Statics	stress, strain, deformation	.odb	2.10 GB	.rpt	33.20 MB
Ultimate strength	stress, strain, deformation	.odb	5.24 GB	.rpt	66.40 MB

本案例研究中为变量集开发一种配色方案（阴影、亮度和饱和度），可以使用静态、不透明度和动画等方式进行表达。极限强度计算过程中，线弹性阶段中的某一计算步作为静力学分析结果可视化的案例来源。建立与变量相适应的颜色编码方案在显示场景中表达数据结果至关重要。本案例采用HSV色彩理论对三角形网格进行渲染以实现云图的可视化。由于云图的效果仅与CAE节点上的物理量数值解相关。解的数值中较大的呈现红色，数值小的呈现蓝色，采用线性插值的方式提取其他数值对应的颜色。将静力学节点解导入系统后获得的可视化结果如图7和图8所示，分别为Mises应力结果和变形结果。结果对比可以发现，可视化结果中的云图与Abaqus中获取的结果具有很好的一致性。

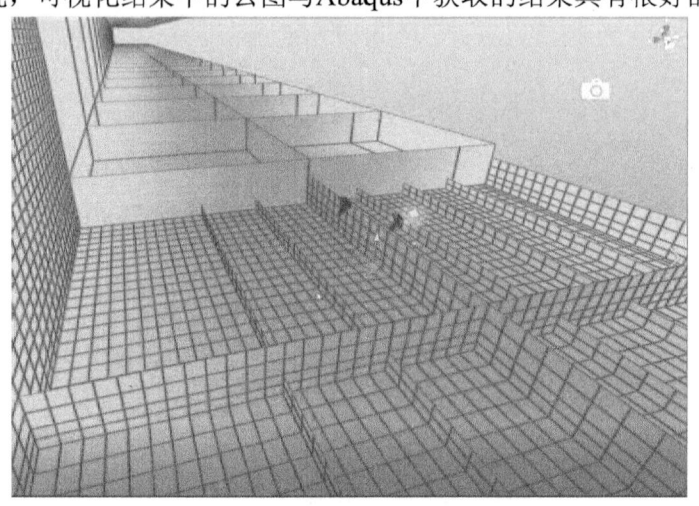

图 7 Mises 应力虚拟可视化结果

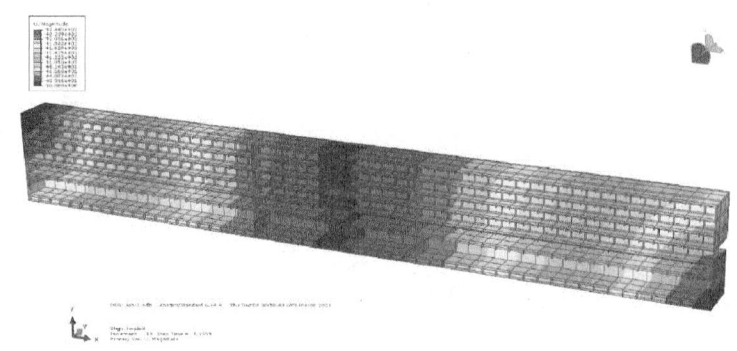

(a) 位移结果(Abaqus)

(b) 位移结果(虚拟场景)

图 8 位移云图可视化结果对比

另外一个测试案例是船舶结构的极限承载case，目的是在沉浸式的环境下观察结构的破坏形式及过程。可以为结构模型试验的前期方案设计提供参考，也可以为结构的进一步优化提供有效的支撑（图9）。可视化结果可以明显地表达出船底部的板和加强筋发生屈曲的形式及过程。

(a) 有限元分析结果(Abaqus)

(b) 虚拟可视化结果

图 9 极限承载失效模式可视化结果对比

3 结 论

本文研究了一种在虚拟现实环境中实现船舶结构有限元仿真结果数据可视化的方法，并开发了一个具有用户交互功能的可视化系统。该虚拟可视化系统具备与各种商业 CAE 分析软件数据交互的开放接口，并支持三维场景的实时后处理。研究结果总结如下：

（1）分析了船舶结构 FEA 数据的结构组织特点和存储方法，提出了一种数据读取、网格分割及重构、数据轻量化、可视化数据优化的策略，并通过实例验证该策略的可行性和优越的性能。通过存储必要信息和使用压缩方法，构建的可视化系统极大地减小了目标数据文件的规模。

（2）采用面向对象的方法提出了一种多源异构 FEA 数据的可视化的数据架构。该分层数据架构适用于船舶结构的静力学、极限强度等学科分析结果的可视化，连续数据的动态交互可以通过嵌入插值算法来优化，有效促进不同学科之间的协同设计。

(3) 开发了船舶结构有限元数据的可视化系统，CAE 分析结果数据被转换为 VR 应用程序易于解释的形式。统一的可视化数据格式及开放的接口，允许可视化数据与相应的 CAE 模型紧密关联。

本研究为船舶结构协同设计和评审中的异构 FEA 数据的高效可视化和共享问题，提供了一种解决方案，可以增强对 FEA 结果的探索。可以有效提高船舶结构设计过程中的科学交流、模型评估和验证以及研究结果跨学科讨论的效率。

参 考 文 献

[1] FREEMAN I, SALMON J, COBURN J. A bi-directional interface for improved interaction with engineering models in virtual reality design reviews[J]. Int J Interact Des Manuf, 2018, 12(2): 549-560.

[2] LIU Q, LI J, LIU J. ParaView visualization of Abaqus output on the mechanical deformation of complex microstructures [J]. Comput geosci-UK, 2017, 99: 135-144.

[3] HU L, LIU Z, TAN J. A VR simulation framework integrated with multisource CAE analysis data for mechanical equipment working process[J]. COMPUT IND, 2018, 97: 85-96.

[4] LI J, KIM B C, HAN S. Parametric exchange of round shapes between a mechanical CAD system and a ship CAD system[J]. Computer-aided Des, 2012, 44(2): 154-161.

[5] LI J, MUN D, HAN S. Profile-based feature representation method and its application in data exchange from mechanical CAD systems to ship CAD systems[J]. J Mech sci Technol, 2016, 30(12): 5641-5649.

[6] KWON K, MUN D. A method to minimize the data size of a lightweight model for ship and offshore plant structure using part characteristics[J]. J Mar Sci eng, 2020, 8(10): 763.

[7] KANG Y, KIM B C, MUN D, et al. Method to simplify ship outfitting and offshore plant equipment three-dimensional (3-D) computer-aided design (CAD) data for construction of an equipment catalog[J]. J Mar Sci Tech-japan. 2014, 19(2): 185-196.

[8] HAN Y S, LEE J, LEE J, et al. 3D CAD data extraction and conversion for application of augmented/virtual reality to the construction of ships and offshore structures[J]. Int J Comput Integ M, 2019, 32(7): 658-668.

[9] NGUYEN C H P, CHOI Y. Triangular mesh and boundary representation combined approach for 3D CAD lightweight representation for collaborative product development[J]. J Comput inf Sci ENG, 2019, 19(1): 011009.1-011009.11.

[10] FERNÁNDEZ R P, ALONSO V. Virtual Reality in a shipbuilding environment[J]. ADV Eng Softw, 2015, 81: 30-40.

[11] CHENG T M, TU T H. A fast parametric deformation mechanism for virtual reality applications[J]. Comput Ind Eng, 2009, 57(2): 520-38.

[12] LI C, WEI N, LUO X, et al. Real-Time Simulation of Hull Structure Using Finite Element in Virtual Reality Applications[C]// International Conference on Offshore Mechanics and Arctic Engineering. American Society of Mechanical Engineers, 2021, 85123: V002T02A038.

[13] CHO S W, KIM S W, PARK J P, et al. Engineering collaboration framework with CAE analysis data[J]. INT J PR Eng Man-Gt, 2011,12 (4): 635-641.

[14] CHENG T M, TU T H. A fast parametric deformation mechanism for virtual reality applications[J]. Comput Ind Eng, 2009, 57(2): 520-38.

[15] HAMBLI R, CHAMEKH A, SALAH HBH. Real-time deformation of structure using finite element and neural networks in virtual reality applications[J]. Finite Elem Anal Des, 2006, 42(11): 985-991.

[16] LEE, EUN-JIN, SHERIF EL-TAWIL. FEMvrml: An interactive virtual environment for visualization of finite element simulation results[J]. ADV Eng Softw, 2008, 39(9): 737-742.

[17] 刘庆彬, 潘懋, 刘洁, 等. 基于 ParaView 的 Abaqus 有限元输出结果的可视化与虚拟现实[J]. 岩土力学, 2019, 40(12): 4916-4924.

[18] DASSAULT SYSTÈMES SIMULIA CORP. Abaqus 6.14 scripting user's guide[R]. Dassault Systèmes Simulia Corp., Providence, RI, USA, 2014, pp. 324.

[19] RODRIGUEZ I. Dynamic occlusion culling using octrees with unity for virtual reality[D]. The University of Texas at San Antonio, 2017.

[20] CHEN L, HOLST M. Efficient mesh optimization schemes based on optimal delaunay triangulations[J]. Comput Method Appl M, 2011, 200(9-12): 967-984.

[21] SHI G, GAO D. Analysis of hull girder ultimate strength for cruise ship with multi-layer superstructures[J]. Ships Offshore Struc, 2019, 14(7): 698-708.

Research on virtual visualization of ship structure finite element analysis results

WEI Pengyu[1,2,3], LI Chuntong[1,2], JIANG Ze[2,3], WANG Deyu[*1,2]

(1. State Key Laboratory of Ocean Engineering, Shanghai Jiao Tong University, Shanghai 201100, China;
2. Institute of Marine Equipment, Shanghai Jiao Tong University, Shanghai 201100, China;
3. China Ship Scientific Research Center, Wuxi 214082, China)

Abstract

Aiming to solve the problem of efficient visualization and sharing of heterogeneous finite element analysis (FEA) data in ship structure collaborative design and review, we proposed a new FEA data visualization framework for virtual environments (VE) to realize FEA data sharing in the collaborative design process. Firstly, the light weight of the finite element model and analysis results is achieved by establishing a reduction algorithm for effective information. Secondly, based on the object-oriented method, a layered management data structure of multidisciplinary data is constructed, and a fusion mechanism of various types of analysis result data is formed. Finally, a series of algorithms and interface programs such as finite element model division, automatic reconstruction, and visual rendering were developed in the virtual reality scene. The example verification shows that the proposed virtual visualization strategy of complex finite element analysis result data can effectively enhance the efficiency of scientific communication, model evaluation and validation, and interdisciplinary discussion of research findings.

Key words: Ship structure; Virtual reality; Finite element analysis; Scientific visualization

作 者 简 介

韦朋余　男，1982 年生，研究员。主要从事船舶结构极限强度分析及试验、虚实融合研究等方面工作。
李春通　男，1988 年生，博士后，助理研究员。主要从事结构非线性动力学、虚拟现实等方面研究。
蒋　泽　男，1995 年生，工程师。主要从事船舶结构试验与测试技术、虚实融合试验等方面研究。
王德禹　男，1963 年生，教授。主要从事船舶结构极限强度研究等方面工作。
*通讯作者：王德禹

基于 WebGL 的船舶 3D 模型可视化平台开发

李礼[1]，李广年[*1]，杜林[1]，李胜忠[2]，刘子祥[2]

（1. 宁波大学 海运学院，宁波 315000；
2. 中国船舶科学研究中心，无锡 214082）

摘 要

  船舶全生命周期过程中会产生海量数据，常规方法难以实现直观、实时、高效的数据共享和处理。本平台为解决船舶全生命周期管理中海量数据处理困难的问题，提供了一个可行性方案：首先，基于互联网前端平台搭建虚拟三维场景，结合图形渲染技术，实现三维几何船型的跨平台访问；其次，采用 Websockets 通讯工具，实现服务器端与采集端之间的双向实时数据交互；最后，将采集端收集的数据通过 MQTT 协议实时传输到服务器端，采用 Echarts 将数据进行可视化展示。测试结果显示：平台实现了船舶在虚拟环境中的几何建模，能够将采集端获取的数据传输至服务器端，并提供运动状态数据的可视化图表，通过互联网前端技术提供跨平台访问服务。

关 键 词：船舶 3D 模型；WebGL 技术；数据可视化；MQTT 协议
中图分类号：U662.3

0 引 言

  随着全球智能化的发展，许多传统制造业也在转型升级，船舶行业作为集控制、电气、信息等复杂的系统[1]，信息化技术与可视化在船舶领域的应用正处于蓬勃发展的阶段。随着船舶智能化的发展，对船舶的实时监控及数据可视化的需求越发迫切[2]。由于海洋环境的复杂变化，船舶的可视化监控需要多学科的知识融合，数字孪生技术是实现这一功能的有力工具。数字孪生[3](Digital Twin)，又称为数字映射，一般是利用数字技术在赛博空间构建物理空间的数字孪生体，实现实时映射等功能，最早由格里斯夫(Grieves)博士2002年在美国密歇根大学向工业界纪念性演讲时提出，为当前制造业的创新和发展提供了的新的理念和工具。随着船舶行业的发展，数字孪生技术在船舶领域的应用逐渐广泛。在船舶全生命周期中仍存在信息交互共享困难，环境搭建复杂等问题，阻碍了船舶行业的发展，基于云技术的船舶3D设计轻量化平台的开发成为必然。

  目前，国内外许多学者基于WebGL等前端技术对船舶系统进行了研究。Lars Ivar Hatledal[4]基于WebGL技术研究功能模拟界面，进行多船舶模拟起重机的设计与操作，在海事领域得到广泛应用。DNVGL和挪威科技大学联合建立了一个开放的仿真平台，为航运部门提供船舶仿真模型接口规范，这不仅降低了集成和验证船舶机电和液压子系统的难度，而且还允许在设计时灵活和有效地设计控制系统以及测试和验证[5]。在国内，宁静[6]等人用WebGL的应用框架ThreeJs实现了船舶3D模拟的训练界面，该界面可以实现模型加载、交互等功能，同时评估了该平台的性能；高立佳[7]利用WebGL技术对船舶进行三维可视化设计，同时对船舶数据进行处理和挖掘，实时对船舶进行监控。尹勇[8]研究了在网页上船舶航行模拟等技术，逼真的展现船舶在海面、岛屿及近岸等场景中的航行状态，同时真实的对时间和气象等进行监测。

收稿日期：2022-10-20；修改稿收稿日期：2022-11-26

综上，为了让船舶在全生命周期中信息共享方便，数据实时查看，有必要设计一个基于云技术的船舶3D轻量化设计平台，让设计人员摆脱繁重的客户端，使多部门之间的沟通更加方便。基于此，本文开发一种船舶3D模型可视化平台，通过WebGL和Three.js技术对平台进行搭建，对船舶模型及数据进行实时可视化查看，达到虚实融合的效果。

1 关键技术

1.1 WebGL 技术和 Three.js

WebGL技术的功能是实现网页上绘制图形，通过JavaScript语言进行编写，用CSS对页面进行设计。但使用WebGL开发3D程序较为困难，基础薄弱的人不适合使用，因此将底层模块进行封装，并开发了一些如Three.js、PhiloGL、Babylon.js、O3D等引擎库，能够让用户轻松快速的创建3D图形和动画。本文选用Three.js实现三维场景搭建及模型加载，它是一个基于JavaScript语言的轻量级库，可以在各类浏览器中使用，是目前WebGL框架中应用较为广泛的一个库[9]。

1.2 Echarts 技术

Echarts是一款在PC端和移动端都能运行的开源可视化库，它也是通过JS语言进行编写的，可以在当前大多数浏览器（IE8/9/10/11、Chrome、Firefox、Safari等）上流畅的运行，它的图表种类丰富，可根据需求进行个性化定制。

ECharts能够将千万级以上的数据量进行可视化图表展示，而且在这此数据量以上也可以流畅的运行；同时在移动端交互等方面也做了深度的优化，在网页上可以通过鼠标在图中进行缩放（用鼠标滚轮）、平移等；可以在多个平台进行使用，具备多种渲染方法；同时数据无需进行格式转换，可直接使用，将数据源传入后即可生成图表；拥有多种图表类型，能够实现各种各样的功能；具有轻量级等特点；具备交互功能和可视化效果[10]。

2 平台设计

船舶3D模型可视化平台总体上分为三个部分：前端三维场景、船舶三维模型及数据可视化。本文基于WebGL前端技术，通过Three.js库，实现三维虚拟场景创建及船舶轻量化模型加载，搭建了3D场景交互界面。平台采用云化方式，使用者无需安装任何应用程序，只需在网页上即可查看船舶三维模型及完成相关操作，同时在平板、PC、大屏等多种设备上自适应展示，能够实现多种场景的应用。

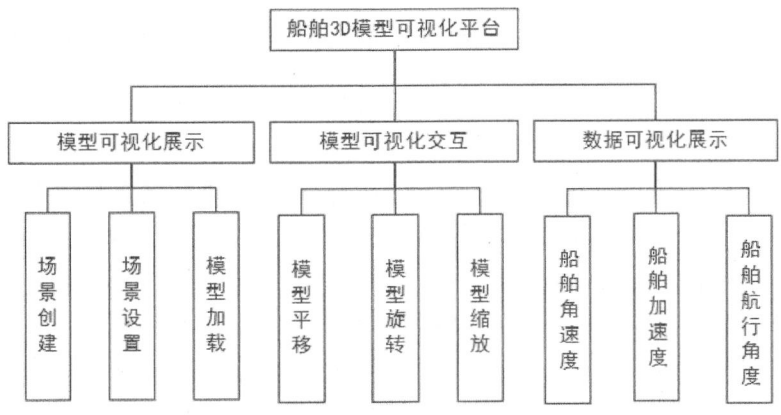

图 1 平台总体设计

船舶 3D 模型可视化平台包括模型可视化展示、可视化交互及数据可视化三个部分，如图 1 所示。其中模型展示部分包括场景创建、场景设置和模型加载三个子模块；而交互展示部分包括模型平移、旋转和缩放三个子模块；数据可视化包括船舶几何特征数据。技术路线如图 2 所示。模型处理部分首先创建三维场景，然后在场景中设置灯光、相机等，在通过渲染器将模型展示在浏览器中。模型交互展示部分可以鼠标及控制界面来控制模型进行平移、旋转和缩放变换。数据可视化是计划将船舶数据通过传感器采集，将采集到的数据传输到树莓派，树莓派再通过服务器将数据传输到客户端，客户端通过 Echarts 技术将数据绘制成动态图表，实时动态展示。

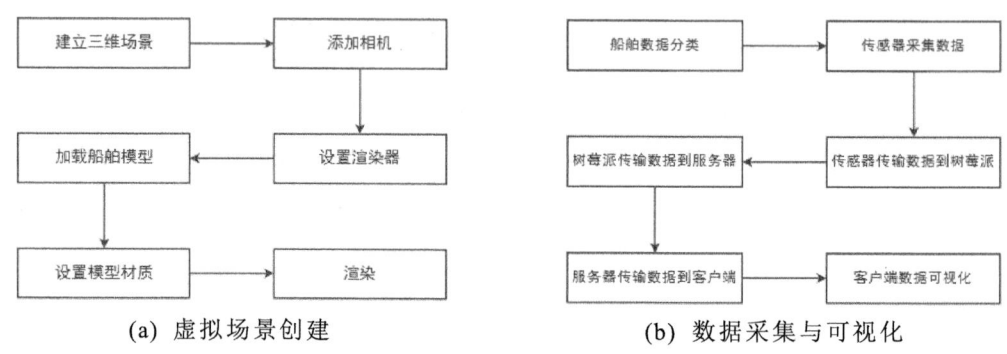

(a) 虚拟场景创建　　　　　　(b) 数据采集与可视化

图 2 技术路线

3 平台实现

3.1 虚拟场景创建

虚拟场景创建包括三维场景创建和船舶虚拟模型加载；场景创建是在展示界面中创建一个虚拟场景，然后为了场景更加逼真，则在场景中添加光照、相机等来增加场景的光亮，给船舶模型设置材质及颜色等使模型看的更加清晰，同时本文在场景中设计了天空和水面的效果，模拟船舶在水中航行的状态，模型的移动和缩放等功能通过鼠标及控制面板进行实现，同时控制面板还能控制天空中光照角度及水面波浪的大小，使得整个场景的效果更加逼真。

本平台采用Three.js库进行虚拟场景创建，具体步骤如下：

(1) 场景设置：建立一个三维空白场景，在场景中添加相机、灯光、渲染器，使黑暗的场景能够肉眼可见；

(2) 模型加载：建立船舶轻量化STL模型，通过STLLoader加载器将模型添加到三维场景中，并设置模型材质及颜色等，使模型更加真实；

(3) 渲染场景：通过WebGLRenderer.render渲染器渲染场景，将虚拟场景展示在浏览器中；

(4) 网页展示：页面展示船舶虚拟场景。

3.2 性能评估

页面性能的好坏主要体现在网页的流畅性，若网页出现卡顿会大大的降低用户体验感，而流畅性是通过刷新率来衡量的。刷新率表示画面每秒钟更新次数，通常用FPS（Frames Per Second）来表示。在网页中，帧率在50~60FPS的动画运行十分流畅，若低于30FPS，画面明显能够感受到卡顿。

在Three.js中，通过stats.js库显示帧数及画面渲染时间，左侧视图表示前端监测浏览器渲染帧率，在50~60之间效果最好[11]，通过点击界面上的帧率会出现右侧视图，如图3所示。MS是毫秒数，表示界面渲染一帧需要的时间，在16MS左右才不会掉帧；当数值过大时，会出现丢帧让页面变卡的情况，再次点击后可返回FPS视图。

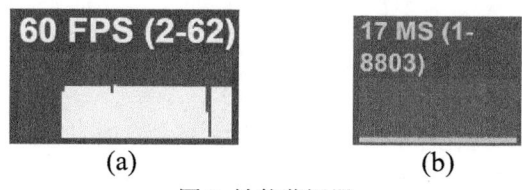

图 3 性能监视器

3.3 模型交互

在实现模型展示后，使用OrbitControls.js相机轨道控件来控制相机进行移动，从视觉上看，是将模型进行移动，用户能够从不同的角度观察到船舶模型。通过拖动鼠标控制模型旋转；船体缩放通过鼠标滚轮实现；通过按住模型不动，拖动鼠标可以平移模型。图4是模型进行缩放对比。

图 4 模型缩放变化图

3.4 数据可视化

数据可视化是采用Websocket长连接技术，结合MQTT协议，实现基于Pub/Sub模型的Web端实时数据传输，通过Echarts技术将传输的数据转化成图表进行显示。该部分主要由传感器、树莓派、服务器及轻量化平台客户端四部分组成。其中传感器和树莓派属于数据采集终端，客户端可以是电脑或手机端，服务器和船舶轻量化平台可以在同一PC端实现。在树莓派成功连接服务器后，船舶3D设计轻量化平台即可发送各项参数和信息给树莓派，同时树莓派也可将相关信息给平台。图5表示客户端与服务器连接成功，可以进行信息传输。根据MQTT协议，客户端想要接收数据采集端的数据，需要订阅相同的主题。图6表示网页端将从树莓派接收到的数据转化成图表进行展示。

图 5 发布者和订阅者通过服务器传输消息

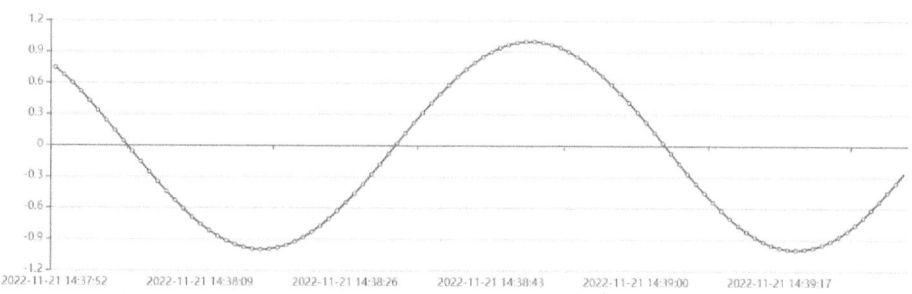

图 6 网页端数据图表可视化

4 结 论

本文将云技术应用于船舶可视化平台，采用前端技术，使用者在客户端只需打开浏览器即可实时查看船舶模型及相关数据，无需安装繁重的客户端程序，实现跨平台访问，用户无需安装插件，有效的解决了兼容性的问题。本文利用基于 WebGL 技术和 Three.js 构建 3D 可视化平台，完成了船舶 3D 模型的加载，实现了鼠标对三维场景中模型的交互，从视觉上更逼真的模拟船舶环境，通过 Echarts 技术，将相关数据进行可视化，提高了数据查看效率。本文开发的船舶 3D 模型可视化平台，可为船舶模型和数据的云应用提供了有效的参考。

参 考 文 献

[1] 李凯, 钱浩, 龚梦瑶, 等. 基于数字孪生技术的数字化舰船及其应用探索[J]. 船舶, 2018, 29(06): 101-108.

[2] DANIELSEN-HACES A. Digital twin development - condition monitoring and simulation comparison for the revolt autonomous model ship[D]. Trondheim: Norwegian University of Science and Technology, 2018.

[3] GRIEVES M, VICKERS J. Digital twin: mitigating unpredictable, undesirable emergent behavior in complex systems[M]. Transdisciplinary Perspectives on Complex Systems. Springer, Cham, 2017: 85-113.

[4] HATLEDAL L I, SCHAATHUN H G, ZHANG H. A software architecture for simulation and visualization based on the functional mock-up interface and web technologies[C]// 2015.

[5] LUDVIGSEN K, JAMT L, HUSTELI N, et al. Digital twins for design, testing and verification throughout a vessel's life cycle[C]// COMP IT, 2016.

[6] 宁静. 基于 WebGL 的舰船模拟训练虚拟三维技术应用[J]. 计算机测量与控制, 2016, 24(9).

[7] 高立佳. 基于 MongoDB 与 WebGL 的船舶大数据可视化研究[D]. 大连海事大学, 2017.

[8] 杨晓, 金一丞, 尹勇. 基于 Web 的分布式航海仿真系统关键技术研究[C]// 第十二届全国图象图形学学术会议, 2005: 542-545.

[9] 王腾飞, 刘俊男, 周更新. 基于 Three.js 3D 引擎的三维网页实现与加密[J]. 企业技术开发, 2014, 33(02): 79-80.

[10] 刘国英, 李建平. ECharts 在短波监测数据可视化中的应用[J]. 中国无线电, 2022(02): 59-60.

[11] 宁静, 卜乐平, 冯源. 基于 WebGL 的舰船模拟训练虚拟三维技术应用[J]. 计算机测量与控制, 2016, 24(09): 251-253.

Development of a visualization platform for 3D design of ships Based on WebGL

LI Li[1], LI Guangnian[*,1], DU Lin[1], LI Shengzhong[2], LIU Zixiang[2]

(1. Maritime and Transportation College, Ningbo University, Ningbo 31500, China;

2. China Ship Scientific Research Center, Wuxi 214082, China)

Abstract

The life-cycle of ships generates massive data, which is difficult to share and process directly, in real time and efficiently by conventional methods. The digital twin system offers a viable solution to the difficulty of processing massive data in the life-cycle management of ships: firstly, building virtual 3D scenes based on the Internet front-end platform, combined with graphic rendering technology to achieve cross-platform access to 3D geometric ship models; secondly, the Websockets communication tool is used to achieve two-way real-time data interaction between the server side and the collection side; finally, the data obtained on the collection side is transmitted to the server side in real time via the MQTT protocol, and Echarts is used to visualize the data. The test results show that the system achieves geometric modelling of the ship in a virtual environment, transfers the data obtained on the collection side to the server side, and provides visual charts of the motion state data. The system provides cross-platform access via internet front-end technology.

Key words: 3D Ship model; WebGL technology; Data visualization; MQTT protocol

作 者 简 介

李　礼　女，1999 年生，硕士研究生。主要从事船舶智能设计方法的研究。
李广年　男，1980 年生，教授。主要从事船舶水动力构型优化设计研究。
杜　林　男，1988 年生，讲师。主要从事船舶智能设计方法、多学科优化等方面的研究。
李胜忠　男，1980 年生，研究员。主要从事船舶设计、水动力学性能优化等方面的研究。
刘子祥　男，1994 年生，工程师。主要从事船舶水动力学性能评估方面的研究。
*通讯作者：李广年

船舶总体性能三维数据云端可视化技术

翟建平[*1]，程 成[2]，赵 康[1]，徐力敏[1]

（1. 上海数巧信息科技有限公司，上海 201210；
2. 中国船舶科学研究中心，无锡 200240）

摘 要

在仿真各个环节的软件云化是仿真软件发展重要趋势，也是提高船舶总体性能仿真效率和规范仿真流程的重要途径，面向云端的三维数据可视化和交互技术是实现仿真软件云化的前提和必要条件。针对船舶仿真涉及的多种三维模型和结果数据格式，基于数巧科技的在线轻量可视化系统 Simright 3DLite，开展模型格式转换、数据轻量化压缩、云端渲染交互和云端后处理的关键技术研究，确保较大规模的模型在WEB前端能够较快加载，交互操作流畅。对于不同商软及中性格式的模型和结果，基于通用SDK与商软二次开发接口，提供相应的转换路线和方案，能够从数据层面解析模型的结构树、网格、变量、载荷、约束和工况等。采用实体抽壳、衍生变量删减、数据动态加载和降低网格分辨率等有效的轻量化压缩技术，以及数据的并行读写技术，实现转换后的数据"瘦身"和压缩。基于WebGL渲染技术，使用高性能的Web渲染引擎，所有操作均基于浏览器，方便用户使用并且避免了软硬件兼容性的问题，渲染效果和交互效果好。

关 键 词：云端可视化；数据轻量化；云端后处理；WebGL；船舶总体性能
中图分类号：U662.9

0 引 言

三维可视化技术在智能制造与企业数字化转型建设中发挥了重要作用，随着云存储和云计算等技术的发展，为了提高仿真精度，模型更加复杂与精细，三维模型数据和仿真数据规模大，通常在GB甚至到TB级，因此三维模型的几何与网格可视化、仿真结果后处理等，存在对硬件资源的消耗大、数据加载速度慢、数据传输速度低等问题。

云化是CAE软件发展的重要趋势，三维模型的展示及交互是CAE软件云化过程中的难点之一，通过数据的轻量化处理，基于WebGL技术，实现通过浏览器进行云端的三维数据查看与交互。近年来云端三维可视化在航空航天、汽车、消费电子、土木地质等领域得到了广泛的应用[1-5]。通过开展面向云端的船舶总体性能三维数据可视化技术研究，解决CAE结果数据的轻量可视化、模型格式转换、数据压缩和三维可视化问题，为模型的云端共享和流转提供新的途径。瞄准三维模型的云端可视化，聚焦模型的轻量化处理、转换和传输算法，在保留模型结构树及属性等核心内容的同时，突破模型之间的格式鸿沟，建立基于云端的三维模型可视化框架，形成基于轻量化数据的可视化渲染，提升交互体验。

1 云端三维可视化框架

为了支持不同格式的三维模型数据云端可视化，需构建统一且稳健的云端可视化框架，定义统一的云化数据格式，兼容不同的数据转换方案，也可与不同求解器和仿真平台进行适配和集成。

收稿日期：2022-11-15；修改稿收稿日期：2022-11-30
基金项目：船舶总体性能创新研究开放基金(25522109)

通用的三维云化数据格式采用二进制和 json 脚本方式构建与组织，将三维模型数据中的几何、网格、边界、属性、结果等数据进行充分解耦，如图 1 所示。

该解耦设计支持数据的高性能并行读写和局部更新，并支持客户端按需请求和加载，减少不必要的数据传输，具体实现方式如下：

(1) 以部件为最小颗粒存储网格二进制数据；
(2) 以单帧单变量、单部件为最小颗粒存储结果二进制数据；
(3) 以 json 的方式组织边界、荷载、约束、工况等卡片数据。

```
Root(folder)
├─ scenes.json
├─ states.json
├─ geometries.json
├─ results.json
├─ parts.json
└─ blob(folder)
    ├─ vertices(folder for geometry vertices data)
    ├─ normals(folder for geometry normal data)
    ├─ indices(folder for geometry indices data)
    ├─ uvs(folder for geometry uvs data)
    ├─ scalars(folder for scalar result data)
    ├─ vectors(folder for vector result data)
    └─ displacements(folder for displacement result data)
```

图 1 统一的云端可视化数据组织框架

基于统一的云端可视化数据组织框架，对不同格式的CAD几何、CAE模型、CAE结果和CFD结果数据，进行数据提取解析和云化数据格式转化，并对数据进行轻量化压缩和处理。然后针对这些重组织后的可视化数据，用户再通过浏览器进行在线模型查看和后处理交互，整体可视化流程框架如图2所示。

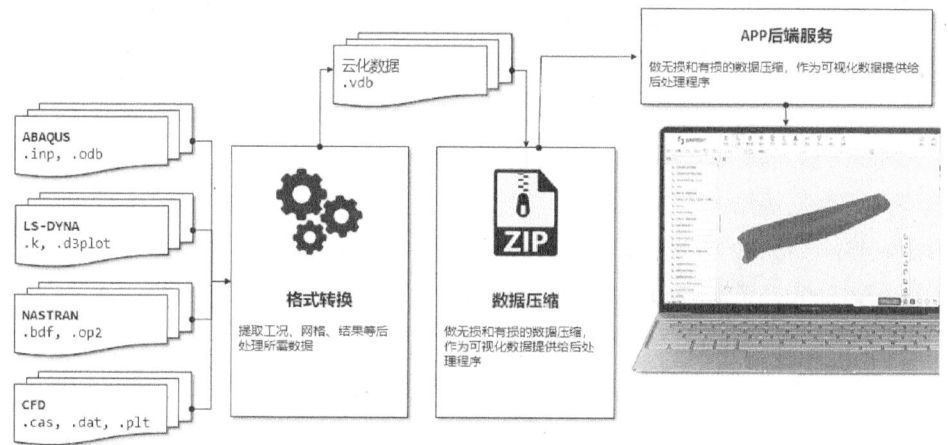

图 2 模型数据可视化流程框架

2 实现技术与方法

2.1 不同格式的三维模型数据云化转换技术

对于不同格式的船舶模型数据转换，基于通用 SDK（软件开发工具包）与商软二次开发接口实现底层数据的读取，再转换成轻量化的云化数据，具体的转换流程如图 3 所示。数据存放在转换服务器上，通过调度器调度，根据所接收的数据类型，自动选择相应的转换器，如 CAD 模型转换器、CAE 模型转换器、CAE 结果转换器和 CFD 结果转换器，并将转换后的云化数据传输到可视化渲染服务器上。

船舶总体性能三维数据云端可视化系统，可支持通用的船舶仿真相关的商软和中性数据格式：

(1) CAD 模型：NX、ProE、CATIA、stp、iges 等；
(2) CAE 模型：bdf(Nastran)、inp(Abaqus)、cdb(Ansys)等；
(3) CAE 结果：odb(Abaqus)、rst(Ansys)、op2(Nastran)等；
(4) CFD 结果：sim(Starccm+)、cas/dat(Fluent)、OpenFoam 等。

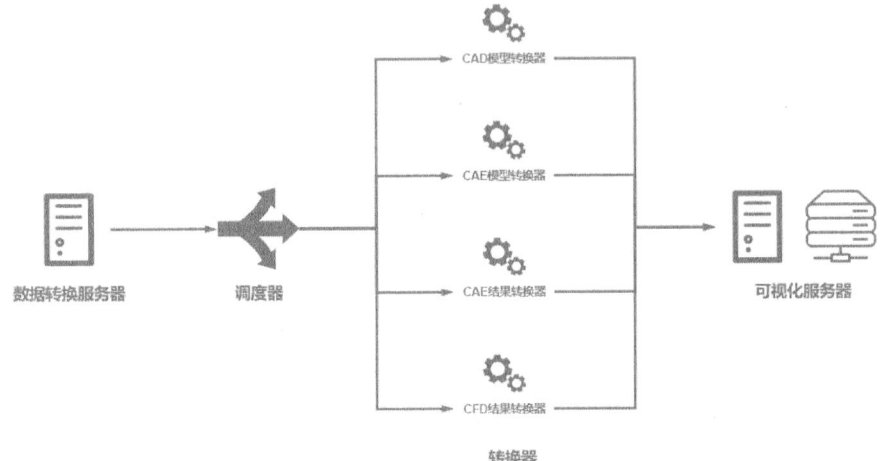

图 3 数据转换流程

2.2 三维数据的轻量化与压缩技术

对云化转换后的船舶三维模型和结果数据，进行轻量化和压缩处理，包括实体抽壳、衍生变量删减、无损压缩、有损压缩与降低网格分辨率等，以保障前端流畅的加载和渲染交互体验。

2.2.1 实体抽壳

对模型的实体网格进行抽壳处理，确保表面网格和节点变量数据的准确性，去掉实体内部的网格和变量信息，可以极大的降低结果数据的规模，主要基于以下几点：

(1) 结构分析的关键结果在表面；
(2) 内部网格与结果数据庞大；
(3) 通过实体抽壳，可减少数据传输量 90%以上。

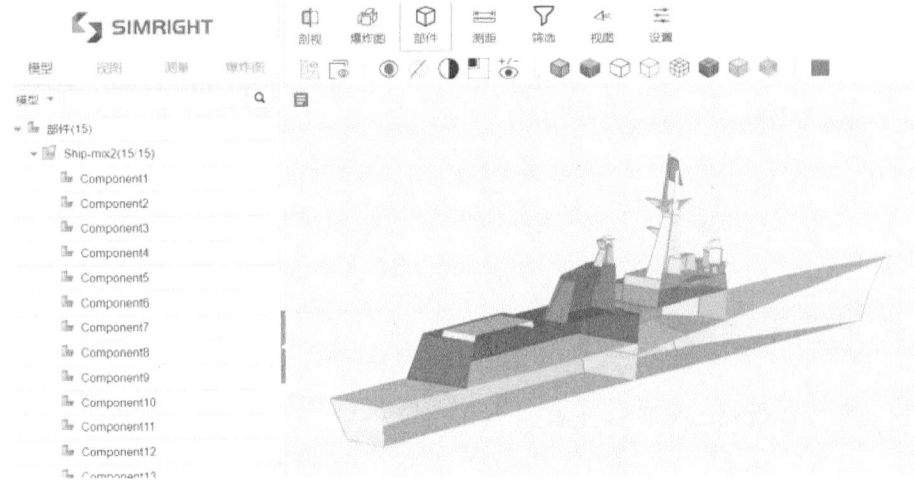

图 4 船体模型实体抽壳展示

2.2.2 衍生变量删减

对于网格规模较大的船舶模型和结果数据，可对原始结果数据进行离散化处理，梳理出单元和节点的基础变量，衍生变量暂不存储在云化数据中，在用户需要查看衍生变量时，可由基础变量通过内置的公式和算法计算得到。例如基础云化数据中，只存储应力的基础 6 分量，衍生变量类似主应力、mises 应力等通过集成的公式，按需动态计算和加载。

进行变量缩减后的数据有以下优势：
(1) 只存储基础变量，位移、应力、应变等(文件尺寸减小为原来的 10%~20%)；
(2) 衍生变量动态计算；
(3) 支持动态节点平均。

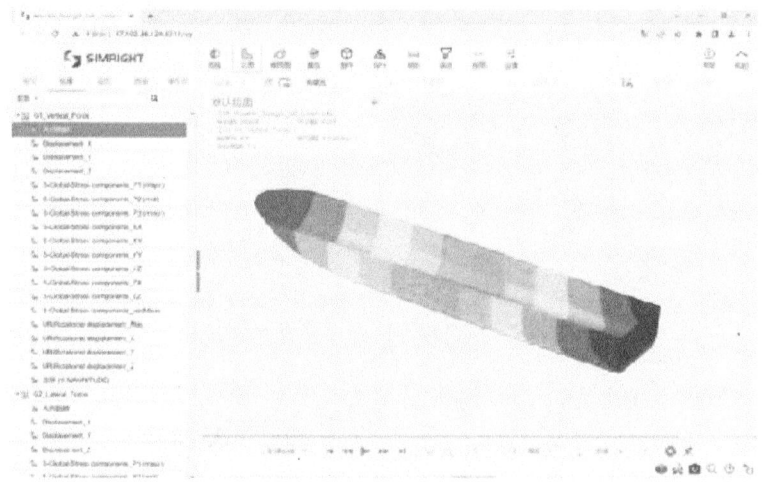

图 5 船体结果衍生变量删减加载与显示

2.2.3 动态节点平均算法

结合常见的船舶仿真结果数据形式，开发通用的节点平均算法，以降低云化数据规模，主要体现在两个方面：

(1) 对于原始结果数据存放在单元中心点的情形，通过研究相应的节点平均方法（插值算法和形函数），基于单元中心点数据可以动态的算出该单元的角点或顶点数据，从而降低数据规模。

(2) 对于原始结果数据存放在单元角点数据的情形，采用动态三角化的方法，动态生成节点数据序列，从而动态的生成定点，节省存储空间。

2.2.4 降低网格分辨率

船舶 CFD 分析场景中，在几何尺寸较小或变量变化较大的区域，进行网格加密，并在船体表面划分边界层网格，网格数量和结果规模大。通过解析结果文件的底层数据，内置一定的数据精度的判定标准，在保证显示精度的同时，降低网格密度，减少相应的网格信息和变量信息存储空间。

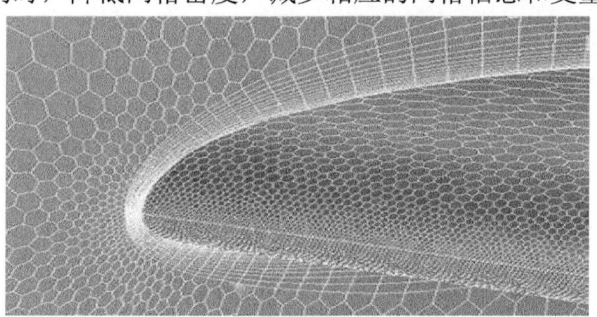

图 6 CFD 仿真的边界层网格

2.2.5 统一瞬态网格信息

对于船舶 CFD 瞬态仿真结果，不同的帧结果通常会存放在独立的结果文件中，可基于统一的初始网格，通过附加对应的节点位移，变换得到其他时刻的网格，从而只需要存储一套网格数据和不同时刻的节点位移数据即可，极大降低云化数据的规模。

以船体以不同航速在水中航行的瞬态 CFD 仿真为例，水面的波形等值面在每个时刻都会发生变化，基于初始时刻的等值面网格拓扑信息，通过相邻时刻的网格节点位移差值，形成下一时刻的等值面，从而统一不同时刻的等值面网格，节省云化数据的存储空间。

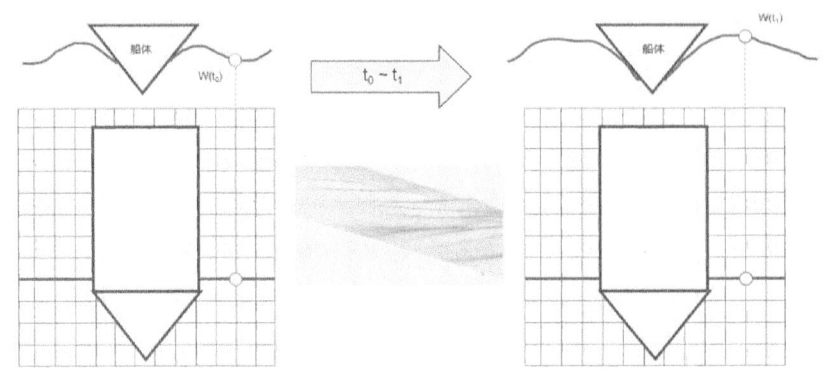

图 7 不同时刻的等值面网格变换示意图

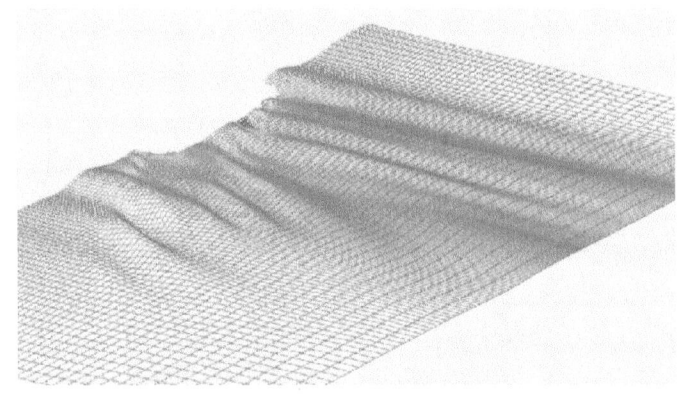

图 8 瞬态 CFD 分析中统一波形等值面网格

2.2.6 无损压缩技术

船舶云化数据无损压缩格式采用 zstd 压缩算法，轻量化的服务端数据采用 zstd 方式进行数据压缩和传输，并在客户端进行解压和渲染，提高云化数据的传输和加载性能，具体流程如下：

(1) 服务端生成的云化数据，压缩后传输到客户端；
(2) 客户端解压，进行渲染；
(3) 可有效降低网络传输时间（传输速度提升 2 倍以上）。

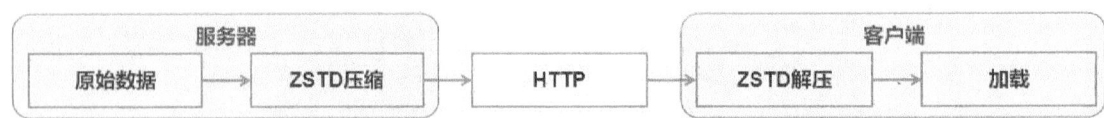

图 9 服务端云化数据压缩传输流程示意

2.2.7 精度可控的数据有损压缩算法

通过对 Float8b、K-means 和 Bi-kmeans 3 种有损压缩算法，进行结果数值的有损压缩调研与测试对比，选择 Bi-kmeans 方法作为首选的数据有损压缩算法。

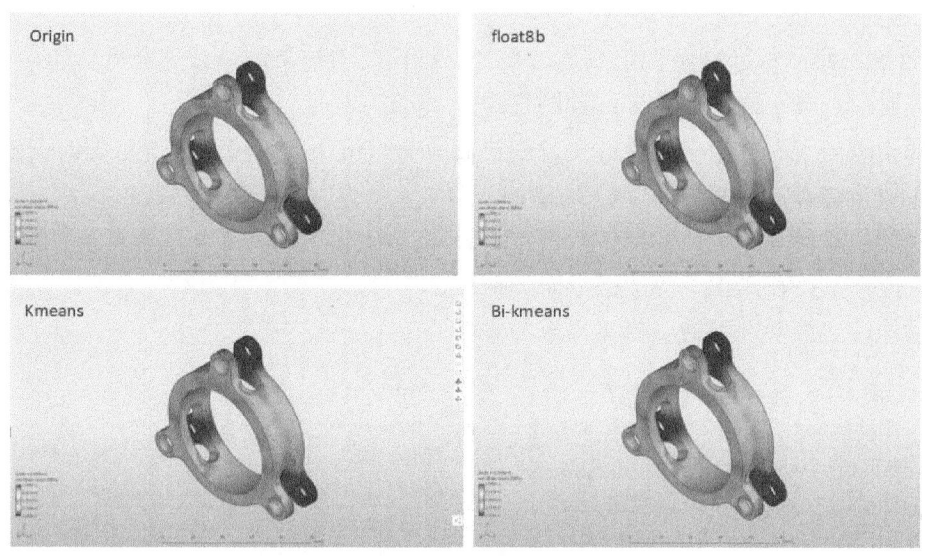

图 10 不同的压缩方法的结果渲染对比

3 船舶三维数据云端可视化应用

3.1 云端可视化和交互应用

船舶总体性能三维数据云端可视化系统，支持三维数据的在线可视化与交互功能，主要包括：

(1) 模型信息：支持管理大型装配和各子装配和零件；
(2) 相机镜头：旋转、缩放、平移，调整视角观察对象；
(3) 渲染模式：着色+轮廓线、着色+网格线、仅着色、半透明、网格线、轮廓线等；
(4) 拾取高亮：支持拾取点、线、面、体，并高亮对象；
(5) 显示隐藏：反显、仅看所选、框选；
(6) 视图管理：切换标准视角、自定义视图，存储视图，一键切换视图；
(7) 数据查询：支持按名称、单元类型等筛选对象；
(8) 截图功能：支持当前图形显示区的图像截取和保存。

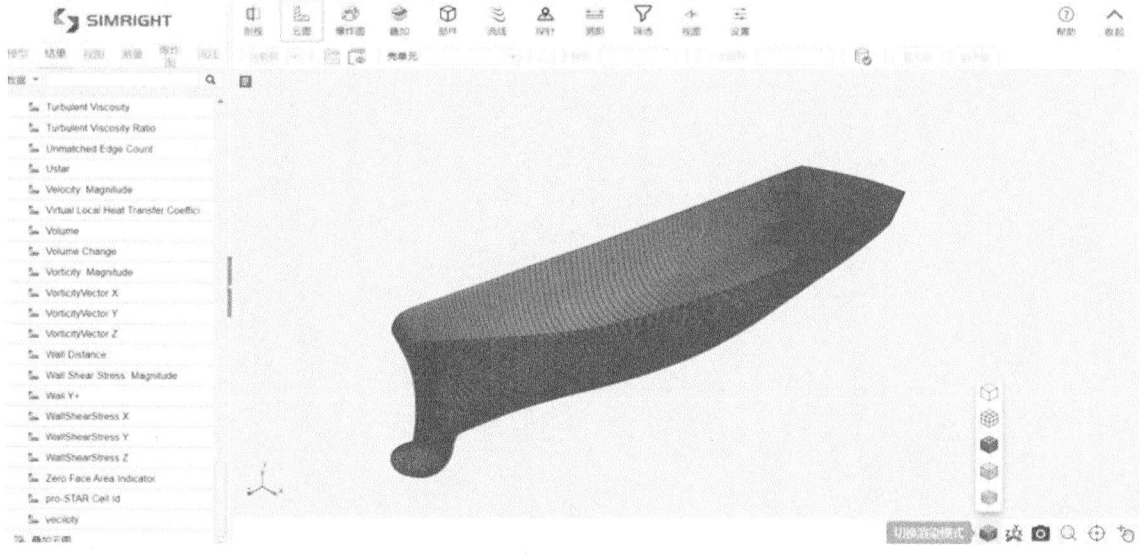

图 11 特征显示切换功能示意

3.2 云端后处理基本功能

船舶总体性能三维数据云端可视化系统，支持三维模型与结果的后处理分析功能，具体包括：

(1) 云图查看：选择不同的变量进行云图查看；
(2) 等值面生成与查看：根据选择的变量创建相应的等值面，并可进行等值面的变量着色显示；
(3) 流线生成与查看：基于截面、边界或空间选种子点的形式，构建流线；
(4) 曲线功能：支持基于选定的部件，进行相关曲线的图表展示，可以显示多条数据曲线；
(5) 探针功能：支持在云图或等值面上添加探针，探针显示当前变量和变量值；
(6) 动画功能：支持动画帧的选择、播放和暂停等。

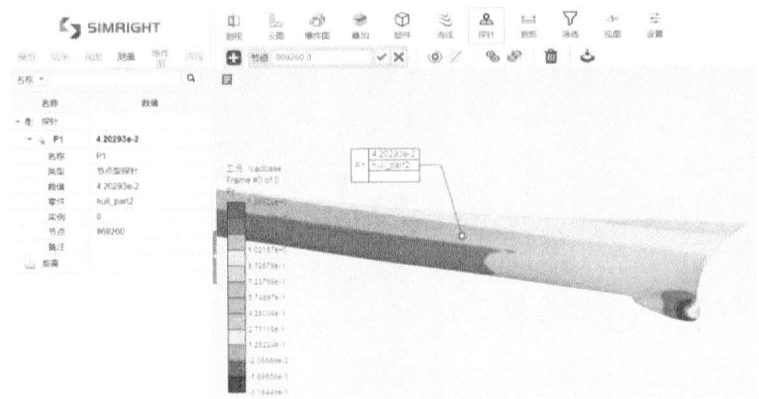

图 12 云图查看与探针功能

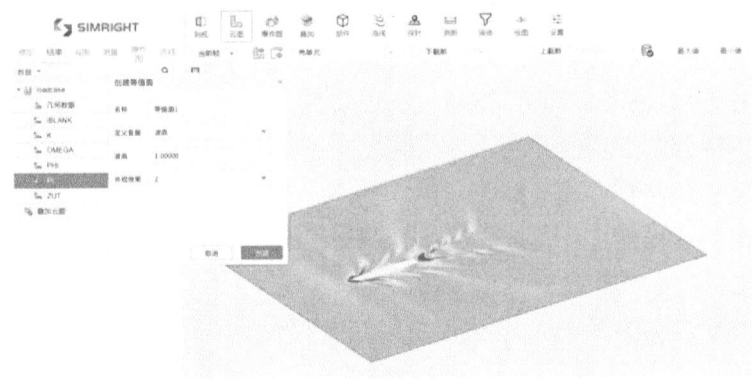

图 13 等值面功能

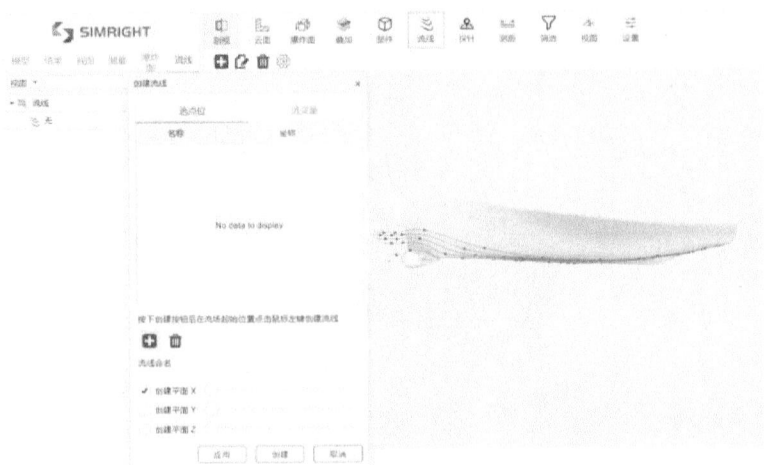

图 14 流线生成功能

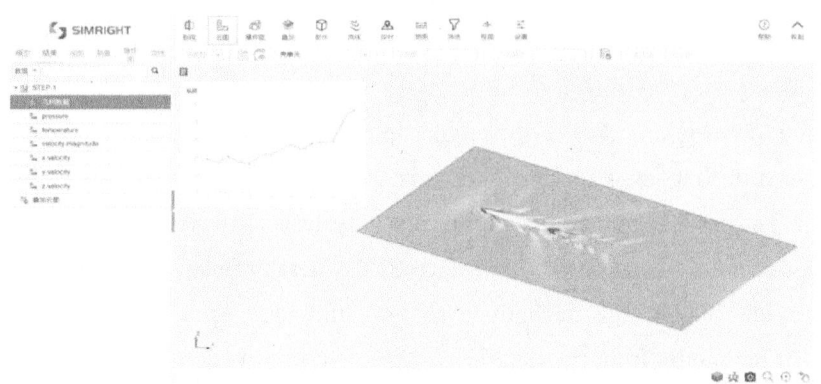

图 15 曲线与动画功能

4 结 论

本文通过对船舶总体性能三维数据云端可视化的关键技术进行研究和应用，主要开展了以下研发工作：

(1) 构建统一且稳健的云端可视化框架和数据格式；
(2) 三维模型数据云化转换；
(3) 多种三维数据的轻量化与压缩算法；
(4) 支持船舶三维模型的可视化、云图展示等云端后处理功能。

最后的图 11 到图 15 展示了本文船舶总体性能三维数据云端可视化技术功能的有效性。在后续的研究工作中，针对数据轻量化和高性能渲染引擎技术进行深入的研究，以提升数据云端加载速度和可视化渲染等相关性能。

参 考 文 献

[1] 宋越, 高振记, 王鹏. 基于大数据技术的云端城市地质三维可视化框架[J]. 中国矿业, 2020, 29(6): 81-86.
[2] 徐婵婵. 基于服务器端的三维渲染技术综述[J]. 中国传媒大学学报(自然科学版), 2019, 26(1): 20-26.
[3] 朴钦浩, 杨华民. 基于虚拟化云计算的 3D 图形渲染系统架构与性能研究[J]. 长春师范大学学报, 2019, 38(4): 51-57.
[4] 毛成宇. GPU 集群云渲染平台负载均衡与优化管理算法[D]. 长春: 长春理工大学, 2018.
[5] 刘北胜. 基于云渲染的三维 BIM 模型可视化技术研究[J]. 北京交通大学学报, 2017, 41(6): 107-113.

Cloud based Visualization Technology for Three Dimensional Data of Overall Ship Performance

ZHAI Jianping[*1], CHENG Cheng[2], ZHAO Kang[1], XU Limin[1]

(1. Simright Information Technology Co.,Ltd, Shanghai 201210, China;
2. China Ship Scientific Research Center, Wuxi 200240, China)

Abstract

Cloudization of software in all aspects of simulation is an important trend in the development of simulation software, and also an important way to improve the efficiency of overall ship performance simulation and standardize the simulation process. Cloud oriented 3D data visualization and interaction technology is the prerequisite and necessary condition to achieve cloudization of simulation software. Aiming at various 3D models and result data formats involved in ship simulation, based on Simright 3DLite, an online lightweight visualization system by Simright Information Technology, research on key technologies is carried out on model format conversion, data lightweight compression, cloud rendering interaction and cloud post-processing, to ensure that large-scale models can be loaded quickly in the WEB front-end and the interaction is smooth. For models and results in different business software and neutral formats, based on the general SDK and the secondary development interface of business software, corresponding conversion routes and schemes are provided to be able to analyze the structure tree, grid, variables, loads, constraints and working conditions. of the model from the data level. Effective lightweight compression technologies such as solid shell extraction, derived variable deletion, data dynamic loading and grid resolution reduction, as well as parallel data reading and writing technologies are used to achieve the "slimming" and compression of converted data. Based on WebGL rendering technology, a high-performance web rendering engine is used. All operations are browser based, which is convenient for users to use and avoids the problem of software and hardware compatibility. The rendering effect and interaction effect are good.

Key words: Cloud visualization; Data lightweight; Cloud post-processing; WebGL; Overall ship performance

作 者 简 介

翟建平 男，1987 年生，中级工程师。主要从事 CAE 仿真及数据云化等方面工作。

程　成 男，1982 年生，高级工程师。主要从事船舶与海洋工程仿真软件集成开发、新一代信息技术与船舶仿真融合应用研究。

赵　康 男，1980 年生，中级工程师。主要从事结构优化、云化 CAE 等方面算法研究与软件开发。

徐力敏 男，1982 年生，中级工程师。主要从事计算机辅助工程（CAE）领域的前后处理与三维数据可视化研发。

*通讯作者：翟建平

面向船舶总体性能领域的知识图谱构建方法研究

冯 越，王东升*，刘 莎，周淼淼

（江苏科技大学 计算机学院，镇江 212003）

摘 要

船舶总体性能泛指对船舶总体指标有决定性作用的性能。知识图谱是用以描述现实世界中的实体和概念以及它们之间的关系。通过构建船舶总体性能领域知识图谱，能够更好地满足船舶总体性能领域科研或工程人员在知识问答、辅助决策等方面的业务分析需求。首先，对船舶总体性能领域数据进行分析，提出基于七步法、METHONTOLOGY法的本体构建方法，并借助Protégé工具完成本体构建。然后，对海量的领域文本进行知识抽取和融合，最终将RDF三元组映射到图数据库中，将本体数据存储于数据库实现知识可视化，实现船舶总体性能领域知识图谱的构建。

关 键 词：船舶总体性能；知识图谱；领域本体
中图分类号：TP311

0 引 言

进入21世纪以后，我国逐渐加强对海洋强国的建设，船舶行业进入高速发展阶段，在质量和性能方面都有一定程度的提升，但与当前发达国家相比，总体性能仍然较为落后。船舶总体性能在广义上是指船舶各种性能的综合，包括主尺度、航行速度以及排水量等。船舶总体性能对于船舶航行有重要的作用，同时在很大程度上决定了船舶的基本性能。知识图谱以简洁明了的可视化形式呈现数据及其之间的关系，是现阶段管理信息数据的有效手段。

为满足船舶总体性能领域科研或工程人员在知识问答、辅助决策等方面的业务分析需求，提升科研工作效率与知识获取便利性、精准性，依托现有积累的船舶总体性能领域信息，构建船舶总体性能领域知识图谱具有很强的现实意义。当前在构建船舶总体性能领域知识图谱的过程中仍存在一些困难，具体表现在以下几点。第一，没有现有的船舶总体性能本体可供使用，不能在本体的基础上完成知识图谱的构建。第二，由于船舶总体性能数据异构、分散、多样化的特点，从数据中有效地获取信息和知识是困难的，容易存在一个实体对应着多种代称，一种属性对应着多种属性值的情况。

针对目前构建船舶总体性能领域知识图谱过程中存在的困难，本文对船舶总体性能领域知识图谱构建方法和相关技术进行了研究，在传统本体领域知识图谱构建基础之上，结合船舶总体性能领域数据的特点，从海量数据中获取信息和知识，完成船舶总体性能领域知识图谱构建。

1 相关研究

近年来，随着信息数据的爆炸式增长，信息数据的管理方式也发生了变化，2012年，Google首先提出"知识图谱"的概念。知识图谱是一种新的知识表示方法，采用特定的符号描述领域内的实体及其相互关系。知识图谱以结构化的表达方式将多源异构的数据通过实体和关系进行整合，组成一个规

收稿日期：2022-10-17；修改稿收稿日期：2022-11-25
基金项目：船舶总体性能创新研究开放基金(25422217)；国家自然科学基金资助项目(61702234)

范化的语义网络结构。在知识图谱中，实体以节点的形式表示，实体之间的关系以边的形式表示。通过使用知识图谱增强源异构数据之间的联系，可以更直观的对源异构的数据进行分析、管理。

知识图谱按照其研究领域不同，可以划分为两大类：通用知识图谱和领域（行业）知识图谱。目前国内外大型知识图谱多是通用型知识图谱，例如Google公司研发的Knowledge Graph，百度构建的"知心"知识图谱等。近年来，已有相关学者和研究人员将船舶领域和知识图谱相结合，在船舶领域知识图谱的构建方面进行了尝试和探索，如王春雨等[1]结合船舶舾装领域特点和专家知识，提出船舶舾装设计经验知识图谱的自动构建方法。凡天娣等[2]在建立船舶焊接工艺知识本体的基础上，完成船舶焊接工艺知识图谱的构建，增强了船舶焊接工艺知识的管理和可用性。宋邓强等[3]针对船舶分段制造过程缺乏有效资源组织，导致知识获取效率低下的问题，完成了面向船舶分段制造过程的动态知识图谱构建。任昊利等[4]通过研究分析挖掘舰船的活动规律，构建了舰船活动规律知识图谱，能够提供舰船活动领域的军事情报信息。但对于船舶总体性能领域的知识图谱仍处于稀缺状态，因此构建船舶总体性能领域知识图谱的意义是重大的。

2　知识体系构建

本文主要对船舶总体性能领域知识进行知识建模，在此基础上，对实体、属性和关系进行知识抽取、融合、存储，完成船舶总体性能领域知识图谱的构建。船舶总体性能领域知识图谱构建总体框架如图1所示，首先爬取结构化和半结构化的船舶总体性能领域数据，然后对知识进行抽取和融合，完成船舶总体性能领域知识图谱构建。

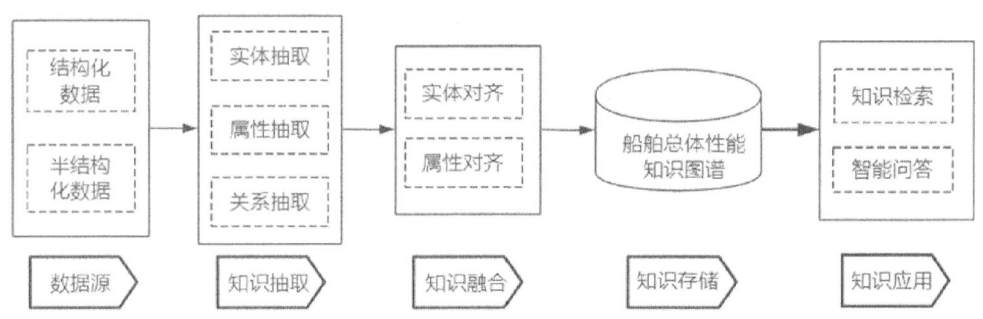

图 1　船舶总体性能知识图谱构建总体框架

2.1　本体构建

行业领域本体是描述特定领域（如船舶总体性能、医药、煤矿等）中的实体及其相互间关系的本体，船舶总体性能本体作为一种特定的本体，能够清晰的描述船舶总体性能领域内的实体及实体间的关系。目前，本体的构建方法多样，常见的包括七步法、METHONTOLOGY法、IDEF5法、TOVE法等等，相比于其他的方法，七步法有较完整的生命周期，能够实现半自动的构建，并且存在相应的配套成熟详细的技术方法[5]。而METHONTOLOGY的优点在于有真正的完善的生命周期，因此，本文采用七步法和METHONTOLOGY法联合构建本体，利用Protégé本体编辑工具完成船舶总体性能本体的构建。具体流程如图2所示。

(1) 分析船舶总体性能包含的领域和对象：通过翻阅相关船舶类的书籍、查阅相关船舶论文文献等资料，抽象概括出船舶总体性能相关的实体、关系、属性等，为构建本体做好准备。主要涉及的范围有：船舶分类、船舶的船体结构、船舶所属国家、船舶的总体性能属性。

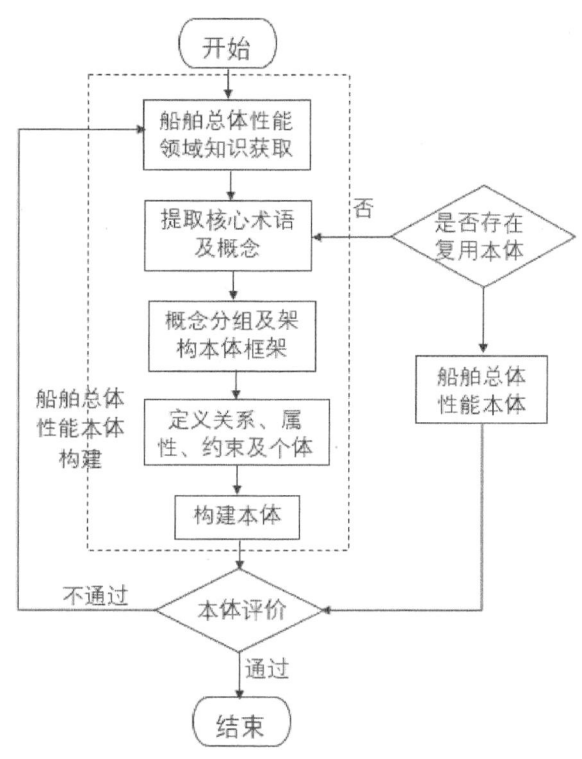

图 2 船舶总体性能本体构建流程

(2) 搜索查找是否存在可复用的本体：调研国内外现有开源的本体模型，了解其本体的实体、关系以及属性等信息，分析其是否能够用于船舶总体性能知识图谱中。

(3) 查找获取船舶总体性能领域知识：通过拜访调研船舶领域的相关专家、老师和同学，以《舰船技术与设计概论》书籍为主要参考，知网、万方等网站包含的相关文献、船舶专业相关网站为辅，获取船舶总体性能领域的知识。

(4) 提取船舶总体性能领域术语及其概念：对船舶总体性能领域数据进行分析归类，提取相关概念，梳理领域中的重要术语，对提取的术语及概念去重处理、分类整理、依据语义相似度进行归一，最后由领域专家删除冗余的概念和术语，最终结果如表1所示。

表 1 船舶总体性能领域概念和术语数量

类型	数量
实体	174
关系	6
数据属性	108
船舶实例	664 451
三元组	318 656

(5) 对概念进行分组及构建本体框架：类作为本体中最基本的元素，其构建通常是根据搭建类的层次结构实现。通过对船舶总体性能领域数据的研究，将该领域的基本概念抽象为六个顶级类：App、制造管理、国家、港口、船体结构、船舶，每个顶级类依据其自身的特性细化抽象出不同的子类，子类又可以继续细分，例如船舶包括军用船舶和民用船舶，军用船舶又可以继续向下划分为战斗舰艇和辅助舰艇。船舶总体性能本体的具体类层次如图3所示。

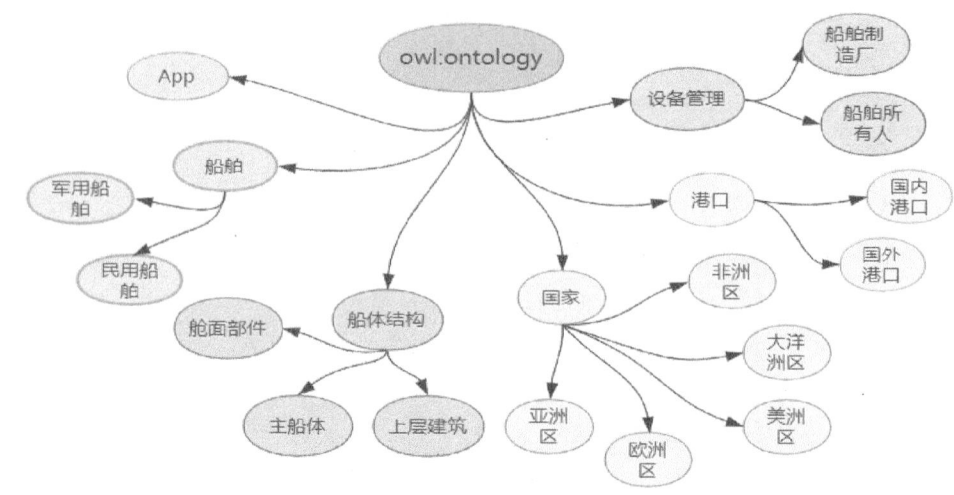

图 3 船舶总体性能本体的具体类层次图

(6) 定义关系、属性、约束：构建船舶总体性能领域本体，不能仅仅只定义类及层次关系，还需要定义关系、属性及约束等。关系用于连接两个不同的实体，例如关系"belong_to"表示某艘船舶属于某个国家，其domains被定义为船舶，表示实体属于的类别，ranges被定义为国家，表示该值的取值范围。属性用于表示某个实体所含有的数据，例如海巡1003船舶的船长为193。在Protégé中关系和属性被表示为对象(object)属性和数据(data)属性。对象属性是指类与类之间具有的某些关系，如表2所示。数据属性指某个类具有的独特特性，如表3所示。

(7) 本体创建添加实例：要完成创建一个可用于实际的本体，需要将相应的实例加入本体之中，将从各个船舶数据网站中抽取的数据添加到船舶总体性能本体中，完成实例填充。部分可视化如图4所示。

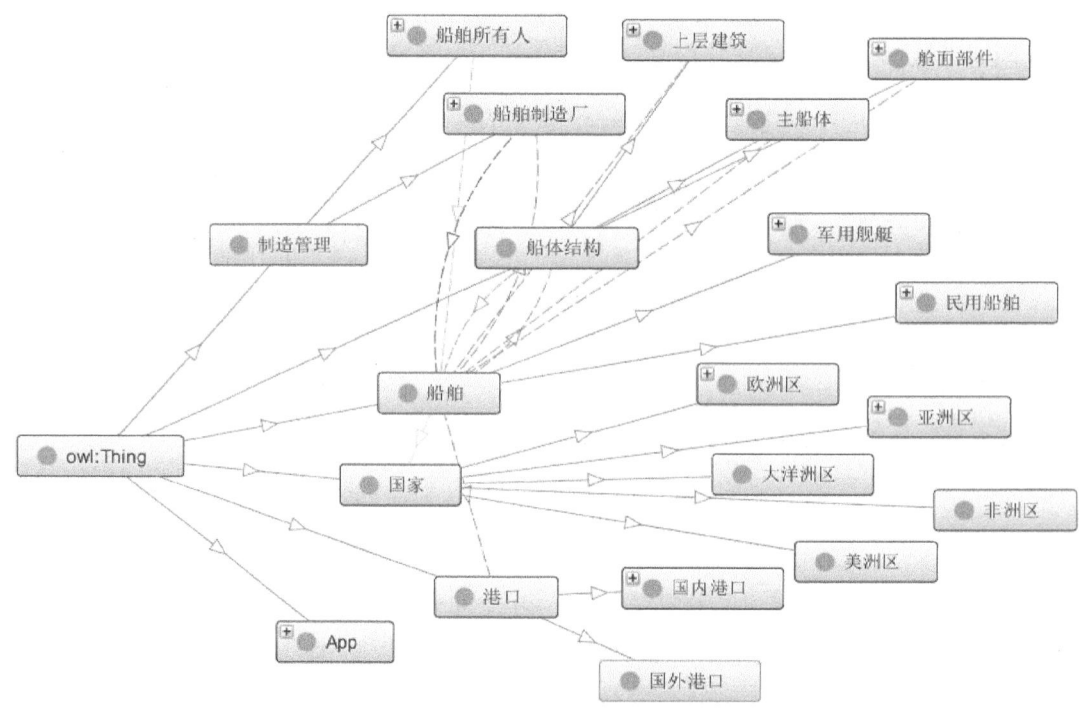

图 4 本体可视化效果图

表 2 对象属性

关系属性	关系属性描述	Domains	Ranges	举例
belong_to	船籍国家	船舶	国家	<福煦号,belong_to,法国>
construct	船舶的建造厂	船舶制造厂	船舶	<广州中船黄埔造船有限公司,construct,海巡1003>
ship_owner	船舶的所有人	船舶所有人	时间	<钦州海事局,ship_owner,海巡1003>
is_location	船舶位于的港口	船舶	港口	<珠电浚1,is_location,珠海>
hasPart	整体包含部分	整体	部分	<德鹏,hasPart,上层甲板>
partOf	某部分属于整体	部分	整体	<上层甲板,partOf,德鹏>

表 3 数据属性

数据属性	数据属性描述	主要包括	Domains	Ranges
App	与船舶相关的 App	App 描述、专业、使用简介等	App	string
主尺度	用来表示船舶的大小和运输能力的	吃水、垂线间长、型宽、型深、型长、船宽、船长、设计干舷等	船舶	float
时间	与船舶相关的重要时间节点	下水时间、船舶完工时间、船舶假造时间、适航时间	船舶	date
航行性能	具备能在水域航行的性能	浮性、稳性、抗沉性、快速性、操纵性、耐波性、摇摆性	船舶	string
船舶吨位	用来表示船舶的大小和运输能力的	空船重量、容积吨位、重量吨位等	船舶	float
速度性能	单位时间内船舶相对于海底所航行的距离	平均航速、应急航速、最大航速、服务航速、海上船速、港内船速等	船舶	float
船型系数	表示船舶水下部分的胖瘦程度	体积系数、面积系数	船舶	float
容积性能	表示船舶装载多少体积货物的能力	货舱容积、甲板面积、特种舱室	船舶	string
船舶强度	船舶的船体结构在抵抗各种外力不致造成严重变形或破坏的能力	总纵、横向、局部、扭转强度	船舶	string
续航力	一次满载燃烧,以给定速度航行所能达到的最大距离		船舶	string
隐蔽性	将特征信号隐蔽于背景之中的性能		船舶	string
自持力	船上所携带的淡水和食品可供使用的天数		船舶	string

2.2 数据抽取

构建船舶总体性能知识图谱首要任务是进行数据收集。数据是知识图谱的知识源泉,数据根据其类型不同,可以分为结构化数据、半结构化数据和非结构化数据。结构化数据是指按照某种特定的格式进行存储表示的数据,例如存储在MySQL、Oracle数据库中的数据,对结构化数据可以直接读取进行使用,不需要进行数据清理可直接用于构建图谱。半结构化数据包括XML、HTML文档、Excel表格型数据等等,需要通过简单的数据处理操作才可用于图谱构建。非结构化数据包含文档、图像、音视频等等不完整的数据,需要复杂的数据处理才可使用[6]。

数据采集主要来源:中国船级社资源中心船舶录的数据(https://www.ccs.org.cn/ccswz/international ShipsList?columnid=201900002000000123)、中华人民共和国海事局协同管理平台的船舶数据(https://ais.msa.gov.cn/index.html)、船只数据库Vessels Finder(https://www.vesselfinder.com/vessels)、《舰船技术与设计概论》[7-8]。

中华人民共和国海事局协同管理平台的船舶数据属于结构化数据，原始数据包含4363艘不同的船舶信息。Vessels Finder网站含有650,977艘船舶的数据信息，每一艘船舶数据含有船名、船型、旗帜、总吨位、建成年份等信息。中国船级社船舶录网站含有大量表格型半结构化的数据，包含3164条国内不同船舶的信息、5947条国际不同船舶的信息，每一项数据包括了船型、船舶名称、船旗国、总吨位、型深、船籍港等船舶总体性能基本数据。

对半结构化的数据进行网络爬虫，通过采用"反爬虫"技术，例如通过禁止Cookie防止网站识别出用户信息；设置延迟，防止在短时间内频繁访问被网址拦截等。将网络爬虫的数据进行清洗，进行格式转换，然后将处理后的数据以三元组的形式（<Entity1, Relation, Entity2>或< Entity, Attribute, Attribute Value>）进行存储[9-10]。

对于非结构化数据的知识抽取主要分为实体抽取[11]、关系抽取[12-13]和属性抽取[14]。实体抽取是使用命名实体技术(NER)将文本数据结构化为以实体为中心的语义表示，从文本中识别出实体并分类到预定义的类别中，目的是从非结构化的数据（如txt文本、word文档）中准确提取出船舶、地点、公司等命名实体信息，例如给定文本"2012年4月30日，蓝天号正式下水作业"，通过实体抽取可以得到"蓝天号"实体，其所属类别为船舶。关系抽取是知识抽取中的关键部分，通过检测和识别实体之间所具有的某种语义联系，自动抽取实体以及联系这对实体的关系所构成的三元组，采用基于强化学习的方法，结合神经网络进行船舶总体性能领域的关系抽取。属性抽取是从文本中抽取实体的属性名称和属性值，构建实体的数据属性列表，形成完整的船舶总体性能实体概念。

表4 知识抽取示例

抽取类别	描述	给定文本	结果
实体抽取	从文本中识别实体及其类别	2018年7月9日，"蓝天号"正式下水作业	船舶：蓝天号
关系抽取	抽取实体之间存在的某种语义关系	海巡145是由瑞士船厂建造的，目前停靠在法国的港口	<瑞士船厂，建造，海巡145> <海巡145，停靠港口，法国>
属性抽取	抽取实体相关的属性	长江号总长189.9 m，型宽25 m	<长江号，总长，189.9 m> <长江号，型宽，25 m>

3 知识融合

船舶总体性能领域数据异构、分散且多样化的特点，会导致对于同一个信息可能存在着多种的记录方式，例如"船舶总长"这个属性，不同的网站有不同的描述，包括"船长"、"船舶长度"等等描述方式。从不同数据源中抽取的数据会存在冗余、错误的问题，对抽取的信息进行融合、清洗、对齐处理，尽量减少数据的冗余，更有利于构建船舶总体性能领域知识图谱，保证知识图谱的数据质量。

实体、属性对齐[15-16]的主要任务是将从多个不同数据源中抽取得到的实体和属性进行融合对齐，得到最优结果。判断多种描述方式的实体或属性是否为同一种，将具有相同指称、不同来源或名称但含义相同的实体或属性聚集为同一实体或属性。

实体、属性消歧[17]的主要任务是解决船舶总体性能数据中一词多义的问题，使一个实体或属性指称项对应一个单独的实体或属性。在不同数据源中抽取的数据信息，对于国家、船舶名称、船舶性能等各类实体和属性存在多种表示方式，其中还包括着英文、缩略写等不统一的写法。例如，船舶总体性能属性"吨位"，在中国船级社船舶录网站中这个属性被表示为"总吨"，而在《舰船技术与设计概论》书中，这个属性被记录为"船舶吨位"，同一个属性在不同的数据源中会有不同的代称。解决实体歧义的常用方法有实体链接、实体分类、基于聚类的实体消歧等；解决属性融合通常采用计算文本相似度、基于向量的相似度计算、基于词典的消歧等。

表5 部分属性对齐映射

样例	数据来源	原属性名称	对齐属性名称
1	中国船级社船舶录	总吨	船舶吨位
	《舰船技术与设计概论》	吨位	
2	中国船级社船舶录	吃水(满载)	满载吃水
	《舰船技术与设计概论》	满载吃水	

4 知识图谱映射存储、应用

采用Virtuoso图数据库[18]进行知识存储，并利用Virtuoso图数据库完成船舶总体性能领域知识图谱的可视化。Virtuoso图数据库使用图的方式显示数据及其之间的关系，具有良好的存储和查询检索性能。但Virtuoso图数据库与Protégé本体的知识表示在结构上存在差别，在船舶总体性能本体中包含着类、关系、属性和实例四个元素，但图数据库中存在的是节点、关系、属性三个元素，因此需要定义具体的映射规则将本体映射到图数据库中进行存储：

(1) 节点映射规则：Virtuoso图数据库中节点的定义类似船舶总体性能本体中的实体和实例，例如船舶、国家等类。将船舶总体性能本体中的类和实例映射到图数据库中的节点，比如：海巡1003、中国等实例数据在Virtuoso图数据库中就是单独存在的一个节点。

(2) 关系映射规则：Virtuoso图数据库中各个不同的节点是通过关系连接，从而形成一个完整的知识网络。船舶总体性能本体中含有最基本的类间关系(subclass of)，类与实例的关系(instance of)，类与类之间自定义关系(如belong_to)等等，可将Protégé本体中的关系、对象属性映射为图数据库中节点的关系。

(3) 属性映射规则：船舶总体性能本体中包含着对象(object)属性和数据(data)属性，其中对象属性是用以描述类与类之间的关系，如"belong_to"是描述船舶与国家的关系，即船舶所属的国家。数据属性则是描述某个类的内部属性，如平均航速是描述船舶在航行时的平均速度，属于船舶自身的数据属性。本体中的对象属性已映射为Virtuoso图数据库中节点与节点间的关系，数据属性通常作为节点的自身属性保存在Virtuoso图数据库中，例如"黑珍珠号"节点的数据属性有船舶长度、船速、型深等数据信息。

船舶总体性能领域知识图谱可结合实际业务，应用于船舶实际场景搭建智能问答系统，以便于船舶科研人员以及工程技术人员快捷便利精准的进行信息搜索，提升工作效率。

5 结 论

本文对船舶总体性能领域进行分析，利用七步法和METHONTOLOGY法结合设计了船舶总体性能本体模型，然后定义了Protégé本体与Virtuoso图数据库的映射规则，将本体数据存储在Virtuoso图数据库中，并以此实现船舶总体性能领域知识图谱的可视化，完成船舶总体性能领域知识图谱的构建。船舶领域的工程及科研技术人员可在船舶总体性能领域知识图谱的基础上，设计智能检索、个性化推荐及智能问答等系统，使工程及科研技术人员更快捷、精准的获取数据信息，有助于提升工作效率。

参 考 文 献

[1] 王春雨, 蒋祖华, 吉永军, 等. 船舶舾装设计经验知识图谱的自动构建方法[J]. 机械设计与研究, 2021, 37(04): 163-169+181.

[2] 凡天娣, 景旭文, 肖志建, 等. 基于本体的船舶焊接工艺知识图谱构建[J]. 电焊机, 2019, 49(12): 8-13.

[3] 宋邓强, 周彬, 申兴旺, 等. 面向船舶分段制造过程的动态知识图谱建模方法[J]. 上海交通大学学报, 2021, 55(05): 544-556.

[4] 任昊利, 罗飞. 舰船活动规律知识图谱分析系统研究[J]. 舰船科学技术, 2022, 44(01): 159-164.

[5] 张文秀, 朱庆华. 领域本体的构建方法研究[J]. 图书与情报, 2011(01): 16-19+40.

[6] 杜志强, 李钰, 张叶廷, 等. 自然灾害应急知识图谱构建方法研究[J]. 武汉大学学报(信息科学版), 2020, 45(09): 1344-1355.

[7] GJB4000-2000 舰船通用规范[S]. 中国人民解放军总装备部, 2000.

[8] 邵开文, 马运义. 舰船技术与设计概论[M]. 北京: 国防工业出版社, 2014.

[9] DONG, B, YU, H. LI, H. A knowledge graph construction approach for legal domain[J]. Tehnički vjesnik, 2021, 28(2): 357-362.

[10] Z. JIANG, C. CHI, Y. ZHAN. Research on medical question answering system based on knowledge graph[J]. IEEE Access 2021, 9: 21094-2110

[11] AIDAN HOGAN, EVA BLOMQVIST, MICHAEL COCHEZ, et al. Knowledge Graphs[J]. ACM Comput. Surv 2021, 54 (4): 1-37.

[12] S. JI, S. PAN, E. CAMBRIA, et al. A survey on knowledge graphs: representation, acquisition, and applications[J]. IEEE Transactions on Neural Networks and Learning Systems, 2022, 33(2): 494-514,

[13] HAOZE YU, HAISHENG LI, DIANHUI MAO, et al. A domain knowledge graph construction method based on wikipedia[J]. Journal of Information Science: Principles & Practice, 2021, 47(6): 783-793.

[14] ZHANG L, LI Y, ZHANG R, LI W. Semi-open attribute extraction from chinese functional description text[C]. Proceedings of The 13th Asian Conference on Machine Learning. PMLR, 2021: 1505-1520.

[15] 郭军军, 王乐, 王正源, 等. 软件安全漏洞知识图谱构建方法[J]. 计算机工程与设计, 2022, 43(08): 2137-2145.

[16] 张吉祥, 张祥森, 武长旭, 等. 知识图谱构建技术综述[J]. 计算机工程, 2022, 48(03): 23-37.

[17] 徐增林, 盛泳潘, 贺丽荣, 等. 知识图谱技术综述[J]. 电子科技大学学报, 2016, 45(04): 589-606.

[18] 杭婷婷, 冯钧, 陆佳民. 知识图谱构建技术: 分类、调查和未来方向[J]. 计算机科学, 2021, 48(02): 175-189.

Research on Knowledge Graph Construction Method in Field of Overall Ship Performance

FENG Yue, WANG Dongsheng*, LIU Sha, ZHOU Miaomiao

(School of Computing, Jiangsu University of Science and Technology, Zhenjiang 212003, China)

Abstract

The overall performance of the ship generally refers to the performance that has a decisive effect on the overall indicators of the ship. A knowledge graph is used to describe entities and concepts in the real world and the relationships between them. By constructing a knowledge graph in the field of overall ship performance, it can better meet the business analysis needs of scientific research or engineering personnel in the field of overall ship performance in terms of knowledge questioning and decision-making assistance. Firstly, the data in the field of overall ship performance is analyzed, and an ontology construction method is proposed based on the seven-step method and the METHONTOLOGY method, and the ontology construction is completed with the help of protégé tools. Then, knowledge extraction and fusion are carried out on the massive domain text, and finally the RDF triples are mapped to the graph database, and the ontology data is stored in the database to realize knowledge visualization, and realize the construction of the knowledge graph in the field of overall ship performance.

Key words: Overall performance of the ship; Knowledge graph; Domain ontology

作者简介

冯越　女，1999年生，硕士研究生。主要从事自然语言处理、知识图谱等研究。
王东升　男，1982年生，副教授。主要从事自然语言处理、知识图谱等研究。
刘莎　女，1999年生，硕士研究生。主要从事自然语言处理、知识图谱等研究。
周淼淼　男，1998年生，硕士研究生。主要从事自然语言处理、知识图谱等研究。
*通讯作者：王东升

基于一致性算法的船舶总体性能预报 APP 调度策略研究

钱卫东[1]，孙淦江[*2]，袁茂才[2]，徐 源[1]

（1. 中国船舶科学研究中心，无锡 214082；

2. 中船重工奥蓝托无锡软件技术有限公司，无锡 214082）

摘 要

针对船舶总体性能预报 APP 在分布式环境下进行数据传输、系统调度等需求，本文分析了国内外异构 APP 调度现状，提出了基于军工保密环境下异构 APP 分布式协同一致性调度算法，研发了分布式调度引擎模块，并在该模块上对算法进行了应用验证。应用结果表明：该算法在保证系统鲁棒性的前提下，保障了异构 APP 高可靠性、强实时性地运行，有效提升了船舶总体性能预报 APP 运行效率。

关 键 词：船舶总体性能预报；异构 APP；分布式调度
中图分类号：TP311.56

0 引 言

船舶总体性能泛指对船舶总体指标有决定性影响的性能，行业中已形成了以水动力学、结构安全性和振动噪声三大学科性能为其核心与基本内涵的共识[1]。随着互联网进入了大数据和云计算时代，以物理规律为基础、计算科学为核心的船舶总体性能预报软件，正高度融入船舶的研发设计环节，并且这些性能预报软件开始逐步APP化[2]。当前，围绕这三大学科性能已经梳理并形成了百余项船舶总体性能预报APP，其运行背后涉及调用大量自研求解器和商业CAE软件，如：FLUENT、STAR-CCM+、ANSYS、ABAQUS、LS-DYNA等。由于APP数量众多、计算时间长、消耗资源大，如何更好地统筹相关计算资源并通过分布式计算调度众多异构APP成为系统是否稳健的关键因素。

分布式计算从20世纪六七十年代开始一直发展到现在，一直是计算机科学领域的热点，在新时代下，其在计算机领域有了更大的活力。近几年随着国内互联网的高速发展，让数据存储能力、计算调度能力达到了新的高度[3]。其中，张云峰设计了一套基于计算拓扑策略的分布式实时计算框架，该框架既具有一般分布式实时计算框架的特点和优点，又能根据用户计算拓扑灵活搭建计算环境[4]；王志会将边缘计算与智能制造进行结合，面向位于边缘平台处理端的制造计算任务，根据制造计算任务的紧急度、重要度、复杂度，建立制造任务调度模型，保证计算任务获得充分的计算资源[5]；朱先德提出数据中心存储池资源化和资源调度策略，异构资源管理方法，为数据中心的调度管理提供支撑[6]。本文提出一种复杂环境下船舶总体性能预报分布式运行调度策略，通过开展基于一致性算法的船舶总体性能预报APP调度技术研究及相关底层架构设计，确保异构APP能够可靠、实时、高效运行，提升用户访问性能和体验。

收稿日期：2022-10-27；修改稿收稿日期：2022-12-09

1 船舶总体性能预报 APP 调度的 CAP 理论

分布式环境下船舶总体性能预报APP调度、设计和部署时需要综合考虑3个重要的核心系统需求。

(1) 一致性(Consistency)：所有节点在同一时间具有相同的总体性能预报数据，保证总体性能预报数据的一致性。

(2) 可用性(Availability)：用户提交APP开展性能预报时，系统需保证对每个计算任务请求都能响应；在集群中一部分节点故障后，可以调度其他可用节点响应用户的计算需求。

(3) 分区容错性(Partition Tolerance)：当某个计算节点或者网络分区出现故障时，通过分布式主控调度引擎保障对外提供满足一致性或可用性的服务。

上述3个重要的船舶总体性能预报APP调度核心需求称为CAP需求[7]。根据Gilbert的论证[8]，在船舶总体性能预报APP调度系统中，这三个核心的系统需求是不能同时满足的。CAP的3个特性只能满足其中2个，那么取舍的策略共有三种：

(1) CP类调度系统：具备三个核心需求的C和P需求。这种系统可以做到集群中的所有节点在开展APP计算任务时，都能同步总体性能预报数据，缺点是不具有高可用性，不能够及时响应计算的需求。

(2) AP类调度系统：具备三个核心需求的A和P需求。系统在满足高可用性的前提下，能够随时响应用户APP计算请求，缺点是会导致各个节点间的总体性能预报数据的不一致性。

(3) CA类调度系统：具备三个核心需求的C和A需求。系统不考虑系统间的连通性，显而易见这是单机系统的典型特征，故缺失了P需求有可能改变系统的特征。

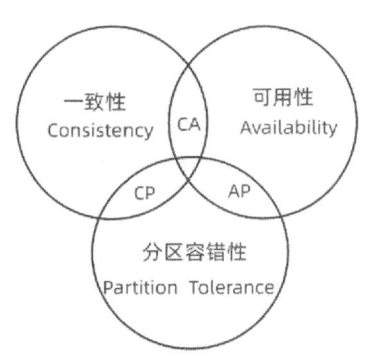

图 1 三类核心系统需求和调度系统

船舶总体性能预报APP调度系统是大型综合性服务系统，对船舶总体性能预报的数据一致性要求最高，通过对上述三种策略进行综合比较分析，采用CA类调度系统，在船舶总体性能预报APP调度系统中选择一致性属性或者可用性属性。

在系统实际运行中，需优先保障数据的一致性。当用户在客户端提交的APP计算任务后，假设系统自动分配了节点A开展APP计算，计算任务完成后需要将总体性能预报数据同步到其它节点，节点A暂时不能为外部访问。此时，当用户在客户端请求接收总体性能预报过程及结果数据时，我们将面临两种选择：一是保障系统的一致性，此时需要等待节点数据一致后再响应用户的请求；二是保障系统的可用性，通过其它节点反馈总体性能预报数据请求，但是由于数据还未有效同步，此时获取的数据将会产生异常。因此，在构建船舶总体性能预报APP调度系统时，为保证系统的强一致性，我们开展了总体性能预报APP调度系统的一致性算法的研究。

2 船舶总体性能预报 APP 调度的一致性算法

船舶总体性能预报APP调度的一致性算法区别于传统的调度算法，本算法关注APP计算过程中，多个计算节点及高性能集群中各节点间的总体性能预报数据、节点的APP信息是否一致。同时，需要考虑总控的节点数据、调度信息、资源信息等跟分控数据是否满足一致性。在满足这两条的前提下，才能保证在APP计算过程中任意节点的不可用，都不会丢失计算数据、计算进度以及调度信息等。为便于阐述一致性算法，首先给出一致性算法的一般数学表达式，如式(1)所示[9]：

$$\dot{x}_i(t) = -\sum_{j \in N_i} \alpha_{ij}(x_i(t) - x_j(t))$$ (1)

式中，$\dot{x}_i(t)$为t时刻第i个节点状态变量$x_i(t)$的导数；N_i为与第i个节点相邻的节点集合；α_{ij}为第i个和第j个节点自检通信网络有向图的连接矩阵元素，表示边权重，当第i个节点不能接收第j个节点的信息时，$\alpha_{ij}=0$；反之，$\alpha_{ij}=1$。经过反复迭代使得节点状态变量趋于一致。

上述算法使得系统中的各个节点的总体性能数据保持强一致性，在系统高可用性的前提下实现了系统的可靠性。在一致性算法中，计算集群中的节点根据角色类型分为三种，包括主控节点、计算节点、候选节点，其主要活动分为主控节点选举、日志信息同步两个重要的步骤。

2.1 主控节点选举

当船舶总体性能预报APP调度系统中的主控节点失去连接或无法响应达到一定的时间后，系统将重新选举合适的主控节点。具体选取过程如下：

step1:所有的计算节点通过消息总线同步状态确认主控是否存活，并初始化为待选举状态；
step2:根据各个计算节点的权重，产生候选者节点；
step3:各个计算节点按照选举的算法进行选举，当候选节点获取超过半数的投票后成为新的主控节点。

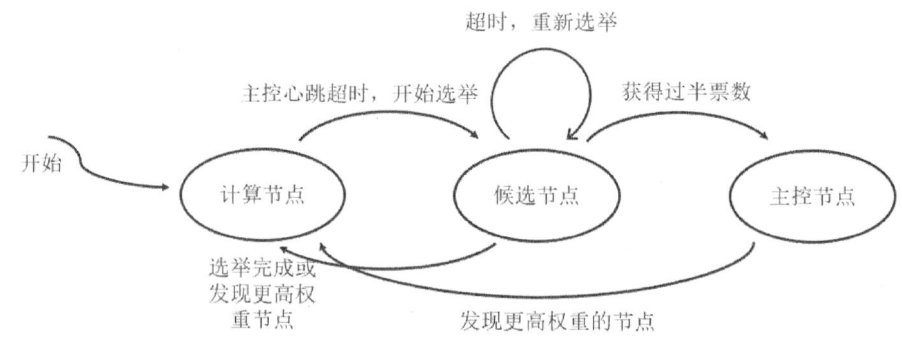

图 2 主控节点选举过程

2.2 日志信息同步

日志信息同步在军工保密体系下尤为重要，船舶总体性能预报APP计算所产生的数据、操作、消息、状态等信息均需要记录到日志中。系统实际运行过程中，日志会不间断地同步来保证日志的一致性。

日志信息同步由主控节点负责执行，当主控节点接收到客户端的APP运行或者数据请求时，主控节点会将日志信息添加到日志列表中，每个日志信息包含日志的逻辑时钟、日志的索引值、消息本体及相关的命令等。当主控节点添加日志信息完毕后，会通过特殊的广播指令对一定范围的计算节点广播相关的日志信息，直到日志信息被大多数计算节点同步完成，此时主控节点任务日志信息应被接受，随之对所有的节点进行广播直到该日志信息被所有节点同步。

日志信息同步是通过逻辑时钟与日志的索引值来控制的，利用同步算法来控制同步过程中的消息丢失等问题。

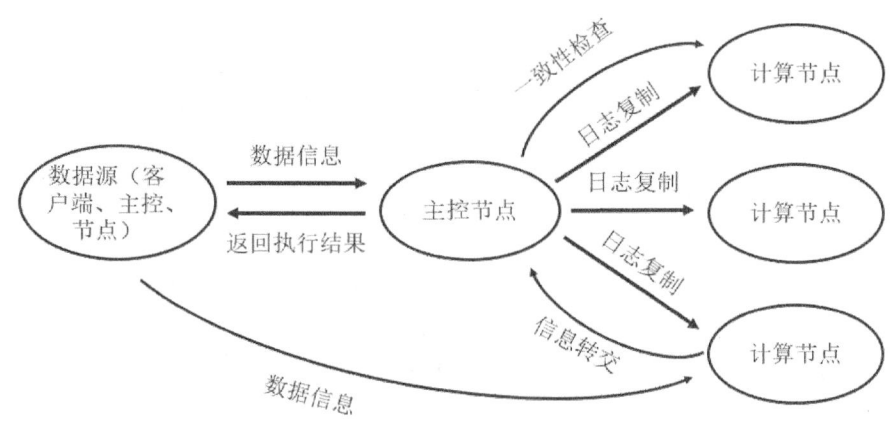

图 3 日志信息同步过程

3 功能模块设计

基于一致性算法的船舶总体性能预报APP调度系统的总体架构设计如下图所示：

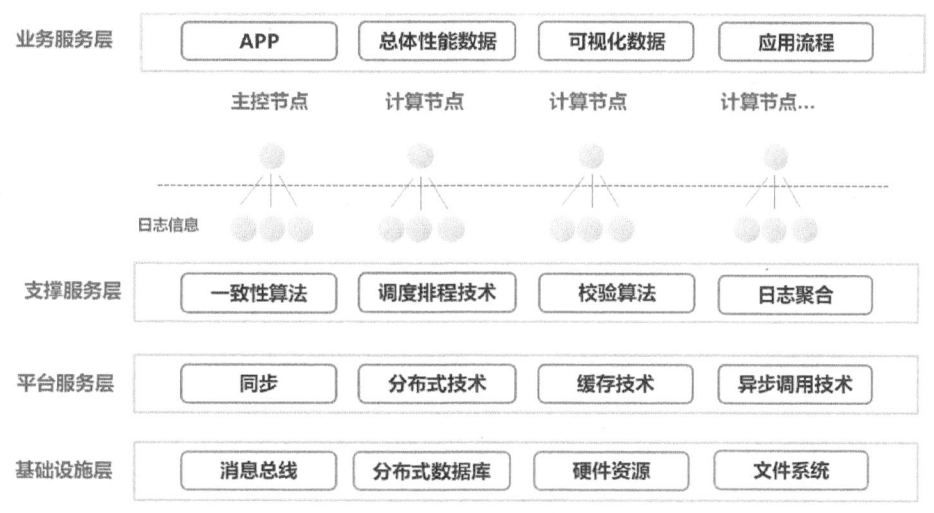

图 4 调度系统总体架构图

在船舶总体性能预报APP调度系统中，分为基础设施层、平台服务层、支撑服务层与业务服务层4个层次。

(1) 基础设施层：提供基础设施支撑，包含硬件资源、文件存储系统、分布式数据库系统、消息总线等。

(2) 平台服务层：提供系统平台服务，使得系统能够基于这些服务提供消息同步、缓存、异步调用等功能。

(3) 支撑服务层：提供系统支撑服务，本次研究的一致性算法即属于支撑服务层，一致性算法以及日志聚合等技术相关配合使得平台具有了强一致性。

(4) 业务服务层：为用户提供业务服务，包括APP、应用流程的计算服务，数据、可视化信息的同步查看等。

针对一致性算法的相关需求，我们为船舶总体性能预报APP调度系统的分布式引擎及节点添加了主控选举模块、一致性算法模块、通信处理模块三个模块。

3.1 主控选举模块

主控选举模块是船舶总体性能预报APP调度系统的核心组成部分之一，在分布式系统中的每个组件都具备该模块。其主要负责当主控失去响应时新主控的选举问题，其由角色建模、定时器、消息建模、消息处理等内容构成。

(1) 角色建模模块：角色建模模块负责将系统中各个组成部分分成不同的角色，对所有角色进行一一标识，当角色具备新属性后能够快速的重新标识分类角色。

(2) 定时器模块：定时器模块负责对选举过程中的选举超时事件进行计时，主要有以下操作：新建选举超时、取消选举超时及重置选举超时。

(3) 消息建模模块：消息建模模块负责将选举过程中的消息进行建模，主要包含心跳消息、选举消息及选举后的决策消息。

(4) 消息处理模块：消息处理模块负责真实执行选举的过程并通过通信及异常处理模块其它节点进行通信，包含消息总线接口、任务执行接口、角色状态变化接口等。

3.2 一致性算法模块

一致性算法模块负责管理一致性相关的算法，支持根据定义的接口进行算法的扩充，目前集成了基于Raft改进的一致性算法。

当客户端、计算节点等进行一致性同步的数据消息时，会将此类消息汇集到主控节点中，主控节点将此类消息进行消息转换，追加逻辑时钟、消息索引等信息并存储到日志列表中。同时，一致性算法模块将从日志列表中取出相关的日志信息，并与计算节点通过逻辑时钟、消息索引等手段进行数据的一致性同步，其主要流程见下图：

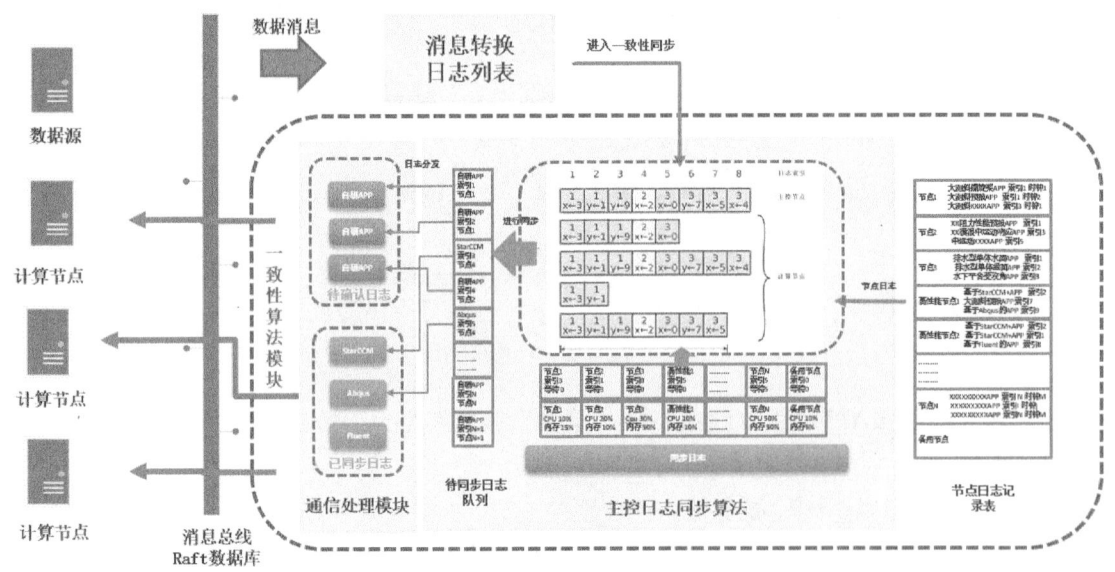

图 5 一致性算法流程图

3.3 通信处理模块

通信处理模块采用消息中间件进行系统节点间APP消息、日志信息的分发，同时为主控选举提供基础支撑。在数据进行分发时，通信处理模块采用二进制形式的数据通信，对相关的数据进行序列化与反序列化。

在保证消息同步的同时，采用Redis作为总体性能预报数据同步的承载。每个分布式节点中都具备Redis，多个Redis组成一个同步集群，保障、APP计算时产生的消息、数据、文件等及时同步。

4 结　论

本文对基于一致性算法的船舶总体性能预报APP调度策略进行了归纳总结：针对分布式环境下的强一致性的需求，开展了一致性算法相关的研究，重点阐述了CAP理论、一致性算法以及系统如何实现一致性算法等问题。通过完成基于一致性算法的船舶总体性能预报APP调度系统的开发，有效地解决了船舶总体性能分析APP的高可靠、强一致性的问题，保障了异构APP可靠、实时、高效地运行。

参 考 文 献

[1] 赵峰, 陈伟政, 韦喜忠, 等. 系统工程在船舶总体性能研发中的实践思考[J]. 中国造船, 2021, 62(02): 275-283.
[2] 韦喜忠, 金建海, 王墨伟, 等. 面向船舶总体性能预报APP研制的GJB5000A应用方案[J]. 船舶标准化工程师, 2020, 53(04): 5-10.
[3] 王润华, 毋建军, 侯佳路. 分布式实时计算引擎——Storm研究[J]. 中国科技信息, 2015(06): 68-69.
[4] 张云峰. 基于策略的分布式实时计算系统框架的设计和实现[D]. 济南: 山东大学, 2019.
[5] 王志会. 面向边缘计算的制造任务调度机制及其可靠性分配的研究[D]. 杭州: 杭州电子科技大学, 2020.
[6] 朱先德, 毕永生. 云计算数据中心存储资源池化扩展及智能调度管理研究[J]. 通信管理与技术, 2013(05): 32-35.
[7] 李丹, 叶廷东. "异地多活"分布式存储系统设计和实现[J]. 计算机测量与控制, 2020, 28(04): 211-216.
[8] SETH GILBERT, NANCY LYNCH. Brewer's conjecture and the feasibility of consistent, available, partition-tolerant web services[J]. ACM Sigact News, 2002, 33(2): 51-59.
[9] 刘瑜超, 刘胜, 王景芳, 等. 基于分布式Raft算法的直流微电网功率协调控制[J]. 电力系统自动化, 2022, 46(19): 70-77.

Research on APP Scheduling Strategy for Ship Overall Performance Prediction Based on Consistency Algorithm

QIAN Weidong[1], SUN Ganjiang[*,2], YUAN Maocai[2], XU Yuan[1]

(1. China Ship Scientific Research Center, Wuxi 214082, China;
2. CSSC Orient Wuxi Software Technology Co., Ltd. Wuxi 214082, China)

Abstract

Aiming at the requirements of data transmission and system scheduling of overall ship performance prediction APP in distributed environment, this paper analyzes the running status of heterogeneous APP at home and abroad, proposes a distributed collaborative consistency scheduling algorithm for heterogeneous APP based on military secret environment, builds a distributed scheduling engine module, and verifies the algorithm on this module. The application results show that the algorithm can ensure the high reliability and strong real-time operation of heterogeneous APP, effectively improving the operational efficiency of overall ship performance prediction APP.

Key words: Overall ship performance prediction; Heterogeneous APP; Distributed scheduling

作者简介

钱卫东　男，1985 年生，高级工程师。主要从事 CAE 虚拟试验软件技术研究。
孙淦江　男，1988 年生，工程师。主要从事分布式设计仿真计算平台相关技术研究。
袁茂才　男，1989 年生，工程师。主要从事工业数字化平台底层引擎与架构技术研究。
徐　源　男，1991 年生，工程师。主要从事虚拟试验算法集成及流程封装等技术研究。
*通讯作者：孙淦江

一种面向船舶试验数据的新型存储架构研究

刘德丰[*,1,2]，程　成[1,2]，徐铭泽[1,2]

（1. 中国船舶科学研究中心，无锡 214082；
2. 深海技术科学太湖实验室，无锡 214082）

摘　要

船舶试验数据根据试验属性的不同，所产生的数据结果在文件存储格式、内容组织形式、数据取用手段等方面具有明显的差异，同时船舶试验数据的颗粒度也不尽相同，难以以统一的存储架构满足所有需求。为支持数据挖掘与智能化应用，需要将高速增长的这类多源异构的船舶试验数据进行高效存储。论文从经典的分布式存储架构出发，面对多样化的数据存取需求，调研并整合了现有基于数据湖与数据仓库的存储架构组织方案。面向大规模低成本存储设备，从元数据管理、数据输入与整合、湖式存储结构、数据仓库、业务应用几个部分进行逻辑设计，形成了一种新型分布式的存储平台架构方案，实现了结构化、半结构化、非结构化数据的存取功能，以满足不同船舶性能试验数据使用需求，同时保证了存储资源的高效调配。

关　键　词：存储技术；分布式存储；对象存储；数据湖；数据仓库
中图分类号：TP315

0 引　言

随着以人工智能、云计算、物联网等为代表的新一代信息化技术的高速发展，数据也在新时代被赋予了资源属性，呈现出指数式的数量增长。伴随着数据量的高速增长，以行业为代表的各细分领域对如何存储与处理海量的数据提出了越来越高的要求。传统的结构化数据库，在面对多库数据资源共享与集成等问题上倍感压力，面向复杂数据分析与决策支持的数据仓库应运而生[1]。它实现了对多个数据库或数据源的数据进行加工并用于处理结果的存储、提取和维护问题。然而，随着多样化的数据采集设备的应用，与以目标识别等为代表的人工智能新方法的发展与落地，统一的结构化数据形式难以表达数据这种资源的全部价值，数据仓库更是难以适配以机器学习为代表的各式新需求，容易产生新的数据孤岛问题[2]。同时，在实际业务过程中，常常出现的半结构化、非结构化数据的重要性也日益突出，亟需一种更高效、敏捷、低成本的数据存储方案[3]。2011年，"数据湖"的概念应运而生，该数据存储方案实现了针对不同领域原始数据的汇聚存储与系统化管理[4]，以支持用户的差异化需求。

对数据湖的研究主要有两个方向，一个方向是从新型数据存储架构的机理上开展研究，如陈永南等[5]开展的基于数据湖的大数据处理机制研究等；另一个方向是将数据湖的设计思路与具体业务相结合，形成专向化的数据存储构建方案，如王少杰[6]以联邦数据管理系统为对象，深入阐述了数据湖结构在该系统中的组织形式、功能特性等内容。将服务于大数据的方法具象化到船舶行业，可以反映在船舶试验数据的治理上。船舶试验数据指的是针对阻力、耐波性、快速性等多种性能，通过物理试验或数值计算等手段，得到的大量原始或结果试验数据。同时，随着物理试验的开展，同步采集的图像、视频与音频等数据，作为伴随试验模型产生的原始数据，仍然具有数据挖掘与应用的价值。本文与第

收稿日期：2022-10-19；修改稿收稿日期：2022-12-10

二种研究方向相似,立足船舶试验数据的采集、清洗、存储以及取用全流程,提出了一种基于数据湖与数据仓库相融合的新型存储架构,旨在解决多源异构数据的高效利用问题。

1 总体架构

数据仓库作为数据的存储形式之一[7],主要被用来处理依托关系型数据库进行存储与管理的结构化数据。此类存储方法在处理原始数据时,以写入型模式进行采集,根据业务逻辑实现数据从来源端经过提取Extract/转换Transform/加载Load(ETL)到目标端的过程[8],然而在结构化过程中,可能会对数据的细节产生破坏。因此,本文在保留数据仓库对原始数据进行ETL结构化处理的同时,引入数据湖的概念。利用数据湖对于半结构化、非结构化数据的插入支持,保证从船舶物理试验过程中采集的影音等非结构化数据能够得到有效的存储与利用,以便进一步挖掘数据价值。同时,以原始数据作为存储对象,使用时根据需要直接使用或进行ETL流程处理,使得数据湖对数据的适用范围得到扩展,并且满足了部分智能化应用对数据实时性的要求。从总体上概括,以数据仓库为代表的存储架构能够很好适配于数据驱动型的决策支持系统,适用于船舶试验数据中以文本、结构化数据为输入的统计分析类性能验证工作,实现面向试验需求提供高反应性与适应性的结果支撑。而数据湖式存储架构作为决策支持系统的补充,能够支撑多元化的技术栈,能够灵活处理非结构化的船舶试验数据,为以智能识别为代表的创新业务需求提供扩展能力,促进数据价值的发现。在此基础上,本文融合两种存储结构,提出了一种仓湖一体的存储新架构,以满足现实业务对海量多源异构船舶试验数据存、取、用的要求。

本文提出的存储架构业务逻辑图如图1所示。随着包含虚实两类多源数据的输入,需要通过贯通全流程的元数据管理模块来对入湖与入库数据的元数据进行集中管理。通过对表单等结构的维护,组织湖内与仓内数据的快速查询、插入、删除等操作。针对海量的多源异构数据,往往集中式的存储结构难以保证数据的存储、查询、读取等操作效率。因此引入分布式存储架构来实现数据湖与数据仓库的架构基础[9-10]。通过维护唯一的数据湖结构,打通与智能化应用间的数据通道。同时通过数据集成与ETL来实现湖仓数据间的流通,并为决策与可视化提供数据支持。在数据治理与质控模块,实现对数据整合、消息队列、数据批量处理等操作的总体把控。

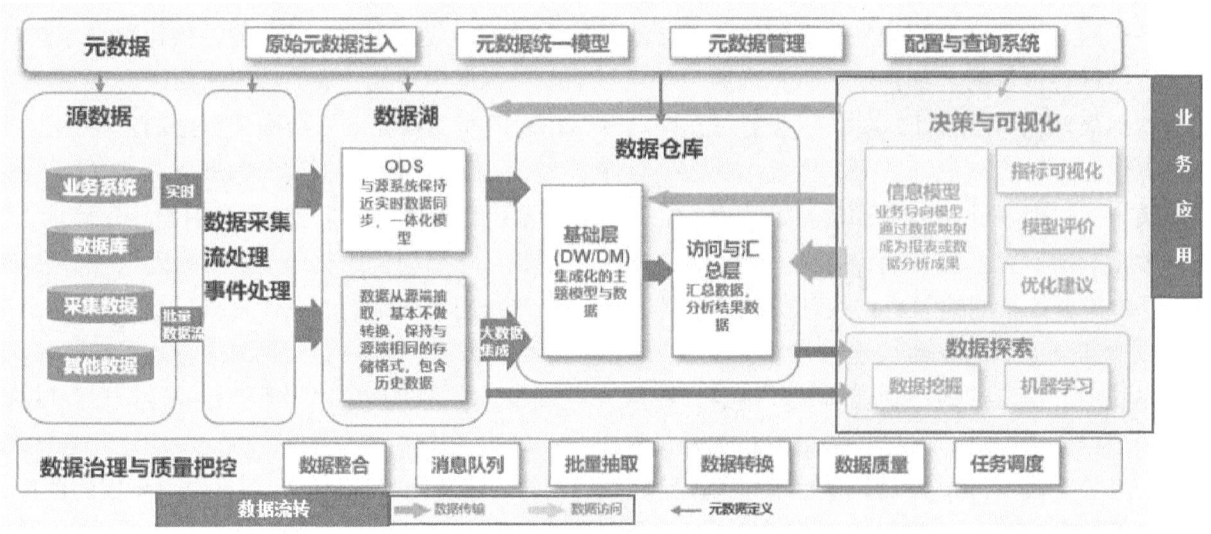

图 1 面向船舶试验数据的存储架构总图

2 功能模块

如图1，船舶试验数据存储架构可以分为六个模块，包含元数据模块、数据输入模块、数据湖、数据仓库、数据应用模块、数据治理与质量把控模块。本章将详细介绍这六个模块的组织形式与具体功能。

2.1 元数据

由于船舶试验数据多源异构的特点，难以对数据进行统一存储，所以需要在数据注入阶段建立元数据统一模型，并构建元数据的管理体系，以此约束连通分布存储于库中的数据，实现跨域系统的元数据管理能力，保证数据湖中数据资源的语义一致性。完整的元数据管理流程如图2所示。获取原始数据之后，通过自动化或手动输入的方式，将mysql、hbase等数据源中输入的异构数据的元数据信息映射到统一模型，在指定数据地址、仓库名称、数据端口等配置信息后，实现元数据的采集与保存工作。

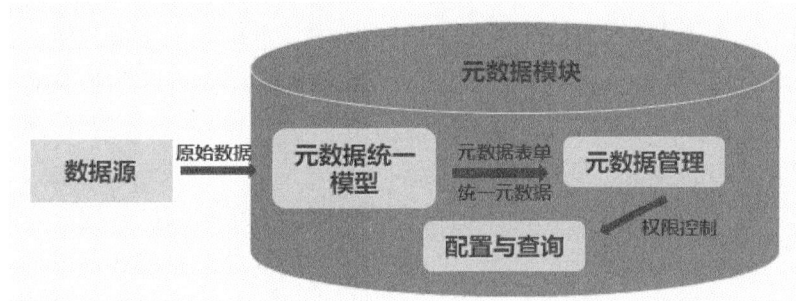

图 2 元数据模块内部结构图

而对于元数据的管理[11]，现有的手段分为三种，即集中式管理架构、分布式管理架构、无元数据管理架构。集中式管理能够高效处理集群运维过程中的统计需求、易扩展数据容量，但对系统的稳定性容错率不高，存在性能与元数据容量上限。分布式管理则重点解决了容量与性能上限问题，但在集群节点上既要存储数据又要存储元数据，在配置设计中要充分考虑CAP原则问题。无元数据架构则以算法寻址为主，具备高扩展性的特点，但在集群扩容过程中，需要进行大量的迁移工作，且数据维护难以人为调整。结合船舶试验数据的元数据在属性种类与数量上的特点，本文提出的存储架构中，仍以集中式管理架构作为元数据的管理架构，并在中心节点上实现元数据取用与配置查询操作。

2.2 数据输入

数据的输入模块，作为整个存储系统的原始数据入口，提供了对船舶试验方向上已有业务系统的接口，实现业务数据的直接流通。同时各类型虚拟试验的模拟结果能够有效汇入，通过统一的存储结构实现虚实两类数据的维护。数据输入模块还支持关系型数据库mysql以及非关系型数据库HBase等库中数据的接入，保证数据的高效汇入。同时，对于各类型的数据采集设备，模块提供了数据转化与传输的功能。使用Spark架构[13]中的Spark Streaming来实现数据切分并封装于RDD中，再以类似批处理的手段对数据片进行操作，以此来保证对于流处理的业务需求。结合源数据具体的类型与特点，形成了"批流一体"的数据输入机制，充分发挥分布式存储架构对大规模多源异构数据的适配性、兼容性特征。

2.3 数据湖

数据湖作为存储架构中数据主要留存的部分，其主要功能是将数据从源端抽取，在基本不做转换的情况下，以与源端相同的存储格式进行存储。通过Hbase、Hive等组件协同构建，操作型数据存储ODS(Operational Data Store)系统作为灵活多样的数据集合，提供了对于多个数据源业务数据的存储能力，并实现了将数据流转至业务应用或数据仓库中用以分析的功能。

面向大规模异构数据的数据湖构建往往需要依靠分布式的存储架构来提供动态拓展服务，以Hadoop[14-15]为代表的开源且成熟的大数据存储支撑架构为各领域具有分布式存储需求的业务场景提供了可靠的技术保障。在Hadoop架构基础上，针对数据湖中存储的异构数据，需要一种存储分析大型表格数据格式来统一多样化的存储数据库。常用的方法包括Delta Lake、Apache Iceberg和Apache Hudi。Delta Lake具备支持ACID事务、数据版本管理、开源文件格式、流批一体、元数据演化等特性。Apache Iceberg作为一种用于大型分析表的高性能格式，具备格式演变、隐藏分区、分区布局演变、快照控制、版本回滚、高并发等特性。Apache Hudi是面向具有增量数据管道的流式数据湖构建方案，具备快速索引更新、增量查询、向后兼容模式等特点。本文结合Hadoop框架与其各个组件特点，使用Iceberg来存储与分析表格数据，实现通用数据组织格式。

2.4 数据仓库

数据仓库的实现基础与数据湖相似，同样基于Hadoop存储架构[16]，通过ETL对数据湖中数据进行加工与清洗，形成适用于业务需求或者试验主题的一致的、准确的、干净的结构化数据，传入数据仓库(DW)，并用以实现数据聚合与结果可视化。同时，在数据仓库中可以存在数据集市(DM)，集市中的数据是面向具体任务主题来管理与组织数据的，适用于存储与组织经过简要处理、汇总、加工后的数据。数据仓库与数据集市的实现，可以通过Hbase、Hive等组件协同构建，并通过访问控制、权限管理等机制手段，管理由统一数据湖扩展出的，适用于不同实际业务需求的数据仓库集合。而访问与汇总层提供了满足具体的分析需求所构建的数据，包含的是经过高度汇总的数据内容，此类数据具有专用性，不必通用于各类业务需求。

2.5 数据应用

数据应用模块主要包含两大类应用，即决策与可视化和数据探索两类。以试验性能反馈与优化建议为导向的决策与可视化类应用，构建了专用的船舶试验信息模型，通过对数据仓库中结构化的数据映射生成报表、统计图等信息，为指标的可视化、模型设计评价与优化建议等需求提供支撑。同时，所生成的数据可反向存于数仓中，便于统计数据的回溯查询，以及在相似型号设计中起到参照作用。

数据探索类应用既能从数据仓库中读取经数据清洗与处理后的结构化数据，又能从数据湖中读取未经处理的结构化或非结构化数据，极大程度适配了数据挖掘的需求。同时对基于图像、语音等发展较快的深度学习方向提供了直接的数据支持，可具象化到水上、水下的目标识别，航迹检测等诸多方向。

2.6 数据治理与质量把控

数据治理与质量把控模块，包含了数据整合[17]、消息队列、批量抽取、数据转换、数据质量[18]、任务调度等多个功能，其根本目的是实现从试验设计到模型设计，从数据研发到数据服务，做到数据可管理、可追溯、可规避重复建设，把控船舶试验数据的完整性、准确性、一致性和及时性，避免存储资源的浪费，提升数据的适用性与易推广性。以数据服务为核心，数据质量和数据治理来提升数据利用的准确度，作用于船舶性能评估与设计优化。

3 数据流转

船舶试验数据的流转，贯穿了数据采集、数据存储、数据取用的信息流动全生命周期，是数据由产生到价值转化的体现。如图1蓝色箭头所示，表示数据在不同流转阶段的产生与传递过程，同时表示了不同阶段所需要进行的数据操作。数据传递的方向与信息流通的方向相一致，并在整个存储、处理到应用的过程中，数据逐渐变得应用具象化、价值增值化。

3.1 数据采集

数据的采集过程从图1可以看到,包含了传统业务系统、各种数据库、采集设备以及其他数据接口。从数据输入的处置时延上,可以将数据的采集过程分为实时流处理与批处理过程。常规从数据库读取的异构数据,可以通过批处理的手段实现数据的批量写入、文件迁移等操作,部分数据可根据需要进行提取、加工等后续处理,再存储到数据湖中。而针对具有低时延需求的流式数据,通过Spark Streaming进行切片转化,实现了试验数据的高效实时导入。在这一阶段,随着数据加载入数据湖,元数据的属性抽取工作同步开始,参照元数据统一模型,对数据的属性信息进行细化与管控,有助于数据治理与质量把控。

3.2 数据存储

数据的存储则存在于数据采集与应用两个阶段之间,主要包含两个部分,即数据湖存储与数据仓库存储。数据湖本身具有较高的灵活性,支持Nosql数据库,通过基于Hadoop平台固有的HDFS分布式文件系统,能够提供弹性、安全、易管控的文件管理能力。结合Iceberg提供的文件格式支持,实现大规模多源异构船舶试验数据的通用化表达,保证了异构数据的存储与流通。数据仓库中的数据,来源于数据湖中直接输入的结构化数据,以及对数据湖中非结构化数据进行数据集成与转化后得到的结构化数据。数据仓库更加擅长处理结构化、半结构化这类细节性的数据,通过ETL过程对数据湖中的原始数据进行加工、清洗以及不同程度的汇总,可以直接服务于后续评估决策应用。

3.3 数据取用

对于数据的取用,可以从数据湖与数据仓库两个存储域进行描述。以使用数据的用户或者对象作为主导,根据不同领域研究人员具体的使用需求,确定数据读取的存储源。例如部分以数据驱动的智能化手段,尤其是能够直接处理非结构数据的新方法或新应用,可以直接从数据湖中读取数据,并将这部分数据应用于识别、预报等任务。而面向性能设计人员,需要对同一设计方案的多试验属性结果进行综合分析时,即可以从数据仓库中读取处理过后的结构化数据,也可以从数据湖中读取原始数据与相匹配的视音频等未处理的原始资料。

4 业务应用

立足船舶试验数据的出发点,仓湖一体的架构能够为试验数据的汇聚、治理、应用提供全面且清晰的技术蓝图。尤其随着现代化试验设施的完善,多样化的数据采集系统将产生更加多元化的数据输入,在空间容量、读取效率、异构整合等多个方面冲击着传统存储手段。因此,结合实际业务需要,设计一种面向海量多源异构试验数据的分布式高扩展存储架构是必要的。同时,对该架构中数据服务于实际业务中的关键点,可以总结为如下两部分内容。

4.1 决策支持与可视化

船舶试验数据往往以学科等属性进行细化分类,不同学科中同一试验对象产生的数据仍然具有明显差异。而面向异构数据的存储架构,能够快速捕捉跨学科的数据特征,整合已有在存数据,辅助研究设计人员快速形成试验目标的性能图像,有助于综合考量多学科方向上的性能特性。在此基础上,以实数据驱动,利用可视化的手段,进一步加速了设计人员或性能研究人员对缺陷的定位,加快船舶设计、评价与优化完整流程的决策发展。

4.2 数据挖掘

随着人工智能的发展，船舶试验数据的应用途径得到新的拓展。无论是方程拟合，还是目标识别，以数据为核心的智能化方法始终需要依托稳定、通用且易用的数据存储平台。通过元数据的属性筛选，保证了研究人员对于兴趣数据的高效获取。通过面向多源异构数据的分布式存储架构，保证了对于试验原始数据的有效留存。通过数据挖掘的手段，传统难以保存与关联的非结构化数据重新焕发了新的活力。

5 结 论

针对海量多源异构的船舶试验数据，本文提出了一种仓湖一体的存储新架构，实现跨域数据的统一治理，并解释了架构内置的各模块间的接口关系与具体功能。从数据流转与业务应用两个角度，阐述了船舶试验数据从多种输入端接入至数据湖与数据仓库之中的过程与手段，说明了如何通过 ETL 或直接访问读取等操作，为可视化决策、数据挖掘、智能应用等方向提供基础的数据支撑。未来，将研究该架构的实践与改进方法，重点瞄准自动化元数据提取、高效分布式存储设计等几个方面，开展进一步研究。

参 考 文 献

[1] HAMMER J, GARCIA-MOLINA H, WIDOM J et al. The stanford data warehousing project[J]. IEEE Data Engineering Bulletin, 1995, 18(2): 41-48.

[2] 刘洋. 企业内部的数据孤岛现象的内在成因和解决建议[J]. 信息系统工程, 2018(04): 93-95.

[3] 刘子龙. 数据湖——现代化的数据存储方式[J]. 电子测试, 2019(18): 61-62.

[4] MARILEX, REA, LLAVE. Data lakes in business intelligence: reporting from the trenches-ScienceDirect[J]. Procedia Computer Science, 2018, 138: 516-524.

[5] 陈永南, 许桂明, 张新建. 一种基于数据湖的大数据处理机制研究[J]. 计算机与数字工程, 2019, 47(10): 2540-2545.

[6] 王少杰. 基于数据湖的联邦数据管理系统的设计与实现[D]. 北京: 北京交通大学, 2020.

[7] 陈氢, 张治. 融合多源异构数据治理的数据湖架构研究[J]. 情报杂志, 2022, 41(05): 139-145.

[8] 徐俊刚, 裴莹. 数据 ETL 研究综述[J]. 计算机科学, 2011, 38(04): 15-20.

[9] 刘圆, 王峰, 杨明川. 面向大数据的分布式存储技术研究[J]. 电信技术, 2015(06): 33-36.

[10] 李绍俊, 杨海军, 黄耀欢, 等. 基于 NoSQL 数据库的空间大数据分布式存储策略[J]. 武汉大学学报(信息科学版), 2017, 42(02): 163-169.

[11] 戴超凡, 刘青宝, 黄宏斌, 等. 数据仓库中的元数据管理[J]. 计算机工程与科学, 2003(04): 54-57.

[12] 曹蓟光, 王申康. 元数据管理策略的比较研究[J]. 计算机应用, 2001, 21(02): 3-5.

[13] 吴信东, 嵇圣硙. MapReduce 与 Spark 用于大数据分析之比较[J]. 软件学报, 2018, 29(06): 1770-1791.

[14] 田秀霞, 周耀君, 毕忠勤, 等. 基于 Hadoop 架构的分布式计算和存储技术及其应用[J]. 上海电力学院学报, 2011, 27(01): 70-74.

[15] 朱珠. 基于 Hadoop 的海量数据处理模型研究和应用[D]. 北京:北京邮电大学, 2008.

[16] 费仕忆. Hadoop 大数据平台与传统数据仓库的协作研究[D]. 上海:东华大学, 2014.

[17] 李治强, 苗放. 多源异构数据整合在信用系统中的应用研究[J]. 计算机技术与发展, 2007(02): 172-174, 177.

[18] 杨青云, 赵培英, 杨冬青, 等. 数据质量评估方法研究[J]. 计算机工程与应用, 2004, 40(09): 3-4, 15.

Research on a new storage architecture for ship test data

LIU Defeng[*1,2], CHENG Cheng[1,2], XU Mingze[1,2]

(1. China Ship Scientific Research Center, Wuxi 214000, China;
2. Taihu Laboratory of Deepsea Technological Science, Wuxi 214000, China)

Abstract

Due to different attributes of ship test data, the data results produced have obvious differences in file storage format, content organization form, data access means and other aspects. At the same time, different granularity of ship test datamakes it difficult to meet all requirements with a unified storage architecture. In order to serve the application of data mining and intelligent data, it is necessary to store the rapidly growing multi-source heterogeneous ship test data. Based on the classical distributed storage architecture, this paper investigates and integrates the existing storage architecture organization scheme based on data lake and data warehouse in the face of diverse data access requirements. For large-scale low-cost storage devices, this paper carries out logical design from metadata management, data input and integration, lake storage structure, data warehouse and business application, and forms a new distributed storage platform architecture scheme, which realizes the access function of structured, semi-structured and unstructured data. Various methods are used to meet the data usage requirements of different ship performance researchers and ensure the optimal allocation of storage resources.

Key words: Storage technology; Distributed storage; Object storage; Data lake; Data warehouse

作 者 简 介

刘德丰　男，1995 年生，助理工程师。主要从事数据应用、存储技术、大数据智能化等方面工作。
程　成　男，1982 年生，高级工程师。主要从事信息化、智能系统、信息系统集成等方面工作。
徐铭泽　男，1997 年生，助理工程师。主要从事自动化测试、信息系统集成、智能控制等方面工作。
*通讯作者：刘德丰

船体设计数据安全协同框架研究

胡雪晖[*1]，洪华军[2]，吴天祺[2]，郭　伟[2]，褚学森[2]，李金库[3]

(1. 上海同态信息科技有限责任公司，上海 200235；

2. 中国船舶科学研究中心，无锡 214082；

3. 西安电子科技大学 网络与信息安全学院，西安 710071)

摘　要

近年来，我国船舶行业的CAE软件与云计算平台正逐步深度融合，然而在充分调用云上资源、满足船厂对复杂仿真问题的多方协同研究需求的同时，亟需解决其数据在云上、域外流转时的不可控安全风险。目前船舶企业在核心重要数据的价值保护、跨域协同的安全保障、高权限人群的隐私管控仍需多加探索。基于以上需求，本文以同态加密结合安全协同框架中的数据管控能力，在性能数据的收集、传输、训练等多个环节均建设起密码保护，并协助研发机构打造"众创共享"生态，在计算方、云厂商均对重要数据"不可见"的情况下，仍然能够实现仿真分析的协同化，即允许加密数据直接进行计算。通过该框架，不仅能够实现分散空间异域数据在不出域的前提下进行数据融合，满足多方数据在进行非线性力学、声学、流体等复杂物理分析和耦合计算时的安全需求。该框架能够为参与各方提供隐私保护与数据安全融合汇聚的能力，并为总体所提供综合管理复杂供应链的安全支撑，从而增加互相之间的信任度，激活更多研究数据资源，真正发挥协同优势。大力提升传统船舶研发数据的安全性、经济性、环保性和高效性，减少由数据泄露而可能导致的重大经济损失，为未来智能化船舶的安全基础设施建设提供了强劲动力。

关　键　词：密码创新应用；船体设计协同；同态加密；属性基加密

中图分类号：U661

0　引　言

船舶行业，作为我国最庞大、最复杂的行业，其海量数据中蕴藏广泛的数字化应用场景，但同时也带来风险性极高的数据泄露成本。其中，船舶总体性能数据由于其高敏感、高价值的属性，极易受到境外公司以处理、出售等目的为前提的搜集与调查。目前，我国正逐步迈入以数据驱动的船舶智能制造模式，在其成为船舶工业发展数字化主导方向的同时，也为船舶工业的发展带来了新机遇和新挑战。

近年来，在大力推进船舶设计、制造、管理和服务等云服务平台建设的同时，我国以船舶各类数据的采集、加工等环节为基础[1]，鼓励各企业通过融合人工智能、5G、区块链、隐私计算等新兴技术，实现船舶总体性能研发的优化迭代[2]。并且有研究表明，协同研发等新模式能够带来积极的绩效反馈[3]。其中，风险分析、船体强度分析、远程监控[4-5]等场景均涉及重要敏感数据的分享与协同计算，产生的数据量以爆炸式增长，这也引起了船舶行业信息系统中难以忽视的安全问题。但考虑船舶场景复杂、数据流动性大、管理难度大，需要在保证隐私和独立性的前提下，解决这些数据远程收集、传输、监控、应用等环节中可能遇到的安全脱节问题，保障可持续安全。

收稿日期：2022-11-25；修改稿收稿日期：2022-12-19

基金项目：船舶总体性能创新研究开放基金(25622113)

1 云上协同研究的安全需求

基于云计算平台的CAE协同任务，在提升用户易用性、提供计算资源的同时，能够借助云平台特点打破地域局限，实现行业"众创共享"的研发生态。不但能够降低本地用户的硬件与资源成本，缩短模型的分析时间，而且方便工程项目经理的统一管理与分配。

但上传数据与计算模型到云服务器进行分析，这意味着船舶企业需要将其核心研发数据、船体计算模型、影响参数等高价值数据的存储传输等环节，转换到云工作站服务器上。这一模式虽然可以深度融合云计算能力，将其作为CAE软件未来的发展趋势，但一旦出现数据安全事件，这种协作方式不仅会造成严重的数据流失问题、影响其经济收益，还会造成对企业形象的负面影响。因此亟需降低项目管理及中央处理方的数据风险，以及云服务器的不可控风险。

本文主要实现：①研究单位在不上传船体设计研究的原始数据、原始模型参数的前提下，能够选择在本地先进行同态加密之后，仅使用加密后的密文数据参与后续计算，支持数据汇集后的分析以及隐私保护的分布式机器学习，保障出域后的模型与数据价值不被稀释；②加密后的数据及参数仍可保持原有明文数据的计算能力，不影响数据的需求方进行原有的调用操作、生成模型及云图。

2 密态数据流通与安全共享

2.1 新一代智能船舶安全框架

由于传统工业系统之间不兼容、功能不关联而造成的"信息孤岛"，使信息共享遇到了瓶颈。不同机构、部门之间前期系统建设各自独立，且安全体系被分割在单个系统中。因此，本文打造高安全的安全协同框架，降低安全组件对原本协同业务的改造，避免云上数据的丢失损坏，将"数据"从一种可供展示、可验证的副产品提升到重要的生产要素，全方位保障船舶数据研发中的安全。

新一代智能船舶的数据协作共享框架，需要覆盖安全、运营、管理全领域的全船产业级智能化体系，扎实的安全保障、先进的技术支撑体系、以及完备的风险管控体系。

在接入层，本框架采用统一的标准化技术接口及数据标准规范，支持舰船各个不同业务线数据的安全整合、联合运营，形成"船厂+市场"合力，积极建立灵活可控的业务场景及映射机制，适应智能化、数字化业务场景的快速接入和弹性扩展。在数据层，重点建设内外部一体化的数据生态，集中数据、深度挖掘，真正做到船上数据全机构共享，专业数据实时梳理、实时反馈、实时预警。针对性、定期的进行数据标签体系与画像体系的迭代建设。在计算层，实现密态数据特征的智能化加工与处理，通过组装基础算子进行定制化开发，保持原有业务逻辑不变，实现全程密态风险决策与智能化能力。在计算层之上，本文将其分为应用层与可视层。主要作为对外展示输出，如建设智能化船体仿真设计可视系统等，需要与额外开源技术进行融合，建立实时及周期性风险权限管理机制，全面量化、及时评估数据风险，灵活调整策略，满足业务运营的安全管理需求，实现实时数据风险甄别与批量决策能力。

2.2 全流程密态流通与计算

数据汇聚的各方能够应用集中式供应链协作的其中一个关键方面，是能够保障以安全的方式控制他们的数据与信息分配。这使得数据源（即舰船的传感器数据源）的每个控制方，在得到许可的情况下，均能够在任何时候在任何地方，监控、更新、分析得到所有重要的数据结论。

基于传统加密，主要利用AES等算法对传感器终端、传输过程中的数据进行加密。然而，如果传感器的数据会上传到云端，或是在调度中心、其他终端进行接收后，处理数据仍然需要解密步骤，如果多个调度中心需要使用数据即需要密钥共享等环节（图1(a)）。由于无法执行比较两个密文数据和对密文数据库进行求和、分析等操作，加密后的数据与解密密钥必须下载到客户端，才能在解密后对明文的数据库执行其余步骤。显然，这种解决方案在云环境上存在较大的安全隐患。因此，需要有一种加密算法能够在加密数据的基础上，对密文实现直接的运算操作，使供需双方可以同时针对加密数据进行密文运算（见图1(b)），从而有效保障双方的输入安全，缓解开销成本。

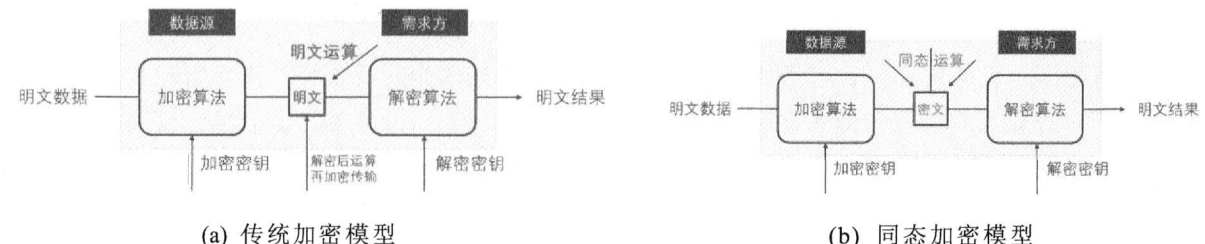

(a) 传统加密模型　　　　　　　　　　　(b) 同态加密模型

图 1　数据加密模型

对此，Ronal Rivest、Adi Shamir、Len Adleman[6]在1978年提出了"同态加密"这一概念，这一算法方案的安全性基于RSA假设。之后，在1985年和1999年，基于离散对数困难问题的Elgama[7]加密算法和基于二次剩余困难问题的Paillier[8]加密算法也相继诞生。直到2009年，Gentry[9]提出了基于理想格的全同态构造方法，首次实现了密文能够同时满足任意次数的加法和乘法运算，但性能效果并不理想。之后的十余年间，密码学家们不断尝试突破公钥全同态加密的计算复杂度[10-14]，部分研究以牺牲乘法运算深度为代价提高其运算效率，使应用场景受到一定限制。可以发现，密态数据计算在为用户带来高安全的同时，其巨大的计算开销难以满足当下船舶互联网中大部分资源受限用户的性能需求。

为了将这一模式尽快落地商业化应用，攻克恶意敌手环境下的外包计算的可验证、可追踪、可审计，本文采用了轻量化的数据隐私保护变革性新理论和新方法，相比国际知名的同态算法框架Microsoft SEAL开源库，已实现1800倍以上的性能提升[15]，并已在多领域多场景适配方面得到了市场能力验证。

3　基于隐私计算的数据协作共享框架

3.1　船体设计数据托管

船体设计数据的托管服务主要为数据提供全密态情况下的安全存储和安全应用两项服务。首先，由于数据作为生产要素的转换制度尚不清晰，尤其是数据在外部应用与分享时会涉及多个关键领域与应用，因此需要明确该数据的后续使用场景、目的、对象等因素，并在此基础上进行具有针对性的数据质量审核。在预审核后，再基于同态加密技术路径，将其数据进行加密保护，完成其加密的源头保护。

以上方案保障数据在前端设备采集时就具备一定的保密能力，满足对远程设备的数据加密要求；另一方面，在数据进行同态加密之后，托管服务能够将密态数据上云进行密态存储，同态加密状态下进行存储的数据，能够满足在不被云服务商和第三方"触碰"数据的前提下，只有特定需求方能够在得到数据拥有者授权后，在密态下进行直接计算应用。例如，数据使用方可以对云端密态数据进行查询、检索、统计，并且可以在同态算子的辅助下，进行密态公式运算与密态建模[16]，使整个数据处理过程对云厂商完全处于保密状态，实现全流程的安全云端数据应用。

充分实现云端数据的高安全性、易对接性，充分发挥船体设计数据在多个领域赋能的灵活性与高价值，更好地协助小型船舶总体性能部门实现密文情况下的动力数据升值，打通数据价值交换的链条。

3.2　数据隐私围栏

托管于隐私计算服务框架的船体设计数据需要通过严格、安全的管控服务来设定数据使用权限管理功能，在隐私化数据的使用条件方面进行细粒度管控，确保隐私化的动力数据即使在外流后，数据源对其加密数据在加密环节仍然具备管控能力。

在数据围栏中主要使用属性基加密技术实现对于数据流通环境的控制，包括但不限于使用次数、使用时间、使用的设备环境、使用的系统环境以及使用者的身份情况等，通过访问控制策略来保障数据在使用过程中的管控度。

属性基加密技术是一种公钥加密技术，其业务模型中分为两类，第一类是密管中心（图2），负责用户一次性解密密钥的生成与用户的身份认证；第二类是系统用户（图2中的数据提供方和接收方），使用目标群体的特征来进行加密数据。在需要解密数据时，从系统处申请一次性解密密钥，该密钥中包含用户特征信息与访问控制信息。当密钥信息和密文的访问控制信息相匹配时，则允许用户解密。

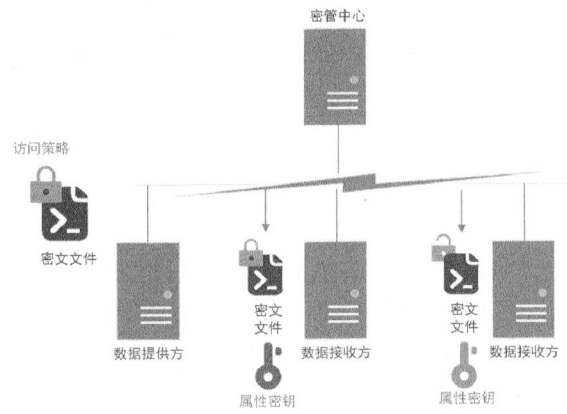

图 2 属性基加密示意图

属性基加密技术和经典的公钥加密技术对比而言，能够实现仅加密一次数据，就能被不同的数据需求方解密。同时，数据在加密的过程中，由数据提供方进行访问策略的设置，不同的数据接收方具有不同的属性，只有该接收方的属性满足了访问控制策略的要求时，才能够实现对数据的解密与后续使用。因此，能够在本框架内实现一种数字合约，使数据共享条款能够从技术角度得到保障与落实。

3.3 密态运算与密态应用

从云计算角度而言，虽然能够在一定程度上保障数据使用上的灵活性、可扩展性，提升性价比。但第三方云的安全保障属于强不可控因素，因此云上安全成为了船舶数据共享与协同合作中的一大难题，在私有云之外极大限制了民用船舶企业通过云技术进行外部协作计算、共享应用的收益。

因此，利用同态加密算法产生的密文能够直接用于计算，从而解决云场景下的不可信与数据产权问题。假设数据为a，b，加密算法为Enc，解密算法为Dec，公钥为pk，私钥为sk，则同态加密算法至少满足式(1)表示的两个性质中的一个：

$$Dec_{sk}(Enc_{pk}(a)+Enc_{pk}(b))=a+b \text{ 或 } Dec_{sk}(Enc_{pk}(a) \cdot Enc_{pk}(b))=a \cdot b \quad (1)$$

除此之外，同态加密算法还支持明密文混合计算。记明文为m，即该性质可用如式(2)表示：

$$Dec_{sk}(Enc_{pk}(a)+m)=a+m \text{ 或 } Dec_{sk}(Enc_{pk}(a) \cdot m)=a \cdot m \quad (2)$$

通过上述性质的组合，使用同态加密技术能够构造一个全密文的云上数据计算环境。

以船舶的重心位置计算为例，用户在本地使用同态加密技术对各部分的重量以及重心位置使用同态加密技术进行加密，并发送到云上进行密文计算。其流程分为如下几个步骤：

(1) 生成同态加密公私钥对pk，sk；
(2) 使用公钥加密各部分的重量以及重心位置数据。令重量为w_i，重心位置为(x_i, y_i, z_i)，即执行

$Enc(w_i), Enc(x_i), Enc(y_i), Enc(z_i)$；

(3) 云服务接收到密文数据之后，计算 $ESW = \sum_{i=1}^{n} Enc(x_i)$，中间值 $Ex_a = \sum_{i=1}^{n} Enc(w_i)Enc(x_i)$，$Ey_a = \sum_{i=1}^{n} Enc(w_i)Enc(y_a)$，$Ez_a = \sum_{i=1}^{n} Enc(w_i)Enc(z_a)$；

(4) 云服务器将 ESW, Ex_a, Ey_a, Ez_a 发送给用户，用户使用私钥 sk 对其进行解密得到 SW, x_a, y_a, z_a，并计算重心 $x = x_a/SW$，$y = y_a/SW$，$z = z_a/SW$。则 (x,y,z) 即为重心的明文。

从上可见，同态加密能够充分利用云的特性，间接实现对原始数据的隐私化应用，保护其动力数据的安全性的同时，提升其流动性，实现船体设计数据的价值最大化与风险最小化。并且，密态数据可以与数据接收方自身的明文数据进行明密文融合运算，并根据自定义模型，直接进行隐私计算，得到明文计算结果，减少加解密步骤，实现效率提速。

4 结 论

本文主要利用自主创新的同态加密算法打造安全协同框架，实现船舶动力数据在密文域上处理数据的全流程安全可控。通过设计具备标准化接口的安全协同框架，完善数据在流转全环节的安全保障。在保障安全、建立互信的基础上，通过能力的开放与共享，能够避免不同机构和单位重复建设机房、购买服务器、开发应用等成本开销，且减少各机构由于单个参与方的意外或故障停止工作而产生的维护成本，避免了由此造成的接口复杂、管理困难、维护成本高、数据操作不透明等问题。并且，能够减轻其船体设计数据传输与建模所需的算力与存储资源开销，构建轻量级的外包计算数据隐私保护技术，在正确性（即计算结果正确性的可验证）、安全性（输入隐私、输出隐私、函数隐私）、高效性三方面实现优化，加强外包计算的实用价值，推动船舶动力数据在外包计算的数据安全隐私保护方面，从理论研究真正地走向实际应用。提高船舶相关机构和单位的数据情报资源共享、信息整合能力，带来可观的经济收益、增强经费使用效率，对提高船舶数据在社会资源与成本开销的合理分配、数据安全隐私保护等方面的未来研究方向均存在奠基性作用。

参 考 文 献

[1] 万辉, 张建雄, 高嵩, 等. 内河船舶大数据关键技术研究[J]. 中国水运, 2017(11): 47-50.

[2] 陈弓. 基于大数据的智能船舶研究[J]. 江苏船舶, 2018, 35(1): 1-3, 30.

[3] 解学梅, 刘丝雨. 协同创新模式对协同效应与创新绩效的影响机理[J]. 管理科学, 2015, 28(02): 27-39.

[4] 李杰. 船舶远程监控数据的动态采集方法[J]. 舰船科学技术, 2018, 40(4): 136-138.

[5] 郑宇平. 基于物联网和嵌入式技术的船舶远程监控系统开发[J]. 舰船科学技术, 2018, 40(2): 191-193.

[6] 杨亚涛, 赵阳, 张卷美, 等. 同态密码理论与应用进展[J]. 电子与信息学报, 2021, 43(02): 475-487.

[7] TAHER EL GAMAL. A public key cryptosystem and a signature scheme based on discrete logarithms[J]. IEEE Trans. Information Theory, 1985, 31(4): 469-472.

[8] 白健, 杨亚涛, 李子臣. Paillier 公钥密码体制同态特性及效率分析[J]. 北京电子科技学院学报, 2012, 20(04): 1-5.

[9] CRAIG GENTRY. Fully homomorphic encryption using ideal lattices[C]// In Proceedings of the forty-first annual ACM symposium on theory of computing, 2009: 169-178.

[10] ZVIKA BRAKERSKI, VINOD VAIKUNTANATHAN. Efficient fully homomorphic encryption from (standard) LWE[J]. SIAM Journal on Computing, 2014, 43(2): 831-871.

[11] 吕海峰, 丁勇, 代洪艳, 等. LWE 上的全同态加密方案研究[J]. 信息网络安全, 2015(01): 32-38.

[12] ZVIKA BRAKERSKI, CRAIG GENTRY, Vinod Vaikuntanathan. (Leveled) fully homomorphic encryption without bootstrapping[J]. ACM Transactions on Computation Theory (TOCT), 2014, 6(3): 1-36.
[13] HALEVI SHAI, SHOUP VICTOR. Bootstrapping for HElib[J]. Journal of Cryptology, 2021, 34(1): 1-44.
[14] CRAIG GENTRY, AMIT SAHAI, BRENT WATERS. Homomorphic encryption from learning with errors: conceptually-simpler, asymptotically-faster, attribute-based[J]. IACR Cryptology Eprint Archive, 2013, 2013: 340.
[15] 杨赟博, 胡雪晖, 洪晟. 电力大数据密态多源协同安全应用研究[J]. 信息技术与网络安全, 2022, 41(4): 52-59.
[16] 路松峰, 郭攀, 夏瑞, 等. 云环境下基于同态加密算法的朴素贝叶斯分类器[J/OL]. 华中科技大学学报(自然科学版): 1-7[2022-12-19]. DOI:10.13245/j.hust.230202.

Research on Collaborative Framework for Security of Ship Design Data

HU Xuehui[*1], HONG Huajun[2], WU Tianqi[2], GUO Wei[2], CHU Xuesen[2], LI Jinku[3]

(1. Shanghai Tongtai Information Technology Co., Ltd., Shanghai 200235, China;
2. China Ship Scientific Research Center, Wuxi 214082, China;
3. School of Cyber Engineering, Xidian University, Xi'an 710071, China)

Abstract

In recent years, Computer-Aided Engineering (CAE) Software in China's shipbuilding industry is gradually and deeply integrated with cloud computing. However, while fully calling resources on the cloud and satisfying the demand of shipyards for multi-party collaborative research on complex simulation problems, there is an urgent need to solve the uncontrollable security risk when its data is flowing on the cloud and outside the domain. At present, shipyard enterprises still need to explore more in the value protection of core important data, security guarantee of cross-domain collaboration, and privacy control of high authority people. Based on the above requirements, this paper combines homomorphic encryption with data control capability in the security collaboration framework to build cryptographic protection for performance data collection, transmission, training and other aspects, and helps R&D organizations to build a "crowd sharing" ecology, so that important data can be "invisible" to computing parties and cloud vendors. In the case of "invisibility" of important data to the computing parties and cloud vendors, it is still possible to realize collaborative simulation analysis, i.e., allowing encrypted data to be computed directly. The framework not only enables data fusion without going out of the domain, but also satisfies the security needs of multiple parties when performing complex physical analysis and coupled computations such as nonlinear mechanics, acoustics, and fluids. The framework can provide privacy protection and data security fusion convergence capability for all parties involved, and provide security support for the head office to manage complex supply chains in an integrated manner, thus increasing mutual trust, activating more research data resources, and truly taking advantage of synergy. It greatly enhances the security, cost-effectiveness, environmental protection and efficiency of traditional ship R&D data, reduces the major economic losses that may be caused by data leakage, and provides a strong impetus to the construction of safety infrastructure for intelligent ships in the future.

Key words: Cryptographic innovation applications; Collaboration in ship design; Homomorphic encryption; Attribute-based Encryption

作 者 简 介

胡雪晖 女，1995 年生，博士研究生。主要从事数据保护、隐私安全、智能治理方面的研究。
洪华军 男，1984 年生，高级工程师。主要从事软件应用架构、领域数据智能应用等方面的研究。
吴天祺 男，1997 年生，助理工程师。主要从事人工智能强化学习、深度学习、智能算法等研究。
郭　伟 男，1996 年生，助理工程师。主要从事数据治理、数据挖掘及数据智用等研究。
褚学森，男，1980 年生，研究员。主要从事船舶流体高性能计算，人工智能大数据应用等研究。
李金库，男，1976 年生，教授。主要从事网络空间安全等方面研究。

*通讯作者：胡雪晖

基于区块链的敏感数据安全保护

程 成[*1], 刘子祥[1], 王 祥[2]

(1. 中国船舶科学研究中心, 无锡 214082;
2. 杭州烽顺科技信息服务有限公司, 杭州 311100)

摘 要

为了满足科研敏感数据知识产权保护和受控共享的需求,提出了基于底层安全加固的自研区块链,对敏感数据"传、存、用"全过程进行安全保护的机制。首先将 Fabric 使用的加密算法替换为国密算法,并在网关层对智能合约进行封装后以 API 的方式对外提供服务,在 API 使用时进行签名验证,防止非法访问;然后通过对数据上链、存储和下链的全过程加密处理,并提供基于区块链智能合约的数据结构查询和数据查询条件构建机制,确保数据"可用不可见";最后通过基于角色和分级保护的数据访问控制,确保数据访问受控。经实例验证表明,开发的区块链平台具有良好的扩展性,敏感数据保护和受控共享机制可以满足科研领域敏感数据安全保护的要求,具有广泛的应用前景。

关 键 词: 敏感数据; 受控共享; 数据加密; 访问控制
中图分类号: TP393

0 引 言

复杂装备设计和生产过程中往往涉及到多个技术状态,整个过程也是由多个核心部门或者多家核心单位负责,但是受限于管理制度、安全保密要求、信息化水平和知识产权保护等因素,在技术状态转换进行数据交互时,采用的多是线下点对点的交互模式,如图1所示。在这种模式下各方难以充分共享信息,并造成了以下后果:①数据交互不充分,很多数据只掌握在个别单位手中,产生了"信息孤岛";②数据交互不及时,很多数据变化了以后无法及时通知下游单位;③数据交互不准确,很多信息需要反复确认,数据"错漏"情况时有发生,出现问题后相互推诿。这些导致了复杂装备数据的"僵尸化"现象严重,装备全周期数据缺失,数据价值难以体现等问题。

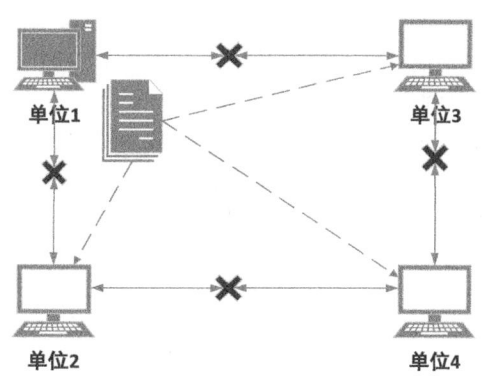

图 1 科研数据交互现状

收稿日期: 2022-10-12; 修改稿收稿日期: 2022-11-22

区块链凭借其特有的信任自建立机制，具备分布式架构、多方共识机制、防篡改和信息可追溯等特点，使其天然适合处理数字知识产权问题。同时，区块链与智能合约、加/解密等技术结合，也能实现数据安全受控共享。目前国内外针对区块链在数据交易上的应用研究开展了较多的工作，Banerjee P 等[1]讨论了当今数据交易的安全性问题，并引入了区块链技术用来解决相关问题。汪靖伟、张召、李源等[2-5]研究了如何将区块链技术与数据交易相结合，提高数据的安全性和交易的透明性。同时，区块链作为国外开源的技术，包括目前最常用的联盟链框架Hyperledger Fabric，很多核心功能都建立在国外算法之上[6-9]，在公开领域可以直接应用，但是科研领域对敏感数据的控制有更高的要求，曹棋等[10]也对如何改造Fabric平台，将国密算法替换原有的国外加密算法进行了研究，但目前还未有人系统性的讲述如何将区块链技术系统的引入到科研领域。

本文在总结当前区块链在数据交易方面的应用基础上，提出了基于区块链对科研敏感数据"传、存、用"全过程进行安全保护的机制，克服传统科研和管理方法中的缺陷，同时满足科研敏感数据的安全保护要求。

1 总体设计

为了确保科研敏感数据的安全共享，从基础层、存储层、传输层和应用层四个方面建立安全保护体系，见图2所示。

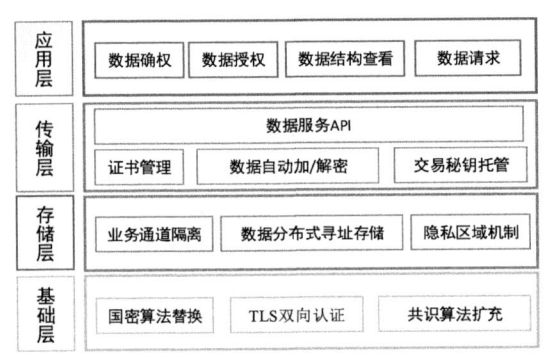

图 2 数据安全保护总体设计

(1) 基础层：通过对原生Fabric平台进行国密算法替换、共识算法扩展和角色管理功能改造等实现对区块链平台的安全加固。

(2) 存储层：通过业务通道隔离机制、文件数据分布式内容寻址存储技术和隐私区域机制确保数据存储的安全。

(3) 传输层：通过证书服务接口，数据服务接口，数据自动加/解密接口，接口访问签名验证和交易秘钥托管机制，为数据的访问和传输提供安全保障。

(4) 应用层：通过传输层的数据服务接口，实现数据确权，数据访问的授权，链上数据的结构查看和数据请求条件设定等功能，实现数据的知识产权保护和"可用不可见"。

2 基础层安全设计

2.1 国密算法替换

Fabric平台默认加密算法均采用国际标准加密算法，使用国密算法代替国际标准算法对提升区块链系统的安全保密能力有重要意义。

对Fabric进行国密改造，需要从区块链密码服务提供者(BlockChain Crypto Service Provider, BCCSP)组件入手。BCCSP用来提供加解密、签名校验相关功能。BCCSP通过成员服务提供者(Membership Service Providers, MSP)和认证中心(Certification Authority, CA)，为相关核心功能和客户端SDK提供加密算法相关的服务，主要包括共识模块，背书模块等。通过BCCSP，Fabric中的密码算法模块可以实现插件式使用。

本文的国密算法通过调用动态运行库的方式来执行，提供SM2算法进行签名与验签，SM3算法进行哈希计算，SM4算法实现数据加密。

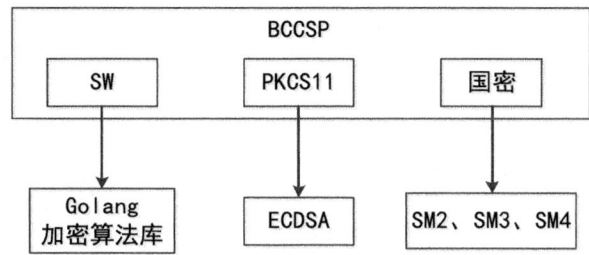

图 3 BCCSP 组件加密功能接口

Fabric中的原生加密算法与国密算法替换对应关系如下表所示。

表 1 Fabric 中的原生加密算法与国密算法对应关系

加密算法用途	Fabric 采用的原生算法	对应替换的国密算法
区块哈希计算	SHA-2	SM3
用户 ID 生成	SHA-2	SM3
数字签名/验签	ECDSA	SM2
CA 证书签发	ECDSA	SM2
数据传输	RSA	SM2
数据存储	AES 或 RSA	SM4 或 SM2

2.2 共识算法扩充

本文对 Fabric 的共识算法进行了扩充，提供了两种共识算法，包括：快速拜占庭容错算法(Fast Byzantine Fault Tolerance，FBFT)和 Raft 共识算法，可以根据不同的科研业务场景以及安全和性能等需求选用合适的共识算法。

2.2.1 FBFT共识算法

在 Fabric 平台中，原生嵌入了实用拜占庭容错算法(Practical Byzantine Fault Tolerance, PBFT)框架，开发了共识算法线程，使用 $3f+1$ 个排序节点(其中 f 是可容忍故障的最大数量)，能容忍最多 1/3 拜占庭错误节点，可用在不可信多方交易场景。

尽管 PBFT 得到广泛应用，但其仍然存在一些缺陷。PBFT 算法为了克服主节点作弊或故障，采用了复杂的全量点对点通信来监听各类异常行为，通信复杂度达到 $O(n^2)$ 的同时额外增加了大量签名校验，由此带来繁重的系统开销，降低了共识效率、节点扩展性。此外，一旦发生主节点选举，在选主期间 PBFT 将无法正常共识，若新当选的主节点作弊或者故障，可能会造成连续选主，在此期间，整个区块链系统对外服务能力将会大幅降低，甚至无法提供对外服务。

为此，本文开发了 FBFT 共识算法，通过改进 PBFT 共识流程，有效改进了 PBFT 算法的上述缺陷，保障了节点故障和选择主节点期间区块链系统对外服务的稳定性。同时通过减少不必要的签名验证，简化共识流程，将通信复杂度从 $O(n^2)$ 减少到 $O(n)$，有效提升了共识效率和扩展性。

2.2.2 Raft共识算法

Raft共识算法是一种非拜占庭容错算法(Crash Fault Tolerance, CFT)，可以保证在一个由 N 个排序节点构成的系统中有 $(N+1)/2$（向上取整）个排序节点正常工作的情况下的系统的一致性。

两种共识算法适应不同场景：

(1) FBFT共识算法：需要配置4~10个排序节点，在排序过程中最多可容忍 $(N-1)/3$ 个节点发生故障（N 为排序节点总数），可以满足高性能要求应用场景。为了让区块链无感的参与到科研业务中，对效率要求往往较高，大多采用该共识算法。

(2) Raft共识算法：可保证部分排序节点出现非拜占庭故障时系统的正确运行，在排序过程中最多可容忍 $(N-1)/2$ 个节点发生故障（N 为排序节点总数），可以满足高可靠要求应用场景。

2.3 TLS双向认证

单纯的传输层安全(Transport Layer Security, TLS)加密通信，仅能保证数据传输过程的机密性和完整性，但无法保障通信对方可信（中间人攻击）。因此，需要引入数字证书机制，验证通信对方身份，实现通信双向认证，进而保证对方公钥的正确性。通信的被请求方持有CA的公钥，用来验证请求方证书是否被自己信任（即证书是否由自己颁发或相同根证书派生），并根据证书内容确认对方身份。通信的被请求方在确认对方身份的情况下，取出对方证书中的公钥，将请求的响应内容进行加密后返回给通信请求方。

3 存储安全设计

3.1 业务通道隔离

同一行业的多个不同科研单位在区块链中可以组成联盟，在联盟之下若干不同的单位可以根据不同业务类别构建不同的业务通道，每个通道都有一个独立的账本，只有通道成员单位之间才能共享账本。通道机制可以保证在成员单位之间形成一个专有的私密网络，交易在其上以保密方式执行，而与外部的无关单位或个人隔离开来。

3.2 区块链隐私区域机制

为解决隐私数据上链的问题，区块链平台提供了隐私区域机制。隐私区域数据拥有区块链数据加密、通讯签名、身份认证等机制，同时具有数据专属区域特性。隐私数据区域只在数据提供方组织内的peer节点上创建，其他联盟方成员账本节点无任何源数据备份。同时，数据提供方可以动态设置隐私区域的读取权限，将隐私区域数据开放给指定的联盟链成员。

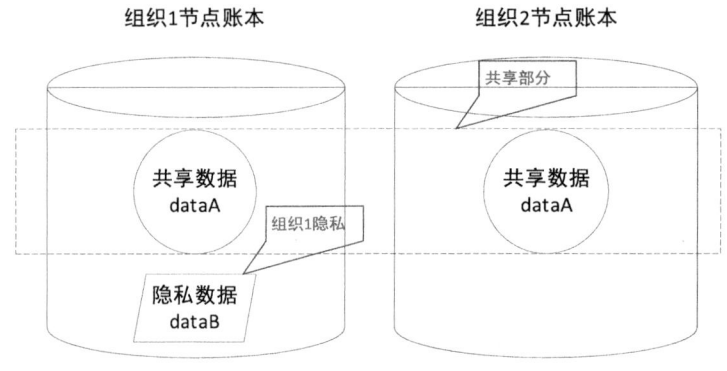

图4 区块链隐私区域机制

创建隐私区域：创建私有数据集合，从而使通道上特定的组织能够背书、提交或查询私有数据，而其他组织则无权限在该集合内提交交易数据。

使用隐私数据：数据被写入账本中的私有数据部分，并且只有在私有数据集定义的组织的peer节点上会保存数据。对于私有数据的拥有方，可以通过自身证书认证读取隐私数据。

3.3 文件数据分布式内容寻址存储技术

分布式内容寻址存储技术实现文件数据的快速上链存储。区块链节点存储空间被分为固定大小的存储单元，每个单元都有自己的存储类别、访问权限、所属区域等属性，同时每个存储单元在区块链系统中拥有独立的访问地址。

分布式内容寻址存储技术为每一个文件分配一个独一无二的hash值，通过这个hash值可以实现基于文件内容的寻址。区块链以hash值为索引，将文件切片按一定规则分散存储到串联的一系列存储单元中，并且为每一个文件建立版本管理。当查询文件的时候，服务根据文件的hash值进行查找。

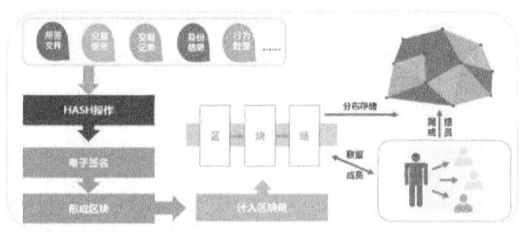

图5 文件数据分布式内容寻址存储技术

4 传输安全设计

4.1 证书管理服务

4.1.1 证书申请

在业务系统中完成用户注册后，通过调用区块链的API接口申请区块链成员证书。申请成员证书时，区块链服务会核实成员组织信息、部门信息，根据预定的MSP管理策略，在组织CA节点上生成唯一子证书并与用户信息绑定实现链上登记确权，证书同时返回给业务系统并进行保存。

4.1.2 证书使用

在业务系统向区块链节点网关发送交易请求时，需使用区块链证书对交易请求报文进行数字签名。节点网关接收到交易请求报文后，对该报文中签名字段进行验证。只有在交易报文验签通过时，网关才会对交易请求报文进行后续的交易处理。采用SM2加密算法对整体通讯内容进行签名，能有效规避重放攻击、命令仿造攻击等。

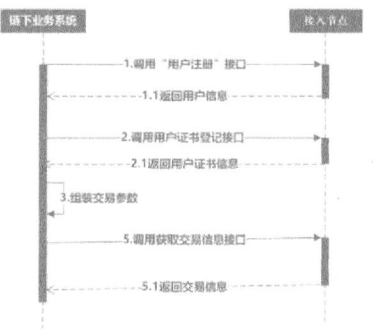

图6 证书申请和使用流程

4.2 交易密钥托管服务

新用户完成注册获取证书后，通过调用区块链提供的API实现用户交易密钥托管。在用户公钥托管模式下，用户提交的敏感数据(非独立文件数据)将由区块链自动加密提交上链；获取链上数据时，智能合约根据认证通过的请求方身份进行权限验证，验证通过后获取数据提供方的公钥自动解密数据，交给区块链TLS通讯加密返回。

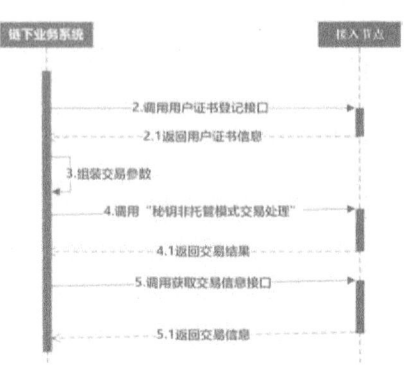

图 7 交易秘钥托管和使用流程

4.3 数据自动加密/解密

为方便的应对各类数据不同的加密要求，制定了统一的数据加密标识规范。可以根据规范便捷的对敏感数据进行标识，敏感数据一经标识后，数据上链过程中区块链将采用用户私钥自动加密。同时数据下链时，区块链通过权限认证获取存证数据后，使用托管的公钥自动解密，实现数据的方便读取。解密后的数据经区块链TLS加密后传输到网关节点，网关节点再次解密后发送给应用系统，因为区块链网关节点与应用系统部署在同一个网络域中，所以即保证域外数据的安全加密，又实现域内数据的便利使用。

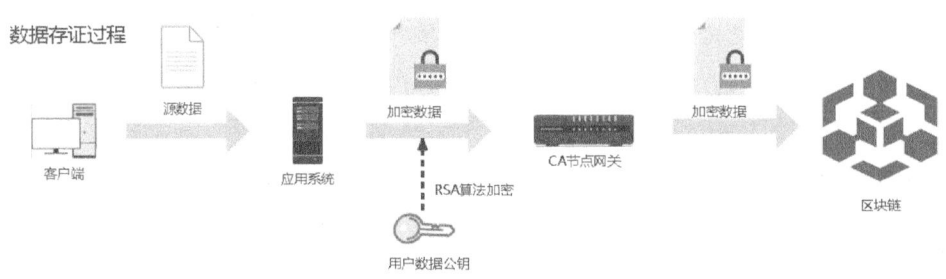

图 8 数据上链自动加密过程

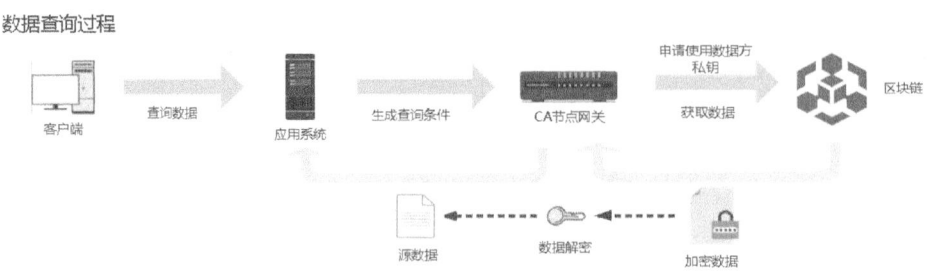

图 9 数据下链自动解密过程

5 应用层安全设计

5.1 数据确权机制
通过在区块链上执行数据自主登记、数据DNA证书颁发、数据用权跟踪，实现完整的数据确权管理。

5.1.1 数据自主登记
区块链提供无异构性rest接口及便捷算法工具，帮助敏感数据自主登记。敏感数据在源数据无需上链前提下，通过填充版权描述核心信息、以及核心文件hash摘要等实现在区块链上自主确权登记。其中核心文件hash摘要可通过区块链系统提供便捷算法工具自动生成并导入。核心文件hash摘要具有不可逆、无泄露且唯一的技术特性。

5.1.2 数字DNA证书
通过提交的核心信息，包括作者姓名、登记时间、名称等，协同核心文件摘要hash，按照规范的协议规则，加密打包生成唯一的数字DNA证书。该证书携带了敏感数据的完整真实信息，同时具备检验数据真实性的安全能力，后续将作为版权授权的唯一标识。

5.1.3 数字用权跟踪
在区块链上确权后的敏感数据，在共享使用时，区块链会全程记录其使用过程，包括使用者、使用时间、使用详情、使用评价等。对用权的全程跟踪，可以规避数据侵权行为，保护数据拥有方的权益。同时，基于大量的使用记录、使用评价，可以分析、评估敏感数据优劣，为数据的价值优化提供帮助。

5.2 数据授权管理服务
数据授权管理服务支持为数据对象设置读写范围。服务可设置的数据权限属性包括授权组织、授权部门、授权用户，授权截止时间，数据使用次数等。

5.3 数据结构查看和数据查询
为保证存储在区块链上的数据不被获取到源数据并能被有效的利用,本文模仿关系数据库的数据查询原理设计了链上数据结构查看和数据查询条件构建API，以此可以让用户通过程序的方式利用数据。程序通过审核后在应用系统中发布，以线上使用的方式来提供给用户，确保了敏感数据的"可用不可见"。

链上数据结构查看功能与关系数据库的数据库结构查看功能类似，可以查看链上数据详细的组成，进而为数据解析和数据使用奠定基础。

数据查询条件构建API提供类似关系数据库SQL语句的功能，可以让用户针对查询字段构建查询条件，获取适合的可用数据。

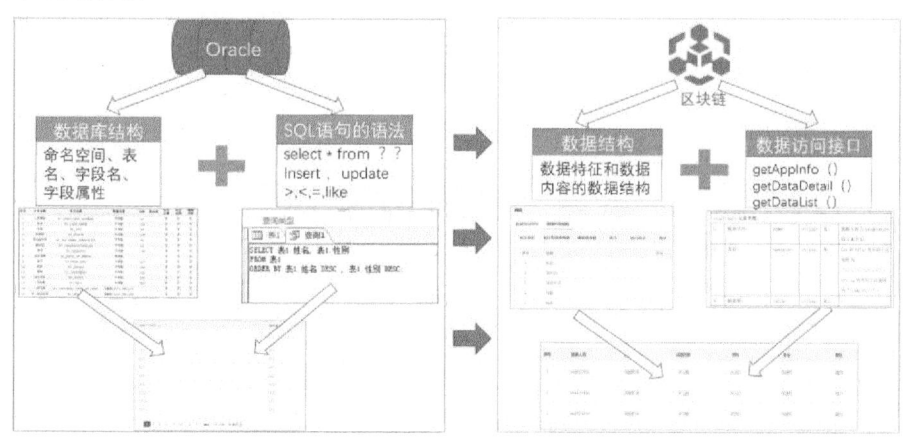

图 10 区块链与关系数据库的使用对比

6 实例验证与分析

为验证本文提出的敏感数据安全保护机制,开发部署了区块链平台与业务管理系统,并通过数据上链、共享和使用的实例进行了验证。实例验证采用的数据为一批船舶阻力模型试验数据,数据内容为船型参数、尺度及航速-阻力记录;验证采用的程序为船舶阻力预报程序,该程序在运行时需要外部数据驱动。

在实例验证中,首先将预先按照模板格式整理好的阻力数据使用不同的用户账户分别上传,模拟多方共同提供数据的场景。数据上传并通过审核/查重后,连同确权凭证信息(提供者、单位等)存到链上,所有人均可查看链上所有数据的结构信息(但不能查看数据内容),如图11所示,数据提供者可以查看自己提供数据的基本信息和内容。

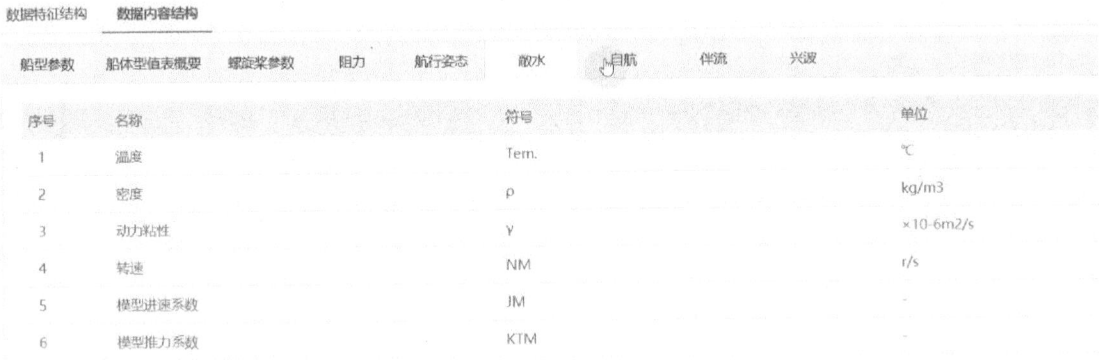

图 11 数据结构查看功能

数据使用者可以根据数据结构及数据使用的实际需求编写数据请求函数和数据解析函数,然后根据自己的实际需要进行数据使用,本次验证就是使用从链上获取授权的数据,传递给船舶阻力预报程序,以驱动算法建立代理模型并进行预报,如图12所示。

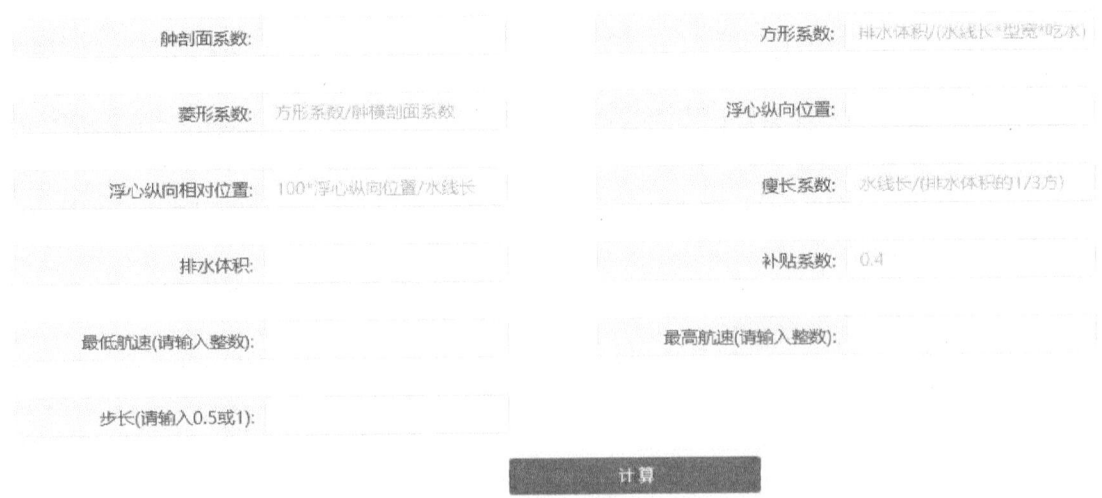

图 12 应用程序操作界面

每次预报任务结束后,数据使用记录会存入区块链作为记账凭证,数据提供者可在系统中查看自己提供的每条数据被使用的情况,包括每次被使用的时间、使用者身份、使用的程序、计算任务信息等记录,如图13所示。

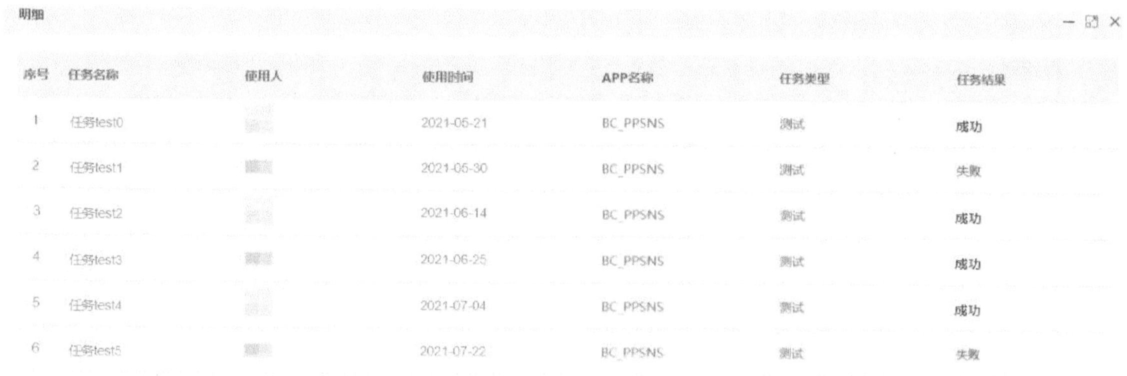

图 13 查看数据使用记录

为了验证提出的区块链安全保护体系的安全性、健壮性和执行效率，在业务执行过程中对国密算法和共识算法的执行时间进行了记录，并进行了对比分析。本次验证使用的区块链服务器为linux操作系统的32核CPU，64G内存的云主机。Fabric网络为2个组织、4个Peer节点、5个Orderer节点。

6.1 加密算法对比分析

选取长度为32、64、128、256字节的用户信息字符串,分别通过SM2、ECDSA与RSA算法完成签名生成操作,重复1000次,统计并比较各算法进行签名验签运算的平均时间开销，SM2算法的执行效率最高，ECDSA算法的效率与之相差甚微，RSA算法的执行效率最低，如图14所示。

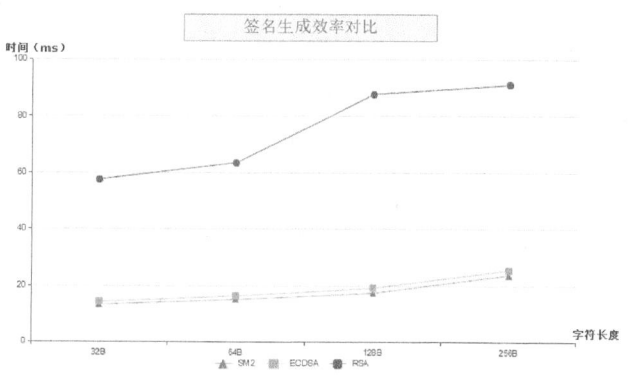

图 14 签名生成效率对比

选取长度为32、64、128、256字节的阻力基本信息字符串,分别通过SM3与SHA-256算法进行摘要运算操作,重复1000次,统计并比较各算法进行运算的平均时间开销，SM3的效率较SHA-256低，如图15所示。

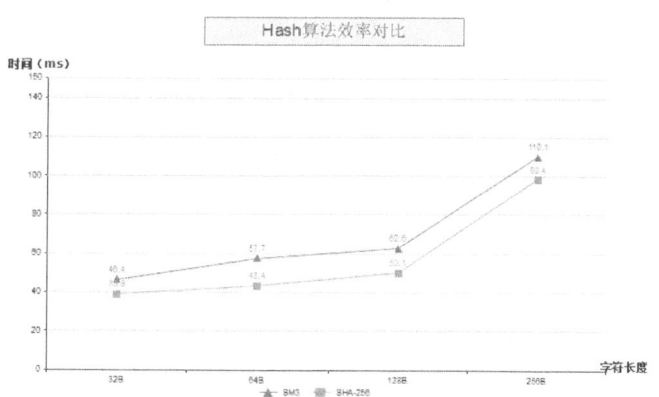

图 15 哈希算法效率对比

6.2 共识算法对比分析

本文使用caliper-benchmarks组件，调用业务系统中常用的三个用例，包括：saveData（数据存证）、getDataFileList（获取数据存证）和auth（数据确权），进行了共识算法的性能测试。三个用例并发请求1000次，统计了相关数据，三种共识算法都100%执行了请求，FBFT共识算法的效率最高，如图16所示。

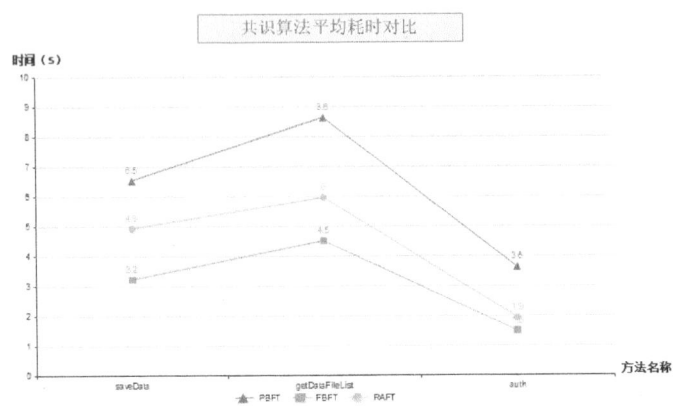

图 16 共识算法平均耗时对比

7 结 论

通过实例证明，本文提出的基于区块链的科研敏感数据保护机制，有较高的效率和可靠性，可以有效地实现科研敏感数据"传、存、用"全过程的安全保护，并实现对数据知识产权、用户账户和数据使用记录的安全保护，研发成果是针对数字资产确权和受控共享的共性技术，可广泛应用于所有的数字资产流通场景，对科研单位打破地域、组织的限制，建立众创共赢、协同共享的创新研发环境具有巨大的推动作用。

参 考 文 献

[1] BANERJEE P, RUJ S. Blockchain enabled data marketplace-design and challenges[J/OL]. https://arxiv.org/abs/1811.11462, 2019-9-27.

[2] 张志威, 王国仁, 徐建良, 等. 区块链的数据管理技术综述[J]. 软件学报, 2020, 31(9): 2903-2925.

[3] 汪靖伟, 郑臻哲, 吴帆, 等. 基于区块链的数据市场[J]. 大数据, 2020, 6(3): 21-35.

[4] 张召, 田继鑫, 金澈清. 链上存证、链下传输的可信数据共享平台[J]. 大数据, 2020, 6(5): 106-117.

[5] 李源, 高宁, 孙晶, 等. 基于区块链的大数据交易模式研究与探索[J]. 大数据, 2020, 6(5): 106-117

[6] Hyperledger F. Hyperledger-fabricdocs documentation[EB/OL]. (2020-01-29) [2023-02-22]. https://hyperledger-fabric.readthedocs.io/ zh_CN /latest/.

[7] Hyperledger F. Hyperledger-fabric-ca documentation[EB/OL]. (2022-7-8) [2023-02-22]. https://hyperledger-fabric-ca.readthedocs.io/ en/latest/operations_guide.html.

[8] Hyperledger F. Hyperledger Fabric SDKs[EB/OL]. (2019-2-6)[2023-02-22]. https://sdkjavadocs.github.io/.

[9] 张青禾. 区块链中的身份识别和访问控制技术研究[D]. 北京: 北京交通大学, 2018.

[10] 曹琪, 阮树骅, 陈兴蜀, 等. Hyperledger Fabric 平台的国密算法嵌入研究[J]. 网络与信息安全学报, 2021, 7(1): 65-75.

Security Protection of Sensitive Data Based on Blockchain

CHENG Cheng[*1], LIU ZiXiang[1], WANG Xiang[2]

(1. China Ship Scientific Research Center, Wuxi 214082, China;
2. Hangzhou Fengshun Technology Information Service Co. Ltd, Hangzhou 311100, China)

Abstract

In order to meet the needs of intellectual property protection and controlled sharing of scientific research sensitive data, a mechanism is proposed for security protection throughout the "transfer-store-use" process of sensitive data based on a self-developed blockchain. With bottom layer security reinforced. First, the encryption algorithm used is replaced by the national secret algorithm and the smart contract is encapsulated as API at the gateway level. Signature validation is performed when the API is used to prevent illegal access. Then the whole process of data up-chain, storage and down-chain is encrypted, and a mechanism of data structure query and data query condition construction based on blockchain smart contract is provided to ensure that the data is "usable and invisible". Finally, data access control is ensured through role-based and hierarchical protection. It is proved that the blockchain platform developed has good extensibility, and the sensitive data protection and controlled sharing mechanism can meet the requirement of scientific research, has broad application prospects.

Key words: Sensitive data; Controlled sharing; Data encryption; Access control

作 者 简 介

程　成　男，1982 年生，高级工程师。主要研究方向为船舶与海洋工程仿真软件集成开发、新一代信息技术与船舶仿真融合应用。

刘子祥　男，1994 年生，工程师。主要研究方向为信息技术与船舶水动力性能评估融合应用。

王　祥　男，1994 年生，工程师。主要研究方向为区块链开发。

*通讯作者：程成

基于云技术的水池试验信息化系统

孙 强[*1,2]

（1. 中国船舶科学研究中心，无锡 214082；
2. 深海技术科学太湖实验室，无锡 214100）

摘 要

为了进一步提高水池试验工作效率，对船舶总体性能研究提供更好的支持，本文提出基于新一代信息技术的试验水池信息化系统设计思路。文章首先根据云技术核心思想设计了水池试验信息化系统总体架构，提出了需要重点解决的三个问题，即传统水池试验仪器设备网络化升级、水池试验服务定制化和试验过程自主化，并给出了初步解决方案。本文可为试验水池智能化建设提供参考。

关 键 词：云技术；水池试验；信息化系统
中图分类号：TP273

0 引 言

水池试验是船舶总体性能研究的重要手段，其质量和效率对研究有重要影响。随着人类科技水平的不断发展，水池试验设备技术也随之升级，从最早的机械式测量，逐步过渡到电气化、自动化，水池试验理论、方法和过程不断优化，试验工作质量和效率始终处于提升过程中。

从人类进入21世纪第二个十年开始，以4G/5G移动通信、云技术、大数据和人工智能为代表的新一代信息技术在人类社会生活中不断大放异彩，诸多行业在数字化和网络化技术的加持下实现了转型升级，大幅度提高了作业的质量和效率。但是在水池试验技术领域，目前对先进信息技术的应用存在明显不足：试验室虽然构建了试验信息化网络，试验仪器设备也具备一定数字化水平和自动化能力，但是在试验过程中，各设备和仪器还是孤立运行的，试验状态的衔接仍需要较多的人工干预，数据的传递和处理仍需要花费较多人力，因此，目前国内外水池试验普遍处于人工驱动运行，而非数据驱动运行的状态，存在人工干扰因素多、试验环节连接松散的问题，制约了试验工作效率的进一步提高。

为了有效减少人工处理环节，进一步提高试验工作效率，本文设计了基于新一代信息技术的水池试验信息化系统。文章内容组织如下：第一部分提出基于云技术架构的水池试验信息化系统架构，分析内部逻辑关系，提出需要重点解决的关键问题；第二部分给出基于软件仪器技术的水池试验仪器和设备的网络化方案；第三部分给出面向客户的定制化水池试验服务思路；第四部分给出水池试验流程自主化思路；本文的最后给出了方案总结并对后续工作进行了展望。

1 基于云技术的信息化系统设计

1.1 云技术定义及核心思想

云技术也称为云计算技术，是指在广域网或局域网内将硬件、软件、网络等系列资源统一起来，实现数据的计算、储存、处理和共享的一种托管技术，具体包含网络技术、信息技术、整合技术、管

收稿日期：2022-10-19；修改稿收稿日期：2022-12-18

理平台技术、应用技术等，可以组成资源池，按需所用，灵活便利，能极大提升社会生产、运行和管理效率，是新一代信息技术的典型代表[1]。

根据云技术的定义可知，其核心思想是资源的数字化汇集和软件化管理，通过打通资源之间的信息壁垒，实现效率提升，这对水池试验系统的进一步发展有指导意义，尽管国内外大部分试验水池都构建了自身的网络系统，但试验资源的运行和管理通常是封闭的、孤立的，客户不了解试验资源和能力，试验室内部的测试仪器、试验设备和数据库系统之间也是隔离的，必须依赖人工操作的定制化软件才能实现有限度的互通，而这些环节极大限制了工作效率的提高。

1.2 基于云技术的信息化系统架构

根据1.1对云技术的论述，设计如下图的基于云技术的试验水池信息化系统。系统共分为三层，分别是由试验仪器和设备构成的物理层、由试验室资源服务器、运行管理服务器和数据及计算服务器构成的云层，以及由客户端和其他应用软件构成的应用层。

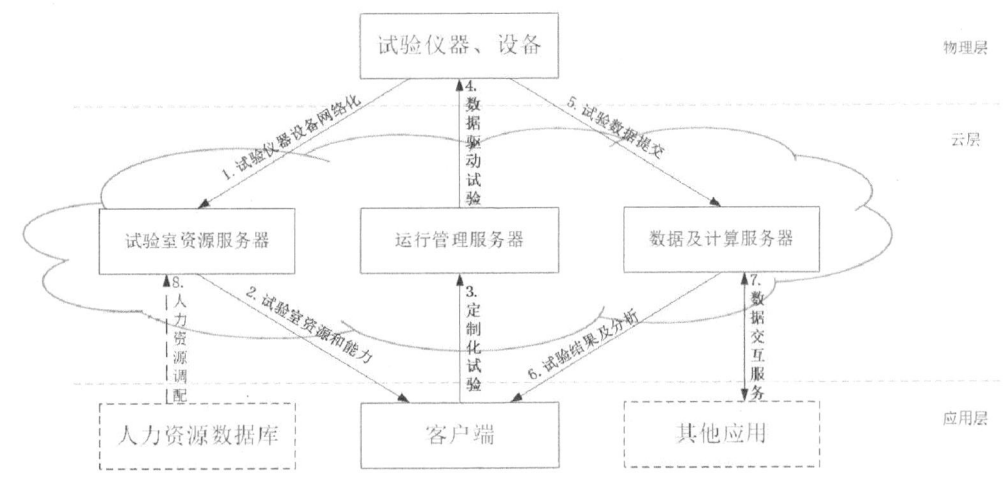

图1 基于云技术的信息化系统架构

在上图的信息化系统架构中，各组成部分之间的信息流动关系可归纳为8个步骤，简要说明如下：

(1) 根据云技术虚拟化和资源池概念，图1物理层的所有试验仪器、设备通过网络化升级，并与云层的试验室资源服务器建立连接，在资源服务器中形成试验资源的数字化映像，应用层的客户端可从试验室资源服务器中调用信息，了解当前试验室仪器设备资源、能力和在用状态，即图1中的步骤1和2；

(2) 用户可在应用层的客户端软件上定制水池试验，定制内容包括试验类型、配套仪器设备选择和试验过程控制等，定制的试验提交至云层的运行管理服务器后，结合试验操作规程形成试验运行脚本，即图1中的步骤3；

(3) 运行管理服务器根据提交的试验运行脚本，经管理授权后，基于数据驱动逻辑，生成并分发控制任务，具体任务包括但不限于仪器设备运行前检查及校准、模型安装调试、试验前运行测试以及正式试验控制，试验过程产生的所有数据信息均提交至云层的数据及计算服务器，即图1中的步骤4和5；

(4) 用户在定制试验结束后，可在客户端查看试验结果及分析报告，以及与试验相关的所有授权信息，数据及计算服务器所存储的试验信息也可以服务于应用层的其他授权软件，即图1中的步骤6和7；

(5) 试验系统信息化的本质是对试验过程进行分析和评估，并采用可行的技术方案，用网络、软件和自动化设备取代部分人类劳动，对于那些必须由人工处理的环节，还需要合理调配人力资源，即为图1中的步骤8。

1.3 待解决的关键问题

当前国内外的大型试验水池基本已经建成计算机网络系统，可提供不同层次的数据和计算服务，但是在试验资源管理以及试验运行管理方面的普遍存在人工干预多、信息化程度不足的问题，基于云技术的水池试验信息化系统可以成为良好的解决方案，但需要重点解决如下关键问题：

(1) 图1中的步骤1，即试验仪器和设备的网络化问题。试验室所有仪器和设备时刻保持在线状态，是实现试验资源整合的基本要求。虽然当前绝大多数试验水池具备将试验数据上传至网络的功能，但试验仪器和设备的网络化不仅仅是上传与试验相关的参数，还应包括在用状态、使用计划、维护保养、计量校准和环境管控等传统上依赖人工管理的工作内容；

(2) 图1中的步骤3，即水池试验服务定制化问题。提供定制化服务是新一代信息化系统的典型应用场景，代表的是高效率和高质量的服务。水池试验服务定制化不仅仅是设定试验状态，更包括试验仪器设备的合理选择、试验时间的优化设定，以及相关配套工作方案的自动化生成，传统上这些工作依赖人工完成，是制约试验工作效率的主要因素，而基于信息化系统的水池试验定制化技术则是摆脱人工约束的重要方法；

(3) 图1中的步骤4，即由数据驱动试验，实现试验过程自主化问题。智能化和少人/无人化是新一代信息技术为传统行业赋能、提高工作效率的显著优势。传统水池试验需要较多人力完成仪器设备的控制与配合，大量的重复性操作存在作业效率低、人为干扰因素多的缺点。基于云技术的水池信息化系统以数据驱动试验仪器设备自主运行，既可最大限度节省人力，又可严格遵循试验规程，是试验水池最终实现全面智能化的必由之路。

2 试验仪器和设备的网络化

试验仪器和设备网络化的思路来源于云技术中的基础设施即服务概念，简称IaaS（Infrastructure as a Service）。IaaS本义上是将信息技术（IT）基础设施能力，如服务器、存储器和计算能力等，通过网络虚拟化技术，形成资源池并提供给用户使用；在基于云技术的水池试验信息化系统中，IaaS的具体含义则是将水池试验仪器和设备通过改造上网，在数字化云空间虚拟化成仪器设备资源池，可供用户查询、选择，也具备数据驱动下的运行能力。

试验仪器和设备网络化是在试验水池实现云技术的基础，考虑到试验仪器和设备的各自特点，试验仪器的网络化可采用软件仪器技术，而试验设备网络化则可采用智能网关技术。

2.1 试验仪器网络化

相比工业场合所使用的传感器，水池试验仪器通常具备高测量精度、高动态响应等特点，传统上的仪器仅指传感器，需要搭配信号调理单元（放大和滤波功能）和数据采集器联合使用，如图2所示。这种组合型应用方式虽然可将最终测量结果上传至网络，但完全依赖数据采集单元，自身不具备独立运行能力，也不具备组成试验资源池、提供IaaS服务的能力。

软件仪器（Software Instrument，SI）或称软件定义仪器（Software Defined Instrument，SDI），是仪器开发领域提出的概念[2-4]，其组成结构如图3。其目标是降低仪器使用复杂度和使用成本，其特点是采用传感器、信号调理器和信号处理单元一体化设计，用集成化的信号调理器取代传统的信号调理单元电路和ADC电路，用高性能信号处理器搭配软件仪器处理引擎，完成信号自定义处理、数据管理和网络通信功能[5]。

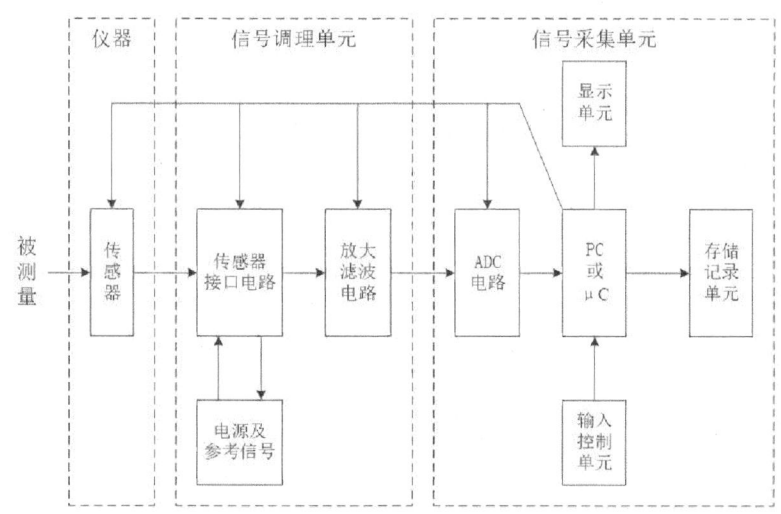

图2 传统水池试验仪器通常不具备网络化能力

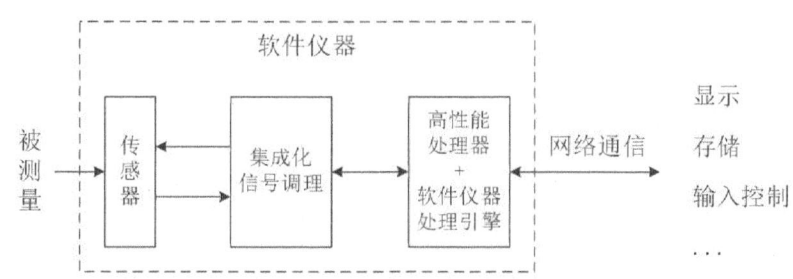

图3 软件仪器设计概念

由此可见，软件仪器不仅仅是测试仪器，更是具备交互能力的信息处理终端，能够满足云技术构建资源池的实际要求。针对试验水池测试仪器的种类众多，功能、集成度各异的实际情况，可基于软件仪器技术对其进行改造升级，使其满足实时在线、形成资源池的能力，为后续应用提供支持。

2.2 试验设备网络化

水池试验设备通常指各类试验拖车、风浪流生成装置以及各类试验辅助设施，这类设备的自动化程度各不相同，偏重于控制操作，对数据采集精度要求不高，但却是构成试验水池数字化资源池不可或缺的重要组成部分。对于这类设备的网络化，可参考智能工厂的设计方案，通过加装智能网关实现。

智能网关的概念来源于物联网技术，主要为不同类型设备、产品接入互联网提供物理接口和软件协议。目前智能网关+边缘计算的技术已经比较成熟，产品也较为丰富，在智能工厂和智能家居领域均有广泛应用。

水池试验设备的信号接口类型与工业控制设备基本一致，可以直接采购工业智能网关产品，完成相关软件配置即可满足云空间接入要求，如图4所示。

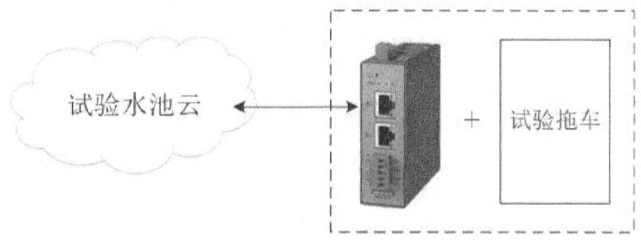

图4 试验设备网络化方案示例

3 水池试验服务定制化

水池试验服务定制化思路来源于云技术中的平台即服务概念,简称PaaS(Platform as a Service)。PaaS本义上是把服务器作为一种服务提供的商业模式,能够为应用程序的执行弹性地提供所需的计算和存储资源;在基于云技术的水池试验信息化系统中,PaaS的具体含义则是将试验水池的平台资源开放给客户,客户可在根据试验需求,在试验水池云空间选择试验仪器设备、设计试验状态、编辑试验流程、安排试验时间,形成的定制化试验请求经审核批准后,系统将自动生成由数据驱动的运行文件,并监督全过程的运转情况。

以拖曳水池典型的模型阻力试验为例,使用到的设备有拖车和模型保护装置,使用的仪器为阻力仪,在传统的试验服务管理中,试验仪器的选择和计量、试验设备的检查和维保,模型装配时间以及试验的时间安排都基于人工安排,工作效率和时间衔接很难达到最优化。

基于云技术的定制化水池试验服务运行内容如下图所示。

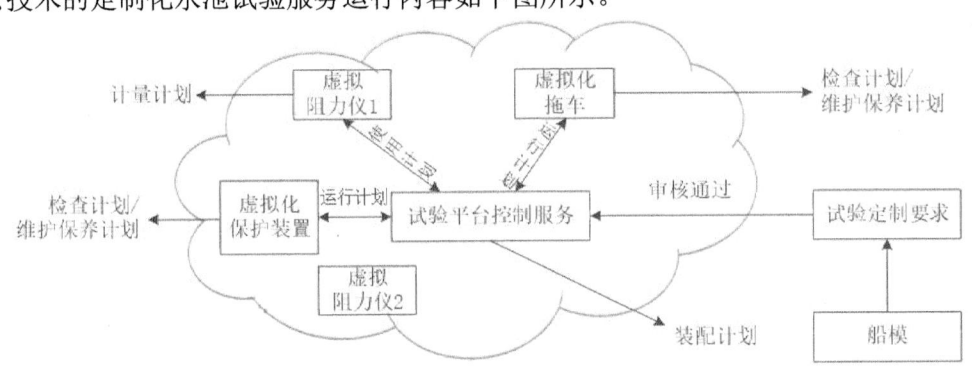

图5 水池试验定制化运行示例

(1) 用户根据模型实际状态,在客户端调用试验水池资源池的仪器设备信息,形成水池试验定制化试验要求并提交;管理员试验定制要求进行审核,审核通过后提交试验平台控制服务软件;

(2) 试验平台服务软件根据仪器设备的使用/运行计划,结合仪器设备的各自状态,自动生成计量计划和检测/维护保养计划;

(3) 相关仪器设备的计量和检查/维护保养完成后,实际仪器设备在联网状态下,刷新云空间中对应的虚拟化仪器设备状态;

(4) 试验平台控制服务软件检测到所有计量和检查/维护保养计划完成后,生成模型在拖车上的装配计划并监督其完成;

(5) 完成装配计划后,试验平台控制服务转入试验过程自主化运行状态。

4 水池试验过程自主化

水池试验过程自主化体现的是数据驱动试验的思想,还是基于平台即服务概念,通过云端提供一系列面向具体试验的服务程序,对试验过程和仪器设备进行控制,最终目标是在少人或无人的状态下,实现水池试验全过程自主运行。

仍以拖曳水池模型阻力试验为例,传统试验过程需要拖车操作人员和数据采集人员协同配合完成,其中拖车操作人员负责拖车速度控制和模型保护装置控制,数据采集人员负责观测拖车速度、采集并存储试验数据,全过程至少需要2人,且在较长时间范围内重复同一操作动作,人员状态和配合效率对试验质量的影响不容忽视。

基于云技术的模型阻力试验自主化运行过程设计如下：

(1) 对于上一阶段提交的定制化服务请求，平台启动合格性分析程序，检查仪器计量、设备维保、模型装配和水池内安装等工作内容是否都已完成，分析该请求是否满足自主化运行要求；

(2) 对于通过合格性分析的定制化服务，平台启动试验脚本制作程序，根据试验要求和试验规程，生成试验过程运行脚本（基于试验规程生成的、带有时间戳的仪器和设备控制流程），这一步是自主化试验的关键环节，主要输入条件包括试验测点、拖车稳速要求、数据采集时长以及水面稳定时间要求，约束条件为试验总时长、拖车稳速性能和仪器保护要求。同一定制服务在不同约束条件下可生成不同的试验过程运行脚本，为兼顾试验质量和效率，此脚本文件需要人工审核择优；

(3) 通过人工审核的试验过程运行脚本，在提交至云端的试验服务控制程序之后，将自动解析并生成面向各个仪器设备的独立控制脚本（带有时间戳的单一仪器或设备控制步骤），按设定时间控制仪器设备运行并传输数据，从而实现数据驱动下的试验过程自主化运行，如下图所示。

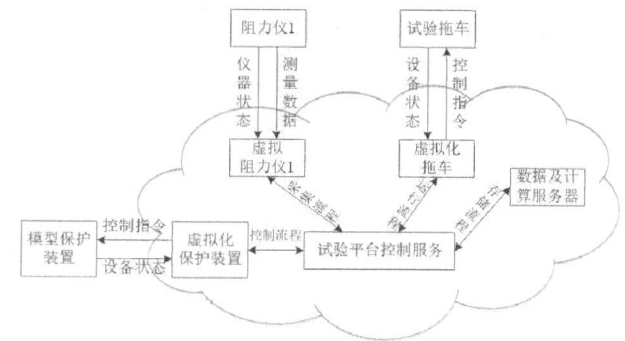

图 6 数据驱动实现水池试验过程自主化运行

以上即为基于数据驱动的水池模型阻力试验过程自主化设计方案，其核心思想是在试验仪器和设备网络化的基础上，以运行脚本的形式，用数据流实现精准、高效、可量化控制，其他类型常规试验如敞水、自航和伴流场测试等都可参照此模式实施，区别仅在于仪器设备的数量和类型有所不同。

5 结 论

为了将新一代信息化技术应用于水池试验，减少试验过程中的人工处理环节，进一步提高水池试验工作效率，为船舶总体性能研究提供高效率支持，本文提出了基于云技术的水池试验信息化系统架构，设计了运行流程，对仪器设备网络化、试验服务定制化和试验过程自主化等三个重点问题进行了论述，并给出了初步解决方案。后续工作拟在此基础上，开展两个阶段的方案设计：首先，针对水池试验主要类型，给出试验过程自主化的详细流程；其次，针对各个试验自主化流程，开展工程化设计，增加信息化系统的故障检测、分析和处理机制，解决系统的可靠性问题，从而为实现水池试验的无人化和智能化运行提供支持。

参 考 文 献

[1] 李天目, 韩进. 云计算技术架构与实践[M]. 北京: 清华大学出版社, 2014.
[2] 韩青. 设备软件优化将推动测试设备网络化[J]. 今日电子, 2006(10): 71-73.
[3] 林凌, 张丽君, 李刚. 软件定义仪器[J]. 电子产品世界, 2007(11): 54-60.
[4] Ron Harrison. 软件定义测试平台后势看涨[J]. 电子测试, 2006 (11): 41-43.
[5] 孙强. 软件仪器技术在水池试验中的应用研究[J]. 船舶力学, 2008, 12(5): 727-732.

Tank Test Information System Based on Cloud Technology

SUN Qiang[*1,2]

(1. China Ship Scientific Research Center, Wuxi 214082, China;
2. Taihu Laboratory of Deepsea Technilogical Science, Wuxi 214082, China)

Abstract

In order to improve the working efficiency of the tank test, and provide better support for the research on the ship performance, this paper proposes the idea of the tank test system based on the new generation information technology. At first, according to the key idea of cloud technology, the paper designs the architecture of the tank test information system, and gives three problems that need to be solved, including the network upgrade of traditional test instruments and equipment, the customization of test services, and the autonomy of the test process, and the preliminary solutions are given. This paper can provide a reference for the intelligent construction of the test tank.

Key words: Cloud technology; Tank test; Information system

作者简介

孙　强　男，1976年生，研究员。主要从事船舶航行控制、测控技术等方面工作。

*通讯作者：孙强

面向船舶结构极限强度虚实融合试验的多源信息解析融合方法研究

蒋泽，韦朋余*，宋培龙，杜昀桐，王连，刘豪

（中国船舶科学研究中心，无锡 214082）

摘 要

针对当前船舶结构极限强度分析中CAE结果、实测数据、视频监控等信息分别处于独立系统而存在虚实数据割裂的问题，论文基于Unity3d平台开展CAE结果解析重构、实测数据信号识别、视频监控在线取流等研究，形成了船舶结构虚实融合试验多源信息解析融合方法，同时在某大尺度结构模型极限强度试验过程中进行应用。结果表明：在结构极限强度试验中，将多源信息解析融合后可大幅提升试验可视化程度，指导试验人员做出实时决策，提高试验精细化程度。

关 键 词：船舶结构；极限强度；虚实融合试验；CAE
中图分类号：U663.2

0 引 言

随着未来船舶向深海、绿色、极地、智能方向发展，对船舶结构强度试验提出了更高的要求，而现有物理试验存在明显的局限性。当前水面舰船结构强度试验的物理试验数据与虚拟数值计算数据分别处于独立系统，试验过程中物理实体与虚拟模型之间严重割裂。物理试验实测数据虽然具备实时、精确的优点，但测点离散有限，无法获得全场域信息;而现有CAE数值计算数据可以包含全场响应信息，但时效性不佳，无法在试验过程中实时解算。因此，船舶结构极限强度虚实融合试验技术作为一种能将物理实测数据的时域优势与数值虚拟模型的场域优势互补，提高虚实数据利用效率的新兴试验技术，它的出现为推动当前结构极限强度试验代际提升提供新的思路。

虚实融合试验的实现首要问题就是CAE结果、物理实测数据、视频监控信号等多源信息解析融合。近年来，诸多研究人员对CAE结果的解析、二次开发复现重构开展了大量研究工作，大幅提升了CAE计算结果的利用率。Henz等[1]使用面向对象的方法开发了一个用于液体复合材料成型的有限元分析和并行可视化框架。Lee等[2]基于虚拟现实标记语言(VRML)构建了一个非沉浸式环境FEMvrml，用户可以通过鼠标或操纵杆在计算机屏幕上查看钢框架建筑的有限元分析结果。通过简单悬臂梁结构的参数化CAE模型和代理模型，Heap等[3]实现了受设计参数变化影响的实时CAE计算结果的可视化展示。随着CAE计算精度要求的不断提高，其数据规模也在不断扩大，因此对CAE结果数据的轻量化也是实现其平滑可视化的重要技术。Liu等[4]基于超级计算机的大内存性能优势，通过Python脚本将Abaqus中的odb结果文件转换为vtk可视化文件，并在Paraview商用软件中实现了大规模CAE结果数据的并行可视化。Li等[5]提出了一种大型船舶结构多学科有限元数据可视化的有效策略，构建了静力学、动力学、极限强度和其他数据的分层通用可视化框架，实现了船舶结构的大规模VR/CAE可视化设计环境在计算机上的流畅展示。

收稿日期：2022-11-09；修改稿收稿日期：2022-12-17

尽管国内外学者在船舶结构领域对CAE结果解析重构方法开展了大量研究，但其功能主要面向可视化展示与教学，尤其在船舶结构极限强度试验方向尚无相关研究。本文基于Unity3d平台，聚焦船舶结构极限强度试验需求，将CAE计算结果信息（应变、位移、三维结构响应）、物理试验信息（应变、位移等试验数据，视频监控信息）、实时视频监控信息集成于单一系统，给出了面向船舶结构极限强度虚实融合试验的多源信息解析融合方法，实现了船舶结构虚实融合试验系统的可视化与可复现化，指导船舶结构极限强度试验精细化开展。

1 多源信息集成方法

当前船舶结构极限试验过程中，主要包括加载设备实时数据、传感器实测数据、试验模型CAE计算结果、试验全过程实时视频监控等多源信息。其中加载设备实时数据与传感器实测数据通常经过静态应变仪采集后传输到试验测试计算机上；试验模型的CAE计算结果主要在试验前完成计算，存储于分析计算机上；实时视频监控信息通过局域网将试验全过程信息呈现在展示计算机中。上述数据信息存在异地、异构、多系统物理隔离的问题，因此多源信息集成融合主要面向上述三类结构极限强度试验过程中的信息，如图1所示，通过对CAE计算结果的数据解析、物理试验数据的信号识别、视频图像信息的在线取流等方式，实现结构虚实融合试验过程中的虚实数据归一化。

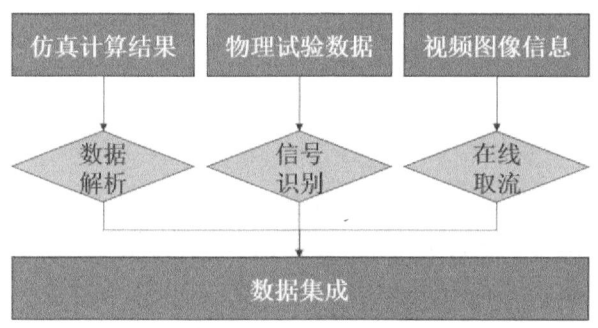

图 1 多源信息集成架构

1.1 CAE计算结果数据解析

如图2所示，CAE计算结果解析重构包括数据读取、数据轻量化、通用数据架构构建、Unity3d渲染等内容。

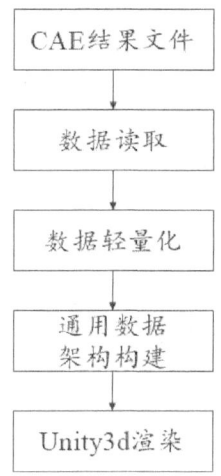

图 2 CAE计算结果解析流程图

1.1.1 CAE数据读取

如图3所示，针对仿真计算软件 abaqus，其odb结果文件由模型数据(ModelData)和结果数据(ResultData)两部分组成，其中模型数据包括有限元模型的名称、计算实例、材料、节点编号及其三维坐标、单元编号与类型等；结果数据包括每一计算分析步"step"中每一计算帧"frame"的应力、应变、位移、载荷等所有计算结果。

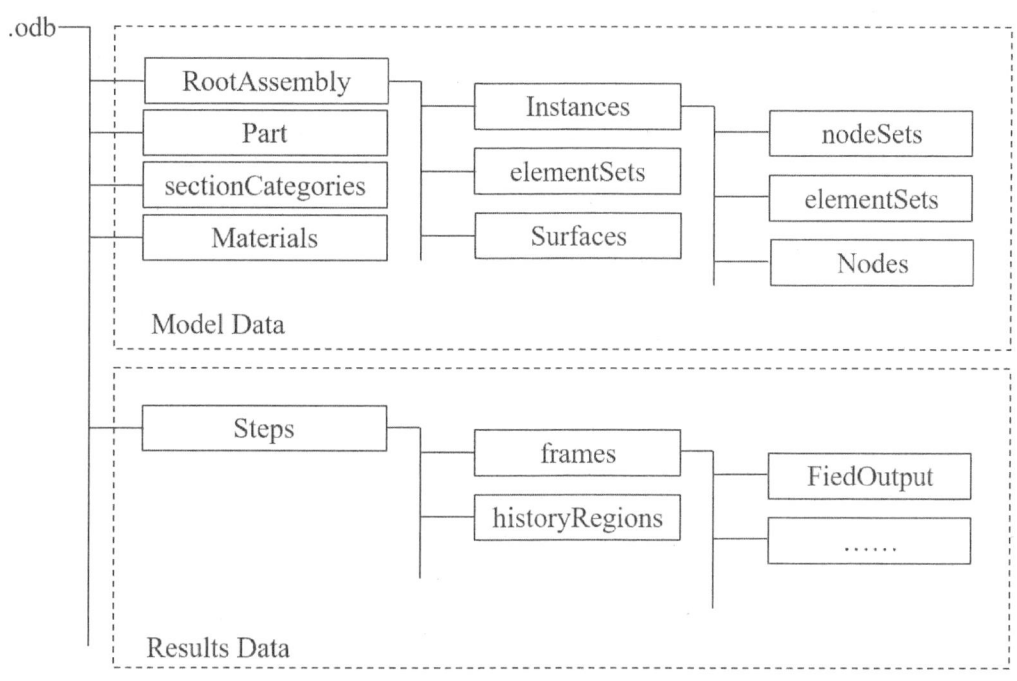

图 3 CAE 计算结果 odb 文件数据结构

以位移数据读取为例，首先通过"fromodbAccessimport*"语句导入对应的 Python 文件库，随后从 ODB 对象到计算实例对象，进一步从计算实例对象到分析步对象，再从分析步对象到帧对象，最终在场输出对象中获取所有节点的位移量，具体函数由表1示出。

表 1 CAE 结果文件读取函数

函数名	函数功能
get_parts	获取有限元模型名称及类型
find_ins	获取实例名称
find_steps	获取分析步名称，每步的帧数
get_frame_number	获得集体分析步中的帧数
get_nodes_coordinates	获得变形后每一个节点的坐标

1.1.2 数据轻量化

数据轻量化用于对仿真计算结果数据的轻量化。仿真模型结果文件中在前处理建模中单元、节点存在无序编号现象，导致结果文件解析过程中同一空间坐标下存在大量冗余节点，影响在虚实融合试验系统中的渲染效率。通过遍历每一个节点及其与单元之间关系，删除重复节点、网格边界等空间冗余数据，并重新对节点进行按序编号。

1.1.3 通用数据架构构建

针对仿真计算结果基本数据结构设计相应函数库与数据变量，对所有仿真计算数据进行存储管理，便于虚实融合试验系统在试验过程中的后续调用。仿真计算数据结构主要包括名称、分析步、单元、节点，以及结果数据等。其中仿真计算模型的名称、分析步、网格节点位置、编号及关联单元等模型数据由cae_model函数进行存储管理；仿真计算模型的应力、应变、位移、载荷等结果数据由cae_result函数来进行存储管理，具体函数库及主要成员变量由表2示出。

表 2 通用数据架构函数

函数库	成员变量	标识	类型	备注
cae_model	模型名称	Model_Name	String	计算模型名称
	模型计算实例	Model_Parts	String	计算实例名称
	计算分析步	Model_Step	Int	计算分析步
	计算帧	Model_Frame	Int	计算帧
	节点编号	Original_Node_Number	Int	读取无序编号
	节点编号	Optimization_Node_Number	Int	模型优化后升序编号
	单元编号	Original_Elem_Number	Int	读取无序编号
	单元编号	Optimization_Elem_Renumber	Int	模型优化后升序编号
	单元类型	Elem_Attributes	String	网格类型
cae_result	节点标量解	Node_Scalar_Values	List<double>[]	对应 CAE 分析结果
	节点矢量解	Node_Vector_Values	List<double>[]	对应 CAE 分析结果
	节点初始坐标	Original_Node_Coord	List<double[]>	模型节点初始坐标
	节点位移坐标	Dis_Node_Coord	List<double[]>	结果中节点新坐标

1.1.4 Unity3d 渲染

基于 Unity3d 将仿真计算结果数据在虚实融合试验系统中的生成渲染与重构可视化。采用 Unity3d 中 Mesh Filter 组件下的 Mesh 对象，将通用数据架构中存储的仿真计算模型节点坐标赋值于 Mesh 对象的三角网格顶点数组 Vertices,仿真计算模型的节点顺序、单元编号赋值于 Mesh 对象的顶点构造顺序的索引数组 Triangles，仿真计算模型的应力最大值、最小值赋值于 Mesh 对象的颜色数组 Colors，实现仿真计算模型在虚实融合试验系统中的可视化展示。

在Unity3d 中节点属性数据和三角形网格节点索引顺序是两个必要条件，然而并非所有CAE 计算数据都包含完整的节点属性数据和三角形网格顶点连接构造顺序。因此对于有限元软件中低阶四边形单元网格的可视化复现，应首先将四边形网格划分为三角形。项目组基于Delaunay 三角剖分准则，提取四边形网格的节点、单元数和节点连接顺序。每个四边形单元都可以被视为按空间分布划分的子集。如图4所示，在每个子集中构建一个Delaunay 三角形子网格，并递归合并子网格。基于三角网格的重建算法将 CAE 计算结果中的节点值合并到三角网格中。此外，优先使用有限元数据中的原始三角形网格和构造顺序，以避免重建算法引起的局部形状变形问题，最终形成包含整个顶点数据的 Delaunay 三角形网格。在完成上述工作之后以增量步为基砂逐帧提取每一步的数值计算结果并存储为多个数据集，并构建一个可视化的层次数据表示，可以直接导入到Unity3d系统中变为可视化变量和向量数据，从而实现数值计算结果在虚拟试验系统中完整复现。

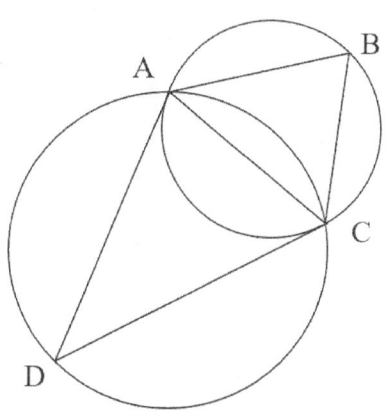

图 4 Delaunay 三角形网格

1.2 物理试验数据识别

针对加载作动器的控制器数据、应变片传感器的物理试验实测数据，统一采用日本TDS530 采集仪进行集中采集转化后，通过网线输出到软件平合进行数据传输。TDSS30静态数据采集仪采用 IBEE 802.3国际通讯标准建立计算机网络和执行数据通信的接口，相较于自带的 RS-232C与USE通讯接口，可以在相同时间内以更高速率传输更多的数据，传输距离也可以达到100 米。项目组首先通过RJ-45接头和网线将TDS530静态数据采集仪与系统所在计算机进行物理连接，随后在采集仪内部设置与计算机相同的IP地址和端口参数，并开放网络连接权限，然后依据采集仪端口代码编制读取程序，如图5 所示，执行TCP/IP通讯协议，通过在程序上键入命令将其发送到采集仪，采集仪接收命令后返回相应的数据并在计算机上进行显示，具体指令函数库及主要成员变量由表3示出。

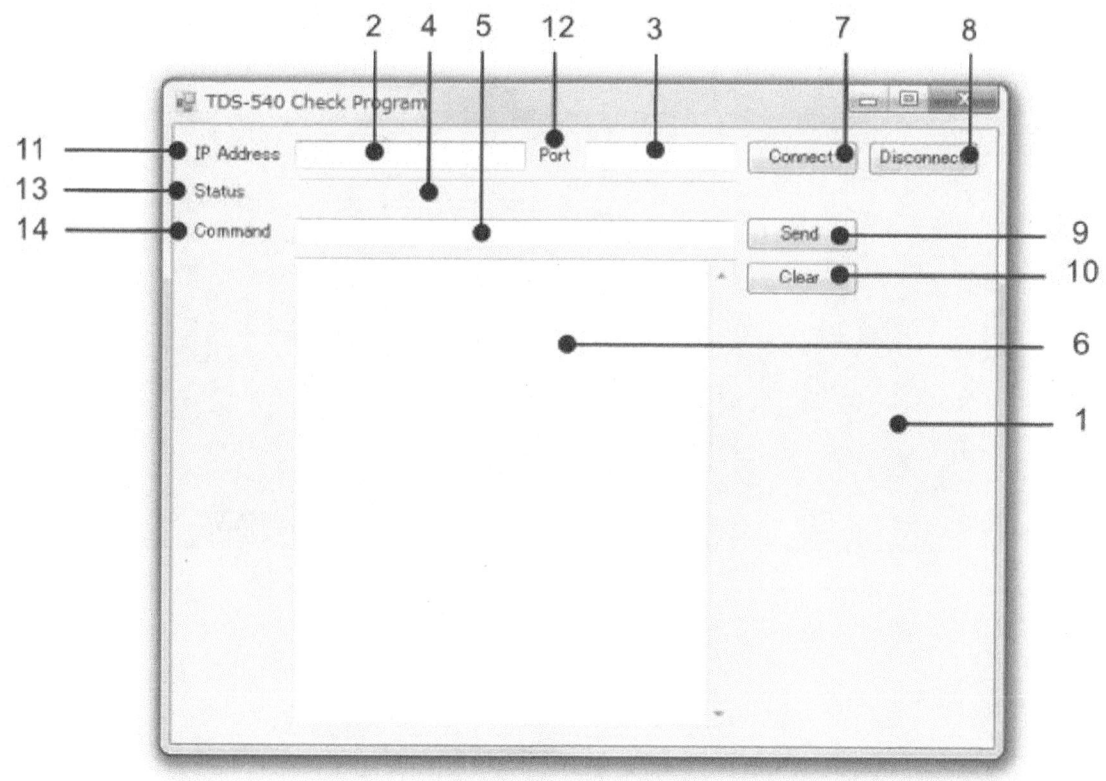

图5 TDS530数据读取程序

表 3 程序窗口说明

	Design name	Type	Setting	Content
1	Form 1	Form	Text="TDS-530 Check Program"	Setting of form
2	TextBoxIP	TextBox	Text=""	Input of IP address of this instrument
3	TextBoxPort	TextBox	Text=""	Input of port number set to this instrument
4	TextBoxStatus	TextBox	Text="" ReadOnly = True	Display of status
5	TextBoxSend	TextBox	Text=""	Input of command to send
6	TextBoxRecv	TextBox	Text="" Multiline = TRUE ScrollBars = Vertical	Display of returned data
7	ButtonConn	Button	Text="Connect"	Button to connect the communication
8	ButtonDisc	Button	Text="Disconnect"	Button to disconnect the communication
9	ButtonSend	Button	Text="Send"	Button to send command
10	ButtonClear	Button	Text=" Clear"	Clear of character string of returned data
11	Label1	Label	Text= "IP Address"	Display of label IP Address
12	Label2	Label	Text= "Port"	Display of label Port
13	Label3	Label	Text= "Staus"	Display of label Status
14	Label4	Label	Text= "Command"	Display of label Command

1.3 实时视频取流

如图6所示，实验室视频信号的接入通过网线将视频监控主机与虚拟试验系统主机连接后，通过系统主机访问取流地址进行实时视频获取。

图 6 试验实时视频信号

2 多源信息融合方法

上述信息集成到一个平台上只是信息的整合、罗列，虚实信息之间并没有深层的联系，因此需要依托物理实体的高保真虚拟模型作为虚实联系的媒介，实现试验过程中虚实结构实时三维响应对比(试

验视频监控、高保真虚拟模型、有限元仿真模型)、关键节点实时对比分析曲线(载荷、位移、应变等数据)，以及试验后基于历史数据的试验全过程动态复现，有效提高虚实信息的可视化程度。而要实现实时三维响应对比、关键节点实时对比分析曲线，就必须将有限元计算结果与实测数据联系起来。由于有限元计算结果早在试验开始前就已经计算完成，其计算文件odb结果按增量步变化，因此项目组采用载荷传感器实时数据对数值计算结果进行提取。在试验前，提取数值计算结果的逐帧计算结果，在试验过程中采集加载设备实测的载荷数据F，对仿真结果的逐帧载荷数据F'进行遍历索引，以两者差值$\Delta F=|F-F'|$最小为原则提取相应计算帧内模型的所有数值仿真结果数据，从而实现CAE计算结果随实测载荷实时三维响应变化，如图7所示，当物理实测数据与数值计算结果能及时对应后，将加载点处的实测载荷位移曲线与数值仿真载荷位移曲线进行对比(图中蓝色为CAE计算结果，红色为物理实测载荷位移曲线)，使得试验人员能够直观、准确地判断试验状态。尤其在以下两个试验阶段为现有试验带来了明显改变：①在结构模型刚度开始降低时，传统物理试验根据试验人员经验对试验加载控制模式进行切换；②在结构到达极限强度后进入后屈曲阶段，传统物理试验出于安全考虑，一般不再进行。通过多源信息集成融合后，依托虚实载荷位移曲线对比功能，有效辅助试验人员做出实时决策，在保证安全的同时提升了试验精细化程度。

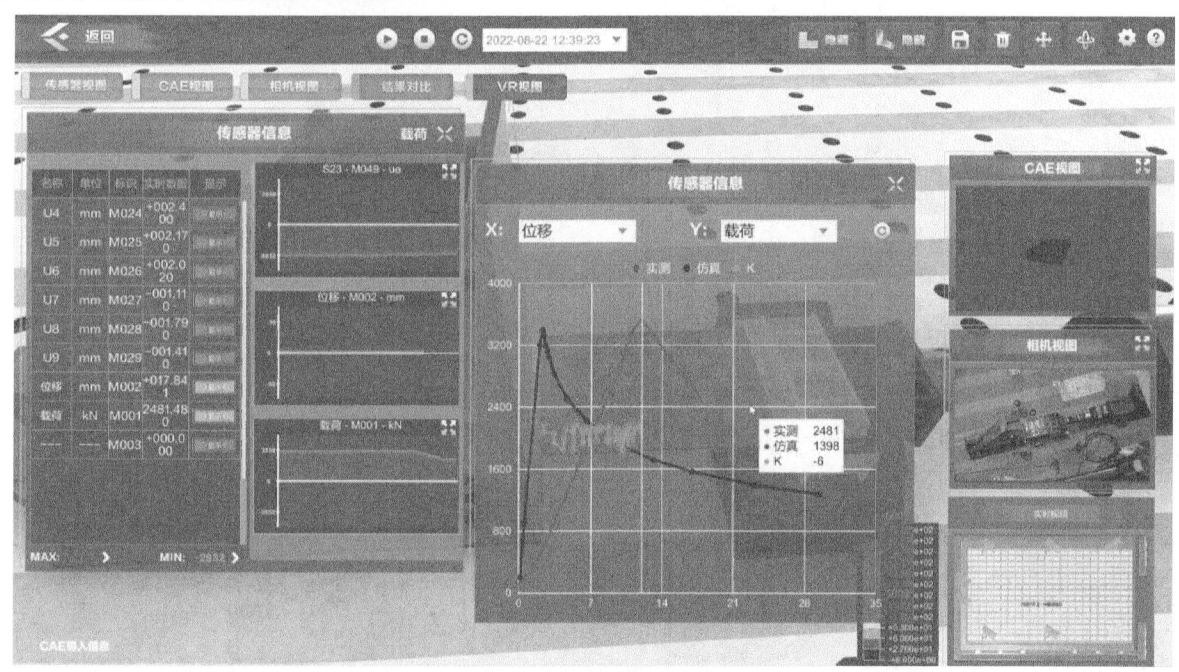

图 7 试验实时视频信号

如图8所示，多源信息的融合同时还表现在CAE计算结果三维响应模型与实时视频监控的对比展示上，从而让试验监测人员无需前往试验现场也能时刻监测试验实时状态。

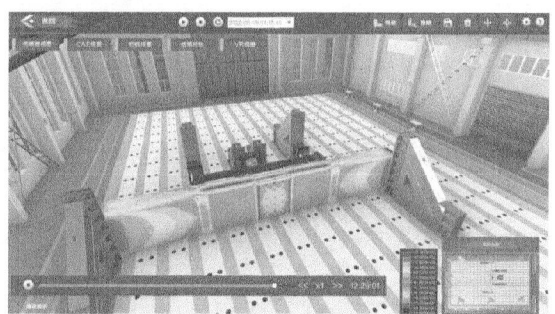

图 8 虚实结构实时三维响应对比

3 船舶结构极限强度虚实融合试验应用

如图9所示,在某舰船典型舱段四点弯曲极限强度试验中对基于多源信息解析融合方法的船舶结构虚实融合试验系统进行初步应用。依据物理试验系统实际装配关系在虚拟空间中将高保真虚拟模型进行快速装配,并与物理试验同步开展虚拟试验。当进入虚拟试验后,界面左侧为所有传感器实时数据信息,依据实际需要的编号可对传感器数据进行选择性展示,传感器数据以时间为X轴,应变数值为Y轴的曲线形式展示。系统可实时解算出当前应变最大值发生位置,并手动聚焦,便于试验人员提前发现破坏位置。同时针对加载点处可实时展示有限元数值计算结果与物理实测数据对比曲线,其中蓝色为数值计算结果,红色为实测数据。界面右侧窗口从上往下依次为CAE数值计算结果、相机视图、摄像头选择窗口等功能窗口,用于展示数值计算结果、摄像头实时视频监控、以及目标摄像头的选择。

通过本系统的应用,物理试验可视化程度大幅度提升,试验人员可更为准确地掌握试验实时状态,同时基于系统上的多源信息,可实时做出加载决策,确保试验按期实施,最终本次试验CAE计算所得极限载荷与实测极限载荷误差为5.84%,试验精细化程度大幅提高。

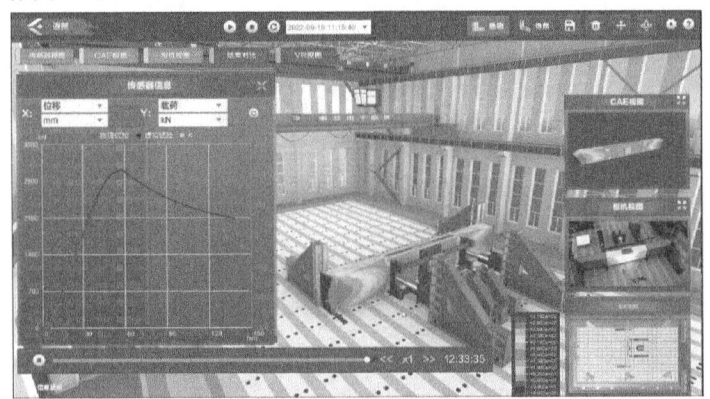

图 9 某舰船典型舱段虚实融合试验

4 结 论

本文基于Unity3d平台开展CAE结果解析重构、实测数据信号识别、视频监控在线取流等研究,形成了船舶结构虚实融合试验多源信息解析融合方法,同时在某舰船结构模型四点弯曲极限强度试验过程中进行应用。通过本方法实施,可大幅提升当前船舶结构极限强度试验可视化与可复现化程度,有助于试验人员在试验屈服阶段与后屈曲阶段做出正确加载决策,提升试验精细化程度,对相关领域虚实融合试验体系构建具有一定的借鉴意义。

参 考 文 献

[1] HENZ B J, SHIRES D R. An object-oriented programming framework for parallel finite element analysis with application: liquid composite molding[C]// 17th International Parallel and Distributed Processing Symposium (IPDPS 2003), 22-26 April 2003, Nice, France, CD-ROM/Abstracts Proceedings. 2003.

[2] LEE E J, EL-TAWIL S. FEMvrml: An interactive virtual environment for visualization of finite element simulation results[J]. Advances in Engineering Software, 2008, 39(9): 737-742.

[3] JENSEN C, GREG, et al. Real-time visualization of finite element models using surrogate modeling methods[J]. Journal of Computing and Information Science in Engineering, 2015, 15(1): 011007.

[4] LIU, JIE, QINGBIN, et al. ParaView visualization of Abaqus output on the mechanical deformation of complex microstructures[J]. Computers & Geosciences, 2017, 99: 135-144.

[5] CLA B, PWAB C, ENVELOPE D. Investigations on visualization and interaction of ship structure multidisciplinary finite element analysis data for virtual environment[J]. Ocean Engineering, 2022, 266(4): 112955.

Research on Multi-Source Information Analytic Fusion Method for Ship Structure Ultimate Strength Virtual Real Fusion Test

Jiang Ze, Wei Pengyu*, Song Peilong, Du Yuntong, Wang Lian, Liu Hao

(China Ship Scientific Research Center, Wuxi 214082, China)

Abstract

During the ultimate strength test of ship structures, CAE results, measured data, video monitoring and other information are in independent systems, resulting in the separation of virtual and real data. Based on the Unity3d platform, the analysis and reconstruction of CAE results, identification of measured data signals, online stream taking of video monitoring and other studies have been carried out, and a multi-source information analysis and fusion method for ship structure virtual reality fusion test is provided. At the same time, it is applied to the ultimate strength test of a large-scale structural model. The results show that in the structural ultimate strength test, the analysis and fusion of multi-source information can greatly improve the visualization of the test, guide the test personnel to make real-time decisions, and increase the refinement degree of the test.

Key words: Ship structure; Ultimate strength; Virtual reality fusion test; CAE

作者简介

蒋　泽　男，1995 年生，工程师。主要从事船舶虚实融合试验等方面工作。

韦朋余　男，1982 年生，研究员。主要从事船舶结构性能、复杂环境作用下结构试验与测试技术等方面研究。

宋培龙　男，1997 年生，助理工程师。主要从事船舶结构性能分析工作。

杜昀桐　男，1992 年生，工程师。主要从事复合材料结构性能分析工作。

王　连　女，1987 年生，工程师。主要从事船舶结构性能分析工作。

刘　豪　男，1997 年生，技师。主要从事船舶结构试验与测试技术研究工作。

*通讯作者：韦朋余

基于深度神经网络的流场缺失信息重构研究

张 帆，胡海豹*，任 峰，张 恒，宋 健

（西北工业大学 航海学院，西安 710072）

摘 要

  圆柱绕流是流体力学中的重要研究方向，针对该问题的直接数值模拟(DNS)研究和粒子图像测速(PIV)实验研究均能够获取时空高解析度的详实数据，是目前较为重要的研究手段。然而，由于实验过程中实际环境和现有技术水平的限制，导致 PIV 在操作过程中难以准确获取近壁面等区域的流场信息，而该区域在研究猝发现象、实施流动控制等过程中发挥着极其关键的作用。基于此，本研究引入深度学习方法，以卷积神经网络为主搭建深度神经网络，借助其在图像处理方面的优势来预测缺失的部分流场信息。在神经网络训练和验证过程中，均使用基于格子 Boltzmann 方法获取的 DNS 数据，通过模拟实验环境下不同信息缺失水平的 PIV 数据，获取该网络的训练集和测试集。瞬时流场等结果表明，收敛后的网络模型能够以接近 DNS 本身误差水平的精度实现流场缺失信息的重构。

关 键 词：圆柱绕流；深度学习；粒子图像测速；直接数值模拟
中图分类号：O357.5

0 引 言

  时空高分辨率的流场信息对于推进我们对于复杂流体问题的理解至关重要。为了满足这个需求，迄今为止，已经研发和改进了大量的实验测量仪器，比如热线、激光多普勒测速仪、粒子图像测速仪(PIV)等。其中，PIV作为一种非接触、全流场测量的测量方式，在流体测量中占有重要地位。

  PIV因为其原理上的特有属性，获取流场信息的能力强烈依赖于光源和示踪粒子，然而在实验中，尤其是在钝体绕流实验中，我们经常会遇到因光路遮挡等问题出现的区域信息丢失，这导致我们极难获取钝体近壁面的流动信息，而近壁面往往是我们分析钝体受力的重要信息来源。

  为了解决这个问题，国内外很多学者都开展了研究。从实验的角度，Ragni等[1]在实验中采取从多个角度照射模型的方法，实现了模型附近的全区域打光，使光路遮挡情况发生在实验中不关注的来流区域。从数学的角度，Gunes等[2]使用Kriging方法处理PIV数据，实现了一定程度上的从稀疏速度场转化为稠密速度场。Sciachitano等[3]还尝试使用求解纳维-斯托克斯方程的方法来重构流场的缺失部分信息，并将此方法应用于翼型实验中，不过他们也在论文中指出，该方法对噪音极其敏感，需要相当干净的实验数据。

  机器学习近年来由于其在非线性问题中表现出的优越性而被广泛应用于流体力学领域[4-5]，比如湍流建模、智能流动控制、动力学参数预测等等，也有学者将其应用于流场信息补缺方向。王洪平等[6]使用卷积神经网络预测了近壁区的流场，且提高了近壁区的分辨率。徐辉等[7]使用基于物理信息的神经网络以后台阶流动、圆柱绕流等经典流动为例，重构了缺失位置的流动信息。

收稿日期：2022-11-25；修改稿收稿日期：2022-12-21
基金项目：国家自然科学基金(12102357)、船舶总体性能创新研究开放基金(31122122)和中央高校基本科研业务费(3102021HHZY030002)

本文基于卷积神经网络，对圆柱绕流实验中常见的流场信息缺失问题开展研究，这里以雷诺数为500为例。

1 方法

1.1 流场获取

本文使用直接数值模拟方法(DNS)获取三维圆柱绕流的数据集来开展此问题的研究，核心求解器为格子Boltzmann方法，并基于He-Luo模型求解不可压动量方程[8]。为了精确求解圆柱的边界，本文在边界处使用了浸没边界法。为了加快计算速度，本文还使用了图形处理器(GPU)加速方案[9]。在笛卡尔坐标系中使用均匀网格，计算域为$(x,y,z)=(24D_0,8D_0,8D_0)$。其中$D_0$为圆柱的直径，入口为均匀来流入口$u=u_0$，出口为对流出口，上下壁面为动态边界条件，速度和均匀来流速度相同，展向方向为周期性边界条件。本文中基于$Re_D=\rho D_0 u_0/\mu=500$开展研究，图1为圆柱绕流Q等值面图，图片用流向速度染色。

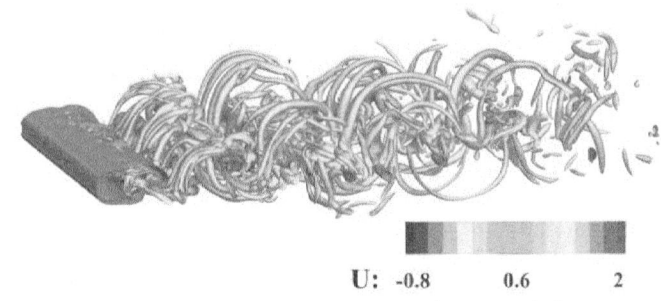

图 1 用 Q 判据提取的圆柱绕流瞬时涡结构

本文在展向方向上对流场切片以模拟PIV实验中的片光源，并按照实验中常见的缺失位置来设置数据中的缺失，数据区域选取如图2所示，图2(a)是圆柱绕流PIV实验的结果，可以看见在圆柱下方有明显的黑色区域，为数据缺失区域；图2(b)中我们截取实线框内的部分作为网络的数据集，区域大小为$(x,y)=(256,256)$，灰色框为数据缺失区域，区域大小为$(x,y)=(80,168)$。本文选取随机时刻的2000个瞬时流场作为网络的训练集和验证集来训练网络，其中训练集占比90%。

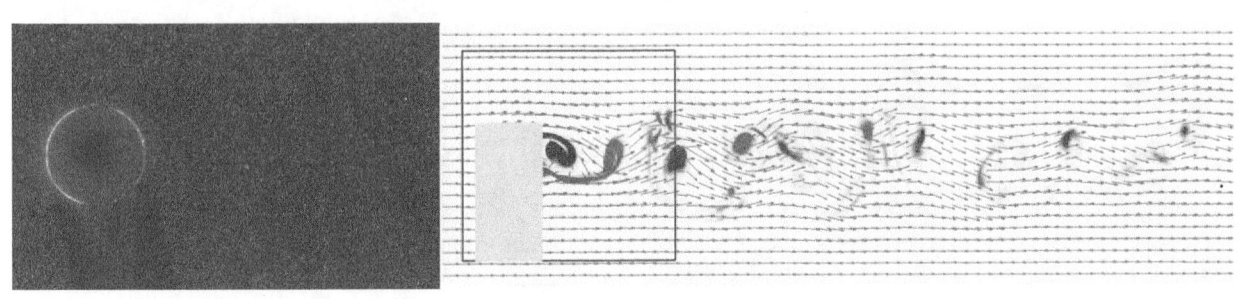

(a) 圆柱绕流 PIV 实验　　　　　　　　(b) 用于训练网络的圆柱绕流 DNS 结果

图 2 使用 DNS 结果模拟实验中的流场缺失区域

1.2 网络模型

本文使用卷积神经网络搭建模型，卷积神经网络从提出至今，被广泛应用于图像处理领域，并取得了很多成果。本文将二维流场数据类比为图像数据，把流向速度和展向速度分别类比为彩色图片的RGB三通道，通过此方法，使用卷积神经网络来处理流场中常见的信息缺失问题，本文使用的模型如图3所示。该模型引用了很多经典神经网络模型的思想，提取多尺度的流场结构的同时减少了计算量，且最大程度上避免了网络退化。

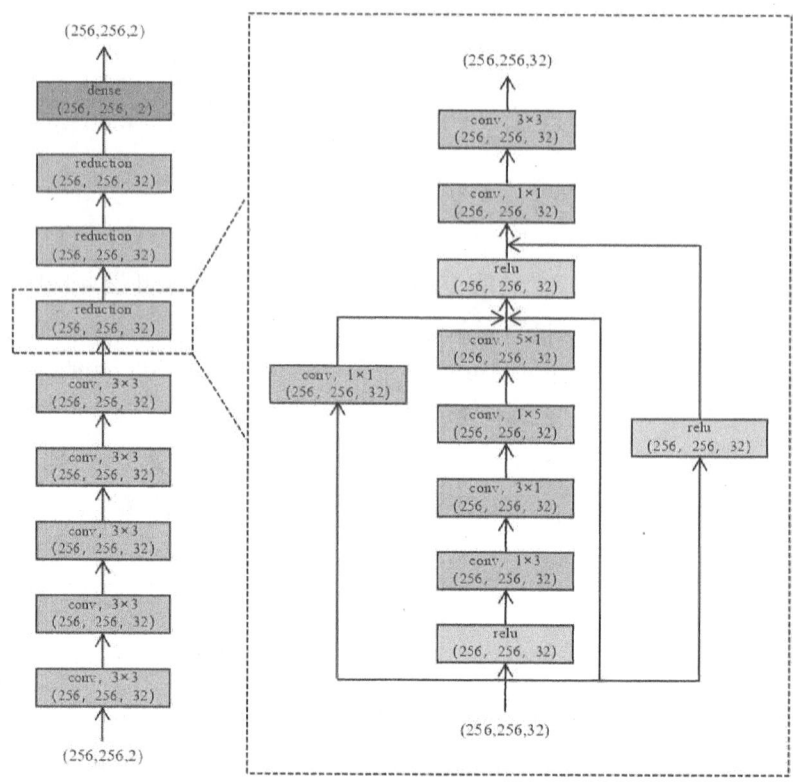

图 3 本文的卷积神经网络模型

2 结果与讨论

网络模型的训练结果如图4所示，黑色为训练集的误差，红色为验证集的误差，训练使用Adam优化器，学习率使用指数衰减学习率，初始学习率为10^{-6}，衰减率为0.9。训练迭代500次后，训练误差和验证误差皆收敛至10^{-4}以下。

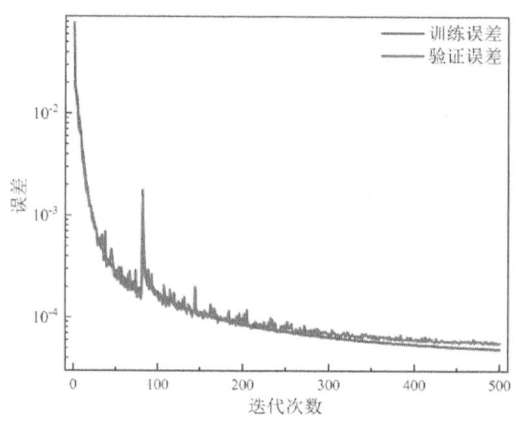

图 4 网络训练过程的误差

我们选取不包含在训练数据中的2000组数据作为测试集，来测试训练好的网络的性能。瞬时流场对比云图如图5所示。横向从上至下分比为流向速度和展向速度，纵向从左至右分别为DNS结果、预测结果以及他们之间的L_2误差，误差的定义为 $\varepsilon = \|u_{DNS} - u_{ML}\|_2 / \|u_{DNS}\|_2$。可以看出网络对于流向速度的重构精度更高，误差约为0.2%；对于法向速度的重构精度略差，误差约为1%，两组误差均在可接受范围内，说明网络可以在存在较大固定缺失的情况下，精确重构原始流场。

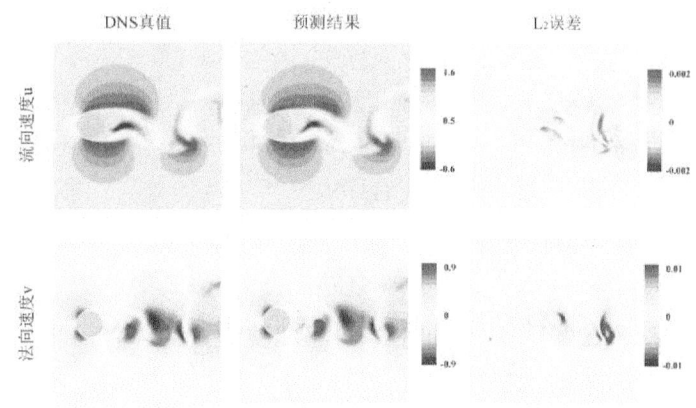

图 5 重构结果与真值的瞬时速度场对比

图6是2000组预测数据的流场时间平均速度，本文选取y=-0.5处，即与圆柱下边界相切的数据进行比较，选取该位置是因为在实验研究中，圆柱下侧是数据缺失的重灾区。图中左侧两个图为真值和预测值的平均速度，右侧两个图为对应的绝对误差。虚线框的流向范围为本文中设置的流场缺失的范围，可见无论在缺失范围内还是范围外的数据，预测值和真值都很接近。说明本文中使用的网络无论对于瞬时的缺失流场还是时间连续的缺失流场，都有很好的速度重构效果。

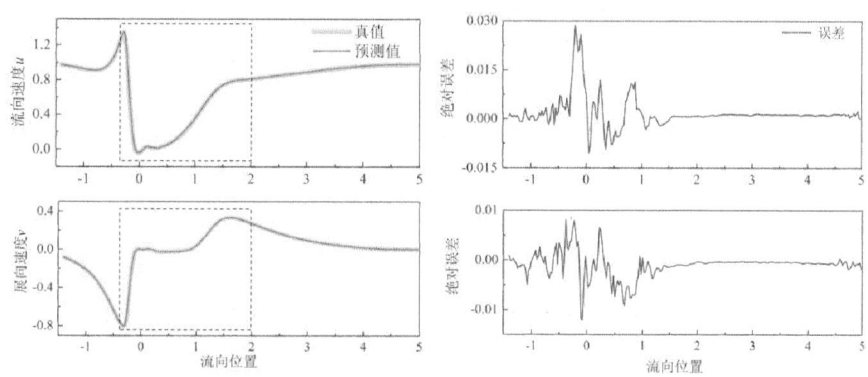

图 6 测试数据 y=-0.5 处的时间平均速度对比及其绝对误差

3 结 论

本文使用一种卷积神经网络搭建的网络模型，对于圆柱绕流 PIV 实验中常见的数据缺失问题提供了一种可行的方案。本文使用以格子 Boltzmann 方法获取的 DNS 数据组成网络的数据集，经验证，本文的网络可以很好地实现对于圆柱绕流流场的缺失数据重构，重构误差在 1%以下，为后续问题的研究提供很好的理论支持。

参 考 文 献

[1] RAGNI D, VAN OUDHEUSDEN B W, SCARANO F. Drag coefficient accuracy improvement by means of particle image velocimetry for a transonic NACA0012 airfoil[J]. Measurement Science and Technology, 2010, 22(1): 017003.

[2] GUNES H, RIST U. On the use of kriging for enhanced data reconstruction in a separated transitional flat-plate boundary layer[J]. Physics of Fluids, 2008, 20(10): 104109.

[3] SCIACCHITANO A, DWIGHT R P, SCARANO F. Navier-stokes simulations in gappy PIV data[J]. Experiments in fluids, 2012, 53(5): 1421-1435.

[4] REN F, HU H, TANG H. Active flow control using machine learning: A brief review[J]. Journal of Hydrodynamics, 2020, 32(2): 247-253.

[5] 任峰, 高传强, 唐辉. 机器学习在流动控制领域的应用及发展趋势[J]. 航空学报, 2021, 42(04): 152-166.

[6] WANG H, YANG Z, LI B, et al. Predicting the near-wall velocity of wall turbulence using a neural network for particle image velocimetry[J]. Physics of Fluids, 2020, 32(11): 115105.

[7] XU H, ZHANG W, WANG Y. Explore missing flow dynamics by physics-informed deep learning: The parameterized governing systems[J]. Physics of Fluids, 2021, 33(9): 095116.

[8] REN F, SONG B, HU H. Lattice Boltzmann simulations of turbulent channel flow and heat transport by incorporating the vreman model[J]. Applied Thermal Engineering, 2018, 129: 463-471.

[9] REN F, SONG B, ZHANG Y, et al. A GPU-accelerated solver for turbulent flow and scalar transport based on the lattice boltzmann method[J]. Computers & Fluids, 2018, 173: 29-36.

Reconstructing Gappy Velocity Flow Fields Using the Deep Neural Network

ZHANG Fan, HU Haibao*, REN Feng, ZHANG Heng, SONG Jian

(School of Marine Science and Technology, Northwestern Polytechnical University, Xi'an 710072, China)

Abstract

Flow around circular cylinder is an important research field in fluid mechanics, and the direct numerical simulation (DNS) and particle image velocimetry (PIV) experiments can obtain detailed data with a high resolution both spatial and temporal, which are essential research methods at present. However, due to limitations of the experiment environment and the technology, it is difficult for PIV to accurately obtain flow field information near the wall, which plays a critical role in burst event and flow control. In this study, a deep learning method is introduced to build a deep neural network based on the convolutional neural network (CNN), so as to predict the gappy region with CNN's advantages in image processing. During both the training and validation of the neural network, the DNS data calculated by the Lattice Boltzmann method are used to obtain the training and test data sets of this model, by simulating the PIV experiment data. The instantaneous flow fields results show that the well trained network model can reconstruct the gappy region with an error level close to the DNS itself.

Key words: Flow around circular cylinder; Deep learning; particle image velocimetry; Direct numerical simulation

作者简介

张　帆　女, 1996 年生, 博士研究生。主要从事基于机器学习的流场分析与利用等方面工作。

胡海豹　男, 1979 年生, 教授。主要从事湍流减阻、表界面力学行为控制等方面工作。

任　峰　男, 1991 年生, 副教授。主要从事复杂流动数值模拟、智能流动控制等方面工作。

张　恒　男, 1994 年生, 博士研究生。主要从事高保真流动数值模拟研究。

宋　健　男, 1997 年生, 博士研究生。主要从事流致噪声控制研究。

*通讯作者：胡海豹

基于动态代理模型的舰船阻力预报方法

刘子祥*，李胜忠，赵　峰

（中国船舶科学研究中心，无锡 214082）

摘　要

本文提出了一种新型的水面舰船阻力预报方法。该方法基于模型试验数据库，利用基于决策树的随机森林和梯度提升树算法及动态样本方法建立动态化的代理模型，可对高速排水型舰船的船体阻力进行预报。应用该方法，对随机抽选的多艘船型进行预报测试，测试结果表明该方法具有较高的精度，具有较好的工程实用性。

关　键　词：水面舰船；性能预报；随机森林；梯度提升树；动态样本

中图分类号：U661

0　引　言

快速性是舰船诸性能中的重要性能之一，是需要在进行船型设计时重点考虑的因素。快速性的优劣对民船来说会影响营运经济性，对于军用舰船则与其作战性能密切相关。快速性评估和预报是船舶设计的重要组成部分。在初步设计阶段，需要通过初步确定的船型主参数估算船型设计方案的快速性性能，以支持下一步设计工作的开展。此时，船舶线型尚未确定，所以无法进行模型试验或者数值模拟，而基于物理试验数据知识化的预报方法可以满足需求。

基于物理试验历史数据的预报方法早已有之，在20世纪，国内外水池试验室等相关研究机构推出了多种基于实船/船模试验数据的估算方法，其形式一般为回归公式或图谱。这类方法得到了广泛应用，同时也存在一些固有的问题。回归模型更新困难，导致现有方法落后于船型设计的发展，适用性日渐降低；而新产生的物理试验数据又得不到充分利用，造成数据资源浪费。对此，我们应引入属性细分的思想，对试验数据进行精细化研究，并利用新型的机器学习方法实现对数据的知识化、智能化应用。本文在模型试验数据库基础上，利用动态样本方法和机器学习算法建立了动态的代理预报模型以实现船体阻力预报功能。预报测试结果表明本预报方法具有较高的精度，证明了本方法的可行性与实用价值。同时，本方法可在无需更改预报模型的前提下，通过不断纳入新的基础数据实现预报方法的自优化和自生长，保持和不断提高预报方法的适用性和预报能力。

1　决策树算法与集成

统计回归方法存在的问题主要有：回归公式的形式取决于研究者的经验，难有统一的标准，不便于比较；变量的选取受人为因素影响很大；在方法上，线性回归难以准确表述客观规律，而非线性回归难度大[1]。这些问题通过采用学习型算法可以得到较好的解决，本文选择采用基于决策树(decision tree)的学习算法来建立代理预报模型。

收稿日期：2022-10-08；修改稿收稿日期：2022-12-08

决策树是应用最为广泛的归纳推理算法之一。决策树最早用于处理分类问题，适用于类别型的目标变量，目前也已扩展到可以处理连续型变量。决策树在数据挖掘领域应用非常广泛，其优点主要有[2]：

(1) 对于大多数问题，决策树模型都是有效的，且容易使用。

(2) 决策树模型可以用图形或规则表示，而且这些规则容易解释和理解。

(3) 可以同时处理类别型变量和连续型变量，以最大信息增益选择分割变量，模型体现变量的相对重要性。

(4) 对于大的数据集也有很好的处理能力，由于数的大小和数据库大小无关，计算量较小。当变量很多时，决策树仍然适用。

决策树的主要缺点在于经常出现过拟合，即其泛化能力相对较差。为解决这个问题，在大多数实际应用中，往往使用集成方法替代单棵决策树[3]。集成是合并多个机器学习模型来构建更强模型的方法，决策树集成的常见形式包括随机森林(random forest)和梯度提升树(gradient boosting tree)。

随机森林本质上是许多决策树的集合，其中每棵树都和其它树略有不同。随机森林背后的思想是，每棵树的预测可能都相对较好，但可能对部分数据过拟合。如果构造很多树，并且每棵树的（训练集内）预测都很好，但可能都以不同的方式过拟合，那么我们可以对这些树的结果取平均值来降低过拟合，这样既能减少过拟合又能保持树的预测能力。

为了实现这一策略，我们需要构建许多决策树。每棵树都应该对目标值做出可以接受的预测，还应该与其它树不同。"随机森林"的名字来自于将随机性添加到树的构造过程中，以确保每棵树都各不相同。随机森林通过对训练数据进行随机采样和随机选择特征保证森林中每棵树都不相同。

用于回归和分类的随机森林是目前应用最广泛的机器学习方法之一。这种方法非常强大，通常不需要反复调节参数就可以给出很好的结果，也不需要对数据进行缩放。从本质上看，随机森林具有决策树的所有优点，又弥补了决策树的一些缺陷。虽然随机森林的运行效率低于单棵树，但其鲁棒性更高，且支持多核并行计算，可有效提高模型训练效率。

梯度提升树是另一种决策树集成方法，通过合并多个决策树来构建一个更为强大的模型，该模型既可以用于回归也可以用于分类。与随机森林方法不同的是，梯度提升树采取连续的方式构造树，每棵树都试图纠正前一棵树的错误。默认情况下，梯度提升树中没有随机化，而是用到了强预剪枝。梯度提升树通常使用深度很小的树，以减小内存占用，提高运行速度。

梯度提升树背后的主要思想是合并许多简单的模型（弱学习器），比如深度较小的树。每棵树只能对部分数据做出好的预测，因此，添加的树越来越多，可以不断提高迭代性能。除了预剪枝与集成中树的数量之外，梯度提升树的一个重要参数是学习率(learning rate)，用于控制每棵树纠正前一棵树的错误的强度。较高的学习率使每棵树都可以做出较强的修正，这样模型更为复杂。与其它基于决策树的模型类似，这一算法不需要对数据进行缩放就可以表现得很好，而且也适用于连续变量与二维变量同时存在的数据集。

2 动态样本方法

本文预报方法所使用的数据均来自源于中国船舶科学研究中心进行过的高速排水型船阻力模型试验结果，现有100余组试验结果，数据记录点约2300个。受客观条件限制，作者得到的船型数据仅限于船型主参数、模型尺度及对应的剩余阻力系数。由于缩尺比不详，本文在进行数据预处理时统一取缩尺比为40，结合模型尺度得样本船型实船长度范围约80~170 m，排水体积约1000~13000 m^3，航速傅氏数范围0.10~0.60。

对于传统的回归方法,如果样本总量不多,一般直接将全体样本进行回归得到模型,如图1;如样本数量较多且离散度较大,则一般如图2所示,按照特定参数的范围进行分组后分别给出对应的模型(回归公式或图谱),或是给出公式中一些可变参量的不同取值,如Holtrop方法[4-5]。由于样本并非均匀分布,所以无论是采用常规的多元回归方法还是机器学习算法,得到的模型都是针对全体样本最优,对某一细分区间或某一点则不一定,而且在使用这种分组方法时,位于分组界限附近的船型难以做出合理的处理。进一步的细化分组并不能有效解决这类问题,这是固定分组方法本身的特点决定的。

对于这类问题,我们应引入属性细分的思想,对数据进行精细化研究和利用。属性细分不应只是简单地细化分组,这无法根本上解决问题;而本文的动态样本(dynamic sampling)方法,则是指根据预报对象的特征,按照一定规则从基础样本中选出一部分与预报对象近似的样本,用于建立预报模型,如图3。这样一来,预报算法将针对单一对象建立对应的预报模型,而不再是建立某一参数区间内的泛用模型,实现了精确到单一对象的精细化研究。对本文的预报方法而言,就是以预报对象船型的某个(或几个)船型参数为准,在基础样本库中搜索与其近似的船型,用于训练预报模型。采用这种方法,可以得到最适合预报对象船型的预报模型,有效改善预报效果。

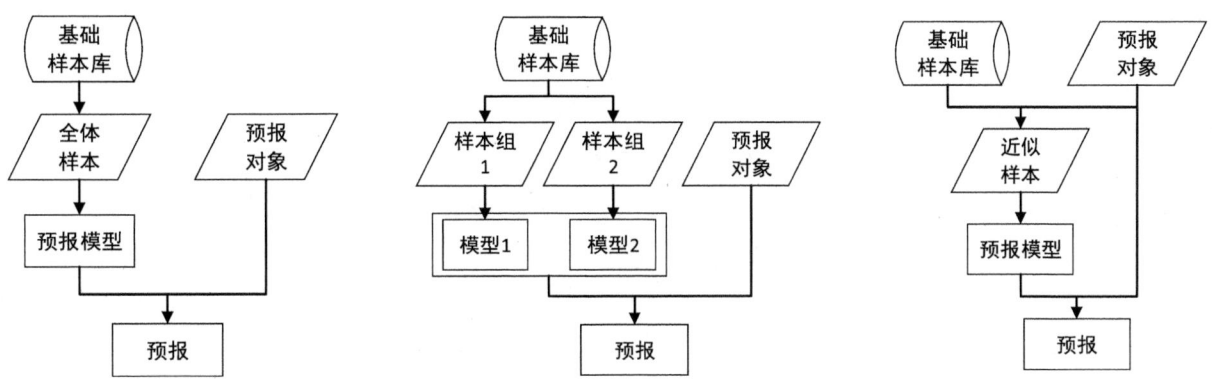

图 1 全体样本建模预报　　　　　　图 2 样本分组建模预报　　　　　　图 3 动态样本建模预报

进行近似样本选择时,一个关键问题是确定合理的基准参数。基准参数是根据预报对象选择参照对象时的标准,该参数应为能反映舰船水下部分外形的船型参数,并与阻力性能有较高的相关性,因此应利用相关性分析方法选择基准参数。本文对基础样本中记录完整的5个无量纲船型参数(见表1)对C_R和C_E的相关性进行了分析,以确定基准参数的选择。单个船型参数对指标参数的相关性分析可视为二元连续变量相关分析问题,常用的方法为Pearson相关系数分析法。Pearson相关系数r计算公式为:

$$r = \frac{\sum_{i=1}^{n}(x_i - \bar{x})(y_i - \bar{y})}{\sqrt{\sum_{i=1}^{n}(x_i - \bar{x})^2(y_i - \bar{y})^2}} \tag{1}$$

式中,x_i、y_i分别为自变量(船型参数)和因变量(指标参数);$\bar{x}$和$\bar{y}$分别为x_i和y_i的算术平均值;自变量和因变量均应为无量纲值。相关系数r的取值范围为-1到1,$r<0$为负相关,$r>0$为正相关。根据r的绝对值大小可以判断变量的相关程度,$0.8<|r|\leq1$为极强相关;$0.6<|r|\leq0.8$为强相关;$0.4<|r|\leq0.6$为中等相关;$0.2<|r|\leq0.4$为弱相关;$0\leq|r|\leq0.2$为极弱相关或不相关。分析结果显示,在常用的影响阻力性能的无量纲船型参数中,瘦长系数(或称排水量长度系数,$L/\nabla^{1/3}$)与C_E和C_R的关系都是最强的,随速度变化分布在0.7~0.9,而其余参数的相关系数在0.1~0.6。显然,对于本文采用的两种阻力性能指标C_R和C_E,最合

理的基准参数都是瘦长系数。在实际预报中，应以预报对象的瘦长系数为准，从基础样本库中选择一定量的近似样本，用于建立针对该预报对象的预报模型。

3 阻力预报方法

高速排水型舰船一般采用二因次换算法计算实船阻力。二因次换算法也称傅汝德法，将船舶的阻力分成剩余阻力和摩擦阻力[6]，即

$$C_T = C_F + C_R + C_A \tag{2}$$

式中，C_T为总阻力系数；C_R为剩余阻力系数；C_A为阻力补贴系数，对高速排水型船一般取$C_A=0.4\times10^{-3}$；C_F为船身与水的摩擦阻力系数，采用Prandtl-Schlichting公式计算：

$$C_F = \frac{0.455}{(\lg Re)^{2.58}} \tag{3}$$

在确定总阻力系数后，便可以由以下公式求出总阻力，继而求得有效功率：

$$R_T = 0.5 \cdot C_T \cdot \rho \cdot S \cdot V_S^2 \quad P_E = R_T \cdot V_S \tag{4}$$

式中，R_T为总阻力(kN)；V_S为实船航速(m/s)；S为船身湿表面积(m^3)；ρ为海水密度(取1025.91 kg/m³)；P_E为实船有效功率(kW)。这些值中需要训练模型进行预报的是剩余阻力系数C_R和为船身湿表面积S。阻力预报的流程见图4。除二因次法外，本文也尝试使用海军部系数法预报阻力。由于现有基础样本中的大部分只有有效功率数据，本文采用按有效功率计的海军部系数[7][8]，下文中称为有效功率系数C_E，其定义如下：

$$C_E = \frac{\Delta^{2/3} V^3}{P_E} \tag{5}$$

式中，Δ为排水量(t)；V为实船航速(kn)；P_E为有效功率(kW)。预报模型给出预报对象一定航速下对应的C_E后，便可以根据实船尺度换算出实船各航速对应的有效功率，其基本流程见图5。

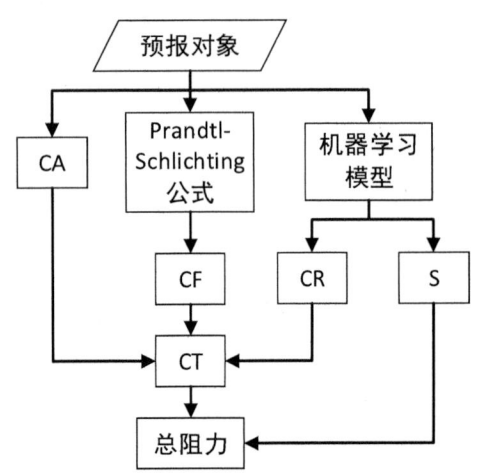

图 4 二因次换算法预报有效功率流程

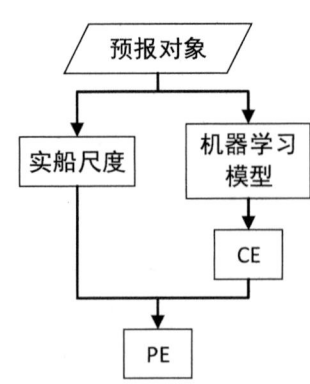

图 5 有效功率系数法预报有效功率流程

4 测试与分析

本文建立的预报方法基于Python实现了程序化。为验证预报方法的预报精度和可靠性，本文基于多个算例进行了预报测试。测试算例为从基础样本中随机抽取的20个船型，共300个记录点。算例船型参数取值范围如表1，可见测试算例的船型参数范围基本覆盖了高速排水型舰船对应参数的取值范围，其测试结果也能够较为充分地反映本预报方法对此类船型的预报效果。

表 1 测试算例参数范围

参数	C_P	L/B	B/T	L_{CB}	$L/\nabla^{1/3}$
最大值	0.679	11.321	3.479	0.027	8.788
最小值	0.571	7.921	2.662	-2.648	7.636

预报测试采用LOO-CV(Leave One Out Cross Validation)方法，即每个算例单独作为测试样本，数据库内其余所有样本全部作为基础样本，也就是在进行预报时，将测试对象从数据库中剔除。这种方法最贴近于实际使用的情况，能够保证结果的可靠性和说服力。测试算例船型的航速取值均与其原始试验记录相同，总阻力误差分布情况见表2。其中误差均指相对误差，按下式计：相对误差=100%×（预报结果-试验结果）/试验结果。误差分布范围按相对误差的绝对值计。

表 2 总阻力预报误差分布

算法	预报方法	误差分布情况			100*标准差
		<10%	<5%	<3%	
随机森林	C_E 系数法	100%	85%	62.33%	2.151
	二因次法	100%	79.33%	55%	2.146
梯度提升树	C_E 系数法	98.67%	78%	53.33%	2.561
	二因次法	98.33%	73.67%	54.67%	2.504

通过误差分布统计可见，基于随机森林算法的两种预报方法对20组算例的300个记录点的预报相对误差全部都在10%以内，有80%左右的记录点相对误差小于5%，而基于梯度提升树算法的两种预报方法与之相差不大。从误差分布来看，无论算法采用随机森林还是梯度提升树，C_E系数法的预报效果都要好于二因次法。这主要是因为二因次法预报时需要建立两个模型，分别计算两个中间变量（湿面积和剩余阻力系数，湿面积误差分布见表3），容易出现误差叠加；而C_E系数法只需计算一个C_E系数就可通过实船尺度换算出实船阻力，这也是C_E系数法的预报程序执行速度更快的原因。

表 3 湿面积预报误差分布

算法	误差分布情况			100*标准差
	<5%	<3%	<1%	
随机森林	95%	90%	45%	1.707
梯度提升树	95%	95%	70%	1.572

在实际的工程应用中，剩余阻力系数是一个重要的阻力性能指标，仅给出总阻力结果往往不能有效满足用户需要。在能够有效地计算湿面积的基础上，本文尝试利用C_E系数法的总阻力预报结果反推

剩余阻力系数，解决C_E系数法无法给出剩余阻力系数的问题。表4展示了直接预报和利用总阻力预报结果反推剩余阻力系数的误差分布，可见对于两种算法，反推法计算剩余阻力的精度与常规方法相比都很接近，说明利用C_E系数计算总阻力并反推剩余阻力不失为一种可行的预报方法。

表 4 剩余阻力系数

算法	预报方法	误差分布情况			100*标准差
		<20%	<15%	<10%	
随机森林	C_E系数法（总阻力反推）	98.33%	94.33%	82.33	4.657
	二因次法（直接计算）	97%	91.67%	80%	5.556
梯度提升树	C_E系数法（总阻力反推）	100%	95.67%	80%	4.384
	二因次法（直接计算）	98%	92 %	84.33%	5.467

5 结 论

本文建立了一种基于随机森林算法和动态样本的高速排水型舰船阻力预报方法，对特定预报对象单独建立代理预报模型，实现了对物理试验数据的精细化利用。经测试验证，本方法能够实现预期的预报功能，同时其程序响应时间控制在秒级，有较高的预报效率；但受限于作者能获得的数据量和内容，本方法在验证过程中仅能利用少数几个主参数训练预报模型，限制了预报效果。如数据质量和数量能够得到提高和扩展，本文方法的预报效果也将得到进一步提高。本方法对应的预报程序在开发时采用了数据与程序分离的设计，预报所需基础样本数据存放在单独的数据文件中，可以随时扩充或更改而无需改动程序本身，这使本预报方法具备了较强的可扩展性。在今后的使用中，基础数据库可不断纳入新的船型样本，扩展预报方法的适用范围，提高预报能力；在基础数据满足数量和质量要求的前提下，本预报方法也可向附体阻力及推进性能进行扩展，以实现对舰船快速性的完整预报。

目前，本方法的基础数据全都是由水池模型试验产生的物理数据。近些年来随着数值模拟技术的发展，其预报精度越来越高，同时由于数值模拟的物质和时间成本远小于模型试验，由数值模拟产生的虚拟数据的生长速度远超物理数据。虚拟数据在来源可靠且经验证充分的前提下，也可纳入本方法的基础数据，以充分利用数据资源，提高预报能力。

参 考 文 献

[1] 刘子祥. 基于缩比模型试验数据的船舶水动力性能预报新方法[D]. 无锡: 中国船舶科学研究中心, 2019.

[2] A. C. MULLER 等. Python 机器学习基础教程[M]. 北京: 人民邮电出版社, 2018.

[3] 周英, 等. 大数据挖掘系统方法与实例分析[M]. 北京: 机械工业出版社, 2016.

[4] J. HOLTROP, G.J.J. Mennen. An approximate power prediction method[J]. International Shipbuilding Progress, 1982: 29, 166-170.

[5] J. HOLTROP. A statistical re-analysis of resistance and propulsion data[J]. International Shipbuilding Progress, 1984, 31(363): 272-276.

[6] 盛振邦, 刘应中. 船舶原理[M]. 上海: 上海交通大学出版社, 2004.

[7] 顾敏童. 船舶设计原理[M]. 2 版. 上海: 上海交通大学出版社, 2001.

[8] 刘子祥. 基于支持向量机和动态样本的船舶有效功率预报[J]. 船舶标准化工程师, 2019, 52(1): 68-73.

A Method for Naval Ship Resistance Prediction Based on Dynamic Surrogate Models

LIU Zixiang[*], LI Shengzhong, ZHAO Feng

(China Ship Scientific Research Center, Wuxi 214082, China)

Abstract

A new method for resistance prediction of naval ships was present in this paper. This new method is based on a database of ship model testing results, with random forest, gradient boosting tree and dynamic samples. This method could establish dynamic surrogate models and predict the hull resistance of conventional naval ships like destroyers and frigates. This method is tested with multiple ships randomly selected from the database, and the result shows that the method has good accuracy and practicability.

Key words: Naval ships; Performance prediction; Random forest; Gradient boosting tree; Dynamic samples

作者简介

刘子祥　男，1994年生，工程师。主要从事舰船水动力性能评估、机器学习等方面的研究。
李胜忠　男，1980年生，研究员。主要从事舰船水动力性能优化设计等方面的研究。
赵　峰　男，1964年生，研究员。中国船舶科学研究中心首席专家，主要从事船舶总体技术研究。
*通讯作者：刘子祥

基于RANS方程的圆舭船型阻力性能虚拟试验应用流程研究

朱锋[*,1,2]，李胜忠[1,2]，鲍家乐[1,2]，梁川[1,2]，刘子祥[1,2]

（1. 中国船舶科学研究中心，无锡 214082；

2. 深海技术科学太湖实验室，无锡 214082）

摘　要

本文基于自研粘流求解器，依托"属性细分、知识封装"的原则，对标物理拖曳水池模型试验全过程，建立了适用于圆舭船型的阻力性能虚拟试验应用流程，该应用流程将CFD数值计算涉及的三大环节包含的专家经验知识进行了封装，用户仅需输入预报对象船体IGS曲面文件，即可开展阻力性能的精细化预报工作，一方面降低了用户的使用门槛，另一方面提高了预报效率，数值预报周期较常规CFD数值计算缩短了90%以上。本虚拟试验应用流程的开发设计为船舶设计人员在技术设计阶段快速掌握设计船舶的阻力性能以及周围流场提供了新的技术手段。

关　键　词：圆舭船型；阻力虚拟试验；知识封装；应用流程

中图分类号：U661.31+2

0 引言

2000年前后，随着计算机技术的持续发展，CFD数值预报技术达到了一个很高的水平，并出现了一些功能强大的商用CFD软件，如Fluent、CFX、Star-CCM、Oship[1]等，与传统物理水池模型试验相比，CFD数值预报软件能够保证预报结果精度满足工程要求的同时，还具有预报费用低、预报响应时间快等独特优势，特别是在船舶技术设计阶段，满足了设计师快速掌握设计对象总体性能的需求。然而，当前多数CFD[2-3]数值预报软件依然存在着以下几点不足：①软件专业性强，通常需要技术人员通过专业的学习和培训才能够胜任相关CFD数值预报工作，很多功能的实现需要用户进行二次开发，例如Fluent软件在开展船舶阻力性能计算时需要用户编译UDF程序来实现船舶六自由度运动等等；②软件的前后处理门槛较高，前处理网格划分、数值计算参数配置以及后处理结果分析均将耗费大量的时间；③软件的使用因人因事差异性较大，不同用户针对同一个对象，由于对计算问题的看法不一，其预报结果往往存在差异。

随着计算机信息技术的飞速发展，带来了新的模式创新，针对传统CFD数值预报软件中存在的痛点难点问题，遵循"属性细分，知识封装"[4]的思想，在自研粘流求解器的基础上设计开发了一项适用于圆舭船型阻力性能虚拟试验应用流程[5]，该应用流程对标物理水池模型试验过程，将传统CFD数值预报软件包含的三大环节中的专家经验知识进行固化和封装，用户只需参照简单的图形化指南，即可开展船舶阻力性能虚拟试验，与商用CFD软件相比极大的降低了用户的使用门槛、缩短了预报周期，该应用流程的开发为用户快速掌握设计船型的阻力性能水平提供了新的技术支撑，为未来船舶总体性能预报模式的转型升级奠定了基础。

1 本应用流程的研发思想和目标

研发思想：本应用流程的研发遵循"属性细分、知识封装"的思想，将预报对象设定为具体的圆舭型船，将预报属性设定为阻力性能，流程开发者针对该类船型数值预报所涉及的前处理、数值计算参数设置以及后处理等三大块重要内容进行专家知识的封装，具体涉及到前处理网格自动化处理模块；数值计算最佳参数设定模块；阻力性能预报数据的分析和实船换算、流场可视化后处理模块。专家经验的封装消除了因人因事带来的使用差异影响，开发形成了一个管用易用好用并且经过充分验证的可信度高的阻力性能虚拟试验应用流程，实现非专业人士按照简单的操作使用手册即可完目标船舶阻力性能的精细化预报工作。

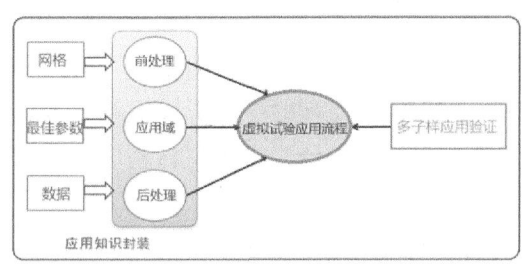

图 1 阻力性能虚拟试验应用流程研发思想

研发目标：本虚拟试验应用流程的开发需要实现两个目标，一个是功能模块方面，包括以下三个方面内容：①前处理：实现自动生成计算网格和边界条件信息，消除网格划分带来的计算偏差；②数值计算：实现数值计算参数的最佳配置，阻力、运动姿态时程曲线的实时监控、多视角下自由面兴波的实时监控；③后处理：实现阻力计算结果的自动处理、实船有效功率的自动换算、虚拟试验报告的自动生成、虚拟试验过程可视化再现的自动查看。另一个是预报周期方面，本虚拟试验应用流程与传统CFD数值预报软件相比，数值预报周期较缩短了90%以上，大幅提升从业人员的工作效率。

2 本应用流程的研发过程

本应用流程的研发完全对标物理水池模型试验的整个流程，不但可以模拟整个物理水池模型试验的实施过程，而且还能捕捉物理水池难以测量的流场信息。下面分别从两个方面对本应用流程的研发过程进行详细地说明。

2.1 功能实现

在开展本应用流程功能研究前，首先对阻力性能物理水池模型试验的主要过程进行一个梳理，通常分为以下六个步骤：

(1) 试验大纲编制：包括试验来源、试验目的、试验对象、试验内容、数据处理方法、试验进度及人员安排等内容；

(2) 加工木质/玻璃钢船模：包括需要提供船体线型/船体IGS曲面，船模车间依托船体线型开展模型加工，期间还需要对模型加工精度进行控制和检验，满足误差要求；

(3) 船模下水及设备安装调试：包括船模下水、阻力仪安装和校准、导航杆安装和校准、拖车中控信息输入以及摄像头调试等工作；

(4) 进行拖曳试验：包括试验前的破水、中控采集试验原始数据（不同吃水、不同航速下的阻力、升沉和纵倾角）；

(5) 试验数据处理：包括阻力数据、运动姿态数据以及视频影像资料；

(6) 试验报告编制。

本应用流程在功能的实现上严格对标物理水池试验流程，具体包括五个部分：①制定虚拟试验方案；②建模/网格划分；③CFD求解器设置/计算；④计算结果处理；⑤计算报告编写。具体如下图2所示。

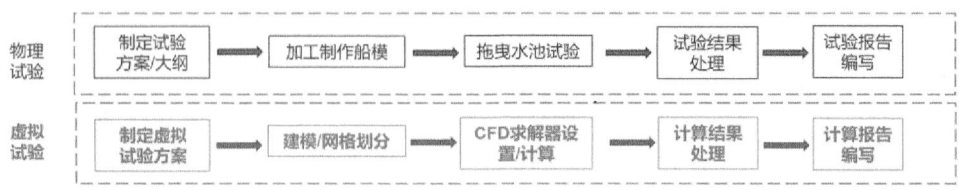

图 2 物理水池试验流程及本虚拟试验流程对比

2.2 功能模块

对标上述物理水池试验流程，对本应用流程的使用界面进行了设计和开发，在满足用户功能使用的需求外尽量减少用户的手动操作步骤。经设计，本虚拟试验应用流程界面共分为五个应用模块，界面的开发流程框架如下图3所示。

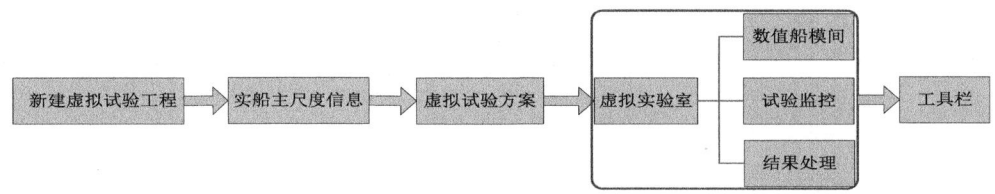

图 3 虚拟试验界面开发流程框架

每个模块的功能实现如下图所示：

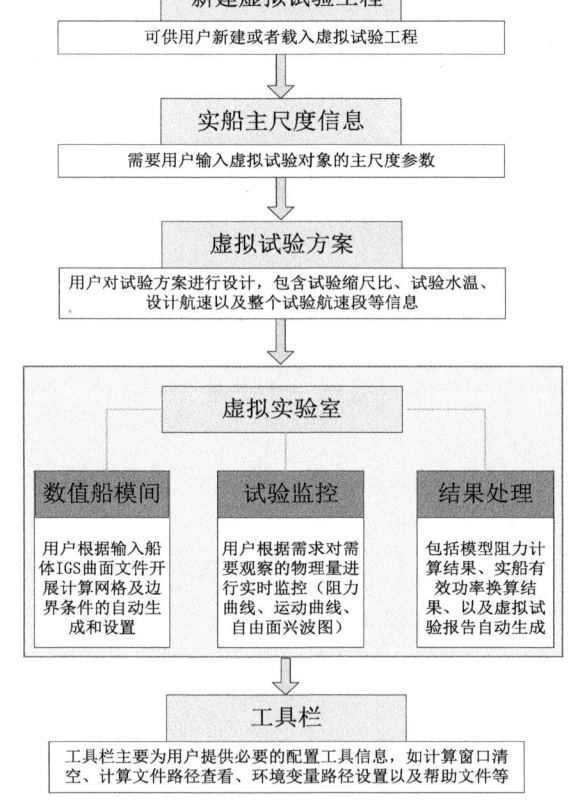

图 4 每个模块的功能实现流程图

2.3 封装的主要专家知识

本应用流程所封装的主要专家知识涵盖虚拟试验涉及的三个重点环节，具体包括虚拟试验前处理、虚拟试验最佳参数配置、虚拟试验后处理，下文对每个环节涉及到的专家知识进行详细地说明。

2.3.1 前处理

在前处理环节主要依托商用Pointwise软件开展专家知识的封装工作，具体包含以下几点：船长标准化、网格划分方式、壁面网格间距、网格数量及疏密度、网格生成、网格边界条件以及最小航速对应Re值。下文将进行逐一解读：①本虚拟试验将试验对象船长进行标准化归一处理，即任何长度的船按照L_{pp}为基准进行归一化处理，即归一化船长=实际船长/L_{pp}；②本虚拟试验采用了结构化网格，包括船体体贴网格以及背景网格，均为结构化网格形式，通过重叠网格技术将船体贴体网格与背景网格进行重叠；③船体贴体网格第一层高度距离壁面的距离设置为$Y^*=40\sim120$之间，若最小航速V_{min}对应计算获得的第一层网格距壁面距离为Y_{min}，最大航速V_{max}对应计算获得的第一层网格距壁面距离为Y_{max}，则$Y_{max}/Y_{min}\leq3$；④船体网格按照船长方向布置150个网格点，垂向布置80个网格点的方式，并在艏艉处按照1.5×10^{-3}的间距设置网格疏密程度；⑤模型最小航速V_{min}所对应的雷诺数Re数值不得小于5×10^6，若Re数值小于上述阈值，则提示用户重新调整缩尺比，直到满足要求为止；⑥在生成船体贴体网格时，船体网格的外拓步数按照1.2的生长率外拓35步，同时与背景网格进行重叠合并，背景网格方案为统一标准的网格，即生成的船体贴体网格都将与同一个背景网格进行合并，进而生成计算网格；⑦在完成计算网格后，系统将自动对流域边界条件进行设置。

2.3.2 数值计算

本流程封装了传统数值计算过程中一系列繁琐的计算设置过程，包括计算网格物理属性的定义、网格的分割、网格的运动控制属性、网格的转动属性、湍流模型的确定、自由液面处理方式、数值格式的确定以及压力求解方式等等。本虚拟试验流程具体封装的计算设置参数如下：①动量对流差分方式采用二阶迎风格式；②自由液面的处理采用 Level-Set 方式；③湍流模型采用 SST k-w 型；④壁面函数选择多层模型；⑤压力求解采用非定常 Piso 算法；⑥运动预报只预报升沉与纵倾。在此用户无需掌握数值计算的相关设置，即可实现一键式自动计算。

2.3.3 后处理

本虚拟试验在后处理环节主要封装了如下专家知识：①能够实现计算过程中计算对象阻力时程曲线、运动姿态时程曲线以及自由液面波形等的实时监控；②针对虚拟试验阻力、运动姿态等原始数据到模型阻力性能参数的自动处理；③能够自动给出模型对应的实船有效功率及实船的运动姿态等信息；④能够实现不同航速、典型视角下自由面兴波的动画回放；⑤实现虚拟试验报告的自动生成。

2.4 界面开发及主要操作步骤

结合上文对本应用流程功能的实现以及主要功能模块，设计开发了该应用流程的使用界面。下面将整个虚拟试验的操作过程分为三个步骤：

第一步，虚拟试验前处理：包括虚拟试验工程创建；配置虚拟试验对象名称、主尺度参数等信息；导入虚拟试验曲面IGS文件进行计算网格的自动划分等三个方面的工作。下图5以标准模型DTMB5415为例，展示了该步骤下的配置情况；

第二步，进行虚拟试验：包括对阻力、运动姿态时程曲线的实时监控以及不同视角下自由面兴波实时图片。下图6为标准模型DTMB5415虚拟试验进行中的监控画面；

第三步，虚拟试验结果处理：包括对阻力、升沉、纵倾等阻力性能参数的处理，自动获取模型阻力性能及对应的实船有效功率，同时可以自动生成阻力虚拟试验报告。下图7为标准模型DTMB5415虚拟试验进行中的监控画面。

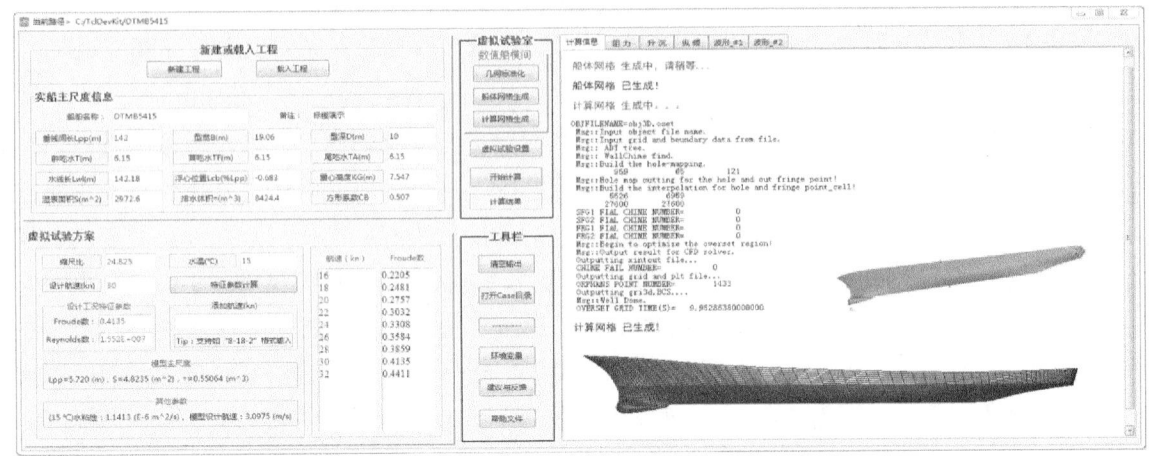

图 5 虚拟试验方案配置界面

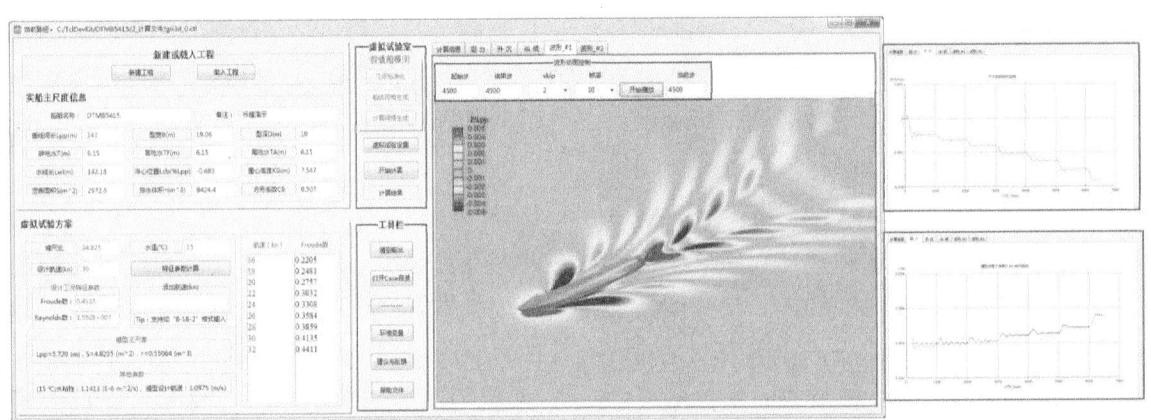

图 6 虚拟试验过程监控画界面

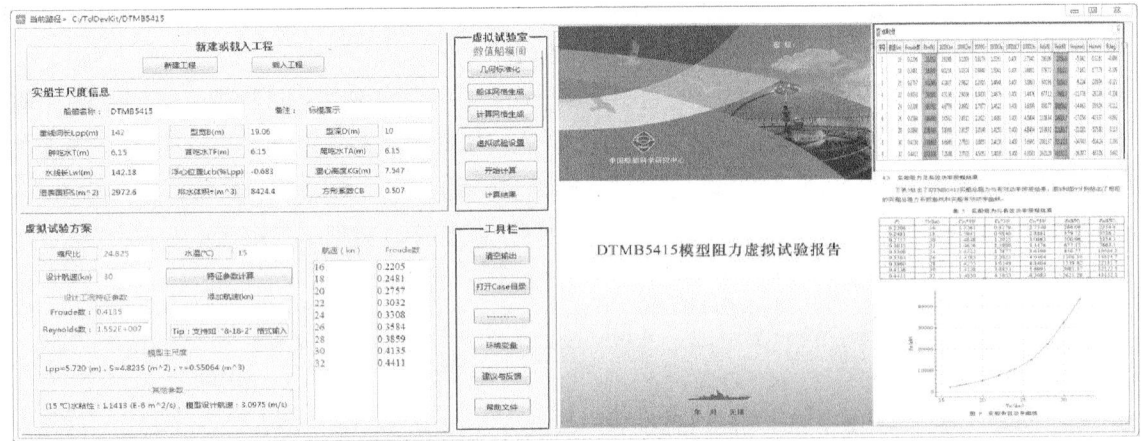

图 7 虚拟试验结果处理界面

3 本应用流程的测试与用户体验

3.1 大子样测试与验证

本文选取了250组圆舭船型水池模型试验数据，统计了全样本点不同航速段下本虚拟试验计算结果与水池试验结果的偏差分布情况，下表1为测试结果与水池模型试验结果偏差分布统计。

表 1 测试结果与水池试验结果偏差分布

E/%	数量	比例/%
-6~-5	3	1.20
-5~-4	6	2.40
-4~-3	9	3.60
-3~-2	25	10.00
-2~-1	40	16.00
-1~0	50	20.00
0~1	47	18.80
1~2	40	16.00
2~3	20	8.00
3~4	5	2.00
4~5	4	1.60
5~6	1	0.40

由上表可知：在所统计的250组样本中，有227个样本点(88.45%)的测试结果与水池试验结果偏差在3%以内，另外设计航速点测试结果偏差在3%以内的概率为95%，下图为测试结果与试验结果之间的正态统计及偏差分布曲线。

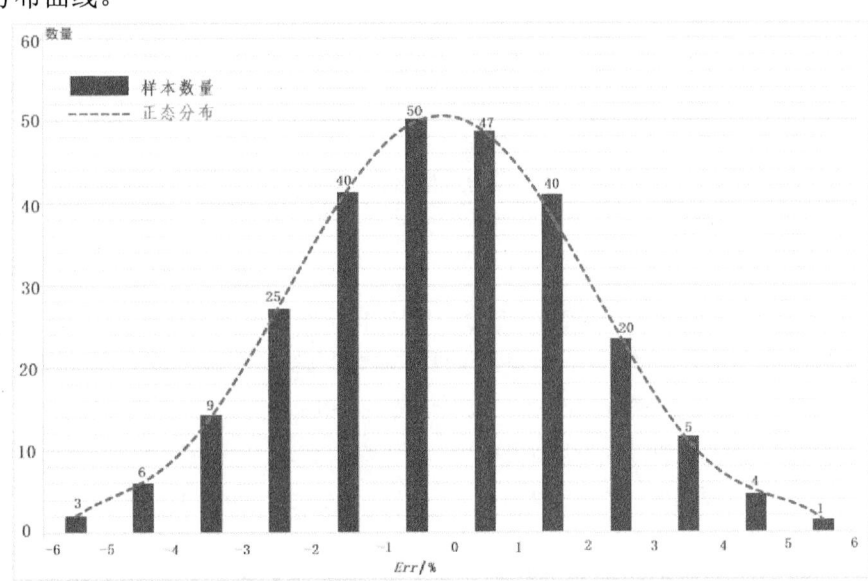

图 8 测试结果与试验结果之间的正态统计及偏差分布曲线

3.2 用户体验及使用门槛

下表2给出了本虚拟试验应用流程在主要功能自动化使用度上与主流商用CFD软件的对比。

表 2 本应用流程与商用软件部分功能对比

预报工具	前处理网格划分		计算最佳参数配置		计算结果后处理	
	手动	自动	手动	自动	手动	自动
Star-CCM	•		•		•	
Fluent	•		•		•	
CFX	•		•		•	
本虚拟试验流程		•		•		•

经对比可知，本应用流程与主流商用 CFD 软件相比在处理船舶粘流数值计算问题等方面都具有较大的优势，特别是在前处理、数值计算以及后处理方面，具备了自动化处理能力，尤其是在前处理网格划分方面，将网格划分的专家知识封装入本流程后，能够实现计算网格的自动生成，使得不具备 CFD 知识的一般船舶设计工作者也能够开展船舶阻力性能的精细化预报工作，大幅降低了用户的使用门槛。另外本虚拟试验流程在除了图形化处理和网格划分上依然集成了商用软件外，数值计算求解器的开发和封装则是自主开发和封装的，具备了自主知识产权。下表 3 为本应用流程与商用软件在前后处理耗时方面的对比情况。

由表可知，本应用流程在前后处理耗时上较商用软件分别减小了 91%和 97%，工作效率得到了显著提升。

表3 本应用流程与商用软件前后处理耗时对比

应用过程	本虚拟试验应用流程	商用 CFD 软件（STAR CCM）	节省时间
数值计算(CPU16 核)	2 小时/航速点	2 小时/航速点	33%
前处理(人工)	0.25 小时	3 小时	91%
后处理(人工)	0.25 小时	8 小时	97%

4 结 论

本文完成建立了基于"属性细分、知识封装"的圆舭船型阻力性能虚拟试验应用流程，该应用流程与主流商用 CFD 数值计算软件相比在用户体验、自动化程度以及计算效率方面得到了大幅提升，为船舶设计人员在技术设计阶段快速掌握所设计船舶的阻力性能以及周围流场提供了新的技术手段。

参 考 文 献

[1] 周秀红, 赵发明, 王丽艳. 船舶粘流计算软件"OShip"开发[J]. 中国造船, 2014, 55(1): 90-103.
[2] 朱锋, 李胜忠, 侯小军. 基于 CFD 的"探索一号"科考船多波束测深仪安装方式研究[J]. 中国造船, 2018, 59(2): 190-197.
[3] 赵发明, 高成君, 夏琼. 重叠网格在船舶 CFD 中的应用研究[J]. 船舶力学, 2011, 15(4): 332-341.
[4] 赵峰, 陈伟政, 韦喜忠. 系统工程在船舶总体性能研发中的实践思考[J]. 中国造船, 2021, 62(2): 275-283.
[5] 赵峰, 吴乘胜, 张志荣. 实现数值水池的关键技术初步分析[J]. 船舶力学, 2015, 19(10): 1209-1220.

Study on Application Flow of Virtual Test of Resistance Performance of Round Bilge Hull based on RANS Equation

ZHU Feng[*,1,2], LI Shengzhong[1,2], BAO Jiale[1,2], LIANG Chuan[1,2], LIU Zixiang[1,2]

(1. China Ship Scientific Research Center, Wuxi 214082, China;
2. Taihu Laboratory of Deepsea Technology Science, Wuxi 214082, China)

Abstract

Based on a self-developed viscous flow solver, relying on the principle of "attribute segmentation and knowledge encapsulation", and taking the whole process of physical towed tank model test as the benchmark, an application flow of virtual test of resistance performance of round bilge hull was established. The application process encapsulated the expert experience and knowledge of the three links involved in CFD numerical calculation. Users only need to input the IGS surface file of the forecast object hull to carry out the fine prediction work of the resistance performance. On the one hand, it lowers the threshold for users to use; on the other hand, it improves the forecasting efficiency and the period of numerical prediction is more than 90% shorter than that of conventional CFD calculation. The development and design of the virtual test application process provides a new technical means for ship designers to quickly grasp the resistance performance and the surrounding flow field of the designed ship in the technical design stage.

Key words: Round bilge hull; Virtual resistance test; Encapsulation of knowledge; Application process

作 者 简 介

朱　锋　　男，1986 年生，高级工程师。主要从事船舶水动力方面的研究。
李胜忠　　男，1980 年生，研究员。主要从事船舶总体性能方面的研究。
鲍家乐　　男，1992 年生，高级工程师。主要从事高性能船性能方面的研究。
梁　川　　男，1987 年生，高级工程师。主要从事 CFD 数值计算方面的研究。
刘子祥　　男，1994 年生，研究员。主要从事数据挖掘等方面的研究。
*通讯作者：朱锋

机器学习在船舶操纵运动预报中的应用研究进展

彭 超*，何春荣

（中国船舶科学研究中心，无锡 214082）

摘 要

由于机器学习技术具有能够任意逼近任意函数的特点，为船舶操纵运动建模提供了一种新的可能手段，受到了船舶力学研究人员的广泛关注。本文总结梳理了机器学习在船舶操纵运动预报中的应用的研究现状，指出了未来需要进一步研究的问题，为今后的研究方向提供建议。

关 键 词：操纵运动；支持向量机；人工神经网络
中图分类号：U661.3

0 引 言

在船舶营运阶段，准确的船舶操纵运动预报对船舶航行安全、船舶作业等至关重要。目前在工程界，对船舶操纵运动进行预报的主要方法有：自航模试验方法、数学模型加计算机模拟的方法和基于CFD的数值模拟方法。其中，数学模型加计算机模拟的方法是目前应用最广和最有效的方法。对于该方法来说，准确的操纵运动数学模型是进行船舶操纵运动预报的前提。

一般来说，系统数学模型建模方法分为理论建模和实验建模[1]。理论建模，又称白箱建模，是从已知的原理、定律和定理出发，通过机理分析研究，找出系统内在的运动规律，推导出系统各状态参数与外作用之间的解析表达式。而实验建模，是直接从系统运行或试验中测量系统的外作用和响应数据，应用辨识方法，建立系统的数学模型。这类方法建立的模型，根据涉及到的机理情况，分别称为黑箱模型（建模机理完全未知）与灰箱模型（建模机理部分已知）。

对于船舶操纵运动数学模型来说，常见的白箱模型有Abkowitz整体式模型和分离式数学模型(Maneuvering Modeling Group，MMG)。在使用白箱模型进行船舶运动预报时，模型中使用的水动力导数是影响其预报精度的关键。目前，获取水动力导数的方法主要有：拘束模试验方法、数值计算方法以及结合自航模试验的系统辨识方法[2]。但上述方法通常仅能获得船舶常规机动下的水动力导数，对于非常规机动情况，则难以发挥作用。

另外，对于船舶操纵运动建模的研究，一般只能确定某一特定场景下的船舶操纵运动数学模型。船舶在航行过程中，船舶装载状态或遭遇的海洋环境经常发生变化，原来在某特定场景下的船舶操纵运动数学模型就不再适用。因此，要用一个确定的数学模型来表达船舶操纵所有场景下的动态特性非常困难，这就需要一种非线性的动态系统来描述[3]。除此之外，当海洋环境复杂多变、海况劣势或船舶机动复杂时，常规的理论建模给出的数学模型往往无法给出令人满意的结果。

因此，对于上述机理建模难以解决的问题，大多采用实验建模的方法进行系统建模。而机器学习技术，对非线性系统具有很强的映射能力，能有效地建立描述船舶操纵运动这一动态系统的输入——输出响应特性，可为船舶操纵运动灰箱/黑箱建模提供新的有力的技术手段。

收稿日期：2022-10-20；修改稿收稿日期：2022-12-08

有鉴于此，本文以机器学习技术在船舶操纵运动预报中的应用为切入点，梳理近年来的研究进展情况，指出现阶段仍然未解决的一些问题以及研究需求，为后续研究工作指明方向。

1 人工神经网络发展概述

在介绍机器学习技术在船舶操纵运动预报建模中的应用的研究现状之前，首先对机器学习技术中的一大技术——人工神经网络方法的发展进行简要描述。迄今为止，人工神经网络的发展大致分为3个阶段。

1.1 第一阶段：20世纪40年代至60年代

1943年，心理学家Warren McCulloch和数理逻辑学家Walter Pitts提出并给出了人工神经网络的概念及人工神经元的数学模型。1949年，赫布在 The Organization of Behavior 论文中描述了神经元的学习法则[4]。进一步地，美国神经学家Frank Rosenblatt[5]提出可以模拟人类感知能力的机器，并称之为"感知机"，并在康奈尔航空实验室中成功完成仿真。

1.2 第二阶段：20世纪80年代至90年代

1986年，Geoffrey Hinton[6]使用多个隐藏层来代替感知机中原先的单个特征层，并使用BP算法(Back-propagation algorithm)来计算网络连结参数。这种神经网络结构被称为"多层感知机"。

1989年，Yann LeCun等人[7]使用深度神经网络来识别信件中邮编的手写体字符。但在当时的计算能力条件下，该算法训练时间较长，且很容易陷入局部最优解。而这一时期，支持向量机(SVM)简单结构，训练速度较快，使得人工神经网络的研究陷入寒冬。

1.3 第三阶段：21世纪至今

进入21世纪，计算能力得到迅速发展，为复杂神经网络的发展奠定了基础。2006年，Hinton[8]提出了深度置信网络(DBN)，该网络使用一种贪心无监督训练方法来训练网络参数。随后，适用于图像识别领域的卷积神经网络(CNN)、同时考虑过去与未来时刻信息影响的双向循环神经网络(Bi-RNN)[9]、为消除时间维度上梯度爆炸现象的长短期记忆网络(LSTM)[10]、门控循环单元网络(GRU)[11]相继被提出，极大地拓展了人工神经网络的应用领域。

另外，Ian J. Goodfellow等人[12]于2014年10月提出了可应用于生成数据的生成式对抗网络（GAN），该模型由两个基础神经网络即生成器神经网络(Generator Neural Network)和判别器神经网络(Discriminator Neural Network)所组成。之后，多名研究人员针对GAN训练不稳定、训练速度慢等问题，分别提出了GAN网络的改进版，包括深度卷积对抗神经网络WGAN (Wasserstein GAN)[13]、带梯度惩罚的WGAN (WGAN with gradient penalty, WGAN-GP)[14]、最小二乘GAN (least square GAN, LSGAN)[15]。

2017年，Ashish Vaswani等人[16]引入注意力机制[17]，提出了一个新型神经网络结构Transformer，该结构由self-Attention和Feed Forward Neural Network组成。之后的两年里，在Transformer框架的基础上，研究人员提出了一些具有里程碑意义的模型，包括GPT[18]、BERT[19]、GPT2.0[20]、ChatGPT等。这些模型把机器处理文本的能力提升到了前所未有的高度。

2 机器学习技术在船舶操纵运动灰箱建模中的应用

随着机器学习技术的发展，多种新的方法被应用在船舶操纵运动模型灰箱建模上。近年来，为解决船舶操纵运动高精度建模问题，常用的机器学习技术有人工神经网络(Artificial Neural Network, ANN)和支持向量机(Support Vector Machines, SVM)两种方法。下面对两种方法的应用情况分别进行介绍。

2.1 人工神经网络方法

在研究初期，由于神经网络方法仍不够完善、船舶运动数据不太丰富、计算硬件能力等多种因素的制约，大多数研究考虑使用结构相对简单的神经网络，如BP (Back Propagation)神经网络、RBF神经网络等，对船舶运动数学模型中的某些水动力项进行系统辨识。

Clark于1983年首次运用人工神经网络辨识出了船舶运动模型中的非线性参数[21]。孔祥军等[22]提出了一种基于线性神经网络的线性船舶操纵运动方程中水动力系数的辨识方法，将该方法用于实船水动力系数的辨识。HADDARA等[23]利用BP神经网络对非线性水动力导数项构建黑箱进而预报船舶运动。孙新蕾等[24]采用RBF神经网络对水下航行器6自由度操纵运动模型中的向心力、科氏力和阻尼项分别进行了建模，并通过操纵运动仿真验证了RBF神经网络模型能够很好的与原始水动力模型吻合。梅斌等[25]采用模型参考和随机森林模型对船舶操纵运动进行辨识建模。Luo等[26]利用两层前馈神经网络对船舶三自由度线性操纵运动模型中的操纵性指标和线性无量纲水动力导数进行了辨识。

2.2 支持向量机方法

支持向量机(SVM)最初是用于处理模式识别的分类问题。当该方法用于参数辨识时，称为支持向量回归机(Support Vector Regression, SVR)，包括最小二乘支持向量回归机(LS—SVR, Least Square—SVR)、ε—支持向量回归机(ε—SVR)、υ—支持向量回归机(υ—SVR)等。该方法以结构风险最小化为准则，相较于人工神经网络的经验风险最小化，具有更好的泛化能力。同时，SVM通过引入核函数可以避免人工神经网络中出现的维数灾难问题，对数据集较小的情况具有更好的适用性，因而在各个领域得到了广泛的应用。

在船舶运动建模领域，罗伟林[27]首次将支持向量机(SVM)方法引入到船舶操纵运动建模研究中，应用SVM方法辨识了水动力导数和操纵性参数。梅斌[28-30]就实船实验数据存在海上环境干扰的问题开展研究，提出了旋回试验干扰求解与试验修正方法。在此基础上，提出了一种基于参考模型的船舶操纵运动灰箱辨识建模新方法，并引入了一种超参数调节方法，用于解决灰箱辨识建模超参数调节的非光滑、不连续问题，采用KVLCC2标模的试验数据进行了验证模型预报效果。Wang等[31]采用μ-SVM方法，通过三个不同级别的污染模拟数据，辨识建立了3自由度动力学模型。

通过一系列研究，研究人员发现，SVR方法存在比较明显的缺点，即：在建模过程中需要提前设置超参数，并且超参数的数值对模型预测效果有较大的影响。为了解决这个问题，很多学者尝试采用各种方法寻找最优参数设置。现阶段，通常采用的方法有网格搜索交叉验证的方法与群体智能优化算法。其中，常用的群体智能优化算法有灰狼算法、果蝇优化算法、PSO算法等。譬如，Wang等[31]采用网格搜索和交叉验证的方法设置方法的正则化参数C，并考虑计算效率和样本数据结构，超参数μ通过人工确定；刘胜等[32]提出了一种自适应PSO-LSSVR复杂非线性黑箱系统辨识方法，并将其应用于船舶操纵性模型辨识中，进行了仿真研究，仿真结果表明，PSO-LSSVR可以根据待辨识系统的输入输出数据自动地为LS-SVR选择合适的参数，比交叉验证参数选取的LSSVR方法精度更高；王雪刚[33]分别使用果蝇优化算法、粒子群算法和网格搜索法对LS-SVM算法的结构参数C和核参数σ进行了优化，并对比了三者的参数寻优迭代收敛过程。结果表明，果蝇优化算法不易陷入局部极小值，在收敛上优于粒子群算法和网格搜索法。Zhang等[34]提出了一种改良的灰狼算法，用于解决船舶操纵运动黑箱建模过程中SVR算法超参数的设置问题。与基于萤火虫算法和粒子群优化算法的SVR算法相比，该算法具有鲁棒性好、迭代次数少、预测误差小等优点。梅斌等[35]为采用全局优化(GO)算法和皮尔逊相关系数设计了灰箱模型辨识中LSVR不敏感边界参数的自调节方案，并与20°/20°Z型机动试验进行对比，验证了所建立的灰箱模型的有效性。

随着研究的逐步深入，部分研究尝试将常规的SVR算法与其它方法相结合，或对常规的SVR算法进行改造，以获得更好的建模效果。Xu等[36]通过LSSVM与线性核函数的积分，高精度地估计了Nomoto时间和增益常数，其中正则化参数的确定参考了文献[37]，采用粒子群优化算法。Chen等[38]研究了一种用于估计浅水未知阻尼系数的NLS-SVM参数识别方法，并与NLS和PLS进行了比较。结果表明，所提出的方法的性能优于NLS-SVM模型，但关于NLS-SVM模型惩罚因子和核因子的优化问题仍待进一步研究。谢朔等[39]将多新息在线方法引入了SVM辨识建模。Xu等[40]提出了一种最优截断LS-SVM来估计3自由度（纵荡、首摇和偏航）非线性机动模型的水动力系数。与LS-SVM相比，最优截断LS-SVM方法利用奇异值分解，降低了核矩阵的维数，避免了费时的矩阵反演操作。Zhu等[41]以一阶非线性Nomoto响应模型为基础，综合使用3σ准则、人工蜂群算法、LS-SVR算法建立了DW-LSSVR框架，用于解决无人艇海试的运动建模问题。

3 机器学习技术在船舶操纵运动黑箱建模中的应用

由于黑箱建模方法不需要建模人员掌握特定场景下的船舶运动机理，仅依靠船舶运动试验数据，就能实现特定场景下的船舶运动建模，吸引了广大研究人员的注意。

在研究早期，大多使用网络结构相对简单的神经网络，如BP神经网络、RBF神经网络，对船舶的典型机动进行黑箱建模。刘祖源等[42]使用BP神经网络对响应型结构的船舶操纵运动数学模型中的K、T指数予以预测。范余明等[43]应用改进的BP神经网络对船舶回转性能进行了预报。Zirilli等[44]使用高斯基函数的RBF神经网络对集装箱船的运动姿态进行在线拟合。Moreira等[45]提出采用循环神经网络(RNN)对水面船舶的典型操纵运动（战术回转与Z型机动）进行建模。Chiu等[46]通过构造递归神经网络，建立了船舶操纵运动黑箱模型，在同样的系统输入下，黑箱模型能够获得和实际船舶同样的输出。ZHAO等[47]使用次成分分析神经网络对某高性能船的航行运动进行了预报，给出了未来5s与20s的船舶运动状态。KHAN等[48]采用基于奇异值分解的人工神经网络对船舶运动进行建模，能够实时预测船舶运动，预测时间长达10秒。Mazaheri[49]采用前馈神经网络，对FPSO对任意风、波浪和流载荷作用下的响应进行预测。毕革新[50]使用将径向基函数神经网络与Elman神经网络结合，构造出基于输出反馈的RBF-Elman递归神经网络，用于船舶运动的在线辨识和自适应控制。

2010年左右，研究人员开始使用SVM算法开展船舶运动黑箱建模，并考虑对BP神经网络、RBF神经网络等进行结构改造，进而提升黑箱模型性能。罗伟林[27]应用SVM方法研究了船舶操纵运动这一非线性动态系统的输入-输出响应特性，实现了黑箱建模。WANG等[51]使用BP小波神经网络实现了船舶横摇运动的时序预报。YIN等[52]使用RBF神经网络实现船舶横摇运动在线预测。蔡韡等[53]训练径向基神经网络对船舶操纵运动进行预报。刘长德等[54]采用LS-SVM方法对某油船的回转运动开展了黑箱建模，并在另一艘散货船上进行了验证，结果表明：该黑箱建模方法具有良好的泛化能力。但可惜的是，对于不同的船型、其它的操纵机动运动，需要重新开展黑箱建模。徐锋等[55]采用德国汉堡水池(HSVA)的KVLCC船模自航模试验数据，应用LS-SVM完成了船舶操纵运动黑箱建模。López Peña等[56]采用人工神经网络对船舶横摇运动进行拟合，以实现横摇运动的预报。Zhang等[57]使用一种带时滞的小波神经网络实现了育鲲轮航行运动的实时预报。在文献[27]工作基础上，王雪刚[33]采用黑箱建模方法对船舶四自由度操纵运动进行了建模研究。Luo等[58]采用SVM方法对某双体船的操纵运动进行了黑箱建模。

2015年之后，研究人员开始利用实船运动数据进行黑箱建模，分析非常规机动对建模效果的影响，并在建模过程中逐步考虑风浪对船舶运动的作用。Li等[59]针对船舶实船实验黑箱建模中数据集构建的问题，提出了一套基于物理知识的数据清洗与不连续修正的算法。在此基础上，利用某型船舶的海试数据，采用3层全连接神经网络，对该型船舶的实海域操纵运动进行了黑箱建模。并在随后的研究中，提出了一种数据驱动船舶运动时序预测模型，讨论了三种学习策略，包括离线学习、在线学习及混合学习对预测结果的影响[60]。田延飞[61]基于径向基函数神经网络、自适应神经模糊推理系统逼近实船输入输出，实现了船舶运动黑箱建模。Yin等[62]将育鲲轮海试数据作为训练数据集，综合采用离散小波变换(DWT)方法与径向基网络(RBF)构建了用于船舶横摇运动短期预报的集成框架。DAVID M等[63]分别采用岭回归(KRR)与岭回归置信机(KRRCM)方法对船舶操纵运动进行黑箱建模。卢冠宇等[2]以船舶3自由度操纵运动方程为对象，开展了黑箱建模。针对数据集中转艏角速度过小，无法直接对转艏角速度构建黑箱映射关系的问题，提出了两种样本构造方法，即：仅放大转首角速度与同时放大转首角速度与模型输出，并讨论了这两种样本构造方法对预报结果精度的影响；对于建模过程中SVR算法核函数参数的选取，使用网格搜索交叉验证的方法进行寻优，认为RBF核函数效果更佳。Deng等[64]采用全连接网络与LSTM网络建立了快速预测半潜式潜水器的升沉、横滚和俯仰响应的黑箱模型，分析了网络结构、时间步长等因素对模型预测性能的影响。Zhang等[65]以ONRT标模为研究对象，基于MO-v-SVR算法，提出了一种利用随机机动数值仿真数据进行离线黑箱建模的新方法，考虑到数值仿真数据未考虑实船实验测量噪声的影响，在原始数据中主动加入三个级别的白噪声对模型进行训练，分析了白噪声对黑箱模型预测性能的影响，并验证了模型的鲁棒性。He等[66]以ONRT标模为例，利用全连接神经网络建立了三自由度船舶操纵运动黑箱模型。Lou等[67]使用深度学习技术对某型无人艇(JARI-USV)在风浪流作用下的操纵运动进行了建模研究，分析了不同输入特征对模型预测结果的影响。Nielsen等[68]利用船舶营运阶段产生的数据，采用循环神经网络预测了航行过程中预测速度与实测速度之间的偏差。Ye等[69]针对半潜平台运动的时间序列短期预报进行建模，为了解决半潜平台运动的非平稳特性，提出了EMD-LSTM-SVR综合模型。Wei等[70]针对船舶运动多步提前预测问题，提出了一种基于实时小波包分解(RTWPD)、离群值鲁棒极限学习机(ORELM)、boosting算法和基于最小二乘支持向量机(LS-SVM)的纠错方法的混合建模方法，并以两组实船横摇与俯仰运动数据进行了建模验证。结果表明，该方法建立的模型可以很好地对船舶运动进行大步提前预测。但不足的是，该模型未考虑两个自由度运动之间的耦合效应。

为更好地应用人工神经网络技术开展船舶操纵运动建模，部分研究对网络结构、超参数等因素对预报效果的影响进行了分析，并对如何优化网络结构进行了讨论。Rajesh等[71]利用三层神经网络对某油船的Z型机动进行黑箱建模，分析了隐藏节点数量、训练集数据长度等因素对建模效果的影响。Cheng等[72]针对船舶操纵运动黑箱建模中网络结构的优化问题，对比分析了两种敏感性分析方法：Garson方法与EFAST方法。结果表明，对于操纵运动黑箱建模来说，EFAST方法具有更好的效果。Kouki Wakita等[73]针对船舶自动靠泊运动控制的需要，利用自航模试验数据，采用RNN循环神经网络对船舶低速操纵机动进行黑箱建模研究。建模过程中，引入随机机动构建数据集，并提出了一种考虑船舶速度与位置影响的损失函数，该损失函数可有效避免加速度噪声对预报过程的影响，分析了RNN网络中遗忘时间对预报精度的影响。

4 结论与展望

通过梳理分析机器学习技术在船舶操纵运动预报应用方面的研究现状，可以发现，当前领域的研究具有以下研究特点与研究趋势：

(1) 人工神经网络结构逐渐从单一的网络结构发展为由多种网络结构组合而成的复杂网络，以解决更加复杂的系统问题。但人工神经网络仍普遍缺乏可解释性，并且需要海量的数据进行训练，以获取神经网络中的参数。但对于船舶操纵运动预报来说，训练数据还不够丰富，未来需要研究如何将新型的复杂神经网络应用于训练数据量相对较少的船舶操纵运动预报场景中；

（2）船舶运动维度方面，从起初的 3 自由度运动建模，发展到考虑横摇运动的 4 自由度运动建模，未来可能需要研究波浪作用下的船舶 6 自由度运动建模；

（3）最初的研究，仅讨论了静水条件下的船舶操纵运动建模，考虑到船舶实际作业的需求，未来需逐步考虑风、波浪、流等环境作用对船舶操纵运动的影响；

（4）建模算法方面，从 BP 神经网络、SVM 算法发展到考虑了船舶运动数据非平稳特点的算法，如 LSTM 神经网络；

（5）数据集构建方面，开始只能通过数值仿真手段生成船舶运动数据，发展到使用自航模试验数据来构建数据集；进一步地，在自航模试验数据基础上，人为主动增加白噪声，以模拟实船试验时测量噪声的影响。现在，则开始考虑构建实船试验数据集，但实船试验数据还比较匮乏，仍需进一步丰富；

（6）研究对象方面，从传统的单体船、船舶标模发展到特种船型，如无人艇、双体船、三体船等；

（7）船舶机动类型逐步丰富，从常规的船舶机动类型，如 Z 型机动、回转机动，发展到非常规机动，如随机机动，后续的研究中需进一步丰富机动类型，增加黑箱模型的泛化性能；

（8）已有的研究文献多数为离线预报，考虑到工程实际应用，未来需更多地关注船舶操纵运动的在线预报。

参 考 文 献

[1] 蔡金狮. 飞行器系统辨识[M]. 北京: 宇航出版社, 1995: 585.

[2] 卢冠宇, 姚建喜. 基于SVR的船舶操纵运动黑箱建模[J]. 中国航海, 2021, 44(4): 13-19.

[3] 刘长德, 张华, 韩阳, 等. 基于LS-SVM的船舶操纵性黑箱建模与预报研究[J]. 船舶力学, 2013, 17(8): 872-877.

[4] HEBB D O. The organization of behavior: a neuropsychological theory[M]. New York: Wiley, 1949.

[5] ROSENBLATT F. The perceptron: a probabilistic model for information storage and organization in the brain[J]. Psychological review, 1958, 65(6): 386.

[6] RUMELHART D E, HINTON G E, WILLIAMS R J. Learning representations by back-propagating errors[J]. nature, 1986, 323(6088): 533-536.

[7] LECUN Y, BOSER B, DENKER J S, et al. Backpropagation applied to handwritten zip code recognition[J]. Neural computation, 1989, 1(4): 541-551.

[8] HINTON G E, OSINDERO S, TEH Y. A fast learning algorithm for deep belief nets[J]. Neural computation, 2006, 18(7): 1527-1554.

[9] SCHUSTER M, PALIWAL K K. Bidirectional recurrent neural networks[J]. IEEE transactions on Signal Processing, 1997, 45(11): 2673-2681.

[10] HOCHREITER S, SCHMIDHUBER J. Long short-term memory[J]. Neural computation, 1997, 9(8): 1735-1780.

[11] CHO K, VAN MERRIËNBOER B, GULCEHRE C, et al. Learning phrase representations using RNN encoder-decoder for statistical machine translation. Proceedings of 2014 Conference on Empirical Methods in Natural Language Processing. Doha: Association for Computational Linguistics, 2014. 1724-1734.

[12] GOODFELLOW I J, POUGET-ABADIE J, MIRZA M, et al. Generative adversarial networks[J]. Advances in Neural Information Processing Systems, 2014, 3: 2672-2680.

[13] ARJOVSKY M, CHINTALA S, BOTTOU L. Wasserstein generative adversarial networks[C]// Sydney: International Conference on Machine Learning, 2017.

[14] GULRAJANI I, AHMED F, ARJOVSKY M, et al. Improved training of wasserstein gans[C]// Advances in Neural Information Processing Systems, 2017:5767-5777.

[15] MAO X, LI Q, XIE H, et al. Least squares generative adversarial networks[C]// Proceedings of the IEEE international conference on computer vision, 2017.

[16] VASWANI A, SHAZEER N, PARMAR N, et al. Attention is all you need[C]// Advances in Neural Information Processing Systems, 2017: 5998-6008.

[17] BAHDANAU D, CHO K, BENGIO Y. Neural machine translation by jointly learning to align and translate[C]// Proceedings of ICCR 2015, 2015.

[18] RADFORD A, NARASIMHAN K, SALIMANS T, et al. Improving language understanding by generative pre-training[J]. URL https://s3-us-west-2. amazonaws. com/openai-assets/research-covers/languageunsupervised/language understanding paper.pdf, 2018.

[19] LEE J, TOUTANOVA K. Pre-training of deep bidirectional transformers for language understanding[C]. Proceedings of the 2019 Conference of the North American Chapter of the Association for Computational Linguistics: Human Language Technologies, Volume 1 (Long and Short Papers). NAACL 2019: 4171-4186.

[20] RADFORD A, WU J, CHILD R, et al. Language Models are Unsupervised Multitask Learners[J]. Open AI Blog, 2019, 1(8): 8-9.

[21] CLARKE D. The application of manoeuvering criteria in hull design using linear theory[J]. Naval Architect, 1983, 125: 45-68.

[22] 孔祥军, 邹早建, 牟军敏. 一种操纵性水动力导数的实用估算方法[J]. 武汉理工大学学报: 交通科学与工程版, 2004, 28(1): 30-32.

[23] HADDARA M R, WANG Y. Parametric identification of maneuvering models for ships[J]. International Shipbuilding Progress, 1999, 46(445): 5-27.

[24] 孙新蕾, 徐锋, 黄铖, 等. 基于模型试验的水下航行器操纵运动黑箱建模[J]. 舰船科学技术, 2018, 40(9): 4.

[25] 梅斌, 孙立成, 史国友. 基于模型参考和随机森林算法的船舶操纵运动辨识建模[J]. 大连海事大学学报, 2018, 44(2).

[26] WEILIN L, ZHICHENG Z. Modeling of ship maneuvering motion using neural networks[J]. Journal of Marine Science and Application, 2016, 15(4): 426-432.

[27] 罗伟林. 基于支持向量机方法的船舶操纵运动建模研究[D]. 上海: 上海交通大学, 2009.

[28] 梅斌. 基于自航试验的船舶操纵运动灰箱辨识建模[D]. 大连: 大连海事大学, 2020.

[29] MEI B, SUN L C, SHI G Y. White-Black-Box hybrid model identification based on RM-RF for ship maneuvering[J]. IEEE ACCESS, 2019, 7: 57691-57705.

[30] MEI B, SUN L, SHI G, et al. Ship maneuvering prediction using grey box framework via adaptive RM-SVM with minor rudder[J]. Polish Maritime Research, 2019, 26(3 (103)): 115-127.

[31] WANG Z, ZOU Z, SOARES C G. Identification of ship maneuvering motion based on nu-support vector machine[J]. Ocean Engineering, 2019, 183: 270-281.

[32] 刘胜, 宋佳, 李高云. PSO并行优化LSSVR非线性黑箱模型辨识[J]. 智能系统学报, 2010, 5(1): 51-56.

[33] 王雪刚. 基于支持向量机的四自由度船舶操纵运动建模研究[D]. 上海: 上海交通大学, 2014.

[34] ZHANG X, MENG Y, LIU Z, et al. Modified grey wolf optimizer-based support vector regression for ship maneuvering identification with full-scale trial[J]. Journal of Marine Science and Technology, 2022, 27(1): 576-588.

[35] 梅斌, 孙立成, 史国友, 等. 基于单参数自调节RM-GO-LSVR的船舶操纵灰箱辨识建模[J]. 交通运输工程学报, 2020, 20(2): 88-99.

[36] XU H, SOARES C G. Vector field path following for surface marine vessel and parameter identification based on LS-SVM[J]. Ocean Engineering, 2016, 113: 151-161.

[37] LUO W, CONG H. Control for ship course-keeping using optimized support vector machines[J]. Algorithms, 2016, 9(3): 52.

[38] CHEN C, RUIZ M T, DELEFORTRIE G, et al. Parameter estimation for a ship's roll response model in shallow water using an intelligent machine learning method[J]. Ocean Engineering, 2019, 191: 106479.

[39] 谢朔, 初秀民, 柳晨光, 等. 基于改进 LSSVM 的船舶操纵运动模型在线参数辨识方法[J]. 中国造船, 2018, 59(2): 178-189.

[40] XU H, SOARES C G. Hydrodynamic coefficient estimation for ship maneuvering in shallow water using an optimal truncated LS-SVM[J]. Ocean Engineering, 2019, 191: 106488.

[41] ZHU M, SUN W Q, HAHN A, et al. Adaptive modeling of maritime autonomous surface ships with uncertainty using a weighted LS-SVR robust to outliers[J]. Ocean Engineering, 2020, 200.

[42] 刘祖源, 张谢东, 吴秀恒. 船舶操纵性能预报的人工神经网络方法[J]. 武汉交通科技大学学报, 1997, 21(1): 1-5.

[43] 范余明, 祝伟敏, 李志春. 基于人工神经网络的船舶操纵性能预报方法[J]. 中国造船, 1999(4): 7-12.

[44] ZIRILLI A, ROBERTS G N, TIANO A, et al. Adaptive steering of a containership based on neural networks[J]. International Journal of Adaptive Control and Signal Processing, 2000, 14(8): 849-873.

[45] MOREIRA L, SOARES C G. Dynamic model of maneuverability using recursive neural networks[J]. Ocean Engineering, 2003, 30(13): 1669-1697.

[46] CHIU F, CHANG T, GO J, et al. A recursive neural networks model for ship maneuverability prediction[C]// Proceedings of Oceans' 04 MTS/IEEE Techno-Ocean'04. IEEE, 2004.

[47] ZHAO G, XU R, KWAN C. Ship-motion prediction: algorithms and simulation results[C]// 2004 IEEE international conference on acoustics, speech, and signal processing. IEEE, 2004.

[48] AMEER KHAN, CEES BIL, KAYE E. Marion. 2005. Theory and application of artificial neural networks for the real time prediction of ship motion [C]// In Proceedings of the 9th international conference on Knowledge-Based Intelligent Information and Engineering Systems - Volume Part I (KES'05). Springer-Verlag, Berlin, Heidelberg, 1064-1069.

[49] MAZAHERI S. The usage of artificial neural networks in hydrodynamic analysis of floating offshore platforms[J]. The International Journal of Maritime Engineering, 2006,3(4): 48-60.

[50] 毕革新. 递归神经网络的动态系统辨识及其在船舶运动控制中的应用研究[D]. 大连: 大连海事大学, 2009.

[51] WANG Y, LIU F, FU H. Ship rolling motion prediction based on wavelet neural network[J]. Applied Mechanics and Materials, 2012, 190-191: 724-728.

[52] YIN J, ZOU Z, XU F. On-line prediction of ship roll motion during maneuvering using sequential learning RBF neural networks[J]. Ocean engineering, 2013, 61: 139-147.

[53] 蔡囍, 任元洲, 严传续, 等. 基于神经网络的四自由度船舶操纵运动预报[J]. 中国造船, 2013, 54(4): 155-162.

[54] 刘长德, 张华, 韩阳, 等. 基于LS-SVM的船舶操纵性黑箱建模与预报研究[J]. 船舶力学, 2013, 17(8): 872-877.

[55] 徐锋, 邹早建, 徐小卡, 等. 基于支持向量机的船舶操纵运动黑箱建模[J]. 北京航空航天大学学报, 2013, 39(11): 1553-1557.

[56] PEÑA F L, GONZÁLEZ M M, CASÁS V D, et al. An ANN based system for forecasting ship roll motion[C]// 2013 IEEE international conference on computational intelligence and virtual environments for measurement systems and applications (CIVEMSA). IEEE, 2013.

[57] ZHANG W, LIU Z. Real-time ship motion prediction based on time delay wavelet neural network[J]. Journal of Applied Mathematics, 2014(4): 1-7.

[58] LUO W L, MOREIRA L, SOARES C G. Maneuvering simulation of catamaran by using implicit models based on support vector machines[J]. Ocean Engineering, 2014(82): 150-159.

[59] GUOYUAN L, HOUXIANG Z, BIKRAM K, et al. Analysis and modeling of sensor data for ship motion prediction[C]// Oceans 2016- Shanghai. IEEE, 2016.

[60] GUOYUAN L, BIKRAM K, HAO W, et al. Neural-network-based modelling and analysis for time series prediction of ship motion[J]. Ship Technology Research, 2017, 64(1): 30-39.

[61] 田延飞. 实船试验操纵运动建模与参数辨识研究[D]. 武汉: 武汉理工大学, 2018.

[62] YIN J, PERAKIS A N, WANG N. A real-time ship roll motion prediction using wavelet transform and variable RBF network[J]. Ocean Engineering, 2018, 160: 10-19.

[63] DAVID M, RAUL M, AUGUSTO P, et al. Modelling of a surface marine vehicle with kernel ridge regression confidence machine[J]. Applied Soft Computing, 2019, 76: 237-250.

[64] YANFEI D, WEI F, SHENGWEN X, et al. A novel approach for motion predictions of a semi-submersible platform with neural network[J]. Journal of Marine Science and Technology, 2021, 26(3): 883-895.

[65] YAN-YUN Z, ZI-HAO W, ZAO-JIAN Z. Black-box modeling of ship maneuvering motion based on multi-output nu-support vector regression with random excitation signal[J]. Ocean Engineering, 2022, 257: 111279.

[66] HONG-WEI H, ZIHAO W, ZAO-JIAN Z, et al. System identification based on completely connected neural networks for black-box modeling of ship maneuvers [C]. 2020 International Conference on Guidance, Navigation and Control, 2020.

[67] LOU J, WANG H, WANG J, et al. Deep learning method for 3-DOF motion prediction of unmanned surface vehicles based on real sea maneuverability test[J]. Ocean Engineering, 2022, 250: 111015.

[68] RASMUS E N, DIMITRIOS P, LAZAROS N, et al. Machine learning enhancement of manoeuvring prediction for ship digital twin using full-scale recordings[J]. Ocean Engineering, 2022, 257: 111579.

[69] YE Y, WANG L, WANG Y, et al. An EMD-LSTM-SVR model for the short-term roll and sway predictions of semi-submersible[J]. Ocean Engineering, 2022, 256: 111460.

[70] WEI Y, CHEN Z, ZHAO C, et al. Big multi-step ship motion forecasting using a novel hybrid model based on real-time decomposition, boosting algorithm and error correction framework[J]. Ocean Engineering, 2022, 256: 111471.

[71] RAJESH G, BHATTACHARYYA S K. System identification for nonlinear maneuvering of large tankers using artificial neural network[J]. Applied Ocean Research, 2008, 30(4): 256-263.

[72] XU C, SHENGYONG C, CHEN D, et al. Simplifying neural network based model for ship motion prediction: a comparative study of sensitivity analysis[C]// ASME 2017 36th International Conference on Ocean, Offshore and Arctic Engineering. American Society of Mechanical Engineers, 2017.

[73] WAKITA K, MAKI A, UMEDA N, et al. On neural network identification for low-speed ship maneuvering model[J]. Journal of Marine Science and Technology, 2022, 27(1): 772-785.

Progress in Application of Machine Learning in Ship Maneuvering Motion Prediction

PENG Chao[*], HE Chunrong

(China Ship Scientific Research Center, Wuxi 214082, China)

Abstract

Machine learning technology has the characteristic of approximating arbitrary function, which provides a new possible means for modeling ship maneuvering motion. So, it has attracted wide attention of researchers in ship mechanics. The paper summarizes the research status of machine learning used in ship maneuvering motion prediction, points out the problems still unsolved, and provides suggestions for the future research.

Key words: Maneuvering motion; Support vector machine; Artificial neural network

作者简介

彭 超 男，1988年生，高级工程师。主要从事船舶操纵性等方面研究。

何春荣 男，1966年生，研究员。主要从事船舶操纵性等方面研究。

*通讯作者：彭超

基于重叠网格的船舶规则波中操纵性数值仿真及运动响应分析

杜 磊[*1]，褚福林[2]，肖佳峰[3]，程红蓉[1]，陈京普[1]

(1. 中国船舶科学研究中心 上海分部，上海 200011；
2. 黑龙江海事局 后勤管理中心，哈尔滨 150010；
3. 天津航海仪器研究所 九江分部，九江 332000)

摘 要

随着国际海事组织颁布关于操纵性的相关标准，船舶操纵性，尤其是在波浪中的操纵性越来越引起广泛的重视，但由于传统的基于分离模型操纵性方程的求解需要获取相关水动力导数，而这些参数在船舶初期设计评估中却无法轻易获得，为了在设计初期对相关总体性能进行评估，通过采用CFD求解运动，以DTMB5415船模为例，为了解决CFD耗时过大的方法，运用体积力的方法略去螺旋桨转速与航速的差异性，最后采用重叠网格技术对桨、舵、船流场进行离散，实现该船操纵性仿真计算。通过与试验数据对比，在静水中傅汝德数为0.41航速下回转纵距、横距误差分别为1.53%和1.42%，各项参数平均误差为3.9%，低于分离模型方法5.5%的误差；随后基于静水中的计算，对其在规则波中的操纵运动进行了计算，对波浪力的影响进行了分析。

关 键 词：操纵性；规则波；DTMB5415；CFD
中图分类号：U661.33

0 引 言

船舶操纵性主要研究船舶在控制装置的作用下，按驾驶者的意图保持或改变船舶运动状态包括航向、航速和位置等的能力[1]。第25届国际拖曳水池会议(International Towing Tank Conference, ITTC)操纵技术委员会将船舶操纵性预报方法按照主要使用方法将其分为三类[2]：直接法、基于系统的操纵模拟方法、基于CFD的操纵模拟方法[3]。基于CFD的操纵模拟方法是近年来出现的较为先进的船舶操纵性预报方法，并取得了迅猛的进展。该方法基于流体运动方程和刚体运动方程，联立求解船舶操纵运动时周围非定常流场和运动方程，以时间步进法模拟实艇（船模）的操纵试验，得到运动轨迹和相关参数，最终实现用纯数值方法对船舶操纵性进行直接预报。也有学者将该方法与CFD方法获得船体操纵性水动力系数的方法并列，将前者称为直接模拟法，将后者称为间接模拟法。Sato等人应用数值方法模拟了操纵运动[4]；Carrica等人使用重叠网格及自由面追踪技术，对船舶的回转及Z形操纵运动进行了数值模拟[5-6]；王化明对FLUENT软件进行二次开发，在限制水域中模拟了几种典型的船舶操纵运动[7]。这些研究成果充分展示了CFD技术在船舶操纵性预报中的强大功能和诱人的发展与应用前景。

本文以DTMB 5415标准船模为研究参考对象，通过采用重叠网格、体积力的方法实现了自航模操舵的全过程，并通过MMG仿真方法、试验结果数据对CFD计算结果进行了对比，在此基础上通过附加一阶波浪力，对波浪中的操纵运动响应进行了分析和研究，对通过CFD手段研究常规船舶操纵性的方法上提供可参考的方法。

收稿日期：2022-10-19；修改稿收稿日期：2022-12-03

1 数值方法

本文中的数值模拟通过商用CFD软件来完成流场的模拟，其求解方式属于有限体积法。

1.1 数值求解方法

本文中采用目前工程上最为常见的RANS方法对描述船舶模型粘性绕流场的控制方程（N-S方程）进行求解，通过将粘性流场中的随机脉动项进行时间平均，进而把非定常问题转化为定常问题求解，所以RANS方程亦称时均Navier-Stokes方程，其基本形式如下：

$$\frac{\partial \overline{u_i}}{\partial t}+\overline{u_j}\frac{\partial \overline{u_i}}{\partial x_j}+\frac{\partial}{\partial x_j}\left(\overline{u_i' u_j'}\right)=-\frac{1}{\rho}\frac{\partial \overline{p}}{\partial x_i}+v\frac{\partial^2 \overline{u_i}}{\partial x_i \partial x_j} \quad (1)$$

式中，u_i', u_j'为速度脉动量，为压力时均值，$\overline{u_i}$，$\overline{u_j}$为速度分量时均值，ρ是流体密度。

连续性方程形式如下：上式与不可压流体（在模拟船体绕流问题时，一般忽略流体可压缩性的影响）运动的连续性方程即构成了求解船体粘性绕流场的控制方程组，连续性方程形式如下：

$$\frac{\partial u_i}{\partial x_i}=0 \quad (2)$$

可以看出，RANS方程除进行时均处理外还引入了脉动流速的相关项$\overline{u_i' u_j'}$，即雷诺应力项。由于雷诺应力项的引入，导致雷诺平均的Navier-Stokes方程组不封闭，需要使用湍流模型来封闭方程组，而且模拟的精度很大程度由选择的湍流模型决定。本文使用SST (Shear Stress Transport) k-ω湍流模型对控制方程组进行了封闭，该模型中考虑了湍流剪应力的输运特性，可以准确计算由逆压梯度导致的流动分离点以及分离区域。其中湍流动能k的输运方程为：

$$\frac{\partial}{\partial t}(\rho k)+\frac{\partial}{\partial x_i}(\rho k u_i)=\frac{\partial}{\partial x_j}\left(\Gamma_k \frac{\partial k}{\partial x_j}\right)+G_k-Y_k \quad (3)$$

ω的输运方程为：

$$\frac{\partial}{\partial t}(\rho \omega)+\frac{\partial}{\partial x_i}(\rho \omega u_i)=\frac{\partial}{\partial x_j}\left(\Gamma_\omega \frac{\partial \omega}{\partial x_j}\right)+G_\omega-Y_\omega+D_\omega \quad (4)$$

式中，G_k和G_w为由于平均速度梯度引起的湍流动能的产生；Y_k和Y_w为关于k和ω的湍流耗散项；Γ_k和Γ_ω分别表示关于k和ω的有效扩散项；D_ω则为正交发散项。

CFD数值模拟中关于自由表面跟踪问题的方法主要包括VOF (Volume of Fraction)法、波前跟踪法和相域法等，本文中采用VOF法实现了船舶航行过程自由界面的追踪，输运方程如下：

$$\frac{\partial \alpha}{\partial t}+u\frac{\partial \alpha}{\partial x}+v\frac{\partial \alpha}{\partial y}=0 \quad (5)$$

利用软件中所封装的刚体运动求解器对船体的受力及运动姿态进行求解，在重心处建立随船坐标系，根据受力情况可以得出船体在任意时刻所受到的力和力矩：

$$\mathbf{F}=\int_S ([\tau]-p[I])\cdot \mathbf{n}dS-\mathbf{G} \quad (6)$$

$$M = \int_S (r - r_G) \times ([\tau] - p[I]) \cdot n \, dS \tag{7}$$

式中，n 为船体表面的外法线向量，$[\tau]$ 为剪切力，$p[I]$ 为压力，G 为重力，r 和 r_G 则分别为船体表面任意一点以及重心处的位移矢量。则任意时刻船体位移量 X 和角位移 θ 可通过下式求得。

$$F = \frac{d^2 X}{d t^2} \tag{8}$$

$$M = \frac{d}{dt}\left(I \frac{d\theta}{dt}\right) \tag{9}$$

在数值求解过程中，作用于船体模型的合力和力矩包括船模与流场之间相互影响导致的剪切力、压力和船模重力。计算域作为一个整体，通过有限体积法对控制方程进行离散化，并采用分离式求解器在时域内进行非稳态的求解，实际的计算为一个流场信息不断耦合迭代的过程，首先通过对船模周围初始流场的计算，获得流场中剪应力和压力的变化，然后由合外力方程获得合力与力矩，代入六自由度运动微分方程中积分进而获得船模的位移，之后再根据船模的位移更新网格节点位置，从而求解新的船模周围流场。求解过程中计入水的粘性、湍流强度、自由液面变形、重力等因素的影响，经过不断的耦合迭代，实时得出船模的外力与姿态，最后实现船模动态响应模拟。

1.2 数值模拟条件

1.2.1 模型介绍

本文中以DTMB 5415标准船模为研究对象，5415模型是美国海军于1980年设计于海军水面作战的基本设计模型，按照MARIN模型尺寸进行三维建模，如图1所示，该船型为方艉单体船，艏部带有声纳舱，搭配双桨驱动。关于该模型的PMM试验及回转、自由模试验已由MARIN, INSEAN, IIHR等机构完成并公开，该模型参数如表1所示。

表 1 DTMB 5415 船模的主要参数

主尺度	全尺度模型	INSEAN	MARIN
缩尺比 λ	1	24.824	35.48
垂线间长 L_{pp}/m	142	5.72	4.0023
型宽 B/m	18.9	0.76	0.538
吃水 T/m	6.16	0.248	0.172
排水体积 Δ/m³	8425.4	0.549	0.188
湿表面面积 S/m²	2.58	4.786	2.424

图 1 DTMB 5415 模型图

5415设计最高航速为30节，在不考虑尺度的影响下，通过上述运动模拟的数值方法求解其直航阻力与公开试验数据进行对比，通过考察其数值模拟的偏离度来确定数值方法求解可靠性。

1.2.2 网格及加密区域

按照MARIN的模型尺寸进行模拟,选取傅汝德数为0.33的航速工况,建立计算域如图2,边界入口距船艏1.5倍船长,边界出口距船尾3.5倍船长。周向边界中上下边界分别在离龙骨2/3倍船长和4/3倍船长处,侧面边界在离船中纵剖面1.5倍船长处。

为了精确地捕捉船舶运动过程中的流动和波浪特征,对5415船模周围区域和自由液面进行网格加密。为了细化船体的锐角或锐边,对船首和船尾进行网格加密。沿船体除甲板外的壁面法线方向上采用棱柱层网格划分边界层以捕捉近壁面的流动细节。模型的计算域划分、计算域网格划分以及面网格划分示意图如图3。

图 2 DTMB 5415 计算域

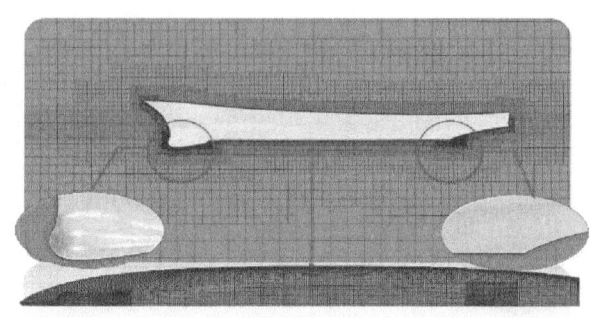

图 3 DTMB 5415 网格划分及加密区域示意图

1.3 网格收敛性分析

在进行数值模拟前,首先对其网格尺寸进行验证,过宽泛的网格尺寸会在表述船体表面的时候产生误差,从而降低计算精度,而过精细的网格尺寸则会增加计算量,选择合适的网格尺寸是进行数值模拟的首要工作,针对研究的5415船模,船体表面网格尺寸以6.25‰L为基准,按$\sqrt{2}$为比例因子进行加密,不同船体表面网格尺寸对阻力计算结果的影响如表2所示。

表 2 不同船体网格尺寸计算值与试验值的比较

船体表面网格尺寸/船长/‰	网格量/万	计算值/N	试验值/N	偏差/%
3.125	99.1	68.158	69.259	-1.59
4.42	96.4	68.344	69.259	-1.32
6.25	74.7	69.284	69.259	0.04
8.84	73.6	69.854	69.259	0.86
12.5	72.8	71.126	69.259	2.7

从计算结果可以发现,当船体面网格尺寸大于 6.25‰L 时,随着网格尺寸的增大,偏差增大。但尺寸小于 6.25‰L 时,加密面网格,并没有减小偏差,偏差反而有增大的趋势。因此,船体网格尺寸减小到一定程度后,继续加密网格,对提高计算精度的效果不大。由于采用的模型以及计算设置均相同,因此,误差可能来由于网格量增加产生的截断误差。改变船体表面网格尺寸得到的计算值与试验值相比偏差最大在2%左右,相互间的误差在 4%左右,因此改变船体网格尺寸对阻力的计算影响较小,在 3.125‰L~12.5‰L 范围内都能得到一定精度的计算结果。船体表面网格尺寸为 6.25‰L 时,计算精度最高,网格量也不大,因此,船体表面网格尺寸为 6.25‰L 时,更适合 DTMB 5415 标准模型绕流场的数值模拟。

在进行船舶 CFD 绕流计算过程中,通常是将船体看成无滑移的壁面。在近壁区域,由于壁面本身和粘性阻尼的影响,减小了法向和切向的速度脉动,导致速度梯度很大,湍流增强,因此,近壁处的网格划分对计算结果有一定的影响。通常第一个网格节点布置应该使得 y^+ =30 - 250。

这里在 y^+ =30-250之间选取了5个不同的 y^+ 计算，不同 y^+ 对计算结果的影响如表3所示。

表3 不同 y^+ 的计算值与试验值比较

y^+	计算值/N	试验值/N	偏差/%
50	66.172	69.259	-4.46
100	68.218	69.259	-1.5
150	69.284	69.259	0.04
200	70.062	69.259	1.16
250	70.124	69.259	1.25

从上图表可以发现，计算出的阻力值随着 y^+ 的增大而增大。当 y^+ 大于150时，偏差随着 y^+ 增大而增大。当 y^+ 小于150时，偏差随着 y^+ 的减小而增大。当 y^+ 大于200时，偏差增长缓慢， y^+ 对计算结果的影响不大。在 $100<y^+<250$ 的范围内，计算值与试验值的偏差都在1%左右，计算结果具有较高的精度。 y^+ 为150时，偏差最小。因此， y^+ 为150时，更适合DTMB 5415标准模型绕流场的数值模拟。

2 基于CFD的六自由度操纵运动模拟

对于船舶操纵运动的数值实现过程，关键在于基于自航模基础之上的实现转舵的过程，通过舵叶受到的侧向力传递到船体，从而传递至整个船体的转艏，以下在基于上一节的网格精度基础上对操纵运动的数值实现关键步骤及结果进行相应的介绍。

2.1 基于体积力的船-桨-舵自航模模型

实现操舵运动的基础是在光体模型基础上完成附体舵、桨的实体化，通常在自航模数值仿真中通过将桨叶实体化进行转动，这种方法可以完整的复现整个运动的全过程，但是通常来说相对于整体，螺旋桨的转速远远高于船体的航速，而为了考虑计算的均匀过渡，需要以较高航速的时间差进行迭代，也就是需要将时间步长设置的较小，因此实现数值运动计算的时常往往都很大，通过体积力的方式，替代实体桨叶转动形成一个推进力施加到船体，因此可以忽略桨的转速，从而极大的提高整体计算时效性。根据公开数据，舵和桨的外形尺寸如表4所示，建立相关实体模型、螺旋桨体积力如图4所示。

表4 舵及螺旋桨相关参数

舵相关参数			螺旋桨相关参数		
类别	实尺度	MARIN	类别	实尺度	MARIN
类型	Spade	Spade	直径/ m	6.15	0.173
总面积/ m^2	30.8	0.0245	盘面比	0.58	0.58
侧面积/ m^2	15.4	0.0122	0.7半径处螺距比	0.87	0.87
转舵速度(deg/s)	9	53.6	轮毂比	0.16	0.16

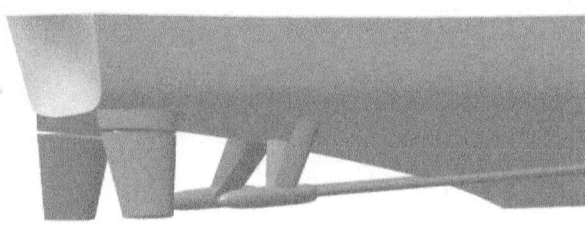

(a) 舵实体模型

(b) 螺旋桨体积力模型

图4 自航模仿真模型

2.2 重叠区域及其网格离散型式

本文中采用重叠网格方法处理运动幅度较大的区域，重叠网格方法是将各运动物体单元单独划分网格，再嵌入到另一套网格当中，各个子域网格存在着重叠、嵌套或覆盖关系，流场信息通过插值在重叠区边界进行交换和匹配，以达到流体域的整体计算。本文采用重叠网格方法时，通过划分背景网格区域和重叠网格区域两个网格区域来模拟船体的运动，重叠网格区域嵌入背景网格区域中，这两个网格区域相互重叠、嵌套，两个网格区域内的单元可分为活动网格单元、不活动网格单元和受体网格单元。

在背景网格的设定中，考虑后文的操纵性回转运动，如果设置完整全域，其背景网格则会由于航速的不同需要不同的计算域的大小，过大的计算域自然会影响计算效率，本文在自航模计算域的设置上将整个计算域运动规则设定为跟随船体移动及旋转，整个计算域大小与前文中设置的相同，船体相对计算域为静止状态，也避免了为了建立全尺度计算域而增加过多计算网格。

在重叠网格设置的过程中，按照上述相对运动情况进行考虑，本文主要设定两部分，第一，船体与背景域之间由于船体的姿态变化需要将相对运动区域进行设置；第二，通过对舵体的转动实现操舵，其中桨通过体积力的方法给出，无需考虑其转动的网格差异性，但舵体与背景域之间需要进行设置。

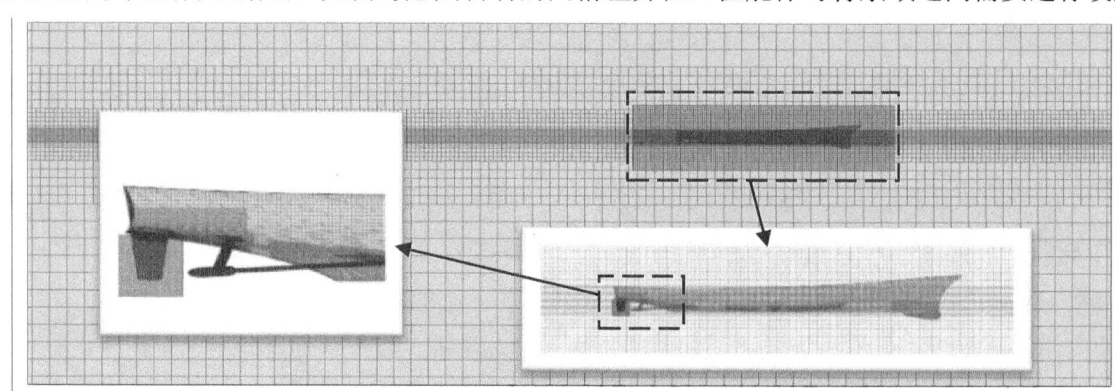

图 5 重叠网格嵌套设置

重叠区域随着船体一起运动，区域内网格的相对位置不会发生改变，保证了网格质量。而且背景区域网格不会发生移动，能够对船体周围和自由液面进行合理的网格加密，兼顾计算精度的情况下极大减少网格数量，保证了计算效率。同时考虑到操纵性试验的不同处，为了后续计算流场的精细捕捉，首先需要对其中的部分区域进行额外加密，其中首部由于流场较为复杂，后续网格发展对计算结果影响较大，需要进行加密；其次，由于操纵性试验需要通过自航模完成，需要对尾部整个尾流区域进行加密，对于螺旋桨设置区域也需要额外加密。

2.3 直航数值验证

另一方面，为了进一步对基于CFD方法进行验证，本文同时通过操纵性较为常用的求解MMG方程方法进行相同工况的计算，建立六自由度方程如下式所示：

$$\begin{cases} m(\dot{u}-vr+\omega q) = X_H + X_P + X_R + X_W \\ m(\dot{v}+ur-\omega p) = Y_H + Y_P + Y_R + Y_W \\ m(\dot{\omega}-uq+vp) = Z_H + Z_P + Z_R + Z_W \\ I_{xx}\dot{p}+(I_{ZZ}-I_{YY})rq = K_H + K_P + K_R + K_W \\ I_{YY}\dot{q}+(I_{XX}-I_{ZZ})rp = M_H + M_P + M_R + M_W \\ I_{ZZ}\dot{r}+(I_{YY}-I_{XX})pq = N_H + N_P + N_R + N_W \end{cases} \quad (10)$$

式中，船体在静水中受到的力可以分解为船体力、推进力、舵力以及波浪力（下标分别为 H、P、R、W），I_{XX}、I_{YY}、I_{ZZ} 分别为船体质量绕 x、y、z 轴的惯性矩。

水动力导数根据相关试验结果及 CFD 方法，其中选取尺度为 MARIN 模型尺度，拟合出了 5415 船的 $X(u)$ 函数如下所示：

$$X(u) = 10.811u^3 - 38.518u^2 + 58.678u - 24.697 \tag{11}$$

其他主要数据如表 5 所示。

表 5 水动力导数表

项目	值	项目	值	项目	值
X_*	-18.21	$N_{\dot{v}}$	-86.26	$M_{\dot{\omega}}$	-121.5
X_{vv}	-32.49	N_v	-384.40	M_z	-1570
Y_v	-165.5	Y_r	-63.78	Z_q	-241.1
Y_{vvv}	-486.3	$Y_{\dot{r}}$	-144.20	$Z_{\dot{q}}$	-40.04
N_v	-350.9	$N_{\dot{r}}$	-203.00	Z_θ	-1133
N_{vvv}	-651.8	N_r	-436.00	M_q	-982.8
X_{vr}	17.94	N_{vvr}	-1943.30	$M_{\dot{q}}$	-145.2
Y_{vvr}	-1145.31	Y_ϕ	0.004234	M_θ	-14220
$Y_{\dot{v}}$	-161.50	K_ϕ	-1.767	Z_ω	-1517
K_p	-3.81	N_ϕ	-0.2252	$Z_{\dot{\omega}}$	-160
		M_ω	-485.6	Z_z	-14560

通过对直航进行对比，通过姿态对比可以发现随着航速的增大，升沉也在增加，而纵倾角的变化趋势为先减小后增大。CFD 模拟的结果与试验结果总体上也呈现出良好的一致性，除较高航速下的计算结果略微偏小外，随航速变化的趋势基本保持一致。

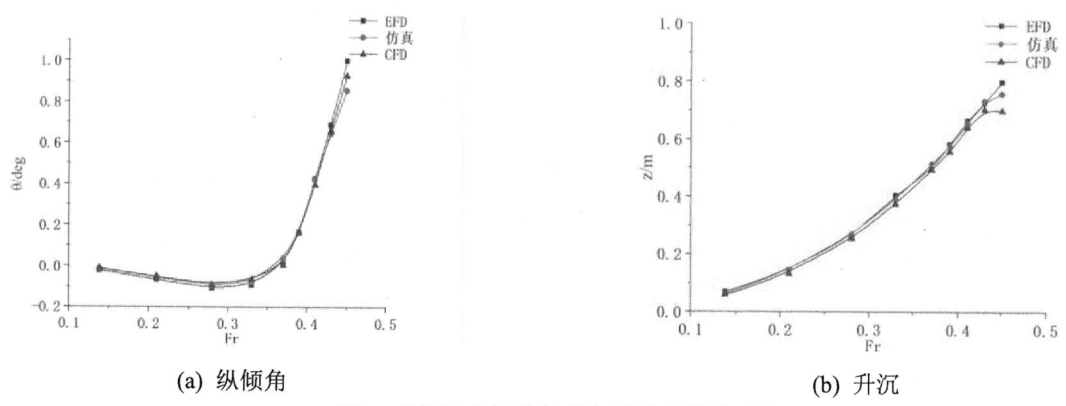

(a) 纵倾角　　　　　　　　　　　　　(b) 升沉

图 6 直航运动计算结果与试验结果的对比

2.4 操纵运动数值模拟及运动响应

以下通过对5415在Fr=0.41的回转和Z形运动的CFD数值计算及仿真结果与试验数据的对比,对其计算情况进行研究,其中计算模型使用全尺度模型尺寸,为了便于方便对比,将MARIN试验结果无因次化后换算为实船尺度,其操纵性参数计算结果对比如表6所示。

表6 Fr=0.41 静水中回转操纵参数与试验数据对比

参数	仿真	CFD	CFD-Carrica[6]	试验	E-CFD /%	E-仿真/%
纵距 A_d /m	451.8	464.8	448	472	-1.53	-4.27
横距 T_r /m	298.1	271.1	269	275	-1.42	8.4
战术回转直径 D_T /m	684.4	630.8	657	672	-6.13	1.85
稳定回转直径 D_o /m	689.3	619.5				
转艏角速度 r (deg/s)	-2.27	-2.48	-2.39	-2.42	2.48	-6.2
稳定回转航速 U (m/s)	13.68	13.46		13.56	-0.74	0.88
稳定横倾 ϕ_o /deg	3.14	2.66		2.86	-6.99	9.79
稳定纵倾 θ_o /deg	0.815	0.822		0.76	8.16	7.24
稳定升沉 z_o /m	0.824	0.839				
预报平均误差(%)			3.3		3.9	5.5

可以发现不同方法预报的回转运动操纵参数的误差都不大,基于仿真的预报的平均误差为5.5%,而通过CFD方法直接模拟的误差为3.9%,同时通过与参考文献中的CFD计算结果进行对比,其中纵距和横距的计算精度都较高。相比基于仿真方法,CFD方法不需要对其水动力导数进行求解,而仿真方法则在水动力导数已知的情况下更快捷。

图7给出了Fr=0.41的回转运动计算结果与试验结果的对比,可以发现仿真的运动轨迹比试验轨迹偏大一点,模拟的回转圈则比试验略小,这主要是因为CFD的自航船模模拟采用体积螺旋桨法模拟螺旋桨旋转,忽略了横摇过程中螺旋桨真实旋转和其本身对横摇阻尼的影响,同时也可以看出相比其他参数速度、转艏角速度上出现稍大的偏差,也是相同的原因,CFD横摇阻尼较小,回转整体速度较快,其余整体数据均值对比趋势较为吻合。

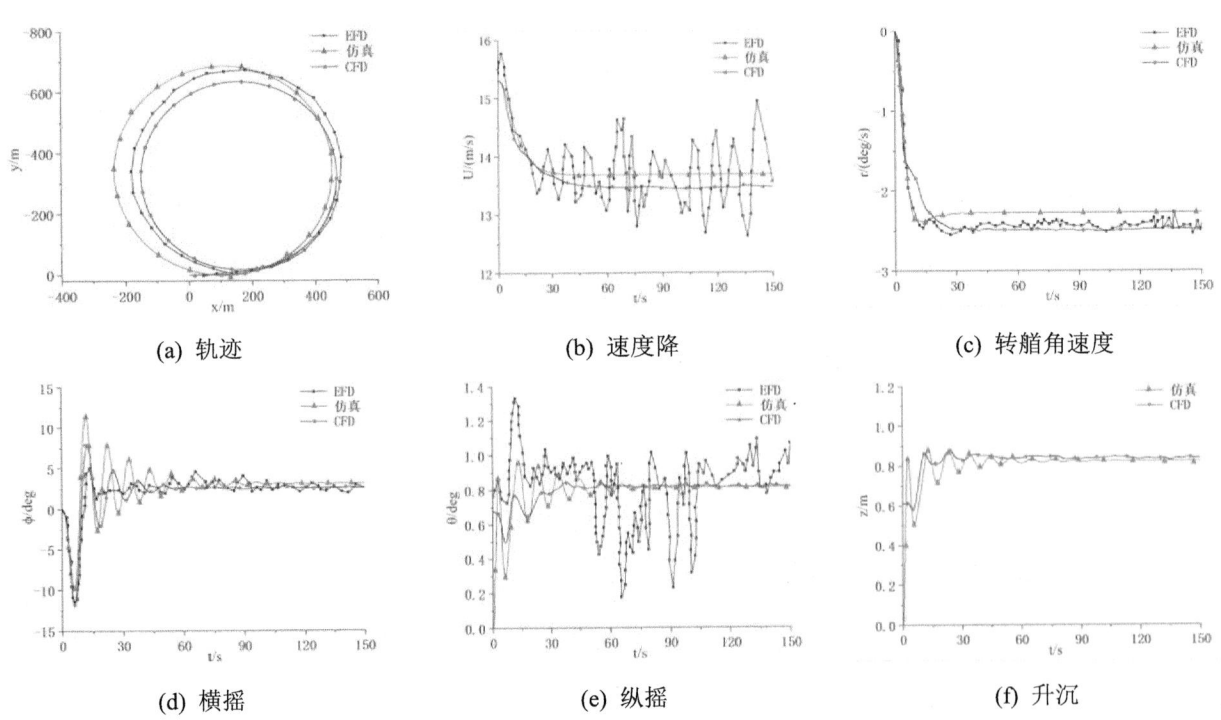

图7 回转运动计算结果与试验结果的对比

基于CFD直接模拟还可以给出详细的流场信息。图8给出了回转过程中的自由液面情况，可以当船舶进入定常回转后，船体两侧的波形呈现出明显的差异，有着明显的不对称性。

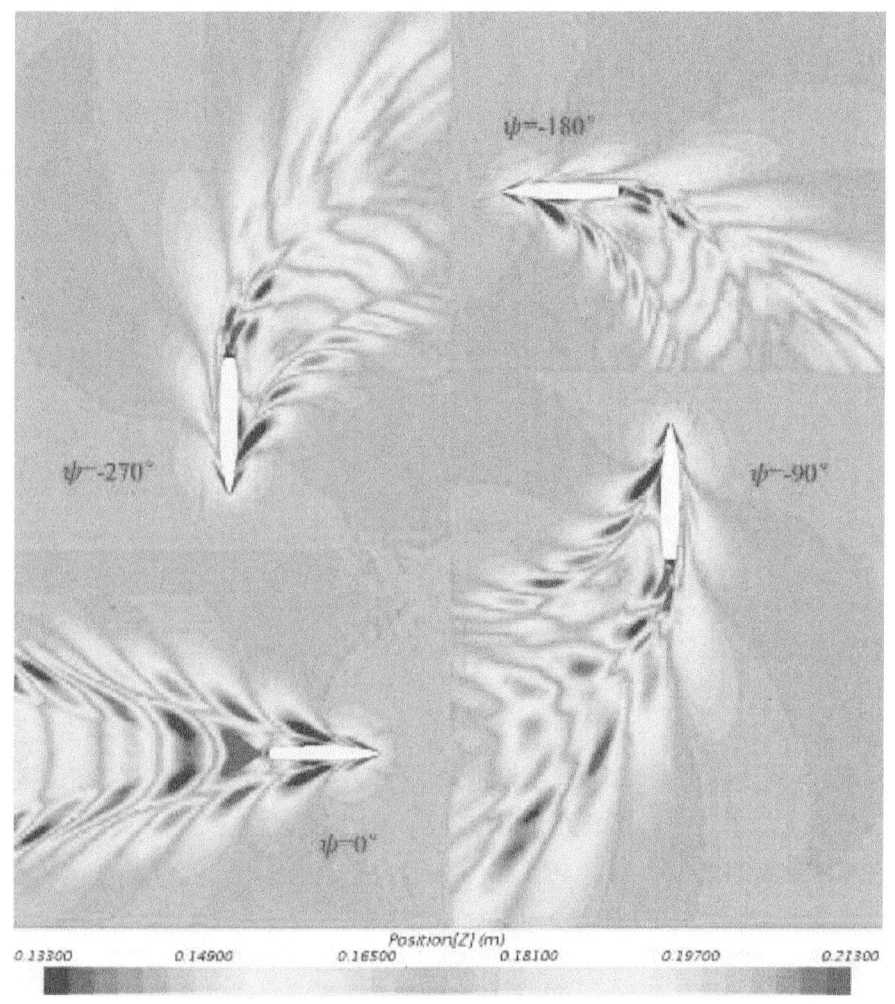

图 8 回转运动 CFD 计算自由表面情况

两种方法计算的该航速下的Z形运动操纵参数与试验结果对比如表7所示，可以发现计算的Z形运动操纵参数的误差大部分在10%，其中超越角的误差较大，最大误差达到27%左右，这主要是因为超越角本身的绝对值较小。仿真预报的平均误差为8.2%，CFD模拟预报的平均误差为11.9%。

表 7 Fr=0.41 静水中 Z 形操纵参数与试验数据对比

	参数	仿真	CFD	CFD-Carrica[6]	试验	E-CFD /%	E-仿真/%
第一次换舵	最大艏向角 ψ_{max} /(°)	24.49	24.97	24.93	23.9	4.47	3.86
	超越角 ψ_{OV} /(°)	4.49	4.97	4.93	3.9	27.44	15.1
	最大转艏角速度(°/s)	1.56	1.69	1.72	1.63	3.68	-4.29
	最大横倾角/(°)	16.26	16.63	15.43	14.65	13.52	11
第二次换舵	最大艏向角 ψ_{max} /(°)	24.27	25.88	25.28	23.86	8.47	-2.73
	超越角 ψ_{OV} /(°)	4.27	5.88	5.28	4.6	27.83	7.17
	最大转艏角速度(°/s)	1.47	1.81	1.84	1.82	-0.55	-19.2
	最大横倾角/(°)	14.81	15.58	15.49	14.47	7.67	2.35
	预报平均误差/%			9.8		11.6	8.2

Fr=0.41的Z形运动计算结果与试验的对比如图9所示。可以发现不同方法的艏向角和舵角的时历曲线与试验曲线大体走向和变化趋势一致，在前期吻合良好，之后误差逐渐累积增大，模拟结果的误差积累得较仿真更快，两者的运动周期也略大于试验周期。计算的运动轨迹与试验总体变化趋势一致，预报的横向位移峰值与试验有一定的误差，与超越角误差处于同一水平，CFD模拟的误差更大，进一步观察横摇时历曲线在第一次操舵后，CFD方法下的横摇角也最小，也就是说CFD方法下横向力也是最小的。

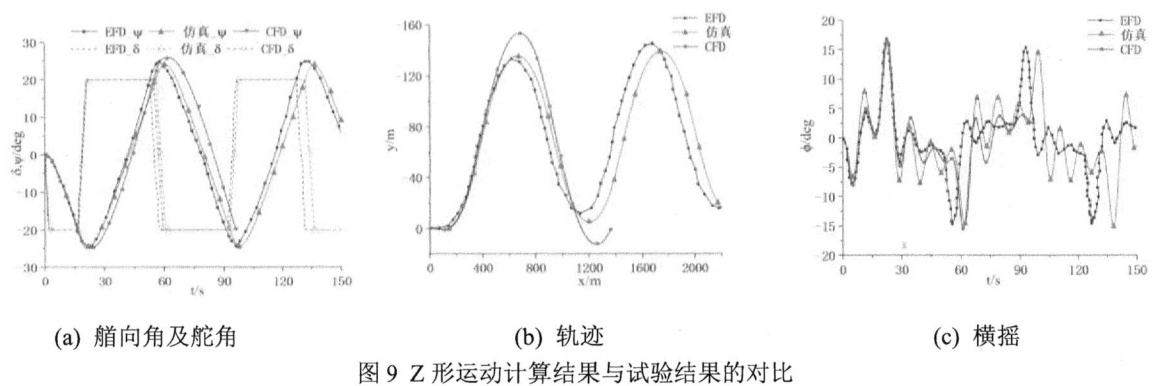

(a) 艏向角及舵角　　　　　(b) 轨迹　　　　　(c) 横摇

图 9　Z 形运动计算结果与试验结果的对比

3　波浪中操纵运动模拟

3.1　波浪数值模型

在对船模进行规则波中数值分析时，基本设置方法与静水中的相同，其中主要的区别在于生成波及在出口处波浪的消除上，本文中对于规则波选取使用斯托克斯波理论的一阶近似对一阶波建模，生成具有规则周期性正弦分布的波。

$$\begin{aligned} v_h &= A\omega\cos(\mathbf{K}\cdot\mathbf{x}-\omega t)e^{Kz} \\ v_v &= A\omega\sin(\mathbf{K}\cdot\mathbf{x}-\omega t)e^{Kz} \\ \eta &= A\cos(\mathbf{K}\cdot\mathbf{x}-\omega t) \end{aligned} \quad (12)$$

式中，v_h、v_v、η 分别为波的水平速度、垂直速度以及表面高度，A 为波幅，ω 为波频率，$\mathbf{K}$ 为波矢量，K 为波矢量的幅值，z 为平均水位的垂直距离。

在消波的处理上采用VOF波力的方法，根据Kim等人的方法将流体模拟与由VOF波指定的理论求解结合起来，在指定距离内，迫使离散化纳维-斯托克斯方程的解趋向于另一种解（例如理论解或简化数值解），从而使用更小的求解域来减少计算工作量。这种力作用还能消除因逐步力作用的阻尼特性而导致的边界处表面波反射相关问题。该波力仅适用于动量，没有添加相源或湍流源，通过向以下形式的传输（动量）方程添加源项来获得波力：

$$q_\phi = -\gamma\rho(\phi-\phi^*) \quad (13)$$

式中，γ 为力系数，ρ 为流体密度，ϕ 为传输方程的当前求解，ϕ^* 为力求解所接近的值。

在对仿真计算中波浪力的计入考虑到船舶的对称性以及忽略量级较小的力，简化后通过积分运算可得规则波中船舶受到的一阶波浪力以及力矩的公式如下：

$$\begin{cases} X_{W1} = 2aB\dfrac{\sin b \cdot \sin c}{c}s(t) \\ Y_{W1} = -2aL\dfrac{\sin b \cdot \sin c}{b}s(t) \\ Z_{W1} = aLBk^2\dfrac{\sin b \cdot \sin c}{bc}\xi(t) \\ K_{W1} = 2aL\dfrac{\sin b \cdot \sin c}{b}s(t)z_b + \dfrac{akL_1}{2b}B^2\sin b\dfrac{c\cdot\cos c - \sin c}{c^2}s(t) \\ M_{W1} = \dfrac{akB}{2c}L^2\sin c\dfrac{b\cdot\cos b - \sin b}{b^2}s(t) \\ N_{W1} = -akL^2\sin c\dfrac{b\cdot\cos b - \sin b}{b^2}\xi(t) \end{cases} \quad (14)$$

式中,

$$\begin{cases} a = \rho g(1-e^{-kd})/k^2 \\ b = kL/2\cdot\cos\chi \\ c = kB/2\cdot\sin\chi \\ s(t) = ka\sin(\omega_e t) \\ \xi(t) = a\cos(\omega_e t) \end{cases} \quad (15)$$

式中,a 为波幅;λ 为波长;χ 为浪向角,浪向角方向的定义为迎浪为 0°,左横浪为 90°,随浪为 180°,右横浪为 -90°;k 为波数($k = \omega^2/g$);ω 为波浪圆频率($\omega = 2\pi/T$);ω_e 为波浪遭遇频率($\omega_e = \omega + kU\cos\chi$),需要注意的是这里的速度 U 是固定坐标系下的;T 为波浪周期($T = \sqrt{2\pi\lambda/g}$);z_b 为船舶浮心的垂向坐标。

二阶波浪漂移力计入方法较多,为了简化计算过程,本文采用经验公式进行计算,公式如下:

$$\begin{cases} X_{W2} = 0.5\rho g L_1 a^2 C_{XW}\cos\chi \\ Y_{W2} = 0.5\rho g L_1 a^2 C_{YW}\sin\chi \\ N_{W2} = 0.5\rho g L_1^2 a^2 C_{NW}\sin\chi \end{cases} \quad (16)$$

式中,C_{XW}、C_{YW}、C_{NW} 为二阶波浪漂移力系数,采用下面的经验公式估算:

$$\begin{cases} C_{XW} = 0.05 - 0.2\left(\dfrac{\lambda}{L}\right) + 0.75\left(\dfrac{\lambda}{L}\right)^2 - 0.51\left(\dfrac{\lambda}{L}\right)^3 \\ C_{YW} = 0.46 + 6.83\left(\dfrac{\lambda}{L}\right) - 15.65\left(\dfrac{\lambda}{L}\right)^2 + 0.844\left(\dfrac{\lambda}{L}\right)^3 \\ C_{NW} = -0.11 + 0.68\left(\dfrac{\lambda}{L}\right) - 7.9\left(\dfrac{\lambda}{L}\right)^2 + 0.21\left(\dfrac{\lambda}{L}\right)^3 \end{cases} \quad (17)$$

将一阶波浪干扰力和二阶波浪漂移力相加即可得到规则波中船舶所受的波浪力及力矩。

3.2 波浪中的操纵计算结果

基于CFD的自航船模模拟方法采用一阶VOF波模拟规则波浪,与静水不同,边界的消波使用VOF波力减小波的反射。本节对两种不同方法预报的规则波中的六自由度操纵运动进行对比,计算的初始浪向是迎浪(0°),计算工况为相同航速Fr=0.41下35°舵角回转及-20°/-20°的z形。计算波浪波幅为1m,波长船长比也选择1。

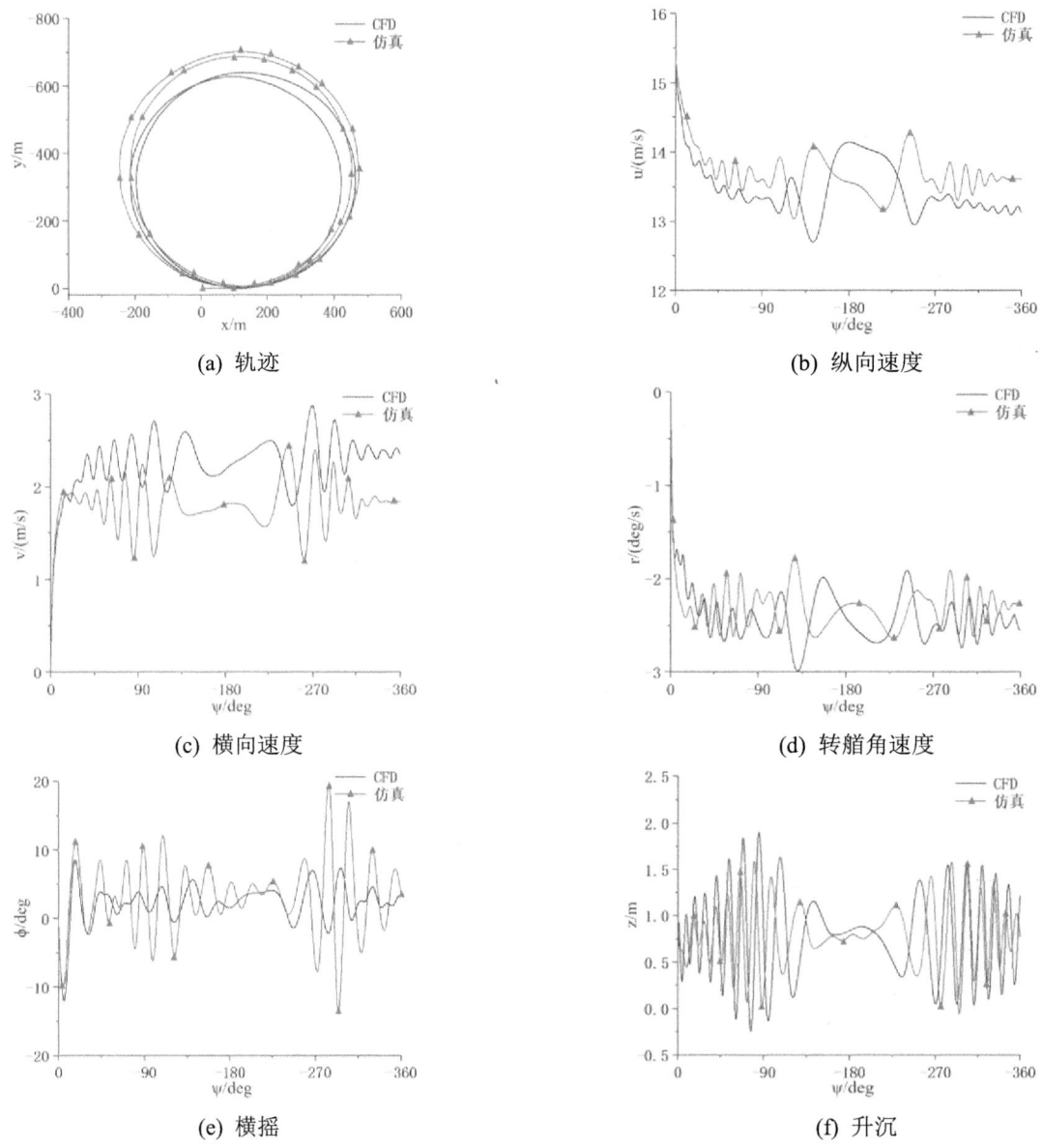

图 10 规则波中回转运动计算结果对比

与静水中回转运动相比，两种方法计算结果战术直径都略有增大，而纵距都有所减小。艏向角曲线均呈现出明显的波浪扰动，纵向速度、横向速度和转艏角速度整体变化趋势也保持一致，但曲线的平均位置和相位有所差异，由前文静水中回转运动的预报结果对比可知，这主要是因为仿真的横摇阻尼比模拟的要小，在遭遇横浪时就会产生更大的横摇运动。

规则波中回转运动自由液面波形如图11所示，可以发现船舶遭遇横浪时，船体两侧波面有着显著的差别，导致船体两侧压力分布不均，产生大幅度的横摇运动。

规则波浪中Z形运动仿真结果与模拟的对比如图12所示，可以发现艏向角和舵角的仿真曲线与模拟曲线整体匹配度较好，在第二次操舵后CFD方法的艏向角误差已累计，与静水中的Z形相比，仿真和模拟预报的操纵参数的变化趋势一致，都是第一超越角有所增大，第二超越角略有减小。

仿真和模拟的横摇曲线吻合良好，只是仿真的横摇阻尼比模拟偏小，也与前文中计算结果保持了一致的偏差性。

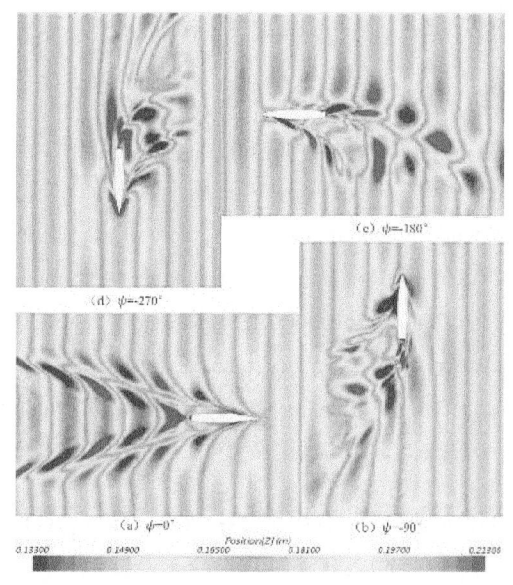

图 11 规则波中回转运动 CFD 计算自由页面情况

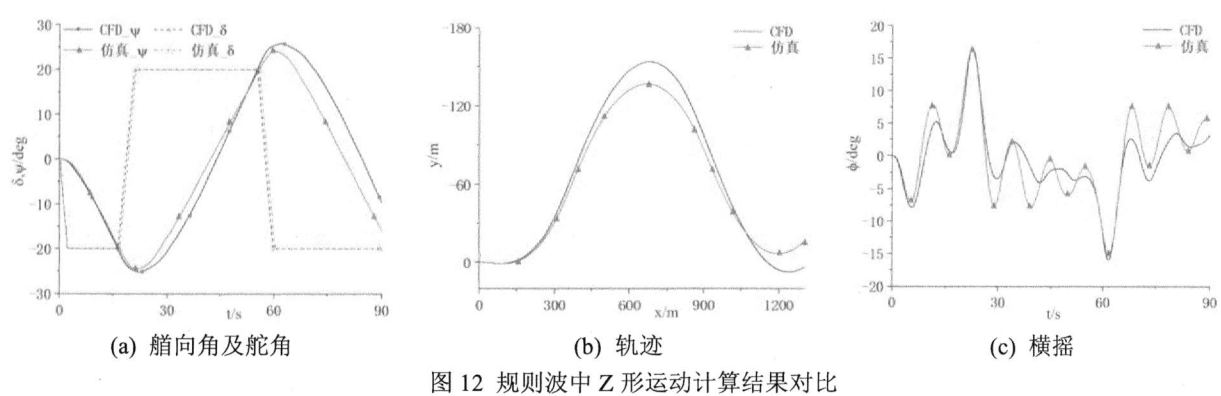

(a) 艏向角及舵角　　　　　　　　(b) 轨迹　　　　　　　　(c) 横摇

图 12 规则波中 Z 形运动计算结果对比

4 结 论

本文采用基于 CFD 的直接模拟方法对常规型船舶操纵性进行了分析和研究，通过自航船模模拟方法分别预报了静水和规则波中的船舶六自由度操纵运动，同时通过 MMG 方法将在静水中的计算结果与试验结果一同进行了对比，表明两种方法都能满足船舶六自由度操纵性能预报的工程要求；规则波中的对比结果则表明，两种方法得到的操纵性参数是基本一致的，但时历曲线存在一定差距。具体来说，基于 MMG 的六自由度仿真方法预报速度快，但是由于所采用的桨舵模型、波浪力模型存在假设、简化，在垂直面三自由度运动的预报震荡较大；而基于 CFD 的自航船模模拟方法则不可避免的面临时间成本巨大的问题，但是该方法能够给出流场细节，更利于深入分析船舶与周围流场的相互作用。

本论文虽然在船舶六自由度操纵运动预报方面进行了一定探讨并获得一些有价值的成果，但限于作者理论水平和实践经验的欠缺，部分内容仍存在改进之处，比如：

(1) 在自航船模模拟时，划分的网格数量较少，网格较为粗糙，且没有对螺旋桨进行实体建模，低估了螺旋桨对舵的干扰，后续可以划分更精细的网格，并对螺旋桨的真实旋转进行模拟，从而提高预报精度。

(2) 在基于操纵运动仿真模型中，规则波的波浪力是采用经验公式进行计算的，并对船舶操纵运动中受到的波浪力进行了简化，与实际船型有所差异，今后有待改进。

参考文献

[1] 苏兴翘. 船舶操纵性[M]. 北京: 国防工业出版社, 1981.
[2] COMMITTEE I.T.T.C.M. Final report and recommendations to the 25th ITTC[C]// International Towing Tank Conference, 2008.
[3] 罗伟林.基于支持向量机方法的船舶操纵运动建模研究[D]. 上海: 上海交通大学, 2009.
[4] SATO T. Numerical simulation of maneuvering motion[M]. Schiffbauforschung, 1998, 165-168.
[5] CARRICA P. DES simulations of KVLCC1 in turn and zigzag maneuvers with moving propeller and rudder[C]// Simman Workshop on Verification & Validation of Ship Maneuvering Simulation Methods, 2008.
[6] CARRICA P. Turn and zigzag maneuvers of a surface combatant using a URANS approach with dynamic overset grids[C]// Simman Workshop on Verification & Validation of Ship Maneuvering Simulation Methods, 2008.
[7] 王化明. 限制水域操纵运动船舶粘性流场及水动力数值研究[D]. 上海: 上海交通大学, 2009.

Numerical Simulation and Motion Response Analysis of Maneuverability Based on Overset Grid in Regular Wave

DU Lei[*1], CHU Fulin[2], XIAO Jiafeng[3], CHENG Hongrong[1], CHEN Jingpu[1]

(1. Shanghai Branch, China Ship Scientific Research Center, Shanghai 200011, China;
2. Logistics Management Center, Heilongjiang Maritime Safety Administration, Harbin 150010, China;
3. Jiujiang Branch, Tianjin Nautical Instrument Research Institute, Jiujiang 332000, China)

Abstract

With the promulgation of maneuverability standards by International Maritime Organization(IMO), the maneuverability of ships, especially the motion performance in wave is attracting more and more attention. The solution of the equation based on the Ship Maneuvering Mathematical Model Group (MMG) is used for study and investigate the maneuverability for decades. However, it needs hydrodynamic derivatives which are difficult to obtain in early design stage. The maneuverability of DTMB 5415 is studied by Computational Fluid Dynamics (CFD) as an example in order to assess the relevant overall performance. The body-force is adopted for omitting the difference between propeller revolution and ship speed, meanwhile, the time-consuming computation is cut down. The overset mesh generation is utilized and discretized around propeller-steer-ship area to realize the simulation of the maneuvering process. Compared with the experimental date, the errors of advance and transfer in still water turning circle during Fr=0.41 are 1.53% and 1.42% respectively, with an average error of parameters of 3.9%, lower than 5.5% of the MMG method. Based on the calculation in still water, maneuverability in regular wave is also studied and the influence of wave is analyzed.

Key words: Maneuverability; Regular wave; DTMB 5415; Computational fluid dynamics

作者简介

杜　磊　男，1987年生，工程师。主要从事总体性能、船舶操纵性等方面工作。
褚福林　男，1985年生，高级工程师。主要从事船舶动力等方面研究。
肖佳峰　男，1995年生，助理工程师。主要从事船舶操纵性等方面工作。
程红蓉　女，1979年生，研究员。主要从事无人艇总体性能方面工作。
陈京普　男，1982年生，研究员。主要从事总体性能、耐波性等方面工作。
*通讯作者：杜磊

基于CFD的三体高速船操纵性能预报

杨 立[*1]，张海华[1]，薛 潮[1]，宗 涛[1]，刘焕飞[2]

(1. 中国船舶科学研究中心，无锡 214082；
2. 扬州中远海运重工有限公司，扬州 225000)

摘 要

三体船型提高了船体的航行稳定性，降低了其操纵机动性能，而相关参考数据并不多见，因此准确快速地评估三体高速船的操纵性能，将有利于提高该类船型的设计效率，本文将采用重叠网格技术，建立高速三体船型六自由度运动的全粘流CFD方法，针对某三体船高航速下的回转操纵运动进行计算评估，并将计算结果与实船试验进行对比，验证该方法的准确性。

关 键 词：CFD；操纵性；三体船；重叠网格
中图分类号：U662

0 引 言

随着智能化、无人化技术的发展，三体船作为一种新型的水面舰船形式以其优越的快速性和适航性在军事领域受到广泛关注，针对其水动力性能的研究也主要集中在阻力性能[1]和耐波性能[2]。而对于高速航行的三体船而言，其操纵机动性能的优劣直接关系到其航行的安全，因此对三体船的机动性能的研究和预报方法研究也越来越迫切。同时，在三体船型设计初期，可供参考的操纵性统计数据并不多见，为此，有必要建立快速、有效的高速三体船型操纵运动预报方法，为高速三体船的船型设计和性能研究提供支撑。

目前，船舶操纵性能预报的方法主要有数值方法和试验方法。然而，试验方法由于成本高、周期长，以及难以观测船舶操纵运动过程中船体周围的流场细节等原因，通常用在最终船型确定后。而随着数值方法和计算机算力的不断发展，基于数值方法开展船舶操纵运动直接模拟的研究手段被越来越多的科研人员采用。例如，国外学者Araki等[3]、Chase等[4]、Carrica等[5]、Mofidi等[6]、Martin等[7]、Carrica等[8]，分别采用CFDShip-Iowa中的RANS求解器对水面单体船模，如ONRT、KCS、DTMB5415，以及水下Suboff潜艇模型的回转、Z形试验进行了数值模拟；Moctar等[9]采用STAR-CCM+中的RANS求解器对某双桨双舵单体船模及实船尺度下的回转试验和Z形试验进行了数值模拟。国内学者万德成团队[10-11]等基于naoe-FOAM-SJTU中的RANS求解器，邹早建团队[12-13]等同样也是针对ONRT、KCS等单体船的回转、Z行试验进行了数值模拟。但针对高速三体船的直接数值模拟研究则并不多见，同时也鲜有关于文献分析和对比船舶操纵运动的数值模拟与自由模试验以及实船试验之间的预报偏差。

为此，本文以一型三体船为对象，采用目前单体船操纵运动计算运用较多的重叠网格技术、计算流程以及螺旋桨控制方式，建立高速三体船型六自由度运动的全粘流CFD方法，针对该三体船高航速下的回转操纵运动进行计算评估，并将计算结果与实船试验进行对比，验证该方法的准确性。

1 计算对象

本文以某型三体船为研究对象。船体无量纲主尺度、常规设计桨敞水性能如下表1、2所示。

表1 三体船无量纲主尺度

参数	主体长宽比	片体长宽比	主体宽度吃水比	弗洛德数	模型缩尺比 λ
数值	3.5	14.7	7.5	0.3	10

表2 常规设计桨敞水数据

J	K_T	$10K_Q$	η_o	J	K_T	$10K_Q$	η_o
1.19	0.454	0.196	0.437	1.33	0.473	0.168	0.596
1.24	0.433	0.194	0.442	1.36	0.456	0.166	0.595
1.27	0.488	0.172	0.575	1.38	0.387	0.187	0.454
1.30	0.478	0.170	0.581	1.40	0.447	0.163	0.614

2 数值方法

2.1 控制方程与湍流模型

控制方程为无量纲化的连续性方程和RANS方程：

$$\frac{\partial u_i}{\partial x_i} = 0 \tag{1}$$

$$\frac{\partial u_i}{\partial t} + u_j \frac{\partial u_i}{\partial x_j} + \frac{\partial p}{\partial x_i} - \frac{1}{Re} \frac{\partial^2 u_i}{\partial x_j^2} - \frac{\partial}{\partial x_j}(-\overline{u_j'' u_i''}) = 0 \tag{2}$$

式中，u_i为平均速度分量，Re为雷诺数，$-\overline{u_j'' u_i''}$为雷诺应力项。

采用SST $k-\omega$两方程湍流模型封闭RANS方程，该模型在近壁面采用$k-\omega$模型，在远处采用$k-\varepsilon$模型以考虑自由剪切流动的影响。从已有的大量研究成果来看，该模型能较好地预报船舶水动力性能。

2.2 计算网格

重叠网格方法将复杂的流动区域分成几何边界比较简单的子区域，各子区域中的计算网格独立生成，彼此存在着重叠、嵌套或覆盖关系，流场信息通过插值在重叠边界进行匹配和耦合。重叠网格拥有网格逻辑关系简单、流场计算精度高、效率高、壁面粘性模拟能力强等优点。

重叠网格并不是简单地等于各子网格的生成，更为重要的是确定各子网格之间的重叠关系，以及确定各子网格之间的数据插值传递关系，因此重叠网格包含两个主要的步骤：挖洞和插值。以图1所示船体网格为例，首先需要挖除位于船体内部的背景网格部分，其次是船体表面周围的边界层区域，其流动较为复杂，需要相对精细的网格以保证流场的准确性，因此该区域的背景网格也要挖除。一般重叠区尽可能出现在离物面较远处，不希望在物面附近发生重叠，因为物面处于流场梯度较大的边界层内，物面附近重叠会给计算带来误差。本文计算过程中的网格分布与控制，均直接采用类似船型计算中已充分验证的形式（如图1所示）。

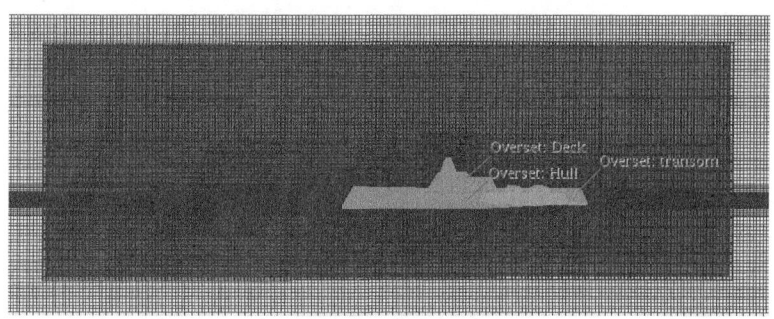

图 1 船体网格示意图

2.3 离散方法

控制方程采用体积中心有限差分格式进行离散，其中所有时间项采用二阶欧拉向后差分格式：

$$\frac{\partial \phi}{\partial \tau} = \frac{1}{\Delta \tau}(1.5\phi^n - 2\phi^{n-1} + 0.5\phi^{n-2}) \tag{3}$$

式（2）中的对流项采用高阶差分格式或混合差分格式或 TVD 格式离散，本文中计算采用一、二阶及三阶迎风混合差分格式离散，式（2）中的粘流项采用二阶中心差分格式离散。式（3）采用一阶迎风差分格式离散，其中输运方程的求解方程为弱椭圆型方程，由于压力方程为强椭圆型方程，ADI 方法收敛很慢，故采用 PETSC（Portable，Extensible Toolkit for Scientific Computation）的 KSP 迭代方法（Krylov subspace methods）求解。

2.4 三体船六自由度运动求解

三体船的运动响应通过求解运动方程来得到。如果将船体坐标系的原点定在船舶的旋转点位置上，则三个方向的转动惯量就可以从式（4）得到。

$$\begin{bmatrix} I_x & 0 & 0 \\ 0 & I_y & 0 \\ 0 & 0 & I_z \end{bmatrix} = \begin{bmatrix} m(r_{g,x}^2 + y_G^2 + z_G^2) & 0 & 0 \\ 0 & m(r_{g,y}^2 + y_G^2 + z_G^2) & 0 \\ 0 & 0 & m(r_{g,z}^2 + y_G^2 + z_G^2) \end{bmatrix} \tag{4}$$

式中，$r_{g,x}$、$r_{g,y}$ 和 $r_{g,z}$ 分别为 xyz 轴方向的惯量半径，y_G 和 z_G 分别为旋转点与重心位置的横向距离和垂向距离。根据船体受力平衡，其刚体运动方程见式（5）和（6）。

$$F_{CGi} = m\frac{d^2 x_{CGi}}{dt^2}, \quad L_{CGi} = \frac{d}{dt}\left(I_i \frac{d\theta_{CGi}}{dt}\right) \tag{5}$$

$$m[\dot{u} - vr + wq - x_G(q^2 + r^2) + y_G(pq - \dot{r}) + z_G(pr + \dot{q})] = X$$

$$m[\dot{v} - wp + ur - y_G(r^2 + p^2) + z_G(qr - \dot{p}) + x_G(qp + \dot{r})] = Y$$

$$m[\dot{w} - uq + vp - z_G(p^2 + q^2) + x_G(rp - \dot{q}) + y_G(rq + \dot{p})] = Z$$

$$I_x \dot{p} + (I_z - I_y)qr + m[y_G(\dot{w} - uq + vp) - z_G(\dot{v} - wp + ur)] = K \tag{6}$$

$$I_y \dot{q} + (I_x - I_z)rp + m[z_G(\dot{u} - vr + wp) - y_G(\dot{w} - uq + vp)] = M$$

$$I_z \dot{r} + (I_y - I_z)pq + m[x_G(\dot{v} - wp + ur) - y_G(\dot{u} - vr + wq)] = N$$

式中，X, Y, Z, K, M, N 为纵荡、横荡、垂荡力和横摇、纵摇及艏摇力矩。u, v, w 为 x, y, z 三个坐标方向的线速度，$\dot{u}, \dot{v}, \dot{w}$ 为线加速度。p, q, r 为欧拉角，$\dot{p}, \dot{q}, \dot{r}$ 为欧拉角加速度。

船体运动后不需要重新生成网格，仅需要重新生成网格间的插值信息即可，船舶六自由度运动求解流程如图 2 所示。

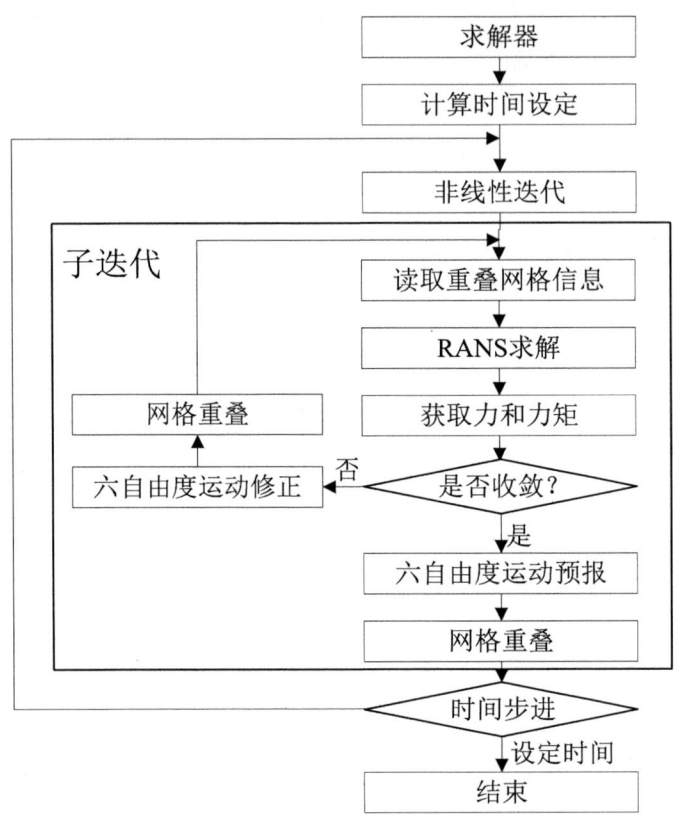

图 2 六自由度运动求解流程

2.5 螺旋桨转速自动控制

模拟目标三体船实际航行过程中螺旋桨的非定常旋转运动，计算量较大，难以直接模拟，为此，本文采用体积力的方式模拟螺旋桨，并通过调节螺旋桨的转速来控制该三体船的航速。

此外，为了使船的航速达到目标航速，需要对螺旋桨转速进行自动控制。控制过程中实时读取船舶航速，然后与目标航速进行比较，其差值作为转速自动控制的输入值，从而相应改变螺旋桨的推力，使船舶逐渐趋于目标航速。转速控制 PID 采用以下公式：

$$\phi(t) = Pe(t) + I\int_0^t e(t)dt + D\frac{de(t)}{dt} \tag{7}$$

式中，$\phi(t)$ 为螺旋桨转速控制量，$e(t)$ 是当前航速与目标航速的差值。

3 计算结果及分析

本文主要针对目标三体船设计航速下的回转性能进行预报，计算过程中，首先采用 PID 自动控制螺旋桨转速，使船进入稳定直航后，固定螺旋桨转速，同时操 35°舵角，目标船开始进行回转操纵运动，回转过程中螺旋桨转速不变。计算过程中的自由液面如图 3 所示，无量纲计算结果与模型试验和实船试验结果对比如表 3 所示。

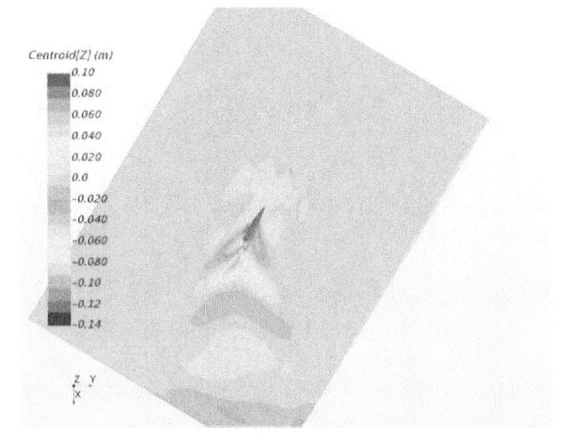 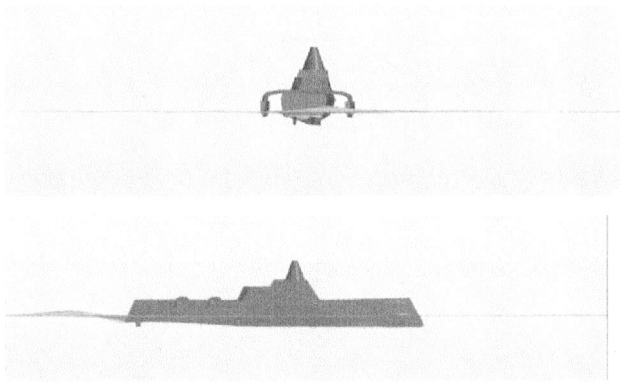

图 3 目标三体船回转过程中自由液面云图

表 3 目标三体船回转运动预报结果

数据来源	弗洛德数 Fr	无因次战术直径 D_t/L	无因次回转纵距 L_m/L	无因次回转横距 S_i/L
CFD 计算	0.30	5.116	3.104	1.173
自航模试验	0.30	5.255	3.067	1.237
实船试验	0.26	5.77	3.43	1.34

其中模型试验为缩尺比为 1:10 的自由模试验，试验过程中螺旋桨转速控制与 CFD 计算过程一致，即采用自动控制转速将模型由静止加速至设计航速（船长弗洛德数为 0.3），同时采用自动舵控制航向，使模型达到稳定直航状态后，保持螺旋桨转速不变，操舵开始回转试验；而实船试验过程中，螺旋桨的控制采用定功率的方式进行控制，将主机功率稳定在设计航速点，同时采用自动舵控制首向，使目标船基本达到稳定直航的状态，然后操舵开始回转试验。

从 CFD 计算结果与自航模试验对比情况来看，战术直径 CFD 计算结果较模型试验小 2.65%，回转纵距较模型试验大 1.21%，横距较模型试验小 5.17%；从计算结果与实船试验对比来看，战术直径 CFD 计算结果较实船小 11.33%，回转纵距较实船试验小 9.58%，横距较实船试验小 12.59%。

计算结果与模型试验吻合良好，但与实船试验差异相对偏大，导致该现象的原因主要是：

(1) CFD 计算与模型试验所采用的螺旋桨控制方式一致，两者的稳定航速也保持相同；而实船由于其主机特性，只能采用定功率航行，导致其实际航速较 CFD 计算航速偏低约 10% 左右，即试验初始弗洛德数较 CFD 计算偏小（如表 3 中所示），而对于三体高速船而言，其航行过程中，兴波对船体运动的影响较低速船偏大；

(2) 实船航行过程中，水域环境存在一定的风浪流影响因素，使得实船测试数据与 CFD 计算出现偏差；

(3) CFD 计算和模型试验均采用的模型尺度，与实船存在一定的尺度效应。

总体而言，本文所建立的操纵性 CFD 计算方法能较好地预报三体船操纵性能。

图 4~图 7 为目标船回转运动 CFD 计算过程中，所监测的船体运动轨迹和姿态。从计算结果来看，该三体船在高速回转过程中，最大横摇角（2.5° 左右）出现在回转初期，由操舵而产生的瞬时横摇，随着回转进行而逐渐趋于稳定；纵摇角从回转开始逐渐增大 0.5° 左右，并趋于稳定；船的升沉则在 0.015 m 附近作小幅震荡。

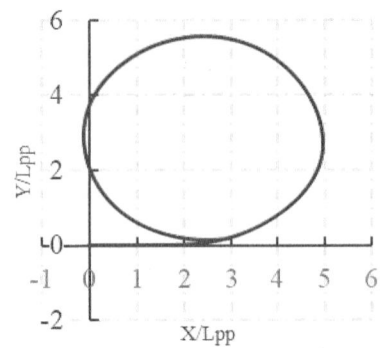

图 4 CFD 计算无量纲回转运动轨迹

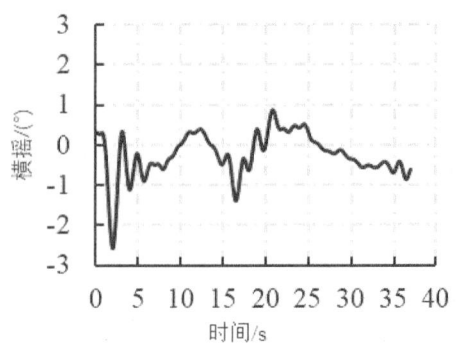

图 5 CFD 计算回转横摇历时曲线

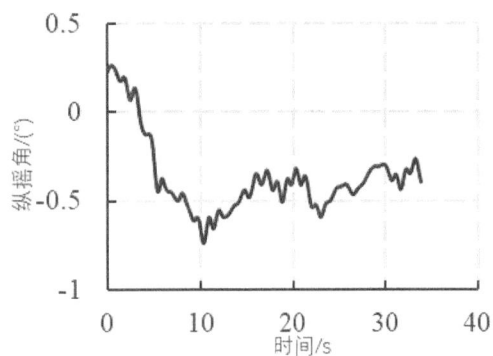

图 6 CFD 计算回转纵摇历时曲线

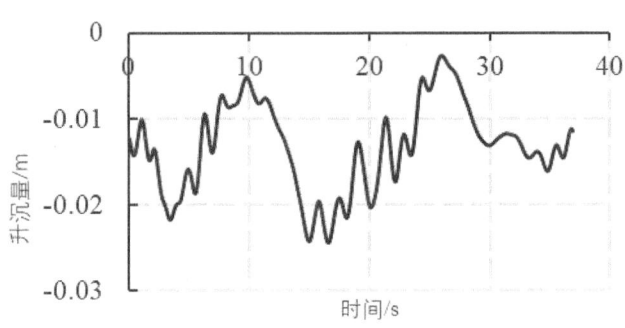

图 7 CFD 计算回转升沉运动历时曲线

4 结　论

本文某型三体船为研究对象，采用全粘流 CFD 手段对其回转操纵运动进行了预报，并将预报结果与模型试验和实船试验结果进行了对比，结果表明，CFD 计算结果与模型试验结果吻合良好，而与实船试验存在一定的差异，其主要原因是 CFD 计算和模型试验过程中的螺旋桨控制规律与实船试验过程存在较大差异，使得计算航速与实船航速存在一定的偏差，此外，实船测试过程中，实际水域存在一定的风浪流环境干扰因素。

参 考 文 献

[1] MIZINE I, AMROMIN E, CROOK L, et al. High-speed trimaran drag: numerical analysis and model tests[J]. Journal of Ship Research, 2004, 48(3): 248-259.

[2] HEBBLEWHITE K, SAHOO P K, DOCTORS L J. A case study: theoretical and experimental analysis of motion characteristics of a trimaran hull form[J]. Ships and offshore structures, 2007, 2(2): 149-156.

[3] ARAKI M, SADAT-HOSSEINI H, SANADA Y, et al. Estimating maneuvering coefficients using system identification methods with experimental, system-based, and CFD free-running trial data[J]. Ocean Engineering, 2012, 51: 63-84.

[4] CHASE N, MICHAEL T, CARRICA P M. Overset simulation of a submarine and propeller in towed, elf-propelled and maneuvering conditions[J]. International Shipbuilding Progress, 2013, 60(1-4): 171-205.

[5] CARRICA P M, ISMAIL F, HYMAN M, et al. Turn and zigzag maneuvers of a surface combatant using a RANS approach with dynamic overset grids[J]. Journal of Marine Science and Technology, 2013, 18(2): 166-181.

[6] MOFIDI A, CARRICA P M. Simulations of zigzag maneuvers for a container ship with direct moving rudder and propeller[J]. Computers & Fluids, 2014, 96: 191-203.

[7] MARTIN J E, MICHAEL T, CARRICA P M. Submarine maneuvers using direct overset simulation of appendages and propeller and coupled CFD/potential flow propeller solver[J]. Journal of Ship Research, 2015, 59(1): 31-48.

[8] CARRICA P M, MOFIDI A, ELOOT K, et al. Direct simulation and experimental study of zigzag maneuver of KCS in shallow water[J]. Ocean Engineering, 2016, 112: 117-133.

[9] MOCTAR O, LANTERMANN U, MUCHA P, et al. RANS-based simulated ship maneuvering accounting for hull-propulsor-engine interaction[J]. Ship Technology Research, 2014, 61(3): 142-161.

[10] WANG J, ZHAO W, WAN D. Free maneuvering simulation of ONR tumblehome using overset grid ethod in naoe-FOAM-SJTU[C]// 31st Symposium on Naval Hydrodynamics, Monterey, USA, 2016.

[11] WANG J, WAN D, CHEN G. Numerical study of zigzag maneuver of a fully appended ONR tumblehome ship in waves[C]// 28th International Ocean and Polar Engineering Conference, Sapporo, Japan, 2018.

[12] GUO HAIPENG, ZOU ZAOJIAN. System-based investigation on 4-DOF ship maneuvering with hydrodynamic derivatives determined by RANS simulation of captive model tests[J]. Applied ocean research, 2017, 68: 11-25.

[13] LIU YI, ZOU LU, ZOU ZAOJIAN, et al. Predictions of ship maneuverability based on virtual captive model tests[J]. Engineering Applications of Computational Fluid Mechanics, 2018, 12(1): 334-353.

CFD-based Maneuverability Prediction for High-Speed Trimaran

YANG Li[*1], ZHANG Haihua[1], XUE Chao[1], ZONG Tao[1], LIU Huanfei[2]

(1. China Ship Scientific Research Center, Wuxi 214082, China;
2. COSCO SHIPPING HEAVY INDUSTRY (YANGZHOU) CO. LTD, Yangzhou 225000, China)

Abstract

The trimaran improves the navigation stability of the hull but reduces its manoeuvrability. However, there are few relevant reference data on the public literature. Therefore, an accurate and rapid assessment on the manoeuvrability of the high-speed trimaran will help improve the design efficiency. This paper will use overset technology to establish a CFD method for six degrees of freedom motion of the high-speed trimaran, and predict the turning performance of a trimaran at high speed, and compare the results with the sea trial.

Key words: Computational fluid dynamics; Manoeuvrability; Trimaran; Overset

作 者 简 介

杨　立　男，1987 年生，高级工程师。主要从事船舶操纵性、CFD 等方面工作。
张海华　男，1983 年生，研究员。主要从事智能船舶测试方面研究。
薛　潮　男，1996 年生，助理工程师。主要从事实船测试方面工作。
宗　涛　男，1990 年生，工程师。主要从事实船测试方面工作。
刘焕飞　男，1981 年生，工程师。主要从事结构物设计与制造、动力装置与设备等方面工作。
*通讯作者：杨立

船舶运动预报模型结构参数一体化辨识

董琪[1]，王宁[*1]，张宇航[2]，李志强[2]，曲凯[3]，郝立柱[4]

(1. 大连海事大学 轮机工程学院，大连 116026；
2. 大连海事大学 船舶电气工程学院，大连 116026；
3. 大连海事大学 理学院，大连 116026；
4. 中国船舶科学研究中心 水动力学重点实验室，无锡 214082)

摘　要

为提升船舶操纵运动预报精度，提出一种基于MMG模型的自适应阶次模型参数一体化辨识方法。借助泰勒级数展开思想，建立具有可变高阶水动力导数的四自由度船舶操纵运动预报模型，摆脱固定模型结构对操纵运动预报精度的影响；采用扩展卡尔曼滤波算法，对不同阶次的水动力导数进行参数辨识；根据模型预报轨迹偏差，自适应确定预报模型的动态阶次，提高船舶操纵运动预报精度。采用某集装箱船Z形试验和回转试验数据进行数值仿真研究，预报结果与对比分析表明，所提出的结构参数一体化辨识方法能够明显提升预报精度。

关　键　词：船舶操纵；扩展卡尔曼滤波；自适应阶次；一体化辨识

中图分类号：U661.33

0　引　言

船舶操纵性是船舶重要的水动力性能之一[1]，船舶运动模型分为水动力模型和响应模型。其中，水动力模型分为Abkowitz模型[2]和MMG模型[3]。Abkowitz模型是将作用于船体的力和力矩根据运动状态进行泰勒展开，各展开项物理意义不明确，而MMG模型是将作用于船体，螺旋桨和舵的力和力矩分别进行详细讨论。传统的船舶操纵运动模型能从力学机理层面预测船舶的运动轨迹，但面对复杂的航行工况和海洋环境，仅依靠固定的机理模型难以确保操纵运动预报的准确性和适应性。因此，构建具有可变高阶水动力导数的四自由度船舶操纵预报模型有重要意义。

船舶操纵运动实际上是多自由度耦合、多因素干扰、带有随机不确定性的复杂过程。传统的运动建模方法包括机理建模和辨识建模[4]。随着大型船舶的建造与发展，仅仅依靠经验公式计算很难对船舶航行轨迹进行精准预报，而模型船试验需要较高的经济成本以及时间成本，机理建模耗费大量的人工经验，相比之下系统辨识方法成为了建立船舶操纵运动数学模型的重要方法。准确的确定数理模型中的水动力导数是提高船舶操纵运动精度的关键。李冬莉等[5]利用动网格技术和最小二乘拟合出大型船舶的操纵运动线性水动力导数；Yoon等[6]针对不同的测试数据，利用岭回归等技术求解出了水动力导数；Zhang等[7]和Song等[8]利用多新息最小二乘法及其衍生算法逼近水动力导数，达到更高精度的预报；罗伟林等[9]利用支持向量机进行水动力导数的辨识，并引入附加激励与差分法来减小参数漂移；Meng等[10]将支持向量机与灰狼优化器相结合，提高水动力导数的辨识精度；王雪刚等[11]和蔡韡等[12]通过支持向量机和神经网络来训练模型，实现了利用黑箱建模的方法进行船舶操纵运动预报；Xu等[13]将支持向量机与截断最小二乘结合，提高了

收稿日期：2022-10-19；修改稿收稿日期：2022-12-09
基金项目：船舶总体性能创新研究开放基金(31422120)和国家自然科学基金项目(52271306)

水动力导数的计算速度；Perera等[14]使用曲线模型和扩展卡尔曼滤波算法，将扩展卡尔曼滤波器中的运动模型替换成曲线模型，用于船舶操纵运动的航迹预测；Sutulo等[15]基于经典的遗传算法，引入Hausdorff度量进行船舶操纵运动模拟。上述方法都是在固定结构的船舶操纵运动预报模型基础上开展参数辨识研究，这在一定程度上提高船舶运动预报的精度。然而，大舵角以及航向不稳定时，仅仅依靠线性水动力导数很难进行精准预报，这时需要考虑非线性项，水动力导数阶数过高又会加剧模型的计算复杂度，在兼顾船舶操纵预报精度以及计算复杂度的同时，提出模型结构参数一体化辨识方法。

本文基于MMG操纵运动方程，建立适用于不同操纵运动状态的可变高阶水动力导数的船舶四自由度操纵运动预报模型。首先，借助泰勒级数展开的思想对船舶粘性水动力导数进行处理，建立水动力导数阶次可变的船舶操纵运动预报模型；其次，通过某集装箱船进行20°/20°Z形试验获取仿真数据进行扩展卡尔曼滤波参数辨识[16]，将辨识结果带入到初始模型进行求解；最后，根据定义的轨迹偏差指标对模型结构进行自适应确定。通过将预报结果与仿真结果对比分析，验证了所建立的预报模型能够提高船舶运动预报的精度。同时基于上述辨识结果进行20°/10°Z形试验和25°回转试验仿真，表明该预报方法具有良好的泛化性。

1 船舶运动可变阶次模型

1.1 操纵运动方程

在船舶操纵运动中联合采用固定坐标系 $o_0-x_0y_0z_0$ 和附体坐标系 $o-xyz$，如图1所示。其中，o_0 为固定坐标系的原点，o_0x_0 指向正北，o_0y_0 指向正东，o_0z_0 指向地心；o 为附体坐标系的原点，ox 指向船首，oy 指向右舷，oz 指向龙骨方向；U 为船舶运动速度；β 为漂角；ψ 为艏向角。

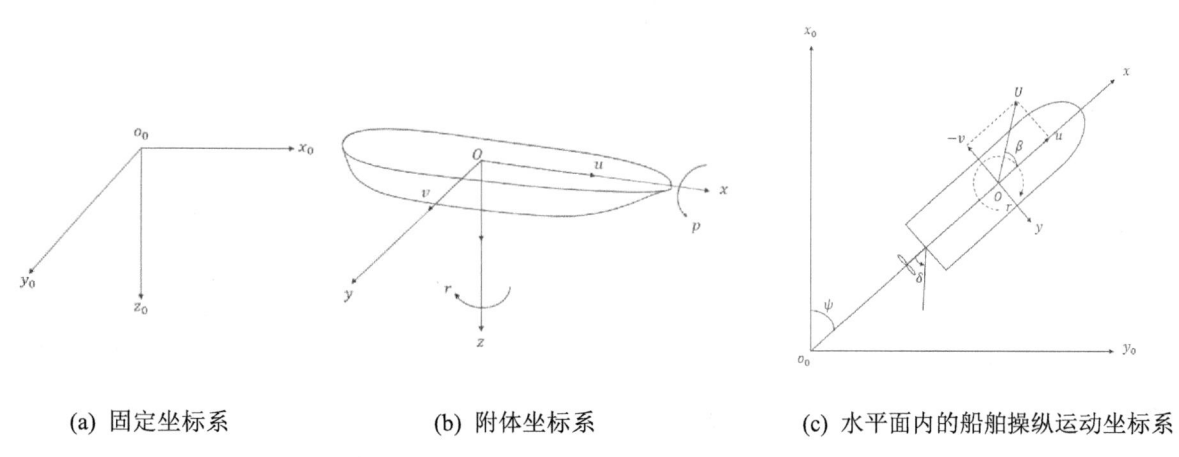

(a) 固定坐标系　　(b) 附体坐标系　　(c) 水平面内的船舶操纵运动坐标系

图1 船舶操纵运动坐标系

假设船舶的坐标原点在重心位置处，船体为刚体，忽略船舶的垂荡运动和纵摇运动，只考虑纵荡、横荡、横摇和艏摇四个自由度，建立如下船舶运动方程：

$$\begin{cases}(m+m_x)\dot{u}-(m+m_y)vr=X_H+X_P+X_R\\(m+m_y)\dot{v}+(m+m_x)ur=Y_H+Y_P+Y_R\\(I_x+J_x)\dot{p}-m_xl_xur+WGM\phi=L_H+L_P+L_R\\(I_z+J_z)\dot{r}=N_H+N_P+N_R\end{cases} \quad (1)$$

式中，u，v 分别为 x 方向和 y 方向上的速度分量；p 为横摇角速度；r 为艏摇角速度；ϕ 为横摇角；m 为船舶的质量；m_x，m_y 分别为船舶在 x 轴和 y 轴方向上的附加质量；I_x，J_x，I_z，J_z 分别为船舶绕 x 轴和 z 轴的转动惯量和附加转动惯量；l_x 为附加质量 m_x 中心的 x 坐标值；W 为船舶的排水量；GM 为船舶的初稳高度；X、Y、L、N 分别为船舶的纵向、横向、横摇、艏摇的粘性流体动力和力矩，下标 H、P、R 分别代表船体、螺旋桨和舵。

1.2 变阶次水动力导数

有关计算船体的粘性流体动力的模型包括横流模型、泰勒级数展开模型、井上模型和贵岛模型等。基于泰勒级数展开的思想，考虑横倾姿态对于 MMG 模型的重要性，保留其关于 Y_H、L_H、N_H 的线性水动力导数，并将作用在船体上的水动力和力矩针对横向速度、艏摇角速度和横摇角进行高阶泰勒展开 错误!未找到引用源。，那么式（1）右侧的 X_H、Y_H、L_H、N_H 分别为关于 u、v、p、r、ϕ 的函数：

$$\begin{cases} X_H = X(u) + \frac{1}{2!}[\frac{\partial}{\partial v}\Delta v + \frac{\partial}{\partial r}\Delta r + \frac{\partial}{\partial \phi}\Delta\phi]^2 X_H(v_0,r_0,\phi_0) + \cdots + \frac{1}{K!}[\frac{\partial}{\partial v}\Delta v + \frac{\partial}{\partial r}\Delta r + \frac{\partial}{\partial \phi}\Delta\phi]^K X_H(v_0,r_0,\phi_0) \\ Y_H = [\frac{\partial}{\partial v}\Delta v + \frac{\partial}{\partial r}\Delta r + \frac{\partial}{\partial p}\Delta p + \frac{\partial}{\partial \phi}\Delta\phi]Y_H(v_0,r_0,p_0,\phi_0) + \frac{1}{2!}[\frac{\partial}{\partial v}\Delta v + \frac{\partial}{\partial r}\Delta r + \frac{\partial}{\partial \phi}\Delta\phi]^2 Y_H(v_0,r_0,\phi_0) + \cdots + \frac{1}{K!}[\frac{\partial}{\partial v}\Delta v + \frac{\partial}{\partial r}\Delta r + \frac{\partial}{\partial \phi}\Delta\phi]^K Y_H(v_0,r_0,\phi_0) \\ L_H = [\frac{\partial}{\partial v}\Delta v + \frac{\partial}{\partial r}\Delta r + \frac{\partial}{\partial p}\Delta p + \frac{\partial}{\partial \phi}\Delta\phi]L_H(v_0,r_0,p_0,\phi_0) + \frac{1}{2!}[\frac{\partial}{\partial v}\Delta v + \frac{\partial}{\partial r}\Delta r + \frac{\partial}{\partial \phi}\Delta\phi]^2 L_H(v_0,r_0,\phi_0) + \cdots + \frac{1}{K!}[\frac{\partial}{\partial v}\Delta v + \frac{\partial}{\partial r}\Delta r + \frac{\partial}{\partial \phi}\Delta\phi]^K L_H(v_0,r_0,\phi_0) \\ N_H = [\frac{\partial}{\partial v}\Delta v + \frac{\partial}{\partial r}\Delta r + \frac{\partial}{\partial p}\Delta p + \frac{\partial}{\partial \phi}\Delta\phi]N_H(v_0,r_0,p_0,\phi_0) + \frac{1}{2!}[\frac{\partial}{\partial v}\Delta v + \frac{\partial}{\partial r}\Delta r + \frac{\partial}{\partial \phi}\Delta\phi]^2 N_H(v_0,r_0,\phi_0) + \cdots + \frac{1}{K!}[\frac{\partial}{\partial v}\Delta v + \frac{\partial}{\partial r}\Delta r + \frac{\partial}{\partial \phi}\Delta\phi]^K N_H(v_0,r_0,\phi_0) \end{cases} \quad (2)$$

式中，$X(u)$ 是船舶直航阻力，即 $X(u)=X_{uu}u^2$；K 为水动力展开的阶数，在这里随模型而发生变化且 $K=2$，3，4。

考虑船舶外形左右对称[17]，X 关于 v、r、ϕ 的变化是对称的，X 为 v、r、ϕ 的偶函数，Y、L、N 关于 v、r、ϕ 的变化是反对称的，Y、L、N 为 v、r、ϕ 的奇函数，因此，X 关于 v、r、ϕ 的一阶导数和三阶导数每一项都为零，Y、L、N 关于 v、r、ϕ 的二阶导数和四阶导数每一项都为零，即：

$$\begin{cases} \frac{1}{3!}[\frac{\partial}{\partial v}\Delta v + \frac{\partial}{\partial r}\Delta r + \frac{\partial}{\partial \varphi}\Delta\phi]^3 X_H(v_0,r_0,\phi_0) = 0 \\ \frac{1}{2!}[\frac{\partial}{\partial v}\Delta v + \frac{\partial}{\partial r}\Delta r + \frac{\partial}{\partial \varphi}\Delta\phi]^2 Z_H(v_0,r_0,\phi_0) = 0 \\ \frac{1}{4!}[\frac{\partial}{\partial v}\Delta v + \frac{\partial}{\partial r}\Delta r + \frac{\partial}{\partial \varphi}\Delta\phi]^4 Z_H(v_0,r_0,\phi_0) = 0 \end{cases} \quad (3)$$

式中，$Z_H(v_0,r_0,\phi_0) = Y_H(v_0,r_0,\phi_0)$，$L_H(v_0,r_0,\phi_0)$，$N_H(v_0,r_0,\phi_0)$ 分别为横向、横摇、艏摇在初始状态 (v_0,r_0,ϕ_0) 下的流体动力和力矩。

1.3 桨舵水动力计算

仅对螺旋桨的纵向力进行分析，即螺旋桨推力的表达式如下：

$$\begin{cases} X_P = (1-t_p)T(J_p) \\ T(J_p) = \rho n^2 D_p^4 k_T(J_p) \\ k_T(J_p) = a_0 + a_1 J_p \\ J_p = (1-w_p)u/nD_p \end{cases} \quad (4)$$

式中，w_p、t_p、n 和 D_p 分别为螺旋桨的伴流系数、推力减额系数、螺旋桨转数和螺旋桨直径；J_p 为进速系数；a_0、a_1 是根据螺旋桨敞水特性曲线求得的回归系数。

舵引起的水动力和力矩的表达式如下：

$$\begin{cases} F_N = \dfrac{1}{2}\rho A_R U_R^2 f_\alpha \sin\alpha_R \\ X_R = -(1-t_R)F_N\sin\delta \\ Y_R = -(1+a_H)F_N\cos\delta \\ L_R = Y_R z_R \\ N_R = -(x_R + a_H x_H)F_N\cos\delta \end{cases} \quad (5)$$

式中，F_N为舵的法向力；A_R为舵面积；U_R为流入舵的有效流速；f_α为舵的法向力系数；α_R为流入舵的有效冲角；δ为舵角；t_R为舵力的减额系数；a_H为操舵诱导船体横向力的修正因子；z_R为舵力作用中心的垂向高度；x_H为舵干扰力作用点的纵向坐标；x_R为舵法向力作用点的纵向位置[18]。

2 模型结构-参数一体化辨识

2.1 扩展卡尔曼滤波参数辨识

基于式(1)~式(5)，得到船舶操纵运动模型的状态和量测方程：

$$\begin{cases} \dot{x}(t) = f(x(t), s(t)) + w(t) \\ y(t) = Hx(t) + v(t) \end{cases} \quad (6)$$

式中，$w(t)$为过程噪声；$v(t)$为量测噪声。

$$\begin{cases} x(t) = \begin{bmatrix} u(t) & v(t) & p(t) & r(t) & \phi(t) & a_1 & a_2\cdots a_K & b_1\cdots b_K & c_1\cdots c_K & d_1\cdots d_K \end{bmatrix}^T \\ s(t) = \begin{bmatrix} \delta(t) & n(t) \end{bmatrix}^T \\ f = \begin{bmatrix} f_1 & f_2 & f_3 \cdots f_l \end{bmatrix}^T \\ y(t) = \begin{bmatrix} u(t) & v(t) & p(t) & r(t) & \phi(t) \end{bmatrix}^T \\ H = \begin{bmatrix} 1 & 0 & 0 & 0 & 0 & 0 & 0 & \cdots & 0 \\ 0 & 1 & 0 & 0 & 0 & 0 & 0 & \cdots & 0 \\ 0 & 0 & 1 & 0 & 0 & 0 & 0 & \cdots & 0 \\ 0 & 0 & 0 & 1 & 0 & 0 & 0 & \cdots & 0 \\ 0 & 0 & 0 & 0 & 1 & 0 & 0 & \cdots & 0 \end{bmatrix}_{5\times l} \end{cases} \quad (7)$$

式中，$l = 18 + \sum_{K=2}^{4}\dfrac{(2+K)!}{2!K!}$为矩阵 H 的列数。其中，$a_1 = X_{uu}$；$b_1 = [Y_v\ Y_p\ Y_r\ Y_\phi]^T$，$c_1 = [L_v\ L_p\ L_r\ L_\phi]^T$，$d_1 = [N_v\ N_p\ N_r\ N_\phi]^T$为需要辨识的线性水动力导数；$a_K = \begin{bmatrix} a_{K,1} & a_{K,2}\cdots a_{K,n} \end{bmatrix}^T$，$b_K = \begin{bmatrix} b_{K,1} & b_{K,2}\cdots b_{K,n} \end{bmatrix}^T$，$c_K = \begin{bmatrix} c_{K,1} & c_{K,2}\cdots c_{K,n} \end{bmatrix}^T$，$d_K = \begin{bmatrix} d_{K,1} & d_{K,2}\cdots d_{K,n} \end{bmatrix}^T$为需要辨识的高阶非线性水动力导数；$n = \dfrac{(2+K)!}{2!K!}$为每阶水动力导数的个数；每一项高阶非线性水动力导数分别为：

$a_{K,i} = X_{v^{K_v^i} r^{K_r^i} \phi^{K_\phi^i}}$，$b_{K,i} = Y_{v^{K_v^i} r^{K_r^i} \phi^{K_\phi^i}}$，$c_{K,i} = L_{v^{K_v^i} r^{K_r^i} \phi^{K_\phi^i}}$，$d_{K,i} = N_{v^{K_v^i} r^{K_r^i} \phi^{K_\phi^i}}$，$K_v^i + K_r^i + K_\phi^i = K$，$K = 2, 3, 4$。

由于假设船舶外形左右对称，根据式（3）得 a_3、b_2、b_4、c_2、c_4、d_2、d_4 全为零向量。

$$\begin{cases} f_1 = \dfrac{1}{(m+m_x)}\{a_1 u^2 + \boldsymbol{a}_2^{\mathrm{T}}\boldsymbol{h}_2 + \cdots + \boldsymbol{a}_K^{\mathrm{T}}\boldsymbol{h}_K + (1-t_p)T(J_p) + (1-t_R)F_N\sin\delta + (m+m_y)vr\} \\ f_2 = \dfrac{1}{(m+m_y)}\{\boldsymbol{b}_1^{\mathrm{T}}\boldsymbol{h}_1 + \boldsymbol{b}_2^{\mathrm{T}}\boldsymbol{h}_2 + \cdots + \boldsymbol{b}_K^{\mathrm{T}}\boldsymbol{h}_K + (1+\alpha_H)F_N\cos\delta - (m+m_x)ur\} \\ f_3 = \dfrac{1}{(I_x+J_x)}\{\boldsymbol{c}_1^{\mathrm{T}}\boldsymbol{h}_1 + \boldsymbol{c}_2^{\mathrm{T}}\boldsymbol{h}_2 + \cdots + \boldsymbol{c}_K^{\mathrm{T}}\boldsymbol{h}_K - z_R(1+\alpha_H)F_N\cos\delta + m_x l_x ur - WGM\phi\} \\ f_4 = \dfrac{1}{(I_z+J_z)}\{\boldsymbol{d}_1^{\mathrm{T}}\boldsymbol{h}_1 + \boldsymbol{d}_2^{\mathrm{T}}\boldsymbol{h}_2 + \cdots + \boldsymbol{d}_K^{\mathrm{T}}\boldsymbol{h}_K + (x_R + \alpha_H x_H)F_N\cos\delta\} \\ f_5 = p \\ f_6 = 0 \\ \vdots \\ f_l = 0 \end{cases} \quad (8)$$

式中，$\boldsymbol{h}_1 = [\tilde{v}\ \tilde{p}\ \tilde{r}\ \tilde{\phi}]^{\mathrm{T}}$，每一项分别表示为 $\tilde{v}=(v-v_0)$、$\tilde{r}=(r-r_0)$、$\tilde{\phi}=(\phi-\phi_0)$；$\boldsymbol{h}_K = [h_{K,1}\ h_{K,2}\cdots h_{K,n}]^{\mathrm{T}}$；每一项可以表示为 $h_{K,i} = \tilde{v}^{K_v^i}\tilde{r}^{K_r^i}\tilde{\phi}^{K_\phi^i}$。

根据式（7），扩展卡尔曼滤波分为状态预测和状态更新两步：

预测状态估计矩阵和误差的先验协方差矩阵为：

$$\begin{cases} \boldsymbol{x}(k+1|k) = \boldsymbol{f}(\boldsymbol{x}(k|k),\boldsymbol{s}(k)) \\ \boldsymbol{P}(k+1|k) = \boldsymbol{F}(k)\boldsymbol{P}(k|k)\boldsymbol{F}^{\mathrm{T}}(k) + \boldsymbol{Q}(k) \end{cases} \quad (9)$$

式中，$\boldsymbol{F}(k) = \dfrac{\partial \boldsymbol{f}}{\partial \boldsymbol{x}}$ 为雅克比矩阵；$\boldsymbol{P}(k|k)$ 为估计误差后验协方差矩阵；$\boldsymbol{Q}(k)$ 为过程噪声协方差矩阵。

更新卡尔曼增益矩阵、状态的最优估计值和误差的后验协方差矩阵：

$$\begin{cases} \boldsymbol{K}(k+1) = \boldsymbol{P}(k+1|k)\boldsymbol{H}^{\mathrm{T}}(k)\left[\boldsymbol{H}(k)\boldsymbol{P}(k+1|k)\boldsymbol{H}^{\mathrm{T}}(k) + \boldsymbol{R}(k+1)\right]^{-1} \\ \boldsymbol{x}(k+1|k+1) = \boldsymbol{x}(k+1|k) + \boldsymbol{K}(k+1)\left[\boldsymbol{y}(k) - \boldsymbol{H}\boldsymbol{x}(k+1|k)\right] \\ \boldsymbol{P}(k+1|k+1) = \left[\boldsymbol{I} - \boldsymbol{K}(k+1)\boldsymbol{H}(k)\right]\boldsymbol{P}(k+1|k) \end{cases} \quad (10)$$

式中，$\boldsymbol{R}(k+1)$ 为量测噪声的协方差矩阵。

2.2 模型结构优化

为提高船舶操纵预报模型的精度和减少计算复杂度，定义轨迹偏差指标，来自适应调节船舶操纵运动模型的非线性项阶次。

定义水动力导数展开到 K 阶的船舶运动预测模型在每一时刻产生的运动轨迹与真实轨迹的距离之和为：

$$d_K = \sum_{i=1}^{N}\sqrt{(\hat{x}_i - x_i)^2 + (\hat{y}_i - y_i)^2} \qquad K = 2, 3, 4 \quad (11)$$

式中，N 为样本个数；$\hat{x}_i$，$\hat{y}_i$ 为第 i 个采样点的预测值，x_i，y_i 为第 i 个采样点的真实值。

定义轨迹偏差指标为：

$$T_K = \dfrac{(d_2 - d_K)}{d_2} \qquad K = 2, 3, 4 \quad (12)$$

当$T_K>0$时，说明水动力导数展开到K阶的船舶操纵预测模型优于水动力导数展开到2阶的船舶操纵预测模型；当$T_K<0$时，说明水动力导数展开到K阶的船舶操纵预测模型劣于水动力导数展开到2阶的船舶操纵预测模型。船舶操纵运动预报模型的非线性项阶次以T_K取最大值时对应的阶次作为模型结构的最优选择。

3 模型仿真验证

3.1 操纵运动预报

采用某集装箱船[19]开展仿真实验，以验证可变高阶水动力导数的四自由度船舶操纵运动预报模型的有效性，该集装箱船的主要参数如表1所示。对该集装箱船进行20°/20°Z形试验数值仿真，仿真步长为0.1 s，得到纵向速度、横向速度、横摇角速度、艏摇角速度、横摇角、转速、舵角等数据，利用扩展卡尔曼滤波参数辨识，并将辨识结果带入原船舶操纵运动预报模型，计算出船舶运动的轨迹偏差，选择合适的船舶运动预报模型。

表 1 某集装箱船主要参数

参数	数值	参数	数值
船长 L_{pp}/m	175	方形系数 C_B	0.559
船宽 B/m	25.40	菱形系数 C_P	0.580
平均吃水 d/m	8.50	螺旋桨直径 D_P/m	6.533
排水体积 V/m³	21222	舵面积 A_R/m²	33.0376
初稳高度 GM/m	10.39	舵高 H/m	7.7583

采用扩展卡尔曼滤波辨识的参数来预报20°/20°Z形试验，得到的纵向速度、横向速度、横摇角速度、艏摇角速度、艏向角、舵角以及运动轨迹，如图2所示。可以看出水动力导数展开项的阶次K选择不同，船舶运动的轨迹偏差也不同。对比不同阶次的水动力导数模型,可以通过轨迹偏差指标来自适应选择船舶运动预报模型，达到提高船舶运动预报精度的目的。

对比 20°/20°Z 形试验在水动力导数展开到不同阶次下的船舶运动轨迹偏差，如表 2 所示。水动力导数展开到三阶时船舶运动预报轨迹与原始轨迹的欧氏距离d_3最小且T_3最大。即船舶在 20°/20°Z 形试验中，选择水动力导数展开到三阶时的船舶运动预报模型能更加准确的进行预报。同样，也验证了通过轨迹偏差指标能够进行自适应选择模型阶次。

表 2 不同阶次模型的轨迹偏差

水动力展开阶数	d_K/m	T_K	T_3^4
$K=2$	285359.6160	0	—
$K=3$	21323.9000	0.9253	—
$K=4$	21376.5581	0.9251	0.0025

注：$T_i^j = \dfrac{(d_j - d_i)}{d_j}$ 表示船舶操纵运动i阶模型相较于j阶模型提高的百分比。为明确说明选择三阶模型的合理性，表格最后一列为三阶模型相较于四阶模型预报轨迹精度提高百分比。

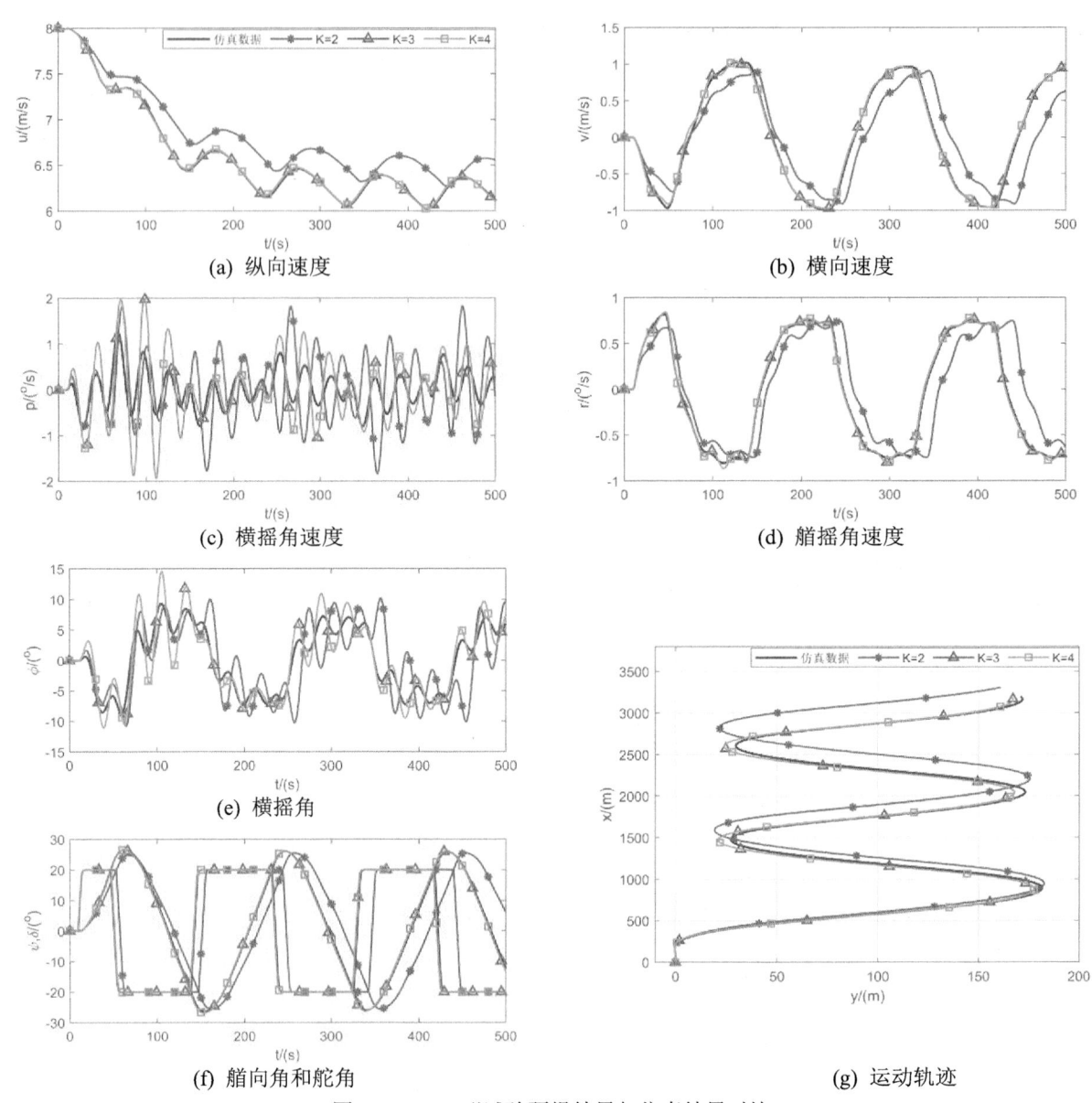

图 2 20°/20°Z 形试验预报结果与仿真结果对比

3.2 泛化性验证

为进一步说明通过四自由度船舶操作运动结构参数一体化辨识方法能提高船舶预报的精度，采用上述扩展卡尔曼滤波辨识得到的水动力导数进行20°/10°Z形和25°回转仿真实验验证，仿真步长为0.1 s，纵向速度、横向速度、横摇角速度、艏摇角速度、艏向角、舵角以及运动轨迹的预报结果与仿真结果，如图3和图4所示。其中，Z形试验以5次操舵完成为止。

20°/10°Z形和25°回转的预报精度采用均方根误差(Root Mean Quare Error，RMSE)来衡量。纵向速度u、横向速度v、横摇角速度p、艏摇角速度r的预报均方根误差，如表4所示。

在20°/10°Z形试验预报与仿真结果中，对比包含不同阶次水动力导数的船舶运动预报模型，如图3所示，当$K=4$时，船舶运动预报轨迹与原运动轨迹最为接近。通过可变高阶水动力导数船舶运动预报模型的轨迹偏差，如表3所示，水动力导数展开到四阶时的预报轨迹与原轨迹的欧式距离d_4最小且轨迹偏差指标T_4最大。因此，在20°/10°Z形试验中能够自适应的选择水动力展开到四阶时的船舶运动预报模型。同样，对于25°回转试验预报与仿真结果，如图4所示，根据所提出的方法能够自适应的选择水动力导数展开到四阶的船舶运动预报模型来提高预报精度。

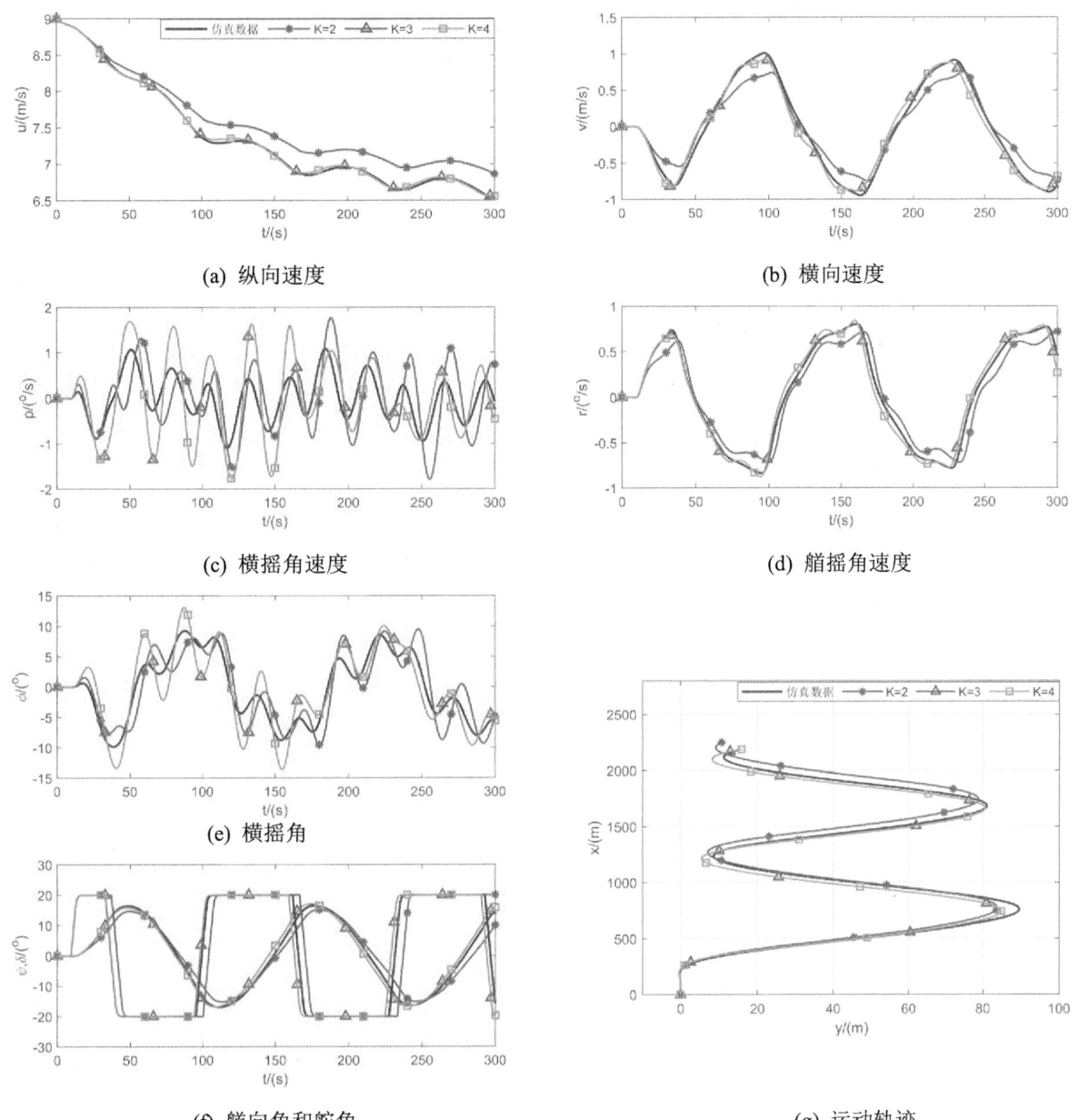

(a) 纵向速度　　　　　　　　　　(b) 横向速度

(c) 横摇角速度　　　　　　　　　(d) 艏摇角速度

(e) 横摇角

(f) 艏向角和舵角　　　　　　　　(g) 运动轨迹

图 3　20°/10°Z 形试验预报结果与仿真结果对比

表 3　不同阶次模型的轨迹偏差

水动力展开阶数	20°/10°			25°		
	d_K/m	T_K	T_4^3	d_K/m	T_K	T_4^3
K=2	74283.1508	0	—	707677.1210	0	—
K=3	11445.3760	0.8459	0.0035	27087.0468	0.9617	0.0009
K=4	11405.8750	0.8465	—	27063.3839	0.9618	—

表 4 不同阶次模型的均方根误差

试验类型	水动力展开阶数	RMSE(u)	RMSE(v)	RMSE(p)	RMSE(r)
20°/10°Z 形测试	$K=2$	0.2309	0.1612	0.0104	0.0023
	$K=3$	0.0229	0.0910	0.0096	0.0012
	$K=4$	0.0228	0.0910	0.0096	0.0012
25°回转测试	$K=2$	1.0426	0.2913	0.0010	0.0018
	$K=3$	0.0651	0.0316	0.0034	0.0002
	$K=4$	0.0655	0.0316	0.0034	0.0002

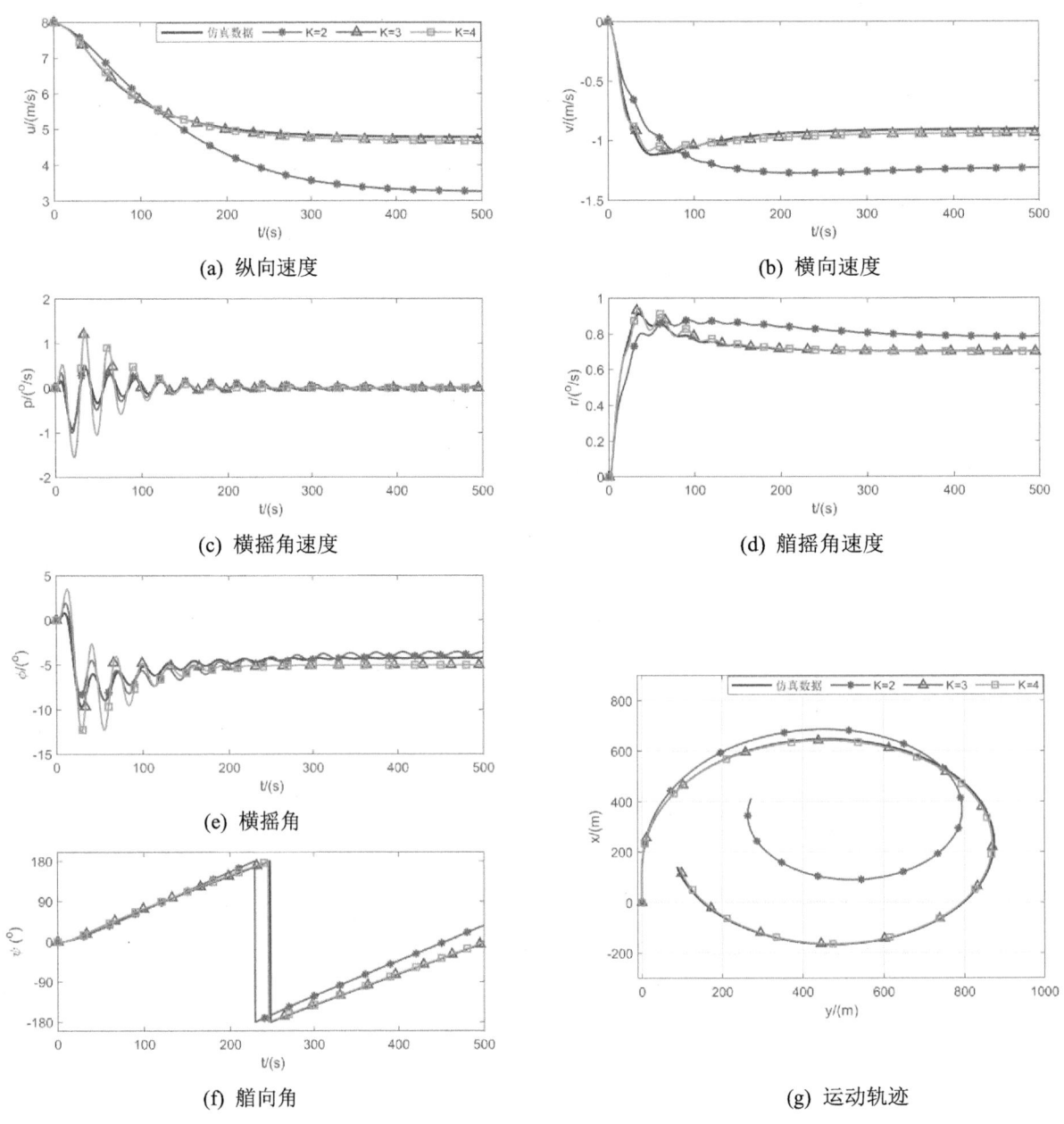

(a) 纵向速度　　(b) 横向速度　　(c) 横摇角速度　　(d) 艏摇角速度　　(e) 横摇角　　(f) 艏向角　　(g) 运动轨迹

图 4 25°回转试验预报结果与仿真结果对比

4 结 论

提出一种船舶运动模型结构参数一体化辨识的方法进行船舶操纵运动预报。对某集装箱船进行不同操纵性仿真，利用扩展卡尔曼滤波参数辨识方法得到不同阶次的水动力导数，轨迹偏差指标作为模型选择的基础，建立具有可变高阶水动力导数的船舶运动预报模型。操作运动预报结果与仿真结果对比表明，对于不同的操纵性试验所选取的船舶运动预报模型是不同的，相较于固定的模型结构，可变高阶水动力导数的船舶运动预报模型可以提高船舶运动预报的精度。未来研究工作将可变高阶水动力船舶运动预报模型与智能算法相结合，实现更高精度的船舶运动预报。

参 考 文 献

[1] 范尚雍. 船舶操纵性[M]. 北京: 国防工业出版社, 1988.

[2] ABKOWITZ M A. Lectures on ship hydrodynamics-steering and maneuvering[R]. Hydro-and aerodynamics laboratory report Hy-5, 1964.

[3] 小川陽弘, 小山健夫, 貴島勝郎. MMG 報告- I: 操縦運動の數學モデルにつて[J]. 日本造船學會誌, 1977, 575: 192-198.

[4] 张秀凤, 王晓雪, 孟耀, 尹勇. 船舶运动建模与仿真研究进展及未来发展趋势[J]. 大连海事大学学报, 2021, 47(01): 1-8.

[5] 李冬荔, 王彪, 杨亮. 船舶操纵线性水动力导数计算方法研究[J]. 中北大学学报:自然科学版, 2008, 06: 531-537.

[6] YOON H K, RHEE K P. Identification of hydrodynamic coefficients in ship maneuvering equations of motion by estimation-before-modeling technique[J]. Ocean Engineering, 2003, 30(18): 2379-2404.

[7] ZHANG G, ZHANG X, PANG H. Multi-innovation auto-constructed least squares identification for 4 DOF ship manoeuvring modelling with full-scale trial data[J]. ISA transactions, 2015, 58: 186-195.

[8] SONG C, ZHANG X, ZHANG G. Nonlinear identification for 4-DOF ship maneuvering modeling via full-scale trial data[J]. IEEE Transactions on Industrial Electronics, 2021, 69(2): 1829-1835.

[9] 罗伟林, 邹早建. 基于支持向量机方法的船舶操纵运动水动力导数辨识[C]. 第七届船舶力学学术委员会全体会议论文集, 2010: 468-478.

[10] MENG Y, ZHANG X, ZHU J. Parameter identification of ship motion mathematical model based on full-scale trial data[J]. International Journal of Naval Architecture and Ocean Engineering, 2022, 14: 100437.

[11] 王雪刚, 邹早建, 任如意, 等. 基于支持向量机的四自由度船舶操纵运动黑箱建模[J]. 中国造船, 2014, 55(03): 147-155.

[12] 蔡鞾, 任元洲, 严传续, 等. 基于神经网络的四自由度船舶操纵运动预报[J]. 中国造船, 2013, 54(04): 155-162.

[13] XU H, HASSANI V, SOARES C G. Truncated least square support vector machine for parameter estimation of a nonlinear manoeuvring model based on PMM tests[J]. Applied Ocean Research, 2020, 97: 102076.

[14] PERERA L P, SOARES C G. Ocean vessel trajectory estimation and prediction based on extended kalman filter[C]. The Second International Conference on Adaptive and Self-Adaptive Systems and Applications. Citeseer, 2010: 14-20.

[15] SUTULO S, SOARES C G. An algorithm for offline identification of ship manoeuvring mathematical models from free-running tests[J]. Ocean engineering, 2014, 79: 10-25.

[16] 赵大明, 施朝健, 彭静. 应用扩展卡尔曼滤波算法的船舶运动模型参数辨识[J]. 上海海事大学学报, 2008, 29(03): 5-9.

[17] SON K H, NOMOTO K. On the coupled motion of steering and rolling of a high-speed container ship[J]. Naval Architecture and Ocean Engineering, 1982, 20: 73-83.

[18] 贾欣乐, 杨盐生. 船舶运动数学模型—机理建模与辨识建模[M]. 大连: 大连海事大学出版社, 1999.

[19] FOSSEN T I. Handbook of marine craft hydrodynamics and motion control[M]. John Wiley & Sons, 2011.

Structure-parameter Integration Identification of Ship Motion Prediction Model

DONG Qi[1], WANG Ning[*1], ZHANG Yuhang[2], LI Zhiqiang[2], QU Kai[3], HAO Lizhu[4]

(1. College of Marine Engineering, Dalian Maritime University, Dalian 116026, China;
2. College of Marine Electrical Engineering, Dalian Maritime University, Dalian 116026, China;
3. College of Science, Dalian Maritime University, Dalian 116026, China;
4. State Key Laboratory of Hydrodynamics, China Ship Scientific Research Center, Wuxi 214082, China)

Abstract

In order to the prediction precision of ship maneuvering motion, an adaptive order model and parameter integration identification is proposed based on the MMG model. With the advantage of Taylor series expansion, a 4 DOF ship maneuvering motion forecasting model with variable higher-order hydrodynamic derivatives is developed, which eliminates the influence of fixed model structure on the precision of maneuvering motion prediction; an Extended Kalman Filter algorithm is used to identify unknown hydrodynamic derivatives of models of different orders; according to the trajectory errors of the prediction model, the dynamic order of the prediction model is determined adaptively, which can improve the precision of ship maneuvering motion forecast. Numerical simulation research was carried out using zigzag tests and turning circle maneuver data of a container ship. The prediction results and comparative analysis show that the proposed structural and parametric integration identification can significantly improve prediction precision.

Key words: Ship manoeuvring; Extended Kalman Filter; Adaptive order; Integration identification

作者简介

董琪 女，1997年生，博士研究生。主要从事船舶运动控制等方面工作。

王宁 男，1983年生，教授。主要从事海洋机器人、无人船和自主系统的智能控制等方面研究。

张宇航 男，1996年生，硕士研究生。主要从事无人船运动建模和路径规划等方面工作。

李志强 男，1999年生，硕士研究生。主要从事无人船路径规划等方面工作。

曲凯 男，1982年生，教授。主要从事微分方程数值解等方面研究。

郝立柱 男，1991年生，高级工程师。主要从事水动力学等方面研究。

*通讯作者：王宁

基于增广 Hopfield 神经网络的船舶操纵响应模型辨识

曾道辉[1]，蔡成涛[*1,2,3]

（1. 哈尔滨工程大学 智能科学与工程学院，哈尔滨 150001；
2. 船海装备智能化技术与应用教育部重点实验室，哈尔滨 150001；
3. 电子政务建模仿真国家工程实验室，哈尔滨 150001）

摘 要

针对随机噪声干扰对船舶操纵响应模型参数的估计问题，本文提出一种基于增广 Hopfield 神经网络的参数辨识算法对船舶一阶操纵响应模型进行参数辨识。算法在考虑噪声序列的基础上对 Hopfield 神经网络进行了增广，从而实现对系统参数的无偏估计和随机噪声的辨识建模。为了验证所提算法的有效性，对一阶操纵响应模型进行不同噪声强度下的仿真试验，并利用增广 Hopfield 神经网络、Hopfield 神经网络以及最小二乘法进行了辨识研究。辨识结果表明，增广 Hopfield 神经网络在不同噪声强度下的参数辨识结果均能够收敛至真值。而 Hopfield 神经网络和最小二乘法的参数辨识结果均出现了有偏现象，且随着噪声方差的增大，参数估计误差越大。模型验证表明，增广 Hopfield 神经网络所辨识得到的模型在拟合角速度和泛化角速度的 RMSE 指标和 MAE 指标相比其余算法更小，均在 3°/s 以下，这说明了增广 Hopfield 神经网络在辨识过程中能够有效抑制噪声的影响，提高了模型辨识的精度。

关 键 词：Hopfield 神经网络；船舶操纵响应模型；参数辨识；随机噪声

中图分类号：U661.3

0 引 言

船舶运动数学模型是船舶操纵性、船舶运动控制与仿真等研究问题的核心[1]。因此，构建一个精确的船舶运动模型不仅可以模拟实际船舶运行状态和操纵特性，而且能够为船舶控制器设计提供基础。船舶操纵响应模型作为船舶运动数学模型的一种，其中的操纵性指数物理意义明显，能够直观反映船舶的操纵性能。若能对船舶操纵响应模型参数进行精确辨识，不仅能够为船舶的航向控制器提供精确的数学描述，而且能通过辨识的操纵性指数实时反映船舶的操纵性能。因此，实现船舶操纵响应模型的辨识建模，对船舶的操纵性预报和航向控制方面有着重要意义。

为了辨识船舶操纵响应模型中的参数，已经有许多传统的参数辨识算法被应用其中，如最小二乘类辨识算法[2-6]和卡尔曼滤波法[7]。从智能算法上看，支持向量机[8-11]和遗传算法[12-13]也逐渐开始崭露头角。除了上述所提及的方法，人工神经网络利用不同强度的过程单元之间的大量连接来实现并行和分布式处理的性能优势，使得它在系统辨识领域和控制领域也具有很大的吸引力。在优化计算领域，Hopfield和Tank[14-15]指出，某些优化问题可以利用Hopfield神经网络(Hopfield Neural Network, HNN)编程求解，这其中就包括了系统辨识背景下的参数估计问题。1989年，文献[16]首次提出了利用HNN辨识线性系统状态方程的方法，其辨识的机理依靠的当前的采样数据构建和更新网络权值矩阵，以此来保

收稿日期：2022-10-19；修改稿收稿日期：2022-12-08
基金项目：船舶总体性能创新研究开放基金（31422117）

证神经元状态的不断转移，从而完成对状态方程的参数估计。文献[17]提出了一种基于HNN的非线性系统在线参数辨识方法，并将该方法应用于柔性连杆机器人的系统辨识。辨识结果表明，该方法的参数辨识结果准确，辨识模型的输出误差小，同时，给出了该HNN网络估计器的稳定性分析。分析结果表明若系统输入在持续激励条件下，待估计参数将会渐近收敛于有界邻域。文献[18]在文献[15]的基础上提出了一种基于HNN的非线性系统参数辨识方法，辨识机理即对非线性系统采用线性化的策略设计网络权值矩阵，并通过实际应用证明了该方法的有效性。文献[19]针对静态励磁系统，设计了20个神经元的HNN进行参数辨识，辨识结果表明，该方法具有精度高、收敛速度快的特点，且可通过电子电路实现。文献[20]讨论了利用HNN进行在线参数估计的问题，针对网络的稳定性和鲁棒性进行了分析，得到了网络估计的参数误差将会收敛于零的有界邻域。实例研究表明，该文献设计的HNN的参数估计结果优于递归最小二乘方法和卡尔曼滤波器的参数估计结果。文献[21]针对滞后非线性系统，提出了一种新的HNN辨识方法来估计系统的参数。在利用Bouc-Wen模型描述系统迟滞非线性的基础上，设计Hopfield神经网络对系统进行估计，并通过仿真验证了所提出的HNN辨识方法的有效性。文献[22]利用HNN针对自平衡车辆动力学模型进行辨识，辨识机理从准则函数与HNN网络能量函数近似等价的角度出发，完成对系统参数的辨识。仿真实验结果表明，辨识结果良好，具有一定的准确性和实时性。文献[23]研究了分数阶HNN在优化问题求解中的应用。采用基于Adomian分解的半解析方法对该网络进行了仿真，并将其应用于非线性动力系统时变参数的在线估计。仿真结果证明了分数阶HNN与整数阶HNN实现相比，能够有效提高参数辨识过程的性能。

纵观上述针对船舶操纵相应模型进行辨识的相关文献以及利用HNN进行参数辨识研究的发展历程，各算法在辨识模型结构方面、模型参数辨识精度、收敛速度和参数实时跟踪性能上均有贡献。但都并未考虑受到噪声干扰的实际量测数据会给参数辨识带来有偏估计的影响。因此如何快速无偏地辨识船舶的操纵性指数是实现船舶操纵响应模型辨识中的关键问题。

本文以受到噪声干扰的船舶操纵相应模型为研究目标,提出了一种增广Hopfield神经网络(Extended Hopfield Neural Network, EHNN)辨识算法。算法结合了对噪声进行辨识建模的思想，在考虑噪声序列的基础上对信息向量进行了增广，并将辨识准则函数与网络的能量函数等价，推导出EHNN的权值矩阵和电流向量的更新公式。最后，本文针对一阶操纵响应模型进行不同噪声强度下的仿真试验，并利用EHNN、HNN以及最小二乘法(Recursive Least Squares method, RLS)进行了仿真对比研究。辨识结果表明，EHNN在观测数据受到不同强度的噪声干扰的情况下，模型的被估参数值K、T仍然能够保持无偏估计，而HNN和RLS给出的参数是有偏估计值。且模型验证表明，EHNN所辨识得到的模型在拟合角速度和泛化角速度的均方根误差(Root Mean Squared Error, RMSE)和最大绝对误差(Maximum Absolute Error, MAE)相比其余算法更小。

1 船舶操纵响应模型

船舶操纵响应模型是通过描述船舶航向角相对于舵角动态响应关系建立的模型。辨识的响应模型为一阶线性响应模型，其方程为：

$$T\dot{r} + r = K\delta \tag{1}$$

式中，r 为船舶艏摇角速度；K 为舵角增益系数；T 为时间常数。对 $\dot{r}$ 进行前向差分可得到：

$$\dot{r}(k) = \frac{r(k+1) - r(k)}{h} \tag{2}$$

式中，h为采样周期。对式(1)进行差分化，得到如下的受控自回归模型(Controlled Auto-Regressive, CAR)：

$$r(k) = ar(k-1) + b\delta(k-1) \tag{3}$$

式中，a和b为待辨识参数，与K和T的关系为：

$$\begin{cases} K = \dfrac{1-a}{h} \\ T = \dfrac{b}{1-a} \end{cases} \tag{4}$$

对式(3)的模型可变换为如下的辨识格式：

$$r(k) = \frac{B(z^{-1})}{A(z^{-1})}\delta(k) \tag{5}$$

式中，z^{-1}为单位后移算子，即$z^{-1}r(k) = r(k-1)$，多项式$A(z^{-1})$和$B(z^{-1})$为：

$$\begin{cases} A(z^{-1}) = 1 - az^{-1} \\ B(z^{-1}) = bz^{-1} \end{cases} \tag{6}$$

对测量过程中加入噪声干扰的影响，可得到如下的Box-Jenkins模型：

$$z(k) = \frac{B(z^{-1})}{A(z^{-1})}\delta(k) + \frac{D(z^{-1})}{C(z^{-1})}v(k) \tag{7}$$

式中，$v(k)$为均值为0的不相关随机白噪声，$z(k)$为受干扰的艏摇角速度，$C(z^{-1})$和$D(z^{-1})$为单位后移算子z^{-1}的多项式：

$$\begin{aligned} C(z^{-1}) &= 1 + c_1 z^{-1} + c_2 z^{-2} + \cdots + c_{n_c} z^{-n_c} \\ D(z^{-1}) &= 1 + d_1 z^{-1} + d_2 z^{-2} + \cdots + d_{n_d} z^{-n_d} \end{aligned} \tag{8}$$

式中，n_c和n_d为噪声向量的阶数。本文仅考虑噪声向量阶数均为0阶的情况，此时式(7)的模型为：

$$z(k) = \frac{B(z^{-1})}{A(z^{-1})}\delta(k) + v(k) \tag{9}$$

若当前采样的时刻为k，式(9)可改写为：

$$z(k) = \boldsymbol{\varphi}^{\mathrm{T}}(k)\boldsymbol{\theta} + e(k) \tag{10}$$

式中，

$$\boldsymbol{\varphi}(k) = [z(k-1) \quad \delta(k-1)]^{\mathrm{T}} = [\varphi_1(k) \quad \varphi_2(k)]^{\mathrm{T}}$$
$$\boldsymbol{\theta} = [a \quad b]^{\mathrm{T}} = [\theta_1 \quad \theta_2]^{\mathrm{T}} \qquad e(k) = v(k) - av(k-1)$$

注意到此时式(10)中的随机噪声变为了滑动平均有色噪声，且对应的系统矩阵形式为：

$$Z_k = \Phi_k \theta + E_k$$

$$Z_k = \begin{bmatrix} z(1) \\ z(2) \\ \vdots \\ z(k) \end{bmatrix}, \quad \Phi_k = \begin{bmatrix} \varphi^T(1) \\ \varphi^T(2) \\ \vdots \\ \varphi^T(k) \end{bmatrix}, \quad \begin{array}{l} \theta = [a \quad b]^T \\ E_k = [e(1) \quad e(2) \quad \cdots \quad e(k)]^T \end{array} \tag{11}$$

2 算法原理

2.1 Hopfield 神经网络

Hopfield神经网络[24-25]是由一系列互联的神经元组成的反馈型网络，如图1所示，其中虚线框内为一个神经元，u_i为第i个神经元的输入，R_i和C_i分别为输入电阻和输入电容，I_i为输入电流，w_{ij}为第j个神经元到第i个神经元的连接权值(也表示为放大器j到i的连接电导$1/R_{ij}$)，v_i为神经元输出，是神经元输入u_i的非线性函数$f(\cdot)$。

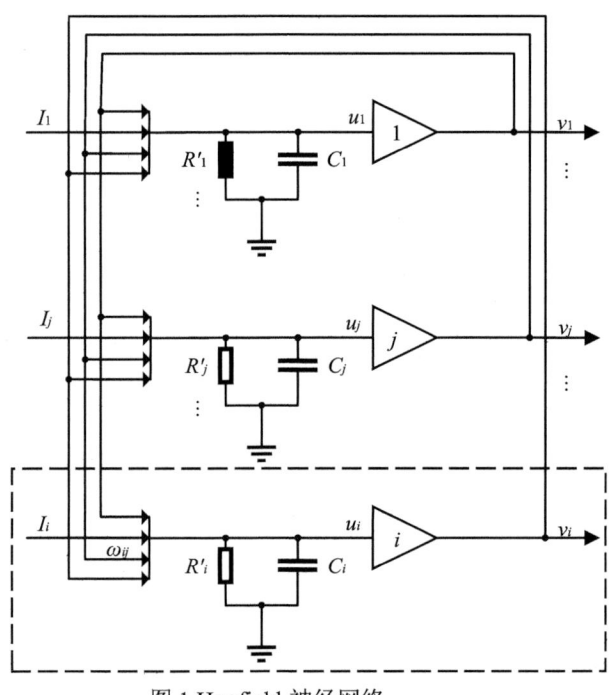

图1 Hopfield 神经网络

对于Hopfield神经网络的第i个神经元，采用微分方程建立其输入/输出关系，即：

$$\begin{cases} C_i \dfrac{du_i}{dt} = \sum_{j=1}^{n} w_{ij} v_j - \dfrac{u_i}{R_i} + I_i \\ \dfrac{1}{R_i} = \dfrac{1}{R'_i} + \sum_{j=1}^{n} w_{ij} = \dfrac{1}{R'_i} + \sum_{j=1}^{n} \dfrac{1}{R_{ij}} \\ v_i = f(u_i) \end{cases} \tag{12}$$

式(12)中，函数$f(\cdot)$取为：

$$f(x) = \rho \frac{1 - e^{-\lambda x}}{1 + e^{-\lambda x}} \tag{13}$$

式中，$\rho>0$，$\lambda>0$。Hopfield 神经网络的动态特性要在状态空间中考虑，分别令 $u = [u_1, \cdots, u_n]^T$ 为具有 n

个神经元的 Hopfield 神经网络的状态向量，$V = [v_1, \cdots, v_n]^T$ 为网络的输出向量，$I = [I_1, \cdots, I_n]^T$ 为网络的输入向量。

为了描述 Hopfield 神经网络的动态稳定性，定义能量函数为：

$$P = -\frac{1}{2}\sum_{i=1}^{n}\sum_{j=1}^{n}w_{ij}v_iv_j + \sum_{i=1}^{n}\frac{1}{R_i}\int_0^{v_i}f_i^{-1}(v)dv - \sum_{i=1}^{n}I_iv_i \tag{14}$$

当Hopfield网络用作参数辨识时，其基本的辨识机理是利用定义的辨识准则函数等价于式(14)的网络能量函数，利用该等价关系能够推导出网络的连接权值矩阵W和神经元的外部输入I。利用推导得到的W和I代入Hopfield神经网络动态方程运行后，通过观测神经元的输出结果v即可得参数估计的迭代曲线。

2.2 基于 Hopfield 神经网络的参数辨识算法原理

要想辨识出式(11)模型中的参数向量$\boldsymbol{\theta}$，经典的Hopfield网络是利用观测数据$\{\boldsymbol{Z}_k, \boldsymbol{\Phi}_k\}$，确定一个最优的估计参数$\hat{\boldsymbol{\theta}}$，使得被辨识模型的输出最大程度的接近系统的观测输出。因此，定义系统的观测输出与被辨识模型输出之间的误差为：

$$\boldsymbol{E}(k) = \boldsymbol{Z}(k) - \hat{\boldsymbol{Z}}(k) = \boldsymbol{Z}(k) - \boldsymbol{\Phi}(k)\hat{\boldsymbol{\theta}} \tag{15}$$

此时辨识的期望目标为通过极小化$\boldsymbol{E}(k)$使得模型输出$\hat{\boldsymbol{Z}}(k)$最大程度接近系统输出$\boldsymbol{Z}(k)$。

基于式(15)定义递增数据长度的动态准则函数，即利用系统输出与模型输出的误差定义如下的均方和准则函数：

$$J = \frac{1}{2k}\boldsymbol{E}(k)^T\boldsymbol{E}(k) = \frac{1}{2k}\left\|\boldsymbol{Z}(k) - \boldsymbol{\Phi}(k)\hat{\boldsymbol{\theta}}\right\|^2 \tag{16}$$

为了将网络的能量函数与系统的动态准则函数等价，将式(16)中的向量形式展开为标量形式，具体如下所示：

$$J = \frac{1}{2k}\sum_{i=1}^{k}\left(z^2(i) - 2z(i)\sum_{v=1}^{2}\varphi_v(i)\hat{\theta}_v + \sum_{v=1}^{2}\sum_{w=1}^{2}\hat{\theta}_v\hat{\theta}_w\varphi_v(i)\varphi_w(i)\right)^2 \tag{17}$$

为了实现J的极小化，对式(17)稍作修改，即消去式中不含被估参数的第一项，得到新的动态准则函数：

$$J = -\frac{1}{k}\sum_{i=1}^{k}z(i)\sum_{v=1}^{2}\varphi_v(i)\hat{\theta}_v + \frac{1}{2k}\sum_{i=1}^{k}\sum_{v=1}^{2}\sum_{w=1}^{2}\hat{\theta}_v\hat{\theta}_w\varphi_v(i)\varphi_w(i) \tag{18}$$

对式(18)，取$J = J_1 + J_2$，则有：

$$\begin{aligned}J_1 &= \frac{1}{2k}\sum_{i=1}^{k}\sum_{v=1}^{2}\sum_{w=1}^{2}\hat{\theta}_v\hat{\theta}_w\varphi_v(i)\varphi_w(i) \\ &= \frac{1}{2k}\sum_{i=1}^{k}\sum_{v=1}^{2}\sum_{w\neq v}^{2}\hat{\theta}_v\hat{\theta}_w\varphi_v(i)\varphi_w(i) + \frac{1}{2k}\sum_{i=1}^{k}\sum_{v=1}^{2}\hat{\theta}_v^2\varphi_v^2(i) \\ &= \frac{1}{2}\left(\frac{1}{k}\sum_{v=1}^{2}\sum_{w\neq v}^{2}\hat{\theta}_v\hat{\theta}_w\sum_{i=1}^{k}\varphi_v(i)\varphi_w(i) + \frac{1}{k}\sum_{v=1}^{2}\hat{\theta}_v^2\sum_{i=1}^{k}\varphi_v^2(i)\right)\end{aligned} \tag{19}$$

$$J_2 = -\frac{1}{k}\sum_{i=1}^{k}z(i)\sum_{v=1}^{2}\varphi_v(i)\hat{\theta}_v = -\frac{1}{k}\sum_{v=1}^{2}\hat{\theta}_v\sum_{i=1}^{k}z(i)\varphi_v(i) \tag{20}$$

考虑到式(14)的网络能量函数不是严格物理意义上的能量函数，而是在表达形式上与物理意义上的能量概念一致，该函数表征了Hopfield神经网络模型的状态的变化趋势。由此，假定Hopfield神经网络的$R_i \to \infty$，同时取$C_i=1$，并取网络的输出为辨识结果V，则此时式(12)变为：

$$\frac{du_i}{dt} = \sum_{j=1}^{n} w_{ij} v_j + I_i \quad (21)$$

式(14)网络的能量函数变为：

$$P = -\frac{1}{2} \sum_{i=1}^{n} \sum_{j=1}^{n} w_{ij} v_i v_j - \sum_{i=1}^{n} I_i v_i \quad (22)$$

结合式(19)、式(20)和式(22)，可得：

$$\boldsymbol{W}(k) = \begin{bmatrix} -\dfrac{1}{k}\sum\limits_{i=1}^{k}\varphi_1^2(i) & -\dfrac{1}{k}\sum\limits_{i=1}^{k}\varphi_1(i)\varphi_2(i) \\ -\dfrac{1}{k}\sum\limits_{i=1}^{k}\varphi_2(i)\varphi_1(i) & -\dfrac{1}{k}\sum\limits_{i=1}^{k}\varphi_2^2(i) \end{bmatrix} \quad (23)$$

$$\boldsymbol{I}(k) = \begin{bmatrix} \dfrac{1}{k}\sum\limits_{i=1}^{k} z(i)\varphi_1(i) \\ \dfrac{1}{k}\sum\limits_{i=1}^{k} z(i)\varphi_2(i) \end{bmatrix} \quad (24)$$

显然，可以看出式(23)中的连接权值矩阵是对称的，Hopfield[24]表明，若连接权值矩阵W是对称的，则这个能量函数具有负的时间梯度。由此可以保证将式(23)和式(24)代入式(21)解算后，能够使得网络的状态总是令准则函数J极小化。但上述算法并未考虑式(11)中的噪声为滑动平均有色噪声的情况，有色噪声能够使得各观测信息在统计互为相关，这使得参数在无偏性分析上的估计结果为有偏估计。因此，应对上述网络进行改进。

2.3 基于增广Hopfield神经网络的参数辨识算法原理

显然，式(11)的辨识模型为受控自回归滑动平均模型(Controlled Auto Regression and Moving Average model, CARMA)，因此为了保证HNN网络估计参数的无偏性，可将噪声模型的辨识加以考虑，此时式(11)对应的最小二乘格式的信息向量$\boldsymbol{\varphi}(k)$和参数向量$\boldsymbol{\theta}$增广为：

$$\boldsymbol{\varphi}(k) = [r(k-1) \quad \delta(k-1) \quad v(k-1)]^{\mathrm{T}} = [\varphi_1(k) \quad \varphi_2(k) \quad \varphi_3(k)]^{\mathrm{T}}, \quad \boldsymbol{\theta} = [a \quad b \quad -a]^{\mathrm{T}} = [\theta_1 \quad \theta_2 \quad \theta_3]^{\mathrm{T}} \quad (25)$$

显然，此时信息向量$\boldsymbol{\varphi}(k)$和参数向量$\boldsymbol{\theta}$得到增广。按照2.2节的推导过程，此时的网络权值矩阵$\boldsymbol{W}_E$和输入向量$\boldsymbol{I}_E$的更新公式为

$$\boldsymbol{W}_E(k) = \begin{bmatrix} \boldsymbol{W}_{11} & \boldsymbol{W}_{12} \\ \boldsymbol{W}_{21} & \boldsymbol{W}_{22} \end{bmatrix} = \begin{bmatrix} -\dfrac{1}{k}\sum\limits_{i=1}^{k}\varphi_1^2(i) & -\dfrac{1}{k}\sum\limits_{i=1}^{k}\varphi_1(i)\varphi_2(i) & -\dfrac{1}{k}\sum\limits_{i=1}^{k}\varphi_1(i)\varphi_3(i) \\ -\dfrac{1}{k}\sum\limits_{i=1}^{k}\varphi_2(i)\varphi_1(i) & -\dfrac{1}{k}\sum\limits_{i=1}^{k}\varphi_2^2(i) & -\dfrac{1}{k}\sum\limits_{i=1}^{k}\varphi_2(i)\varphi_3(i) \\ -\dfrac{1}{k}\sum\limits_{i=1}^{k}\varphi_3(i)\varphi_1(i) & -\dfrac{1}{k}\sum\limits_{i=1}^{k}\varphi_3(i)\varphi_2(i) & -\dfrac{1}{k}\sum\limits_{i=1}^{k}\varphi_3^2(i) \end{bmatrix} \quad (26)$$

$$I_E(k) = \left[\begin{array}{c} I_{11} \\ \hline I_{12} \end{array}\right] = \left[\begin{array}{c} \frac{1}{k}\sum_{i=1}^{k} z(i)\varphi_1(i) \\ \frac{1}{k}\sum_{i=1}^{k} z(i)\varphi_2(i) \\ \hline \frac{1}{k}\sum_{i=1}^{k} z(i)\varphi_3(i) \end{array}\right] \quad (27)$$

显然，式(23)和式(24)仅为式(26)和式(27)中的分块矩阵W_{11}和I_{11}，式(26)和式(27)在考虑噪声序列的基础上实现了对式(23)和式(24)的增广，从而能够将噪声序列作为被辨识的对象进行扩充，从而避免观测数据中的滑动平均有色噪声干扰，本文将该网络称作EHNN。考虑式(25)中的噪声序列v不可测，因此可利用下式进行计算估计：

$$\hat{v}(k) = z(k) - \boldsymbol{\varphi}^{\mathrm{T}}(k)\hat{\boldsymbol{\theta}}(k) \quad (28)$$

3 仿真辨识算例

3.1 船舶操纵响应模型参数辨识结果及分析

根据文献[10]中基于自航模试验辨识得到的船舶操纵运动响应模型参数：$K=0.266$，$T=16.7$。采用工程上广泛使用的四阶龙格—库塔法(Runge-Kutta)对模型进行解算，并对其加入方差分别为$\sigma^2 = 0.1^2$和$\sigma^2 = 0.5^2$的高斯白噪声干扰，所得实验仿真数据分别如图2所示，仿真时长为200s，采样周期为0.2s。

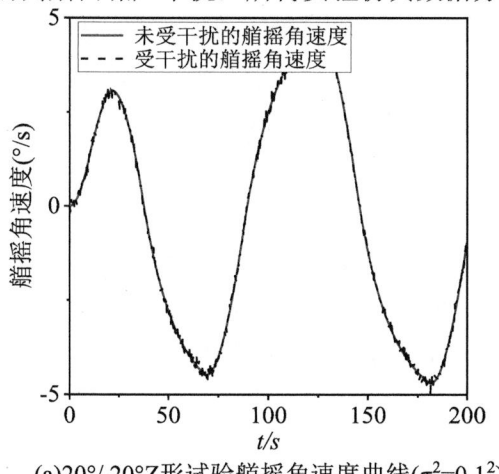
(a)20°/20°Z形试验艏摇角速度曲线($\sigma^2=0.1^2$)

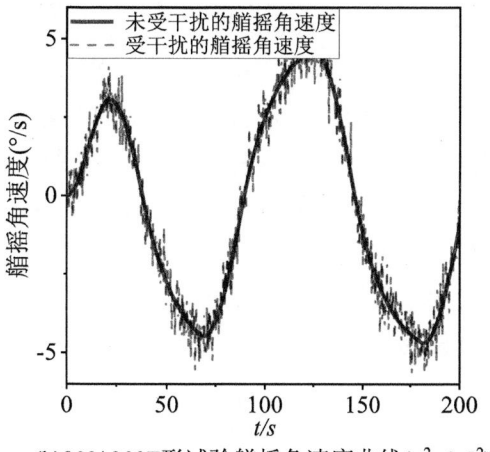
(b)20°/20°Z形试验艏摇角速度曲线($\sigma^2=0.5^2$)

图 2 不同噪声强度下的 20°/20°Z 形试验艏摇角速度曲线图

利用 EHNN 结合上述的 Z 形试验数据对中的模型参数进行辨识，并将其与 HNN 和 RLS 的辨识过程进行比对，得到的参数辨识曲线图，分别如图3和图4所示。各算法的初始设置情况如下所示：

(1) EHNN 网络的映射函数$f(\cdot)$的ρ取为 1；λ取为 3(其中ρ表示为参数的上下界绝对值，λ表示了网络参数寻优的步长，合适的λ能够保证网络收敛过程的稳定，λ若选取过大可能导致网络发散)；网络的神经元个数为 4 个，其初始状态u设置为0；每次更新网络权值矩阵W_E和输入向量I_E时，网络的状态转移时间设置为 1 秒。

(2) HNN 网络的映射函数$f(\cdot)$的ρ取为 1，λ取为 3，网络的神经元个数为 3 个，其初始状态u设置为0。每次更新网络权值矩阵W和输入向量I时，网络的状态转移时间设置为 1 秒。

(3) RLS算法的的参数初值设置为0，矩阵P的初始值设置为$\mathrm{diag}(1\ 1\ 1)\times 10^6$。

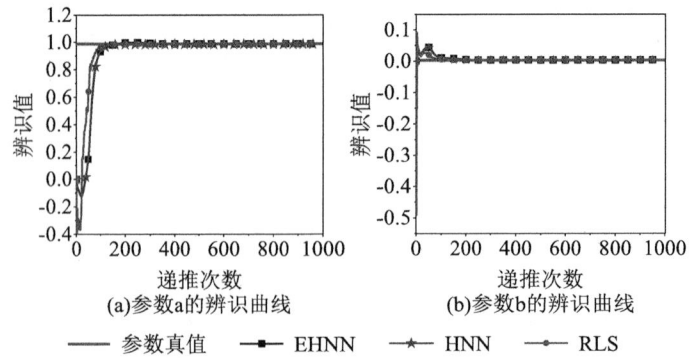

图 3 基于 20°/20°Z 形试验数据的模型参数辨识曲线图($\sigma^2=0.1^2$)

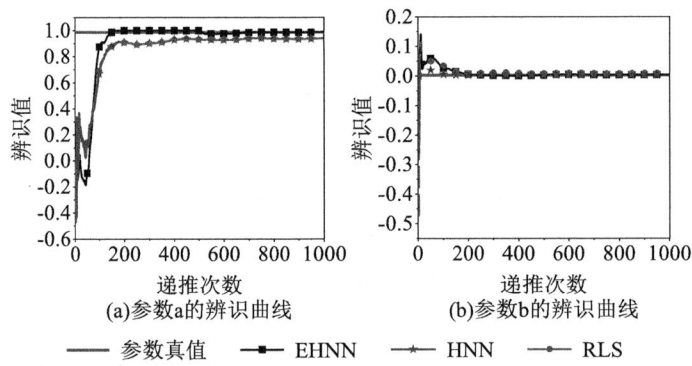

图 4 基于 20°/20°Z 形试验数据的模型参数辨识曲线图($\sigma^2=0.5^2$)

由图3和图4可知,在不同噪声方差情况下,EHNN估计的参数值都能够收敛至真值,而HNN和RLS估计的参数值出现了偏差,其中在噪声方差为0.5时,参数的偏离情况尤为严重。RLS和HNN之所以造成这种有偏现象的原因,是因为在辨识过程中没有针对噪声进行辨识建模,滑动平均有色噪声能够对各观测数据不同时刻上的相关性增强,这使得直接利用式(16)的辨识准则进行辨识时,由于辨识数据的相关性,使得在进行无偏性分析时,无法令辨识数据和噪声信息在统计期望上进行分离,从而会令参数出现有偏估计的结果。而EHNN充分考虑了该噪声对系统的影响,在信息样本中增添了噪声序列,这种策略能够有效抑制随机噪声干扰,因此相比HNN的辨识精度更高。为了进一步刻画图4中待辨识参数与参数真值的差异,对辨识过程中的参数估计误差进行评价,参数的估计误差利用下式计算:

$$\delta = \left\| \hat{\boldsymbol{\theta}}(k) - \boldsymbol{\theta} \right\| / \left\| \boldsymbol{\theta} \right\| \tag{29}$$

参数的估计值及估计误差如表1和表2所示,参数估计误差随k的变化曲线如图5所示。

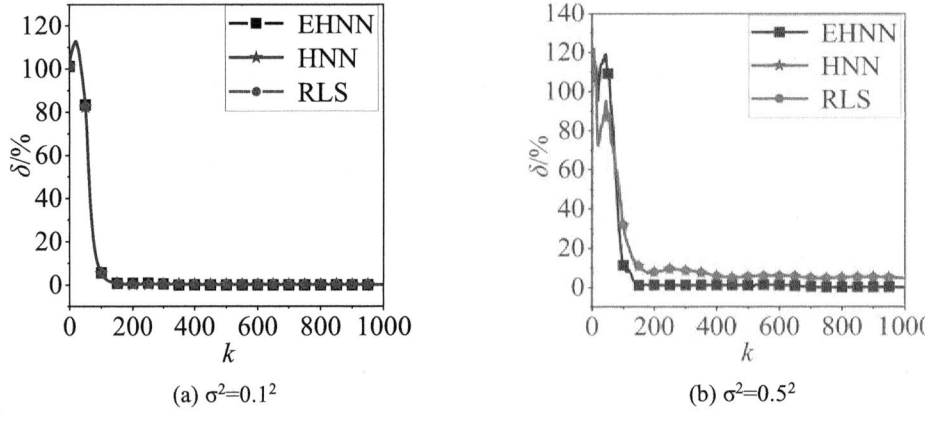

图 5 参数估计误差随 k 变化的收敛曲线

结合表1~表3和图5可以得知：随着采样数据长度的增加，EHNN和HNN的参数估计误差总体趋势在不断减小，而HNN由于观测数据受到滑动平均有色噪声干扰的原因致使参数估计出现有偏，特别是在噪声方差为$\sigma^2=0.5^2$时，其偏差严重；随着噪声方差的增大，EHNN和HNN的参数估计误差增大，但EHNN相比HNN的参数估计精度更高，参数估计误差更小。

表 1 EHNN 的参数估计值及其误差($\sigma^2=0.1^2$)

	EHNN			HNN			RLS		
k	a	b	$\delta/\%$	a	b	$\delta/\%$	a	b	$\delta/\%$
20	-0.1191	0.01656	112.071	-0.1252	0.01688	112.689	-0.2869	0.01837	129.047
50	0.1462	0.04334	85.2956	0.15432	0.04365	84.4794	0.55575	0.02365	43.7998
100	0.9304	0.01051	5.87417	0.93187	0.00869	5.71046	0.9571	0.00613	3.14350
200	0.9960	0.00481	0.83375	0.98435	0.00340	0.37196	0.98422	0.00352	0.38630
400	0.9874	0.00365	0.07586	0.98492	0.00359	0.31646	0.98484	0.00360	0.32457
1000	0.9877	0.00330	0.02914	0.98597	0.00345	0.20862	0.98592	0.00346	0.21484
真值	0.988	0.0032		0.988	0.0032		0.988	0.0032	

表 2 EHNN 的参数估计值及其误差($\sigma^2=0.5^2$)

	EHNN			HNN			RLS		
k	a	b	$\delta/\%$	a	b	$\delta/\%$	a	b	$\delta/\%$
20	0.04046	0.03968	95.9752	0.27185	0.02671	72.5242	0.32178	0.02597	67.4710
50	-0.10521	0.06004	110.797	0.11699	0.05081	88.2904	0.14546	0.04924	85.4045
100	0.86619	0.02626	12.5503	0.6558	0.03638	33.7923	0.66919	0.03504	32.4304
200	1	0.00597	1.24464	0.91053	0.00902	7.86553	0.91042	0.00903	7.87670
400	1	0.00099	1.23230	0.92921	0.01102	6.00529	0.92858	0.01111	6.06966
1000	0.98725	0.00346	0.08326	0.94091	0.00945	4.81045	0.94054	0.00950	4.84824
真值	0.988	0.0032		0.988	0.0032		0.988	0.0032	

表 3 参数的最终辨识结果

	$\sigma^2=0.1^2$		$\sigma^2=0.5^2$	
	K	T	K	T
EHNN	0.2696	16.3397	0.2704	15.5521
HNN	0.2462	14.2652	0.1589	3.3875
RLS	0.2465	14.3072	0.1589	3.3898
真值	0.266	16.7	0.266	16.7

3.2 模型验证

为了进一步对比表3中各算法辨识参数结果的精度，将表3中的参数辨识结果代入式(1)中，分别从拟合和泛化两个角度出发对辨识模型的输出特性进行验证。其中，20°/20°Z形拟合仿真试验可评价仿真得到的艏摇角速度与实际测量艏摇角速度的拟合精度；30°/30°Z形艏摇角速度泛化曲线可评价表3中各算法辨识模型的泛化精度。不同噪声情况下拟合和泛化比对曲线如图6和图7所示。

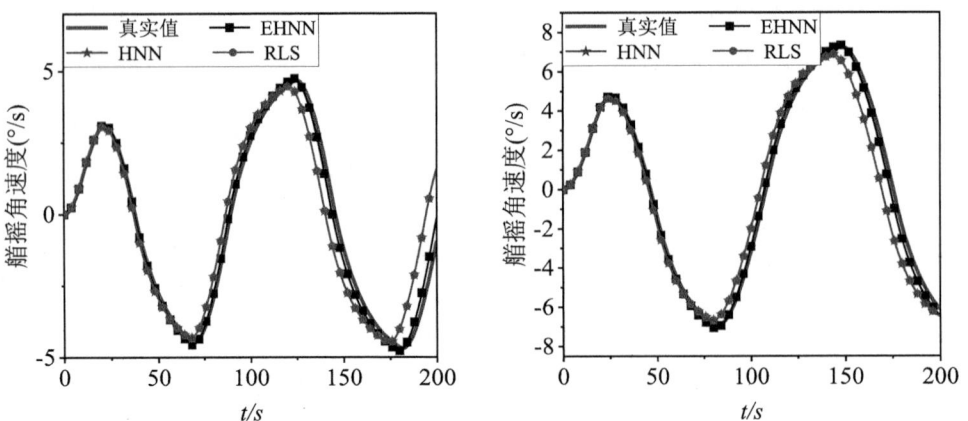

(a) 艏摇角速度比对曲线(20°/20°Z形拟合试验)　(b) 艏摇角速度比对曲线(30°/30°Z形泛化试验)

图 6 辨识模型的拟合和泛化试验结果($\sigma^2=0.1^2$)

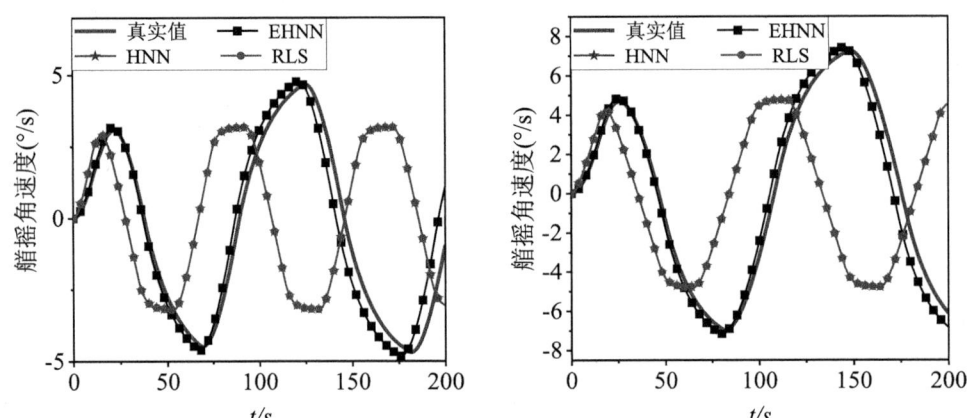

(a) 艏摇角速度比对曲线(20°/20°Z形拟合试验)　(b) 艏摇角速度比对曲线(30°/30°Z形泛化试验)

图 7 辨识模型的拟合和泛化试验结果($\sigma^2=0.5^2$)

由图6和图7可知，EHNN所辨识的模型相比HNN和RLS辨识的模型拥有更高的拟合精度和泛化精度，这一点可以从上图中直观看出。且在噪声方差为 $\sigma^2=0.5^2$ 时，HNN和RLS的拟合和泛化结果都已经完全偏离了原始模型的真实值。为了更具体地评价辨识模型的拟合精度和泛化精度，对图6和图7的艏摇角速度曲线利用均方根误差RMSE和最大绝对误差MAE进行评价：

$$e_i = (\hat{r}_i - r_i) \qquad \text{RMSE} = \sqrt{\frac{1}{L}\sum_{i=1}^{N} e_i^2} \qquad \text{MAE} = \max\{|e_i|\}, i=1,\cdots,L \qquad (30)$$

式中，$\hat{r}_i$ 为通过式(1)解算得到的 i 时刻的艏摇角速度，r_i 为 i 时刻的实际艏摇角速度，L 为样本数。各拟合试验和泛化试验的RMSE值和MAE值分别如表4和表5所示。

表 4 拟合试验的 RMSE 值和 MAE 值评价表

	$\sigma^2=0.1^2$		$\sigma^2=0.5^2$	
	RMSE	MAE	RMSE	MAE
EHNN	0.2835	0.8307	0.7403	2.12
HNN	0.9496	2.7687	4.4302	7.8367
RLS	0.9458	2.7613	4.4303	7.8366

表 5 泛化试验的 RMSE 值和 MAE 值评价表

	$\sigma^2 = 0.1^2$		$\sigma^2 = 0.5^2$	
	RMSE	MAE	RMSE	MAE
EHNN	0.3248	0.8046	0.7998	1.9723
HNN	1.0461	2.6176	5.8759	11.741
RLS	1.0406	2.6074	5.8755	11.741

表4和表5反映了图6和图7中各辨识模型输出数据与原始数据在不同误差指标下的评价结果。评价结果表明，本文提出的EHNN算法所辨识得到的模型在拟合角速度和泛化角速度的RMSE指标和MAE指标相比其余算法更小，符合图6和图7中的直观展示结果。且本文提出的EHNN算法相比HNN算法，在RMSE指标和MAE指标上均有提升，从而验证了针对HNN算法改进的有效性。

4 结 论

本文针对船舶操纵响应模型在随机噪声干扰下的参数有偏估计问题，针对 Hopfield 神经网络进行了改进，结合噪声辨识建模的思想提出了增广 Hopfield 神经网络的参数辨识算法对一阶船舶操纵响应模型进行辨识，并利用仿真 Z 形试验数据将其与 HNN 和 RLS 的辨识模型进行比较。比较结果表明，EHNN 所辨识的模型相比其余二者的辨识参数精度更高，艏摇角速度的拟合误差和泛化误差更小。这说明了 EHNN 在辨识过程中能够有效抑制随机噪声的影响，提高了模型辨识的精度。

参 考 文 献

[1] SUTULO S, GUEDES SOARES C. Mathematical models for simulation of manoeuvring performance of ships[M]. London: Taylor & Francis Group, 2011: 661-698.

[2] 孙晓界, 石林龙, 范云生, 等. 一种无人水面艇运动模型参数在线辨识方法[J]. 中国航海, 2016, 39(01): 39-43.

[3] 秦余钢, 马勇, 张亮, 等. 基于改进最小二乘算法的船舶操纵性参数辨识[J]. 吉林大学学报(工学版), 2016, 46(03): 897-903.

[4] 谢朔, 初秀民, 柳晨光, 等. 基于多新息最小二乘法的船舶操纵响应模型参数辨识[J]. 中国航海, 2017, 40(01): 73-78.

[5] 慕东东, 王国峰, 范云生, 等. 基于递推最小二乘的吊舱推进无人水面艇建模与辨识研究[J]. 计算机测量与控制, 2018, 26(04): 131-135.

[6] 包政凯, 朱齐丹, 刘永超. 满秩分解最小二乘法船舶航向模型辨识[J]. 智能系统学报, 2022, 17(01): 137-143.

[7] 谢朔, 陈德山, 初秀民, 等. 改进多新息卡尔曼滤波法辨识船舶响应模型[J]. 哈尔滨工程大学学报, 2018, 39(02): 282-289.

[8] 谢朔, 初秀民, 柳晨光, 等. 基于改进 LSSVM 的船舶操纵运动模型在线参数辨识方法[J]. 中国造船, 2018, 59(02): 178-189.

[9] 张心光. 基于支持向量回归机的船舶操纵运动在线辨识建模[J]. 船舶工程, 2019, 41(03): 98-101.

[10] 张心光, 邹早建. 基于支持向量回归机的船舶操纵响应模型辨识[J]. 上海交通大学学报, 2011, 45(04): 501-504.

[11] ZHU MAN, SUN WU QIANG, HAHN A, et al. Adaptive modeling of maritime autonomous surface ships with uncertainty using a weighted LS-SVR robust to outliers[J]. Ocean Engineering, 2020, 200: 107053.

[12] 王立军, 张显库. 基于响应模型在线辨识的航向鲁棒优化控制[J]. 中国航海, 2014, 37(01): 1-5.

[13] 张炜灵, 蔡烽, 王骁. 基于解析模型的小样本操纵性 KT 指数辨识方法[J]. 中国航海, 2020, 43(03): 62-67.

[14] HOPFIELD J J. Neural computation of decisions in optimization problems[J]. Biological Cybernetics, 1985, 52(3): 141-152.

[15] HOPFIELD J J, TANK D W. Simple 'neural' optimization networks: An A/D converter, signal decision circuit, and a linear programming circuit[J]. IEEE Transactions on Circuits and Systems, 2003, 33(5): 533-541.

[16] CHU S R, SHOURESHI R, TENORIO M. Neural networks for system identification[C]// American Control Conference, 1989: 916-921.

[17] ATENCIA M, JOYA G, SANDOVAL F. Parametric identification of robotic systems with stable time-varying hopfield networks[J]. Neural Computing & Applications, 2004, 13(4): 270-280.

[18] HU Z, BALAKRISHNAN S N. Parameter estimation in nonlinear systems using hopfield neural networks[J]. Journal of Aircraft, 2005, 42(1): 41-53.

[19] LIAO Q F, LIU D C, YING L M, et al. Parameter identification of excitation systems based on hopfield neural network[C]// 2006 International Conference on Power System Technology, 2006:1-6.

[20] ALONSO H, MENDONC A T, ROCHA P. Hopfield neural networks for online parameter estimation[J]. Neural Networks, 2009, 22(4): 450-462.

[21] GAO X, BO S. Identification for bouc-wen hysteresis system with hopfield neural network[C]// 2017 9th International Conference on Modelling, Identification and Control (ICMIC), 2017: 248-253.

[22] YUAN S, XING B, LEI G, et al. System parameter identification experiment based on hopfield neural network for self balancing vehicle[C]// 2017 36th Chinese Control Conference (CCC), 2017: 6887-6890.

[23] FAZZINO S, CAPONETTO R, PATANÈ L. A new model of Hopfield network with fractional-order neurons for parameter estimation[J]. Nonlinear Dynamics, 2021, 104(3): 2671-2685.

[24] HOPFIELD J J. Neural networks and physical systems with emergent collective computational abilities[J]. PNAS, 1982, 79(8): 2554-2558.

[25] HOPFIELD J J. Neurons with graded response have collective computational properties like those of two-state neurons[J]. PNAS, 1984, 81(10): 3088-3092.

Identification of Ship Maneuvering Response Model Based on Extended Hopfield Neural Network

ZENG Daohui[1], CAI Chengtao[*,1,2,3]

(1. College of Intelligent Systems Science and Engineering, Harbin Engineering University, Harbin 150001, China;
2. Key Laboratory of Intelligent Technology and Application of Marine Equipment, Ministry of Education, Harbin 150001, China;
3. Modeling and Emulation in E-Government National Engineering Laboratory, Harbin 150001, China)

Abstract

In order to solve the problem of estimation of ship maneuvering response model parameters caused by random noise, this paper proposes a extended hopfield neural network to identify the parameters of the ship maneuvering first-order response model. The algorithm augments the Hopfield neural network on the basis of considering the noise sequence to obtain the unbiased estimate of system parameters and to model the identification of random noise. In order to verify the effectiveness of the proposed algorithm, simulation tests under different noise intensities are carried out for the first-order control response model, and identification research is conducted using extended Hopfield neural network, hopfield neural network and least square method. The identification results show that all the parameter identification results of the extended Hopfield Neural Network can converge to the true value in different noise intensities. However, the parameter identification results of Hopfield Neural Network and least square method are biased, and with the increase of noise variance, the parameter estimate error is larger. Model verification shows that the RMSE index and MAE index of the model identified by the extended hopfield neural network are smaller than those of other algorithms in fitting angular velocity and generalization angular velocity, and they are all below 3°/s , which indicates that the extended hopfield neural network can effectively suppress the influence of random noise in the identification process and improve the accuracy of model identification.

Key words: Hopfield neural network; Ship maneuvering response model; Parameter identification; Random noise

作 者 简 介

曾道辉 男，1996 年生，博士研究生。主要从事系统辨识、船舶运动控制等方面研究。

蔡成涛 男，1980 年生，博士生导师。主要从事模式识别与智能系统、控制科学与工程、全景视觉技术、图像处理及机器视觉等方面研究。

*通讯作者：蔡成涛

基于改进免疫优化算法的船舶运动模型辨识方法

陈 卓[*1,2]，周则兴[1,2]

(1. 中国船舶科学研究中心，无锡 214082；
2. 深海技术科学太湖实验室，无锡 214082)

摘 要

为了实现对船舶操纵性的准确预报和有效评估，需要建立船舶的精确数学模型，而参数辨识是实现船舶精确建模的基础。针对船舶运动模型的参数辨识问题，提出一种基于改进免疫优化算法的船舶运动模型辨识方法，首先将船舶操纵运动模型的参数辨识过程转化为多维函数优化问题，其次构建基于免疫优化算法的辨识问题求解流程，最后在原有算法的框架上引入自适应进化策略以改进算法的求解效率，从而实现对船舶运动模型参数的快速、准确辨识。通过与实船试验数据的对比表明：所提方法能够实现对船舶操纵运动模型的有效辨识，同时在计算效率和精度上优于基本免疫遗传算法，可为实船性能的精确预报和评估优化提供可靠支撑。

关 键 词：船舶运动模型；参数辨识；免疫优化算法；自适应进化

中图分类号：U661.33

0 引 言

船舶运动数学模型是进行船舶操纵性预报和仿真研究的基础。常用的船舶运动模型包括分离型模型、整体型模型和响应型模型[1]，经过多年的发展，船舶运动模型的结构形式已经基本固定，建模的关键在于模型相关参数的计算，以使得理论模型与实际模型具有较好的贴合度，从而实现对真实船舶运动过程的精确预报。

对于船舶运动模型的参数估计问题，目前常用的方法包括经验公式方法、CFD模拟计算方法、约束模试验法等。但是现有方法均存在各自的不足：经验公式方法主要依据典型船型数据进行推导，对于数据库之外的新船型的估算精度有限；CFD模拟计算方法需先对船体进行精确建模，工作量大且耗时较长；约束模试验法依赖于一系列船模试验，不仅耗时费力，且可能存在"尺度效应"的问题。基于实船数据的系统辨识方法为船舶运动模型的辨识提供了新的思路，其将船舶的操纵运动视作一个动态系统，根据航行试验数据对模型参数进行求解，能够比较精确地得到船舶的操纵运动模型。孙晓界等[2]通过对Z形实验和定常回转试验数据分进行分析，利用递推最小二乘法辨识得到无人艇线性K-T模型，并通过Z形操舵实验验证了模型的正确性，但并未考虑模型的非线性因素。Xie等[3]针对传统辨识方法精度和收敛效率低的问题，提出将多创新扩展卡尔曼方法应用于KVLCC2船模的辨识，利用遗传因子减少扩展卡尔曼法中历史干扰的累积影响。Hess等[4]采用动态递归神经网络法，实现对船舶操纵运动的在线预报。大连海事大学的王宁等[5]采用广义椭球基函数模糊神经网络(GEBF-FNN)算法对Nomoto型油轮的响应模型参数进行在线辨识，基于GEBF-FNN模型学习出由一组模糊规则构成的具有高精度和精简系统结构的响应模型。田延飞等[6]采用新型蝙蝠算法对船舶操纵K-T 模型的结构参数进行辨识，通过自航模变Z形实验对比，验证了所提算法的有效性，并且该算法设置简单、调整参数少、不易陷入局部极小值。

收稿日期：2022-11-07；修改稿收稿日期：2022-12-17
基金项目：装备预先研究领域基金项目(80907010601)；海洋防务技术创新中心创新基金项目(JJ-2021-702-01)

免疫优化算法是一类基于独特进化规则的启发式算法，与常规智能算法相比，具有更强大的自适应调节能力和全局寻优能力[7]。基于此，本文提出一种基于改进免疫优化算法的船舶运动模型辨识方法，将模型辨识问题转化为多维优化问题，并利用免疫算法的寻优机制搜索具有最佳拟合特性的模型结构参数，以从实现对船舶运动响应模型的快速和准确辨识。利用辨识得到的模型进行了仿真预报，通过与实船试验数据的对比，验证了本文方法的有效性。

1 船舶操纵运动模型辨识问题

船舶操纵响应数学模型是评估船舶运动控制性能的基础模型，不同于其他的水动力模型，响应性模型主要关注船舶操纵系统的动态响应过程[8]，其模型参数可直接从实船的试验数据中获取，从而自动消除水池试验中尺度效应的问题。

船舶操纵运动模型可分为线性响应模型和非线性响应模型。为有效考虑船舶运动过程中的非线性因素，同时减少模型的复杂度，本文采用一阶非线性响应模型作为辨识对象。船舶的一阶非线性响应模型[9]可表示为：

$$\begin{cases} r = \dot{\psi} \\ T\dot{r} + r + \alpha r^3 = K(\delta + \delta_r) \end{cases} \quad (1)$$

式中，ψ 为船舶航向角，r 为艏向角速度，δ 为操舵角，δ_r 为未操舵时维持直航时的压舵角；T 和 K 为船舶操纵性系数，分别代表船舶的航向稳定性和回转性能，α 为非线性水动力项系数。

船舶运动模型的辨识问题，即在基础数学模型结构的基础上，根据一系列时间相关的航行采样数据对模型结构参数进行估计，以实现对真实运动模型的近似模拟。对于上述的船舶一阶非线性响应模型而言，其与模型相关的采样数据输入包括船舶航向角 ψ 和舵角 δ，其待识别的参数为船舶操纵性系数 T、K 和非线性项系数 α。

2 基于改进免疫优化算法的船舶运动模型辨识方法

2.1 改进免疫优化算法

人工免疫算法是受到生物免疫系统启发而发展起来的一种智能优化算法。作为高度进化并具有较强自适应能力的有机系统，生物免疫系统可通过抗体的自我调节来抵御抗原的入侵和维持生物体的稳定。免疫优化算法借鉴了免疫系统中独特的抗体多样性维持机制，来克服寻优过程中易发生的"早熟"问题[10]，因此相比于其他算法具有更好的全局最优性。

免疫算法与一般进化算法具有相似的计算流程，都是利用群体搜索策略和迭代进化过程来实现目标值的寻优，其主要区别体现在对种群个体的评价方式不同。一般进化算法通过适应度值来评价个体优劣，而免疫算法对个体的评价则是通过亲和度计算，抗体的生成与抑制也是以亲和度作为基础进行。亲和度评价考虑了抗体之间以及抗体与抗原之间的亲和程度，能更全面地反映种群的多样性。

本文在基本免疫优化算法的基础上引入自适应接种策略，以进一步提高种群多样性，加快算法的辨识效率。基于改进免疫优化算法的船舶模运动型辨识过程如下：

(1) 抗原识别。分析优化问题模型，根据其解的特性设计抗体的表达形式，对于本文辨识问题而言，包括确定待辨识参数的个数和取值范围。

(2) 抗体种群初始化。首先选择待辨识参数组成实数数组，作为抗原个体，即：

$$X_i = (x_{i,1}, x_{i,2}, x_{i,3}) \tag{2}$$

式中，X_i表示种群中第i个抗体，$x_{i,1}$、$x_{i,2}$和$x_{i,3}$分别为船舶回转系数K、航向稳定性系数T和非线性项系数α。

采用随机初始化方式在解空间内生成初始种群：

$$x_{i,j}(0) = x_{i,j}^D + rand(0,1) \cdot (x_{i,j}^U - x_{i,j}^D), \\ i = 1, 2, \cdots, N; \quad j = 1, 2, \cdots, M \tag{3}$$

式中，$x_{i,j}(0)$表示第0代种群的第i个抗体上的第j个"基因"；$x_{i,j}^U$和$x_{i,j}^D$分别为第j个基因分量的取值范围的上下界值；M为种群规模大小，N为抗体维数，这里取3。

(3) 亲和度计算与抗体选择。种群的亲和度分别由抗体之间和抗体与抗原之间的亲和度组成。抗体与抗体之间的亲和度代表了种群的相似程度，可根据抗体浓度进行计算。

种群中任意两个个体之间的相似度可表示为：

$$S_{x_k, x_l} = \frac{\Theta(x_k, x_l)}{180} \tag{4}$$

式中，Θ表示求两个向量之间的夹角，取值为0~180°。

设相似度阈值为ε，如果$S_{x_k, x_l} > \varepsilon$，则认为抗体$x_k$和$x_l$相似，否则认为不相似。将抗体与种群中所有其他抗体进行相似度比较，可得到该抗体在群体中的浓度值为：

$$D(x_k) = \frac{1}{N} \sum_{i=1}^{N} Q_{x_k, x_i} \tag{5}$$

式中，当抗体a_1和a_i相似时，$Q_{x_k, x_i} = 1$；当抗体a_1和a_i不相似时，$Q_{x_k, x_i} = 0$。

抗体与抗原之间的亲和度用于反映抗体对抗原的识别程度，可采用适应度值进行表示：

$$A(x_k) = \frac{1}{F(x_k)} \tag{6}$$

式中，$F(x_k)$为目标函数，可根据待求解问题进行设置。

根据抗体浓度和适应度对种群的进化过程进行促进和抑制，抗体的选择概率可以表示为：

$$P = \lambda P_A + (1 - \lambda) P_D \tag{7}$$

式中，P_A、P_D分别为抗体的适应度概率和浓度概率，可用轮盘赌方法计算；λ为抗原-抗体亲和系数，用于调节适应度和浓度对抗体选择的影响，且有$0 < \gamma < 1$。

(4) 交叉操作。从种群中随机选取两个抗体，采用比例交叉策略进行抗体之间的交叉：

$$\begin{cases} x_k(g+1) = \nu \cdot x_l(g) + (1-\nu) \cdot x_k(g) \\ x_l(g+1) = \nu \cdot x_k(g) + (1-\nu) \cdot x_l(g) \end{cases} \tag{8}$$

式中，$x_k(g)$和$x_k(g+1)$分别表示第g代和第$g+1$代的第k个抗体，$\nu \in [0,1]$为交叉比例系数。

(5) 变异操作。从种群中随机选择个体进行变异。

$$x_{i,j}(g+1) = \begin{cases} x_{i,j}(g), Pm > rand(0,1) \\ x_{i,j}^D + rand(0,1) \cdot (x_{i,j}^U - x_{i,j}^D), Pm \leq rand(0,1) \end{cases} \tag{9}$$

式中，Pm为变异概率。

(6) 自适应接种。在经过一定代数后，抗体种群的多样性下降，导致算法陷入局部最小、收敛变慢。为解决该问题，充分利用进化过程中的优势抗体信息，引入自适应差分接种策略。

定义V为种群的疫苗库，由进化过程中每代的最优个体组成。将疫苗库抗体按适应度值排序，并选择最优的N个抗体作为待接种疫苗(若不足N个，则复制最优个体以补充)。

定义疫苗接种周期T_{AC}，进化代数记为g。如果$\mathrm{mod}(g/T_{AC})=0$，则执行差分疫苗接种操作，其中$\mathrm{mod}(\cdot)$为取余函数。利用疫苗对当前种群进行进行差分接种：

$$x_i'(g) = x_i(g) + E \cdot (x_{ac} - x_i(g)) \tag{10}$$

式中，$x_i(g)$和$x_i'(g)$分别表示接种前后的抗体，x_{ac}为疫苗，E为差分缩放因子。再将接种后抗体与和$x_i(g)$进行适应度值对比，产生优势进化种群：

$$x_i(g+1) = \begin{cases} x_i'(g), A(x_i'(g)) > A(x_i(g)) \\ x_i(g), A(x_i'(g)) \leq A(x_i(g)) \end{cases} \tag{11}$$

(7) 种群更新。如果大于最大迭代次数，则选择当前种群中的最优抗体作为输出解，否则回到步骤3。

2.2 误差评价准则

误差评价准则描述了辨识参数的模型输出与实际系统输出之间的差距，可以用来衡量参数辨识结果的好坏，同时也作为免疫算法中的目标函数，用于指导算法的进化方向。在系统辨识中，一般采取输出数据的均方误差函数作为辨识的准则函数，即：

$$J(\theta) = \sum_{i=1}^{t} f(e(t)) \tag{12}$$

式中，$J(\theta)$表示辨识模型θ的误差函数值，$e(t)$表示在t时刻的模型输出量与实际输出量之间的误差，$f(\cdot)$为误差的函数：

$$f(e(t)) = e^2(t) \tag{13}$$

在确定误差函数的形式后，首先利用辨识得到的参数构造船舶操纵运动模型并进行船舶Z形试验仿真，得到同样周期下的模型预报数据。然后将模型预报数据与真实试验数据按照式(12)中的误差准则函数进行计算，将其值作为式(6)中的目标函数对抗体进行评价，从而指引进化寻优过程，即：

$$F(x_k) = \frac{1}{J(x_k)} \tag{14}$$

式中，x_k表示该抗原所对应的辨识模型，$J(x_k)$、$F(x_k)$分别表示该模型的均方误差函数和目标函数。

2.3 算法流程图

基于改进免疫优化算法的船舶运动模型辨识方法流程如图1所示：

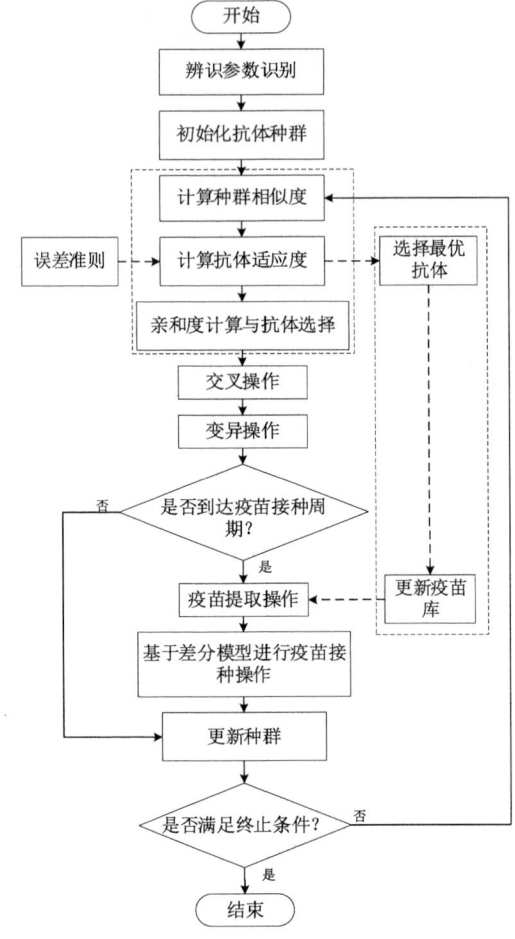

图 1 基于改进免疫优化算法的船舶运动模型辨识方法流程

3 辨识结果分析

3.1 辨识对象

本文采用中国船舶科学研究中心自主研制的9米无人船"PZUSV-T7"作为辨识对象，开展了实船操纵性试验。无人船为柴油机喷水推进船，尾部布置有对称的2台喷水推进器，试验环境为无锡贡湖湾太湖，试验时风力2-3级，水面有碎浪花，基本满足Z形试验要求。无人船的船体主参数如表1所示。

表 1 "PZUSV-T7"无人艇船体主参数

参数名	参数值	参数名	参数值
船长/m	8.79	设计吃水/m	0.67
船宽/m	3.60	最大舵角/(°)	20
型深/m	1.02	最大舵速/(°/s)	12

采用无人船5°/60°Z形试验数据作为辨识算法的输入数据，取前137个周期的数据作为测试样本，数据采样周期为1 s。Z形试验的轨迹如图2所示。

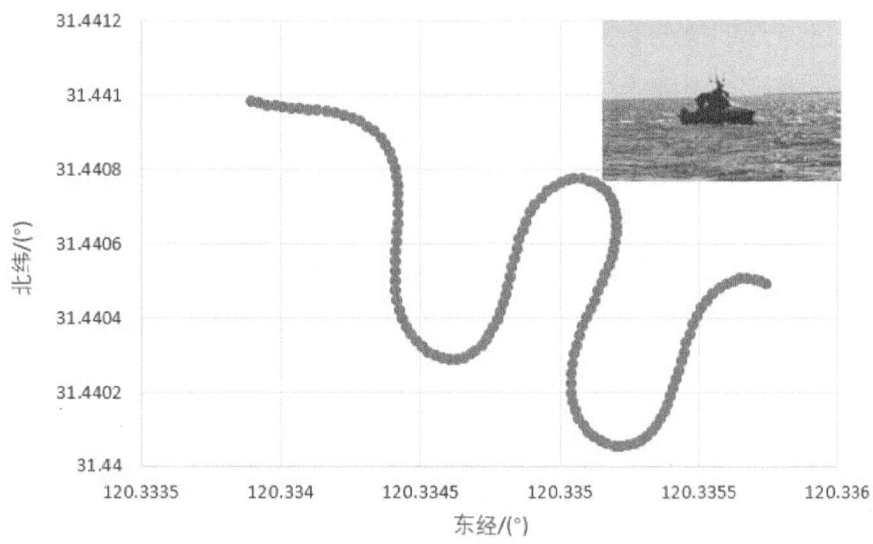

图 2 无人船 5°/60°Z 形试验轨迹

3.2 辨识结果

为验证本文方法的有效性,利用改进的免疫优化算法对船舶运动模型进行辨识,并将辨识结果与经验公式法和基本免疫优化算法进行了比较。经验公式法采用文献[11]中方法对KT参数进行估计。免疫算法参数设置如下:抗体种群规模N=50,最大迭代次数G=100,相似度阈值ε=0.95,抗原-抗体亲和系数λ=0.60,交叉比例系数v=0.70,变异概率PM=0.3,疫苗接种周期$T_{AC}=20$,差分缩放因子$F=0.75$。基本免疫优化算法的相关参数设置与改进免疫算法相同,两种算法的最优值进化曲线如图3所示。从图中可以看出,两种方法在进化到一定代数后均能收敛,但是改进算法比基本免疫算法具有更快收敛速度和更优的收敛值,证明本文方法具有更好的全局最优性。

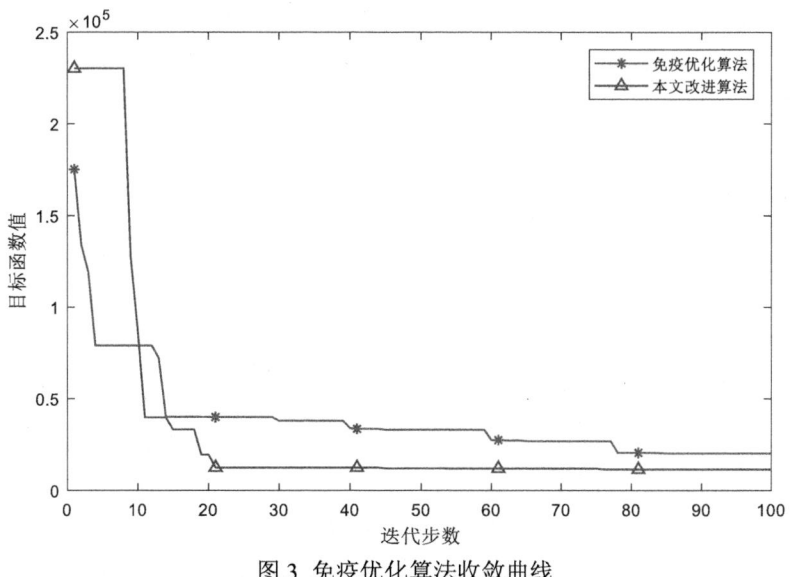

图 3 免疫优化算法收敛曲线

图4分别给出了利用经验公式法、免疫优化算法和本文改进算法对5°/60°Z形试验数据进行航向辨识的结果。从图中可以看出,三种方法均能实现对试验数据的跟随:经验公式法利用回转试验和Z形试验对操纵性系数进行计算,由于没有考虑非线性项,辨识曲线与试验曲线偏离较大;免疫算法具有更好的辨识效果,但是比较而言,改进算法曲线与试验数据曲线具有更高的拟合度。

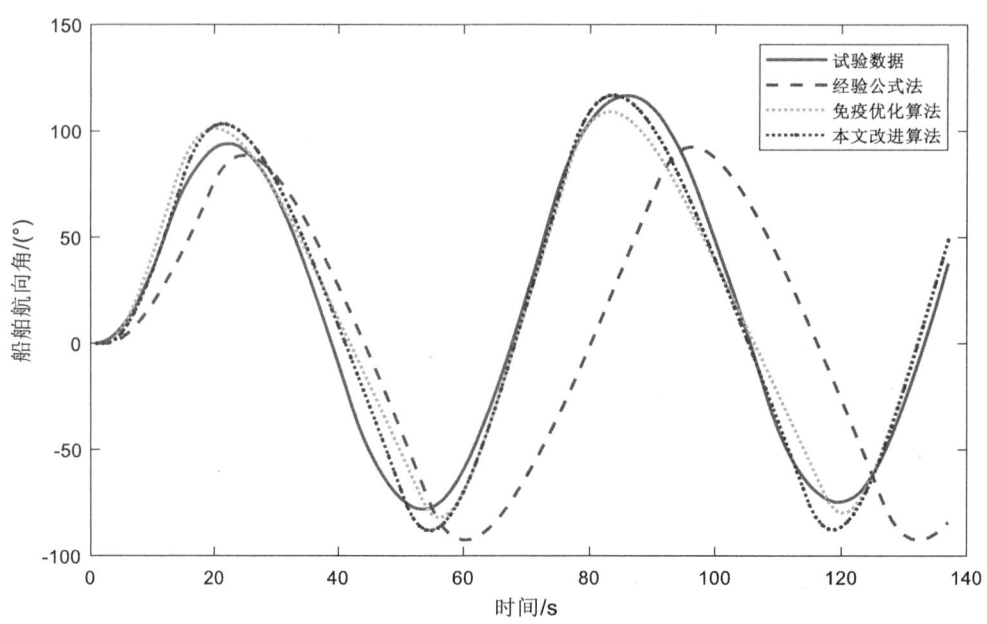

图 4 5°/60°Z 形试验航向辨识结果

表2为三种船舶运动模型辨识方法的结果数据对比。其中,均方误差描述了预报值与试验值的偏差量,相关系数描述了预报值与试验值之间的整体相似程度,航向超越角指每次进行反向操舵后船首向操舵相反一侧继续转动的增加值,是从航向变化量方面对船舶转动惯性的一种度量。从表2数据可知,使用本文改进算法的模型输出能够更好地拟合试验观测数据,均方误差量小于其他两种方法,用于判定拟合优度的相关系数达到0.9902,同时航向超越角偏差率为4.21%,小于其他两种方法,表明辨识模型能够很好地反映实际系统的特性,证明了本文方法的有效性。

表 2 三种船舶运动模型辨识方法结果对比

辨识方法	辨识参数			预报值与试验值均方误差/10^4	预报值与实验值相关系数	预报值与试验值航向超越角偏差率/%
	K	T	α			
经验公式法	1.5114	8.5055	-	42.4571	0.6165	26.88
免疫优化算法	2.7359	9.6148	3.0523	2.0217	0.9831	16.04
本文改进算法	2.8072	11.4304	1.6736	1.1492	0.9902	4.21

4 结 论

针对船舶操纵运动模型的辨识和预报问题,本文提出了一种基于改进免疫优化算法的船舶运动模型辨识方法。通过设计误差准则函数,将船舶操纵运动响应模型的参数辨识过程转化为多维函数优化问题,在此基础上,构建基于自适应差分接种策略的免疫优化算法以改进算法的求解效率。通过与实船试验数据的对比表明:基于本文方法的辨识模型能够实现对船舶操纵运动模型的有效辨识,相比于经验公式法和基本免疫优化算法具有更好的辨识精度和拟合优度,可为船舶操纵性的运动建模和精确预报提供指导。

参 考 文 献

[1] FOSSEN T I. Models for ships, Offshore structures and underwater vehicles[M]. John Wiley & Sons, Ltd, 2011.
[2] 孙晓界, 石林龙, 范云生, 等. 一种无人水面艇运动模型参数在线辨识方法[J]. 中国航海, 2016, 39(1): 39-43.

[3] XIE S, CHU X, LIU C, et al. Parameter identification of ship motion model based on multi-innovation methods[J]. Journal of Marine Science and Technology, 2019, 25, 162-184.

[4] HESS D, FALLER W. Simulation of ship maneuvers using recursive neural networks[C]. 23rd Symposium on Naval Hydrodynamics, Val de Reuil, France, 2000.

[5] 王宁, 王丹, 李铁山. 基于广义椭球基函数模糊神经网络的油轮转向动态响应模型[J].中国科学技术大学学报, 2012, 42(9): 705-713.

[6] 田延飞, 黄立文, 熊勇, 等. 利用新型蝙蝠算法辨识船舶运动模型参数[J]. 科学技术与工程, 2018, 18(8): 8, 137-143.

[7] 焦李成. 多目标优化免疫算法、理论和应用[M]. 北京: 科学出版社, 2010.

[8] 乔艳梅. 船舶运动控制平台及海浪响应模型的研究与实现[D]. 大连: 大连海事大学, 2016.

[9] 邹早建, 吴秀恒. 船舶操纵性非线性KT方程参数的辨识[J]. 武汉水运工程学院学报, 1985(03): 14-25.

[10] 李茂军, 罗安, 童调生. 人工免疫算法及其应用研究[J]. 控制理论与应用, 2004, 21(2): 153-157.

[11] 洪碧光. 船舶操纵原理与技术[M]. 大连: 大连海事大学出版社, 2007.

A Ship Motion Model Identification Method Based on Improved Immune Optimization Algorithm

CHEN Zhuo[*,1,2], ZHOU Zexing[1,2]

(1. China Ship Scientific Research Center, Wuxi 214082, China;
2. Taihu Laboratory of Deepsea Technological Science, Wuxi 214082, China)

Abstract

To achieve accurate prediction and effective evaluation of ship maneuverability, it is necessary to establish a precisemathematical model of the ship, and parameter identification is the basis for achieving precise modeling of the ship. Aiming at the problem of parameter identification of ship motion model, a method of ship motion model identification is proposed based on improved immune optimization algorithm. Firstly, the process of parameter identification of ship maneuvering motion model is transformed into a multi-dimensional function optimization problem. Secondly, the identification problem solving process is constructed based on immune optimization algorithm. Finally, a self-adaptive evolution strategy is introduced into the framework of the original algorithm to improve the efficiency of the algorithm, so as to realize fast and accurate identification of ship motion model parameters. The comparison with the real ship test data shows that the proposed method can effectively identify the ship maneuvering motion model, and it is better than the existing methods in terms of computational efficiency and precision, which can provide reliable support for precise prediction and evaluation of the real ship performance.

Key words: Ship motion model; Parameter identification; Immune optimization algorithm; Adaptive evolution

作 者 简 介

陈 卓 男，1994年生，工程师。主要从事无人系统智能算法研究等方面工作。
周则兴 男，1995年生，工程师。主要从事无人艇运动仿真系统等方面研究。
*通讯作者：陈卓

基于 RLS 的无人艇操纵性参数在线辨识与预报

王宝林[1]，董早鹏[1]，李潇河[2]，白亚强[2]

(1. 武汉理工大学 船海与能源动力工程学院，武汉 430063；

2. 中国船舶科学研究中心，无锡 214082)

摘 要

船舶运动模型中的参数精度对高速水面无人艇的操纵性预报精度具有重要影响，由于最小二乘法（Least Square, LS）在进行参数辨识时过度依赖辨识的数据量，提出了一种基于递推最小二乘法（Recursive Least Square, RLS）辨识获取无人艇二阶非线性操纵响应模型参数的方法并根据辨识结果进行了操纵运动预报。在复杂干扰下基于某无人艇二阶响应模型参数进行 20°/20° Z 形操纵仿真实验，采集艏向角和舵角等数据，根据辨识原理与前向差分法设计一种递推最小二乘辨识方法，通过辨识获取了模型参数并基于在线辨识参数结果对无人艇操纵运动进行预报。实验结果表明：在复杂干扰下通过 RLS 辨识获取的参数能够在一定时间范围内对无人艇的操纵运动做出准确的预报，RLS 的辨识结果能够满足高速水面无人艇操纵预报精度的要求。

关 键 词：递推最小二乘法；水面无人艇；参数辨识；操纵响应模型

中图分类号：U661.33

0 引 言

水面无人艇（Unmanned Surface Vessel, USV），是一种智能化无人海洋航行器，是近年来世界各国研究的热点。无人艇作为必要的海洋探索装备之一，能够代替工作人员执行探索很多危险区域的任务，在军事、商业、科考等方面都具有不可替代的作用，其应用前景和商业价值十分巨大。良好的操纵性是无人艇智能化的基础，而操纵性的预报精度与操纵响应模型参数的精度息息相关。随着系统辨识学科的发展，利用系统辨识的方法获取模型参数已得到广泛应用，能够极大地节约实验成本。

传统的系统辨识方法包括卡尔曼滤波法、阶跃响应法、脉冲响应法、相关分析法、最小二乘法（Least Square, LS）和极大似然法等[1]。随着辨识算法在船舶领域研究的深入，各类辨识算法均已有所发展，众多学者已经对船舶的操纵性进行了辨识相关的研究：Peeters 等[2]人针对配备波浪自适应模块无人艇建立了一阶 Nomoto 操纵模型，利用航向角与舵角等数据离线辨识了 Nomoto 模型中的参数，测试了控制算法的准确性。张心光[3]对船模进行了 Z 形试验，通过支持向量回归机对实验数据进行分析和预报并和航模试验产生的数据进行比较，说明了所提出方法的可用性。Zhu 等[4]人提出了一种新型的自适应加权最小二乘支持向量机算法用来辨识船舶的动态运动模型，并设计了操纵实验验证了辨识参数的精确性。罗伟林等人[5-6]基于 Abkowits 整体模型，利用支持向量机辨识了船舶的操纵运动模型，并利用实验数据验证了辨识结果；采用了最小二乘支持向量机确定了船舶操纵运动数学模型中的水动力导数及其干扰系数，并将辨识得到的参数进行了操纵预报仿真。Lokukaluge[7]基于二阶非线性 Nomoto 模型，采用了 EKF 算法动态辨识了模型参数，并与实船实验对比验证了预报的精确性。Dmitry 等[8]人采用递推神经网络辨识了船舶二阶线性响应模型，并进行了相应的仿真实验，验证了辨识的精确度。

收稿日期：2022-11-29；修改稿收稿日期：2022-12-15

无人艇航行时会受到风、浪、流等影响，外界环境和自身状态都在不断发生变化，传统的辨识方法对这种复杂干扰下获取操纵响应模型参数方面的研究较少，精度不高，多为离线辨识方法。最小二乘法在进行参数辨识时会依赖辨识的数据量，同时在每获得一次新的航行数据后，都要对所有数据重新进行辨识，基于 LS 改进的递推最小二乘法（Recursive Least Square, RLS）能够根据最新的航行数据就可以对之前的辨识参数进行修正得到新的辨识参数，实现在线辨识，减小计算量，同时实现对船舶操纵运动的实时预报。本文基于递推最小二乘辨识算法，结合无人艇的二阶非线性运动模型展开研究。

1 无人艇操纵数学模型

无人艇的响应型模型分为一阶线性、一阶非线性、二阶线性和二阶非线性模型，由于二阶线性模型受小扰动限制，当无人艇运动幅度较大时就已经不再适用。同时航行的无人艇其操纵响应模型中必须要引入非线性项，才能满足其操纵响应变化，由文献[9]得无人艇二阶非线性操纵响应方程为：

$$T_1 T_2 \ddot{r} + (T_1 + T_2)\dot{r} + r + \alpha r^3 = K T_3 \dot{\delta} + K(\delta + \delta_r) \tag{1}$$

式中，T_1、T_2、T_3 为时间参数；r 为角速度；α 和 K 为非线性系数和增益系数；δ、δ_r 为舵角和压舵角。

2 响应模型参数辨识

2.1 RLS 算法

对于一个系统，假设其可测输出值为 y，可表示为：

$$y = h_1 \theta_1 + h_2 \theta_2 + h_3 \theta_3 + \cdots + h_n \theta_n \tag{2}$$

式中，h_1、h_2、$\cdots$、h_n 为系统的输入值，θ_1、θ_2、$\cdots$、θ_n 为系统的参数值。当系统的观测次数 $m > n$ 时，得到一个存在多组解的超静定方程组。

最小二乘法可以从多组解中得到最优的估计值。将这个系统写成矩阵形式：

$$\boldsymbol{Y} = \boldsymbol{H}\boldsymbol{\theta} \tag{3}$$

式中，$\boldsymbol{Y}$ 为系统的输出矩阵，$\boldsymbol{H}$ 为系统的输入矩阵，$\boldsymbol{\theta}$ 为系统的参数矩阵，他们的表达式为：

$$\boldsymbol{Y} = \begin{bmatrix} y_1 \\ y_2 \\ \vdots \\ y_m \end{bmatrix} \quad \boldsymbol{H} = \begin{bmatrix} h_{11} & h_{12} & \cdots & h_{1n} \\ h_{21} & h_{22} & \cdots & h_{2n} \\ \vdots & \vdots & \ddots & \vdots \\ h_{m1} & h_{m2} & \cdots & h_{mn} \end{bmatrix} \quad \boldsymbol{\theta} = \begin{bmatrix} \theta_1 \\ \theta_2 \\ \vdots \\ \theta_n \end{bmatrix} \tag{4}$$

其最小二乘法（LS）参数辨识的结果：

$$\hat{\boldsymbol{\theta}} = \left(\boldsymbol{H}^\mathrm{T} \boldsymbol{H}\right)^{-1} \boldsymbol{H}^\mathrm{T} \boldsymbol{Y} \tag{5}$$

设计 $\boldsymbol{P}(t)$ 矩阵如下：

$$\boldsymbol{P}(t) = \left(\boldsymbol{H}_t^\mathrm{T} \boldsymbol{H}_t\right)^{-1} = \left[\boldsymbol{P}^{-1}(t-1) + \boldsymbol{H}(t)^\mathrm{T} \boldsymbol{H}(t)\right]^{-1} \tag{6}$$

式中，H_t 表示包含所有时刻的输入矩阵，$H(t)$ 表示当前 t 时刻的输入矩阵。

将式（5）基于矩阵求逆引理展开得：

$$P(t) = P(t-1) - P(t-1)H(t)^{\mathrm{T}}[I + H(t)P(t-1)H(t)^{\mathrm{T}}]^{-1}H(t)P(t-1) \tag{7}$$

设计增益矩阵 $K(t)$ 如下：

$$K(t) = P(t-1)H(t)^{\mathrm{T}}\left[I + H(t)P(t-1)H(t)^{\mathrm{T}}\right]^{-1} \tag{8}$$

将式（8）带入式（7）中，得到 $P(t)$ 随时间的更新公式：

$$P(t) = [I - K(t)H(t)]P(t-1) \tag{9}$$

联立式（5）、（6），得：

$$\hat{\theta}(t) = P(t)H_t^{\mathrm{T}}Y_t = P(t)\left[H_{t-1}^{\mathrm{T}}Y_{t-1} + H(t)^{\mathrm{T}}Y(t)\right] \tag{10}$$

联立式（8）、（9）、（10），可得辨识参数 $\hat{\theta}$ 随时间递推的公式：

$$\hat{\theta}(t) = \hat{\theta}(t-1) + K(t)\left[Y(t) - H(t)\hat{\theta}(t-1)\right] \tag{11}$$

综上，RLS 辨识算法辨识过程如下：

$$\begin{cases} K(t) = P(t-1)H(t)^{\mathrm{T}}\left[I + H(t)P(t-1)H(t)^{\mathrm{T}}\right]^{-1} \\ P(t) = [I - K(t)H(t)]P(t-1) \\ \hat{\theta}(t) = \hat{\theta}(t-1) + K(t)\left[Y(t) - H(t)\hat{\theta}(t-1)\right] \end{cases} \tag{12}$$

2.2 数据采集

本文首先进行 Z 形操纵仿真实验，以获取辨识所需实验数据。选取文献[10]的参数，如表 1 所示。

表 1 无人艇二阶非线性操纵响应模型参数

T_1 / s	T_2 / s	T_3 / s	K / s^{-1}	α / $(s^2 \cdot rad^{-2})$	δ_r / rad
23.8466	0.9360	0.5108	0.2450	464.1079	0.0349

基于上述无人艇二阶非线性响应模型参数，采用 4 阶龙格库塔法进行计算，进行了 20°/20° Z 形操纵仿真实验。对无人艇舵角施加（-0.05rad, 0.05rad）的随机干扰并叠加 0.05rad 的固定干扰和 0.035rad 的正弦干扰，模拟复杂海况对舵角的影响，仿真采样时间间隔取 0.1 s，采样时间为 400 s，仿真得到的 Z 形操纵实验各项数据如图 1 所示：

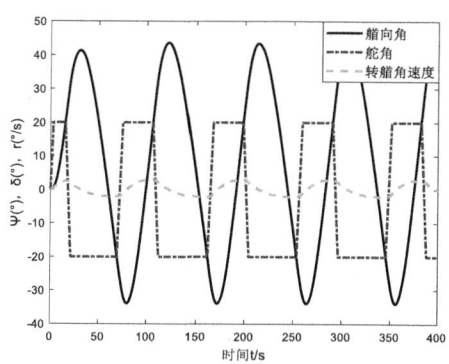

图 1 20°/20° Z 形操纵仿真实验

2.3 Z 形实验参数辨识

为了满足基于 RLS 算法的辨识需求，需要构造形如（12）式的辨识模型，即将待辨识模型（1）式转化为（12）式。由于（1）式为连续模型，需要使用差分法对其进行离散处理，由于实际航行中艏向角比其他参数容易测量获取，将（1）式中各物理量使用前向差分法差分到艏向角，然后进一步将差分过程带入二阶非线性响应模型中，设 $z(t) = \psi(t+1) - \psi(t)$，移项得到：

$$z(t+2) - 2z(t+1) + z(t) = \frac{K}{T_1T_2}\delta(t)h^3 + \frac{K\delta_r}{T_1T_2}h^3 + \frac{KT_3}{T_1T_2}\left[\delta(t+1) - \delta(t)\right]h^2$$
$$-\left(\frac{1}{T_1} + \frac{1}{T_2}\right)(z(t+1) - z(t))h - \frac{1}{T_1T_2}z(t)h^2 - \frac{\alpha}{T_1T_2}z(t)^3 \tag{13}$$

式中，h 为时间间隔。

写成矩阵形式，可得到 $\boldsymbol{Y} = \boldsymbol{H}\boldsymbol{\theta}$ 的辨识模型结构，具体表达式为：

$$\begin{cases} \boldsymbol{Y} = \left[z(t+2) - 2z(t+1) + z(t)\right] \\ \boldsymbol{H} = \left[h^3\delta(t), h^3, h^2(\delta(t+1) - \delta(t)), -h(z(t+1) - z(t)), -h^2z(t), -z(t)^3\right] \\ \boldsymbol{\theta} = \left[\frac{K}{T_1T_2}, \frac{K\delta_r}{T_1T_2}, \frac{KT_3}{T_1T_2}, \frac{1}{T_1} + \frac{1}{T_2}, \frac{1}{T_1T_2}, \frac{\alpha}{T_1T_2}\right]^T \end{cases} \tag{14}$$

基于图 1 中的 Z 形操纵仿真数据，可依次计算出输入矩阵和输出矩阵，然后辨识出参数矩阵。

$$K = \frac{\theta(1)}{\theta(5)}, \delta_r = \frac{\theta(2)}{\theta(1)}, T_3 = \frac{\theta(3)}{\theta(1)}, \alpha = \frac{\theta(6)}{\theta(5)}, T_1 + T_2 = \frac{\theta(4)}{\theta(5)}, T_1T_2 = \frac{1}{\theta(5)} \tag{15}$$

通过式（15）即可以得到每一次辨识的二阶非线性响应模型的参数值。

3 仿真实验

为了将无人艇二阶非线性响应模型参数辨识结果与具体的无人艇操纵运动预报相对应，观察 RLS 的操纵性预报精度，基于图 1 所采集的干扰下的 Z 形实验数据进行参数辨识，当参数辨识结果波动趋于平稳后，从第 100 s 开始，利用在线辨识的参数值进行艏向角预报，观察在干扰下的无人艇操纵预报效果，仿真实验结果如下图所示：

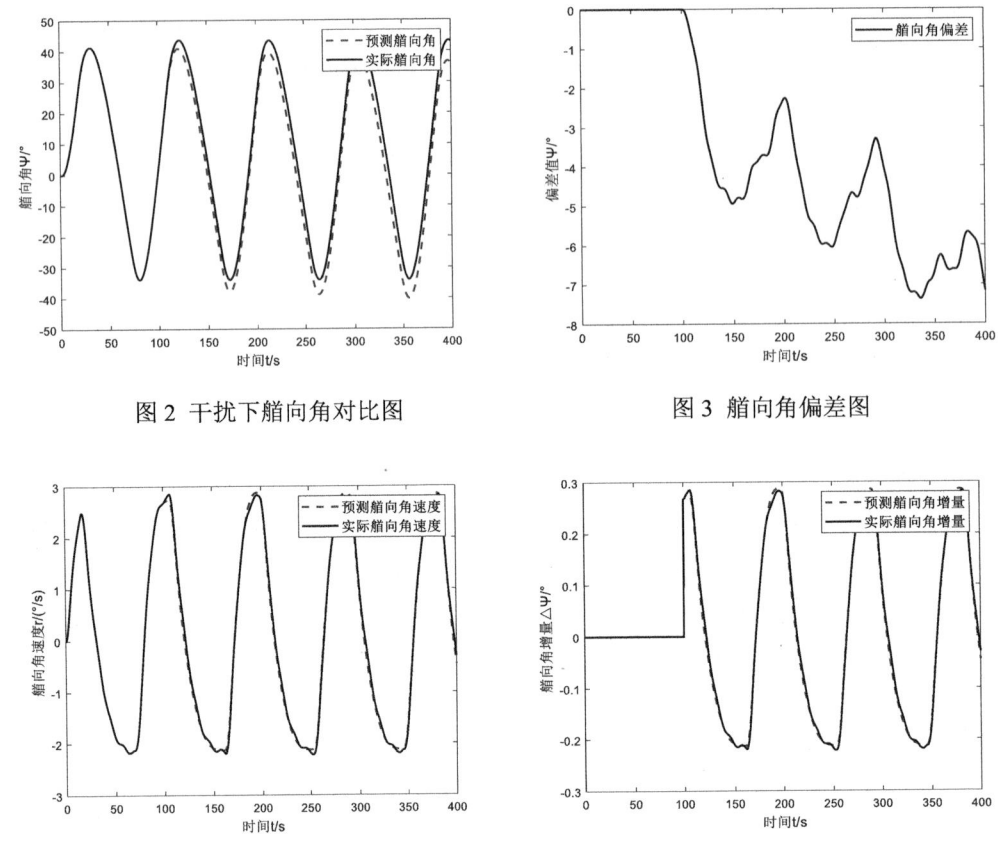

图 2 干扰下艏向角对比图　　　　　图 3 艏向角偏差图

图 4 干扰下艏向角速度对比图　　　图 5 干扰下艏向角增量对比图

从图 2 可以看出，第 100s 后利用 RLS 在线辨识出的参数值进行的艏向角预报，其预测值与真实值存在一定的差异，这是由于当前时刻干扰下的真实值与基于上一时刻辨识值的预报值会存在误差并且会逐渐累积；图 3 可以看出在 100~200 s 内其预报值与真实值的最大误差为 5°，200~300 s 内其最大误差为 6.4°，300~400 s 内其最大误差为 8°，相邻艏向角变化周期内其误差累积为 1.5°左右，从整体上看其预测艏向角与真实艏向角变化轨迹接近，在误差允许范围内满足工程应用的精度。从图 4 与图 5 可以看出，基于 RLS 在线辨识出的参数值进行的艏向角速度和艏向角速度增量的预报曲线与真实值相比都非常吻合，其艏向角速度的预测值与真实值的误差、预测的艏向角增量与真实的艏向角增量的误差均保持在很小的范围内。

在进行艏向角预报过程中，由于传感器精度的限制会使得基于辨识参数的操纵运动预报值与真实值产生一定误差，并且会逐渐累积，但总体上看其误差在允许范围内。同时从艏向角速度和艏向角增量的预报来看，其预报精度较高，验证了复杂干扰下 RLS 的参数辨识结果对预报具有较高的精度。

4 结论

本文从递推最小二乘算法的辨识模型设计、辨识过程、辨识结果分析、预报结果对比 4 个方面展开了研究，主要得到以下结论：

(1) 基于无人艇二阶非线性响应模型设计了 RLS 算法模型，通过仿真采集了处于干扰下的 Z 形操纵实验数据，以此在线辨识了模型参数，验证了通过 RLS 算法获得模型参数的可行性。

(2) 为验证辨识精度对于复杂海况下无人艇操纵性预报的影响，通过对模型施加复杂干扰，基于递推最小二乘算法在线辨识的参数结果，进行了操纵运动预报。实验结果表明：递推最小二乘算法在复杂海况下也具有很高的辨识精度，能够基于当前航行状态对辨识参数进行实时修正，实现在更新航行数据的同时完成对预报结果的更新，同时其辨识结果能够有效地预报无人艇的操纵运动。

参 考 文 献

[1] 徐小平，王峰，胡钢. 系统辨识研究的现状[J]. 现代电子技术, 2007, 30(15): 112-116.

[2] PEETERS G, BOONEN R, VANIERSCHOT M, et al. Asymmetric steering hydrodynamics identification of a differential drive unmanned surface vessel[J]. IFAC PapersOnLine, 2018, 51(29): 207-212.

[3] 张心光，邹早建. 基于支持向量回归机的船舶操纵响应模型辨识[J]. 上海交通大学学报, 2011, 45(4): 501-504.

[4] ZHU M, WEN Y Q, SUN W Q, et al. A novel adaptive weighted least square support vector regression algorithm-based identification of the ship dynamic model[J]. IEEE Access, 2019, 7(9): 128910-128924.

[5] LUO W L, ZOU Z J. Parametric identification of ship maneuvering models by using support vector machine[J]. Journal of Ship Research, 2009, 53(1): 19-30.

[6] LUO W L. Parameter identifiability of ship maneuvering modeling using system identification[J]. Mathematical Problems in Engineering, 2016: 1-10.

[7] LOKUKALUGE P P, OLIVEIRA P, SOARES C G. System identification of nonlinear vessel steering[J]. Journal of Offshore Mechanics and Arctic Engineering, 2015, 137(3): 031-032.

[8] DMITRY A O, ALEXANDER A D, VASILY E M. Neural network identification of marine ship dynamics[J]. IFAC Proceedings Volumes, 2013, 46(33): 191-196.

[9] 吴恭兴. 无人艇操纵性与智能控制技术研究[D]. 哈尔滨: 哈尔滨工程大学, 2011.

[10] 褚式新. 基于 RLS 方法的无人艇操纵性参数辨识研究[D]. 武汉: 武汉理工大学, 2020.

Online Identification and Prediction of USV Maneuverability Parameters Based on RLS Algorithm

WANG Baolin[1], DONG Zaopeng[1], LI Xiaohe[2], BAI Yaqiang[2]

(1. School of Naval Architecture, Ocean and Energy Power Engineering,
Wuhan University of Technology, Wuhan 430063, China;
2. China Ship Scientific Research Center, Wuxi 214082, China)

Abstract

The accuracy of the parameters in the ship motion model has an important influence on prediction accuracy of maneuverability of the high-speed unmanned surface vehicle (USV). Since the least square (LS) method relies too much on the amount of data identified in the parameter identification, a method based on the recursive least square (RLS) method is proposed to identify the parameters of the second-order nonlinear maneuvering response model of the USV and predict the maneuvering motion according to the identification results. Under complex disturbances, a 20°/20° zigzag maneuvering simulation experiment is carried out based on the second-order response model parameters of an USV. The data of heading angle and rudder angle are collected. According to the identification principle and forward difference method, a RLS identification method is designed. The model parameters are obtained by identification and the maneuvering motion of the

USV is predicted based on the real-time identification parameter results. The experimental results show that the parameters obtained by RLS identification under complex interference can make an accurate prediction of the maneuvering motion of the USV in a certain time range. The identification results of the RLS method can meet the requirements of the maneuvering prediction accuracy of the high-speed USV.

Key words: Recursive least squares method; Unmanned surface vessel; Parameter identification; Maneuvering response model

作 者 简 介

王宝林 男，1999 年生，硕士研究生。主要从事无人艇参数辨识等方面工作。

董早鹏 男，1988 年生，副教授。主要从事无人艇智能化等方面研究。

李潇河 男，1994 年生，工程师。主要从事船舶性能方面研究工作。

白亚强 男，1991 年生，工程师。主要从事船舶性能方面研究工作。

*通讯作者：董早鹏

基于有义波高的船舶稳性失效率统计外推方法

曾 柯*[1]，顾 民[1,2]，王田华[1]，鲁 江[1]

（1. 中国船舶科学研究中心 水动力学重点实验室，无锡 214082；
2. 深海技术科学太湖实验室，无锡 214082）

摘 要

船舶 CAE 软件的研发对解决船舶与海洋工程基础性能数值预报核心问题，推动国产软件自主可控，加快实现海洋强国建设有着重要意义。论文依托中国船舶科学研究中心自主研发的船舶第二代完整稳性衡准评估软件(HydroSTAB)，对新一代完整稳性直接稳性评估导则中的统计外推方法开展了相关研究。首先，本文对 HydroSTAB 软件相关功能以及基于有义波高的稳性失效率统计外推方法进行了简要介绍；其次，分析了数值模拟中自重复的影响；最后，通过多艘典型样船的计算评估，分析了插值点数对外推精度的影响，研究发现基于有义波高的外推方法有着较好的预报精度，可以有效地提高稳性直接评估中全概率衡准的计算效率。论文研究的统计外推方法，可为后续稳性操作指导的研究提供参考。

关 键 词：波浪稳性；直接稳性评估；稳性失效；统计外推
中图分类号：U661.32

0 引 言

IMO 通过多年的努力，目前已形成了包含五种稳性失效模式、三个层次衡准评估以及操作指南的二代完整稳性规范体系。其中，国际海事组织海事安全委员会 102 次会议于 2020 年 12 月以通函形式批准并颁布实施了《第二代完整稳性衡准暂行指南》，请各成员国在使用《2008 完整稳性规则》A 部分强制性衡准时，将上述暂行指南作为补充措施，并请有关各方，特别是造船厂、船长、船东、船舶经营者和航运公司注意。海事安全委员会赞成继续对该指南进行完善，并不断收集在船舶设计和操作中获取的使用经验[1]。2022 年 4 月海事安全委员会 105 次会议又通过了第二代完整稳性衡准暂行指南的解释性文件通函，并在 IMO SDC 8 次会议上完成了二代完整稳性衡准解释性文件说明的制定。

在第三层直接稳性评估中，《暂行指南》给出了三种衡准安全判定方式：①全概率评估方式；②基于设计场景的概率衡准评估；③基于设计场景的确定性衡准（非概率方式）评估。对于非概率的衡准，常采用一段时间内的平均横摇角或最大横摇幅值来表征衡准值。对于概率衡准，可以采用给定时间内稳性失效概率值来表征衡准值，概率的求解需要采用直接计数的方式，获取发生稳性失效的次数在所有模拟次数中的占比；另一种是采用稳性失效平均时间，该方式将稳性失效事件描述为一个稳态的泊松过程，本文中就是采用这一种方式。在概率衡准中，在给定的时间内需要遭遇足够的稳性失效事件才能得到合理的稳性失效概率或稳性失效平均时间，这会导致稀有率问题。因为在实际的海况下，稳性事件的发生是非常罕见的，合理的稳性失效概率需要模拟得到充分的稳性失效事件数，这进一步增加了模拟时间。因此，为了对概率衡准实施过程进行适当地简化，产生了各种外推方法，本文针对其中的基于有义波高的稳性失效外推方法开展了相应研究。

收稿日期：2022-11-08；修改稿收稿日期：2022-11-26
基金项目：国家自然科学基金资助项目(52001285)

1 数值计算模型

1.1 二代完整稳性衡准评估软件

本文采用中国船舶科学研究中心自主研发的第二代完整稳性衡准评估软件HydroSTAB开展运动预报，该软件按照IMO《第二代完整稳性衡准暂行指南》的要求进行编制，包含瘫船稳性、骑浪/横甩、过度加速度、参数横摇和纯稳性丧失五种稳性失效模式。目前包含五种稳性失效模式第一、二层薄弱性评估的基础版已经发布，直接稳性评估和拓展模块正在不断发展中，图1给出了目前最新软件包含的功能模块构架。

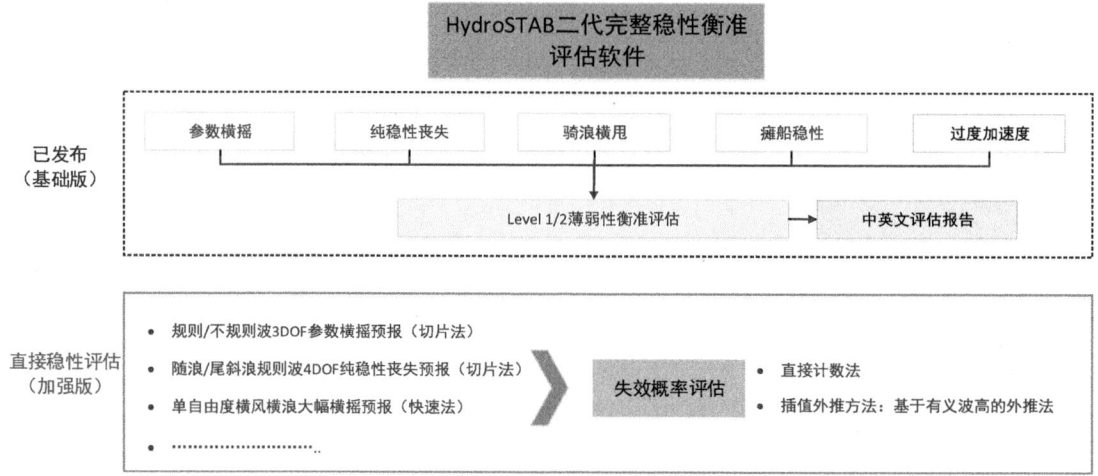

图 1 HydroSTAB 软件功能模块构架

本文中以瘫船稳性失效模式为对象，开展稳性失效率外推方法研究。采用评估软件中单自由度横风横浪中大幅横摇预报模型开展时域运动计算，该方法模型的详细介绍和应用验证见文献[2]。

1.2 泊松过程假设

为了求解稳性失效的平均时间，我们将稳性失效事件假定为一个泊松过程，稳性失效时间T是一个随机的有着定常变化率参数r（与稳性失效率相等，例如单位时间内的稳性失效次数）的指数分布变量。泊松过程假定满足的前提需要保证稳性失效事件之间是相互独立的，所以在实际计算的过程中，当我们模拟遇到第一次的稳性失效事件后就停止计算，并重新开始下一次新的模拟。结合泊松过程的特点，我们可知以下特性[3]：

概率密度函数：

$$f(t;r) = r \cdot e^{-rt}, t \geq 0 \quad 其它为 0 \tag{1}$$

直到遇到稳性失效的期望（平均）时间：

$$E\{T\} \equiv \bar{T} = 1/r \tag{2}$$

直到遇到稳性失效的时间标准差

$$\sigma\{T\} = 1/r = \bar{T} \tag{3}$$

在时间t内至少发生一次稳性失效事件的概率：

$$p = 1 - e^{-rt} = 1 - e^{-t/\bar{T}} \tag{4}$$

或者，对于较小的 rt，$p \approx rt = t/\bar{T}$

变化率参数 r 的最大似然估计：

$$\tilde{r} = N / \sum_{i=1}^{N} T_i \tag{5}$$

直到稳性失效的期望时间的最大似然估计：

$$\tilde{T} = \frac{1}{N} \sum_{i=1}^{N} T_i \tag{6}$$

对应于泊松过程的总和，如果 $T_1,\cdots,T_k$ 是独立的指数分布随机变量，变化率为 $r_1,\cdots,r_k$，则 $\min(T_1,\cdots,T_k)$ 是变化率为 $r_1+\cdots+r_k$ 的指数分布；这一特性对于联合不同稳性失效模式来说是非常方便的。

1.3 基于有义波高的稳性失效率统计外推方法

对于某些发生概率未知的稀有事件来说，当遭遇超越某一波高的一定数量的一组波浪或一组波群时，稳性失效事件就会发生。设 p、n、h 分别代表未知的概率、波数和波高，那么稀有事件的发生率可以近似评估为：$r: p \cdot f(h, n: H_s)$，其中 f 为遭遇可发生特定的稳性失效事件的波群频率。我们知道在实际的海洋环境中，这样的波群一般满足瑞利分布，所以有 $f: e^{(-2nh^2/H_s^2)}$。根据 Tonguc(1986) 等人的研究工作[4]，我们可以得到基于有义波高的稳性失效期望时间的外推方法的表达式：

$$\ln r (or \ln T) = A + B / H_s^2 \tag{7}$$

式(7)中，r 代表稳性失效率（也可以通过平均失效时间来表示），参数 A 和 B 与有义波高 H_s 无关，与船型、装载条件、航速、波浪周期以及浪向有关。在较大的有义波高下，通过直接计数的方式定义参数 A 和 B 来代替未知参数 p、n、h 以实现外推。需要注意的是，在较大的波高进行直接计数时也要保持稳性失效事件充分的稀有性，这样才能保证外推公式的有效性。如果选择的波浪使得稳性失效事件很容易就发生，会导致稳性失效率很高（平均失效时间很小），这样外推小波高的失效率会造成较大的预报误差。

下面介绍该外推方法具体计算过程：

设定直接计算法得到的有义波高 H_{sk} 下的稳性失效率的最大似然估计为 $\hat{r}_k$，其中 $k=1,\cdots,K$；每一个 $\hat{r}_k$ 都是在直接计数遇到 N_k 个（计算每一次的稳性失效率时，N_k 不必保持不变）稳性失效事件后计算得到。依据直接计数法的实施原则，我们可以得到 95% 置信区间的稳性失效率上边界为 $r_{U,k} = \hat{r}_k \cdot 0.5 \chi^2_{1-\alpha/2, 2N_k} / N_k$，$\alpha = 0.05$。

通过计算系列有义波高 H_{sk} 下的稳性失效率 $\hat{r}_k$，我们可以转换得到不同 $1/H_{sk}^2$ 下的 $\ln \hat{r}_k$，通过线性外推可以得到外推的稳性失效率 r_e，其计算公式如下：

$$\ln r_e = \sum_{k=1}^{K} b_k \ln \hat{r}_k \tag{8}$$

其中，系数 b_k 可以通过最小二乘法进行拟合得到，具体计算公式如下：

$$b_k = x/X + (1 - Kx/X)(x_k X - X_2)/(X^2 - KX_2) \tag{9}$$

式中，$X = \sum_{k=1}^{K} x_k$，$X_2 = \sum_{k=1}^{K} x_k^2$，$x_k = 1/H_{sk}^2$；$x = 1/H_s^2$：进行外推的有义波高。

为了求解95%置信区间的外推稳性失效率的上边界，采用大数下的正态分布近似的卡方分布进行计算，应用线性联合正态分布可以得到如下的计算公式：

$$r_{eU} = r_e \cdot 0.5 \chi_{1-\alpha/2, 2N_e}^2 / N_e \tag{10}$$

式中，$\alpha = 0.05$，N_e 计算如下：

$$1/N_e = \sum_{k=1}^{K} b_k^2 / N_k \tag{11}$$

当所有的 N_k 取值都是一样的时候，例如 $N_1 = N_2 = \cdots = N_k = N$，则有 $N_e = N / \sum_{k=1}^{K} b_k^2$。

2 数值模拟中自重复影响分析

2.1 波浪自重复影响

在稳性失效率计算中需要进行长时间的模拟，本文中波浪模型采用的是等分频率法，为了检查波浪自重复是否存在，采用波浪升高的自相关函数 $R_w(\tau_j)$ 来进行检查，自相关函数的一般性计算公式如下[5]：

$$\begin{aligned} R(\tau) &= M\{(X(0)-m_X) \cdot (X(\tau)-m_X)\} \\ &= \lim_{T \to \infty} t \left[\frac{1}{T-\tau} \int_0^{T-\tau} (x(t)-m_X)(x(t+\tau)-m_X)dt \right] \end{aligned} \tag{12}$$

式中，$X(t)$ 代表所有集合的时历记录值，$x(t)$ 则为某一段记录的值。$M\{\ \}$ 为平均值算子，m_X 为理论均值，对于只考虑波浪升高的随机过程来说，这个均值为0。

通过拉普拉斯变换，可以得到以谱密度形式表示的自相关函数，公式如下：

$$R(\tau) = \int_0^\infty S(\omega)\cos(\omega\tau)d\omega; \quad S(\omega) = \frac{2}{\pi}\int_0^\infty R(\tau)\cos(\omega\tau)d\tau \tag{13}$$

考虑波浪密度谱，上式中自相关函数的离散形式可以表示如下：

$$R_W(\tau_j) = \int_0^\infty S_{ZZ}(\omega)\cos(\omega\tau)d\omega \approx \sum_{i=1}^{N} S_{ZZi}\cos(\omega_{wi}\tau_j)\Delta\omega_{wi} \tag{14}$$

式中，$\tau = \Delta t \cdot j$ 为当前的时间，Δt 为时间步长。

无因次化得自相关函数 $r_W(\tau)$ 可以通过除以方差或 $R_w(\tau=0)$ 得到：

$$r_W(\tau) = R_W(\tau)/R_W(0) \tag{15}$$

图2给出了等分频率法的自相关函数(H_S=9 m，T_m=14 s，等分频率数为200)，从图中可以看出自相关函数的幅值一开始很大，然后迅速减小为一个小量。在经历一定的周期后会重复增大，这是因为频率数为200时，本次计算中等分频率间隔为0.011，波浪的自重复周期计算等于564 s（小于本次计算总

时长2 000 s），也就是在这个时间周期之后波形开始重复出现，存在自重复的影响。从自相关函数可以看出，对于一个从重构的时域记录计算得到的自相关函数，自重复影响可以看成是自相关函数的周期性波动，这样的波动预示着在时历过程的某个时间区间内存在不真实的强概率依赖性。

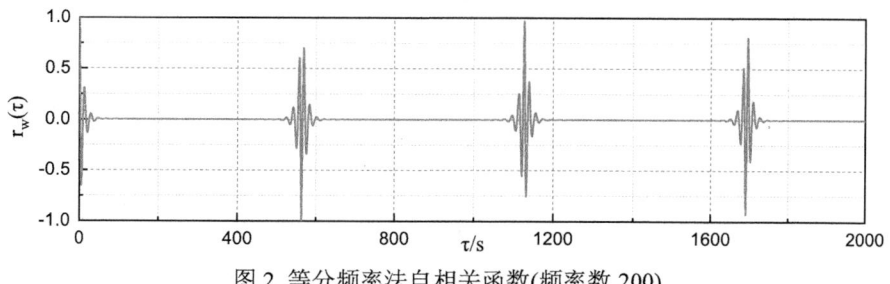

图2 等分频率法自相关函数(频率数 200)

为了更加直观地看出波形的重复，图3给出了模拟中完整的波形曲线，并按照自重复周期选出了三段波形进行对比。可以看出，在每个重复周期内，三组波形的分布十分接近，特别是图中虚线框出的区域，正是波形比较大的地方，三组波浪几乎在同样的时间区间位置产生了较大的波形。所以，对于较长时间的模拟，如果等分频率法的频率间隔较大，就会存在波浪自重复的影响。

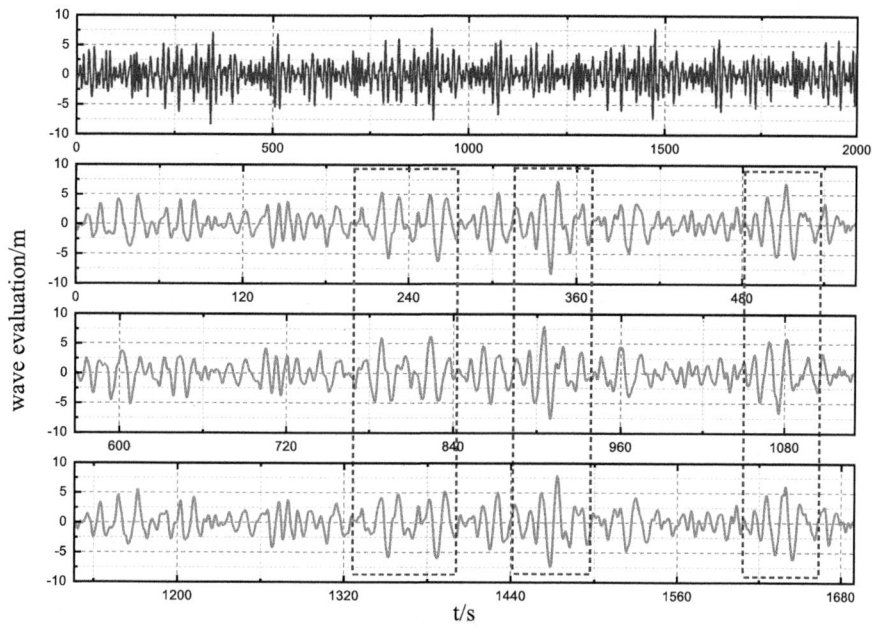

图3 波浪升高时历(等分频率法，频率数 200)

对于等分频率法，解决自重复的方法就是采用较小频率间隔，使得自重复周期要大于模拟的时间，图4给出了频率为1 000时，自相关函数的计算结果。可以看出在整个模拟的2 000 s 内，自相关函数的幅值减小后再也没有增加，这说明本次模拟时间内不存在波浪自重复的影响。但是，必须要指出的是，随着模拟时间增长，频率数也要随之增大才能避免波浪的自重复，这样就无疑增加了计算代价。

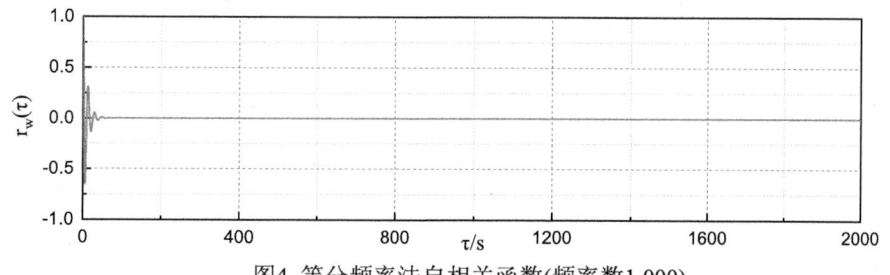

图4 等分频率法自相关函数(频率数1 000)

2.2 横摇运动自重复影响分析

为了检查横摇运动的自重复，采用分位图确认失效时间是否满足指数分布，这是比较简单的检测方式。本文中主要以国际稳性标模CEHIPAR 2792为计算对象，其主尺度见表1。

表 1 CEHIPAR 2792 船型主尺度参数

主要参数	数值	单位
垂线间长 L_{pp}	205.7	m
型宽 B	32.0	m
吃水 d	6.6	m
初稳性高 GM	2.0	m
重心高度 KG	15.858	m
横摇固有周期 T_φ	18.36	s
排水量 W	24585.65	t

本文中横摇运动基于典型的瘫船失效模式，计算中通过改变有义波高的大小来获得不同长度的平均失效时间。模拟中采用两种方式来决定计算时长：一种是有限的计算时间(limit)，每次计算限定在三小时（任何一次模拟中只要发生第一次的稳性失效，不论是否到时间，该次计算立刻停止）；另一种是不限制的计算时间(unlimit)，模拟只在遇到第一次的稳性失效才停止，然后重新开始下一次的模拟。

为了比较失效时间的分布和指数分布，采用分位图（Q-Q 图）来进行比较。因为指数分布的失效时间的累积分布函数为 $F(t)=1-e^{-rt}(t>0)$，那么比值 $T_i/\bar{T}$（T_i 是第 i 次模拟的稳性失效时间，$\bar{T}$ 是平均稳性失效时间）应该等于 $-\ln(1-F_i)$。累积概率密度函数 F_i 可以通过样本数据表示为 $i/(N+1)$。

图 5 分别给出了不同波高下瘫船横摇算例的分位图。图 5(a)给出的波高最小，所以船舶发生失效的次数最少，计算出的稳性失效时间的平均值也就最大，约为 32 小时。从图 5 可以看出，采用不限制时间计算方式得到的失效时间，明显高于指数分布的失效时间，采用有限时间的计算方式得到的失效时间更符合指数分布。而且，采用随机频率或几何分布频率的方式，可以改善不限制时间计算方式得到的失效时间对于指数分布的符合情况。随着波高的增加，平均稳性失效时间会随之减小，计算得到的失效时间也会更加符合指数分布。特别是对不限制计算时间的方式，过高估计指数分布的失效时间的情况会随之明显改善。

所以，这也说明了模拟时间过长，在频率数有限的情况下波浪自重复存在会导致模拟的结果偏离泊松过程。因为对于需要较长时间才会发生的稳性失效，当存在自重复的波浪时，如果还没达到稳性失效就发生了波浪的重复，那么会进一步加长稳性失效的发生时间，从而导致低估失效率的值。因此，考虑到增加频率数带来的计算成本，对于最大的模拟时间应该进行限制。

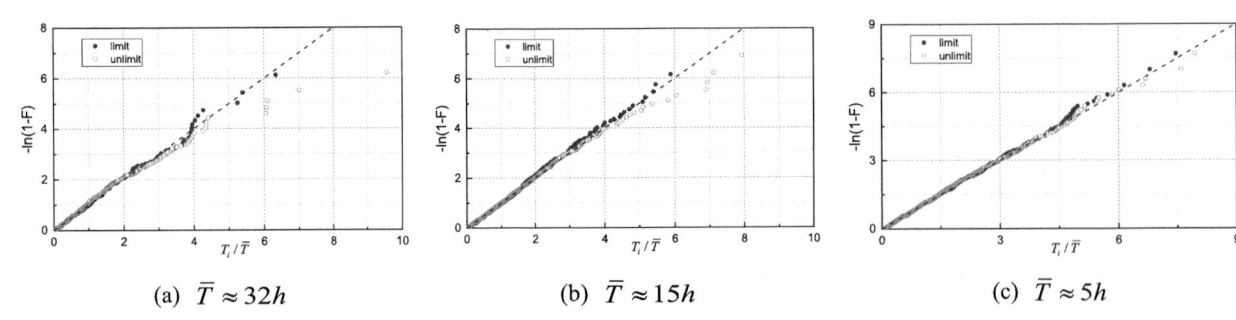

(a) $\bar{T} \approx 32h$ (b) $\bar{T} \approx 15h$ (c) $\bar{T} \approx 5h$

图 5 瘫船横摇算例分位图(等分频率数 200)

3 基于有义波高的稳性失效率统计外推方法计算分析

本文中采用10艘样船开展统计外推计算,具体船型参数见表2所示。每组载况下设置三个波浪周期,同时按照从大到小变化有义波高,每组波浪条件下遭遇200个失效事件即停止计算,并开始下一个波浪条件的模拟。根据前面第2节的分析,相邻两次稳性失效事件之间的模拟时长需要进行适当地处理,以免产生自重复影响,因此每次模拟的时间设定为1小时(根据该模拟时长选择合适的频率数),重复模拟直到遇到新的稳性失效事件的发生。当模拟时间超过9小时还没遭遇失效事件的时候,则停止该波浪条件下的计算。

表 2 计算样船参数

序号	船型	装载条件	Lpp/m	GM/m
1	RO-RO1	FL	179.2	1.20
		LL		2.00
2	RO-RO2	FL	170.5	1.50
		LL		2.20
3	RO-RO3	FL	129.6	1.50
4	RO-RO4	FL	170.5	1.75
		LL		2.30
5	RO-Pax1	FL	127.5	1.63
		LL		2.50
6	RO-Pax2	FL	147.0	2.30
		LL		5.20
7	container ship1	FL	130.0	1.56
8	container ship2	FL	284.2	2.00
		DD		2.20
9	BULK1	DD	186.0	2.68
10	BULK2	FL	222.0	1.40
		LL		1.50

注:FL:满载;LL:压载;DD:设计载况

图6给出了稳性失效的平均时间与稳性失效事件数的关系图,从图中可以看出随着模拟遭遇的稳性失效事件数增加,模拟的稳性失效时间的期望值计算精度越来越高,在遭遇200次左右的稳性失效事件时,稳性失效时间的期望值满足95%置信区间的要求。因此,在每组工况条件下,本文中采用了遭遇200次失效事件就停止模拟的方式。

图7为外推得到的平均失效时间与模拟得到的平均失效时间比值分布图,本文以模拟的最大有义波高和最小有义波高临近的3点、4点和5点的平均失效时间数据进行插值,然后外推最大和最小有义波高对应的平均失效时间。从总体的计算结果看,大部分的计算点都在95%置信区间内,证明了目前外推方法的有效性。

图8为最小有义波高外推得到的稳性平均失效时间示例图,图中左边为保守的外推结果,及外推得到的稳性失效平均时间大于时间模拟的结果,右边为非保守的模拟结果。

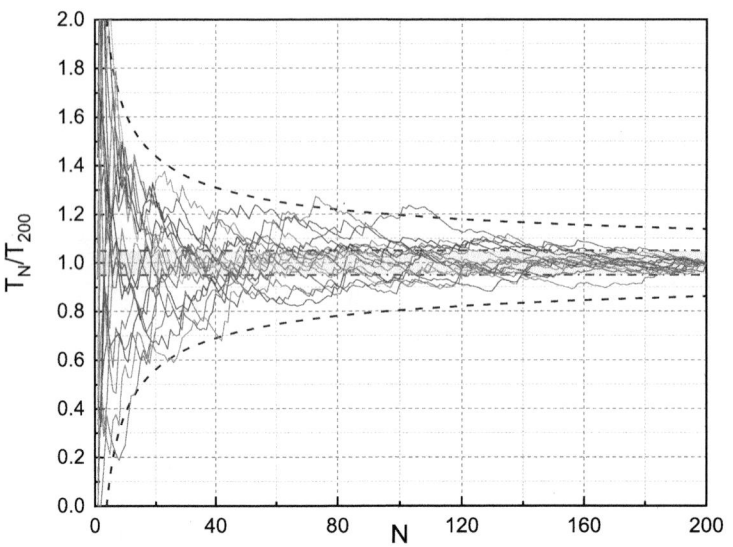

图 6 稳性失效的平均时间与稳性失效事件数的关系图

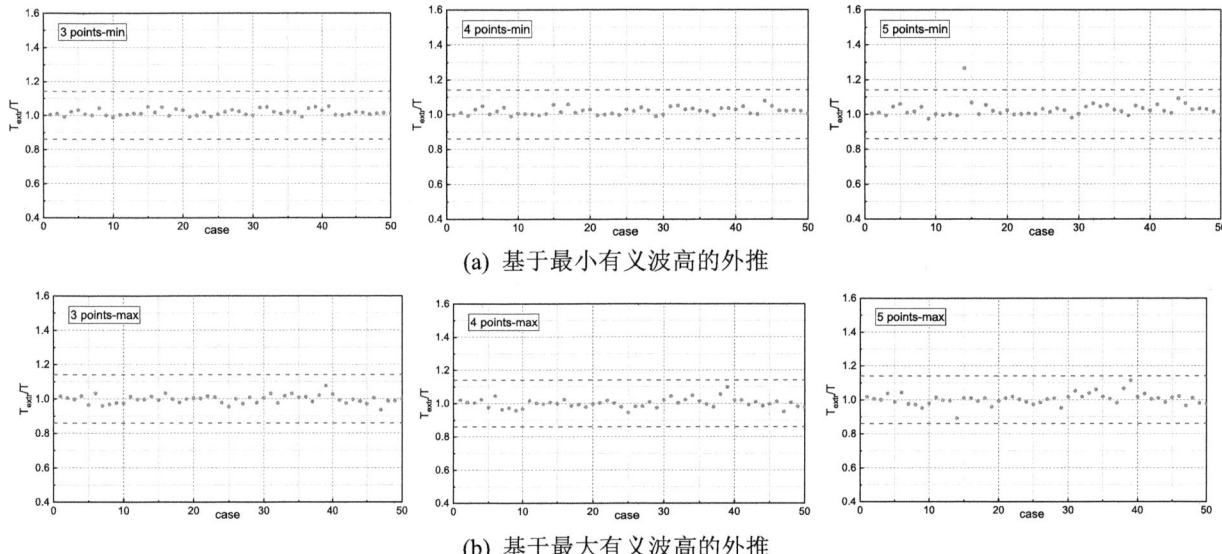

(a) 基于最小有义波高的外推

(b) 基于最大有义波高的外推

图 7 外推得到的平均失效时间与模拟得到的平均失效时间比值分布图

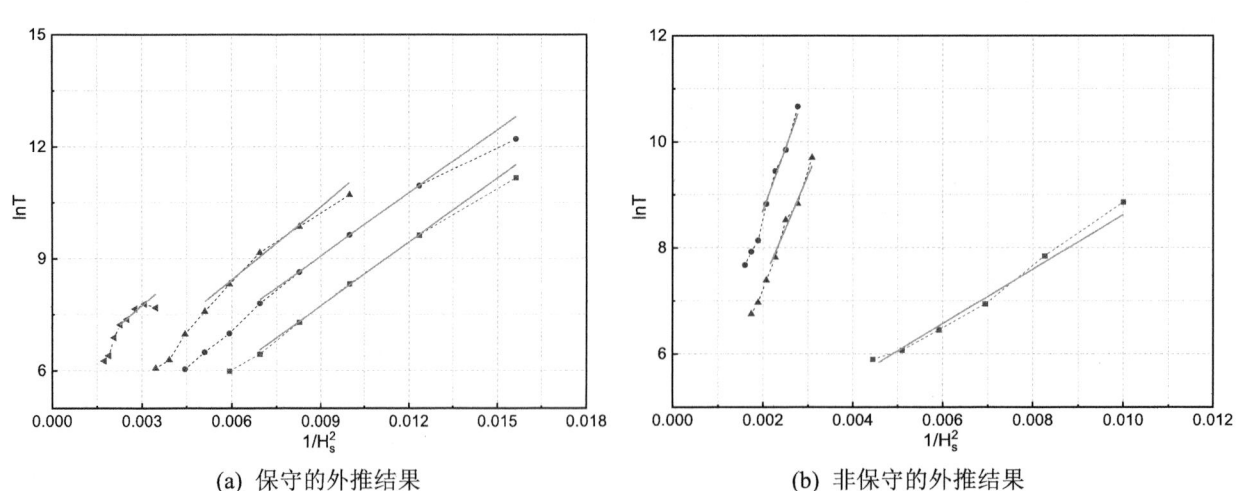

(a) 保守的外推结果　　　　　　　　　　(b) 非保守的外推结果

图 8 最小有义波高外推得到的稳性平均失效时间示例图

4 结 论

本论文以瘫船稳性失效模式为基础，通过一定的样船计算，研究了二代完整稳性直接稳性评估中基于有义波高的统计外推方法。通过本论文的研究工作，可以得到如下的研究结论：

（1）在直接稳性评估中，对于概率性的衡准，为了获取足够精确的稳性失效率，需要进行大量的模拟，在模拟的过程中应当注意波浪和运动自重复的影响，根据波浪生成方式选取合适的单次模拟时间长度；

（2）在概率衡准中，基于有义波高的稳性失效平均率统计外推方法对于简化计算时长是比较实用的一种方式，部分工况下该方法的外推精度还需要进行人工调整，故具有一定的适用范围。

参 考 文 献

[1] IMO MSC.1/Circ.1627. Interim guidelines on the second generation intact stability criteria[C]. Maritime Safety Committee, 2020.

[2] 曾柯. 船舶瘫船稳性衡准技术研究[D]. 北京：中国舰船研究院, 2015.

[3] IMO SDC 3/INF.12. Probabilistic direct stability assessment and operational guidance[R]. 2015.

[4] Tonguć E, Söding H. Computing capsizing frequencies of ships in seaway [C]. Proceedings 3rd Int. conf. on stability of ships and ocean vehicles, 1986.

[5] Belenky V. On Long Numerical Simulations at Extreme Seas [C]. Proceeding of 8th Int Ship Stab Workshop, Istanbul, 2005.

Study on the Method for the Statistical Extrapolation of Stability Failure Rate over Significant Wave Height

ZENG Ke[*1], GU Min[1,2], WANG Tianhua[1], LU Jiang[1]

(1. Key Laboratory on Hydrodynamics, China Ship Scientific Research Center, Wuxi 214082, China;
2. Taihu Laboratory of Deepsea Technological Science, Wuxi 214082, China)

Abstract

The research and development of ship CAE software is of great significance to solving the core problem of numerical prediction of basic performance of ship and ocean engineering, promote the autonomy and control of domestic software, and accelerate the construction of maritime power. Based on the second-generation intact stability criteria software (HydroSTAB) independently developed by China Ship Scientific Research Center, this paper studies the statistical extrapolation method in the direct stability assessment guidelines for the second generation intact stability. Firstly, the HydroSTAB software related functions and the statistical extrapolation method of stability failure rate over significant wave height are briefly introduced in this paper. Secondly, the influence of self-repetition in numerical simulation is analyzed. Finally, through the calculation and evaluation of several typical sample ships, the influence of interpolation points on the extrapolation accuracy is analyzed. It is found that the extrapolation method over significant wave height has good prediction accuracy, and can effectively improve the calculation efficiency of the full probability criteria in the direct stability assessment. The statistical extrapolation method studied in this paper can provide reference for the subsequent research of stability operation guidance.

Key words: Stability in waves; Direct stability assessment; Stability failure; Statistical extrapolation

作 者 简 介

曾　柯　男，1989年生，博士研究生。主要从事船舶波浪稳性及 CFD 水动力等方面工作。

顾　民　男，1962年生，研究员，博士生导师。主要从事船舶流体力学及总体性能等方面研究。

王田华　女，1986年生，高级工程师。主要从事船舶波浪稳性等方面工作。

鲁　江　男，1980年生，研究员。主要从事船舶波浪稳性等方面研究。

*通讯作者：曾柯

HydroSTAB 软件参数横摇预报数学模型验证研究

鲁 江[*1,2]，卜淑霞[1,2]，储纪龙[1,2]，曾 柯[1,2]，王田华[1,2]，顾 民[1,2]

(1. 中国船舶科学研究中，无锡 214082;
2. 深海技术科学太湖实验室，无锡 214100)

摘　要

　　针对船舶工业自主 CAE 软件的需求和国际海事组织(IMO)第二代完整稳性新法规对船舶工业界的挑战，项目组开发了 HydroSTAB 软件，本文首先介绍了 HydroSTAB 软件功能框架，其次构建了顶浪规则波和不规则波中参数横摇预报的垂荡-横摇-纵摇三自由耦合的数学模型。该数学模型中水动力求解采用加强切片法和二维向量法，规则波波中辐射力和绕射力基于平均湿表面，垂荡、纵摇、横摇方向的 FK 力和静水力考虑了瞬时湿表面积分；不规则波中采用频域叠加转时域的方法求解垂荡、纵摇运动，确定出船-波相对位置，然后沿船长方向瞬时湿表面进行压力积分，得出基于 Froude 假设的船舶横摇复原力矩，进而时域求解参数横摇。最后采用国际标模 C11 集装箱船开展了 HydroSTAB 软件计算结果和中国、日本试验结果、三维时域混合源法计算结果的对比，验证了本软件参数横摇数学模型的可靠性，为第二代完整稳性新法规在船舶工业界应用提供了可靠的软件，促进了船舶航行性能自主 CAE 软件的发展。

关 键 词：船舶 CAE；航行性能；第二代完整稳性；HydroSTAB
中图分类号：U661.2+2

0　引　言

　　第二代完整稳性衡准暂行指南(IMO, Msc.1/Circ.1627，2020)[1]于2020年12月10日被国际海事组织(IMO)海事安全委员会(MSC)102届会议批准实施。该衡准针对波浪中完整船舶非线性大幅失稳运动现象，涉及到波浪中操纵性、耐波性、快速性、稳性、概率和非线性动力学等多学科耦合的复杂力学问题，针对该衡准，2022年4月国际海事组织(IMO)海事安全委员会(MSC)105届会议批准了第二代完整稳性暂行指南的解释性文件[2]。尽管如此，第二代完整稳性衡准第三层的直接评估仍旧是船舶界的一个难题。在第二代完整稳性五种稳性失效模式中，参数横摇是船舶学术界关注最多、发表论文最多的模式，但由于参数横摇的非线性特性，准确预报是一个难点。本文采用垂荡-横摇-纵摇三自由耦合的数学模型开展了顶浪规则波和不规则波中参数横摇数值预报验证，并作为项目组开发的第二代完整稳性软件HydroSTAB的子模块，为第二代完整稳性新法规在船舶工业界应用提供了可靠的软件，促进了船舶航行性能自主CAE软件的发展。

1　数学模型

1.1　第二代完整稳性衡准评估软件

　　2021年10月11日中国船舶科学研究中心发布船舶第二代完整稳性衡准评估软件HydroSTAB 1.0基础版，包含五种稳性失效模式第一、二层薄弱性评估，第三层直接评估需要开展时域计算和概率评估，涉及到波浪中操纵性、耐波性、快速性、稳性、概率和非线性动力学等多学科耦合的复杂力学问题，第三

收稿日期：2022-11-10；修改稿收稿日期：2022-11-25
基金项目：工信部高技术船舶项目([2017]614)

层直接稳性评估模块放在HydroSTAB的加强版，第二代完整稳性衡准之外的计算功能，如耐波性RAO、波浪增阻、波浪中回转和破损后稳性放在HydroSTAB的拓展版，直接稳性评估模块和拓展模块正在不断完善中，图1给出了目前最新软件包含的功能模块构架。本文主要验证参数横摇直接评估模块的时域计算功能。

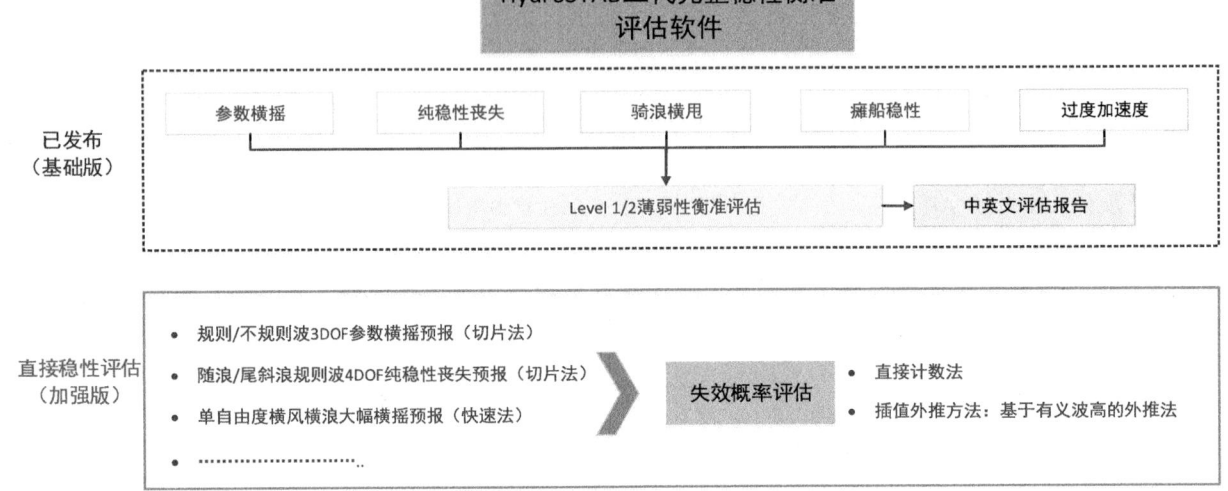

图1 HydroSTAB 软件功能模块构架

1.2 规则波中参数横摇数学模型

船舶顶浪航行时，在耐波性理论里横荡和首摇可忽略，前期研究结果表明在波长等于船长，低速顶浪航行时，纵荡对参数横摇影响是小量。本文采用垂荡-横摇-纵摇耦合的三自由度数学模型。顶浪规则波中参数横摇预报数学模型如下，波浪力和静水力求解采用二维向量法，其中水动力采用Kashiwagi提出的加强积分法[3, 4]求解。文献[5]给出了波浪力求解表达式。

$$\begin{aligned}
(m+A_{33})\ddot{\zeta} + B_{33}\dot{\zeta} + A_{34}\ddot{\phi} + B_{34}\dot{\phi} + A_{35}\ddot{\theta} + B_{35}\dot{\theta} - m \cdot g &= F_3^{\text{FK+B}} + F_3^{\text{DF}} \\
(I_{xx}+A_{44})\ddot{\phi} + N_1\dot{\phi} + N_3\dot{\phi}^3 &= F_4^{\text{FK+B}} + F_4^{\text{DF}} \\
(I_{yy}+A_{55})\ddot{\theta} + B_{55}\dot{\theta} + A_{53}\ddot{\zeta} + B_{53}\dot{\zeta} + A_{54}\ddot{\phi} + B_{54}\dot{\phi} &= F_5^{\text{FK+B}} + F_5^{\text{DF}}
\end{aligned} \quad (1)$$

式中，m：船舶质量；I_{xx}：横摇惯性矩；I_{yy}：纵摇惯性矩；A_{ij}：附加质量/惯性矩，B_{ij}阻尼系数；ζ：垂荡位移；θ：纵摇；ϕ：横摇；N_1、N_3：线性和立方的横摇阻尼系数，本文采用不同航速下自由横摇衰减模型试验的结果；F^{FK+B}：FK力和静水力，通过对瞬时湿表面的积分得到；F^{DF}：绕射力，计算时仅考虑初始平均湿表面。

横摇惯性矩和附加惯性矩之和按照如下公式取值，为便于基于同一基准的比较，本文所有数学模型采用一致的横摇惯性矩。

$$I_{xx} + A_{44} = m \cdot g \cdot GM \cdot \left(\frac{T_\varphi}{2\pi}\right)^2 \quad (2)$$

横摇阻尼按照如下公式取值，A和C由日本大阪大学不同航速下船模自由横摇衰减曲线获得。为便于基于同一基准的比较，本文所有数学模型采用一致的横摇阻尼系数。

$$\alpha = \frac{1}{2}\left(\frac{N_1}{I_{xx}+A_{44}}\right) = \frac{2A}{T_\varphi} = \frac{A}{\pi}\sqrt{\frac{m \cdot g \cdot GM}{I_{xx}+A_{44}}} \quad (3)$$

$$\gamma = \frac{N_3}{I_{xx}+A_{44}} = C \cdot \frac{4T_\varphi}{3\pi^2}\left(\frac{180}{\pi}\right)^2 = C \cdot \frac{8}{3\pi}\sqrt{\frac{I_{xx}+A_{44}}{m \cdot g \cdot GM}}\left(\frac{180}{\pi}\right)^2 \tag{4}$$

1.3 不规则波中参数横摇数学模型

1.3.1 长峰不规则波波形模拟

为避免各单元波圆频率之间存在有理比例，长时间模拟出现波形重复的现象，本文采用能量法生成不规则波波形。第一作者博士学位论文[6]对该理论公式做了介绍。

长峰不规则波采用如下表达式：

$$\zeta_w(t) = \sum_{n=1}^{N} \zeta_n \cos(k_n \xi - \omega_n t + \varepsilon_n) \tag{5}$$

ζ_n 和 ω_n 是各成分波的振幅和频率，k_n 是波数，ξ 是大地坐标系下波浪传播方向距离原点的距离，ε_n 是在 $0 \sim 2\pi$ 变化的随机相位。

文采用ITTC双参数波谱 $S(\omega) = A/\omega^5 \exp(-B/\omega^4)$，$A = 173H_{1/3}^2/T_1^4$，$B = 691/T_1^4$，$N$取1000，波谱所围面积以 $\omega_m = \sqrt{2\pi g/\lambda_m}$ 分成两部分，本文取 $\lambda_m = 5Lpp$，且 $\omega \in [0, \omega_m]$ 时取N_1=50，$\omega \in [\omega_m, \infty]$ 时，取N_2=950。各成分波的振幅 ζ_n 和频率 ω_n 计算公式如下：

$$\begin{cases} \zeta_n = 0.3538 H_{1/3}\sqrt{\exp(-B/\omega_m^4)/N_1} \\ \omega_n = 5.127/T_1/\left(\ln\dfrac{2N_1}{(2n-1.0)\exp(-B/\omega_m^4)}\right)^{0.25} \end{cases} \quad (n \le N_1) \tag{6}$$

$$\begin{cases} \zeta_n = 0.3538 H_{1/3}\sqrt{[1.0-\exp(-B/\omega_m^4)]/N_2} \\ \omega_n = 1.0/\left\{-\ln\left[\dfrac{(n-N_1)-0.5}{N_2} + \exp(-B/\omega_m^4)(1.0-\dfrac{(n-N_1)-0.5}{N_2})\right]/B\right\}^{0.25} \end{cases} \quad (N_1 < n \le N) \tag{7}$$

1.3.2 参数横摇数学模型

本文采用弱三自由耦合数学模型，即横摇复原力计算考虑了垂荡和纵摇的耦合影响，但垂荡纵摇没有考虑横摇的影响。顶浪长峰不规则波中参数横摇预报数学模型如下：

$$\begin{aligned} &(I_{xx}+A_{44})\ddot{\phi} + N_1\dot{\phi} + N_3\dot{\phi}^3 + W \cdot GZ(t,\zeta_G(t),\theta(t),\phi) = 0 \\ &\zeta_G(t) = \sum_{n=1}^{N} \zeta_{Gan}\zeta_n \cos(k_n U \cdot t \cos\chi - \omega_n t - \delta_{3n} + \varepsilon_n) \\ &\theta(t) = \sum_{n=1}^{n} \theta_{an}\zeta_n \cos(k_n U \cdot t \cos\chi - \omega_n t - \delta_{5n} + \varepsilon_n) \\ &W \cdot GZ(t,\zeta_G(t),\theta(t),\phi) = \rho g \int_L y(x,t) \cdot A(x,t)\,dx \end{aligned} \tag{8}$$

ζ_{Gan}，θ_{an} 分别是长峰不规则波中第n个规则谐波单位振幅时的垂荡和纵摇振幅；δ_{3n}，δ_{5n} 分别是其对应的初始相位；$U \cdot t$ 是船舶重心在大地坐标系中前进的距离，利用叠加方法，求解长峰不规则波中时域垂荡 $\zeta_G(t)$ 和纵摇 $\theta(t)$ 运动。$A(x,t)$ 为各横剖面的瞬时浸水剖面面积；$y(x,t)$ 为瞬时浸水横剖面面积心在随船参考坐标系下的坐标，沿船长积分得长峰不规则波中时域船舶复原力臂变化。χ 是航向角，和浪向角呈正负号关系。

1.4 三维时域混合源法规则波中参数横摇数学模型

三维时域混合源匹配法能够综合Rankine源较好地捕捉近壁面大幅运动和时域自由面格林函数自动满足线性自由面和远场辐射条件的优点，因此项目组对三维时域混合源匹配法进行了拓展应用研究，较好的预报了参数横摇[7,8]。为便于基于同一基准的比较，对已拓展应用的三维时域参数横摇预报软件[7,8]的数学模型进行了简化，为避免重复考虑横摇方向的兴波影响，剔除了横摇方向的附加质量和兴波阻尼系数，同时剔除了二阶速度势影响，三维方法和二维方法保持一致的数学模型，采用垂荡-横摇-纵摇耦合的三自由度数学模型，且顶浪时横摇方向绕射力设为零。顶浪规则波中参数横摇预报数学模型如下，FK力和静水力的求解采用三维面元瞬时湿表面积分法，辐射势和绕射势的求解采用三维时域混合源匹配法，即近场采用Rankine源，远场采用三维时域自由面格林函数。三维时域自由面格林函数是数值计算的底层核心和难点，鲁江在文献[9]中讨论了三维时域自由面格林函数密歇根大学Beck团队方法和美国麻省理工学院Newman（1985）的求解方法和编程过程。

$$m\ddot{\zeta} + \sum_{i}^{i=3,5} F_{3i}^{R} - m \cdot g = F_3^{FK+B} + F_3^{D}$$
$$(I_{xx} + A_{44})\ddot{\phi} + N_1\dot{\phi} + N_3\dot{\phi}^3 = F_4^{FK+B} + F_4^{D} \quad (9)$$
$$I_{yy}\ddot{\theta} + \sum_{i}^{i=3,5} F_{5i}^{R} = F_5^{FK+B} + F_5^{D}$$

$$F_j^{FK+B} = \iint_{S_B(t)} -\rho\left(\frac{\partial \phi_0}{\partial t} + gz\right) n_j dS \quad (10)$$

$$F_j^{D} = \iint_{\bar{S}(t)} -\rho \frac{\partial \phi_7}{\partial t} n_j dS \quad (j=3,5)$$
$$F_4^{D} = 0.0 \quad (11)$$
$$F_{ji}^{R} = \iint_{\bar{S}(t)} \rho \frac{\partial \phi_i}{\partial t} n_j dS \quad (j=3,5; i=3,5)$$

$$\frac{\partial \phi_0(t)}{\partial t} = g\zeta_a e^{k_0 z} \cos\{k_0[(x+U \cdot t)\cos\beta + y\sin\beta] - \omega \cdot t\}$$
$$\zeta_0(t) = \zeta_a \cos\{k_0[(x+U \cdot t)\cos\beta + y\sin\beta] - \omega \cdot t\}$$
$$\phi_j(P,Q,t) = \int_0^t \varphi_j(P,Q,t-\tau)\dot{X}_j(\tau)d\tau \quad (j=3,5) \quad (12)$$
$$\phi_7(P,Q,t) = \int_{-\infty}^t \varphi_7(P,Q,t-\tau)\zeta_0(\tau)d\tau$$

$\zeta_0(\tau)/\zeta_0(t)$ 是τ时刻或t时刻随船参考坐标系下的波高，$X_j(\tau)$是τ时刻随船参考坐标系下船j方向运动位移。ϕ_0是入射波速度势，$\phi_j(j=3,5)$是垂荡和纵摇方向辐射波速度势，ϕ_7绕射波速度势。n_j是船舶运动6个方向的分量，$j=1$:纵荡，$j=2$:横荡，$j=3$:垂荡，$j=4$:横摇，$j=5$:纵摇，$j=6$:首摇。β是浪向角度。Z轴向上为正。

1.5 三维时域混合源法不规则波中参数横摇数学模型

1.5.1 长峰不规则波波形模拟

为便于基于同一基准的比较，不规则波形模拟采用1.3.1描述的能量法，保持和二维方法的波形一致。

1.5.2 参数横摇数学模型

不规则中参数横摇数学模型和1.4规则波中参数横摇数学模型一致。采用叠加方法求出时域入射波速度势和入射波波形，FK力和静水力的求解采用三维面元瞬时湿表面积分法，辐射势和绕射势的求解采用三维时域混合源匹配法。

$$\frac{\partial \phi_0(t)}{\partial t} = \sum_{n=1}^{N} g\zeta_{an} e^{k_n z} \cos\left\{ k_n \left[(x+U \cdot t)\cos\beta + y\sin\beta \right] - \omega_n \cdot t + \varepsilon_n \right\}$$
$$\zeta_0(t) = \sum_{n=1}^{N} \zeta_{an} \cos\left\{ k_n \left[(x+U \cdot t)\cos\beta + y\sin\beta \right] - \omega_n \cdot t + \varepsilon_n \right\} \tag{13}$$

2 目标船型

采用第二代完整稳性国际标模巴拿马型C11集装箱船为目标船型。船型的主要参数如表1所示；型线如图2所示；试验模型如图3所示。

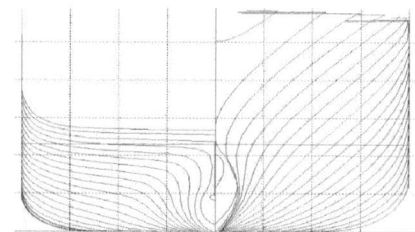
图 2 C11 集装箱船型线图

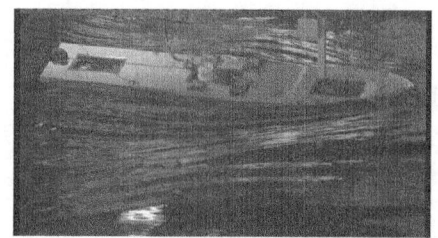
图 3 C11 集装箱船自航模试验照片

表 1 C11 集装箱船主要参数

参数	数值	参数	数值
垂线间长 L_{pp}/m	262.0	方形系数 C_b	0.560
型宽 B/m	40.0	初稳性高 GM/m	1.928
型深 D/m	24.5	重心纵向位置 X_{CG}/m	5.483 (aft)
艏吃水 T_f/m	11.5	纵摇回转半径 κ_{yy}/m	0.24 L_{pp}
平均吃水 T/m	11.5	横摇固有周期 T_φ/s	24.68
艉吃水 T_a/m	11.5	螺旋桨直径 D_p/m	8.40

3 计算结果与分析

3.1 规则波中计算结果

参数横摇是船舶波浪中典型的失稳模式之一，研究的学者很多，大多能实现定性预报和一定程度的定量预报。从图4可以看出，三自由度数学模型能够一定程度的定量预报顶浪规则波中参数横摇。二维非线性切片法和三维时域混合源法是目前参数横摇预报的主流方法，本文针对这两个方法的验证表明，规则波中参数横摇能实现一定程度的定量预报，但由于参数横摇的强非线性特性和发生的参数条件敏感性，在参数横摇临界点数值预报的横摇幅值还存在一定的偏差。尽管目前学术界对参数横摇的发生机理和预报方法已经掌握，但针对所有船型和不同海况的准确预报还没有真正实现，对影响参数预报精度的潜在影响因素仍需要深入研究。

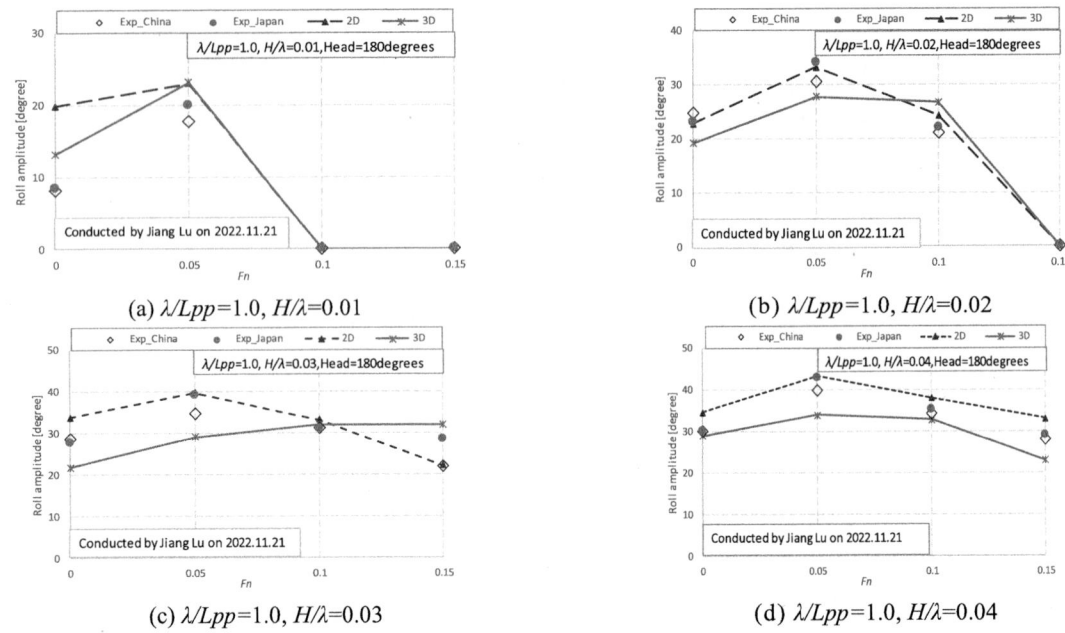

(a) $\lambda/Lpp=1.0, H/\lambda=0.01$ (b) $\lambda/Lpp=1.0, H/\lambda=0.02$

(c) $\lambda/Lpp=1.0, H/\lambda=0.03$ (d) $\lambda/Lpp=1.0, H/\lambda=0.04$

图 4 顶浪规则波中不同波高时参数横摇幅值随航速变化

3.2 不规则波中计算结果

针对不规则波中参数横摇，开展了两组波高、两个航速下的参数横摇计算结果和试验对比。图 5 和图 6 中，每种海况都针对 10 个种子数的随机波浪开展了计算，二维非线切片法能够明显重现参数横摇的非各态历经特性，三维时域面元法重现参数横摇的非各态历经特性不够明显。二维非线切片法和三维时域面元法都能定量预报不规则波中参数横摇最大值。

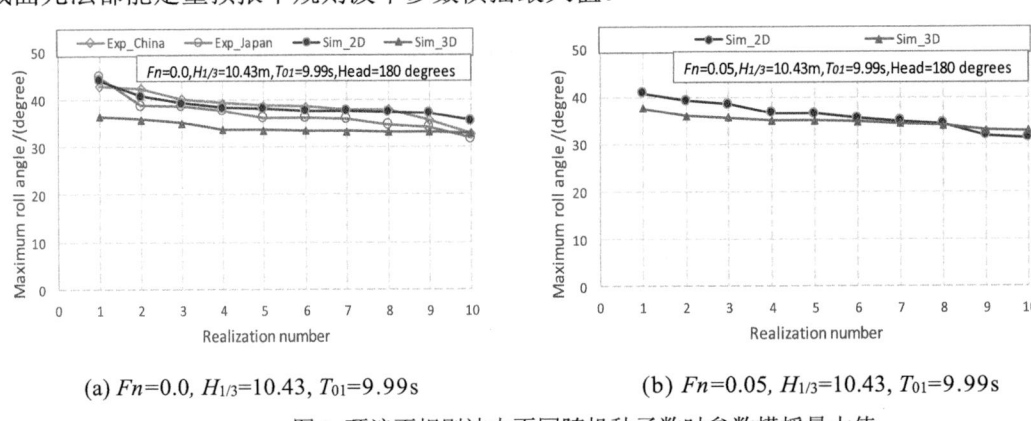

(a) $Fn=0.0, H_{1/3}=10.43, T_{01}=9.99s$ (b) $Fn=0.05, H_{1/3}=10.43, T_{01}=9.99s$

图 5 顶浪不规则波中不同随机种子数时参数横摇最大值

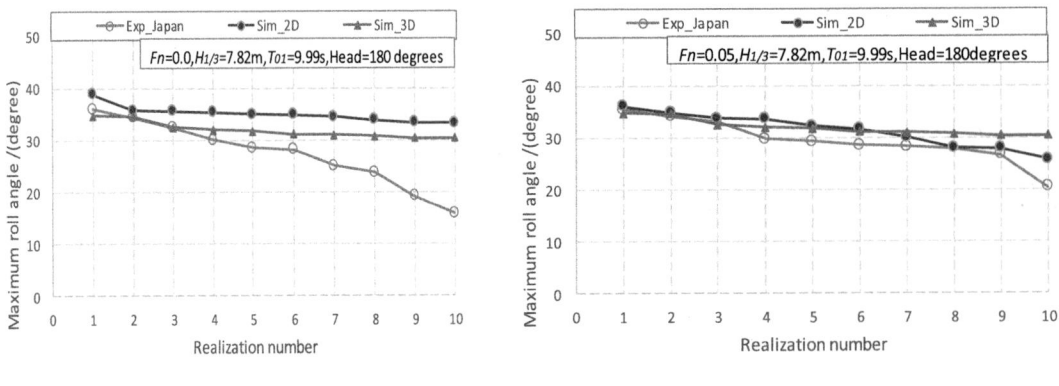

(a) $Fn=0.0, H_{1/3}=7.82, T_{01}=9.99s$ (b) $Fn=0.05, H_{1/3}=7.82, T_{01}=9.99s$

图 6 顶浪不规则波中不同随机种子数时参数横摇最大值

为便于基于同一基准的比较,二维和三维方法波形完全一致,输入的横摇惯性矩和横摇阻尼一致,输入的船舶型值一致,采用的数学模型一致,二维非线切片法和三维时域面元法的差异还是很明显。两种方法在横摇方程理论上完全一致,波形一致,区别在于垂荡、纵摇的水动力计算方法不一样,导致确定船-波相对位置的时域垂荡、纵摇运动,即时域垂荡、纵摇的不一致,进而导致横摇方向时域 FK 力和静水力不一致,是参数横摇预报出现差异的主要原因。

4 结 论

以国际标模 C11 集装箱船为目标船型,开展了 HydroSTAB 软件参数横摇计算结果和中国、日本试验结果、三维时域混合源法计算结果的对比,得出如下结论:

(1) 采用垂荡-横摇-纵摇耦合的 3 自由度数学模型,二维非线性切片法和和三维时域混合源法都能一定程度实现顶浪规则波参数横摇定量预报,可以用于实船工程预报;

(2) 采用垂荡-横摇-纵摇耦合的 3 自由度数学模型,二维非线性切片法和三维时域混合源法都能很好的预报顶浪不规则波中参数横摇最大值,可以用于实船工程预报;

(3) 顶浪中横摇模型一致,波形一致,二维非线性切片法和三维时域混合源法的水动力计算方法不一样,计算的时域垂荡、纵摇不一致,是参数横摇预报出现差异的主要原因。

致 谢

本文部分研究内容和 C11 船型及日本试验数据来自日本大阪大学梅田直哉教授,本文工作得到工业和信息化部高技术船舶项目资助和船舶二代稳性研究项目组的支持,对上述机构和个人表示诚挚的感谢。本文作者对上述机构和个人表示诚挚的感谢。

参 考 文 献

[1] IMO. Interim guidelines on the second generation intact stability criteria[S]. Msc.1/Circ.1627, 2020.

[2] IMO. SDC 8/WP.4. Development of explanatory notes to the interim guidelines on second generation intact stability criteria[R]. Report of the Drafting Group, 2022.

[3] KASHIWAGI M. Prediction of surge and its effect on added resistance by means of the enhanced unified theory[J]. Trans West-Japan Soc Nav Arch, 1995, 89: 77-89.

[4] KASHIWAGI M, IKEDA T. SASAGAWA T. Effects of forward speed of a ship on added resistance in waves[J]. International Journal of Offshore and Polar Engineering, 2010, 20(2): 1-8.

[5] 祁江涛, 鲁江. 尾斜浪中纯稳性丧失直接评估方法研究[J]. 船舶, 2022, 4: 63-74.

[6] 鲁江. 船舶迎浪中考虑波浪增阻影响的参数横摇预报[D]. 大连: 大连理工大学, 2011.

[7] 卜淑霞, 鲁江, 顾民, 等. 基于三维时域混合源法的顶浪不规则波参数横摇研究[J]. 船舶力学, 2018, 22(8): 926-934.

[8] 储纪龙, 顾民, 鲁江, 等. 规则波中参数横摇直接稳性评估方法研究[J]. 水动力学研究与进展, 2019, 34(1): 39-44.

[9] 鲁江, 张楠, 张新曙, 等. Study on Beck's and Newman's methods of 3 D time-domain green function with forward speed[C]// 镇江: 第十二届格林函数研讨会, 2022.

Validation of the Mathematical Model of Parametric Roll in the Software of HydroSTAB

LU Jiang[*1,2], BU Shuxia[1,2], CHU Jilong[1,2], ZENG Ke[1,2], WANG Tianhua[1,2], GU Min[1,2]

(1. China Ship Scientific Research Center, Wuxi 214082, China;
2. Taihu Laboratory of Deepsea Technological Science, Wuxi 214100, China)

Abstract

Given the requirements for self-developed CAE software in the shipbuilding industry and the challenges posed by the IMO second-generation intact stability criteria, the project team developed a software named HydroSTAB. Firstly, the framework of the HydroSTAB software is introduced. Secondly, the heave, roll, and pitch coupled 3 DOF mathematical model is established for predicting parametric rolling in regular and irregular head seas. This mathematical model solves the hydrodynamic force using the enhanced strip method and two-dimensional vector method. The radiation and diffraction forces are obtained based on the average wet hull, and the FK and hydrostatic forces in heave, pitch, and roll directions are obtained considering the instantaneous wet hull. The ship's relative position to irregular waves is determined with heave and pitch motions obtained by the frequency-domain superposition to the time domain. Then the nonlinear Froude-Krylov component of restoring variation is calculated by integrating wave pressure up to the wave surface. Finally, the international standard model C11 container ship is used. The calculation results of HydroSTAB software, the test results of China and Japan, and the calculation results of the 3D time-domain hybrid source method are compared, which verifies the reliability of the mathematical model of the parameter rolling used in this software. This study provides reliable software for applying the second-generation intact stability criteria in the shipbuilding industry and promotes the development of independent CAE software for ship performance.

Key words: Ship CAE; Navigation performance; Second generation intact stability; HydroSTAB

作者简介

鲁　江　男，1980年生，研究员。主要从事波浪中船舶极端失稳运动、势流理论等方面工作。
卜淑霞　女，1989年生，高级工程师。主要从事波浪中完整/破损船舶极端失稳运动等方面工作。
储纪龙　女，1987年生，高级工程师。主要从事波浪中船舶极端失稳运动等方面工作。
曾　柯　男，1989年生，工程师。主要从事波浪中船舶极端失稳运动概率评估等方面工作。
王田华　女，1985年生，高级工程师。主要从事波浪中船舶极端失稳运动等方面工作。
顾　民　男，1961年生，研究员。主要从事船舶水动力学等方面工作。

*通讯作者：鲁江

面向破舱稳性设计的协同优化算法

尚小雪[1]，黄晓皓[1]，杨春蕾[2]，盛庆武[2]

（1. 上海交通大学 电子信息与电气工程学院，上海 200240；
2. 中国船舶及海洋工程设计研究院，上海 200011）

摘 要

在船舶设计中破舱稳性是衡量安全性的重要指标，随着安全标准的提升，破舱稳性计算越来越耗时，基于破舱稳性的分舱优化应用受制于优化效率。此论文针对船舶稳性多维多极值、计算时间长的缺点，建立了一个协同优化框架，有效地协调了强化学习、粒子群优化和破舱稳性计算。通过基于强化学习的船舶破舱稳性协同优化算法，实现了水密舱壁位置方案的更新方案选择。实验结果表明，协同优化方法使破舱稳性 A 值提升了 15.3%，在一定的迭代次数时与传统的优化模型相比，计算时间较传统优化模型相比减少了 94.4%。

关 键 词：破舱稳性；船舶设计；强化学习；协同优化
中图分类号：U662.2

0 引 言

破舱稳性是指船舶在舱壁破损进水条件下，仍能保持一定稳性而不倾覆和沉没的能力[1]。为减少船舶失稳倾覆造成的生命安全和财产的重大损失，提高船舶的破舱稳性至关重要。

Hu[2]分析了船舶破舱稳性的概率方法，考虑了影响破舱稳性A值的主要因素。Maciej[3]讨论了提高破舱稳性的几种分舱方法及其应用中存在的问题。Serdar[4]用粒子群算法对滚装客船的破损稳性进行了优化。强化学习与元启发式算法的结合也已成功运用于船舶破舱稳性的优化问题中。Turan[5]使用非支配排序遗传算法II对滚装客船的A值、极限KG和装载能力进行多目标优化，并利用Q学习来提高优化效果，然而A值的增加还不够高，且优化的耗时过长。

本文研究了粒子群算法和强化学习算法的协同，并验证了其在破舱稳性优化中的有效性。本文使用强化学习对粒子群算法参数自适应更新并与船舶分舱破损稳性专业软件协同寻优，在实验中经过标准测试函数的检验，以及在某海洋测量船模型上的破舱稳性优化仿真实验，实现了破舱稳性指标和计算效率的提升。

1 破舱稳性

1.1 概率方法

对于船舶的破舱稳性，计算方法包括确定性和概率性。根据船舶行业的实践与科研人员的研究[6]，概率性方法更加符合实际情况。由于船舶破损时的外部环境条件和自身状态都具有一定的随机性，本文采用概率性方法，以船舶破损和进水后的剩余能力为判据，计算其破舱稳性值A来表示破损后船舶的维稳能力。因此，A值应该尽可能大。A值的计算公式如式(1)、式(2)所示：

收稿日期：2022-10-13；修改稿收稿日期：2022-10-28

$$A = 0.4A_s + 0.4A_p + 0.2A_l \tag{1}$$

$$A_c = \sum_{i=1}^{t} p_i s_i v_i \tag{2}$$

式中，A_c为载况c条件下的破舱稳性指数，s、p、l分别代表船舶的最深吃水、部分吃水和轻载吃水载况，船舶损坏包括一个或一组相邻舱室，t表示考虑的隔室组合的数量，p_i表示第i个舱室组合进水的概率，s_i表示第i个舱室组合进水后船舶残存的概率，v_i表示第i个破损舱室组合的水平水密限界面不超过水线以上给定高度的概率。式(1)表明，最终的破舱稳性A值为多个载况吃水条件下的加权叠加。

1.2 数学表示

船舶破舱稳性优化问题的目标是在以水密舱壁的位置分布为自变量的可行空间内寻找到最大的破舱稳性A值，以及其所对应的各水密舱壁位置，如式(3)所示：

$$\max A(X,Y,Z) = \sum_{c \in \{s,p,l\}} \alpha_c \sum_{i=1}^{t} p_{ci}(X,Y,Z) s_{ci}(X,Y,Z) v_{ci}(X,Y,Z) \tag{3}$$

s.t.

$$g_j(X,Y,Z) \leq 0, j=1,2,\cdots,M \tag{4}$$

式中，$X=(x_1,\ldots,x_m)$，$Y=(y_1,\ldots,y_n)$，$Z=(z_1,\ldots,z_p)$，m、n、p代表横向、纵向和水平方向上为船舶设计的水密舱壁的数量。c表示船舶载况，取s、p、l分别表示满载吃水、部分吃水和空载吃水载况，α_c的值分别取$\alpha_s=0.4$、$\alpha_p=0.4$、$\alpha_l=0.2$。本文将如图1所示的海洋测量船作为优化对象。M个船舶的约束条件$g_j(X,Y,Z) \leq 0$包括表1中的约束方程和表2中的取值范围，各水密舱壁变量(X,Y,Z)如表2所示。

表1 测量船的约束条件

No	约束	定义
1	$h_{deck}^{\min} - |z_1 - 0| \leq 0$	对船舶甲板高度的要求
2	$h_{deck}^{\min} - |D - z_2| \leq 0$	
3	$l_{deck}^{\min} - |x_2 - x_1| \leq 0$	对机舱长度的要求
4	$V_{FOT}^{\min} - V_{FOT} \leq 0$	
5	$V_{FOT} - V_{FOT}^{\max} \leq 0$	
6	$V_{FWT}^{\min} - V_{FWT} \leq 0$	
7	$V_{FWT} - V_{FWT}^{\max} \leq 0$	对机舱体积的要求
8	$V_{FBT}^{\min} - V_{FBT} \leq 0$	
9	$V_{FBT} - V_{FBT}^{\max} \leq 0$	
10	$V_{LOT}^{\min} - V_{LOT} \leq 0$	
11	$V_{LOT} - V_{LOT}^{\max} \leq 0$	

表2 测量船水密舱壁变量

No	符号	含义	设计初值	取值范围		取值步长
				下极限	上极限	
1	x_1	艉尖舱壁	40.0	40.0	55.0	1.0
2	x_2	机舱舱壁	59.0	59.0	63.0	1.0
3	x_3	横舱壁01	89.0	89.0	93.0	1.0
4	x_4	横舱壁02	109.0	109.0	114.0	1.0
5	x_5	横舱壁03	145	145.0	151.0	1.0
6	x_6	横舱壁04	161.0	161.0	167.0	1.0
7	x_7	横舱壁05	180.0	180.0	185.0	1.0
8	x_8	横舱壁06	200.0	194.0	200.0	1.0
9	x_9	横舱壁07	224.0	208.0	224.0	1.0
10	x_{10}	艏部舱壁	230.0	225.0	230.0	1.0
11	y_1	边舱壁	4.0	2.0	4.0	0.5
12	y_2	边舱壁	6.0	4.5	6.0	0.5
13	y_3	边舱壁	9.0	6.5	9	0.5
14	z_1	第一层甲板	7	5.0	7.0	0.5
15	z_2	第二层甲板	10	8.0	10.0	0.5

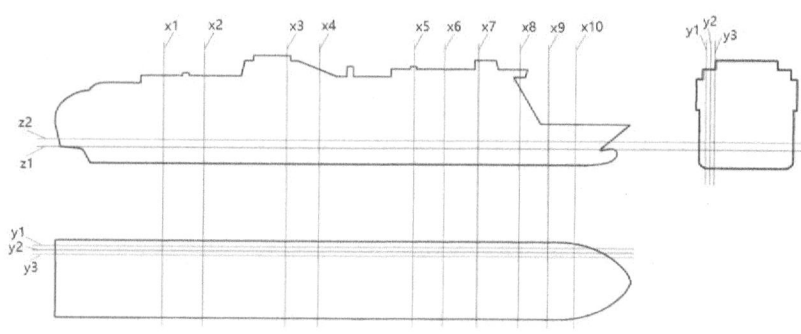

图1 测量船的横向、纵向、水平方向剖面图

2 优化算法

基于强化学习和粒子群算法的协同优化算法在船舶破舱稳定性设计中的框架如图2所示。

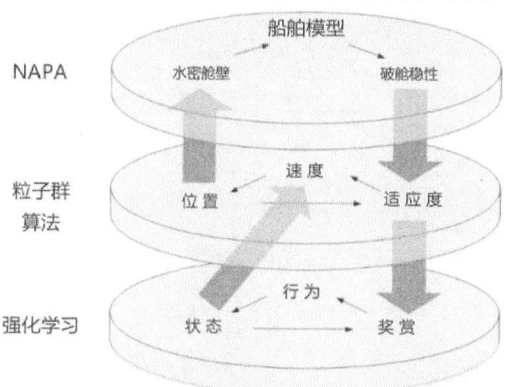

图2 破舱稳性协同优化算法框架示意图

2.1 粒子群优化算法(PSO)

在粒子群算法中，每个粒子都有自己的位置和速度，每个位置根据目标函数计算其适应度[7]。随着迭代次数的增加，整个粒子群收敛到最优适应值位置。在迭代过程中，质点速度和位置的更新公式为(5)和(6)：

$$v_i^{k+1} = wv_i^k + c_1 r_1 \left(p_i^k - x_i^k \right) + c_2 r_2 \left(g^k - x_i^k \right) \tag{5}$$

$$x_i^{k+1} = x_i^k + v_i^{k+1} \tag{6}$$

x_i^k和v_i^k指第i个粒子在第k次迭代中的位置向量和速度向量。p_i^k和g^k分别表示个体和全局最优位置。r_1和r_2是在(0，1)范围内服从均匀分布的随机数。c_1和c_2为认知系数和社会系数。w是惯性系数。

2.2 强化学习

在强化学习中，智能体通过采取合适的行动改变自身的状态，在与环境的循环交互中获得一定的奖赏，旨在能在环境中获得尽可能多的奖赏。强化学习基于马尔可夫决策算法[8]，智能体与环境不断地进行交互，产生交互的结果，继续优化下去，最终得到最优的策略。

Q学习是强化学习中的一种基于价值的无模型学习方法[9]，其中Q值表示在依据当前的策略下对智能体的动作进行选择与状态改变，得到的包含时间折扣系数的奖赏之和。一般把Q值存放在一张Q表中，智能体的每个状态和行动均能查询到一个对应的Q值。

2.3 协同优化算法

把粒子群算法中的粒子代入强化学习中的智能体。把粒子的可行空间代入强化学习的环境。强化学习的状态为该粒子当前的搜索操作。在该算法中，搜索操作包括探索、收敛和跳跃操作。强化学习的行动为该粒子的下一个搜索操作。Zhan等人[10]指出，粒子群的探索操作和收敛操作可以自适应地切换。在协同优化算法框架中，Q学习决定着粒子的操作，自适应地切换。当粒子的搜寻效果好时，粒子就能获得正值奖赏，否则会获得负值奖赏。

协同优化算法应用于船舶破舱稳性优化的过程如图3所示。整个优化过程可分为三个板块，分别为粒子群算法部分、破舱稳性计算部分、Q学习部分。其中船舶模型建立、数值计算、动态进水模拟采用船舶分舱破损稳性专业软件来进行，优化程序需要与专业软件进行通信，粒子群算法的粒子位置需要转换为水密舱壁以提供给专业软件使用，其计算出的A值转化为粒子群算法的适应度并进行迭代计算。粒子群算法将每次所得到的适应度大小变化作为Q学习中Q表的更新依据。根据Q表中的Q值选取粒子群中各粒子的位移与速度更新的方法。如此循环迭代，直到迭代次数满足结束的要求。

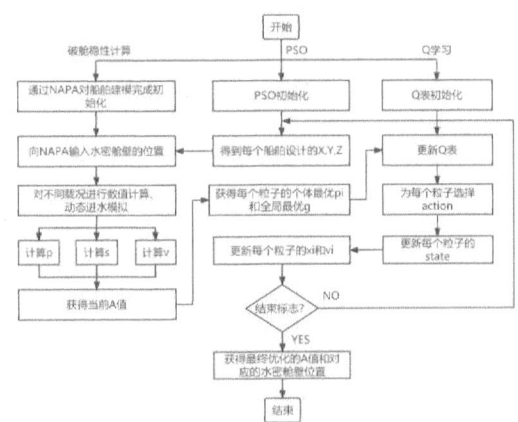

图3 船舶破舱稳性协同优化算法流程图

3 实验

3.1 优化算法对比实验

实验选择了三种测试中常用的单峰、多峰函数，即Sphere, Schwefel 2.22, Alpine函数。图4是分别使用协同优化算法和粒子群算法运行上述三个测试函数1000次，得到的结果方框图。方框图显示出了结果的最小值、下四分位数、中间值、上四分位数和最大值。图5分别展示了协同优化算法和粒子群算法在三个测试函数上优化的对数坐标图。

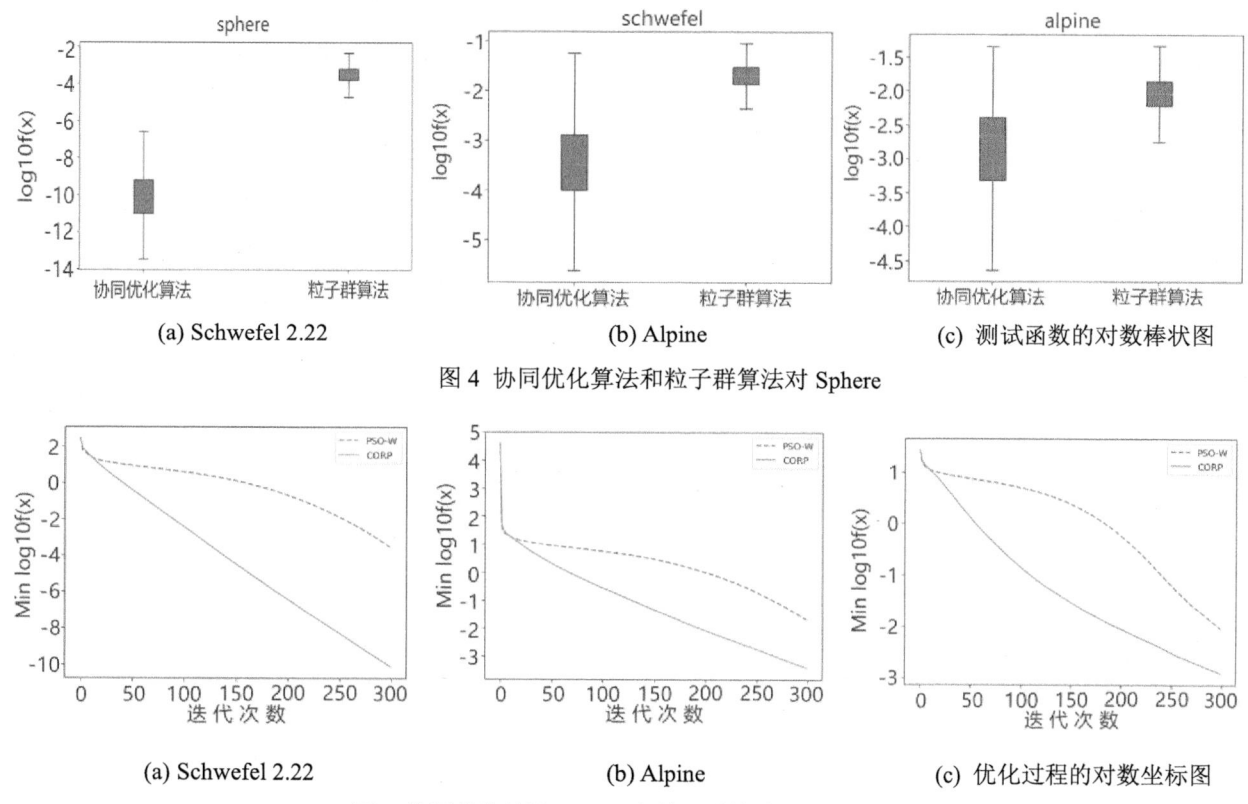

(a) Schwefel 2.22　　　　(b) Alpine　　　　(c) 测试函数的对数棒状图

图 4 协同优化算法和粒子群算法对 Sphere

(a) Schwefel 2.22　　　　(b) Alpine　　　　(c) 优化过程的对数坐标图

图 5 协同优化算法(CORP)和粒子群算法(PSO-W)对 Sphere

可以看出，在不同的测试函数下，协同优化算法的优化速度要快于粒子群算法，但也更不稳定，方差更大。随着迭代次数的增加，协同优化算法的目标函数先快速接近最小值，然后在最小值附近深度挖掘和进行搜索。上述结果直观表明，对于上述形态测试函数的目标函数优化问题，协同优化算法比传统的粒子群算法具有更优的收敛速度和优化效果。

3.2 船舶破舱稳性优化的试验研究

以如图1、水密舱壁变量如表1所示的海洋测量船为实验对象，使用协同优化算法和粒子群算法进行破舱稳定性优化，原设计值为根据工程经验设计的船舶水密舱壁值。其优化过程如图6所示。

可以看出，协同优化算法的收敛速度和优化结果都优于粒子群算法。协同优化算法在第124次迭代中破舱稳性A值到达最优值0.792 258，实现破舱稳性A值提升15.3%。用时33921秒，比传统使用的优化模型时间降低了94.4%。

经过协同优化算法优化后，该测量船水密舱壁位置分布改变如图7所示。

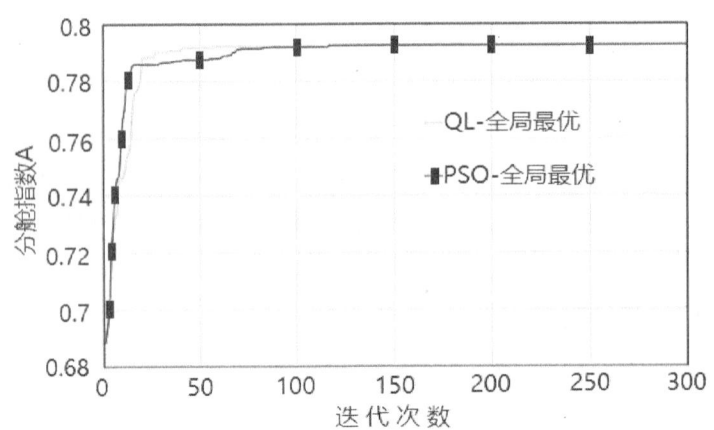

图 6 协同优化算法(CORP)和粒子群算法(PSO-W)对测量船破舱稳性优化过程中最优值的变化

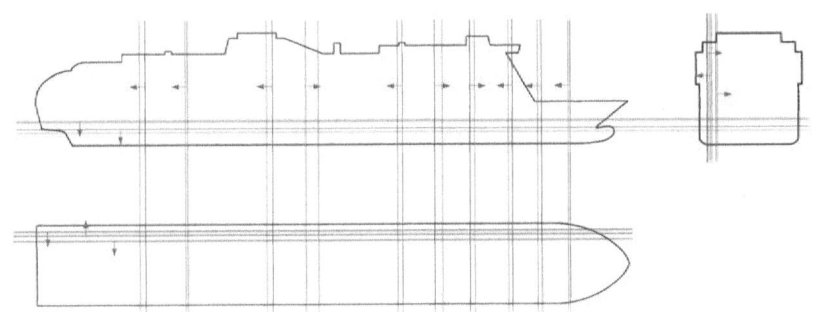

图 7 协同优化算法前后测量船各水密舱壁位置变化对比图

4 结 论

针对船舶破舱稳性的优化设计，本文建立了一个结合 Q 学习和粒子群算法的协同优化框架。对三种常用的单峰、多峰测试函数进行优化实验，证明了该协同优化算法比粒子群算法收敛更快，更不易陷入局部最优。将协同优化算法应用于测量船的破舱稳性优化设计中，证明了其在提高破舱稳性 A 值上的有效性和可行性。本文采用的破舱稳性优化算法是一种单目标优化算法，为后续的船舶设计多目标优化算法提供了基础。本文获国家重点研发计划 2019YFB1705800 部分资助。

参 考 文 献

[1] 郑宇. 客滚船破舱稳性及破舱进水 CFD 时域模拟研究[D]. 上海: 上海交通大学, 2017.

[2] HU T. Probability calculation of ship damage stability and its influence on subdivision[J]. Journal-shanghai Jiaotong University, 1997, 31: 24-29.

[3] AACIEJ P, RO/RO ship survivability[J]. The Naval Architect, 1995(3), 163-164.

[4] SARIOĞLU B S. Optimization of damage stability characteristics in RO-RO passenger ship design[J]. GiDB Dergi, 2018 (12): 3-20.

[5] TURAN O, Cui H. A reinforcement learning based hybrid evolutionary algorithm for ship stability design[M]// Variants of Evolutionary Algorithms for Real-World Applications. Springer, Berlin, Heidelberg, 2012: 281-303.

[6] 周晓明, 张明霞, 林焰, 等. 驳船的影响概率破舱稳性单因素研究[J]. 中国造船, 2007, 48(4): 11-18.

[7] MARITIME SAFETY COMMITTEE. Adoption of amendments to the international convention to the safety of life at sea, 1974, as amended[J]. Resolut. MSC, 2006, 216: 82.

[8] SHANI G, HECKERMAN D, BRAFMAN R I, et al. An MDP-based recommender system[J]. Journal of Machine Learning Research, 2005, (6): 1265-1295.

[9] BENNIS M, NIYATO D. A Q-learning based approach to interference avoidance in self-organized femtocell networks[C]// 2010 IEEE Globecom Workshops. IEEE, 2010: 706-710.

[10] ZHAN Z H, ZHANG J, YUN L, et al. Adaptive particle swarm optimization[J]. IEEE Transactions on Systems, Man, and Cybernetics, Part B: Cybernetics, 2009, 39(6): 1362-1381.

A Collaborative Optimization Algorithm for Damaged Stability Design

SHANG Xiaoxue[1], HUANG Xiaohao[1], YANG Chunlei[2], SHENG Qingwu[2]

(1. School of Electronic Information and Electrical Engineering, Shanghai Jiao Tong University, Shanghai 200240, China;

2. Marine Design & Research Institute of China, Shanghai 200011, China)

Abstract

Damage stability is an important performance index to measure safety in ship design. With the improvement of safety standards, damage stability calculation becomes more and more time-consuming. The application of subdivision optimization based on damage stability is subject to optimization efficiency. In this paper, a collaborative optimization framework is established to effectively coordinate reinforcement learning, particle swarm optimization and damage stability calculation. Through the collaborative optimization algorithm of ship damage stability based on reinforcement learning, the updating scheme selection of watertight bulkhead position is realized. The experimental results show that the cooperative optimization method can improve the damage stability A value by 15.3%, and the calculation time is reduced by 94.4% compared with the traditional optimization model at a certain number of iterations.

Key words: Damaged stability; Ship design; Reinforcement learning; Collaborative optimization

作 者 简 介

尚小雪　女，1999年生，硕士研究生。主要从事优化算法和仿真方面研究。

黄晓皓　男，1996年生，开发工程师。主要从事机器学习算法开发方面研究。

杨春蕾　男，1982年生，高级工程师。主要从事船舶水动力优化方面研究。

盛庆武　男，1971年生，研究员。主要从事船舶总体与性能方面研究。

基于船舶纯稳性丧失的船型优化计算

王田华[1*]，顾 民[2]，曾 柯[1]，储纪龙[1]

（1. 中国船舶科学研究中心，无锡 214082；
2. 深海技术科学太湖实验室，无锡 214082）

摘 要

船舶二代完整稳性包括瘫船、参数横摇、纯稳性丧失、过度加速度和骑浪横甩五种稳性失效模式，五种模式计算评估方法都各不相同。基于自研发的二代完整稳性衡准HydroSTAB集成平台将目标船体型值数据共模输入，五种失效模式评估时只需输入一次船体参数文件，计算效率高效；稳性评估主参数输入格式也进行了统一，计算结果全部进行了共模报告自动输出。本人采用CAESES软件进行了船型变换，按稳性共模格式输出到HydroSTAB平台，对不同参数进行了纯稳性丧失计算，提出了优化策略。

关 键 词：二代完整稳性；集成平台；共模技术；参数优化；纯稳性丧失
中图分类号：U661.1

0 引 言

船舶第二代完整稳性，是由瘫船、参数横摇、纯稳性丧失、过度加速度和骑浪横甩五种稳性失效模式、三层评估方法以及航行操作指南构成的衡准构架体系。国际海事组织海上安全委员会102次会议于2020年12月以通函形式批准并颁布实施了《第二代完整稳性衡准临时导则》[1]，请各成员国在适用《2008完整稳性规则》A部分强制性标准的要求时，将《第二代完整稳性衡准临时导则》作为补充措施，请造船厂、船长、船东、船舶经营者和航运公司注意，并向IMO反馈应用的经验，相关数据将用于衡准的改进和完善。基于IMO第二代完整稳性衡准自研完成了二代完整稳性衡准HydroSTAB集成平台。

二代完整稳性衡准HydroSTAB集成平台共集成了瘫船、参数横摇、纯稳性丧失、过度加速度和骑浪横甩第一层和第二层薄弱性衡准共计11个计算模块。第二代完整稳性评估集成软件平台为设计及使用人员提供一体化设计环境，利用可视化的流程搭建工具，可将稳性计算流程固化为模板，建立有统一数据模型，实现对船体型值数据的全面管理。本平台将目标船体型值数据共模输入，五种失效模式评估时只需输入一次船体参数文件，稳性评估主参数输入格式也进行了统一，计算结果全部进行了共模报告自动化一键输出。

本文针对一艘IMO稳性标模，采用CAESES软件进行了船型变换，基于Lackenby法进行了船体设计，并以稳性共模格式输出到HydroSTAB平台，对不同参数进行纯稳性丧失计算，分析了变化规律，对不同参数的设计方法和变换后船型的参数分析开展了计算研究，提出了基于二代完整稳性衡准的船型优化策略。

1 船型生成

在CAESES软件中，母型船优化方法是最常用的船型变换形式。母型船变换法是线型设计常用的方法之一，Lackenby在1950年提出的以他自己名字命名的船型变化方法-Lackenby法，该方法采用纵向

收稿日期：2022-11-5；修改稿收稿日期：2023-1-10

移动横剖面的方法，变化横剖面积曲线，实现方形系数等船型主要参数的改变。在设计初期，该方法可快速进行船体型线改变，对于基于船体主要参数的优化设计而言是比较实用的设计方法。文中选取一艘IMO 2792标模，在CAESES中导入通用三维船体IGS文件，船舶主要参数见表1所示，建模后船体见图1所示。基于建立的船体模型先进行静水力计算，对2792标模进行单变量变换，本次变型不改变船长、船宽、型深等基本参数，改变C_P变换船体剖面形式，以2792标模为原型，得到9个新船型，船体横剖面形式部分如图2所示，变型后船体横剖线光顺。

表1 2792标模主要参数表

参数	数值	参数	数值
垂线间长 L_{PP}/m	205.70	排水量 $\triangle$/t	23986.00
型宽 B/m	32.00	初稳性高 GM/m	2.00
型深 D/m	20.20	横摇固有周期 T_ϕ/s	18.37
平均吃水 T/m	6.60	—	—

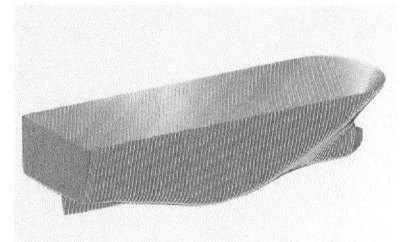
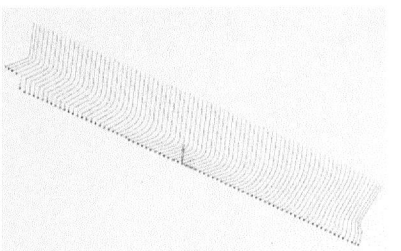
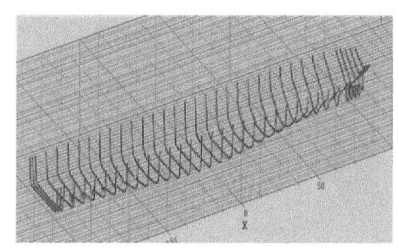

图1 2792标模船体设计共模输出示例

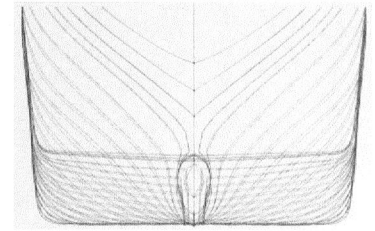
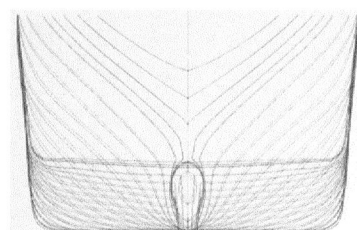

图2 船体变型横剖面形式

2 纯稳性丧失计算结果

对所有样本进行纯稳性丧失薄弱性衡准计算，得到纯稳性丧失第一层和第二层的衡准计算结果。2792船原型记为des0号，其他9个变型依次记为des1~des9号，纯稳性丧失第一层薄弱性衡准计算结果和吃水及GM的关系图参见图3~图5所示，固定GM值时，纯稳性丧失第一层衡准计算值在吃水d=6.6 m时出现拐点，当吃水大于6.6 m时，纯稳性丧失第一层衡准计算值随吃水增大而增大，当吃水小于6.6 m时，纯稳性丧失第一层衡准计算值随吃水减小而增大；当吃水小于6.6m时，所有计算状态都不满足纯稳性丧失第一层衡准。

同一吃水状态下，纯稳性丧失第一层衡准计算值随GM值增大而增大；当GM值为1.0m时，大部分计算状态都不满足纯稳性丧失第一层衡准；2792标模其纯稳性丧失第一层薄弱性衡准的改变可根据GM值线性增加，尤其是在GM临界值选取的时候可直接计算得到而不需要试算或迭代，这也是一个值得参考的稳性优化技术方案；说明纯稳性丧失第一层衡准对吃水和GM值是有一定的限制的，在船舶设计过程中应重点考虑并合理设置。

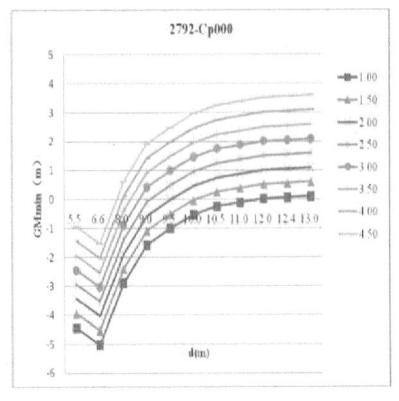
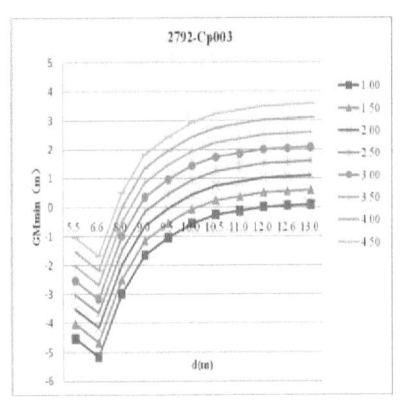
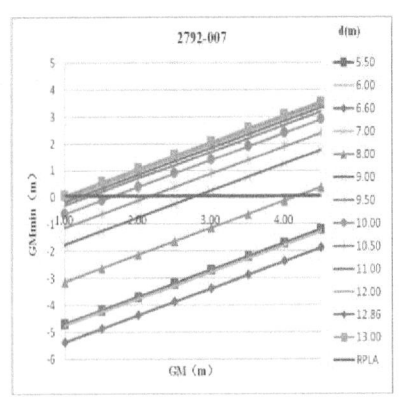

图3 纯稳性丧失第一层薄弱性衡准计算结果和吃水及 GM 的关系图(原船)

图4 纯稳性丧失第一层薄弱性衡准计算结果和吃水及 GM 的关系图(N3)

图5 纯稳性丧失第一层薄弱性衡准计算结果和吃水及 GM 的关系图(N7)

不同吃水状态时,纯稳性丧失衡准计算结果和C_P变量的关系图参见图6至8所示。在所有吃水状态下,纯稳性丧失第一层薄弱性衡准随C_P增大而增大,说明增加C_P值对于纯稳性丧失第一层衡准是有利的设计变型。

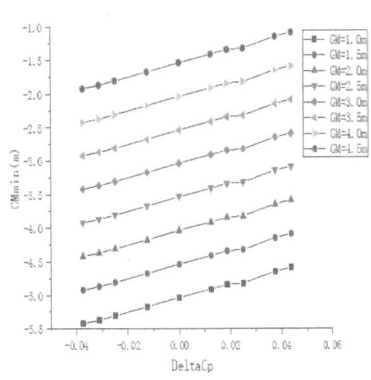
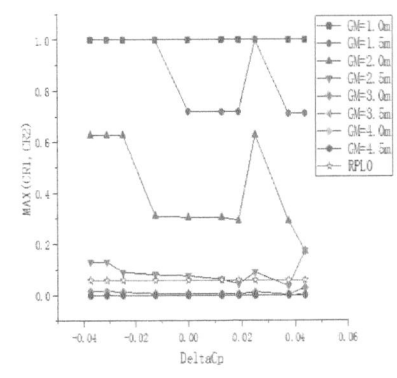
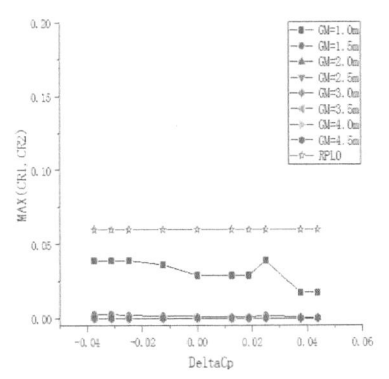

图6 纯稳性丧失第一层衡准计算结果和 C_P 变量的关系图(d=6.6 m)

图7 纯稳性丧失第二层衡准计算结果和 C_P 变量的关系图(d=6.6 m)

图8 纯稳性丧失第二层衡准计算结果和 C_P 变量的关系图(d=9.0 m)

3 结 论

本文以一艘 IMO 标模 2792 船为研究对象,基于 CAESES 软件给出了基于 Lackenby 法的船体设计变型,并对不同参数的设计方法和变换后船型的参数分析开展了研究工作,通过系列计算发现:

(1) 纯稳性丧失第一层衡准对吃水和 GM 值是有一定的限制,在船舶设计过程中应重点考虑合理设置;

(2) 2792 标模其纯稳性丧失第一层薄弱性衡准的的改变可根据 GM 值线性增加,尤其是在 GM 临界值选取的时候可直接计算得到而不需要试算或迭代;

(3) 对于 2792 标模来说,吃水 d=5.5 m、6.6 m 等都属于纯稳性丧失比较危险的设计工况,GM 值=1.0 m、1.5 m 也是比较危险的设计工况,具体设计时应予以规避;当吃水大于 8 m,GM 值大于等于 3 m 时是相对比较安全的工况范围;

(4) 对于 2792 标模,纯稳性丧失第一层和第二层衡准有利的单变量设计变型包括增加吃水,增加 GM 值和增大 C_P 值。

参 考 文 献

[1] MSC.1/Circ.1627.Interim guidelines on the second generation intact stability criteria[R]. IMO. 2020. 11. 10.

[2] HAO Z L, WANG Z P, WU C S, et al. Bow optimization of a polar tanker based on approximate technology[C]. Proceedings of the 24th International Conference on Port and Ocean Engineering under Arctic Conditions, 2017.

[3] NGUYEN N C, PERAIRE J. Gaussian functional regression for linear partial differential equations[J]. Comput. Methods Appl. Mech. Engrg, 2015, 287: 69-89.

[4] SAYLI A, ALKAN A D, GANILET O. Nonlinear meta-models for conceptual seakeeping design of fishing vessels[J]. Ocean Engineering, 2010, 37: 730-741.

[5] WANG T H, GU M, LU J. Application assessment on vulnerability criteria of pure loss of stability. Proceedings of the 5th International Marine Conference on Design for Safety, 2013.

Hull Optimization Based on Pure Loss of Ship Stability

WANG Tianhua[1]*, GU Min[2], ZENG Ke[1], CHU Jilong[1]

(1.China Ship Scientific Research Center, Wuxi 204082, China;
2. Taihu Laboratory of Deepsea Technological Science, Wuxi 204082, China)

Abstract

Dead ship stability, parametric roll, pure loss of stability, excessive acceleration and surf-riding broaching are the five stability failure modes in second generation intact stability of ships, and they are different in methods of calculation and assessment. Based on the self-developed integrated software platform HydroSTAB for second generation intact stability criteria, hull data of a target ship are imported in common geometry module and the hull parameter file only needs to be input once for assessment of the five failure modes, improving the calculation efficiency. The input format of main parameter file of each failure mode is also unified and the results files can be automatically output by common mode report. The ship type is transformed with CAESES software and output in a common mode format to the assessment platform. Calculation of pure loss of stability is carried out for different parameters and optimization strategies are proposed.

Key words: Second-generation intact stability; Integrated software platform; Common geometry model; Parametric optimization; Pure loss of stability

作 者 简 介

王田华　女，1986年生，高级工程师。主要从事船舶水动力学和波浪稳性研究。
顾　民　男，1962年生，研究员。主要从事船舶水动力学和波浪稳性研究。
曾　柯　男，1989年生，高级工程师。主要从事船舶水动力学和波浪稳性研究。
储纪龙　女，1987年生，高级工程师。主要从事船舶水动力学和波浪稳性研究。
*通讯作者：王田华

基于特征工程的螺旋桨性能快速预报

金建海[*,1,2]，李　亮[1,2]，白亚强[1,2]，单　敏[3]，孙　俊[3]

(1. 中国船舶科学研究中心，无锡　214082；
2. 深海技术科学太湖实验室，无锡　214082；
3. 江南大学　人工智能与计算机学院，无锡　214122)

摘　要

随着计算机和数据挖掘等技术的发展,许多学者开展了基于代理模型的螺旋桨综合性能预报工作。然而，螺旋桨数据庞大且复杂，存在许多不相关和多余的特征，难以快速、准确地建立代理模型。本文提出了基于特征工程的螺旋桨综合性能快速预报模型。首先用特征工程方法对螺旋桨数据进行预处理，接着结合机器学习算法建立快捷性能预报的代理模型。对比了多种机器学习算法对螺旋桨性能预报的结果，实验结果显示，基于特征工程可以提高螺旋桨性能快捷预报模型的精度。

关　键　词：性能预报；特征工程；机器学习
中图分类号：U664

0　引　言

螺旋桨是现代船舶使用最为广泛的推进器，是船舶动力系统的核心。目前螺旋桨综合性能的主要评估方式为根据试验资料、CFD计算和模型实验，数值仿真技术结合的CFD方法占据着综合性能预报中的主导地位。姚震球等[1]推导了螺旋桨的坐标转换公式，进行三维实体建模，运用CFD软件模拟螺旋桨的水动力特性，可对螺旋桨敞水性能进行预报。但是使用CFD软件需要进行建模、网格划分、边界条件设置和计算等多个步骤，计算时间长，耗费资源多，很难满足螺旋桨性能的快速预报。

随着大数据时代的到来，机器学习在诸多领域得到了广泛的应用，基于代理模型的船形设计方法收到了国内外的关注。支持向量机回归[2]、高斯过程回归[3]、神经网络[4]等机器学习算法能够得到符合数据的函数关系，发掘数据之后的数学意义，对数据各个参数有更加深入的理解。基于已有的螺旋桨性能数据，构建出"螺旋桨参数-螺旋桨性能"的拟合函数的非线性快速响应模型，从而避免占用较高的计算资源，解决当前船舶设计方案性能评估耗时的问题。翟鑫钰等[5]采用CFD软件进行螺旋桨敞水性能数值计算，用BP神经网络训练计算得到的数据样本，神经网络的隐含层节点数、学习精度和神经网络模型准确性之间的关系，达到了快速、准确预测敞水性能的要求。

但是螺旋桨几何参数复杂，并且参数之间相关性强，存在多重共线性。多重共线性会导致参数之间相互影响、相互变化，无法固定其他参数来避免这些影响和变化，也影响代理模型预测的效果。特征选择通常作为使用机器学习算法完成相应任务前的一个预处理步骤。一个好的特征工程方法通常可以降低数据的冗余度，移除不相干的数据,提高学习模型的准确率，降低计算复杂度以及提高模型结果的可理解性和可解释性。

本文提出了一种基于特征工程的螺旋桨快速性能预报方法。对螺旋桨桨叶数、盘面比、0.7R螺距、螺距分布、弦长分布和进速系数等几何参数进行特征工程预处理，再利用高斯过程回归、支持向量机

收稿日期：2022-10-20；修改稿收稿日期：2022-12-05

回归、神经网络等机器学习算法建立精度更高的推力系数、转矩系数、叶背最小压力系数和脉动压力系数等性能快速预报模型。

1 特征工程方法

特征工程是机器学习、模式识别中关键数据预处理技术，可以有效减低数据复杂性对预报代理模型带来的影响，并能够提升模型的精度。特征工程包括特征选择和特征提取，特征选择是从高维度的特征中选择子集来作为新特征，而特征提取是将高维度的特征经过函数映射至低维度作为新特征。本文主要采取主成分分析[6](principal component analysis，PCA)、Lasso特征选择[7]和遗传算法[8](genetic algorithm，GA)特征选择这三种特征工程方法。

1.1 主成分分析

PCA降维是基于最大可分性的思想，通过一条直线使得样本投影到该直线上的方差最大。对螺旋桨的几何参数进行主成分分析，设n是数据的数量，m为参数的数量，则螺旋桨几何参数矩阵B表示为

$$B = \begin{bmatrix} b_{11},b_{12},\ldots,b_{1m} \\ \ldots \\ b_{n1},b_{n2},\ldots,b_{nm} \end{bmatrix} \tag{1}$$

首先，对矩阵B进行去中心化操作，对每一维特征减去各自的平均值。然后计算其协方差矩阵$\frac{1}{m}XX^T$。再用特征分解方法求解出协方差矩阵$\frac{1}{n}XX^T$的特征值与特征向量。这些特征值所对应的特征向量就是描述矩阵的变换方向，并且从主要的变化到次要的变化排列。利用前k个变化方向，就可以近似这个矩阵变化，实现提取这个矩阵最重要的特征。因此，选择其中最大的k个特征值，将其对应的k个特征向量分别作为行向量组成特征向量矩阵P。最后将数据转换到k个特征向量构建的新空间中，即

$$Y = PB \tag{2}$$

式中，Y表示降维后的螺旋桨几何参数矩阵。

1.2 遗传算法特征选择

遗传算法基于达尔文的进化论，模拟了自然选择，物竞天择、适者生存，通过遗传、变异、交叉、复制，进化出问题的最优解。遗传算法作为一种解决最优化的一种搜索启发式算法，是进化算法的一种，在选择特征方面具有显著效果。随着遗传算法迭代次数的增加，每一代种群的适应度值逐渐收敛于局部最优解，从而能够找到所选择的最优特征。

随机初始化特征选择矩阵

$$W = \begin{bmatrix} U_1 \\ U_2 \\ \vdots \\ U_M \end{bmatrix} = \begin{bmatrix} U_1^1 & U_1^2 & \cdots & U_1^N \\ U_2^1 & U_2^2 & \cdots & U_2^N \\ \vdots & \vdots & \ddots & \vdots \\ U_M^1 & U_M^2 & \cdots & U_M^N \end{bmatrix} \tag{3}$$

式中，N是螺旋桨几何参数的数量，M是种群大小。W中的每一行U_i表示一类种群，也代表了一种特征选择的可能性，即U_i中对应系数为0的特征被舍弃，为1则被保留。将U与特征点乘表示特征选择，将代理模型作为目标函数，模型计算出的预报误差为目标函数值，采用遗传算法选择出最优的特征选择组合U。

遗传算法首先初始化种群，即不同的特征选择组合，计算其目标函数适应值。接着，从当前种群中按照适应值选择优良的个体，使他们有机会作为父代种群。再通过将群体中的各个个体随机搭配成对，对每一个个体，以交叉概率交换它们之间的部分染色体，可以得到新一代个体，新个体组合了父辈个体的特性。对种群中的每一个个体，以变异概率改变某一个或多个基因座上的基因值为其他的等位基因。经过选择交叉变异操作得到新种群，重复以上操作直至满足终止条件。

1.3 Lasso特征选择

Lasso以缩小特征集为思想，是一种收缩估计方法。Lasso方法可以将特征的系数进行压缩并使某些回归系数变为0，它可以有效地对存在多重共线性的特征进行筛选，进而达到特征选择的目的，可以广泛地应用于模型改进与选择。

Lasso在线性回归的基础上添加l_1正则项，代价函数$J(\theta)$为

$$J(\theta) = \frac{1}{2}\sum_{i}^{n}\left(y^{(i)} - \theta^T x^{(i)}\right)^2 + \lambda \sum_{i}^{n}|\theta_j| \tag{4}$$

式中，$x^{(i)}$表示螺旋桨几何参数，$y^{(i)}$表示需要预报的性能，n是性能参数的数量，λ是系数。通过调节λ来实现模型误差和方差的平衡调整。得到回归系数θ中，系数为0表示该特征被舍弃，系数不为0的系数设置为1，表示该特征被选择，最终得到特征选择组合。

2 实验

2.1 实验设置

影响螺旋桨的几何参数有很多，根据工程实践经验和螺旋桨相似定律，选择桨叶数Z，盘面比A_E/A_o，0.7R螺距$P_{0.7R}$，螺距分布P/D，弦长分布C/D和进速系数J_o。下面，对这些参数进行简要的说明。

(1) 桨叶数(Z)。螺旋桨桨叶数一般为3~7。桨叶数多对减小振动有利，桨叶数少对避免空泡有利，通常效率略高。

(2) 盘面比(A_E/A_o)。桨叶梢圆的面积称为盘面积A_o，全部叶片面积之和称为桨叶面积A_E。盘面比过小，容易发生空泡现象，盘面比越大，螺旋桨工作时摩擦阻力越大。

(3) 0.7R螺距$P_{0.7R}$。对于变螺距螺旋桨选择半径为0.7R处螺距来代表螺旋桨的螺距。

(4) 不同径向螺距比分布P/D。螺距比是螺距P和直径D的比值。同一系列的螺旋桨，螺距比不同，敞水效率相差很大。

(5) 不同径向无量纲弦长分布C/D。无量纲弦长是弦长C和直径D的比值。

(6) 进速系数J_o。当J_o增大时，敞水效率呈现先增后减的趋势。

选取支持向量机回归、高斯过程回归和BP神经网络三种机器学习算法，分别拟合螺旋桨的推力系数、转矩系数、叶背最小压力系数和脉动压力系数。实验选取1344组螺旋桨数据，将数据按照8：2的比例划分训练集和测试集，误差计算公式如下：

$$Error = mean\left(\frac{|y_i - predict_{yi}|}{|y_i|}\right) \tag{5}$$

式中y_i表示测试值，$predict_{yi}$表示预测值。本实验对螺旋桨数据进行PCA降维、Lasso特征选择和GA特征选择，对比其对预报代理模型精度的影响。

2.2 实验分析

对螺旋桨数据进行PCA降维、Lasso特征选择和GA特征选择，对比其对预报代理模型精度的影响结果如表1，2，3所示。从表1，2，3我们可以看出特征工程在支持向量机回归、高斯过程回归和BP神经网络上均可以降低预报代理模型的误差。在支持向量机回归模型中，采用Lasso特征选择的推力系数代理模型的误差最小，采用PCA降维的推力系数代理模型的误差最小，GA特征选择在叶背最小压力系数和脉动压力系数代理模型上的拟合精度最好。采用了特征工程后的推力系数、转矩系数、叶背最小压力系数和脉动压力系数代理模型的误差平均降低了14.89%、13.44%、4.27%和9.88%。

在高斯过程回归模型中，采用PCA降维的性能代理模型误差最小，GA特征选择和Lasso特征选择的效果虽然不及PCA降维，但是明显优于未使用特征工程的模型。特征工程方法数据预处理后的性能代理模型的误差平均降低了28.86%、16.44%、28.53%和28.89%。

在BP神经网络模型中，采用PCA降维的转矩系数和脉动压力系数代理模型的误差最小，Lasso特征选择在叶背最小压力系数和推力系数代理模型上的拟合精度最好。特征工程方法数据预处理后的性能代理模型的误差平均降低了11.69%、23.48%、10.89%和28.64%。

图1表示了采取特征工程方法的高斯过程回归推力系数模型之间的误差和BP神经网络叶背最小压力系数模型之间的误差。我们得出结论，可以根据模型和数据选择相应的特征工程方法。并且，特征工程方法不仅可以提高数据的可解释性，还可以减低代理模型的误差，能够更好地实现螺旋桨性能地快速预报。

表1 特征工程在支持向量机回归模型上误差对比

	推力系数	转矩系数	叶背最小压力系数	脉动压力系数
原始数据	0.1594	0.0764	8.8249	0.0432
PCA降维	0.1347(15.5%)	0.0649(15.05%)	8.4280(4.50%)	0.0405(6.25%)
Lasso特征选择	0.1282(19.51%)	0.0654(14.39%)	8.6030(2.51%)	0.0392(9.25%)
GA特征选择	0.1440(9.66%)	0.0681(10.86%)	8.3125(5.8%)	0.0371(14.12%)
	14.89%	13.44%	4.27%	9.88%

表2 特征工程在高斯过程回归模型上误差对比

	推力系数	转矩系数	叶背最小压力系数	脉动压力系数
原始数据	0.0164	0.0073	19.0735	0.0030
PCA	0.0098(40.24%)	0.0055(24.65%)	7.9748(58.19%)	0.0018(40%)
Lasso特征选择	0.0130(20.73%)	0.0070(4.11%)	15.8471(16.92%)	0.0024(20%)
GA特征选择	0.0122(25.61%)	0.0058(20.55%)	17.0717(10.49%)	0.0022(26.67%)
	28.86%	16.44%	28.53%	28.89%

表3 特征工程在BP神经网络模型上误差对比

	推力系数	转矩系数	叶背最小压力系数	脉动压力系数
原始数据	0.0077	0.0044	0.0355	0.000064
PCA	0.0069(10.39%)	0.0031(29.54%)	0.0341(3.94%)	0.000040(37.5%)
Lasso特征选择	0.0064(16.88%)	0.0036(18.18%)	0.0296(16.62%)	0.000050(21.87%)
GA特征选择	0.0071(7.79%)	0.0034(22.72%)	0.0312(12.11%)	0.000047(26.56%)
	11.69%	23.48%	10.89%	28.64%

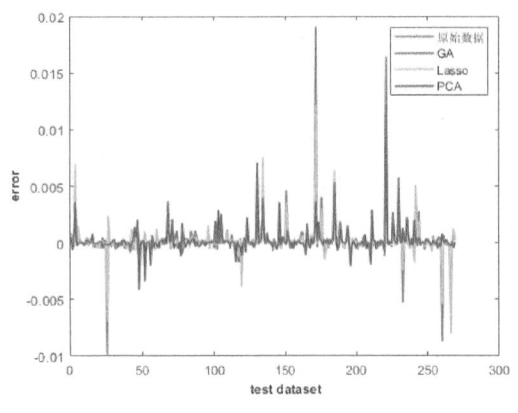 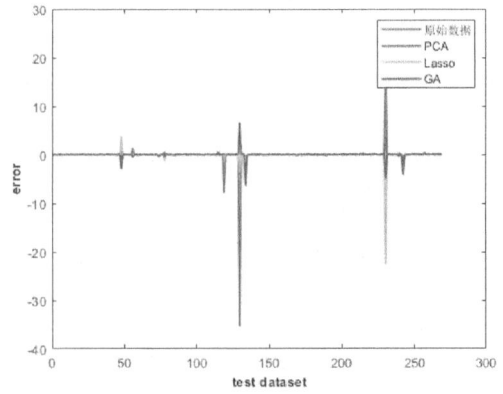

(a) 推力系数高斯过程回归模型　　(b) 叶背最小压力系数 BP 神经网络模型

图1 基于特征工程的性能代理模型误差对比图

3　总结与展望

本文提出基于特征工程的螺旋桨快速性能预报方法，分别尝试了主成分分析、Lasso 特征选择和 GA 特征选择三种特征工程方法。通过实验我们可以得出结论，特征工程可以降低性能预报模型的误差，能够更好实现进行的精确预报。后面，我们将尝试更多的特征工程方法来解决更加复杂数据对代理模型带来的影响。

参 考 文 献

[1] 姚震球, 高慧, 杨春蕾. 螺旋桨三维建模与水动力数值分析[J]. 船舶工程, 2008, 30(6): 23-26.

[2] 肖振业, 冯佰威, 刘祖源, 等. 基于支持向量机的船舶阻力近似模型研究[C]// 2014 MIS/S&A 学术交流会议论文集, 2014: 188-192.

[3] J.P. Petersen, O. Winther. Mining of Ship Operation Data for Energy Conservation[D]. Technical University of Denmark, 2011.

[4] Amin Najafi, Hashem Nowruzi, Hassan Ghassemi. Performance Prediction of Hydrofoil-Supported Catamarans using Experiment and ANNs[J]. Applied Ocean Research, 2018, 75: 66-84.

[5] 翟鑫钰, 陆金桂. 基于神经网络的螺旋桨敞水性能预测[J]. 南京工业大学学报(自然科学版), 2022, 44(3): 291-297.

[6] 林海明, 杜子芳. 主成分分析综合评价应该注意的问题[J]. 统计研究, 2013, 30(08): 25-31.

[7] 李燕, 卫志华, 徐凯. 基于 Lasso 算法的中文情感混合特征选择方法研究[J]. 计算机科学, 2018, 45(01): 39-46.

[8] 何绍荣, 朱颢东. GA 在特征选择中的应用与设计研究[J]. 计算机工程与应用, 2010, 46(27): 131-134.

Fast Prediction of Propeller Parameters Based on Feature Engineering

JIN Jianhai[*,1,2], LI Liang[1,2], BAI Yaqiang[1,2], SHAN Min[3], SUN Jun[3]

(1. China Ship Scientific Research Center, Wuxi 214082, China;
2. Taihu Laboratory of Deepsea Technological Science, Wuxi 214082, China;
3. School of Artificial Intelligence and Computer, Jiangnan University, Wuxi 214122, China)

Abstract

With the development of computer and data mining technology, many scholars have carried out propeller performance prediction based on surrogate models. However, propeller data are huge and complex, and there are many irrelevant and redundant features, which makes it difficult to establish surrogate model quickly. A fast prediction model of propeller parameters based on feature engineering is proposed. Firstly, the propeller data are preprocessed by feature engineering method, and then the surrogate model of fast performance prediction is established by machine learning algorithm. The results of propellor performance prediction abtained using several machine learning algorithms are compared, showing that propellor performance prediction obtained using feature engineering can improve the accuracy of propeller fast prediction model.

Key words: Parameters prediction; Feature engineering; Machine learning

作者简介

金建海 男，1978年生，博士，研究员。主要从事计算机仿真、软件工程等方面研究。

李　亮 男，1990年生，硕士研究生。主要从事螺旋桨设计与综合性能研究。

白亚强 男，1990年生，硕士研究生。主要从事流体力学、自动控制等方面研究。

单　敏 女，1998年生，硕士研究生。主要从事智能优化、建模等方面研究。

孙　俊 男，1971年生，教授。主要从事人工智能、计算智能、机器学习、大数据分析、生物信息学等方面研究。

*通讯作者：金建海

水面船舶螺旋桨多性能预报中的几种机器学习方法效果比较研究

谢 硕[1,2]，陈奕宏[*1,2,3]，强以铭[1,2]，李 亮[1,2]

(1. 中国船舶科学研究中心，无锡 214082；
2. 深海技术科学太湖实验室，无锡 214082；
3. 浙江大学 航空航天学院，杭州 310027)

摘 要

近几年来，越来越多学者致力于采用机器学习进行船舶螺旋桨性能预报，其中机器学习方法的选择尤为重要。目前已有的研究大多只针对螺旋桨的单一性能，而在螺旋桨多种性能综合预报研究中，对不同机器学习模型预报效果分析的工作基本空白，难以确定最优模型选择方案。针对这一问题，论文使用多种经典机器学习方法建立螺旋桨性能预报代理模型，并在螺旋桨的敞水水动力、脉动压力系数等性能的代理模型预报中进行应用验证，依据预报误差对代理模型开展评估、优选。结果表明：随机森林在不同的性能预报中均有良好的表现，具有良好的稳定性和泛用性，可为以后的螺旋桨性能预报工作提供参考与借鉴。

关 键 词：机器学习；船舶螺旋桨；水动力性能；代理模型；性能对比
中图分类号：U661.31[+]2; U662

0 引 言

螺旋桨是船舶推进系统中的重要组成部分。一方面，随着海上航运业的发展，船舶的吨位越来越大，螺旋桨负荷越来越重。另一方面，人们日益重视船舶的节能减排和降低船舶给海洋造成的污染，国际海事组织不断出台船舶环保战略。因此，对螺旋桨的推进效率、噪声性能等方面都有了更高的要求。

螺旋桨性能预报是优化设计中1-的重要一环，直接影响推进效率和噪声性能的提升。其中，对于水面船舶螺旋桨，我们关心的性能主要有螺旋桨的推进效率、空泡性能以及振动噪声。目前，对螺旋桨性能研究主要有三类方法：基于真实水池的螺旋桨试验[1]、以面元法为代表的势流理论计算方法[2]以及粘流CFD数值预报方法[3-4]。近年来，机器学习也凭借其强大的特征提取能力引起了研究人员的关注。越来越多学者开始采用机器学习方法构建代理模型，对螺旋桨的多项性能进行预报[5-6]。这种方法可以大大缩短螺旋桨性能预报计算时间，有效提高计算效率，在螺旋桨的设计及优化中有良好的应用前景。但是，目前已有的研究大多只针对螺旋桨的单一性能，且主要集中在螺旋桨敞水性能。机器学习方法层出不穷，不同的方法其适用范围也不尽相同，针对性地使用才能充分发挥机器学习的能力。而在螺旋桨多种性能综合预报研究中，对不同机器学习模型预报效果分析的工作基本空白，研究人员的工作大多是直接使用某一种方法作为代理模型进行性能预报，对不同方法、不同预报性能之间的匹配性不甚了解，对其背后的原理缺乏探索。

本文使用多种机器学习方法构建预报代理模型，对螺旋桨的敞水性能，振动噪声以及空化性能进

收稿日期：2022-10-20；修改稿收稿日期：2022-11-26

行开展预报，给出不同机器学习方法在各性能上的预报结果，并计算其预报误差，通过对比分析，选择精度最好的代理模型并应用于螺旋桨性能预报。本文第1章将给出船舶螺旋桨多性能数据及其分布情况，并进行异常值检测与特征选择。第2章将介绍常见的机器学习回归算法，并在此基础上构建代理模型，进行螺旋桨性能预报以及对比分析其预报精度。第3章将基于对比结果，选用合适的机器学习方法在螺旋桨多性能预报中开展应用，验证其应用效果。

1 数据预处理

1.1 螺旋桨性能数据分布

通过收集 B 系列螺旋桨、MAU 系列螺旋桨以及中国船舶科学研究中心自研桨的敞水性能试验数据，形成了4048个螺旋桨性能数据样本。螺旋桨参数包括桨叶数Z、盘面比、毂径比、0.7R 处的螺距比、0.7R 处的拱度比和侧斜等，螺旋桨性能参数包括水动力性能参数进速系数J_0、推力系数K_T、扭矩系数K_Q以及敞水效率η_0，脉动压力系数K_p，以及叶背压力系数C_{pmin}。

J_0为敞水进速系数，K_T为推力系数，K_Q为扭矩系数表示如下，由以上无因次系数可以进一步计算得到螺旋桨的敞水效率η_0。

$$J_0 = \frac{v_0}{nD} \tag{1}$$

$$K_T = \frac{T}{\rho n^2 D^4} \tag{2}$$

$$K_Q = \frac{Q}{\rho n^2 D^5} \tag{3}$$

$$\eta_0 = \frac{K_T}{K_Q} \frac{J_0}{2\pi} \tag{4}$$

式中，v_0为螺旋桨进速，T、Q分别为螺旋桨产生的推力及扭矩。

K_P为脉动压力系数，用于部分表征螺旋桨引起的振动。本数据集中取的一阶平均脉动压力系数，共211组。表示如下：

$$K_P = \frac{P}{\rho n^2 D^2} \tag{5}$$

式中，P为螺旋桨上方船底的一阶平均脉动压力幅值

C_{Pmin}为螺旋桨叶背最小压力系数。通过叶背最小压力系数可以计算得到空泡起始航速，用于表征螺旋桨的空化性能。式(6)中的V即为空泡起始航速。

$$C_{Pmin} = \frac{p_0 - p_v}{\frac{1}{2}\rho V^2} \tag{6}$$

以J_0为横坐标，K_T、$10K_Q$及η_0为纵坐标绘制曲线，可以得到螺旋桨敞水性能曲线。同样的，以J_0为横坐标，C_{Pmin}作为纵坐标绘制曲线，可以得到螺旋桨叶背最小压力系数随进速系数分布曲线。图1为中国船舶科学研究中心某自研桨敞水性能曲线和螺旋桨叶背最小压力系数随进速系数分布曲线。

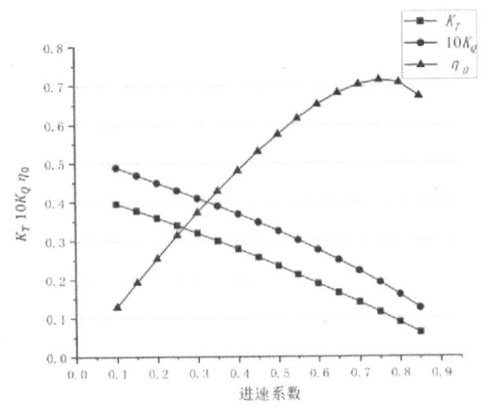 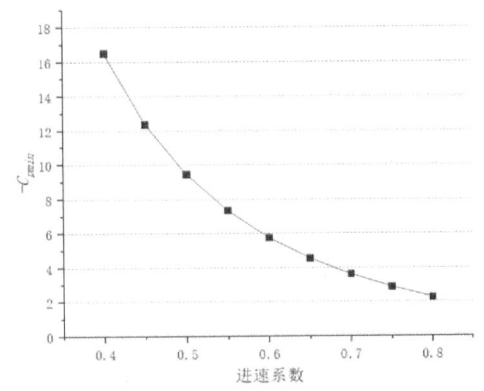

图 1 敞水性能以及叶背最小压力系数分布

图2为数据集样本随盘面比和螺距比分布的情况,图3为数据集样本随盘面比以及侧斜分布的情况。图2中散点图表示盘面比和螺距比联合分布的核密度,两侧坐标轴分别为样本在盘面比与螺距比上的频率分布直方图。从图中可以看出,数据样本点均匀分布在图2中,从两侧的频率分布直方图以及图3分布情况来看,数据集无病态分布情况。

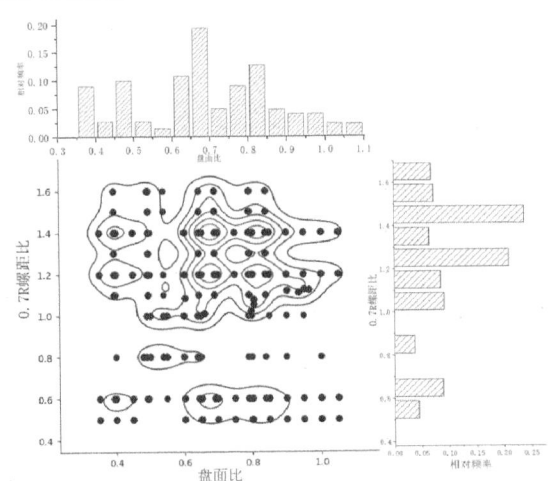

图 2 螺旋桨数据集按螺距比及盘面比分布情况

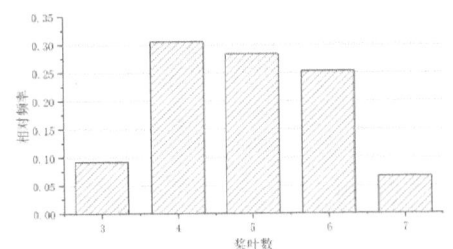 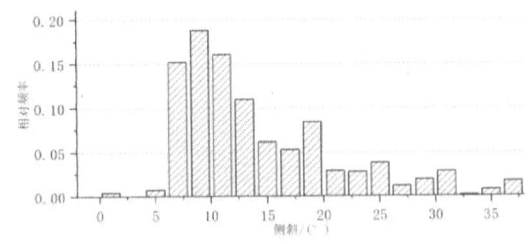

(a) 螺旋桨数据集按螺距比及盘面比分布情况　　(b) 螺旋桨数据集按侧斜分布情况

图 3 螺旋桨数据集各特征分布情况

1.2 异常值检测与数据清洗

机器学习模型很容易受到异常值的影响,需要对数据集可能存在的异常值进行检测与清洗。本文采用的方法是箱型图。箱形图是一种用作显示一组数据分散情况的统计图,它通过中位数,四分位数以及上下限描述数据,而极端的异常值被绘制为黑点显示在上下限之外,可以客观的反映数据整体分布趋势以及异常数据。图4是各性能参数的箱型图,图中未观察到异常值。

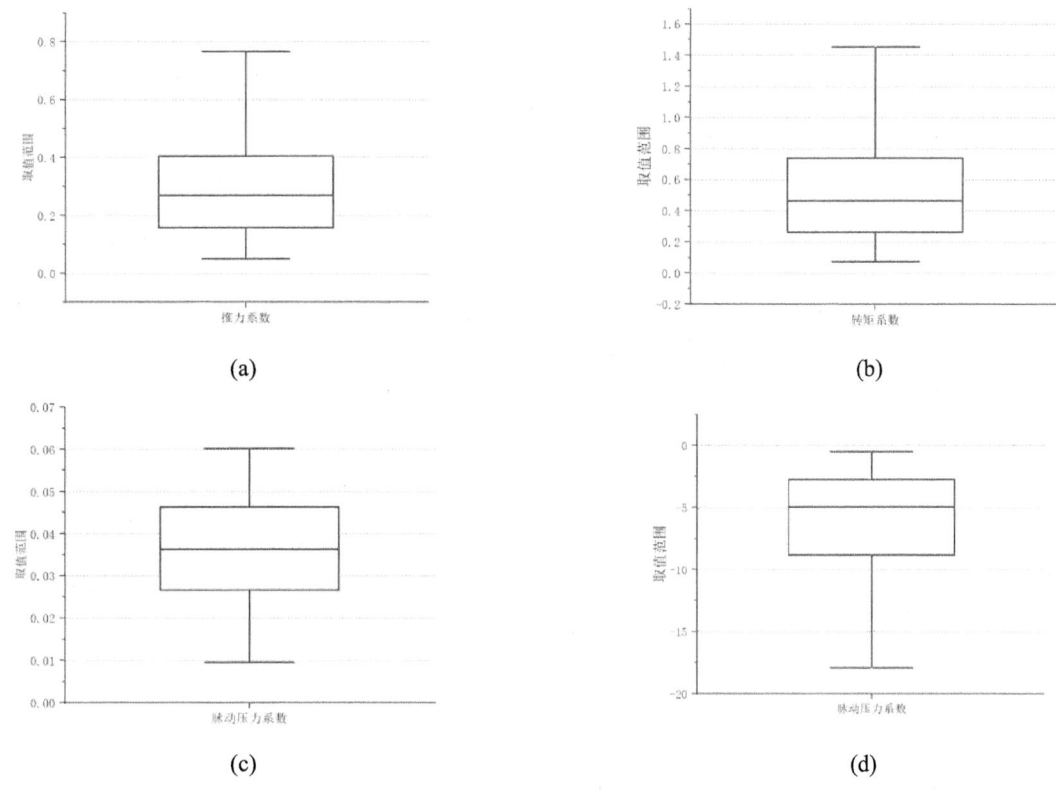

图 4 螺旋桨各性能参数箱型图

1.3 特征选择

在预报之前，针对不同的预报目标，需要对输入特征进行选择。这里使用的是热力图。计算特征与预报目标的相关系数，并进行可视化，即热力图，见图5。图中每一个色块表示该色块对应的横纵坐标之间的相关系数，颜色越浅，相关性越高。依据相关系数，并结合专家知识，共同决定输入特征。

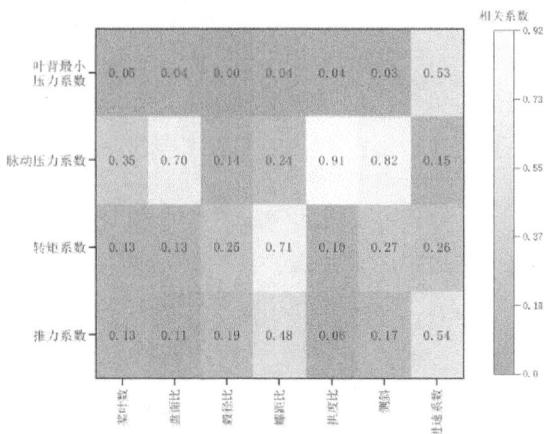

图 5 螺旋桨不同性能与特征之间相关热力图

以叶背最小压力系数为例说明，可以看到，进速系数与预报目标之间的相关系数远大于其他特征，结合专家知识，螺旋桨叶背最小压力系数是随工况改变的，但是螺旋桨的几何条件对空泡性能的影响也不可忽视，除毂径比外，特征之间的相关系数差别并不大，故输入特征选择桨叶数、盘面比、0.7R处螺距比、0.7R处拱度比和进速系数。同理，预报敞水性能输入特征为螺旋桨的桨叶数、盘面比、毂径比、0.7R处螺距比、和进速系数；预报脉动压力系数，输入特征为桨叶数、盘面比、毂径比、0.7R处螺距比和0.7R处拱度比。

2 机器学习方法比较及与预报误差分析

螺旋桨性能预报是典型的回归问题。很多机器学习方法可以处理回归问题。第一类是传统的回归方法，比如线性回归、支持向量机等；第二类是集成方法，集成算法预报准确率高，可靠性强，常见的集成算法有随机森林、梯度提升树等[7]。第三类方法就是人工神经网络，神经网络具有强大的特征提取能力，广泛应用于数值预报领域[8-9]。本论文将使用线性回归、支持向量机、K-最近邻、岭回归、决策树回归、随机森林、Adaboosting、梯度提升树、Bagging以及人工神经网络等机器学习经典方法构建代理模型预报螺旋桨各性能，并比较不同代理模型的预报精度。

将数据集按照7：3的比例划分为训练集和验证集，分别是2693条训练集数据和1155条验证集数据。训练集数据将用于训练机器学习生成代理模型，而验证集数据则留作验证用。对于不同性能，按照前文选择的特征输入模型并训练。

使用上述机器学习方法作为代理模型预报螺旋桨相关性能。用训练集进行螺旋桨敞水性能预报模型的训练，并使用验证集进行测试。对于所有模型的预报结果，按式7计算其平均相对误差。

$$error = \frac{1}{N}\sum_{n=1}^{N}\left|\frac{f_i - y_i}{y_i}\right| \tag{7}$$

式中，N为测试集样本数量，f_i为预测值，y_i为真实值。

图6-图8分别展示了敞水性能、脉动压力系数以及叶背最小压力系数的预报误差结果。

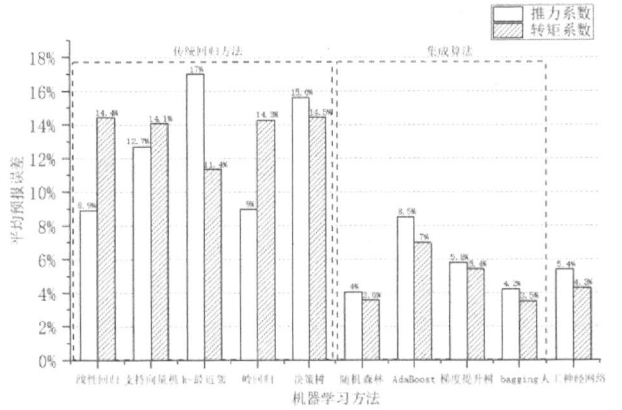
图 6 不同机器学习方法预报螺旋桨敞水性能平均误差

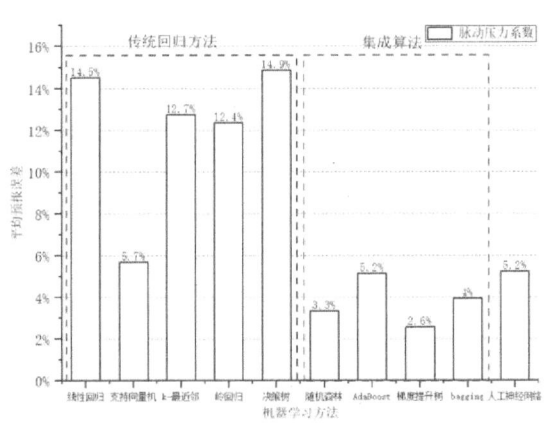
图 7 不同机器学习方法预报螺旋桨脉动压力系数平均误差

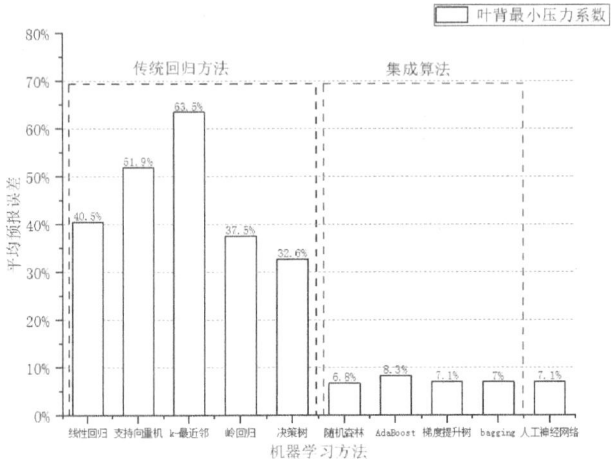
图 8 不同机器学习方法预报叶背最小压力系数平均误差

从图6到图8的结果中可以看到：传统的回归方法的误差普遍大于其他的方法。这是因为传统的回归模型可以视作弱学习器，一般来说，弱学习器的准确性和泛化能力可能存在冲突。而集成算法会构建多个弱学习器，再通过一定策略结合来完成学习任务，获得比单个弱学习器更好的性能，兼顾准确率与泛化能力[10]。因此，预报时集成算法的误差普遍小于传统的回归算法。而人工神经网络特征提取能力强于传统方法，可以处理非线性强的数据，预报精度也好于传统回归方法。但神经网络的训练依赖于训练样本数量，本论文中样本数量难以达到人工神经网络要求的理想数量等级，导致其预报精度低于集成算法。

同时，我们注意到随机森林算法表现优异，在多项性能预报中都显示出较低的预报误差。但是作为其构成部分的决策树预报误差却很大。这是因为决策树并不适合处理回归问题，在回归问题中，决策树的分类标签会变成连续值，为了拟合标签，决策树需要很茂盛才能在训练集上表现得很好，这样会使得模型很容易陷入过拟合，极大的降低模型泛化能力。但是随机森林在训练时，对每棵树，会随机且有放回的从训练集中的抽取N个训练样本，作为该树的训练集，同时，在树分裂的过程中，会随机选取特征，控制树的深度。这两个随机过程使得随机森林不容易陷入过拟合，具有很好的抗噪能力。因此，随机森林可以取得远优于决策树的预报效果，这也是集成算法优势的体现。

在集成算法中，随机森林在敞水性能以及叶背最小压力系数上预报精度优于其他方法。随机森林对于数据中的异常值并不敏感，鲁棒性强，因此，在预报数据变化幅度大的目标，如叶背最小压力系数时，预报效果优于其他的集成算法。但随机森林在面对少样本数据或者低维数据，回归能力偏弱，导致预报数据量较少的脉动压力系数时效果略低于梯度提升树。

3 基于机器学习方法的螺旋桨性能预报

基于前文中的对比结果，使用随机森林构建代理模型，针对某螺旋桨的敞水性能以及叶背最小压力系数进行预报。以进速系数为x轴，绘制预报结果与试验结果的曲线，并标注5%误差线。详情见图9与图10。使用梯度提升树构建代理模型，对多个螺旋桨的脉动压力系数预报开展预报工作，并绘制其试验结果与预报结果对比图，标注5%误差线，见图11。

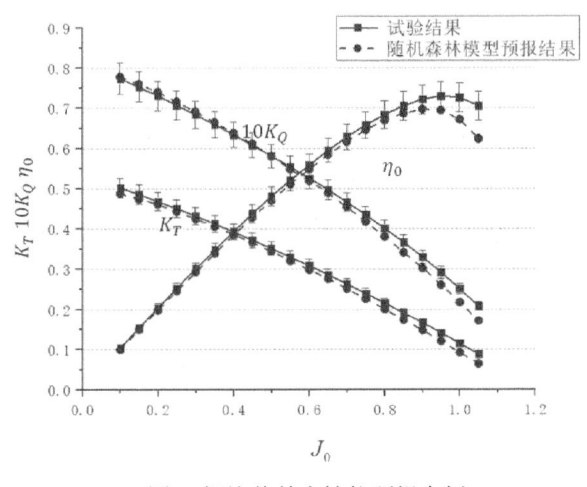

图9 螺旋桨敞水性能预报实例

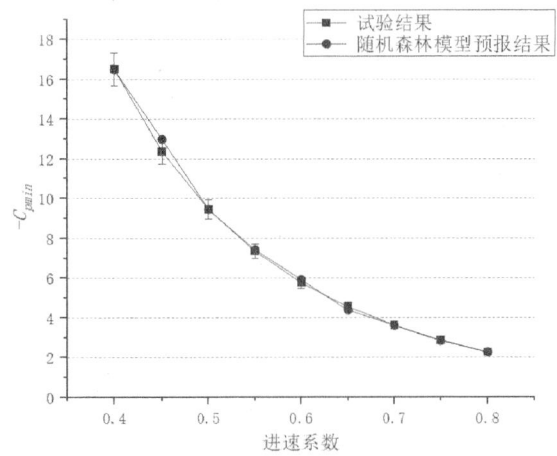

图10 叶背最小压力系数预报实例

对于单个螺旋桨，在我们关心的工作工况区间(=0.4~0.8)，随机森林代理模型预报推理系数与转矩系数的结果与实验结果偏差为5%，吻合试验结果。对叶背最小压力系数，部分数据点误差较大，但是在工作工况区间，误差也在5%以下，满足工程需求。图11为脉动压力系数预报结果。预报误差在5%以下，与试验结果偏差较小。

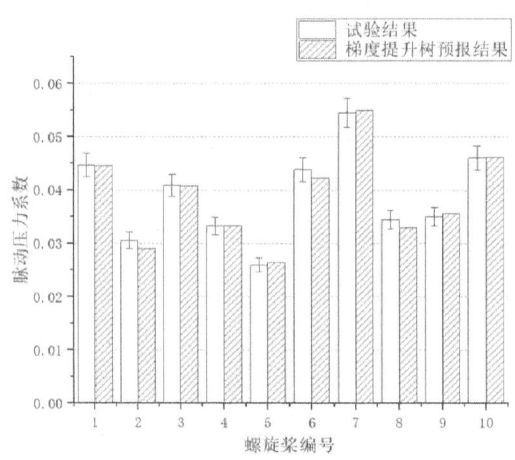

图 11 脉动压力系数预报实例

4 结 论

本文基于常见的机器学习方法，针对螺旋桨的不同性能，建立了多种水面船舶螺旋桨性能预报代理模型，计算并对比分析了不同代理模型的预报精度，得到如下结论：

(1) 在螺旋桨性能预报中，集成方法具有更好的准确性、可靠性与泛化能力。集成算法通过一定的策略结合多个弱学习器，兼顾了准确性与泛化能力，可以有效回归预报螺旋桨多项性能，后续试验也证明了集成方法预报螺旋桨多项性能的有效性。

(2) 在集成算法中，随机森林表现相对较好。可以有效地映射非线性关系，处理不平衡数据，是一种兼具准确性与稳定性的预报模型，在敞水性能与叶背最小压力系数的预报中表现最好。但是，随机森林在少样本数据时表现有所欠缺，这使得预报脉动压力系数时，准确率略低于梯度提升树。

(3) 单独使用一种机器学习方法并不能完成准确预报螺旋桨多项性能的任务。结合多种机器学习方法，构建复合代理模型，将是本文后续的研究方向。

参 考 文 献

[1] 王晓强, 龚正琦. 水下螺旋桨技术发展现状与展望[J]. 中国水运, 2021, (4): 74-76.

[2] 苏玉民, 黄胜. 用面元法预报船舶螺旋桨的水动力性能[J]. 哈尔滨工程大学学报, 2001, 22(2): 1-5.

[3] 丁文文, 李涛. 全结构网络技术在螺旋桨水动力性能预报中的应用[J]. 舰船科学技术, 2019, 41(2A): 10-12.

[4] 李亮, 刘登成, 郑巢生, 等. 螺旋桨水动力性能预报自动化程序开发及试验验证[C]// 第三十届全国水动力学研讨会暨第十五届全国水动力学学术会议文集, 2019.

[5] WANG Y, WANG K, ABDEL-MAKSOUD M. NoiseNet: A neural network to predict marine propellers' underwater radiated noise[J]. Ocean Engineering, 2021, 236: 109542.1-109542.12.

[6] MIGLIANTI L, CIPOLLINI F, ONETO L, et al. Predicting the cavitating marine propeller noise at design stage: A deep learning based approach[J]. Ocean Engineering, 2020, 209: 107481.1-107481.26.

[7] RODRIGUEZ-GALIANO V, SANCHEZ-CASTILLO M, CHICA-OLMO M, et al. Machine learning predictive models for mineral prospectivity: An evaluation of neural networks, random forest, regression trees and support vector machines[J]. Ore Geology Reviews, 2015, 71: 804-818.

[8] SONI J, ANSARI U, SHARMA D, et al. Predictive data mining for medical diagnosis: An overview of heart disease prediction[J]. International Journal of Computer Applications, 2011, 17(8): 43-48.

[9] 曾志波, 丁恩宝, 唐登海. 基于BP人工神经网络和遗传算法的船舶螺旋桨优化设计[J]. 船舶力学, 2010, 14(Z1): 20-27.
[10] REN Y, ZHANG L, SUGANTHAN P N. Ensemble classification and regression-recent developments, applications and future directions[J]. IEEE Computational intelligence magazine, 2016, 11(1): 41-53.

Comparative Study of Several Machine Learning Methods in Multi Performance Prediction of Surface Ship Propeller

XIE Shuo[1,2], CHEN Yihong*[1,2,3], QIANG Yi-ming[1,2], Li Liang[1,2]

(1. China Ship Scientific Research Center, Wuxi 214082, China;
2. Taihu Laboratory of of Deepsea Technological Science, Wuxi 214082, China;
3. School of Aeronautics and Astronautics, Zhejiang University, Hangzhou 310027, China)

Abstract

In recent years, more and more scholars are committed to using machine learning to predict the performance of ship propellers, and the selection of machine learning methods is particularly important. At present, most of the existing researches only focus on the single performance of the propeller. However, in the comprehensive prediction research of the multiple performance of the propeller, the analysis of the prediction effect of different machine learning models is basically blank, and it is difficult to determine the optimal model selection scheme. To solve this problem, the paper uses many classical machine learning methods to establish a proxy model for propeller performance prediction, and verifies its application in the proxy model prediction of propeller performance such as open water hydrodynamics, fluctuating pressure coefficient, etc. According to the prediction error, the proxy model is evaluated and optimized. The results show that the random forest has good performance in different performance prediction, and has good stability and universality, which can provide reference for future propeller performance prediction.

Key words: Machine learning; Ship propeller; Hydrodynamic performance; Agent model; Performance comparison

作者简介

谢 硕 男，1997年生，硕士研究生。主要从事机器学习与船舶智能应用等方面研究。
陈奕宏 男，1980年生，研究员。主要从事舰船推进技术研究。
李 亮 男，1990年生，工程师。主要从事船舶推进与节能技术研究。
强以铭 女，1994年生，硕士研究生。主要从事数据科学及船舶智能应用等方面研究。
*通讯作者：陈奕宏

基于人工智能的台风路径预报方法研究

束仲祎[1]，王登婷[*1,2]，孙天霆[1,2]

(1. 南京水利科学研究院，南京 210024；
2. 水文水资源与水利工程科学国家重点实验室，南京 210029)

摘　要

提出了一种基于人工智能算法的台风路径预报方法。针对南海、台湾海峡、浙闽沿海等海域及不同季节特征，分析台风过程长期历史数据资料，采用 k-近邻分类算法，优化台风过程实时路径预报方法，并在此基础上构建适用于南海、台湾海峡、浙闽沿海等海域的台风过程实时路径预报模型。采用 1949-2017 年历史台风数据对预报模型进行训练，调整模型参数。将该模型用于 2018-2021 年历史台风的后报及 2022 年新生台风的预报，预报结果与实际台风路径吻合程度较好，准确度较高，可为今后的台风路径预报提供新的思路和方向。

关　键　词：人工智能；k-近邻算法；台风路径预报
中图分类号：P732

0 引　言

近年来，我国台风天气频发，对沿海城市造成了巨大损失，严重威胁了人类社会的生命和财产安全。台风天气引起的大风浪是影响海上船舶正常航行的常见因素，具有常发性和恶劣性，发生时海况条件复杂，难以确定。这种恶劣的极端海况会对外海及近岸作业船只造成严重威胁，引起船舶甲板上水，运动自由度过大(摇摆、倾斜)，仪器设备无法正常工作等，严重的还会造成船体结构损坏，危及船只安全，影响船舶的正常航行和执行任务，造成不可忽略的重大损失。为避免台风天气造成的安全隐患和财产损失，在台风天气指引海上船只避开台风，依据安全路径及时进港躲避风浪，亟待开发一种台风路径实时快速预报技术。

台风路径预测作为台风预报的基础，在近几十年飞速发展。传统的台风预测方法大多是基于各种初始数据进行线性回归，模拟台风路径与各种影响因子之间的关系。传统的台风路径研究模型有三种：①气象学模型：通过卫星气象遥感探测数据预测台风发展。董佩明等[1]提出卫星资料同化方案对数值预报影响较大，增加观测的数量、提高观测的质量结合先进的同化方案能够有效提高数值预报准确率；俞兆文[2]对云雨条件下AMSR2微波成像资料同化对台风预报的效果进行了分析，结果表明云雨条件下模拟对台风路径和强度预报均有改善。②统计学模型：通过集合预报、预估偏差的方法，根据误差分析来预测台风路径。刘春霞[3]利用预测误差平方和最小准则拟合台风预报路径，并与逐步回归的预报试验结果进行了比较，预报效果较好；江应境[4]提出了一种动态权重的台风集成预报方法，采用了三种形式的动态权重(最小误差、绝对偏差、绝对偏差)，路径预报以使用绝对偏差形式的集成效果最佳。③动力学模型：将动力过程与物理过程结合形成的模型。刘志权等[5]进行了AMSR2同化，提供了更好的台风结构，极大提高了台风路径预报效果。王扬杰等[6]利用WRF-FVCOM-SWAN海气浪耦合模式对台风"威马逊"进行了模拟试验，确定了耦合模式的优越性，可显著提高台风路径预报准确性。

收稿日期：2022-10-17；修改稿收稿日期：2022-11-24
基金项目：船舶总体性能创新研究开放基金(31422118)、江苏省水利科技项目(2022027)和南京水利科学研究院中央级公益性科研院所基本科研业务费专项资金项目(Y222004、Y220013)

近年来，随着人工智能技术的不断发展，台风路径预测方法与人工智能技术相结合，形成了一种新的预报模型——人工智能模型。以往的人工智能模型都是通过建立人工神经网络模型，通过大量的数据训练学习，形成一个台风路径预测神经网络模型。邵利民等[7]依据BP型神经网络对中国沿海热带气旋的移动路径进行了研究。黄小燕等[8]依据主成分分析，排除噪声干扰，建立了一种新的非线性人工智能集合预报模型，具有很强的非线性映射和自适应学习能力，可以更好地反映台风路径的非线性变化特征。陈元昭等[9]将气象学模型与人工智能结合，基于生成对抗网络(GAN)，运用卷积法提取回波图像信息建立预报模型。该方法对中等强度回波的预报效果较好，但对强回波的预报效果仍有待提高。周笑天等[10]将基于集合预报思想的统计学模型与人工神经网络结合，建立台风路径预报优化模型。但是受训练数据量和网络选型的影响，预测的准确性和稳定性有待加强。徐高扬等[11]考虑台风路径信息前后关联性，提出了一种基于LSTM网络的台风路径预报方法，对路径波动较小的台风有较好的预测效果，能够有效提高台风路径预测精度。

当缺乏卫星数据、气象信息等数据，难以建立气象学模型和动力学模型时，采用人工智能算法对历史台风路径数据进行分析，建立台风路径预报模型不失为一种理想的方法。通过对历史台风路径轨迹的分析，寻找台风运动的规律，建立智能预测模型。为提高模型的准确度，可以将实测数据带入模型中进行学习，调整模型参数，提高预报的准确性。

1 研究方法

本文收集了1949-2021年的所有历史台风路径数据，数据来自深圳台风网公开的台风路径数据，共1770条台风路径，作为机器学习模型训练的训练集和验证集。1949-2017年共1668条台风路径，作为人工智能模型的训练集；2018-2021年共102条台风路径数据，作为人工智能模型的验证集。历史台风路径数据库如图1所示。

图 1 历史台风路径图

本文采用的k近邻法(k-nearest neighbor，k-NN)是一种基本分类与回归方法，是一种机器学习算法。k近邻算法是给定一个训练数据集，对新的输入实例，在训练数据集中找到与该实例最邻近的k个实例，这k个实例的多数属于某个类，就把该输入实例分为这个类。对未知类别属性的数据集的每个点依次执行以下操作：

(1) 计算已知类别的数据集中的点与当前点之间的距离。
(2) 按照距离递增次序排序。
(3) 选取与当前点距离最小的k个点。

(4) 确定前k个点所在类别的出现频率。

(5) 返回前k个点所出现频率最高的类别作为当前点的预测分类。

其中，如果选择较小的k值，就相当于用较小的邻域中的训练实例进行预测，"学习"的近似误差会减小，只有输入实例较近的训练实例才会对预测结果起作用。但缺点是"学习"的估计误差会增大，预测结果会对近邻实例点非常敏感。如果邻近的实例点恰巧是噪声，预测就会出错。换句话说，k值的减小就意味着整体模型非常复杂，容易发生过拟合。

如果选择较大的k值，就相当于用较大邻域中的训练实例进行预测，其实优点是减少学习的估计误差，但缺点是学习的近似误差会增大。这时与输入实例较远的训练实例也会起预测作用，使预测发生错误，k值的增大就意味着整体的模型变得简单，容易发生欠拟合。可以假定极端条件k=N（N为样本总数），那么无论输入实例是什么，都将简单的预测它属于训练实例中最多的类。这时，模型过于简单，完全忽略训练中的大量有用信息，是不可取的。因此，k值的选取需要在模型训练中确定，只有确定了一个合理的k值，训练模型才能准确地将输入特征和输出结果之间的映射关系正确的表达出来。

相对于传统的台风路径预报算法，这种基于k近邻法的人工智能算法不依赖于已有的模型，而是根据预报因子和预报结果建立关系的映射方法。当前大多数这类算法都是将所有数据都放入训练模型中进行训练，没有考虑台风的动力特性作为输入特征。本方法考虑了台风的空间特征、时间特征和动力特征，建立了一个基于历史台风路径数据的深度学习模型，具体步骤如下：

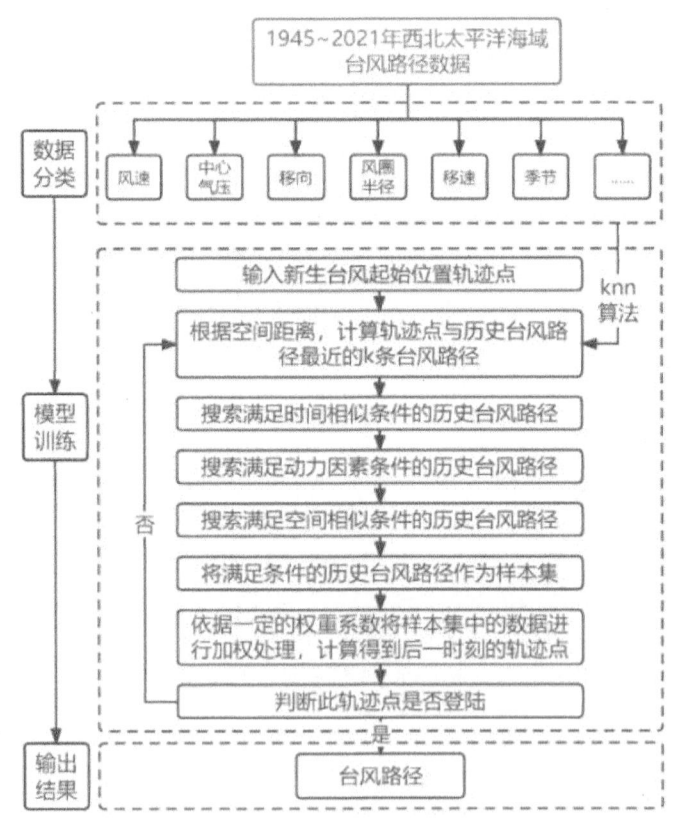

图 2 技术路线图

步骤1：建立台风路径数据集，将数据资料进行归一化处理，并根据台风特征对各历史台风路径添加标签，分为日期、风速、中心气压、移速、移向、路径点中心位置经度坐标、路径点中心位置纬度坐标七个特征；

步骤2：对于新生台风，根据步骤1中划分的日期标签，以当前所在日期为基准，搜寻前后一个月的历史台风路径数据作为当前台风路径预测的数据集，确定满足时间相似条件的历史台风路径。使台风路径满足时间相似，限制时间属性，搜寻满足条件的历史台风路径数据；

步骤3：满足时间属性后，将新生台风轨迹点的空间坐标记为(X_j,Y_j)，j=1，2，3，…，β，移向记为Fj，j=1，2，3，…，β，移速记为v_j，j=1，2，3，…，β，β为当前已知新生台风轨迹点的个数。

对于步骤2中筛选出的满足时间相似条件的历史台风路径数据，将步骤1中台风中心点的经纬度转化为空间坐标，新生台风当前时刻的台风中心空间坐标为$(X_β,Y_β)$，以新生台风当前时刻实时路径台风中心为圆心建立一个半径为r的阈值圆，搜寻所有经过阈值圆内的历史台风路径。

距离度量方法取欧氏距离，将台风路径近似看成二维空间，则距离ρ为：

$$\rho = \sqrt{(X_\beta - x_t)^2 + (Y_\beta - y_t)^2}$$

其中，$(X_β,Y_β)$为新生台风最新时刻的台风中心空间坐标，(x_t,y_t)为历史台风路径的任一时刻的台风中心空间坐标。

如果台风路径中有轨迹点在阈值圆内，即$p<r$，取所有在这个阈值圆内的台风路径数据，阈值圆外的数据舍去，由此共得到w条满足地理相似的台风路径，限制空间属性；

步骤4：满足步骤2和步骤3的条件后，根据新生台风的中心气压和风速，使台风路径满足动力相似，限制动力属性，将新生台风最新时刻点的风速和中心气压作为基准，记为V_0和P_0，对于步骤3得到的w个最短距离点，将其风速和中心气压记为V_i和P_i，i=1，2，…，w，若$V_0=V_i$，$P_0=P_i$，则认为这个点的动力特征与新生台风相似，搜寻满足条件的历史台风路径数据以得到的台风路径数据作为样本数据集；

步骤5：基于步骤4得到的样本数据集，寻找与新生台风具有最佳轨迹相似度的历史台风数据，根据轨迹相似性，构建权重系数，将满足条件的历史台风路径数据根据权重构建台风路径的下一个位置；

步骤6：当台风路径更新后，将新生成的台风时刻点作为已知条件重新代入上述步骤中，重新预报新的台风路径。实现实时更新预报结果。步骤5中对下一时间的台风路径预报过程出现的误差可以通过实时更新预报结果来消除，避免产生累计误差。

2 后报结果

为研究本方法的稳定性和准确度，按照1中的步骤，后报2018~2021年的台风，台风位置每隔三个小时记录一次，取前四个点作为初始条件，以此为基础用k近邻法预测后续台风行进轨迹，后报结果如图3所示：

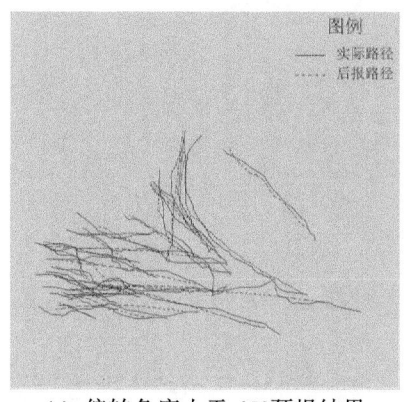 

(a) 偏转角度小于45°预报结果　　　　　　　　(b) 偏转角度大于45°预报结果

图3 2018~2022年历史台风后报结果

由图3可以看出，我国西北太平洋的台风主要是西进台风，伴随有少量北上台风和转向台风。对于这类台风，本文采用的台风预报模型计算结果较好，与实际台风路径的走向和趋势基本一致，台风登陆点也基本准确，可以满足台风预报的要求。但由于台风路径的复杂性及数据量的缺乏，缺少气象数据，对台风的转向条件判断不足，部分转向台风路径计算效果较差。

根据习惯，我国通常将生成后位于我国台风48小时警戒线(15°N-34°N110°E-132°E)以东的台风称之为远海台风，反之则称之为近海台风。远海台风在海面上的时间长，水汽聚集条件好，只要不遇到很强的冷空气和副热带高压风震荡变化，远海台风一般不会发生突然转向，图3(a)可以看出，远海台风基本不会发生偏转，后报效果较好。近海台风受地形和副热带高压周期性变化的影响，容易发生转向。在台风路径偏转角度小于45°时，后报结果依然准确，但如果台风路径的偏转角度大于45°，这种情况在历史上属于特殊情况，数据量较少，本文采用的k近邻法难以将其分类出来，导致计算结果有偏差。由图3(b)可以看出，后报效果较差的情况都是台风在从远海进入近海时发生转向，且转向角度大于45°，转向后的路径难以计算，计算结果与实际路径偏差较大，但在台风转向前，计算结果与实际路径的走向和趋势还是基本一致的。

造成后报结果不准确的主要原因就是台风的突然转向，这种突然转向是由副热带高压短期震荡影响的。每年7~9月，日本南部到我国东海地区的副热带高压活动是比较频繁的，需要对副热带高压的周期性变化进行具体分析才能判断台风的转向或者登陆。但由于缺少历年来副热带高压的具体数据，无法判断其周期性变化，只能对历史台风路径转向时的中心气压和风速进行判断。在出现强烈的气压变化时，台风受气压影响出现转向，这种突然转向在台风预报模型中难以判断，才会造成预报结果不准确。这个问题需要在后续研究中解决。

3 预报结果

为验证本方法对新生台风的预报准确性和实用性，对2022年的新生台风进行预报，在台风刚生成的12小时内，基于已有的台风轨迹点预报后续台风路径，将预报结果与中央台、日本、美国和实际台风路径对比，结果如图4所示。

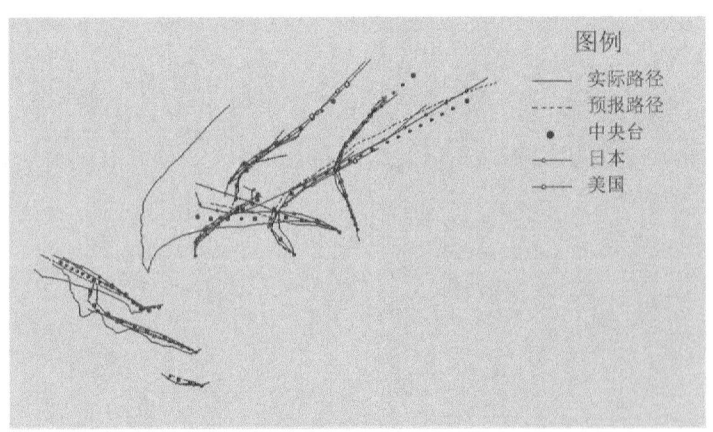

图4 2022年新生台风预报结果

由图4可以看出，对于远海台风，大部分都是北上台风，在海面上一般不会发生转向，就算发生转向，转向角度也较小，在本方法的预报范围内。

在台风刚生成时，仅观测到3~4个台风时刻点时，即可使用本方法对台风后续路径进行预报，计算时长在5分钟以内，能够实时预报台风的后续路径。

对于近海台风，大部分都是西进台风，也基本没有发生较大的转向，只有2022年11号台风"轩岚诺"发生了较大转向。对于无较大转向的台风，本方法的预报结果与中央台、日本、美国的预报结果走向和趋势基本一致，与实际台风路径也基本吻合，台风登陆点也基本准确。

对于出现了"V"字型走势的疑难台风"轩岚诺"，本文方法的初始预报结果与中央台、日本、美国的预报结果走向和趋势基本一致，与最终的实际路径偏差较大。造成"轩岚诺"路径出现急转弯的主要原因是引导它的副热带高压出现了重大变化，北方冷空气活动加剧，使得副热带高压的强度呈现出减退趋势；后期随着冷空气东移南下，使其断裂成两部分，形成了独特的"V"字型的走势。这种情况是极为特殊的，因此预报结果与实际路径有所偏差是在所难免。

在台风"轩岚诺"转向完成后，再次将本文方法的预报结果与中央台、日本、美国的预报结果对比，结果如图5所示。台风的走向和趋势基本一致，与最终的实际台风路径也吻合较好。

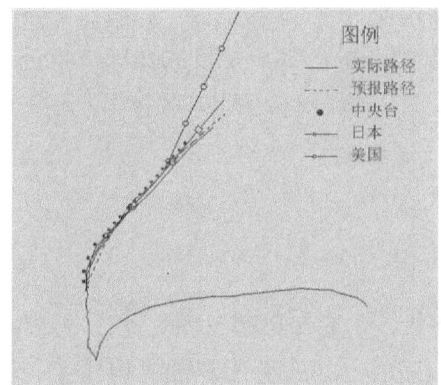

图 5 2022 年 11 号台风"轩岚诺"预报结果

在台风最开始生成时，中央台、日本、美国等预报机构的预报结果与最终台风路径也相差较大，这是因为在台风刚生成时，无法预测后续的气压条件，无法判断台风的转向情况。对于在西北太平洋上中国台风48小时警戒线以东的台风，绝大多数都是西进台风。在过48小时警戒线后，一般有三个方向：往日本北上、往浙闽沿海西进和往山东、辽宁北上。极少有像台风"轩岚诺"这种出现"V"字型的疑难台风，预报难度过大。在这种疑难台风转向完成后，本文方法和中央台、日本、美国等预报机构仍然能够精确预报台风剩余的路径走向。这种疑难台风是极个别情况，整体预报模型的精确度依然良好。

将本文方法与其他学者的人工神经网络模型对比，分别计算6h、24h和48h的预测误差，结果如表1所示：

表 1 误差对比表

	台风	6h/km	24h/km	48h/km
本文算法	202208	28.1	54.3	-
	202209	106.7	112.5	-
	202210	48.8	72.9	55.5
	202215	72.6	-	-
	202217	72.8	92.7	-
	202218	23.5	26.7	-
	202222	43.7	64.5	85.0
	202223	44.8	-	-
	平均误差	55.1	70.6	70.3
文献 10 算法		-	50	110
文献 11 算法		100	-	-

由表1可以看出，本方法预报的误差与文献11的LSTM人工神经网络模型对比，6h的预报误差较小，这是因为LSTM模型是通过台风路径相似度预测未来台风路径，一些有路径波动的台风LSTM的预报效果较差。本文的算法是根据历史台风路径数据判断新生台风参数，只要台风的大致方向不变，没有太大的转向，预报效果就比较准确；与文献10的TEPT对比，本方法的24h的预报误差较大，这是因为TEPT方法是考虑了几家预报系统的预报结果，将其与预报值和对照的实况数据输入，建立集合预报模型。这些预报系统拥有大量卫星数据，气象数据，短期预报效果较好。本方法只考虑历史台风路径数据，没有气象数据和卫星数据，短期预报效果较差。本方法的48h的预报误差较小，这是因为TEPT的预报误差会随着预报时次的增加而增加，而本方法的预报误差与预报时次无关，只要有足够的历史台风路径数据，都能够较好地预报长期的台风路径。本方法适用于台风偏转角度较小的情况，此情况下台风具有一定的规律性，能够通过k近邻算法预报其后续路径，对于偏转角度较大的台风，因其转向原因复杂，本方法对此种情况的台风预报效果较差。

总的来看，本文方法对2018~2021年的台风后报及2022年新生台风预报结果大部分效果较好，只有极少数台风因被副热带气压和冷空气影响出现突然转向时难以预报准确，这也是后续研究中需要攻克的问题。

4 结 论

本文提出了一种基于人工智能算法的台风路径预报方法。针对南海、台湾海峡、浙闽沿海等海域，分析台风过程长期历史数据资料，采用 k-近邻分类算法，构建了一种适用于南海、台湾海峡、浙闽沿海等海域的台风过程实时路径预报模型。主要研究结论如下：

(1) 本文提出的方法只需要历史台风路径数据，采用 k 近邻法这种人工智能算法对历史台风路径数据进行分类和回归分析，对台风的预报效果好，计算速度快，预报间隔短。k 的取值，加权计算的权重系数，数据归一化与反归一化产生的计算误差都会影响预报结果。如果能够将卫星资料，气压数据等更多的数据资料加入数据库中，计算效果将会更好，预报结果将更加准确。此方法也为今后的台风预报提供了一种新的思路和方向。

(2) 对于远海台风和偏转角度小于 45°的台风，本方法预报结果的准确度和稳定性较好，与实际台风路径的走向和登陆点基本一致；对于受副热带气压影响而出现转向较大的疑难台风路径，在转向前预报效果较好，走向基本一致，转向后预报效果较差。这种情况是由于缺乏历史的气压数据，难以判断台风的转向条件导致的。后续将收集历史副热带气压数据，添加台风路径转向条件的判别，提高计算精度。

(3) 本文提出的方法不光考虑了台风的空间特征，还考虑了台风的时间特征和动力特征，针对台风的动力机制设计输入特征，提高了深度学习模型的模拟效果，大大增加了预报结果的准确性。但由于缺少气象数据，对台风的动力机制考虑依然存在不足，后续需要收集足够的气象数据，完善台风的动力机制。

参 考 文 献

[1] 董佩明, 薛纪善, 黄兵, 等. 数值天气预报中卫星资料同化应用现状和发展[J]. 气象科技, 2008(01): 1-7.
[2] 俞兆文, 刘健文, 钟中, 等. 云雨条件下 AMSR2 微波成像资料同化试验及其在台风预报中的应用[J]. 气象科学, 2018, 38(02): 203-211.
[3] 刘春霞, 周家斌. 南海台风路径预报试验[J]. 气象, 1995(08): 26-29.
[4] 江应境, 高山红. 一种动态权重的台风集成预报方法[J]. 海岸工程, 2018, 37(03): 1-13.

[5] 刘志权, 杨春, 闵锦忠. AMSR2 辐射率资料同化对台风"山神"分析和预报的影响研究[J]. 大气科学, 2017, 41(2): 372-384.

[6] 王扬杰, 张庆河, 陈同庆, 等. 大气-海洋-海浪耦合模型在台风过程模拟中的应用[J]. 水道港口, 2016, 37(02): 135-141.

[7] 邵利民, 傅刚, 曹祥村, 等. BP 神经网络在台风路径预报中的应用[J]. 自然灾害学报, 2009, 18(06): 104-111.

[8] 黄小燕, 金龙. 基于主成分分析的人工智能台风路径预报模型[J]. 大气科学, 2013, 37(05): 1154-1164.

[9] 陈元昭, 林良勋, 王蕊, 等. 基于生成对抗网络 GAN 的人工智能临近预报方法研究[J]. 大气科学学报, 2019, 42(02): 311-320.

[10] 周笑天, 张丰, 杜震洪, 等. 基于神经网络集合预报的台风路径预报优化[J]. 浙江大学学报(理学版), 2020, 47(02): 196-202.

[11] 徐高扬, 刘姚. LSTM 网络在台风路径预测中的应用[J]. 计算机与现代化, 2019(05): 64-68.

Research on Typhoon Track Forecast Method Based on Artificial Intelligence

SHU Zhongyi[1], WANG Dengting[*,1,2], SUN Tianting[1,2]

(1. Nanjing Hydraulic Research Institute, Nanjing 210024, China;
2. State Key Laboratory of Hydrology-Water Resource and Hydraulic Engineering, Nanjing 210029, China)

Abstract

A typhoon track forecasting method based on artificial intelligence algorithm was presented. According to the sea areas of the South China Sea, Taiwan Strait, Zhejiang and Fujian coastal areas and different seasonal characteristics, the long-term historical data of typhoon process were analyzed, and the K-nearest neighbor classification algorithm was adopted to optimize the real-time path prediction method of typhoon process, and on this basis, the real-time path prediction model of typhoon process suitable for the South China Sea, Taiwan Strait, Zhejiang and Fujian coastal areas was constructed. The historical typhoon data from 1949 to 2017 were used to train the forecast model and adjust the model parameters. This model is applied to the post-report of historical typhoons from 2018 to 2021 and the forecast of newborn typhoons in 2022. The forecast results are in good agreement with the actual typhoon track with high accuracy, which can provide new ideas and directions for future typhoon track forecast.

Key words: Artificial intelligence; K-nearest neighbor algorithm; Typhoon track forecast

作者简介

束仲祎 男, 1997 年生, 博士研究生。主要从事波浪与建筑物作用方面研究。
王登婷 男, 1976 年生, 正高级工程师。主要从事波浪与建筑物相互作用方面研究。
孙天霆 男, 1992 年生, 工程师。主要从事波浪及其与建筑物相互作用方面研究。
*通讯作者：王登婷

实海域长短期耐波性预报系统开发及其集成的风浪数据统计特性分析

张子文[1,2,3]，马　宁[1,2,3]，史琪琪[1,2,3]

(1. 上海交通大学 海洋工程国家重点实验室，上海 200240；
2. 上海交通大学 船舶海洋与建筑工程学院，上海 200240；
3. 上海交通大学 海洋装备研究院，上海 200240)

摘　要

为服务深远海航行与开发的需求，助力智能船舶的航线规划，满足我国各类舰船在深远海航行不断增长的实际需要，本文基于广阔海域缺乏长期海浪统计信息的研究现状，通过对日本 NMRI 海事安全研究所和英国 GWS 两个风浪数据统计信息的同一化处理，集成了 40°E~100°W，0°~60°N 在内的海域长期风浪统计数据，并基于 Python 开源语言开发了一套长短期耐波性预报系统软件，并通过 QT 搭建的图形用户界面实可视化交互。在此基础上，对一艘 S175 标准集装箱船开展了耐波性长期预报，对系统中所集成的波浪谱参数结合概率等统计值进行了对比分析，并对数据来源对耐波性长期预报结果的影响进行了研究。

关　键　词：船舶工业软件；船舶耐波性；实海域风浪统计；CAE 软件
中图分类号：U661.32

0　引　言

船舶与海洋工程结构物在实海域风浪中的运动性能及其相应的现象统称为其耐波性，因其复杂性和重要性，一直是船舶与海洋工程结构物设计和使用过程中关心的问题。相比较于传统在静水中设计船舶性能，波浪环境下、或者说基于耐波性的设计在近年来得到了越来越多的重视。"船舶的耐波性是设计出来的"，基于这一原理，为确保船舶在风浪中作业的安全性和长期作业效率，在初期设计阶段即需对其实海域耐波性进行全面综合、工程实用的预报评估，得到统计意义上的长期（数次航程乃至全生命周期）与短期（风浪保持准稳态的数分钟到数小时内）船舶在各实海域不同海区、不同季节的不同波浪特性作用下的耐波性能。此后可以根据耐波性预报结果与衡准要求优化船型主尺度，使得船舶在长期的实海域风浪中具有足够的安全性与合适的运动环境，满足人员、装备等各子系统的正常工作需要，最终实现全船综合性能的最优化。

针对我国各类船舶在北太平洋、东非、印度洋等实海域航行的需要，考虑当前全球主要海域风浪数据库不足的现状，本系统基于风浪数据调研与耐波性预报理论研究，集成了一个包含目标航行海域长期实测海浪谱参数统计分布的实海域风浪信息数据库，为后续耐波性分析预报提供准确的海域环境数据；而后基于数据库中的风浪信息，建立涵盖不同目标海域的船舶耐波性长短期预报系统，提供船舶以不同航速、不同浪向角在不同海域的长期耐波性指标，计算船舶在不同海域进行不同任务时的长期作业率，可以为目标船舶在目标航行海域进行长期耐波性预报与作业率的准确评估提供有效手段。

收稿日期：2022-11-21；修改稿收稿日期：2022-12-28

1 国内外耐波性长短期预报研究现状

1.1 实海域风浪数据研究现状

解决长期耐波性预报问题必须有可靠的长期实海域风浪统计资料作为预报系统的基本输入，即在船舶设计阶段提前对目标航行的实海域具体信息有所了解。因此，构建应用于耐波性预报的风浪数据库对于实海域船舶航行日益关键。

目前风浪资料主要来源于器测资料、后报资料、目测资料和改进的目测统计资料。

每三年召开一次的国际船舶与海洋工程结构会议（International Ship and Offshore Structures Congress，ISSC）环境委员会对包括风、海浪、海流、海冰在内的诸多环境统计数据、环境现象模拟方法及船舶与海洋结构物设计运营的海洋环境均有详细综述[1]；日本海事技术研究所（Japanese National Maritime Research Institute, NMRI）通过对日本气象厅实测统计资料建立了北太平洋风浪统计数据库；英国学者Hogben通过波候综合模式（NMIMET模式）改进了英国气象厅搜集的志愿船舶报资料，出版了一本将全球海洋分为104个区块的详细统计集《全球波浪统计集》（Global Wave Statistics, GWS）[2]；Hogben的学生、中国学者方钟圣基于此主编了覆盖西北太平洋我国船舶传统运营航区的《西北太平洋波浪统计集》[3]；美国国家海洋和大气管理局（National Oceanic and Atmospheric Administration, NOAA）下辖的国家浮标数据中心（National Data Buoy Center, NDBC）提供了全球覆盖范围最广的浮筒报数据。关于实测海浪数据的具体实测技术与方法，我国学者左其华有比较详尽的综述[4]。

尽管有上述各类较为精确的目测、器测数据，更为广泛的全球海域依然是缺乏风浪数据的。因此，由广泛可得的风数据追算波浪数据，即后报数据成为了一种广泛的做法。目前，全球波浪模式已经发展到了以美国Wave Watch III模型与欧洲WAM模型为代表的第三代波浪模型，在欧洲中尺度天气预测中心（European Centre for Medium-Range Weather Forecasts, ECMWF）的ECMWF Reanalysis of the 20th Century（ERA-20C）等数据库中均已有所体现。在实海域的非普适现实海浪谱的实际使用方面，大连海事大学的石博文等[5]基于船载雷达生成了现实海浪谱，在现实海浪谱与普适海浪谱下分别进行了船舶响应的数值预报，结果显示ITTC双参谱与现实谱与实船实测值拟合较好，可见基于船载测波仪器数据的分析讨论是未来实海域风浪数据研究的重要发展方向。

1.2 船舶长期耐波性预报研究现状

船舶实海域中耐波性长期预报的精度主要取决于波浪统计，即海况(波高、波浪周期、波高与波浪周期的结合)的发生概率的预报精度。长期以来这方面有深入的研究，理论方法上常用的方法有如福田法[6]和Athanassoulis[7]长期联合概率分布函数等；平山[8]等人和Guedes Soares等人[9-10]对不同的波浪统计数据对船舶耐波性预报的影响也进行了研究。日本学者武田诚一等人结合东京水产大学的"海鹰号"和"神鹰号"考察船，将其实际运行过程中遭遇的波浪谱分为4类进行了充分的讨论，认为非P-M的异形波浪谱在波高大于2.75m的情况下是极少出现的，对于大型船舶的影响也是很小的。武田诚一[11]等人在"海鹰号"和"神鹰号"考察船的研究中认为波高在6m以下的波浪非线性成分较弱，也通过实船数据证实基于Rayleigh分布的线性理论会使响应误差较大地偏向于安全一侧。波浪数据的选择对于船舶响应的长期预报有相当重要的影响，这方面直到最近仍在被学者广泛讨论。美国学者Schirmann[12]2020年的研究表明，不同波浪追算模式计算得到的波浪数据上微小差别对于长期预报结果的影响可能相当巨大的。他对DTMB 5415标准船的响应与疲劳损伤使用二维频域切片法做了一年时间的长期预报，得到的结果显示，由于疲劳损伤是波浪输入的高阶函数，即便是Wave Watch III这类已得到成熟应用的第三代风浪追算模式，在一年后，后报数据相较于浮筒报数据也可能达到相当巨大的相对误差，而且后报数据的误差是偏向于危险一侧的。Schirmann认为后报数据的选择应当谨慎，后报波浪数据的选择需要进一步的研究。

2 耐波性长短期预报理论

2.1 耐波性短期预报理论

在短期预报中，本系统假定不规则波的频谱是窄带谱，其波高的概率密度是符合Rayleigh分布的，如下式(1)：

$$S_{y\zeta}(\omega) = S_{\zeta}(\omega) \cdot Y_{y\zeta}^{2}(\omega) \tag{1}$$

那么，船舶在这样的不规则波中某个自由度运动的响应谱也应当是窄带谱，其极大值也应该是服从Rayleigh分布的，则随机变量X超过某个值x的概率$P(X>x)$可由积分得到：

$$P(X-x) = \int_{x}^{\infty} f(x)\mathrm{d}x = \int_{x}^{\infty} \frac{x}{m_0} \cdot \exp\left(-\frac{x^2}{2m_0}\right)\mathrm{d}x = \exp\left(-\frac{x^2}{2m_0}\right) \tag{2}$$

以上各式中的m_0即为所研究的船舶某自由度运动响应谱的0阶谱矩，即谱函数$S_{y\zeta}(\omega)$下围成的面积，也是某自由度运动幅值的方差σ^2。对于一个已知的船舶某自由度运动响应谱，可以通过计算响应谱的各阶谱矩得到一系列信息。考虑船舶航速，计算遭遇频率ω_e后，即可根据下式(3)求解响应谱密度对于原点的n阶谱矩：

$$m_n = \int_{0}^{\infty} \omega_e^n \cdot S_{y\zeta}(\omega_e)\mathrm{d}\omega_e \tag{3}$$

计算其零阶矩即可得到某自由度运动幅值的方差σ^2，即：

$$m_0 = \int_{0}^{\infty} S_{\zeta}(\omega) \cdot Y_{y\zeta}^{2}(\omega)\mathrm{d}\omega = \sigma^2 \tag{4}$$

2.2 耐波性长期预报理论

船舶的长期耐波性能，通常指船舶在一定航线上长期运营、或在一定海区长期进行作业任务中反应出的波浪中运动的统计性能，是一种数次航程至全寿命周期的一种长时间的统计性能。

本研究中的耐波性长期预报系统采用基于理论分析的耐波性长期预报方法，即通过对船舶在风浪中运动的数值模拟，结合短期预报所得的响应谱结果与第3章中构建的实海域风浪数据库中风浪谱参数的联合概率分布，使用诸如福田法[6]等积分方法进行理论计算来进行耐波性的长期预报。具体而言有：

对于有义单幅值的长期预报，可以采用环境载荷概率与短期预报相结合的形式，即有：

$$S_{y\zeta,\text{long}}(\omega) = \int_{T}\int_{H_S} S_{y\zeta,H_S,T,\text{short}}(\omega) \cdot P(H_S,T) \cdot \mathrm{d}H_S \mathrm{d}T \tag{5}$$

式中，$P(H_s,T)$是所选海区的风浪联合概率密度分布，可以从实海域风浪数据库中获取；$S_{y\zeta,H_s,T,\text{short}}(\omega)$是有义波高$H_s$、平均周期$T$的不规则波海浪谱作用下船体某自由度运动响应谱。

在累计超越概率的计算中，由于ITTC双参数海浪谱关于有义波高H_s是线性的平方关系，而关于波浪周期T是非线性的，本文在求解超越概率时也可以首先计算出事件发生概率到达临界时刻的波高，即极限有义波高$H_{s,cr}$，再结合实海域的风浪数据，计算超过概率临界值的累计超越概率$Q(\beta)$：

$$Q(\beta) = \int_{T=0}^{\infty} \int_{H_{S,cr}}^{\infty} P(H_S, T) \cdot dH_S dT \qquad (6)$$

式中，$Q(\beta)$是船舶遭遇浪向角β的函数，遭遇浪向角定义为以180°为顶浪，0°为随浪。此外，我们还需要波浪的长期统计资料来确定在某个海区的某个季节中，船舶遭遇各浪级的概率。

3 系统总体架构与界面设计

本系统由上海交通大学 KSHIP 团队自主开发设计，其设计开发的技术路线如图 1 所示。

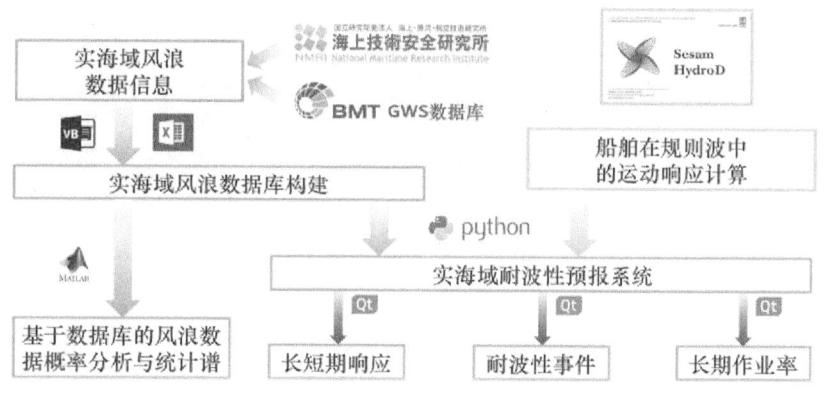

图 1 系统总体技术架构

本次长短期耐波性预报系统基于QT的MainWindow模板进行自行组件开发，拥有条选框架以及以下6个主界面，其中界面一、界面三为用户输入界面，界面二、界面四、界面五和界面六为计算结果UI展示界面。

在基本输入界面中，用户可以进行船舶载况和工况的选择。

在短期响应预报界面中，用户可使用右侧的有义波高与波浪周期输入窗口进行短期预报的波浪环境参数设置，并得到所选波浪环境参数下使用ITTC双参数谱计算得到的各自由度短期响应预报谱与其单幅有义值。

在季节与海区输入界面中，用户可以根据船舶需要遂行任务的范围与时间选择所需要预报的海区和波浪统计季节，在用户完成输入后，系统即可读取实海域风浪数据库，读取用户选择季节下用户所选海区的风浪谱参数联合概率密度分布数据，作为预报的风浪环境条件，用于系统后续计算。

在长期响应预报界面中，系统可以根据用户在前述输入界面中所选择与输入的信息，调用RAO数据展示在左侧框中，在右侧根据耐波性短期预报的结果展示所选自由度的有义单幅值，并展示船体关键点的相对运动有义值，以及相应的甲板上浪、船底砰击与螺旋桨飞车等耐波性事件的发生概率等。

在耐波性事件预报界面中，用户可以在界面左侧依次输入需要预报耐波性事件的相对运动点的位置坐标，进行船舶发生底部砰击、甲板上浪、螺旋桨飞车等耐波性事件的长短期预报。系统将结合短期预报波浪环境参数的设置，在中间的短期预报展示其短期超越概率以及单位时间耐波性事件发生次数。此外，系统将结合季节与海区输入中对需要进行长期预报的季节与海区的用户选择，结合自定义的耐波性事件衡准概率，进行船舶发生底部砰击、甲板上浪、螺旋桨飞车等耐波性事件的长期超越概率计算，并在界面最右侧的输入框中显示数值。

在长期作业率计算与包络图显示界面中，用户可以选择指定任务，查看特定任务的长期作业率包络图。右侧为长期作业率包络图的显示区域。此处的包络图是以航速V为极轴，以遭遇浪向角β为极角绘制的极坐标图。

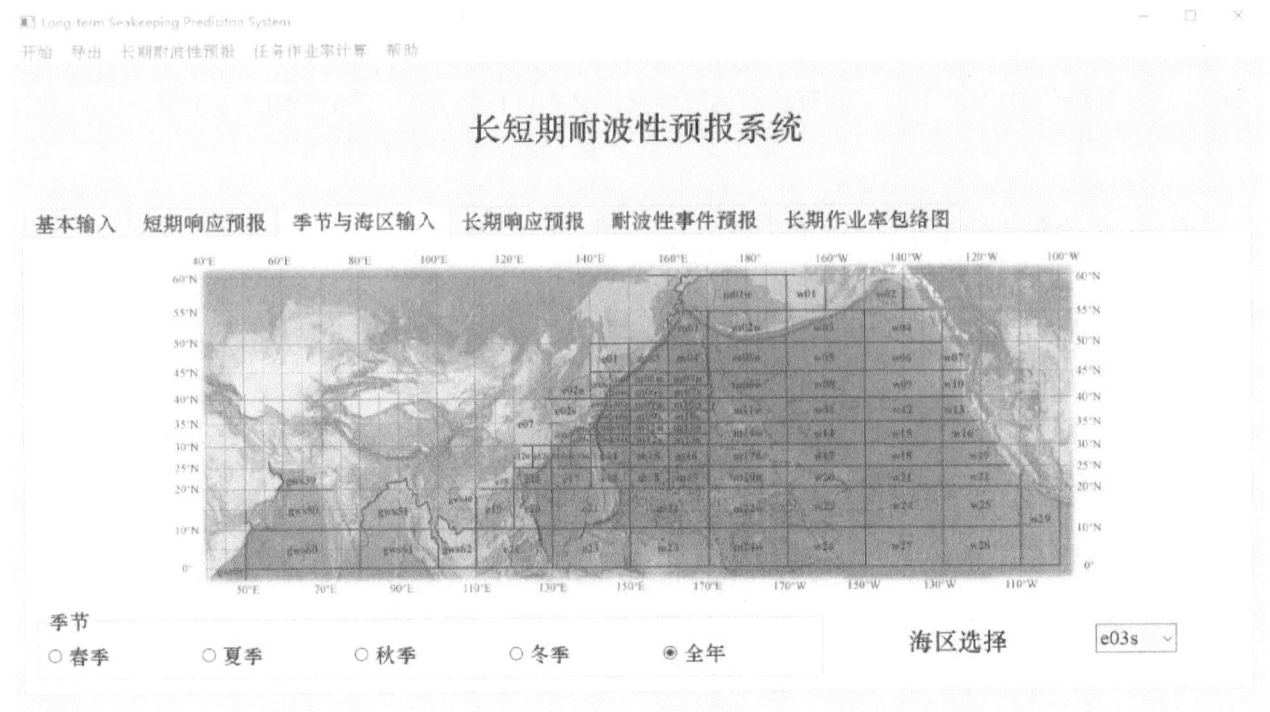

图 2 系统主界面

4 基于本系统的 S175 集装箱船耐波性预报

本系统的演示以S175标准集装箱船为例，基于三维势流软件计算其运动响应传递函数，并将结果整理入系统中，使用耐波性长短期预报系统预报其耐波性能。其各项主尺度如表1所示。

表 1 计算使用的 S175 标准船主尺度

项目	单位	实船
垂线间长 L_{pp}	m	175.00
船宽 B	m	25.58
型深 D	m	15.40
艏吃水 d_f	m	8.54
艉吃水 d_a	m	9.62
平均吃水 d	m	9.08
排水体积 ▽	m³	23187.67
重心高度 KG	m	7.78
横向转动惯性半径 k_{xx}	m	6.8
纵向转动惯性半径 k_{yy}	m	39.48

将数值计算所得的RAO结果与Nakamura的试验结果[13]进行对比，数值计算的RAO与试验结果符合良好。本文中选取Froude数为0.15航速下以180°浪向角顶浪航行时的纵摇RAO对比绘图，见图3。

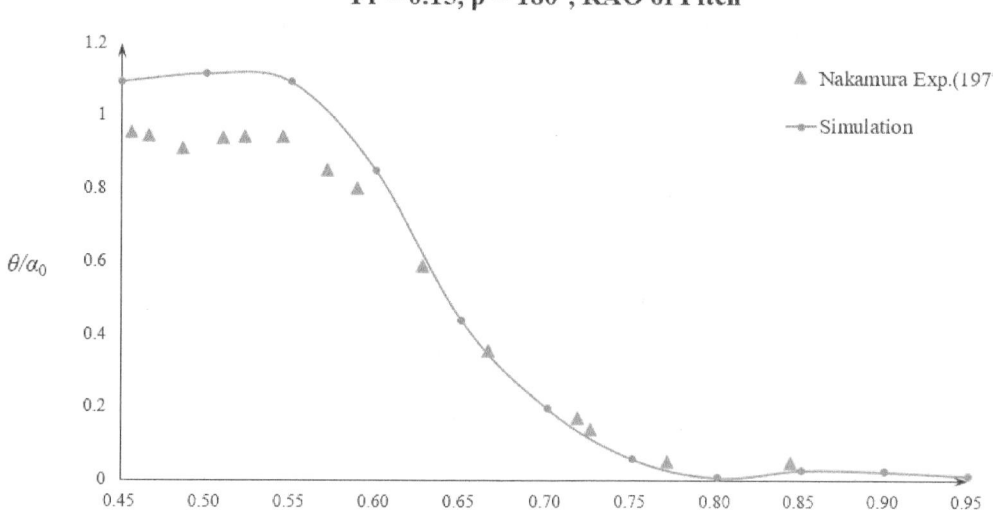

图 3 运动响应计算结果与实验值的对比

基于运动响应的计算结果，使用耐波性实海域长期预报系统可以对S175标准集装箱船开展各自由度运动响应的长期预报；这里以e03s海域（详见图2）为例，不同季节中当S175以16kn航速航行时，其各自由度运动响应的长期预报结果如表2所示。

表 2 在各季节 E03S 海区以 16kn 航行时的耐波性长期预报

季节	浪向角/°	0	30	60	90	120	150	180
春季	横摇有义值/°	0.000	0.465	1.777	4.825	3.121	1.455	0.000
	纵摇有义值/°	0.326	0.467	0.637	0.440	0.870	0.967	0.960
	垂荡有义值/m	0.542	0.736	1.024	1.186	1.264	1.205	1.169
夏季	横摇有义值/°	0.000	0.358	1.391	3.677	2.301	1.046	0.000
	纵摇有义值/°	0.228	0.340	0.485	0.352	0.654	0.707	0.695
	垂荡有义值/m	0.374	0.532	0.769	0.919	0.943	0.875	0.840
秋季	横摇有义值/°	0.000	0.454	1.751	4.738	3.038	1.397	0.000
	纵摇有义值/°	0.306	0.449	0.623	0.436	0.850	0.935	0.924
	垂荡有义值/m	0.504	0.703	0.994	1.162	1.227	1.159	1.119
冬季	横摇有义值/°	0.000	0.552	2.113	5.758	3.756	1.751	0.000
	纵摇有义值/°	0.388	0.558	0.759	0.520	1.041	1.161	1.152
	垂荡有义值/m	0.643	0.878	1.219	1.406	1.508	1.443	1.400
全年平均	横摇有义值/°	0.000	0.459	1.766	4.777	3.076	1.423	0.000
	纵摇有义值/°	0.314	0.457	0.630	0.439	0.859	0.949	0.940
	垂荡有义值/m	0.520	0.717	1.008	1.174	1.243	1.179	1.140

对于诸如甲板上浪、船底部砰击、螺旋桨飞车等耐波性事件；本研究也同样使用S175做了长期的超越概率预报，计算了目标船舶以不同浪向角航行时、不同波浪特征周期下发生耐波性事件的极限有义波高（极限有义波高与衡准值相关联，建议论文中补充甲板上浪、船底部砰击、螺旋桨飞车等耐波

性事件衡准值)。此处以S175船以16kn航速航行时,发生螺旋桨飞车的计算为例,将不同浪向角下航行的极限有义波高结果列入表3中;将S175以16kn航速、30°浪向角航行不同海区不同季节发生螺旋桨飞车的长期超越概率列入表4中。

表3 航速为16kn时,各浪向角下螺旋桨飞车的极限有义波高

V=16kn	浪向角	0	30	60	90	120	150	180
	4.00	14.0959	14.6833	8.5375	9.4121	13.1652	13.4297	13.3574
	5.50	8.9380	8.0683	5.7216	4.4624	4.8663	7.5514	7.9659
	6.50	8.2260	7.1507	4.7320	4.2784	3.4429	4.5223	5.0548
	7.50	7.2583	6.2545	4.0218	4.5161	3.0299	3.1224	3.3001
	8.50	5.8994	5.2959	3.6356	4.8741	3.0254	2.6444	2.6566
波浪周期/s	9.50	4.8472	4.5698	3.4535	5.2425	3.2279	2.5326	2.4585
	10.50	4.1975	4.0969	3.3923	5.5797	3.5609	2.5941	2.4594
	11.50	3.8326	3.8229	3.4111	5.8859	3.9905	2.7566	2.5693
	12.50	3.6566	3.6973	3.4917	6.1856	4.4989	2.9891	2.7510
	13.50	3.6112	3.6837	3.6266	6.5095	5.0758	3.2769	2.9871
	14.00	3.6262	3.7110	3.7132	6.6889	5.3879	3.4389	3.1224

表4 以16kn航速、30°浪向角航行时各海区不同季节发生螺旋桨飞车的长期超越概率

V=16kn	春季	夏季	秋季	冬季	全年
E15	0.5086	0.7463	4.6196	3.3113	2.3124
E19	0.5125	0.8395	4.1427	4.4337	2.4661
GWS40	0.2980	0.4434	3.0987	3.0154	1.2996
GWS50	0.1029	7.7739	0.0244	0.0195	0.9351
GWS60	0.0120	3.2682	0.0732	0.0683	0.6674
GWS61	0.0387	0.8624	0.2728	0.0684	0.2888
GWS62	0.0138	0.0458	0.2825	0.9199	0.2170

5 实海域风浪长期统计特性及其对耐波性预报影响分析

对实海域长期预报而言,最重要的是各海区在各季节中不同的有义波高与波浪周期的联合概率密度分布。ITTC双参数谱公式有:

$$S(\omega) = \frac{173 H_s^2}{T^4 \omega^5} \cdot \exp\left(\frac{-691}{T^4 \omega^5}\right) \tag{7}$$

可以看出,ITTC公式是由有义波高H_s与波浪周期T双参数定性的关于频率ω的函数。本次开发的数据库里的数据内容包含了各个海区在各个季节的有义波高H_s与波浪周期T联合概率密度分布,即$P(H_s,T)$,根据风浪的联合概率密度函数的计算,得到各海区在各季节不同的统计海浪谱,根据统计海浪谱的不同可以得到不同的船体长期预报响应,即:

$$y = S(\omega) = \sum_{H_s}\sum_{T} P(H_s, T) \cdot S_{H_s,T}(\omega) \tag{8}$$

本数据库采用VBA进行二次开发实现对NMRI与GWS两大数据库的数据同一化和集成。通过对文本型数据库文件的数据调用，基于MATLAB软件将风浪长期统计特性可视化。

首先将不同海区按不同季节做统计，将全部海区的统计海浪谱绘制入不同图中，此处分别以e01与w16海区为例，将图像绘制如图4所示。其中，粉色点划线为春季统计海浪谱、绿色点线为夏季统计海浪谱、黄色实细线为秋季统计海浪谱、蓝色虚线为冬季海浪谱、黑色粗实线为全年不分季节统计海浪谱。

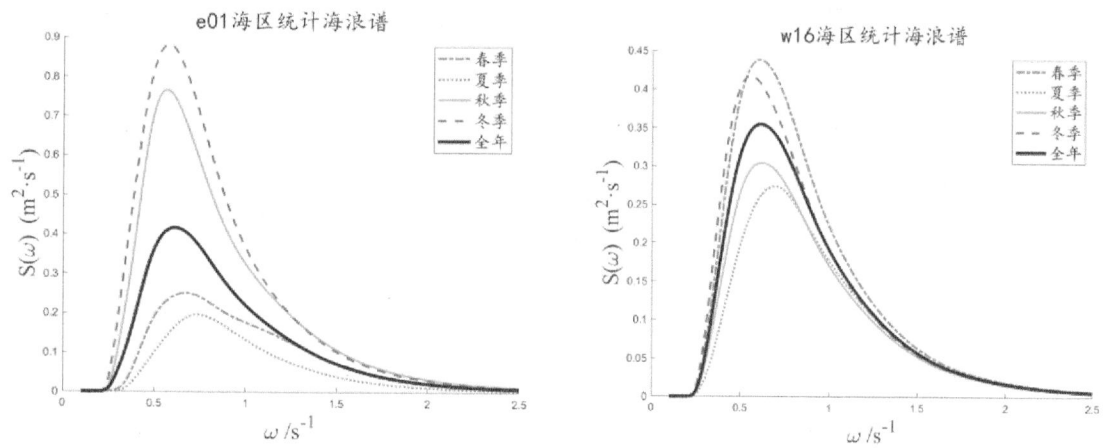

图 4 不同季节 e01 和 w16 海区海浪谱统计特性图

此后，将所有海区的统计海浪谱分季节进行可视化，共形成1-12月、春夏秋冬四季以及全年共计17张统计海浪谱图，此处以其中数个海区的6月的统计海浪谱为例，如图5所示。

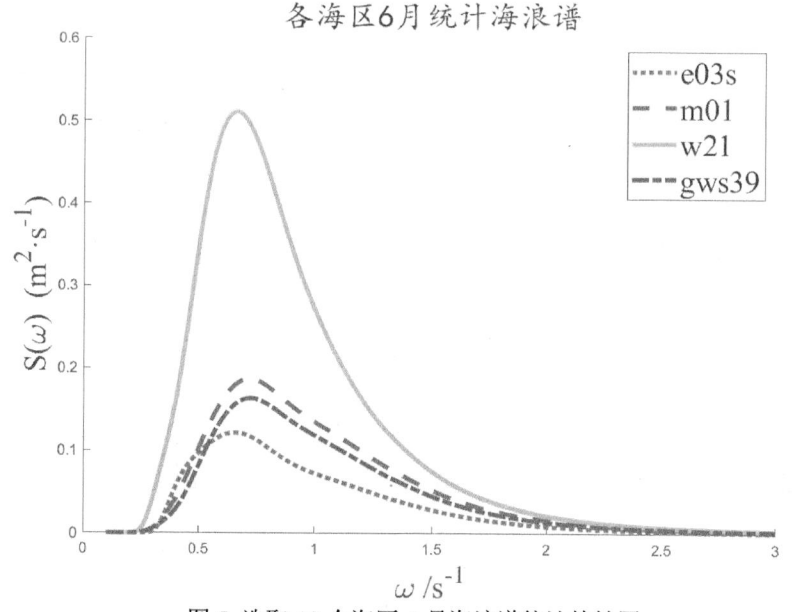

图 5 选取 10 个海区 6 月海浪谱统计特性图

由此可见，不同季节、不同海区的风浪特性都有较大的差异，在进行船舶设计过程中开展实海域长期耐波性预报时，船舶运动响应计算应该考虑不同季节、不同海区风浪特性的影响。

此外，我们对不同波浪来源的耐波性长期预报结果进行了分析，以船报数据较多的e11n海区为例，分别从NMRI数据库中数值追算的后报波浪统计结果与船报波浪统计结果出发，计算了风浪长期统计特性对于船舶耐波性长期预报的影响。首先，将e11n海区经后报和船报的不同季节下有义波高-平均周期两个谱参数的联合概率密度分布散点并做概率渐变等高线图以进行直观比较；船报结果相较于后报的结果普遍在概率分布上更加分散，而后报由于是由风浪推算而来的风浪结果，其概率密度分布更为集中，且有义波高与波浪周期的线性程度会更高；而船报由于小概率事件遭遇的离散性，其在大波高、长周期的区间往往会有一定的低频率的分布，而不是如后报的理论计算一样趋于0。后报和船报均可以看出，在分析的北太平洋e11n海域，冬季是波浪环境最为恶劣的季节。使用不同的波浪数据来源对船舶的耐波性长期预报也会产生一定的影响。同样使用S175标准集装箱船在上述e11n海区分别使用船报数据和后报数据开展耐波性的长期预报，将其以16kn航速180°浪向角顶浪航行时通过后报和船报波浪数据的重心处垂向加速度长期预报结果比较如图6所示。其中横轴是重心处的垂向加速度，纵轴是长期累积概率。从图中可以看出，不同风浪预报来源对风浪特性季节影响的反映具有一致性，即无论是船报还是后报结果，冬季该海区的海况最为恶劣，夏季最为良好。同时，不同的波浪来源会对船舶长期耐波性预报产生一定的影响，形成一定的误差，其中春夏两季误差较为明显，秋冬两季基于船报数据与后报数据的耐波性预报结果符合较好。

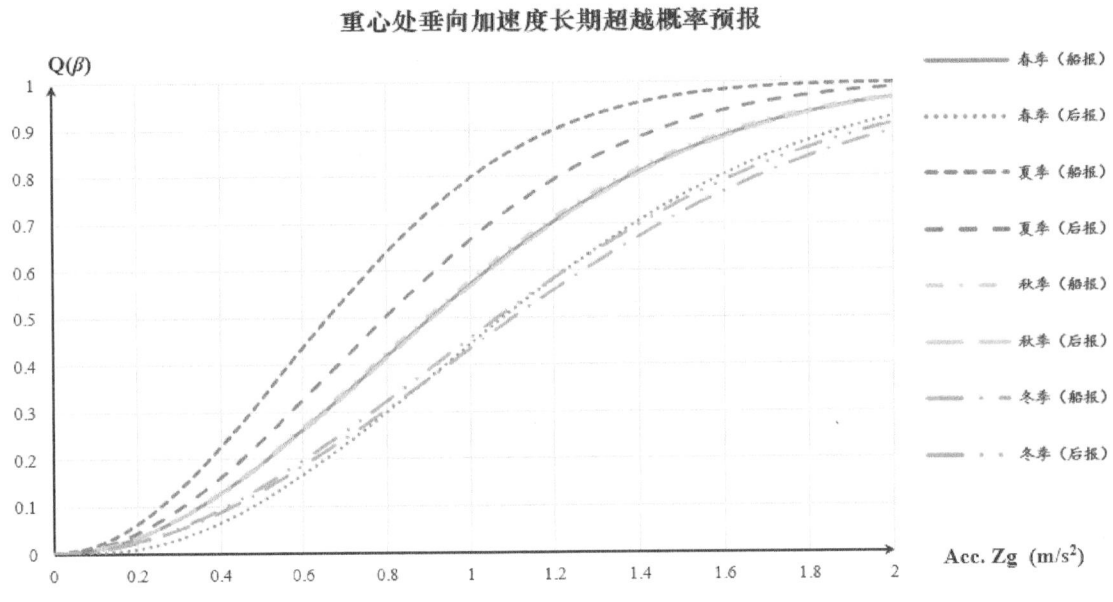

图 6 不同波浪数据来源的S175重心处垂向加速度长期累积概率预报(E11N海区，16kn，180°)

6 总结与展望

在本次研究与系统开发过程中，主要进行了以下工作：

(1) 将英国GWS全球风浪统计集、日本NMRI风浪数据库的风浪数据有效集成；实现了实海域风浪数据库的数据可扩展、数据可视化查询等功能；

(2) 使用Python调用QT的第三方库，自主开发了实海域耐波性长/短期耐波性预报系统，并对一艘S175标准集装箱船进行了实海域耐波性长期预报。系统可以输出其长/短期运动响应预报结果，包括螺旋桨飞车等耐波性事件超越概率在内的长期预报结果，并可以实现长期作业率的预报；

(3) 编写MATLAB程序，对不同海区长期波浪谱参数的统计值进行可视化，直观展示了不同季节不同海区的风浪谱参数统计特性的差异以及每个海区不同季节的风浪谱参数统计特性差异；

(4) 基于后报和船报两种不同方法得出的波浪数据结果，对S175船开展了垂向加速度的长期预报，结果显示不同风浪预报来源对风浪特性季节影响的反映具有一致性，同时，不同的波浪来源会对船舶长期耐波性预报产生一定的影响。

尽管基于线性理论、Rayleigh 分布、叠加定理与福田积分法的耐波性长/短期预报理论已经是一套比较成熟的技术，但仍然有较多的改进空间。未来至少有以下几点工作需要进行：

(1) 实海域的风浪数据仍然需要持续统计，全球风浪数据的缺乏仍是制约耐波性预报的一个最重要因素；对现有的船报与后报风浪数据的精度需要继续加以验证。密西根大学 Schirmann 等人的工作[12]证明，由于疲劳损伤的预报是波浪输入的高阶函数，即便是基于最新的第三代波浪模式计算出的后报数据进行实海域船体结构疲劳损伤的长期预报，仍与基于浮筒的预报结果有较大误差；

(2) 散点图形式的波浪统计是基于线性叠加的风浪谱分析方法的，而很多波浪自身的非线性特性近年来也在持续被统计研究，未来可以将风浪的非线性纳入实海域长期预报的体系中；例如波浪幅值的变化也会影响船舶的频响函数，这点也早已为试验[13]所证实，上海交通大学的陈思等人也在研究中讨论过波幅对于 RAO 的影响[14]；严格来说，RAO 并不应该只是 ω 的函数，而应该至少是关于 ω 与 ζ 的函数，波幅的影响应当在预报中予以计及，相应的耐波性衡准也需要被更加精确地研究并调整。计算船舶在波浪中的运动响应时，本研究中更多考虑的也是线性的影响，然而在恶劣海况下以及横摇运动中，非线性的作用是不能忽视的，因此，如何更快速高效又更为精确地计算船舶在波浪中的运动响应，是一个应当被持续关注的问题。

参 考 文 献

[1] FU T, BABANIN A, BENTAMY A, et al. I.1 Environment Report[C]// Proceedings of the International Ship and Offshore Structures Congress 2018, 2018.

[2] HOGBEN N, DACUNHA N, ANDREWS K. Assessment of a New Global Capacity for Wave Climate Synthesis[C]// Proceedings of Oceans. San Francisco, CA, USA.1983.

[3] 方钟圣, 金承仪, 缪泉明. 西北太平洋波浪统计集[M]. 北京: 国防工业出版社, 1996.

[4] 左其华. 现场波浪观测技术发展和应用[J]. 海洋工程, 2008, 26(02): 124-139.

[5] 石博文. 基于现实海浪谱和 CFD 的船舶耐波性预报[D]. 大连: 大连海事大学, 2016.

[6] 福田淳一. 波浪中の船の Deck Wetness に関する長期予測[C]//日本造船学会昭和 43 年秋季演讲会, 1968.

[7] ATHANASSOULIS G A, VRANAS P B, SOUKISSIAN T H. A New Model for Long-Term Stochastic Analysis and Prediction-Part I: Theoretical Background [J]. Journal of Ship Research, 1992, 36(01): 1-16.

[8] 平山次清, 菅沼丈夫, 南清和. 船首加速度応答から見た長期追算波浪データの特性[J]. 日本造船学会誌, 1994, 784: 5.

[9] GUEDES SOARES C. On the definition of rule requirements for wave induced vertical bending moments[J]. Marine Structures, 1996, 9(3): 409-425.

[10] GUEDES SOARES C, SCHELLIN T E. Long term distribution of non-linear wave induced vertical bending moments on a containership[J]. Marine Structures, 1996, 9(3): 333-352.

[11] 武田誠一, 佐藤要, 小林顕太郎. 遭遇波浪の統計量について[C]// 日本航海学会第 88 回講演会にて講, 1993.

[12] SCHIRMANN M L, COLLETTE M D, GOSE J W. Significance of wave data source selection for vessel response prediction and fatigue damage estimation[J]. Ocean Engineering, 2020, 216: 107610.

[13] NAKAMURA S, NAITO S. Propulsive performance of a container ship in waves[J]. Naval architecture and ocean engineering, 1977, 15: 24-48.

[14] 陈思. 大波幅规则波中船舶运动与波浪增阻的数值计算[D]. 上海: 上海交通大学, 2017.

Development of a Real Sea Seakeeping Prediction System & Wave Statistics of Its Integrated Data

ZHANG Ziwen[1,2,3], MA Ning*[1,2,3], SHI Qiqi[1,2,3]

(1. State Key Laboratory of Ocean Engineering, Shanghai Jiao Tong University, Shanghai 200240, China;
2. School of Naval Architecture, Ocean & Civil Engineering, Shanghai Jiao Tong University, Shanghai 200240, China;
3. Institute of Marine Equipment, Shanghai Jiao Tong University, Shanghai 200240, China)

Abstract

In order to serve the needs of distant ocean navigation and development, as well as route planning for intelligent ships, and to meet the growing needs of various types of Chinese ships for navigating in vast oceans, there is a great need to predict long-term seakeeping ability of vessels. Considering that there is a lack of researches on long-term ocean wave statistical information in a vast sea area, this project is based on a wave database covering a wide sea area of 40°E-100°W, 0°-60°N, integrating wave data from National Maritime Safety Research Institute of Japan and Global Wave Statistics of the UK. Then a long-term and short-term seakeeping prediction system is developed through Python, with the graphical user interface powered by QT. Based on this system, the seakeeping performance of an S175 container ship is predicted in the long-term, the wave spectrum parameters integrated in the system are compared and analyzed with statistics such as probability, and the influence of data sources on the long-term seakeeping prediction results is studied.

Key words: Marine industrial software; Seakeeping performance; Real sea; Wave statistics; CAE software

作 者 简 介

张子文 男，1998年生，博士研究生。主要从事实海域船舶耐波性等方面研究工作。
马　宁 男，1961年生，教授。主要从事船舶耐波性、船舶数字化等方面研究工作。
史琪琪 女，1986年生，工程师。主要从事船舶虚拟现实等方面研究工作。
*通讯作者：马宁

自由液面流高精度数值模拟方法

陈林烽

（江苏科技大学 船舶与海洋工程学院，镇江 212100）

摘　要

　　本文采用高阶有限元方法对不可压缩Navier-Stokes方程进行离散求解，构建了基于变分多尺度方法的湍流隐式大涡模拟方法，实现了计算流体力学的高精度数值模拟。围绕船舶与海洋工程中的自由液面流问题，采用了守恒型Level-set方法捕捉气液两相界面，结合不可压缩Navier-Stokes方程的求解实现了三维数值水池的CFD程序开发研究。本文选取经典的水柱溃塌和船体航行兴波问题，开展了三维数值水池程序的数值算例验证，结果表明三维数值水池程序的模拟结果与实验测量结果吻合良好。

关　键　词：自由液面流；高阶有限元方法；隐式大涡模拟方法；守恒性level-set方法；CFD程序开发
中图分类号：U661.1

0　引　言

　　自由液面流一般是指与大气交界、存在自由边界的水流问题，是船舶与海洋工程领域备受关注的流动问题，它与船舶与海洋结构物的快速性、耐波性、稳定性密切相关。精确预报自由液面流动对船舶与海洋结构物的流体性能研究具有极其重要的意义。

　　自由液面流动问题的物理属性特点为气液两相流，描述该流动的方程为经典的Navier-Stokes方程。求解该流动问题的数值方法通常有网格（欧拉）方法和粒子（拉格朗日）方法两类[1]。基于网格离散化的欧拉方法是船舶与海洋工程水动力学CFD的传统方法，包括有限体积方法(FVM)、有限差分方法(FDM)和有限元方法(FEM)。无网格粒子法主要包括SPH光滑粒子方法和MPS移动粒子半显示方法。网格欧拉方法适用于宏观大尺度计算，计算量适中，因此在自由液面流动数值模拟的工程应用中占主导地位[2]。

　　在自由液面流的网格欧拉模拟方法中，对于流体界面的模拟方法有界面追踪方法(Interface Tracking Method)和界面捕捉方法(Interface Capturing Method)[3]。界面追踪方法难以适应复杂界面变形问题，而界面捕捉方法(VOF、Level-set以及Phase field)具有更好的适应性和拓展性。

　　目前，基于有限体积方法的自由液面流动数值模拟方法已经发展的较为成熟，应用也较广。有限体积方法的数值精度相对较低，并且难以发展为高阶格式，在精细流场的预报方面存在明显劣势。本文采用有限元方法作为Navier-Stokes方程的离散化求解方法，提出一种守恒型的Level-set界面捕捉方法，结合高阶有限元单元，发展自由液面流动的高精度数值模拟方法。

1　数学模型

　　本文所使用的自由液面流的控制方程为基于相场函数的Navier-Stokes方程

$$\nabla \cdot (\rho \boldsymbol{u}) = 0 \tag{1}$$

收稿日期：2022-10-19；修改稿收稿日期：2022-11-26
基金项目：江苏省高等学校基础科学(自然科学)研究重大项目(22KJA130001)；江苏省自然科学基金(BK20220652)

$$\mathcal{N}(\boldsymbol{u},p)=\frac{\partial(\rho\boldsymbol{u})}{\partial t}+(\rho\boldsymbol{u}\cdot\nabla)\boldsymbol{u}-\mu\nabla^2\boldsymbol{u}+\nabla p=\rho\boldsymbol{f} \quad (2)$$

式中，流体密度 ρ 和动力粘性系数 μ 为相场函数的函数。

传统的level-set方法首先采用level-set函数 Φ 来定义Heaviside函数，即

$$H(\Phi)=\begin{cases}0, & \Phi<-\varepsilon \\ \dfrac{1}{2}+\dfrac{\Phi}{2\varepsilon}+\dfrac{1}{2\pi}\sin(\dfrac{\Phi}{2\varepsilon}), & -\varepsilon<\Phi<\varepsilon \\ 1, & \Phi>\varepsilon\end{cases} \quad (3)$$

式中，为界面厚度的一半。然后，再根据Heaviside函数定义出流体密度 ρ 和动力粘性系数 μ。本文采用的守恒型Level-set方法使用光滑的相场函数 $\tilde{\Phi}$ 来代替传统Level-set方法中的Heaviside函数[4]，即

$$\tilde{\Phi}(x,y,z)=H(\Phi(x,y,z)) \quad (4)$$

$\tilde{\Phi}(x,y,z)$ 在界面处为固定厚度的光滑曲线，该曲线由数值方法求解得到，取值为 $0<\tilde{\Phi}<1$，$\tilde{\Phi}(x,y,z)$ 在界面两侧取值为0和1，即

$$\begin{cases}\tilde{\Phi}=0 & \text{air} \\ 0<\tilde{\Phi}<1 & \text{free surface} \\ \tilde{\Phi}=1 & \text{water}\end{cases} \quad (5)$$

于是

$$\rho=\rho_w\tilde{\Phi}+\rho_a(1-\tilde{\Phi}) \quad (6)$$

$$\mu=\mu_w\tilde{\Phi}+\mu_a(1-\tilde{\Phi}) \quad (7)$$

类似于传统Level-set方程，$\tilde{\Phi}(x,y,z)$ 由以下对流方程驱动

$$\frac{\partial\tilde{\Phi}}{\partial t}+\boldsymbol{u}\cdot\nabla\tilde{\Phi}=0 \quad (8)$$

2 数值方法

2.1 有限元变分方程

本文采用有限元方法对流体控制方程Navier-Stokes方程进行离散求解，令 $\boldsymbol{W}=\{\boldsymbol{w},q\}$ 为对应于Navier-Stokes变量 $\boldsymbol{U}=\{\boldsymbol{u},p\}$ 的权函数，则Navier-Stokes方程的有限元变分形式可写为

$$B(\boldsymbol{W},\boldsymbol{U})=(\boldsymbol{W},\boldsymbol{F}) \quad (9)$$

式中

$$B(\boldsymbol{W},\boldsymbol{U})=(\boldsymbol{w},\frac{\partial(\rho\boldsymbol{u})}{\partial t})_\Omega+(\boldsymbol{w},(\rho\boldsymbol{u}\cdot\nabla)\boldsymbol{u})_\Omega+(\boldsymbol{w},\nabla p)_\Omega-(\boldsymbol{w},\mu\nabla^2\boldsymbol{u})_\Omega+(q,\nabla\cdot\boldsymbol{u})_\Omega \quad (10)$$

$$(\boldsymbol{W},\boldsymbol{F})=(\boldsymbol{w},\rho\boldsymbol{f})_\Omega+(q,0)_\Omega \quad (11)$$

式中，$(,)_\Omega$ 表示前后两个变量乘积在计算域内有限元单元上的积分，Ω 表示计算域内部空间。

2.2 隐式大涡模拟方法

鉴于湍流流动内存在多种尺度的旋涡，本文对流场的求解采用基于变分多尺度方法的隐式大涡模拟方法，即求解过程中使用数学模型近似模拟小尺度的影响，然后数值求解大尺度变分方程[5]。

$$\begin{aligned}B(\overline{W},\overline{U}+U') = & \left(\overline{w},\rho\frac{\partial \overline{u}}{\partial t}+\rho\overline{u}\cdot\nabla\overline{u}\right)_{\Omega}-\left(\nabla\overline{w},\overline{p}\right)_{\Omega}+\left(\nabla\overline{w},2\mu\nabla^{s}\overline{u}\right)_{\Omega}-\left(\overline{w},\rho f\right)_{\Omega}\\ & -\left(\nabla\overline{w},\rho\overline{u}\otimes u'\right)_{\Omega}+\left(\overline{w},\rho u'\cdot\nabla\overline{u}\right)_{\Omega}-\left(\nabla\overline{w},\rho u'\otimes u'\right)_{\Omega}\\ & -\left(\nabla\overline{w},p'\right)_{\Omega}\\ & +\left(q,\nabla\cdot\overline{u}\right)_{\Omega}-\left(\nabla q,u'\right)_{\Omega}\\ & +\left(\overline{w},\overline{p}n-2\mu\nabla^{s}\overline{u}\cdot n\right)_{\Gamma}\\ = & 0\end{aligned} \quad (12)$$

式中

$$u'=-\tau_m r_m \quad (13)$$

$$p'=-\tau_c r_c \quad (14)$$

式中，r_m 和 r_c 分别为Navier-Stokes和连续性大尺度方程的残差。

$$r_m = \mathcal{N}(\overline{u},\overline{p}) \quad (15)$$

$$r_c = \nabla\cdot\overline{u} \quad (16)$$

$$\tau_m = \left(c_1\overline{u}G\overline{u}+c_2\nu^2 G:G+\frac{c_3}{\Delta t^2}\right)^{-\frac{1}{2}} \quad (17)$$

$$\tau_c = (g\tau_m\cdot g)^{-1} \quad (18)$$

$$G = \left(\frac{\partial \xi}{\partial x}\right)^T \frac{\partial \xi}{\partial x} \quad (19)$$

$$g = \sum_{i=1}^{e}\frac{\partial \xi_i}{\partial x} \quad (20)$$

式中，ξ 为单元局部坐标，x 为全局坐标，$G:G$ 表示矩阵 G 的双点积。

2.3 守恒型 level-set 方法

在守恒型Level-set方法求解过程的初始阶段，在界面处同时构建界面耗散项和压缩项，并引入虚拟时间构建 $\tilde{\Phi}$ 初始条件方程，即

$$\tilde{\Phi}_\tau + \nabla\cdot\left(\tilde{\Phi}(1-\tilde{\Phi})\tilde{n}\right) = \varepsilon\Delta\tilde{\Phi} \quad (21)$$

式中，为界面法向量。通过求解以上方程至 $\tilde{\Phi}$ 达到稳定解，获得界面处固定厚度的光滑曲线。然后求解引入界面耗散项和压缩项的相场函数输运方程。

$$\tilde{\Phi}_t + u\cdot\nabla\tilde{\Phi}+\nabla\cdot\left(\tilde{\Phi}(1-\tilde{\Phi})\tilde{n}\right) = \varepsilon\Delta\tilde{\Phi} \quad (22)$$

3 数值验证

本文采用 gernerzlized-α 方法对流体控制方程和界面输运方程进行时间推进。在每一个时间步上对非线性 Navier-Stokes 方程的求解,采用 Newton-Raphson 方法进行循环迭代,循环迭代中采用基于 ILU 预处理算子的 GMRES 算法并行求解线性方程系统。

在以下数值验证算例中,均采用二次(p=2)NURBS(Non-uniform Rational B-Splines)函数作为有限元变分方程的形函数、权函数,数值精度达到6阶精度(阶数=2p+2)。

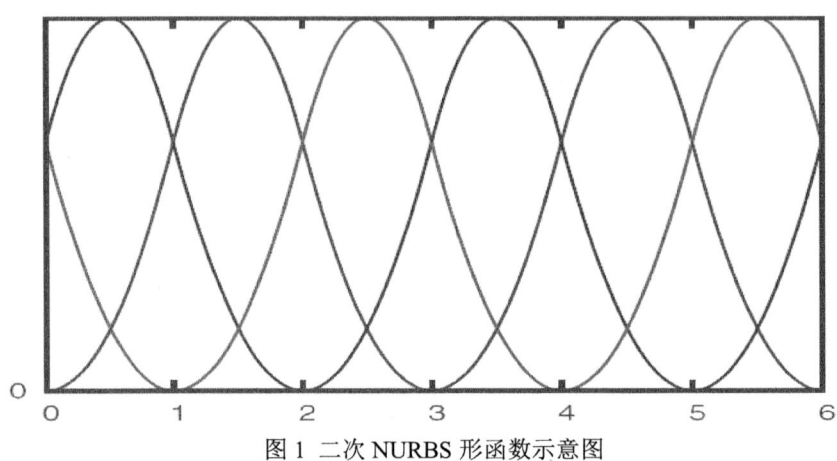

图 1 二次 NURBS 形函数示意图

3.1 水柱溃塌问题

水柱溃塌问题被广泛应用于自由液面流数值方法的验证。本文对宽为a(a=0.146 m),高位2a的水柱在重力(g = 9.81 m/s^2)作用下的溃塌问题进行数值模拟,如图2(a)所示。数值模拟中,水箱的三个壁面采用自由滑移边界条件,即法向速度和切向应力为零;水箱的上方设置为开放边界条件,即切向速度和法向应力为零。水的密度和动力粘性系数分别为 ρ_w = 1 000 kg/m^3 和 μ_w = 0.001 kg/(ms),空气的密度和动力粘性系数分别为 ρ_a = 1 kg/m^3 和 μ_a = 0.000 1 kg/(ms)。

本文采用多组网格对该算例进行数值模拟,图2(b)为网格数量为80×40时计算得出的水柱溃塌演化过程示意图。图3显示了水柱右下角和左上角气液界面随无量纲时间的演化过程。如图所示,该方法在多组网格下的计算结果与其他结果都较为接近。随着网格数量的增加,水柱右下角气液界面随时间演化略微变缓,水柱左上角气液界面的演化受网格影响较小。

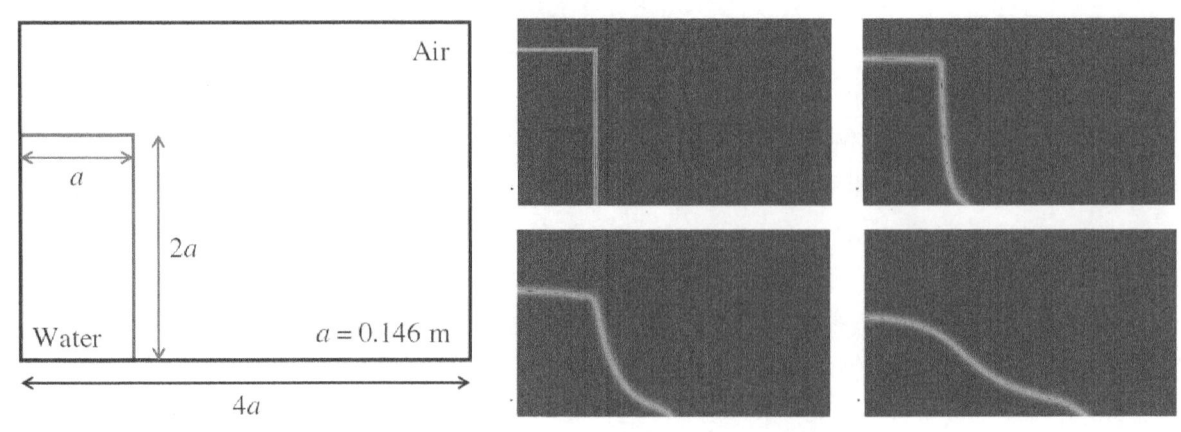

(a) 计算域示意图　　　　　　　　(b) 水柱溃塌演化过程

图 2 水柱溃塌问题计算域示意图与水柱溃塌演化过程

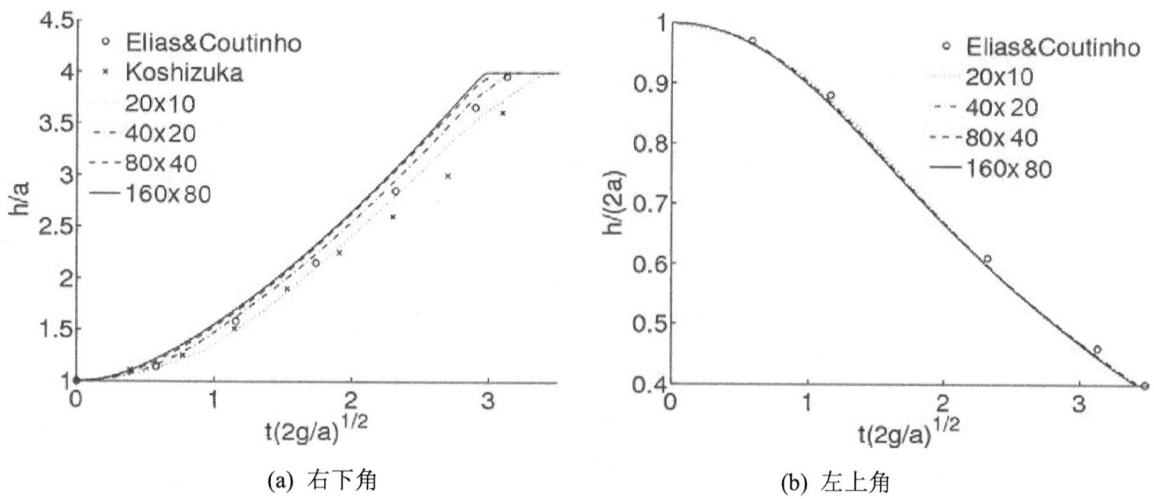

(a) 右下角　　　　　　　　　　　　(b) 左上角

图 3 水柱气液界面随无量纲时间的演化过程

3.2 Wigley 船航行兴波

本文开展的第二数值验证算例为标准 Wigley 船航行兴波问题数值模拟。标准 Wigley 船体外形可用以下函数表征

$$y = \pm \frac{B}{2}\left[1-\left(\frac{2x}{L}\right)^2\right]\left[1-\left(\frac{z}{D}\right)^2\right]$$
$$-0.5L \leq x \leq 0.5L$$
$$-D \leq z \leq 0$$

式中，$L=1$ m，$B=0.1$，$D=0.062\,5$ 分别为船长、船宽和标准吃水。由于船体模型为对称结构，为了节约计算时间，本文只对一半的船体进行数值模拟。数值模拟使用的计算域大小为 4 m×2 m×0.75 m，入口到船艏的距离为 1.5 m，水深为 0.5 m。

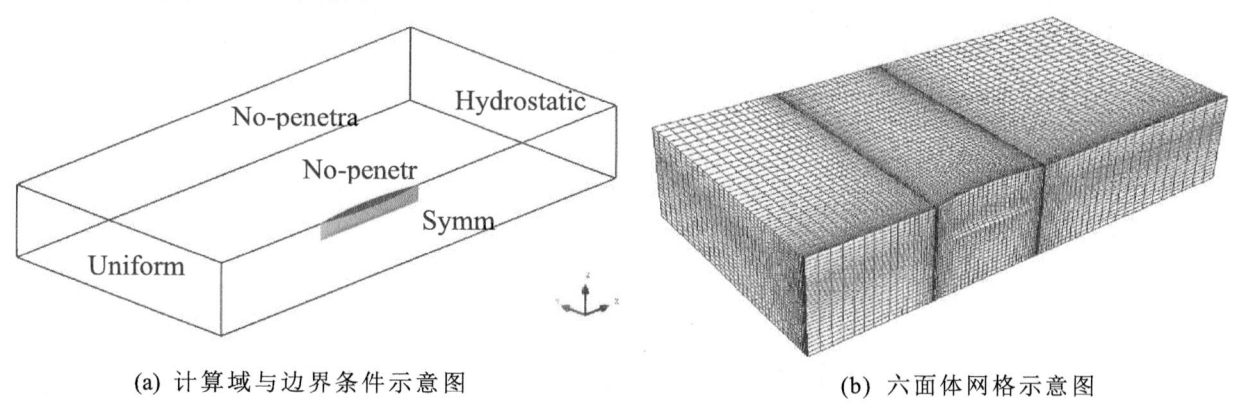

(a) 计算域与边界条件示意图　　　　　　(b) 六面体网格示意图

图 4 Wigley 船体航行兴波计算域、边界条件和六面体网格示意图

本文考虑航速为 $u_\infty = 0.783$，弗洛德数 $Fr = u_\infty/\sqrt{gL} = 0.25$ 条件下船体的航行情况。数值模拟中，在入口方向使用均匀来流边界条件，计算域的上、下与侧面使用不可穿透边界条件，对称面使用对称边界条件，船体表面使用无滑移边界条件，出口使用水动静力边界条件。计算域内采用结构化六面体网格，该算例使用了 96×48×32 个二次 NURBS 有限元单元。

图5(a)显示了船体在 $Fr = 0.25$ 条件下的航行兴波示意图，从图中可以观测到船体两侧出现了清晰的波面纹路。图5(b)给出了沿着船长方向的水位曲线，结果显示该方法预报得到的水位曲线与ITTC的实验测量结果较为接近。

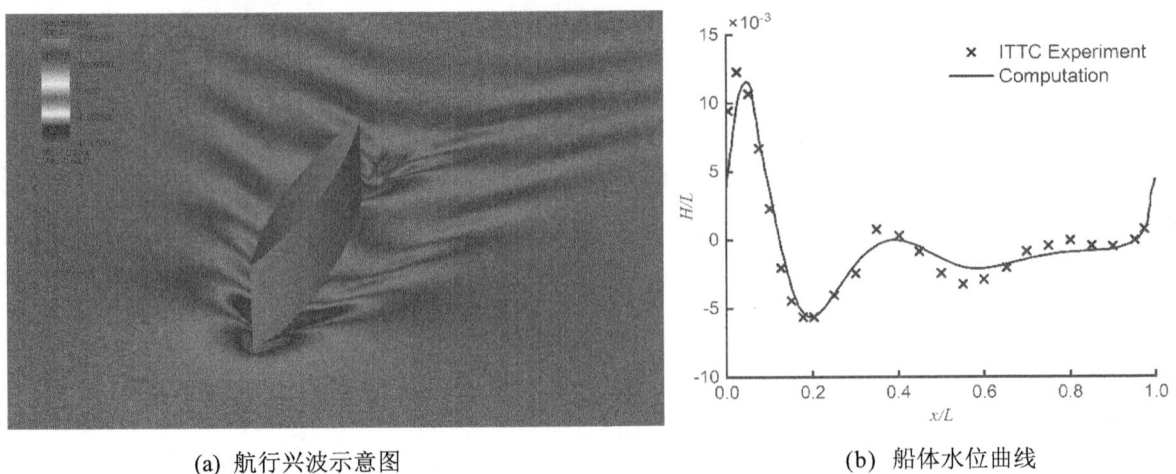

(a) 航行兴波示意图　　　　　　(b) 船体水位曲线

图 5 Wigley 船体航行兴波示意图和船体水位曲线

4 结 论

本文针对船舶与海洋工程领域中的自由液面流问题，提出了基于高阶有限元方法、隐式大涡模拟方法和守恒型 Level-set 界面捕捉方法的气液两相流高精度数值模拟方法。经过对水柱溃塌和 Wigley 船体航行兴波问题的数值算例验证，发现该方法得出的计算结果与其他模拟结果和实验测量结果吻合良好。

参 考 文 献

[1] 张兆顺, 崔桂香. 流体力学(第二版) [M]. 北京: 清华大学出版社, 2006: 16-20.

[2] 林毅. 自由表面流动问题数值方法的理论研究及应用[D]. 天津: 天津大学, 2010.

[3] MIRJALILI S, JAIN S S, DODD M. Interface-capturing methods for two-phase flows: An overview and recent developments[R]. Center for Turbulence Research Annual Research Briefs, 2017: 117-135.

[4] KREISS O G. A conservative level set method for two phase flow[J]. Journal of Computational Physics, 2005, 210: 225-246.

[5] CHEN L F, HULSHOFF S J, DONG Y H. Turbulent kinetic dissipation analysis for residual-based large eddy simulation of incompressible turbulent flow by variational multiscale method[J]. Computer Methods in Applied Mechanics and Engineering, 2022, 388: 114280.

High-Precision Numerical Simulation Method for Free-surface Flow

CHEN Linfeng

(School of Naval Architecture & Ocean Engineering, Jiangsu University of Science and Technology, Zhenjiang 212100, China)

Abstract

High-order finite element method was applied to discretization of incompressible Navier-Stokes equations, and an implicit large eddy simulation technique based on variational multiscale method was developed for turbulent flow simulations, resulting in high-precision numerical simulation method of CFD. For free-surface flows in ship and ocean engineering, a conservative level-set approach was proposed for capturing the gas-liquid two-phase interface. With solution of incompressible Navier-Stokes equations, a program library for 3D numerical water tank was developed. Classical cases of dam break and free-surface flow were selected for testing 3D numerical water tank. It turns out that the results obtained by the present method are in good agreement with other simulation results and experimental data.

Key words: Free-surface flow; High-order finite element method; Implicit large eddy simulation; Conservative level-set approach; CFD (Computational Fluid Dynamics) program development

作 者 简 介

陈林烽　男，1984 年生，博士研究生。主要从事船舶与海洋工程水动力学等方面工作。

基于格子 Boltzmann 方法的钝体绕流数值模拟

任 峰*，张 帆，宋 健

(西北工业大学 航海学院，西安 710072)

摘 要

格子 Boltzmann 方法源于气体动理论，具备物理意义清晰、可拓展性强、并行程度高等优点，在湍流、流固耦合、传热、多相流等问题中已取得了大量成功应用。本研究聚焦于格子 Boltzmann 方法在绕流问题数值模拟中的应用，通过结合浸没边界、大涡模拟等模型方法，建立了适用于具有复杂几何外形结构的绕流问题求解框架。首先，针对复杂结构外形，通过前处理产生表面网格，利用浸没边界方法将结构表面无滑移无穿透的边界条件转化为附近计算格点的体积力，从而避免了复杂体网格生成的传统流程。然后，针对湍流条件下的流场求解，采用 Vreman 等亚格子模型实现大涡模拟，有效解决了经典 Smagorinsky 模型在近壁区耗散过大的问题。在该模型框架下，本文开展了圆柱和球体绕流问题的求解，证实了前述数值模拟方法的精度和计算效率。

关 键 词：格子 Boltzmann 方法；钝体绕流；数值模拟
中图分类号：O357.5

0 引 言

钝体绕流是流力学中最经典的问题之一，其研究对象包括流体流经钝体结构时的流体动力学、结构受力以及伴随的结构振动、变形、发声等现象，涉及流动分离、转捩、复杂涡系演化等复杂流体问题。钝体绕流在自然界和工程问题中几乎无处不在，而随着计算机性能的不断提高和数值算法的不断改进，利用数值模拟对钝体绕流问题进行研究也是常用的研究途径。

近三十余年以来，格子 Boltzmann 方法已逐渐成为计算流体力学中的一个重要领域，并逐步用于解决实际工程问题。其中，高雷诺数条件下的流动建模是 LBM 算法发展中的重点，LBM 在湍流及其伴随的标量输运问题中的应用也持续得到了学术界的重点关注。Yu 等[1]采用 LBM 进行了衰减均匀各向同性湍流的研究，Lammers[2]等采用 LBM 进行了槽道内压差驱动湍流的研究。这些研究证实 LBM 具有较低的数值耗散。此外，在模拟研究过程中，LBM 处理大规模计算问题时简单、高效、并行程度高等特性也得以充分发挥。Yu 等[3]还最早将 Smagorinsky 模型引入到了 LBM 的框架之中，并用以研究衰减湍流和三维喷射流动。Premnath 等[4]随后给出了包含外力作用的基于 Smagorinsky 模型的大涡模拟方法来研究壁湍流问题，其研究对基于 LBM 开展进一步的湍流模拟提供了许多有益思路，如无限长流道的近似化处理，时空统计平均方法，计算结果的验证方法等。目前，基于 LBM 的大涡模拟方法大部分都采用了常数型 Smagorinsky 模型，往往在近壁区产生较大数值耗散。

在湍流建模的基础上，对复杂几何外形的处理也是 LBM 领域的一大热点，其中典型的处理方法包括插值方法和浸没边界法。LBM 框架下的插值方法发展较早，其主要是利用流体格点处已知的粒子分布函数插值获得固体边界内的粒子分布函数，其缺陷在于难以精确满足质量守恒。除插值法以外，浸

收稿日期：2022-10-19；修改稿收稿日期：2022-12-26
基金项目：国家自然科学基金(12102357)、船舶总体性能创新研究开放基金(31122122)和中央高校基本科研业务费(31020021HHZY030002)

没边界法也是近年来学术界重点发展的方法[5]。浸没边界方法最早来源于对生物力学中心血管等复杂几何边界以及鱼类等柔性体运动边界的建模研究中,其中物面使用离散的拉格朗日点表示,而这些点的坐标独立于流场求解时使用到的欧拉网格点,为复杂几何边界结构建模带来了极大便利。浸没边界法与LBM的耦合近年来也受到了大批学者的关注。Wang等[6]针对传统浸没边界方法在计算精度上的不足,提出了以迭代为核心的多重直接力格式,计算精度显著提高。

上述研究现状说明LBM框架下的湍流模拟相较整个计算流体力学的发展存在着相当大的滞后性,针对新的湍流建模理论的应用,目前尚有许多亟待研究的空白领域。因此,本文将以LBM为核心求解器,结合大涡模拟和浸没边界方法,以进一步提升LBM在解决钝体绕流问题中的精度和效率,使之更趋成熟、完善。

1 数值模拟方法

1.1 格子Boltzmann方法

连续流体的宏观运动行为通常都可以用Navier-Stokes方程描述。针对该方程的求解是CFD领域的核心议题,除常规的有限体积、有限差分、有限元等数值方法以外,LBM以其物理背景清晰、算法简单、并行性高等优异特性,已经成为CFD领域的一种重要方法。其中,对应格子Boltzmann方程(LBM)的数学表达式为

$$f_i(x+e_i\delta t, t+\delta t) = f_i(x,t) - (M^{-1}WM)[f_i(x,t) - f_i^{eq}(x,t)] + M^{-1}MS_i(x,t)\delta t \tag{1}$$

式中,f_i^{eq}为平衡态分布函数,由Maxwell分布展开得到,即

$$f_i^{eq} = w_i \left[\frac{p}{c_s^2} + \rho_0 \left(\frac{e_i \cdot u}{c_s^2} + \frac{(e_i \cdot u)^2}{2c_s^4} - \frac{u^2}{2c_s^2} \right) \right] \tag{2}$$

式中,$c_s = 1/\sqrt{3}$为格子声速;ρ_0为流体密度;w_i为各速度方向的权系数;e_i为离散速度。针对三维问题的D3Q27模型见图1。

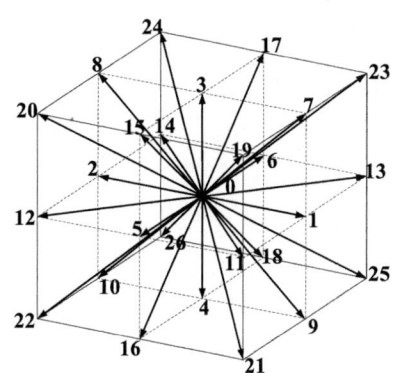

图1 格子Boltzmann方法D3Q27空间离散格式示意图

S_i为郭照立等提出的外力项,即

$$S_i = w_i \left(1 - \frac{1}{2\tau}\right) \left[\frac{e_i \cdot u}{c_s^2} + \frac{uF:(e_i e_i - c_s^2 I)}{c_s^4} \right] \tag{3}$$

式中，F为各方向外力。局部的压强和速度分别按照下式计算

$$p = c_s^2 \sum_i g_i$$
$$u = \frac{1}{\rho_0} \sum_i e_i g_i + \frac{1}{2\rho_0} F \delta t \qquad (4)$$

运动粘性系数与松弛时间之间服从线性关系，即

$$\upsilon = c_s^2 \left(\tau - \frac{1}{2}\right) \delta t \qquad (5)$$

1.2 大涡模拟

针对湍流中的小尺度结构，采用加密网格分辨率直接解析的直接数值模拟方法往往会产生巨大的计算成本。大涡模拟(LES)通过将小尺度流动结构模化为涡粘性的做法，能够将三维湍流问题的计算成本减小一个数量级，是当前阶段平衡流动结构解析能力和计算成本的重要途径。本研究基于Boussinesq涡粘性假设，采用由Vreman提出的亚格子模型，其数学表达式如下

$$v_t = C_v \sqrt{\frac{\Pi_\beta}{\alpha_{ij}\alpha_{ij}}} \qquad (6)$$

式中，C_v是Vreman模型中的模型参数，可以通过全局动态滤波或根据计算经验得到；$\alpha_{ij} = \partial u_i / \partial x_j$。$\Pi_\beta$由下式计算

$$\Pi_\beta = \beta_{11}\beta_{22} + \beta_{22}\beta_{33} + \beta_{11}\beta_{33} - \beta_{12}^2 - \beta_{23}^2 - \beta_{31}^2 \qquad (7)$$

式中，$\beta_{ij} = \sum_{m=1}^{3} \Delta_m^2 \alpha_{mi}\alpha_{mj}$，$\Delta_m$是$m$方向的特征滤波器宽度。由于Vreman模型由速度的一阶空间导数构建，因而其复杂度与常规的Smagorinsky模型相当[7-8]。

1.3 浸没边界

在模拟流固耦合问题时，需要保证固体壁面节点与流体格点对应位置速度相等，实现边界处无滑移、无穿透。利用欧拉方法进行数值模拟时常通过沿固体壁面生成贴体网格计算，但针对复杂外形时，贴体网格生成非常困难。除此以外，边界条件的实现方式还可以通过在边界上欧拉网格点附加体积力实现。固体壁面边界以拉格朗日点形式分布在流体区域内，通过在方程中施加边界对流场产生的体积力来等效固体壁面的效果。IBM无需生成贴体网格，避免了前处理中繁琐的网格生成，同时针对壁面运动或变形情况，无需进行网格重构，节约了计算资源。

IBM实现无滑移、无穿透条件的核心在于体积力的求解，拉格朗日点体积力为

$$F_i^l = 2\rho_0 \frac{u_i^l(l,t) - u_i^e(l,t)}{\Delta t} \qquad (8)$$

式中，拉格朗日点处变量上标为l，欧拉网格点处上标为e。u_i^l为从欧拉网格点通过插值得到的对应拉格朗日点处的速度，插值方式如下

$$u_i^l(l,t) = \sum_x u_i^e(x,t)\phi(x)dx \qquad (9)$$

式中，u_i^e为未施加体积力修正的欧拉网格点变量，$\phi(x)$为插值函数，此处选用了经典的两点格式。

2 结果与讨论

2.1 圆柱绕流

为了验证前述流场求解算法的精度,本文首先开展了圆柱绕流这一经典问题的直接数值模拟。本算例参照文献[9]的设置,计算域沿流向(x方向)、法向(y方向)和展向(z方向)的大小分别为48倍、5倍和8倍圆柱直径,入口速度为层流下的抛物线形式,出口为压力出口,上下壁面为无滑移的壁面,展向端面为周期性边界。圆柱在上下壁面间的阻塞度为0.2,此时不仅可以观察到圆柱表面附近卡门涡街的形成、脱落过程,还能明显观察到展向流动失稳形成的三维流动效应,以及流动在向下游推进的过程中与壁面的相互作用。在计算中,采用锐利界面浸没边界方法以处理圆柱的曲面边界,该方法相比常规浸没边界方法而言,在处理静态问题时具备更高的精度和收敛阶。

本算例中的雷诺数取为300,此时流动处于层流向湍流过度的状态,且展向方向的流动已经失稳,呈现出与二维流动迥异的特点,同时升阻力也与二维条件下差异显著。在空间网格分辨率方面,本文取三种规格的网格,分别对应于圆柱直径分别占据16、32和64个网格。同时,在这三个算例中,来流速度的马赫数不变。因此,这三个算例在达到相同的计算时长,即1500倍特征时间时,计算量由最粗网格算例分别增大了16倍和256倍。

计算过程中圆柱的升阻力系数随时间的变化如图2所示。其中,特征时间取圆柱直径与来流速度之比值。与文献[9]对比,其中阻力系数平均值为1.172,升力系数标准差为0.37,而采用本文中的中等分辨率网格分别求得1.119和0.354,误差分别为4.5%和4.3%。而采用最精细网格的数据分别为1.159和0.359,误差进一步降低为1.1%和3.0%。

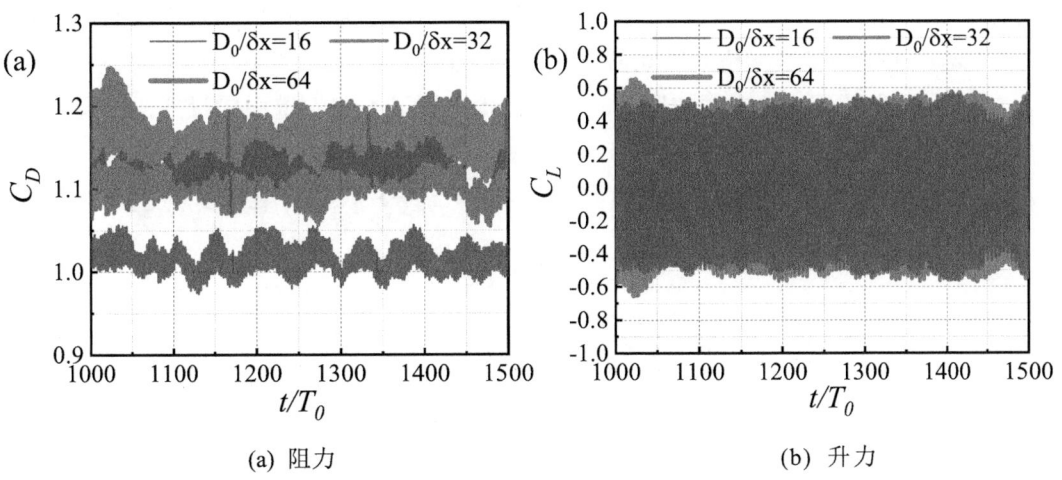

(a) 阻力 (b) 升力

图2 不同网格分辨率下圆柱阻力和升力系数随时间的变化

此外,本文还提取了中等网格分辨率条件下圆柱的瞬时流场,如图3所示。对比图3(a)和图3(b)可以看出,两个截面处的速度分布差异显著,说明此时展向流动的影响已经无法忽视,三维的CFD计算十分必要。从图3(c)中也可以看出此时流动在展向上的差异。此外,图3(d)也说明此时的流动已经显示出复杂的涡系结构,展向交错分布的涡结构在向下游运动的同时也在发生着复杂的变形。

除之外,在针对圆柱绕流的计算中,所用最精细网格所包含的格点数量为3072×322×512,即共计5.06亿个网格单元。该算例采用GPU加速技术执行,共使用6912个流处理器硬件单元,在整个过程中硬件占用率接近100%,说明算法具有良好的硬件适配性。

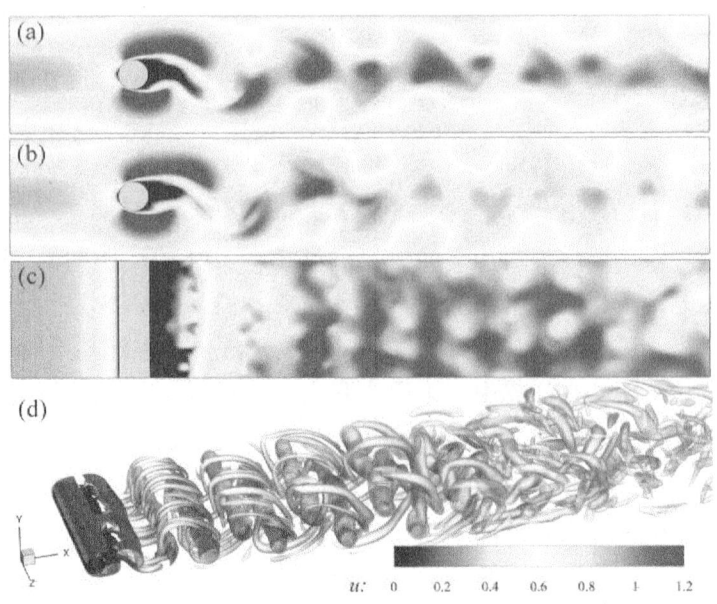

(a) 展向 z=0 处的 Oxy 平面上的流向速度分布　(b) 展向 z=NZ/2 处的 Oxy 平面上的流向速度分布
(c) Oxz 平面上的流向速度分布　(d) 利用 Q 准则识别的涡结构并以流向速度渲染

图 3　充分发展流场中的瞬时流向速度分布与涡结构

2.2　球体绕流

球体绕流也是钝体绕流问题中的经典案例之一。与2.1节不同，本节考虑了自由空间内的绕流问题，为了兼顾球体附近的网格分辨率以及足够大的计算域范围，采用了基于多块网格方法的网格划分方案，下图4展示了了本算例中的多块网格划分设置。其中，在上游入口处采用均匀速度来流，出口采用定压出口设置，二者采用非平衡外推格式实现；四个侧面均采用了无剪切壁面的设置，并通过修正的半步长反弹实现，使得粒子碰撞时沿壁面切向无动量损失。

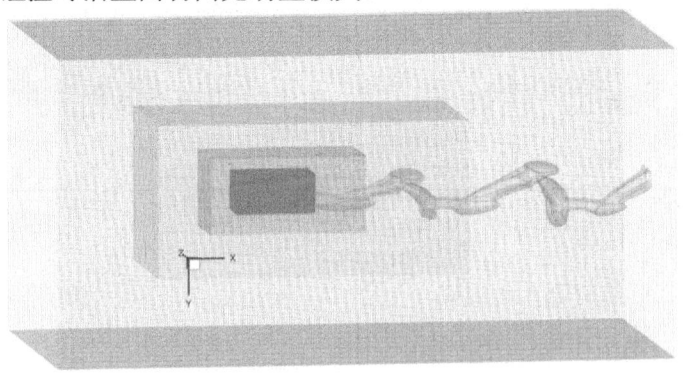

图 4　球体绕流中的网格划分方案

下图5展示了雷诺数1000和3700两种情形下的阻力等三个方向的流体动力系数。这两种情形下球的阻力系数分别为0.475和0.403。对于Re=1000的条件，文献[10]的DNS数据为0.46(相关文献中阻力系数普遍在0.44~0.48之间)，与本文数据偏差为3.3%。对于Re=3700的条件，文献[11]通过数值模拟获得的阻力系数为0.398，与本文数据偏差为1.3%。

图6展示了球体绕流的瞬时涡结构，并以流向速度对其进行染色。与圆柱绕流中动量主要集中Oxy平面而涡系呈现较强的二维特征不同，由于球体沿流场中线呈严格对称，在流动分离之后，在垂直于流向的整个平面内由于涡结构之间的相互作用，下游的涡结构在运动过程中会发生复杂的旋转、变形等现象。图6(b)中还可以直观看出尾流中不同大小的流动结构。

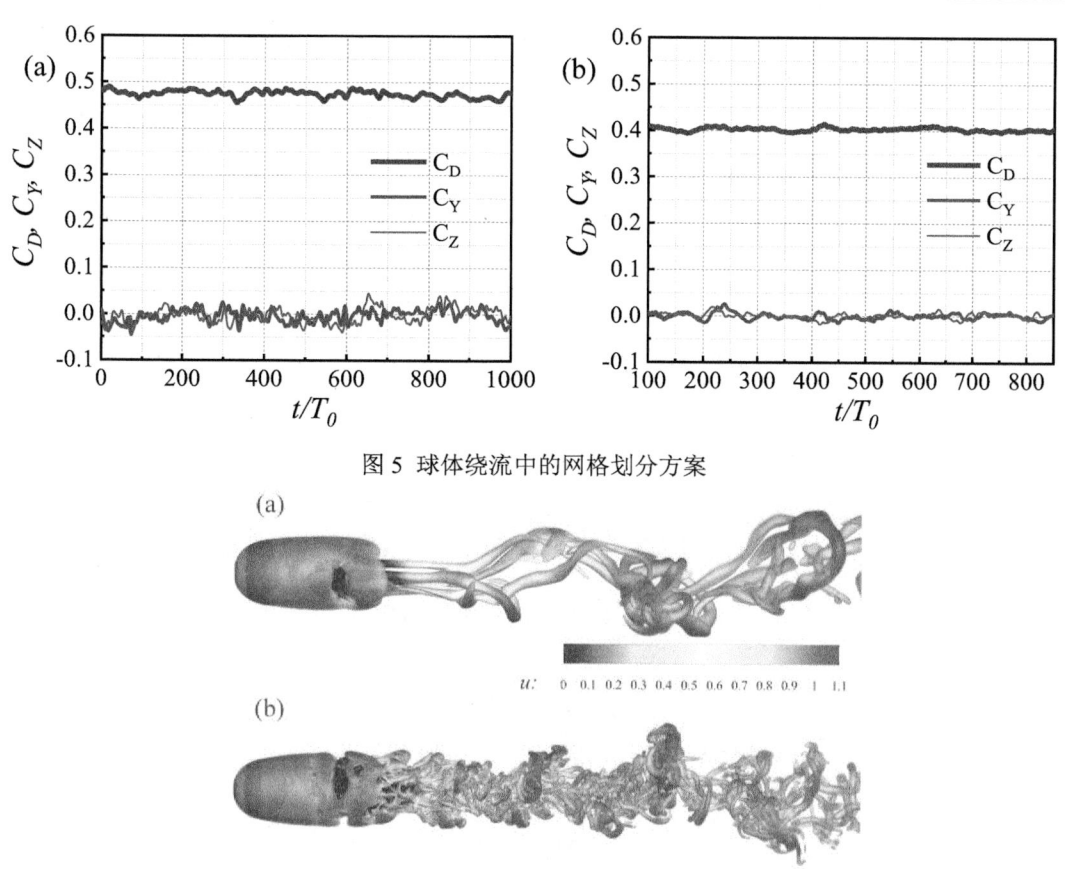

图5 球体绕流中的网格划分方案

图6 球体绕流的瞬时涡结构 (a) Re=1000　(b) Re=3700

3　结　论

本文以格子 Boltzmann 方法为核心，通过结合大涡模拟、浸没边界等方法，提出了适用于钝体绕流这一流体力学经典问题的完整算法框架。通过开展圆柱绕流和球体绕流算例研究，证实了 LBM 的计算精度、效率和算法框架易拓展特性，为后续研究相关问题提供了有力工具。

参 考 文 献

[1] HE X, DOOLEN G D. Lattice boltzmann method on a curvilinear coordinate system: Vortex shedding behind a circular cylinder [J]. Physical Review E, 1997, 56(1): 434-440.

[2] MENEVEAU C, KATZ J. Scale-invariance and turbulence models for large-eddy simulation [J]. Annual Review of Fluid Mechanics, 2000, 32: 1-32.

[3] YU H D, GIRIMAJI S S, LUO L S. DNS and LES of decaying isotropic turbulence with and without frame rotation using lattice boltzmann method [J]. Journal of Computational Physics, 2005, 209(2): 599-616.

[4] LAMMERS P, BERONOV K N, VOLKERT R, et al. Lattice BGK direct numerical simulation of fully developed turbulence in incompressible plane channel flow [J]. Computers & Fluids, 2006, 35(10): 1137-1153.

[5] PREMNATH K N, PATTISON M J, BANERJEE S. Dynamic subgrid scale modeling of turbulent flows using lattice-boltzmann method [J]. Physica A, 2009, 388(13): 2640-2658.

[6] ZHUO C, ZHONG C. LES-based filter-matrix lattice Boltzmann model for simulating turbulent natural convection in a square cavity[J]. International Journal of Heat and Fluid Flow, 2013, 42: 10-22.

[7] REN F, SONG B W, HU H B. Lattice boltzmann simulations of turbulent channel flow and heat transport by incorporating the vreman model[J]. Applied Thermal Engineering, 2018, 129: 463-471.

[8] REN F, SONG B W, ZHANG Y, et al. A GPU-accelerated solver for turbulent flow and scalar transport based on the lattice boltzmann method[J]. Computers & Fluids, 2018, 173: 29-36.

[9] KANARIS N, GRIGORIADIS D, KASSINOS S. Three dimensional flow around a circular cylinder confined in a plane channel[J]. Physics of fluids, 2011, 23(6): 064106.

[10] POON E K W, OOI A S H, GIACOBELLO M, et al. Flow past a transversely rotating sphere at reynolds numbers above the laminar regime[J]. Journal of Fluid Mechanics, 2014, 759: 751-781.

[11] GIANNENAS A E, LAIZET S. A simple and scalable immersed boundary method for high-fidelity simulations of fixed and moving objects on a cartesian mesh[J]. Applied Mathematical Modelling, 2021, 99: 606-627.

Numerical Simulations of Flow Past a Bluff Body Using the Lattice Boltzmann Method

REN Feng*, ZHANG Fan, SONG Jian

(School of Marine Science and Technology, Northwestern Polytechnical University, Xi'an 710072, China)

Abstract

Starting from the gas kinetic theory, the lattice Boltzmann method (LBM) has many advantages such as clear physical background, good extensibility and excellent parallelism, making it successful in applications such as turbulent flow, fluid-structure interaction, heat transfer and multiphase flow. In this work, we focus on applications of the LBM in flow past a bluff body, and establish a framework being capable of solving flows involving complicated geometrical shapes, by combining the immersed boundary method (IBM) and the large eddy simulation (LES). Firstly, for complicated shapes, we use the IBM to transform the no-slip boundary into body forces exerting on Eulerian nodes surrounding the Lagrangian nodes, so as to avoid those sophisticated mesh generation operations in the conventional CFD. Secondly, we apply the large eddy simulation with the Vreman subgrid scale modeling, and tackle the problem of excessive dissipation in near-wall zones. With this framework, we perform simulations concerning flow past a cylinder and a sphere, respectively, which verifies the computational accuracy and efficiency.

Key words: Lattice Boltzmann method; Flow past a bluff body; Numerical simulation

作者简介

任　峰　男，1990年生，副教授。主要从事智能流动控制和计算流体力学等方面研究。

张　帆　女，1996年生，博士研究生。主要从事智能流体力学等方面研究。

宋　健　男，1997年生，博士研究生。主要从事流动控制和计算声学等方面研究。

*通讯作者：任峰，电子邮箱：renfeng@nwpu.edu.cn

基于浸没边界格子玻尔兹曼方法的入水并行模拟

肖裕程[1,2]，陆芝庆[1,2]，缪松成[1,2]，鲍嘉伟[2]，张桂勇[3,4]

(1. 中国船舶科学研究中心，无锡 214082；
2. 深海技术科学太湖实验室，无锡 214082；
3. 大连理工大学 船舶工程学院工业装备结构分析国家重点实验室，大连 116024；
4. 高新船舶与深海开发装备协同创新中心，上海 200240)

摘　要

结构物入水是船海领域中一种广泛存在的现象，可能会造成局部结构破坏、整体运动性能恶化等严重后果，具有重要的研究意义。为适应实际工程问题中庞大的计算量，基于浸没边界格子玻尔兹曼方法(IB-LBM)和单相自由液面模型(SPFSM)，开发了结构物入水的图形处理器(GPU)入水并行模拟程序。典型入水问题的模拟结果表明，本文方法能够较为准确地模拟入水现象，并且GPU加速技术能极大地增加计算效率。此外，初步探究了线程块维度和网格数量对并行加速效果的影响规律，总结了充分利用GPU性能的计算资源分配方法。

关　键　词：格子玻尔兹曼方法；结构物入水；GPU并行计算
中图分类号：U661.1

0　引　言

结构物入水是一种包含自由液面剧烈变形和流体与固体间相互作用的复杂水动力现象，其广泛存在于船舶与海洋工程领域中。例如，水上飞机降落、船艏砰击、救生艇的释放、船舶重力式下水等都属于典型的入水现象。在结构物入水的过程中，很可能会造成局部结构遭到破坏、整体运动性能受到影响等严重后果，因此入水问题具有重要的研究意义。

随着计算机技术的快速发展，数值模拟已经成为研究入水问题的一项重要手段。近年来，格子玻尔兹曼方法(Lattice Boltzmann Method, LBM)由于其算法简单、易于并行、适合描述偏离动力学平衡的复杂力学行为等优点，正被逐渐应用于入水问题的数值研究中。韩文骧应用LBM和单相自由液面模型(Single-Phase Free Surface Model, SPFSM)对二维和三维楔形体入水现象进行了模拟，研究了网格精细度、计算域大小、弗劳德数、雷诺数等因素对流体飞溅形态的影响[1]；张珂等人利用单相LBM模型模拟了圆盘垂直常速入水过程，给出了入水过程中空泡与自由面的变化规律，研究了圆盘入水空泡相对闭合深度与弗劳德数之间的关系[2]；龚小超分别利用LBM和耦合欧拉—拉格朗日方法，研究了楔形体入水表面压力分布，和球体入水运动特性、入水空泡生成机理、空泡发展规律[3]；Xiao等人基于浸没边界格子玻尔兹曼方法(Immersed Boundary-Lattice Boltzmann Method, IB-LBM)和SPFSM建立了模拟入水现象的一种数值方法，并研究了楔形体、圆柱、船首外飘剖面等结构的入水问题。与传统反弹LBM相比，这一方法具备更高的精度和更低的数值震荡[4]。

上述研究成果大多局限于实验室尺度，计算规模并不大。在长周期实际工程问题庞大的计算量面前，尽管LBM已经具备了较高的计算效率，但满足实际工程的需求仍然显得不足，利用图形处理器

收稿日期：2022-10-16；修改稿收稿日期：2022-10-31

(Graphics Processing Unit, GPU)加速是一个有效途径。本文采用统一计算设备架构(Compute Unified Device Architecture, CUDA)，基于IB-LBM和SPFSM开发了结构物入水的GPU并行模拟程序，验证了算法的精度和加速比，并且研究了线程块维度、网格数量等可能影响并行加速效果的一些因素。

1 数值方法

1.1 浸没边界格子玻尔兹曼方法

浸没边界格子玻尔兹曼方法(IB-LBM)是一种非贴体网格流固耦合算法。如图1所示，它使用一套正方形欧拉网格作为背景网格离散流体域，使用一系列拉格朗日点描述物体边界，流体和物体之间的相互作用通过在边界附近使用光滑Delta函数插值实现。在求解流体运动时，本文选用LBGK模型，其演化方程为：

$$f_\alpha(\mathbf{x}+\mathbf{c}_\alpha \delta t, t+\delta t) - f_\alpha(\mathbf{x},t) = \frac{1}{\tau}(f_\alpha^{eq}(\mathbf{x},t) - f_\alpha(\mathbf{x},t)) + F_\alpha \delta t, \tag{1}$$

式中，$f_\alpha(\mathbf{x},t)$为在位置$\mathbf{x}$，时刻t，沿$\mathbf{c}_\alpha$方向的粒子分布函数；δt为时间步长；τ为松弛时间；$f_\alpha^{eq}(\mathbf{x},t)$为平衡态分布函数；$F_\alpha$为体积力项。

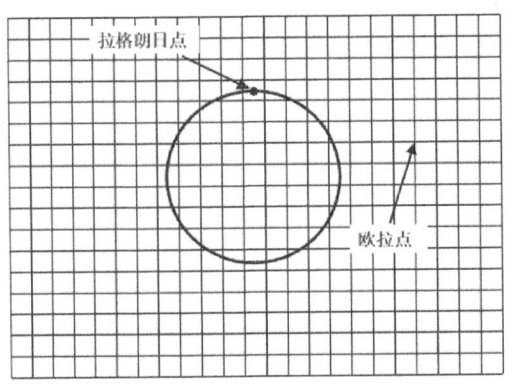

图 1 IB-LBM 示意图

在D2Q9模型[5]中，粒子离散速度集合$\mathbf{c}_\alpha$定义为：

$$\mathbf{c}_\alpha = \begin{cases} (0,0), & \alpha=0 \\ \left(\cos(\alpha-1)\frac{\pi}{2}, \sin(\alpha-1)\frac{\pi}{2}\right)c, & \alpha=1,2,3,4 \\ \left(\cos\left((\alpha-5)\frac{\pi}{2}+\frac{\pi}{4}\right), \sin\left((\alpha-5)\frac{\pi}{2}+\frac{\pi}{4}\right)\right)c, & \alpha=5,6,7,8 \end{cases} \tag{2}$$

式中，$c=\delta x/\delta t$，δx为格子尺寸。

平衡态分布函数$f_\alpha^{eq}(\mathbf{x},t)$的具体形式为[6]：

$$f_\alpha^{eq} = \omega_\alpha \left(\rho_0 + \rho\left(\frac{\mathbf{c}_\alpha \cdot \mathbf{u}}{c_s^2} + \frac{(\mathbf{c}_\alpha \cdot \mathbf{u})^2}{2c_s^4} - \frac{\mathbf{u}^2}{2c_s^2}\right)\right) \tag{3}$$

式中，$c_s=c/\sqrt{3}$为格子声速；ω_α为权重系数，在D2Q9模型中有$\omega_0=4/9, \omega_{1-4}=1/9, \omega_{5-8}=1/36$；$\rho$和$\mathbf{u}$分别为流体的宏观密度和宏观速度；$\rho_0=1$。

松弛时间 τ 与流体运动粘性系数 ν 有以下关系：

$$\tau = \nu / (c_s^2 \delta t) + 0.5 \tag{4}$$

本文采用Guo等人提出的体积力项具体形式[7]，即：

$$F_\alpha = \left(1 - \frac{1}{2\tau}\right) \omega_\alpha \left(\frac{\mathbf{c}_\alpha - \mathbf{u}}{c_s^2} + \frac{\mathbf{c}_\alpha \cdot \mathbf{u}}{c_s^4} \mathbf{c}_\alpha\right) \cdot \mathbf{f} \tag{5}$$

式中，$\mathbf{f}$ 为体积力矢量。

在IB-LBM中，流体的速度、密度等宏观物理量可以通过对分布函数求矩直接得到，即：

$$\rho(\mathbf{x},t) = \sum_\alpha f_\alpha(\mathbf{x},t), \quad \rho\mathbf{u}(\mathbf{x},t) = \sum_\alpha \mathbf{c}_\alpha f_\alpha(\mathbf{x},t), \quad p = \rho c_s^2 \tag{6}$$

式中，p 为流体压力。

在IB-LBM中，流体和固体(即拉格朗日点和它周围的欧拉流体点)之间的相互作用是通过插值的方式实现的。具体而言，首先由欧拉点未受边界力作用时的流体速度 $\mathbf{u}^*$ 插值得到拉格朗日点的中间速度 $\mathbf{U}^*$：

$$\mathbf{U}^*(\mathbf{X}_m,t) = \sum_{i,j} \mathbf{u}^*(\mathbf{x}_{ij},t) \delta_h(\mathbf{x}_{ij} - \mathbf{X}_m) h^2, \tag{7}$$

式中，h 为格子尺寸；$\mathbf{X}_m = (X_m, Y_m)$ 为拉格朗日点坐标；$\mathbf{x}_{ij} = (x_i, y_j)$ 为欧拉点坐标；δ_h 为光滑Delta函数。本文采用4点光滑Delta函数[8]，其具体形式为：

$$\delta_h(\mathbf{x}_{ij} - \mathbf{X}_m) = \frac{1}{h^2} \Phi\left(\frac{x_i - X_m}{h}\right) \Phi\left(\frac{y_i - Y_m}{h}\right) \tag{8}$$

$$\Phi(r) = \begin{cases} \frac{1}{8}\left(3 - 2|r| + \sqrt{1 + 4|r| - 4r^2}\right), & 0 \le |r| < 1 \\ \frac{1}{8}\left(5 - 2|r| + \sqrt{-7 + 12|r| - 4r^2}\right), & 1 \le |r| < 2 \\ 0, & |r| \ge 2 \end{cases} \tag{9}$$

随后基于动量交换的思想，计算作用在拉格朗日点上的流体作用力[9]：

$$\mathbf{F}(\mathbf{X}_m,t) = k(\mathbf{X}_m,t) \frac{2\rho}{\delta t} \left(\mathbf{U}^d(\mathbf{X}_m,t) - \mathbf{U}^*(\mathbf{X}_m,t)\right) \tag{10}$$

式中，$\mathbf{U}^d$ 为拉格朗日点实际的运动速度；k 为力修正系数：

$$k(\mathbf{X}_m,t) = \frac{1}{\sum_{i,j}\sum_{n=1}^{N} \delta_h(\mathbf{x}_{ij} - \mathbf{X}_n) h \Delta s \delta_h(\mathbf{x}_{ij} - \mathbf{X}_m) h^2} \tag{11}$$

式中，Δs 为两相邻拉格朗日点之间的边界弧长；N 为拉格朗日点总数。

最后，将 $\mathbf{F}$ 以体积力 $\mathbf{f}$ 的形式分配给边界附近的欧拉流体点，并修正流体运动速度，以实现物体表面的无滑移边界条件：

$$\mathbf{f}(\mathbf{x}_{ij},t) = \sum_{m=1}^{N} \mathbf{F}(\mathbf{X}_m,t)\delta_h(\mathbf{x}_{ij}-\mathbf{X}_m)h\Delta s \tag{12}$$

$$\mathbf{u}(\mathbf{x}_{ij},t) = \mathbf{u}^*(\mathbf{x}_{ij},t) + \frac{\mathbf{f}(\mathbf{x}_{ij},t)\delta t}{2\rho} \tag{13}$$

1.2 单相自由液面模型

本文使用 Thurey 提出的单相自由液面模型(SPFSM)[10]来实现自由液面运动的模拟。该模型为每个欧拉格子都定义了体积分数 $\varepsilon = m/\rho$，其中 m 为流体质量。ε 表示某个格子内部液体相的比例，并决定了格子的类型。$\varepsilon = 0$ 意味着格子内部不存在液体，因此表示气体格子；类似地，$\varepsilon = 1$ 和 $0 < \varepsilon < 1$ 分别表示液体格子和界面格子。在每一时间步按照一定的规则更新每个格子的体积分数，即可实现格子类型的转换，进而达到模拟自由液面运动的目的。

首先进行质量交换，更新每个格子的质量 m：

$$m(\mathbf{x},t+\delta t) = m(\mathbf{x},t) + \sum_{\alpha=1}^{9} \Delta m_\alpha(\mathbf{x},t+\delta t) \tag{14}$$

$$\Delta m_\alpha(\mathbf{x},t+\delta t) = A\left(f_{\tilde{\alpha}}(\mathbf{x}+\mathbf{c}_\alpha\delta t,t) - f_\alpha(\mathbf{x},t)\right) \tag{15}$$

$$A = \begin{cases} 1, & \text{如果}\,\mathbf{x}+\mathbf{c}_\alpha\delta t\,\text{是液体格子} \\ \dfrac{\varepsilon(\mathbf{x}+\mathbf{c}_\alpha\delta t,t) + \varepsilon(\mathbf{x},t)}{2}, & \text{如果}\,\mathbf{x}+\mathbf{c}_\alpha\delta t\,\text{是界面格子} \\ 0, & \text{如果}\,\mathbf{x}+\mathbf{c}_\alpha\delta t\,\text{是气体格子} \end{cases} \tag{16}$$

对界面格子执行迁移步时，需要对来自气体格子的分布函数进行重构，即：

$$f_{\tilde{\alpha}}(\mathbf{x},t+\delta t) = f_\alpha^{eq}(\rho_A,\mathbf{u}) + f_{\tilde{\alpha}}^{eq}(\rho_A,\mathbf{u}) - f_\alpha(\mathbf{x},t) \tag{17}$$

式中，$\tilde{\alpha}$ 为 α 的反方向；$\rho_A \equiv 1$ 为大气压力。

随后需要进行格子类型的转化。在计算过程中，可能会出现 $\varepsilon > 1$ 或者 $\varepsilon < 0$ 的情况。这两种格子分别称之为过满格子和过空格子，需要按照一定的规则将它们分别转化为标准类型。具体而言，需要将过满格子转化为液体格子，同时将它周围的气体格子转化为界面格子。这些新产生界面格子由其相邻液体和界面格子的平均密度、速度对应的平衡态分布函数初始化。类似地，需要将过空格子转化为气体格子，并同时将它附近的液体格子转化为界面格子。

接着，对格子的多余质量进行分配，即：

$$m(\mathbf{x}+\mathbf{c}_\alpha\delta t) = m(\mathbf{x}+\mathbf{c}_\alpha\delta t) + m^{ex}(\eta_\alpha/\eta_{total}) \tag{18}$$

$$\eta_\alpha = \begin{cases} \mathbf{n}\cdot\mathbf{c}_\alpha, & \mathbf{n}\cdot\mathbf{c}_\alpha > 0 \\ 0, & \text{otherwise} \end{cases} \quad \text{对于过满格点} \tag{19}$$

$$\eta_\alpha = \begin{cases} -\mathbf{n}\cdot\mathbf{c}_\alpha, & \mathbf{n}\cdot\mathbf{c}_\alpha < 0 \\ 0, & \text{otherwise} \end{cases} \quad \text{对于过空格点} \tag{20}$$

式中，$\eta_{total} = \sum_{\alpha=1}^{9}\eta_\alpha$；$m^{ex} = \begin{cases} m-\rho, & m > \rho \\ m, & m < 0 \end{cases}$；$\mathbf{n}$ 为界面法向量。

最后，更新所有格子的体积分数，就可以实现自由液面运动的模拟。

1.3 虚拟流体填充法

当使用IB-LBM和SPFSM模拟入水问题时，不具有任何物理属性的气体格子可能参与到拉格朗日点附近的插值过程中，从而引起计算精度的下降甚至计算崩溃[11]。针对这个问题，Xiao等人提出了"虚拟流体填充法"，完善了拉格朗日点和欧拉流体点之间的插值过程[4]。如图2所示，其具体做法是，在计算的初始时刻在物体内部和拉格朗日点的差值区域内人工填充虚拟流体，随后再设置一层界面格子以避免液体格子和气体格子直接发生质量交换。这些虚拟流体与外部真实流体具有相同的物理属性，并遵循相同的演化规律。这种处理方式可以确保在入水问题中拉格朗日边界点和附近欧拉流体点之间的信息交换过程仍然能够完善地进行，从而提高方法的稳定性。

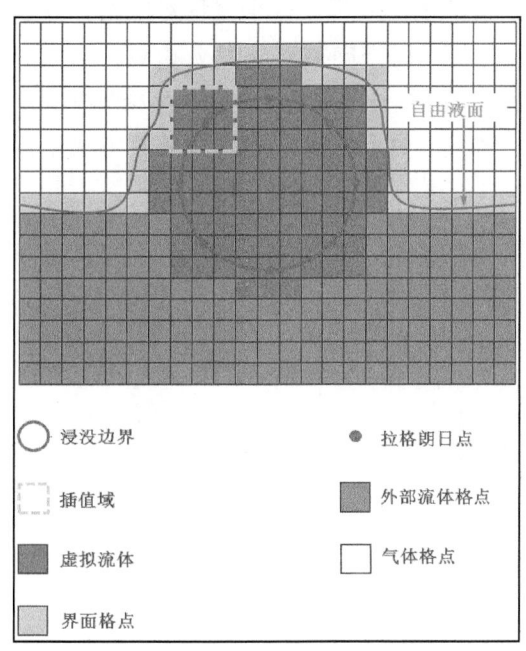

图 2 "虚拟流体填充法"示意图

2 GPU 并行技术简介

LBM的演化方程(1)可进一步分解为"迁移"和"碰撞"两个步骤：

$$\text{迁移步} \quad f_\alpha(\mathbf{x},t+\delta t) = f_\alpha^*(\mathbf{x}+\mathbf{c}_\alpha \delta t,t) \tag{21}$$

$$\text{碰撞步} \quad f_\alpha^*(\mathbf{x},t+\delta t) = \left(1-\frac{1}{\tau}\right)f_\alpha(\mathbf{x},t+\delta t) + \frac{1}{\tau}f_\alpha^{eq}(\mathbf{x},t+\delta t) + F_\alpha \delta t, \tag{22}$$

不难看出，在对某个格子执行迁移步时，仅需要用到其相邻格点的数据；在执行碰撞步时，仅需要用到当前格子的数据。此外，对于每个拉格朗日点，式(7)、式(10)和式(12)所示的步骤也具有一定的独立性。这表明IB-LBM算法本身具有良好的局部性，天然适合并行计算。

与CPU不同，在GPU中，更多的晶体管被用作执行单元而非控制单元，所以GPU体系能够以大规模轻量级线程实现并行计算，其计算能力往往远超同时期的CPU[12]。出于以上考虑，本文选择在CUDA编程环境下基于IB-LBM和SPFSM开发结构物入水的GPU并行算法，以提高计算效率，满足实际工程应用的需要。

在CUDA编程环境中，CPU被称为主机端(Host)，其上运行的程序称为宿主程序；GPU被称为设备端(Device)，其上运行的程序称为核心程序。一般来说，宿主程序主要负责执行逻辑性较强的任务，而核心程序主要负责执行逻辑性较弱而并行度较高的任务。一个完整的LBM-CUDA并行程序通常包括以下几个步骤：第一，在主机端为内存和显存上的变量开辟空间，并将内存中的变量初始化；第二，将内存中变量的值拷贝给显存中的相应变量，完成设备端变量的初始化；第三，将适宜并行化的那些计算步骤封装为若干个"核函数"(kernel function)，在主机端加载这些核函数以调用设备端的计算资源进行并行计算；第四，计算完成后将数据从设备端传回主机端，进行后处理。

GPU具有多层次的线程组织模型。图3展示了GPU的线程网格(grid)、线程块(block)、线程(thread)三级线程模型。一般而言，整个计算域对应着一个线程网格，这个线程网格被划分为$bx \times by$个相同大小的线程块，每一个线程块又包含着$tx \times ty$个线程，一个线程对应着计算域中的一个网格点，每个线程执行相同的串行指令。若整个计算域在x和y方向被划分为Nx和Ny个格子，则可以计算出两个维度上线程块的数量，即$bx=Nx/tx$和$by=Ny/ty$。显然，一个核函数中存在着两种层次上的并行，即每个网格内部所有线程块的并行和每个线程块内部所有线程的并行。这种并行方式不但能够使程序运行得更加高效，而且能够使编程更加富有层次感。

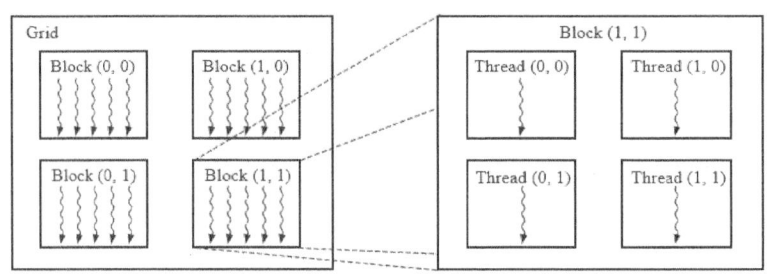

图3 GPU三级线程模型

3 数值模拟验证

本章将通过二维圆柱入水这一较为典型的算例对并行程序的精度和加速效果进行验证。计算域的设置如图4所示。圆柱直径为0.11 m，质量为9.5 kg，入水速度为2.955 m/s，流体密度为1000 kg/m³，粘性系数为(1.0e-6) m²/s。计算域被划分为1024×1024个格子，时间步长取为(2.0e-5) s。测试平台配置如下：CPU型号为AMD R5 3600，GPU型号为NVIDIA RTX 2070，内存容量16 GB，频率3 200 MHz。

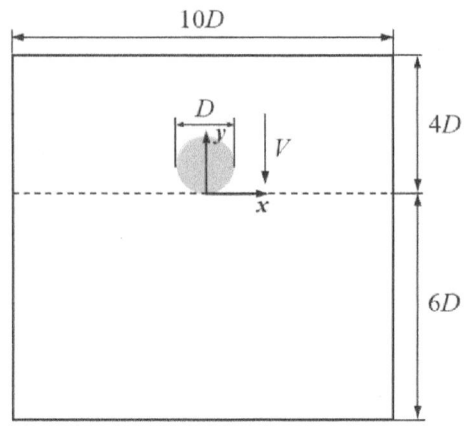

图4 二维圆柱入水示意图

图5给出了本文并行程序模拟的圆柱无量纲垂向侵入深度时程曲线、SPH方法的相应结果[13]以及实验数据[14]。本文的串行结果和并行结果几乎重合，且与SPH结果具有较好的吻合。与实验数据相比，本文结果略微偏小。据分析，导致这一差异的原因可能是当前二维数值模拟未考虑实验中的三维效应。图6给出了t=0.1 s时刻下流场压力分布、自由液面形状的串行程序结果和并行程序结果，由圆柱入水冲击引起的两道射流被完整清晰地模拟了出来，同时也捕捉到了射流末端液滴破碎飞溅的现象。串行结果和并行结果两者在压力分布、射流主体形态等方面十分吻合，在飞溅射流的位置上有细小的差异，而这一差异并不会对计算结果造成重大影响。总之，本文出入水并行程序的准确性得到了验证。

效率方面，上述算例串行程序运行5000步所需时间为961.202秒，而并行程序运行相同步数所需时间为9.818秒，加速比为97.902，可见本文并行程序能够极大地提升计算效率。

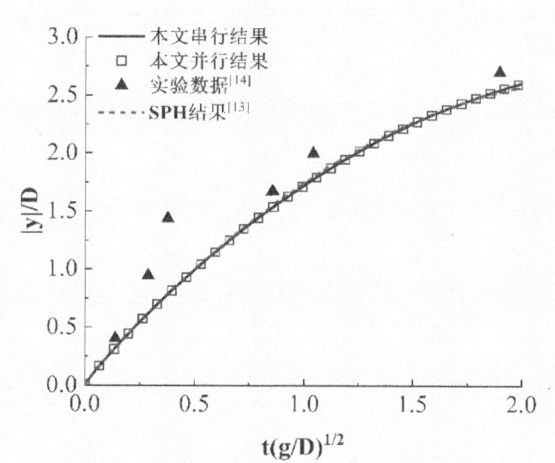

图 5 圆柱垂向无量纲侵入深度时程曲线

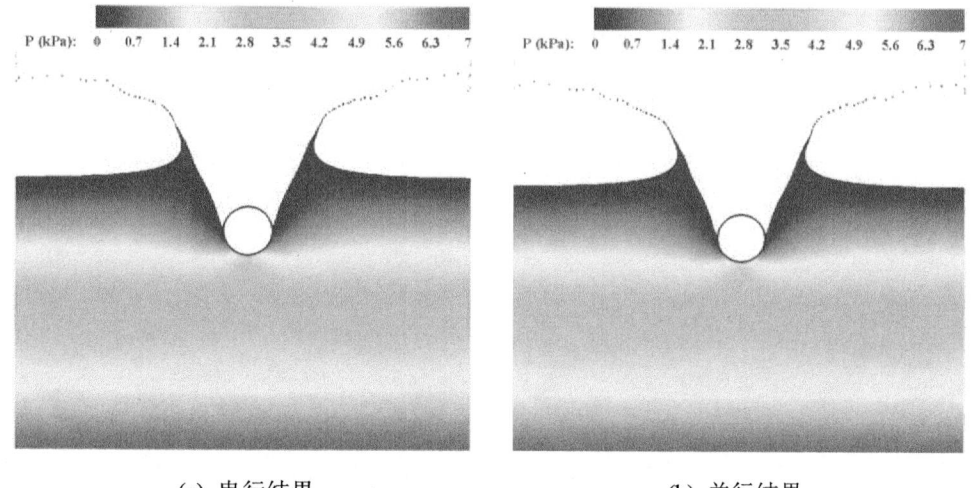

(a) 串行结果　　　　　　　　　　(b) 并行结果

图 6 t=0.1 s 时流场压力分布

4　并行加速效果的影响因素分析

在实际运行过程中，有许多因素会影响并行效果，例如线程块维度、网格数量等。为了使程序能够达到尽可能高的加速比，本文将以第3章所述的圆柱入水为例研究线程块维度和网格数量对并行加速效果的影响。

4.1 线程块维度的影响

选取合适的线程块维度可以最大限度地发挥GPU的执行效率。线程块维度包含两个方面：其一是线程块所包含的线程总数 N_t；其二为线程块沿 x 方向和 y 方向线程数量的比值，本文将其称为"长宽比"。由于硬件的限制，N_t 最大不能超过1024。因此，本文考虑了32、64、128、256、512、1024共6个不同的 N_t 数，并且在每个 N_t 数下还进一步考虑了不同的长宽比。计算域设置和各项参数与第3章保持一致，记录并行程序运行5000时间步所需的时间，为了降低随机性的影响，计算时间均取为三次重复模拟的平均值。

图7给出了线程块维度对并行程序计算时间的影响。经过分析可知，当 N_t 一定时，如果 $N_t \leqslant 256$，随着线程块 x 方向维度的增大，并行计算时间也随之降低；如果 $N_t > 256$，则随着线程块 x 方向维度的增大，并行计算时间先降低后增加，并且当 N_t 取256时计算时间达到最低。总而言之，在本文的硬件条件下，当 N_t 一定时，如果将线程块 x 方向维度设置为 $\min\{N_t, 256\}$，可以达到最短计算时间。

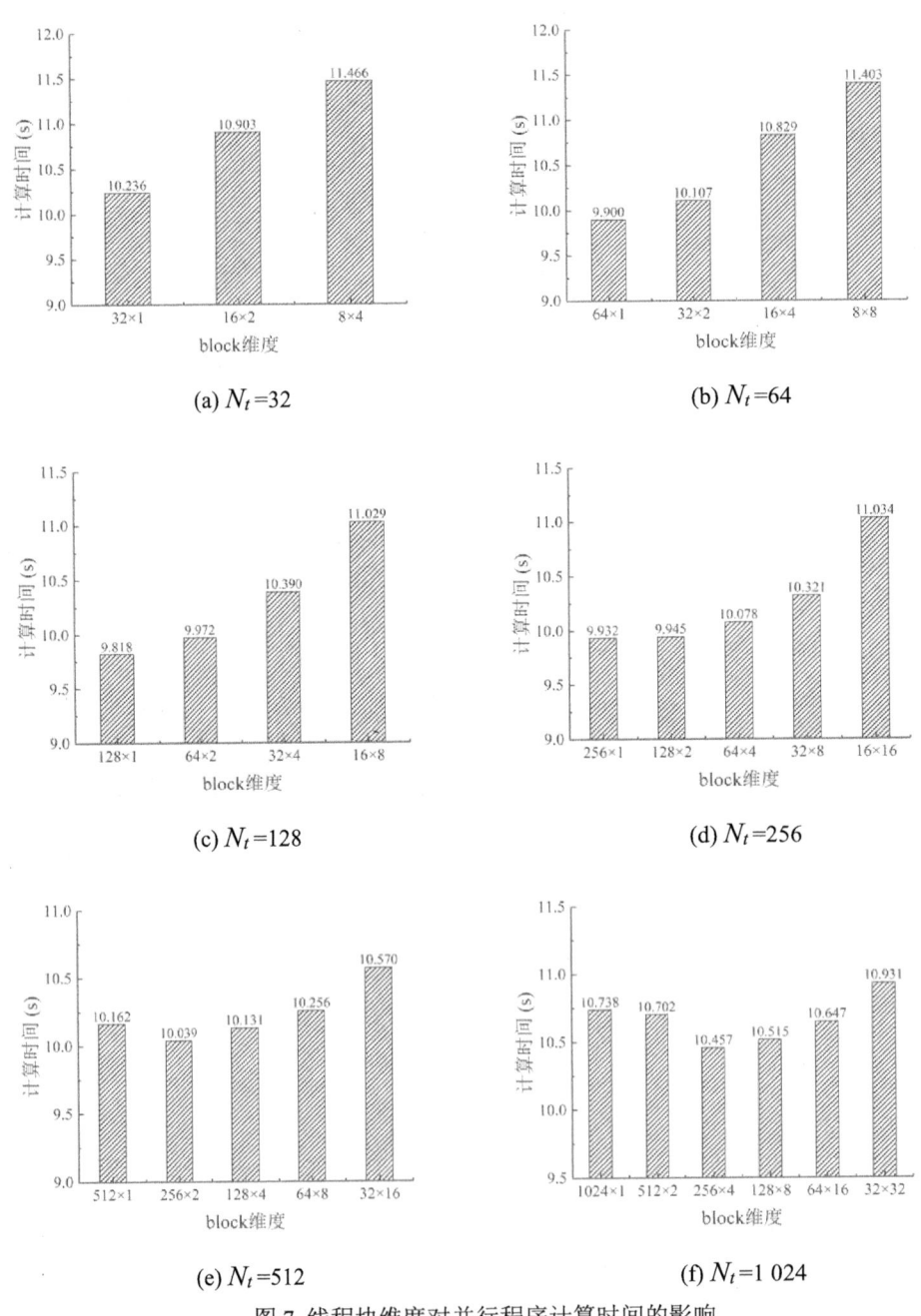

图 7 线程块维度对并行程序计算时间的影响

将图7中每个N_t数下最短的并行计算时间汇总起来,形成图8所示的最短并行时间随N_t变化的柱状图。可以发现,随着N_t逐渐增加,最短计算时间一开始逐渐降低,并在N_t=128 (对应线程块维度为128×1)时降至最小值;随后最短计算时间开始逐渐增大,在N_t=1024 (对应线程块维度为256×4)时达到其最大值。与图7中各个线程块维度配置下的最长计算时间(线程块维度取8×4,计算时间11.466 s)相比,此最优线程块维度(线程块维度取128×1,计算时间9.818 s)能够使并行计算时间降低14.4%。可见,选取合适的线程块维度可以在相当程度上提升计算效率。

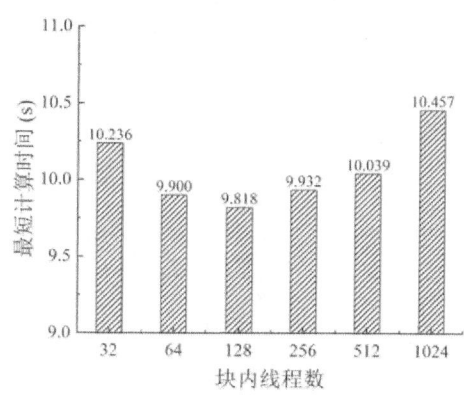

图 8 最短计算时间随块内线程数的变化规律

此外,在N_t=32、N_t=1024这两种情况下的最短计算时间相较其他情况明显偏大,据分析这可能与GPU的一些硬件限制有关。需要指出的是,GPU的计算单元是多核流处理器(streaming multiprocessor, SM)和流处理器(streaming processors, SP),一个SM含有多个SP,当执行并行程序时,线程块会被自动分配给所有SM进行处理。单个SM所能容纳的线程块和线程数量是有限的。在本文使用的GPU中,一个SM最多能容纳16个线程块和1024个线程。

当N_t=32时,由于一个SM最多只能容纳16个线程块,因此这时一个SM中最多只能同时处理32×16 = 512个线程,仅仅是其线程容量上限的一半,造成了严重的计算资源浪费,因此当N_t=32时并行计算速度较慢。当N_t=1024时,一个SM中只能容纳一个线程块,当其中的线程进行存储器访问或者同步操作时,执行单元就会闲置,同样会引起计算资源的浪费和并行计算速度的下降。通过以上分析可以得知,要想充分利用GPU的计算能力,在设置线程块维度时,应当尽量使SM中同时运行的线程数等于其线程容量上限,避免部分计算单元闲置;同时也应当尽量保证一个SM内容纳有多个线程块,通过线程的切换来隐藏访问显存等操作带来的延迟。

4.2 网格数的影响

网格数量同样也会影响并行程序的加速效果。在本小节中,线程块维度被设置为在 4.1 节中发现的最优线程块维度,即128×1。本文分别记录了四套不同网格(256×256、512×512、1024×1024、2048×2048)下串行程序和并行程序运行 5000 步所需的时间,计算了加速比,相关结果列在表 1 中。

表 1 不同网格数下的并行加速效果

网格编号	网格数	串行时间/s	并行时间/s	加速比
网格 1	256×256	63.697	1.096	58.118
网格 2	512×512	250.494	2.886	86.796
网格 3	1 024×1 024	961.202	9.818	97.902
网格 4	2 048×2 048	3 883.170	38.909	99.801

由表1可知，随着网格数的增加，串行时间和并行时间均有所增加。此外，加速比同样呈现出增加的趋势，但是其增幅逐渐放缓，这一点从图9中可以清晰地看出。经过分析，造成这一现象的原因可能如下：从网格1到网格4，每次加密都使得计算量变为原先的4倍，因此串行时间也相应地增加至原先的大约4倍。然而，当网格数量较少时，如从网格1到网格2，可能是由于GPU的计算核心尚未饱和，空余的计算资源可以承接一部分新增的计算量，与串行时间相比，并行时间的增量较少，因此加速比随之增大；当网格数量较多时，如从网格3到网格4，此时计算量较大，GPU计算核心已经饱和，只有在原有计算量消化完毕之后才能处理新增的计算量，相当于串行执行，因此加速比趋于稳定。总之，随着计算规模的逐渐增加，GPU并行程序的加速效果也体现得越明显，且当计算规模足够大时，加速比会趋近于一个极限值。

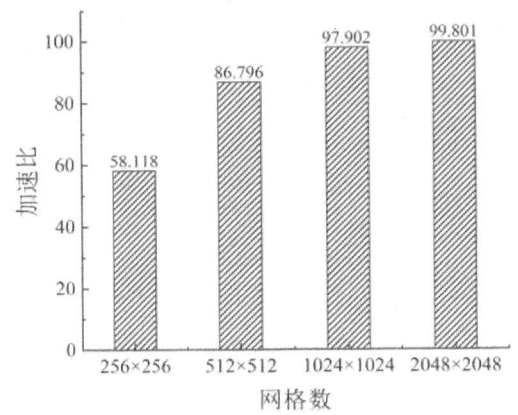

图 9 加速比随网格数的变化规律

5 结 论

为适应实际工程应用中庞大的计算量，本文基于 IB-LBM 和 SPFSM，在 CUDA 编程环境下开发了模拟结构物入水的 GPU 并行程序。在模拟二维圆柱入水这一典型算例时，本文结果与 SPH 方法的结果和实验数据均有较好的吻合，且与串行程序相比，并行程序可将计算效率提升近 100 倍，从而验证了本文并行程序良好的精度和效率。本文还分析了块内线程数量 N_t、线程块长宽比、网格数量对并行加速效果的影响，发现：在本文硬件条件下，当 N_t 一定时，如果将线程块 x 方向维度设置为 $\min\{N_t, 256\}$，可以达到最短计算时间；对于不同的 N_t，随着 N_t 增大，最短并行计算时间先减小后增大，在 $N_t=128$ 时效率达到最优；加速比随网格数的增大而增大，但其增幅逐渐放缓，存在着一个极限值。

参 考 文 献

[1] 韩文骥. 适合飞溅流动的格子 Boltzmann 方法数值研究[D]. 无锡: 中国船舶科学研究中心, 2015.

[2] 张珂, 颜开, 褚学森, 等. 基于 LBM 方法的圆盘等速入水空泡的数值模拟[J]. 船舶力学, 2010, 14(10): 1129-1133.

[3] 龚小超. 结构入水动力学特性数值计算方法研究[D]. 哈尔滨: 哈尔滨工程大学, 2015.

[4] XIAO Y, ZHANG G, HUI D, et al. Numerical simulation for water entry and exit of rigid bodies based on the immersed boundary-lattice Boltzmann method[J]. Journal of Fluids and Structures, 2022, 109: 103486.

[5] QIAN Y H, D'HUMIÈRES D, LALLEMAND P. Lattice BGK models for navier-stokes equation[J]. Epl, 1992, 17(6): 479-484.

[6] HE X Y, LUO L S. Lattice boltzmann model for the incompressible navier-stokes equation[J]. Journal of Statistical Physics, 1997, 88(3-4): 927-944.

[7] GUO Z L, ZHENG C G, SHI B C. Discrete lattice effects on the forcing term in the lattice boltzmann method[J]. Physical Review E, 2002, 65(4): 046308.

[8] PESKIN C S. The immersed boundary method[J]. Acta Numerica, 2002, 11(2002): 479-517.

[9] CAI Y N, LI S, LU J H. An improved immersed boundary-lattice boltzmann method based on force correction technique[J]. International Journal for Numerical Methods in Fluids, 2018, 87(3): 109-133.

[10] THÜREY N. Physically based animation of free surface flows with the lattice boltzmann method[D]. University of Erlangen-Nuremberg, 2007.

[11] DIAO W, CHENG Y, XU M, et al. Simulation of hydraulic characteristics of an inclined overflow gate by the free-surface lattice boltzmann-immersed boundary coupling scheme[J]. Engineering Applications of Computational Fluid Mechanics, 2018, 12(1): 250-260.

[12] 蔡埥楠. 基于格子 Boltzmann 方法水下流-固-声耦合问题的数值建模方法研究[D]. 大连: 大连理工大学, 2019.

[13] SUN P, ZHANG A M, MARRONE S, et al. An accurate and efficient SPH modeling of the water entry of circular cylinders[J]. Applied Ocean Research, 2018, 72: 60-75.

[14] GREENHOW M, LIN W M. Nonlinear-free surface effects: Experiments and theory[R]. Massachusetts Inst of Tech Cambridge Dept of Ocean Engineering, 1983.

Parallel Simulation of Water Entry Based on the Immersed Boundary-Lattice Boltzmann Method

Xiao Yucheng[1,2], Lu Zhiqing[1,2], Miao Songcheng[1,2], Bao Jiawei[2], Zhang Guiyong[3,4]

(1. China Ship Scientific Research Center, Wuxi 214082, China;
2. Taihu Lake Laboratory of Deepsea Technology and Science, Wuxi 214082, China;
3. State Key Laboratory of Structural Analysis for Industrial Equipment, School of Naval Architecture Engineering, Dalian University of Technology, Dalian 116024, China;
4. Collaborative Innovation Center for Advanced Ship and Deepsea Exploration, Shanghai 200240, China)

Abstract

The water entry of structures is a widespread phenomenon in the navigation field. It may cause several serious consequences, including the failure of local structure and the worsening of overall motional performance. As a result, it is of great significance to investigate this phenomenon. In order to satisfy the huge amount of computation in practical engineering problems, a GPU parallel simulation program for water entry is developed, based on the immersed boundary-lattice Boltzmann method (IB-LBM) and the single-phase free surface model (SPFSM). The simulation results of a typical water entry problem indicate that the present method is capable of simulating the water entry phenomenon with high accuracy, and that the GPU acceleration technique brings great improvement in computational efficiency. Moreover, the pattern of influences of the block dimension and the number of meshes is studied on the acceleration performance. The method of allocating computational resources, which helps to make the most use of the GPU performance, is summarized.

Key words: Lattice Boltzmann method; Water entry of structures; GPU parallel computation

作 者 简 介

肖裕程　男，1997 年生，助理工程师。主要从事格子玻尔兹曼方法、高性能计算等研究。
陆芝庆　男，1996 年生，助理工程师。主要从事深度学习、图像处理等研究。
缪松成　男，1998 年生，助理工程师。主要从事多目标智能优化方法、系统优化与智能调度等研究。
鲍嘉伟　男，1996 年生，助理工程师。主要从事船舶结构物仿真、目标识别等研究。
张桂勇　男，1978 年生，教授。主要从事流固耦合、高技术船舶开发等研究。

基于深度学习求解流体动边界问题

朱勇铮，邓　见，边　鑫*

（浙江大学 航空航天学院流体工程研究所，杭州 310027）

摘　要

近年来，机器学习因其强大的非线性建模能力在各个领域引起了广泛关注。在各种深度学习方法中，物理信息神经网络(PINN)脱颖而出，它拓展了传统的计算思路，通过将偏微分方程转化为带有额外损失函数的优化问题，从而可以对其进行求解。然而，对于复杂的流动问题，PINN通常被限制在具有固定边界的场景；此外，它在训练时也往往需要来自CFD或实验的外源数据以获得精确的结果。因此，我们提出了一种在时空域内"挖掘隧道"的思路，也就是说，将二维运动物体在流场中的运动轨迹定义为整个时间-空间流场计算域中的一条三维的固体"隧道"区域。之后我们将该"隧道"界面上的速度约束描述为适当的损失函数，以此来将固体边界的运动嵌入到神经网络中来求解动边界问题。只需提供适当的初始和边界条件，即可以将PINN作为典型的CFD求解器模拟具有运动边界的流动问题。考虑动边界场景，如静止流体中的单个和多个运动的圆柱，将PINN得到的速度场、涡度场和压力场与有限体积法模拟流体动边界问题的结果进行对比。经比较表明，即使没有外源数据PINN在求解流体动边界问题上仍具有良好的准确性。

关　键　词：深度学习；PINN；流固耦合；运动边界

中图分类号：U661.31+2; U662

0　引　言

近年来，机器学习方法由于计算机硬件的提升而迎来了蓬勃发展，在物理、语言、生物等许多学科和图像识别、语音处理、自动驾驶等各类场景中得到了广泛关注与应用[1]。受深度学习的启发，Karniadakis课题组引入了物理信息神经网络(Physics-informed neural network, PINN)的概念[2]，Sirignano等也提出了与PINN思路类似的深度伽辽金方法(Deep Galerkin Method, DGM)[3]，两种框架的主要思想都是将物理方程嵌入到神经网络的损失函数中，进而通过神经网络强大的非线性拟合和逼近能力来求解偏微分方程(Partial differential equations, PDEs)。PINN对PDE的正问题和反问题的一般解法做了更详细的概括，因此本文主要关注PINN，因其出色的性能，众多科研人员在此基础上进行拓展，已使得PINN可以求解几种不同类型的微分方程，如常微分方程、分数阶偏微分方程[4]、积分-微分方程[5]、曲面偏微分方程[6]、随机偏微分方程[7]等。

大多数的物理场景都可以用PDEs来描述，因此PINN的出现提供了一种崭新的求解范式，使得它在包括流体力学在内的多个领域得到了广泛应用[8-9]。众所周知，Navier-Stokes方程是流体力学的基本方程，是描述流体质量、动量和能量守恒的运动方程。传统思路求解NS方程时一般采用有限体积法、谱方法等经典计算流体力学(CFD)方法，这些方法在控制方程精确已知的情况下非常有效，但在计算之前通常需要进行耗时的网格划分，计算时针对不同问题需选用不同的数值算法和格式。PINN作为一种无网格的机器学习方法，只需在计算域内产生离散的坐标点，再采用反向传播算法对神经网络进行优化[10]，因此它在计算不同场景的流动问题上也具有较大的潜力。

收稿日期：2022-10-20；修改稿收稿日期：2022-11-25
基金项目：船舶总体性能创新研究开放基金(31422121)

国内外学者也开展了一些通过PINN求解NS方程来解决流动问题的相关研究工作。Raissi等人根据二维固定圆柱绕流部分流场的速度测量数据来推断NS方程中的未知参数[2]，如对流项的系数等；又将其应用到流动可视化中，从绘画作品或医学造影等图像中提取浓度场等观测数据来重构包含速度和压力信息的完整流场[11]；之后拓展到涡激振动问题中，但没有考虑如何处理复杂的运动边界，而是使用流场中已知部分物理量的观测数据如速度场去推断未知的压力场[12]。Jin等人利用直接数值模拟(DNS)为模型提供监督数据，在圆柱绕流等层流问题和管道湍流问题上评估了PINN的精度、收敛速度和计算成本[13]。对于两相流动，Wang等人还提出了基于PINN的混合网络模型来处理包含固液相自由边界的Stefan问题[14]。除不可压缩流体之外，Mao等人还将其拓展到可压缩气体高速流动的正问题和反问题上，证明了PINN能够求解具有间断解的流动问题[15]。PINN也在流体传热问题中得到了应用，Cai等人在给定一些稀疏的温度测量值的情况下，推断出了整个流场的温度和速度信息[16]。还有一些使用无监督方式计算流动的案例，Rao等人将PINN当作CFD求解器以无监督学习的方式直接求解低雷诺数下的固定圆柱绕流问题，表明其在简单场景中使用无监督方式也能获得较好的准确性[17]；Wandel等报道了将数值格式作为损失的卷积神经网络，以无监督的方式构建了圆柱绕流的代理模型，相比CFD可以更快地推理出流场但精度很低[18]。

结合相关研究不难看出，目前将PINN应用的流动场景中的边界几乎都是不随时间改变的固定边界，并且大多都是融合已有数据采用监督或半监督学习的方式对模型进行训练，采用无监督学习方式的工作还局限于简单的流动场景。然而，包含动边界的流固耦合问题才是实际场景中经常遇到的，比如鸟类的翅膀扑动[19]，鱼儿的游动[20]等。在传统CFD中计算运动边界问题往往需要对划分好的网格进行复杂的处理，如采用变形网格或者重叠网格方法。另外，也可以在均匀的结构网格中使用浸入边界法的思路在NS方程中加入力源项或质量源项后再进行求解[21]。PINN的出现为求解动边界问题提供了新的解决思路。因此，本文旨在探索PINN能否作为独立的CFD求解器，在不依赖外源数据的前提下用无监督的方式直接求解包含运动边界的复杂流固耦合问题。我们将运动边界条件通过损失函数的方式嵌入到神经网络中，以此作为动边界模型将其应用在多种动边界场景下。之后将优化后的模型预测流场的结果与理论解或者高精度的CFD方法进行对比，以验证所提出动边界模型的有效性并评估其准确度。

1 物理信息神经网络

1.1 全连接神经网络

全连接神经网络(fully connected neural network, FCNN)是一种经典的神经网络结构，在多种场景下得到了广泛应用。FCNN由输入层、隐藏层和输出层组成。第0层为输入层，最后一层为输出层，其余层为隐藏层。每层包含大量具有权重、偏置和激活函数的神经元，相邻层的神经元之间互相传递信息，每个神经元接收前一层的输入信号，再通过非线性激活函数得到一个输出值，再加上一个偏置得到最后输出，作为下一层神经元的输入值。通过给神经网络提供多个样本数据输入和已知结果输出，根据网络的输出值与目标值的偏差定义好损失函数，最终通过反向传播算法优化神经元之间的权重和偏置，以最小化损失函数为目的来训练神经网络。训练完成后可以利用神经网络去预测对应的输出结果，从而来检验神经网络的有效性。

1.2 嵌入物理信息求解方程

偏微分方程可以描述广泛的数学物理问题，包括守恒过程、扩散过程、对流-扩散-反应系统和动力学系统等在内的各类复杂问题。考虑一般形式的参数化非线性偏微分方程，如下表示：

$$f\left(\boldsymbol{x}; \frac{\partial u}{\partial x_1},...,\frac{\partial u}{\partial x_d}; \frac{\partial^2 u}{\partial x_1 \partial x_1},...,\frac{\partial^2 u}{\partial x_1 \partial x_d};...;\boldsymbol{\lambda}\right)=0, \quad \boldsymbol{x} \in \Omega \tag{1}$$

式中，u 代表该方程的解，$\boldsymbol{x}$ 为方程的自变量，$\boldsymbol{\lambda}$ 为组合方程中线形和非线性算子的参数。同时该方程给定合理的边界条件和初始条件：

$$\mathcal{B}(u,\boldsymbol{x})=0, \quad \boldsymbol{x} \in \partial\Omega \tag{2}$$

$$\mathcal{I}(u,\boldsymbol{x})=0, \quad \boldsymbol{x} \in \mathcal{T}_i \tag{3}$$

如果将以上PDE、边界条件和初始条件以误差的方式定义为神经网络的目标损失函数，那么这种基于物理信息来构建的全连接神经网络即为物理信息神经网络，简称PINN。它求解偏微分方程的思路是利用前向神经网络作为一个函数 $\hat{u}$ 来逼近方程(1)的解 u，即网络的输入代表方程中的所有自变量，输出代表方程的解，如果 $\hat{u}$ 同时满足方程、边界条件和初始条件，那么就可以认为 $\hat{u}$ 是方程的近似解。PDE中的各类微分项可以通过使用自动微分(Auto differentiation, AD)技术结合链式法则对网络的输出进行求导得到。因此，可以将方程和初边值条件的均方误差之和定义为神经网络的总损失函数 $\mathcal{L}(\boldsymbol{\theta},\boldsymbol{\lambda};\mathcal{T})$，最小化总损失来训练网络的权重参数 $\boldsymbol{\theta}$，从而得到方程的近似解 $\hat{u}$：

$$\min_{\boldsymbol{\theta},\boldsymbol{\lambda}} \mathcal{L}(\boldsymbol{\theta},\boldsymbol{\lambda};\mathcal{T}) = w_f \mathcal{L}_f(\boldsymbol{\theta},\boldsymbol{\lambda};\mathcal{T}_f) + w_b \mathcal{L}_b(\boldsymbol{\theta},\boldsymbol{\lambda};\mathcal{T}_b) + w_i \mathcal{L}_i(\boldsymbol{\theta},\boldsymbol{\lambda};\mathcal{T}_i) \tag{4}$$

式中，$\mathcal{L}_f$、$\mathcal{L}_b$ 和 $\mathcal{L}_i$ 分别为方程、边界条件和初始条件的损失项，w_f、w_b 和 w_i 等系数分别对应各损失项在总损失中所占的权重。式(4)中的各损失项由以下定义：

$$\mathcal{L}_f = \frac{1}{|\mathcal{T}_f|}\sum_{\boldsymbol{x}\in\mathcal{T}_f}\left\| f\left(\boldsymbol{x};\frac{\partial \hat{u}}{\partial x_1},...;\frac{\partial^2 \hat{u}}{\partial x_1 \partial x_1},...;\boldsymbol{\lambda}\right)\right\|_2^2 \tag{5}$$

$$\mathcal{L}_b = \frac{1}{|\mathcal{T}_b|}\sum_{\boldsymbol{x}\in\mathcal{T}_b}\|\mathcal{B}(\hat{u},\boldsymbol{x})\|_2^2 \tag{6}$$

$$\mathcal{L}_i = \frac{1}{|\mathcal{T}_i|}\sum_{\boldsymbol{x}\in\mathcal{T}_i}\|\mathcal{I}(\hat{u},\boldsymbol{x})\|_2^2 \tag{7}$$

PINN可以在无监督-弱监督-监督学习这几种方式之间随意切换。对于无监督学习的方式，损失函数只依赖方程和初边值条件而定义，各损失项对应的训练点集 $\mathcal{T}_f$、$\mathcal{T}_b$ 和 $\mathcal{T}_i$ 仅仅为网络输入对应自变量的坐标点，而没有包含任何已知结果数据。对于弱监督学习或数据驱动的方式，可以在定义损失函数(4)时加入对应已有输入输出的训练数据集 $\mathcal{T}_{data}$ 的损失项 $\mathcal{L}_{data}$ 来进行训练。

2 运动边界神经网络模型

2.1 控制方程

考虑控制方程部分，在将PINN作为典型的CFD求解器直接求解流体问题时，主要运用对于不可压缩流体的连续性方程和Navier-Stokes方程，一般采用其速度-压力形式，表达式如下：

$$\nabla \cdot \boldsymbol{u} = 0 \tag{8}$$

$$\frac{\partial \boldsymbol{u}}{\partial t} + (\boldsymbol{u}\cdot\nabla)\boldsymbol{u} = -\nabla p + \frac{1}{Re}\nabla^2 \boldsymbol{u} \tag{9}$$

式中，t 为时间，$\boldsymbol{u}=(u,v)$ 为速度矢量，p 为压力，$Re=UD/\nu$ 是由参考速度 U、特征长度 D 和运动粘度 ν 定义的雷诺数。求解方程所需的速度和压力边界条件设置如下：

$$\boldsymbol{u}=\boldsymbol{u}_\Gamma(\boldsymbol{x}),\quad \boldsymbol{x}\in\Gamma_D \tag{10}$$

$$p=p_\Gamma(\boldsymbol{x}),\quad \boldsymbol{x}\in\Gamma_D \tag{11}$$

$$\frac{\partial \boldsymbol{u}}{\partial \boldsymbol{n}}=0,\quad \boldsymbol{x}\in\Gamma_N \tag{12}$$

$$\frac{\partial p}{\partial \boldsymbol{n}}=0,\quad \boldsymbol{x}\in\Gamma_N \tag{13}$$

式中，$\boldsymbol{x}=(x,y)$ 为位置矢量，$\boldsymbol{n}$ 为边界的法向矢量，Γ_D 和 Γ_N 分别表示狄利克雷(Dirichlet)边界和纽曼(Neumann)边界，为最常见的两类边界条件类型。

2.2 运动边界定义

2.2.1 速度边界

首先考虑流固单向耦合问题中，运动物体具有速度，但其在对流体提供约束时所处的位置不随时间发生改变。这类运动物体只对流体提供了固定位置的速度约束，如平板滑移、圆柱旋转等。这种情形的运动边界约束可以直接通过(10)中的狄利克雷速度边界条件来施加。

2.2.2 速度与位移边界

若运动物体相对流体的位置和速度均随时间变化，那么其对流体施加速度约束的位置也随着时间变化，这种情形相对复杂。但由于PINN并非采用时间步进策略，而是对某一段时空域内的流场通过训练点上进行优化，然后使优化后的网络逼近方程的解和边界条件。根据PINN的这种训练特征，考虑在二维空间的非定常流动，尽管边界在不同时刻运动边界的位置是不同的，但可以将流场中运动物体随时间的运动轨迹视为在(x,y,z)时空区域Ω内的固定"隧道"区域，如图1(a)所示。图1(b)(c)分别显示了在不同时刻下运动边界在空间中的位置以及训练点的分布。

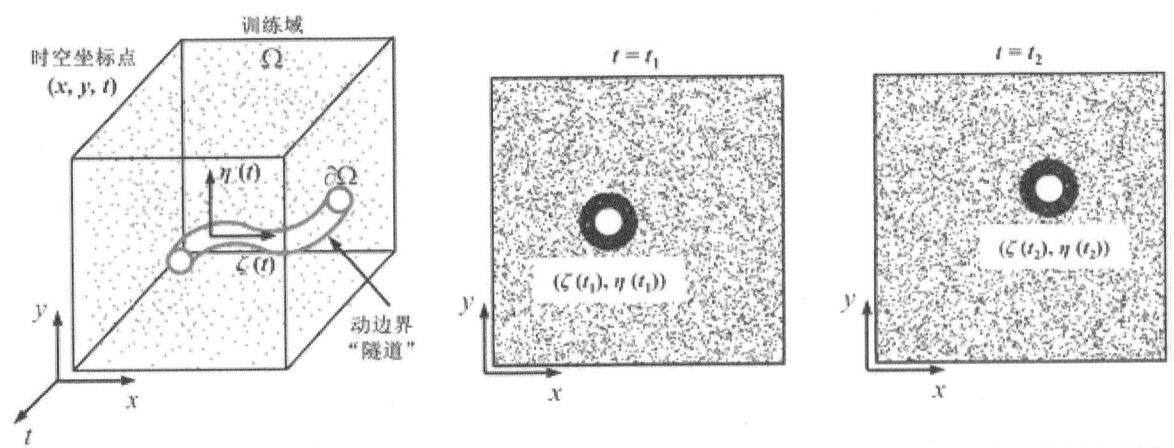

(a) 运动边界在时空域内的"隧道"　　(b) t_1 时刻边界位置与训练点　　(c) t_2 时刻边界位置与训练点

图 1 在时空区域中挖掘固体运动边界对应的"隧道"

考虑运动物体在二维平面内的平移以及自身绕质心的旋转，继而可以将其在时空域内的"隧道"边界表面 $\partial\Omega$ 表达为位移、旋转角度和时间的函数，如下表示：

$$\partial\Omega := f(\boldsymbol{\delta}(t),\ \boldsymbol{\theta}(t),\ t) \tag{14}$$

式中，t 为时间，$\boldsymbol{\delta} = (\zeta,\ \eta)$ 为运动边界的位移矢量，$\boldsymbol{\theta}$ 为运动边界相对质心的旋转矢量。时空域内落在"隧道"上的点，即位于动边界 $\partial\Omega$ 上的所有训练点，都需要根据流-固无滑移边界条件施加狄利克雷类型的速度约束：

$$\boldsymbol{u} = \frac{\partial \boldsymbol{\delta}}{\partial t} + \boldsymbol{r} \times \frac{\partial \boldsymbol{\theta}}{\partial t},\quad (\boldsymbol{x},\ t) \in \partial\Omega \tag{15}$$

式中，$\boldsymbol{x} = (x,\ y)$ 为位置矢量，$\boldsymbol{r}$ 为运动边界与质心的距离矢量。如此，二维的运动边界便可以定义为时空域 Ω 内的狄利克雷边界条件，并嵌入到神经网络的损失函数中。理论上该思路可以拓展到三维空间的流动问题中，但维度的增加需要更多的训练点和更深的网络结构，大大增加PINN训练的时间和成本，因此验证所提出动边界模型时均只考虑二维情形。

2.3 嵌入动边界的神经网络训练

2.3.1 网络结构与损失函数

本研究旨在探索物理信息神经网络PINN方法在不需要任何外源数据的前提下，代替传统的CFD方法依靠其无监督学习能力独立求解流固耦合动边界问题中的NS方程的可能性。也就是说，NS方程的解通过一个深度神经网络来逼近，该网络以空间和时间坐标 $(x,\ y,\ t)$ 为输入，预测相应的速度场和压力场 $(u,\ v,\ p)$。图2显示了用于求解流固单向耦合问题的PINN模型的示意图，它由一个全连接神经网络和其定义的各类损失函数组成。网络的隐藏层层数和每层中神经元的个数可以根据具体问题自由选择。网络中的非线性激活函数 σ 选择连续且可微双曲正切函数tanh，其表现通常比sigmoid、ReLU等激活函数更好[1]。

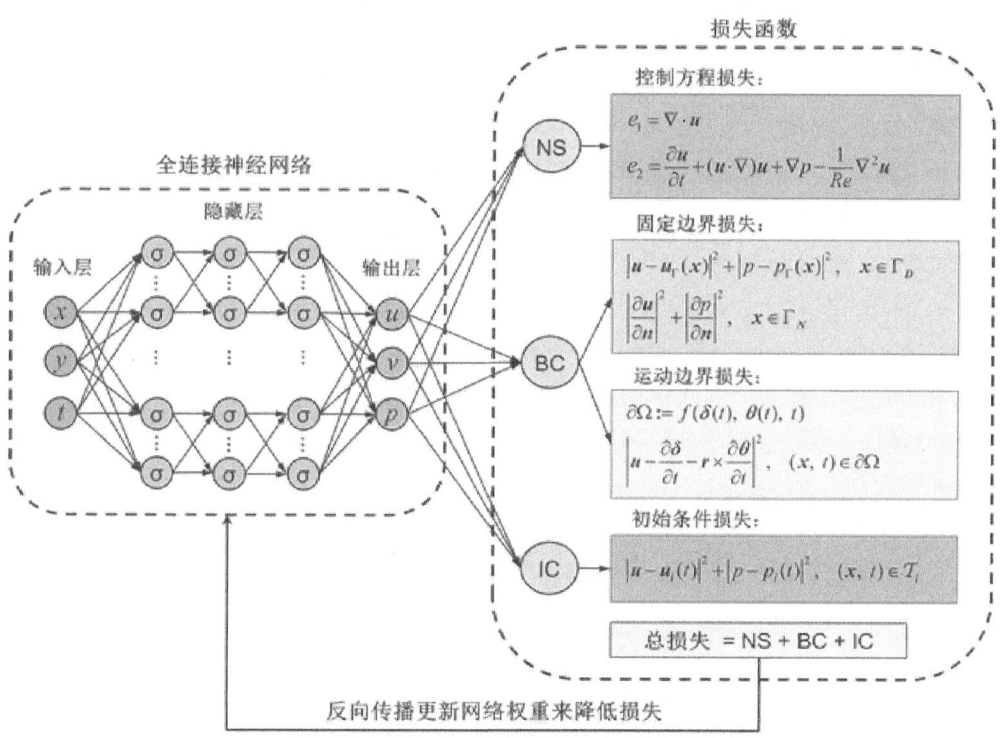

图 2 嵌入动边界条件的物理信息神经网络模型

对于速度-压力形式的NS方程，其残差包括连续性方程和动量方程的误差。方程中的各类偏微分算子则使用自动微分来计算，AD已在各类深度学习框架中成为方便并可直接调用的函数。神经网络将定义以下损失函数用于训练模型的权重参数以逼近方程的解，定义如下：

$$\mathcal{L} = w_f \mathcal{L}_f + w_{fb} \mathcal{L}_{fb} + w_{mb} \mathcal{L}_{mb} + w_i \mathcal{L}_i \tag{16}$$

式中，$\mathcal{L}_f$、$\mathcal{L}_{fb}$、$\mathcal{L}_{mb}$ 和 $\mathcal{L}_i$ 分别为NS方程、固定边界条件、运动边界条件和初始条件的损失分量，w_f、w_{fb}、w_{mb} 和 w_i 等系数分别对应各损失项在总损失中所占的权重。函数(16)中的各损失分量表达式定义如下：

$$\mathcal{L}_f = \frac{1}{N_f} \sum_{(\boldsymbol{x},\,t)\in\partial\Omega} \left(\left\| \nabla \cdot \boldsymbol{u} \right\|_2^2 + \left\| \frac{\partial \boldsymbol{u}}{\partial t} + (\boldsymbol{u}\cdot\nabla)\boldsymbol{u} + \nabla p - \frac{1}{Re}\nabla^2 \boldsymbol{u} \right\|_2^2 \right) \tag{17}$$

$$\mathcal{L}_{fb} = \frac{1}{N_{fb}} \sum_{\boldsymbol{x}\in\Gamma_{DN}} \left(\left\| \boldsymbol{u} - \boldsymbol{u}_\Gamma(\boldsymbol{x}) \right\|_2^2 + \left\| p - p_\Gamma(\boldsymbol{x}) \right\|_2^2 + \left\| \frac{\partial \boldsymbol{u}}{\partial \boldsymbol{n}} \right\|_2^2 + \left\| \frac{\partial p}{\partial \boldsymbol{n}} \right\|_2^2 \right) \tag{18}$$

$$\mathcal{L}_{mb} = \frac{1}{N_{mb}} \sum_{(\boldsymbol{x},\,t)\in\partial\Omega} \left(\left\| \boldsymbol{u} - \frac{\partial \boldsymbol{\delta}}{\partial t} - \boldsymbol{r} \times \frac{\partial \boldsymbol{\theta}}{\partial t} \right\|_2^2 \right) \tag{19}$$

$$\mathcal{L}_i = \frac{1}{N_i} \sum_{(\boldsymbol{x},\,t)\in\Gamma_i} \left(\left\| \boldsymbol{u} - \boldsymbol{u}_i(t) \right\|_2^2 + \left\| p - p_i(t) \right\|_2^2 \right) \tag{20}$$

式中，N_f、N_{fb}、N_{mb} 和 N_i 表示不同损失项的训练数据个数。对网络进行训练之前需要在时空域内产生一系列离散的对应时空坐标的训练点，由于运动边界附近的流场变化相对较复杂，因此会根据具体问题在动边界周围的训练点进行适当加密，如图1(b)(c)所示。待训练模型采用Xavier方案随机初始化神经网络中的权重初始参数[22]。之后采用自适应随机目标函数的Adam优化器[10]和基于拟牛顿算法的L-BFGS优化器[23]对搭建好的神经网络进行训练以最小化总体的损失函数，当损失函数达到一个非常小的值时，即可得到满足方程和所设定边界条件的解。

2.3.2 时间域分解和迁移学习

由于PINN在求解流动问题时的解是由神经网络本身去表示的，而神经网络的表达主要依赖于神经元之间的权重，这也就意味着通过一个模型学到的权重是可以重复利用的。相比于从一个相似的模型将权重转移过来作为新模型的初始权重，从完全随机的初始权重去训练一个模型是更耗时的，因为前者多了先验的"知识"[24-25]。因此，在对一个问题进行长时间域的求解时通常采用时间域分解为多个短期问题，之后再结合迁移学习(Transfer Learning)进行新网络的训练，如图3所示。用前一段时间域学到的模型作为下一个时间域模型的初始权重，在相似问题中通过转移模型权重的方式加速模型收敛。它可以在一定程度上提高计算效率，但目前还无法确切地去阐述迁移学习的有效性，因为它在不同的问题上表现情况不同。

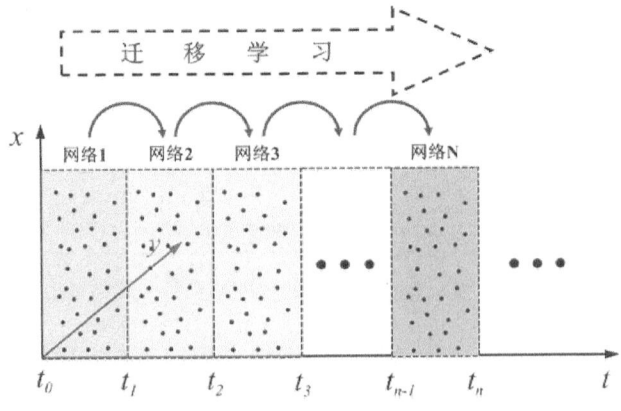

图3 时间域分解策略和迁移学习加速示意图

3 模型验证

3.1 泰勒-格林涡

3.1.1 问题描述

我们首先选取泰勒-格林涡(Taylor-Green vortex)来验证基础模型的有效性和准确性。它代表了一类在二维和三维上具有特定初始条件形式的流动情形。泰勒-格林涡需要周期性边界条件，并具有封闭的解析解，是验证CFD求解器的标准案例。二维泰勒-格林涡的速度场和压力场的解析解为：

$$\begin{cases} u(x,y,t) = V_0 \cos\left(\dfrac{x}{L}\right)\sin\left(\dfrac{y}{L}\right) e^{-\frac{2v}{L^2}t} \\ v(x,y,t) = -V_0 \sin\left(\dfrac{x}{L}\right)\cos\left(\dfrac{y}{L}\right) e^{-\frac{2v}{L^2}t} \\ p(x,y,t) = -\dfrac{\rho}{4} V_0^2 \left(\cos\left(\dfrac{2x}{L}\right) + \cos\left(\dfrac{2y}{L}\right)\right) e^{-\frac{4v}{L^2}t} \end{cases} \quad (21)$$

式中，V_0 为初始时刻速度的峰值，ρ 为流体密度，v 为运动粘度。该问题的初始条件直接由解析式给出，并在计算域周围的四个边界上施加周期性边界条件：$x=-L\pi, x=L\pi, y=-L\pi, y=L\pi$。本案例中的计算参数设置如下：$V_0=1.0, L=1.0, \rho=1.0, v=0.01$，在这些参数下对应流场的雷诺数 Re 为 100。

3.1.2 模型设置

PINN的输入层和输出层分别包含3个神经元，时空坐标(x, y, t)通过输入层的三个神经元输入，流场信息(u, v, p)通过输出层的三个神经元输出。网络包含6个隐藏层，每层50个神经元。在训练之前，我们预先从空间域$[-L\pi, L\pi] \times [-L\pi, L\pi]$和时间域$[0,15]$中随机生成了150 000个时空区域点，30 000个边界点，15 000个初始时刻点，通过这些点来共同优化总体的残差，注意这些训练数据点仅仅是空间-时间坐标信息。训练阶段采用分段优化策略，首先使用Adam优化器以1e-3的学习率迭代20 000次，然后在学习率为1e-4时迭代10 000次(epochs)，最后通过L-BFGS优化器将模型的残差优化到局部最小值，约为9.85e-07。在时间域$[0,15]$中训练完毕的模型，我们取该模型在t=15时刻的流场预测值(u, v)，将其作为下一个时间域在$[15,30]$内的模型的初始条件使用，并按照相同的优化策略对之后的模型进行训练。

3.1.3 训练结果与分析

对该问题所训练的时间域范围是$[0,30]$，按照分段策略共训练了两个PINN模型，并将模型的预测值与解析解进行比较。图4展示了在不同时刻时，流场速度u、v和压力p的预测值与精确值的对比，以及预测值的L1误差的云图。可以明显看出，PINN的预测值与实际值非常吻合，并且能够精确捕捉泰勒-格林涡的速度随时间的衰减行为。

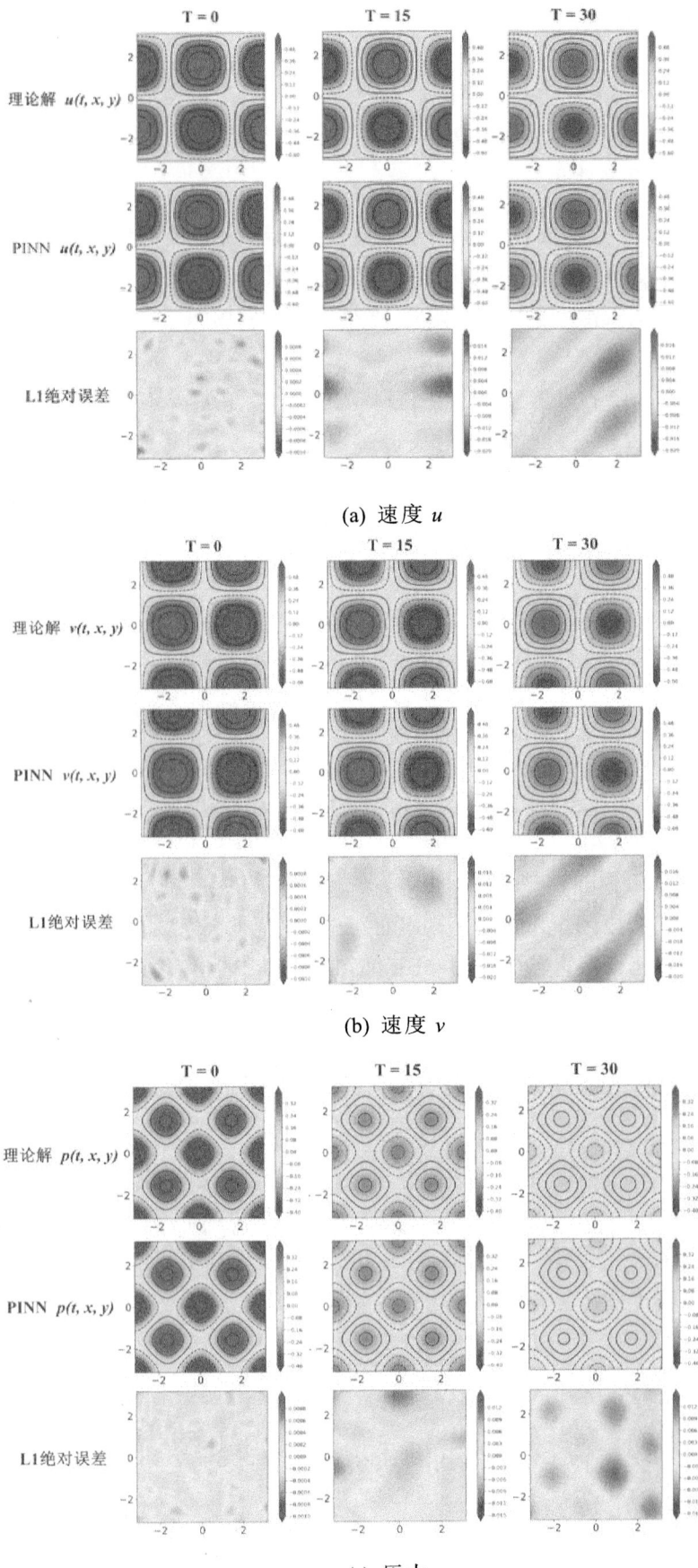

图 4 泰勒-格林涡在三个时刻下的速度和压力的云图

3.2 无限大平板自身平面内振荡

3.2.1 问题描述

考虑固体边界本身具有一个周期性振荡的速度，但其在空间中的相对位置不发生改变。如图5所示，无限大的平板位于$y=0$的位置，其上方($y>0$)充满粘度系数为$\nu=$常数的均值不可压缩流体。设平板在其自身平面内以速度$u=U_0\cdot\cos(\omega t)$振动，由于粘性作用，它将带动上半空间的流体作周期性运动，假设广义压强p是均匀的，求流体的速度u随时间和位置的变化，这个问题也被称为斯托克斯第二问题。

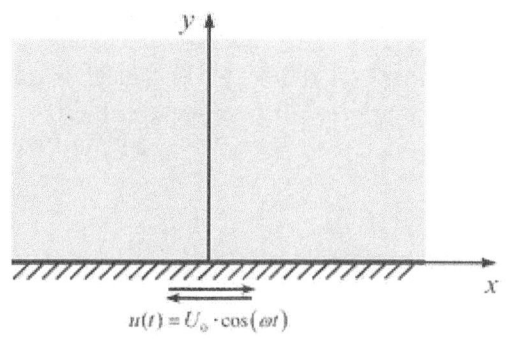

图 5 无限大平板在自身平面内振动示意图

根据问题的物理特点将该流动问题进行适当的简化。板在x方向为无限长，坐标原点O可沿板面任意选择，因而水平方向的速度u与x无关，仅仅是关于时间t和y方向的函数，即$u=u(y,t)$。根据连续性方程，再加上物面无渗透条件，可推断出$v\equiv0$。于是NS方程简化为：

$$\frac{\partial u}{\partial t}=\nu\frac{\partial^2 u}{\partial y^2} \tag{22}$$

于是将二维流动问题转化成了一维时间依赖的PDE。相应的边界条件即为平面的无滑移边界，$y=0$处流体的速度u要等于平面的振荡速度，同时无穷远处的速度$u=0$。但一般由于这一问题的流体流动有周期性，所以求解析解一般不提初始条件。这类用线性方程描述的周期性问题常常通过求复数解的方法来求解，平板在其自身平面内振动时上半空间粘性流体做周期性运动的速度变化规律可以表示为：

$$u(y,t)=U_0\cdot e^{-\sqrt{\frac{\omega}{2\nu}}y}\cdot\cos\left(\omega t-\sqrt{\frac{\omega}{2\nu}}y\right) \tag{23}$$

接下来我们使用 PINN 进行求解。与求解析解的思路不同的是，我们考虑整个流场在初始时刻除了平面附近很薄的一层等于平面的速度之外，其他位置的速度均等于 0。所以与周期性的稳定解析解不同的是，我们还考虑了平板在初始时刻突然启逐渐将周围流体带动起来的过程。因此提供给 PINN 的初始条件是计算域全场速度为 0，平板处的边界条件为振荡的速度$u=U_0\cos(\omega t)$。本例中的计算参数设置如下：平板最大速度 $U_0=1$，流体的运动学粘度 $\nu=0.1$，振动的角频率 $\omega=2\pi$，振动周期 T = 1。

3.2.2 模型设置

时空坐标(y,t)通过输入层的 2 个神经元输入，流场速度 u 通过输出层的单个神经元输出。网络包含 3 个隐藏层，每层 20 个神经元。在训练之前，我们预先从空间域[0,2]和时间域[0,4]中随机生成了 15 000 个时空区域点，1500 个边界点，500 个初始时刻点。之后使用 Adam 优化器在学习率为 1e-3 时迭代 20 000 次，最后通过 L-BFGS 优化器将模型的残差优化到局部最小值，约为 2.97e-04。

3.2.3 训练结果与分析

PINN在时间域[0,4]中训练完毕的模型的预测值与解析解进行比较,图6展示了静止流体被振荡平板带动的四个相邻的完整周期内,流场速度u在五个特征相位处沿着y方向分布的预测值与实际值的对比。由于第1个周期时流体还未随平板稳定下来,所以相对稳定时的速度振幅较低。第2-4个周期流体逐渐形成了稳定的振荡,可以看出,流体做周期性运动的频率与平板运动频率相同,而速度的振幅随y的增加按照指数规律衰减。当$y = 2\pi\sqrt{2v/\omega} \approx 1.12$时,其速度的振幅衰减到$U_0 e^{-2\pi}$,即平板振动速度振幅的1/535,在这一距离外的流体几乎不动,因此这一距离可以看作是流体振荡的波长。PINN的预测值与实际值吻合良好,能够精确捕捉附近流场的速度随时间的变化规律。

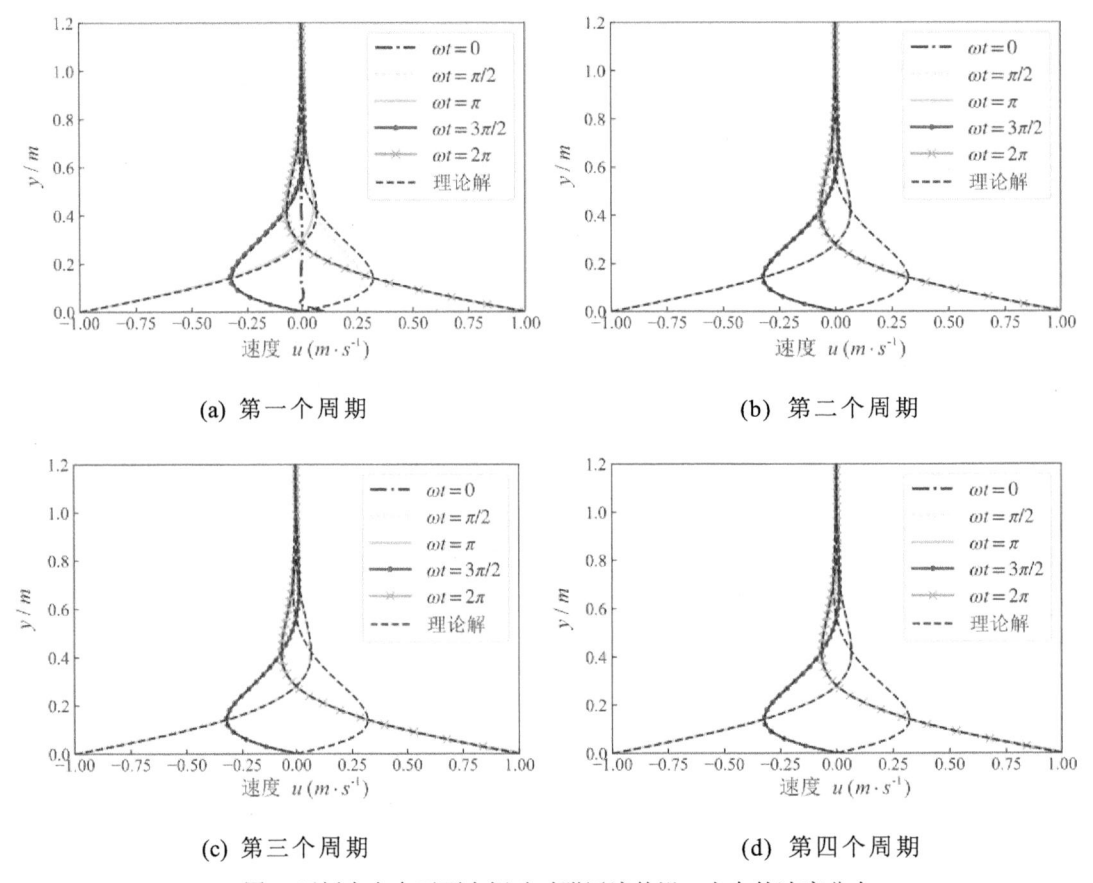

(a) 第一个周期　　　　　　　　(b) 第二个周期

(c) 第三个周期　　　　　　　　(d) 第四个周期

图6 平板在自身平面内振动时附近流体沿y方向的速度分布

3.3 振荡泰勒-库埃特流

3.3.1 问题描述

夹在两个同时旋转和平移的同心圆柱体之间的流体,被称为泰勒-库埃特流(Taylor–Couette flow)。该流动的几何形状如图7所示,两个圆柱体的半径和旋转的角速度分别为:$r_1=0.5$,$r_2=1$,$\omega_1=1$和$\omega_2=-1$。为了测试位置和速度变化的移动边界,我们允许圆柱体的中心按照正弦的方式摆动:

$$x_c = d \cdot sin(t), \quad y_c = d \cdot sin(t) \tag{24}$$

式中,d为摆动的振幅。该问题的雷诺数Re基于外圆柱体的半径r_2和角速度ω_2,为

$$Re = \frac{|\omega_2| r_2^2}{v} \tag{25}$$

两个圆柱体之间的流动解析解如下，分别为流体的速度和压力：

$$u = d \cdot cos(t) - \left(A + \frac{B}{r^2}\right)(y - y_c)$$
$$v = d \cdot cos(t) + \left(A + \frac{B}{r^2}\right)(x - x_c) \qquad (26)$$
$$p = d \cdot sin(t) \cdot (x + y) + \frac{A^2 r^2}{2} - \frac{B^2}{2r^2} + AB \cdot \ln(r^2)$$

其中，

$$A = \frac{\omega_2 r_2^2 - \omega_1 r_1^2}{r_2^2 - r_1^2}, \quad B = \frac{(\omega_1 - \omega_2) r_1^2 r_2^2}{r_2^2 - r_1^2}, \quad r = \sqrt{(x - x_c)^2 + (y - y_c)^2} \qquad (27)$$

本案例中的计算参数设置如下：流体的运动学粘度 $v = 0.1$，摆动的振幅 $d = 0.5$，振动周期 $T = 2\pi$。该问题与第三个问题类似，相对于周期性的稳定解析解不同的是，我们仍然考虑整个流场在初始时刻的速度均等于0，即包含了固体边界在初始时刻突然启动逐渐将周围流体带动起来的过程。提供给PINN的初始条件是计算域全场速度为0，圆柱处的边界条件为振荡和旋转的速度叠加。

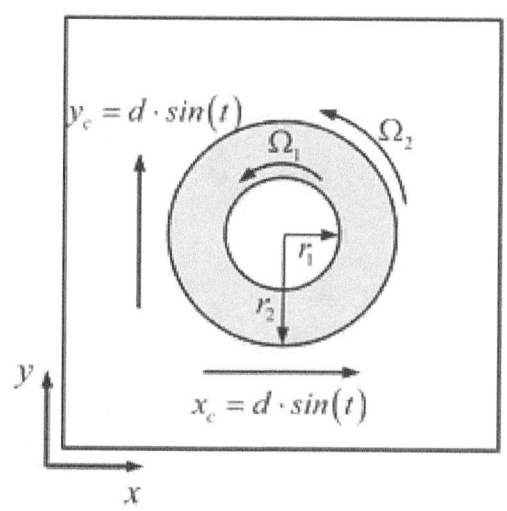

图7 两个旋转的同心圆柱体的几何计算域及边界示意图

3.3.2 模型设置

时空坐标(x, y, t)通过输入层的3个神经元输入，流场信息(u, v, p)通过输出层的3个神经元输出。网络包含8个隐藏层，每层50个神经元。首先设置好矩形的空间域$[-1.5, 1.5] \times [-1.5, 1.5]$，以及将振荡的半个周期$\pi$作为单个模型求解的时间域，分为两个模型来分别求解两个时间域$[0, \pi]$和$[\pi, 2\pi]$。定义圆筒在时空中运动摆动形成的"隧道"区域，并在其中随机生成了50 000个时空区域点，10 000个边界点，5 000个初始时刻点。运动边界需要在内外圆柱边界附近区域进行训练点的加密，内圆柱附近生成15 000个点，外圆柱附近生成20 000个点。之后使用Adam优化器在学习率为1e-3时迭代20 000次，最后通过L-BFGS优化器将模型的残差优化到局部最小值。

3.3.3 训练结果与分析

PINN将PINN在时间域$[0, \pi]$中训练完毕的模型的预测值与解析解进行比较，图8展示了静止流体被振荡和旋转圆柱带动后流场沿x方向的速度u，沿y方向的速度v，以及沿着圆柱切向方向的速度v_θ的模型预测值与实际值的对比。PINN的预测值与实际值吻合良好，能够精确捕捉随着圆柱摆动和旋转的流体的速度随时间的变化规律。

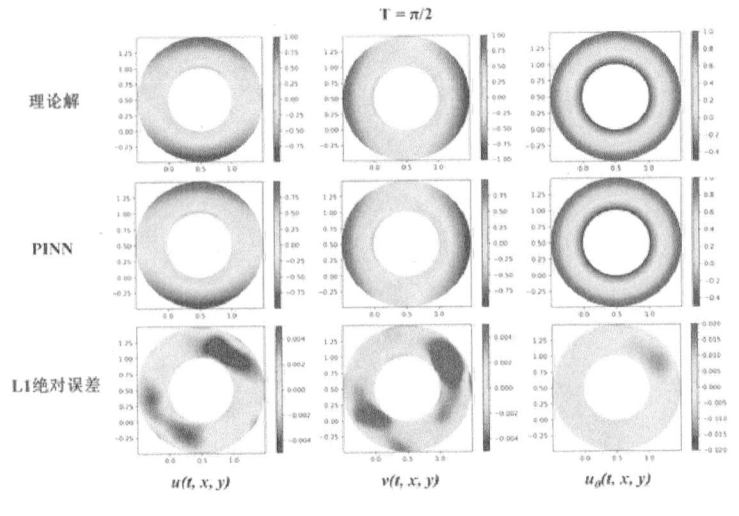

(a) 时间 $t = \pi/2$

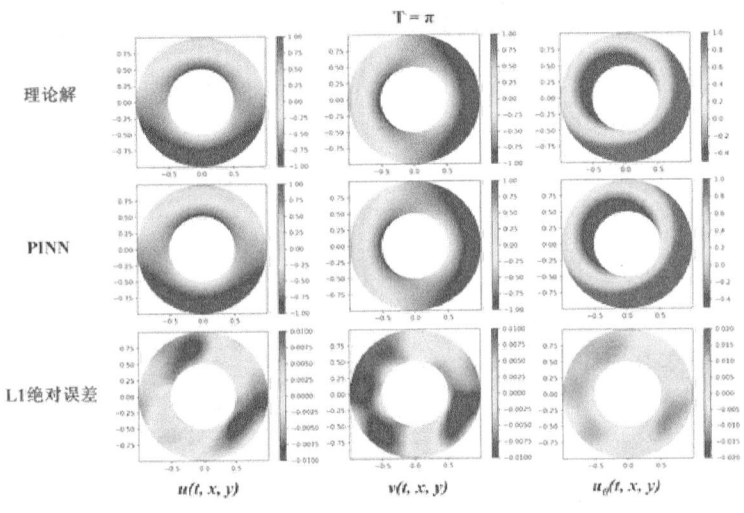

(b) 时间 $t = \pi$

图 8 两个旋转的同心圆柱体的速度场

3.4 静止流体中单个横向振荡的圆柱

3.4.1 问题描述

静止流体中有一个作周期性横向振荡的圆柱，圆柱体的横向的平移运动由一个简谐振荡来描述：

$$x(t) = -A \cdot \sin(2\pi f \cdot t) \tag{28}$$

式中，A是运动的振幅。这属于流固单向耦合的经典案例，圆柱的运动会带动周围的流体，接着流体与圆柱会形成动态的平衡，圆柱表面会出现周期性的涡脱落，问题设置如图9所示。该流动的两个关键特征数分别是雷诺数Re和Keulegan-Carpenter(KC)数，可以表示为

$$Re = \frac{U_{max}D}{\nu}, \quad KC = \frac{U_{max}}{fD} \tag{29}$$

式中，U_{max}是圆柱运动的最大速度，D是圆柱的直径，ν是流体的运动学粘度，f是圆柱振荡的特征频率。本案例中的计算参数设置如下：$\rho = 1$，$\nu = 0.01$，$D=1$，$U_{max}=1$，其对应雷诺数Re和KC数分别为$Re = 100$和$KC = 5$。

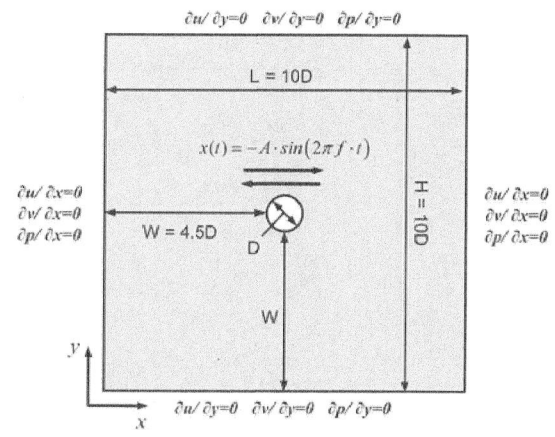

图 9 圆柱在静止流体中振荡的几何计算域,以及边界条件设置

3.4.2 模型设置

时空坐标(x, y, t)通过输入层的 3 个神经元输入,流场信息(u, v, p)通过输出层的 3 个神经元输出。网络包含 8 个隐藏层,每层 40 个神经元。首先设置好矩形的空间域$[-5,5]×[-5,5]$,以及将振荡的半个周期 T/2 作为单个模型求解的时间域,分为两个模型来分别求解两个时间域$[0,2.5]$和$[2.5,5.0]$,从而计算得到一个完整的周期。定义圆柱在时空中运动摆动形成的"隧道"区域,并在隧道外的区域随机生成了 50 000 个时空点,10 000 个边界点,10 000 个初始时刻点。运动边界在圆柱边界附近区域进行训练点的加密,附近生成 15 000 个点。之后依然采用分段优化策略,首先使用 Adam 优化器在学习率为 1e-3 时迭代 20 000 次,最后通过 L-BFGS 优化器将模型的残差优化到局部最小值。

3.4.3 训练结果与分析

图10展示了圆柱位于典型相位处时周围流场的涡量和压力云图及等高线,表明动边界模型能够捕捉圆柱振荡时处于不同位置时周围流场的涡脱落特征以及压力分布。图11展示了圆柱的最大速度所在相位处,PINN和OpenFOAM流场的速度u、v和压力p的对比,其误差在1%以内。图12展示了圆柱处于各相位时流场在y方向截面上对应速度u和v的分布,并与文献中浸入边界法得到的结果对比[26],结果表明我们的模型在更细微的流场分布上也具有良好的准确性。

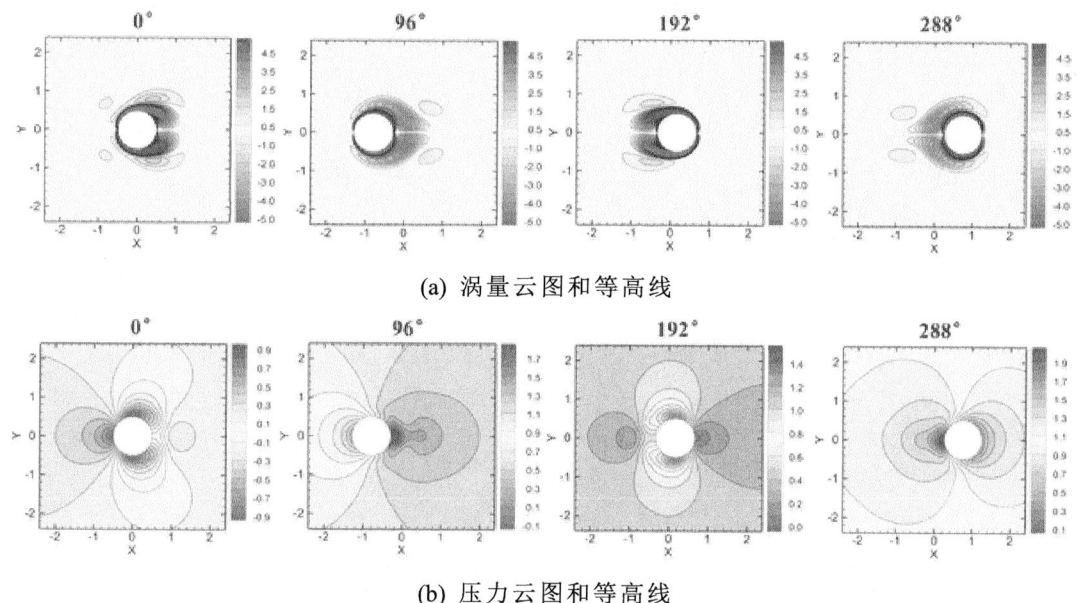

(a) 涡量云图和等高线

(b) 压力云图和等高线

图 10 圆柱位于典型相位处时,周围流体的涡量场和压力场

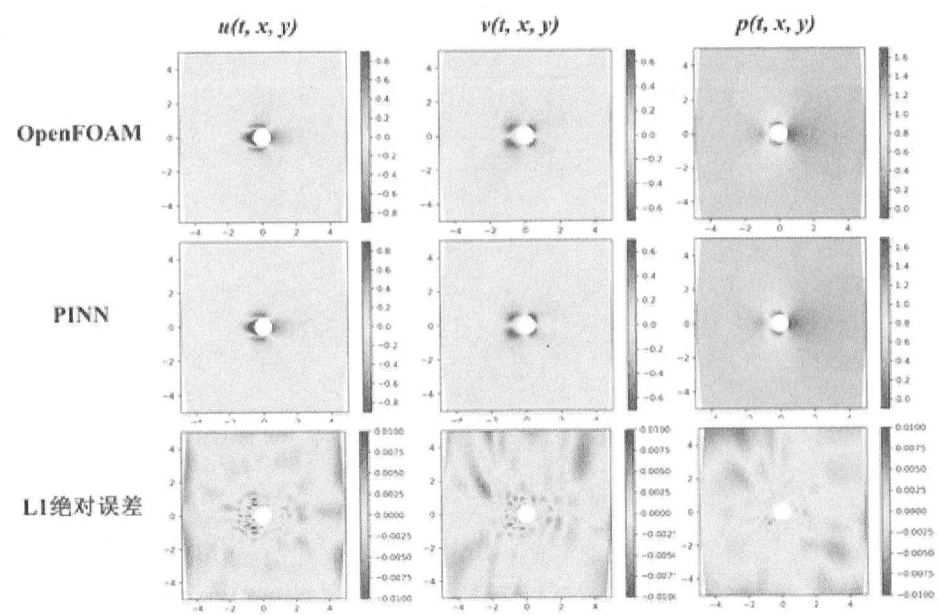

图 11 圆柱速度最大时，PINN 和 OpenFOAM 流场的速度 u、v 和压力 p 的对比

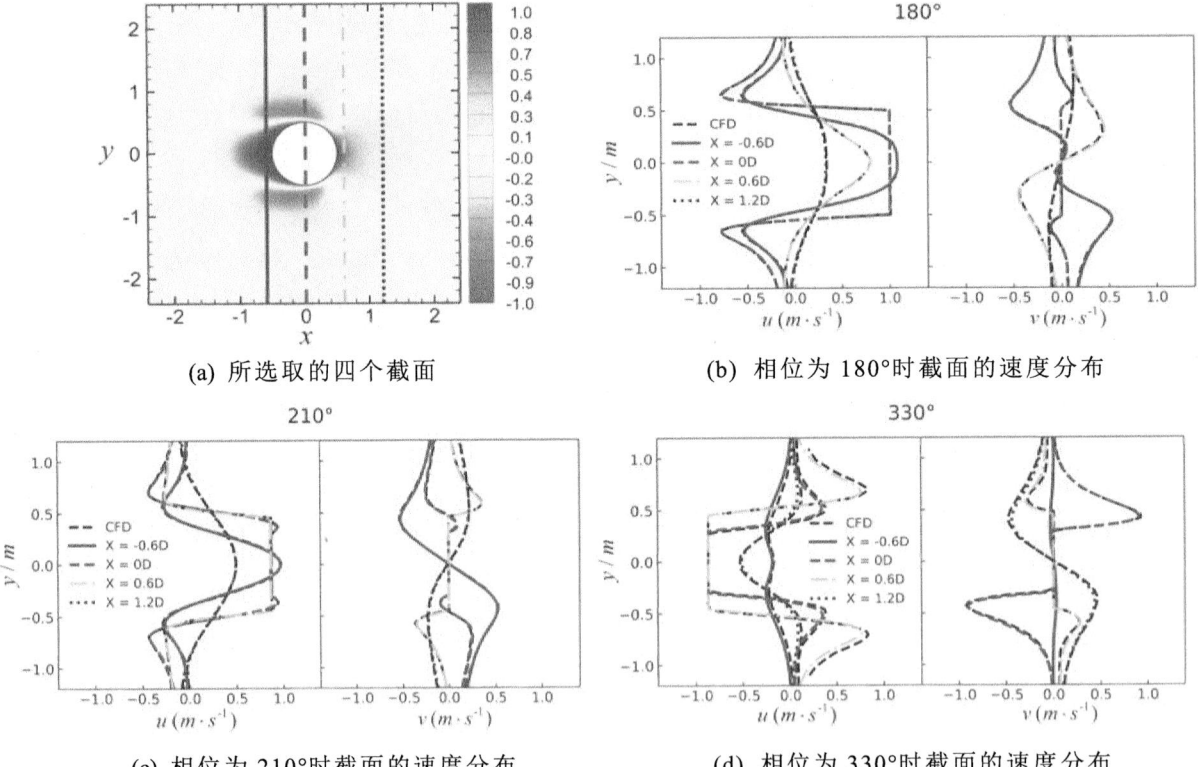

(a) 所选取的四个截面

(b) 相位为 180° 时截面的速度分布

(c) 相位为 210° 时截面的速度分布

(d) 相位为 330° 时截面的速度分布

图 12 典型相位在 y 方向截面上对应速度 u 和 v 的分布，与文献中浸没边界法得到的结果对比

3.5 静止流体中两个横向振荡的圆柱

3.5.1 问题描述

为了验证所提出处理动边界思路的普适性，在静止流体中放置了两个周期性横向振荡的圆柱，圆柱体的横向的平移运动依然由一个简谐振荡(28)来描述。该案例的流场参数设置和特征数与单个圆柱完全相同，但设置了两种情形：同时朝相同方向振荡和同时朝相反方向振荡。

3.5.2 模型设置

网络结构与损失函数设置与单个圆柱的案例相同,依然分为两个模型来分别求解两个时间域[0,2.5]和[2.5,5.0],从而计算得到一个完整的周期。定义两个圆柱在时空中运动摆动形成的两个"隧道"区域,并在隧道外的区域随机生成100 000个时空点,20 000个边界点,10 000个初始时刻点。每个圆柱边界附近的区域均进行训练点的加密,共生成40 000了个点。之后使用Adam优化器在学习率为1e-3时迭代20 000次,最后通过L-BFGS优化器将模型的残差优化到局部最小值。

3.5.3 训练结果与分析

PINN最终得到了以相同方向和相反方向振荡的两个圆柱的流场速度u在相位为180°和360°下的云图,如图13所示。证明我们所提出的动边界模型能够同时捕捉流场中一个或多个运动边界对流场的影响。

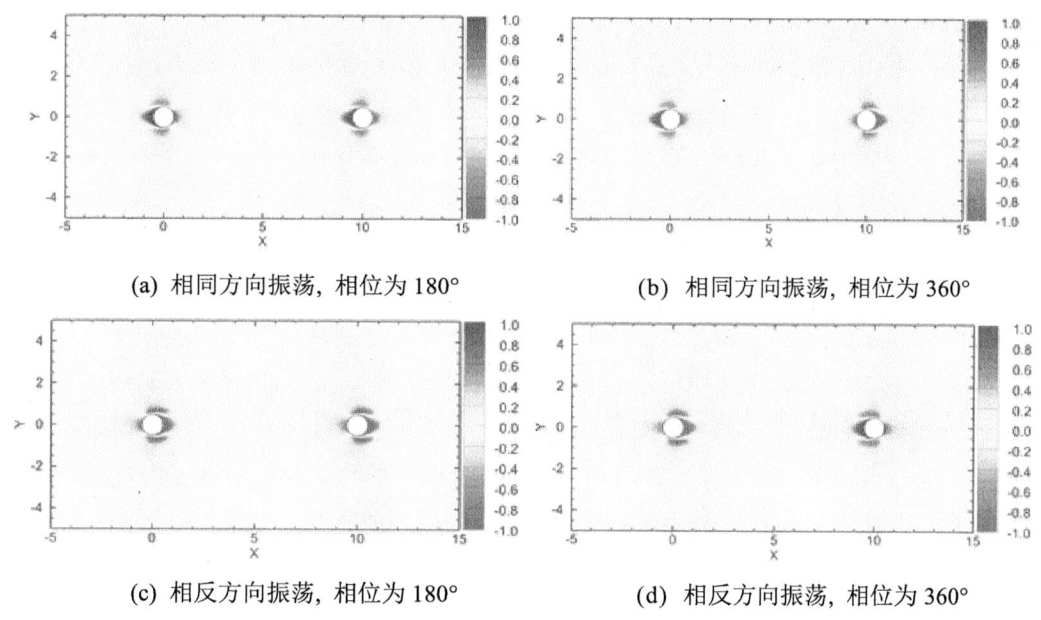

(a) 相同方向振荡, 相位为 180°　　(b) 相同方向振荡, 相位为 360°

(c) 相反方向振荡, 相位为 180°　　(d) 相反方向振荡, 相位为 360°

图 13 以相同方向和相反方向振荡的两个圆柱的流场速度 u 在 180°和 360°下的云图

4 结 论

本文通过将空间域中的运动边界视为时空域中的固定边界的思路,将一类描述运动边界条件嵌入到物理信息神经网络PINN的损失函数中,已经基本实现代替传统的CFD求解器以无监督学习的方式去计算包含一个或者多个动边界的流固单向耦合问题。在计算长期的流动问题时我们对时间域进行分解并结合迁移学习的策略对相邻时间域的模型进行训练,应用该模型在多个经典的动边界场景下进行了训练,结果证明了我们所提出基于PINN的动边界模型具有普适性和良好的精确度。但目前该模型的训练速度相比于传统的CFD较慢,且并未拓展到更复杂的流固双向耦合问题中,有待需要对现有的神经网络模块进行更多的改进。

参 考 文 献

[1] LECUN Y, BENGIO Y, HINTON G. Deep learning[J]. Nature, 2015, 521(7553): 436-444.

[2] RAISSI M, PERDIKARIS P, KARNIADAKIS G E. Physics-informed neural networks: a deep learning framework for solving forward and inverse problems involving nonlinear partial differential equations[J]. Journal of Computational Physics, 2019, 378: 686-707.

[3] SIRIGNANO J, SPILIOPOULOS K. DGM: A deep learning algorithm for solving partial differential equations[J]. Journal of Computational Physics, 2018, 375: 1339-1364.

[4] PANG G, LU L, KARNIADAKIS G E. fPINNs: Fractional physics-informed neural networks[J]. SIAM Journal on Scientific Computing, 2019, 41(4): A2603-A2626.

[5] LU L, MENG X, MAO Z, et al. DeepXDE: A deep learning library for solving differential equations[J]. SIAM Review, 2021, 63(1): 208-228.

[6] FANG Z, ZHAN J. A physics-informed neural network framework for pdes on 3D surfaces: time independent problems[J]. IEEE Access, 2019, 8: 26328-26335.

[7] YANG L, ZHANG D, KARNIADAKIS G E. Physics-informed generative adversarial networks for stochastic differential equations[J]. SIAM Journal on Scientific Computing, 2020, 42(1): A292-A317.

[8] KARNIADAKIS G E, KEVREKIDIS I G, LU L, et al. Physics-informed machine learning[J]. Nature Reviews Physics, 2021, 3(6): 422-440.

[9] BRUNTON S L, NOACK B R, KOUMOUTSAKOS P. Machine learning for fluid mechanics[J]. Annual Review of Fluid Mechanics, 2020, 52(1): 477-508.

[10] KINGMA D P, BA J. Adam: a method for stochastic optimization[C]. ICLR, 2015.

[11] RAISSI M, YAZDANI A, KARNIADAKIS G E. Hidden fluid mechanics: learning velocity and pressure fields from flow visualizations[J]. Science, 2020, 367(6481): 1026-1030.

[12] RAISSI M, WANG Z, TRIANTAFYLLOU M S, et al. Deep learning of vortex-induced vibrations[J]. Journal of Fluid Mechanics, 2019, 861: 119-137.

[13] JIN X, CAI S, LI H, et al. NSFnets (Navier-Stokes flow nets): Physics-informed neural networks for the incompressible navier-stokes equations[J]. Journal of Computational Physics, 2021, 426: 109951.

[14] WANG S, PERDIKARIS P. Deep learning of free boundary and stefan problems[J]. Journal of Computational Physics, 2021, 428: 109914.

[15] MAO Z, JAGTAP A D, KARNIADAKIS G E. Physics-informed neural networks for high-speed flows[J]. Computer Methods in Applied Mechanics and Engineering, 2020, 360: 112789.

[16] CAI S, WANG Z, WANG S, et al. Physics-informed neural networks for heat transfer problems[J]. Journal of Heat Transfer, 2021, 143(6): 060801.

[17] RAO C, SUN H, LIU Y. Physics-informed deep learning for incompressible laminar flows[J]. Theoretical and Applied Mechanics Letters, 2020, 10(3): 207-212.

[18] WANDEL N, WEINMANN M, KLEIN R. Teaching the incompressible navier-stokes equations to fast neural surrogate models in three dimensions[J]. Physics of Fluids, 2021, 33(4): 047117.

[19] JANE WANG Z. Two dimensional mechanism for insect hovering[J]. Physical Review Letters, 2000, 85(10): 2216-2219.

[20] TRIANTAFYLLOU G S, TRIANTAFYLLOU M S, GROSENBAUGH M A. Optimal thrust development in oscillating foils with application to fish propulsion[J]. Journal of Fluids and Structures, 1993, 7(2): 205-224.

[21] PESKIN C S. The immersed boundary method[J]. Acta Numerica, 2002, 11: 479-517.

[22] GLOROT X, BENGIO Y. Understanding the difficulty of training deep feedforward neural networks[C]// Proceedings of the Thirteenth International Conference on Artificial Intelligence and Statistics. JMLR Workshop and Conference Proceedings, 2010: 249-256.

[23] LIU D C, NOCEDAL J. On the limited memory BFGS method for large scale optimization[J]. Mathematical Programming, 1989, 45(1): 503-528.

[24] YOSINSKI J, CLUNE J, BENGIO Y, et al. How transferable are features in deep neural networks?[J]. Advances in neural information processing systems, 2014, 27.

[25] PAN S J, YANG Q. A survey on transfer learning[J]. IEEE Transactions on Knowledge and Data Engineering, 2010, 22(10): 1345-1359.

[26] LIU C, HU C. An efficient immersed boundary treatment for complex moving object[J]. Journal of Computational Physics, 2014, 274: 654-680.

Deep Learning Methods Solving Flow Problems with Moving Boundaries

ZHU Yongzheng, DENG Jian, BIAN Xin*

(Institute of Fluid Engineering, School of Aeronautics and Astronautics, Zhejiang University, Hangzhou 310027, China)

Abstract

In recent years, machine learning has been attracting enormous attention in diverse fields due to its powerful nonlinear modeling capability. In particular, a physics-informed neural network (PINN) has emerged from various deep learning methods. It can solve different types of partial differential equations by formulating them as optimization problems with additional loss functions. However, for complex flow problems, PINN is generally restricted to stationary boundaries; furthermore, it has to be provided with exogenous datasets from other CFDs or experiments to obtain accurate results. To this end, we propose to "excavate tunnels" of the moving boundaries within the spatial-temporal domain and describe proper loss functions at the tunnels' interfaces. Therefore, we are able to simulate flow problems with moving boundaries, that is, we employ PINN as a typical CFD solver with proper initial and boundary conditions. We compare velocity, vorticity and pressure fields obtained from PINN with results of finite volume method for flow problems with moving boundaries, such as a single and multiple moving cylinders in stationary fluids. The comparisons indicate that PINN has excellent accuracy for flow problems with moving boundaries even without exogeneous data.

Key words: Deep learning; Physics-informed neural network; Fluid-structure interaction; Moving boundary

作 者 简 介

朱勇铮　男，1997年生，博士研究生。主要从事与机器学习方法相关的计算流体力学等方面研究。
邓　见　男，1981年生，教授。主要从事计算流体力学、仿生水动力学和流动稳定性等方面研究。
边　鑫　男，1983年生，百人计划研究员。主要从事计算流体力学、数值方法和机器学习等方面研究。
*通讯作者：边鑫

点云格式下波浪载荷施加流程与船体强度分析案例

田 径[*1]，王振阳[1]，王文诚[2]，朱 灵[2]

(1. 哈尔滨工程大学，哈尔滨 150001；

2. 中国船舶科学研究中心，无锡 214082)

摘 要

波浪载荷施加是连接水动力计算与结构强度评估的桥梁，准确高效地实现波浪载荷施加对船舶设计至关重要。本案例以 21000TEU 集装箱船为研究对象，基于三维势流理论和长短期分析技术，考虑 25 年一遇海况，给出设计波形式下的波浪载荷压力信息，并以点云格式存储。在可视化界面完成压力文件导入与结构模型加载后，采用有限元分析技术，借助中国船舶科学研究中心自研软件 SAM 进行设计波环境下的船体响应计算与结构强度分析。该流程完善可靠，能充分地满足船舶结构强度校核的要求。

关 键 词：波浪载荷施加；设计波；结构强度校核；有限元分析

中图分类号：U661.1

0 引 言

船舶作为作业于特殊环境下的钢质结构物，其外载荷的确定涉及波浪这一随机现象。波浪载荷多基于势流理论，在水动力网格下求解，根据船体型线与质量分布情况建立的水动力网格规模一般为 1000-1500。船体强度校核目前多采用有限元分析技术，以"骨材间距+首部以强框间距"为原则建立的三维结构模型的单元数可达到30万个以上[1]。由于水动力网格与有限元网格的不匹配性，如何将舷外水压力加载到有限元模型便成了一个需要解决的问题。本文以点云格式为传递方式，实现了波浪载荷的有效加载，并通过21000TEU集装箱船的案例验证了该流程的可靠性。

1 波浪载荷施加流程

波浪载荷的施加流程主要由两个层面的内容构成：一是将势流理论复数形式的计算结果转化为加载压力；二是将水动力粗网格的水压力映射到有限元细网格上，形成压力分析场，而后利用有限元技术完成结构强度分析。

1.1 水压力获取

由于船舶环境条件与使用工况的随机性和多样性，为了简化强度分析和便于结构设计，波浪载荷通常通过动态载荷法给出[2]。考虑到势流理论中船体运动微分方程组的未知数为复数形式，水动力网格计算控制点处的水压力可由下式获得：

$$p_i = \sqrt{p_{ic}^2 + p_{is}^2} \cdot \cos\left[\operatorname{atan}\left(\frac{p_{is}}{p_{ic}}\right) + \beta\right] \tag{1}$$

收稿日期：2022-10-22；修改稿收稿日期：2023-01-05

基金项目：工业和信息化部"船舶工业 CAE 软件关键技术研究"(CBZ3N21-2)

式中，i为水动力网格编号，p_{ic}和p_{is}分别为i网格中心点处的水压力实部和虚部，β为动态载荷法确定的设计波相位。点云格式要求同步输出计算控制点(网格中心点)处的坐标值，可由下式获得：

$$x_i = \frac{1}{n}\sum_{j=1}^{n} x_{ij} \quad y_i = \frac{1}{n}\sum_{j=1}^{n} y_{ij} \quad z_i = \frac{1}{n}\sum_{j=1}^{n} z_{ij} \tag{2}$$

式中，n为i网格节点数目，j为i网格节点编号，x_{ij}、y_{ij}和z_{ij}分别为i网格j节点处的纵向坐标、横向坐标和垂向坐标。

1.2 映射与加载

获得点云格式的水压力文件和有限元结构模型单元数据后，通过有限元单元中心点与水动力单元计算控制点的映射，即可获得用于结构分析的波浪载荷输入文件。由于结构模型单元尺度较小，可近似认为作用在单元上的舷外水压力是均匀的，用网格中心点处的水压力代表作用于整个单元上的水压力[3]。在向有限元模型加载波浪载荷时，首先需创建一个基于单元的标量场，在SAM中包括适用于边界元的点云Point Cloud和适用于有限体积法的CFD的Cgns文件格式的流体载荷加载方式，此处波浪载荷基于边界元完成，因此采用点云格式的标量场定义，在标量场的设置界面导入点云格式的波浪载荷文件创建压力分析场，并使用SAM软件在后台完成水压力的映射。

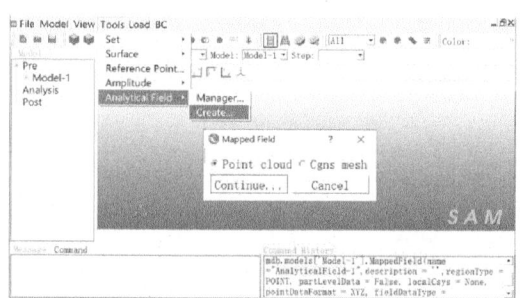 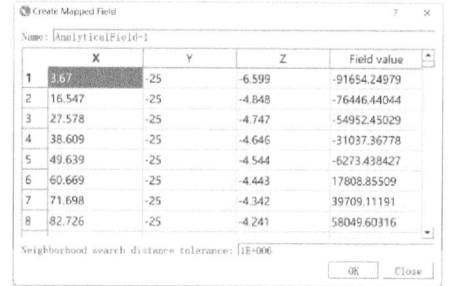

(a) 在SAM软件中创建点云的标量场　　　　(b) 选取波浪载荷的输出点和压力

图1 创建压力分析场

然后再建立基于场函数的载荷工况，提交工作请求后，运行有限元软件即可开始计算，获得强度评估结果。

2 载荷施加效果

本案例以21000TEU集装箱船为研究对象，说明点云格式下有限元模型的加载效果，如图2(a)所示。图2(b)为MSC.Patran/Nastran软件的波浪载荷加载效果，两种加载方法的最小波浪载荷均出现在球鼻艏处，分别为-1.38×10^5Pa和-1.39×10^5Pa，最大波浪载荷位于船舯水线处，均为6.55×10^4Pa，即使是目标船型线变化较大的艏艉部区域也获得了较好的一致性，说明本加载过程的可行性与准确性可以满足工程计算的要求。

 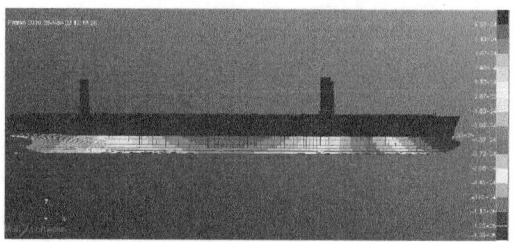

(a) SAM软件　　　　　　　　　　(b) MSC.Patran/Nastran软件

图2 波浪载荷施加效果

3 强度分析案例

完成载荷施加效果验证后，展示基于SAM软件的点云格式下有限元加载及结构分析过程。

3.1 结构模型准备

在SAM软件中导入结构有限元模型，并设置约束条件。

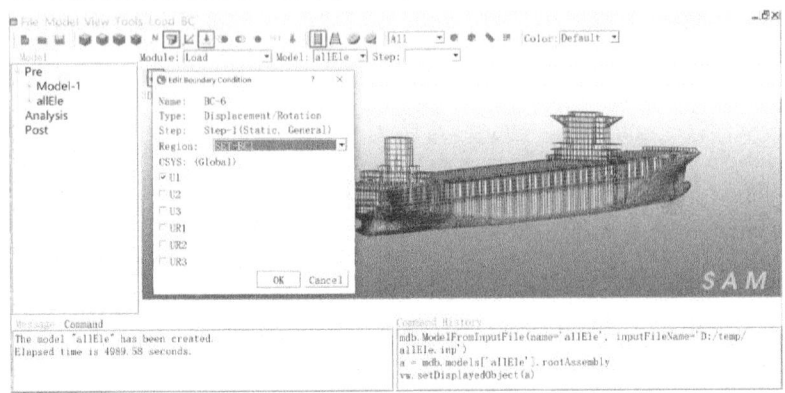

图 3 模型约束设置

3.2 创建载荷工况

基于压力分析场创建载荷计算工况，实现水压力的加载。

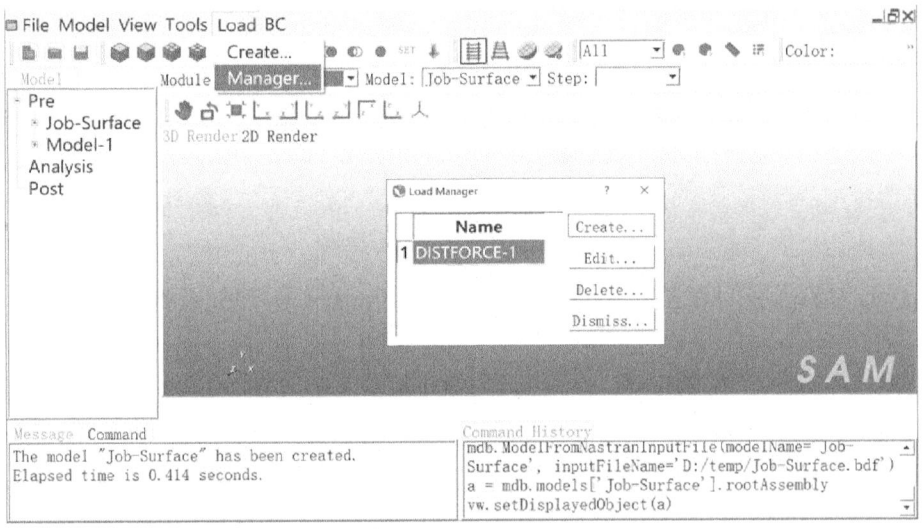

(a) 创建载荷工况

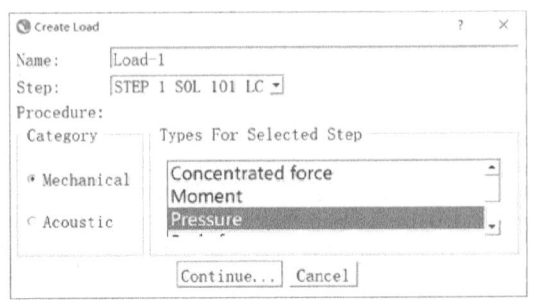

(b) 设置载荷类型

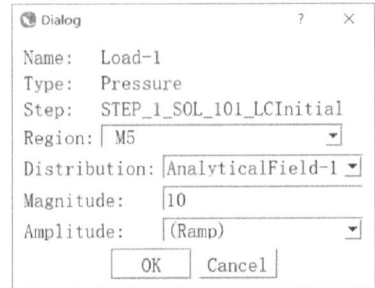

(c) 完成工况设置

图 4 创建载荷工况

3.3 提交计算任务

完成模型与工况的设置后，提交SAM软件开始结构分析。

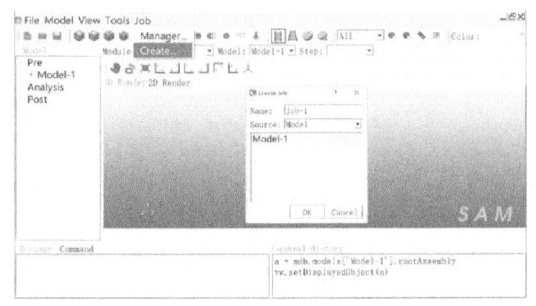
(a) 创建计算任务

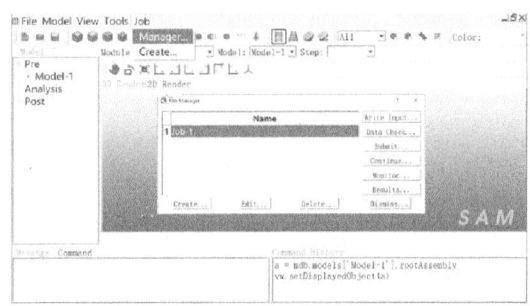
(b) 提交计算任务

图 5 提交结构分析任务

3.4 案例计算结果

计算完毕后可打开SAM软件后处理窗口查看SAM计算结果，同时，通过SAM的输出bdf结果可将SAM模型导出到Nastran进行计算，发现SAM软件与Nastran均可完成强度计算，两个求解器求得的船体变形云图如下，最大值分别是1.549和1.55，基本一致。

(a) SAM 计算结果

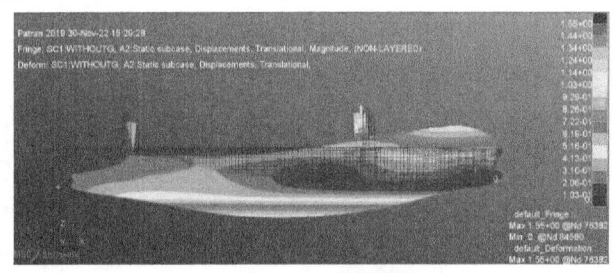
(b) Nastran 计算结果

图 6 案例执行云图结果

同时选取典型节点比较SAM和Nastran的计算结果，具体情况如下表所示，两种方法在典型节点处的位移相对误差不超过2%，获得了较好的对比验证，由此可见，点云格式下船体结构分析可顺利运行并输出可靠的计算结果。

表 1 案例位移对比结果

节点号	SAM 位移幅值	Nastran 位移幅值	误差((Nastran 值-SAM 值)/SAM 值
11510	0.402999	0.398378	-1.15%
71528	0.535061	0.527693	-1.38%
74201	1.34509	1.329135	-1.19%
76382	1.54866	1.547931	-0.05%
86594	0.71959	0.705542	-1.95%

4 结 论

本文提出了一种基于点云格式的波浪载荷加载流程，有效地解决了有限元模型中舷外水压力的施加问题，并在 21000TEU 集装箱船上得到了有效验证。点云格式形式简单，存储量小，并包含足够的波浪载荷信息，可以高效地完成结构分析中的载荷传递问题，具有较高的应用价值。

参 考 文 献

[1] 孙雪荣. 船型结构物的总纵强度直接简化计算技术研究[J]. 船舶, 2016, 27(03): 1-7.
[2] ABS. GUIDE FOR 'SAFEHULL-DYNAMIC LOADING APPROACH' FOR SHIPS, American Bureau of Shiping[S]. 2006.
[3] 冯国庆, 刘相春, 任慧龙. 基于 PCL 语言的波浪压力自动加载方法[J]. 船舶力学, 2006(05): 107-112.

Wave Pressure Loading Process and Hull Strength Analysis under Point Cloud Format

TIAN Jing[*1], WANG Zhenyang[1], WANG Wencheng[2], ZHU Ling[2]

(1. Harbin Engineering University Harbin 150001, China;

(2. China Ship Scientific Research Center, Wuxi 214082, China)

Abstract

Wave pressure loading is the connection between hydrodynamic calculation and structural strength evaluation. In ship design, it is crucial to realize wave pressure loading accurately and efficiently. Based on three-dimensional potential flow theory and long-short-term analysis technology, the wave pressure information in design wave form is given and stored in a point cloud format, considering the once-in-25-year sea conditions. After importing the pressure file and loading the structural model in the visual interface, the hull response calculation is carried out by using finite element analysis technology with the help of SAM software developed by the China Shipbuilding Research Center. The process is complete and reliable, and can fully meet the requirements of ship structure strength assessment.

Key words: Wave pressure loading; Design wave; Structure strength assessment; Finite element analysis

作 者 简 介

田　径　女，1998 年生，博士研究生。主要从事波浪载荷预报等方面工作。

王振阳　男，1999 年生，硕士研究生。主要从事波浪载荷预报等方面工作。

王文诚　男，1990 年生，硕士。主要从事结构 CAE 软件研发等方面工作。

朱　灵　男，1984 年生，硕士。主要从事结构有限元求解器开发等方面工作。

*通讯作者：田径

水下耐压环肋圆柱壳强度预报标准模型验证技术研究

高 原，谢晓忠，王 丹，黄如旭，陈沙古，李艳青

(中国船舶科学研究中心，无锡 214082)

摘 要

环肋圆柱壳结构是潜艇典型的耐压结构形式之一，其强度的预报是船舶CAE软件重要的研究内容。为评估不同软件对圆柱壳强度预报结果的准确性，论文给出了一种环肋圆柱壳标准模型试验验证方法。通过对该标准模型的设计参数选择、加工工艺、初始缺陷控制、不确定度评定等内容开展研究，结合数值模拟等手段，保证了标准模型试验结果的准确性，得到的数据可为开展船舶CAE软件背靠背验证提供基准。

关 键 词：船舶CAE软件；环肋圆柱壳；强度；不确定度
中图分类号：U661.4

0 引 言

随着数值仿真技术的发展，船舶CAE软件在海洋装备的设计建造过程中发挥着越来越重要的作用。相比于传统的实船试验和缩比模型试验，CAE软件可以通过较低的成本掌握船舶的各项力学性能，为船舶结构设计方案的更新迭代、力学性能的考核验证提供数据支撑。因此，CAE软件预报结果的准确性就成了技术人员最为关心的问题。

为验证CAE软件预报结果的准确性，需要通过一系列算例对软件进行计算验证。对于ANSYS、ABAQUS等大型通用性商业软件，其验证算例通常为简单的结构形式，如梁、板等，这类算例结构简单，便于进行理论计算，具有准确的理论解，可以很好地验证软件的计算精度。然而，对于船舶CAE软件而言，其计算的对象往往是船舶领域的特定结构，输出的预报结果也与专业高度相关，因此，常规的通用性算例不再适用于船舶CAE软件的验证，需要针对船舶领域各个专业的技术特点开展CAE软件验证技术研究。目前，标准模型试验验证是一项应用广泛的验证手段，所谓标准模型试验验证是指采用同一测量对象和试验方法获得测量结果，通过分析测量结果的一致性对相关领域的试验能力做出评判。例如CHN-T1客机标准模型是用于验证风洞试验可信度和CFD计算准确度；泰勒水池研制的潜艇标准模型SUBOFF则是用于验证水池水动力性能[1]；S175集装箱船标准模型是用于验证波浪载荷计算的一致性。通过对这些标准模型开展系列试验尽可能排除不确定因素对试验结果的影响，可以确保试验结果的可靠性，满足CAE软件的验证需求。

水下耐压结构安全性计算是船舶CAE软件的重要研究内容，然而国内外尚未开展有关水下耐压结构安全性能标准模型的研究。因此，对水下耐压结构的结构形式进行研究，建立水下耐压结构标准模型对于船舶CAE软件预报结果评价来说具有重要意义。

目前典型的水下耐压结构包括环肋圆柱壳、圆锥壳、平面舱壁、耐压液舱等多种结构形式，其中，环肋圆柱壳结构在潜器结构中的应用最为广泛。中国、美国、俄罗斯等国对环肋圆柱壳结构的应力分

收稿日期：2022-11-10；修改稿收稿日期：2022-12-06

布、失稳破坏等问题开展了大量的理论与试验研究。其中俄罗斯的克雷洛夫国家科学研究中心对计及初始形状影响的环肋圆柱壳结构肋间壳板失稳问题开展了研究，对理论临界压力的计算给出了近似公式；加拿大的Defence R&D Canda机构科研人员在2011年对耐压环肋圆柱壳做了一系列的水压试验，试验包括不同材料的壳体、不同结构的耐压壳以及不同的加载工况，科研人员对耐压壳的破坏和失稳进行了详细的分析，利用有限元软件对模型进行模拟分析，并将试验结果和有限元分析结果进行对比分析；韩国School of Naval Architecture and Ocean Engineering的科研人员在2012年对同种材料不同尺寸和不同厚度的耐压环肋圆柱壳做了一系列的水压试验研究。试验后科研人员利用商用有限元软件对模型进行模拟分析，并将试验结果和有限元分析结果进行对比分析；中国船舶科学研究中心针对不同尺度、不同材料的环肋圆柱壳结构的强度和稳定性问题开展了大量的试验研究，分析总结了肋骨布置方式、初始缺陷、残余应力等问题对圆柱壳结构的影响，形成了相应的理论计算公式。

综上所述，环肋圆柱壳结构在水下耐压结构中具有典型性和代表性，针对环肋圆柱壳结构已经开展了大量的理论和试验研究，具有扎实的技术基础，适合作为标准模型研究对象。本文针对环肋圆柱壳标准模型开展方案设计、形状偏差控制等研究工作，并基于数值模拟方法对环肋圆柱壳标准模型的应力分布以及不确定度开展了研究，保证了试验结果的准确性。

1　水下耐压环肋圆柱壳结构方案设计

环肋圆柱壳标准模型的设计参考了实船舱段的结构，同时兼顾加工能力以及粘贴应变片所需的空间距离，据此建造的标准模型总长666 mm，试验段长度432 mm，圆柱壳直径571 mm，壳板厚度3 mm，肋骨间距54 mm，肋骨采用矩形剖面形式，高度为30 mm，厚度为4.8 mm。为避免刚性封头引起较大的弯曲应力影响模型试验结果，在试验段的两端设置两跨肋距作为过渡段，同时，为了避免过渡段在试验过程中首先发生破坏，将过渡段板厚增加至5 mm，同时缩短过渡段肋骨间距至45 mm，并在过渡段布置大肋骨。标准模型的具体设计尺寸如图1所示。

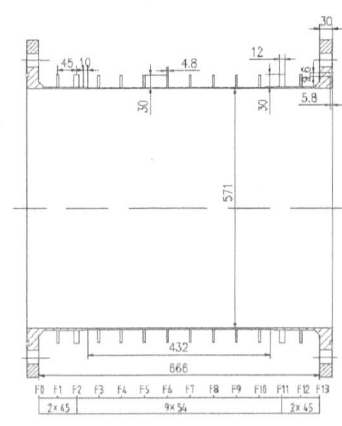

图1　水下耐压环肋圆柱壳标准模型结构图

2　水下耐压环肋圆柱壳数值计算

为掌握环肋圆柱壳标准模型的强度和稳定性，利用有限元软件ANSYS进行计算。如图2所示为环肋圆柱壳标准模型的有限元模型，其中模型采用壳单元划分网格，单元尺寸为5 mm，共划分74 613个单元。标准模型采用高强度钢制造，材料杨氏模型为200 GPa，泊松比为0.3，屈服极限为785 MPa。环肋圆柱壳在计算压力下的变形及强度计算结果如图3-图4所示。由于跨中壳板中面周向应力、跨端壳板内表面纵向应力以及肋骨应力是衡量圆柱壳结构强度的关键指标[2]，因此，从有限元计算结果中提取相关应力解：

(a) 相邻肋骨跨中壳板中面周向应力 $\sigma_2^0 = -443.5$ MPa；
(b) 肋骨跨端壳板内表面纵向应力 $\sigma_1 = -649.3$ MPa；
(c) 肋骨应力 $\sigma_f = -265.9$ MPa。

图 2 标准模型有限元模型

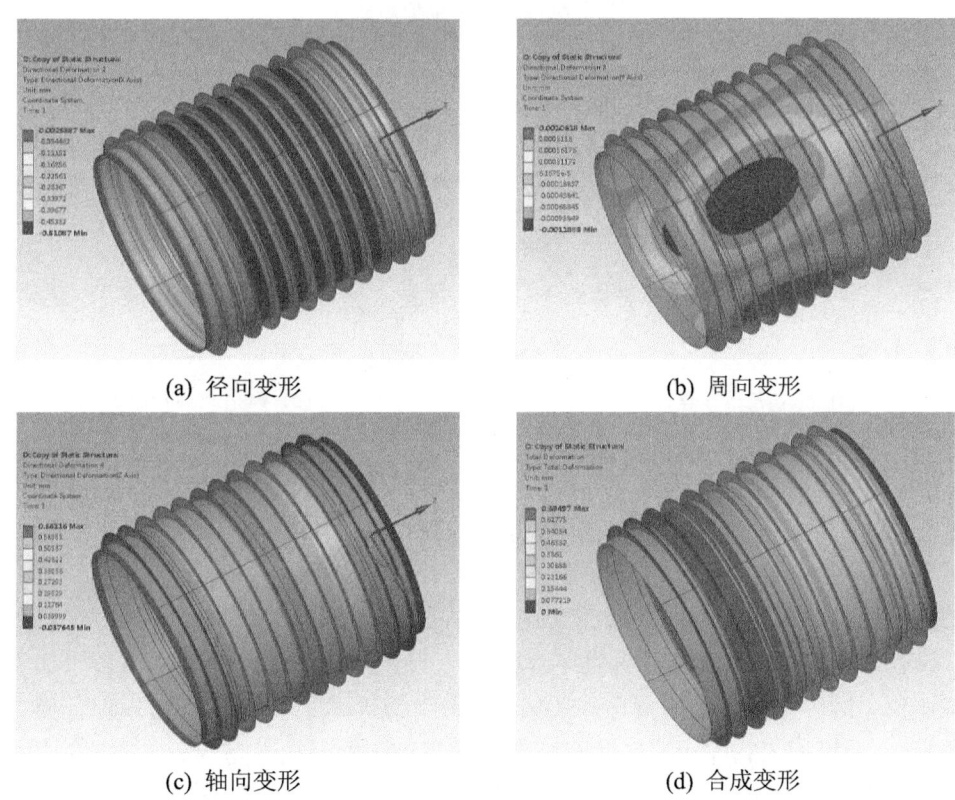

(a) 径向变形　　　　　　　　　　(b) 周向变形

(c) 轴向变形　　　　　　　　　　(d) 合成变形

图 3 标准模型变形云图

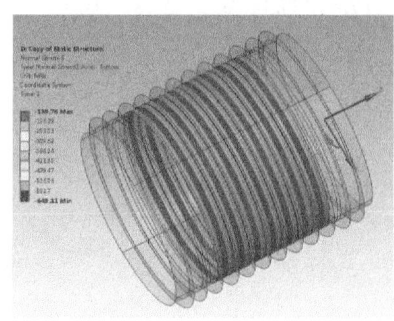 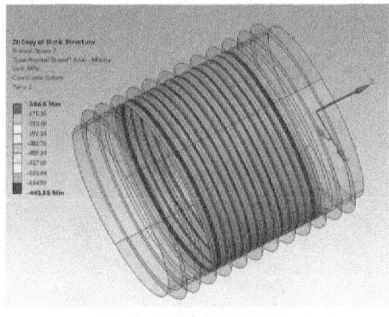 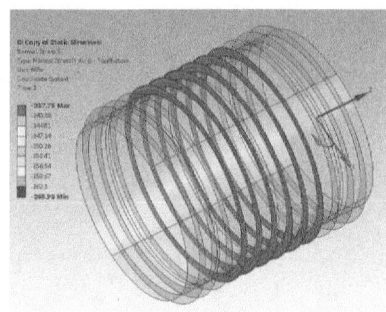

(a) 跨端壳板内表面纵向应力　　(b) 跨中壳板中面周向应力　　(c) 肋骨应力

图 4 标准模型典型位置应力解

为计算标准模型的破坏压力,首先计算模型的特征值屈曲,设置有限元模型单元尺寸为10 mm,模型外表面承受1 MPa的均布压力,模型的一阶特征值屈曲模态云图如图5所示。取一阶特征值屈曲模态波形作为模型的几何初始缺陷,并根据模型加工形状偏差控制要求的规定,控制最大初始缺陷为0.1 mm,同时考虑材料非线性的影响,采用弧长法对模型结构进行稳定性计算,其中初始载荷子步设置为1000步,最大载荷子步为2000步,最小载荷子步为500步,模型的失稳形态和载荷位移曲线如图6所示。模型发生局部失稳,失稳压力为11.86 MPa。

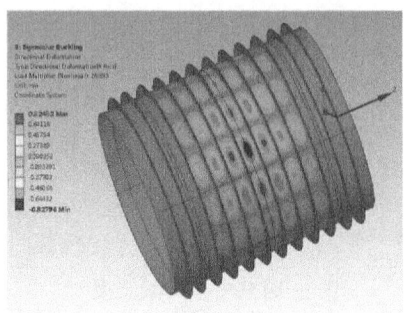

图5 标准模型特征值屈曲

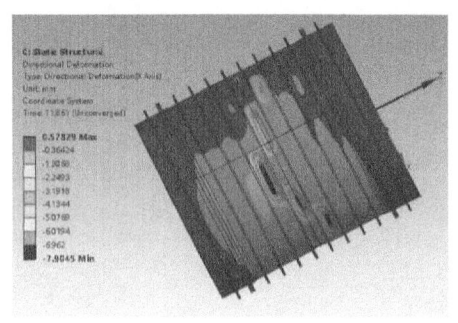 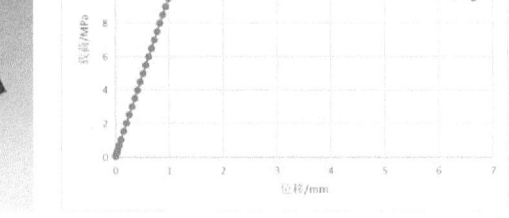

(a) 模型失稳形态　　　　　　　　　　(b) 模型载荷位移曲线

图6 标准模型失稳形态

3 水下耐压环肋圆柱壳标准模型建造技术研究

水下环肋圆柱壳标准模型作为船舶CAE软件验证的基准,其试验结果应当具有很好地可重复性。为避免因加工误差导致模型的试验结果发生较大差异,该模型的建造应当采用锻件机加工整体成型的方式,该方式避免了因焊接等工艺因素造成的较大的初始变形和初始应力,可以保证模型具有较高的尺寸精度,图7所示为机加工完成后的环肋圆柱壳标准模型。模型加工完成后,需要对模型的初挠度、板厚、肋骨间距、直径等关键参数进行测量,掌握模型的加工精度。另外为避免因模型以所用材料性能的差异导致试验结果出现偏差,模型加工前需在锻件两端切割试样开展拉伸试验,掌握所用材料的实际力学性能。

图7 环肋圆柱壳标准模型实物图

4 水下耐压环肋圆柱壳强度不确定度研究

在对船舶CAE软件进行验证过程中，该模型要经历不同科研单位的重复性试验，不同科研单位各自在加工模型时，虽然都遵守同样的加工技术要求，但由于加工设备、技术人员、所用原材料性能等方面的不同，最终加工出的实际模型之间必然会存在差异，为掌握模型实测参数与理论值之间的差异对最终试验结果的影响，需要对加工偏差开展不确定度分析。

通过对已开展的环肋圆柱壳模型试验结果进行分析，提炼出对模型试验结果起主要作用的影响因素，主要包括以下几个方面：

(1) 模型板厚偏差：在对模型进行精车加工的过程中，由于车床精度以及技术人员熟练程度的不同，最终模型的实测板厚往往在一定的偏差，对模型的应力和极限承载能力产生影响，根据加工技术要求的规定，环肋圆柱壳标准模型的板厚偏差应控制在±0.1 mm范围内波动；

(2) 模型初挠度偏差：在模型加工的过程中，模型的壳板及肋骨会存在径向初挠度偏差，对模型的应力和承载能力产生一定的影响，根据加工技术要求的规定，环肋圆柱壳标准模型的初挠度偏差应控制在±0.1 mm范围内；

(3) 材料性能偏差：环肋圆柱壳通常采用高强度钢建造，加工所用的锻件的实际材料性能尤其是杨氏模量通常存在一定差异，所加工的模型的力学性能也将有所不同，根据对高强度钢锻件不同位置的试样的拉伸试验结果可知，材料杨氏模量在186.8 GPa~200.8 GPa之间。

对各影响因素不确定度的评定可采用A类不确定度评定的方法进行[3-4]，通过开展独立重复性试验得到结果的标准偏差，即可计算出影响因素的不确定度分量，标准偏差的计算公式为：

$$s(x_i) = \sqrt{\frac{\sum_{i=1}^{n}(x_i - \bar{x})^2}{n-1}} \tag{1}$$

影响因素的A类不确定度计算公式为：

$$u_A = \frac{s(x_i)}{\sqrt{n}} \tag{2}$$

根据测量模型的各输入量的标准不确定度即可获得模型输出量的标准不确定度，即各标准不确定度分量合成的标准不确定度。合成标准不确定度用符号u_c表示，计算公式如下：

$$u_c = \sqrt{\sum_{i=1}^{n}\left(\frac{\partial f}{\partial x_i}\right)^2 u^2(x_i)} \tag{3}$$

合成标准不确定度与包含因子k_p(大于1的数字因子)的乘积称为扩展不确定度U，即$U=k_p u_c$。通常，包含因子k_p取2，即可表示95%置信概率下的置信区间。

由于A类不确定度评定方法需要一定次数的重复性试验，常规的模型试验较难满足次数要求，因此本文采用数值模拟的方法，以强度试验结果中的跨中壳板中面周向应力为研究指标，研究各影响因子对模型应力的影响。

4.1 板厚偏差不确定度

利用测厚仪测量模型的实际板厚，并将测量结果带入式(1)、式(2)中，即可得到板厚的标准不确定度$u_A(t)=0.002\,59$。

由于模型板厚的偏差控制在±0.1 mm，采用数值模拟的方法，分别计算板厚偏差在-0.1 mm、-0.08 mm、-0.06 mm、-0.04 mm、-0.02 mm、0 mm、0.02 mm、0.04 mm、0.06 mm、0.08 mm、0.1 mm情况下模型的跨中壳板中面周向应力结果，并将计算结果记录于表1中。

表 1 不同板厚偏差下模型的跨中壳板中面周向应力

序号	板厚偏差/mm	应力/MPa	序号	板厚偏差/mm	应力/MPa
1	-0.1	-456.9	7	0.02	-439.6
2	-0.08	-453.9	8	0.04	-436.9
3	-0.06	-450.9	9	0.06	-434.2
4	-0.04	-448.1	10	0.08	-431.6
5	-0.02	-445.2	11	0.1	-429.0

对表1中的应力结果进行拟合，可以得到跨中壳板中面周向应力与板厚偏差的关系曲线，进而得到应力与板厚偏差之间的关系公式：

$$\sigma = 139.45t - 442.63 \tag{4}$$

由公式(4)可知，板厚偏差对模型跨中壳板中面周向应力的影响系数是139.45。

4.2 初挠度偏差不确定度

利用激光跟踪仪测量模型的实际初挠度，并将测量结果带入式(1)、式(2)中，即可得到初挠度的标准不确定度$u_A(r)=0.000\,223$。

由于模型的壳板初挠度和肋骨初挠度偏差控制在0.1 mm内，采用数值模拟的方法，分别计算初挠度偏差在0 mm、0.02 mm、0.04 mm、0.06 mm、0.08 mm、0.1 mm情况下模型的跨中壳板中面周向应力结果，并将计算结果记录于表2中。

表 2 不同初挠度下模型的跨中壳板中面周向应力

序号	初挠度偏差/mm	应力
1	0.10	-446.49
2	0.08	-444.44
3	0.06	-442.39
4	0.04	-440.32
5	0.02	-438.25
6	0	-436.37

对表2中的计算结果进行拟合，即可得到模型跨中壳板中面周向应力与初挠度偏差之间的关系公式为：

$$\sigma = -103r - 436.2 \tag{5}$$

由公式(5)可知，初挠度偏差对模型跨中壳板中面周向应力的影响系数是-103。

4.3 材料性能不确定度

在环肋圆柱壳强度试验过程中，材料杨氏模量的偏差将对测量的应变数据产生一定的影响，模型的跨中壳板中面周向应力基于应变值计算而来，因此，材料杨氏模量的不确定度将对最终的应力计算值产生影响。为计算材料杨氏模量的不确定度，首先在加工所用锻件的两端切取试样并开展拉伸试验，测量试样的杨氏模量，将测量结果带入式(1)、式(2)中，即可计算得到杨氏模量的标准不确定度为1 722.728。采用数值模拟的方法分别计算不同杨氏模量下模型的应变值，并基于Hooke定律计算出模型的跨中壳板中面周向应力，将计算结果记录于表3中。

表3 不同杨氏模量对应的模型应力

序号	杨氏模量/MPa	应力/MPa
1	200 000	-436.37
2	204 000	-428.04
3	208 000	-419.82
4	212 000	-411.89
5	216 000	-404.27

对表3中的计算结果进行拟合，即可得到模型的跨中壳板中面周向应力与杨氏模量之间的关系公式为：

$$\sigma = 0.00201E - 837.89 \tag{6}$$

由公式(6)可知，杨氏模量偏差对模型应力的影响系数是0.002 01。

4.4 合成不确定度及扩展不确定度

根据上文对环肋圆柱壳加工过程中的影响因素的标准不确定度和影响系数的分析，利用公式(3)即可得到模型应力的合成不确定度为u_c=3.481 5，进而得到其扩展不确定度U=6.963 1。根据扩展不确定度计算结果可知，采用同样的加工偏差控制标准建造的环肋圆柱壳标准模型，其应力结果偏差仅为6.96 MPa左右，其精度满足船舶CAE软件的验证要求。

5 结 论

本文针对船舶CAE软件预报精度的验证需求，提出了一种水下环肋圆柱壳强度性能标准模型试验验证方法，给出了标准模型的设计方案，利用数值模拟的方法计算了该模型在计算压力下的应力分布情况及失稳压力的大小。为保证标准模型试验结果的可重复性，对模型的加工方式、形状偏差控制等提出了要求，并对模型应力的不确定度进行了分析，保证了试验结果的准确性。研究表明，该模型可作为船舶CAE软件的验证基准用于软件预报结果的验证。

参 考 文 献

[1] 史圣哲, 郑亚雄. 潜艇标模阻力试验的不确定度分析[J]. 实验流体力学, 2015, 5(29): 65-72.
[2] 徐秉汉, 朱邦俊, 等. 潜艇结构强度理论与试验方法[M]. 北京: 国防工业出版社, 2007.
[3] ISO. Guide to the Expression of Uncertainty in Measurement(GUM)[S]. ISO, 3st edition, 2008.
[4] 司海龙, 顾学康, 胡嘉骏, 等. 船模波浪载荷试验不确定度分析方法研究[J]. 船舶力学, 2022, 26(2): 202-214.
[5] 沈泓翠, 姚震球, 吴宝山, 等. 船舶 CFD 模拟不确定度分析与评估新方法研究[J]. 船舶力学, 2010, 14(10): 1071-1083.

Research on Validation Technology of Standard Model for Strength Prediction of Underwater Pressure Bearing Ring Ribbed Cylindrical Shell

GAO Yuan, Xie Xiaozhong, WANG Dan, HUANG Ruxu, CHEN Shagu, Li Yanqing

(China Ship Scientific Research Center, Wuxi 214082, China)

Abstract

Ring-ribbed cylindrical shell structure is one of the typical compressive structures of submarine, and its strength prediction is an important research content of Ship CAE software. In order to evaluate the accuracy of the prediction results of cylindrical shell strength by different software, a standard model test verification method of ring-ribbed cylindrical shell is presented in this paper. The design parameters selection, processing technology, initial defect control and uncertainty evaluation of the standard model are studied. Combined with numerical simulation and other means, the accuracy of standard model test results is guaranteed, and the data obtained can provide a benchmark for the back-to-back verification of ship CAE software.

Key words: Ship CAE software; Ring-ribbed cylindrical shell; Strength; Uncertainty

作 者 简 介

高　原　男，1993 年生，工程师。主要从事水下耐压结构安全性等方面工作。
谢晓忠　男，1988 年生，高级工程师。主要从事水下耐压结构强度试验等方面工作。
王　丹　女，1985 年生，高级工程师。主要从事水下耐压结构安全性等方面工作。
黄如旭　男，1987 年生，高级工程师。主要从事海洋工程结构疲劳与断裂理论、实验及数值仿真等方面工作。
陈沙古　男，1984 年生，高级工程师。主要从事水下工程结构设计和试验等方面工作。
李艳青　男，1982 年生，研究员。主要从事水下耐压结构安全性等方面工作。

超大型集装箱船的非线性设计载荷预报研究

田 径，缪威龙，高 强，王振阳，赵伟之，孙士丽*

（哈尔滨工程大学 船舶工程学院，哈尔滨 150001）

摘 要

随着船舶向高航速、大型化方向发展，波浪载荷的非线性问题愈发凸显。为了研究超大型集装箱船的非线性设计载荷预报问题，本论文以21000TEU集装箱船为研究对象，基于三维势流方法和动量砰击理论，考虑船体瞬时湿表面变化引起的非线性波浪激励力和砰击载荷，采用水弹性分析模型求解船体梁剖面载荷。考虑25年一遇海况，对非线性设计载荷直接计算法、非线性设计波法和非线性设计海况法预报的波浪载荷设计值进行对比分析，探究超大型集装箱船非线性设计载荷预报的合理性。

关 键 词：超大型集装箱船；非线性设计载荷；直接计算法；设计波；设计海况法
中图分类号：U661.1

0 引 言

船舶在全球范围内开展营运作业，使用工况和环境条件具有随机性，波浪载荷设计值需通过对大量的作业工况进行统计分析后确定。近年来，为提高航运效率，降低营运成本，船舶大型化、高速化的发展趋势愈发凸显。该类船舶的航速高且船体弹性效应显著，诱发的高频砰击颤振响应给波浪载荷设计值的确定带来了新的困难。

砰击颤振作为典型的非线性波浪载荷，需借助非线性水弹性分析理论进行考虑瞬时湿表面、砰击力和船体振动响应等因素的波浪载荷时域预报。同时，载荷峰值与谷值的不对称性和砰击颤振响应的高频振荡特性进一步复杂化了短期海况的统计分析过程。目前，非线性设计载荷的确定主要有三种方法：非线性设计载荷直接计算法[1]，对短期海况时历数据进行取样拟合，而后长期组合，根据相应的超越概率水平确定波浪载荷设计值；非线性设计波法[2-3]，根据线性长期预报结果和幅频响应曲线确定等效规则波，而后利用非线性水弹性分析方法进行时域模拟确定设计值；非线性设计海况法[4]，借助统计回归关系确定等效不规则波，由该不规则波的短期分析结果作为波浪载荷设计值。

本文基于非线性时域水弹性分析方法，考虑船体瞬时湿表面变化引起的非线性波浪激励力和船波相对运动诱发的砰击颤振载荷，以21000TEU集装箱船为研究对象，分别利用非线性设计载荷直接计算法、非线性设计波法和非线性设计海况法对该船的设计载荷进行确定，探究了超大型集装箱船非线性设计载荷预报的合理性。

1 非线性时域水弹性分析理论

船舶水弹性理论用船体在空气中的干模态作为广义坐标，对船体和流体的振动进行模态分析，得到船舶在波浪作用下振动的模态分析方程[5]：

收稿日期：2022-10-22；修改稿收稿日期：2023-01-05
基金项目：工业和信息化部"船舶工业CAE软件关键技术研究"项目(CBZ3N21-2)

$$A\ddot{p} + B\dot{p} + Cp = F(t) \tag{1}$$

式中，A、B、C分别表示船体的广义质量、阻尼和刚度矩阵，$F(t)$为广义流体力，p为待求的主坐标，是时间的函数。

1.1 广义入射波力

第r阶广义入射波力由入射波压力在船体瞬时湿表面上积分得到：

$$F_I^r(t) = -\rho\zeta\iint_{S_{b(t)}} \boldsymbol{n}\cdot\boldsymbol{u}_r \cdot \left(i\omega_e - U\frac{\partial}{\partial x}\right)\varphi_0 dS \tag{2}$$

式中，ρ为海水密度，ζ为波面升高值，$\boldsymbol{n}$为湿表面法向向量，$\boldsymbol{u}_r$为船体第r阶自由振动模态产生的节点位移向量，ω_e为遭遇频率，U为航速，φ_0为入射波速度势。

1.2 广义绕射波力

绕射波力可以基于线性时不变系统理论中的时域分析方法[6]获得：

$$\begin{cases} F_D^r(t) = \int_0^t h_r^D(t-\tau)\zeta(\tau)d\tau \\ h_r^D(t-\tau) = \dfrac{1}{\pi}\int_0^\infty H_r^D(i\omega_e)e^{i\omega_e t}d\omega_e \end{cases} \tag{3}$$

式中，h_r^D称为第r阶广义绕射波力$F_D^r(t)$的广义脉冲响应函数，H_r^D为绕射波力的第r阶广义传递函数。

1.3 广义辐射波力

$$F_R^r(t) = \sum_{i=1}^m \left[A_{ri}\ddot{p}_i(t) + B_{ri}\dot{p}_i(t) + C_{ri}p_i(t)\right] + \sum_{i=1}^m \int_0^t K_{ri}(t-\tau)\dot{p}_i(\tau)d\tau \tag{4}$$

式中，A_{ri}、B_{ri}和C_{ri}为时域分析中的附加质量，阻尼系数和回复力系数，K_{ri}为延迟函数。

1.4 广义静水回复力

第r阶广义静水回复力是静水力与船体重力的差值[7]，具体表达式如下：

$$F_{HS}^r(t) = -\rho g \sum_{k=1}^m p_k \iint_{S_b} \boldsymbol{n}\cdot\boldsymbol{u}_r \cdot w_k dS - \int_L F_g(x)w_k dx \tag{5}$$

式中，p_k为静水压力，F_g为船体单位长度重量，w_k为船体第r阶垂向位移模态。

1.5 广义砰击力

利用广义瓦格纳理论可以获得砰击压力p_{SLAM}，则对应的第r阶广义砰击力有如下形式：

$$F_{SLAM}^r(t) = \int_l \boldsymbol{n}\cdot\boldsymbol{u}_r \cdot p_{SLAM} dl \tag{6}$$

2 非线性设计载荷确定方法

波浪载荷设计值原则上应通过对规则波中的波长和波遭遇角的所有组合进行结构分析获得的应力响应函数来确定，但从设计角度来看，该分析过程计算工作量极大，可操作性较差。考虑到应力响应函数与载荷响应函数之间具有较强的相关性，可以通过波浪引起的载荷响应函数来更容易地选择波浪参数，常用的载荷分量有垂向弯矩与剪力、水平弯矩与剪力、扭矩和水线处的水动力压力等。

2.1 非线性设计载荷直接计算法

非线性波浪载荷属于非平稳随机过程，此时谱分析方法已不再适用，设计载荷的确定只能采用时域分析和数理统计的方法。主要流程为：借助非线性时域水弹性分析方法在短期海况下进行时间不小于1小时的时历模拟，然后对时间历程取样，按峰值和谷值分量分别统计整理出相应的直方图，采用Weibull分布进行拟合，获得短期分布的统计特性。长期分析是对短期概率密度函数和分布函数加权组合进行的，需计及海况、航速、浪向角的变化，公式如下：

$$\begin{cases} F(x) = \dfrac{\sum_i \sum_j \sum_k n_0^* p_i(H_{1/3}, T_z) p_j(\beta) p_k(V) F_{0,jk}(x)}{\sum_i \sum_j \sum_k n_0^* p_i(H_{1/3}, T_z) p_j(\beta) p_k(V)} \\ f(x) = \dfrac{\sum_i \sum_j \sum_k n_0^* p_i(H_{1/3}, T_z) p_j(\beta) p_k(V) f_{0ijk}(x)}{\sum_i \sum_j \sum_k n_0^* p_i(H_{1/3}, T_z) p_j(\beta) p_k(V)} \end{cases} \quad (7)$$

式中，$p_i(H_{1/3}, T_Z)$、$p_j(\beta)$、$p_k(V)$分别代表海况、航向角、航速出现的概率；n_0^*对应短期工况中单位时间内的载荷循环次数；$f_{0ijk}(x)$对应第i个海况、第j个航向角、第k个航速下的短期概率密度函数；$F_{0ijk}(x)$对应第i个海况、第j个航向角、第k个航速下的短期概率分布函数。最后通过下式，得到设计载荷最大值。

$$p(x \geq X) = \int_X^\infty f(x) \mathrm{d}x = \dfrac{1}{n} \quad (8)$$

式中，X为设计载荷最大值，n为船舶一生中遭到的波浪载荷循环次数。

2.2 非线性设计波法

由于直接计算法需要对海区内所有可能出现的短期海况进行时域计算，计算量较大，确定设计载荷的近似方法被广泛运用。本文选用戴仰山提出的非线性设计波法确定非线性设计载荷[8]，具体流程为：运用谱分析方法，结合超越概率，获得设计航速下载荷的平均设计值R_{LT}，再根据不同航向角下算出的最大幅频响应R_{AMP}，将问题转化为一个等效规则波，最后运用非线性时域水弹性分析方法对此规则波进行计算，求得分离的设计载荷。

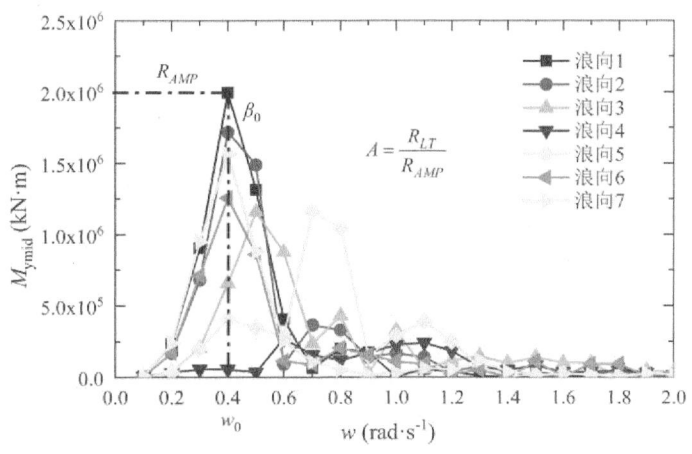

图 1 基于幅频响应曲线确定设计波参数示意图

2.3 非线性设计海况法

非线性设计海况法将问题等效为一个相当不规则波,把设计载荷与船体实际遭遇海况对应起来,便于设计者和操作者直观认知[4]。平均周期和浪向取单位有义波高响应谱总能量最大值所对应的平均周期和浪向,响应谱总能量由响应时历标准差 σ 表示。

$$\sigma = \sqrt{m}$$
$$m(H_{1/3}, T_z, V, \beta) = \int_{-\frac{\pi}{2}}^{\frac{\pi}{2}} \int_0^\infty S_w(\omega, H_{1/3}, T_z, V, \beta + \theta) d\omega d\theta \tag{9}$$

式中,m 为波浪载荷方差,S_w 为波浪载荷的谱密度,ω 为波浪圆频率,V 为航速,θ 为组合波与主浪向的夹角,β 为航向角,$H_{1/3}$ 为有义波高,这里取1 m,T_z 为波浪的特征周期。认为某有义波高、1/1000 超越概率下的响应值与长期预报响应值 R_{LT} 等价,有义波高 H_S 表达式如下:

$$H_s = \frac{R_{LT}}{2.0 \times R_{\max} \times 1.9} \tag{10}$$

式中,R_{LT} 为载荷长期预报值,$R_{\max}$ 为单位有义波高下的响应标准差最大值。2.0为常数,用于建立在有义值与标准差之间的关系,1.9为常数,用于建立1/1000超越概率对应的响应值与有义值之间的关系。

3 设计载荷计算结果

本文以21000TEU集装箱船为研究对象,主尺度参数见表1。选用北大西洋海况,采用的波浪谱为ISSC双参谱,短峰波波浪形式,其扩散函数为 $2/n\cos^2(\theta)$,θ 为与主浪向的夹角,对该船进行25年一遇海况下非线性船舯剖面垂向弯矩设计值的计算。

表 1 主尺度参数

参数	单位	数值
总长	m	399.9
垂线间长	m	386
型宽	m	58.6
型深	m	33.5
排水量	t	259630
设计吃水	m	16.2
航速	kn	20

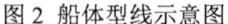

图 2 船体型线示意图

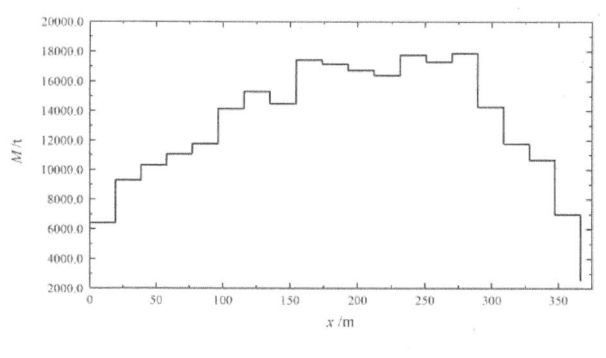
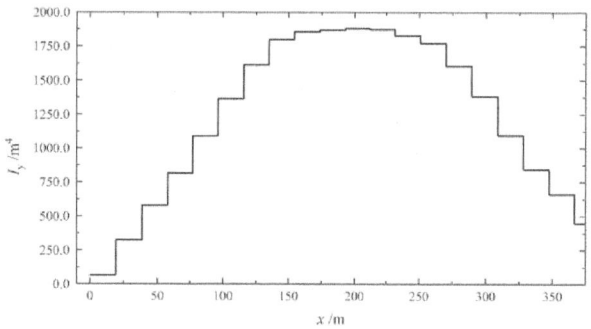

图 3 船体质量分布　　　　　　　　　图 4 船体刚度分布

考虑到运用非线性时域水弹性分析方法对所有可能海况进行不小于1小时的数值模拟时间成本过高，采用海况筛选方法[9]，对选出的累计概率贡献度不低于90%的18个海况进行加权组合，得到对应超越概率水平的非线性设计载荷，表2列有筛选出的各短期海况的船舯剖面垂向弯矩响应参数，可以发现贡献较高的海况特征周期主要集中在10.5~13.5 s之间，且船舯剖面垂向弯矩形状参数均介于2.0~3.0。

表 2 短期海况的船舯剖面垂向弯矩响应参数

工况编号	特征周期 T_z/s	有义波高 H_s/m	海况概率	设计载荷对应的超越概率	中拱分量 形状参数	中拱分量 尺度参数 (MN·m)	中垂分量 形状参数	中垂分量 尺度参数 (MN·m)
LC001	11.5	14.5	0.000018	9.82E-10	2.45	6548.33	2.33	7040.68
LC002	11.5	15.5	0.000006	9.20E-10	2.24	7488.47	2.72	7658.83
LC003	12.5	15.5	0.000007	8.67E-10	2.31	7426.42	2.20	7549.94
LC004	11.5	13.5	0.000050	7.74E-10	2.27	6184.15	2.27	6624.95
LC005	12.5	14.5	0.000018	7.72E-10	2.11	6499.96	2.11	6703.03
LC006	11.5	16.5	0.000002	7.24E-10	2.33	7996.34	2.39	8287.60
LC007	12.5	16.5	0.000002	5.97E-10	2.28	7295.31	2.15	7853.40
LC008	12.5	13.5	0.000046	5.42E-10	2.35	6287.58	2.25	6686.63
LC009	11.5	12.5	0.000128	4.14E-10	2.25	6173.73	2.29	6486.96
LC010	10.5	15.5	0.000004	3.63E-10	2.27	7394.37	2.40	7986.95
LC011	10.5	14.5	0.000012	3.60E-10	2.39	6781.39	2.68	7211.95
LC012	13.5	16.5	0.000002	3.27E-10	2.35	7771.96	2.27	7740.93
LC013	13.5	15.5	0.000005	3.15E-10	2.26	6664.38	2.07	7156.36
LC014	10.5	13.5	0.000035	2.71E-10	2.30	6184.00	2.46	6771.68
LC015	12.5	12.5	0.000110	2.60E-10	2.34	5839.07	2.20	6258.40
LC016	13.5	14.5	0.000013	2.59E-10	2.40	6356.37	2.15	6509.64
LC017	10.5	16.5	0.000001	2.27E-10	2.23	8250.71	2.54	8737.31
LC018	13.5	13.5	0.000031	1.53E-10	2.60	6138.66	2.34	6630.08

表3为非线性设计波法确定的等效规则波和非线性设计海况法确定的等效不规则波的波浪参数，考虑到高航速或大波高下，船体水动力将呈现明显的非简谐特性，对船舯剖面垂向弯矩进行Fourier变换，图5与图6分别为等效波下的非线性时域水弹性分析理论计算结果及相应的船舯剖面垂向弯矩频谱，可以看到弯矩响应谱中均包含了多个频率成分。

表 3 等效波波浪参数

等效规则波			等效不规则波		
波高/m	频率(rad·s⁻¹)	浪向	有义波高/m	特征周期/s	浪向
9.6	0.4	迎浪	15.4	12	迎浪

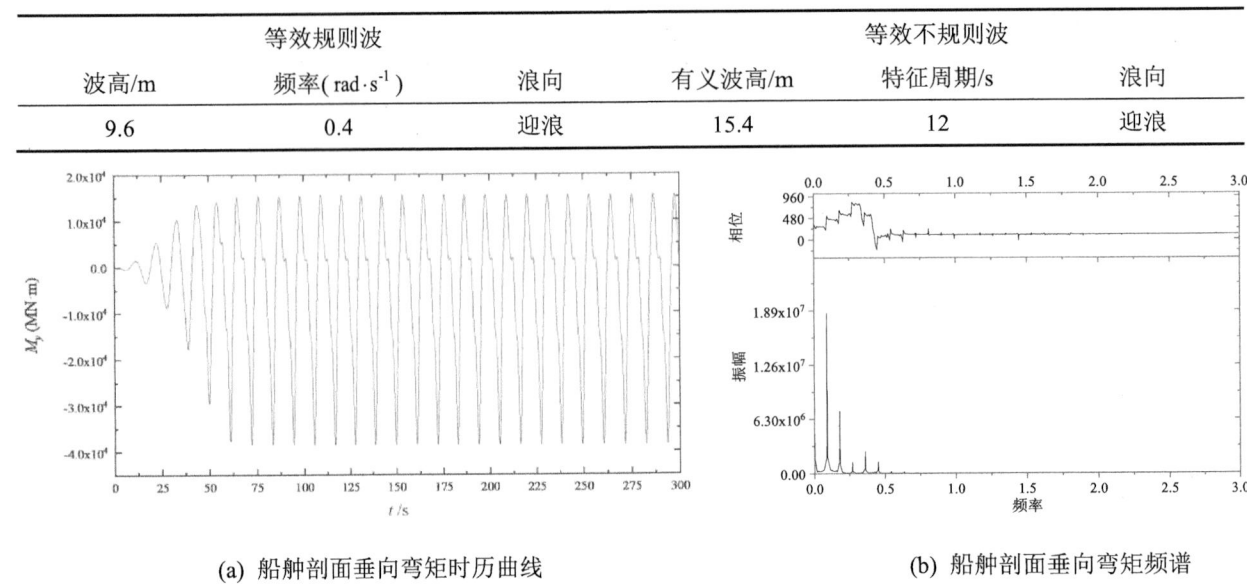

(a) 船舯剖面垂向弯矩时历曲线　　(b) 船舯剖面垂向弯矩频谱

图 5 等效规则波的非线性时域水弹性分析理论计算结果

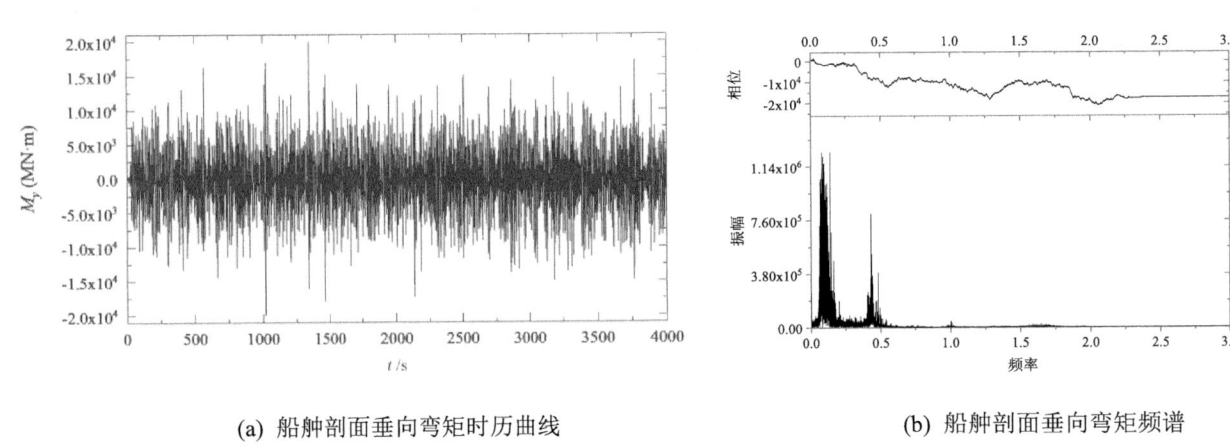

(a) 船舯剖面垂向弯矩时历曲线　　(b) 船舯剖面垂向弯矩频谱

图 6 等效不规则波的非线性时域水弹性分析理论计算结果

三种方法确定的非线性设计载荷列于表4中，可以发现设计波法的中拱设计值小于直接计算法计算结果，但中垂设计值大于直接计算法计算结果，而设计海况法中拱设计值与中垂设计值均小于直接计算法计算结果。从量值上分析，不论是直接计算法、设计波法还是设计海况法，中垂弯矩设计值均大于中拱弯矩设计值，其中，设计波法的弯矩分离比（中垂/中拱）最大，可达2.48。非线性设计海况法充分考虑了波浪的随机性，并对响应时历数据进行了统计分析，而设计波法仅针对某一具体波浪频率进行讨论，其分离比相对较大的原因可能来源于此。非线性设计海况法包含的波浪载荷信息较非线性设计波法更为丰富，可以更充分地反映船舶作业期内遭遇的海况的多样性，其工程应用价值相对较高。

表 4 非线性设计载荷计算结果

方法	中拱设计值(MN·m)	中垂设计值(MN·m)	分离比
非线性设计载荷直接计算法	25777	-26568	1.03
非线性设计波法	15570	-38640	2.48
非线性设计海况法	16438	-17816	1.08

4 结 论

本文基于非线性时域水弹性分析理论，考虑非线性波浪激励力和砰击载荷，运用非线性设计载荷直接计算法、非线性设计波法和非线性设计海况法分别对21000TEU集装箱船的非线性波浪载荷设计值进行了预报，通过对比研究，得出如下主要结论：

(1) 三种方法确定的中垂弯矩设计值均大于中拱弯矩设计值，其中，设计波法的弯矩分离比(中垂/中拱)最大。设计海况法确定的设计载荷相比设计波法与直接计算法的结果更为接近，但量值相比直接计算法设计载荷值偏小。

(2) 鉴于 21000TEU 集装箱船航速高、尺度大，波浪载荷的非线性效应显著，应把时间历程里的峰值和谷值分量分别取样、拟合并加权组合得到相应的设计载荷，但考虑到砰击颤振响应特性，样本极易在谷值附近高频振荡，造成短期分布拟合失真，本文不规则波条件下的分离比相对较小的原因可能来源于此。

(3) 本文仅针对某一具体航速对比三种方法确定的设计载荷，但考虑到非线性载荷响应对航速极为敏感，更合理的做法应当是对实际可能的所有航速进行分别讨论，然后取最大响应作为设计值。

参 考 文 献

[1] 陈占阳, 桂洪斌, 任慧龙. 舰船非线性设计值的水弹性直接计算方法[J]. 哈尔滨工程大学学报, 2017, 38(1): 37-42.
[2] 崔兵兵, 王瑜, 曹健. 船体结构强度评估的非线性设计波法研究[J]. 船舶与海洋工程, 2015, 31(4): 30-35.
[3] 李翌斌, 张世联. 基于非线性设计波的船体结构强度直接计算研究[J]. 船舶工程, 2015, 37(5): 11-14.
[4] TINGYAO ZHU, TOSHIYUKI SHIGEMI. Design loads used for direct strength assessment of merchant ship structures[C]. Poceedings of the 23rd International Conference on Offshore Mechanics and Arctic Engineering, Vancouver, Canada, Jun. 2004, 51049.
[5] 董艳秋. 船舶波浪外荷和水弹性[M]. 天津: 天津大学出版社, 1988.
[6] 于海成. 超大型集装箱船砰击颤振响应研究[D]. 哈尔滨: 哈尔滨工程大学, 2020.
[7] 陈占阳, 桂洪斌. 基于水弹性方法的非线性因素研究及舰船设计载荷的计算[C]. 中国钢结构协会海洋钢结构分会学术论文集, 2015: 49-54.
[8] 戴仰山, 沈进威, 宋竞正. 船舶波浪载荷[M]. 北京: 国防工业出版社, 2007.
[9] 张楷弘. 大外飘船舶非线性波浪载荷时域水弹性分析方法与应用研究[D]. 哈尔滨:哈尔滨工程大学, 2018.

Study on Nonlinear Design Loads Prediction of Ultra-large Container Ship

TIAN Jing, MIAO Weilong, GAO Qiang, WANG Zhenyang, ZHAO Weizhi, SUN Shili[*]

(College of Shipbuilding Engineering, Harbin Engineering University, Harbin 150006, China)

Abstract

With the development of high-speed and large-scale ships, the nonlinear problem of wave loads becomes more and more prominent. To study the nonlinear design loads prediction of ultra-large container ships, the 21000TEU container ship is studied in this paper. Based on the three-dimensional potential flow method and momentum slamming theory, the nonlinear wave exciting force caused by instantaneous wetted surface change and slamming load are considered, and the hydroelastic analysis model is used to solve the sectional loads. The design values of wave loads predicted by the direct calculation method, the nonlinear design wave method, and the nonlinear design sea state method are compared and analyzed considering the 25-year sea conditions. The rationality of nonlinear design load prediction for ultra-large container ships is explored.

Key words: Super large container ship; Nonlinear design load; Direct calculation method; Design wave; Design sea state method

作者简介

田　径　女，1998 年生，博士研究生。主要从事波浪载荷预报等方面工作。
缪威龙　女，1998 年生，硕士研究生。主要从事非线性水弹性力学等方面工作。
高　强　男，2000 年生，硕士研究生。主要从事非线性水弹性力学等方面工作
王振阳　男，1999 年生，硕士研究生。主要从事波浪载荷预报等方面工作。
赵伟之　男，2000 年生，硕士研究生。主要从事非线性水弹性力学等方面工作
孙士丽　女，1983 年生，教授。主要从事流体与结构的砰击问题、流固耦合、波能转换装置等方面工作。
*通讯作者：孙士丽

基于任意参考构型理论的有限元健壮格式在大变形碰撞计算中的应用

初东阳[*,1,2]，周章涛[1,2]，刘国振[1,2]，汪 俊[1,2]

（1. 深海技术科学太湖实验室，无锡 214082；
2. 中国船舶科学研究中心，无锡 214082）

摘 要

冲击碰撞是威胁航空航天、船舶和车辆等结构安全的重要载荷形式。在冲击碰撞作用下，结构极易发生局部塑性大变形、损伤失效等强非线性响应，这为该问题的有限元模拟带来了挑战。本文基于任意参考构型理论，建立构型一致的动量方程拉格朗日有限元格式，更准确地描述材料大变形；通过使用前增量位移的时间积分方法使得计算步更新后接触非侵入条件仍严格满足，避免了网格间侵入现象；更准确的几何非线性描述以及非侵入算法可有效抑制大变形碰撞过程的单元畸变，提高计算程序的稳健性。通过与商业软件LS-DYNA比较对经典Taylor杆高速冲击问题的模拟结果验证了所提出的计算方法的健壮性，同时显示出该方法在模拟大变形碰撞问题方面的优势。

关 键 词：几何非线性；非侵入接触；任意参考构型；冲击动力学
中图分类号：U661.42

0 引 言

冲击碰撞对航空航天、船舶和车辆等结构安全造成严重威胁，而数值仿真是分析在该载荷条件下船舶结构力学性能的重要技术手段。在冲击碰撞作用下，结构物主要表现出局部塑性大变形、损伤失效、弹塑性接触等强非线性动态行为，这为该问题的有限元模拟带来极大的困难。在结构有限元方面，固定网格的拉格朗日法由于跟踪材料点便于处理固体材料本构及边界条件，同时又具有较小的计算复杂度，因而得到普遍应用。目前，广泛流行的冲击动力学商业软件，如LS-DYNA[1]、ABAQUS[2]等，多使用固定网格的更新拉格朗日格式，其方便实现相关本构模型，同时又与显式中心差分方法相结合实现应力波传播捕捉且极大提高了计算效率[3]。然而，大量的实践证明这类传统的拉格朗日格式在模拟高速碰撞冲击等涉及到强几何、材料及接触非线性问题时往往遇到困难，极易产生网格畸变或时间增量步大大减小，最终使计算无法进行[4]。因此，通常认为固定网格拉格朗日有限元在模拟该类问题时不再适用，可使用任意拉格朗日欧拉方法、无网格方法等取而代之[4-5]。另一方面，Zhou等[6]对经典显式拉格朗日格式在求解强非线性问题时产生网格畸变的原因进行深入研究，认为在动量方程数值求解中对未知构型变量使用中间构型量替代造成精度损失是诱发单元畸变的重要因素。为了提高求解的严谨性，任意参考构型(ARC)理论被提出[7-8]，其不再回避在数值计算中必须使用变量中间构型值的事实，将中间构型纳入有限变形理论，引入了参考中间构型的应力应变度量，将理论与数值实现相统一，极大增强了固定网格拉格朗日格式的健壮性。

收稿日期：2022-10-19；修改稿收稿日期：2022-12-25

为了克服经典冲击动力学商业软件更新拉格朗日格式、蛙跳式显式中心差分法、罚函数法等模拟大变形碰撞问题时所面临的困难，本文基于任意参考构型理论建立构型一致的动量方程拉格朗日有限元格式，以更准确地描述材料大变形；通过使用前增量位移的时间积分方法使得计算步更新后接触非侵入条件仍严格满足，避免了网格间侵入现象。更准确的几何非线性描述以及非侵入算法可有效抑制大变形碰撞过程的单元畸变，提高了计算程序的稳健性。采用本文算法与商业软件LS-DYNA对经典Taylor杆高速冲击问题进行了模拟，验证了本文有限元格式的健壮性以及该方法在模拟大变形碰撞问题方面的优势。

1 理论框架

1.1 控制方程

将变形体在 t 时刻构型表示为 Ω_t，其边界包含力边界与速度边界 $\partial\Omega_t = \Gamma_t^f \cup \Gamma_t^v$，且二者满足 $\Gamma_t^f \cap \Gamma_t^v = \phi$，如图1。对该变形体，其大变形问题的动量方程可以当前构型为参考构型表达为

$$\begin{aligned} \rho \frac{\partial \boldsymbol{v}}{\partial t} - \nabla \cdot \boldsymbol{\sigma} &= \boldsymbol{b} & in\ \Omega_t \\ \boldsymbol{\sigma} \cdot \boldsymbol{n} &= \bar{\boldsymbol{f}} & on\ \Gamma_t^f \\ \boldsymbol{v} &= \bar{\boldsymbol{v}} & on\ \Gamma_t^v \end{aligned} \quad (1)$$

式中，ρ 为材料密度，$\boldsymbol{\sigma}$ 为Cauchy应力，$\boldsymbol{b}$ 为体力，$\boldsymbol{v}$ 为速度，$\boldsymbol{n}$ 为边界的单位外法向，$\bar{\boldsymbol{f}}$、$\bar{\boldsymbol{v}}$ 分别为作用于力边界上的面力和速度边界的速度值。

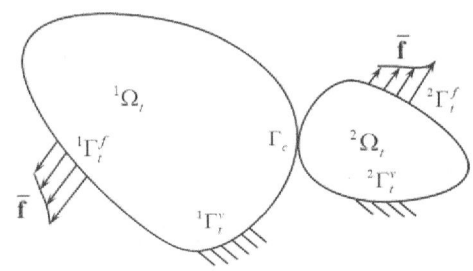

图 1 大变形碰撞问题示意图

当考虑到该变形体与其他变形体间存在接触碰撞，力边界中还包含接触边界 $\Gamma_c(t)$。令 $\boldsymbol{g}$ 为两变形体接触面上点对间的相对间隙，其法向与切向分量分别为 $\boldsymbol{g}_N$、$\boldsymbol{g}_T$，则 $\boldsymbol{g} = \boldsymbol{g}_N + \boldsymbol{g}_T, \boldsymbol{g}_N \cdot \boldsymbol{g}_T = 0$。接触面的法向非侵入条件可表示为

$$\boldsymbol{g}_N - \lambda_N^c \boldsymbol{n} = 0 \quad on\ \Gamma_c(t) \quad (2)$$

s_N 为接触面的法向力，则法向接触Kuhn-Tucker条件写为

$$\lambda_N^c \geq 0, \psi_N(\boldsymbol{s}_N) = \boldsymbol{s}_N \cdot \boldsymbol{n} \geq 0, \lambda_N^c \cdot \psi_N(\boldsymbol{s}_N) = 0 \quad (3)$$

根据经典Coulomb摩擦定律，接触面切向摩擦屈服条件为

$$\psi_T(\boldsymbol{s}_T) = \mu^c |\boldsymbol{s}_N| - |\boldsymbol{s}_T| \geq 0 \quad (4)$$

式中，s_T 为接触面的切向力。由此接触面上的切向运动定律可写为

$$\dot{\boldsymbol{g}}_T - \lambda_T^c \frac{\partial \psi_T(\boldsymbol{s}_T)}{\partial \boldsymbol{s}_T} = 0 \qquad on\ \Gamma_c(t) \tag{5}$$

接触面的切向运动Kuhn-Tucker条件总结为

$$\lambda_T^c \geq 0, \psi_T(\boldsymbol{s}_T) \geq 0, \lambda_T^c \cdot \psi_T(\boldsymbol{s}_T) = 0 \tag{6}$$

综上，动量方程的积分弱形式为

$$\left(\delta \boldsymbol{v}, \rho \frac{\partial \boldsymbol{v}}{\partial t}\right)_{\Omega_t} + \left(\boldsymbol{D}(\delta \boldsymbol{v}), \boldsymbol{\sigma}\right)_{\Omega_t} = (\delta \boldsymbol{v}, \boldsymbol{b})_{\Omega_t} + \left(\delta \boldsymbol{v}, \overline{\boldsymbol{f}}\right)_{\Gamma_f(t)} + (\delta \dot{\boldsymbol{g}}, \boldsymbol{s})_{\Gamma_c(t)} \tag{7}$$

式中，$(\cdot)_{\Omega_t} = \int_{\Omega_t} \cdot dV$，$(\cdot)_{\Gamma_f(t)} = \int_{\Gamma_f} \cdot dS$，$(\cdot)_{\Gamma_c(t)} = \int_{\Gamma_c} \cdot dS$，$\boldsymbol{D}$ 为变形率张量，$\delta \boldsymbol{v}$ 为虚速度，$\delta \dot{\boldsymbol{g}} = \boldsymbol{G} \delta \boldsymbol{v}$，$\boldsymbol{G} = \nabla \boldsymbol{g}$ 为接触面间间隙的空间梯度，其可分解为法向和切向分量 $\boldsymbol{G} = \boldsymbol{G}_N + \boldsymbol{G}_T$。$\boldsymbol{s} = \boldsymbol{s}_N + \boldsymbol{s}_T$ 为接触面上的接触力。对接触条件应用拉格朗日乘子法其弱形式可写为

$$\begin{aligned}\left(\delta \boldsymbol{s}_N, \boldsymbol{g}_N - \lambda_N^c \boldsymbol{n}\right)_{\Gamma_c(t)} &= 0 \\ \left(\delta \boldsymbol{s}_T, \dot{\boldsymbol{g}}_T - \lambda_T^c \frac{\partial \psi_T(\boldsymbol{s}_T)}{\partial \boldsymbol{s}_T}\right)_{\Gamma_c(t)} &= 0\end{aligned} \tag{8}$$

式中，$\forall \delta \boldsymbol{s}_N \in \psi_N(\delta \boldsymbol{s}_N), \forall \delta \boldsymbol{s}_T \in \psi_T(\delta \boldsymbol{s}_T)$。

1.2 构型一致的控制方程

由于控制方程参考的是当前构型，式(7)中的微分、积分需在当前构型上进行，而实际求解当前构型是未知的，故式(7)的精确计算无法进行。现有经典显式算法多对相关变量用中间构型的值进行近似，如LS-DYNA中积分时采用的变形率是其介于当前构型与上一时刻构型间的中间构型的值[1]，这种构型的不一致会引入计算误差，在单元大变形及接触强非线性情况下极易诱发单元畸变，导致计算无法进行。为了提高式(7)的求解精度，根据任意参考构型(ARC)理论现将其映射到参考任意构型[7]，其形式可表达为

$$\left(\delta \boldsymbol{v}, \rho \frac{\partial \boldsymbol{v}}{\partial t}\right)_{\Omega_{t_\alpha}} + \left(\boldsymbol{\xi}_{t_\alpha}^{\nabla}(\delta \boldsymbol{v}), \boldsymbol{z}_{t_\alpha}^t\right)_{\Omega_{t_\alpha}} = (\delta \boldsymbol{v}, \boldsymbol{b})_{\Omega_{t_\alpha}} + \left(\delta \boldsymbol{v}, \overline{\boldsymbol{f}}\right)_{\Gamma_f(t)} + (\delta \dot{\boldsymbol{g}}, \boldsymbol{s})_{\Gamma_c(t_\alpha)} \tag{9}$$

式中，$(\cdot)_{\Omega_{t_\alpha}} = \int_{\Omega_{t_\alpha}} \cdot J_{t_\alpha}^t dV$，$(\cdot)_{\Gamma_f(t_\alpha)} = \int_{\Gamma_{f t_\alpha}} \cdot dS_{t_\alpha}$，$(\cdot)_{\Gamma_c(t_\alpha)} = \int_{\Gamma_{c t_\alpha}} \cdot dS_{t_\alpha}$，$\boldsymbol{F}_{t_\alpha}^t = \partial \boldsymbol{x}_t / \partial \boldsymbol{x}_{t_\alpha}$ 为从当前构型映射到 t_α 时刻构型的变形梯度，$J_{t_\alpha}^t = \det \boldsymbol{F}_{t_\alpha}^t$。$\boldsymbol{\xi}_{t_\alpha}^{\nabla} = \left(\boldsymbol{F}_{t_\alpha}^t\right)^T \boldsymbol{D} \boldsymbol{F}_{t_\alpha}^t$ 为参考 t_α 时刻构型的ARC应变客观率，$\boldsymbol{z}_{t_\alpha}^t = J_{t_\alpha}^t \left(\boldsymbol{F}_{t_\alpha}^t\right)^{-1} \boldsymbol{\sigma} \left(\boldsymbol{F}_{t_\alpha}^t\right)^{-T}$ 为参考 t_α 时刻构型的ARC应力。

1.3 本构关系

考虑材料发生塑性变形，变形率 $\boldsymbol{D}$ 可分解为弹性和塑性部分 $\boldsymbol{D} = \boldsymbol{D}^e + \boldsymbol{D}^p$。次弹性材料行为可由Cauchy应力的Truesdell应力率表示为

$$\boldsymbol{\sigma}^{\nabla T} = \boldsymbol{C}^{\nabla T} : \boldsymbol{D}^e \tag{10}$$

式中，$\boldsymbol{C}^{\nabla T}$ 为材料刚度矩阵。这里采用幂硬化塑性屈服条件

$$f = \sigma_{eq} - \sigma_y = \sigma_{eq} - \left(A + B \overline{\varepsilon}_p^n\right) \leq 0 \tag{11}$$

式中，$\sigma_{eq} = \sqrt{\dfrac{3}{2}\mathbf{S}:\mathbf{S}}$ 为等效应力，$\bar{\varepsilon}_p = \int_0^t \sqrt{\dfrac{2}{3}\mathbf{D}^p:\mathbf{D}^p}\, dt'$ 为等效塑性应变，A、B、n 为材料参数，塑性流动满足J2流动法则

$$\mathbf{D}^p = \dot{\bar{\varepsilon}}_p \mathbf{r},\ \mathbf{r} = \dfrac{\partial f}{\partial \boldsymbol{\sigma}} = \sqrt{\dfrac{3}{2}} \dfrac{\mathbf{S}}{|\mathbf{S}|} = \dfrac{3}{2} \dfrac{\mathbf{S}}{\sigma_{eq}} \tag{12}$$

式中，$\mathbf{S} = \mathrm{dev}(\boldsymbol{\sigma})$ 为偏应力。

由于在任意参考构型理论中，Cauchy应力的Truesdell率定义为

$$\boldsymbol{\sigma}^{\nabla T} = \dfrac{1}{J_{t_\alpha}^t} \mathbf{F}_{t_\alpha}^t \dot{\mathbf{z}}_{t_\alpha}^t \left(\mathbf{F}_{t_\alpha}^t\right)^T \tag{13}$$

变形率与定义在 t_α 时刻构型的Green应变率 $\dot{\mathbf{E}}_{t_\alpha}^t$ 的关系为

$$\mathbf{D} = \left(\mathbf{F}_{t_\alpha}^t\right)^{-T} \dot{\mathbf{E}}_{t_\alpha}^t \mathbf{F}_{t_\alpha}^{t-1} \tag{14}$$

故得到以 $\dot{\mathbf{E}}_{t_\alpha}^t$ 与 $\dot{\mathbf{z}}_{t_\alpha}^t$ 表达的次弹性本构关系

$$\dot{\mathbf{z}}_{t_\alpha}^t = J_{t_\alpha}^t \mathbf{F}_{t_\alpha}^{t-1}\left\{\mathbf{C}^{\nabla T}:\left[\left(\mathbf{F}_{t_\alpha}^t\right)^{-T}\dot{\mathbf{E}}_{t_\alpha}^t \mathbf{F}_{t_\alpha}^{t-1} - \mathbf{D}^p\right]\right\}\left(\mathbf{F}_{t_\alpha}^t\right)^{-T} \tag{15}$$

2 有限元格式

2.1 空间离散

当采用有限元法进行空间离散时，质点的空间坐标可近似为 $\mathbf{x} = \mathbf{N}\mathbf{x}_{node}$，变形梯度离散为 $\mathbf{D} = \mathbf{B}\mathbf{v}_{node}$。其中 $\mathbf{N}$ 为形函数，$\mathbf{B}$ 为其空间梯度。对控制方程弱形式式(9)进行空间离散，并考虑到节点虚位移的任意性可得

$$\mathbf{f}_{t_\alpha}^{kin} + \mathbf{f}_{t_\alpha}^{int} = \mathbf{f}_{t_\alpha}^{ext} + \mathbf{f}_{t_\alpha}^{con} \tag{16}$$

式中，$\mathbf{f}_{t_\alpha}^{kin}$ 为惯性力矩阵

$$\mathbf{f}_{t_\alpha}^{kin} = \int_{\Omega_{t_\alpha}} \mathbf{N}^T \rho_{t_\alpha} \dfrac{\partial \mathbf{v}}{\partial t} J_{t_\alpha}^t dV \tag{17}$$

$\mathbf{f}_{t_\alpha}^{int}$ 为内力矩阵，由从当前构型到任意参考构型的映射关系、式(7)及式(9)得单元第I个节点i方向上的内力分量可表达为

$$f_{t_\alpha\ iI}^{int} = \int_{\Omega_{t_\alpha}} \dfrac{\partial N_I}{\partial x_{t_\alpha\ m}} \dfrac{\partial x_i}{\partial x_{t_\alpha\ n}} z_{t_\alpha\ mn}^t dV \tag{18}$$

其可表示为矩阵形式

$$\mathbf{f}_{t_\alpha}^{int} = \int_{\Omega_{t_\alpha}} \mathbf{B}_{t_\alpha}^{tT} \mathbf{z}_{t_\alpha}^t dV \tag{19}$$

$\mathbf{f}_{t_\alpha}^{ext}$ 为外力矩阵

$$f_{t_\alpha}^{ext} = \int_{\Omega_{t_\alpha}} \rho_{t_\alpha} \boldsymbol{N}^T \boldsymbol{b} J_{t_\alpha}^t dV + \int_{\Gamma_{f t_\alpha}} \boldsymbol{N}^T \bar{\boldsymbol{f}} \, dS_{t_\alpha} \tag{20}$$

$f_{t_\alpha}^{con}$ 为接触力矩阵

$$f_{t_\alpha}^{con} = \int_{\Gamma_{c t_\alpha}} \boldsymbol{N}^T \boldsymbol{G}^T \boldsymbol{s} dS_{t_\alpha} \tag{21}$$

2.2 基于前增量位移时间积分的计算格式

为对控制方程进行时间离散选择前增量位移中心差分(FIDCD)方法[9]。使用该时间离散方法的优势是当方程求解 t_{n+1} 时刻的增量位移时，可使 t_{n+2} 时刻的位移满足接触条件，即当计算步结束节点坐标更新后接触条件仍然满足。这极大抑制单元间侵入现象，从而抑制由单元间侵入导致的网格畸变问题。FIDCD方法利用中心差分法的位移格式以及控制方程关于从 t_{n+1} 时刻到 t_{n+2} 时刻的位移增量 $\Delta \boldsymbol{d}_{t_{n+1}}$ 为线性关系将该问题的求解分为两个计算步，分别为求解不考虑接触的无约束动量方程以及考虑接触后对解的修正。其中第一个计算步通过不考虑接触的控制方程

$$\tilde{\boldsymbol{M}} \Delta \hat{\boldsymbol{d}}_{t_{n+1}} + \boldsymbol{M} \tilde{\boldsymbol{a}}_{t_{n+1}} + \boldsymbol{f}_{t_{n+1}}^{int} = \boldsymbol{f}_{t_{n+1}}^{ext} \tag{22}$$

计算位移增量 $\Delta \hat{\boldsymbol{d}}_{t_{n+1}}$，其中 $\tilde{\boldsymbol{M}} = \boldsymbol{M} / \Delta t^2$，$\boldsymbol{M} = \int_{\Omega_{t_0}} \rho_0 \boldsymbol{N}^T \boldsymbol{N} dV_{t_0}$，$\tilde{\boldsymbol{a}}_{t_{n+1}} = -\boldsymbol{v}_{t_n} / \Delta t - \boldsymbol{a}_{t_n} / 2$。第二个计算步求解考虑接触后真实的位移增量 $\Delta \boldsymbol{d}_{t_{n+1}}$，根据控制方程可知该步求解

$$\tilde{\boldsymbol{M}} \left(\Delta \boldsymbol{d}_{t_{n+1}} - \Delta \hat{\boldsymbol{d}}_{t_{n+1}} \right) = \boldsymbol{f}_{t_{n+1}}^{con} \tag{23}$$

满足 t_{n+2} 时刻接触约束条件，即

$$\begin{aligned} &\hat{\boldsymbol{g}}_{t_{n+2}}^N + \boldsymbol{G}_N \tilde{\boldsymbol{M}}^{-1} \boldsymbol{f}_{t_{n+1}}^{con} - \lambda_N^c \boldsymbol{n} = 0 \\ &\hat{\dot{\boldsymbol{g}}}_{t_{n+2}}^T + \frac{1}{2\Delta t} \boldsymbol{G}_T \tilde{\boldsymbol{M}}^{-1} \boldsymbol{f}_{t_{n+1}}^{con} + \lambda_T^c \frac{\boldsymbol{s}_{t_{n+1}}^T}{\left\| \boldsymbol{s}_{t_{n+1}}^T \right\|} = 0 \end{aligned} \tag{24}$$

式中，$\hat{\boldsymbol{g}}_{t_{n+2}}^N = \boldsymbol{g}_{t_{n+1}}^N + \boldsymbol{G}_N \Delta \hat{\boldsymbol{d}}_{t_{n+1}}$，$\hat{\dot{\boldsymbol{g}}}_{t_{n+2}}^T = \boldsymbol{G}_T \hat{\boldsymbol{v}}_{t_{n+1}}$，$\hat{\boldsymbol{v}}_{t_{n+1}} = \boldsymbol{v}_{t_n} / 2 + \boldsymbol{a}_{t_n} \Delta t / 4 + \Delta \hat{\boldsymbol{d}}_{t_{n+1}} / 2\Delta t$，并且求解需满足式(3)及式(5)中的接触动力学 Kuhn-Tucker 条件。该步实际转化为含约束条件的二次规划问题，使用共轭梯度法进行求解[9]。最后根据得到的位移增量更新 t_{n+1} 时刻的速度与加速度。FIDCD 方法是条件稳定的显式方法，其与中心差分法具有一致的临界时间增量步。若 $\Delta t = t_{n+1} - t_n$，使用 FIDCD 方法对大变形碰撞问题进行计算的流程如下：

(1) 计算外力 $\boldsymbol{f}_{t_{n+1}}^{ext}$；

(2) 求解无接触约束动量方程式(22)，得到不考虑接触时的位移增量 $\Delta \hat{\boldsymbol{d}}_{t_{n+1}}$；

(3) 更新加速度 $\hat{\boldsymbol{a}}_{t_{n+1}}$、速度 $\hat{\boldsymbol{v}}_{t_{n+1}}$，其中 $\hat{\boldsymbol{a}}_{t_{n+1}} = \tilde{\boldsymbol{a}}_{t_{n+1}} + \Delta \hat{\boldsymbol{d}}_{t_{n+1}} / \Delta t^2$；

(4) 根据式（24）及约束条件计算接触力 $\boldsymbol{s}_{t_{n+1}}$ 以及考虑接触后的真实位移增量 $\Delta \boldsymbol{d}_{t_{n+1}}$；

(5) 更新速度 $\boldsymbol{v}_{t_{n+1}} = \hat{\boldsymbol{v}}_{t_{n+1}} + \left(\Delta \boldsymbol{d}_{t_{n+1}} - \Delta \hat{\boldsymbol{d}}_{t_{n+1}} \right) / 2\Delta t$、加速度 $\boldsymbol{a}_{t_{n+1}} = \hat{\boldsymbol{a}}_{t_{n+1}} + \left(\Delta \boldsymbol{d}_{t_{n+1}} - \Delta \hat{\boldsymbol{d}}_{t_{n+1}} \right) / \Delta t^2$、位移 $\boldsymbol{d}_{t_{n+2}} = \boldsymbol{d}_{t_{n+1}} + \Delta \boldsymbol{d}_{t_{n+1}}$；

(6) 计算下一时刻应力以及内力 $\boldsymbol{f}_{t_{n+2}}^{int}$，其中使用径向返回算法计算塑性应变增量并更新应力[10]；

根据位移增量更新单元节点坐标。

3 数值算例

3.1 高速旋转杆撞击

3.1.1 算例描述

两长100 mm、截面尺寸20 mm×10 mm的金属杆初始间距为5 mm，其中一杆以一定的轴向平动和绕轴向的旋转初速度撞击另一杆，使用本文方法与LS-DYNA对该问题进行模拟并对比计算结果。撞击杆轴向冲击初速度设置为75 m/s，初始旋转角速度设置为15000 rad/s。两杆材料属性相同，均为理想塑性材料，密度为7800 kg/m³，弹性模量为210 GPa，屈服强度为350 MPa，泊松比为0.3。采用均匀八节点六面体网格，网格特征尺寸为2 mm。LS-DYNA模拟接触采用*CONTACT_ERODING_SURFACE_TO_SURFACE命令的默认设置。

3.1.2 计算结果

本文方法与LS-DYNA对该问题的模拟结果分别如图2和图3所示，其中显示了碰撞过程中两杆的运动变形以及Mises等效应力演化，可见结果基本一致，证明了本文方法的合理性。具有一定旋转速度的撞击杆冲击静止杆后，静止杆发生局部变形，同时一部分转动能通过接触面局部剪切传到被撞击杆，进而带动被撞杆的转动。另一方面，杆末端产生的自由面反射波不断传到碰撞面使得两杆逐渐分离。当两杆完全分离后，被撞杆获得了恒定的轴向平动速度及绕轴向的转动速度。因此，数值方法对碰撞接触局部变形的模拟准确度基本决定了其能否准确捕捉该过程被撞杆的旋转运动。从图2和图3可见，本文方法与LS-DYNA对该问题的模拟主要差异是在250 μs以后，即碰撞的后期。LS-DYNA的结果中两杆碰撞端发生了不同程度的网格畸变，从图4显示的300 μs碰撞局部网格变形中可以更清晰地看到。这主要由于其使用更新拉格朗日及蛙跳式中心差分算法使得控制方程涉及的变量构型不一致，同时罚函数接触算法引起了单元侵入，这些因素共同导致了精度损失从而在强非线性问题计算时更易诱发网格畸变。

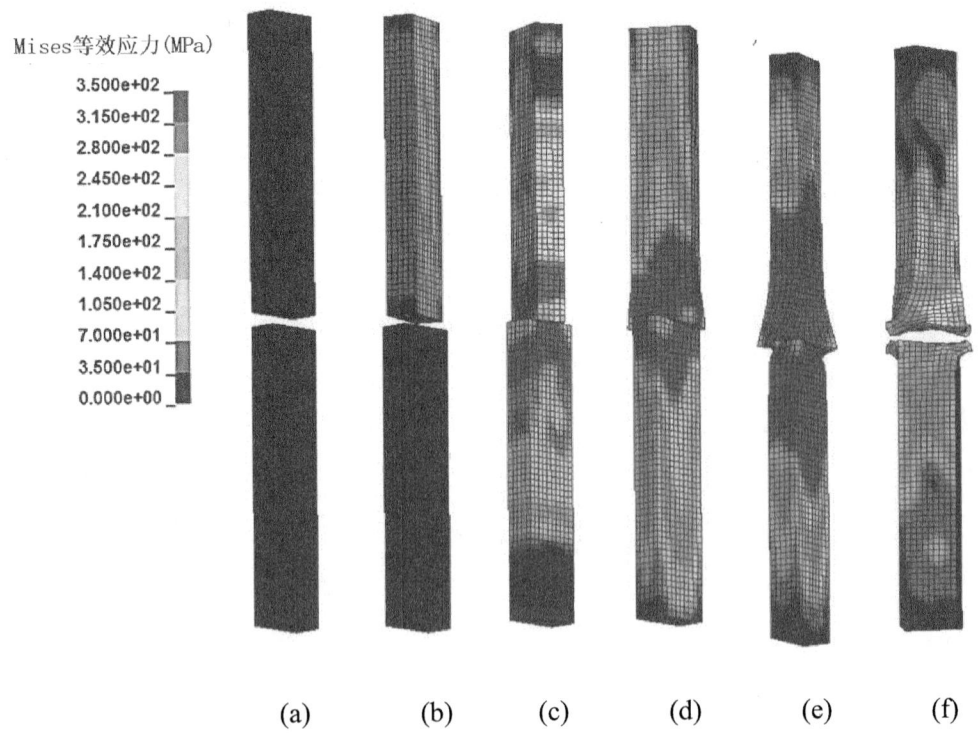

图2 本文方法计算结果，(a)-(f) 分别为0、20、80、140、250、570 μs时刻两杆变形状态

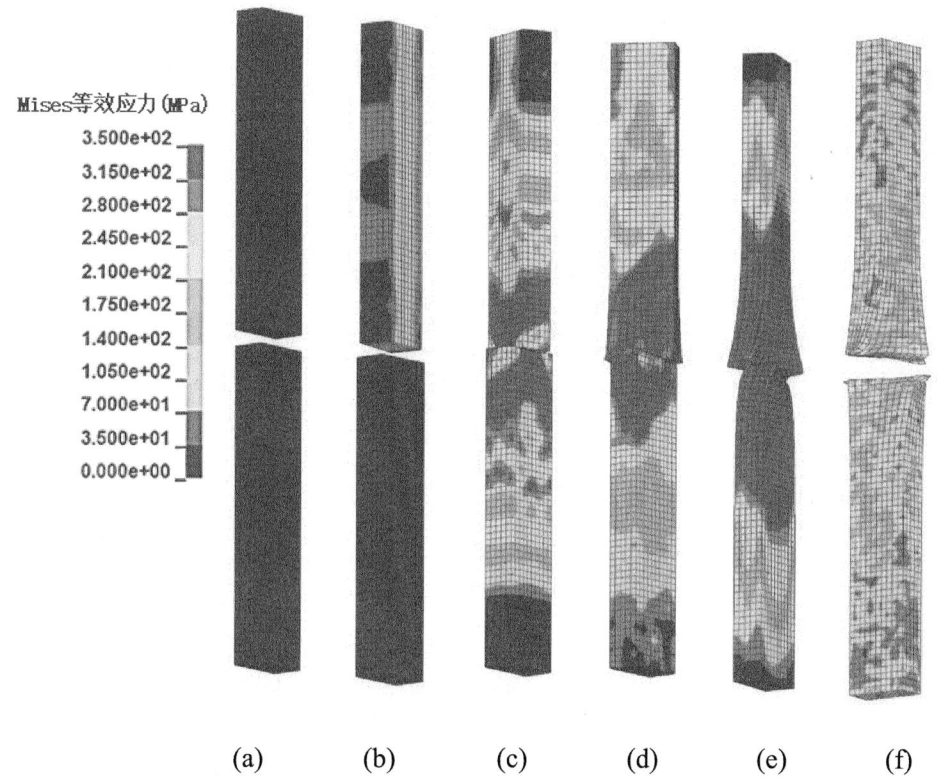

图 3 LS-DYNA 计算结果，(a)-(f) 分别为 0、20、80、140、250、570 μs 时刻两杆变形状态

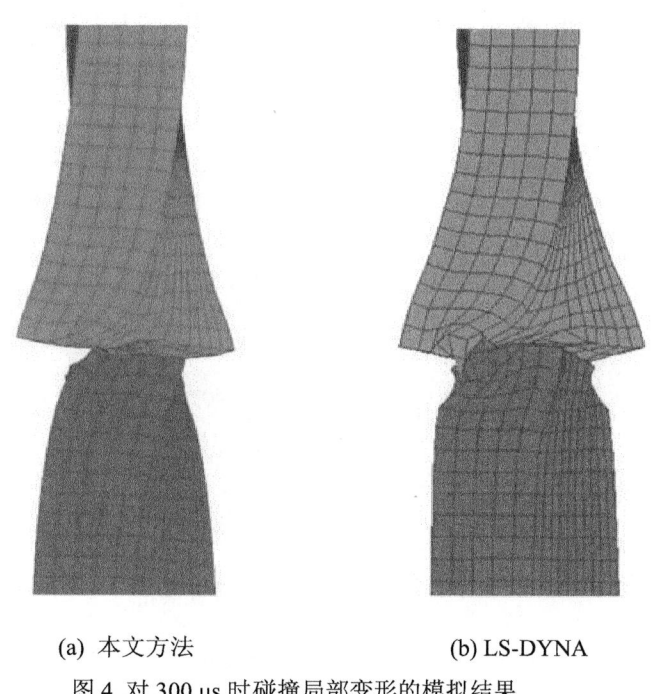

(a) 本文方法　　　　　(b) LS-DYNA

图 4 对 300 μs 时碰撞局部变形的模拟结果

图5对比了本文方法与LS-DYNA对被撞杆末端平面面内转动角速度的计算结果。LS-DYNA计算后期产生的局部网格畸变延长了两杆接触碰撞时间，增加了传入被撞杆的转动能，进而使被撞杆具有更高的转动速度。本文方法的模拟结果中300 μs后两杆即发生分离，角速度曲线中的波动是由弹性波的传播导致。

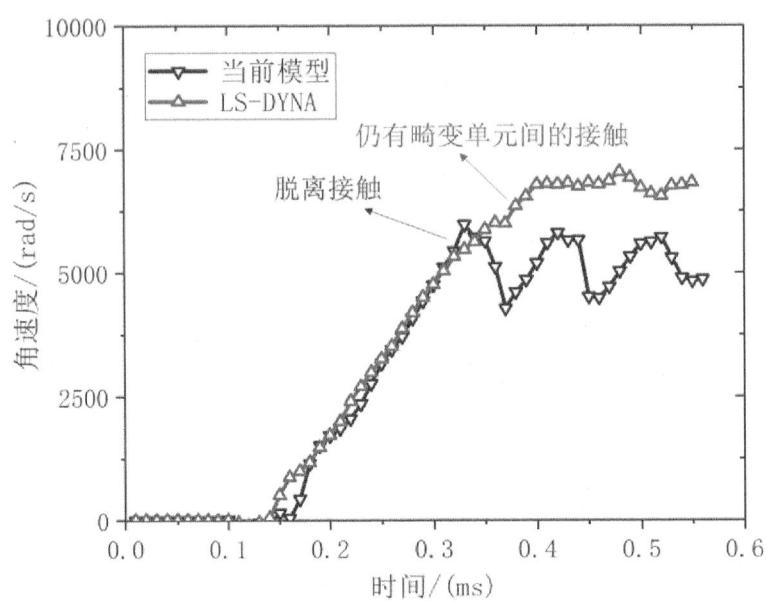

图 5 本文方法与 LS-DYNA 对被撞杆末端旋转角速度的计算结果对比

3.2 Taylor 杆撞击

3.2.1 算例描述

一长为100 mm、半径为10 mm的金属圆杆以一定轴向初速度撞击尺寸为89 mm×89 mm×80 mm的金属块状靶体,如图6所示,使用本文方法与LS-DYNA对该问题进行模拟并对比计算结果。撞击杆与靶体的材料属性如表1所示。采用均匀八节点六面体网格,撞击杆与靶体网格特征长度分别取为2 mm、2.8 mm。在LS-DYNA中采用*CONTACT_ERODING_SURFACE_TO_SURFACE命令的默认设置以模拟接触。以下设置不同的撞击杆初始速度进行数值模拟及结果分析。

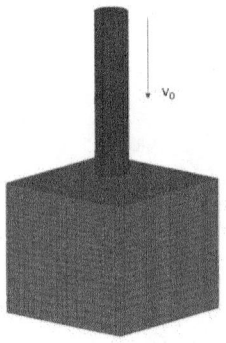

图 6 几何模型及网格

表 1 材料参数

撞击杆			
$\rho_0(\text{kg/m}^3)$	$E(\text{GPa})$	ν	$\sigma_Y(\text{MPa})$
4419	255.6	0.162	861.8
靶体			
$\rho_0(\text{kg/m}^3)$	$E(\text{GPa})$	ν	$\sigma_Y(\text{MPa})$
7800	396.9	0.167	620

3.2.2 v_0=400 m/s 计算结果

首先取撞击杆初速度为400m/s，通过本文方法和LS-DYNA计算的100μs时圆柱撞击杆的变形状态如图7所示。显然，与靶体发生碰撞的杆前端产生局部塑性大变形，其出现明显的横向墩粗。二者计算结果上的差异与数值方法对几何大变形的描述方法及接触力求解密切相关。通过撞击杆上不同位置处质点的速度历史对本文方法与LS-DYNA的计算结果进行定量比较，如图8所示。可见，二者对撞击杆的降速过程模拟结果基本一致，碰撞冲击前期一系列小的速度波动也均能得到合理捕捉。

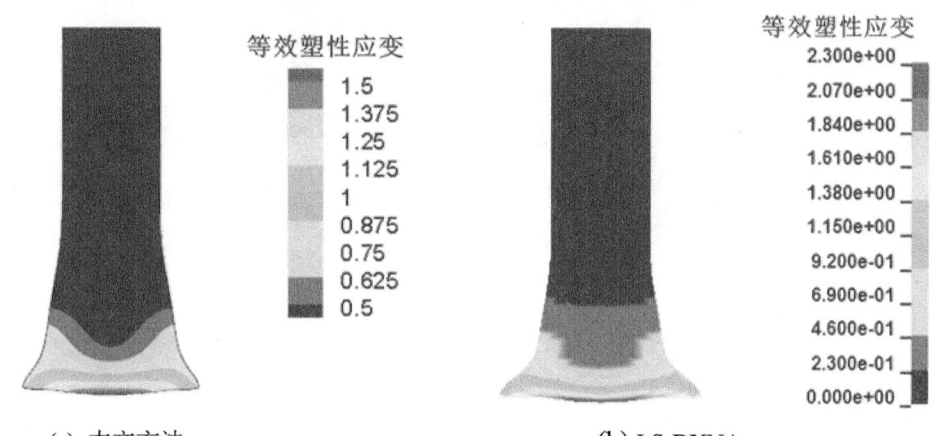

图 7 v_0=400 m/s，本文方法与 LS-DYNA 对撞击杆在 100 μs 时的等效塑性应变模拟结果

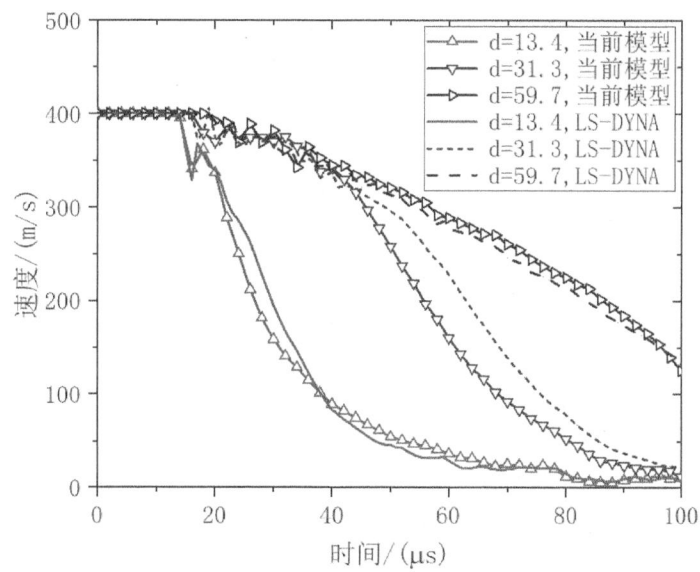

图 8 v_0=400 m/s，本文方法与 LS-DYNA 对撞击杆上距接触面不同距离处材料点的速度历史计算结果对比

3.2.3 v_0=800 m/s 计算结果

设置撞击杆初速度为800 m/s，再次用本文方法与LS-DYNA对该碰撞问题进行计算。图9和图10给出了二者的计算结果。可见，相较于v_0=400 m/s，撞击杆碰撞前端局部塑性大变形更加显著。随着撞击杆对靶体的挤压，其前端周边不断受到靶体的钝化而沿垂直于冲击方向的平面延展，形成蘑菇盖状变形。同时大的塑性流动使杆体前端中心部位逐渐被锐化。这必然使得局部网格发生大的横向伸长以及纵向缩短，严重影响网格质量。在不删除单元的情况下，撞击杆锐化到一定程度极易产生单元畸变使得计算无法进行。通过图10可知，本文方法能较好地捕捉到撞击杆的冲击锐化过程，在大变形碰撞下单元抗畸变能力显然要高于LS-DYNA。LS-DYNA使用蛙跳式中心差分格式及罚函数接触算法使得在

撞击杆与靶体接触碰撞的早期网格之间就发生侵入现象。同时其控制方程计算时相关变量未基于一致构型取值，这与单元侵入现象叠加大大降低计算准确度，使其在计算该大变形碰撞问题时发生单元畸变，无法得到正确结果。通过对该算例的分析可以验证本文计算方法的健壮性，也说明其在模拟大变形碰撞问题方面具有优势。

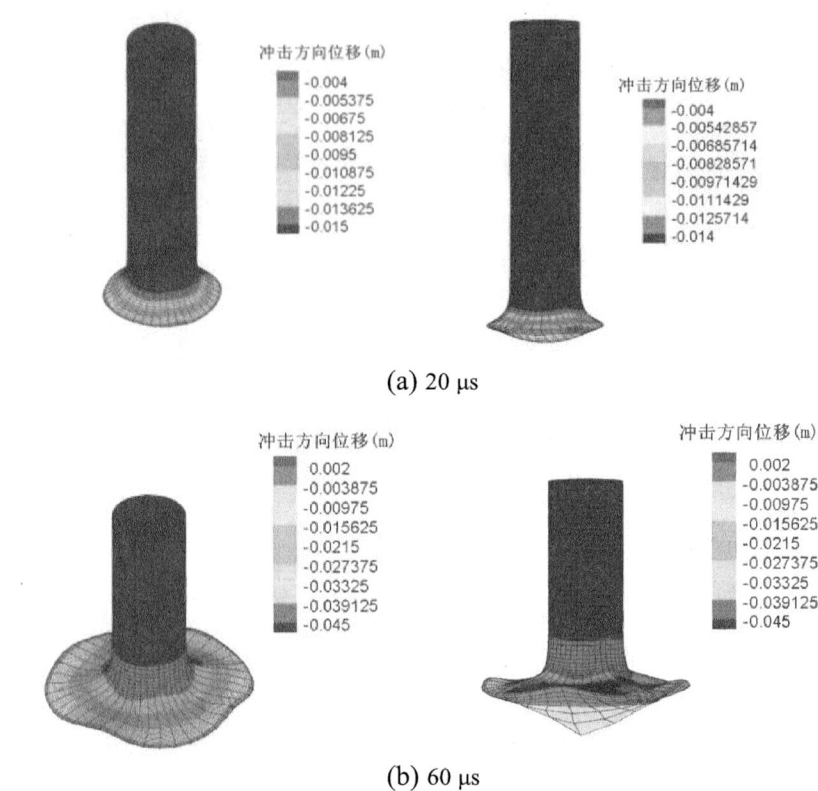

图 9 v_0=800 m/s，本文方法对撞击杆在不同时刻变形的模拟结果

(左右两图为同一变形状态不同视角显示)

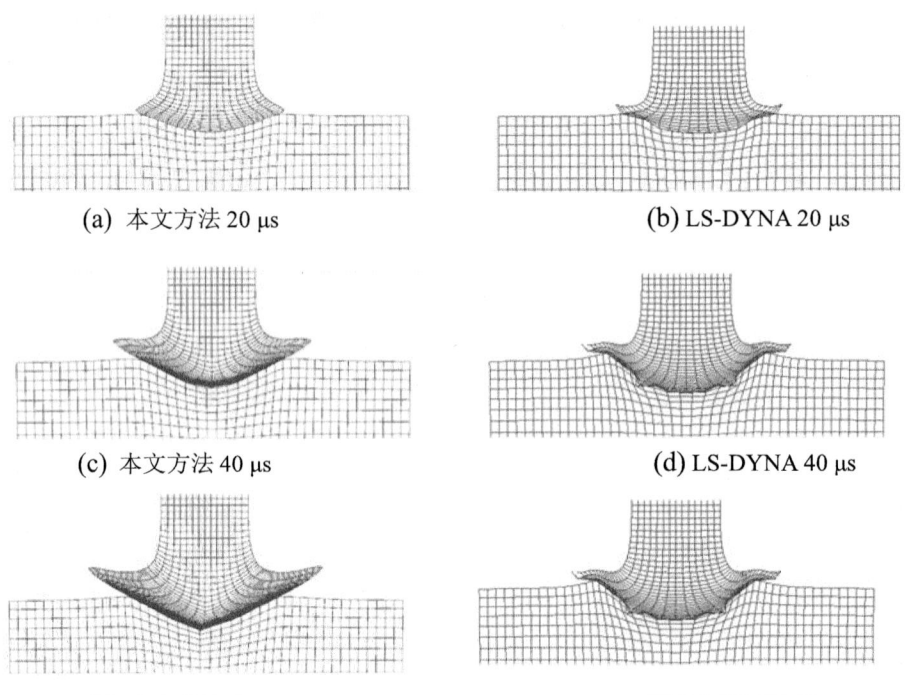

图 10 v_0=800 m/s，本文方法与 LS-DYNA 对 20 μs、40 μs、60 μs 时撞击杆与靶体接触局部变形的模拟结果

4 结 论

为了提高固定网格拉格朗日有限元模拟强非线性问题的健壮性,克服经典冲击动力学软件结合更新拉格朗日格式、蛙跳式显式中心差分法、罚函数法等模拟大变形碰撞问题所存在的单元畸变问题,本文基于任意参考构型理论,建立构型一致的动量方程拉格朗日有限元格式,避免数值计算时采用中间构型变量值而损失计算精度,以更准确地描述材料几何大变形;通过使用前增量位移的时间积分方法将动量方程的求解分为无约束预测步与接触修正步,使得计算步更新后接触非侵入条件仍严格满足,能够避免网格间侵入现象。为验证计算方法的正确性,模拟了高速旋转杆撞击及经典 Taylor 杆高速冲击问题。结果显示更准确的几何非线性描述以及非侵入算法能够有效抑制大变形碰撞过程的单元畸变,显著提高计算的健壮性。与商业软件 LS-DYNA 相比,该方法在模拟大变形碰撞问题方面具有优势。

参 考 文 献

[1] HALLQUIST J O. LS-DYNA Theory Manual[Z]. Livermore Software Technology Corporation, 2006.

[2] ABAQUS. Abaqus Theory Guide[Z]. USA Version 6.10, 2010.

[3] BELYTSCHKO T, LIU W K, MORAN B. Nonlinear finite elements for continua and structures[B]. J. Wiley and Sons, New York, 2000.

[4] 张雄, 王天舒, 刘岩. 计算动力学(第二版)[M]. 北京: 清华大学出版社, 2015.

[5] CAMACHO G T, ORTIZ M. Adaptive lagrangian modeling of ballistic penetration of metallic targets [J]. Computer Methods in Applied Mechanics and Engineering, 1997, 142: 269-301.

[6] ZHOU X, et al. A robust consistent configuration framework and formulation for 3D finite strain dynamic impact problems [J]. Computer Methods in Applied Mechanics and Engineering. 2008, 197: 4571-4590.

[7] ZHOU X., et al. On the new concept and foundations of an arbitrary reference configuration (ARC) theory and formulation for computational finite deformation applications-Part I: elasticity [J]. International Journal for Computational Methods in Engineering Science and Mechanics. 2006, 7: 331-351.

[8] ZHOU X, et al. On the new concept and foundations of an arbitrary reference configuration (ARC) theory and formulation for computational finite deformation applications-Part II: elasto-plasticity [J]. International Journal for Computational Methods in Engineering Science and Mechanics. 2006, 7: 353-367.

[9] SHA D, et al. Robust explicit computational developments and solution strategies for impact problems involving friction [J]. International Journal for Numerical Methods in Engineering. 1996, 39: 721-739.

[10] BORDEN M J, HUGHES T J, LANDIS C M, et al. A phase field formulation for fracture in ductile materials: Finite deformation balance law derivation, plastic degradation, and stress triaxiality effects [J]. Computer Method s in Applied Mechanics and Engineering, 2016, 312: 130-166.

A robust finite-element formulation for large-deformation impact problems based on arbitrary reference configuration theory

CHU Dongyang[*,1,2], ZHOU Zhangtao[1,2], LIU Guozhen[1,2], WANG Jun[1,2]

(1. TaiHu Laboratory on Deepsea Technology and Science, Wuxi 214082, China;
2. China Ship Scientific Research Center, Wuxi 214082, China)

Abstract

The impact is an important load threatening the safety of ship structures. Ship structures are prone to large local plastic deformation, damage, failure and other strong nonlinear responses under impact loading, which bring great difficulties to the finite-element simulation of this problem. Based on the arbitrary reference configuration theory, this paper establishes the Lagrangian finite-element formulation of the momentum equation with consistent configuration to describe the large deformation of materials more accurately. By adopting the time integration method of forward incremental displacement, the non-penetration contact condition is still strictly satisfied after the incremental step is updated. This can avoid mesh inter-penetration. More accurate geometry nonlinear description and non-penetration contact algorithm can effectively suppress the mesh distortion for modelling the large-deformation impact problems and improve the robustness of the numerical program. The simulation results of the classical Taylor bar high-speed impact problem verify the robustness of the proposed computational method and show the advantages of this method in simulating large-deformation impact problems compared with the commercial software LS-DYNA.

Key words: Geometry nonlinear; Non-penetration contact; Arbitrary reference configuration; Impact dynamics

作者简介

初东阳　男，1993年生，工程师。主要从事水下爆炸冲击与防护等方面工作。
周章涛　男，1984年生，高级工程师。主要从事水下爆炸冲击与防护等方面研究。
刘国振　男，1976年生，研究员。主要从事水下爆炸冲击与防护等方面工作。
汪　俊　男，1978年生，研究员。主要从事水下爆炸冲击与防护等方面工作。

*通讯作者：初东阳

基于 ALE 流固耦合方法的冰山与系泊平台碰撞模拟

张　岩，张松宝，赵伟栋*

（哈尔滨工业大学（威海）　海洋工程学院，威海　264209）

摘　要

在冰区油气开发中，浮式半潜式平台会不可避免地与冰山发生碰撞。采用 ALE（Arbitrary Lagrangian-Eulerian）流固耦合方法建立冰山-系泊平台碰撞有限元模型，针对某半潜式平台与球形冰山的相互作用过程进行数值模拟，考虑平台立柱结构的变形、流固耦合及系泊系统作用，分析冰山不同碰撞速度对碰撞力、平台结构响应以及系泊缆绳受力的影响。该数值模型可以较为充分地模拟浮式半潜式平台与冰山的相互作用过程，并得出冰山碰撞速度对冰山-浮式半潜式平台碰撞的影响规律。研究成果可为半潜式海洋平台的结构设计及系泊系统的设计提供参考。

关　键　词：浮式半潜式平台；系泊系统；冰山-平台碰撞；ALE 流固耦合方法
中图分类号：U661.1

0 引　言

随着全球气候变暖，北极冰川加速融化，致使冰山逐渐增多，给工作于冰区的浮式平台结构安全带来了巨大的挑战。为了合理科学的设计平台结构，避免平台在与冰山和浮冰碰撞后造成更大的损失，必须细致的研究平台与冰山的碰撞。

目前国内外针对抗冰海工结构的研究一般集中在固定式平台或者船型结构上，对于对称的大尺寸的浮式平台抗冰设计及冰载荷计算研究较为罕见。除了年代较为久远的一些关于浮式平台与海冰的模型试验，其他的国内外对浮式抗冰平台的研究较少，主要有以下内容：Bonnemaire等[1]开发了一个数值模型来评估结构响应，并对系泊状态下的浮式生产平台(Floating Production Unit，FPU)和SPAR平台做了不同冰参数对结构物运动响应的敏感性分析。Zhou等[2]采用二维数值模拟模拟了平整冰和系泊船舶的动态冰力，并通过对不同冰厚度和冰漂移速度的参数敏感性分析研究了系泊船舶的系泊力和运动响应。在此基础上，Zhou等[3]又研究了冰层厚度、冰层漂流速度和整体系泊刚度对系泊船系泊力和响应的影响。Karulin和Karulina[4]基于离散元方法对海冰进行建模，比较了在有无海冰情况下半潜式海洋平台的运动响应和系泊线张力。刘璐和季顺迎[5]使用基于闵可夫斯基和论的膨胀多面体单元来描述不规则粒子单元的几何形状，之后采用离散元方法对Kulluk平台的冰载荷进行分析。徐述[6]建立了结构物-海冰-锚链耦合模型，对不同浮冰密集度、不同浮冰流速、不同浮冰厚度条件下的系泊船进行讨论与分析。杨佳东[7]结合数值模拟方法对碎冰以及平整冰和结构物相互作用的完整过程进行了数值仿真，研究了海冰以及结构物的不同参数对二者相互作用的影响。在此基础上，利用海洋工程系泊分析软件的二次开发功能，研究了系泊状态下不同形式的结构物在受海冰作用下的运动响应。

收稿日期：2022-10-19；修改稿收稿日期：2022-11-07
基金项目：山东省自然科学基金项目(ZR20210928001)

在海冰与系泊平台的模拟中，大多数学者考虑系泊平台在碎冰作用下平台的运动响应与系泊力的变化，较少考虑系泊平台与海冰在碰撞过程中的结构响应。本文采用ALE流固耦合方法建立冰山-系泊平台有限元模型，在不同碰撞速度下对系泊平台立柱与冰山的碰撞过程进行数值模拟，同时对不同工况下碰撞力、平台结构响应以及系泊缆绳受力变化情况进行分析，用以指导半潜式海洋平台的结构及系泊系统设计。

1 ALE流固耦合算法及系泊系统设计

1.1 ALE流固耦合方法

采用ALE算法模拟冰山与系泊半潜式平台在水中的碰撞问题。流体区域涉及气相和液相流动，使用ALE网格进行描述，冰山及平台由拉格朗日网格进行描述。通过罚函数耦合约束方法将结构与流体耦合在一起，实现力学参数的传递。

在处理流体的有限元计算中，需要两种方式来描述材料：本构模型和状态方程。本构模型用来描述应力偏量与压力之间的关系，通过关键字*MAT_NULL来进行定义。状态方程用来描述体积变形与压力之间的关系，空气和水均使用LINER_POLY_NOMIAL线性状态方程，它表达起始体积与内部能量的线性关系，其表达式如下：

$$p_a = C_0 + C_1\mu_a + C_2\mu_a^2 + C_3 + (C_4 + C_5\mu_a + C_6\mu_a^2)E_a \tag{1}$$

式中，μ_a为气体体积变化率；E_a为气体的体积内能；$C_0 \sim C_6$为线性多项式状态方程系数。

空气的密度为1.18 kg/m^3，水的密度为998.21 kg/m^3，空气和水的截断压力均为-10 Pa，空气的粘度为$1.844e^{-5} \text{ N·s/m}^2$，水的粘度为$1.79e^{-3} \text{ N·s/m}^2$。对于空气来说，$C_0$、$C_1$、$C_2$、$C_3$、$C_6$为0，$C_4=C_5=0.4$，$E_0=2.533e5$ Pa，$V_0=1$，对于水来说，$C_0=1.0133e5$，$C_1=2.25e^9$，$C_2=C_3=C_4=C_5=0.4$，$E_0=0$ Pa，$V_0=0$。

1.2 系泊系统设计

LINK167缆单元在实际中经常被用来模拟索，此单元不产生压力。

系泊系统和平台下部浮体通过铰接的方式连接，组成多体系统。选用球铰约束命令*CONSTRAINED_JOINT_SPERICAL，耦合两连接体的全部平动自由度，不限制所有转动自由度，铰接的两构件端点应满足坐标相同，但节点编号不同的条件。考虑到该命令仅适用于刚体间的连接，而平台和缆绳均是是非刚体，因此设置两个刚体进行球铰耦合，之后采用*CONSTRAINED_EXTRA_NODES_SET命令分别将缆绳和平台与所对应的刚体进行连接，从而达到球铰耦合的效果。

2 模型参数验证

2.1 海冰模型参数验证

海冰材料采用较多学者数值模拟所用的LS-DYNA中的*MAT_13号材料，这是一种弹塑性失效材料模型，优点是可以模拟宏观裂纹扩展，采用的是von-Mises屈服准则。

为了验证冰体材料力学性能的可靠性，本节选用Kim等[8]人开展的圆锥冰体压缩实验的一组试验工况来作为有限元数值模拟对象。圆锥冰直径为100 mm，圆锥冰锥角为150°，加载速率为100 mm/s。冰体材料参考Kim等[8]和闫孟娇[9]的论文数据，海冰的材料密度为893 kg/m^3，剪切模量为2.2 GPa，屈服应力为2.04 MPa，塑性硬化模量为4.26 GPa，体积模量为5.26 GPa，塑性失效应变为0.01，截断压力为-4 MPa，网格尺寸选用2.5 mm×2.5 mm×2.5 mm，并将海冰与板相背一侧的冰单元施加约束，将六个自由度方向固定，钢板选用刚体材料，钢板的密度为7850 kg/m³，杨氏模量为200 GPa，泊松比为0.3，网格尺寸选用5 mm×5 mm×2.5 mm，给刚性板施加100 mm/s的恒定碰撞速度。有限元数值模型如图1所示。

图1 有限元数值模型

图2为压力-碰撞面积曲线及碰撞力-位移曲线，所参考的文献数值模拟采用的是可压缩泡沫型冰体材料模型，采用"最大主应力"失效准则来定义冰体破坏失效准则。从碰撞力-位移曲线结果我们可以看出：各向同性弹塑性失效模型(MAT13)的计算过程会出现多个峰值，并出现多次加载过程，这也与实际冰模型试验冰的破碎过程比较接近，且碰撞力-位移曲线吻合程度很高。从压强-接触面积曲线可以看出：初始阶段，由于接触面积较小使得碰撞力不稳定，数值模拟的结果和试验的结果波动都较大，随着接触面积增大，曲线的吻合程度逐渐变好。因此从整体上看，选用各向同性弹塑性失效材料与实际冰材料有很好的相似度，应用于冰山-系泊平台碰撞研究可以得到相对可靠的结果。

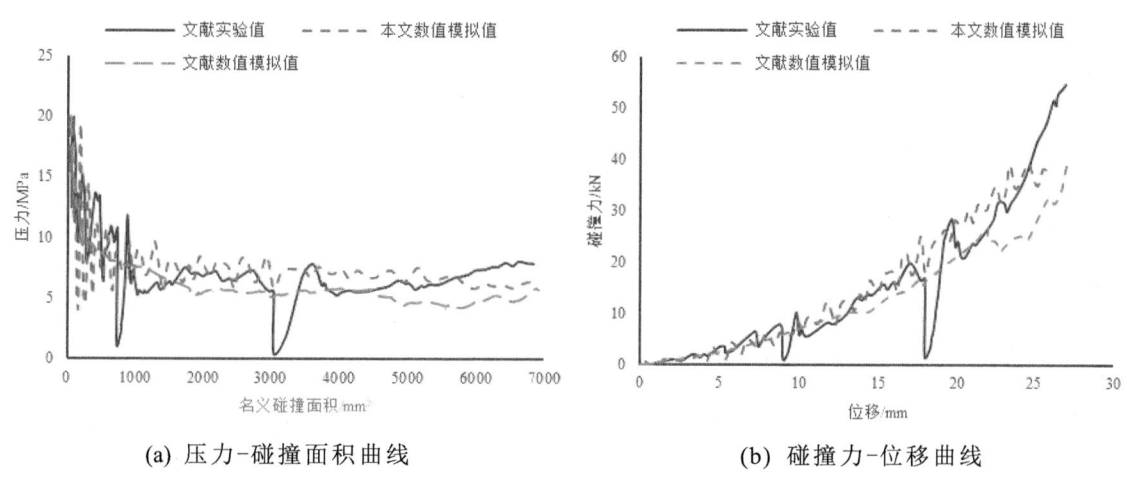

(a) 压力-碰撞面积曲线　　　　　　　(b) 碰撞力-位移曲线

图2 压力-碰撞面积曲线和碰撞力-位移曲线图

2.2 冰山-系泊平台计算模型网格无关性验证

选择具有代表性的球形冰山，球形冰山的半径为4 m，长度为7.5 m，球形冰山的后半部分被设置成刚体，用来模拟冰山整体的作用力。冰山的模型如图3所示。

平台总长114.07 m，总宽78.68 m，箱型甲板底部距基线高度为30 m，上甲板距基线高度为38.6 m，下浮体长度为114.07 m，下浮体宽度为20.12 m，下浮体高度为8.54 m，双浮体中心线之间的距离为58.56 m，立柱长度和高度均为17.385 m，立柱倒角半径为3.96 m，立柱中心线纵向间距为58.86 m，横撑直径为1.8 m，吃水深度为17.5 m。半潜式海洋钻井平台有限元仿真模型整体为钢结构模型，除横撑结构外选用的材料是高强度钢，屈服强度为355 MPa，密度为7 850 kg/m³，弹性模量为2.1 MPa，泊松比为0.3，横撑选用的材料是超高强度钢，屈服强度为550 MPa。系泊缆绳的直径为146 mm，长度为600 m，线密度为2 200 kg/m³，轴向刚度为1 240 000 kN，预张力为3 500 kN，缆绳倾角为45°，系泊缆夹角为10°。平台有限元模型整体模型如图4所示，立柱细部结构如图5所示。

  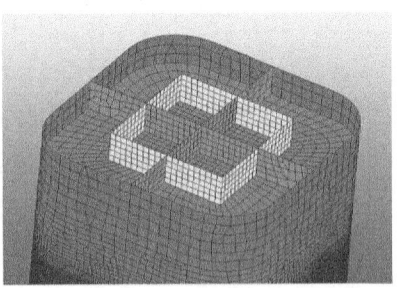

图 3 球形冰山模型　　　　图 4 半潜式海洋平台模型　　　图 5 半潜式海洋平台立柱细部结构

共设置四种工况，结构的加密区单元网格大小依次分别为230 mm、100 mm、75 mm和60 mm，非加密区单元网格为850 mm，加密区和非加密区手动进行过渡。海冰的质量为4 000 t，速度取0.5 m/s，为了完成整个碰撞过程，计算时间取为0.5 s。对上述四种工况进行碰撞分析，求解得到各自的碰撞力时程图如图6。从图6中可以看出，平台加密区网格100 mm、75 mm及60 mm时的碰撞力曲线十分接近，在综合考虑准确性与计算效率后，可以认为当网格为100 mm时碰撞力结果收敛，后续研究中被撞平台选用100 mm的网格进行数值模拟。

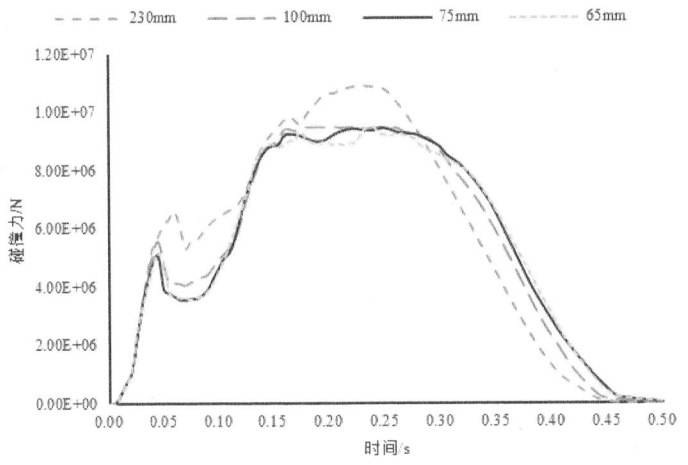

图 6 不同网格尺寸的碰撞力-时程图

3　海冰-系泊平台碰撞仿真分析

3.1　模拟工况

半潜式平台吃水17.5 m，空气域的长为130 m，宽为90 m，高为26 m，水域的长为130 m，宽为90 m，高为24 m，保证流体域在整个空间内包括整个模型并且模型能发生一定位移的运动。

在数值模拟中采用系泊系统对整个半潜式平台进行约束，使冰山以一定的速度与立柱碰撞。为了增加平台运动过程中的稳定性，且与海冰碰撞过程中主要发生X、Z方向上的位移，将整个平台Y方向上自由度进行位移约束，其余方向自由运动。为了增加冰山运动过程中的稳定性，将浮冰Y方向上自由度进行位移约束，其余方向自由运动。为了比较真实的模拟真实情况，碰撞前，冰山距离立柱法向的初始距离为0.4 m，然后以一定的初速度向平台运动。系泊缆绳编号及布置如图7所示。碰撞过程中设置不同的场景，选取冰山的质量为4 000 t，考虑冰山碰撞角度为90°时，冰山的初始速度V =1 m/s、2 m/s、3 m/s、4 m/s、5 m/s、6 m/s、7 m/s、8 m/s、9 m/s、10 m/s时的碰撞工况。

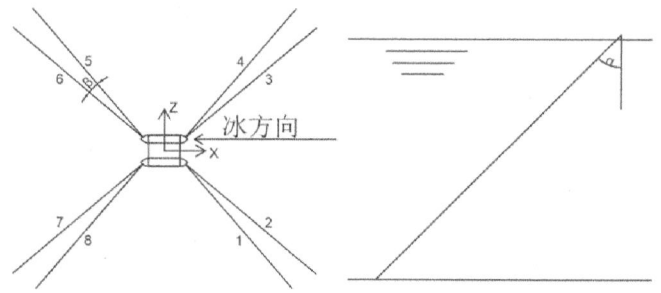

图 7 系泊缆绳编号及布置

3.2 结果分析

3.2.1 碰撞力峰值及立柱碰撞损伤分析

图8所示为平台立柱与海冰在海冰不同速度下的碰撞力曲线。图9为最大碰撞力-海冰初始速度图。图10为立柱细部侵蚀能占比-海冰初始速度图。结合三图进行分析,当冰山速度在1~4 m/s时,最大碰撞力呈现线性增加,且碰撞力-时程图仅有一次峰值,这是因为此时立柱并没有发生破坏,仅有塑性变形。当冰山速度在4~7 m/s时,最大碰撞力出现了下降,且碰撞力-时程图开始出现两次峰值,这是因为当冰山速度大于4 m/s时,立柱开始出现破坏,且随着速度的变化,立柱细部各部分侵蚀能占比出现变化,即立柱细部各部分破坏程度发生改变,当冰山速度在此范围内时,横向框架侵蚀能占比最大,随着速度增加,横向框架侵蚀能占比减小,外板侵蚀能逐渐增加,当速度为4 m/s时,首次碰撞力峰值为$4.10×10^7$N,速度为5 m/s时,首次碰撞力峰值为$2.63×10^7$N,当速度为6 m/s时,首次碰撞力峰值为$1.91×10^7$N,当速度为7 m/s时,首次碰撞力峰值为$1.54×10^7$N,随着速度增加,外板的破坏加快,首次碰撞力峰值降低。当冰山速度在7~10 m/s时,最大碰撞力又开始增加,且碰撞力-时程曲线开始出现三次及三次以上的峰值,这是由于此时立柱细部各部分侵蚀能占比开始达到稳定,使得最大碰撞力出现稳定增加。

由图10得出:当球形冰山速度使平台刚开始出现破坏时,平台横向框架侵蚀能占比最大,平台外板侵蚀能最小。随着球形冰山速度逐渐地增大,平台横向框架侵蚀能占比逐渐减小,平台外板的侵蚀能增加,直到平台外板的侵蚀能占比超过纵向T型材侵蚀能占比。随着球形冰山速度增加到某一值,平台各部分的侵蚀能占比逐渐趋于稳定,但此时横向框架的侵蚀能占比还是远大于其他部分的侵蚀能,平台外板的侵蚀能占比也大于纵向T型材侵蚀能占比。因此对于模拟的系泊平台,在极端海域情况下球形冰山的碰撞,立柱的破坏主要是横向框架,其次是外板,最后是纵向T型材。

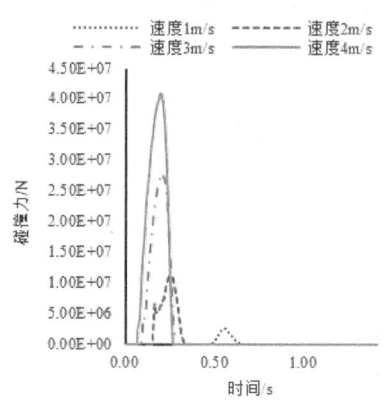
(a) 速度 1~4 m/s

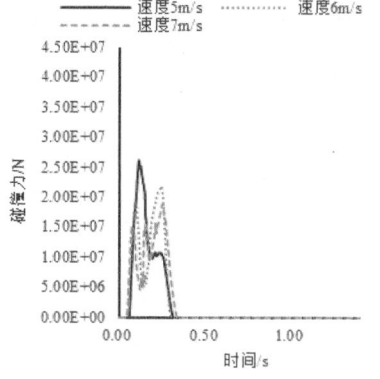
(b) 速度 5~7 m/s

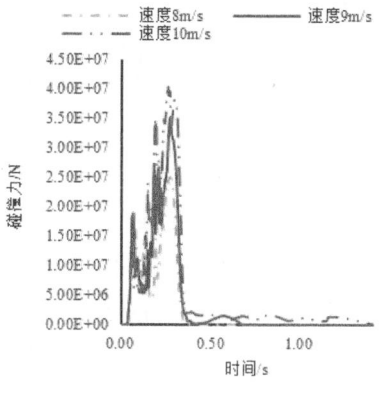
(c) 速度 8~10 m/s

图 8 不同速度下碰撞力-时程图

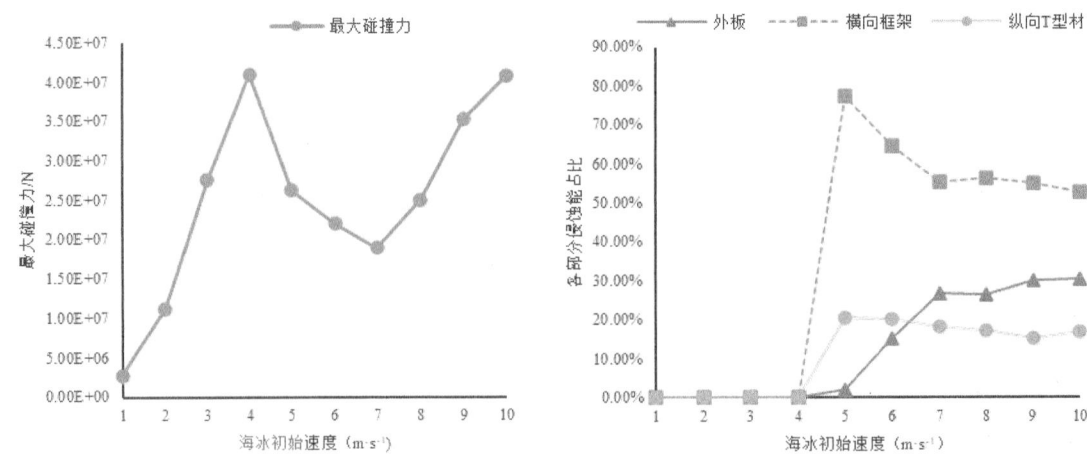

图 9 最大碰撞力-海冰初始速度图　　　　图 10 立柱细部侵蚀能占比-海冰初始速度图

图 11 所示为不同速度下立柱的破坏情况，可以看出，5 m/s 时立柱刚刚开始发生破坏，会造成立柱出现进水，但此时立柱暂无较大的危险，当随着冰山初始速度的增加，立柱受损程度逐渐增大，当速度达到 7 m/s 时，立柱外板出现了较大的开口，此时立柱进水将会非常严重，这将为平台的工作带来很大的风险。

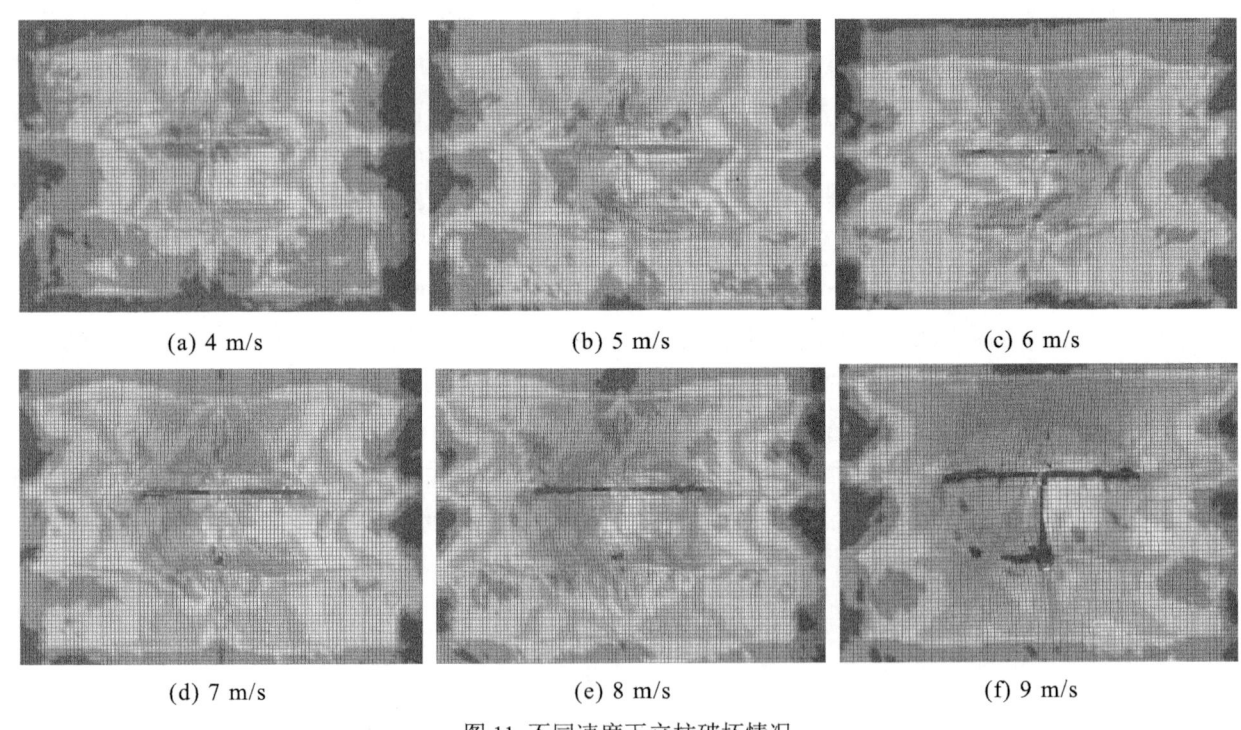

图 11 不同速度下立柱破坏情况

3.2.2 X、Z 方向位移分析

图12为平台在不同海冰速度下系泊平台在X、Z方向发生的位移。从图中可以得出，随着速度的增加，平台在X方向发生的位移呈现线性增加的趋势，变化幅度较大，当冰山速度最大为10 m/s时，平台在X方向发生的位移最大为1.3082 m，平台在Z方向发生的位移呈现先增大后减小的趋势，变化幅度很小，当冰山速度为6 m/s时，平台在Z方向发生的位移最大为0.0572 m，这是由于当冰山速度到达6 m/s后，平台立柱的破坏机制开始不再变化。可以发现，在与冰山的碰撞过程中，平台主要发生海冰碰撞方向的位移。

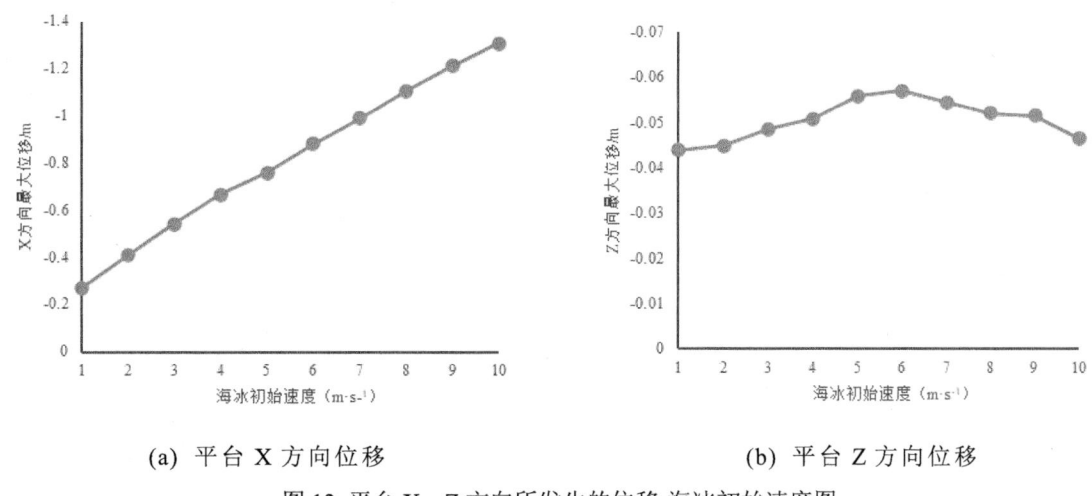

(a) 平台 X 方向位移　　　　　　　　　(b) 平台 Z 方向位移

图 12 平台 X、Z 方向所发生的位移-海冰初始速度图

3.2.3 系泊受力分析

图13为为不同海冰初始速度下系泊力的变化图。从图中可以得出，编号1、2、3、4号系泊缆绳的系泊力随着海冰的速度增大而呈现增大的趋势，1、2号缆绳所受到的系泊力最大且其系泊力十分接近，其次是3号缆绳，4号缆绳所受系泊力最小，且随着海冰速度的增加，1、2号缆绳系泊力的变化幅度很大，3号缆绳变化幅度次之，4号缆绳变化幅度最小。编号5、6、7、8号缆绳的系泊力随着海冰速度的增大呈现减小的趋势，7、8号缆绳所受到的系泊力最小且其系泊力也十分接近，其次是6号缆绳，5号缆绳所受到的系泊力最大，且随着海冰速度的增加，7、8号缆绳系泊力的变化幅度很大，6号缆绳变化幅度次之，5号缆绳变化幅度最小。值得注意的是，当海冰速度较小时，5、6号缆绳系泊力略微小于7、8号缆绳系泊力，7、8号缆绳会出现系泊力大于预张力的现象，这是由于海冰速度很小时，平台X、Z方向发生的位移很小且相差不大引起的。

因此在考虑极端海域情况下球形冰山碰撞平台前端右侧立柱时，设计系泊系统时，主要对系泊力增加的1、2、3、4号缆绳进行加固设计，尤其是1、2号缆绳。

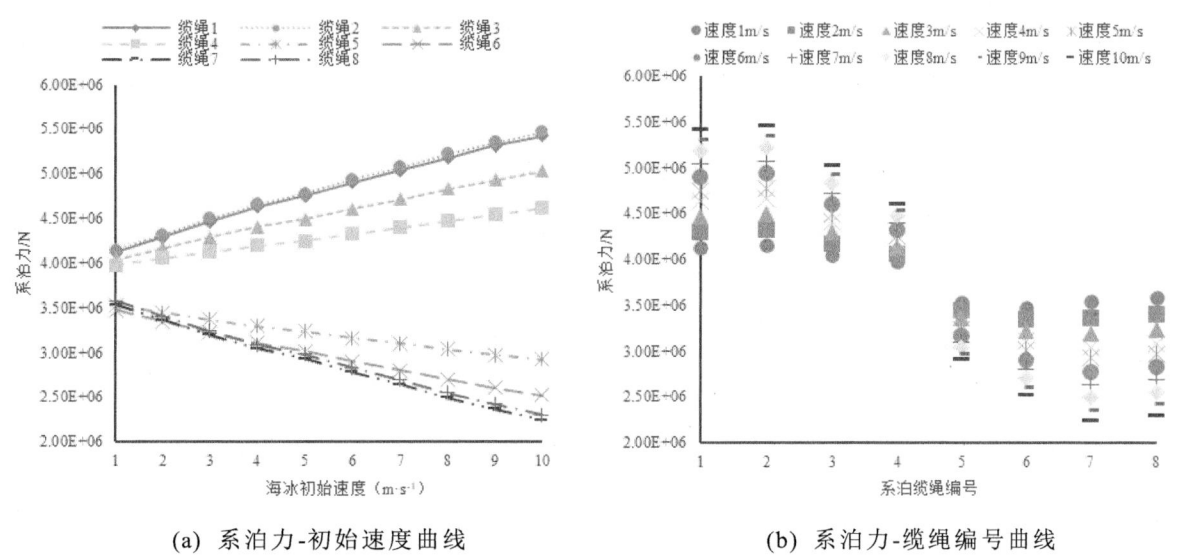

(a) 系泊力-初始速度曲线　　　　　　　　(b) 系泊力-缆绳编号曲线

图 13 不同冰山速度下系泊力变化图

4 结 论

本文基于流固耦合方法（ALE），建立了球形冰山-系泊平台碰撞模拟计算模型。通过对冰材料及系泊系统的验证证明了计算模型的合理性。通过改变海冰的速度进行分析计算，得到了如下主要结论：

（1）对于模拟的系泊平台，随着球形冰山速度的增加，平台立柱的破坏越来越严重。当速度增加到某一值，平台开始发生破坏，随着速度继续增加，平台立柱细部各部分破坏占比发生改变，当速度继续增加到某一值，平台立柱细部各部分破坏占比开始趋于稳定，即平台的破坏机制开始不再改变。且在高速度球形冰山碰撞引起立柱的破坏时，立柱的破坏主要是横向框架，其次是外板，最后是纵向T型材。

（2）在冰山的碰撞下，平台主要发生冰山运动方向的位移，且随着冰山速度增大而增大。而平台在与冰山运动垂直的方向上发生的位移随着冰山速度的增加呈现先增大后减小的趋势，即在海冰速度达到使平台立柱破坏机制不再改变的速度附近时，平台在与冰山运动垂直的方向上发生的位移最大。

（3）在球形冰山碰撞平台前端右侧立柱时，前端立柱缆绳的系泊力随着海冰的速度增大而呈现增大的趋势，后端立柱缆绳的系泊力随着海冰速度的增大呈现减小的趋势。左侧立柱缆绳所受到系泊力的变化幅度较大，右侧立柱缆绳所受系泊力的变化幅度较小。

未来需要的研究方向：

本文并未考虑到系泊缆绳的水动力作用，而实际中缆绳的水动力也会对模拟造成一定的影响，因此，下一步可以考虑更加符合真实情况的系泊系统耦合模型。

参 考 文 献

[1] BONNEMAIRE B, LUNDAMO T, SERRÉ N, et al. Numerical simulations of moored structures in ice: influence of varying ice parameters[C]. Proceedings of the International Conference on Port and Ocean Engineering Under Arctic Conditions, 2011.

[2] ZHOU L, SU B, RISKA K, et al. Numerical simulation of moored ship in level ice[C]. International Conference on Offshore Mechanics and Arctic Engineering, 2011: 855-863.

[3] ZHOU L, SU B, RISKA K, et al. Numerical simulation of moored structure station keeping in level ice[J]. Cold Regions Science and Technology, 2012, 71: 54-66.

[4] KARULINA M, KARULIN E. Challenges of Ice Model Tests with Moored Structures: Effect of Measuring Techniques on the Result and Reconstruction of Ice Loads[C]. Proceedings of the International Conference on Port and Ocean Engineering Under Arctic Conditions, 2015.

[5] LIU L, JI S. Ice load on floating structure simulated with dilated polyhedral discrete element method in broken ice field[J]. Applied Ocean Research, 2018, 75: 53-65.

[6] 徐述. 锚系结构物与海冰相互作用的离散元分析[D]. 哈尔滨：哈尔滨工程大学, 2020.

[7] 杨佳东. 极地环境下海冰与系泊结构物相互作用的时域研究[D]. 上海：上海交通大学, 2020.

[8] KIM H, DALEY C, COLBOURNE B. A numerical model for ice crushing on concave surfaces[J]. Ocean Engineering, 2015, 106: 289-297.

[9] 闫孟娇. 冰碰载荷作用下船体板的冲击动力响应研究[D]. 武汉：武汉理工大学, 2017.

Simulation of Collision Between Iceberg and Mooring Platform Based on ALE Fluid-structure Interaction Method

ZHANG Yan, ZHANG Songbao, ZHAO Weidong*

(School of Naval Architecture & Ocean Engineering, Harbin Institute of Technology at Weihai, Weihai 264209, China)

Abstract

In ice oil and gas development, floating semi-submersible platforms will inevitably collide with icebergs. The ALE (Arbitrary Lagrangian-Eulerian) fluid-structure interaction method was used to establish the iceberg-mooring platform collision finite element model, and the interaction process between a semi-submersible platform and the spherical iceberg was numerically simulated. Considering the deformation of the platform column structure, fluid-structure interaction and the role of the mooring system, the influence of different collision speeds of the iceberg on the collision force, platform structure response and mooring cable force was analyzed. The numerical model can fully simulate the interaction process between the floating semi-submersible platform and the iceberg, and obtain the pattern of influence of iceberg collision speed on the collision of iceberg-floating semi-submersible platform. The research results can provide reference for the structural design of semi-submersible offshore platforms and the design of mooring systems.

Key words: Floating semi-submersible platform; Mooring system; Iceberg-platform collision; ALE fluid-structure method

作者简介

张　岩　女，1980年生，副教授。主要从事船舶与海洋结构物强度、金属材料腐蚀机理和海冰破坏机理等方面研究。
赵伟栋　男，1992年生，讲师。主要从事冰载荷仿真、海工用钢的力学特性分析等方面研究。
张松宝　男，2000年生，硕士研究生。主要从事海洋结构物碰撞仿真等方面研究。
*通讯作者：赵伟栋

船舶结构失效风险的数字化预后监测

王伊凡[1]，连节松[2]，叶远林[2]，胡　龙[2]，刘　炎[1*]

(1. 华中科技大学 船舶与海洋工程学院，武汉 430074；
2. 华中科技大学 计算机科学与技术学院，武汉 430074)

摘　要

　　船舶在海上航行时可能会因结构失效导致高额的经济损失、环境影响和人员伤亡。下一代的数字化船舶技术需要能让用户监测与预报结构安全性能的状态变化，从而加强智能船舶运营、降低失效风险。基于数字化信息交互及结构可靠性技术，本论文提出面向数字化预后监测需求的集成解决方案。结构安全主要针对船体梁的总纵极限强度失效概率分析，基于船舶位置数据、船舶航线信息和天气数据信息融合提供船舶结构风险的预后监测。本文的方法可以按需为航程提供可靠性分析来预报计划航程的潜在结构风险，使运营方能够根据安全性能预报做出反应，比如调整航线、优化预定航速、提高总纵强度的可靠度、增强航行的安全性。论文以一艘散货船为例，展示本文方法的性能及可视化效果。

关　键　词：结构风险预报；可靠性分析；AIS 数据；天气数据；预后分析

中图分类号：U663.2

0 引　言

　　船舶在海上运营一定年限后，受到疲劳和腐蚀对船舶结构的影响，从而会导致船舶的极限强度逐渐退化。在恶劣的海洋环境中航行易发生船舶强度失效，可能会给运营方带来环境污染、资产损失和人员伤亡方面的各种重大影响后果[1]。例如，一艘地中海移民船和一艘位于迪拜的补给船Demas Victory 在遭遇波涛汹涌的巨浪时沉没，这起事故造成至少150人伤亡[2]。为了避免这些不必要的风险，掌握船舶结构安全性能的状态变化及预后监测变得至关重要。论文提出结合数字化技术对船舶结构失效风险进行预后监测的解决方案，提供运营方关于安全可靠性的航运决策支持。

　　在研究船舶结构的安全性能时，船体梁总纵弯曲失效是船舶最严重的破坏事故，相关研究主要针对船体梁总纵极限强度的失效概率计算[3]。考虑到船舶在海上航行时遭遇到波浪等载荷的不确定性，多采用结构可靠性方法来对船体梁总纵弯曲极限强度进行安全性分析，并用可靠度指标来量化结构风险。Chen[4]对多艘浮式生产储存船进行了可靠性分析，并且研究了一些环境因素对船体梁可靠性指标的影响。Hussein[5]研究了三艘根据国际船级社协会(IACS)通用结构规则设计出油轮的剩余强度，并对他们在不同损坏情况下进行可靠性分析。

　　如今，数字化技术已经运用到日益复杂的船舶领域的集成设计、安全性能维护和改进等方面。Lee[6]运用数字化技术来预测船舶运行时遭遇的海浪和流体动力学性能。Giering[7]基于模块化和数字化技术为航运公司提供了全生命周期管理。Bekker[8]基于数字化对海洋环境的综合测量，为极地考察船建立实时监测和决策支持系统。将数字化技术运用到船舶结构失效风险上可以帮助运营方实时掌握船舶的信息，避免船舶航行时发生事故，从而加强智能数字化船舶运营。

收稿日期：2022-10-19；修改稿收稿日期：2022-11-23
基金项目：中央高校基本科研业务费专项资金资助(HUST: 2020kfyXJJS047)

论文将结合数字化信息技术和可靠性技术，为运营方提供面向数字化监测需求的集成解决方案。该方法将融合船舶位置数据、船舶航线信息和天气数据信息对船舶结构风险的实时监测。在运营方掌握了船舶在计划航程的一些潜在风险后，可以做出决策和反应，比如调整航线、优化预定航速、提高总体结构的可靠度、增强航行的安全性。本文以一艘油轮的实时运营状态为例，展示本文方法的性能及可视化效果。

1 数字化船舶结构监测方法

数字化船舶结构失效风险监测需要几个重要要素：船舶位置数据、船舶航线信息和天气数据信息。基于这些信息输入可以在船舶运行时对船舶结构进行可靠度分析和风险监测，图1是该面向数字化监测的集成方案的流程图。

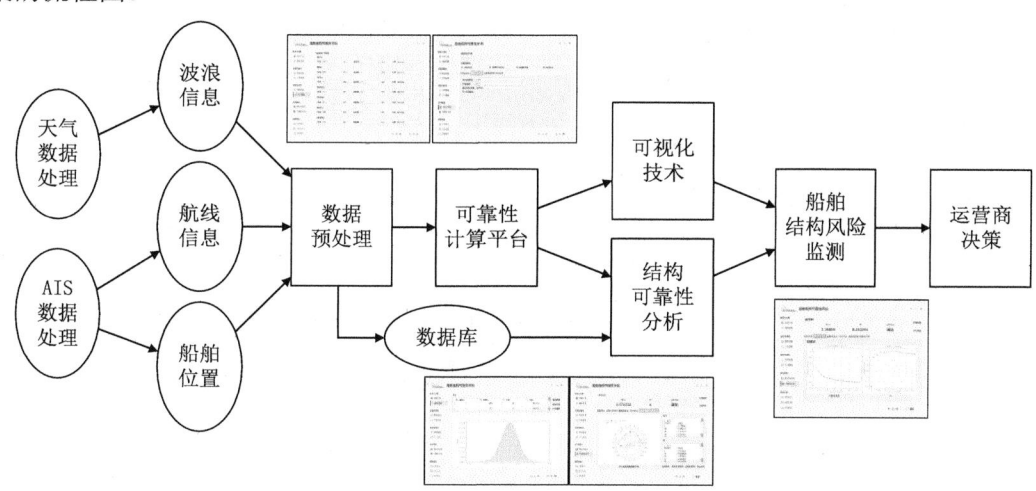

图 1 数字化结构失效风险监测应用系统

1.1 船舶位置数据

当船舶在海上航行时，船舶位置可以通过船舶的GPS或自动识别系统(AIS)数据进行监控。AIS是一种应用于船和海岸、船和船之间的海事安全与通信的新型助航系统，它提供船舶识别、目标跟踪辅助和信息交换功能，以避免碰撞。该系统的操作是通过船舶通讯器向岸基设备和其他船舶发送信息来实现的。AIS数据使用方便，因为它可以提供航运运营的历史数据。同时AIS可以在电子海图上显示所有船舶可视化的航向、航线、船名等信息，改进了海事通信的功能，使航海界进入了数字时代。此外，AIS数据还包含当前热门航线和主要航行区域的信息。在本研究中，AIS数据用于提供初始和最终船舶位置数据和参考航运路线。

1.2 天气数据信息

船舶在海上航运时会受许多天气因素的影响，如海浪、阵风、洋流、降水等等。在研究船舶结构性能时，主要考虑船舶在航行时遭遇的海浪。有许多机构为世界各地的游轮提供天气预报，先通过海上浮标和卫星读数获得并预测有效波高、波浪周期和波浪方向，然后以天气海图的形式呈现出来。

本文从德国气象局气候数据中心[9]获取波浪数据，主要采集的波浪数据包括有效波高、波浪周期和波浪方向。在本文中，获取的数据精度均为0.25°的经度和纬度，并且每隔12h进行一次数据更新。然后在船舶的航行区域内基于所获取波浪数据的最大精度建立一个0.25°×0.25°的网格用于预后监测。根据所获取的数据，建立了特定日期海域的波场模型，南海附近的可视化结果如图2所示。对于波浪方向，该值的范围为0°到360°。根据规定，0°表示正北，90°表示正东，以此类推。

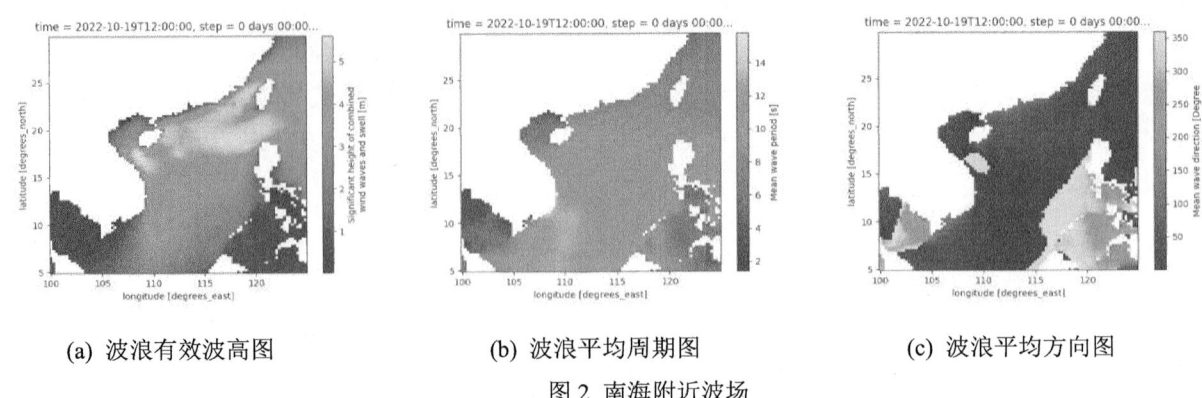

(a) 波浪有效波高图　　　　　(b) 波浪平均周期图　　　　　(c) 波浪平均方向图

图 2 南海附近波场

2 船体梁总纵极限强度可靠性分析

2.1 可靠性分析

船体梁总纵极限强度是船体结构安全基本的强度量度指标,考虑外载荷和船体本身结构材料存在着大量的不确定性,使用与最终船体结构失效相关的极限状态函数进行船舶可靠性分析[15]:

$$G = x_u M_u - x_{sw} M_{sw} - x_w M_w \tag{1}$$

式中,M_u 是极限承载能力,M_{sw} 是静水弯矩,M_w 是波浪弯矩,x_{sw} 和 x_w 分别是与静水和波浪弯矩预测相关模型的不确定性;x_u 是与船体抗力确定相关的模型不确定性。发生事件 $G<0$ 时的概率是 P_f,对于船体梁某一截面,它的可靠度指标 β 可以计算为:

$$\beta = \Phi^{-1}(1-P_f) \tag{2}$$

式中,Φ^{-1} 表示标准正态累积分布函数的逆函数,P_f 为船体梁弯曲失效概率。

2.2 静水弯矩与波浪弯矩计算

船舶在水面上时,作用于船体梁的外载荷主要包括静水弯矩和波浪弯矩。根据国际船级社规定[10],对于静水下船舶某个特定截面的中垂弯矩和中拱弯矩分别如下:

$$M_{sw,sag} = 0.05185 f_{sw,cs} C_{wv} L^2 B (C_b + 0.7) \tag{3}$$

$$M_{sw,hog} = 0.01 f_{sw,cs} C_{wv} L^2 B (11.97 - 1.9 C_b) \tag{4}$$

式中,$f_{sw,cs}$ 是沿船舶长度方向弯矩变化的系数(在船舯时等于 1.0),L 是船长(m)、B 是船宽(m)、C_b 是船舶的方型系数。

根据之前的研究表明[11],静水弯矩值可以很好地近似为正态分布。对于不同海况下的船舶,一般可以使用线性响应理论来计算波浪弯矩[12]。在这个理论中,输入和输出的谱密度函数与传递函数 $\Phi(w)$ 的关系如下:

$$S_Y(\omega) = |\Phi(\omega)|^2 S_X(\omega) \tag{5}$$

式中,$S_Y(\omega)$ 和 $S_X(\omega)$ 分别是输出和输入的谱密度函数,ω 是波的圆频率(rad/s),响应幅度算子(RAO)定义为垂直弯矩响应幅度与波高幅度之比[13]。

在实际情况下，海面在运动时是高度变化的，可以选择皮尔森-莫斯科维茨海谱的修改版来描述海谱[14]：

$$S_W(\omega) = \frac{0.11 H_{1/3}^2 T_1}{2\pi} \left(\frac{\omega T_1}{2\pi}\right)^{-5} exp\left[-0.44\left(\frac{\omega T_1}{2\pi}\right)^{-4}\right] \tag{6}$$

式中，S_W 是给定海况下的海谱，T_1 是波的平均周期(s)，$H_{1/3}$ 是有义波高(m)。在特定的运行条件下，ω 不是波的圆频率，而是遭遇波的频率 ω_e，与船舶的航速、浪向角有关，遭遇波的频率 ω_e 如下[14]：

$$\omega_e = \left|\omega - U\frac{\omega^2}{g}cos\theta\right| \tag{7}$$

式中，g 为重力加速度(m/s²)；U 为船舶航速(m/s)；θ 是浪向角(比如0°、180°分别是顺浪和顶浪)。

在获得考虑运行条件和船舶截面的波浪弯曲力矩的 RAOs 后，可以获得垂直弯矩谱 $S_M(\omega_e)$ 如下[12]：

$$S_M(\omega_e) = |\Phi_M(\omega_e)|^2 S_W(\omega_e) \tag{8}$$

根据研究表明，波浪弯矩 M_W 的均值 μ_M 和标准差 σ_M 计算方法如下[16]：

$$\mu(M_W) = \sqrt{\frac{\pi \cdot m_{0,M}}{2}} \tag{9}$$

$$\sigma(M_W) = \sqrt{\frac{(4-\pi) \cdot m_{0,M}}{2}} \tag{10}$$

式中，$\mu(M_W)$ 和 $\sigma(M_W)$ 分别是波浪弯矩 M_W 的均值和标准差，$m_{0,M}$ 是响应谱的零阶矩如下：

$$m_0 = \int_0^\infty \omega^0 S_M(\omega) d\omega \tag{11}$$

3 算 例

本文选择了一艘散货船[17]来展示上述数字化监测的应用，该散货船的主要参数船长为215 m，船宽为32.2 m，型深为18 m，吃水为12.5 m，方形系数为0.828，船舶航行的平均速度为20 m/s。本文选择南海附近海域作为船舶运行航线，本航程船舶的运营时间定为2022年10月19日12：00。

采用公式(1)来可靠性分析时，根据文献[17]可知道船体梁极限承载能力 M_u 的均值为5 300 518 kNm，变异系数为0.1，并假设其服从正态分布。考虑到油水的消耗引起的载荷变化和船舶结构强度的退化，所以将载荷和强度以分布的形式进行计算。文献[15]将船体抗力确定相关的模型不确定性系数 x_u、静水弯矩预测相关模型的不确定性 x_{sw} 和波浪弯矩预测相关模型的不确定性 x_w 参数的均值分别设置为1、1和0.09，标准差分别为0.1、0.05和0.15，并且假设他们都服从正态分布。静水弯矩 M_{sw} 和波浪弯矩 M_w 由散货船主要参数和船舶航行时的天气信息数据来算出。最后分别计算了两条航线，可以得到船体梁可靠度指标在该海域的可视化结果如图3所示。从图中可以发现，当船舶在航线2航行时，会遭遇较大的海浪，对比航线1来说船体梁的可靠度指标整体较低，失效概率就相对较大。所以船舶可以先对多个航线进行安全风险预后分析，然后选择在可靠度指标较大的航线航行，从而可以避免结构失效的风险。

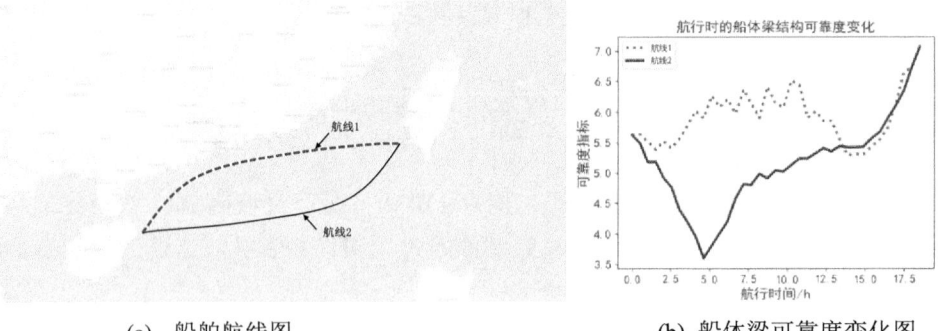

(a) 船舶航线图　　　　　　　　(b) 船体梁可靠度变化图

图 3　船体梁可靠度指标可视化

4　结　论

本文提出了一个监测船舶结构失效风险的数字化集成方案，用于船舶实时航行路线，以避免因为结构失效而发生海上事故。该方案实现了对一艘油轮实时航线的船体梁结构失效概率预后监测，为船舶的结构安全性提供了支持。通过研究得到以下结论：

船舶在航行时根据实时天气数据进行结构失效概率监测，有助于船舶在遭遇危险海浪前及时的改变航道，尽量在结构失效概率低的海域航行，可以有效地避免海上事故的发生。未来可以基于实时结构失效概率监测进行船舶的路径优化，可以帮助相关的船舶解决海上航线决策问题，并最终有助于改善海上运输的安全性。

船舶在准备出航时可以采用数字化监测对计划航程进行安全性评估，如果监测到船舶在计划航程上由于环境因素导致结构失效概率较高，运营方可以根据安全性做出反应。运营方可以通过调整航线、更改出航时间、优化船舶预定航速、提高船舶总体结构的可靠度、增强航行的安全性等措施来避免风险。

由于一些天气预报服务机构在更新天气相关信息时会间隔几个小时，对于船舶航行时这些数据只能算近实时的，数字化结构失效概率监测结果的准确度也会受其影响。如果海浪在两次天气信息数据间隔内变化较大，可能会导致实时监测结果不太理想，未来的研究中将采用更加精确的天气数据信息。

参 考 文 献

[1] 陈彦廷, 于昌利, 桂洪斌. 船体板和加筋板的屈曲及极限强度研究综述[J]. 中国舰船研究, 2017, 12(1): 9.

[2] ABAEI M M, ARZAGHI E, ABBASSI R, et al. A robust risk assessment methodology for safety analysis of marine structures under storm conditions[J]. Ocean Engineering, 2018, 156:167-178.

[3] DECÒ A, FRANGOPOL D M, et al. Time-variant redundancy of ship structures[J]. Journal of Ship Research, 2011: 208-219.

[4] CHEN N Z. Hull girder reliability assessment for fpsos[J]. Engineering Structures, 2016, 114: 135-147.

[5] HUSSEIN A W, SOARES C G. Reliability and residual strength of double hull tankers designed according to the new IACS common structural rules[J]. Ocean Engineering, 2009, 36(17-18): 1446-1459.

[6] LEE J H, NAM Y S, KIM Y, et al. Real-time digital twin for ship operation in waves[J]. Ocean Engineering, 2022, 266: 112867.

[7] GIERING J E, DYCK A. Maritime digital twin architecture[J]. at-Automatisierungstechnik, 2021, 69(12): 1081-1095.

[8] BEKKER A, SUOMINEN M, KUJALA P, et al. From data to insight for a polar supply and research vessel[J]. Ship technology research, 2019, 66(1): 57-73.

[9] DEUTSCHER WETTERDIENST. Open data area of the climate data center[EB/OL]. https://www.dwd.de/EN/ourservices/cdc/cdc.html.

[10] IACS. Common structural rules for bulk carriers[S]. International Association of Classification Societies. London, 2009.

[11] SOARES C G, MOAN T. Statistical analysis of still-water load effects in ship structures[J]. Society of Naval Architects and Marine Engineers-Transactions, 1988, 96: 129-156.

[12] LIU Y, FRANGOPOL D M, CHENG M. Risk-informed structural repair decision making for service life extension of aging naval ships[J]. Marine Structures, 2019, 64(MAR.): 305-321.

[13] DRUMMEN I, WU MK, MOAN T. Experimental and numerical study of containership responses in severe head seas[J]. Marine Structures, 2009, 22(2): 172-193.

[14] FALTINSEN O M. Sea loads on ships and offshore structures[M]. Cambridge: Cambridge university press, 1993.

[15] DONG Y, FRANGOPOL D M, SAVATINO S. A decision support system for mission-based ship routing considering multiple performance criteria[J]. Reliability Engineering & System Safety, 2016, 150: 190-201.

[16] PAPOULIS A. Probability, random variables, and stochastic processes[M]. McGraw-Hill, 1984.

[17] 祁恩荣, 崔维成. 船体总纵极限强度可靠性分析的拉丁超立方抽样法[J]. 船舶力学, 2002, 6(3): 10.

Digital Prognostic Monitoring of Ship Structural Failure Risk

WANG Yifan[1], LIAN Jiesong[2], YE Yuanlin[2], HU Long[2], LIU Yan[1*]

(1. School of Naval Architecture and Ocean Engineering, Huazhong University of Science and Technology, Wuhan 430074, China;

2. School of Computer Science and Technology, Huazhong University of Science and Technology, Wuhan 430074, China)

Abstract

Structural failures of ships at sea may result in economic losses, environmental impacts, and casualties. The next generation of digital ship technology needs to enable users to monitor and predict state changes in structural safety performance, thereby enhancing smart ship operations and reducing failure risks. Based on digital information interaction and structural reliability analysis, this paper proposes an integrated solution for digital prognostic monitoring tool. Structural safety mainly focuses on the failure probability analysis of longitudinal ultimate strength of hull girder, and provides prognostic monitoring of ship structural risk based on the fusion of ship position data, ship route information and weather data information. The method of this paper can provide reliability analysis for the voyage on demand to predict the potential structural risks along the planned voyage. The method can enable the operator to respond according to the safety performance forecast, such as adjusting the route, optimizing the predetermined speed, improving the reliability of the overall structure and enhancing the reliability of the voyage. The paper takes a bulk carrier as an example to demonstrate the performance and visualization effects of the method.

Key words: Structural risk prediction; Reliability analysis; AIS data; Weather data; Prognosis analysis

作 者 简 介

王伊凡　男，1999 年生，硕士研究生。主要从事结构可靠性等方面工作。
连节松　男，2000 年生，硕士研究生。主要从事大数据、边缘计算等方面研究。
叶远林　男，2000 年生，硕士研究生。主要从事大数据、边缘计算等方面工作。
胡　龙　男，1988 年生，副教授。主要从事大数据、边缘计算等方面工作。
刘　炎　男，1988 年生，副教授。主要从事结构可靠性、风险分析等方面工作。
*通讯作者：刘炎

机器学习在实船样例不沉性分舱全局优化中的应用

杨春蕾[*,1,2,3]，王金宝[1,2,3]，盛庆武[2]，严家文[2]，潘常春[4,5]，范佘明[1,2,3]

（1. 喷水推进重点实验室，上海 200011；
2. 中国船舶及海洋工程设计研究院，上海 200011；
3. 上海市船舶工程重点实验室，上海 200011；
4. 上海交通大学 电子信息与电气工程学院，上海 200240；
5. 上海北斗导航与位置服务重点实验室，上海 200240）

摘　要

为了高效得到不沉性指标相关的全局分舱策略，本文基于PYTHON平台开发了融入机器学习模型的船舶不沉性寻优与指标快速预报系统。该系统基于粒子群和强化学习寻优算法生成虚拟分舱样本，进而基于神经网络模型建立不沉性分舱指标与分舱变量之间关系。不沉性指标采用概率分舱指数方法，分舱及船体模型基于船舶专业设计程序实现参数化建模，寻优算法包含基于强化学习的粒子群协调算法，回归预报模型与注意力机制结合形成能够分析舱室权值指标的快速预报模型。以布置地位型测量船为计算对象，对简化的全局性主舱壁位置寻优结果和回归模型训练结果分析，表明了该系统对基本设计阶段分舱策略的有效性。

关　键　词：不沉性；分舱；机器学习；粒子群；强化学习；注意力机制

中图分类号：U661.3

0　引　言

船舶全局分舱设计旨在区划船舶主体，在不沉性指标比较苛刻时，工程师期望能够得到初步的分舱策略，为后续设计和计算提供依据。不沉性可根据不沉性加权平均方法和不沉性概率方法评价。概率法能够用于比较同类或不同类船不沉性，具有统计意义，易于规范校核实施[1]。加权法能够反应具体分舱方案的不沉性要素变化，具有现实意义，直接影响船舶效能[2]。通常的不沉性优化，将概率指标作为约束条件，加权指标作为优化目标。约束条件一般根据实际需求和法规要求制定，但对指标要求高的船型设计，研发人员需要在技术论证和基本设计阶段对不沉性指标裕度和设计变动范围有一定的把控。因此，在一定条件下有必要以最大化不沉性概率为目标进行优化。

现行的概率模型复杂，涉及一系列的舱组在多个航行状态时的破损浮性、稳性计算，速度较慢[3]。有学者试图通过构建概率指标与设计变量之间关系，实现指标的快速评估。这些研究能够得出性能指标与宏观特征如舱壁数量、船型参数等趋势关系，但与舱壁位置的关系呈现出非凸、多峰等高度不规则特征[4-5]。为了解决这些具有挑战性的问题，基于神经网络的方法展示出了吸引力。这种方法的显著优点是在生成数据的机制未知且不稳定特征下，不依赖函数关系的先验假设，且高泛化能力还允许对其进行推断，实现更好的预测。

为提高深度学习可解释性和透明度，在推荐算法中融入注意力机制，对每个潜在分舱的重要性进行区分，注意力机制通过对关注事物的不同部分赋予不同的权重，从而降低其它无关部分的作用。从

收稿日期：2022-09-30；修改稿收稿日期：2022-10-20

注意力机制可解释性的角度看，它允许直接检查深度学习体系的内部工作，通过可视化输入与对应输出的注意权重，达到增强深度模型可解释性的效果。

本文将基于开源Python语言开发基于融合强化学习的寻优模型[6-7]和融合注意力机制的神经网络模型，其中寻优算法与船舶设计专业软件通过文本通讯机制实现分舱方案与不沉性指标之间的信息互通，基于优化产生的虚拟样本作为神经网络学习数据，通过训练学习出回归预报模型。

1 不沉性指标

目前基于国际海上人命安全(Safety of Life at Sea, SOLAS)的概率评估方法针对碰撞和触底等引起的破损评估，通过一个分舱指数即可比较一艘船最优方案和不同类型船舶的指标高低。在不同的设计阶段，优化目标往往不同，本文采用概率方法的不沉性指标。达到分舱指数为

$$A = 0.4A_S + 0.4 + A_P + 0.2A_I \tag{1}$$

式中，A_S、A_P、A_I分别对应满载、部分压载和轻载吃水下的三种分舱指数，每种分舱指数为全部破损情况所得的分舱指数总和：

$$A = \sum P_i \cdot S_i \tag{2}$$

式中，i为舱或舱组组合，P_i为舱或舱组进水概率，S_i为舱或舱组进水后生存概率。

2 寻优模型

2.1 粒子群模型

PSO模型由Kennedy等[8]提出以来，已经发展出了复杂算法应用到多领域中。粒子群中每个粒子搜索受全局最优位置、个体最优位置、当前粒子速度影响，粒子的位置和速度两个物理量的具体表达为：

$$\begin{cases} 速度： v_{id}^{n+1} = wv_{id}^n + c_1 r_1^n \left(p_{id}^n - x_{id}^n \right) + c_2 r_2^n \left(p_{gd}^n - x_{id}^n \right) \\ 位置： x_{id}^{n+1} = x_{id}^k + \gamma v_{id}^{n+1} \end{cases} \tag{3}$$

式中，x_{id}^n为第n次迭代d维度变量的第i个粒子位置；v_{id}^n为第n次迭代d维度变量的第i个粒子速度；p_{id}^n为第n次迭代d维度变量的第i个粒子个体最佳位置；p_{gd}^n为第n次迭代d维度变量的第i个粒子种群最佳位置；w、c_1、c_2为粒子搜索控制参数，r_1^n、r_2^n为在0~1之间的随机数，γ为约束因子。

2.2 强化学习模型

强化学习由策略、奖励函数、价值函数以及环境模型，其中Q-LEARNING强化学习模型由Watkins等[9]提出，对离散环境的工程优化问题适用性强。智能体的行动以Q矩阵元素体现，通过训练更新并指导下一轮行动，可表达为

$$Q(S_t, A_t) \leftarrow Q(S_t, A_t) + \alpha \left[R_{t+1} + \gamma \mathrm{MAXQ}(S_{t+1}, A) - Q(S_t, A_t) \right] \tag{4}$$

式中，S_t为当前状态；A_t为当前状态下采取的行动；S_{t+1}为新一轮状态；R_{t+1}为下一轮行动奖励；α为控制收敛的学习率；γ为折减因子。

强化学习的目的是通过训练粒子搜索控制参数提高优化能力和收敛性，构成本文采用的混合算法。根据每个粒子的Q表矩阵值控制粒子群探索空间，通过更新速度与位置计算出目标函数，并得到奖赏策

略,最后更新Q矩阵。表1中三种状态,探索操作为整过优化过程的初始阶段,w值较大且c_1较c_2占优。收敛操作为整过优化过程的结束阶段,w值较小且c_2较c_1较c_1占优。低跳阶段介于两阶段之间。

3 寻优模型开发及结果

3.1 程序架构

选取主横舱壁、纵向舱壁和甲板共15个位置作为简化的分舱方案,作为寻优的变量,并基于参数化建模技术和静水力计算模块实现基于概率方法的不沉性计算。机器学习算法基于Python平台,图形化界面基于PYQT5如图1所示。机器学习模块与船舶不沉性设计专业模块通过文本方式进行数据传输,设置详细的通讯机制以避免模块读写冲突,具体为:①机器学习模块提供粒子群信息,即根据粒子群空间寻优算法(见式3)输出一组分舱布置方案;②专业模块读取分舱方案并基于程序化批量分舱建模和不沉性计算模块给出相应不沉性指数矩阵;③根据分舱-不沉性指标数据矩阵,依据式(3)给出下一代的分舱方案,实现循环迭代;④当达到设置的停止迭代要求后停止计算,并记录过程文件数据和结果。

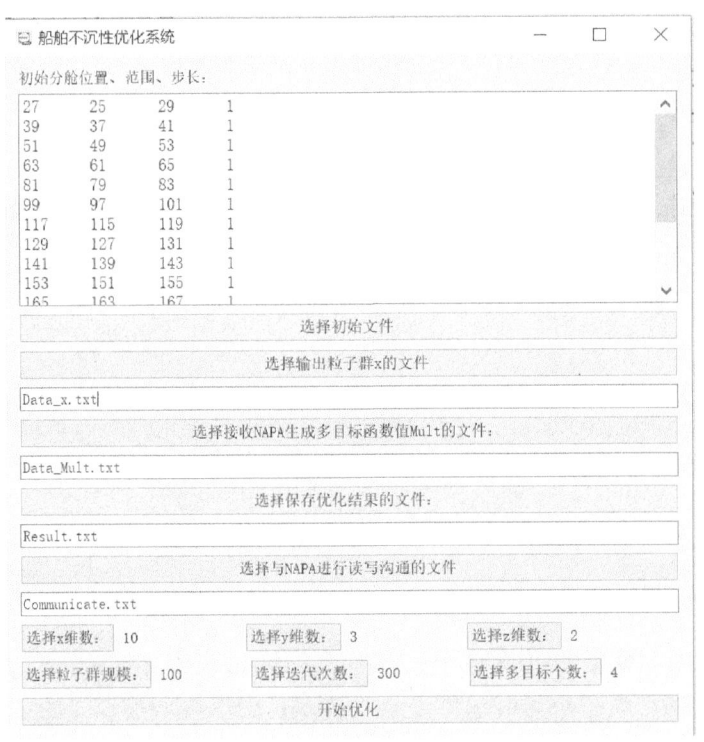

图 1 不沉性机器学习程序界面

3.2 计算结果分析

以图2所示的远望船为目标船型,初始值的选取对最优结果和效率影响较大,本文采用给定一个初始粒子,第二代开始由一个粒子随机生成给定种子数的粒子群。由于每代粒子之间有位置重叠,且当代粒子也有可能与前代的粒子位置重叠,程序基于信息查重以避免专业模块重复计算,体现了粒子信息的可继承性,大大提高了效率。种群数选择15,最大迭代数300,因此形成4 500个分舱样本。

在粒子初始值相同、演化代数设置相同时,研究种子数对优化能力的影响,图3、图4、图5分别为前50步和前300步时:直到当前迭代时所有粒子群最优指标、当前迭代步下粒子群最优指标、当前迭代步下粒子群指标均值曲线,结果显示了分舱指标从初值指标0.679提升了16%以上,基于强化学习的粒子群协调算法较粒子群算法更快达到最优。图6、图7和图8为在两种模式下重要舱壁位置与不沉性指标关系分布曲线。

图 2 远望测量船[10]

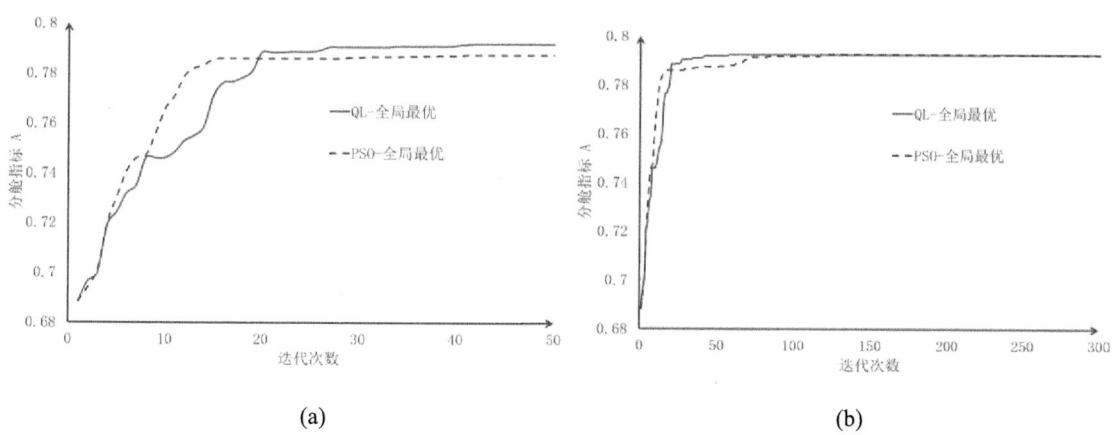

(a)   (b)

图 3 两种寻优模型对比的全局最优时历

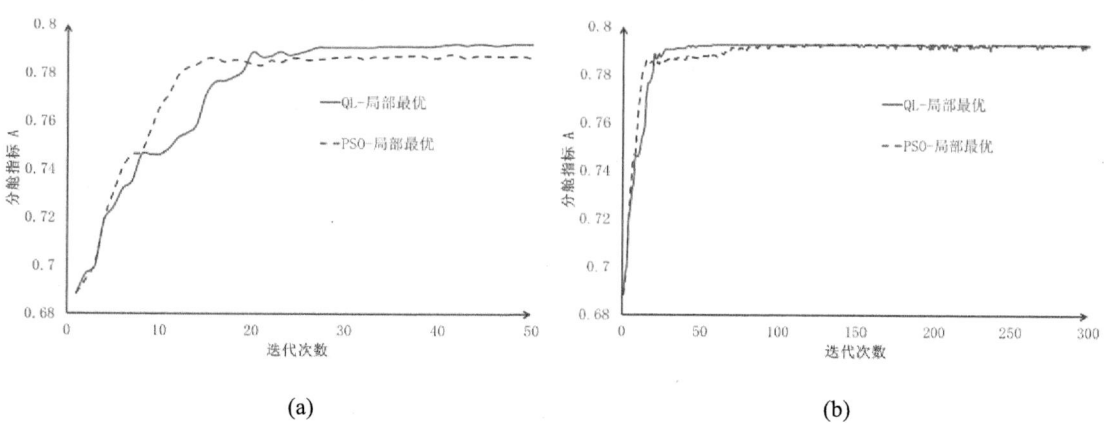

(a)   (b)

图 4 两种寻优模型对比的局部最优时历

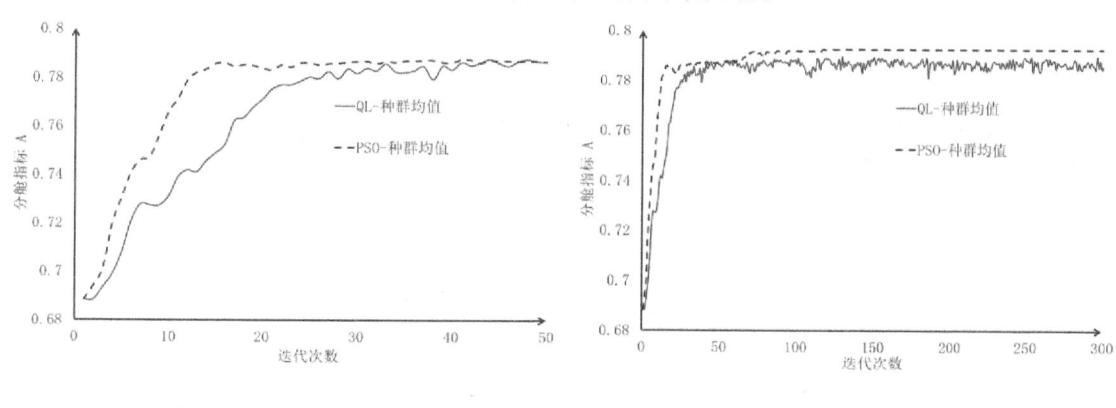

(a)   (b)

图 5 两种寻优模型对比的粒子群指标均值

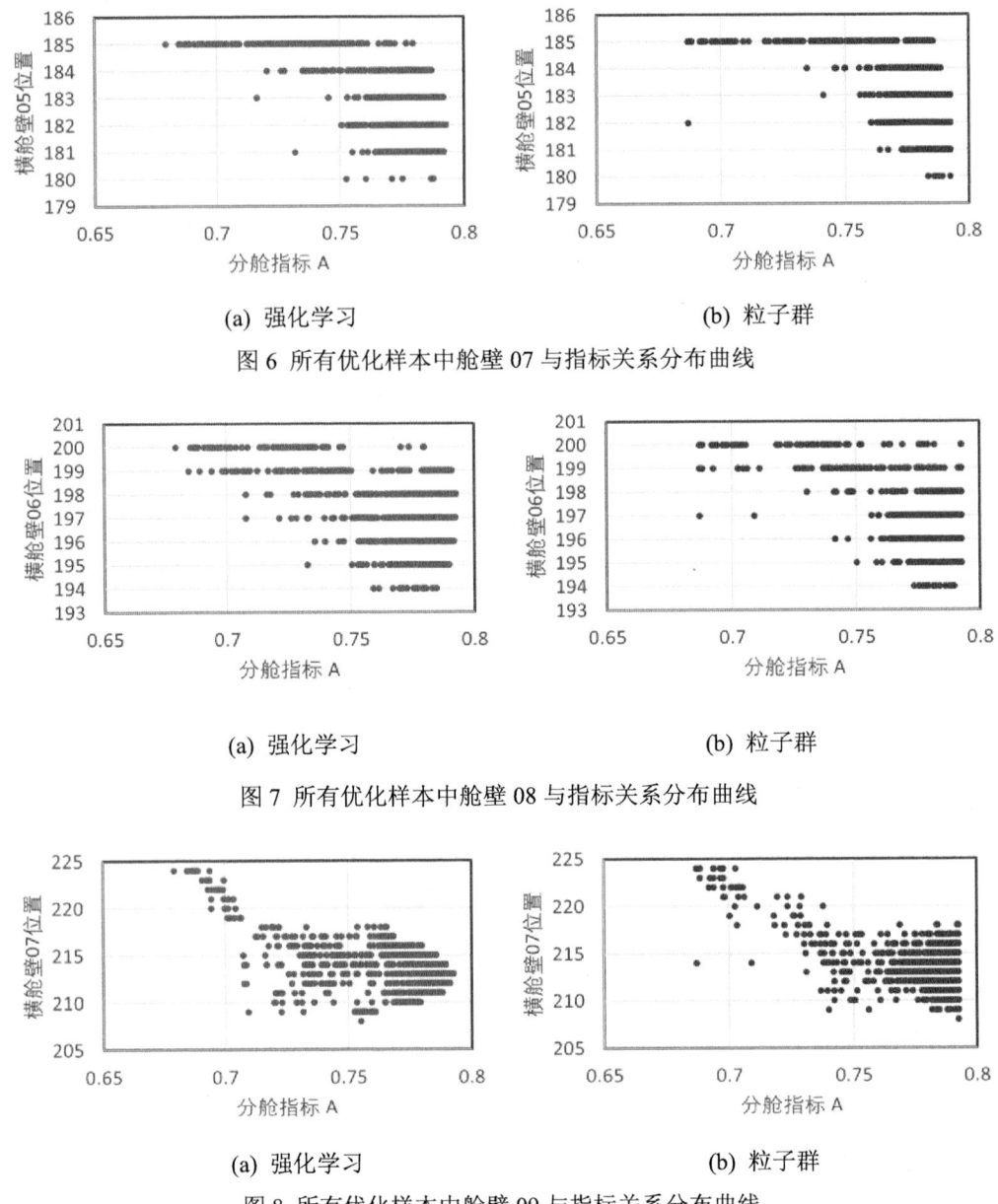

(a) 强化学习　　　　　　　　(b) 粒子群

图 6　所有优化样本中舱壁 07 与指标关系分布曲线

(a) 强化学习　　　　　　　　(b) 粒子群

图 7　所有优化样本中舱壁 08 与指标关系分布曲线

(a) 强化学习　　　　　　　　(b) 粒子群

图 8　所有优化样本中舱壁 09 与指标关系分布曲线

4　基于注意力机制的不沉性计算回归模型

4.1　注意力门控结构

权重门控层包括多个门控单元如图9，可表示为 $w = (w_1, w_2, \ldots, w_n)^T \in \mathbb{R}^{n+1}$，每个特征对应一个门控单元，其中 $w_i(1 \leq i \leq n)$ 表示 n 个特征中的第 i 个水密舱壁的权重系数。

$$\sigma(w_i) = \frac{1}{1+e^{-w_i}} \tag{5}$$

将水密舱壁位置的肋位值、位置数值进行归一化处理后，得到输入向量 $x \in \mathbb{R}^{n \times 1}$，与归一化后的门控单元权重系数进行哈达玛积计算：

$$x' = \sigma(w) \odot x \tag{6}$$

得到 $x' \in \mathbb{R}^{n\times 1}$，其中 $x_i'(1\leq i\leq n)$ 表示第 i 个水密舱壁的特征经过权重放缩后真正进入神经网络的输入值。

增加权重门控层结构后，整个网络的输入与输出关系可表示为

$$\hat{y} = f_\theta(\sigma(\boldsymbol{w})\odot \boldsymbol{x}) \tag{7}$$

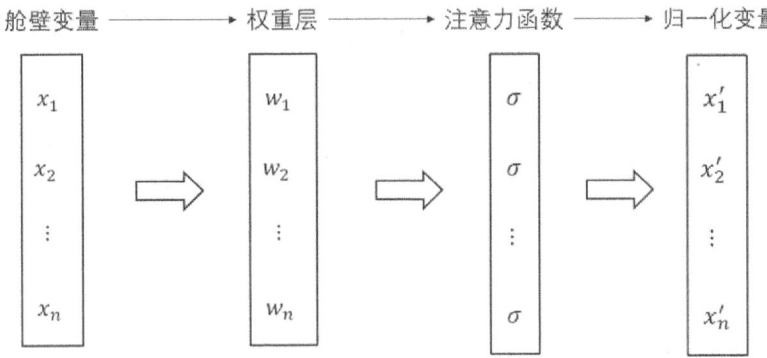

图 9 权重门控层

4.2 神经网络配置

网络的组成包括权重门控层与前馈神经网络，神经网络两层隐藏层，与每层128个神经元，两层激活函数tanh，如下式：

$$\tanh(x) = \frac{e^x - e^{-x}}{e^x + e^{-x}} \tag{8}$$

损失函数为：

$$\mathcal{L}(\boldsymbol{w},\boldsymbol{\theta}) = \frac{1}{n}\sum_{i=1}^{n}(y_i - \hat{y}_i)^2 + \lambda_1 \|\sigma(\boldsymbol{w})\|_1 + \lambda_2 \|\boldsymbol{\theta}\|_2 \tag{9}$$

第一项为神经网络输出的破舱稳性预测值与真实值的差距，第二项为权重门控层各单元权值进行sigmoid归一化后的L1范数，第三项为神经网络各参数的L2范数。

优化器选择动量优化，相比于传统的梯度下降法，能够缓解梯度下降法敏感于某些方向而产生的Hessian矩阵病态问题。以上编译环境为Tensorflow 2.3.1。

5 回归预报模型开发及结果分析

基于Python语言借助PYQT界面平台，创建GUI应用程序，开发的程序功能模块见图10。基于寻优得到的虚拟样本，进行训练，迭代次数为10000，交叉验证5折，重复训练100次，训练集占虚拟样本的75%。根据测试集做出预测的不沉性指标A值与真实A值进行对比，用平均绝对误差(MAE)作为评价指标。表1为基于以上优化后形成的样本经训练学习后计算的舱壁注意力权值，代表了对不沉性指标的重要性，差值平方为4.2e-7，平均绝对误差0.000 309。图11为其中六个舱舱壁注意力权值迭代曲线。

表1 舱壁注意力权值

舱壁1	舱壁2	舱壁3	舱壁4	舱壁5	舱壁6	舱壁7	舱壁8	舱壁9	舱壁10	舱壁11	舱壁12	舱壁13	舱壁14	舱壁15
0.3	0.6	0.4	0.4	0.6	0.5	0.6	0.5	0.8	0.4	0.3	0.5	0.6	0.6	0.6

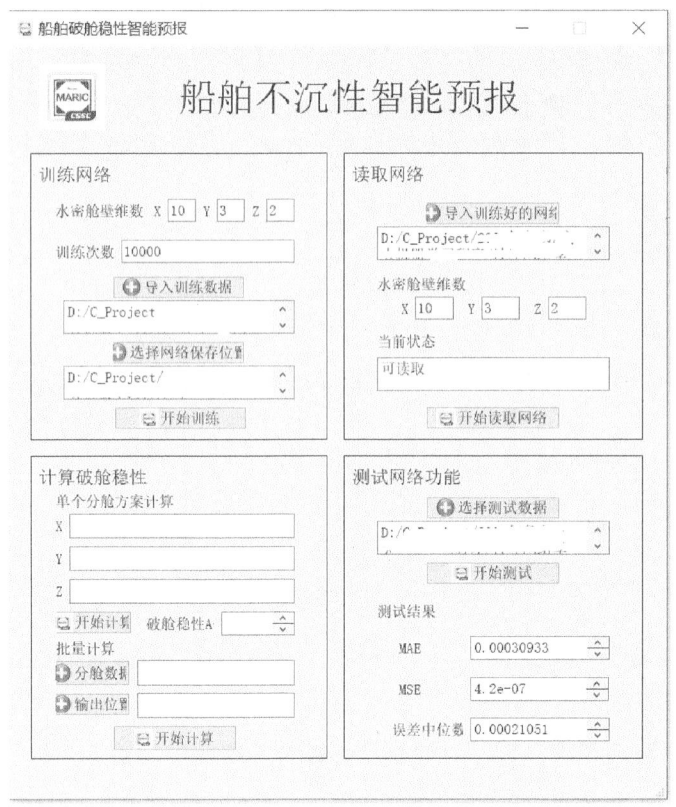

图 10 基于注意力的神经网络回归预报模型

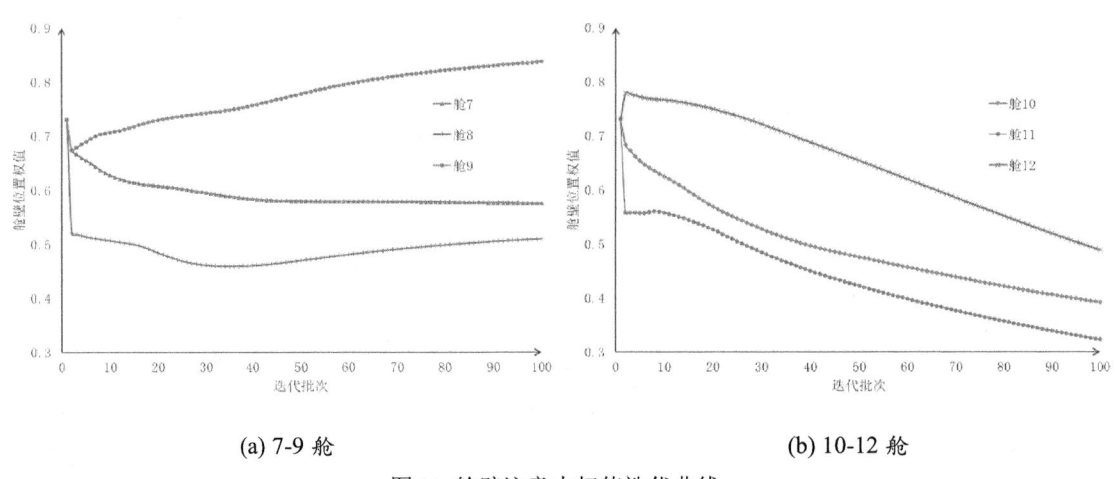

(a) 7-9 舱 (b) 10-12 舱

图 11 舱壁注意力权值迭代曲线

6 结 论

本文应用机器学习寻优模型、神经网络模型到船舶不沉性设计中，寻优模型讨论了模型改进对寻优效果的影响，通过将强化学习模型与粒子群算法结合提升了寻优能力，注意力机制的神经网络模型 t 提升了模型可解释性，具体主要结论如下：

(1) 基于强化学习算法与粒子群结合的协调算法，能够在更短的迭代步内达到更优的值，且 300 步迭代的最优值较传统粒子群法指标更高，在原型船分舱方案优化中能够提升不沉性指标达 16%以上；值得注意的是结果是在寻优的空间保持不变、变量的数量一定的情形假定下，未来有必要进一步讨论寻优空间与特征向量数对模型依赖性影响。

(2) 基于注意力的前馈神经网络方法训练好的模型，能够较好的预报不沉性指标，通过舱壁权重体现对指标的重要性程序，为后期的进一步优化提供更清晰的分舱策略；同时注意到实际设计中分多阶段，在每个阶段有可能回归的舱壁重要性权重和敏感性不同，后期有必要探讨机器学习训练所挖掘的舱壁权值信息与阶段性设计中样本之间的依赖性，或是否达到趋势线正确以指导设计。

参 考 文 献

[1] 程智斌, 陈仁铃. 舰船不沉性评价指标初探[J]. 船舶工程, 1992 (3): 17-21.

[2] 吕振望, 马坤, 姜彭, 等. 基于提高舰船不沉性的分舱优化[J]. 中国造船, 2015, 56(3): 108-115.

[3] 严家文, 吴永昌. 货船破舱稳性概率算法软件 (DAMCARGO)[J]. 船舶, 1996 (1): 45-50.

[4] RAVN E S. Probabilistic damage stability of Ro-Ro ships[M]. Technical University of Denmark, 2003.

[5] SIMOPOULOS G, KONOVESSIS D, VASSALOS D. Sensitivity analysis of the probabilistic damage stability regulations for RoPax vessels[J]. Journal of Marine Science and Technology, 2008, 13(2): 164-177.

[6] 杨春蕾, 黄晓皓, 盛庆武, 等. 机器学习在船舶不沉性设计策略中的应用[J]. 船舶, 2022, 33(04): 82-87.

[7] HUANG X, YANG G, YANG C, et al. A collaborative optimization algorithm for ship damage stability design[C]// Journal of Physics: Conference Series. IOP Publishing, 2022, 2203(1): 012071.

[8] KENNEDY J, EBERHART R C. Particle swarm optimization[C]// Proceedings of the IEEE conference on neural networks. 1995: 1942-1948.

[9] WATKINS, C.J.C.H. Learning from delayed rewards[D]. University of Cambridge, England, 1989.

[10] 中国船舶及海洋工程设计研究院. 远望号航天测量船[J]. 船舶, 2016, 163(6): 107.

Application of machine learning in global optimization design of unsinkable subdivision of existing ship samples

YANG Chunlei[*,1,2,3], WANG Jinbao[1,2,3], Sheng Qingwu[2], Yan Jiawen[2],
Pan Changchun[4,5], FAN Sheming[1,2,3]

(1. Key Laboratory of Waterjet Propulsion, Shanghai 200011, China;
2. Marine Design & Research Institute of China, Shanghai 200011, China;
3. Shanghai Key Laboratory of Ship Engineering, Shanghai 200011, China;
4. School of Electronic Information and Electrical Engineering, Shanghai Jiao Tong University, Shanghai 200240, China;
5. Shanghai Key Laboratory of Navigation and Location Based Services, Shanghai 200240, China)

Abstract

In order to efficiently obtain the global subdivision strategy related to the unsinkability index, this paper develops a ship unsinkability optimization and index fast prediction system incorporating machine learning model based on PYTHON platform. The system generates virtual subdivision samples based on particle swarm optimization and reinforcement learning optimization algorithm, and then establishes the relationship between unsinkable subdivision indexes and subdivision variables based on neural network model. The unsinkability index adopts the probability subdivision index method. The subdivision and hull models are parameterized based on the ship professional design program. The optimization algorithm includes particle swarm optimization algorithm based on reinforcement learning. The regression prediction model and attention mechanism are combined to form a fast prediction model that can analyze the cabin weight index. The simplified global optimization results of the main bulkhead position and the training results of the regression model are analyzed with the position based survey ship as the calculation object, which shows that the system is effective for the subdivision strategy in the basic design stage.

Key words: Unsinkability; Subdivision; Machine learning; Particle swarm optimization; Reinforcement learning; Attention mechanism

作者简介

杨春蕾 男，1982 年生，高级工程师。主要从事船舶波浪中操纵及水动力优化研究。

王金宝 男，1969 年生，研究员。主要研究方向为船用节能产品的研发及推广与应用，实船测试技术应用。

盛庆武 男，1971 年生，研究员。主要从事船舶总体与性能研究研究。

严家文 男，1952 年生，研究员。主要从事船舶总体性能和 CAE 软件研发研究。

潘常春 男，1979 年生，副教授。主要从事系统控制与优化研究。

范佘明 男，1962 年生，研究员。主要从事船舶水动力研究。

*通讯作者：杨春蕾

海洋结构分析通用软件 SAM 前后处理存储方案的设计与实现

张浚哲[1,2]，李　敏[1,2]，徐　娜[1]，王墨伟[2]，金建海[1,2]，丁　军[1,2]

（1. 深海技术科学太湖实验室，无锡 214082；
2. 中国船舶科学研究中心，无锡 214082）

摘　要

在自主研发的海洋结构分析通用软件 SAM 软件的开发过程中，其前后处理部分需要实现有限元模型和性能结果等大量数据的持久化存储与读取。为提高读写效率，论文设计了高效的二进制序列化方法，在减少数据存储空间的同时加快了读写速度。另外，为保证软件的可扩展性，读写功能相对独立，与软件其他模块功能的耦合性较低，便于后续对新的数据进行添加或删除。论文以 SAM 软件前后处理系统的数据存储为研究对象，介绍了存储与读取功能的总体设计与实现思路，给出了单个数据类型的存储案例，通过与其他存储方式的对比，验证了本文方法的有效性与创新性。

关　键　词：软件工程；工业软件；序列化存储
中图分类号：TP391.72

0　引　言

近年来，随着计算机技术的推动与更高需求的牵引，数值仿真技术迅速发展。在海洋结构分析中，传统的分析方式存在计算工作量大、效率低等问题，而以有限元为核心的CAE(Computer Aid Engineering)计算机辅助工程技术展现出独特的优势。利用CAE软件，可以对工程和产品进行性能与安全的可靠性分析，并对未来的工作形态和运行行为进行虚拟模拟[1]，从而在缩短开发时间的同时降低研发成本。

为实现船舶结构领域CAE软件[2]的自主可控[3]，中国船舶科学研究中心自主研发了一款符合国内船舶与海洋工程行业发展需求的海洋结构分析[4]通用软件（简称SAM软件）。该软件以有限元分析为基础，包含环境载荷评估、结构安全性评估、振动噪声评估、爆炸冲击评估等四个子系统，计算精度与商用CAE[5]相当。

在SAM软件的实现过程中，需要将程序中有限元模型相关的核心数据存储于内存中，然后将其写入某个文件或是将它传输到服务器以实现通讯。这个将程序数据转化成能被存储并传输的格式的过程被称为"序列化"(Serialization)，而它的逆过程则可被称为"反序列化"(Deserialization)。反序列化通过从存储区中读取或反序列化对象的状态，重新创建该对象，或者根据数据流重构对象。将这两个过程结合起来，就可以轻松地存储和传输数据。数据可以被序列化为多种数据格式，本文在进行了多组对比实验后选择了二进制格式的数据序列化，这主要是考虑到二进制文件占用存储空间小传输效率高的优点。在调研了大量用于序列化实现的外部库后，本文决定采用CEREAL外部库对数据进行序列化，保存数据的字节序列到本地以实现持久化。这是因为CEREAL提供的序列化接口保证了代码结构的低耦合性。

收稿日期：2022-10-20；修改稿收稿日期：2022-12-17

本文第一节将首先介绍在SAM工程中需要序列化存储的核心数据结构,接着第二节介绍了序列化方法的选择与设计过程,并通过多组实验验证了本文选择方法的正确性与高效性,第三节从软件工程的角度介绍了使用CEREAL外部库实现数据序列化的方法,该序列化方法保证了代码结构的低耦合性。

1 核心数据结构框架

1.1 feDatabase 核心数据结构设计介绍

本文方法对工程中的核心数据进行了序列化,首先对核心数据的基本数据结构进行介绍。在对数据类型进行构建的过程中,以高聚类低耦合为原则进行了设计,这样的设计方法也使得后续序列化变得简单快捷。核心数据类型是feDatabase类,其UML类图如下图1所示。

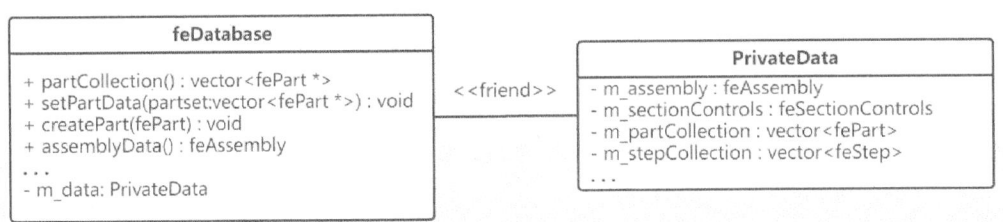

图 1 feDatabase 类

该类包含了有限元模型的装配信息(feAssembly)、截面控制信息(feSectionControls)、部件模块信息(fePart)、分析步信息(feStep)、材料信息(feMaterial)、边界条件信息(feBoundary)。将PrivateData作为友元类然后定为私有类型的意义是,对内部的数据进行保护,避免外部直接对其进行修改,用提供查看修改函数的方法对其进行修改。接下来对6种具体的数据进行介绍。

1.2 子类型数据结构设计介绍

装配信息的UML类如图2所示

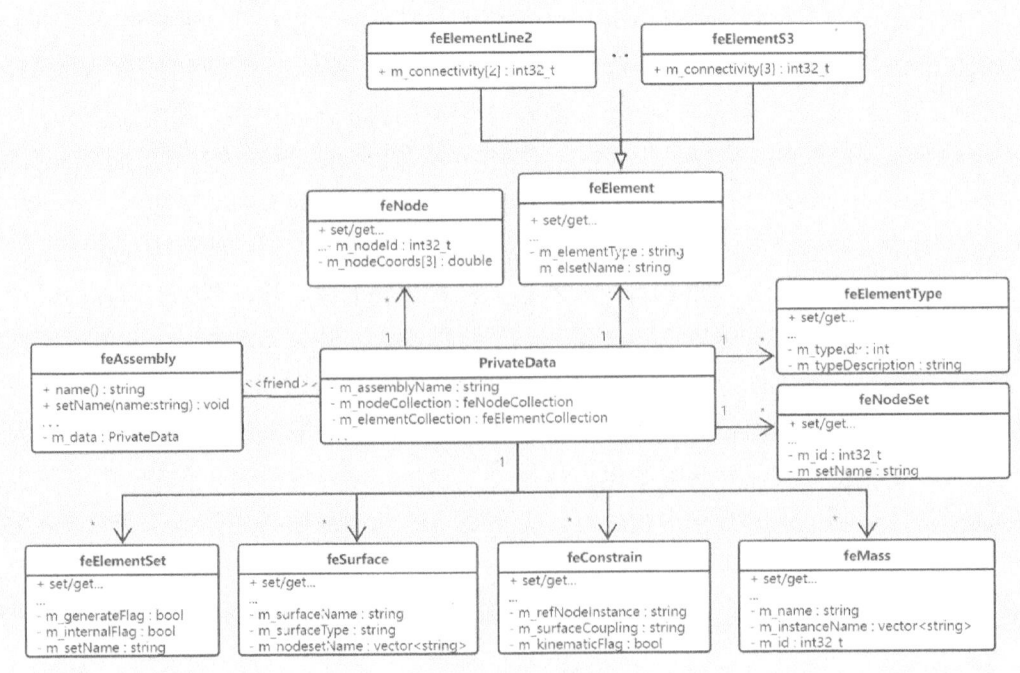

图 2 feAssembly 类

该类包含节点信息(feNode)，该类包括唯一标识ID与坐标信息；单元信息(feElement)，该类包括单元类型、单元名称与ID、单元属性；同时为了方便对单元属性进行分类，还包括单元属性(feElementType)，该类主要包括该属性的ID和描述，以及属于该属性的单元ID形成的数组；节点集合信息(feNodeSet)，该类包括生成标志与内部标志，唯一标识ID，集合名，实体名，以及属于该实体的节点ID形成的数组；单元集合信息(feElementSet)，该类包括生成标志与内部标志，集合名，实体名，以及属于该实体的单元ID形成的数组；表面信息(feSurface)，该类主要包括表面名，表面种类，内部标志，该表面包括的单元名数组和标签名数组，该表面包括的节点名数组，以及参数数组；约束信息(feConstrain)，该类包括约束名和约束种类，以及其他绑定、耦合等约束种类名；质量信息(feMass)，该类包括质量名，属于该类的部件名数组，属于该类的单元数组，大小数据数组以及唯一标识ID。

相较于其他五种数据信息，装配信息包含的数据最为庞大且复杂，对于其他五种数据本文不展示其UML类图。截面信息主要包括沙漏控制参数、线性体积粘度与二次体积粘度比例因子、平滑长度、框角坐标。部件模块信息包括该部件包括的节点与单元信息，以及多种属性信息。分析步信息包括动态显式分析、一般静力学分析、频率提取分析这几种分析的具体参数信息，同时这一部分还包括了载荷信息，由于目前软件支持机械载荷、热载荷、流体载荷、电学载荷、质扩散载荷，因此这一块保存了相关载荷的具体参数信息。材料信息包括了阻尼、密度、弹性等参数信息。边界条件信息包括节点处边界条件参数和子模型边界条件参数两部分。

2 序列化方法设计

2.1 序列化数据格式设计

序列化的定义是，将数据对象转换为可保持或传输的格式的过程。与序列化相对的是反序列化，它将数据流转换为对象。这两个过程结合起来，可以轻松地存储和传输数据。常见的序列化数据格式有XML、JSON、二进制格式，这几种方法有各自的优势与劣势。JSON数据格式由于其直观明了的数据格式，在近些年受到很多使用者的欢迎，调用者可以很方便地从JSON文件中明白被序列化的数据信息。XML格式的序列化方法虽不如JSON简洁明了，但有经验的使用者仍然可以读懂其保存的数据。一般而言，配置文件倾向于使用XML格式存储。但这样保存直观明了数据的代价是存储空间会相较于其他方法更大。普遍而言，越接近底层的数据处理方法效率更高但可读性会下降。同样的，二进制格式的数据正是如此，其存储数据占用的空间是三种方法中最小的，但是使用者无法从中直观地了解内容信息。为更好地了解这三种数据格式对本文核心数据结构存储效率的影响，本文使用CEREAL外部库，以真实数据中大小为一千左右的材料集合为实验对象，对比了三种数据格式的存储速度和占用空间大小。其实验结果如下表所示。

表1 三种数据格式的存储效率对比

数据格式	存储用时（s）	读取用时（s）	存储占用空间（字节）
JSON	0.271	0.018	1 705 941
XML	0.32	0.152	1 287 890
二进制	0.01	0.014	194 004

可以从实验结果发现，二进制格式的存储方式在存储用时、读取用时、占用空间三个方面都大幅领先于另外两种存储方式。在SAM软件中会处理一些包含大量数据的有限元模型，显然使用二进制格式的存储方法可以大大提高存储效率。

2.2 序列化方法设计

本软件工程由C++语言编写，常见的C++序列化方法有如Google Protocol Buffers(Protobuf)和Boost库中的Serialization方法。Protobuf是一个谷歌开发的一款轻量级序列化库，支持的数据类型有限，且数据对象必须预先定义，使用protoc编译，但其效率较高，适合要求非常看重效率的工程使用。Boost库非常庞大，功能丰富，而序列化Serialization方法只是其中的一个小部分，但就算只使用序列化，也需要安装整个Boost库。本文希望能找到一个轻量级且支持大多数数据类型的序列化方法，CEREAL库正满足这一需求。使用这一外部库仅需要将其.h文件加入第三方库和CMAKE文件。同时，使用CEREAL库只需要在每一个需要保存的数据结构的头文件中定义模板函数，与工程其他模块的耦合性较低，这一优势将在下一节详细介绍。

基于多种序列化方法的横向比较，本文选择了CEREAL外部库这一序列化方法。基于多种数据格式存储方式的纵向比较，本文选择了二进制格式的数据存储方法。

3 保证代码结构低耦合性的序列化方法实现

本小节将首先以核心数据结构中装配模块中的节点集合的序列化方法为例介绍序列化实现方法，示例如图3所示。

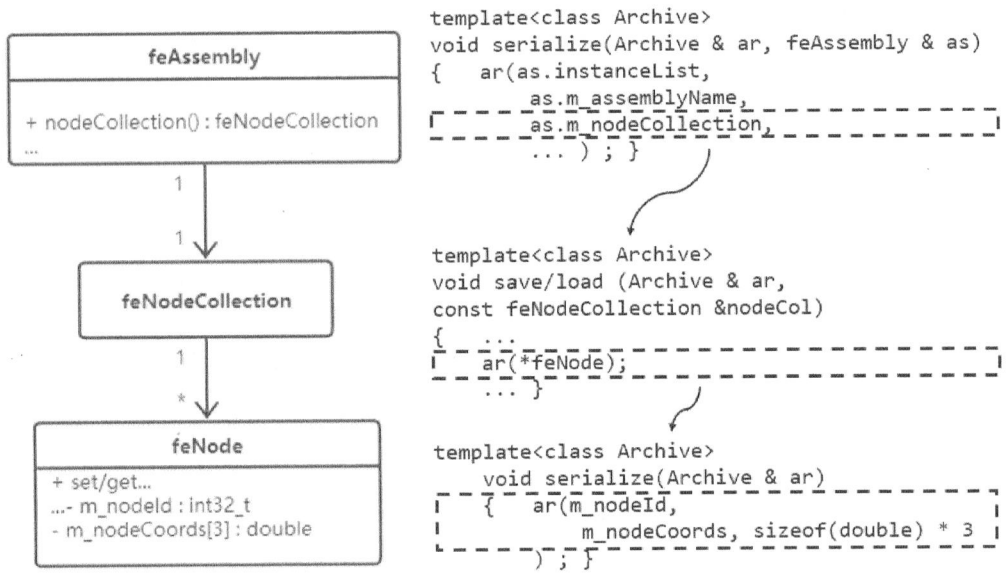

图 3 节点集合序列化方法示例

首先在装配模块的头文件中添加模板方法serialize，将需要序列化的多个数据（包括节点信息、单元信息、单元属性等）写入该方法。在序列化过程中，读取到需要序列化节点集合时，将去搜索节点集合类声明中的序列化模板函数进行序列化。由于节点集合的定义方式不同于普通类的定义方式，因此不能简单地将其需要序列化的常用数据结构放入函数，而需要单独书写save和load函数，遍历集合的同时将每一个节点进行序列化。依此类推，在序列化过程中，读取到需要序列化某个节点时，将去搜索节点类声明中的序列化模板函数进行序列化。节点的序列化函数就比较简单了，将需要保存的两种数据放入函数即可，需要注意的是，在序列化定长数组时，需要将该数组占用的存储空间大小加入函数。另外，在使用CEREAL库进行序列化时，由于其不支持原始指针，在序列化指针数组这一数据结构时，需要手动遍历数组，将每一个指针取值后放入模板函数。

这种进行序列化的方法保证了软件工程各模块间的耦合性较低。耦合是软件结构中各模块之间相互连接的一种度量，耦合强弱取决于模块间接口的复杂程度、进入或访问一个模块的点以及通过接口的数据。较低的耦合可以大大增强软件模块的可重用性和移植性。通过将需要保存数据的序列化模板函数写入每一个类定义的头文件，使得在进行保存时自动进行层层调用，而不用去写复杂的遍历逻辑。主逻辑中将不用关心各子类的复杂定义方式，或使用层层调用关系去存储底层的数据结构。这使得修改底层数据结构或新增数据结构时对序列化方法就行重构时，极大减少其工作量，并且不容易引起新的代码错误。

4 结 论

本文对SAM软件前后处理系统的数据存储方式进行了设计与实现。首先，通过与其他存储方式的对比，验证了本文设计的序列化方法的有效性与创新性。然后以装配模块中的节点集合序列化方法为例，给出了单个模型的存储案例，并阐述了如此实现能够保证软件工程的低耦合性，极大增强工程的可重用性和移植性。

参 考 文 献

[1] 吴广明. CAE在船舶结构设计中的应用及展望[J]. 中国舰船研究, 2007(06): 30-34.
[2] 卫丹. CAE在船舶结构设计中的应用与展望[J]. 船舶物资与市场, 2021, 29(05): 105-106.
[3] 陈泽. 基于NX的船舶设计CAE前处理系统关键技术研究[D]. 武汉: 武汉华中科技大学, 2019.
[4] 朱德祥, 冷文浩, 李百齐, 等. CAE在船舶性能研究领域的应用[J]. 中国造船, 2007, (02): 1-8.
[5] 金建海. 船舶CAE前后处理系统研制[D]. 无锡: 江南大学, 2012.

Design and Implementation of SAM Preprocessing System Storage Scheme

ZHANG Junzhe[1,2], LI Min[1,2], XU Na[1], WANG Mowei[2], JIN Jianhai[1,2], DING Jun[1,2]

(1. Taihu Laboratory of Deepsea Technological Science, Wuxi 214082;
2. China Ship Scientific Research Center, Wuxi 214082, China)

Abstract

During development of the SAM software, the pre- and post-processing part needs to realize the persistent storage and reading of large amounts of data such as finite element models and performance results. In order to improve the efficiency of reading and writing, an efficient binary serialization method is designed to reduce the data storage space and speed up reading and writing. In addition, in order to ensure scalability of the software, the read-write function is relatively independent and has low coupling with other module functions of the software, which is convenient for subsequent addition or deletion of new data. The paper takes data storage of the pre-processing and post-processing system of the SAM software as the research object, introduces the overall design and implementation ideas of the storage and reading functions, and gives a case of single model storage. By comparing with other storage methods, the effectiveness and innovativeness of the method in this paper are verified.

Key words: Software engineering; Industrial software; Serialized storage

作者简介

张浚哲　男,1997 年生,硕士,助理工程师。主要从事 CAE 前处理技术开发。

李　敏　女,1990 年生,硕士,工程师。主要从事 CAE 前处理开发与网格划分技术研究。

徐　娜　女,1990 年生,硕士,工程师。主要从事 CAE 前处理开发与网格划分技术研究。

王墨伟　男,1980 年生,硕士,研究员。主要从事 CAE 前后处理及可视化技术研究。

金建海　男,1978 年生,博士,研究员。主要从事船舶 CAE 软件技术研究。

丁　军　男,1986 年生,博士,高级工程师。主要从事船舶与海洋结构物总体性能评估技术研究。

海洋结构分析通用软件 SAM 前后处理系统设计与实现

徐　娜[*1]，李　敏[1,2]，丁　军[1,2]，金建海[1,2]，王墨伟[2]

(1. 深海技术科学太湖实验室，无锡 214082；
2. 中国船舶科学研究中心，无锡 214082)

摘　要

　　海洋结构分析 CAE 软件是核心技术研究的重要手段、重大海洋装备研制的根本保障和智能制造推进的关键支撑。SAM 软件以自主化、高精度、专业化、全面性、开放性和可靠性为特色，正逐步在船舶行业进行推广与试用。本文以 SAM 软件的前后处理系统为研究对象，介绍了前后处理系统的总体设计思路，并阐述了读写接口、核心数据结构、网格划分以及求解器输出结果解析与后处理显示等模块的设计思路。最后给出了 SAM 软件的应用案例。

关　键　词：海洋结构；工业软件；前后处理；设计与实现
中图分类号：TP391.72

0　引　言

　　海洋结构分析CAE软件作为海军装备研制过程中不可或缺的工具之一[1]，已经融入海军装备设计、制造、试验和服役等全生命周期中，应用于结构方案优化、响应分析、工艺仿真、强度评估和修理方案评价等多个场景，致力于解决装备研制过程中面临的结构完整性问题[5-6]。

　　目前我国海军装备研制过程中所使用的CAE软件，绝大部分依赖进口，整体对外依存度较高[15]；而国内现有的 CAE 软件，在功能覆盖性、分析规模和效率、架构开放性和应用可靠性方面与国外还存在一定差距，无法完全替代国外软件，一旦遭到国外全面封锁，我国装备研制就会面临着技术停滞的巨大风险[8-12]。

　　为了实现船舶结构CAE领域的自主可控，中国船舶科学研究中心基于多年的研发基础，联合国内优势力量，全力打造一款符合国内船舶与海洋工程行业发展要求的海洋结构分析通用软件（简称SAM软件）。该软件以开放式面向对象结构有限元分析设计与研发为核心，构建环境载荷评估子系统、结构安全性评估子系统、振动噪声评估子系统、爆炸冲击评估子系统四个子系统，具备结构有限元常用分析类型和单元、材料、载荷等基础算法组件，精度和商用结构CAE相当，具有自主化、专业化、高精度、全面性、开放性和可靠性等特色。

　　SAM软件可划分为前处理、求解器、后处理。本文重点介绍SAM软件前后处理系统的设计思路。最后通过两个典型实例验证，通过与商软计算结果的对比分析，验证了SAM软件的正确性和可靠性。

收稿日期：2022-10-27；修改稿收稿日期：2022-11-24

1 海洋结构分析通用软件 SAM 前后处理系统设计

1.1 软件总体框架设计

SAM前后处理系统是SAM软件的重要组成部分。前处理的任务是将实际问题或设计方案抽象为能为求解器提供所有输入数据的计算模型，该模型能够定量反映分析对象的几何、材料、载荷、约束等特性。后处理用于处理和显示求解器计算生成的结果数据，主要是读取各类CAE分析结果的文件，然后利用计算机可视化的原理、方法和技术，能够再现仿真模型信息，并将分析结果数据，以图形图像的形式显示其大小及其分布情况，包括云图显示、动画显示、任意位置结果信息的快速显示等，为相关研究人员分析研究和决策提供直观的参考。

图1是前后处理系统设计总体框架图。在前处理模块，用户选择要输入的有限元模型文件，软件自动调用读接口和网络划分功能，分别将模型特性数据写入到核心数据结构中并将已划分好的网格数据显示到模型窗口中。同时，软件提供大量的人机交互接口可实现对模型特性参数进行增删改处理。当进行求解器分析时，软件可将模型特性参数输出到求解器所支持的文件类型中，为后续的求解器运算以及后处理显示等功能提供数据支撑。在后处理模块，软件自动解析求解器输出的结果文件，获得节点应力、应变、位移等信息，并利用可视化技术绘制云图、展示变形动画等。下面将重点介绍核心数据结构设计、模型文件的读写接口、网格划分、后处理结果文件解析、可视化与人机交互等模块。

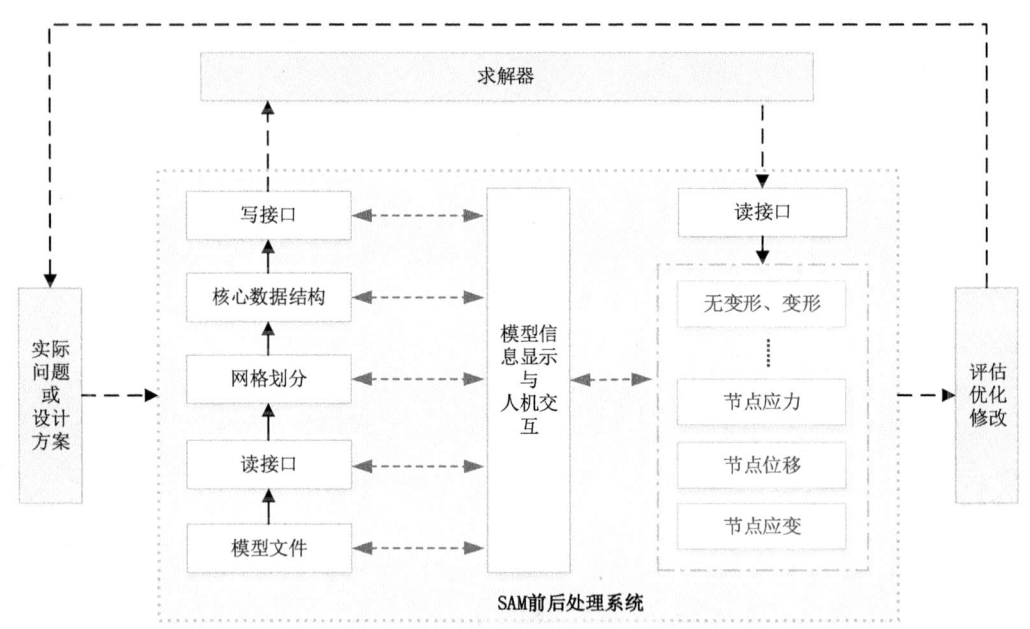

图 1 软件总体框架示意图

1.2 核心数据结构设计

核心数据结构主要存储模型的特性参数。在设计过程中，采用了独立、一体化的设计理念对核心数据结构进行分类分层设计。核心数据结构框图见图2所示。同时，核心数据结构能够为模型文件的读写接口、人机交互等功能模块提供数据共享桥梁。因此，在设计核心数据结构时需要充分考虑快速、重复性地插入、查询和删除等操作情况。由于在哈希算法中，当不同键值的记录通过哈希函数映射到哈希表中相同位置时，易发生了哈希冲突。因此，系统将采用了改进的链式哈希表方法进行核心数据结构设计，即在未出现哈希冲突时，采用开地址哈希表的存储方式，有快速访问的优点；在出现冲突时，采用链式哈希表的存储方式，避免出现堆积等问题[9]。

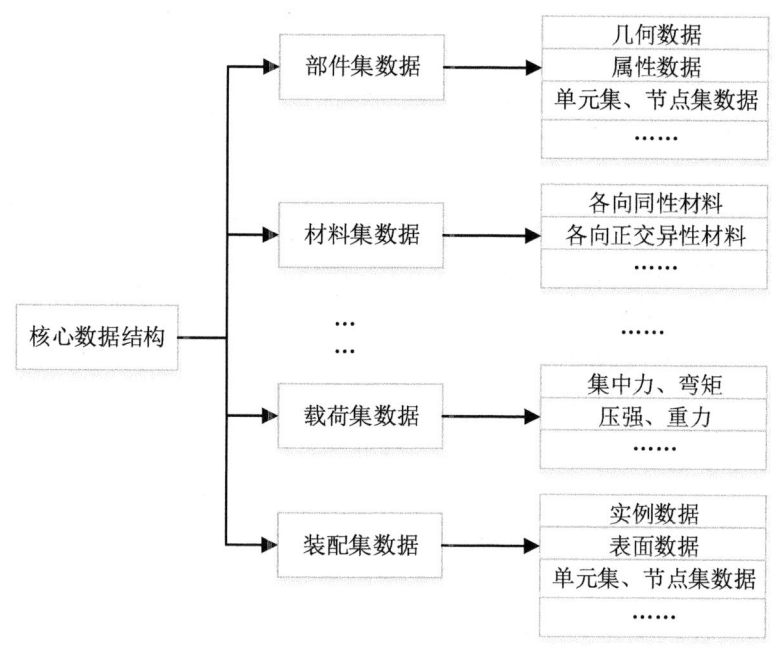

图 2 核心数据结构框架图

1.3 读写接口设计

读写接口主要实现对有限元模型的几何、材料、载荷、边界条件、约束等特性数据的读写功能。软件可自动读取对INP、BDF、IGES、STEP等格式文件的数据，并保存到核心数据结构中，也可将核心数据结构中的数据写到INP等格式文件中，以便调用求解器进行有限元计算[3,13]。为了实现高效、快速地读写文件，系统采取了多线程技术进行读写接口功能模块的设计[12]。设计流程是当导入有限元模型文件后，软件根据读入字节流的标识，自动将成块的字节流分配给相应的线程进行分析处理，并写入到对应的核心数据结构中；当需要导出到有限模型文件时，软件根据核心数据结构中的数据类型分别将每个模块数据转换成一定格式的字节流，最后一次性地写入到文件中。具体流程图详见图3。

同时，在解析求解器输出结果文件时，也参考了上述思路进行设计。

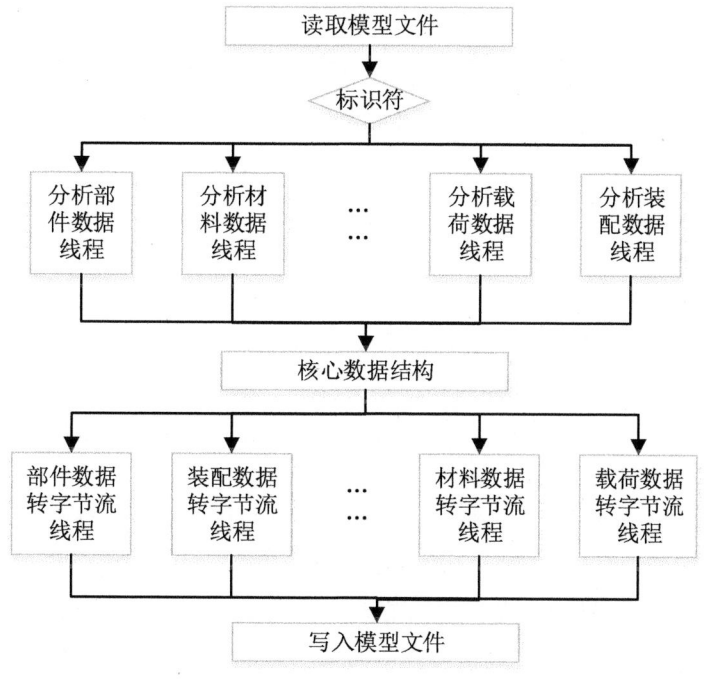

图 3 读写接口设计流程图

1.4 网格划分算法设计

为提高求解精度，网格划分算法采用了一种改进的 AFT 法[2,4,14]，实现船舶模型大部分区域的四边形网格自动生成。具体操作步骤：

(1) 导入几何数据，目前软件支持IGES、STEP等格式的几何数据导入；

(2) 模型预处理，通过缝隙修补与重叠修补等技术手段解决 CAD/CAE 模型数据转换之后，产生的表面网格缝隙和重叠问题；

(3) 初始网格前沿形成，对二维域的边界进行离散，并形成初始结点链；

(4) 网格前沿上结点分类，根据网格前沿节点链上某一节点与前后向节点的夹角进行网格分类；

(5) 网格前沿的推进：在原有网格前沿上，向待划分网格的 Face 内投影，形成新的节点链和铺设单元；

(6) 网格前沿的闭合：当某一网格前沿上节点数小于 6 时，就可闭合该网格前沿，完成区域的剖分；

(7) 网格的优化：采用拉普拉斯修匀法进行进一步网格优化工作。

(8) 网格细分：先在原模型的基础上建立一个将被细化的局部区域，即"细化区域"。在获得细化区域及区域单元、节点即边界节点后，设定细化后的网格尺寸，利用线性插值的方法，对细化区域进行迭代细化，直至符合细化后的网格尺寸。

(9) 生成网格数据。

图4是采用改进的AFT法进行网格划分获得网格划分效果图。

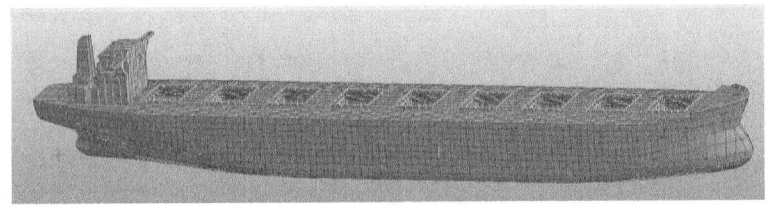

图 4 网格划分效果图

1.5 模型显示与人机交互

Qt软件作为一个跨平台性强的C++图形用户界面库，得到了广泛的应用，并且软件集成了OpenGL库，便于调用GPU进行图形渲染，提升图形加载速度、降低CPU的负担。同时，Qt软件能够在Windows、LINUX、UNIX和 Mac OS等操作系统正常运行[7]，易于后续的跨平台软件移植。因此，在模型显示与人机交互功能设计时，系统选择了在C++平台调用Qt软件库进行模型显示与人机交互设计。

2 典型实例应用验证分析

以船舶舱段结构为研究对象，以试验模型原始参数为输入，建立数值仿真模型，通过SAM和Abaqus软件的静力分析计算，开展SAM软件与商软结果的对比分析工作。

首先，展示SAM软件前处理显示模型，查看、修改、增加以及删除模型物理属性等特性示意图，如图5所示。SAM前处理既可以对模型物理属性进行增、删、查、改处理，又可以在模型上展示节点、单元集区域以及模型属性、边界条件、载荷等特性。

同时，将SAM后处理效果与ABAQUS商软计算后的可视化结果进行比较，如图6、图7、图8所示。从图中可知，SAM计算得到的位移云图与Abaqus的位移云图一致，且最大位移值的节点位置也一致。在Mises应力和最大主应变的比较中，最大值的节点位置与Abaqus一致，但两者的最大值存在可忽略的差异，即SAM计算的Mises应力与最大主应变为93.847和40.347×10^{-5}，Abaqus的计算结果为93.85和40.35×10^{-5}。

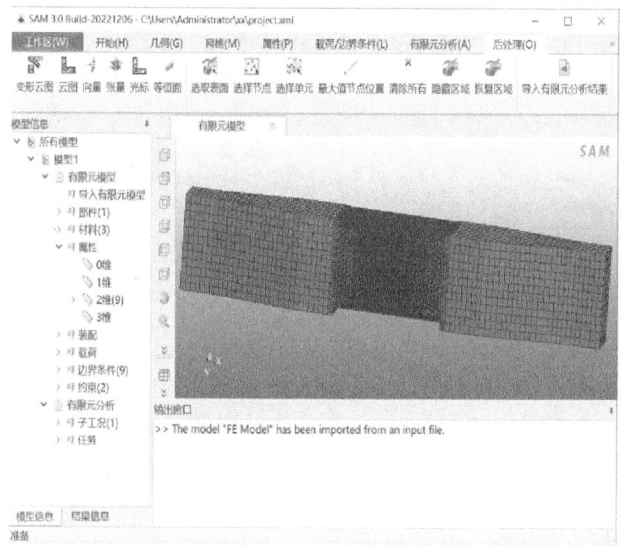

(a) 模型展示　　　　　　　　　　　(b) 编辑属性

图 5 SAM 前处理示意图

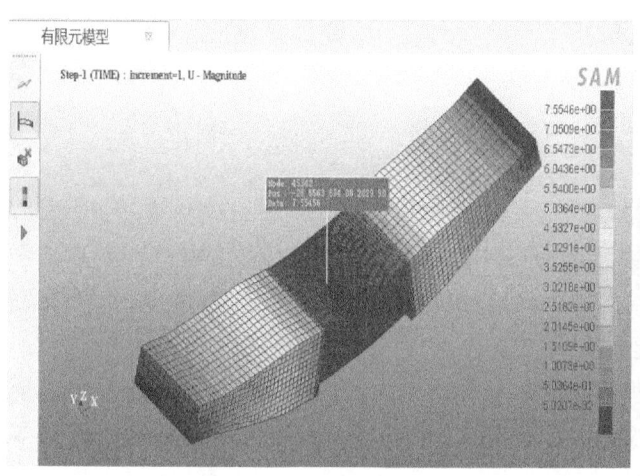 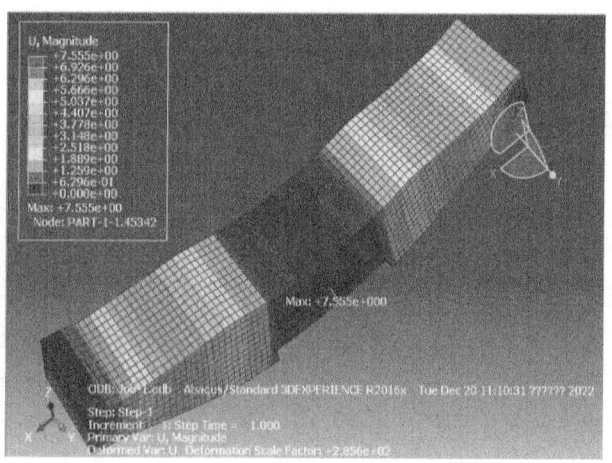

(a) SAM　　　　　　　　　　　　(b) Abaqus

图 6 位移比较图

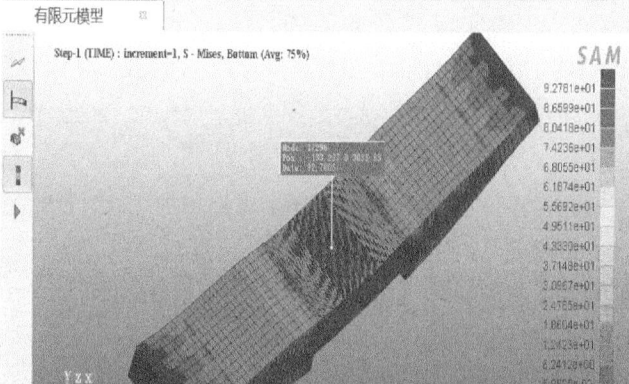 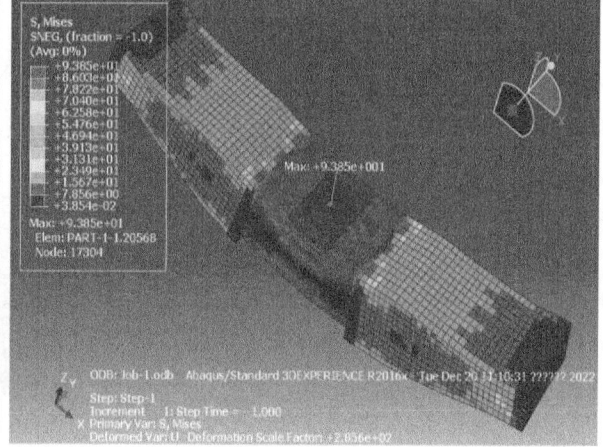

(a) SAM　　　　　　　　　　　　(b) Abaqus

图 7 Mises 应力比较图

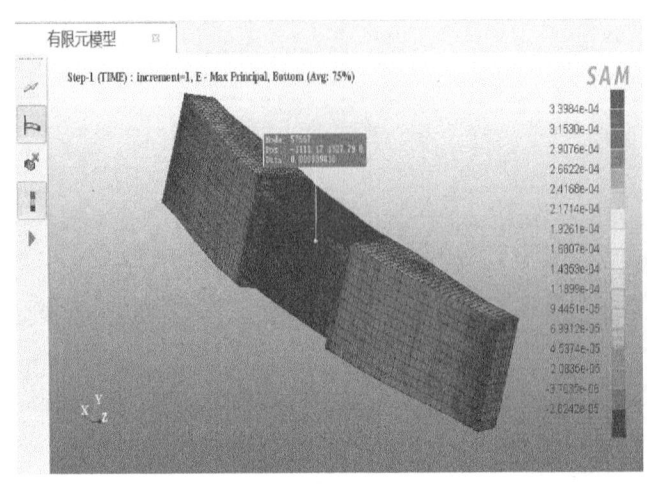 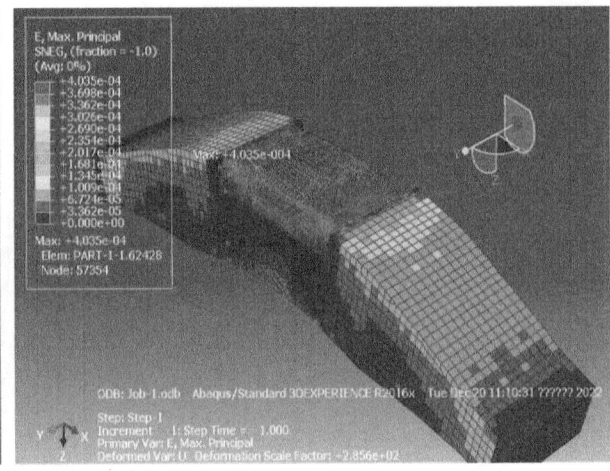

(a) SAM　　　　　　　　　　　　　　(b) Abaqus

图 8 最大主应变比较图

此外，SAM前处理展示的模型物理属性与提供的模型交互功能处于起步阶段，与商软的差距较大；后处理绘制的位移、应力与应变的云图整体渲染效果与Abaqus的渲染效果存在较明显的差异。因此，SAM前后处理系统初步满足海洋结构分析的需求，但在人机交互与模型渲染等方面仍有较长的路要走。

3　结　论

本文阐述了SAM软件前后处理系统的设计思路以及在船舶行业里的典型的软件实现案例。在前后处理系统设计中，采用了链式哈希表、多线程、网格划分等技术，初步满足了船舶行业中对CAE软件的功能要求；但由于SAM软件研发处于起步阶段，与国外商软相比，存在读写接口耗时长、人机交互不够合理、网格划分不够精确、对象特性展示不够全面等问题；此外SAM软件也存在应用验证不充分、产业发展滞后等诸多问题。为了尽快地缩小SAM软件与商软之间的差距，在前后处理系统设计中，后续将采用优化软件架构设计以及GPU等技术提升软件的运行效率，亦将采用特征识别术、机器学习等智能技术提高网格划分准确度。同时，将同步加快软件的推广与试用，在试用过程继续完善人机交互的全面性与合理性。研制自主CAE软件的道路是曲折的，但前途必是光明的。

参 考 文 献

[1] 王彬文, 段世慧, 聂小华, 等. 航空结构分析CAE软件发展现状与未来挑战[J]. 航空学报, 2022, 43(06): 28-51.

[2] 陈中杰, 田建辉, 胡光初, 等. 基于特征识别的多尺度构件网格自动生成算法[J]. 计算机与现代化, 2022, (03): 91-97.

[3] 杨骏, 王尧, 张红伟, 等. 基于三维体验平台的船舶设计软件接口集成研究[J]. 船舶与海洋工程, 2022, 38(01): 60-64.

[4] 王思雨, 顾学康, 丁军, 等. 基于B样条的船体网格自动生成方法[J]. 船舶工程, 2021, 43(12): 185-189.

[5] 陈坚强. 国家数值风洞(NNW)工程关键技术研究进展[J]. 中国科学: 技术科学, 2021, 51(11): 1326-1347.

[6] 庞宇飞, 卢风顺, 刘杨, 等. 网格之星: 国家数值风洞的通用型结构网格生成软件[J]. 空气动力学学报, 2020, 38(04): 677-686.

[7] 杨义波, 李旭, 王胜利, 等. 基于Qt和OpenGL的工程机械运动控制和仿真研究[J]. 现代制造工程, 2019, (06): 73-78, 88.

[8] 陈泽. 基于NX的船舶设计CAE前处理系统关键技术研究[D]. 武汉: 华中科技大学, 2019.

[9] 巩庆涛. 船体大型结构装焊连续工艺模拟方法与应用研究[D]. 哈尔滨: 哈尔滨工程大学, 2018.

[10] 林垚, 张少雄, 王丽荣, 等. 基于 NX 的船舶 CAD/CAE 模型预处理[J]. 船海工程, 2017, 46(01): 41-44.
[11] 金建海. 船舶 CAE 前后处理系统研制[D]. 无锡: 江南大学, 2012.
[12] 朱苏. 基于中间平台的船舶 CAD/CAE 模型转换研究[D]. 上海: 上海交通大学, 2011.
[13] 卢凤顺, 宋君强, 银福康, 等. CPU/GPU 协同并行计算研究综述[J]. 计算机科学, 2011, 38(03): 5-9, 46.
[14] 金建海, 冷文浩. 船舶有限元网格自动生成技术研究[J]. 舰船科学技术, 2009, 31(11): 12-16.
[15] 朱德祥, 冷文浩, 李百齐, 等. CAE 在船舶性能研究领域的应用[J]. 中国造船, 2007, 48(02): 1-8.

Design and Implementation of Pre-and Post-processing system for SAM

XU Na[*,1], LI Min[1,2], DING Jun[1,2], JIN Jianhai[1,2], WANG Mowei[2]

(1. Taihu Laboratory of Deepsea Technological Science, Wuxi 214082, China;)

2. China Ship Scientific Research Center, Wuxi 214082, China)

Abstract

CAE software for marine structure analysis is an important means for core technology research, the fundamental guarantee for the development of major marine equipment, and the key support for the advancement of intelligent manufacturing. SAM software is characterized by autonomy, high precision, specialization, comprehensiveness, openness and reliability, and is gradually being promoted in the shipbuilding industry. This paper takes the pre-and post-processing system of SAM software as the research object, introduces the overall design idea of the pre-and post-processing system, and expounds the design idea of the read-write interface, core data structure, grid division, solver output analysis and post-processing display module. Finally, an application case of SAM software is given.

Key words: Marine structure; Industrial software; Pre-and post-processing; Design and implementation

作者简介

徐 娜 女, 1990 年生, 工程师。主要从事 CAE 前处理开发与网格划分技术研究工作。
李 敏 女, 1990 年生, 工程师。主要从事 CAE 前处理开发与网格划分技术研究工作。
丁 军 男, 1986 年生, 高级工程师。主要从事船舶与海洋结构物总体性能评估技术研究。
金建海 男, 1978 年生, 研究员。主要从事船舶 CAE 软件技术研究。
王墨伟 男, 1980 年生, 研究员。主要从事 CAE 前后处理及可视化技术研究。

*通讯作者: 徐娜

海洋结构分析通用软件 SAM 屈服与屈曲强度校核模块设计与实现

顾宇杰[*1]，张　凡[2]，徐　娜[1]，李　敏[1,2]，金建海[1,2]，丁　军[1,2]

(1. 深海技术科学太湖实验室，无锡 214082；
2. 中国船舶科学研究中心，无锡 214082)

摘　要

为了保证船舶在整个生命周期内的结构安全，在设计验证阶段通常会根据规范对船舶整体和局部进行强度校核。目前国内船舶进行强度校核时大多基于国外商业软件的计算结果，为了打破现状，我国基于自研求解器的海洋结构分析通用软件 SAM(Structure Analysis of Marine Structures)现已完成了对屈服和屈曲强度校核模块的集成。文中将以屈服与屈曲强度校核模块作为研究对象，分别阐述屈服强度校核模块和屈曲强度校核模块的设计思路，并给出在 SAM 软件中的实现案例。

关　键　词：海洋结构；工业软件；屈服强度校核；屈曲强度校核
中图分类号：U661.43

0 引　言

随着船舶高速化和轻型化的快速发展，高强度材料在板格、加筋板和板架等船舶结构中得到了广泛的使用[1]，然而由于船东和船厂对于经济利益的追求，材料的节省和轻薄的船身可能会导致船舶强度达不到使用寿命的要求[2]，在屈服强度和屈曲强度问题上尤为突出。因此，在设计阶段对船舶进行屈服强度和屈曲强度的校核对于正确把握船体结构的安全性、经济性有着十分重要的作用。

在对船舶进行局部或整体的强度校核时，根据国际船级社协会(IACS)共同结构规范，往往会涉及到复杂的载荷工况以及材料的腐蚀减薄，如此庞大的计算量使用人工方法很明显是不现实的。因此，必须借助相应的应用软件来对船舶进行强度校核。目前常用的结构分析软件有美国的 NASTRAN、ANSYS 和法国的 ABAQUS 等。

其中 Nastran 不仅集成方便、适用性强，并且受到了国际船级社协会大部分成员的认可，占据了船舶与海洋工程90%以上的分析市场[3]。因此基于该软件，许多学者使用 PCL 语言针对船舶的屈服屈曲强度校核进行了二次开发。刘玉川[4]开发了中国船级社有限元直接计算软件 CAR-DSA，针对散货船和油船，实现了自动腐蚀减薄、细化网格、校核屈服屈曲和疲劳等功能，并且软件高效准确且易学易用。刘俊[5]开发了集装箱船屈服强度校核工具，通过生成云图、三色图和数据文件实现对设计结果的快速反馈。冯国庆[6]针对军用舰船开发了舰船结构强度评估系统，涵盖了规范计算模块和直接计算模块，填补了我国军用舰船结构评估系统的空缺。

然而，目前大部分校核工具都是基于国外软件的二次开发，并且只是针对少数船型。为了摆脱当前在校核工具方面受制于人且行业内不互通的现状[7-8]，中国船舶科学研究中心联合国内优势力量，在

收稿日期：2022-10-20；修改稿收稿日期：2022-11-24

国家战略和具体政策的扶持下，全力发展一款符合国内船舶与海洋工程行业发展趋势且广受用户喜爱的通用自主化软件分析平台，屈服与屈曲强度校核模块作为结构安全性评估的一部分也被涵盖其中。

本文首先阐述了国内目前船舶屈服屈曲强度校核软件的现状，以及形成软件通用自主化的迫切需要。然后对模块所属的海洋结构基础性能预报的通用软件SAM和屈服与屈曲校核设计思路进行了介绍。最后对示例进行了直观地展示。

1 SAM软件简介

自主化海洋结构分析通用软件(SAM)，它以开放式面向对象结构有限元分析设计与研发为核心，可实现开放式面向对象的结构有限元常用求解分析，具备结构有限元常用分析类型和单元、材料、载荷等基础算法组件，精度和商用结构CAE相当。具有自主化、高精度、专业化、全面性、开放性和可靠性等特色。

SAM软件不仅在结构有限元求解器的常用分析功能上与Abaqus、NASTRAN基本相当，还集成了针对船舶行业的专业评估子系统，四大专业子系统涵盖了预计20个专业评估模块，比普通商软更具有专业性。

2 屈服强度校核模块

2.1 屈服强度校核方法

屈服破坏作为船体结构失效的主要形式，常发生船舶的板架结构中。船体板架结构的屈服强度是直接影响船体结构安全的关键因素，板架一旦发生屈服，往往会带来断裂、破舱等一系列严重的后果。

目前，对于板架的屈服强度更倾向于用保守的方式进行校核，即认为当板格边缘点出现屈曲时，就被判定为板格失效。由于板格受到x、y两个轴向的载荷作用，所以存在三种可能的屈服位置，即网格的四个角、纵向边的中点和横向边的中点，如图1所示，图中T代表拉应力，C代表压应力[9]。

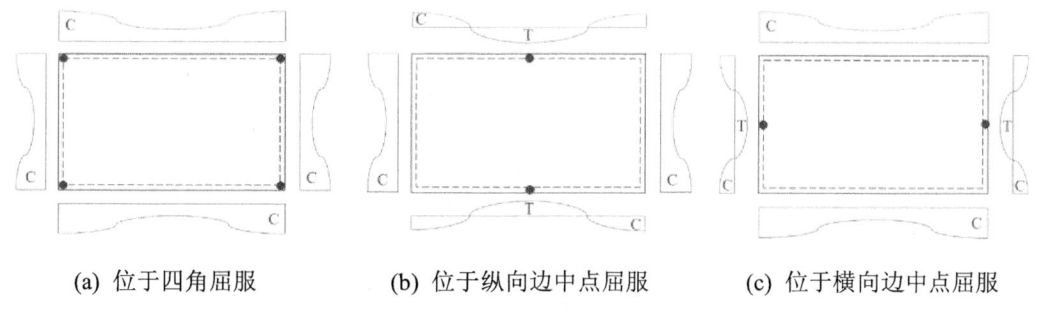

(a) 位于四角屈服　　(b) 位于纵向边中点屈服　　(c) 位于横向边中点屈服

图 1 轴向载荷作用下的三种屈服位置

屈服应力的衡量通常使用Mises等效应力屈服准则，对于上述三种位置的屈服标准具体公式如下：

(a) 四角位置点的屈服：

$$\sigma_{eq1} = \sqrt{\sigma_{x\max}^2 - \sigma_{x\max}\sigma_{y\max} + \sigma_{y\max}^2 + 3\tau^2} = \sigma_k \tag{1}$$

(b) 纵向边中点的屈服：

$$\sigma_{eq2} = \sqrt{\sigma_{x\max}^2 - \sigma_{x\max}\sigma_{y\min} + \sigma_{y\min}^2 + 3\tau^2} = \sigma_k \tag{2}$$

(c) 横向边中点的屈服：

$$\sigma_{eq3} = \sqrt{\sigma_{x\min}^2 - \sigma_{x\min}\sigma_{y\max} + \sigma_{y\max}^2 + 3\tau^2} = \sigma_k \qquad (3)$$

式中，σ_k 即板格屈服应力，通常在设计中 σ_k 的值要小于板格材料的屈曲应力 σ_0。

随着作用在板格上载荷的增加，当等效应力 σ_{eq1}、σ_{eq2} 和 σ_{eq3} 中任何一个值大于屈服应力 σ_k 时，即代表板格失效。因此在实际的板格结构设计中，上述三个等效应力值一定要比板格的屈服应力小。

2.2 屈服强度校核设计思路

在SAM软件中，用户在对输入的模型进行有限元静力分析求解后，可以使用结构安全性评估子系统中的屈服强度校核模块，基于自研求解器的静力分析结果对模型整体或局部进行屈服强度校核。模型的外部载荷已经事先定义，通过设定校核任务，添加校核相关参数，即可进行快速校核。具体校核流程如图2所示：

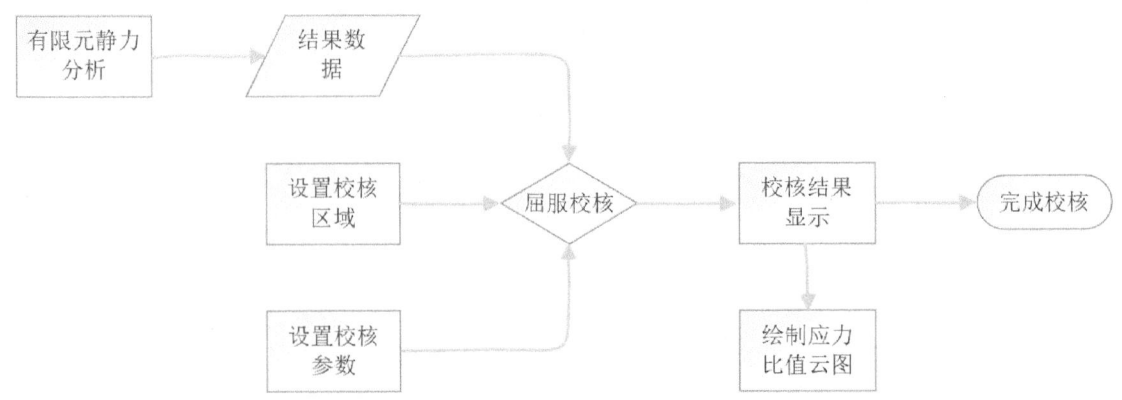

图 2 屈服强度校核流程图

有限元静力分析结果数据软件会使用统一格式，自动存储于结果目录文件夹。在进行屈服校核时会自动读取相应数据，数据无需手动导入，简化了操作流程。在设置校核区域时，用户可以选择已经定义的单元集，或者根据需要手动新建单元集，方便用户依据个性化需求进行屈服强度校核。最后，设置校核参数，选择对应的分析步、应力类型以及安全系数后，即可进行屈服强度校核。

该模块可同时进行多个校核任务，校核结果会以计算应力与许用应力比值的方式呈现，并且可以生成比值云图，让用户可以更加直观地看到容易发生结构屈服的部位。

屈服强度校核模块和屈曲强度校核模块的人机交互界面与SAM软件整体架构相同，都是使用Qt软件设计开发，大大提升了模型加载速度，也有助于后续的跨平台软件移植。

3 屈曲强度校核模块

3.1 屈曲强度校核方法

目前两种主流的用于评定船体板屈曲强度的校核方法，分别为常用的公式法(Formulae)和用有限元求解的特征值法(Eigenvalue)[10]。两者区别如下：

(1) 公式法。其实质是对板格的几何特征和边界条件作一系列假设，得出单应力分量的临界屈曲特征值，并根据特征值和极限强度的结果修正临界判定相关方程。

(2) 特征值法。常用于求解和研究复杂结构模型的屈曲问题，并作为一些近似公式解的验证手段。其实质是利用有限元屈曲求解模块求出屈曲特征值，即为临界载荷因子。

在屈曲强度校核模块中采用的是基于CCS制定的关于船体结构屈曲强度计算的简化公式法。

3.2 屈曲强度校核设计思路

屈曲模块同屈服模块类似，用户在对输入的模型进行有限元静力分析求解后，可以使用结构安全性评估子系统中的屈曲强度校核模块，基于自研求解器的静力分析结果对模型整体或局部进行屈曲强度校核。通过设定校核参数，选择划分区域，即可使用软件已经实现的板块划分功能进行处理，完成屈曲强度校核。具体校核流程示意图如下所示：

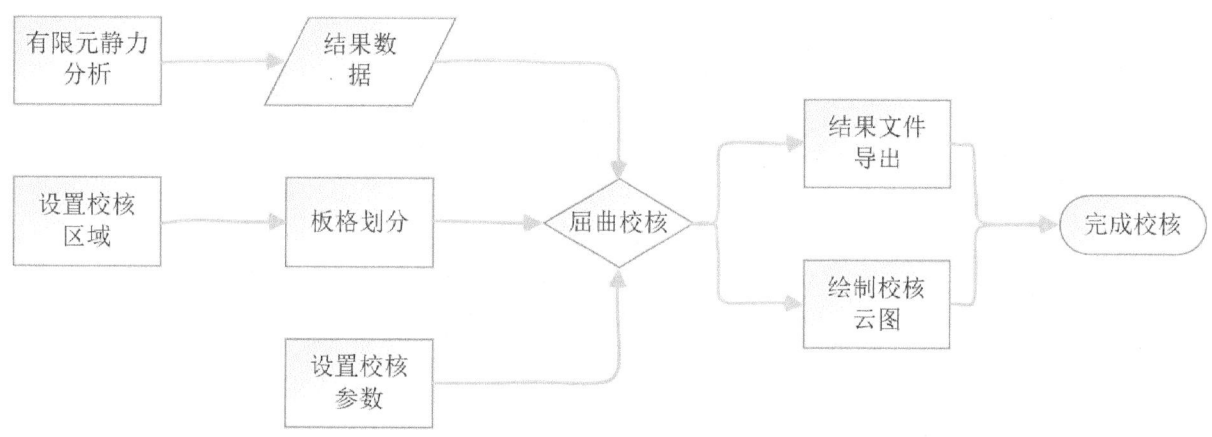

图3 屈曲强度校核流程图

在用户设置了校核区域后，可使用软件进行板格快速划分，软件会自动检索用户选取区域的船体板格中的强框架结构和扶材结构。若两相邻单元之间的夹角接近90°，则认为存在强框架结构；若两相邻单元的公共边被超过两个单元共有，则认为存在梁单元。此外，还会通过判断单元类型，自动过滤板架结构中的加强筋部分。

在按照检索的结果完成对板格的划分后，分块的板格会被标记为不同颜色的色块通过云图的方式提供给用户，以便进行直观的划分预览。完成划分后即可进行屈曲强度校核，校核的结果可以输出为Excel格式文件，以表格的形式输出校核过程中获得的各项数据。或以校核云图的方式输出，快速定位屈曲强度较弱或未达到安全标准的区域。

4 示例

在屈服和屈曲强度校核模块的实践与应用中，采用了某船体局部外板模型来展示该子模块在SAM中的效果呈现。该模型主要包含S4R、B31和S3单元类型，分析类型为静力分析。

首先使用SAM软件对该模型进行有限元分析，图4展示了该模型在SAM中的前后处理效果。

在图5中展示了该模型的屈服强度校核结果，直观的展示出了船体外板的应力分布情况，在用户设定了屈服强度和安全系数后，软件会自动计算出最大应力与许用应力的比值，如超过1则表示可能存在安全隐患，图中的比值结果0.670596与Abaqus计算结果基本一致。

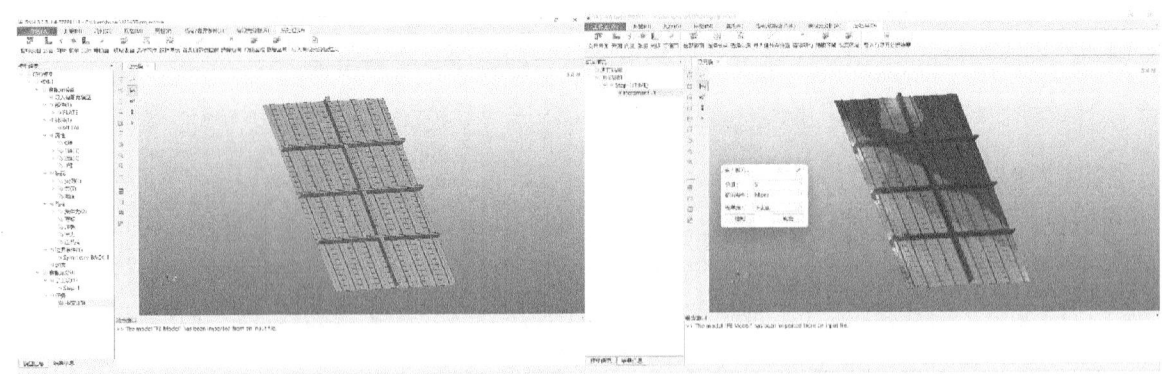

图 4 SAM 软件前后处理效果图

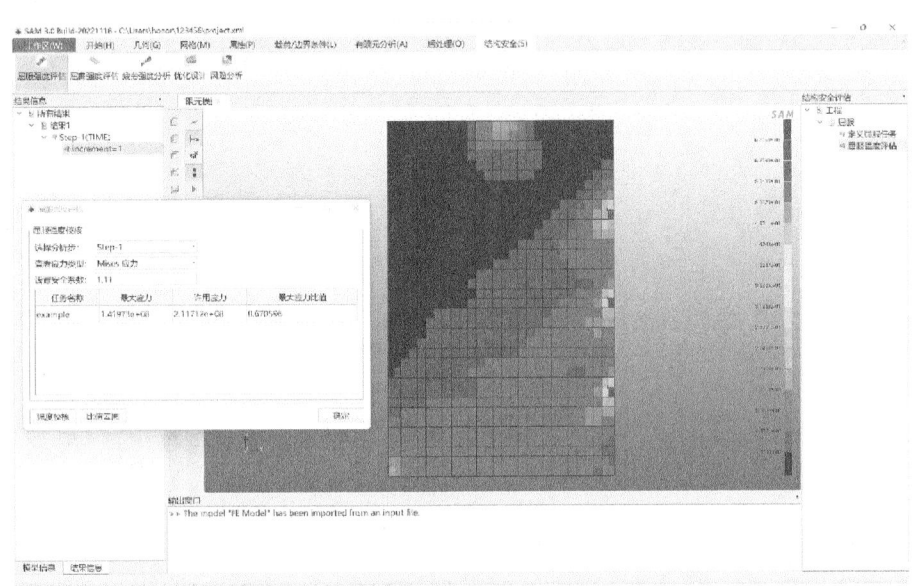

图 5 屈服强度校核结果

在屈曲计算中，需要事先按照板架上的强框架和扶材对板架进行划分，如图6中所演示的，在该子模块中，软件会自动根据模型的组成结果进行板格划分，省去了人工判断的繁琐。

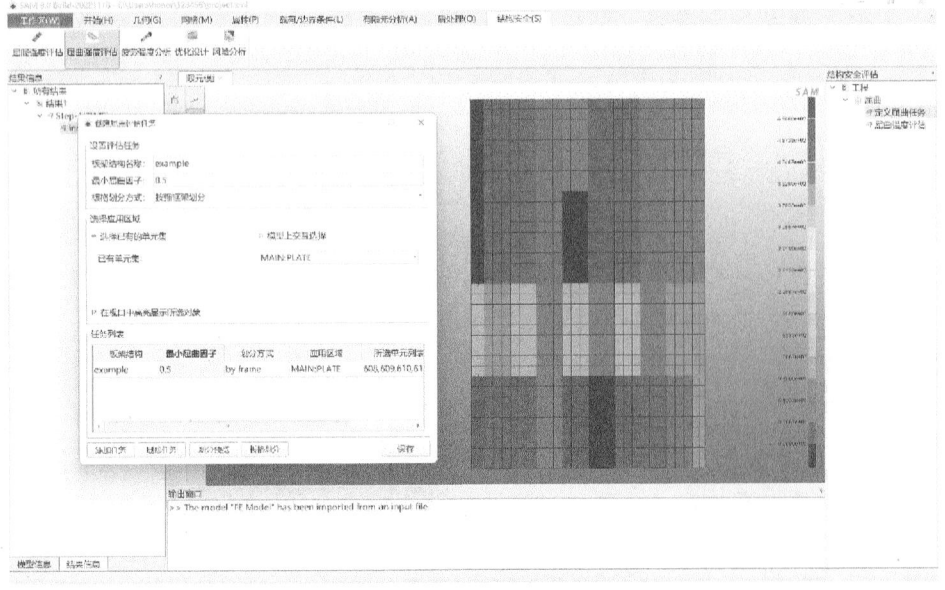

图 6 板格划分效果图

在图7中展示了该模型的屈曲强度校核结果。在模拟了因腐蚀减薄2 mm后，5个屈曲系数最小部位的板格，有利于用户快速定位可能会出现问题的板格区域。区域颜色由红到黄屈曲系数越来越小，在黄色的板格处最有可能发生因腐蚀而导致的屈曲破坏。由该模块得到的板格屈曲系数与经NASTRAN二次开发软件得到的计算结果基本一致。

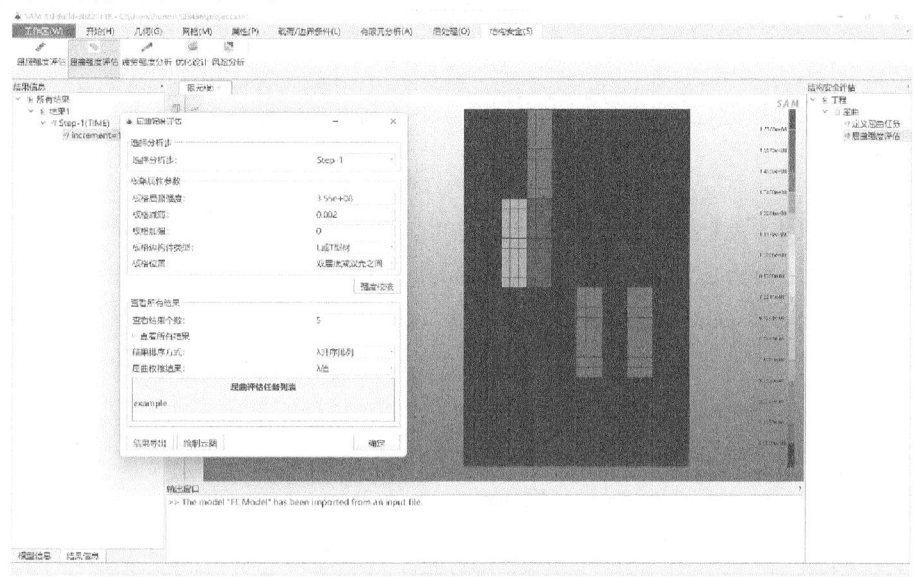

图 7 屈曲强度校核结果

5 结 论

本文阐述了 SAM 软件下的屈服与屈曲强度校核模块的设计思路并使用了典型的船体的局部外板模型作为演示案例。这两个模块作为 SAM 软件的结构安全子系统的主要功能，不仅为 SAM 软件形成一套针对船舶行业而开发的 CAE 软件提供了一定助力，也为船舶行业进行结构安全评估提供了一条更加简便的途径。但由于起步较晚，SAM 软件的整体性能仍然与商软有所差距，后续将进一步精进软件的计算效率和精度。屈服与屈曲强度校核模块也会在后续的工作中结合 IACS 结构共同规范继续完善分析流程，优化使用体验，提升校核精度。

参 考 文 献

[1] 何福志, 万正权. 船体结构总纵极限强度的简化逐步破坏分析[J]. 船舶力学, 2001(05): 21-35.

[2] 吕玮庆, 于涛, 钱嘉佳. 基于 CSR 的散货船结构屈服、屈曲与疲劳分析[J]. 江苏船舶, 2010, 27(03): 11-12, 15.

[3] RODDEN W P, JOHNSON E H. MSC/NASTRAN Aeroelastic analysis user's guide V68[M]. Los Angeles, CA: MSC. Software Corporation,1994:35-65.

[4] 刘玉川, 金立明, 王丽荣, 等. 中国船级社有限元直接计算软件 CSR-DSA[J]. 计算机辅助工程, 2010, 19(02): 13-15.

[5] 刘俊, 黄铭. 基于 PCL 的集装箱船屈服强度校核工具开发[J]. 舰船科学技术, 2016, 38(21): 61-64.

[6] 冯国庆, 任慧龙, 李辉, 等. 基于 PCL 的舰船结构强度评估系统开发[J]. 舰船科学技术, 2010, 32(05): 18-23.

[7] 刘占群. 船长大于 140 m 的内河货船有限元强度直接计算的几点思考[J]. 中国水运(下半月), 2014, 14(12): 14-16,18.

[8] 杨骏, 王尧, 张红伟, 等. 基于三维体验平台的船舶设计软件接口集成研究[J]. 船舶与海洋工程, 2022, 38(1): 60-64.

[9] PAIK J K, THAYAMBALLI A K, KIM B J. Advanced ultimate strength formulations for ship plating under combined biaxial compression/tension, edge shear, and lateral pressure loads[J]. Marine Technology and SNAME News, 2001, 38(01): 9-25.

[10] 洪英, 詹志鹄, 王鹤. CCS 船体结构板格屈曲强度直接计算评估方法[J]. 上海造船, 2006(01): 31-32.

Design and Implementation of SAM Strength Check System

GU Yujie[*,1], ZHANG Fan[2], XU Na[1], LI Min[1,2], JIN Jianhai[1,2], DING Jun[1,2]

(1. Taihu Laboratory of Deepsea Technological Science, Wuxi 214082, China;
2. China Ship Scientific Research Center, Wuxi 214082, China)

Abstract

Strength check of the whole and part of the ship using finite element FE analysis is usually required during design and verification process to ensure the structural safety of the ship in its whole life cycle. At present, ship strength check is mostly based on foreign commercial software. In order to break the status quo, SAM (Structure Analysis of Marine Structures), a general software for marine structure analysis based on self-developed solver, has completed the integration of yield and buckling strength check system. In this paper, the yield and buckling strength check system is taken as the research object. The design ideas are described separately, and an implementation case in SAM software is given.

Key words: Marine structures; Industrial software; Yield strength check; Buckling strength check

作者简介

顾宇杰　男，1997 年生，助理工程师。主要从事结构可靠性、船舶结构 CAE 开发等研究。
张　凡　女，1982 年生，高级工程师。主要从事结构可靠性等研究。
徐　娜　女，1990 年生，工程师。主要从事 CAE 前处理开发以及网格划分技术研究。
李　敏　女，1990 年生，工程师。主要从事 CAE 前处理开发与网格划分技术研究。
金建海　男，1978 年生，研究员。主要从事船舶 CAE 软件技术研究。
丁　军　男，1986 年生，高级工程师。主要从事船舶与海洋结构物总体性能评估技术研究。
*通讯作者：顾宇杰

基于结构有限元分析软件 SAM 的船舶结构优化模块开发

陈凌浩[*1]，徐　娜[1]，李　飞[2]，蒋彩霞[2]，金建海[1,2]，丁　军[1,2]

(1. 深海技术科学太湖实验室，无锡 214082;
2. 中国船舶科学研究中心，无锡 214082)

摘　要

在环境和能源问题愈发受重视的当下，船舶结构轻量化设计成为行业内的研究热点。针对传统有限元软件在针对特定场景的应用方面有所欠缺的问题，本文在结构 CAE 分析软件 SAM 的框架下，将自主研发的有限元求解器与遗传算法相结合，设计并开发针对船舶结构轻量化设计的船舶结构优化模块。数值模型测试结果表明，该功能模块在满足船舶设计相关规范的前提下，初步实现了船舶结构轻量化的设计目标，验证了基于 SAM 软件开发的船舶结构优化模块的正确性和可靠性。

关　键　词：软件开发；SAM；有限元分析；遗传算法；结构优化设计
中图分类号：U661.4

0　引　言

近年来，随着行业内对船舶节能减排需求的增加，如何在保证船舶结构强度的前提下实现结构的"减重"成为了船舶领域的重要研究方向[1]。依靠经验判断的传统方法在解决船舶结构优化问题上存在短板，而优化算法在处理该类问题时则更具优势：蒋彩霞等[2]利用 ANSYS 程序的 APDL 语言对典型舷侧板架结构进行参数化建模，以强度、稳定性为约束条件，应用遗传算法程序完成砰击载荷作用下舷侧板架结构的优化研究；李飞等[3]以多学科优化软件 Isight 为平台，集成有限元软件 ANSYS 和遗传算法，开展了砰击载荷作用下的双体船湿甲板优化设计；周思奇等[4]同样使用 Isight 作为优化平台，融合遗传算法，实现船舶的结构优化设计。

尽管目前通过第三方平台集成有限元计算程序与优化算法，可以实现船舶结构优化设计，但是仍然存在计算数据在多平台间的流转效率不高、实际操作相对繁琐等问题。为了提高优化效率、简化使用操作、增强用户体验，本文基于海洋结构分析软件（Structure Analysis of Marine Structures，简称 SAM），开发了集成遗传算法的船舶结构优化设计模块。

1　基础理论

1.1　关于 SAM

SAM 是一款以结构有限元分析为核心的海洋结构分析通用软件，具备结构有限元常用的分析类型和单元、材料、载荷等基础算法，可实现面向对象的开放式有限元求解分析。并在此基础之上，汇集船舶与海洋工程领域的专家知识，形成了包括环境荷载评估、结构安全性评估、振动噪声评估和抗爆

收稿日期：2022-10-20；修改稿收稿日期：2022-11-24

抗冲击评估在内的四个子系统。本文所开发的船舶结构优化设计模块归于结构安全性评估模块，其中涉及关于结构强度校核的内容由《Rules for classification: ships(2017)》[5]和《Rules for Building and Classing Steel Vessels(2017)》[6]确定而来。

1.2 关于遗传算法

遗传算法(Genetic Algorithm, GA)是一种通过模拟自然进化过程搜索最优解的方法。其中，选择、交叉和变异构成了GA的遗传操作，参数编码、初始群体的设定、适应度函数的设计、遗传操作设计、控制参数设定五个要素组成了遗传算法的核心内容。GA的通用计算流程如图1所示[7]。

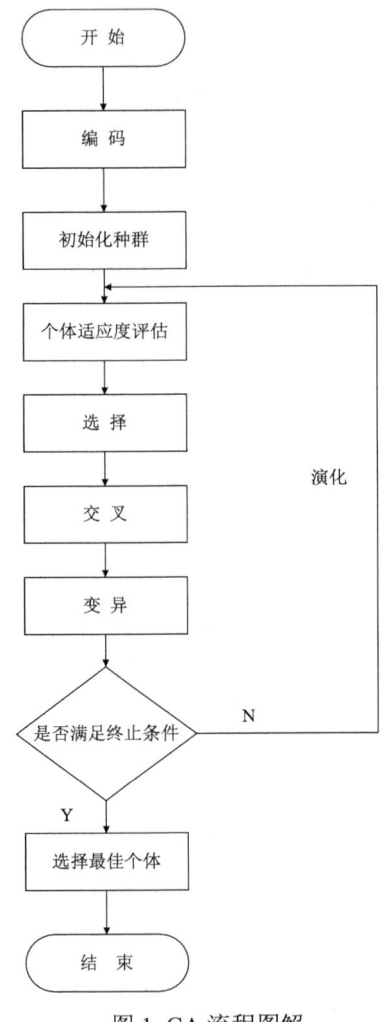

图 1 GA 流程图解

本文通过建立合理的数学模型将结构优化问题转化为数学问题，结构轻量化问题的数学模型如下：

$$\begin{cases} F(X) = \sum_{i=1}^{n} \rho x_i w_i \\ s.t.\ g_i(X) \leq 0 \\ x_i^{low} \leq x_i \leq x_i^{up},\ i=1,\ 2,\ 3...n \end{cases} \quad (1)$$

式中：$F(X)$为目标函数，x_i为第i组板单元的单元厚度，w_i为第i组板单元的面积，ρ为板单元的密度，n为板单元的组数；$g_i(X)$为约束函数；x_i^{low}和x_i^{up}分别为第i组板单元的板厚上下限。

2 程序设计与功能实现

2.1 程序架构

本文通过解析遗传算法、搭建相应的程序框架，形成图2所示的SAM与遗传算法耦合的体系结构，图中实线框代表GA部分，虚线框代表SAM部分。程序的主要工作流程为：首先完成模型的初次计算，获取模型的初始质量；其次在SAM的视图窗口中选取有限元模型上对应的单元，并设置相关参数从而创建设计变量、约束条件和优化参数；随后启动算法优化，期间遗传算法每次统计个体适应度值都会调用一次求解器，获取对应的模型质量和应力分布，完成一次适应度值评估；在满足终止条件后导出计算文件，在SAM中查看优化结果。

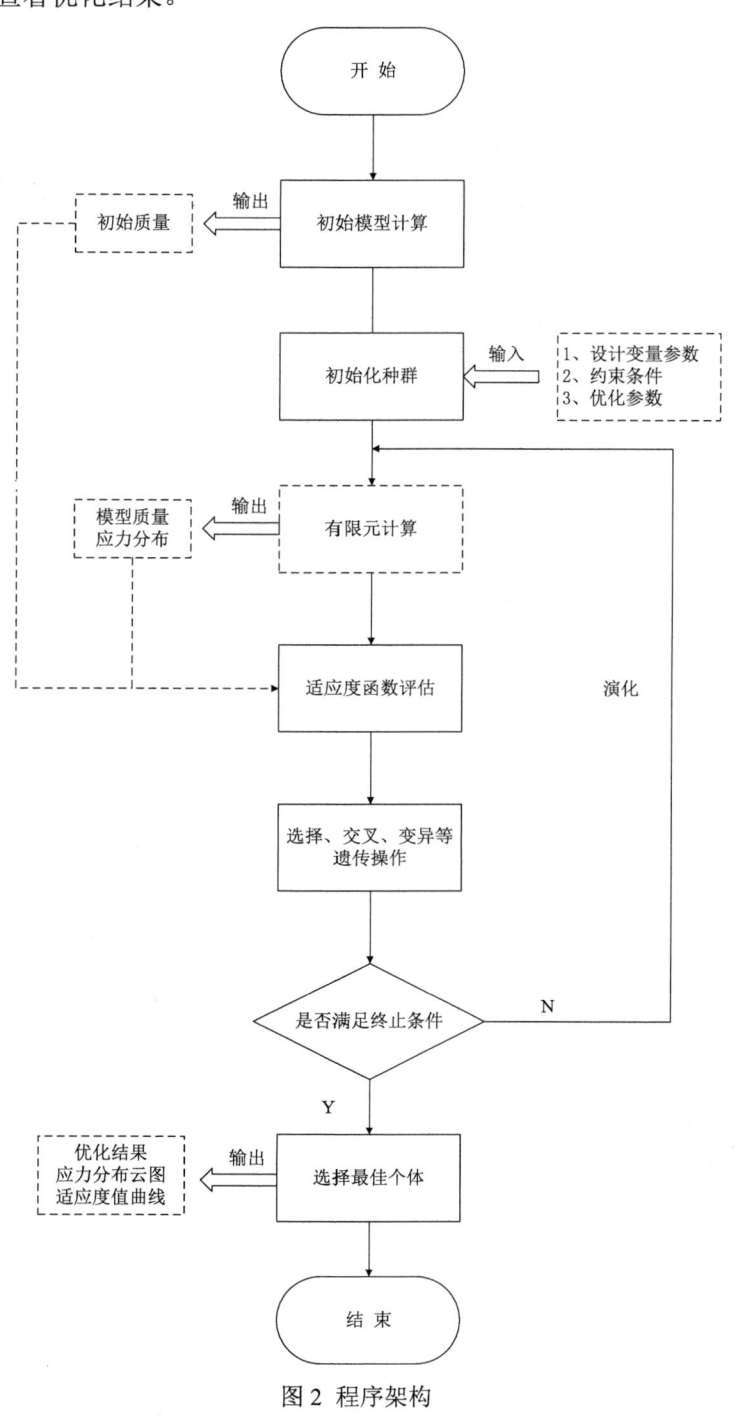

图 2 程序架构

2.2 功能实现

根据软件的总体设计思路，在SAM框架下实现了设计变量的选取、约束条件的设置、优化参数的设置、有限元模型的迭代计算以及最终优化结果的输出，各个程序在运行过程中相互串联，需要按照图3~图7所示的顺序执行，从而确保完整、准确地实现功能，其中除有限元模型迭代计算外的其他功能均可以窗口模式进行可视化操作。

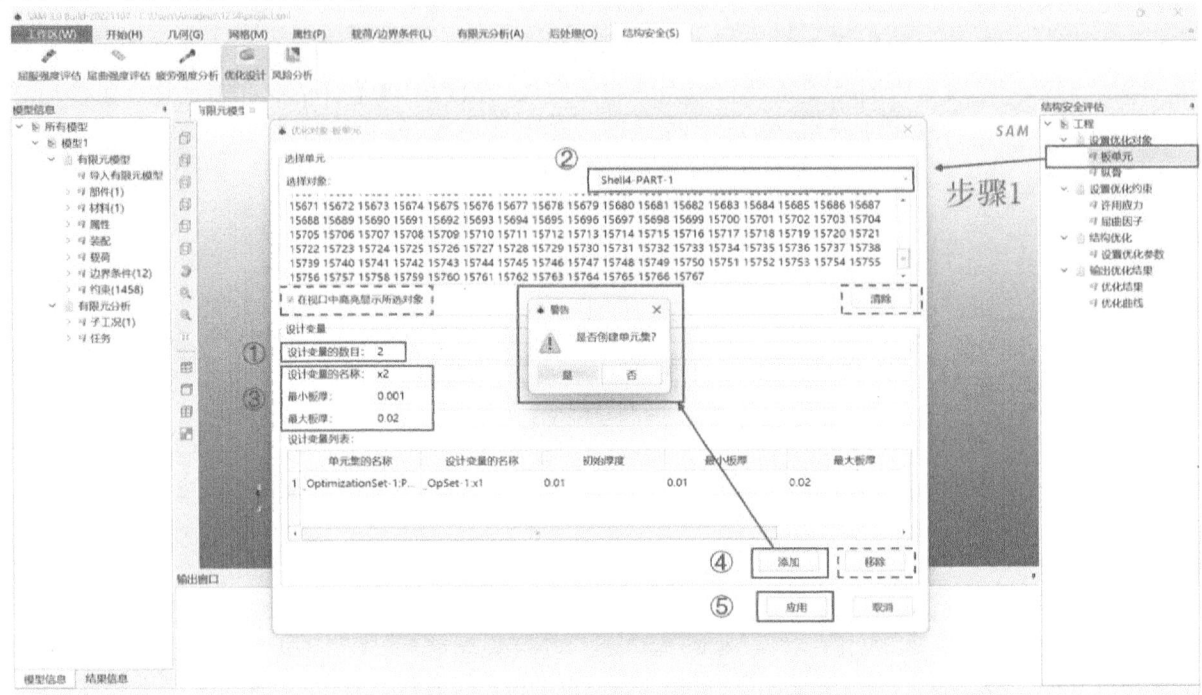

图 3 选取设计变量

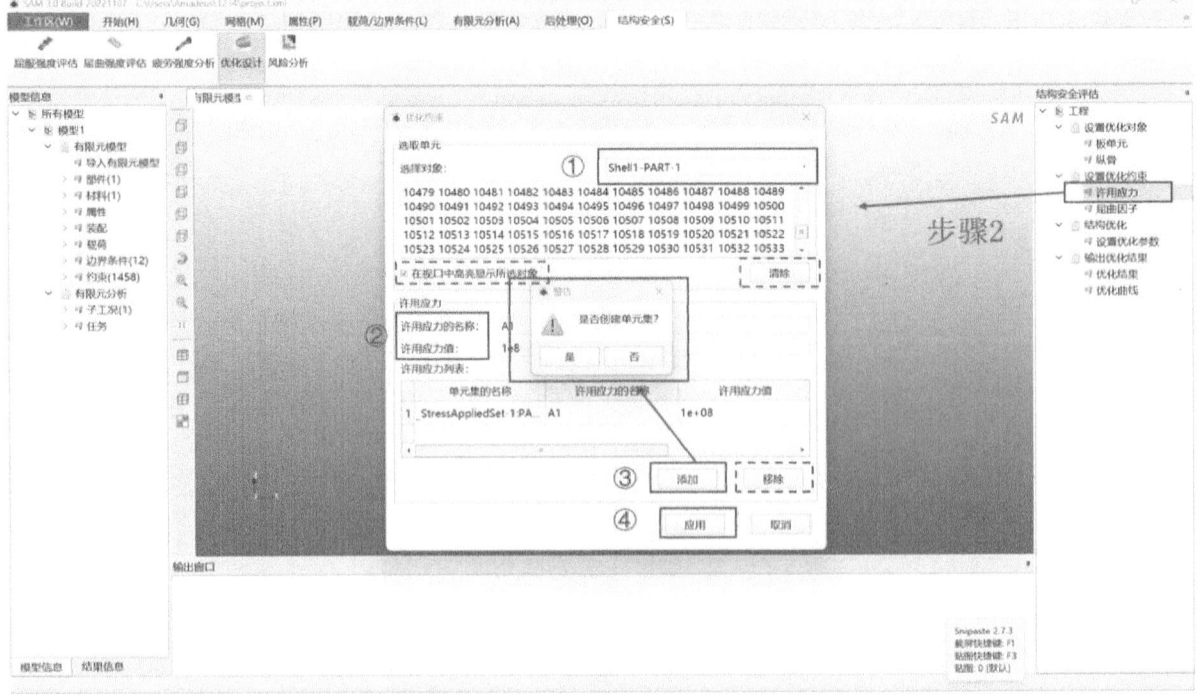

图 4 设置约束条件

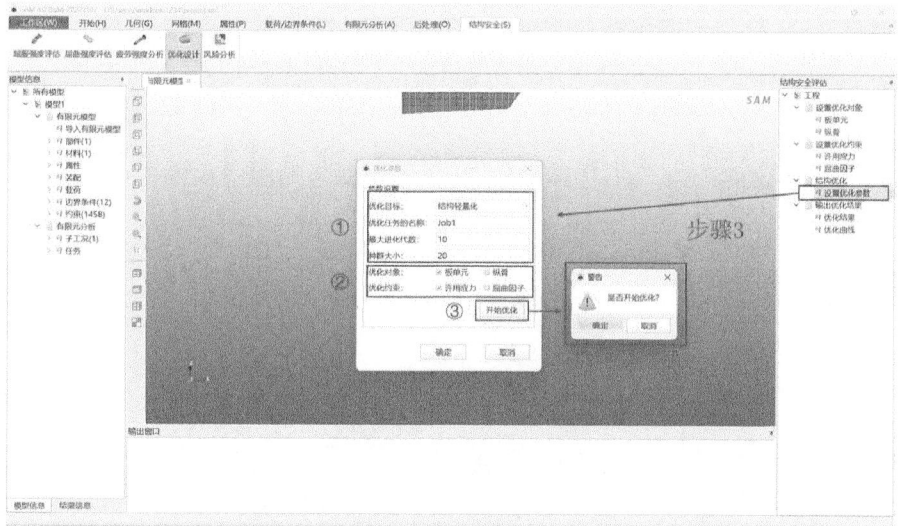

图 5 设置优化参数

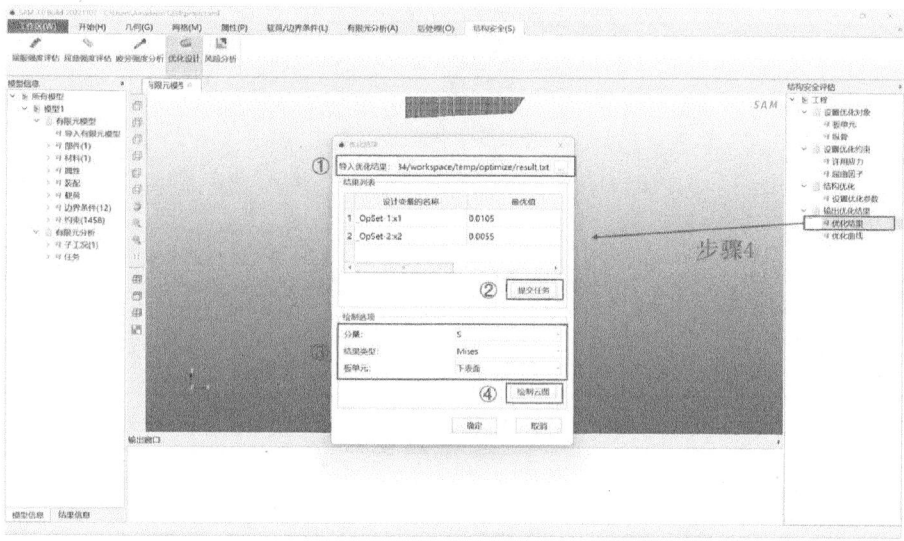

图 6 查看优化结果

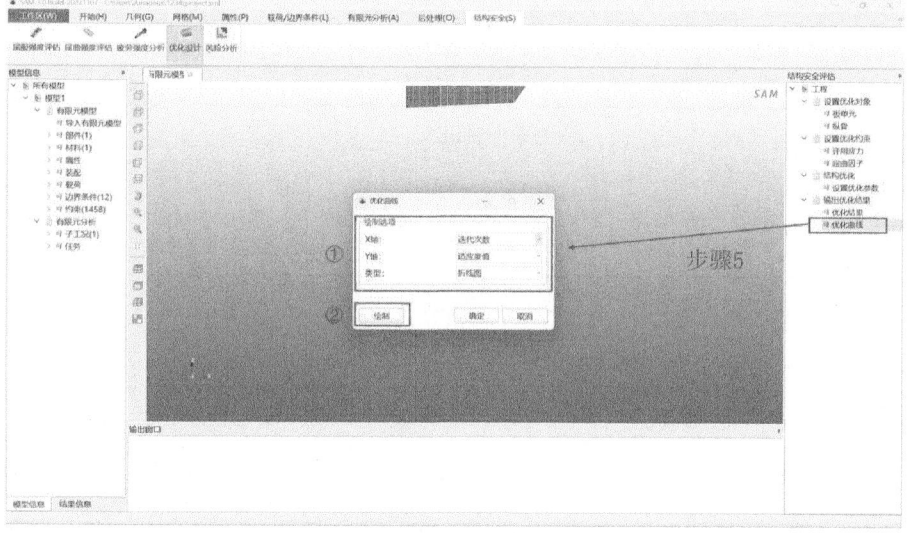

图 7 绘制优化曲线设置

3 数值模型测试

3.1 参数设置

为验证结构优化模块的功能性,本文采用如图8所示的双体船湿甲板模型,在SAM中开展结构优化计算。具体参数设置如表1所示:

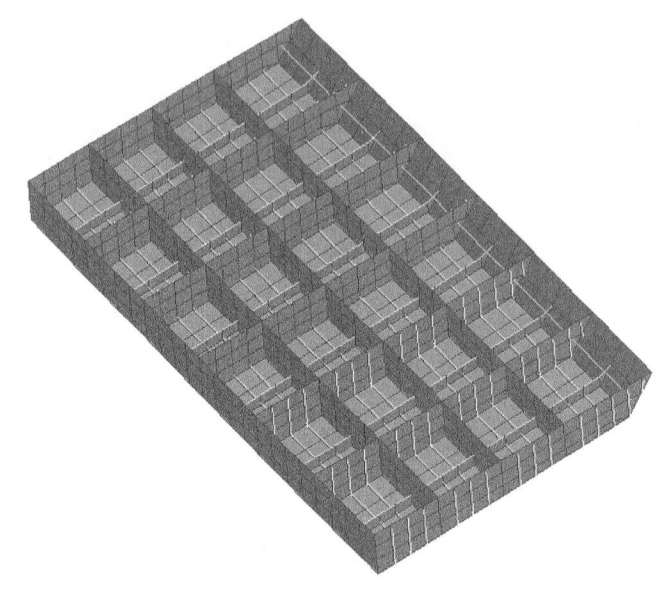

图 8 湿甲板有限元模型

表 1 参数设置表

对应功能分区	设置参数	参数值	
设置设计变量	设计变量 ID	x1	x2
	初始板厚	13 mm	7 mm
	最小板厚	10 mm	1 mm
	最大板厚	20 mm	10 mm
	所属区域	甲板	横框
设置优化约束	约束条件 ID	t1	
	屈服应力约束	100 Mpa	
	校核区域	甲板	
设置优化参数	最大进化代数	12	
	种群大小	10	

3.2 测试结果

从图9中可以看出,当迭代次数达到400次后,适应度函数值明显收敛于0.017,此时变量x1的最优值为10.5 mm,x2的最优值为5.5 mm。湿甲板有限元模型的初始质量为32120.1 kg,在满足许用应力约束的条件下优化后的质量为28746.5 kg,模型整体质量减少了10.5%,实现了结构轻量化设计的目标。

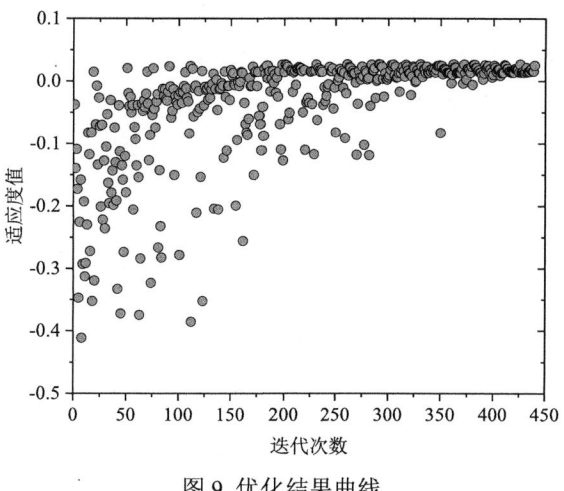

图 9 优化结果曲线

4 结 论

本文从船舶结构设计过程中的结构优化问题出发，在 SAM 软件的框架下开发了基于遗传算法的船舶结构优化设计模块。经验证，该模块可根据用户的输入，实现船舶的结构轻量化设计，帮助相关设计人员有效解决了结构优化设计过分依赖经验以及传统结构 CAE 软件不具备直接优化能力的问题。由于 SAM 内置绘图工具的限制，且优化模块设计过程中未考虑多核并行计算，该子模块仍有部分功能需要不断完善，但其在结构优化设计上的能力是不可被忽视的。

参 考 文 献

[1] 李仲伟, 吴有生, 崔维成. 基于有限元法的小水线面双体船结构优化[J]. 船舶力学, 2005(02): 99-108.

[2] 蒋彩霞, 等. 砰击载荷作用下的舷侧板架结构优化设计[C]. 载荷与响应学组学术论文集, 2017.

[3] 李飞, 蒋彩霞, 胡嘉骏, 等. 砰击载荷作用下的双体船湿甲板综合优化[J]. 舰船科学技术, 2020, 42(03): 60-63.

[4] 周思奇, 羊卫, 唐旭东, 等. 复杂约束对船舶结构优化结果的影响[J]. 船舶工程, 2022,4 4(05): 46-52. DOI:10.13788/j.cnki.cbgc.2022.05.07.

[5] DNV, G. L. Rules for classification: Ships. Part 4: Systems and Components[S]. 2017.

[6] AMERICAN BUREAU OF SHIPPING. Rules for building and classing steel vessels[S]. The Bureau., 2017.

[7] 王凌. 智能优化算法及其应用[M]. 北京: 清华大学出版社, 2001.

Development of Ship Structure Optimization Module Based on Structural Finite Element Analysis Software SAM

CHEN Linghao[*1], XU Na[1], LI Fei[2], JIANG Caixia[2], JIN Jianhai[1,2], DING Jun[1,2]

(1. Taihu Laboratory of Deepsea Technological Science, Wuxi 214082, China;
2. China Ship Scientific Research Center, Wuxi 214082, China)

Abstract

With the increasing emphasis on environmental and energy issues, the lightweight design of ship structures has become a hot topic of research in the industry. To address the lack of application of traditional finite element software for specific scenarios, this paper combines the self-developed finite element solver with genetic algorithm under the framework of structural CAE analysis software SAM to design and develop a ship structure optimization module for structure lightweight design. The results of numerical model test show that the functional module has initially achieved the design goal of ship structure lightweighting under the premise of meeting the relevant codes of ship design, which verifies the correctness and reliability of the SAM-based ship structure optimization module.

Key words: Software develop ment; SAM; Finite element analysis; Genetic algorithm; Structure optimization design

作 者 简 介

陈凌浩　男，1998 年生，助理工程师。主要从事水弹性力学、船舶结构 CAE 开发等研究。
徐　娜　女，1990 年生，工程师。主要从事 CAE 前处理开发以及网格划分技术研究。
李　飞　男，1992 年生，工程师。主要从事船舶多学科设计优化研究。
蒋彩霞　女，1983 年生，高级工程师。主要承担船舶结构力学研究。
金建海　男，1978 年生，研究员。主要从事船舶 CAE 软件技术研究。
丁　军　男，1986 年生，博士，高级工程师。主要从事船舶与海洋结构物总体性能评估技术研究。
*通讯作者：陈凌浩

海洋结构分析通用软件 SAM 自主结构有限元求解器框架设计与实现

朱 灵[1,2]，赵 南[1]，袁西海[2]，王文诚[1,2]，王裕飞[1,2]，严 伟[1,2]

(1. 中国船舶科学研究中心，无锡 214000；
2. 中船重工奥蓝托无锡软件技术有限公司，无锡 214000)

摘 要

海洋结构分析通用软件 SAM 自主结构有限元求解器着眼于船舶基础结构性能评估，以结构有限元理论为基础，面向结构分析需求，基于软件系统工程思想对求解器的框架进行设计与实现。从求解器整体架构、求解器设计规范标准和求解器基础模块与接口设计三方面阐述求解器整体框架设计与实现，形成通用结构有限元求解器，并以实际工程中的经典船型结构分析为案例，对比自主结构有限元求解器和商业 CAE 软件计算效率和精度，从而充分论证自主结构有限元求解器框架的设计与实现满足船舶基础结构性能评估的需求，为 SAM 软件的发展奠定基础。

关 键 词：结构有限元求解器；结构分析；计算效率；计算精度；CAE
中图分类号：U661.4

0 引 言

典型的有限元软件基本上都是采用结构化的编程语言（如FORTRAN、C语言等）来实现的，需要大量的过程代码。从而导致有限元软件拥有一个复杂而庞大的数据结构，不易被管理和访问。这种全局性的数据结构大大降低了程序的灵活性，因而很难修改和扩展已有的代码以使其适应新的算法。这种不灵活性主要表现在以下几个方面：①修改和扩展代码需要开发者非常熟悉程序的整个数据结构。对于那些由十几万行代码编写的程序而言，这大大地限制了开发者的数量。②从其它源程序获得代码重用性的能力有限，这是因为各个程序间的数据结构变化非常剧烈，结果从别的源程序引进的代码经常需要更改以适应当前程序中的数据结构。③数据结构的一个微小变化将会引起整个程序的波动。④各设计模块之间的相互依赖关系不易确定。⑤程序数据结构的完整性很难保证。

将面向对象的编程技术应用于有限元最早是由Dubois．Pelerin，Zimmermann，Ruck和Miller等人提出的，随之而来的面向对象的有限元软件包便不断出现，如FEView(Zheng et al, 1995)。在数值计算领域经常会涉及向量和矩阵的计算，所以有不少的研究者对此进行了面向对象的研究，Scholtz[1]非常透彻地描述了四个基本的运算操作符（加、减、乘、除）如何能在程序中被重载，他认为操作符重载可以使数值计算的程序代码更简洁，编写更容易；借助于操作符重载，Stroustrup[2]用C++开发了矩阵类库，其中封装了许多关于矩阵的运算方法。

在1990年，Forde[3]比较详细地介绍了面向对象的方法在有限元方面的应用，并抽象出有限元方法的几个基本的组件，即单元类、节点类、材料类、边界约束类和载荷类，同时又提供了数值计算类（包括矩阵类、向量类等）作为有限元计算的一个辅助类。Rihaczek[4]针对一个热传导问题进行了面向对象的程

收稿日期：2022-10-26；修改稿收稿日期：2022-12-20

序设计，他所设计的一个有趣的组件是Assemblage类，其作用是协调对象模型和分析类对象之间的关系。

尽管上述的各种程序框架设计都是采用面向对象的方法，但它们却有很大的差别，其主要差别在于对象的划分不尽相同（当然，一些对象的划分已趋于一致，如单元类、节点类等）。将面向对象的编程技术应用于有限元方法的大部分工作是如何划分和创建对象，以及确定相关对象间的消息映射关系。分析一下已往的面向对象的有限元程序框架设计，发现它们都存在如下的不足：

(1) 结构刚度阵、残余力向量的总装都是在有限元模型类(Domain)对象中完成的，整个分析过程的执行也由有限元模型类对象控制。这样设计的弊端是导致程序的灵活性、代码的重用性和扩展性大大降低。

(2) 分析类与其相关类间的接口限制了面向对象的方法所能提供的灵活性、扩展性和代码的重用性。这是因为对传统的编程方法而言，分析类对象被作为一个黑箱体，即一个不能被简化和不透明的操作。分析者必须参考一个正确的分析对象来确定所要分析的对象，所以分析者不得不修改已有的分析类对象或者提供新的分析类对象，甚至是改变分析过程中形成的系统方程的存储结构。

(3) 系统方程的求解与系统方程之间有着密切的联系，但这种联系很不明确。存储系统方程的类型单调，而不能根据结构刚度阵的特点采取相应的简化存储方法，从而导致求解方程的方法比较固定，大大降低了程序的灵活性和扩展性。另外，以往的设计方法不便于求解非线性问题，而且在获得每个增量步的系统响应后，不易更新有限元模型类对象以进行下一增量步的计算。

1 关键技术

1.1 自定义单元和自定义材料二次开发技术

在有限元系统开发过程中，在进行单元刚度计算时，对于不同的单元和材料会生成不同的计算对象这个问题，传统方法往往会用new生成，因其需要在代码中显式写明、具体兑现，降低代码的可重用性和可扩展性。为避免该问题，通过采用设计模式中对象工厂的方法解决。对象工厂的设计思路是先声明父工厂类，定义通过单元类型、材料类型变量创建对象的公共接口，而子工厂类则负责生成具体的类实例。在大规模系统开发过程中，考虑到系统的灵活性、低耦合性和可扩展性等因素，经常不直接使用new生成类的实例，是通过一个工厂的类专门生成类的实例。使用工厂方法模式，一方面可不用关心具体对象的实现，简化和统一调用过程；另一方面可通过工厂提供的优先级方法动态替换单元计算模块，使系统具有灵活的可扩展性。

综合考虑所有可能的情况，提出单元和材料计算统一构建模式，所有单元计算和材料计算对象都通过工厂模式生成，这样单元和材料各计算对象都可以灵活地替换和组装，实现单元计算模块和材料计算模块的可重用性和可扩展性。对于有限元种类繁多的单元和材料，各种不同单元和材料可以通用预留接口，以便于自定义单元和材料开发者使用。

1.2 面向对象的模块化软件架构搭建技术

有限元软件是工程科学、计算方法和计算机技术相结合的产物。软件框架对有限元分析软件的成败起到了决定性作用。软件框架为软件提供了可以保证概念完整性的相互协调的思想，决定了整个有限元软件的众多模块的划分以及各模块之间的协调。

传统的有限元程序编写一般采用Fortran语言和结构化编程思想，采用"算法＋数据"的设计思路，侧重于用编程技巧来提高运算速度。随着有限元技术的发展，相关的数值算法层出不穷，使得有限元程序的规模日益庞大，由于面向过程的程序设计的可扩展性和可维护性差，采用传统方法编写的有限元程序面临着添加新算法困难、维护麻烦等问题。

运用系统论的方法,采用面向对象编程方法和插件技术,从全局的角度开展有限元分析软件的顶层设计研究,搭建整个有限元分析软件的组成架构,进行软件功能分类细分,解析各个模块功能属性,将有限元分析软件业务分解为科学合理的逻辑功能模块,严格按照软件工程的思路、方法进行开发、管理,构建开放的面向对象的有限元软件架构是一个关键技术。

2 非线性算法流程

在大多数情况下结构的极限荷载和极限分析主要是由非线性效应所控制的。只有准确地得到结构的破坏荷载或极限荷载,才有可能做出具有良好安全性和经济性的设计。结构的非线性包括几何非线性、材料非线性、及接触非线性。

2.1 材料非线性

材料非线性,即考虑材料超出线性阶段后的非线性应力—应变关系。在线性理论中采用弹性本构关系,它只考虑应力与应变的线性关系,而实际上材料的本构方程是一个与应力、应变、应变率和温度等因素有关的复杂非线性方程。工程中常见的材料非线性模型有超弹性、弹塑性、粘弹性、粘塑性等。

非线性材料在增量迭代法的整体流程中,已知上一个增量步 n 的状态,和增量步 n+1 的总应变增量,通过单元函数给整体流程输出应力和 Jacobian 矩阵。

对于金属等塑性材料,基于 J2 塑性流动的弹塑性理论是最常用的理论,同时基于该理论的 Radial return map 方法为实现塑性材料本构关系计算的最常用的计算机算法。在增量迭代法的整体流程中,Radial return map 用于单元积分点处的本构关系计算。

步骤如下:
(1) 先假定应变 ε 为弹性应变,求试探应力 σ。
(2) 求 Mises 力,并判断是否屈服:(a) 如 Mises 力没有达到屈服强度,退出;(b) 如 Mises 力达到了屈服强度,进行下一步。
(3) 求偏应力减少的方向(即塑性流动方向)。
(4) 求偏应力减少的幅度(即等效塑性应变的增量)。
(5) 求真实应力。
(6) 求弹性和塑性应变(可选)。
(7) 求 Jacobian 矩阵(对特定问题可选)。

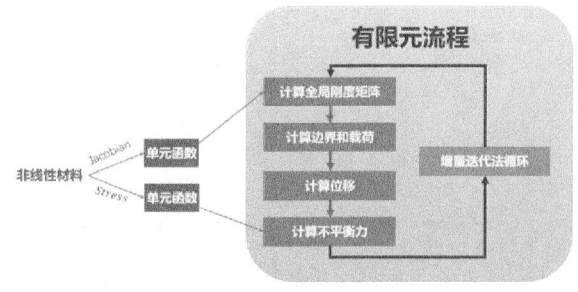

图 1 材料非线性有限元流程

2.2 几何非线性

几何非线性,即考虑大变形对于结构平衡位置的影响。严格来说,任何一个结构的变形过程都是非线性的,因为载荷的作用是一个持续过程,当物体变形后,载荷加载在物体变形后的构型上,需要在当前的构型上建立平衡方程。几何非线性问题的一个衍生问题是非线性后屈曲问题,该问题对于薄壁结构的分析是至关重要的。工程中考虑几何非线性的还有大应变问题，如橡胶垫圈的密封问题，金属塑性加工问题等。

K.J.Bathe教授1979年提出的几何非线性理论[5]也是目前应用于有限元分析最广泛的几何非线性力学。该理论中，由三维连续体的虚功方程，提出了适用大位移、大转动几何非线性的解法。

若把物体视为由无数质点所构成，并把这些质点称为物质点，则某一物体中所有物质点的瞬时位置的集合，即物质所占有的区域被定义为该物体的位形。物体的物质点在t_0时刻占有的区域称为初始位形，在要研究的t时刻占有的区域称为现时位形。为描述物体的变形和运动，需要选择某一特定时刻的位形作为参考位形，以确定每一时刻每一质点的位置。

根据变量的参考位形不同,可以分为全拉格朗日格式（TL格式）和更新拉格朗日格式（UL格式）两种方法。

以TL方法的静力分析为例：

为满足大变形下在刚性转动下值变化的原则，此时内部计算时工程应力和工程应变这两个变量将分别采用Green-Lagrange Strain应变和Second Piola-Kirchhoff应力代替。

其中B矩阵为应变增量和位移增量的关系，可见，单元的刚度计算除了线性部分外，还需加入几何非线性部分。非平衡力也与几何非线性部分相关。可见在增量迭代法的整体流程中，几何非线性将通过单元函数修改整体刚度矩阵和非平衡力。

在单元中计算流程如下：

(1) 计算位移全量对坐标的偏导，按式直接求出第n+1增量步的Green应变的全量；
(2) 求得线性应变位移矩阵B；
(3) 设第n增量步在第i迭代步收敛，则由第i-1迭代步的第二Piola-Kirchhoff应力，Green应变和第i迭代步的Green应变通过三点积分求出第i迭代步的真实第二Piola-Kirchhoff应力；
(4) 按照当前积分点的应力状态形成相应的本构关系矩阵形式；
(5) 按公式计算单元增量刚度矩阵K；
(6) 此时再进入总体增量迭代步进行迭代。

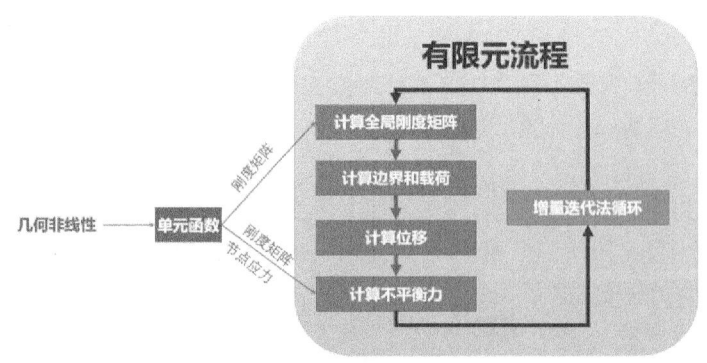

图2 几何非线性有限元流程

2.3 接触非线性

接触非线性，即考虑不同物体之间的接触，摩擦等非线性边界条件。求解过程中边界条件是未知量，需要在求解过程中判断。工程中的例子有轮轨接触，过盈配合等。接触非线性商软一般使用罚函数(Penalty)或者lagrange因子方法。其中罚函数使用最广。

在增量迭代法的整体流程中，罚函数实时判断接触对之间的穿透深度来修改整体的刚度值，从而影响整体求解。

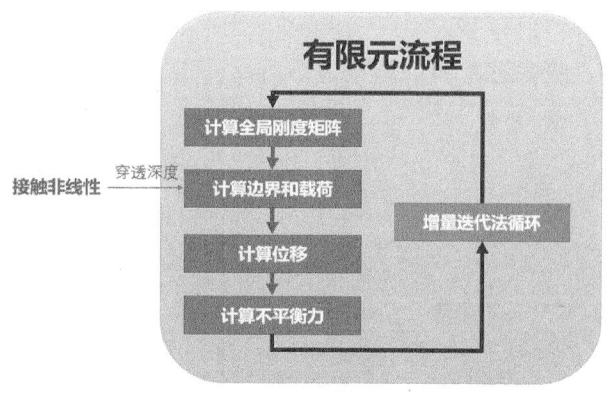

图 3 接触非线性有限元流程

3 核心框架设计

3.1 功能模块组成

结构工程中所遇到的线性或非线性有限元分析，无论是静力问题、动力问题，还是频率分析问题，一般都包括下列步骤：

(1) 将分析域离散成节点和单元；
(2) 形成单元矩阵和单元力；
(3) 形成系统方程；
(4) 解方程；
(5) 计算单元响应。

因此，将整个求解器的功能模块划分为以下模块：

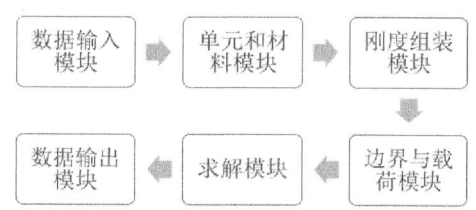

图 4 求解器功能模块划分

各个功能模块的功能为：

(1) 数据输入模块：输入有限元模型数据；
(2) 单元和材料模块：计算单元刚度和质量矩阵；
(3) 刚度组装模块：组装单元刚度和质量矩阵；
(4) 边界与载荷模块：计算边界条件和节点等效载荷；
(5) 求解模块：求解有限元方程；
(6) 数据输出模块：输出求解结果。

3.2 总体框架设计

系统总体框架由三部分组成：

(1) 规范：包括有限元求解器的各种规范和标准；
(2) 求解核心：负责求解器的整个流程及流程中用到的数据/算法/硬件资源等，分为资源/数据/执行/应用四层结构；

(3) 接口：包括对外的各种接口，其中用户子程序产出的各类子程序可动态扩展并作为基础算法库用于其他商软或者自研程序，譬如冰材料的本构关系等。

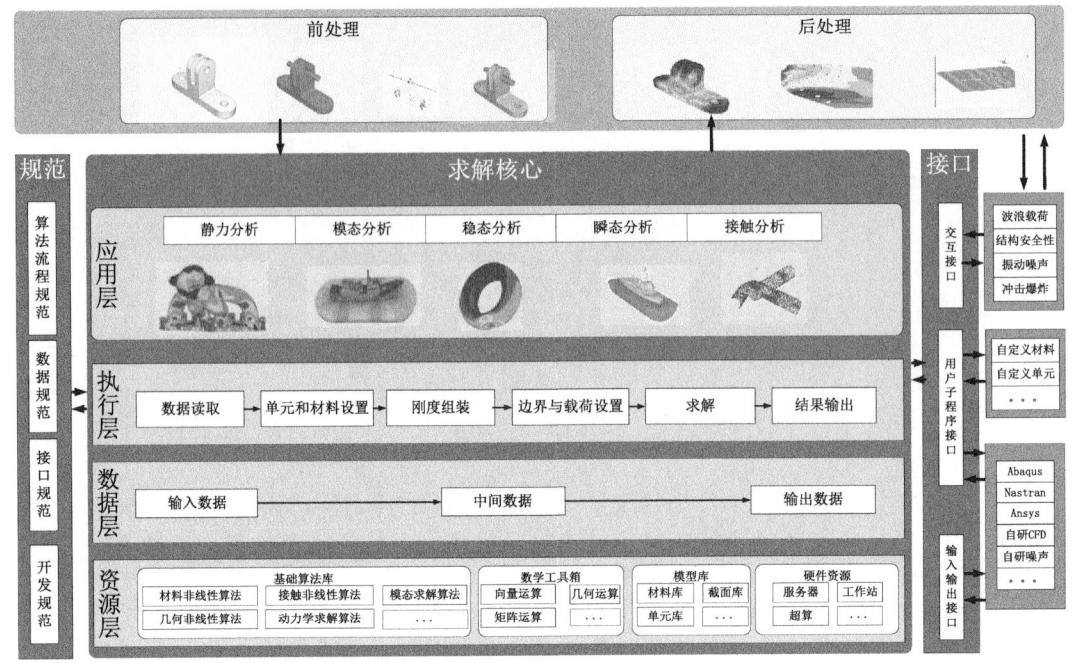

图 5 总体框架

3.3 整体算法框架设计

3.3.1 增量法

增量法的基本思想就是将施加外载荷的过程分割为若干个增量步，每一步只施加一个比较小的载荷增量，总载荷引起的位移就是所有增量步位移增量的累加。

对于每一个载荷增量ΔP，平衡方程

$$K_T(u)\Delta u = \Delta P \tag{1}$$

式中，$K_T(u)$为刚度矩阵，Δu为位移增量。

在一个增量步内，我们可以把位移和载荷的变化看作是线性变化的过程。只要这些增量步取得够小，最后求解的位移结果与实际值之间的差异将在容许的误差范围内。

理论上讲，如果没有极值点，也就是一个P和u一一对应，那么增量法总能求得真实解。但实际工程应用情况中，增量步的步长不可能无限小且增量步位移增量的累积误差可能非常大造成最终结果偏差很大。同时，在位移-载荷曲线的极值点处，切线刚度矩阵为零，位移方程无解。

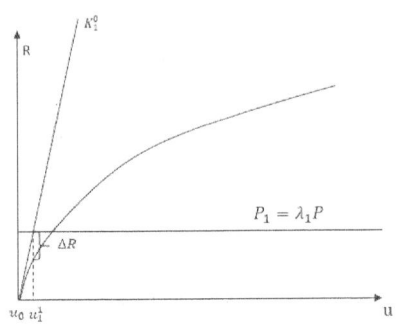

图 6 增量法曲线

3.3.2 迭代法

将方程(1)改写成等价的形式（其中$\varphi(u)$是关于位移u的方程）

$$u = \varphi(u) \tag{2}$$

选择初始位移值u_0，将它带入式右端，即可得到下一个时刻位移值u_1

$$u_1 = \varphi(u_0) \tag{3}$$

如此反复迭代，则可根据上一个时刻的位移u_k算得下一个时刻的位移u_{k+1}，有

$$u_{k+1} = \varphi(u_k) \tag{4}$$

这里，我们称上述方程为迭代方程，如果有$\lim_{k\to\infty} u_k = u^*$，则称迭代方程收敛，且$u^*$就是非线性方程的解。由此可见，迭代法就是选择合适的迭代方程，用总载荷作用下不平衡的线性解去逼近平衡的线性解，迭代过程就是消除失衡力的过程。

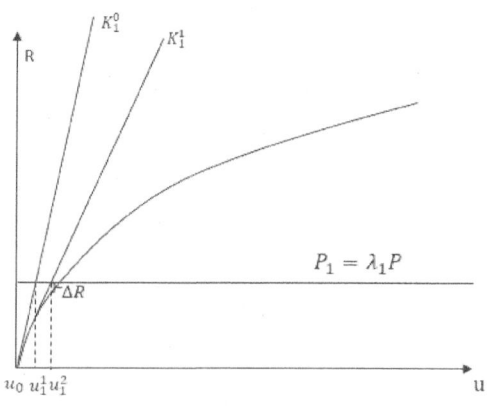

图 7 迭代法曲线

3.3.3 增量迭代法

增量法和迭代法的结合就是增量迭代法，即Newton-Raphson迭代。该方法的思路是给定一组方程的初始值，并在此初始值处对方程进行一阶泰勒展开，忽略高阶项后得到一组线性代数方程组，求解方程组就可得到一组近似解，再对近似解进行同样处理，直到得到的近似解满足一定的收敛准则。相比于一般的非线性代数方程组，结构有限元的非线性代数方程组具有一些特殊性。首先，问题的初始解一般是固定的，对应着结构没有加载而完全自由的状态；其次，求解过程是外力驱动的，也就是载荷系数的变化趋势或者外力加载的方向一般是已知的；最后，我们不但关心最终的结果，也关心某个特定载荷系数下结构的响应甚至整个加载过程的载荷－位移历史。基于以上考虑，通常采用增量－迭代求解算法来求解此类问题，这也是目前所有大型商用非线性有限元软件采用的通用求解算法框架。

4 算例结果

4.1 静力分析算例

该例子模拟一个包含底部固支的圆柱结构在四角的T型梁顶点加轴向集中力的情况，划分为56个B31单元和308个S4R单元。

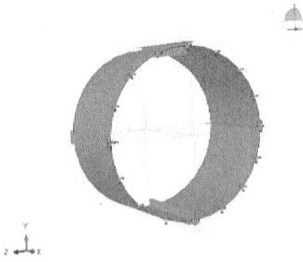

图 8 静力分析算例

使用基于本文构建框架开发的SAM求解器计算,计算用时2秒。将计算结果导入到Abaqus中,U1结果如下图所示。

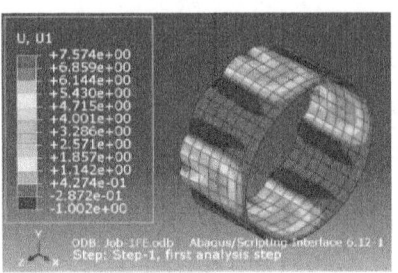

图 9 静力分析 SAM 结果

商业软件Abaqus计算用时5秒,与结果如下图所示。X方向最大位移(U1) 的结果,Abaqus与SAM求解器结果一致。

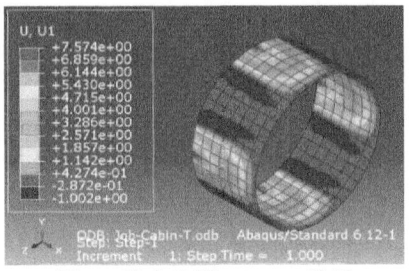

图 10 静力分析 Abaqus 结果

4.2 模态分析算例

模型为5*1的壳结构,密度0.0073,杨氏模量1e8,泊松比0.3。厚度0.0001,网格大小0.1。四周固支约束(Encastre)。如下图所示。

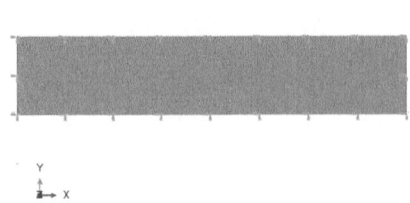

图 11 模态分析算例

使用基于本文构建框架开发的SAM求解器计算,计算用时8秒,将计算结果导入到Abaqus中,第一阶模态结果如下图所示。

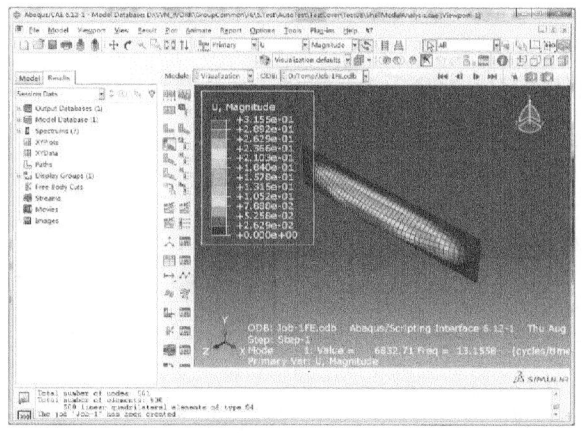

图 12 模态分析 SAM 结果

同样的模型，使用Abaqus分析，计算用时6秒，得到频率如下，第一阶模态误差为0.02%。

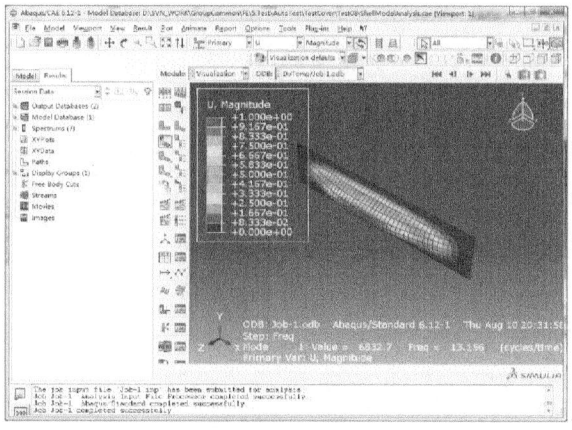

图 13 模态分析 Abaqus 结果

5 结 论

从典型算例看，海洋结构分析通用软件 SAM 自主结构有限元求解器具有与商业 CAE 软件相当的求解精度和效率，具有广阔的应用前景。随着 SAM 开发工作的进一步开展，求解器的持续发展能力将经受严格的考验，而这一切将直接取决于框架的可扩展性和可重用性。因此，对于框架的构建仍需更加深入，并根据需求的发展进一步完善整个框架。

参 考 文 献

[1] SCHOLTZ F G, GEYER H B. Hahne F J W. Quasi-hermitian operators in quantum mechanics and the variational principle[J]. Annals of Physics, 1992, 213(1): 74-101.

[2] BJARNE STROUSTRUP. The C++ programming language (2nd ed.)[M]. Addison-Wesley, 1991.

[3] KENNEDY L W, FORDE D R. Routine activities and crime an analysis of victimization in canada[J]. Criminology, 2010, 28(1): 137-151.

[4] K. RIHACZEK. Data interchange and legal security: signature surrogates[J]. Computers & Security, 1994, 13(4): 287-293.

[5] K. J. BATHE, S. RAMASWAMY. On Three-dimensional nonlinear analysis of concrete structures[J]. Nuclear Engineering and Design, 1979, 52(3): 385-409.

Design and Implementation of SAM Autonomous Structure Finite Element Solver Framework

ZHU Ling[1,2], ZHAO Nan[1], YUAN Xihai[2], WANG Wencheng[1,2], WANG Yufei[1,2], YAN Wei[1,2]

(1. China Ship Science Research Center, Wuxi 214000, China;
2. CSSC Orient Wuxi Software Technology Co., Ltd. Wuxi 214082, China)

Abstract

SAM, a general software for offshore structure analysis, focuses on the performance evaluation of ship infrastructure. Based on the structural finite element theory, and facing the needs of structural analysis, the framework of the solver is designed and implemented based on the idea of software system engineering. The design and implementation of the solver's overall framework are described from three aspects: the solver's overall architecture, the solver's design specifications and standards, and the solver's basic module and interface design. A general structural finite element solver is formed. Taking the analysis of classic ship type structures in practical projects as an example, the computational efficiency and precision of the main structural finite element solver and commercial CAE software are compared, Therefore, it is fully demonstrated that the design and implementation of the finite element solver framework for autonomous structures can meet the requirements of the performance evaluation of ship infrastructure, and lay a foundation for the development of SAM software.

Key words: Structural finite element solver; Structural analysis; Calculation efficiency; Calculation precision; CAE

作 者 简 介

朱　灵　男，1984年生，高级工程师。主要从事结构有限元求解器开发等方面工作。

赵　南　男，1985年生，高级工程师。主要从事船舶结构安全性评估方面研究。

袁西海　男，1988年生，工程师。主要从事船舶结构强度仿真分析软件研制及项目管理等方面研究。

王文诚　男，1990年生，工程师。主要从事有限元分析求解器架构和工程应用研究。

王裕飞　男，1990年生，工程师。主要从事有限元前后处理器及数据内核开发等方面工作。

严　伟　男，1979年生，研究员。主要从事结构有限元求解器算法研究等方面工作。

基于 SAM 软件圆锥壳结构模态分析的试验验证

胡志宽*，黄 颜，胡 逸，王君翔

（中国船舶科学研究中心 船舶振动噪声重点实验室，无锡 2140821）

摘 要

结构模态分析及试验验证是结构动力学分析中至关重要的一个环节。以圆锥壳体结构为研究对象，针对海洋结构分析通用软件 SAM 中模态分析结果开展实际结构的模态试验验证。通过测试可知，简单型圆锥壳体结构的分析与测试结果吻合良好误差较小，复杂型圆锥壳体结构分析与测试结果吻合较好误差稍大，但在可接受范围内。分析与测试结果对比表明，SAM 软件可以较好地满足圆锥壳体结构模态分析的工程需求。

关 键 词：海洋结构分析通用软件 SAM；圆锥壳体结构；模态分析；模态测试
中图分类号：U661.42

0 引 言

圆锥壳体构型是潜艇艉部典型的结构特征，因此成为潜艇声隐身性能预报分析中不可缺少的结构型式。圆锥壳体结构的模态分析是其动力学特性分析的首要前提，通常由有限元计算和模型试验手段来获取结构的模态参数。在有限元计算方面，目前基于NASTRAN、ANSYS、ABAQUS等商用CAE软件的模态分析已广泛应用于众多工程领域中，这些商用CAE软件计算精度较高，已被广大科研人员所熟知。

随着国产化软件研发进程的持续加快，由中国船舶科学研究中心基于多年研发基础、联合国内优势力量、全力打造的一款完全自主知识产权的面向工程应用的海洋结构分析通用软件SAM已具备静力、模态、稳态、瞬态等多种分析功能。该软件以开放式面向对象结构有限元分析设计与研发为核心，构建了环境载荷评估子系统、结构安全性评估子系统、振动噪声评估子系统、爆炸冲击评估子系统四大子系统，具备结构有限元常用分析类型和单元、材料、载荷等基础算法组件，计算精度和商用CAE软件相当[1]。

本文以圆锥壳体结构为研究对象，针对SAM软件圆锥壳体结构模态分析结果进行模态试验验证，为SAM软件在圆锥壳体结构模态分析中的有效性应用提供支撑。

1 试验模态分析方法简述

试验模态分析EMA，也称为经典模态分析，是指通过激励装置对结构进行激励，在激励的同时测量结构响应的一种测试分析方法。激励装置主要有力锤和激振器，因此EMA通常分为锤击法和激振器法[2]。锤击法是模态测试中最基础、最容易入门的测试方法，锤击激励提供的是一种瞬态激励，这种激励只需要一把力锤即可实现，比激振器系统要简单得多，锤击法结构模态测试系统框图如图1所示。

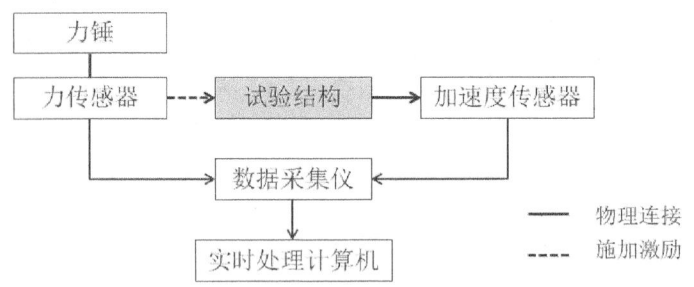

图 1 锤击法结构模态测试系统框图

根据激励个数和响应个数，EMA又分为单输入单输出测量(SISO)、单输入多输出测量(SIMO)和多输入多输出测量(MIMO)[3]。本文采用了单输入多输出测量(SIMO)或多输入多输出测量(MIMO)的锤击试验方法，测试圆锥壳体结构上各振动加速度响应点与激励力之间的频响函数。将锤击激励时测试的时域数据通过快速傅里叶变换(FFT)转换到频域。通过结构i点振动加速度响应相量$A_i(f)$与作用在结构j点的激励力相量$F_j(f)$之比获得结构j点激励力下i点的加速度导纳H_{ij}，可由公式(1)计算可得。

$$H_{ij} = \frac{A_i(f)}{F_j(f)} = \frac{A_i(f) \cdot F_j(f)^*}{F_j(f) \cdot F_j(f)^*} = \frac{G_{F_j A_i}(f)}{G_{F_j}(f)} \tag{1}$$

式中，H_{ij}为结构j点激励下i点的加速度导纳，单位[m/(N·s²)]；f为频率，单位[Hz]；$A_i(f)$为结构i点的加速度响应相量，单位[m/s²]；$F_j(f)$为作用在结构j点的激励力相量，单位[N]；$F_j(f)^*$为激励力相量$F_j(f)$的共轭；$G_{F_j A_i}(f)$为激励力相量$F_j(f)$和加速度响应相量$A_i(f)$间的互功率谱；$G_{F_j}(f)$为激励力相量$F_j(f)$的自功率谱。

2 简单型圆锥壳体结构的模态试验验证

2.1 简单型圆锥体结构

测试对象为简单型圆锥体薄壳结构模型，主体结构由锥壳和柱壳两部分组成。该模型总长1 008 mm，柱壳长度702.5 mm、直径600 mm，锥壳长度305.5 mm、尾端直径410 mm，结构厚度为1 mm，其三维及结构尺寸如图2所示。该模型材质为不锈钢，杨氏模量206 GPa，泊松比0.33，密度7 850 kg/m³。

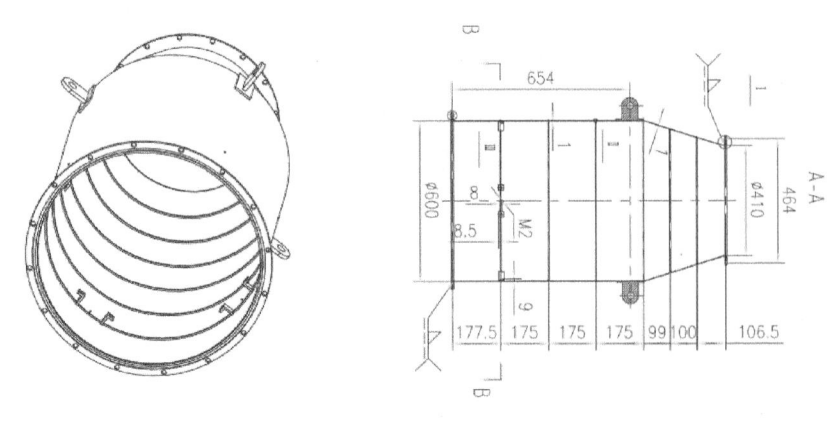

(a) 三维结构图　　　　(b) 结构尺寸图

图 2 简单型圆锥壳体结构试验模型三维及结构尺寸图

2.2 测量方法及测点布置

为了减少附加质量对被测结构模态的影响，采用多输入多输出测量(MIMO)的锤击试验方法，基于互易性原理使用移动力锤法对结构进行激励[4]。测量模型共分为6环，每环均匀设置16个敲击测点，共计96个力锤敲击点，在第3环布置16个振动加速度计作为振动响应参考点。测量模型及测点设置如图3所示。

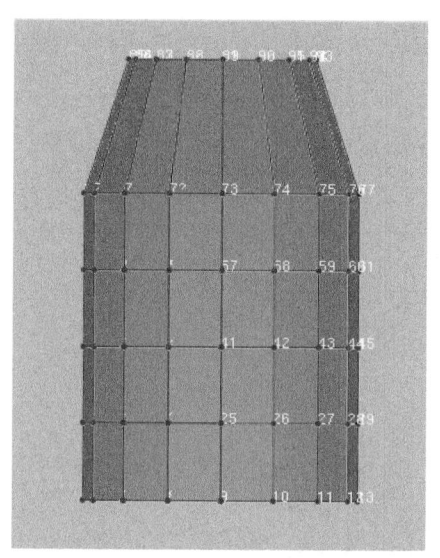
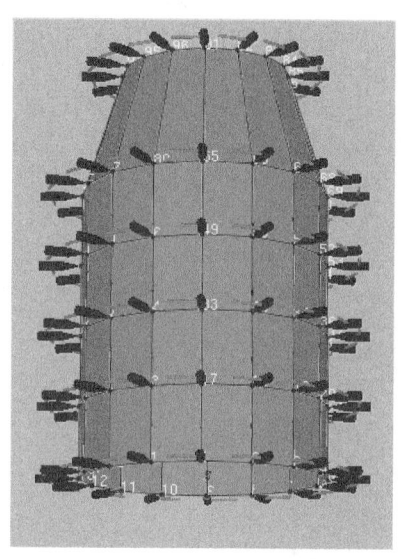

(a) 测量模型　　　　　　(b) 测点布置

图 3　简单型圆锥壳体结构模态试验测量模型及测点布置图

2.3 测试结果对比验证

被测结构采用软的弹性绳悬吊以模拟自由边界条件，系统的弹性安装频率约为1.5 Hz，远小于结构的弹性体1阶固有频率。通过模态测试，获得该圆锥结构模型的1阶模态频率为120.5 Hz，SAM软件模态分析获得的1阶模态频率为121.1 Hz，振型如图4所示。两者频率及振型高度一致，频率误差仅为0.5%。

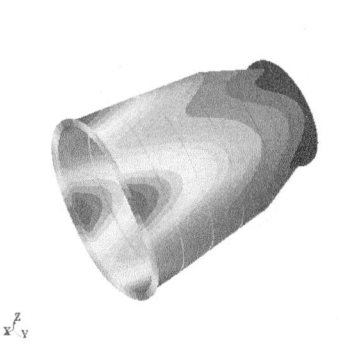

(a) 测试值 120.5 Hz　　　　　　(b) 计算值 121.1 Hz

图 4　简单型圆锥壳体结构 1 阶模态频率及振型

3　复杂型圆锥壳体结构的模态试验验证

3.1 复杂型圆锥体结构

测试对象为某艉部复杂型圆锥壳体结构模型，主要由多个结构焊接或铆接组合而成，主要包括底部工装、耐压壳、导管与耐压壳固联的多联结构、电机安装基座以及电机模拟质量块等。其中多联结构由环肋、纵桁组成。试验模型总长5.6 m，最大直径为1.4 m，总重量约4.7 t，主要材料为钢，杨氏模量210 GPa，泊松比0.33，密度7 800 kg/m³。

3.2 测量方法及测点布置

采用单输入多输出测量(SIMO)的锤击试验方法获取该结构的弯曲、扭转模态。在结构模型的纵横交叉筋处布置测点，呈8行×8列，共计64个振动测点。在测量弯曲模态时，所有振动测点的测量方向均为法向(即圆的径向)；在测量扭转模态时，所有振动测点的测量方向变更为圆周切向。测量模型及测点布置如图5所示。

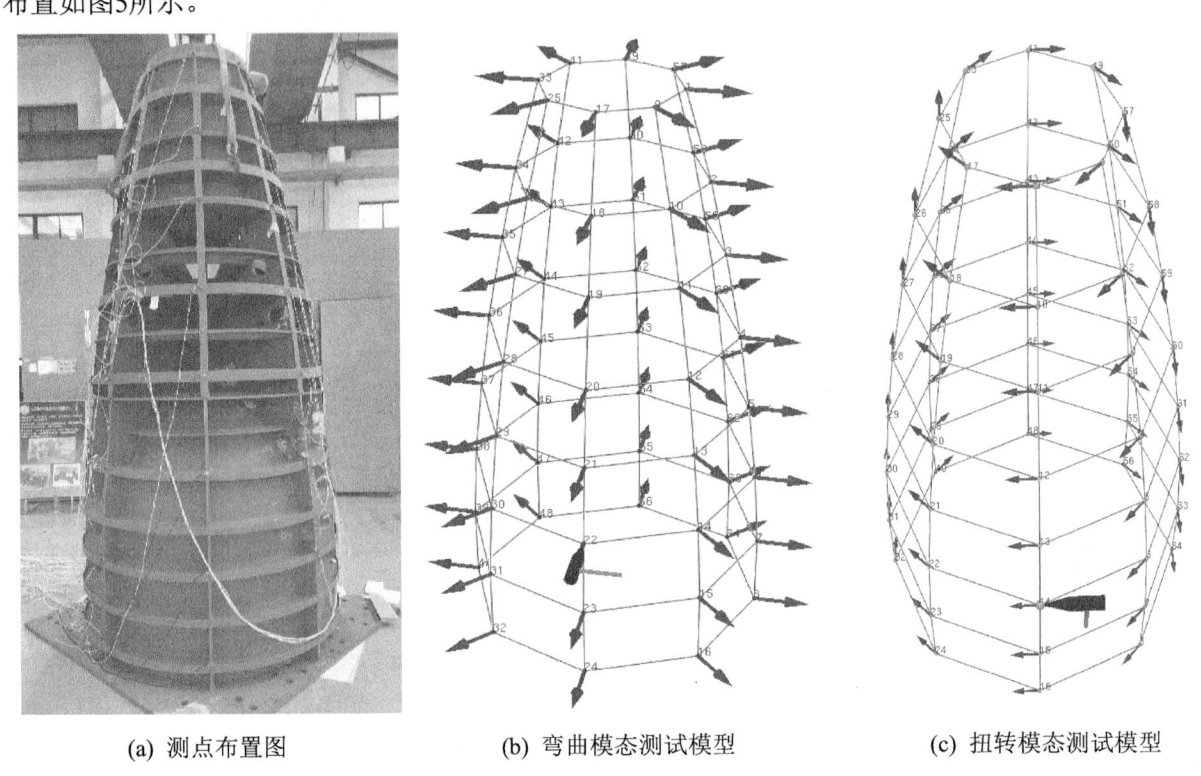

(a) 测点布置图　　　　(b) 弯曲模态测试模型　　　　(c) 扭转模态测试模型

图5　复杂型圆锥壳体结构模态试验测量模型及测点布置图

3.3 测试结果对比验证

通过弯曲模态测试获得该圆锥体结构模型的1阶弯曲模态频率为182.5 Hz，通过SAM软件模态分析获得的1阶弯曲模态频率为199.9 Hz，振型如图6所示。两者振型一致，但频率有所差异，分析认为该结构中局部区域存在铆接联接方式，而数值模型中采用整体联接（焊接）建模，导致计算结果差异稍大。

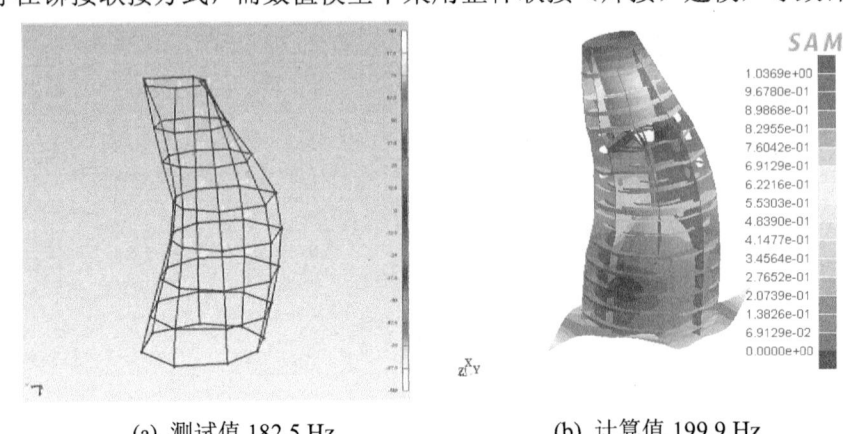

(a) 测试值 182.5 Hz　　　　(b) 计算值 199.9 Hz

图6　复杂型圆锥壳体结构1阶弯曲模态频率及振型图

通过扭转模态测试获得该圆锥体结构模型的前3阶扭转模态频率分别为28.8 Hz、82.6 Hz、151.4 Hz，通过SAM软件模态分析获得的前3阶扭转模态频率分别为27.6 Hz、79.5 Hz、154.6 Hz，振型如图7和图8所示。两者振型一致，频率相近。

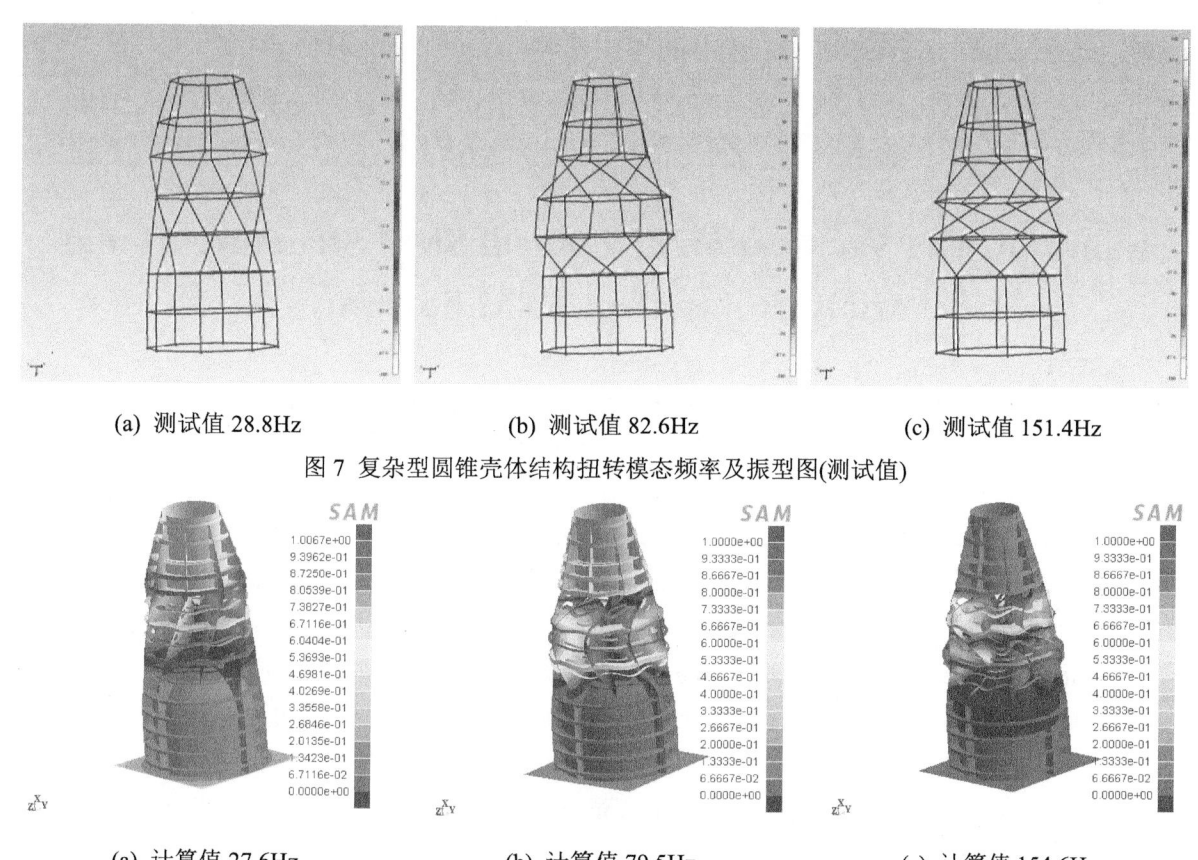

(a) 测试值 28.8Hz　　　　(b) 测试值 82.6Hz　　　　(c) 测试值 151.4Hz

图 7 复杂型圆锥壳体结构扭转模态频率及振型图(测试值)

(a) 计算值 27.6Hz　　　　(b) 计算值 79.5Hz　　　　(c) 计算值 154.6Hz

图 8 复杂型圆锥壳体结构扭转模态频率及振型图(计算值)

复杂型圆锥壳结构弯曲、扭转模态频率测试值与计算值如表1所示，可见，1阶弯曲模态频率相对误差较大，而前3阶扭转模态频率的相对误差均在5%以内。

表 1 复杂型圆锥壳体结构弯曲、扭转模态频率测试值与计算值列表

类型	测试结果	SAM软件分析结果	相对误差/ %
1阶弯曲模态频率/Hz	182.5	199.9	9.5
1阶扭转模态频率/Hz	28.8	27.6	4.2
2阶扭转模态频率/Hz	82.6	79.5	3.8
3阶扭转模态频率/Hz	151.4	154.6	2.1

4 结　论

本文给出了海洋工程分析通用软件 SAM 在圆锥壳体结构模态分析中的实际应用案例，并基于软件分析结果进行了模态试验验证。通过测试可知，简单型圆锥壳体结构的分析与测试结果吻合良好误差较小，复杂型圆锥壳体结构分析与测试结果吻合较好误差稍大，但在可接受范围内。分析与测试结果对比表明，SAM 软件可以较好地满足圆锥壳体结构模态分析的工程需求，可为 SAM 软件在复杂结构模态分析中的有效性应用提供支撑。

参 考 文 献

[1] 徐娜, 李敏, 丁军, 等. 海洋结构分析通用软件 SAM 前处理系统设计与实现[C]// 第 18 届中国 CAE 工程分析技术年会会议论文集, 2022: 270-273.

[2] 曹泊. 锤击法与激振器法选择对振动特性测试的影响[J]. 船电技术, 2020, 40(6): 48-52.

[3] 谭祥军. 从这里学 NVH: 噪声、振动、模态分析的入门与进阶[M]. 北京: 机械工业出版社, 2020: 249-250.

[4] 李建伟, 秦强强, 韩冰, 等. 大型天线罩的模态分析与实验验证[J]. 复合材料科学与工程, 2022, (1): 54-61.

Experimental Verification of Conical Shell Structure Modal Analysis Based on SAM Software

HU Zhikuan*, HUANG Yan, HU Yi, WANG Junxiang

(National Key Laboratory on Ship Vibration & Noise, China Ship Scientific Research Center, Wuxi 214082, China)

Abstract

Structure modal analysis and test verification is a very important link in the dynamics analysis of structures. In this paper, conical shell structures are taken as the research object, and the modal testing of actual structure is carried out according to the modal analysis results in the structure analysis of marine structures SAM software. Through the test, the analysis of simple conical shell structure is in excellent agreement with the results from SAM software and the error is very small. The analysis of complex conical shell structure is in good agreement with the results from SAM software and the error is slightly larger, which is within the acceptable range. The comparison between analysis and test results shows that the SAM software can meet the engineering requirements of conical shell structure modal analysis well.

Key words: Structure analysis of marine structures SAM software; Conical shell structure; modal analysis; Modal testing

作 者 简 介

胡志宽 男，1989 年生，硕士研究生。主要从事舰艇振动噪声测试技术等方面研究。

黄 颜 男，1990 年生，硕士研究生。主要从事舰艇减振降噪控制技术等方面研究。

胡 逸 男，1997 年生，本科。主要从事舰艇振动噪声测试技术等方面研究。

王君翔 男，1997 年生，本科。主要从事舰艇振动噪声测试技术等方面研究。

*通讯作者：胡志宽

汽-液相变模型在水下爆炸自由面空化预报中的应用

余 俊[*,1,2]，王海坤[1,2]，汪 俊[1]，赵延杰[1]，董九亭[1]

（1. 中国船舶科学研究中心，无锡 214082；
2. 深海技术科学太湖实验室，无锡 214082）

摘 要

近自由面水下爆炸空泡具有分布区域广、演化过程快以及多相流耦合作用等显著特点，其运动规律非常复杂，研究难度很大。为此引入基于热力学相变转换的多相可压缩流体计算模型，由 4-equation 和相变转换模型构成，采用 MUSCL-Hancock 重构格式和 HLLC 近似 Riemann 求解器离散齐次双曲型方程，而相变方程采用 Newton-Raphson 迭代方法求解。首先利用二维轴对称模型模拟了近水面小药量爆炸引起的空化运动过程，发现了空化演化过程中会由初始的单连通域发展为多连通域，并出现典型的涡环现象。将数值模拟中的流体内部蒸汽体积分数大于 0.5% 作为空化域的判据时，计算获得的空化域形态及其运动过程与试验观察的结果较为一致。同时发现空化域内部的压力和蒸汽体积分数的分布具有明显的不均匀性，并不是维持在某个恒定值不变。在此基础上研究了不同爆深和药量条件下近自由面空化的运动特性，获得了空化的部分运动规律。研究发现，在相同爆深条件下，随着药量的逐渐增加，运动周期刚开始时快速上升，然后逐渐变缓，而空化域的最大体积则随药量增加基本呈线性增长趋势。上述研究成果能够为近水面爆炸过程中空泡运动特性及其对结构的冲击损伤动提供重要支撑。

关 键 词：近自由面空化；水下爆炸；多相流；相变转换；空泡溃灭；涡环现象
中图分类号：O359；O383

0 引 言

水下爆炸冲击的分析与评估是舰船战时生命力评估的重要内容，受到了各国海军的高度重视和积极研究[1]。近水面爆炸对于水面舰艇具有较大的威胁，其除了要承受早期的冲击波载荷作用和气泡脉动载荷作用之外，由于自由面的存在引起的空化效应也会对舰艇结构的变形和损伤产生重要影响。水下爆炸近自由面空化具有以下几个显著的特点：首先是空化区域范围大，在溃灭过程中积聚的能量高，产生的破坏能力大；其次是空化的演化过程虽然比早期冲击波的作用时间要长，但是远小于爆炸气泡脉动周期，仍然属于典型的瞬态作用过程，空泡溃灭过程中的冲击动力学行为不可忽视；最后则是近自由面空化的过程中涉及多流体相互作用及其与结构的复杂耦合过程，是典型的多物质、多界面运动现象，研究难度很大。

目前对于水下爆炸引起的近自由面空化的理论模型基本都是针对简单理想工况，其应用范围受到了较大的限制，与工程实际背景相距甚远。而在实验研究方面，Kedrinskii[2]、Kleine[3]以及Cui等[4]对近水面爆炸空化现象进行了记录与观察，为水下爆炸空化的研究提供了重要的试验数据。由于实验的条

收稿日期：2022-10-18；修改稿收稿日期：2022-10-29

件要求高，测试难度大，获得的数据非常有限，难以较为全面的展示空化域的精细特征，使得对空化运动的数值仿真研究具有一定的优势。水下爆炸空化的数值模拟主要经历了两个重要的发展阶段，首先是上个世纪八九十年代提出的基于声学单元假设的空化模型，如Felippa[5]、Sprague[6]等，其主要是基于势流理论模型，采用线性声学流体单元来描述空泡运动。该模型计算简单，只适用于水下弱冲击波环境。近二十年来随着可压缩流体动力学的高速发展，空化运动越来越受到重视。认为在水下爆炸过程中空化域内部的液相和汽相流体以及周围流体环境都应该视为可压缩流体，采用Euler方程或者NS方程来描述流体的基本运动。发展出了多种空化模型，主要分为两大类：one-fluid模型与two-fluid模型。one-fluid模型主要以Cut-off模型[7-11]、isentropic模型[12]、Schmidt模型[13]、Modified Schmidt模型[14]为典型代表。其处理过程为当流体的压力小于饱和态压力后，认为就会出现空化，其中各种模型的差别体现在空化域内汽液混合流体状态方程的构造方法不同。two-fluid模型则主要以Chiapolino[15-16]、Saurel[17]、Pelanti and Shyue[18-19]等提出的基于4-euqation、6-equation的相变转换模型为主。其将可压缩流体控制方程与空化相变模型相结合，通过追踪空化质量分数的演化来自动的捕捉空化产生、发展与溃灭过程。由此可知，one-fluid模型将空化视为一个突然发生的现象，当流场压力低于饱和态压力之后即认为发生了空化，通过构建空化域内满足的不同状态方程来实现对空化演化的跟踪。而two-fluid模型则将初始流体视为液相和汽相的某种混合，在流场发生改变时(如冲击波传播和气泡运动等包含间断时)液-汽两相之间会发生对流运动，同时还伴随有质量和热量交换的相变过程，空化被视为流体区域内部蒸汽含量不断累积的过程。因此two-fluid模型描述的空化演化过程更符合物理本质和思维逻辑，但two-fluid模型相比one-fluid模型计算过程非常复杂繁琐，导致目前水下爆炸领域内的绝大部分的空化研究都采用one-fluid模型。从目前已经公开发表的文献来看，Chiapolino等[16]提出的基于4-equation的相变转换模型是目前最为简化的two-fluid空化模型，对于相变转换过程的本质描述非常统一简洁，具有非常大的推广潜力和重要的工程应用价值。因此，本文拟采用基于多相可压缩流体4-equation的空化模型来重点研究水下爆炸引起的近自由面空化现象，首先对计算模型的控制方程及其数值方法进行了简要介绍，然后采用二维轴对称模型对近水面空化进行了模拟，并与试验结果进行了对比。在此基础上研究了不同爆深和药量条件对近自由面空化的影响，获得了空化域内部的运动规律。

1 计算模型简介

1.1 控制方程

多相可压缩流体运动的4-equation模型[16]可表示为：

$$\begin{cases} \dfrac{\partial \rho}{\partial t} + \nabla \cdot (\rho \boldsymbol{u}) = 0 \\ \dfrac{\partial (\rho \boldsymbol{u})}{\partial t} + \nabla \cdot (\rho \boldsymbol{u} \otimes \boldsymbol{u} + p\boldsymbol{I}) = 0 \\ \dfrac{\partial (\rho E)}{\partial t} + \nabla \cdot ((\rho E + p)\boldsymbol{u}) = 0 \\ \dfrac{\partial \rho Y_k}{\partial t} + \nabla \cdot (\rho Y_k \boldsymbol{u}) = 0 \end{cases} \quad (1)$$

式中，$\rho, \boldsymbol{u}, p, E$分别代表混合流体的密度、速度矢量、压力和单位质量总能，$E = e + 0.5\boldsymbol{u}\cdot\boldsymbol{u}$，这里$e$为单位质量内能。$Y_k$代表混合流体中各相介质的质量分数。控制方程中参数$k$代表了混合流体中各相成分，为了计算模型中表达简便起见，这里约定如下：$k = 1$ 代表液相成分；$k = 2$ 代表蒸汽相成分；$k = 3, ..., N$ 代表其他不发生相变的气相或液相成分。本文中令 $k = 3$ 代表空气(不可冷凝)，$k = 4$ 代表爆炸气体。

各相流体的状态方程采用基于饱和态下温度和压力等参数进行拟合获得的NASG(Nobel Abel Stiffened Equation)状态方程[20]。该状态方程综合考虑了流体介质的分子与原子的热振动效应，以及分子间的排斥力和吸引力效应。其热力学状态方程表达式为：

$$\begin{cases} p_k(\upsilon_k, e_k) = \frac{(\gamma_k - 1)(e_k - q_k)}{\upsilon_k - b_k} - \gamma_k p_k^\infty \\ T_k(p_k, \upsilon_k) = \frac{(p_k + p_k^\infty)(\upsilon_k - b_k)}{(\gamma_k - 1)C_{v,k}} \\ g_k(p_k, T_k) = (\gamma_k C_{v,k} - q_k')T_k - C_{v,k} T_k \ln \frac{T_k^{\gamma_k}}{(p_k + p_k^\infty)^{\gamma_k - 1}} \\ \quad\quad + b_k p_k + q_k \\ c_k(p_k, \upsilon_k) = \sqrt{\frac{\gamma_k \upsilon_k^2 (p_k + p_k^\infty)}{\upsilon_k - b_k}} \end{cases} \quad (2)$$

式中，$v = 1/\rho_k$, T_k, g_k, c_k 分别代表k相流体介质的比体积、温度、吉布斯(Gibbs)自由能与声速，参数 $\gamma_k, p_k, C_k, q_k, q'_k, b_k$ 等可以通过流体热动力学试验中与温度相关的饱和态压力、各相比体积、各相的焓等数据来拟合得到[20]。其中饱和态下温度与压力的关系P-T为：

$$\ln(p_{sat} + p_2^\infty) = A + \frac{B + E \cdot p_{sat}}{T_{sat}} + C \cdot \ln(T_{sat}) + D \cdot \ln(p_{sat} + p_1^\infty) \quad (3)$$

式中，下标"sat"代表饱和态，参数A,B,C,D,E分别为：

$$A = \frac{C_{p,1} - C_{p,2} + q_2' - q_1'}{C_{p,2} - C_{v,2}}, \quad B = \frac{q_1 - q_2}{C_{p,2} - C_{v,2}}, \quad C = \frac{C_{p,2} - C_{p,1}}{C_{p,2} - C_{v,2}}, \quad D = \frac{C_{p,1} - C_{v,1}}{C_{p,2} - C_{v,2}}, \quad E = \frac{b_1 - b_2}{C_{p,2} - C_{v,2}} \quad (4)$$

这里$C_{p,k}$表示k相流体定压比热容。液态水、水蒸汽以及空气的NASG状态方程参数如表1所示，第4节算例中涉及到水中空化问题所采用的计算参数均采用表1中的参数[20]。

表1 液态水、水蒸气和空气的 NASG 状态方程参数

名称	液态水	汽态水	空气
C_p (J/kg/K)	4285	1401	1007
C_v (J/kg/K)	3610	955	719
γ	1.19	1.47	1.4
P_∞ (Pa)	7.028e8	0	0
q (J/kg)	-1177788	2077616	0
q' (J/kg/K)	0	14317	0
b (m^3/kg)	6.61e-4	0	0
W (g/mol)	18	18	29

1.2 相变转换模型

对于流体中发生液相与其对应蒸汽相介质之间物质与能量转换的情况，认为在达到平衡态之后液相及其蒸汽相之间的Gibbs自由能相等。同时结合控制方程(1)的假定，可以认为系统达到平衡态后满足如下关系式[16]：

$$\begin{cases} g_1 = g_2 \quad T = T_k \quad p = p_k \quad \forall k \\ \upsilon = \sum_{k=1}^{N} Y_k \upsilon_k \quad e = \sum_{k=1}^{N} Y_k e_k \end{cases} \quad (5)$$

将公式(2)和(3)代入上式，可转换为：

$$\begin{cases} p_{partial} = \dfrac{Y_2^* / W_2}{Y_2^* / W_2 + \sum_{3}^{N}(Y_k / W_k)} p^* = p_{sat}(T^*) \\ \upsilon = Y_1^* \upsilon_1(T^*, p^*) + Y_2^* \upsilon_2(T^*, p^*) + \sum_{k=3}^{N} Y_k \upsilon_k(T^*, p^*) \\ e = Y_1^* e_1(T^*, p^*) + Y_2^* e_2(T^*, p^*) + \sum_{k=3}^{N} Y_k e_k(T^*, p^*) \end{cases} \quad (6)$$

这里$P_{partial}$代表气体混合物中蒸汽相的分压，由公式可知其与蒸汽相的摩尔质量分数成正比[16]。非线性方程(6)可以采用迭代方法进行求解，如Newton-Raphson法等。

1.3 数值离散方法

控制方程(1)与状态方程(2)以及空化相变方程(6)共同构成了考虑相变效应的多相可压缩流体系统方程组。可以利用松弛法则进行分步求解[21-23]。首先求解齐次双曲型方程组(1)，需要结合状态方程(2)，利用二阶MUSCL-Hancock方法以及HLLC近似黎曼求解器。通过该步获得中间步变量υ, e, p, T, Y_k，最后采用Newton-Raphson迭代方法求得相变转换平衡态时的状态量p^*, T^*, Y_k。

2 结果与讨论

2.1 理论计算与试验结果对比

本节采用二维轴对称模型进行实体建模，并与Cui等[4]试验观察结果进行对比。其开展了多种边界条件下水下爆炸试验，这里选取其中一个近水面爆炸试验工况，主要关注早期冲击波引起的空化现象。该工况采用了等效于5.2 g TNT的药包在边长2 m的立方体水槽内起爆，药包中心位于水下0.13 m处，试验记录了早期冲击波引起的近水面空化过程图像，未提供流场的速度、压力等物理量的变化信息。为了节省计算资源，这里采用二维轴对称模型进行模拟（如图1所示）。其中y轴为旋转轴，水面以上的空气层厚度为0.2 m，水深1.8 m，水面宽度1.5 m。计算域为[0, 1.5]×[-1.5, 0.5] m²，采用600×800网格进行均匀划分。药包采用等效爆轰模型近似处理，根据Geer-Hunter理论模型[22]以及数值经验，初始球形爆炸气体半径设置为$R_0 = 0.009$ m。爆炸气体内部密度和压力分别为1606 kg/m³和10^9 Pa，状态方程采用理想气体，$g = 1.8$，$C_V = 695$ J/Kg/K，$W = 290$ g/mol。水面上方空气域的初始密度和压力分别为1.18 kg/m³和10^5 Pa，内部水蒸气的质量分数为10^{-9}，其余为空气。水的初始密度和压力分别为1054 kg/m³和10^5 Pa，内部的水蒸气和空气的质量分数分别为10^{-8}和$4.73×10^{-7}$，其余为液态水。空气域、水和爆炸气泡内部的初始温度分别设置为295 K、295 K和1120 K，其中空气和爆炸气体处于过热状态，水处于饱和状态。空气、水和爆炸气泡的初始蒸汽体积分数分别为$1.56×10^{-9}$、$1.39×10^{-5}$和$8.07×10^{-7}$。y轴边界设置为对称条件，其他如空气层上方、水域下方以及右侧边界均设置为无反射条件。

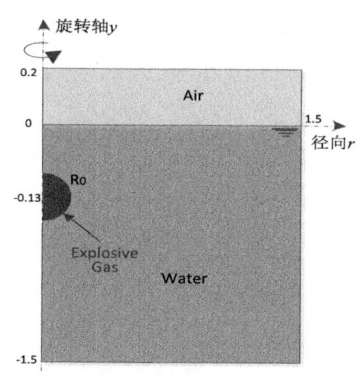

图 1 近水面爆炸的二维轴对称计算模型示意图

图2显示了四个典型时刻t = 0.168, 0.334, 0.500和0.666 ms流场中的密度、蒸汽体积分数和压力分布云图,其中压力云图中的黑色虚线表示爆炸气泡界面的位置。所有云图采用统一的观察窗,尺寸均为[-0.6, 0.6]×[-0.8, 0.2] m^2。由于图中的压力和蒸汽体积分数的分布跨度非常大,未单独列出各云图的刻度线。由图2可知,0.168 ms时爆炸引起的初始冲击波在自由面反射后导致水下产生空化现象,从爆炸气泡附近相对高压的流场以及波的传播速度来看,从自由面反射的稀疏波已经传播到爆炸气泡上壁面,并反射压缩波。同时从蒸汽体积分数云图来看,在水面上方靠近自由面处也发生了局部空化现象,这是由于在初始冲击波遇到自由面后向空气中透射压缩波,使得水面附近的液态水和蒸汽在高压、高速环境下对流运动到水面正上方的空气中。这里判断的依据是该空化域中液相水和汽相水的体积分数都有显著的增加,因此并不完全是由液-汽两相之间的相变转换而来。0.334 ms时对称轴上的自由面附近水中大部分空泡已经溃灭消失,但是在两侧径向(r轴)又对称的出现新的空化域。这是由于自由面有一定的宽度范围,水面上距离y轴较近的位置冲击波最先达到,从而较早在其正下方附近产生空化域;而距离y轴远一些位置处冲击波较晚达到,此时在其正下方附近刚开始产生空泡,而之前产生的空化域已经开始出现溃灭。这种交替出现空化域溃灭和产生的现象在0.500和0.666 ms时刻更为明显,水面下方的空化域在二维轴对称坐标系下显示出涡环形状,涡环逐渐向外扩展,并逐渐变薄直至最终完全消失。

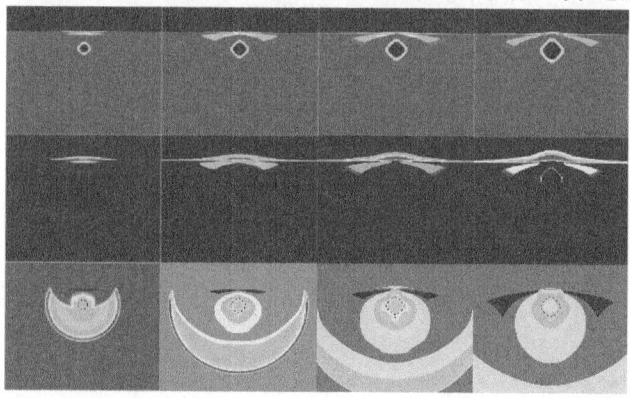

图 2 典型时刻流场的密度、蒸汽体积分数和压力分布云图

实验[4]只提供了拍摄的早期冲击波引起的自由面附近空化图片,如图3的第一行所示。拍摄图片的左下角两位数字代表序号,右下脚四位数字代表时间(单位为ms)。由图3可知实验获得的小药量药包浅水爆炸引起的自由面空化域呈现"云空化"的典型特征,没有特别明显和相对固定的边界,空化域内汽相占比较小。目前对于空化域的判断标准并没有统一的标准,这里为了与实验进行对比,分别以蒸汽的体积分数0.1%、0.5%和1%为参考值,当单元中的蒸汽含量大于该参考值时即认定为空化单元。将图2中蒸汽体积分数云图截取与试验图片相当的窗口,尺寸为[-0.4, 0.4]×[-0.68, 0.2] m^2,在图3中的第二~第四行分别展示了以0.1%、0.5%和1%为参考值获得的空化域。其中红色区域为水中的空化域,黄色

为自由面上方空气中的空化域。由于目前国内外对于空化域内部蒸汽最低含量的判据并未有明确定义，因此这里暂时选取计算的空化域与试验结果较为接近的三个判据数值，通过对比图3中计算结果可以初步认为将蒸汽最小体积分数0.5%作为空化域的判据较为合理。有关空化域的定量判据的选取仍然需要进一步深入研究。图4为上述三个不同判据条件下空化域的总体积和总内能的时程变化曲线，由图可知，总内能基本与总体积的变化曲线相同，随着判据中的蒸汽相体积分数参考值的增加，空化域和空化域都逐渐变小。由图4中空化域总体积的时程曲线可知，图3中第四列0.500 ms时刻空化域仍然处在膨胀阶段，第5列0.666 ms时刻空化域处于刚开始收缩阶段。

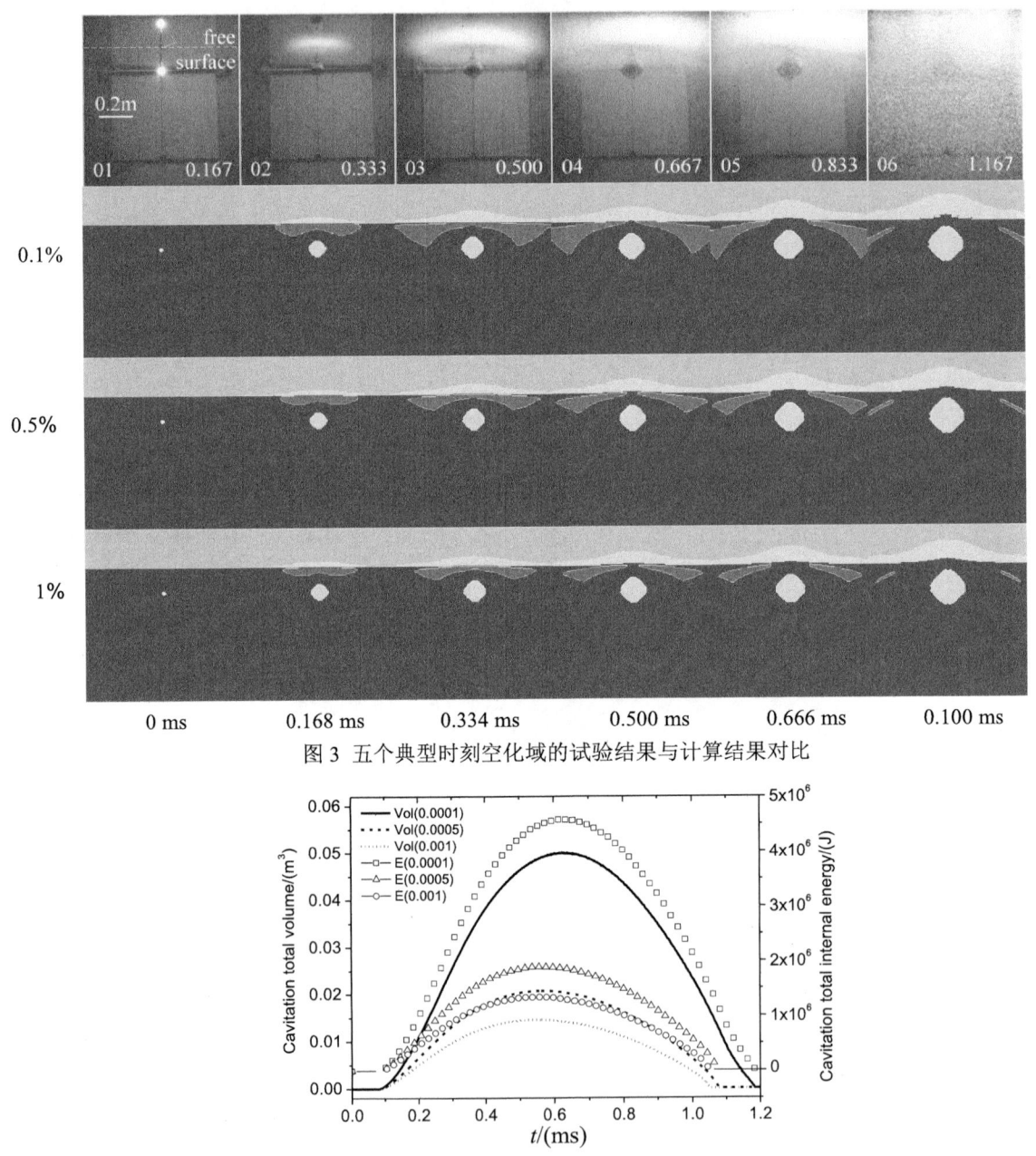

图 3 五个典型时刻空化域的试验结果与计算结果对比

图 4 三种空化判据下空化域总体积和总内能的计算对比

图5显示了在空化参考值0.5%条件下，空化域内部最大压力、平均压力和最小压力变化的时程曲线。由图可知，空化域内部的压力分布范围在3526~25830 Pa，平均压力变化范围为9796~18200 Pa，并不是维持在某个恒定的饱和态压力不变。再叠加上图4所示的0.5%条件下空泡总体积变化曲线后（未显示对

应的刻度线），可以发现在空泡总体扩展和收缩过程中，内部最大压力除了在中间阶段有一定震荡外，其余时刻基本保持在恒定值18000 Pa。而整个空化域形成过程中内部最小压力在大部分时间段变化较为平缓，只在开始产生和最后溃灭阶段发生急剧变化。图6显示了在空化参考值0.5%条件下，空化域内部蒸汽体积分数最大值和平均值变化的时程曲线。由图可知，空化域内蒸汽体积分数最大值为80%，而平均值变化范围为0.5%~0.75%。说明空化域内部的蒸汽体积分数分布非常不均，大部分区域处在较低水平，蒸汽含量较低，这与图3中实验观察到的大部分蒸汽含量较低的"云空化"现象是对应的。

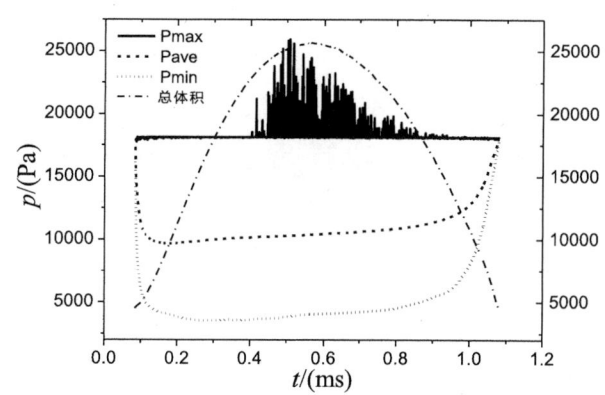

图 5 空化域内部最大压力、平均压力和最小压力时程曲线

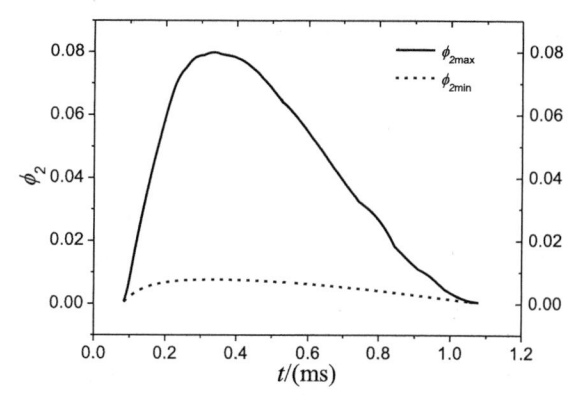

图 6 空化域内部蒸汽最大体积分数和平均体积分数时程曲线

2.2 不同药量和爆深条件下空泡运动规律

在上节的基础上，本节考虑不同药量和爆深条件下自由面空化运动规律特性。选取 5 种药量，其等效 TNT 质量分别为 5、50、200、500 和 1000 g。药包中心位置（爆深）分别为水下 0.5、1 和 2 m。空气、水和爆炸气泡内部的状态参数和初始各物理量参数同上，5 种药量对应的爆炸气泡初始半径从大到小分别为 9、20、31、42 和 53 cm。水深 2 m 下计算域均为 $[0, 5]\times[-7, 1]$ m^2，采用 1000×1600 网格进行均匀划分。其它两种水深下的计算域均为 $[0, 4]\times[-5, 1]$ m^2，采用 800×1200 网格进行均匀划分，空化域的判别仍然采用蒸汽体积分数 0.5%作为参考值。

下面首先选取部分药量和爆深的工况来展示空化域的演化过程，每个所选工况均提供四个典型时刻的空化域分布云图，分别为空化域膨胀过程的中间时刻、膨胀到最大体积时刻以及收缩过程的两个代表性时刻。其中图7显示了5g、50g和500 g药量在水下0.5m爆深条件下空化域的演化过程，所有观察窗均为$[-1.7, 1.7]\times[-1.4, 0.8]$ m^2。图8显示了50g、200g和500 g药量在水下 1 m爆深条件下空化域的演化过程，所有观察窗均为$[-1.9, 1.9]\times[-1.6, 0.8]$ m^2。需要说明的是5g药量在水下 1 m爆炸条件下没有产生水下空化域，自由面与爆炸气泡之间区域的最大蒸汽体积分数在0.3%左右。蒸汽体积分数未达到0.5%参考值，这是由于药包距离自由面太远，冲击波传播到水面时其压力已经严重下降，反射的稀疏波强度不足以引起水中液相向汽相的快速转换，产生的蒸汽含量低从而为出现明显的空化域。图9显示了500和1000 g药量在水下2 m爆深条件下空化域的演化过程，所有观察窗均为[-2.3, 2.3]×[-2.5, 0.8] m²。其中在该爆深条件下5、50和200 g药量均未出现明显空化域，原理同上。由图7~图9可知，水下空化域的演化过程基本上首先是呈现出单联通域，随着流场压力变化以及爆炸气泡运动的影响，空化域体积逐渐增大，形态开始向上凸。在空化域体积达到最大时在对称轴上的空泡基本上完全溃灭，空化域呈现出双联通域，为典型的涡环形态。在空化域压缩过程中，涡环向外扩展并逐渐变薄，直至最终完全溃灭。

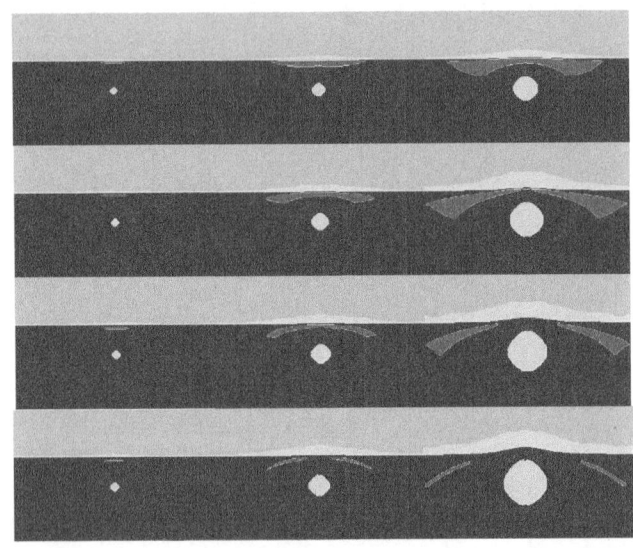

图 7 爆深 0.5 m 条件下 5g(左)、50g(中)和 500g(右)药包爆炸时自由面附近空化演化过程

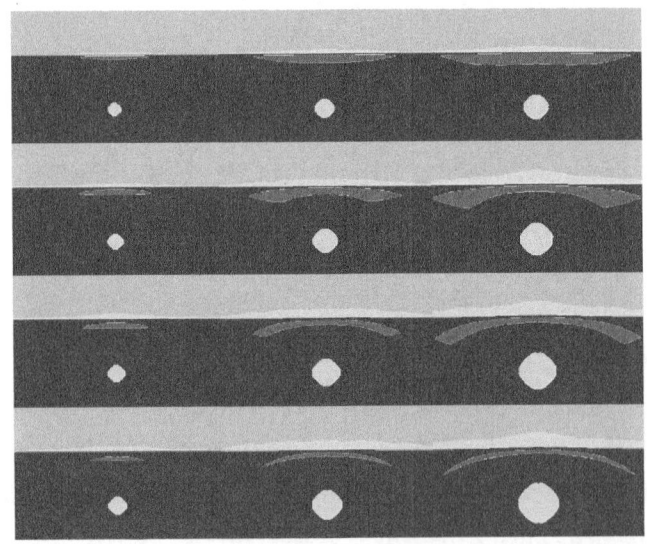

图 8 爆深 1 m 条件下 50g(左)、200g(中)和 500g(右)药包爆炸时自由面附近空化域典型演化过程

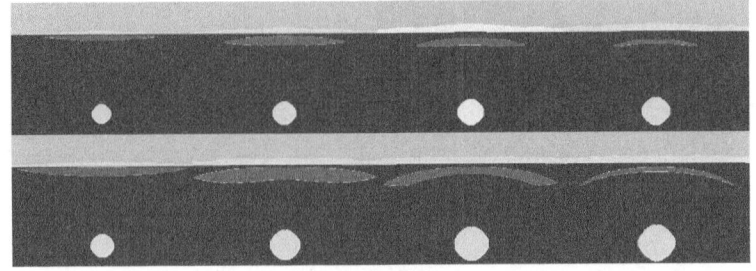

图 9 爆深 2 m 条件下 500g(上)和 1000g(下)药包爆炸时自由面附近空化域的典型演化过程

图10展示了不同爆深条件下相应药量工况下空化域总体积时程曲线对比,对于各种爆深下不满足前述判据的药量工况则没有显示。5 g工况下由于气泡最大体积只有0.004,整体上看似一条直线。由图10可知空泡运动有着较为明显的膨胀段和收缩段,整体上来看两个阶段的时间长度相差不大,空化运动表现出较为明显的周期性。表2对本节中的各个计算工况下空化域的运动周期、起始时间、最大体积等参数进行了统计。

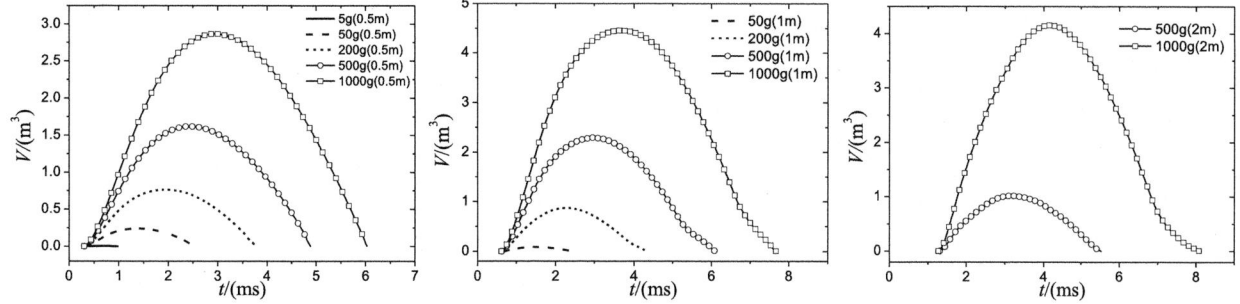

图10 爆深0.5 m(左)、1m(中)和2m(右)条件下各种药量爆炸时空化域总体积

表2 不同爆深条件下空泡运动参数统计

参数	水深\药量	5g	50g	200g	500g	1000g
运动周期(ms)	0.5m	0.61	2.22	3.49	4.58	5.73
	1m	/	1.81	3.70	5.47	7.05
	2m	/	/	/	4.22	6.84
起始时间(ms)	0.5m	0.35	0.32	0.31	0.31	0.30
	1m	/	0.68	0.64	0.63	0.62
	2m	/	/	/	1.31	1.27
最大体积(m³)	0.5m	0.004	0.239	0.762	1.619	2.871
	1m	/	0.086	0.871	2.292	4.458
	2m	/	/	/	1.013	4.160

将表2中统计的运动周期和最大体积等参数绘制成曲线,如图11所示。由于2 m水深时只有两个工况有效数据,只绘制了0.5和1 m水深下的统计曲线。由图11可知,两种水深条件下空化域运动周期随药量的变化趋势比较接近。随着药量的逐渐增加,运动周期刚开始时快速上升,然后逐渐变缓。两种水深条件下空化域的最大体积随药量的增加基本呈线性增长趋势。

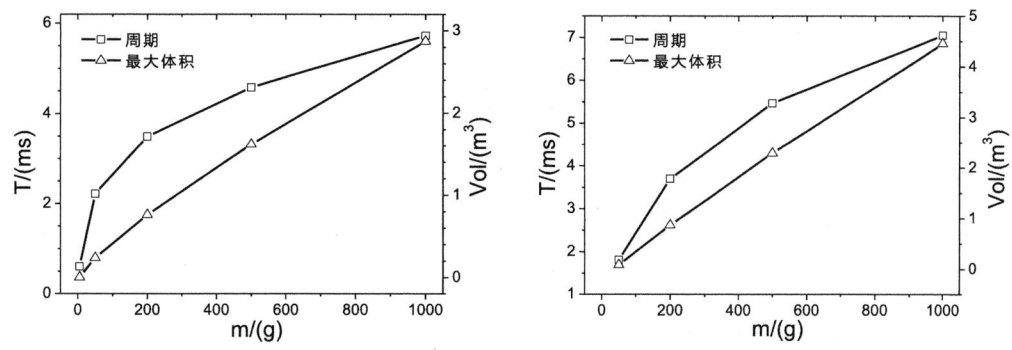

图11 爆深0.5m(左)、1m(右)下各种装药的空化域运动周期和最大体积

3 结 论

针对水下爆炸近自由面空化现象中涉及的爆炸气体、水以及空气等多种流体之间的复杂运动过程，本文采用基于热力学相变转换的多相可压缩流体模型进行处理。首先将计算模型与试验结果进行对比分析，在此基础上研究了不同药量和爆深条件下近自由面空化的典型运动特性，包括空化域在空间的演化形态和运动过程，以及空化域总体积的变化特性，初步掌握了水下爆炸近自由面空化的运动规律。通过本文的研究，获得了如下的结论：

(1) 通过对近自由面爆炸现象进行二维轴对称模型的建模，获得了早期冲击波在自由面和爆炸气泡之间传播过程中引起的空化现象，获得了空化的产生、发展及其溃灭的完整过程。证明了近自由面空化是水中液相向汽相的相变转换过程，说明了本文介绍的相变模型能够有效的处理近自由面空化过程中发生相变转换的多相流运动过程。

(2) 通过比较不同蒸汽体积分数下空化域运动的计算结果与试验结果对比，取 0.5%时计算结果与试验结果吻合较好。在此判据条件下空化域内部的压力分布范围在 3526~25830 Pa，平均压力变化范围为 9796~18200 Pa，并不是维持在某个恒定的饱和态压力不变。空化域内部的蒸汽体积分数分布范围在 0.5%~80%，但平均值变化范围为 0.5%~8%。说明空化域内蒸汽含量总体上偏低，这与试验观察到的"云空化"现象较为一致。

(3) 在爆深 2 m 条件下，5、50 和 200 g 药量均未出现明显空化域；在爆深 1 m 条件下 5g 药量也未出现明显空化域。说明这些工况下自由面下方水中的蒸汽体积分数的最大值没有超过参考值 0.5%，这是由于药包距离自由面太远，冲击波传播到水面时其压力已经严重下降，反射的稀疏波强度不足以引起水中液相向汽相的快速转换。对于其他工况出现的空化域，其演化过程基本类似，基本上首先是呈现出单联通域，随着流场压力变化以及爆炸气泡运动的影响，空化域体积逐渐增大，形态开始向上凸。在空化域体积达到最大时在对称轴上的空泡基本上完全溃灭，空化域呈现出双联通域，为典型的涡环形态。在空化域压缩过程中，涡环向外扩展并逐渐变薄，直至最终完全溃灭。

(4) 通过对比不同爆深和药量条件下空化的运动特性可以发现，在相同爆深条件下，随着药量的逐渐增加，空泡的运动周期刚开始时快速上升，然后逐渐变缓，而空化域的最大体积随药量的增加基本呈线性增长趋势。

参 考 文 献

[1] 刘建湖. 水下非接触爆炸理论与应用[D]. 无锡: 中国船舶科学研究中心, 2002, 5-8.

[2] KEDRINSKII V K. Surface effects from an underwater explosion (review)[J]. J. Appl. Mech. Tech. Phys, 1977, 19(4): 474-491.

[3] KLEINE H, TEPPER S, TAKEHARA K, et al. Cavitation induced by low-speed underwater impact[J]. Int. J. Shock Waves, 2009. 19, 895-900.

[4] CUI P, ZHANG A M, WANG S P. Small-charge underwater explosion bubble experiments under various boundary conditions[J]. Physics of Fluids, 2016, 28: 117103.

[5] FELIPPA C A, DERUNTZ J A. Finite element analysis of shock-induced hull caviation[J]. Comput. Meths. Appl. Engrg, 1984, 44: 297-337.

[6] SPRAGUE M A, GEERS T L. Computational treatment of cavitation effects in near-free-surface underwater shock analysis[J]. Shock Vib, 2001, 8: 105-122.

[7] AANHOLD J E, MEIJER G J, LEMMEN PPM. Underwater shock response analysis on a floating vessel[J]. Shock Vibrat, 1998, 5: 53-9.

[8] WARDLAW A B, LUTON J A. Fluid-structure interaction mechanisms for close-in explosions[J]. Shock Vibr, 2000, 7: 265-275.

[9] SHUKLA R K, CARLOS P, JONATHAN B F. An interface capturing method for the simulation of multi-phase compressible flows[J]. J. Comput. Phys. 2010, 229: 7411-7439.

[10] YU J, LIU G Z, WANG J, et al. An effective method for modeling the load of bubble jet in underwater explosion near the wall[J]. Ocean Engineering, 2021, 220: 108408.

[11] WU W B, LIU Y L, et al. Numerical investigation on underwater explosion cavitation characteristics near water wave[J]. Ocean Engineering, 2020, 205: 107321

[12] LIU T G, KHOO B C, XIE W F. Isentropic one-fluid modelling of unsteady cavitating flow[J]. J. Comp. Phys, 2004, 201: 80-108.

[13] SCHMIDT D P, RUTLAND C J, CORRADINI M L. A fully compressible, two-dimensional model of small, high speed, cavitating nozzles[J]. Atomiz Sprays, 1999, 9: 255-276.

[14] W F XIE, T G LIU, B C KHOO. Application of a one-fluid model for large scale homogeneous unsteady cavitation: the modified schmidt model[J]. Computers & Fluids, 2006 (35): 1177-1192.

[15] CHIAPOLINO A, BOIVIN P, SAUREL R. A simple phase transition relaxation solver for liquid-vapor flows[J]. J. Num Meth Fluids, 2016, 83(7): 583-605.

[16] CHIAPOLINO A, BOIVIN P, SAUREL R. A simple and fast phase transition relaxation solver for compressible multicomponent two-phase flows[J]. Comp & Fluids, 2017, 150: 31-45.

[17] SAUREL R, PETITPAS F, ABGRALL R. Modelling phase transition in metastable liquids: application to cavitating and flashing flows[J]. J. Fluid Mech, 2008, 607: 313-350.

[18] PELANTI M, SHYUE K M. A mixture-energy-consistent six-equation two-phase numerical model for fluid with interfaces, cavitation and evaporation waves[J]. J. Comput. Phys, 2014, 259: 331-357.

[19] PELANTI M, SHYUE K M. A numerical model for multiphase liquid-vapor-gas flows with interfaces and cavitation[J]. Int. J. Multiphase Flow, 2019, 113: 208-230.

[20] M´ETAYER O L, SAUREL R. The noble-abel stiffened-gas equation of state[J]. Physics of Fluids, 2016, 28 (4): 046102.

[21] ZHANG J. A simple and effective five-equation two-phase numerical model for liquid-vapor phase transition in cavitating flows[J]. International Journal of Multiphase Flow, 2020, 132: 103417.

[22] 余俊, 初东阳, 王海坤, 等. 水下爆炸近自由面空化载荷特性分析[J]. 水下无人系统学报, 2022, 30(3): 283-291.

[23] 余俊, 刘建湖, 盛振新, 等. 水下爆炸引起的近自由面空化机理研究[J]. 水动力学研究与进展 A 辑, 2022, 37(04): 483-491.

Application of vapor-liquid phase transition model to the prediction of cavitation induced by underwater explosion near free surface

YU Jun[*1,2], WANG Haikun[1,2], WANG Jun[1,2], ZHAO Yanjie[1,2], DONG Jiuting[1,2]

(1. China Ship Scientific Research Center, Wuxi 214082, China;
2. Taihu Laboratory of Deepsea Technological Science, Wuxi 214082, China)

Abstract

Underwater explosion (UNDEX) cavitation near free surface has many remarkable characteristics, such as wide distribution domain, dynamic evolution process and multiphase flow interaction. The motion law of the cavitation is very complex and difficult to study. In this paper, a multiphase compressible fluid model based on thermodynamic phase transition is introduced, which is composed by 4-equation and phase transition model. The system equations are solved by MUSCL-Hancock reconstruction scheme and HLLC approximate Riemann solver in the homogeneous hyperbolic equations, and the Newton-Raphson iterative method is used in the phase transition equations. The movement of cavitation caused by small charge explosion near free surface is firstly simulated by using a two-dimensional axisymmetric model. It can be observed that the cavitation evolution process develop from the initial single connected domain to the multi-connected domain, and there is a typical vortex ring phenomeno. When the vapor volume fraction in simulation is more than 0.5‰ as the criterion of cavitation domain, numerical results of the morphology and motion process in cavitation domain are consistent with the experimental results. Meanwhile, it can be observed that the distribution of pressure and vapor volume fraction in the cavitation domain is obviously uneven, which is not maintained at a constant value. On this basis, the motion characteristics of underwater explosion cavitation near free surface under different depth of explosive center and different weight of charge are studied, and the motion pattern of cavitation is obtained. It can be observed that under the same depth of charge center, with the increase of charge, the period of cavitation motion increased rapidly at the beginning, and then slows down gradually. The maximum volume of cavitation domain increases linearly with the increase of charge weight. The results of this paper can provide important support for the research of cavitation motion characteristics and impact damage to structures in underwater explosion near free surface.

Key words: Cavitation near free surface; Underwater explosion; Multiphase flow; Phase transition; Cavitation collapse; vortex ring phenomenon.

作者简介

余　俊　男，1984 年生，高级工程师。主要从事舰船抗爆抗冲击方面研究。
王海坤　男，1980 年生，研究员。主要从事舰船结构抗冲击方面研究。
汪　俊　男，1978 年生，研究员。主要从事舰船结构抗冲击方面研究。
赵延杰　男，1988 年生，高级工程师。主要从事舰船结构抗冲击方面研究。
董九亭　男，1989 年生，工程师。主要从事舰船结构抗冲击方面研究。
*通讯作者：余俊

基于浸入边界法的复杂边界流噪声数值模拟研究

赵 成，张 涛*

（华中科技大学 船舶与海洋工程学院，武汉 430074）

摘 要

为了模拟低马赫数下复杂边界流噪声问题，提出一种基于浸入边界法的计算声学混合方法。首先对不可压缩 Navier-Stokes 方程进行直接数值模拟获得非定常流场，随后通过求解带源项的声扰动方程获得声传播场。流场求解器采用二阶格式进行直接离散；声场求解器采用优化的高阶格式离散，其中空间采用色散关系保持格式，时间采用低耗散低色散龙格－库塔格式。流场和声场的固体边界都采用浸入边界法处理，通过单个虚拟网格施加壁面边界条件。通过一系列声散射和钝体绕流发声问题验证了数值方法的精度和对复杂边界流噪声问题的有效性。

关 键 词：流噪声；计算声学；浸入边界法；复杂边界

中图分类号：V211.3; O422.2

0 引 言

钝体绕流问题广泛存在于船舶与海洋工程、航空航天和车辆工程等领域。流体流过这些结构时产生非稳态流体力和旋涡，作为声偶极子引起流噪声。研究流噪声的预报方法、产生机制和传播过程从而控制噪声是相关工程中的迫切需求。对于水下问题，声波是目前已知的唯一可以远距离传输信息的有效载体，主动声呐在水下目标的远程探测中发挥非常重要的作用。因此，对声散射进行研究对设计安静的水下航行体和声呐系统等装备方面，亦有重要的应用前景。

自从Lighthill在1952年提出声比拟的基本理论后，声学的数值预报方法得到了快速的发展，但是该方法大多基于紧致声源假设，无法考虑声波的散射、反射以及流场和声场的耦合，具有其自身的局限性。近年来，随着计算气动声学(computational aeroacoustics，CAA)的发展，较多学者逐渐认识到背景流场对声传播的影响，采用直接数值模拟或流体-声学耦合求解的混合方法成为流噪声预测的一个强有力工具和前沿方向。过去的几十年，CAA在控制方程[1-3]和离散格式[4-6]等方面得到了快速的发展，较多研究者运用这些方法求解声传播和流噪声问题并取得了较为满意的结果。需要指出的是，由于CAA中高阶差分格式的推导主要基于结构化网格，计算时对网格质量要求较高，而对于复杂几何问题，生成高质量的结构化网格难度很大且非常耗时，因此CAA在复杂边界发声问题上（如船舶螺旋桨、仿生结构和飞机起落架等）的研究还较为缓慢。

浸入边界法(immersed boundary method，IBM)最早由Peskin[7]提出用于模拟心脏血液流动问题。该方法在笛卡尔网格上对控制方程进行离散，避免了贴体网格的生成，在处理复杂边界问题中具有巨大的优势。IBM在计算流体力学中发展较快，近年来也有学者将该方法用于声传播模拟。Sun等[8]基于IBM求解线性欧拉方程用于声散射问题研究并通过典型算例验证了算法的精度和收敛性，该方法在边界处只有一阶精度且不能保持锐利界面特征。Xie等[9]提出改进的插值方法，提升了IBM在声学模拟中的数

收稿日期：2022-11-18；修改稿收稿日期：2022-11-21
基金项目：船舶总体性能创新研究开放基金(33122233)

值稳定性。这些研究主要针对声传播，即研究存在不同声源和不同结构的散射源和边界等干扰条件下声场的特征。目前采用IBM进行流噪声的研究还较为少见，最近的工作包括Seo和Mittal[10]提出的高阶虚拟网格IBM格式，Cheng等[11]提出的半隐式IBM体积力模型等。

本文提出一种基于浸入边界法的混合模拟流噪声数值方法。首先采用直接数值模拟对不可压缩流场进行求解，流场脉动被作为声源项输入声扰动方程，利用优化的高精度数值格式离散求解获得声场。流场和声学的固体边界条件都采用浸入边界方法处理，该方法克服了复杂外形问题生成高质量结构化网格的难点，从而能够高效准确地对复杂边界流噪声问题进行模拟。通过典型声散射和流噪声问题验证了本文方法的精度和对复杂边界问题的有效性。

1 数值方法

1.1 流场模拟

低马赫数下流场假设为不可压缩流动，其控制方程是粘性不可压缩Navier-Stokes(N-S)方程：

$$\frac{\partial u_i}{\partial x_i} = 0 \tag{1}$$

$$\frac{\partial u_i}{\partial t} + \frac{\partial (u_i u_j)}{\partial x_j} = -\frac{1}{\rho_0}\frac{\partial P}{\partial x_i} + \nu_0 \frac{\partial}{\partial x_j}(\frac{\partial u_i}{\partial x_j}) \tag{2}$$

式中，u_i为流体的速度分量，P是压力，ρ_0和ν_0分别是不可压缩流体密度和运动粘度。

流场求解采用有限差分方法在笛卡尔网格上对不可压缩N-S方程直接离散。其中，空间离散采用二阶中心差分格式，时间采用二阶精度的分步法推进，其中对流项和扩散项分别采用二阶Adams-Bashforth格式和Crank-Nicolson格式离散，详细的流场求解器介绍和验证参见文献[12-13]。

1.2 声场模拟

声场采用声扰动方程(acoustic perturbation equations, APEs)模拟，该方程描述了声波在非均匀时均流场中的传播过程，控制方程表达式如下[2]：

$$\frac{\partial u_i'}{\partial t} + \frac{\partial}{\partial x_i}(\overline{u_j} u_j') + \overline{\rho}_0 \frac{\partial p'}{\partial x_i} = S_{mom} \tag{3}$$

$$\frac{\partial p'}{\partial t} + \overline{c}_0^{-2} \frac{\partial}{\partial x_i}(\overline{\rho}_0 u_i' + \overline{u_i}\frac{p'}{\overline{c}_0^{-2}}) = \overline{c}_0^{-2} S_{cont} \tag{4}$$

式中，c_0是声速，一撇是声学量，上横是时间平均量。方程右侧为流场声源，对于低马赫数湍流涡声问题，声源表达式$S_{mom} = \nabla P'/\rho_0$[2]，其中$P' = P - \overline{P}$为不可压缩流场压力扰动。

声学方程的离散格式需要满足低耗散低色散特性，本文采用高阶有限差分格式进行离散。空间采用Tam等[4]推导的7点4阶色散关系保持格式(dispersion relation preserving, DRP)，对于对称模板，一阶导数的表达式如下：

$$\frac{\partial f}{\partial x}(x_0) = \frac{1}{\Delta x}\sum_{j=-3}^{3} a_j f(x_0 + j\Delta x) \tag{5}$$

式中，a_j是常系数[4]。在计算域边界采用非对称DRP格式离散，在固体边界处采用中心差分格式离散。高阶有限差分格式会产生数值振荡，采用10阶空间滤波[14]消除高频振荡，滤波也在边界处降阶。

时间离散采用Hu[5]等推导的低耗散低色散龙格-库塔格式，时间导数可表达为如下方程：

$$\frac{\partial U}{\partial t} = F(U) \tag{6}$$

从第n时间步到第$(n+1)$时间步推进如下：

$$\begin{aligned}
U^0 &= U^n \\
U^l &= U^n + \beta_l \Delta t F(U^{l-1}) \quad \text{for } l = 1,\cdots,6 \\
U^{n+1} &= U^6
\end{aligned} \tag{7}$$

式中，Δt是时间步长，β_l是常系数[5]。

声学计算需要在计算域边界设置无反射边界条件。本文采用Tam和Dong[15]推导的辐射边界条件，在计算域边界外部构建三个虚拟网格并采用单侧DRP格式进行离散求解。

1.3 浸入边界法

流场和声学的固体边界都采用浸入边界法进行处理，本文基于单个虚拟网格进行边界条件施加，具体过程如下。首先生成固体边界网格和流体背景网格，固体边界通过非结构网格描述，二维问题的固体边界通过线段描述，流场网格使用笛卡尔网格。随后依据固体边界的位置对流场网格进行分类：固体网格、流体网格和虚拟网格。其中在固体边界外部的是流体网格，在固体边界内部的是固体网格，第三类是虚拟网格，虚拟网格本质在固体边界内部，但是至少有一个相邻的网格是流体网格。在搜寻处理完所有虚拟网格以后，采用镜像处理的方式，以虚拟网格为起点向固体边界作法向线段，并继续延伸该线段至镜像点，使得镜像点到固体边界距离等于固体边界到虚拟网格的距离。镜像点的物理量通过周围流体网格插值计算，本文采用双线性插值处理。随后虚拟网格的物理量通过边界条件计算得到，对于Dirichlet和Neumann边界条件，公式如下所示：

$$\varphi_{\text{GC}} = 2\varphi_{\text{BI}} - \varphi_{\text{IP}} \tag{8}$$

$$\varphi_{\text{GC}} = \varphi_{\text{IP}} + \Delta l \left(\frac{\delta \varphi}{\delta n}\right)_{\text{BI}} \tag{9}$$

固体边界条件处理示意图如图1所示。

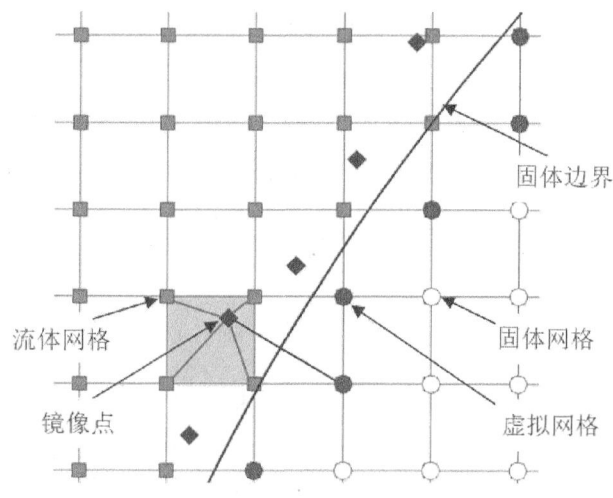

图1 浸入边界法处理边界示意图

2 算例验证和讨论

2.1 圆柱声散射

为了验证声学算法和边界条件的有效性，本算例对静止圆柱声散射问题进行模拟[10]，如图2所示。直径$D=1$的刚性圆柱位于计算域中心，在坐标(4, 0)处有一个给定的初始声压扰动，表达式如下：

$$p' = e^{-(\ln 2)\frac{(x-4)^2+y^2}{0.2^2}} \tag{10}$$

计算域尺寸为$-6.0 \leqslant (x, y) \leqslant 6.0$，采用均匀网格$dx = dy = 0.02$进行计算，声学库朗数为0.5。记录观测点A ($x = 2, y = 0$)处的声压时程曲线并和理论解对比验证。

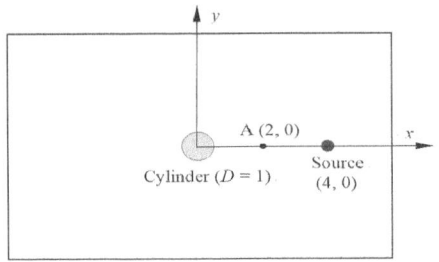

图 2 圆柱声散射示意图

图3(a)显示了$t = 6$时刻的声压云图。从图中可以看到，由于圆柱边界的影响一部分声波向右侧反射，另一部分声波和圆柱的表面干涉导致声波偏移并继续向左侧边界传播，表明本文的IBM是可靠的。计算域边界处声波向外传播而不发生反射，表明无反射边界条件是有效的。观测点的声压时程曲线从$t = 0$到$t = 10$如图3(b)所示，本文结果和理论解吻合很好，定量验证了声学方法的精度。

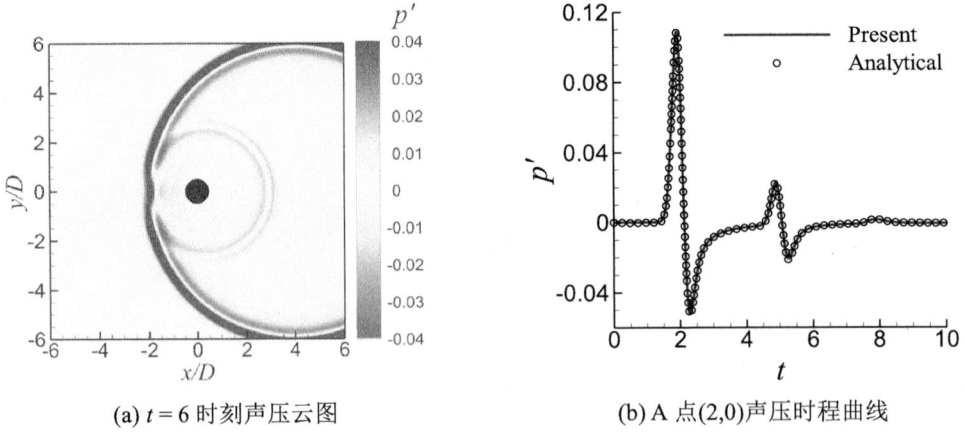

(a) $t = 6$ 时刻声压云图　　　　(b) A 点(2,0)声压时程曲线

图 3 圆柱声散射计算结果

随后对周期性的高斯单极子声源激励下的声传播场进行模拟，声源表达式如下：

$$S_{cont} = e^{-(\ln 2)\frac{(x-4)^2+y^2}{0.2^2}} \times \sin(8\pi t) \tag{11}$$

分别采用均匀网格和非均匀网格进行模拟，均匀网格尺寸为0.01，网格总量为1200 × 1200。非均匀网格在圆柱附近采用0.005的网格加密，然后以1.005的速率增长至计算域边界，最大网格尺寸为0.032，此网格尺寸下每个波长对应约7.8个网格。非均匀网格的计算域大小约为$-6.1 \leqslant (x, y) \leqslant 6.1$，网格总量为990 × 990。

图4(a)给出了 t = 42时刻均匀网格计算的声压云图，周期性的入射波和圆柱反射波之间不断发生干涉，形成复杂的声场，由于圆柱的阻碍作用在其后部出现低压阴影区域。均匀和非均匀网格在 $r = 5.0\ D$ 处的声压指向性分布和理论解的对比如图4(b)所示，均匀和非均匀网格计算结果都和理论解吻合较好，定量验证了数值方法的精度和非均匀网格的有效性。对于实际复杂几何问题，通常需要对边界附近加密从而可以更好的捕捉结构对声波的影响，非均匀网格在实际复杂工程问题的声学模拟中有着更显著的优势。

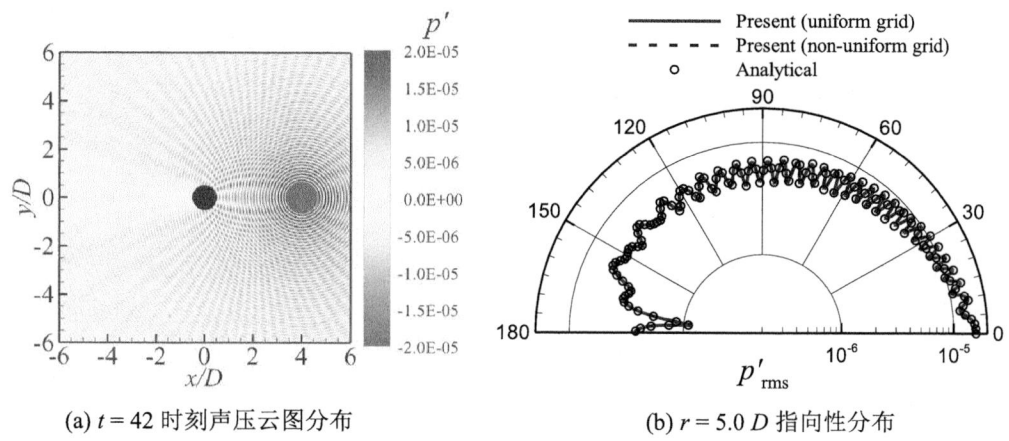

(a) t = 42 时刻声压云图分布　　　　　　(b) $r = 5.0\ D$ 指向性分布

图 4　单极子声源圆柱声场和指向性分布

2.2　方柱绕流噪声

本算例对低雷诺数下二维方柱绕流噪声进行计算，验证混合方法的精度。来流马赫数为0.2，雷诺数为150。流场和声场采用同一组非均匀笛卡尔网格，最小网格尺寸为 $0.015\ D$。当网格尺寸增加到 $1.4\ D$ 时，仍然使用均匀网格直到计算域边界用于声传播的模拟。整个计算域大小为 $0 \leqslant (x, y) \leqslant 200\ D$，流场的无量纲时间步长为 $0.01\ D/U_0$，声学的无量纲时间步长为 $0.005\ D/c_0$。

图5(a)给出了单方柱的瞬时声场，交替的涡脱在方柱表面产生正负交替的压力脉动并向计算域四周传播，声场为偶极子辐射场。在方柱后侧区域有一个带状以交替脉动形式向外传播的压力扰动，该扰动沿着流场下游逐渐耗散，即"拟声现象"。声压云图可知无量纲波长约为 $33\ D$，该值与基于来流马赫数 Ma 和尾涡脱落频率 St 计算的波长 $D/(Ma \cdot St) = 33.3\ D$ 很接近，表明尾涡脱落是主要噪声源。本算例马赫数为0.2，多普勒效应影响着声传播方向，最大声压方向在图中虚线所示方向。本文的声传播角(79°)和Inoue等的结果(78.5°)很相近。计算 $r = 75\ D$ 处的声压指向性和Inoue等[16]采用贴体网格DNS计算的结果如图5(b)所示，结果吻合很好，定量验证了本文混合方法的有效性和精度。

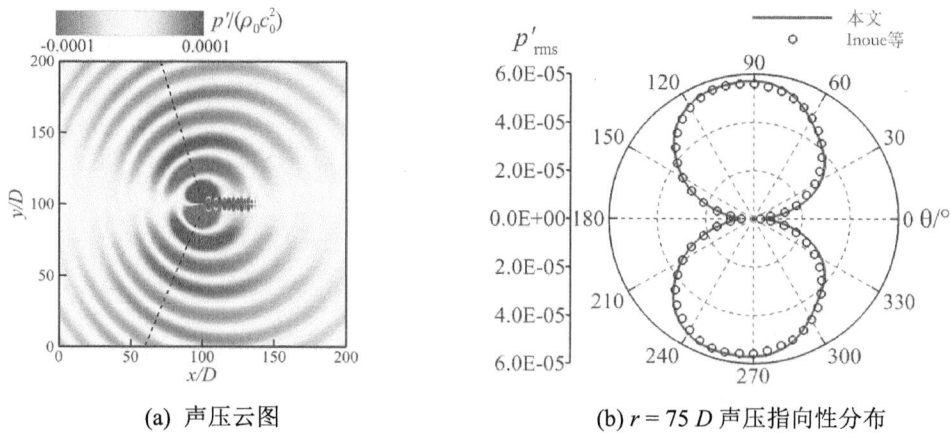

(a) 声压云图　　　　　　(b) $r = 75\ D$ 声压指向性分布

图 5　方柱绕流声学计算结果

为了验证流噪声数值方法对较为复杂结构的适用性，对并列双方柱绕流噪声进行计算。双方柱在不同间距和排列方式下会发生不同程度的耦合进而影响其流噪声。此前，Inoue等采用DNS研究了不同间距下并列[16]双方柱的发声。选取间距 $L = 3D$ 的并列双方柱为研究对象，计算模型如图6所示。雷诺数为150，马赫数0.2，圆柱周围最小网格尺寸为0.015 D，网格总量为640 × 608。

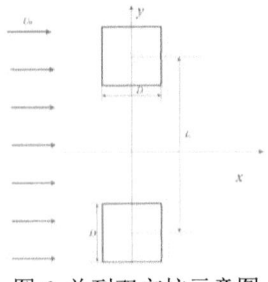

图 6 并列双方柱示意图

图7给出了不同时刻（上下侧方柱最大升力）的尾涡分布云图，在方柱后侧形成交替脱落的旋涡，当旋涡向自由流动侧脱落时，上侧方柱的升力系数最大，两方柱之间的流动干涉对自由流动侧的涡脱有较小的影响；在下侧方柱的升力系数达到最大值时，旋涡向两方柱间隙脱落。

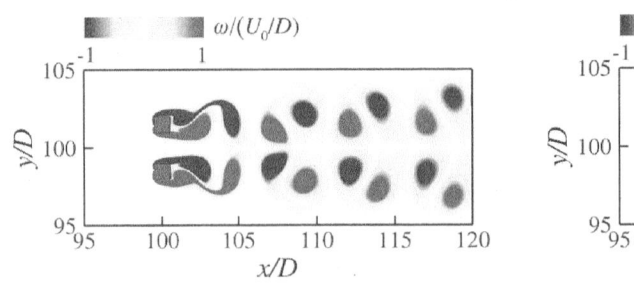
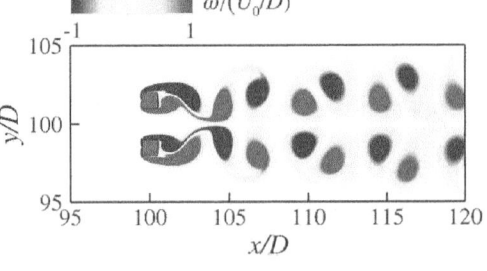

(a) 上侧方柱升力最大　　　　　　(b) 下侧方柱升力最大

图 7 不同时刻尾涡分布云图

并列双方柱声传播场如图8(a)所示，结果表明并列双方柱绕流所产生的噪声和单方柱有显著的不同，不再表现为升力偶极子声源特性。两个旋转方向相反的旋涡从两个方柱的相对侧同时脱落，产生了对称分布的声场。并列双方柱在 $r = 75\ D$ 处的声场指向性分布与文献对比如图8(b)所示，并列双方柱在远场的声压指向性不再呈现"8"字形，在180°方向的声压显著增大，这是由于双方柱间隙的旋涡导致阻力偶极子声源的放大效应。本文结果和Inoue等[16]的DNS结果吻合较好，表明本文提出的浸入边界法可以准确预报并列双方柱绕流噪声的产生和传播的整个过程。

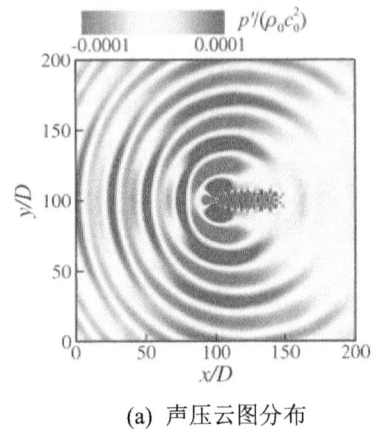
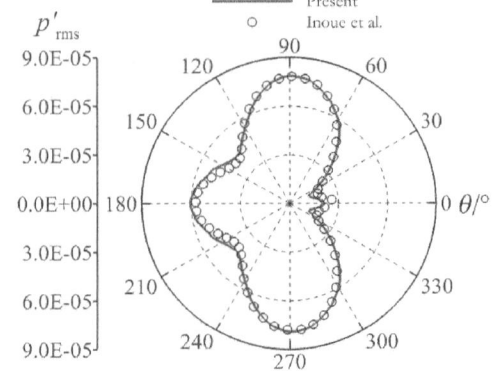

(a) 声压云图分布　　　　　　(b) 观测点声压时程曲线

图 8 声场计算结果

2.3 带锯齿尾缘圆柱绕流噪声

本小节对带锯齿附体圆柱的绕流噪声进行计算，说明本文混合方法具备模拟复杂外形流噪声问题的能力。结构的前缘是直径为D的半圆，后缘采用正弦函数对锯齿附体进行设计，如图9(a)所示。以D为参考长度，无量纲极径r表达式如下：

$$r = 0.5 - 0.1 \times \sin(2n \times \theta) \tag{12}$$

式中，n为锯齿个数，本算例对2、5和8个锯齿进行计算。马赫数0.2，雷诺数150。采用576×544非均匀网格，最小网格为$0.01D$，计算域为$0 \leq (x, y) \leq 200D$，结构附近网格如图9(b)所示。

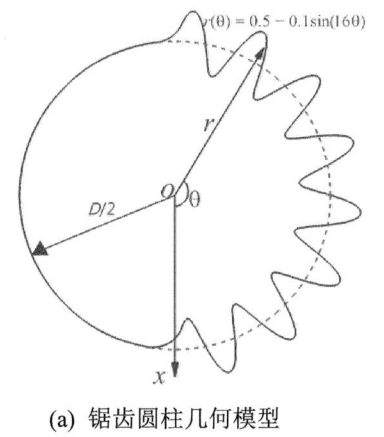
(a) 锯齿圆柱几何模型

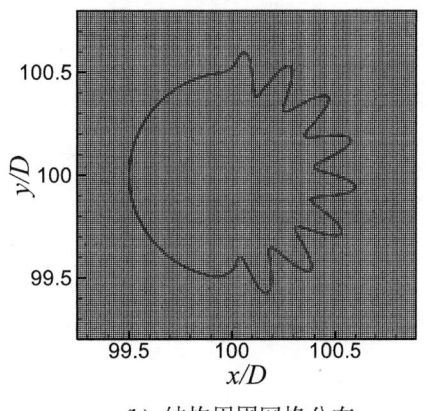
(b) 结构周围网格分布

图 9 带锯齿附体(8 个)的圆柱模型和计算网格示意图

图10给出了8个锯齿附体圆柱的升阻力系数曲线和升力最大时刻边界附近的涡场和流线分布。带锯齿圆柱尾部形成卡门涡街，在其后部有一个大的旋涡，旋涡左侧的流线紧贴着结构表面。旋涡被结构表面挤压变形，附体个数较多时，在凹角处形成了小漩涡，导致阻力系数比单圆柱更大。总的来说，锯齿附近的流场和旋涡被较好地捕捉，说明本文流场求解器具备准确处理复杂凹边界的能力。

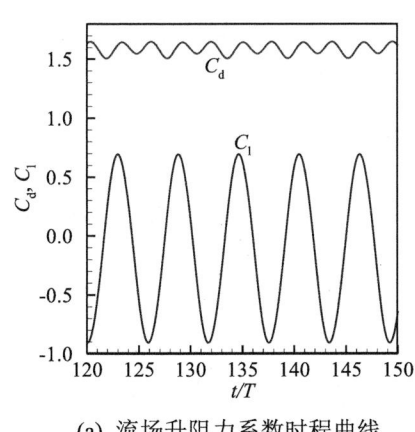
(a) 流场升阻力系数时程曲线

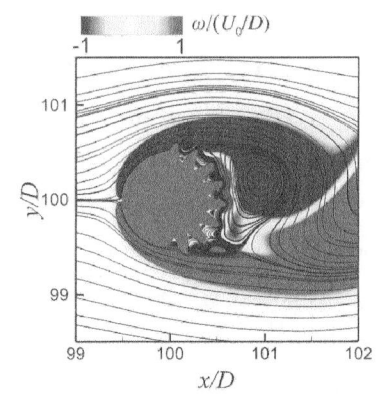
(b) 结构附近尾涡和流线分布

图 10 仿生锯齿圆柱的流场计算结果

随后对声场进行分析，图11(a)给出了8个锯齿附体圆柱在其升力最大时刻的声压场，带锯齿附体圆柱的辐射声场呈现升力偶极子辐射场。图11(b)给出了不同锯齿仿生圆柱的声压指向性分布，所有结构的声场都表现为偶极子辐射场，随着锯齿附体增多，辐射声压逐渐增大，这是由于随着附体个数增多，升力系数幅值和波动逐渐增大。此外，带2个锯齿圆柱的声场在上下侧不对称，其下部的声压高于上部，而其对称轴（图中点虚线）偏离垂直方向，这主要是不对称的结构导致的。在5个和8个附体时，其声场上下侧基本对称，最大声压朝着计算域上游方向传播，该特性和圆柱绕流相似。综上，算例表明本文提出的基于浸入边界法的混合方法具有模拟复杂外形流噪声问题的能力。

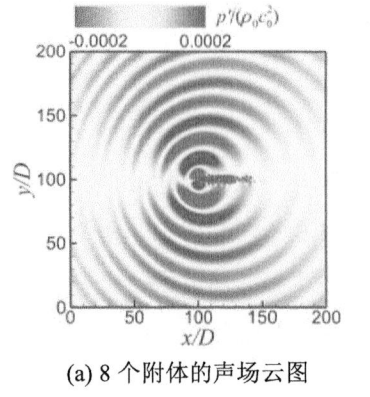 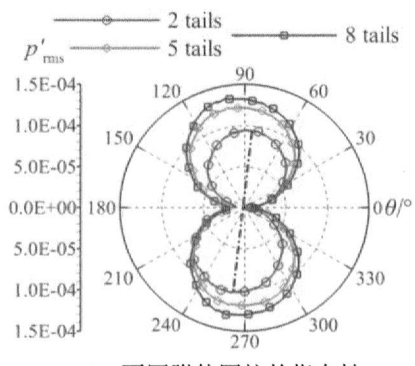

(a) 8 个附体的声场云图　　　　　　　　(b) 不同附体圆柱的指向性

图 11　不同锯齿尾缘圆柱绕流的声场计算结果

3　结　论

提出了一种基于浸入边界法的计算声学 DNS-APE 混合方法用于复杂边界流噪声问题的数值模拟，得到结论如下：

(1) 本文的 DNS-APE 混合方法能够对近场流场、流场声源和声传播场进行有效模拟。

(2) 本文的浸入边界法极大简化网格生成时间，能够高效地模拟复杂边界流噪声问题。

(3) 通过典型声传播和流噪声问题验证了本文方法的精度和对复杂外形问题的有效性。

参 考 文 献

[1] BOGEY C, BAILLY C, JUVÉ D. Computation of flow noise using source terms in linearized euler's equations[J]. AIAA Journal, 2002, 40(2): 235-243.

[2] EWERT R, SCHRÖDER W. Acoustic perturbation equations based on flow decomposition via source filtering[J]. Journal of Computational Physics, 2003, 188(2): 365-398.

[3] SEO J H, MOON Y J. Linearized perturbed compressible equations for low mach number aeroacoustics[J]. Journal of Computational Physics, 2006, 218(2): 702-719.

[4] TAM C K W, WEBB J C. Dispersion-relation-preserving finite difference schemes for computational acoustics[J]. Journal of Computational Physics, 1993, 107(2): 262-281.

[5] HU F Q, HUSSAINI M Y, MANTHEY J L. Low-dissipation and low-dispersion Runge-Kutta schemes for computational acoustics[J]. Journal of Computational Physics, 1996, 124(1): 177-191.

[6] LELE S K. Compact finite difference schemes with spectral-like resolution[J]. Journal of Computational Physics, 1992, 103(1): 16-42.

[7] PESKIN C S. Flow patterns around heart valves: a numerical method[J]. Journal of Computational Physics, 1972, 10(2): 252-271.

[8] SUN X, JIANG Y, LIANG A, et al. An immersed boundary computational model for acoustic scattering problems with complex geometries[J]. The Journal of the Acoustical Society of America, 2012, 132(5): 3190-3199.

[9] XIE F, QU Y, ISLAM M A, et al. A sharp-interface cartesian grid method for time-domain acoustic scattering from complex geometries[J]. Computers & Fluids, 2020, 202: 104498.

[10] SEO J H, MITTAL R. A high-order immersed boundary method for acoustic wave scattering and low-mach number flow-induced sound in complex geometries[J]. Journal of Computational Physics, 2011, 230(4): 1000-1019.

[11] CHENG L, DU L, WANG X, et al. A semi-implicit immersed boundary method for simulating viscous flow-induced sound with moving boundaries[J]. Computer Methods in Applied Mechanics and Engineering, 2021, 373: 113438.

[12] MITTAL R, DONG H, BOZKURTTAS M, et al. A versatile sharp interface immersed boundary method for incompressible flows with complex boundaries[J]. Journal of Computational Physics, 2008, 227(10): 4825-4852.

[13] DONG H, MITTAL R, NAJJAR, F M. Wake topology and hydrodynamic performance of low-aspect-ratio flapping foils[J]. Journal of Fluid Mechanics, 2006, 566: 309-343.

[14] BOGEY C, BAILLY C. A family of low dispersive and low dissipative explicit schemes for flow and noise computations[J]. Journal of Computational Physics, 2004, 194(1): 194-214.

[15] TAM C K W, DONG Z. Radiation and outflow boundary conditions for direct computation of acoustic and flow disturbances in a nonuniform mean flow[J]. Journal of Computational Acoustics, 1996, 04(02): 175-201.

[16] INOUE O, IWAKAMI W, HATAKEYAMA N. Aeolian tones radiated from flow past two square cylinders in a side-by-side arrangement[J]. Physics of Fluids, 2006, 18(4): 046104.

Numerical Simulation of Flow-induced Sound with Complex Boundary Based on Immersed Boundary Method

ZHAO Cheng, ZHANG Tao*

(School of Naval Architecture & Ocean Engineering, Huazhong University of Science and Technology, Wuhan 430074, China)

Abstract

A hybrid computational acoustic approach based on immersed boundary method is proposed to deal with low-Mach number flow-induced sound with complex boundaries. The incompressible flow filed is first computed using a direct numerical simulation (DNS) solver to obtain the unsteady flow filed. This is followed by the computation of sound using the acoustic perturbation equations (APEs) with source terms. The flow solver is achieved by a second-order scheme. The APEs are discretized by high-order schemes with a low dispersion and dissipation property. Specially, the fourth-order dispersion-relation-preserving (DRP) scheme is used for the spatial discretization and the time is integrated using the low-dissipation and low-dispersion Runge-Kutta (LDDRK) scheme. The IBM based on ghost-cell approach is applied to satisfy the solid boundary conditions. Benchmark acoustic scattering and flow-induced sound problems are computed to validate the accuracy of the present method and the effectiveness for the complex geometries.

Key words: Flow-induced sound; Computational acoustics; Immersed boundary method; Complex boundary

作 者 简 介

赵　成　男，1992年生，博士研究生。主要从事流噪声和计算声学等方面工作。

张　涛　男，1976年生，副教授。主要从事流噪声预报和控制等方面工作。

*通讯作者：张涛

封闭旁支管路流致声共振数值模拟研究

殷文慧[*,1,2]，王 曦[3]，率志君[3]，孙 强[1,2]

（1. 中国船舶科学研究中心，无锡 214082；
2. 深海科学技术太湖实验室，无锡 214100；
3. 哈尔滨工程大学，哈尔滨 150001）

摘 要

一回路泄压管线多为封闭旁支管路结构，在特定工况下，经常出现异常振动问题。为保证船舶动力系统安全可靠运行，采用CAE方法探究管路异常振动的形成原因、产生机理，对系统安全运行具有重要意义。论文采用实验与数值计算相结合的方法，以封闭旁支管路为研究对象，对管路内部流场分布特性及声学特性进行研究。计算结果表明，封闭旁支管路三通位置处流场运动呈现振荡特征，漩涡周期性脱落产生压力脉动，形成声学激励源，漩涡脱落频率与声学特征频率相近时，管路内形成声共振腔，诱发管路流致声共振。

关 键 词：封闭旁支管路；流致声共振；CFD；声学有限元法
中图分类号：TM623

0 引 言

船舶管路存在串联、并联和分支等结构，布置形式错综复杂。其中船舶主输流管路内多为高压的流动介质，为了保证管路系统安全运行，通常在主流管道特定位置处安装分支泄压管线，当主管道运行超出设计压力时，泄压管线进行泄压，保障主管道的安全运行。泄压管线一端与主管道相连，另一端封闭，形成封闭旁支管路特殊结构。在某些特定工况下，封闭旁支管经常出现异常振动问题，主要表现为：主管道和旁支管中产生的异常压力波动，在管道和相关部件处引起强烈振动，相关连接部件频繁出现失效，导致系统无法安全稳定运行，存在严重隐患[1-3]。

当流体以恒定流速流经钝体、空腔或声反射障碍物时，会形成周期性的离散涡，在障碍物周围会形成周期性的压力波动，诱发流动噪声和结构振动，这种现象称为孔板的空腔音、孔音或自激振荡。在动力机械和工业生产的输流管道系统中，该现象可以经常被观察到，是管道发生疲劳断裂的原因之一[4-5]。封闭旁支管路支管直径远远小于支管长度，属于空腔类型中的深腔结构。国内外学者针对旁支管内由于可压缩流体流过形成声源这一现象，已经进行了一系列的理论研究和实验探索。DEMETZ[6]和ELDER[7]研究了亥姆霍兹谐振器和矩形深腔的漩涡脱落频率与声固有频率一致时的声压。JUNGOWSKI[8]等人针对可压缩流动介质在进行了不同支管几何形状、流量参数的实验，实验结果显示各种因素对声源压力波振幅及流动间歇的影响，确定了所涉及的源输出和阻抗，发现脉动支管涡参与了振荡机制。DEQUAND和HULSHOFF[9]基于欧拉方程针对二维串联支管和同轴支管进行了数值模拟，并提出预测脉动振幅的数值计算方法，分析模型预测结果误差在30%以内。

张楠、沈泓萃[10-11]等人采用LES-FW-H方法求解水中孔穴流激噪声问题，近壁湍流或尾流的噪声通过大涡模拟(LES)计算，声波的产生和传播通过FW-H声学类比法求解，并对孔腔内声压谱级、壁面压

收稿日期：2022-10-18；修改稿收稿日期：2022-11-09

力功率谱、涡量分布进行分析,并通过实验验证数值预报方法的可靠性;杨党国[12]等人研究了不同后壁倒角对空腔内声压级分布以及不同测点声压频谱特性的影响;王玉、王树新[13]等人也采用LES-FW-H混合方法研究腔体形状对流动噪声的影响,并通过实验验证该方法的可行性;韩国华[14]等人利用神经网络控制器对矩形空腔噪声主动控制进行研究;上海交通大学的张辉[15-16]等人针对方形封闭旁支管开展实验研究,分别研究了主管道流速、旁支管长度对封闭旁支管声共振的影响;赵伟、肖瑶[17-23]等人分别研究了支管高度、主管道流速、相贯线倒角等因素对圆形封闭旁支管中流致声共振现象的流场和声场特性的影响。

本文以封闭旁支管路为研究对象,采用实验与仿真相结合的方法,对封闭旁支管路内部流动特性及声学特性进行研究。首先设计搭建封闭旁支管路原理试验台架,对主管和支管交界处的流动分离现象进行测量;接着对分支泄压管线实际模型进行流场数值计算,探究主管和支管交界处剪切层漩涡的发生机理;然后利用流场的计算结果作为激励源,计算分析旁支管中的声学响应。本研究对船舶输流管路安全性和可靠性具有重要的工程价值,为后续类似的支管路异常振动问题处理提供方法借鉴。

1 管路流动特性与声学特性理论

1.1 管路流动特性计算理论

管路内的流动特性均符合三大流体力学控制方程,本文针对封闭旁支管路流动特性的研究不涉及温度变化,整个流域温度为一恒定值,不涉及能量守恒方程,只需要对连续性方程(1)和动量守恒方程(2)进行计算。

连续性方程:

$$\frac{\partial \rho}{\partial t} + \nabla \cdot (\rho V) = 0 \tag{1}$$

式中,V为速度矢量,ρ为流体密度,t为时间。

动量守恒方程为:

$$\frac{\partial (\rho u)}{\partial t} + \nabla \cdot (\rho u V) = \frac{\partial \tau_{xx}}{\partial x} + \frac{\partial \tau_{yx}}{\partial y} + \frac{\partial \tau_{zx}}{\partial z} - \frac{\partial p}{\partial x} + \rho f_x \tag{2}$$

$$\frac{\partial (\rho v)}{\partial t} + \nabla \cdot (\rho v V) = \frac{\partial \tau_{xy}}{\partial x} + \frac{\partial \tau_{yy}}{\partial y} + \frac{\partial \tau_{zy}}{\partial z} - \frac{\partial p}{\partial y} + \rho f_y \tag{3}$$

$$\frac{\partial (\rho w)}{\partial t} + \nabla \cdot (\rho w V) = \frac{\partial \tau_{xz}}{\partial x} + \frac{\partial \tau_{yz}}{\partial y} + \frac{\partial \tau_{zz}}{\partial z} - \frac{\partial p}{\partial z} + \rho f_z \tag{4}$$

式中,p为微元体所受压力,f_x为作用在单位质量流体微元上的体积力在x方向的分量,τ_{xx}为流体微元在x方向的正应力,τ_{xy}为流体微元在xy平面内的切应力[24]。

本文对封闭旁支管路的计算采用分离涡模拟(DES)SST $k\text{-}\omega$湍流模型,在边界层附近采用雷诺平均方法的SST $k\text{-}\omega$,在主流域采用LES,具体的判定准则根据DES长度尺度$\tilde{l}$来判定,其中RANS模型的长度尺度为:

$$l_{k-\omega} = \frac{k^{\frac{1}{2}}}{\beta^* \omega} \tag{5}$$

DES的长度尺度表示为：

$$\tilde{l} = \min(l_{k-\omega}, C_{DES}\Delta) \tag{6}$$

式中，C_{DES}为湍流模型常数，$\Delta = \max(\delta_x, \delta_y, \delta_z)$表示为网格最大的长度尺寸。当求解区域位于边界层上时，由于网格尺度的各向异性$\delta_x \approx \delta_z \gg \delta_y$，此时$l_{k-\omega} < C_{DES}\Delta$，湍流模型采用SST $k-\omega$模型。当求解区域位于核心流域时，此时$l_{k-\omega} > C_{DES}\Delta$，模型表现为亚格子尺度湍流模型，即LES湍流模型。

1.2 管路声学特性分析理论

Lighthill声类比理论将声场计算和流场计算结合，通过求解流场信息进而求解流噪声，其方程是从流体力学基本方程N-S方程导出，由于方程的非线性和流动与声场的耦合性使方程不易求解，将声场分为近场和远场。近场为声源区，远场为辐射区，假定辐射区的流动对声场没有影响，在该假定下，通过连续方程和动量方程简化得到Lighthill声类比方程：

$$\frac{\partial^2 \rho'}{\partial t^2} - c_0^2 \nabla^2 \rho' = \frac{\partial T'_{ij}}{\partial x_i \partial x_j} \tag{7}$$

式中，c_0为等熵条件下的声速值，$\rho' = \rho - \rho_0$，ρ与ρ'分别为扰动与非扰动时的流体密度，T'_{ij}为Lighthill应力张量，定义为：

$$T'_{ij} = \rho u_i u_j - \tau_{ij} + \delta_{ij}[(p-p_0) - c_0^2(\rho - \rho_0)] \tag{8}$$

式中，$\tau_{ij} = \mu\left(\dfrac{\partial u_i}{\partial x_j} + \dfrac{\partial u_j}{\partial x_i} - \dfrac{2}{3}\delta_{ij}\dfrac{\partial u_k}{\partial x_k}\right)$表示雷诺应力张量的粘性部分，$\delta_{ij}$为Kronecker函数[25]。

2 简单封闭支管仿真与原理性验证

为验证数值计算模型和方法的可行性，设计搭建简单封闭支管原理台架与模型。简单封闭支管流域三维模型如图1所示，规定沿流动方向为x向，支管延伸方向为y向，根据右手定则确定z向。为保证计算的精度及准确性以及限制网格总体数目，通过ICEM进行网格划分。

简单封闭支管PIV实验台架包括水箱，补水泵，循环泵，电磁流量计，实验本体以及相应的连接管道、阀门，实验回路系统示意图见图2。测试现场如图3(a)所示。实验本体为一段透明的封闭旁支管路，尺寸与仿真计算模型相同。图3(b)为封闭旁支管道二维示意图，流体自下向上流动，分支管一侧连接主管，另一端封闭，主管与支管连接位置处加工有5 mm的圆倒角。

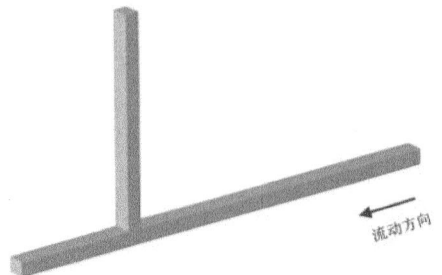

图1 简单封闭支管流域三维模型

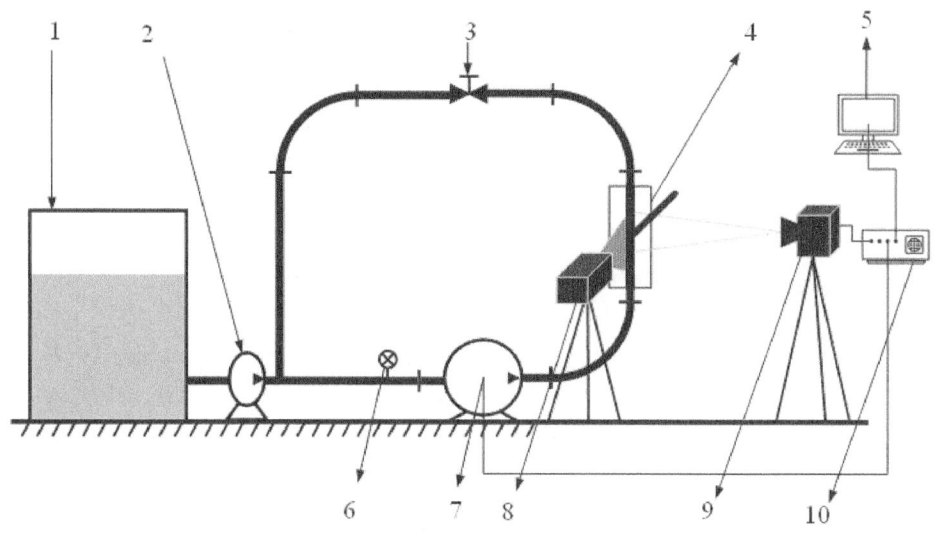

(1-水箱; 2-补水泵; 3-阀门; 4-实验本体; 5-电脑终端; 6-流量计;
7-循环泵; 8-连续激光器; 9-高速相机; 10-数据采集系统)

图 2 实验系统回路示意图

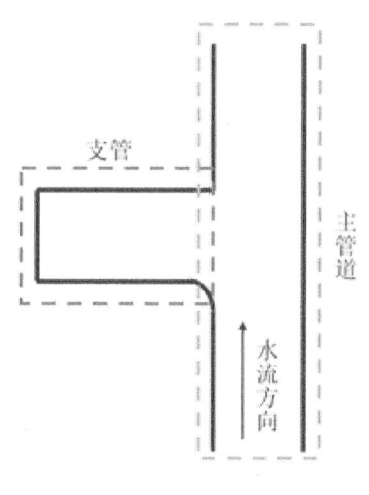

(a) PIV 测试现场图　　　　　　(b) 支管示意图

图3 PIV测试现场及支管示意图

将仿真结果与PIV实验结果进行后处理，对二者速度分布进行比较，判断仿真方法的可行性。图4是主管路与分支管路交界面处的实验和数值计算结果时均速度分布统计对比，x方向为沿主管道方向，y向速度为沿支管方向，仿真计算结果中速度分布范围较PIV实际情况宽，DES计算的y向速度(沿着支管方向)稍大于PIV结果，但整体上二者速度分布范围吻合，可认为仿真计算结果可信。

根据图5所示坐标系，分别在中心截面x=40 mm，50 mm，60 mm及y=30 mm，50 mm，65 mm位置建立监测线，提取线上仿真结果与PIV实验结果的速度分布进行对比，得到的结果如下图6所示，可以看到，x向和y向监测线上的速度分布趋势变化一致，对比具体数值大小，主管道区域内速度偏差均在10%以内，支管道内速度趋近于0，误差均在允许的范围内，认为数值计算结果可以接受。

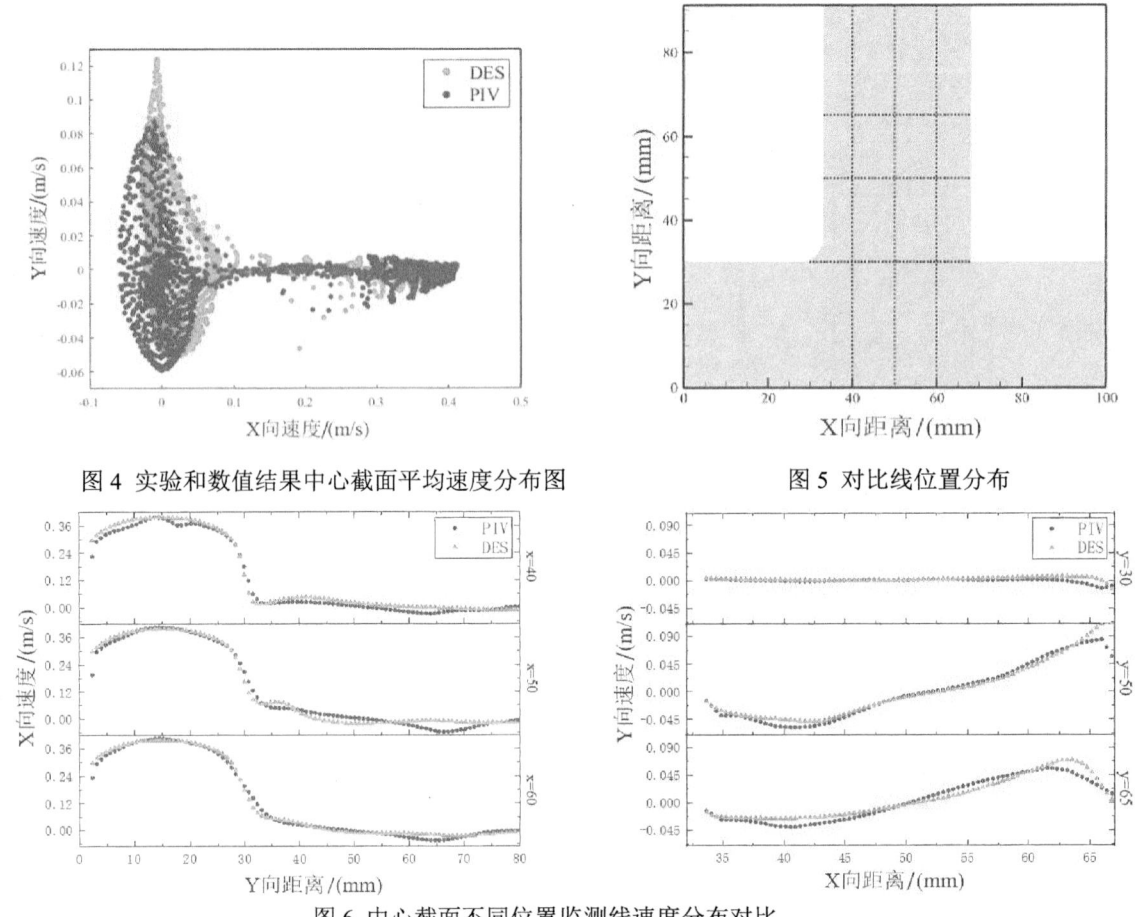

图 4 实验和数值结果中心截面平均速度分布图

图 5 对比线位置分布

图 6 中心截面不同位置监测线速度分布对比

结合以上对比结果，可以认为采用速度入口，压力出口边界条件，DES湍流模型的数值计算方法分析封闭支管内流动分离现象是合理可行的，为复杂封闭旁支管路模型仿真计算提供了方法基础。

3 复杂封闭旁支管路模型建立与流场仿真计算

结合对简单封闭支管计算结果与实验结果的分析，建立管线异常振动区域复杂封闭旁支管路三维模型，模型如图7所示，管路两列支管末端封闭。漩涡演变主要发生在主管路与支管交界位置处，是重点研究区域，以下简称为三通位置。采用ICEM流场前处理软件对管道模型进行六面体网格划分，网格划分的细节如图8所示。

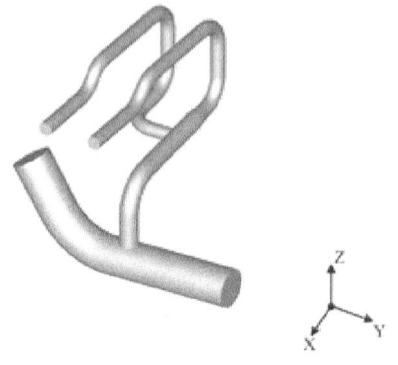

图 7 复杂封闭旁支管路三维模型

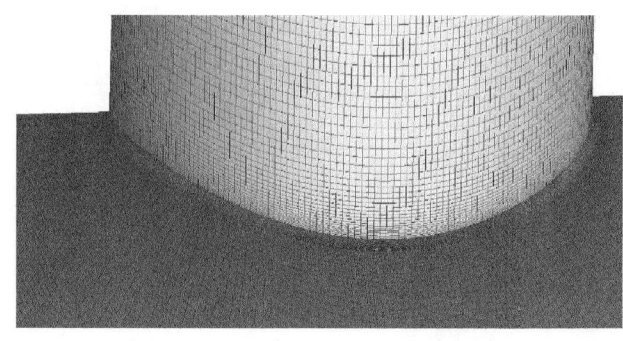 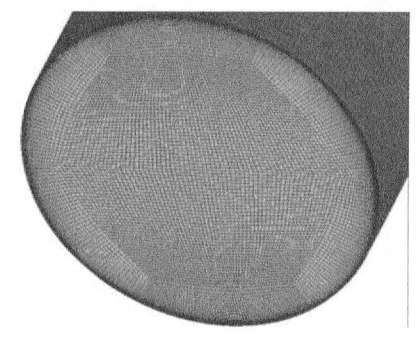

(a) 三通位置　　　　　　　　　　　　　(b) 出口截面位置

图 8 封闭旁支管路网格划分细节图

封闭旁支管道流场部分的计算分析采用商业软件Fluent完成，整个计算域分为进口、管道壁面、管道内流域及出口，湍流模型选择分离涡(DES)模拟，直接进行非定常特性计算，采用速度入口、压力出口边界条件，流动介质温度、压力、流速等工作参数均根据实际发生异常振动的工况获得。

计算结果表明三通位置及附近区域压力、速度幅值随时间变化明显，因此需要对三通位置及附近区域进行细致的流场分析。图9为管道三通位置处压力脉动时间变化历程，可以发现三通位置处同时存在3个高压区和3个低压区，且沿着流动方向逐渐增大，直至运动到后缘，低压区沿着主管道继续向下运动，高压区撞击支管后缘后，沿着支管向上发展，随着时间的变化，三通位置处流体流动呈现上下振荡的趋势，这与分离边缘剪切层振型相互作用机制有关，支管内的流体被主流区域夹带，支管内产生质量亏损，部分主流流体撞击支管后缘后进入支管内，从而保持质量平衡，在该交界处交替性产生向内或向外的压力，根据主管和支管交界处速度变化和支管内流体体积变化而交替变化，从而形成了激励源。

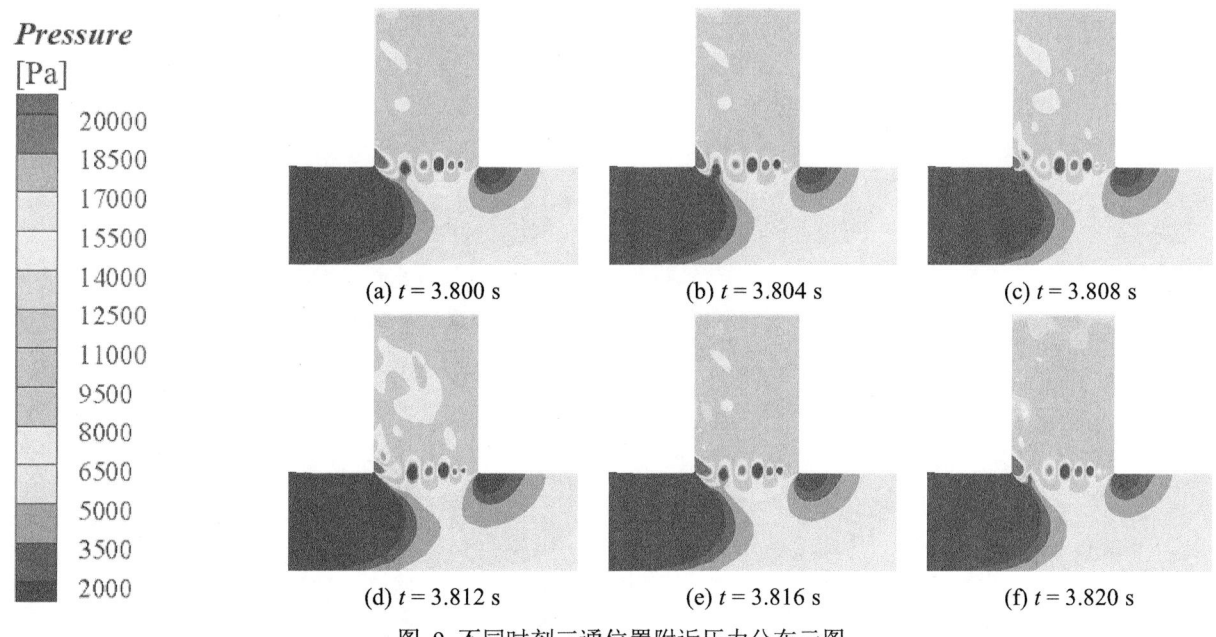

图 9 不同时刻三通位置附近压力分布云图

图10为不同时刻三通位置附近涡量变化云图，通过定性分析可知，涡团的演化可以分为三个过程：①在旁支管道前缘形成周期性的涡脱落现象；②漩涡脱落完成后，涡团向后缘运动，并逐渐发展扩大；③漩涡撞击旁支管道后缘壁面，形成周期性的涡破碎过程。

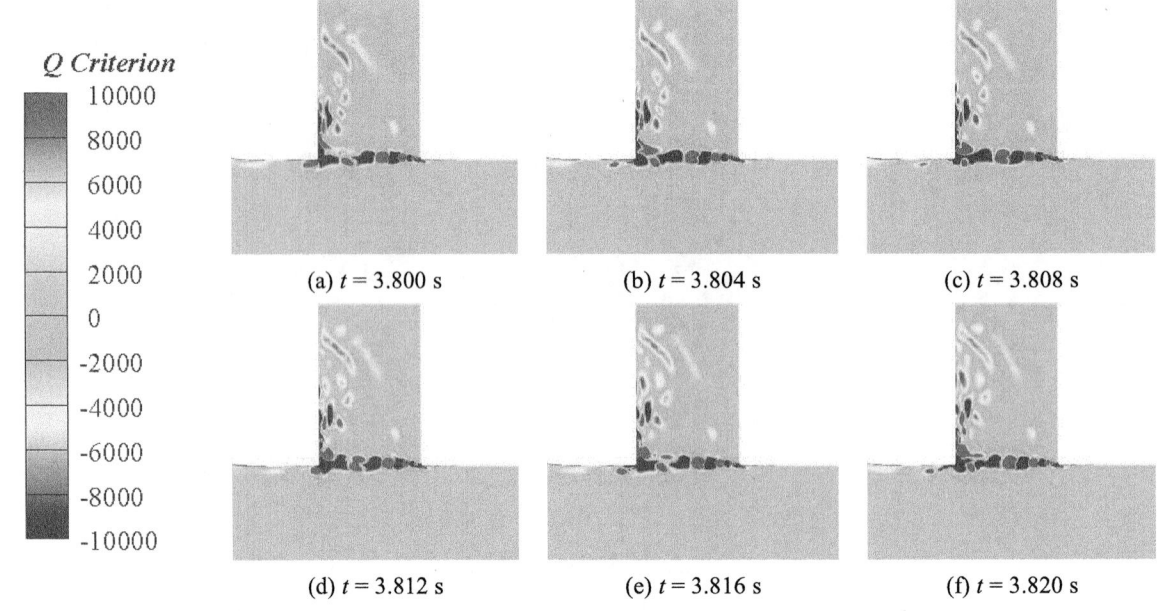

图 10 不同时刻三通位置附近涡量分布云图

三通区域的压力脉动是管路异常振动的主要激励源，仅定性分析流场分布特性，无法获得完整的漩涡频率特征，需结合压力脉动频率分析，得到管路三通位置处完整的漩涡脱落频率。压力脉动监测面具体分布示意图如图11所示，plane-z1至z4是旁支管道内距离主管与支管交界位置不同距离的压力脉动监测面。选取管路内流动充分发展完全后的时域数据进行傅里叶变换，并选取z1监测面频域结果最大值为基准进行归一化，得到监测面压力脉动频率特性如图12所示，由图12(a)可以发现不同截面的频率特性相近并且幅值偏差不大，均在20.75 Hz、32.25 Hz、63 Hz处出现明显的峰值，结合前文对管道内流场分布特性的分析，可知三个频率对应管道内不同尺度的漩涡脱落频率。

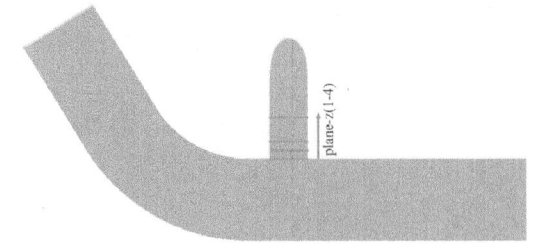

图11 封闭旁支管路压力脉动监测面、点位置分布示意图

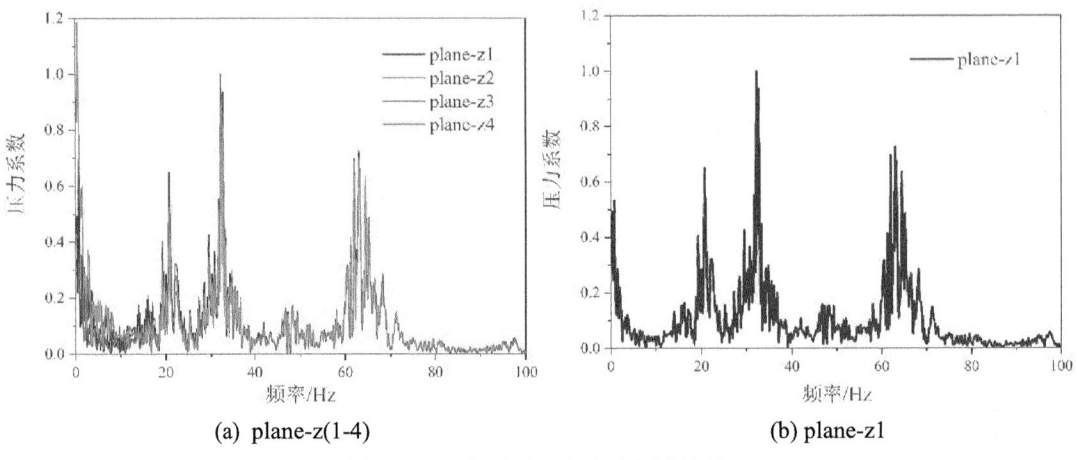

图 12 不同监测面压力脉动频域结果

4 复杂封闭旁支管路声学特性分析

一维平面波理论忽略了复杂管路内多维波效应对声学传递特性的影响,不适合预测实际复杂管路的声学性能。三维数值方法(如有限元法和边界元法)是计算复杂管路声学性能理想而实用的计算方法。采用商业软件Actran对复杂封闭旁支管路声学特性进行计算和分析,结合管路声腔固有特性,研究管路声学特征。

管路声学响应的激励源为三通位置处的压力脉动,不是来源于主管路入口或出口,因此管路声学模型进出口边界条件的处理与全吸声边界条件相似,在Actran中设置为管路声模态边界条件,用来模拟管路边界外还存在很长的上下游管路。以平面波的形式在入口位置施加激励,声压幅值为300 Pa,频率为0-100 Hz,频率分辨率为0.5 Hz(分别在0.5 Hz, 1.0 Hz, …, 99.5 Hz, 100 Hz频率下施加300 Pa幅值的平面波),获得工作状态下前四阶传递损失峰值频率分别为21 Hz、29.5 Hz、63 Hz和87 Hz,表示管路声学固有特征频率为上述4个频率,其中第一阶固有频率与管路内漩涡脱落频率相近。

提取三通位置压力脉动作为封闭旁支管声学响应计算的激励源,施加给管道作为声学激励谱,使用有限元软件Actran计算管路系统声学响应,声学响应频率分别为24 Hz、34 Hz和72.5 Hz,图13为各阶声学响应频率下的云图,其中,第一阶声学响应频率与流场计算中第一阶漩涡脱落频率相近,二者发生锁定,导致管路内压力脉动被放大,进而产生共振。

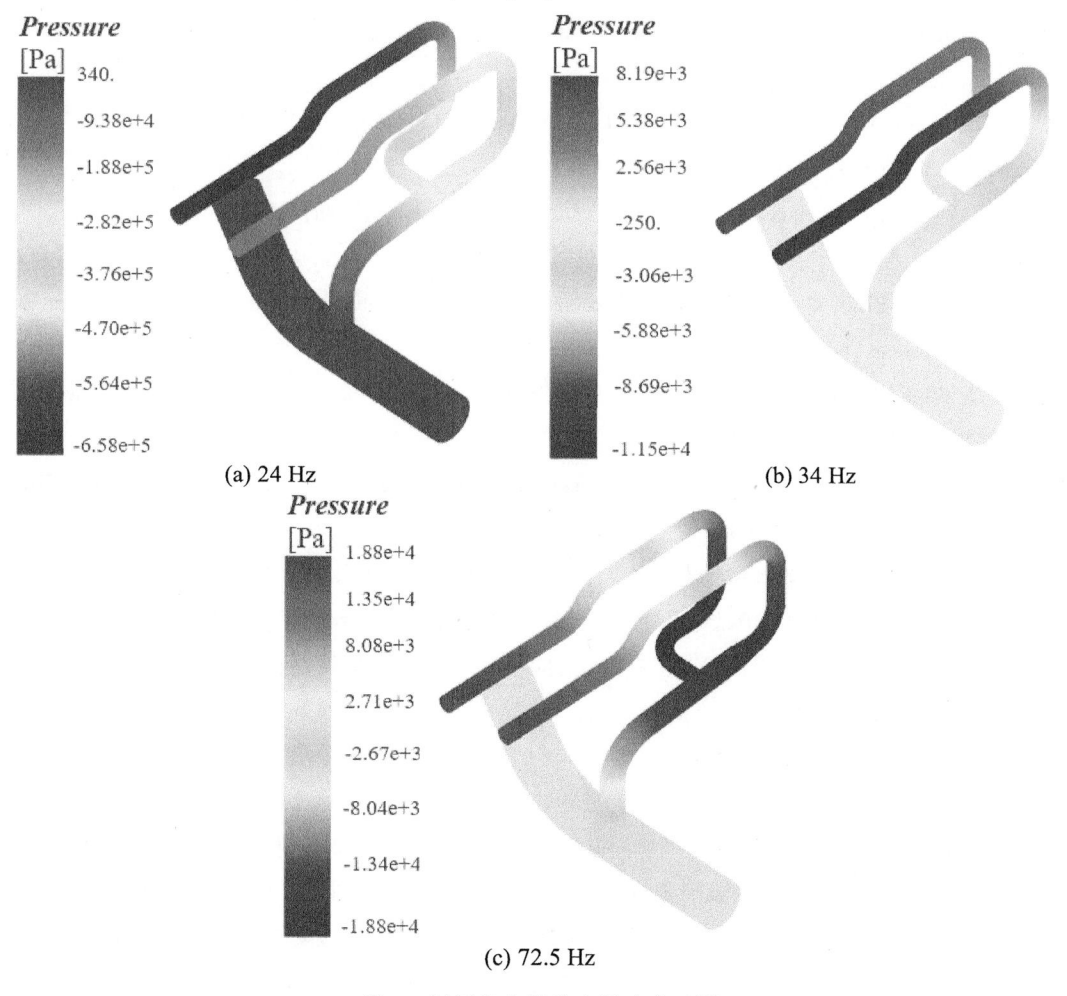

图 13 封闭旁支管路声学响应云图

5 结 语

文章以输流管路中的泄压管线中的特殊结构封闭旁支管路为研究对象，对管路内部流动特性和声学传递特性、声学响应特性进行计算，并通过搭建PIV原理实验台架，验证管路流动特性数值计算方法的工程可行性。得出结论如下：

(1) 旁支管路三通位置处流场运动呈现振荡特征，具有明显的周期性，可以分为三个过程：首先在前缘形成周期性的涡脱落现象，然后涡团向后缘运动，并逐渐发展扩大，最后漩涡撞击旁支管道后缘壁面，涡团破碎，形成周期性激励源；

(2) 异常振动工况下，封闭旁支管路的一阶声学特征频率与流场漩涡脱落频率相近，二者产生"锁频"现象，导致封闭支管中的压力脉动被大幅放大，进而诱发管路异常振动。文章采用CAE中的CFD流场分析方法和声学有限元法对旁支管路特殊结构流声特性进行数值计算，并在仿真角度获得管路流致声共振机理，为后续处理类似管路异常振动问题提供借鉴。

参 考 文 献

[1] 董宗然, 王法胜, 楼偶俊, 等. 基于改进NSGA-II的船舶管路路径设计[J].计算机集成制造系统, 2022, 28(04): 1129-1142.

[2] 余波. 船舶管路中高频振动成因分析及控制策略[J]. 船舶物资与市场, 2019(12): 19-20.

[3] 黄雷, 施方乐. 船舶压力管路振动失效故障预报方法[J]. 机电设备, 2020, 37(05): 33-39.

[4] NAKAMURA, T, et al. Flow-induced vibrations: classifications and lessons from practical experiences[M]. Butterworth-Heinemann, 2013.

[5] ROCKWELL D, NAUDASCHER E. Self-sustained oscillations of impinging free shear layers[J]. Annual Review of Fluid Mechanics, 1979, 11(1): 67-94.

[6] DEMETZ F, FARABEE T. Laminar and turbulent shear flow induced cavity resonances[C]// 4th Aeroacoustics Conference. 1977: 1293.

[7] ELDER S A, FARABEE T M, DEMETZ F W. Mechanisms of flow-excited cavity tones at low mach number[J]. The Journal of the Acoustical Society of America, 1982, 69(S1): 117.

[8] JUNGOWSKI W M, BOTROS K K, STUDZINSKI W. Cylindrical side-branch as tone generator[J]. Journal of Sound & Vibration, 1989, 131(2): 265-285.

[9] DEQUAND S, HULSHOFF S J, Hirschberg A. Self-sustained oscillations in a closed side branch system[J]. Journal of Sound & Vibration, 2003, 265(2):359-386.

[10] 张楠, 沈泓萃, 姚惠之, 等. 孔穴流激噪声的计算与验证研究[J]. 船舶力学, 2008(05): 799-805.

[11] 张楠, 沈泓萃, 朱锡清, 等. 三维孔腔流激噪声的大涡模拟与声学类比预报与验证研究[J]. 船舶力学, 2010, 14(Z1): 181-190.

[12] 杨党国, 范召林, 李建强, 等. 后壁倒角对空腔噪声的抑制效果[J]. 实验流体力学, 2010, 24(05): 22-25.

[13] 王玉, 王树新, 刘玉红, 等. Influence of cavity shape on hydrodynamic noise by a hybrid les-fw-h method[J]. China Ocean Engineering, 2011, 25(03): 381-394.

[14] 韩国华, 靳晓雄, 侯艳芳, 等. 矩形空腔噪声主动控制的研究[J]. 内燃机工程, 2012, 33(01): 76-80.

[15] 张辉. 方形封闭旁支管流致声共振试验及数值模拟研究[D]. 上海: 上海交通大学, 2013: 94-97.

[16] 张辉, 张锴, 顾汉洋, 等. 方形封闭旁支管流致声共振实验研究[J].原子能科学技术,2014,48(01):86-91.

[17] 赵伟, 肖瑶, 顾汉洋. 旁支管高度对流致声共振特性影响的实验研究[C]// 第十五届全国反应堆热工流体学术会议暨中核核反应堆热工水力技术重点实验室学术年会论文集. 2017: 880-885.

[18] 赵伟, 肖瑶, 顾汉洋. 圆形封闭旁支管流致声共振实验研究[J]. 原子能科学技术, 2018, 52(01): 70-75.

[19] 文彦, 赵伟. 相贯线倒角结构对圆形封闭旁支管流致声共振影响的实验研究[J].核动力工程,2019,40(S2): 31-34.

[20] XIAO Y, ZHAO W, GU H, et al. Effects of branch length and chamfer on flow-induced acoustic resonance in closed side branches[J]. Annals of nuclear energy, 2018, 121(nov.): 186-193.

[21] XIAO Y, GU H, GAO X, et al. Flow visualization study of flow-induced acoustic resonance in closed side branches[J]. Annals of Nuclear Energy, 2018, 120(oct.): 559-568.

[22] ZHAO W, XIAO Y, GU H. Experimental study of flow-induced acoustic resonance in cylindrical closed side branch[J]. Atomic Energy Science and Technology, 2018, 52(1): 70-75.

[23] XIAO Y, HUANG C, LI J, et al. Flow-induced acoustic resonances in closed tandem side branches with large diameter[J]. Annals of Nuclear Energy, 2020, 149: 107783.

[24] JOHN D. ANDERSON, J R 著. 姚朝晖, 周强 译. 计算流体力学入门[M]. 北京: 清华大学出版社, 2010.

[25] 张咏鸥, 张涛, 刘继明, 等. 基于 Lighthill 声类比的流激噪声三维计算及验证[J]. 舰船科学技术, 2014, 36(09): 55-59+64.

Numerical Simulation of Flow Induced Acoustic Resonance in Closed Side-branch Pipeline

YIN Wenhui[*,1,2], WANG Xi[3], SHUAI Zhijun[3], SUN Qiang[1,2]

(1. China Ship Scientific Research Center, Wuxi 214082, China;

2. Taihu Laboratory of Deepsea Technological Science, Wuxi 214100, China;

3. Harbin Engineering University, Harbin 150001, China)

Abstract

The primary pressure relief pipeline is mostly a closed side branch pipeline structure and abnormal vibration generally occurs under specific working conditions. In order to ensure the safe and reliable operation of the ship power system, it is of great significance for the safe operation of the system to use CAE method to explore the causes and mechanisms of the abnormal vibration of the pipeline. In this paper, the experimental and numerical methods are combined to study the flow field distribution and acoustic characteristics of the closed branch pipe. The calculation results show that the flow field movement presents an oscillating feature at the three-way position of the closed side branch pipeline. The periodic vortex shedding generates pressure pulsation, which forms an acoustic excitation source. When the vortex shedding frequency is close to the acoustic characteristic frequency, an acoustic resonance cavity is formed in the closed branch pipe, which induces the acoustic resonance caused by the pipeline flow.

Key words: Closed side branch pipeline; Fluid-induced acoustic resonance; Computational fluid dynamics; Acoustic finite element method

作者简介

殷文慧 女，1997 年生，助理工程师。主要从事船舶动力系统及辅助系统健康管理研究工作。

王 曦 男，1995 年生，博士。主要从事管路系统流声耦合机理研究工作。

率志君 男，1979 年生，教授。主要从事船舶机电设备减振降噪等方面研究。

孙 强 男，1976 年生，研究员。主要从事船舶航行控制及无人系统信息化等方面研究。

*通讯作者：殷文慧

透声窗材料参数对艏部水动力自噪声的影响

张 瑞[1,2]，盛美萍*[1,2]，郭志巍[1,2]，谢步亮[1,2]

(1. 西北工业大学 航海学院，西安 710072；
2. 西北工业大学 宁波研究院，宁波 315103)

摘 要

本文建立了水下航行器艏部声呐舱统计能量分析模型，计算了在平稳随机湍流脉动压力作用下安装不同材料透声窗的航行器艏部声呐自噪声，获得了透声窗材料参数对航行器艏部水动力自噪声的影响规律。结果表明，增大透声窗杨氏模量或密度可降低边界层脉动压力输入到透声窗结构上的功率，从而达到降低航行器艏部自噪声的效果。此外，增大透声窗阻尼可以降低由透声窗结构传递到声呐舱声空间子系统的能量，进而降低自噪声，但其低频降噪效果要差于中高频。

关 键 词：统计能量分析；透声窗；水动力自噪声
中图分类号：O427.5

0 引 言

声呐罩是一种用于保护水下换能器及水听器的重要部件，其在湍流脉动压力作用下产生的水动力噪声，是航行器艏部声呐自噪声的主要噪声源之一[1]。且随着航行器航速的增大，水动力噪声对艏部声呐阵的探测性能影响也逐渐加大，这就对声呐罩透声窗的性能提出了更高的要求[2]。因此，分析不同透声窗材料参数-对声呐自噪声的影响具有重要意义。

航行器艏部结构尺寸较大且形式复杂，使用有限元分析方法计算声呐自噪声的工作量十分庞大，且会导致分析频率受限。统计能量分析方法具有计算速度快、高频计算准确率高的优点，是分析大型结构声振特性的有效手段[3]。俞孟萨在2002年[4]分析了舰船艏部声呐罩内自噪声的特征，综述了船舶声呐部位自噪声的计算方法及控制技术，并在2007[5]年借鉴集成模态法思路，采用虚拟弹性膜技术，建立了集成统计能量法并计算了舰船艏部声呐自噪声的水动力噪声分量。本文基于Darpa suboff型线构建了布置圆柱形声呐阵的声呐舱模型，利用统计能量分析(SEA)方法计算了安装不同材料透声窗的航行器艏部水动力自噪声，为透声窗的降噪设计提供了参考。

1 理论分析

统计能量分析方法的核心思想是将复杂系统根据模态相似准则(模态相似准则是振型有相同的动力学特征即相同的阻尼、模态密度、耦合损耗因子等)划分为若干个相互独立的子系统，当有能量从外界输入到某子系统中，能量通过惯性元件和弹性元件进行储存，经阻尼元件进行损耗，通过耦合在各个子系统间进行传递。对于包含n个子系统的耦合结构而言，各子系统遵循能量守恒原理，子系统的功率流平衡方程可以写为：

收稿日期：2022-11-16；修改稿收稿日期：2022-11-30
基金项目：船舶总体性能创新研究开放基金(33122232)、陕西省自然科学基金(2021JLM-39)和宁波市自然科学基金(2021J057)

$$P_{i,in} = \omega\eta_i E_i + \sum_{j=1,j\neq i}^{n}(\omega\eta_{ij}E_i - \omega\eta_{ji}E_j) = \omega\sum_{k=1}^{n}\eta_{ik}E_i - \omega\sum_{j=1,j\neq i}^{n}\eta_{ji}E_j \tag{1}$$

式中，$P_{i,in}$ 表示外界输入到子系统 i 的功率，E_i、E_j 表示子系统的平均能量，ω 表示分析频带的中心角频率，η_i 表示子系统 i 的内损耗因子，η_{ij} 表示子系统 i 与子系统 j 之间的耦合损耗因子。

在使用统计能量方法求解能量平衡方程时，首先需要确定子系统的输入功率。目前使用最普遍的是统计湍流理论中经过大量实验测量拟合得到的波数—频率谱，Smol'yakov和Tkachenko[6]湍流脉动压力波数-频率谱模型为：

$$\Phi(k_x,k_y,\omega) = 0.974 A(\omega)h(\omega)[F(k,\omega) - \Delta F(k,\omega)] \tag{2}$$

式中，$A(\omega) = 0.124\sqrt{1-\gamma+\gamma^2}$，$h(\omega) = [1-m_1 A/6.515\sqrt{G}]^{-1}$，$F(k_x,k_y,\omega) = [A^2 + (1-\gamma)^2 + (\gamma/6.45)^2]^{-3/2}$，$\gamma = U_c/4\omega\delta^*$，$G = 1 + A^2 + 1.005 m_1$，$m_1 = \dfrac{1+A^2}{1.025+A^2}$，$k_x$ 和 k_y 表示来流方向与流向扩展方向模型的波数，A 表示平板面积，δ^* 表示湍流边界层排挤厚度 $\delta^* = 0.036(\nu/U_0)^{1/5}x^{4/5}$，$\nu$ 表示运动粘性系数，x 表示特征长度，U_c 表示传输速度，$U_c \cong U_0(0.59+0.3e^{-0.89\omega\delta^*/U_0})$，$U_0$ 表示来流速度。

湍流脉动压力作用于弹性壳壁结构表面的广义模态力为：

$$\Phi_{P_{mn}}(\omega) = 4\pi^2 \Phi_{pL}(k_x,k_y,\omega)/A \tag{3}$$

式中，Φ_{pL} 表示湍流脉动压力波数—频率谱的低波数分量，对于每个振动模态，广义模态力已知的情况下，湍流脉动压力输入给弹性壳壁结构的模态功率为：

$$P_{mn}(\omega) = \frac{\pi A^2 \Phi_{P_{mn}}(\omega)}{M_L} \tag{4}$$

式中，M_L 表示考虑了流体负载后的等效平板质量，$M_L = \rho_L A h$，h 表示平板厚度，$\rho_L = (1+\varepsilon)\rho_s$ 表示考虑流体负载的壁面结构等效材料密度，其中 $\varepsilon = 2\rho_0 C_L[\rho_s C_0 M_f\sqrt{12(1-M_f^2)}]^{-1}$，$\rho_s$ 表示不考虑流体负载壁面结构的材料密度，C_L 表示材料的纵波波速，C_0 表示流体声速，$M_f^2 = f/f_c$，$f_c = (c^2\sqrt{12\rho(1-\sigma^2)/E})/2\pi h$ 表示吻合频率，σ 和 E 表示材料的泊松比和杨氏模量。将式(3)代入式(4)可以得到：

$$P_{mn}(\omega) = \frac{4\pi^3 \Phi_{pL}(\omega)}{\rho_L h} \tag{5}$$

进一步得到单位频带内湍流脉动压力输入给壁面结构的功率谱密度：

$$P(\omega) = n_1(\omega) P_{mn}(\omega) \tag{6}$$

式中，$n_1(\omega) = A\sqrt{m_L}/(2\sqrt{D}R)$ 表示弹性壳体流体负载的模态密度，式中 m_L 表示考虑流体负载后的平板面密度，$m_L = \rho_L h$，$1/R$ 表示修正因子，用于描述流体负载对模态密度的影响，$\dfrac{1}{R} = 1 + \dfrac{\varepsilon}{4(1+\varepsilon)}$，$D$ 表示平板弯曲刚度，将式(5)代入式(6)得到：

$$P(\omega) = \frac{4\pi^3 \Phi_{pL}(\omega) n_1(\omega)}{\rho_L h} \quad (7)$$

在求得单位频带内湍流脉动压力输入功率谱后，对应中心频率为 ω_0，带宽为 $2\Delta\omega$ 的频带内湍流输入壳体结构的功率为：

$$P_1(\omega_0) = \int_{\omega_0 - \Delta\omega}^{\omega_0 + \Delta\omega} P(\omega_0) d\omega \quad (8)$$

将得到的湍流脉动压力对壁板子系统的输入功率代入功率平衡方程中即可求得艏部自噪声的均方声压。

2 计算与分析

本文以艏部安装圆柱阵声呐为例，建立了航行器艏部结构模型和SEA模型，分别如图1和图2所示。由于结构与声空腔之间的耦合主要以弯曲波为主，因此为了简化模型，忽略了纵波与剪切波的影响，主要建立结构的弯曲波子系统。所建立的SEA模型由7个平板子系统、1个单曲率壳子系统、3个双曲率壳子系统及4个声腔子系统构成。在双曲率壳子系统-1、子系统-2（透声窗子系统）和子系统-3上施加由式(8)计算获得的流激载荷输入功率级(LWA)，参考功率为 6.67×10^{-19} W，计算了声腔子系统-13的平均声压(SPL)，参考声压为 1×10^{-6} Pa，以表征航行器的艏部声呐自噪声。

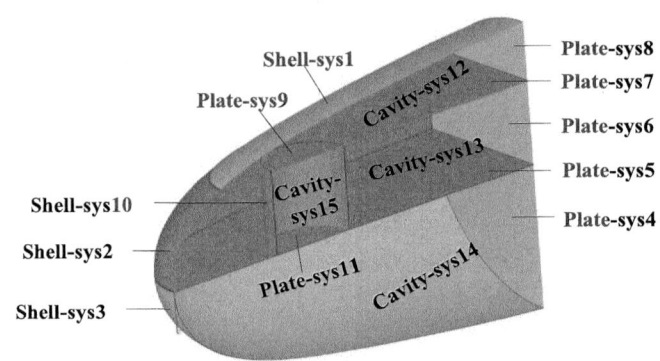

图1 航行器艏部剖面模型

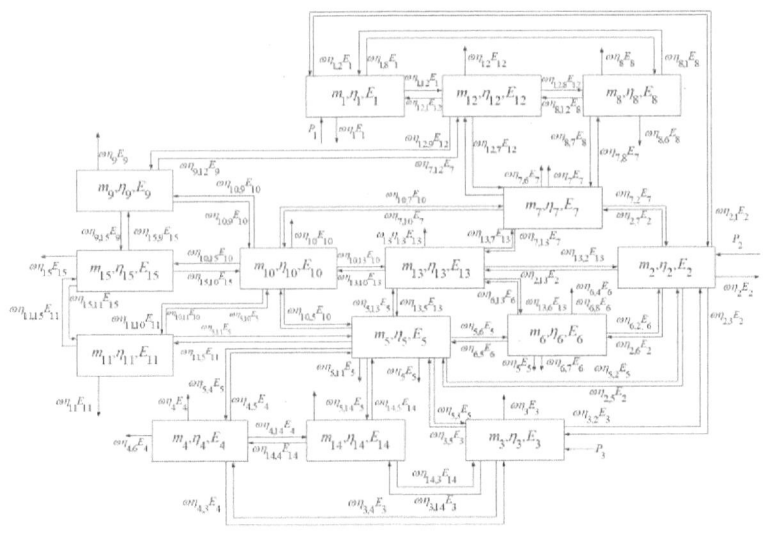

图2 航行器艏部SEA分析模型

本文分析了钢、铝与橡胶三种材料分别作为透声窗材料时艏部声呐自噪声的变化规律，三种材料的参数如表1所示。为方便描述，当艏部透声窗材料为钢、铝与橡胶时，分别记为模型Ⅰ、模型Ⅱ与模型Ⅲ。

表1 材料参数表

编号	名称	密度 $\rho/(\mathrm{kg}\cdot\mathrm{m}^{-3})$	杨氏模量 E/Pa	泊松比 σ	损耗因子 η
模型Ⅰ	钢	7800	2.1×10^{11}	0.32	1×10^{-3}
模型Ⅱ	铝	2700	7.1×10^{10}	0.33	1×10^{-3}
模型Ⅲ	橡胶	1000	1.2×10^{8}	0.49	5×10^{-2}

如图3所示为航速为15m/s时，模型Ⅰ与模型Ⅱ的艏部声呐自噪声。在100Hz-8kHz频段内，模型Ⅰ的水动力自噪声小于模型Ⅱ的水动力自噪声。由图4可见，当透声窗材料为钢时，其输入功率较小，进而影响了航行器的艏部声呐自噪声。

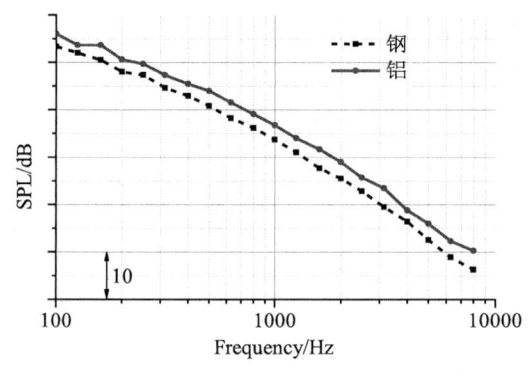 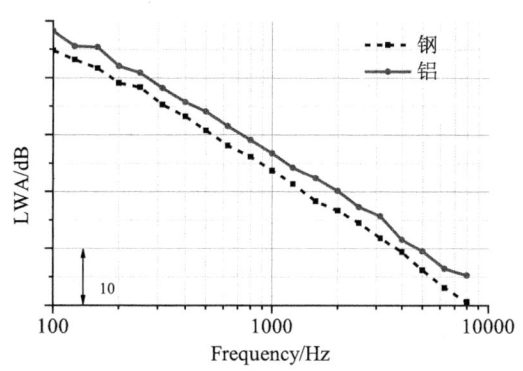

图3 模型Ⅰ和模型Ⅱ水动力自噪声　　　　图4 边界层脉动压力对透声窗子系统的输入功率

由式(5)与式(6)综合分析可知，输入功率正比于 $\alpha=1/\sqrt{E\rho}$ 系数。而钢的杨氏模量与密度均大于铝，导致边界层湍流脉动压力输入给钢质透声窗的功率要小于铝质透声窗。因此，当透声窗材料阻尼参数一致时，增大透声窗的杨氏模量及密度均可降低水动力自噪声。

虽然选取杨氏模量与密度较大的材料可改善水动力自噪声，但另一方面也会增大与水的阻抗不匹配度，导致外界声波难以透射进入声呐舱，也会影响声呐探测性能。为了改善声呐探测综合效果，本文进一步分析了具有优良透声性能的橡胶材料作为透声窗材料时艏部声呐自噪声特性，其与钢质材料的输入功率对比如图5所示。由图可见，橡胶材质透声窗结构输入功率显著大于钢质透声窗结构，这与前文分析的结论一致。两种材质透声窗的水动力自噪声对比如图6所示。

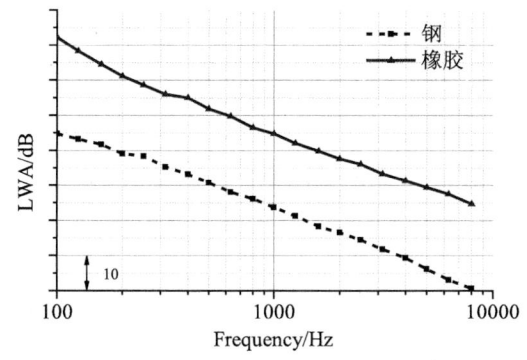 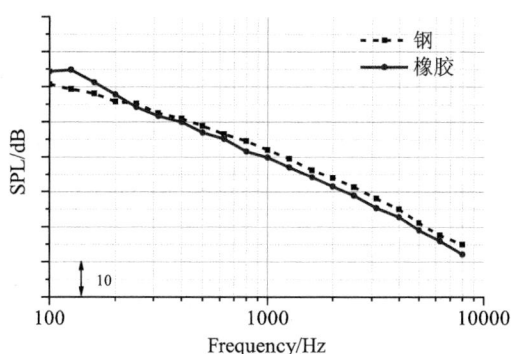

图5 边界层脉动压力对透声窗子系统的输入功率　　　　图6 模型Ⅰ和模型Ⅲ水动力自噪声

由图5与图6可见，在频率大于250 Hz时，橡胶材质透声窗结构水动力自噪声要小于钢质透声窗结构，水动力自噪声在中高频段获得了很好的控制。经分析，其主要降噪原因为橡胶材质的阻尼要远大于金属材质。虽然其输入功率较大，但大部分能量因通过阻尼而耗散掉，最终由透声窗结构传递到声呐舱内部的中高频噪声反而较小。然而，在频率小于250Hz时，由于低频范围阻尼耗散能量的能力较差，其消耗的能量不足以弥补输入功率变大增加的能量，因此橡胶材质透声窗结构在低频段的水动力自噪声要大于钢质透声窗。

3 结 论

本文基于Darpa suboff型线构建了布置圆柱形声呐阵的航行器艏部模型，在此基础上进一步建立了航行器艏部统计能量分析模型，分析了透声窗材料选取对航行器艏部声呐水动力自噪声的影响，结果表明：

(1) 当透声窗材料的阻尼参数一致时，其杨氏模量与密度的乘积越大，则艏部声呐水动力自噪声越小。增大透声窗材料杨氏模量与密度，均可改善声呐自噪声特性。

(2) 当透声窗材料杨氏模量与密度均较小时，通过增大透声窗阻尼也可达到降低航行器艏部声呐自噪声的效果，但低频自噪声改善程度差于中高频。

在进行声呐透声窗设计时应根据所设计使用的频段综合考虑杨氏模量、密度、阻尼等参数的选取范围，进而确定合适可用的透声窗材料。

参 考 文 献

[1] 刘进, 王志伟, 沈琪, 等. 加肋透声窗水动力自噪声的数值/解析混合计算方法研究[J]. 船舶力学, 2022, 26(02): 282-290.

[2] 郑华. 浅析声呐橡胶透声窗导流罩材料的选用[J]. 广东造船, 2020, 39(04): 53-55.

[3] 姚德源, 王其政. 统计能量分析方法及其应用[M]. 北京: 北京理工大学出版社, 1995: 80-111.

[4] 俞孟萨, 叶建平, 吴有生, 等. 船舶声呐部位自噪声的预报方法及其控制技术[J]. 船舶力学, 2002, 6(5): 80-94.

[5] 俞孟萨, 朱正道. 集成统计能量法计算声呐自噪声水动力噪声分量[J]. 船舶力学, 2007, 11(2): 273-283.

[6] A. V. SMOL'YAKOV, V. M. TKACHENKO. The measurement of turbulent fluctuations[M]. Berlin, Heidelberg: Springer-Verlag, 1983: 46-128.

Effect of Acoustic Window Material Parameters on Bow Hydrodynamic Self-noise

ZHANG Rui[1,2], SHENG Meiping*[1,2], GUO Zhiwei[1,2], XIE Buliang[1,2]

(1. School of Marine Science and Technology, Northwestern Polytechnical University, Xi'an 710072, China;
2. Ningbo Institute of Northwestern Polytechnical University, Ningbo 315103, China)

Abstract

Statistical energy analysis model for bow of the underwater vehicle was established in this paper. Acoustic windows with different materials were installed at the bow of the vehicle and the sonar self-noise was calculated under the application of stationary random turbulent fluctuating pressure. The effects of the material parameters of the acoustic window were obtained on the hydrodynamic self-noise at the bow of the vehicle. The results show that increasing Young's modulus or density of the acoustic window can reduce the input power of turbulent boundary layer fluctuations to the structure of the acoustic window, resulting in reduced self-noise of the vehicle. In addition, increasing the damping loss factor of the acoustic window structure can reduce the energy transmitted from it to the subsystem of sonar cabin acoustic space, thereby reducing the energy of self-noise. However, its low-frequency noise reduction effect is worse than that of medium and high frequency.

Key words: Statistical energy analysis; Acoustic window; Hydrodynamic self-noise

作 者 简 介

张　瑞　女，1998 年生，硕士研究生。主要从事振动噪声控制与声振预报等方面工作。
盛美萍　女，1970 年生，教授。主要从事振动噪声控制、声振预报、结构声学一体化设计技术等方面工作。
郭志巍　男，1989 年生，副教授。主要从事船舶结构声学设计、声学软件定制开发等方面工作。
谢步亮　男，1993 年生，博士研究生。主要从事振动噪声控制、声学结构创新设计等方面工作。
*通讯作者：盛美萍

基于完全自由度三角形壳单元的结构振动数值分析

许树浩[*1]，裴尧尧[2]，杨智雄[1]

(1. 中国船舶科学研究中心 船舶振动噪声重点实验室，无锡 214082；
2. 湖北工业大学，武汉 432200)

摘　要

　　壳结构是船舶中最为常见的结构形式。除少数简单壳体结构可以获得振动的理论解，其他的复杂壳体结构通常需要采用有限单元方法获得其振动特性。因此壳单元的计算精度决定了船舶结构有限元模型的分析精度。本文采用基于离散法线假设的三角形单元与节点三自由度平面应力单元相结合构建了一种三角形壳单元，该单元在分析壳体振动时具有令人满意的计算精度，可用于复杂壳体结构的有限元分析。

关　键　词：有限元；三角形；壳单元；振动；完全自由度
中图分类号：O327

0　引　言

　　有限元方法是目前结构力学分析中最为常用的方法，这种方法以基于能量变分原理的里兹法为基础，具备严格的物理及数学基础，在网格逐步细分的情况下可以收敛到真实解。有限元方法的基础是里兹法，但其思想最早来源于电学中的四端网络参数方法[1]。Turner、Clough[2]通过弹性力学获得平面三角形单元的刚度矩阵，将三角形单元视为结构中的元器件，通过节点上的位移连续条件建立结构的位移控制方程，求解该方程获得结构位移解。该方法中的单元刚度矩阵是通过弹性力学获得的，一般称为基于直接刚度法的有限单元法，这类方法对于类似平面应力应变单元以及简单的二节点单元，如梁、杆和弹簧是可行的，但对于更为复杂的板单元和实体单元是很难通过弹性力学方法获得其刚度矩阵的。Melosh[3]和Jones[4]等人证明了有限单元法是一种分片区域上的里兹法，这使得里兹法可以用于推导单元刚度矩阵，为复杂单元刚度矩阵的获得提供了理论依据。目前有限元大多以结构位移为变量，但也存在以应力或同时使用位移、应变和应力的杂交元方法。基于位移变量的里兹法是采用多项式表示求解域(单元)中的位移变量，进而获得求解域中的势能表达式，通过最小位能原理建立控制方程获取结构域(单元)中的刚度矩阵。基于该方法，上世纪六十年代以来研究人员获得了大量单元的刚度矩阵表达式，随着计算机软硬件技术的发展，有限单元法被广泛应用到结构力学分析中。

　　壳单元是有限元研究中最为重要且困难的内容，这主要体现在以下两方面：首先，壳单元通常具备一定的曲率，在曲率较小的情况下可以用描述面内变形的平面应力单元和描述横向变形的板单元组成的平面单元代替壳单元，但在曲率较大的情况下就需要使用考虑曲率影响的壳单元，通常这种单元刚度矩阵计算较为复杂；其次，壳单元中横向变形(板单元)中转角需要保证连续性，由于薄板(Kirchhoff板)中不考虑剪切变形，转角可以表示为挠度的一阶导数，因此转角连续就要求挠度一阶连续，而构造挠度一阶连续的板单元难度远大于零阶连续单元。对于此类问题，发展了位移和转动独立插值的Mindlin板单元，但这种单元在板很薄时存在剪切锁死问题,虽然这一问题可以通过对弯曲刚度和剪切刚度选用不同阶积分(选择积分)解决,但选择积分一定程度上降低了刚度矩阵的精度,同时在某些情况下将带来零能模式。

有限元中通常将薄壳单元分解成为平面板单元和平面应力单元,两者在刚度上不考虑耦合效应。这种处理方式在壳体曲率较小且厚度远小于壳体总体尺寸的情况下,其计算精度是令人满意的。

三角形板单元因其对复杂几何形状的适应性,在有限元发展中受到了重视。第一个相容三角形单元是HCT单元[5],它也是第一个采用子域法的单元。该单元将三角形单元划分为三个三角形子单元,每个子区域上采用非完整三次多项式(9项)表达位移模式,子单元交接面上满足协调条件。HCT研究的较为充分,通常作为平板弯曲分析的参考单元,但该单元公式较为复杂且其单元偏刚硬。三角形板单元发展历史上另一种较为著名的单元是BCIZ单元[6],这种单元分为BCIZ1(非协调)和BCIZ2(协调),这两种单元都采用三角形面积坐标描述。BCIZ1是满足刚体模态和常应变状态的非协调单元,其形函数可以显式获得,但这种单元由于其非协调性,在某些网格下不收敛于精确解答。BCIZ2单元采用非多项式形函数描述其位移模式,由于其采用非多项式形函数,因此在数值积分中需要采用较高阶的积分,同时该单元位移二阶导数在节点上存在奇异性。上述单元是基于最小位能原理的位移型单元,在三角形板单元的发展中另一大类板单元是基于修正余能原理的杂交元,这类单元同时使用应力和位移作为未知量。最早的杂交元是HSM单元[7],这种单元在单元内部采用应力多项式而在边界上则采用位移多项式。杂交应力单元在各种测试下具有较高的精度,但这种单元推导过程繁琐,对计算机存储提出较高的要求。上世纪八十年代,研究人员提出了DKT单元[8],这种单元不要求单元协调性在边界上处处满足,仅在若干离散点上满足即可,因此也称为离散法线假设单元。这种单元同时克服了协调单元偏刚性的缺点和非协调单元非单调收敛的缺点,同时其表达式较为简便,实际使用中程序量较小。Mindlin单元[9]采用位移、转角独立插值克服了Kirchhoff板单元需要位移一阶连续的缺点,使C0阶单元可以用于板单元中,同时由于考虑了横向剪切变形,因此该单元也适用于厚板分析。但该单元在分析薄板时可能出现剪切锁死的问题,虽然对剪切刚度和弯曲刚度采用不同阶积分(选择积分)可以避免剪切锁死,但相关研究表明该单元的分析精度弱于HSM单元和DKT单元[8]。

组成三角形壳单元的另一部分物理模型是平面应力单元[10],该单元主要用于描述壳体面内变形及作用力。三角形平面应力单元是最为简单的有限元,这种单元每个节点含有两个平动自由度。当采用这种单元和上述的板单元组合成为壳单元时,板单元节点提供三个自由度,平面应力单元提供两个自由度,而则无法获得。这种缺少第六个自由度的壳单元形成的有限元模型将出现整体刚度矩阵奇异问题,从而导致求解失败。Allman[11]提出了采用节点处的旋转度作为节点转角自由度的方法。该单元的位移是二次多项式,其应力呈线性分布,因此其精度高于一般的常应力三角形单元。这种单元能精确表达所有常应变状态,能够收敛至精确解。

本文将提供一种基于离散法线假设三角形单元与节点三自由度平面应力单元相结合的三角形壳单元,该单元在分析壳体振动时具有令人满意的计算精度,可用于复杂结构的有限元分析中。

1 离散法线假设三角形板单元

板模型主要有两种假设类型:Kirchhoff假设模型和Mindlin假设模型,前者假设板中性面法线在变形后仍为直法线(直法线假设),后者考虑了剪切变形,假设中性面法线在变形后虽仍为直线,但不再垂直于中性面。离散法线假设三角形板单元是对横向位移和转角独立插值,这种单元不要求单元边界上处处满足剪应变为零的条件(即直法线假设),而仅在边界上满足剪应变为零的假设。

在Mindlin板模型下,板的位移可以表示为:

$$u = z\beta_x(x,y) \quad v = z\beta_y(x,y) \quad w = w(x,y) \tag{1}$$

式中，u、v 和 w 分别表示 x、y 和 z 方向的位移，β_x 和 β_y 表示 x-z 和 y-z 平面的法线转角。

弯曲应变 κ 可以表示为：

$$\boldsymbol{\kappa} = \begin{bmatrix} \beta_{x,x} \\ \beta_{y,y} \\ \beta_{x,y} + \beta_{y,x} \end{bmatrix} \tag{2}$$

离散法线三角形单元有如下假设：

(1) 单元内转角场 β_{x_i} 和 β_{y_i} 表示为：

$$\beta_x = \sum_{i=1}^{6} N_i \beta_{x_i} \quad \beta_y = \sum_{i=1}^{6} N_i \beta_{y_i} \tag{3}$$

式中，N_i 为二次三角形单元面积坐标插值函数，$i=1、2、3$ 为三角形角点，$i=4、5、6$ 为三角形边中点。

(2) 节点上满足离散法线假设：

$$\boldsymbol{\gamma} = \begin{bmatrix} \beta_x + w_{,x} \\ \beta_y + w_{,y} \end{bmatrix} = 0 \tag{4}$$

(3) 边中点切向满足离散法线假设：

$$\beta_{s_k} + w_{,s_k} = 0 \tag{5}$$

式中，s 为单元边界切向长度坐标。

(4) 边界上位移采用三次Hermite插值给出，中点横向位移表示如下：

$$w_{,s_k} = -\frac{3}{2l_{ij}} w_i - \frac{1}{4} w_{,s_i} + \frac{3}{2l_{ij}} w_j - \frac{1}{4} w_{,s_j} \tag{6}$$

上述(3)、(4)和(6)保证了离散法线假设在整个单元边界上得以满足。由于单元内部以转角表示，故法向转角无法用位移法向导数表示，(5)中采用节点法向转角均值表示。

上述(3)、(4)、(5)和(6)中已建立转角与节点位移场的关系，故经整理可以得到：

$$\begin{aligned} \beta_x &= \mathbf{H}_x^{\mathrm{T}}(\xi,\eta) \mathbf{u}_b \\ \beta_y &= \mathbf{H}_y^{\mathrm{T}}(\xi,\eta) \mathbf{u}_b \end{aligned} \tag{7}$$

式中，$\mathbf{u}_b$ 为单元节点弯曲位移及转角向量，文献[8]给出了插值函数 $\mathbf{H}_x^{\mathrm{T}}(\xi,\eta)$ 和 $\mathbf{H}_y^{\mathrm{T}}(\xi,\eta)$ 的详细表达式，此处不再赘述。

式(7)代入(2)可以得到广义应变(曲率) κ 的表达式：

$$\boldsymbol{\kappa} = \mathbf{B}_b \mathbf{u}_b \tag{8}$$

将广义应变表达式代入单元弯曲应变能表达式：

$$\mathbf{U} = \frac{1}{2} \int_A \boldsymbol{\kappa}^{\mathrm{T}} \mathbf{D}_b \boldsymbol{\kappa} \, \mathrm{d}x \mathrm{d}y \tag{9}$$

式中，$\mathbf{D}_b$ 为3阶弯曲弹性矩阵。

对弯曲应变能表达式进行变分可得单元刚度矩阵积分表达式：

$$\mathbf{K}_b = \iint_A \mathbf{B}_b^T \mathbf{D}_b \mathbf{B}_b \mathrm{d}A \tag{10}$$

上述刚度矩阵表达式可通过面积坐标数值积分获得，对于三角形 $\mathbf{K}_b$ 为9阶方阵。

2 含节点转角自由度的平面应力三角形单元

含节点转角自由度的平面应力三角形单元的位移及转角可表示如下：

$$\begin{aligned} u_i &= u(x_i, y_i) \\ v_i &= v(x_i, y_i) \\ \omega_i &= \omega(x_i, y_i) \end{aligned} \tag{11}$$

式中，u_i 和 v_i 分别为节点 i 面内位移，ω_i 为绕该节点的名义转角。

上述单元中边界法向位移取切向长度坐标的二次表达式，边界切向位移取切向长度坐标的线性表达式：

$$\begin{aligned} u_n &= a_1 + a_2 s + a_3 s^2 \\ u_t &= a_4 + a_5 s \end{aligned} \tag{12}$$

上述表达式中含有5个未知变量，节点位置有四个边界条件：

$$\begin{aligned} u_n\big|_{s=0} &= u_{n1} \quad u_n\big|_{s=l_{12}} = u_{n2} \\ u_t\big|_{s=0} &= u_{t1} \quad u_t\big|_{s=l_{12}} = u_{t2} \end{aligned} \tag{13}$$

将下式作为第五个边界条件：

$$\frac{\partial u_n}{\partial s}\bigg|_{s=l_{12}} - \frac{\partial u_n}{\partial s}\bigg|_{s=0} = -\omega_2 + \omega_1 \tag{14}$$

由上述五个边界条件可以确定 $a_1 \sim a_5$，得到平面应力三角形单元的位移插值表达式：

$$\begin{aligned} u &= u_1\xi_1 + u_2\xi_2 + u_3\xi_3 + 0.5\left[l_{12}\cos\gamma_{12}(\omega_2-\omega_1)\xi_1\xi_2 + l_{23}\cos\gamma_{23}(\omega_3-\omega_2)\xi_2\xi_3 + l_{31}\cos\gamma_{31}(\omega_1-\omega_3)\xi_3\xi_1\right] \\ v &= v_1\xi_1 + v_2\xi_2 + v_3\xi_3 + 0.5\left[l_{12}\sin\gamma_{12}(\omega_2-\omega_1)\xi_1\xi_2 + l_{23}\sin\gamma_{23}(\omega_3-\omega_2)\xi_2\xi_3 + l_{31}\sin\gamma_{31}(\omega_1-\omega_3)\xi_3\xi_1\right] \end{aligned} \tag{15}$$

上式代入应变表达式(16)：

$$\boldsymbol{\varepsilon} = \begin{bmatrix} \dfrac{\partial u}{\partial x} \\ \dfrac{\partial v}{\partial y} \\ \dfrac{\partial v}{\partial x} + \dfrac{\partial u}{\partial y} \end{bmatrix} \tag{16}$$

单元应变可用节点位移表示为：

$$\varepsilon = \mathbf{B}_p \mathbf{u}_p \tag{17}$$

式中，$\mathbf{B}_p$ 为应变位移矩阵，$\mathbf{u}_p$ 为节点位移向量。

将上式代入单元面内变形应变能表达式：

$$\mathbf{U}_p = \frac{1}{2}\int_A \varepsilon^T \mathbf{D}_p \varepsilon \mathrm{d}x\mathrm{d}y \tag{18}$$

式中，$\mathbf{D}_p$ 为面内刚度矩阵。

通过对势能泛函的变分获得三角形单元面内刚度的表达式：

$$\mathbf{K}_p = \iint_A \mathbf{B}_p^T \mathbf{D}_p \mathbf{B}_p \mathrm{d}A \tag{19}$$

上述刚度矩阵表达式可通过面积坐标数值积分获得，对于三角形 $\mathbf{K}_p$ 为9阶方阵。

3 18自由度三角形壳单元组装

由上述两种单元组成的三角形壳单元，单元边界上没有节点，每节点含有6个自由度与几何自由度一致。三角形单元弯曲刚度矩阵 $\mathbf{K}_b$ 的结构如图1所示，$\mathbf{K}_b$ 为3×3的分块矩阵，矩阵元素 $\mathbf{u}_{bij}$ (i=1、2、3)为3×3矩阵。三角形单元弯曲刚度矩阵 $\mathbf{K}_p$ 的结构如图2所示，$\mathbf{K}_p$ 为3×3的分块矩阵，矩阵元素 $\mathbf{u}_{pij}$ (i=1、2、3)为3×3矩阵。18自由度三角形壳单元刚度矩阵如图3所示，将 $\mathbf{K}_b$ 和 $\mathbf{K}_p$ 对应项组装到 $\mathbf{K}$ 的对应项上形成壳单元的刚度矩阵，其中单元面内和面外变形的耦合项置0。

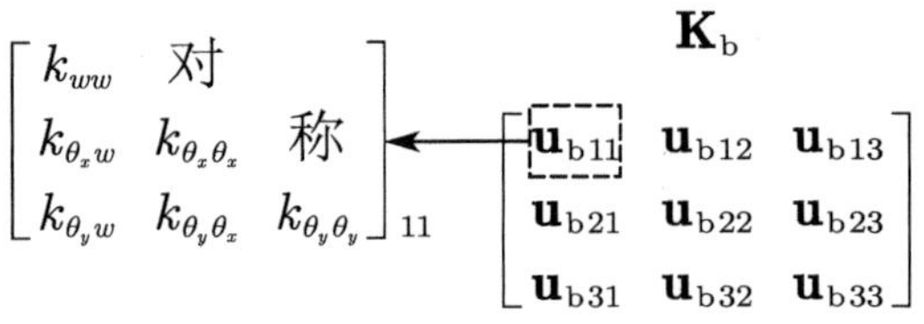

图1 单元弯曲刚度矩阵元素对应

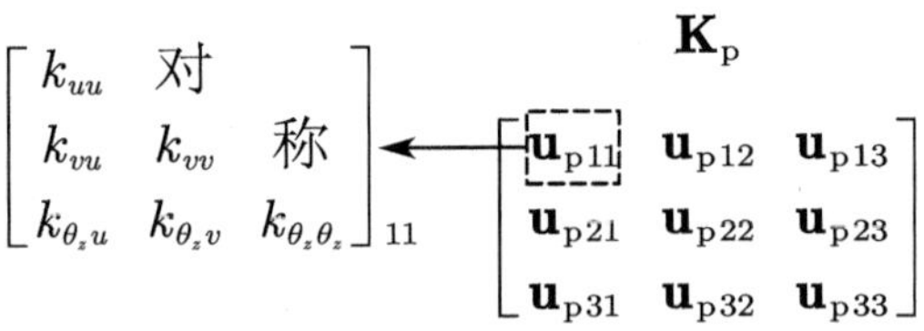

图2 单元面内刚度矩阵元素对应

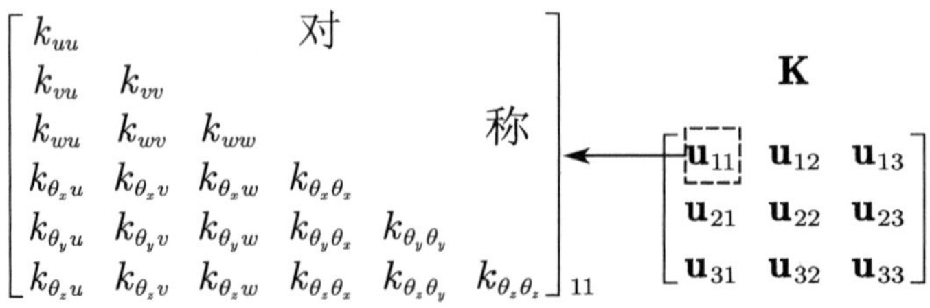

图3 壳单元刚度矩阵元素对应

4 单元计算精度对比验证

本文所用代码框架基于文献[12]代码框架改进，记为XFEM。采用XFEM对由上述三角形壳单元组成的模型进行结构模态及振动响应算例验证，其中单元质量矩阵采用集中质量矩阵。

4.1 圆柱壳振动问题

圆柱壳是潜器及航空器中大量使用的结构形式，因此圆柱壳固有频率标准算例的校核对于研究有限元方法计算精度研究具有重要参考价值。圆柱壳振动分为五种模式：纵振、扭振、横向弯曲振动、径向——轴向弯曲耦合振动(径轴向振动)和径向扩展振动，在实际的圆柱壳振动中这五种振动模式将可能出现耦合。圆柱壳的纵振、扭振固有频率可采用梁理论求解[13]，细长圆柱壳横向弯曲振动固有频率采用弯曲梁理论求解[13]，而非细长圆柱壳振动固有频率则需要采用同时考虑梁弯曲及剪切变形的Southwell-Dunkerley近似法求解[14]，圆柱壳径轴向振动固有频率则需采用Flüggle理论结合瑞利里兹法求解[15]。上述振动的典型模态振型如图4-图10所示，图中纵振、扭振和横向弯曲振动分别用字母L、T和F表示，字母后面的数字表示阶数，径轴向振动用形如RiAj的字母数字组合表示，Ri表示径向有i个波数，Aj表示轴向有j个半波数。

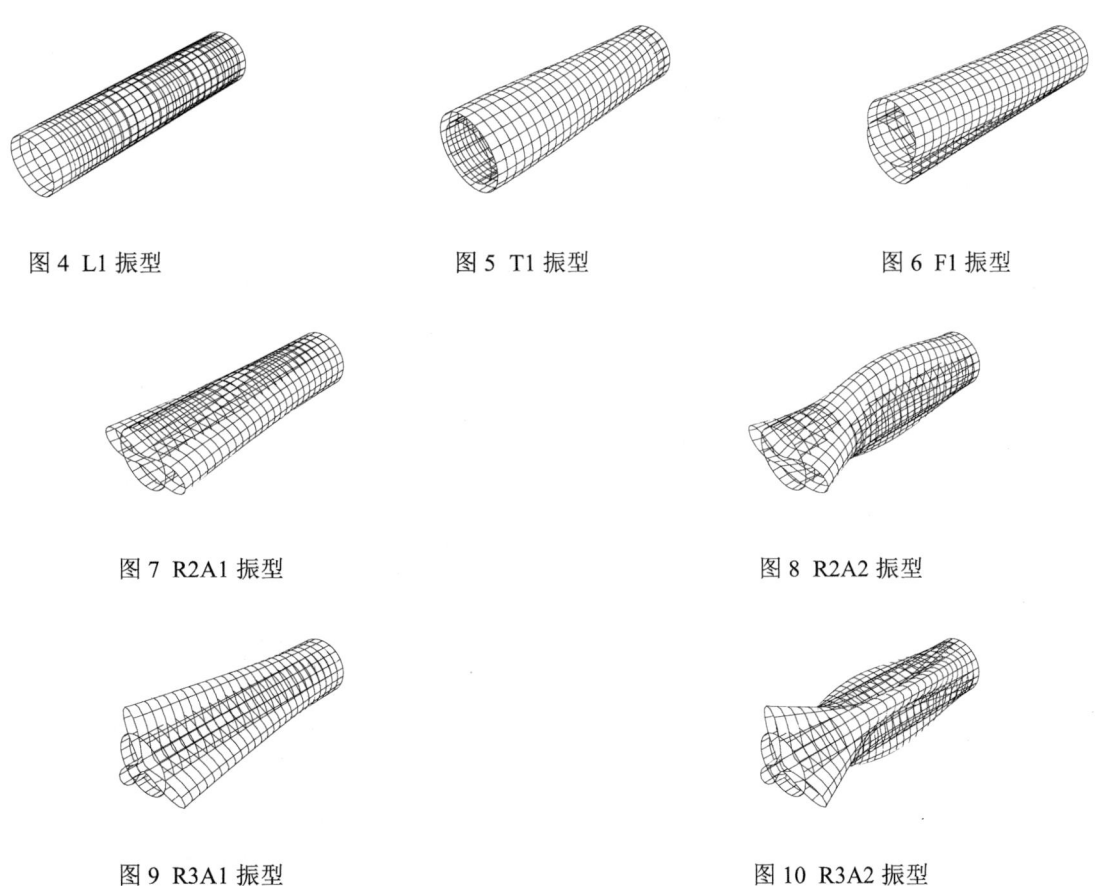

图 4 L1 振型   图 5 T1 振型   图 6 F1 振型

图 7 R2A1 振型   图 8 R2A2 振型

图 9 R3A1 振型   图 10 R3A2 振型

表1是固定——自由边界条件圆柱壳振动固有频率的对比(表中删去不同方向的同阶模态)，表中X开头结果为本文计算值，A开头结果为Abaqus计算值，字母后面数字表示网格大小(单位mm)，下划线后面为单元类型(S3为三角形单元，S4R为Abaqus减缩四边形线性单元，S8R为Abaqus减缩四边形二次单元)。圆柱壳物理参数如下：长502 mm，半径63.5 mm，壁厚1.63 mm，材料弹性模量210 GPa，泊松比0.28，密度7 800 kg/m^3。

表1 固定——自由边界条件圆柱壳振动固有频率(单位：Hz)

阶数	X20_S3	A20_S3	A20_S4R	A20_S8R	A5_S8R	类型	近似解	测试值[16]
1	319.56	329.22	326.43	315.19	315.08	R2A1	319.48	293
2	465.54	467.00	463.27	467.93	467.83	F1	468.40	—
3	779.02	843.67	856.30	768.23	767.01	R3A1	769.87	760
4	925.98	986.39	945.69	914.55	912.94	R3A2	930.44	886
5	941.36	1037.49	993.95	937.18	936.26	R2A2	1019.66	827
6	1468.35	1598.75	1534.65	1452.96	1449.08	R3A3	1515.42	1371
7	1473.14	1689.01	1608.98	1466.68	1459.63	R4A1	1465.82	1451
8	1530.25	1729.29	1790.33	1522.19	1514.97	R4A2	1524.99	1503
9	1595.19	1863.67	1837.50	1620.47	1616.30	T1	1615.02	—
10	1723.89	2044.37	2013.83	1716.30	1707.20	R4A3	1730.34	1673
11	2034.44	2225.39	2040.40	2049.39	2045.48	F2	2369.41	—
12	2130.00	2300.46	2226.31	2120.10	2105.75	R4A4	2157.99	2045
13	2193.77	2574.03	2413.69	2189.87	2185.69	R2A3	2398.87	1894
14	2322.88	2693.10	2437.81	2303.12	2294.55	R3A4	2428.32	2155
15	2344.41	2893.86	2584.10	2381.53	2354.80	R5A1	2367.10	2336
16	2389.94	3095.26	3057.25	2420.51	2393.82	R5A2	2409.24	2384
17	2489.87	3251.33	3282.26	2523.07	2494.54	R5A3	2513.39	2480
18	2584.35	3573.05	3310.95	2583.17	2583.17	L1	2584.04	—
19	2685.88	3824.74	3388.40	2717.24	2693.14	R5A4	2722.59	2667
20	2729.43	3826.63	3551.15	2727.58	2693.65	R4A5	2783.34	2713
21	3006.99	3882.07	3556.24	3059.66	3012.56	R5A5	3059.36	2970
22	3329.24	4125.35	3744.23	3307.03	3291.63	R3A5	3486.42	3208
23	3350.62	4384.18	3857.49	3444.83	3408.07	R4A6	3534.06	—
24	3395.81	4806.22	3899.64	3519.17	3448.11	R6A1	3470.27	—
25	3451.08	4920.13	4320.97	3526.20	3450.79	R5A6	3519.38	—
26	3456.22	4937.38	4388.22	3561.25	3483.60	R6A2	3508.82	—

上表形成的阶次——频率图如图11所示，从图中可以看到：

(1) 本文单元固有频率计算结果与同等网格下的S8R单元基本一致，在较高频段下本文单元计算结果更接近高密度网格下的S8R单元固有频率计算结果；

(2) 本文单元、同等网格下的S8R单元和高密度网格下的S8R单元固有频率计算结果均与理论值、实验结果吻合较好；

(3) 本文单元固有频率计算结果较同等网格下的S3和S4R单元固有频率计算结果大幅度接近S8R、解析结果及实验结果。

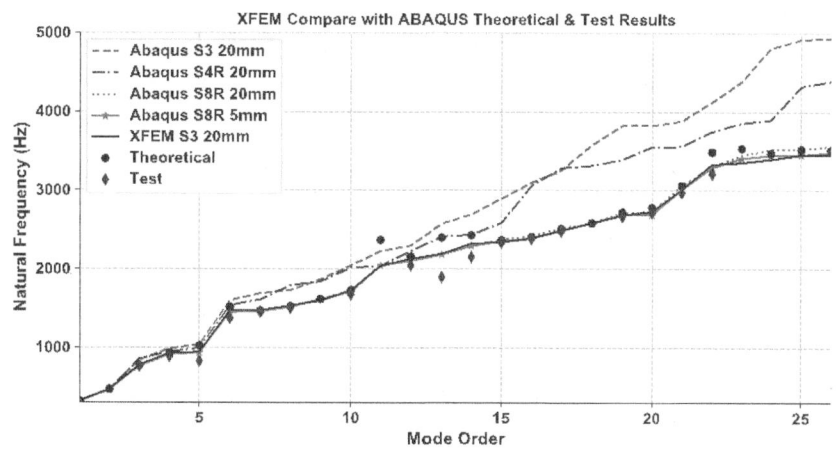

图 11 圆柱壳阶次——固有频率图

4.2 球壳振动问题

Lamb最早开展球壳自由振动问题，Baker和Silbiger给出了更详细的处理方法，该问题可以作为壳振动特性的标准算例。依据无矩壳理论，薄球壳的固有频率由两组无限固有频率组成，其中第一组固有频率称为下分支固有频率，其值逼近(20)所示极限，上分支固有频率无限外延。

$$\lim_{n\to\infty} f = \frac{1}{2\pi}\sqrt{\frac{E}{\rho R^2}} \tag{20}$$

球壳物理参数如下：半径3 m壁厚30 mm，材料密度7 670 kg/m³，泊松比1/3，弹性模量180 GPa。其前6阶固有频率为0 Hz，7阶~20阶有限元固有频率计算值与解析解计算值对比如表2所示，表中单元均采用同等大小网格(图12)。

表 2 球壳固有频率值(单位：Hz)

阶数	XFEM	S3R	S4R	S8R	精确解[17]
7	186.74(0.32%)	190.19(1.52%)	189.97(1.40%)	187.37(0.02%)	
8	187.93(0.31%)	190.66(1.77%)	189.97(1.40%)	187.37(0.02%)	
9	187.93(0.31%)	190.66(1.77%)	190.05(1.45%)	187.38(0.02%)	187.34
10	188.71(0.73%)	192.25(2.62%)	190.05(1.45%)	187.38(0.02%)	
11	188.71(0.73%)	192.25(2.62%)	190.05(1.45%)	187.38(0.02%)	
12	222.76(0.09%)	229.55(3.14%)	223.71(0.51%)	222.66(0.04%)	
13	223.68(0.50%)	230.82(3.71%)	223.71(0.51%)	222.66(0.04%)	
14	223.68(0.50%)	230.82(3.71%)	223.71(0.51%)	222.66(0.04%)	
15	223.96(0.62%)	233.47(4.90%)	227.9 (2.39%)	222.74(0.08%)	222.57
16	223.96(0.62%)	234.32(5.28%)	227.9 (2.39%)	222.74(0.08%)	
17	224.64(0.93%)	234.82(5.50%)	227.9 (2.39%)	222.74(0.08%)	
18	226.25(1.65%)	234.82(5.50%)	231.43(3.98%)	222.81(0.11%)	
19	237.11(0.23%)	252.14(6.59%)	233.48(1.30%)	236.81(0.11%)	236.56
20	237.11(0.23%)	252.14(6.59%)	233.59(1.26%)	236.93(0.16%)	

上表中可见：

(1) 本文单元与理论值相比误差除第18阶固有频率外不足1%(18阶固有频率误差不足2%)，大幅度优于Abaqus一阶三角形单元S3和四边形单元S4R；

(2) 本文单元误差仍高于 Abaqus 二阶四边形单元 S8R，S8R 误差最大不超过 0.2%。

图 12 球壳模型单元划分

4.3 船舶结构振动问题

为验证本文单元在复杂模型中的适应性，采用本文单元、S3、S4R(2.5 m网格)以及S4R(1 m网格大小)计算某集装箱实船的固有频率结果及单位力激励下的振动响应结果，该模型中去除梁单元仅保留壳单元，该模型中材料结构阻尼取0.01。

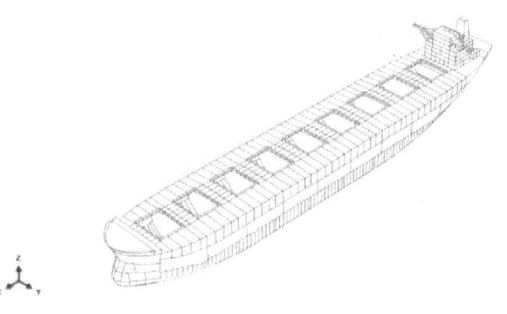

图 13 某型集装箱船模型

某型集装箱船前20阶模态固有频率如表3所示，其阶次——频率图如图14所示。从图中可以看到本文单元与高密度S4R单元的固有频率计算结果基本一致，其精度高于同等网格大小下的S3和S4R单元。图15为在船体内部主机安装位置施加单位激励力后的激励点振动加速度响应。从图中可以看到本文单元振动加速度响应与同等网格下的S4R单元计算结果基本一致，与高密度S4R单元计算结果存在一定差异，但其趋势与高密度S4R单元计算结果一致。

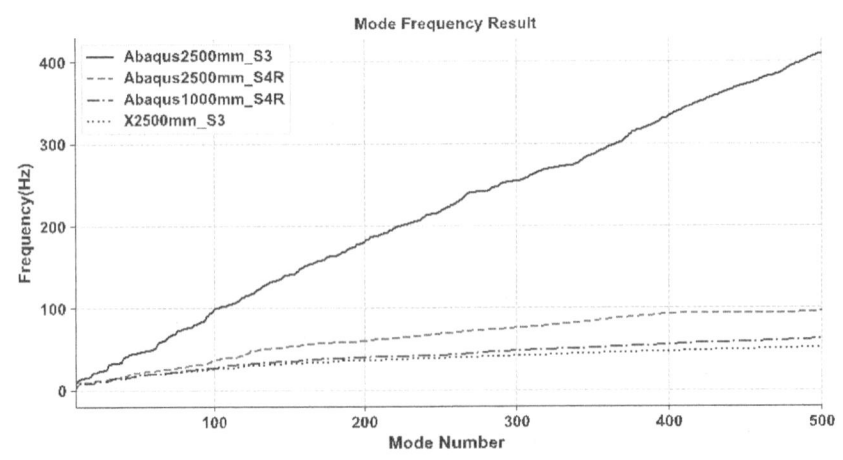

图 14 某集装箱船阶次——固有频率图

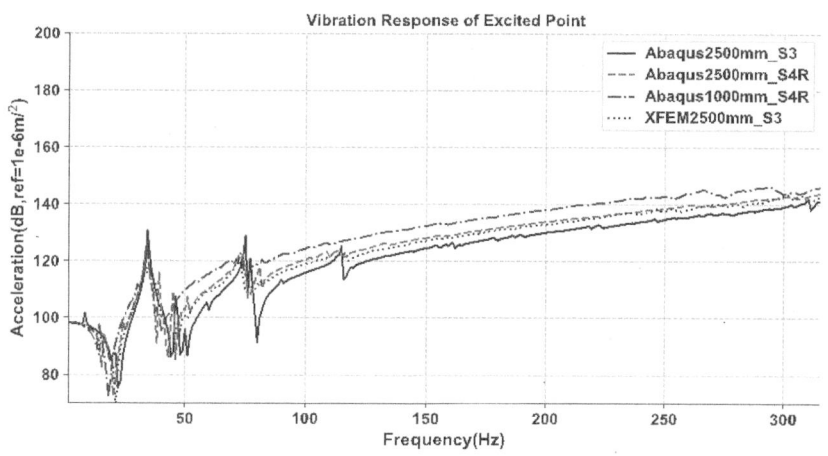

图 15 某集装箱船振动加速度响应图

表 3 某型集装箱船前 20 阶模态固有频率(Hz)

Order	A2500_S3	A2500_S4R	A1000_S4R	X2500_S3
7	7.95	3.43	3.31	3.28
8	11.10	4.62	4.38	4.39
9	12.72	7.28	6.54	6.49
10	12.80	9.28	8.34	8.21
11	14.30	9.31	8.43	8.53
12	14.81	9.33	8.43	8.64
13	14.88	9.35	8.44	8.65
14	14.94	9.37	8.45	8.67
15	15.08	9.40	8.48	8.67
16	15.52	9.47	8.50	8.69
17	16.97	9.47	8.52	8.74
18	20.25	9.59	8.71	8.72
19	21.43	10.03	8.84	8.89
20	21.59	11.52	10.51	10.56

5 结 论

本文提供了一种基于离散法线假设三角形单元与节点三自由度平面应力单元相结合的完全自由度三角形壳单元(18 自由度三角形壳单元)。针对该单元分别采用圆柱壳结构、球壳结构以及某型集装箱船进行了理论解、实验值以及高精度网格对比验证。上述验证有如下结论：

(1) 本文单元在结构振动计算中普遍优于 Abaqus S3 单元的计算精度；

(2) 本文单元在结构振动计算中与 Abaqus S4R 单元精度相当，在某些算例中优于 Abaqus S4R 单元计算精度；

(3) 本文单元在某些算例中精度与 Abaqus 四边形二次单元 S8R 精度相当；

(4) 本文单元仅在三角形角点处存在节点，边中点无节点，且每节点仅具备六个几何自由度，不额外增加结构总刚阶数，采用本文单元不会比采用 Abaqus S3 和 S4R 单元产生额外的计算量。

本文所述三角形壳单元可用于有限元代码开发，为舰船隔振系统振动传递数值计算以及舰船水下辐射噪声计算提供算法研发基础。

参 考 文 献

[1] KAWAKAMI M. Some fundamental considerations on active four-terminal linear networks[J]. Ire Transactions on Circuit Theory, 1958, 5(2): 115-121.

[2] TURNER M J, CLOUGH R W, MARTIN H C, et al. Stiffness and deflection analysis of complex structures[J]. Journal of the Aeronautical Sciences, 1956, 23(9): 805-823.

[3] MELOSH R J. Basis for derivation of matrices for the direct stiffness method[J]. AIAA Journal, 1963, 1(7): 1631-1637.

[4] JONES R E. A generalization of the direct-stiffness method of structural analysis[J]. AIAA Journal, 1964, 2(5): 821-826.

[5] CLOUGH R W, TOCHE J L. AFFDL-TR-66-80[R]: Air Force Flight Dynamics Laboratory, 1965.

[6] BAZELEY G P, CHEUNG Y K, IRONS B M, et al, AFFDL-TR-66-80[R]. Air Force Flight Dynamics Laboratory 1966.

[7] PIAN T H H, TONG P. Basis of finite element methods for solid continua[J]. Inter Journal for Numerical Methods in Engineering, 1969, 1(1): 3-28.

[8] BATOZ J L, BATHE K J, HO L W. A study of three-node triangular plate bending elements[J]. International Journal for Numerical Methods in Engineering, 1980, 15(12): 1771-1812.

[9] PUGH E D L, HINTON E, ZIENKIEWICZ O C. A study of quadrilateral plate bending elements with 'reduced' integration[J]. International Journal for Numerical Methods in Engineering, 1978, 12(7): 1059-1079.

[10] 王勖成, 邵敏. 有限单元法基本原理和数值方法[M]. Second ed.: 清华大学出版社, 1997.

[11] ALLMAN D J. A compatible triangular element including vertex rotations for plane elasticity analysis[J]. Computers & Structures, 1984, 19(1-2): 1-8.

[12] 裴尧尧, 肖衡林, 马强, 李丽华. Python 与有限元[M]. 水利水电出版社, 2018.

[13] ZIENKIEWICZ O C, TAYLOR R L, FOX D. The finite element method for solid and structural mechanics[M]. Seventh ed., 2014.

[14] RUTENBERG A. Approximate natural frequencies for coupled shear walls[J]. Earthquake Engineering Structural Dynamics, 1975, 4(1): 95-100.

[15] SHARMA C B, JOHNS D J. Vibration characteristics of a clamped-free and clamped-ring-stiffened circular cylindrical shell[J]. Journal of Sound Vibration, 1971, 14(4): 459-474.

[16] BLEVINS R D. Formulas for natural frequency and mode shape[M]. Van Nostrand Reinhold Company, 1979.

[17] DASSAULT. Abaqus Benchmarks Guide[Z]. 2014.

Structure Vibration Analysis Based on 18 Dof Triangle Shell Element

XU Shuhao[*1,2], PEI Yaoyao[3], Yang Zhixiong[1]

(1. China Ship Scientific Research Center, Wuxi 214082, China;

2. National Key Laboratory On Ship Vibration & Noise, Wuxi 214082, China;

3. Hubei University of Technology, Wuhan 432200, China)

Abstract

Abstract: Shell structure is the most common structure in ships. Except for a few simple shell structures, the theoretical solution of vibration can be obtained. Other complex shell structures usually require finite element method to obtain their vibration characteristics. Therefore, the computational accuracy of shell element determines the analytical accuracy of finite element model. In this paper, a triangular shell element is constructed by combining the triangular element based on the discrete Kirchhoff theory with the plane stress element with drilling dof.

Key words: Triangular Element; Shell Element; Vibration; 18 dof

作者简介

许树浩　男，1982年生，高级工程师。主要从事船舶减振降噪等方面研究工作。

裴尧尧　男，1984年生，讲师。主要从事结构力学数值计算方法等方面研究。

杨智雄　男，1990年生，工程师。主要从事板壳力学等方面研究工作。

*通讯作者：许树浩

极地海洋环境中薄板结构振动声辐射模拟的求解器研究

习 强，傅卓佳*，徐文志

（河海大学 力学与材料学院，南京 211100）

摘 要

  北极日益增多的勘探、科研和军事等活动对极地海洋中结构振动引起的水声传播特性研究提出了紧迫的需求。论文基于船舶声弹性力学理论，利用广义有限差分法模拟结构的振动响应，利用奇异边界法模拟极地海洋环境中的水声辐射响应，建立了广义有限差分法-奇异边界法混合计算方法。并以混合计算方法为核心算法，开发了自主可控的数值求解器，通过编译前后处理接口程序，将数值求解器与国产开源软件 FastCAE 集成开发平台对接，用于模拟极地海洋中薄板结构振动引起的水声辐射与传播分布情况，研究了冰盖海面对薄板结构振动水声辐射的影响。

关 键 词：极地海洋环境；薄板；振动与声辐射；广义有限差分法；奇异边界法；数值求解器
中图分类号：TB532

0 引 言

  随着海洋资源的日益发掘，极地海洋资源的探测与开发成为了当今世界各国关注的热点。极地海洋环境中船舶航运、海洋勘探和潜航器探测等活动也随之日益增多，这些勘探、科研和军事等活动对极地海洋环境中结构振动引起的水声传播特性[1-2]研究提出了紧迫的需求。相比于普通的海洋环境，极地海洋表面全年覆盖着冰盖，必须考虑冰盖对于水下水声传播的影响。薄板结构作为最简单的工程结构之一，是船舶、潜艇等复杂海洋结构物的重要组成部分。对于薄板结构振动与声学行为的研究可以在一定程度上反映复杂海洋结构相应的特性，对于船舶、潜艇等海洋结构的制造与设计具有重要的参考价值。

  近几十年，计算机科学与技术得到了飞速的发展，工业软件在海洋工程和船舶制造等工业体系中占据着越来越重要的地位。通过工业软件的数值仿真功能，研究人员可以在计算机上实现船舶和潜艇等交通工具的减振降噪优化设计，降低了反复实验所导致的高昂成本。工业软件的合理应用可以为我国工业体系的发展增添新的动力，形成更加科学化、信息化和技术化的发展局面。

  现阶段市面上的CAE（Computer Aided Engineering）软件还是以有限元分析为主体，欧美国家的产品在市场上具有垄断性优势。相比之下，我国自主研发的CAE软件在整体水平上还有一定的差距。这也造成了我国工业软件发展过程中的"卡脖子"问题。因此，开发代码自主可控的求解器，发展具有自主知识产权的计算软件，对于摆脱工业软件的"卡脖子"困境，助力工业体系的蓬勃发展有着重要的战略价值和现实意义。

收稿日期：2022-10-19；修改稿收稿日期：2022-11-25
基金项目：船舶总体性能创新研究开放基金(33122126)、国家自然科学基金项目(12122205)和江苏省"六大人才高峰"高层次人才项目(2019-KTHY-009)

本文采用广义有限差分法[3-4]模拟薄板结构的振动行为,奇异边界法[5-7]用于模拟极地海洋环境中的声学响应,基于船舶声弹性力学理论[8-9],建立广义有限差分法-奇异边界法混合计算方法用于研究极地海洋环境中薄板结构的振动与水声辐射响应。广义有限差分法作为一种区域型无网格算法,在结构振动分析中将计算区域划分为多个重叠的子区域,随后在每个子区域内采用泰勒级数展开和移动最小二乘技术推导得到未知变量所需偏导数的离散格式。该方法继承了有限差分法的稀疏矩阵特性,在科学与工程问题的模拟中具有不错的精度与效率。奇异边界法是2009年提出的一种半解析边界型配点法。该方法使用算子依赖的奇异基本解作为插值基函数,并在配点和源点重合时创造性地引入源点强度因子代替奇异基本解作为插值基函数,避免了配点与源点重合时带来的基本解源点奇异性。该方法仅需边界配点、无网格、无数值积分,在结构外部声场分析中一般仅需在一个波长内布置4-6个节点即可确保计算结果达到工程精度。综上所述,本文以广义有限差分法-奇异边界法混合计算方法为基础开发自主可控的数值求解器,并与国产开源软件FastCAE集成开发平台对接,应用于极地海洋环境中结构振动与声辐射行为的模拟研究。

1 船舶声弹性力学理论

极地海洋环境中薄板结构振动引起的水下声辐射情况如图1所示,其中海水上表面覆盖着冰盖,海水下表面为海底沉积层。在极地海洋环境中,水下声波需要经过冰盖和海底沉积层的多次反射才能向外传播。

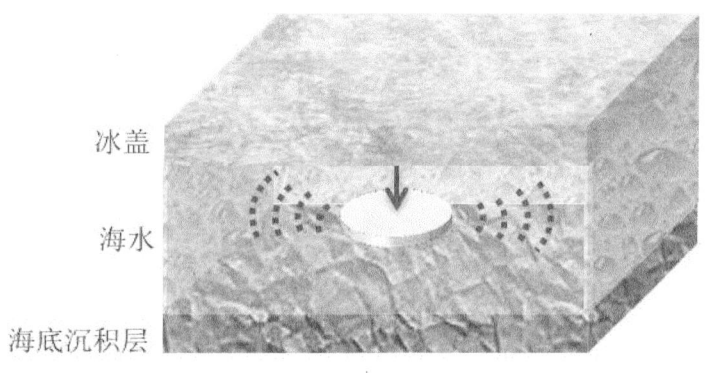

图 1 薄板结构在极地海洋环境中的振动与声辐射示意图

考虑水下结构在频域中振动的控制方程为

$$-\omega^2 \boldsymbol{MU} + i\omega \boldsymbol{CU} + \boldsymbol{KU} = \boldsymbol{F}_m + \boldsymbol{F}_h \tag{1}$$

式中,$\boldsymbol{M}$,$\boldsymbol{C}$ 和 $\boldsymbol{K}$ 分别表示质量矩阵,阻尼矩阵和刚度矩阵。$\boldsymbol{U}$ 表示位移列向量,ω 为角频率,$i = \sqrt{-1}$。$\boldsymbol{F}_m$ 和 $\boldsymbol{F}_h$ 分别表示机械激励力和流场激励力的列向量。

随后采用模态叠加法将频域中的位移 $\boldsymbol{U}$ 转化为一系列模态坐标的叠加

$$\boldsymbol{U} = \boldsymbol{Dq} = \sum_{j=1}^{m} \boldsymbol{D}_j q_j \tag{2}$$

式中,$\boldsymbol{D}$ 是模态矩阵,$\boldsymbol{D}_j$ 为结构自由振动的第 j 阶归一化特征向量,$\boldsymbol{q}$ 为广义主坐标的列向量。将 $\boldsymbol{D}^T$ 左乘于公式(1)可以转化为如下的等价形式

$$-\omega^2 \boldsymbol{M}^e \boldsymbol{q} + i\omega \boldsymbol{C}^e \boldsymbol{q} + \boldsymbol{K}^e \boldsymbol{q} = \boldsymbol{f}_m^e + \boldsymbol{f}_h^e \tag{3}$$

式中，$M^e = D^\mathrm{T}MD = I$ 为广义质量矩阵，I 为单位矩阵，$C^e = D^\mathrm{T}CD$ 为广义阻尼矩阵，$K^e = D^\mathrm{T}KD$ 为广义刚度矩阵，$\bar{\omega}_j$ 为特征向量 D_j 对应的特征频率。$F_m^e = D^\mathrm{T}F_m$ 为广义机械激励力，$F_h^e = D^\mathrm{T}F_h = \omega^2 M^a q - i\omega C^a q$ 为广义流体激励力。则公式(3)可以改写为

$$-\omega^2\left(M^e + M^a\right)q + i\omega\left(C^e + C^a\right)q + K^e q = F_m^e \tag{4}$$

式中，M^a 和 C^a 分别为附加水质量矩阵和附加水阻尼矩阵，可以通过下式获得

$$\begin{cases} M^a = \dfrac{\rho_1}{\omega^2}\mathrm{Re}\left[\iint_s i\omega\Phi D\cdot n ds\right] \\ C^a = -\dfrac{\rho_1}{\omega}\mathrm{Im}\left[\iint_s i\omega\Phi D\cdot n ds\right] \end{cases} \tag{5}$$

式中，Im 表示取变量的虚部，Re 表示取变量的实部，Φ 为辐射声波的速度势，n 为单位外法向矢量。基于线性声波理论，由结构振动引起的辐射声波速度势满足Helmholtz方程

$$\Delta\Phi + k^2\Phi = 0 \tag{6}$$

式中，Δ 为拉普拉斯算子，$k = \omega/v_1$ 为波数，v_1 为海水的声速。通过模态叠加法，Φ 可以转化为

$$\Phi = \sum_{j=1}^{m}\phi_j q_j \tag{7}$$

式中，ϕ_j 为第 j 阶模态的速度势，它同样满足Helmholtz方程，并在海洋结构表面需要满足运动学连续性边界条件，即为简化的Price-Wu边界条件

$$\frac{\partial\phi_j}{\partial n} = i\omega D_j\cdot n \tag{8}$$

最后，将速度势 ϕ_j 代入下式可以得到水下声压

$$p = -i\omega\rho_1\Phi = -i\omega\rho_1\sum_{j=1}^{m}\phi_j q_j \tag{9}$$

式中，ρ_1 为海水的密度。

2 数值求解器

本文围绕极地海洋环境中薄板结构振动与声辐射响应的数值模拟开展研究工作，具体的模拟过程如图2所示，主要可以分为3块内容：前处理模块、求解器模块和后处理模块。前处理模块中包含了薄板结构与声学环境的几何建模、网格节点的划分和结构材料与声学环境等参数的设置功能；求解器模块中使用广义有限差分法-奇异边界法数值求解程序；后处理模块中包含了结构振动与声辐射响应的可视化展示与具体结果数据的导出功能。值得注意的是，模拟过程中的前处理模块和后处理模块是通过国产开源软件FastCAE集成开发平台实现的，本文的主要工作在于广义有限差分法-奇异边界法数值求解器的开发与前后处理接口的编写。

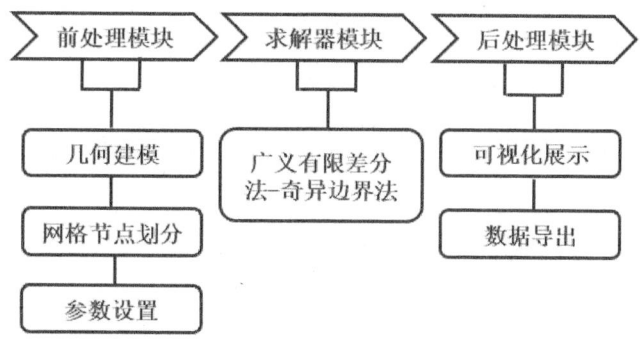

图 2 广义有限差分法-奇异边界法数值求解器的模拟过程

2.1 振动分析的广义有限差分法

基于Kirchhoff经典薄板理论，弹性薄板振动的控制方程可以描述为

$$\nabla^4 u = \frac{\omega^2 \rho \varsigma u}{D} \tag{20}$$

相应的自由振动边界条件为

$$M_n = -D\left(\frac{\partial^2 u}{\partial \boldsymbol{n}^2} + v\frac{\partial^2 u}{\partial \boldsymbol{\tau}^2}\right) = 0 \tag{31}$$

$$V_n = -D\left[\frac{\partial^3 u}{\partial \boldsymbol{n}^3} + (2-v)\frac{\partial^3 u}{\partial \boldsymbol{\tau}^2 \partial \boldsymbol{n}}\right] = 0 \tag{42}$$

式中，∇ 表示梯度算子，u 表示薄板的横向位移，ω 为角频率，$D = E\varsigma^3/[12(1-v)]$ 为弯曲刚度，ς 表示板厚，ρ 表示薄板的密度，E 为薄板的弹性模量，v 表示薄板的泊松比。M_n 表示弯矩条件，V_n 表示剪力条件，$\boldsymbol{n}$ 和 $\boldsymbol{\tau}$ 分别为薄板结构的单位外法向矢量和切向矢量。

本节采用广义有限差分法来模拟薄板结构的自由振动模型，该方法首先在薄板结构中布置 N_g 个离散节点，对于每一个离散节点 $\boldsymbol{x}_k^{(0)}$ ($k=1,2,\cdots,N_g$) 都采用KNN (k-nearest neighbors)算法找到相邻的 m_g 个支撑节点 $\boldsymbol{x}_k^{(l)}$ ($l=1,2,\cdots,m_g$)。随后，将离散节点 $\boldsymbol{x}_k^{(0)}$ 视为中心节点，中心节点和相邻的支撑节点可以构成了一个子区域。在子区域内，中心节点和相邻的支撑节点的位移关系可以由泰勒级数展开得到

$$\begin{aligned} u^l = & u^0 + h_{l1}\frac{\partial u^0}{\partial x} + h_{l2}\frac{\partial u^0}{\partial y} + \frac{1}{2!}\left(h_{l1}\frac{\partial u^0}{\partial x} + h_{l2}\frac{\partial u^0}{\partial y}\right)^2 + \\ & \frac{1}{3!}\left(h_{l1}\frac{\partial u^0}{\partial x} + h_{l2}\frac{\partial u^0}{\partial y}\right)^3 + \frac{1}{4!}\left(h_{l1}\frac{\partial u^0}{\partial x} + h_{l2}\frac{\partial u^0}{\partial y}\right)^4 + O(\eta_l^5) \end{aligned} \tag{53}$$

式中，$u^l = u(\boldsymbol{x}_k^{(l)})$ 和 $u^0 = u(\boldsymbol{x}_k^{(0)})$ 分别表示支撑节点 $\boldsymbol{x}_k^{(l)}$ 和中心节点 $\boldsymbol{x}_k^{(0)}$ 的位移变量，$h_{l1} = x^{(l)} - x^{(0)}$ 和 $h_{l2} = y^{(l)} - y^{(0)}$ 为中心节点和支撑节点在 x 轴和 y 轴两个坐标方向上的距离，$\eta_l = \sqrt{h_{l1}^2 + h_{l2}^2}$。

接着，在子区域内定义一个残差函数

$$\Theta(u) = \sum_{l=1}^{m_g}\left[\left(u^0 - u^l + h_{l1}\frac{\partial u^0}{\partial x} + h_{l2}\frac{\partial u^0}{\partial y} + \cdots + \frac{1}{4!}\left(h_{l1}\frac{\partial u^0}{\partial x} + h_{l2}\frac{\partial u^0}{\partial y}\right)^4\right)\tau_l\right]^2 \tag{64}$$

式中，τ_l 为支撑节点的权重函数，描述了每个支撑节点对中心节点的贡献程度，这里采用四次样条函数

$$\tau_l = 1 - 6\left(\frac{\eta_l}{\eta_{max}}\right)^2 + 8\left(\frac{\eta_l}{\eta_{max}}\right)^3 - 3\left(\frac{\eta_l}{\eta_{max}}\right)^4 \tag{75}$$

式中，η_{max} 表示支撑节点和中心节点之间的最大距离。从上述权重函数中可以看出离中心节点越近的支撑节点的贡献越大。

利用移动最小二乘技术，将残差函数对 $\boldsymbol{D}_u$ 进行最小化操作，可以得到如下线性代数方程式

$$\Xi \boldsymbol{D}_u = \boldsymbol{b} \tag{86}$$

其中

$$\Xi = \begin{bmatrix} \sum_{l=1}^{m_g} h_{l1}^2 \tau_l^2 & \sum_{l=1}^{m_g} h_{l1} h_{l2} \tau_l^2 & \cdots & \sum_{l=1}^{m_g} \frac{1}{24} h_{l1} h_{l2}^4 \tau_l^2 \\ & \sum_{l=1}^{m_g} h_{j2}^2 \tau_l^2 & \cdots & \sum_{l=1}^{m_g} \frac{1}{24} h_{l2}^5 \tau_l^2 \\ & & \ddots & \vdots \\ \text{SYM} & & \cdots & \sum_{l=1}^{m_g} \frac{1}{576} h_{l2}^8 \tau_l^2 \end{bmatrix}$$

$$\boldsymbol{D}_u = \left[\frac{\partial u^0}{\partial x}, \frac{\partial u^0}{\partial y}, \cdots, \frac{\partial^4 u^0}{\partial y^4}\right]^T$$

$$\boldsymbol{b} = \left[\sum_{l=1}^{m_g}(u^l - u^0) h_{l1} \tau_l^2, \sum_{l=1}^{m_g}(u^l - u^0) h_{l2} \tau_l^2, \cdots, \sum_{l=1}^{m_g}(u^l - u^0) h_{l2}^4 \tau_l^2\right]^T$$

随后，将逆矩阵 Ξ^{-1} 左乘于公式(16)，得到如下形式

$$\boldsymbol{D}_u = \Xi^{-1} \boldsymbol{b} \tag{97}$$

公式(17)表示中心节点位移的偏导数可以通过支撑节点和中心节点位移的线性组合确定。对每一个离散节点重复上述过程后可以得到关于控制方程和边界条件的线性代数矩阵系统，并改写为如下自由振动分析的特征值方程

$$\boldsymbol{KD} = \bar{\omega}^2 \boldsymbol{MD} \tag{108}$$

求解上述方程可以得到薄板结构的振动模态和固有频率。

2.2 声辐射分析的奇异边界法

薄板结构在极地海洋环境中振动引起的声波速度势满足Helmholtz方程，为了得到薄板结构第 j 阶振动模态所对应的声波速度势 ϕ_j，构造奇异边界法的插值表达式如下

$$\phi_j(\boldsymbol{x}_l) = \begin{cases} \sum_{k=1}^{N_s} \alpha_k G(\boldsymbol{x}_l, \boldsymbol{s}_k), & \boldsymbol{x}_l \neq \boldsymbol{s}_k \\ \sum_{k=1, k\neq l}^{N_s} \alpha_k G(\boldsymbol{x}_l, \boldsymbol{s}_k) + \alpha_l Y(\boldsymbol{x}_l), & \boldsymbol{x}_l = \boldsymbol{s}_k \end{cases} \tag{119}$$

$$\frac{\partial \phi_j(\boldsymbol{x}_l)}{\partial \boldsymbol{n}_x} = \begin{cases} \sum_{k=1}^{N_s} \alpha_k \frac{\partial G(\boldsymbol{x}_l, \boldsymbol{s}_k)}{\partial \boldsymbol{n}_x}, & \boldsymbol{x}_l \neq \boldsymbol{s}_k \\ \sum_{k=1, k\neq l}^{N_s} \alpha_k \frac{\partial G(\boldsymbol{x}_l, \boldsymbol{s}_k)}{\partial \boldsymbol{n}_x} + \alpha_l \hat{Y}(\boldsymbol{x}_l), & \boldsymbol{x}_l = \boldsymbol{s}_k \end{cases} \tag{20}$$

式中，$\boldsymbol{x}_l=(x,y,z)$ 和 $\boldsymbol{s}_k=(s^x,s^y,s^z)$ 分别为分布在结构表面的配点和源点，$\boldsymbol{n}_x$ 为配点的单位外法向矢量，α_k 和 α_l 为需要通过边界条件确定的未知系数，源点强度因子 $Y(\boldsymbol{x}_l)$ 和 $\hat{Y}(\boldsymbol{x}_l)$ 被用于避免格林函数与其导数的奇异性。$G(\boldsymbol{x}_l,\boldsymbol{s}_k)$ 表示极地海洋环境中水声辐射的格林函数，表达式如下

$$G(\boldsymbol{x}_l,\boldsymbol{s}_k)=\sum_{\chi=0}^{\infty}(\beta_1\beta_2)^\chi\left(\frac{e^{-ikR_1}}{R_1}+\beta_2\frac{e^{-ikR_2}}{R_2}+\beta_1\frac{e^{-ikR_3}}{R_3}+\beta_1\beta_2\frac{e^{-ikR_4}}{R_4}\right) \tag{21}$$

其中

$$R_1=\sqrt{(x-s^x)^2+(y-s^y)^2+(2\chi H+z-s^z)^2}$$
$$R_2=\sqrt{(x-s^x)^2+(y-s^y)^2+(2\chi H+2(H-h)+z+s^z)^2}$$
$$R_3=\sqrt{(x-s^x)^2+(y-s^y)^2+(2\chi H+2h-z-s^z)^2}$$
$$R_4=\sqrt{(x-s^x)^2+(y-s^y)^2+(2(\chi+1)H-z+s^z)^2}$$

式中 $\boldsymbol{x}_l=(x,y,z)$ 和 $\boldsymbol{s}_k=(s^x,s^y,s^z)$ 分别表示监测点和结构表面源点的坐标，β_1 和 β_2 分别表示声波从海水入射到冰盖和海底沉积层的反射系数，本次研究将极地海洋环境中的冰盖考虑为刚性冰盖，则冰盖的反射系数 $\beta_1=1$，而海底沉积层的反射系数 β_2 可以通过海水和海底沉积层的环境参数得到。

3 数值算例

考虑极地海洋环境中一个半径为 2.5 m 圆形薄板结构，结构的上表面中心受到一个竖直向下大小为 10 N 的简谐力作用，激励频率为 100 Hz，如图 1 所示。薄板结构的厚度为 0.1 m，弹性模量为 800 Gpa，密度为 7 800 kg/m³，泊松比为 0.3，结构阻尼因子为 0.02。极地海洋环境中的海水密度 $\rho_1=1\,025$ kg/m³，海水声速 $v_1=1\,510$ m/s，海底沉积层的密度 $\rho_2=2\,600$ kg/m³，海底沉积层的声速 $v_2=1\,620$ m/s，海洋深度为 15 m，薄板在极地海洋环境中的浸没深度为 7 m。

首先在 FastCAE 集成开发平台中建立圆形薄板结构和海洋声场测试点的几何模型并划分网格节点，如图 3 所示；接着在控制面板界面的仿真参数设置中输入圆形薄板结构和极地海洋环境的参数信息，如图 4 所示；随后在求解器中选择广义有限差分法-奇异边界法求解器，如图 5 所示；最后在后处理模块中得到极地海洋环境中的水下声压级结果，如图 6 所示。值得注意的是，本次求解流程仅采用界面输入和点击操作，无需进行代码编辑与修改。

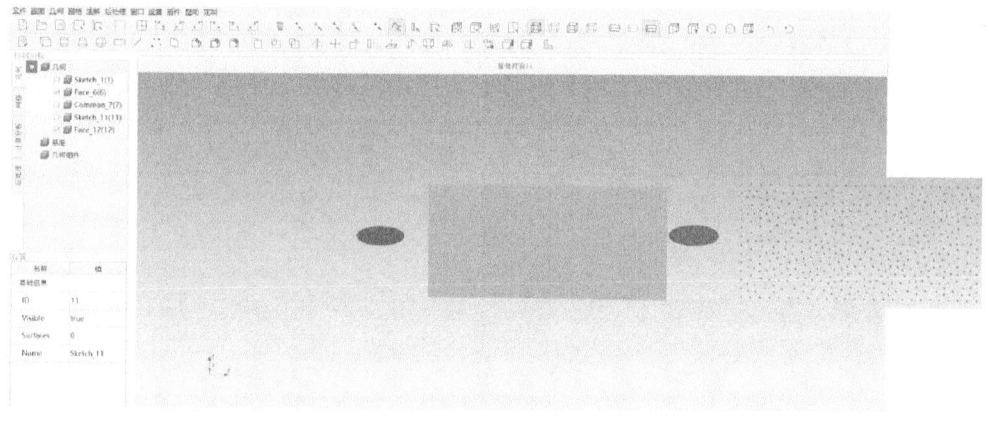

图 3 几何模型与节点分布

图 4 参数设置界面

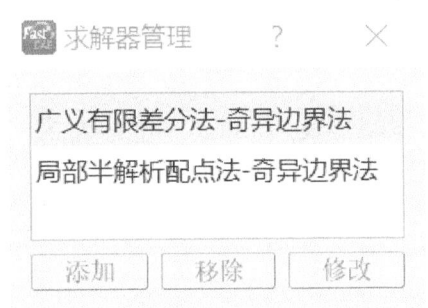

图 5 求解器选择

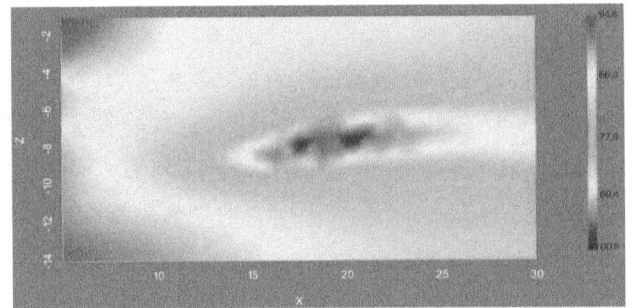

图 6 极地海洋环境中圆形薄板振动引起的水下声压级

4 结 论

本文以广义有限差分法-奇异边界法混合计算方法为核心算法开发了自主可控的求解器，并通过编译前后处理接口程序，将封装为.exe可执行文件的数值求解器与国产开源软件 FastCAE 集成开发平台对接，模拟了极地海洋环境中薄板结构振动引起的水下声辐射响应。然而，本文所开发的数值求解器仅考虑了极地海洋环境中刚性冰盖下薄板结构的振动与水声辐射情况，对于更加复杂的 Burke-Twersky 冰盖模型和弹性冰盖模型还有待进一步的研究。

参 考 文 献

[1] 朱广平, 殷敬伟, 陈文剑, 等. 北极典型冰下声信道建模及特性[J]. 声学学报, 2017, 42(02): 152-158.

[2] 尹力, 王宁, 殷敬伟, 等. 极地水声信号处理研究[J]. 中国科学院院刊, 2019, 34(03): 306-313.

[3] BENITO J J, URENA F, GAVETE L. Influence of several factors in the generalized finite difference method[J]. Applied Mathematical Modelling, 2001, 25(12): 1039-1053.

[4] FAN C M, CHU C N, ŠARLER B, et al. Numerical solutions of waves-current interactions by generalized finite difference method[J]. Engineering Analysis with Boundary Elements, 2019, 100: 150-163.

[5] 陈文. 奇异边界法: 一个新的、简单、无网格、边界配点数值方法[J]. 固体力学学报, 2009, 30(6): 592-599.

[6] FU Z J, XI Q, LI Y D, et al. Hybrid FEM-SBM solver for structural vibration induced underwater acoustic radiation in shallow marine environment[J]. Computer Methods in Applied Mechanics and Engineering, 2020, 369: 113236.

[7] GU Y, CHEN W, ZHANG C Z. Singular boundary method for solving plane strain elastostatic problems[J]. International Journal of Solids Structures, 2011, 48(18): 2549-2556.

[8] 邹明松, 吴有生. 船舶声弹性力学理论及其应用[J]. 力学进展, 2017, 47(00): 385-428.

[9] 吴有生, 邹明松, 丁军, 等. 波浪及海洋水声环境中的船舶水弹性力学理论与应用[J]. 中国科学:物理学 力学 天文学, 2018, 48(09): 6-19.

A Study on Solver for Vibration and Acoustic Radiation Simulation of Thin Plate Structures in Polar Ocean Environment

XI Qiang, FU Zhuojia*, XU Wenzhi

(College of Mechanics and Materials, Hohai University, Nanjing 211100, China)

Abstract

The increasing exploration, scientific research and military activities in the arctic have led to an urgent demand for the study of underwater acoustic propagation characteristics induced by structural vibration in the polar ocean. Based on the theory of Sono-elasticity of ships, the generalized finite difference method is used to simulate the vibration response of the structure, and the singular boundary method is used to simulate the underwater acoustic radiation response in the polar ocean environment. The generalized finite difference method-singular boundary method is established. The paper develops an autonomous and controllable numerical solver with the hybrid computational method as the core algorithms. By compiling the pre-and post-processing interface program, the numerical solver combines the domestic open-source software FastCAE to simulate the acoustic radiation and propagation induced by thin plate structural vibration in the polar ocean, and to study the influence of the ice-covered surface on the distribution of underwater acoustic field.

Key words: Polar ocean environment; Thin plate; Vibration and acoustic radiation; Generalized finite difference method; Singular boundary method; Numerical solver

作者简介

习 强 男，1994 年生，博士研究生。主要从事海洋环境中结构振动与声辐射数值模拟等方面研究。

傅卓佳 男，1985 年生，教授。主要从事结构声振耦合分析及工程仿真软件等方面研究。

徐文志 男，1996 年生，博士研究生。主要从事计算力学及工程仿真等方面研究。

*通讯作者：傅卓佳

隔振元器件标准模型机械阻抗测量不确定度评定

刘　朋[1,2]*，纪德权[1,2]，胡志宽[1,2]，田宏业[1,2]，李　涛[1,2]

(1. 中国船舶科学研究中心 船舶振动噪声重点实验室，无锡 214082；
2. 深海技术科学太湖实验室，无锡 214082)

摘　要

隔振元器件机械阻抗参数是舰船隔振系统中重要的输入参数，现阶段主要通过试验测试获取。文中以隔振元器件标准模型（金属弹簧）为对象，开展了机械阻抗测量不确定度评定，通过机械阻抗实部和虚部数学模型，分别进行分量相对不确定度分析，最终合成扩展不确定度。分析结果表明，隔振元器件标准模型的各个阻抗分量的扩展测量不确定度都在 2.0dB 以下。

关 键 词：隔振元器件；标准模型；机械阻抗；不确定度分析
中图分类号：TL375.2

0　引　言

声隐身性能是影响舰艇和武备攻防能力的重要战技性能指标。舰艇隔振元件声学性能参数是定量声学设计、振动噪声计算评估的必要输入参数，其准确度直接影响设计精度和评估准确性。在当前隔振元件动态性能测试技术条件下，舰艇隔振元件声学性能参数测试主要为机械阻抗和声阻抗参数。当前主流CAE软件或各自研软件体系中，隔振元件参数输入通过简单的静刚度模拟，无法满足复杂动态系统高精度建模计算预报需求，其动态特性无法用传统的经验公式或解析解获取，因此建立隔振元器件标准模型的测试方法，并开展不确定度分析是验证CAE软件算法精度的重要环节。

王锁泉等[1-5]通过研究隔振元件机械阻抗测量方法、加载影响因素、性能标定、数据处理方法，建立了较为完善的隔振元件机械阻抗测试体系，沈建平[6]探讨了隔振元件机械阻抗测量方法的适用性。隔振元器件机械阻抗测试是一种间接测量方法，是通过测量与之有函数关系的动态力和振动速度，再根据其间的关系计算获得被测量—机械阻抗。因此，在对隔振元器件机械阻抗测量不确定度进行评定时，不仅要对测量过程中可能影响动态力和振动速度测量结果的各种因素进行分析，还要对由动态力和振动速度而获得机械阻抗的数学计算模型的不确定度分量进行评定。通过对这些影响因素的性质、分布规律、相互关系以及对测量结果合成测量不确定度时的传递关系的分析，确定由此产生的各个不确定度分量，并进而得到总的测量不确定度。

本文依据标准JJF 1059-2012《测量不确定度评定与表示》给出了隔振元器件标准模型机械阻抗参数不确定度评定方法，对隔振元器件标准模型机械阻抗测试结果的不确定度进行评定。其目的是可以确定阻抗测试装置上隔振元器件机械阻抗测试结果的可信程度，为隔振元器件机械阻抗参数测试提供可信依据。

1　不确定度评定步骤

依据标准JJF 1059-2012《测量不确定度评定与表示》，测量不确定度评定大致可以分为以下步骤。

收稿日期：2022-11-24；修改稿收稿日期：2022-11-25

①确定被测量和测量方法

测量方法包括测量原理、测量仪器及其使用条件、测量程序、数据处理程序等。

②分析并列出对测量结果有明显影响的不确定度的来源，找出有影响的测量不确定度来源。

③建立满足测量不确定度评定所需的数学模型，建立数学模型也称为测量模型化，即建立被测量和所有影响量之间的函数关系。数学模型中应包括所有对测量不确定度有影响的输入量。$y = f(x_1, x_2, x_3, \cdots)$，$x_i$ 为输入量，y 为输出量。

④确定各输入量估计值 x_i 的标准不确定度 $u(x_i)$，根据各输入量标准不确定度评定方法的不同，分为标准不确定度的A类评定和标准不确定度的B类评定。即

x_i 的A类不确定度为

$$u_A(x_i) = \sqrt{u_{a1}^2 + u_{a2}^2 + u_{a3}^2 + \cdots + u_{an}^2} \tag{1}$$

x_i 的B类不确定度为

$$u_B(x_i) = \sqrt{u_{b1}^2 + u_{b2}^2 + u_{b3}^2 + \cdots + u_{bm}^2} \tag{2}$$

x_i 的合成不确定度为

$$u_c(x_i) = \sqrt{u_A^2 + u_B^2} = \sqrt{\sum_{k=1}^{n} u_{ak}^2 + \sum_{j=1}^{m} u_{bj}^2} \tag{3}$$

⑤由不确定度传递公式计算输出量 y 的不确定度，即各输入量 x_i 的合成不确定度 $u_c(y)$。

$$dy = \frac{\partial f}{\partial x_1} dx_1 + \frac{\partial f}{\partial x_2} dx_2 + \frac{\partial f}{\partial x_3} dx_3 + \ldots \tag{4}$$

令：$dy \to \sigma_y$, $dx_1 \to \sigma_{x_1}$, $dx_2 \to \sigma_{x_2}$, $dx_3 \to \sigma_{x_3}, \cdots$

则输出量 y 的不确定度为：

$$\begin{aligned} u_c(y) = \sigma_y &= \sqrt{\left(\frac{\partial f}{\partial x_1}\right)^2 \sigma_{x_1}^2 + \left(\frac{\partial f}{\partial x_2}\right)^2 \sigma_{x_2}^2 + \left(\frac{\partial f}{\partial x_3}\right)^2 \sigma_{x_3}^2 + \cdots} \\ &= \sqrt{\sigma_{y_1}^2 + \sigma_{y_2}^2 + \sigma_{y_3}^2 + \cdots} \end{aligned} \tag{5}$$

输出量 y 的相对不确定度为：

$$\begin{aligned} \frac{u_c(y)}{y} = \frac{\sigma_y}{y} &= \frac{\sqrt{\left(\frac{\partial f}{\partial x_1}\right)^2 \sigma_{x_1}^2 + \left(\frac{\partial f}{\partial x_2}\right)^2 \sigma_{x_2}^2 + \left(\frac{\partial f}{\partial x_3}\right)^2 \sigma_{x_3}^2 + \cdots}}{y} \\ &= \sqrt{\left(\frac{\partial f}{\partial x_1}\right)^2 \frac{\sigma_{x_1}^2}{y^2} + \left(\frac{\partial f}{\partial x_2}\right)^2 \frac{\sigma_{x_2}^2}{y^2} + \left(\frac{\partial f}{\partial x_3}\right)^2 \frac{\sigma_{x_3}^2}{y^2} + \cdots} \\ &= \sqrt{\frac{\sigma_{y_1}^2}{y^2} + \frac{\sigma_{y_2}^2}{y^2} + \frac{\sigma_{y_3}^2}{y^2} + \cdots} \end{aligned} \tag{6}$$

式中，$\frac{\partial f}{\partial x_i}$ 为各输入量 x_i 的灵敏系数；σ_{x_i} 为各输入量 x_i 的不确定度，可由式(1)~式(3)求得，即 $\sigma_{x_i} = u_c(x_i)$；$\sigma_{y_i} = \frac{\partial f}{\partial x_i} \sigma_{x_i}$ 为 y 的分量不确定度。

⑥确定被测量 y 可能值分布的包含因子。

为求得扩展不确定度，对合成标准不确定度所乘之数字因子，称为包含因子，一般用 k 表示。当无法判断被测量 y 的分布时，不能根据分布来确定包含因子 k，可假设 $k=2$，于是扩展不确定度为 $U=2u_c$。

⑦给出扩展不确定度 $U(y)=u(y)_c \cdot k$。

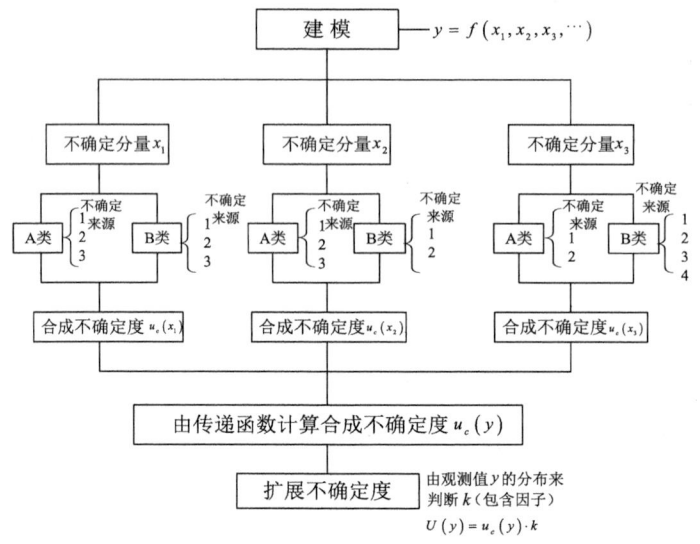

图 1 不确定度评定步骤流程图

2 机械阻抗测量方法的数学模型

王锁泉等[7]以金属弹簧作为标准模型，验证了机械阻抗测量方法的正确性，试验如图1所示。本文以上述标准模型为研究对象，对其输入机械阻抗进行不确定度评定。

图 2 隔振元器件标准模型机械阻抗试验

以轴向机械阻抗测试为例子，实际测量时，振动速度是通过振动加速度计测量的信号经过积分得到的。由动态力和振动加速度测量信号获得输入机械阻抗的计算公式如式(7)：

$$Z_{11}(f) = j\omega \cdot \frac{S_{F_1 F_1}(f)}{S_{F_1 \dot{q}_1}(f)} - j\omega M \bigg|_{\dot{q}_{2(1\sim 6)}=0, \dot{q}_{1(2\sim 6)}=0} \quad (7)$$

式中，$Z_{11}(f)$ 为隔振元器件的输入机械阻抗，$S_{F_1 F_1}(f)$ 为隔振元器件输入端动态力的自功率谱；$S_{F_1 \dot{q}_1}(f)$ 为输入端动态力和输入端加速度之间的互功率谱；M 为隔振器输入端的附加质量；$\dot{q}_{2(1\sim 6)}=0, \dot{q}_{1(2\sim 6)}=0$ 为隔振器机械阻抗测试时输入和输出端边界振动约束条件。

3 合成标准不确定度表达式

输入机械阻抗计算数学模型可写成:

$$Z_{11}(f) = j\omega \cdot \frac{F_1}{\ddot{q}_1} - j\omega M = -\omega \cdot \left|\frac{F_1}{\ddot{q}_1}\right|\sin(\theta_{F_1/\ddot{q}_1}) + j\omega\left\{\left|\frac{F_1}{\ddot{q}_1}\right|\cos(\theta_{F_1/\ddot{q}_1}) - M\right\} \tag{8}$$

式中,$\left|\frac{F_1}{\ddot{q}_1}\right|$ 为隔振元件输入端动态力与输入端加速度传递函数幅值;$\theta_{F_1/\ddot{q}_1}$ 为隔振元件输入与输入端加速度的相位差。

设输入机械阻抗的实部和虚部为 R_{Z11} 和 I_{Z11},输入机械阻抗实部和虚部的不确定度为 $u(R_{Z11})$ 和 $u(I_{Z11})$,则有:

$$R_{Z11} = -\omega \cdot \left|\frac{F_1}{\ddot{q}_1}\right|\sin(\theta_{F_1/\ddot{q}_1}), \quad I_{Z11} = \omega\left\{\left|\frac{F_1}{\ddot{q}_1}\right|\cos(\theta_{F_1/\ddot{q}_1}) - M\right\} \tag{9}$$

根据JJF 1059-1999《测量不确定度评定与表示》中不确定度传播律知输入机械阻抗实部的相对不确定为:

$$u_{rel}(R_{Z11}) = \frac{u(R_{Z11})}{|R_{Z11}|} = \sqrt{\left(\frac{u(|F_1|)}{|F_1|}\right)^2 + \left(\frac{u(|\ddot{q}_1|)}{|\ddot{q}_1|}\right)^2 + \left(\frac{u(\sin(\theta_{F_1/\ddot{q}_1}))}{\sin(\theta_{F_1/\ddot{q}_1})}\right)^2} \tag{10}$$

$$u_{rel}(I_{Z11}) = \frac{u(I_{Z11})}{|I_{Z11}|} = \frac{\sqrt{\left|\frac{F_1}{\ddot{q}_1}\right|^2 \cos^2(\theta_{F_1/\ddot{q}_1})\left\{\left(\frac{u(|F_1|)}{|F_1|}\right)^2 + \left(\frac{u(|\ddot{q}_1|)}{|\ddot{q}_1|}\right)^2 + \left(\frac{u(\cos(\theta_{F_1/\ddot{q}_1}))}{\cos(\theta_{F_1/\ddot{q}_1})}\right)^2\right\} + (u(M))^2}}{\left|\left|\frac{F_1}{\ddot{q}_1}\right|\cos(\theta_{F_1/\ddot{q}_1}) - M\right|} \tag{11}$$

式中,$\frac{u(|F_1|)}{|F_1|}$ 为输入端动态力幅值的相对不确定度;$\frac{u(|\ddot{q}_1|)}{|\ddot{q}_1|}$ 为输入端加速度幅值的相对不确定度;$\frac{u(\sin(\theta_{F_1/\ddot{q}_1}))}{\sin(\theta_{F_1/\ddot{q}_1})}$ 为输入端动态力与输入端加速度相位差正弦的相对不确定度;$\frac{u(\cos(\theta_{F_1/\ddot{q}_1}))}{\cos(\theta_{F_1/\ddot{q}_1})}$ 为输入端动态力与输入端加速度相位差余弦的相对不确定度;$u(M)$ 为隔振元器件附加质量的绝对不确定度。

4 分量相对标准不确定度

(1) 输入端动态力的相对不确定度分量

输入端动态力通过动态力传感器直接测量获得,主要受传感器自身、所用电荷放大器和数据采集器系统误差影响,可以根据以上仪器设备的校准检定证书结果进行B类不确定度分析:

$$u_{1rel}(|F_1|) = \frac{u(|F_1|)}{|F_1|} = \sqrt{\sum_{i=1}^{4} u_{1irel}^2(F_1)} = 2.3\% \tag{12}$$

(2) 输入端振动加速度的相对不确定度分量

输入端振动加速度通过加速度传感器直接测量获得,主要受传感器自身和数据采集器系统误差影响，可以根据以上仪器设备的校准检定证书结果进行B类不确定度分析：

$$u_{2rel}(|\ddot{q}_1|) = \frac{u(|\ddot{q}_1|)}{|\ddot{q}_1|} = \sqrt{\sum_{i=1}^{4} u_{2irel}^2} = 3.3\% \tag{13}$$

(3) 输入端动态力与加速度相位差正弦(余弦)的相对不确定度分量

动态力与加速度相位差正弦和余弦的相对不确定度可以写成：

$$u_{rel}(\sin\theta_{F/\ddot{q}_1}) = \frac{u(\sin(\theta_{F/\ddot{q}_1}))}{\sin(\theta_{F/\ddot{q}_1})} = \cot(\theta_{F/\ddot{q}_1})u(\theta_{F/\ddot{q}_1})$$

$$u_{rel}(\cos\theta_{F/\ddot{q}_1}) = \frac{u(\cos(\theta_{F/\ddot{q}_1}))}{\cos(\theta_{F/\ddot{q}_1})} = \tan(\theta_{F/\ddot{q}_1})u(\theta_{F/\ddot{q}_1}) \tag{14}$$

通过6次重复标定，获得动态力与加速度测量通道间相位差的相对不确定度 $u_{4rel}(\theta_{F_1/\ddot{q}_1}) \approx 8\%$，通过力与加速度的相位差对测试结果进行输入端动态力和加速度之间传递函数的相位、输出端动态力和加速度之间的传递函数的相位进行修正后，获得修正以后的相位正弦余弦的相对不确定随频率的变化曲线，得到的不确定度分量是一个关于频率的函数，取10 Hz到1 000 Hz以内最大值，由此可得：

$$\begin{aligned} u_{3rel}(\sin\theta_{F_1/\ddot{q}_1}) &= 3.5\% \\ u_{3rel}(\cos\theta_{F_1/\ddot{q}_1}) &= 0.5\% \end{aligned} \tag{15}$$

(4) 附加质量的不确定度分量

按照测量方法的规定，附加质量应当在测量前采用在计量有效期内的电子称进行称量。附加质量的称量误差可引用电子称检定结果中相应档位的最大允许误差，该误差可看作是均匀分布，则由测量方法引起的相对标准不确定度：

$$u_{4rel}(M) = \frac{\Delta m}{k_p} \approx \frac{0.005}{\sqrt{3}} \approx 0.29\% \tag{16}$$

(5) 试验安装误差引起的不确定度分量

试件的安装包括测力板、隔振元器件、测量工装件、激振器、传感器等部件的安装。试件的安装误差同样会给测量结果带来影响，从而引入测量不确定度分量。根据安装过程可控性，主要引起带来随机误差的安装因素归纳如下：

①激振器利用橡皮绳弹性悬挂，激振杆安装时存在人为操作因素，引入安装误差。
②加速度传感器安装存在随机性，引入安装误差。
③静力载荷施加过程存在随机误差，引入误差。

对由安装误差引入的测量不确定度分量，采用A类评定方法，通过10次重复试验，计算获得各影响因素的相对不确定度分量。

$$\begin{aligned} u_{51rel}(Z_{11\_R}) &= 10\% \\ u_{51rel}(Z_{11\_I}) &\approx 0 \\ u_{52rel}(Z_{11\_R}) &= 2.5\% \\ u_{52rel}(Z_{11\_I}) &\approx 0 \\ u_{53rel}(Z_{11\_R}) &= 2\% \\ u_{53rel}(Z_{11\_I}) &\approx 0 \end{aligned} \tag{17}$$

上述影响因素为相互独立，则由试件安装误差引起的相对标准不确定度分量，按照式(18)计算：

$$u_{5rel}(Z_{11\_R}) = \sqrt{0.1^2 + 0.025^2 + 0.02^2} \approx 11\%$$
$$u_{5rel}(Z_{11\_I}) \approx 0 \tag{18}$$

5 合成标准不确定度

本次标准模型的输入机械阻抗实部合成相对不确定度：

$$\begin{aligned}u_{rel}(R_{Z11}) &= \sqrt[2]{u_{1rel}(|F_1|)^2 + u_{2rel}(|\ddot{q}_1|)^2 + u_{3rel}(\sin\theta_{F_1/\ddot{q}_1})^2 + u_{5rel}(Z_{11\_R})^2} \\ &= \sqrt{0.023^2 + 0.033^2 + 0.035^2 + 0.11^2} \\ &= 12.2\%\end{aligned} \tag{19}$$

输入阻抗虚部的相对不确定度：

$$u_{rel}(I_{Z11}) = \frac{\sqrt[2]{\left|\frac{F_1}{\ddot{q}_1}\right|^2 \cos^2(\theta_{F_1/\ddot{q}_1})(u_{1rel}(|F_1|)^2 + u_{2rel}(|\ddot{q}_1|)^2 + u_{3rel}(\cos\theta_{F_1/\ddot{q}_1})^2 + u_{4rel}(M)^2 + u_{5rel}^2)}}{\left|\frac{F_1}{\ddot{q}_1}\right|\cos(\theta_{F_1/\ddot{q}_1}) - M} \approx 6\% \tag{20}$$

式中，$\left|\frac{F_1}{\ddot{q}_1}\right|\cos(\theta_{F_1/\ddot{q}_1}) - M$ 为最佳安装条件下多次阻抗测试的平均值。

6 测量扩展不确定度

根据以上得到的合成标准不确定度，按照式(21)计算扩展不确定。

$$U_{rel} = k_p \cdot u_{rel} \tag{21}$$

通常情况下，取置信概率p为95%，包含因子k_p=2，则此时输入机械阻抗实部和虚部的测量扩展不确定为：

$$\left.\begin{aligned}U_{95rel}(Z_{11\_R}) &= 24.4\% \approx 1.9dB \\ U_{95rel}(Z_{11\_I}) &= 12\% \approx 1.0dB\end{aligned}\right\} \tag{22}$$

7 结 论

本文依据标准 JJF 1059-2012《测量不确定度评定与表示》，以金属弹簧为标准模型，开展测量不确定度评定，给出具体分析思路。对于复数型参数，可以通过分别对实部和虚部分别进行评定，同时便于分析各影响因素影响程度大小。根据最终测量不确定度结果，本次标准模型机械阻抗测量不确定度小于2.0dB，研究发现试验安装误差对于机械阻抗参数实部的影响是最为显著的，但同时对虚部的影响最小。本文建立的隔振元器件标准模型不确定方法和影响因素分析，可作为隔振元件机械阻抗理论方法预报的基准。

参 考 文 献

[1] 王锁泉, 刘忠族, 等. 隔振器机械阻抗测量[C]// 第十届船舶水下噪声学术讨论会论文集, 2005: 198-203.

[2] 王锁泉, 朱忠等. 加载对隔振器机械阻抗参数的影响[C]// 第十届船舶水下噪声学术讨论会论文集, 2007: 180-185.

[3] 王锁泉, 纪德权, 等. 隔振元件动态特性测试技术研究现状与发展趋势[C]// 第十五届船舶水下噪声学术讨论会论文集, 2015: 638-649.

[4] 王锁泉, 郝夏影, 纪德权. 隔振元件机械阻抗测试装置性能标定研究[C]// 第十六届船舶水下噪声学术讨论会论文集, 2017: 338-345.

[5] 王锁泉, 周庆云, 等. 隔振元器件机械阻抗测量与数据处理方法研究[J]. 舰船科学技术, 2006, 28(215): 107-111.

[6] 沈建平等. 隔振器机械阻抗测量方法[J]. 舰船科学技术, 2006, 28(215): 98-106.

[7] 王锁泉, 苗金林, 等. 隔振元器件机械阻抗测试方法标模验证[C]// 第十三届船舶水下噪声学术讨论会论文集, 2011: 223-229.

Uncertainty Analysis on Mechanical Impedance of Vibration Isolator Standard Model

LIU Peng[1,2]*, JI Dequan[1,2], HU Zhikuan[1,2], TIAN Hongye[1,2], LI Tao[1,2]

(1. National Key Laboratory on Ship Vibration and Noise, China Ship Scientific Research Center, Wuxi 214082, China;

2. Taihu Laboratory of Deepsea Technological Science, Wuxi 214082, China)

Abstract

The mechanical impedance of vibration isolation components is an important input parameter in ship vibration isolation system, which mainly depends on the measured values at present. Taking the standard model of vibration isolation components as the object, the mathematical model expression of the mechanical impedance measurements is given, and the influencing factors of the synthetic uncertainty of input impedance and transfer impedance are studied. The measurement uncertainty of the real and imaginary parts of the mechanical impedance is evaluated. The analysis results show that the extended measurement uncertainty of each impedance component of the standard model of vibration isolation components is less than 2.0dB.

Key words: Vibration isolator; Standard model; Mechanical impedance; Uncertainty analysis

作 者 简 介

刘　朋　男, 1981 年生, 高级工程师。主要从事振动噪声测试与评估分析等方面研究。

纪德权　男, 1988 年生, 高级工程师。主要从事减隔振元件测试与分析等方面研究。

胡志宽　男, 1988 年生, 工程师。主要从事振动噪声预测及测试分析等研究。

田宏业　男, 1993 年生, 工程师。主要从事振动噪声预测及测试分析等研究。

李　涛　男, 1994 年生, 工程师。主要从事振动噪声测试及故障诊断等研究。

*通讯作者：刘朋

充液复合编织材料柔性接管的轴向阻抗研究

苏明珠*，孙玉东，尹志勇，吴江海，孙凌寒，侯希晨

（中国船舶科学研究中心 船舶振动噪声重点实验室，无锡 214082）

摘　要

本文从复合编织材料的细观力学方程出发，基于经典层合理论，建立复合编织材料管体的应力-应变关系，得到了其轴向控制方程及声阻抗与机械阻抗解析式，与有限元结果进行对比，验证了理论结果的正确性。分析了纤维铺设角的不同组合形式及纤维体积分数变化对充液复合编织材料柔性接管声阻抗及机械阻抗的影响。研究结果对于柔性接管阻抗预报及柔性接管设计与选型均有一定的指导意义。

关　键　词：复合编织材料；柔性接管；声阻抗；机械阻抗
中图分类号：TB535；U664.84

0　引　言

柔性接管是一种隔振性能优良的管路元器件，应用于管路系统可提供较大的位移补偿能力，由此在管路系统中获得了大量的应用。有关于柔性接管声阻抗及机械阻抗的计算，过去的研究大多基于单一材料的各向同性柔性接管，Munjal和Thawani[2]根据Lesmez[1]推导出的管段传递矩阵，研究了软管对入射的弯曲波、纵波和声波的传递损失，以及软管材料弹性参数、阻尼参数和长度、管段数、壁厚、内径、弯管角度等各种因素对隔振效果的影响。Tijsseling[3]考虑流固耦合，基于传统的水锤理论和梁理论，通过轴对称二维基本方程的横截面积分，推导出了直管的控制方程。

然而随着科学技术的不断进步，大量具有优越性能的新型复合材料柔性接管被应用于管路系统。为了清楚分析其振动特性及减振降噪效果，诸多学者针对复合材料柔性接管做了大量的工作。Bert[4]分析了自由谐波在正交各向异性材料组成的输流、薄壁圆柱壳中的传播，重点研究了玻璃纤维-环氧复合材料与钢管的性能差异。Yu和Kojima[5]建立了非均匀粘弹性流体管道在轴向和周向方向的动态响应的传递矩阵模型，对一种不均匀的粘弹性粗丝增强液压柔性接管进行了试验研究，将传递矩阵参数和频率响应的理论和试验结果进行了对比。Pinington[6-7]建立了采用纤维增强的具有内部正压力的正交各向异性软管的耦合振动方程，并研究了管壁和流体的波传播特性。研究表明相对于单一材料的软管，内部压力对具有纤维增强的软管具有较强的硬化作用，使管道中波速更大。Drew[8]考虑管壁材料粘弹性与流体粘性，得到定义管端压力波与流动波关系的频率相关阻抗矩阵。Jeong和Inaba[9]从管材各向异性的应力-应变关系出发，分析了管路轴向及周向方向的波速和应变，研究了碳纤维增强塑料管的弹性各向异性对流固耦合的影响。Sokolov[10]结合复合材料管壁的正交各向异性和粘弹性特性，建立了充液柔性管的理论梁模型，给出了阻抗矩阵元素的解析式，对部分阻抗元素进行了试验验证。除此之外，Johnston[11]建立了较完整的软管阻抗矩阵及其管道材料参数的测试方法。Popkov[12]提供了充液柔性元器件的声阻抗、机械阻抗及耦合阻抗测量方法及装置。

国内，刘忠族[13]等人建立了末端堵塞法测试挠性接管声阻抗的试验方法。孙玉东[14]等人建立了弹

收稿日期：2022-11-25；修改稿收稿日期：2022-12-29

性直管的轴向、横向机械阻抗解析算法。王锁泉[15]等人基于肘形挠性接管的结构特点，采用两试件对称及反对称布置形式，建立了轴向挠性接管机械阻抗的测试方法。

本文基于经典层合理论，从复合编织材料的细观力学出发，考虑复合材料纤维铺设角及纤维体积分数，推导了复合材料编织管的轴向耦合控制方程，计算了柔性接管的声阻抗及机械阻抗，建立了复合材料柔性接管的理论预报方法。分析了纤维铺设角及纤维体积分数对柔性接管声阻抗及机械阻抗的影响，并建立有限元模型，验证了解析结果的正确性。

1 充液复合材料柔性接管的轴向阻抗矩阵理论推导

1.1 复合编织材料的物理性质

由于复合编织材料结构比较复杂，在分析其物理特性时，为了考虑复合材料编织管（见图1）中纤维铺设角的影响，必须由复合材料细观力学分析入手，给出编织层的应力-应变关系。定义纤维铺设角为每层纤维方向与管道母线的夹角，即图 1 中的 φ。本节采用的细观力学方法须有如下的基本假设：

(1) 复合编织材料单层是宏观均质的、线弹性的、正交各向异性的，且无初应力；
(2) 纤维材料是均质的、线弹性的、各向同性的，且分布规则；
(3) 基体材料是均质的、线弹性的、各向同性的，孔隙可忽略不计；
(4) 纤维和基体沿纤维方向的变形相同，且为平面应力状态；
(5) 界面黏结完好，无缺陷。

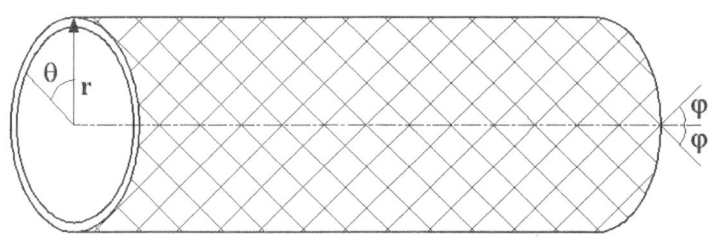

图 1 复合材料编织管

纤维与基体的相对比例是决定复合材料性能的重要因素，通常用体积分数 V_b 来表示各相材料所占的比例。对具有 φ 铺设角度的编织层可以被认为是多层的层叠结构，单层结构的密度、杨氏模量及泊松比为

$$\rho_p = \rho_b V_b + \rho_m (1-V_b) \tag{1}$$

$$E_1 = E_b V_b + E_m (1-V_b) \tag{2}$$

$$\frac{1}{E_2} = \frac{V_b}{E_b} + \frac{1-V_b}{E_m} \tag{3}$$

$$\mu_{12} = \mu_b V_b + \mu_m (1-V_b) \tag{4}$$

$$\frac{1}{G_{12}} = \frac{V_b}{G_b} + \frac{1-V_b}{G_m} \tag{5}$$

式中，ρ_p 为纤维密度，E_b 为纤维杨氏模量，μ_b 为纤维泊松比，G_b 为纤维剪切模量，$G_b = \dfrac{E_b}{2(1+\mu_b)}$。

ρ_m 为基体密度，E_m 为基体杨氏模量，μ_m 为基体泊松比，G_m 为基体剪切模量，$G_m = \dfrac{E_m}{2(1+\mu_m)}$。$\rho_p$ 为单层结构密度，E_1 和 E_2 分别为单层结构纵向和横向杨氏模量，如图1所示；μ_{12} 定义为当施加压力于方向1时，在方向2处收缩的法向应变与方向1上的法向应变之比；G_{12} 为单层结构剪切模量。

可以根据薄层的平面应力假设，得出单向单层结构的应力-应变关系。考虑纤维轴与基体板主轴不对齐的情况，此时刚度单元以角度 φ 旋转。此时层合板结构主轴的应力应变关系为

$$\begin{Bmatrix} \sigma_x \\ \sigma_y \\ \sigma_z \end{Bmatrix} = \bar{\boldsymbol{C}}^\varphi \begin{Bmatrix} \varepsilon_x \\ \varepsilon_y \\ \varepsilon_z \end{Bmatrix} = \boldsymbol{Q}^{-1}\boldsymbol{CRQR}^{-1} \begin{Bmatrix} \varepsilon_x \\ \varepsilon_y \\ \varepsilon_z \end{Bmatrix} \tag{6}$$

式中，$\boldsymbol{Q} = \begin{bmatrix} \cos^2(\varphi) & \sin^2(\varphi) & -2\sin(\varphi)\cos(\varphi) \\ \sin^2(\varphi) & \cos^2(\varphi) & 2\sin(\varphi)\cos(\varphi) \\ \sin(\varphi)\cos(\varphi) & -\sin(\varphi)\cos(\varphi) & \cos^2(\varphi)-\sin^2(\varphi) \end{bmatrix}$，$\boldsymbol{R} = \begin{bmatrix} 1 & 0 & 0 \\ 0 & 1 & 0 \\ 0 & 0 & 2 \end{bmatrix}$，

$\boldsymbol{C} = \begin{bmatrix} E_1/E_\# & \mu_{12}E_2/E_\# & 0 \\ \mu_{12}E_2/E_\# & E_2/E_\# & 0 \\ 0 & 0 & G_{12} \end{bmatrix}$，$E_\# = 1 - \mu_{12}^2(E_2/E_1)$。

编织层的弹性刚度是由每个单层的弹性刚度的体积平均值计算的，如果编织层由均匀厚度的n层材料组成，则刚度矩阵为

$$\bar{\boldsymbol{C}} = \frac{1}{n}\sum_{i=1}^{n}\bar{\boldsymbol{C}}^{\varphi_i} \tag{7}$$

若厚度不均匀，则刚度矩阵为

$$\bar{\boldsymbol{C}} = \sum_{i=1}^{n}\frac{h_i}{h}\bar{\boldsymbol{C}}^{\varphi_i} \tag{8}$$

由此，编织复合材料的应力-应变关系为

$$\begin{Bmatrix} \bar{\sigma}_x \\ \bar{\sigma}_y \\ \bar{\tau}_{xy} \end{Bmatrix} = \begin{bmatrix} \bar{C}_{11} & \bar{C}_{12} & 0 \\ \bar{C}_{12} & \bar{C}_{22} & 0 \\ 0 & 0 & \bar{C}_{44} \end{bmatrix} \begin{Bmatrix} \bar{\varepsilon}_x \\ \bar{\varepsilon}_y \\ \bar{\gamma}_{xy} \end{Bmatrix} \tag{9}$$

或者等价地

$$\begin{Bmatrix} \bar{\varepsilon}_x \\ \bar{\varepsilon}_y \\ \bar{\gamma}_{xy} \end{Bmatrix} = \begin{bmatrix} \bar{S}_{11} & \bar{S}_{12} & 0 \\ \bar{S}_{12} & \bar{S}_{22} & 0 \\ 0 & 0 & \bar{S}_{44} \end{bmatrix} \begin{Bmatrix} \bar{\sigma}_x \\ \bar{\sigma}_y \\ \bar{\tau}_{xy} \end{Bmatrix} \tag{10}$$

1.2 轴向控制方程及阻抗计算

基于膜壳理论及管壁轴向、周向的应力-应变关系，可得充液复合材料编织管的轴向耦合控制方程组。

$$\frac{\partial P}{\partial x} + \rho_f \frac{\partial^2 u_f}{\partial t^2} = 0$$

$$\overline{S}_{11}\frac{\partial P}{\partial t} + 2\overline{S}_{12}E_V'\frac{\partial^2 u_x}{\partial x \partial t} + \overline{S}_{11}E_V'\frac{\partial^2 u_f}{\partial x \partial t} = 0 \quad (11)$$

$$\frac{\partial F^x}{\partial x} - \rho_p A_p \frac{\partial^2 u_x}{\partial t^2} = 0$$

$$\overline{S}_{11}\frac{\partial F^x}{\partial t} + 2\overline{S}_{12}A\frac{\partial P}{\partial t} - A_p \frac{\partial^2 u_x}{\partial x \partial t} = 0$$

式中，F^x 为管壁纵向力，u_x 为管壁轴向位移。P 为声压，u_f 为内部声位移，ρ_f 为内部流体密度，E_V' 是修正后的体积模量，其具体表达式为式(13)，E_V 为内部流体体积模量。A 为管道公称面积，$A = \pi r^2$，A_p 为管壁横截面积，$A_p = 2\pi r h$，r 为管道公称半径，h 为管壁厚。x 为轴向坐标，t 为时间。

$$E_V' = \frac{E_V}{1 + 2\left(\overline{S}_{11}\overline{S}_{22} - \overline{S}_{12}^2\right) r E_V / \overline{S}_{11} h} \quad (12)$$

假设方程组沿轴向坐标的解为以下形式：

$$P = \overline{P}e^{j\omega t} = \overline{\overline{P}}e^{\lambda x}e^{j\omega t} \qquad u_f = \overline{u}_f e^{j\omega t} = \overline{\overline{u}}_f e^{\lambda x}e^{j\omega t}$$
$$F^x = \overline{f}_x e^{j\omega t} = \overline{\overline{f}}_x e^{\lambda x}e^{j\omega t} \qquad u_x = \overline{u}_x e^{j\omega t} = \overline{\overline{u}}_x e^{\lambda x}e^{j\omega t} \quad (13)$$

将式(13)带入式(11)得到波长 λ 的一元四次方程

$$\lambda^4 + \alpha\lambda^2 + \beta = 0 \quad (14)$$

式中，$\alpha = \omega^2\left(\dfrac{\rho_f}{E_V'} + \rho_p \overline{S}_{11} + 4\dfrac{\overline{S}_{12}^2 \rho_f A}{\overline{S}_{11} A_p}\right)$，$\beta = \dfrac{\omega^4 \rho_f \rho_p \overline{S}_{11}}{E_V'}$ 。

即对应于泊松耦合柔性接管中结构和流体的纵波波数 λ_1 和 λ_2，可按下式计算：

$$\lambda_{1,2}^2 = \frac{1}{2}\left[\alpha \mp \sqrt{\alpha^2 - 4\beta}\right], \lambda = \pm j\lambda_1, \pm j\lambda_2 \quad (15)$$

根据管路元器件阻抗的定义，两端状态量之间的关系以阻抗矩阵表示：

$$\begin{bmatrix} P(0) \\ P(L) \\ F^x(0) \\ F^x(L) \end{bmatrix} = \begin{bmatrix} Z_{11} & Z_{12} & Z_{13} & Z_{14} \\ Z_{21} & Z_{22} & Z_{23} & Z_{24} \\ Z_{31} & Z_{32} & Z_{33} & Z_{34} \\ Z_{41} & Z_{42} & Z_{43} & Z_{44} \end{bmatrix} \begin{bmatrix} A_f U_f(0) \\ A_f U_f(L) \\ U_x(0) \\ U_x(L) \end{bmatrix} \quad (16)$$

式中，U_f 为流体运动速度，$U_f = j\omega u_f$；U_x 为管壁纵向运动速度，$U_x = j\omega u_x$；A_f 为管内流体面积，L 为管长，Z_{ij} 为阻抗元素。

对于充液管路系统，阻抗矩阵中的元素满足对称性和互易原理。

$$\begin{aligned} Z_{11} &= -Z_{22}, Z_{21} = -Z_{12} \\ Z_{33} &= -Z_{44}, Z_{43} = -Z_{34} \\ Z_{13} &= -Z_{24}, Z_{23} = -Z_{14} \\ Z_{31} &= -Z_{42}, Z_{41} = -Z_{32} \end{aligned} \quad (17)$$

根据阻抗定义，很容易得到轴向声阻抗及机械阻抗矩阵元素的解析式。

声阻抗：

$$Z_{11} = \frac{P(0)}{A_f U_f(0)} = \frac{1}{\omega A_f} \frac{Z_1 N_2 \cot(\lambda_1 L) - Z_2 N_1 \cot(\lambda_2 L)}{M_1 N_2 - M_2 N_1} \quad (18)$$

$$Z_{21} = \frac{1}{\omega A_f} \frac{Z_1 N_2 / \sin(\lambda_1 L) - Z_2 N_1 / \sin(\lambda_2 L)}{M_1 N_2 - M_2 N_1} \quad (19)$$

机械阻抗：

$$Z_{33} = -\frac{1}{\omega} \frac{M_2 \cot(\lambda_1 L) - M_1 \cot(\lambda_2 L)}{M_1 N_2 - M_2 N_1} \quad (20)$$

$$Z_{43} = -\frac{1}{\omega} \frac{M_2 / \sin(\lambda_1 L) - M_1 / \sin(\lambda_2 L)}{M_1 N_2 - M_2 N_1} \quad (21)$$

式中，

$$N_1 = -\frac{j\lambda_1}{\omega^2 \rho_p A_p}, \quad N_2 = -\frac{j\lambda_2}{\omega^2 \rho_p A_p}$$

$$Z_1 = -\frac{1}{2\bar{S}_{12} A}\left(\bar{S}_{11} - \frac{\lambda_1^2}{\omega^2 \rho_p}\right), \quad Z_2 = -\frac{1}{2\bar{S}_{12} A}\left(\bar{S}_{11} - \frac{\lambda_2^2}{\omega^2 \rho_p}\right)$$

$$M_1 = \frac{1}{2\omega^2 \bar{S}_{12} \rho_f A}\left[j\lambda_1\left(\bar{S}_{11} - \frac{\lambda_1^2}{\omega^2 \rho_p}\right)\right], \quad M_2 = \frac{1}{2\omega^2 \bar{S}_{12} \rho_f A}\left[j\lambda_2\left(\bar{S}_{11} - \frac{\lambda_2^2}{\omega^2 \rho_p}\right)\right]$$

2 结果分析

目前，海洋及船用软管大多采用Kevlar纤维作为增强材料，具有强度高、密度低、尺寸稳定性好以及耐热耐油等优越性能。本文采用橡胶作为基体材料、Kevlar纤维作为增强材料，计算分析复合材料柔性接管的声阻抗及机械阻抗特性，具体参数见表1。

表 1 Kevlar 纤维增强橡胶管及流体的物理性质

纤维：Kevlar		复合材料管	
杨氏模量 E_b	30 GPa	纤维体积分数 V_b	0.7
泊松比 μ_b	0.35	公称半径 r	0.05 m
密度 ρ_b	1440 kg/m³	壁厚 h	0.01 m
基体：橡胶		管长 L	1 m
杨氏模量 E_m	3 MPa	水	
泊松比 μ_m	0.49	体积模量 E_V	2.18 GPa
密度 ρ_m	1200 kg/m³	密度 ρ_f	998 kg/m³

2.1 结果验证

采用[0/±45/90]$_2$铺层方式，以0°、+45°、-45°、90°的铺设角度，循环铺设2次，每层均匀厚1.25 mm，共8层。将材料参数带入理论方法中，计算充液复合编织材料柔性接管声阻抗及机械阻抗，并与ABAQUS计算结果相对比。从图2~图3可以看出，理论方法计算得到的声阻抗及机械阻抗幅值-频率曲线与有限元法计算得到的曲线相互重合，证明了理论方法的正确性。

考虑泊松耦合作用的充液复合材料柔性接管的输入阻抗和传递阻抗在低频重合，高频出现差异。图2中声阻抗最小值所在最低频率，即第一反共振频率大约为189 Hz；图3中机械阻抗最小值所在频率约为593 Hz，可以看出，机械阻抗幅值-频率曲线上存在多个共振峰，频率大约为363 Hz和725 Hz，而声阻抗的共振频率约为363 Hz和725 Hz，合理推测其共振峰是管内流体声共振导致的。所以，受泊松耦合影响，机械阻抗幅值-频率曲线会出现声共振频率，体现了流体-结构相互作用。

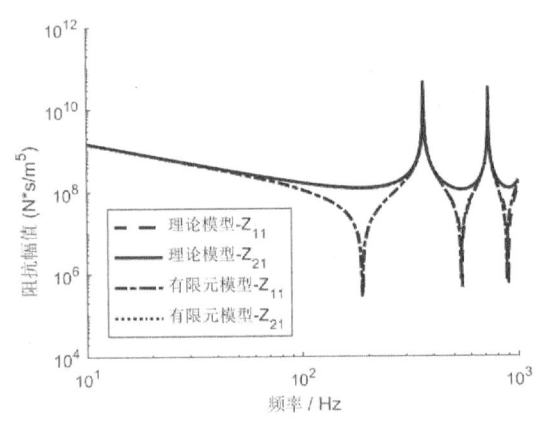

图 2 均匀铺层下的声阻抗　　　　　图 3 均匀铺层下的机械阻抗

将每层厚度0.125 mm的均匀铺层改为厚度分别为0.8 mm、1.7 mm、1.7 mm、0.8 mm的非均匀厚度铺层，循环铺设2次，将解析计算结果与ABAQUS结果进行比较，见图4、图5所示。解析解结果与有限元结果也基本吻合，再次证明理论的可行性。由图2~图5对比分析可得，机械阻抗的第一阶反共振频率一般大于声阻抗。

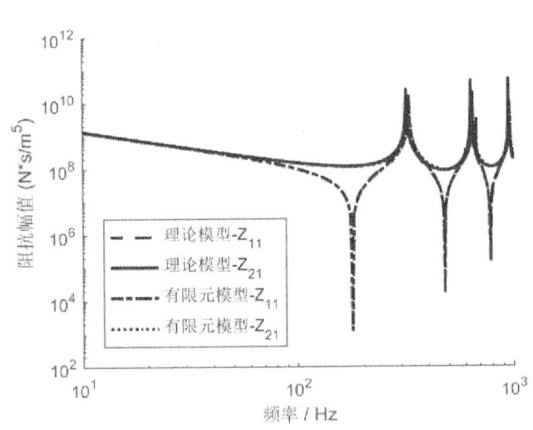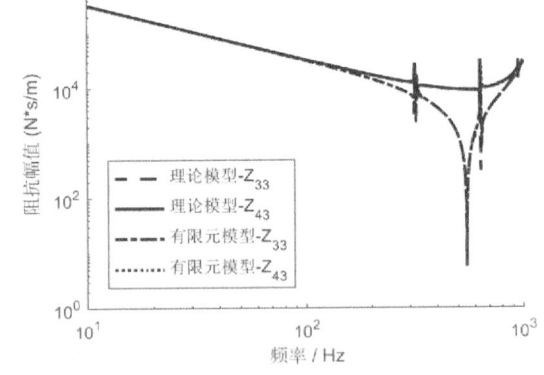

图 4 非均匀厚度铺层下的声阻抗　　　图 5 非均匀厚度铺层下的机械阻抗

2.2 不同铺层方式对轴向阻抗的影响

分别采用$[0/\pm20/90]_2$、$[0/\pm45/90]_2$、$[0/\pm70/90]_2$的均匀铺层方式计算充液复合编织管的轴向阻抗，如图7~图10。结果表明，中间铺层角度的增大，造成声阻抗的共振及反共振频率的增大，机械阻抗共振与反共振频率的减小，当角度为20°时，在机械阻抗幅值-频率曲线上观察不到声共振的影响。低频范围内，可以明显看出，随着铺设角的增大，声阻抗幅值增大，机械阻抗幅值减小。

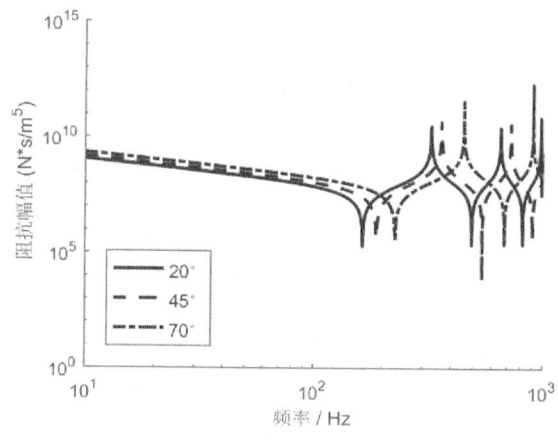

图 6 不同铺层方式对声输入阻抗的影响

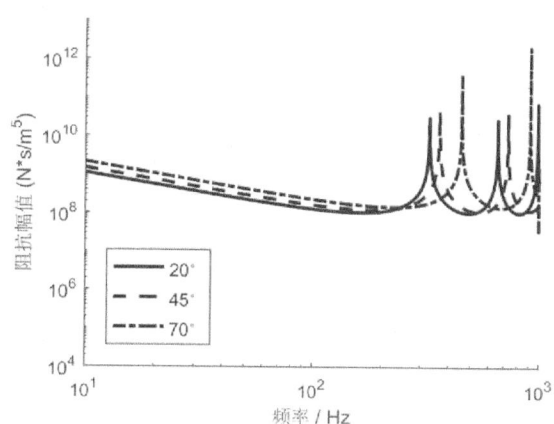

图 7 不同铺层方式对声传递阻抗的影响

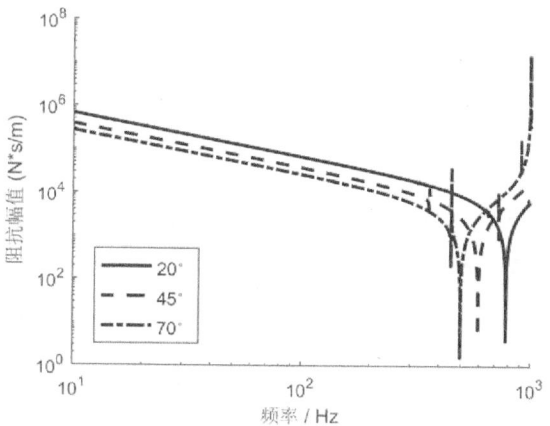

图 8 不同铺层方式对机械输入阻抗的影响

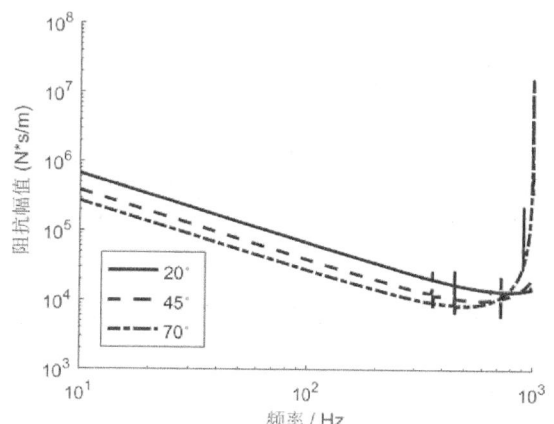

图 9 不同铺层方式对机械传递阻抗的影响

2.3 纤维体积分数变化对轴向阻抗的影响

图11~图14为纤维体积分数变化对充液复合编织管轴向阻抗的影响，图中可以看出纤维体积分数的增大，导致声阻抗及机械阻抗的共振及反共振频率升高。在低频范围内，纤维体积分数越高，声阻抗及机械阻抗幅值越大。

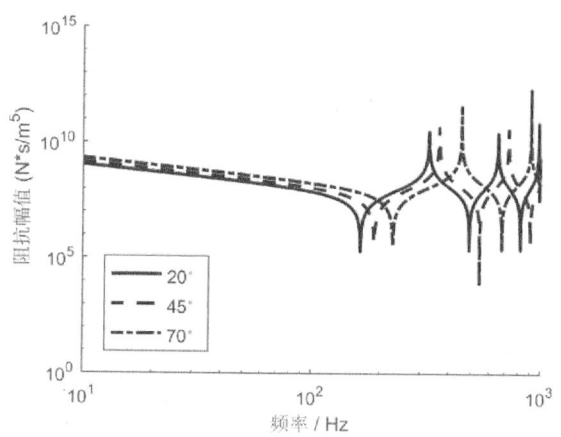

图 10 纤维体积分数变化对声输入阻抗的影响

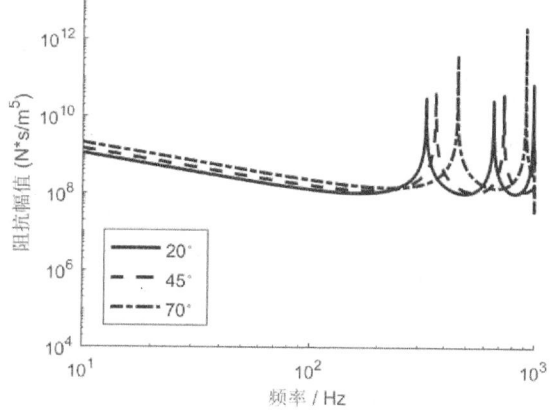

图 11 纤维体积分数变化对声传递阻抗的影响

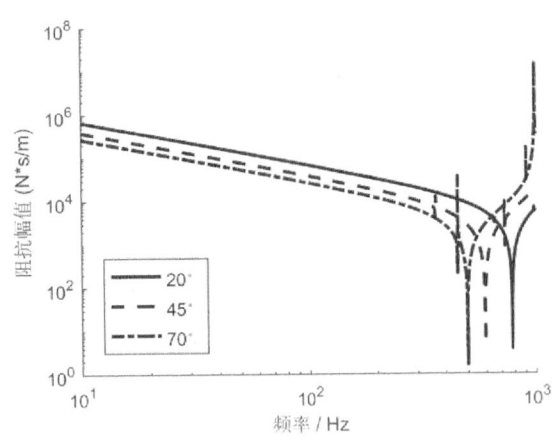
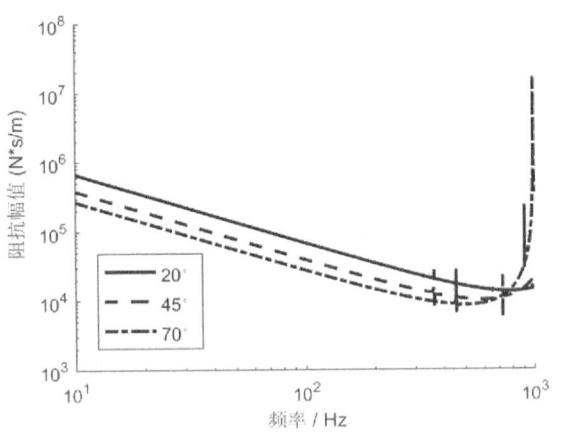

图 12 纤维体积分数变化对机械输入阻抗的影响　　图 13 纤维体积分数变化对机械传递阻抗的影响

3 结 论

由材料的细观力学出发，考虑纤维铺设角及纤维体积分数，得到了复合编织材料的应力-应变关系，结合膜壳方程建立了充液复合材料编织管的轴向控制方程，推导获得其声阻抗及机械阻抗的解析解，结合有限元法证明了该理论方法的可行性，为充液复合材料柔性接管的阻抗预报奠定扎实的基础。文中分析了纤维铺设角及纤维体积分数变化对声阻抗及机械阻抗的影响。主要结论为：

(1) 充液复合编织材料柔性接管的声阻抗及机械阻抗同样低频重合，随着频率升高，输入阻抗与传递阻抗曲线逐渐出现差异。由于泊松耦合的影响，在声共振频率点，机械阻抗曲线会出现多个共振峰。

(2) 纤维铺设角越大，声阻抗的共振及反共振频率越大，机械阻抗的共振与反共振频率越小。低频范围内，铺设角越大，声阻抗值越大，机械阻抗值越小。

(3) 声阻抗及机械阻抗的共振与反共振频率随纤维体积分数的增大而增大，低频范围内，声阻抗值与机械阻抗值阻抗值也随体积分数的增加而增大。

基于解析算法建立了复合材料柔性接管的理论模型，提供了一种可靠度较高的阻抗计算方法，可为柔性接管的设计、试验提供理论依据，满足工程实用需要。

参 考 文 献

[1] LESMEZ M W, WIGGERT D C, Hatfield F J. Modal analysis of vibrations in liquid-filled piping-systems[J]. J Fluid Eng, 1990,112(3): 311-318.

[2] MUNJAL M W, THAWANI P T. Prediction of the vibro-acoustic transmission loss of planar hose-pipe system[J]. J Acoust Soc Am, 1997, 101(5): 2524-2535.

[3] TIJSSELING A S. Water hammer with fluid-structure interaction in thick-walled pipes[J]. Computers & Structures, 2007, 85(11-14): 844-851.

[4] BERT C W, CHEN T L C. Wave propagation in fluid-conveying piping constructed of composite material[J]. J Press Vess, 1975, 97(3): 178-184.

[5] YU J, KOJIMA E. Wave propagation in fluids contained in finite-length anisotropic viscoelastic pipes[J]. J Acoust Soc Am, 1998, 104(6): 3227-3235.

[6] PINNINGTON R J. Axisymmetric wave transfer functions of flexible tubes[J]. J Sound Vib, 1997, 204(2): 291-310.

[7] PININGTON R J. The axisymmetric wave transmission properties of pressurized flexible tubes[J]. J Sound Vib, 1997, 204(2): 271-289.

[8] DREW J E, LONGMORE D K, JOHNSTON D N. Theoretical analysis of pressure and flow ripple in flexible hoses containing tuners[J]. Proc Instn Mech Engrs, 1998, 212(6): 405-422.

[9] YOU J H, INABA K. Fluid-structure interaction in water-filled thin pipes of anisotropic composite materials[J]. Journal of Fluids and Structures, 2013, 36: 162-173.

[10] SOKOLOV A. Impedance matrix of rubber-cord fluid-filled hose[C]// Inter-noise &Noise-con Congress & Conference, 2014.

[11] JOHNSTON D N, NIGEL T M. Measured dynamic properties of flexible hoses[J]. J Vib Acoust, 2010, 210(2): 111-118.

[12] POPKOV V I. Defining dynamic properties (impedances) of the flexible inserts with fluid[J]. Acta Acust United Ac, 2012, 98(6): 870-883.

[13] 刘忠族, 孙玉东, 周庆云. 管路柔性元件声阻抗测试方法研究[J]. 舰船科学技术, 2006, 28: 125-127.

[14] 孙玉东, 刘忠族, 周庆云, 等. 弹性管阻抗测量标准样件的设计研究[J]. 中国造船, 2004, 45(4): 42-47.

[15] 王锁泉, 席亦农, 尹志勇, 等. 肘形挠性接管机械阻抗测试及其隔振效果预报研究[C]. 第十二届船舶水下噪声学术讨论会论文集, 2009.

Study on Axial Impedances of Fluid-filled Fiber Reinforced Flexible Pipes

SU Mingzhu*, SUN Yudong, YIN Zhiyong, WU Jianghai, SUN Linghan, HOU Xichen

(National Key Laboratory on Ship Vibration & Noise, China Ship Scientific Research Center, Wuxi 214082, China)

Abstract

Based on the classical lamination theory, the stress-strain relationship of the fiber reinforced pipe is established from microscopic equations of laminated materials. The analytical expression of acoustic and mechanical impedance is obtained by solving the axial vibration governing equation and compared with the finite element results to validate the accuracy of this method. The influence of changes in winding angle and fiber volume fraction is investigated on acoustic and mechanical impedance of fiber reinforced pipes. This paper provides important guidance for the prediction, design and model selection of flexible pipes.

Key words: Fiber reinforced materials; Flexible pipes; Acoustic impedance; Mechanical impedance

作者简介

苏明珠　女，1992年生，工程师。主要从事船舶管路振动噪声预报及管口声辐射方面的研究。

孙玉东　男，1965年生，研究员。主要从事船舶结构振动声辐射方面的研究。

尹志勇　男，1981年生，研究员。主要从事船舶结构振动声辐射及噪声控制方面的研究。

吴江海　男，1989年生，高级工程师。主要从事船舶管路振动噪声及控制方面的研究。

孙凌寒　女，1983年生，高级工程师。主要从事船舶管路振动噪声测试方面的研究。

侯希晨　男，1996年生，助理工程师。主要从事船舶结构振动噪声控制方面的研究。

*通讯作者：苏明珠

节能导轮螺旋桨空泡脉动压力快速预报

薛庆雨*，黄树权，洪方文，宋家倩，张忍

（中国船舶科学研究中心，无锡 214082）

摘　要

通过对带节能导轮的船舶螺旋桨空泡脉动压力物理试验数据和船、桨、导轮参数的分析，发现各物理量对脉动压力的影响具有一定的规律性。基于此，通过量纲及物理特性分析，构建了以各物理量为核心的影响因子，并组合成能够反映各物理量对空泡脉动压力影响的综合关系式，其中包含无空泡脉动压力和空泡诱导脉动压力。基于大子样物理试验数据，采用参数约束的非线性回归分析方法，对公式各影响因子系数进行回归分析，确定了经验公式的最终形式，且基本满足无空泡脉动压力与梢隙成二次方关系以及空泡诱导脉动压力与梢隙成一次方关系的规律。该经验公式应用于船舶螺旋桨空泡脉动压力快速预报的平均精度可以达到7.6%，经反复验证，能够满足船、桨、节能导轮初步设计阶段对螺旋桨空泡脉动压力水平的评估需求。根据该快速预报方法开发的软件已经付诸工程设计，并已申请软件著作权。

关　键　词：节能导轮；船舶螺旋桨；空泡脉动压力；大子样物理试验数据；非线性回归分析；经验公式；软件

中图分类号：U664.3

0　引　言

螺旋桨在不均匀的伴流场中运转诱导的水压脉动变化而传递给船体的力，是引起船体振动问题的一个重要原因，通常称作表面力。船尾不均匀伴流场和不稳定空泡的产生是脉动压力剧增的重要原因，节能导轮的应用使螺旋桨伴流场更加复杂，导致螺旋桨空泡更加难以预测。因此，螺旋桨诱导脉动压力的大小是船舶的一个很重要的性能指标，准确地预报螺旋桨空泡脉动压力将对控制螺旋桨诱导脉动压力以及船尾的振动水平有着巨大的作用。

目前，螺旋桨脉动压力性能评估主要是通过模型试验手段，这也是最可靠的方法，但模型试验存在周期长，代价高的问题，一般作为最终设计方案的检验手段用，而在螺旋桨设计过程和优化过程的不同阶段都通过模型试验检测空泡脉动压力的好坏，明显是不现实的。虽然目前数值模拟技术在不断进步，而且对于空泡脉动压力的模拟也取得了一定的成效，但还远远达不到可靠的程度，特别是针对带节能导轮的螺旋桨，而且数值模拟尤其是精细化的数值预报代价也不菲，周期同样很长。所以，针对船舶及螺旋桨初步设计阶段对空泡脉动压力评估的需求，很有必要开发一种快速、便捷的预报技术，能够实时监测船舶和螺旋桨设计不断改动下的空泡脉动压力性能的变化，从而能从这个角度为设计工作提供可靠的引导。特别是针对带节能导轮的螺旋桨，国内外都尚未有这方面工作的报道，所以，开展带节能导轮的螺旋桨空泡脉动压力的快速预报方法的研究，将会有很大的学术价值和工程意义。

船舶、螺旋桨和节能导轮的物理参量对空泡脉动压力的影响具有内在的规律性，这一规律性在通过对大量试验数据的分析后，显得愈加清晰。因此利用这样一种规律性，通过已知的船、桨、导轮参数来预估螺旋桨空泡脉动压力是值得尝试的工作。基于中国船舶科学研究中心大型循环水槽近10年来节能导轮船舶螺旋桨空泡脉动压力试验数据，借鉴国内外经验，通过量纲分析、参量特性分析、公式

收稿日期：2022-11-25；修改稿收稿日期：2023-01-01

构建和非线性回归分析，本文得到了具有一定精度和可靠性且能够可持续开发和优化的经验预报公式，并针对民用船舶开发了相应的脉动压力预报软件。

1 脉动压力预报方法

1.1 理论预报

针对螺旋桨空泡脉动压力的理论研究，势流方法方面，Kinnas & Fine(1992)[1]发展了基于速度势的非线性边界元方法，通过在桨叶和空泡面上分布源汇和法向偶极子对桨叶的空泡问题进行了研究，较好地模拟出了螺旋桨片空泡。粘流方法研究方面，基于状态方程的空泡模型假定单一介质密度是压力的单值函数，Chen & Heister(1996)导出了依赖于时间和压力的密度微分方程；基于输运方程的空泡模型用输运方程模拟液体的蒸发和水蒸汽的凝结过程，Shin Hyung Rhee & Kawamura(2003)[2]利用FLUENT6.1计算了NACA66(MOD)小攻角片状空泡，模拟了弦中片空泡，研究了常规四叶螺旋桨的空泡流动，与试验结果吻合较好。中国船舶科学研究中心的翟树成等[3]对带节能装置的螺旋桨空泡和脉动压力开展了数值模拟，经试验验证，吻合较好；数值模拟结果表明，当所模拟的对象安装节能装置时，螺旋桨上的空泡有所减弱，诱导脉动压力也相应下降。

1.2 试验预报

德国汉堡水池Johannsen[4]在1998年开创性地将高速摄影引入到空泡与脉动压力测量中，利用同步触发器，同时测量螺旋桨表面空泡与空泡诱导的脉动压力，发现了压力峰与梢涡破碎的对应关系。2010年韩国三星重工试验中心学者Tetsuji Hoshino[5]等利用高速摄影同时在船模及实船上研究了空泡与脉动压力关系。中国船舶科学研究中心的黄红波[6]等人对大型循环水槽几十艘民船螺旋桨空泡脉动压力试验结果进行总结，描述了不同形态空泡与脉动压力特征关系。螺旋桨诱导脉动压力[7]的测量通常在空泡水筒中进行。试验证明：在模型伴流场中测得的脉动压力往往低估实船的相应数值，而用模拟实船伴流场中测得的数值预估实船脉动压力，则与实船上的实测值基本相同。

1.3 经验预报

近年来，估算脉动压力的经验公式不断发展，已有的脉动压力经验公式预报方法主要有高桥肇方法、藤野方法、挪威船级社(DNV)公式和霍尔腾(Holden)方法等。这些算法是基于一定数量的实船或模型试验的数据，用统计方法或一定的理论分析归纳出的公式。在所有的这些近似方法中，挪威霍尔腾(Holden)方法应用最为广泛。中国船舶科学研究中心的黄红波和周斌通过大量的统计工作，也分别归纳出了各自的经验公式，并且能够满足一定范围的螺旋桨诱导脉动压力预报。从回归公式的构建角度我们希望回归公式能够用尽量少的参数、尽量少的运算、突显出主要参数的影响，同时离散度要小。但是，直接采用DNV公式或Holden公式对船舶螺旋桨脉动压力的预报都存在预报结果不稳定，准确性偏差的问题，而且目前尚没有一个专门针对节能导轮螺旋桨开发的、能够反映导轮参数对脉动压力影响的经验公式；因此，开发一种专门针对节能导轮螺旋桨空泡脉动压力的快速预报方法来满足当前工程设计上对螺旋桨诱导脉动压力评估的需求很有必要。

2 经验预报公式构成要素及量纲特性分析

2.1 经验预报公式构成要素

从应用较普遍的Holden和DNV预报公式的构成来看，针对无空泡状态脉动压力两者都采用了n^2D^2、$1/z$、d_c/R这3个参数项，而针对空泡状态脉动压力两者都采用了n^2D^2、V_s、W_{amax}、W_e、d_c/R这5个参数项。

Holden公式还加入了螺旋桨推力系数K_T、拱度、作用场点位置等参数，可以预报不同场点位置的脉动压力幅值，但作为初步设计预报而言Holden公式过于复杂。DNV公式较Holden公式简洁，而且公式中与螺旋桨相关的参数只有转速、叶数和直径3个参数，其他参数也只有平均伴流、最大伴流、吃水、梢隙、航速。

为了克服已有经验公式在脉动压力预报方面的局限性，反映节能导轮对脉动压力的影响，构建更能满足当前民船螺旋桨脉动压力预报的经验方法，在对国内外已有经验公式进行研究分析和综合比较的基础上，对数据库中的数据进行提炼和整理得到如下用于经验预报方法回归分析的参量：第一类是反映船舶航行性能及螺旋桨最直接特征的参数；第二类是反映螺旋桨及船舶其他物理特性的参数；第三类是节能导轮相关参数。

表1 参与回归分析的参数类型

第一类	航速V_s/kn	转速n/RPM	螺旋桨直径D/m	叶数Z	梢隙dtc/m	沉深h_a/m
第二类	盘面比A_e/A_0	侧斜角θ_s/°	空泡数σ_n	最大伴流W_{amax}	平均伴流W_e	
第三类	导轮出口半径R_{ex}/m	轮桨间距d_{pp}/m				

本文选用表1中的主要船桨参数，搭建公式各参数项，进行经验预报公式的构建。鉴于导轮出口半径和轮桨间距对螺旋桨空泡脉动压力的影响有较明显的规律，而且单独考虑这两个参数时，均能得到较理想的回归分析结果和较高的预报精度，因此，有必要综合考虑这两个参数的影响，进行回归分析，尝试挖掘更有价值的信息。公式结构形式如下：

无空泡状态脉动压力Pf_0：

$$Pf_0 = \frac{\rho n^2 D^2}{b1} \cdot \frac{1}{Z^{b2}} \cdot \frac{1}{e^{\sin(b3\theta s)}} \cdot e^{\left(b4 - \frac{b5}{z}\frac{Ae}{A0}\right)} \frac{1}{\left(\frac{dtc}{R}\right)^{\left[b6 + b7\left(\frac{dtc}{R}\right)\right]}} \tag{1}$$

空泡诱导脉动压力Pf_c：

$$Pf_c = \frac{\rho n^2 D^2}{b8} \cdot \frac{1}{e^{\sin(b9\theta s)}} \cdot \frac{V_s(W_{amax} - W_e)}{\sqrt{g(h_a + 10.4)}} \cdot \frac{1}{\sigma^{b10}} \cdot e^{\left(b11 - \frac{b12}{z}\frac{Ae}{A0}\right)} \cdot \frac{1}{\left(\frac{dtc}{R}\right)^{\left[b13 - b14\left(\frac{dtc}{R}\right)\right]}} \tag{2}$$

考虑导轮参数影响的总体脉动压力Pf_t：

$$Pf_t = (R_{ex}/D + k1)^{k2} \cdot (dpp/D + k3)^{k4} \cdot \sqrt{Pf_0^2 + Pf_c^2} \tag{3}$$

公式采用无空泡状态螺旋桨诱导脉动压力和螺旋桨空泡诱导脉动压力两部分构成的形式：ρ为水密度(kg/m³)；n为螺旋桨转速(r/min)；D为螺旋桨直径(m)；Z为桨叶数；θ_s为侧斜角(°)；dtc为桨船梢隙(m)；R为螺旋桨半径(m)；V_s为航速(kn)；W_{amax}和W_e分别为最大伴流和平均伴流；h_a为沉深(m)；σ_n为空泡数；A_e/A_0为盘面比；g为重力加速度项；R_{ex}为导轮出口半径(m)；d_{pp}为导轮尾缘到桨盘面的距离，即轮桨间距(m)。

2.2 参数量纲及特性分析

对于无空泡状态螺旋桨诱导脉动压力，决定量纲的项为$\rho n^2 D^2$；ρ的量纲为kg/m³，上下各乘以加速度项m/s²，可转换为kgf·s²/m⁴；n的量纲为s⁻¹，D的量纲为m；于是$\rho n^2 D^2$的量纲为kgf·s²/m⁴·(s⁻¹)²·m²=kgf/m²，与脉动压力单位Pa一致。对于螺旋桨空泡诱导脉动压力，决定量纲的项为$\rho n^2 D^2 \cdot V_s/(gh_a)^{1/2}$，$\rho n^2 D^2$的量纲为kgf/m²，即Pa，前已论述；$V_s$的量纲为m/s，$(gh_a)^{1/2}$的量纲为(m/s²·m)^{1/2}，即m/s，因此空泡诱导脉动压力量纲亦为kgf/m², 即Pa。所以从公式构成来看，满足量纲一致性原则。

从各参数项的物理意义来讲，$\rho n^2 D^2$既代表了压强这一物理量，同时也反映了转速n和直径D都同时以二次幂的形式对脉动压力产生作用，$b1$为待回归系数。对于无空泡状态螺旋桨诱导脉动压力而言，桨叶数Z以$b2$次幂的形式对脉动压力产生贡献，$b2$为待回归系数；通常对于同样的水动力载荷，桨叶数越多，那么每一个桨叶上需要承担的升力将会越少，进而由升力的波动所引起的脉动压力也就相应减小。螺旋桨侧斜角能够有效缓冲脉动压力水平，根据对数据库的初步分析，将侧斜角构造成$e^{\sin(b3\theta s)}$的形式，以反映侧斜角对脉动压力的贡献，$b3$为待回归系数。$e^{(b4-b5\, Ae/A0)}$反映的是盘面比对脉动压力的影响，$b4$、$b5$为待回归系数；本文采用螺旋桨叶梢到船底的距离即梢隙dtc作为输入量，并用螺旋桨半径进行无量纲化。如此，在dtc和R均为变量的情况下，$(dtc/R)^{[b6+b7(dtc/R)]}$项则是以双曲线函数、线性函数和指数函数共同构成的复合函数项，$b6$、$b7$为待回归系数。对于螺旋桨空泡诱导脉动压力Pfc，增加了$V_s(W_{amax}-W_e)/[g(h_a+10.4)]^{1/2}$、$1/\sigma^{b10}$两个影响因子，反映空泡对脉动压力的额外贡献。其中，$(h_a+10.4)$是桨轴沉深影响项，10.4是一个标准大气压对应的水柱高度，$b10$为待回归系数；另外，$b9$、$b11$、$b12$亦为待回归系数，对应项的物理意义同无空泡脉动压力，而$b1$、$b8$分别为无空泡脉动压力系数和空泡诱导脉动压力系数；$k1$、$k2$、$k3$、$k4$分别为反映导轮出口半径和轮桨间距对脉动压力影响的待回归系数。

3 回归分析及脉动压力预报

利用船舶、螺旋桨、导轮参数及循环水槽试验数据库信息，采用数据统计分析的非线性回归分析方法[8]，对以上参数项系数进行非线性回归分析。为了数据回归分析的需要，考虑到ρ和g均为常数，不影响回归结果，将这两个输入参数略去，同时为了方便参数输入，V_s以kn为单位；简化后的公式如式(4)~式(6)所示。

无空泡状态脉动压力Pf_0：

$$Pf_0 = \frac{n^2 D^2}{b1} \cdot \frac{1}{Z^{b2}} \cdot \frac{1}{e^{\sin(b3\theta s)}} \cdot e^{\left(b4-\frac{b5}{z}\frac{Ae}{A0}\right)} \frac{1}{\left(\frac{dtc}{R}\right)^{\left[b6+b7\left(\frac{dtc}{R}\right)\right]}} \quad (4)$$

空泡诱导脉动压力Pf_c：

$$Pf_c = \frac{n^2 D^2}{b8} \cdot \frac{1}{e^{\sin(b9\theta s)}} \cdot \frac{V_s(W_{amax}-W_e)}{\sqrt{(h_a+10.4)}} \cdot \frac{1}{\sigma^{b10}} \cdot e^{\left(b11-\frac{b12}{z}\frac{Ae}{A0}\right)} \cdot \frac{1}{\left(\frac{dtc}{R}\right)^{\left[b13-b14\left(\frac{dtc}{R}\right)\right]}} \quad (5)$$

考虑导轮参数影响的总体脉动压力Pf_t：

$$Pf_t = (R_{ex}/D + k1)^{k2} \cdot (dpp/D + k3)^{k4} \cdot \sqrt{Pf_0^2 + Pf_c^2} \quad (6)$$

回归分析的系数约束设置如下：$10 \leq b1 \leq 100$；$0.8 \leq b2 \leq 2.4$；$0.8 \leq b6 \leq 3.6$；$0.2 \leq b7 \leq 1.2$；$0.6 \leq b13 \leq 3.2$；$0.3 \leq b14 \leq 1.2$；$0.3 \leq b4 \leq 1.8$；$3 \leq b5 \leq 12$；$0.3 \leq b11 \leq 1.8$；$3 \leq b12 \leq 12$；$b10 \leq 1.0$；根据以上约束条件，采用二次规划算法，回归分析脉动压力的输入值为试验预报实船螺旋桨诱导脉动压力，采用非线性回归方法，共13个输入参数，18个待回归系数。针对本轮参数项构成及回归设置，非线性回归在最大迭代步内收敛，估计值标准误差较均匀，系数回归结构较合理，脉动压力预报平均偏差为13.1%，优于工程上预期的16%的精度目标。图1是基于本轮回归分析的脉动压力预报结果。

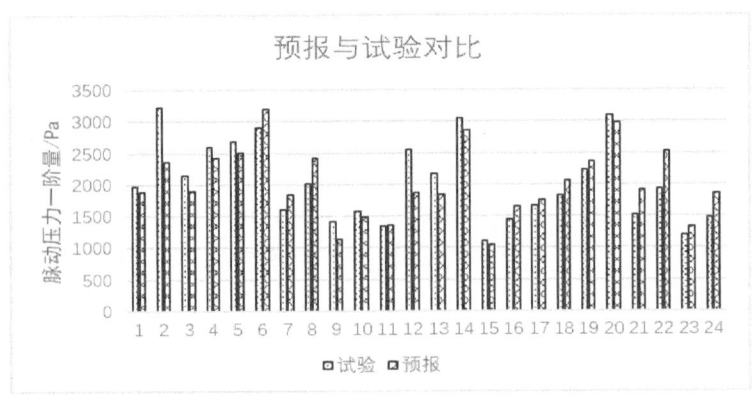

图 1 基于第一轮回归分析的脉动压力预报结果

本文还尝试了构造其他导轮相关的影响因子参与回归分析,比如导轮长度影响因子$(L_{psv}/D)^{k5}$、$(L_{psv}/D+k5)^{k6}$,导叶攻角影响因子$(st_{fin}+k5)^{k6}$,导轮中心抬高影响因子Δh等,但是均未能得到合理的结果,一方面会导致预报精度变差;另一方面,不能正确地反映这些参量对脉动压力的影响;而且,还会将原来已经比较合理的公式结构关系破坏。所以,目前来看,导轮出口半径R_{ex}和轮桨间距d_{pp}是两个对脉动压力影响较显著的参量,也是目前的试验数据能够较好地揭示其影响规律的参数。

基于以上工作,为了继续提高预报精度,确定预报公式的最终形式,本文根据以上数据回归分析的情况,剔除了4个预报结果偏差较大的样本,并重新按公式(4)~(6)的结构形式,采用前文的设置进行非线性回归分析。本轮回归分析结果有了明显改善,系数值更加合理,能够体现基本的物理规律和特征;无空泡状态脉动压力和空泡诱导脉动压力的占比符合试验测试的规律;特别是基本满足了无空泡螺旋桨诱导脉动压力与梢隙成二次方关系,空泡诱导脉动压力与梢隙成一次方关系的规律。图2是剔除部分样本后基于回归分析的脉动压力预报结果;总体平均偏差为7.6%,预报精度进一步提高,优于工程上对脉动压力快速预报平均精度16%的预期。

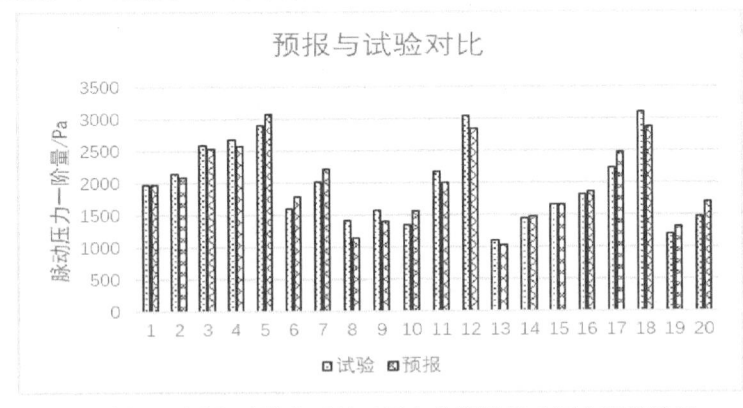

图 2 剔除部分样本后基于回归分析的脉动压力预报结果

4 快速预报方法验证

为了验证该经验预报方法,本文从新开展的试验中选取了6组节能导轮船舶螺旋桨物理参数和空泡脉动压力试验数据,对每个样本的脉动压力进行了预报。图3给出的是预报结果示例。其中,无空泡状态脉动压力指不考虑空泡和导轮作用时螺旋桨诱导的脉动压力;空泡诱导脉动压力指不考虑导轮作用时单纯空泡诱导产生的脉动压力;节能导轮空泡螺旋桨脉动压力指考虑导轮作用时发生空化的螺旋桨整体诱导产生的脉动压力;从结果来看,该节能导轮对脉动压力起到了抑制作用,降低了因螺旋桨空泡诱导而发生船尾振动的风险。表2给出了这6个样例的节能导轮空泡螺旋桨脉动压力预报结果与试验结果的对比情况，总体偏差为12.4%；说明本文建立的节能导轮螺旋桨空泡脉动压力快速预报方法具有一定的稳定性和工程实用性。

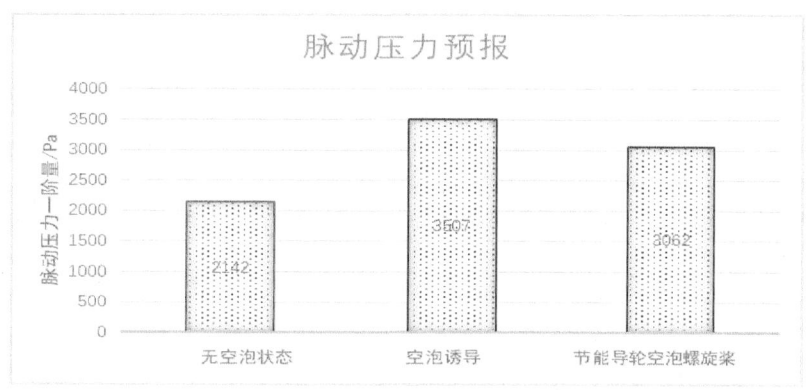

图3 节能导轮螺旋桨空泡脉动压力快速预报结果示例

表2 节能导轮螺旋桨空泡脉动压力快速预报案例(Pa)

验证样本	1	2	3	4	5	6
快速预报	1479	1715	1216	1574	1396	1800
物理试验	1370	1810	1200	1470	1110	1410
偏差	8.0%	5.0%	1.7%	6.8%	25.2%	27.7%
平均偏差	12.4%					

5 结论

通过对大量节能导轮螺旋桨空泡试验数据的分析，开发了基于非线性回归分析的节能导轮螺旋桨空泡脉动压力经验预报方法；该方法具有便捷、快速预报的特点，且有一定的可靠性；基于当前样本的整体预报精度达到7.6%，能够合理体现各物理量对脉动压力的贡献，反映客观物理规律。

(1) 无空泡状态脉动压力和空泡诱导脉动压力的占比符合试验测量的规律；特别是基本满足了无空泡螺旋桨诱导脉动压力与梢隙成二次方关系，空泡诱导脉动压力与梢隙成一次方关系的规律；

(2) 通过基于该方法开发的软件进行了验证，6个验证样本的预报平均偏差为12.4%，可用于船、桨和导轮初期设计阶段螺旋桨空泡脉动压力的评估。

参 考 文 献

[1] S A KINNAS, N E FINE. A nonlinear boundary element method for the analysis of unsteady propeller sheet cavitation[C]// In Nineteenth Symposium on Naval Hydrodynamics, 1992.

[2] RHEE S H, KAWAMURA T. A study of propeller cavitation using a RANS CFD method[C]// Proceedings of 8th International Conference on Numerical Ship Hydrodynamics, 2003.

[3] SHUCHENG ZHAI, DENGCHENG LIU, YONGBO HAN. Numerical study of hull pressure fluctuation with energy saving device PSV[C]// Sixth International Symposium on Marine Propulsors smp'19, 2019.

[4] JOHANNSEN C. Investigation of propeller induced pressure pulses by means of high speed video recording in the three-dimensional wake of a complete ship model[C]// Proceedings of 22nd Naval Hydrodynamics, 1998.

[5] TETSUJI HOSHINO, JAEKWON JUNG. Full scale cavitation observations and pressure fluctuation measurements by high-speed camera system and correlation with model test[C]// IPS'10, 2010.

[6] 黄红波, 陆芳, 施小勇, 等. 民船螺旋桨空泡与脉动压力特征关系研究[C]. 第二十三届全国水动力学研讨会暨第十届全国水动力学学术会议文集, 2011.

[7] 何友声, 王国强. 螺旋桨激振力[M]. 上海: 上海交通大学出版社, 1984.

[8] 郭志刚. 社会统计分析方法——SPSS 软件应用[M]. 北京: 中国人民大学出版社, 1999.

Fast Prediction of CavitationPressure Fluctuation of Propellers withEnergy-saving Impellor

XUE Qingyu*, HUANG Shuquan, HONG Fangwen, SONG Jiaqian, ZHANG Ren

(China Ship Scientific Research Center, Wuxi 214082, China)

Abstract

A pattern was found in impact of parameters on pressure fluctuation by analyzing the experiment data about cavitation pressure fluctuation induced by the propeller with energy-saving impellorand the ship, propeller and impellor parameters. Dimensional analysis and parameter characteristic analysis were carried out to construct empirical formulas for predicting pressure fluctuation comprised of non-cavitation induced part and the cavitation induced part by making up parameter-based influencing items. All coefficients of the formula were determined by non-linear regression analysis based on database of merchant ship propeller induced pressure fluctuation tests from Large Cavitation Channel of China Ship Scientific Research Center. The quadratic law by non-cavitation pressure fluctuation with the tip clearance and the linear law by cavitation induced pressure fluctuation with the tip clearance were validated. The average predicting accuracy could touch 7.6%. The predicting ability of the empirical method was validated by time after time tests, which showed that the method constructed in this paper could meet engineering requirement on pressure fluctuation prediction at the design stage of ship, propeller and vane. The software developed according to this method was applied in engineering design and the copyright was also put in for.

Key words: Energy-saving impellor; Ship propeller; Cavitation pressure; Large samples test data; Non-linear regression analysis; Empirical formula; Software

作者简介

薛庆雨　男，1985 年生，高级工程师。主要从事推进器性能试验及数据统计分析研究。

黄树权　男，1985 年生，高级工程师。主要从事螺旋桨节能装置设计与数值模拟研究。

洪方文　男，1967 年生，研究员。主要从事推进器性能数值模拟研究。

宋家倩　女，1989 年生，试验人员。主要从事循环水槽试验测量方面的工作。

张　忍　男，1992 年生，试验人员。主要从事循环水槽试验测量方面的工作。

*通讯作者：薛庆雨

船舶螺旋桨空泡噪声快速预报方法研究

宋明太[*,1,2]，顾湘男[1]，吕江[1]，陈奕宏[1,2]，唐登海[1]

(1. 中国船舶科学研究中心，无锡 214082；
2. 深海技术科学太湖实验室，无锡 214082)

摘 要

近年来，船舶水下辐射噪声问题受到船舶工程界极大关注。螺旋桨工作在船后非均匀流场中，其叶片由于高速旋转会产生低压区，极易出现空泡现象。空泡是水动力噪声中最强的声源，螺旋桨空泡出现会导致船舶振动及噪声急剧增加，极大威胁海洋生物生存环境，对于军船来说还严重影响其声隐身性能。论文通过螺旋桨空泡噪声理论研究结合循环水槽模型试验结果回归分析，获得了螺旋桨空泡噪声与典型螺旋桨参数等的定量关系，建立了船舶螺旋桨空泡噪声快速预报方法，并通过大型循环水槽螺旋桨模型空泡噪声测量试验验证了其适用性，可为船舶水下辐射噪声的快速评估提供参考。

关键词：螺旋桨；空泡噪声；预报方法

中图分类号：U664.3

0 引 言

近年来，船舶运行过程中的噪声污染已然成为国际社会的关注热点。随着船舶工业科技水平的发展与进步，现代船舶正逐步向高速化和大型化等方向发展。船舶在中高速航行时，螺旋桨叶片的高速旋转极易产生局部低压区，从而发生空泡现象。空泡是船舶水下辐射噪声中最强的声源，螺旋桨一旦出现空泡，其辐射噪声将急剧增加，对船舶的正常运行带来巨大危害[1]。因此，螺旋桨空泡噪声的准确预报具有重大意义，可以为船舶螺旋桨的声学优化设计提供基础。

1956年，Fitzpatrick和Strasberg[2]对单气泡空化产生的声压预测模型是螺旋桨空泡噪声性能分析的最早雏形，他通过球形气泡的径向运动计算了空泡产生的声音，声压变化与空泡体积的二次导成正比。Ross和McCormick[3]、Mellen[4]、Lesunovskii和Khokha[5]等对旋转叶片空泡噪声的无量纲分析做了大量的工作。Ross[6]通过众多水面舰船辐射噪声测量结果，得到了舰船辐射噪声与航速的经验公式。Brown[7]将螺旋桨空泡噪声分成低频区和高频区来分别评估螺旋桨空泡噪声。Raestad[8]提出了梢涡指数模型(TVI)，Bosschers[9]在TVI模型基础上提出了螺旋桨梢涡空泡噪声半经验估算模型(ETV)。

本文瞄准船舶水下辐射噪声准确预报这一迫切需求，通过螺旋桨空泡噪声理论分析结合循环水槽模型试验结果，建立了船舶螺旋桨空泡噪声快速预报方法，可为船舶水下辐射噪声准确评估提供基础，从而指导螺旋桨声学优化设计以及船舶水下辐射噪声控制。

1 螺旋桨空泡噪声预报方法

根据螺旋桨空泡噪声性能分析研究进展以及理论分析，螺旋桨空泡噪声谱在中低频段存在频谱峰值，小于峰值频率噪声谱级随频率基本不变或缓慢增加，高于峰值频率噪声谱级随频率较快衰减。因

收稿日期：2022-11-25；修改稿收稿日期：2022-12-02
基金项目：国家自然科学基金螺旋桨梢涡空泡声谱峰特征产生机理研究(11802275)

此，可以通过螺旋桨空泡噪声频谱峰值频率、频谱趋势、频谱量级分析，结合螺旋桨模型空泡噪声试验结果回归分析，进行螺旋桨空泡噪声性能快速预报。

图1和图2给出了某客轮不同航速辐射噪声实船测量结果以及循环水槽试验室测量的某螺旋桨模型空泡噪声频谱，可以看到螺旋桨空泡噪声频谱存在峰值，小于峰值频率噪声谱级随频率缓慢增加，高于峰值频率噪声谱级随频率较快衰减，螺旋桨空泡噪声随航速或转速增加逐渐上升。

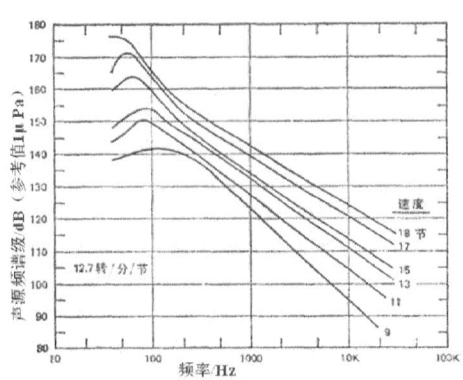 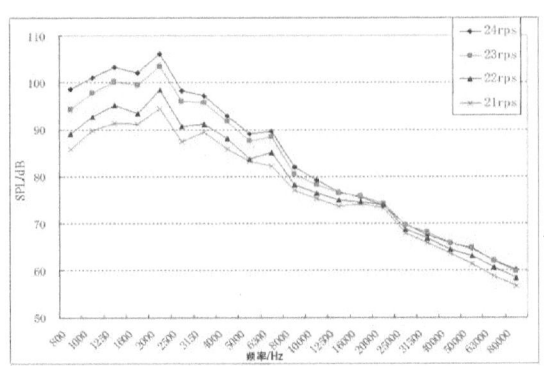

图 1 第二次世界大战测量的某客轮不同航速辐射噪声[6]　　图 2 循环水槽试验室中某螺旋桨模型空泡噪声 1/3 Oct.频谱

1.1 空泡噪声频谱峰值频率

螺旋桨空泡噪声谱峰频率与螺旋桨空泡大小密切相关，而螺旋桨空泡大小主要受螺旋桨转速空泡数和盘面比 A_e/A_0 影响。此外，螺旋桨工作在船后非均匀伴流场中，空泡噪声频率还受到螺旋桨叶数 Z 的叶频调制效应以及螺旋桨进速系数 J 影响。

因此，选取桨轴沉深 h、螺旋桨转速 n、直径 D、进速系数 J、叶数 Z 等参数，通过循环水槽中大量螺旋桨模型空泡噪声试验测量结果回归分析得到螺旋桨空泡噪声谱峰频率表达式。

1.2 空泡噪声频谱趋势

螺旋桨空泡噪声频谱分为两个部分，根据空泡噪声理论分析，空泡噪声高频主要由空泡溃灭引起，将空泡溃灭视为随机过程，可以得到空泡高频噪声随频率的二次方衰减规律，即 $L_h = L_0 + 10 \lg f^{-2}$，下标 h 表示高频；小于峰值频率，噪声谱级随对数化频率线性地增加，即 $L_l \sim b \lg f$，下标 l 表示低频，系数 b 值同样可以通过循环水槽螺旋桨模型空泡噪声试验测量结果回归分析得到。

1.3 空泡噪声频谱量级

Ross[6]在水下噪声原理一书中指出螺旋桨叶梢线速度对螺旋桨空泡噪声量级的影响相比舰船的航速更为直接，螺旋桨空泡噪声频谱量级主要与螺旋桨叶梢线速度、螺旋桨个数、螺旋桨叶数等参数有关，即 $L \sim 60 \lg U_t + 10 \lg Z + 10 \lg B$，$U_t$、$Z$ 和 B 分别为螺旋桨叶梢线速度、螺旋桨叶数和个数。

综合以上分析，可以得到螺旋桨空泡噪声预报公式：

$$L = a_0 + a_1 \lg(U_T) + a_2 \lg(Z) + a_3 \lg f + a_4 \lg B \\ + a_5 \lg(n) + a_6 \lg(H) + a_7 \lg(D) + a_8 \lg(f_{\max}) \tag{1}$$

式中，f 为空泡噪声频率，$f_{\max}$ 为空泡噪声频率，L 为对应频率上的螺旋桨噪声声压频谱级。式(1)中的 a_0、a_1 等系数通过大量试验数据回归分析得到。

2 螺旋桨空泡噪声预报方法验证

为了验证建立的螺旋桨空泡噪声快速预报方法，选取典型船舶螺旋桨进行了模型试验，表1~表3

分别给出了某散货船、油船和矿砂船的螺旋桨主参数。在中国船舶科学研究中心的大型循环水槽中进行船后螺旋桨模型空泡噪声性能测量试验。循环水槽工作段截面为切角矩形，宽2.2 m，高2.0 m，截面积4.28 m²，长度为10.5 m，可实现带全附体整船模型安装。水槽工作段水速调节范围为1.0 m/s～15.0 m/s，试验段中心的压力调节范围为0.03 MPa～0.35 MPa。在循环水槽工作段的下方有测量声舱，声舱的尺寸为：长9.8 m×宽2.6 m×高2.2 m。声舱的四壁和底部布满吸声尖劈。循环水槽试验段外形见图3。船后螺旋桨模型安装照片见图4。

图 3 循环水槽试验段照片图

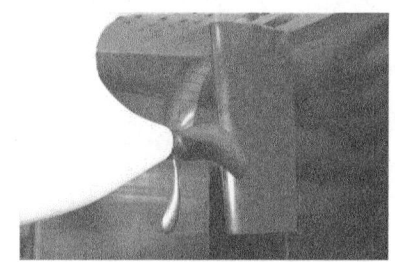
4 船后螺旋桨模型安装照片

表 1 某散货船螺旋桨主参数

缩尺比	λ	1:41.364
模型直径	D/m	0.22
盘面比	Ae/A_0	0.38
螺距比	$(P/D)_{0.7R}$	0.7464
叶片数	Z	4
旋向	/	右旋
材料	/	铝合金

表 2 某油船螺旋桨主参数

缩尺比	λ	1:35.6
模型直径	D/m	0.25
盘面比	Ae/A_0	0.4
螺距比	$(P/D)_{0.7R}$	0.8750
叶片数	Z	4
旋向	/	右旋
材料	/	铝合金

表 3 某矿砂船螺旋桨主参数

缩尺比	λ	1:47.368
模型直径	D/m	0.228
盘面比	Ae/A_0	0.39
螺距比	$(P/D)_{0.7R}$	0.7396
叶片数	Z	4
旋向	/	右旋
材料	/	铝合金

为了进行船舶螺旋桨空泡噪声预报方法的验证，需要对循环水槽测量得到的螺旋桨模型试验结果进行实尺度预报，主要考虑距离修正、声场修正、尺度修正等，图5~图7给出了针对三种典型对象的空泡噪声快速预报结果与试验结果对比，其中试验结果表示基于循环水槽模型试验测量噪声进行的实尺度换算结果。从图中可以看到，螺旋桨空泡噪声快速预报结果与试验结果的趋势和量级均吻合较好，只在少数频段两者相差较大。表4给出了螺旋桨空泡噪声快速预报结果与试验结果对比，可以看到两者总声级相差在3dB左右，说明通过建立的螺旋桨空泡噪声快速预报方法可以较好地评估螺旋桨空泡噪声水平，为船舶设计阶段辐射噪声评估和螺旋桨声学优化设计提供指导。

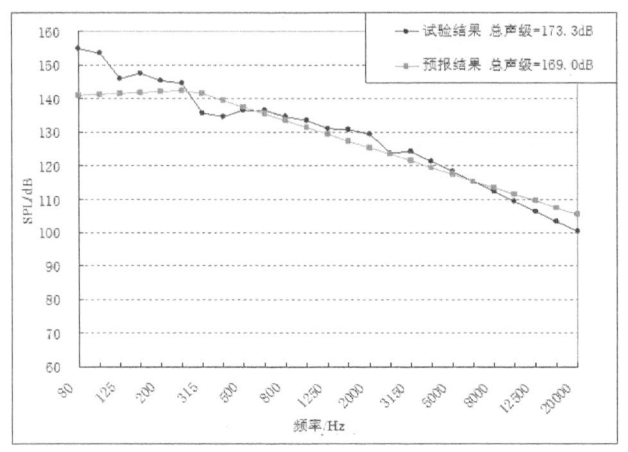

图 5 某散货船螺旋桨空泡噪声快速预报结果与循环水槽试验换算结果对比

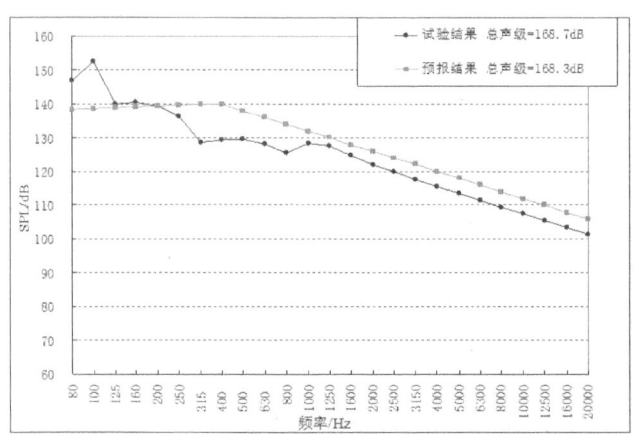

图 6 某油船螺旋桨空泡噪声快速预报结果与循环水槽试验换算结果对比

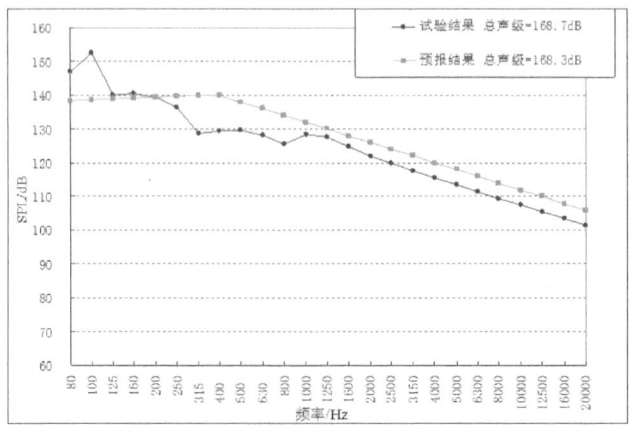

图 7 某矿砂船螺旋桨空泡噪声快速预报结果与循环水槽试验换算结果对比

表 4 螺旋桨空泡噪声快速预报结果与试验换算结果对比

	预报与试验换算结果偏差/dB
散货船	4.3
油船	0.4
矿砂船	3.4
平均偏差	2.7

3 结 论

本文通过螺旋桨空泡噪声理论分析，结合大量循环水槽螺旋桨模型噪声试验，建立了船舶螺旋桨空泡噪声快速预报方法，并通过典型螺旋桨模型空泡噪声测量结果验证了其适用性，螺旋桨空泡噪声快速预报结果与试验换算结果相差基本在 3dB 左右，可为船舶水下辐射噪声快速准确评估提供指导。

参考文献

[1] SONG M T, XU L H, PENG X X, et al. An acoustic approach to determine tip vortex cavitation inception for an elliptical hydrofoil[J]. Int. J. Multiphase Flow, 2017, 90: 79-87.

[2] FITZPATRICK H, M STRASBERG. Hydrodynamic sources of sound[C]// In Proc. First ONR Symp. on Naval Hydrodynamics, 1956.

[3] ROSS D, MCCORMICK. Effect of air content on cavitation noise[C]// In Eighth American Towing Tank Conference, 1948.

[4] MELLEN R H.Ultrasonic spectrum of cavitation noise in water[J]. J.A.S.A, 1954. 26: 356-362.

[5] LESUNOVSKII V P, YUV K. Characteristics of noise spectrum of hydrodynamic cavitation on rotating bars in water[J]. Akusticheskij Zhurnal, 1968, 14(4): 566-571.

[6] ROSS D. Mechanics of underwater noise[M]. 2013: Elsevier.

[7] BROWN N A. Cavitation noise problems and solutions[J]. Cavitation Erosion, 1976.

[8] RAESTAD A. Tip vortex index-an engineering approach to propeller noise prediction[J]. Passenger Ships, 1996.

[9] BOSSCHERS. A Semi-Empirical Prediction Method for Broadband Hull-Pressure Fluctuations and Underwater Radiated Noise by Propeller Tip Vortex Cavitation[J]. J. Mar. Sci. Eng., 2018. 49(6).

Study on Fast Prediction Method of Ship Propeller Cavitation Noise

SONG Mingtai[*1,2], GU Xiangnan[1], LV Jiang[1], CHEN Yihong[1,2], TANG Denghai[1]

(1. China Ship Scientific Research Center, Wuxi 214082, China;

2. Taihu Laboratory of Deepsea Technological Science, Wuxi 214082, China)

Abstract

In recent years, the problem of underwater radiated noise from ships has received great attention. The propeller operated in a non-uniform flow field behind the ship is most likely to lead to cavitation due to its high-speed rotation. Occurrence of propeller cavitation dramatically increases ship vibration and noise, which threatens the living environment of marine wildlife and degrades the acoustic stealth performance of naval vessels. In this paper, combined by propeller cavitation noise theory and regression analysis of model test results in large cavitation channel, the quantitative relationship between propeller cavitation noise and typical propeller parameters was obtained, a prediction method for ship propeller cavitation noise was established, and the prediction method was verified through noise measurement of model propeller. This study would provide reference for the rapid assessment of ship underwater radiated noise.

Key words: Propeller; Cavitation noise; Prediction method

作者简介

宋明太　男，1988 年生，博士，高级工程师。主要从事螺旋桨空泡噪声研究。

顾湘男　男，1991 年生，硕士，工程师。主要从事空泡试验技术研究。

吕　江　男，1989 年生，硕士，高级工程师。主要从事螺旋桨设计研究。

陈奕宏　男，1981 年生，硕士，研究员。主要从事推进器声学研究。

唐登海　男，1965 年生，硕士，研究员。主要从事螺旋桨设计研究。

*通讯作者：宋明太

基于自适应降维切比雪夫代理模型的散货船结构优化设计

李锋[1]，曲石君[1]，周亦辰[1]，那景新[*2]

(1. 吉林大学 机械与航空航天工程学院，长春 130025；
2. 吉林大学 汽车工程学院，长春 130025)

摘　要

对于大型复杂结构，随着设计变量的增加，其代理模型需要大量的计算样本点，导致拟合效率下降。针对这种情况，本文提出了一种新的基于自适应降维切比雪夫代理模型的散货船结构优化方法。首先，基于降维算法和切比雪夫多项式，将约束函数拟合成单变量降维切比雪夫函数，然后通过自适应选择方法挑选出对约束函数影响较大的双变量项，将这些双变量项与单变量降维切比雪夫函数结合得到自适应降维切比雪夫代理模型，并在此基础上对散货船结构进行轻量化设计。结果表明，本文提出的方法具有较高的精度和效率，更加适用于高维复杂的模型。

关　键　词：散货船；降维算法；切比雪夫多项式；自适应；结构优化
中图分类号：U661.43

0　引　言

对于散货船这种大型复杂的工程结构，如果对其精确建模，计算所需要的代价是非常巨大的，尤其是涉及优化问题的时候，往往需要多次重复的计算，这一过程所需要时间往往是相当长的。为了提高模型计算效率，学者们想到了用代理模型来代替原来的精确模型[1-3]。用代理模型来进行优化设计中的重复计算，是一种解决复杂模型精确建模计算效率低的一种行之有效的方法。

目前，代理模型主要包括RBF代理模型[4-5]、Kriging模型[6-7]、人工神经网络代理模型[8-9]等。RBF代理模型原理简单，应用方便。苏绍娟等[4]基于RBF代理模型结合遗传算法对NOBS油船货仓结构进行了优化。Wei等[5]利用RBF代理模型，拟合非线性函数，并将其用于可靠性分析中。但是综合来看，精度不高。Kriging是一种考虑变量方差的代理模型，能够较好的拟合强非线性函数，但其计算过程复杂，会消耗大量的时间。张昊等[6]利用试验设计数据建立Kriging响应面，通过多目标遗传算法对某型号渔船锚机墙架进行轻量化设计。陈力铭等[7]基于梯度增强Kriging方法优化了水下航行器结构，将此方法泛化至梯度信息只能通过有限差分法获取的场景。人工神经网络代理模型也是一种常见的代理模型。王超等[8]用神经网络近似模型代替面元法对进行螺旋桨水动力性能计算，并用遗传算法得到设计空间最佳设计方案，获得了比面元法设计结果更广的解集。程远胜等[9]用人工神经网络方法代替结构的有限元分析，结合遗传算法完成了潜艇舱壁的结构优化设计。在复杂问题上，人工神经网络代理模型具有一定的优势，但是如果取得样本点较少，人工神经网络代理模型则会有精度低的问题。

与其他代理模型相比，多项式代理模型具有简单、高效等优点。传统的二次多项式模型对于强非线性问题，精度不足，采用高阶多项式虽可以提高精度，但同时效率也会降低。对此，切比雪夫多项

收稿日期：2022-10-19；修改稿收稿日期：2022-12-27
基金项目：国家自然科学基金(51775230)和船舶总体性能创新研究开放基金(33122125)

式代理模型，因其精确、高效，且能够有效避免龙格现象等优点，从众多代理模型中脱颖而出[10]。谢扬和卢晓平[11]利用正交切比雪夫多项式拟合片体横剖面面积曲线，得出了多种船体线性兴波阻力数值计算公式，并利用遗传算法对五体船的侧体位置布局进行减阻设计。Gao等[12]通过用切比雪夫多项式拟合积分位移，改进了传统的依靠加速度的模态分析方法，并将此方法应用于海上风力发电机。尽管切比雪夫代理模型具有精确、高效等优点，但是由于用切比雪夫代理模型拟合复杂、高维的模型时，随着变量的维度的增加，建立代理模型的时间将会大大增加，即出现维度灾难。为了解决这个问题，Wei等[13]利用单变量降维算法，把切比雪夫代理模型降至多个一维函数和的形式，这样一来，原来切比雪夫代理模型所需要的样本点被减少了很多，所需要的计算时间就减少了很多。随后，Wei等[14]利用双变量降维算法，改进单变量降维切比雪夫代理模型，精度得到很大提高，但是样本点也增加了许多。

为了平衡单变量降维切比雪夫代理模型的精度不足和双变量降维切比雪夫代理模型的效率不高的问题，本文提出了一种自适应降维切比雪夫代理模型。在单变量降维切比雪夫代理模型的基础上，通过判断两个变量之间的相关性，舍去对代理模型影响不大的双变量项，保留影响较大的双变量项。将自适应降维切比雪夫代理模型用来拟合散货船的结构应力，以散货船质量为目标函数，应力小于材料许用应力为约束条件，利用改进遗传算法对船体薄板板厚进行优化，即可高效地得出满足条件的最优板厚。

1 切比雪夫多项式

切比雪夫多项式是一种利用特定最优的点间距选取方式的近似模型，能够有效地避免龙格现象的出现。

设变量 x 范围为 $[-1,1]$，函数 $f(x)$ 的 m 阶切比雪夫多项式为：

$$f(x) \approx \hat{f}(x) = \sum_{k_1=0}^{m}\sum_{k_2=0}^{m}\cdots\sum_{k_n=0}^{m}\left(\frac{1}{2}\right)^p u_{k_1,k_2,\cdots,k_n} C_{k_1,k_2,\cdots,k_n}(x) \tag{1}$$

其中，x 是变量向量，n 是变量个数，p 是下标 $k_1,k_2,\cdots,k_n$ 中值为零的数量，$u_{k_1,k_2,\cdots,k_n}$ 是切比雪夫多项式的系数，$C_{k_1,k_2,\cdots,k_n}(x)$ 是 n 维切比雪夫多项式。

如果变量 x' 为 $[\underline{a},\overline{a}]$ 区间，可把它变换到标准区间中：

$$x = \frac{2x'-(\overline{a}+\underline{a})}{\overline{a}-\underline{a}} \tag{2}$$

h 阶一维切比雪夫多项式 $C_h(x)$ 为：

$$C_h(x) = \cos h\theta, \; \theta = \arccos(x) \in [0,\pi] \tag{3}$$

n 维切比雪夫多项式可以用 n 个一维切比雪夫多项式 $C_h(x_k)$ 的乘积来表示：

$$C_{k_1,k_2,\cdots,k_n}(x) = C_{k_1}(x_1)C_{k_2}(x_2)\cdots C_{k_n}(x_n) \tag{4}$$

利用高斯-切比雪夫插值积分公式，我们可以得到多项式的系数 $u_{k_1 k_2 \cdots k_n}$：

$$u_{k_1k_2\cdots k_n} = \left(\frac{2}{\pi}\right)^n \int_{-1}^{1}\int_{-1}^{1}\cdots\int_{-1}^{1} \frac{u(\bm{x})C_{i_1i_2\cdots i_n}(\bm{x})}{\sqrt{1-(x_1)^2}\sqrt{1-(x_2)^2}\cdots\sqrt{1-(x_n)^2}} dx_1 dx_2 \cdots dx_n$$
$$\approx \left(\frac{2}{m+1}\right)^n \sum_{i_1=1}^{m+1}\sum_{i_2=1}^{m+1}\cdots\sum_{i_n=1}^{m+1} u(\xi_{i_1},\xi_{i_2},\cdots,\xi_{i_{m+1}}) C_{k_1k_2\cdots k_n}(x_{i_1},x_{i_2},\cdots,x_{i_n})$$
(5)

式中，$u(\xi_{i_1},\xi_{i_2},\cdots,\xi_{i_{m+1}})$是插值点$\bm{\xi}=\xi_{i_1},\xi_{i_2},\cdots,\xi_{i_{m+1}}$处的响应。插值点可用如下式计算：

$$\xi_i = \cos\left(\frac{2i-1}{m+1}\cdot\frac{\pi}{2}\right), \; i=1,2,\cdots,m+1 \tag{6}$$

对于一维问题，切比雪夫多项式需要计算样本点的个数是$m+1$，而n维问题样本点的个数则是$(m+1)^n$。样本点的数量随着变量的数量呈指数增长，这使得用切比雪夫多项式拟合高维函数的时候，需要的计算量特别大。对此，我们采用降维算法来改进切比雪夫多项式以缩短计算时间。

2 降维算法

降维算法是将原函数分解为多个低阶函数递增层级之和的形式。对于自变量$\bm{x}=[x_1,x_2,\cdots,x_n]^T \in R^n$，$n$为变量个数，函数$f(\bm{x})$可以利用降维算法表示为：

$$f(\bm{x}) = f_0 + \sum_{i=1}^{n} f_i(x_i) + \sum_{1\le i_1<i_2\le n} f_{i_1,i_2}(x_{i_1},x_{i_2}) + \cdots + \sum_{1\le i_1<\cdots<i_k<n} f_{i_1,i_2,\cdots,i_k}(x_{i_1},x_{i_2},\cdots,x_{i_k}) + \cdots + f_{i_1,i_2,\cdots,i_n}(x_{i_1},x_{i_2},\cdots,x_{i_n}) \tag{7}$$

式中，f_0是常数项，$f_i(x_i)$是变量x_i单独对函数$f(\bm{x})$作用的一阶表达式，$f_{i_1,i_2}(x_{i_1},x_{i_2})$是两个变量$x_{i_1}$和$x_{i_2}$共同对函数$f(\bm{x})$作用的二阶表达式，之后的高阶项是更多变量共同对函数作用的高阶表达式。现在我们在变量中点$\bm{c}=(c_1,c_2,\cdots,c_n)$展开各分项得到：

$$\begin{cases} f_0 = f(\bm{c}) \\ f_i(x_i) = f(c_1,\cdots,c_{i-1},x_i,c_{i+1},\cdots,c_n) - f_0 \\ f_{i_1,i_2}(x_{i_1},x_{i_2}) = f(c_1,\cdots,c_{i_1-1},x_{i_1},c_{i_1+1},\cdots,c_{i_2-1},x_{i_2},c_{i_2+1},\cdots,c_n) \\ \qquad - f_{i_1}(x_{i_1}) - f_{i_2}(x_{i_2}) - f_0 \\ \cdots \end{cases} \tag{8}$$

当只保留降维算法一阶表达式的时候，单变量降维模型如下：

$$f(\bm{x}) \approx f_0 + \sum_{i=1}^{n} f_i(x_i) \tag{9}$$

单变量降维模型所需要的样本点数量n_{p1}如下：

$$n_{p1} = ns + 1 \tag{10}$$

式中，s是每个单变量项的样本点数量。

单变量降维模型结构简单,所需要的计算样本点少,可以快速拟合处原函数,但是计算精度低,所以有一些学者保留降维算法中的双变量项[14],得到双变量降维模型:

$$f(\boldsymbol{x}) \approx f_0 + \sum_{i=1}^{n} f_i(x_i) + \sum_{1 \leq j_1 < j_2 \leq n} f_{j_1,j_2}(x_{j_1}, x_{j_2}) \tag{11}$$

双变量降维模型所需要的样本点数量 n_{p2} 如下:

$$n_{p2} = \frac{hn(n-1)}{2} + ns + 1 \tag{12}$$

式中,h 是每个双变量项的样本点数量。

双变量降维算法由于考虑了双变量项,计算精度大大提高,但同时,双变量项所需要的计算样本点是相当多的,也造成了计算效率大幅下降。

3 自适应降维切比雪夫代理模型

相比于单变量降维模型,双变量降维模型有效地提高了精度,但是计算效率大大下降。对比降维算法的双变量项,可以发现任意两个变量之间的相关性有高有低,相关性低的双变量项,虽然也得取计算样本点进行拟合,但是对精度的提高没有太大的帮助。所以舍弃相关性低的双变量项,只保留相关性高的双变量项,就构成了自适应降维切比雪夫代理模型。

自适应降维切比雪夫代理模型流程如下:

步骤1 取各变量中点作为原始点 $\boldsymbol{x}_0 = [x_{1_0}, x_{2_0}, \cdots, x_{n_0}]^T$,并计算函数 $f(\boldsymbol{x})$ 在初始点的响应 f_0。

步骤2 构建初始单变量切比雪夫模型。

步骤 2.1 根据每个变量的取值范围和切比雪夫取点规则,在原始点处沿着变量 x_i 取 k 个点得到 $x_{i_1}, x_{i_2}, \cdots, x_{i_k}$,并计算这些点的响应 $f(x_{i_1}), f(x_{i_2}), \cdots, f(x_{i_k})$,以用来构建关于变量 x_i 的单变量切比雪夫模型。

步骤 2.2 重复步骤2.1,构建每一个变量的单变量切比雪夫模型 $f_1(x_1), f_2(x_2), \cdots, f_n(x_n)$,根据公式(9)可得到单变量切比雪夫代理模型。

步骤3 检查任意两个变量之间的相关性。

步骤 3.1 检查变量 $\boldsymbol{x} = [x_1, x_2, \cdots, x_n]$ 中任意两个变量的相关性。以变量 x_i 和 x_j 为例,对 x_i 和 x_j 在取值范围内随机取值,其他变量取中值,生成一个新的样本点 $\boldsymbol{x}_{new} = [x_{1_0}, \cdots, x_{i-1_0}, x_i, x_{i+1_0}, \cdots, x_{j-1_0}, x_j, x_{j+1_0}, \cdots, x_{n_0}]^T$,计算该样本点处的真实响应 $f(\boldsymbol{x}_{new})$。

步骤 3.2 用步骤2中构建的单变量降维切比雪夫代理模型来预测新样本点 $\boldsymbol{x}_{new}$ 处的值,如果和真实响应 $f(\boldsymbol{x}_{new})$ 相比,误差足够小,则认为这两个变量的相关性很小,可以忽略。否则,构建关于变量 x_i 和 x_j 的双变量项 $f_{i,j}(x_i, x_j)$。

步骤4 构建相关性大的变量的双变量切比雪夫代理模型。对步骤3挑选出来的双变量项进行拟合。以双变量项 $f_{i,j}(x_i, x_j)$ 为例,利用切比雪夫取点规则在变量所在平面内取计算样本点,通过切比雪夫多项式拟合出相对应的双变量项。

步骤5 构建自适应降维切比雪夫代理模型。将步骤2和步骤4中构建的常数项、单变量项、双变量项结合,便得到了自适应降维切比雪夫代理模型:

$$\hat{f}(\boldsymbol{x}) = f_0 + \sum_{i=1}^{n} f_i(x_i) + \sum_{j=1}^{k} f_j\left(x_{j_1}, x_{j_2}\right) \tag{13}$$

其中，k是步骤3中选取得双变量项的个数，x_{j_1} 和 x_{j_2} 是第j个选中的双变量项所对应的变量。

4 验算算例

为了展示自适应降维切比雪夫模型在精度和效率方面的优势，本节采用如下函数来证实这一点。

$$f(\boldsymbol{x}) = 2x_1 \cdot x_2 + x_1 \cdot x_3 + \sum_{i=1}^{3} \sin(3x_i) \qquad x_i \in [-1,1] \tag{14}$$

采用如下公式作为评估精度的指标：

$$R^2 = 1 - \frac{\sum_{i=1}^{p}\left[f(\boldsymbol{x}_i) - \hat{f}(\boldsymbol{x}_i)\right]^2}{\sum_{i=1}^{p}\left[f(\boldsymbol{x}_i) - \bar{f}(\boldsymbol{x}_i)\right]^2} \tag{15}$$

其中，p 是测试样本点的个数，$f(\boldsymbol{x}_i)$ 和 $\hat{f}(\boldsymbol{x}_i)$ 是原函数在第 i 个点的真实值和预测值，$\bar{f}(\boldsymbol{x})$ 是所有 $f(\boldsymbol{x}_i)$ 的平均值。高精度表现为 R^2 趋于1。

表1展示了单变量/自适应/双变量降维切比雪夫模型、Kriging模型、RBF人工神经网络模型精度和效率的对比，可以看到其它模型精度不足，即便与双变量降维切比雪夫模型相比，自适应降维切比雪夫模型也有相当的精度。在样本点相同的自适应降维切比雪夫模型和Kriging模型及RBF神经网络模型中，自适应降维切比雪夫模型精度最高，单变量降维切比雪夫模型精度不足，自适应降维与双变量降维切比雪夫模型有相当的精度，但是自适应降维切比雪夫模型样本点少，计算效率高。

表1 几种常见模型精度对比

	自适应	单变量	双变量	Kriging	RBF 神经网络
R^2	0.999840961	0.980731341	0.999664679	0.989467083	0.925682995
样本点	48	16	64	48	48

5 散货船结构轻量化设计模型

散货船结构的轻量化设计模型可描述为：

$$\begin{aligned} &\text{find} \quad \boldsymbol{d} \\ &\min_{\boldsymbol{d}} \ W(\boldsymbol{d}) \\ &\text{s.t.} \quad \sigma(\boldsymbol{d}) \leq [\sigma] \\ &\qquad \boldsymbol{d}^L \leq \boldsymbol{d} \leq \boldsymbol{d}^U \end{aligned} \tag{16}$$

式中，$\boldsymbol{d} = (d_1, d_2, \cdots, d_m)$ 是设计变量，即船体板厚，$W(\boldsymbol{d})$ 是目标函数，即船的总质量，$\sigma(\boldsymbol{d}) \leq [\sigma]$ 是约束条件，表示在指定船体板厚条件下的实际应力小于许用应力，船体材料取 Q235，安全系数取 1.2，许用应力取 196MPa，$\boldsymbol{d}^L$、$\boldsymbol{d}^U$ 是设计变量的下、上界。

遗传算法是模拟自然界生物进化机制的一种算法，但是传统的遗传算法存在收敛慢、稳定性差等问题，本文采用改进的遗传算法对散货船结构进行轻量化设计[15]。考虑到约束条件是高维复杂的函数，利用自适应降维切比雪夫模型进行拟合。

6 散货船结构轻量化设计

如图1所示散货船有限元模型共包括26185个节点，70837个单元。计算工况采用最不利的工况[16]，约束住船体刚体位移，考虑船体自重、货重、海水静压力和海水动压力。设计变量如在图1所示，取值范围都从22 mm到50 mm，按照第5节的方法进行轻量化设计。

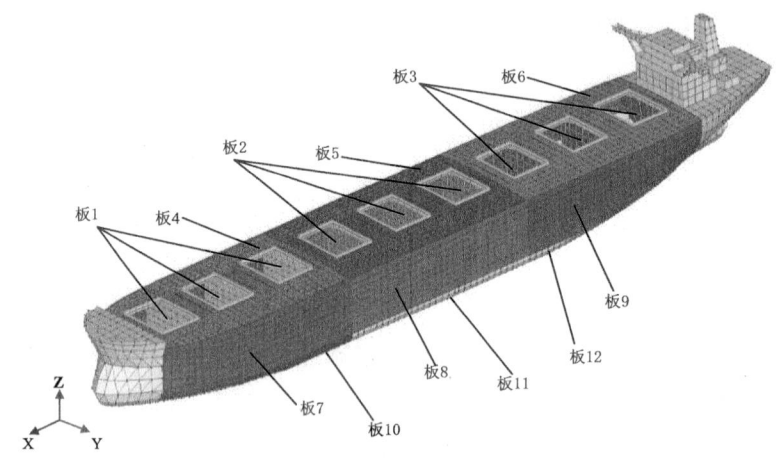

图 1 散货船有限元模型

遗传算法初始种群选取40个个体，迭代300代。表2给出了改进遗传算法、标准遗传算法和ANSYS中的Design Exploration模块优化后各设计变量的板厚。表3给出了三种方法的结果对比。可以看出，优化前，散货船总质量是32482.47吨，利用改进遗传算法优化后，总质量是32061.54吨，利用标准遗传算法优化后，总质量是32103.91吨，总质量减少约1.3%。优化前，散货船所取点的实际应力是258.55 MPa，利用改进遗传算法优化后，应力是196.00 MPa，利用标准遗传算法优化后，应力是195.80 MPa。优化后，不仅质量减少了，应力更是降低了，可见利用自适应降维切比雪夫代理模型拟合散货船应力是行之有效的。从表3也可以看出，利用ANSYS中的Design Exploration优化模块，计算时间需要25分钟，而用自适应降维切比雪夫模型拟合的改进和标准遗传算法，计算时间只需要432.67秒和433.2秒，可见自适应降维切比雪夫模型大幅度提高了计算效率。图2给出了两种遗传算法随着迭代次数增加，船体质量的变化。可见两种遗传算法都收敛到了相同精度的解答，但是改进的遗传算法收敛速度更快。

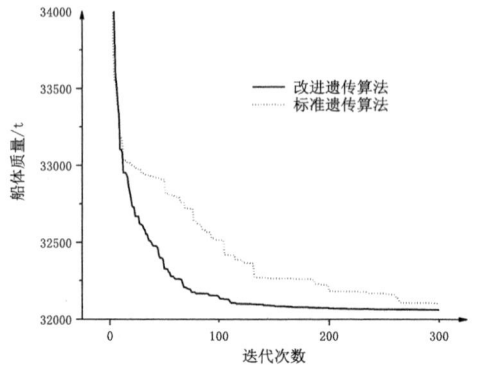

图 2 两种算法船体质量随迭代次数变化情况

表 2 设计变量

	板 1	板 2	板 3	板 4	板 5	板 6	板 7	板 8	板 9	板 10	板 11	板 12
初始板厚	45	45	45	26	32	30	23	29.5	22	23	24	23
改进遗传算法	44	44	44	22	33	22	22	30	22	22	22	22
标准遗传算法	44	44	44	22	34	23	22	30	22	22	22	22
ANSYS	44	44	44	22	37	22	22	29	22	22	22	22

表 3 三种方法优化结果对比

	原始散货船	改进遗传算法结果	标准遗传算法结果	ANSYS 结果
质量/t	32482.47	32061.54	32103.91	32120.34
应力/MPa	258.55	196.00	195.80	196.02
计算时间	-	432.67s	433.20s	25min

7 结 论

本文提出了一种基于自适应降维切比雪夫代理模型的散货船结构轻量化设计方法。在单变量降维切比雪夫代理模型的基础上，通过对比任意两个变量之间的相关性，保留相关性大的双变量项，将这些双变量项加到单变量切比雪夫代理模型中得到自适应降维切比雪夫代理模型，用其拟合约束函数，并改进标准遗传算法中的交叉算子和变异算子，得到改进的遗传算法。相比于用单变量降维切比雪夫代理模型拟合约束函数，本文提出的方法只需要增加少量的样本点，就可以获得和双变量降维切比雪夫代理模型几乎相当的精度，很好地平衡精度和效率。

参 考 文 献

[1] KENNEDY M C, O'HAGAN A. Bayesian calibration of computer models[J]. Journal of the Royal Statistical Society. Series B: Statistical Methodology, 2001, 63: 425-464.

[2] KALITA K, DEY P, HALDAR S. Search for accurate RSM metamodels for structural engineering[J]. Journal of Reinforced Plastics and Composites, 2019, 38: 995-1013.

[3] SOARES D, MONTEVECHI J, MIRANDA R, et al. Metamodel-based simulation optimization: a systematic literature review[J]. Simulation Modelling Practice and Theory, 2022, 114: 102403.1-102403.21.

[4] 苏绍娟, 刘灿波, 张祥, 等. 基于 RBF 代理模型的 NOBS 油船货舱结构多目标优化设计[J]. 武汉理工大学学报, 2021, 43(11): 35-42.

[5] WEI Y, BAI G, SONG L-K. A novel reliability analysis approach with collaborative active learning strategy-based augmented RBF metamodel[J]. IEEE Access, 2020, 8: 199603-199617.

[6] 张昊, 刘全良, 贺波. 基于 Kriging 锚机墙架多目标轻量化设计[J]. 船舶工程, 2022, 44(05): 112-117.

[7] 陈力铭, 邱浩波, 高亮. 基于梯度增强 Kriging 方法的水下航行器结构优化设计[J]. 中国舰船研究, 2021, 16(04): 79-85.

[8] 王超, 韩康, 孙聪, 等. 船用螺旋桨优化设计与参数分析[J]. 华中科技大学学报(自然科学版), 2020, 48(04): 97-102.

[9] 程远胜, 孙莹, 闫国强, 等. 基于神经网络与遗传算法的潜艇舱壁结构优化[J]. 中国造船, 2008, 49(04): 81-87.

[10] CALVIN O, SCHUNERT S, GANAPOL B. Global error analysis of the chebyshev rational approximation method[J]. Annals of Nuclear Energy, 2021, 150: 107828.1-107828.8.

[11] 谢扬, 卢晓平. 五体船兴波阻力预报和减阻设计遗传算法[J]. 中国舰船研究, 2013, 8(04): 20-26+41.

[12] GAO S, LIU F, JIANG C. Improvement study of modal analysis for offshore structures based on reconstructed displacements[J]. Applied Ocean Research, 2021, 110: 102596.1-102596.15.

[13] WEI T, LI F, MENG G, et al. A univariate chebyshev polynomials method for structural systems with interval uncertainty[J]. Probabilistic Engineering Mechanics, 2021, 66: 103172.1-103172.11.

[14] WEI T, LI F, MENG G. A bivariate chebyshev polynomials method for nonlinear dynamic systems with interval uncertainties[J]. Nonlinear Dynamics, 2021, 107: 793-811.

[15] 任子武, 伞冶. 自适应遗传算法的改进及在系统辨识中应用研究[J]. 系统仿真学报, 2006, 18(1): 41-43+66.

[16] 国内航行海船建造规范[Z]. 北京: 中国船级社, 2022.

Optimization Design for Bulk Cargo Ship Based on Adaptive Dimension-reduced Chebyshev Metamodel

LI Feng[1], QU Shijun[1], ZHOU Yichen[1], NA Jingxin[*2]

(1. School of Mechanical and Aerospace Engineering, Jilin University, Changchun 130025, China;
2. College of Automotive Engineering, Jilin University, Changchun 130025, China)

Abstract

For large complex structures, with the increase of design variables, the proxy model needs a large number of sample points, which leads to the decrease of fitting efficiency. In order to solve this problem, this paper proposes a new structural optimization method for bulk cargo ship based on adaptive dimension-reduced Chebyshev metamodel. Firstly, based on the dimension-reduced algorithm and Chebyshev polynomial, the constraint function is fitted to the univariate dimension-reduced Chebyshev function. Secondly, the bivariate terms which have great influence on the constraint function are selected by the adaptive selection method, and these bivariate terms are combined with the univariate dimension-reduced Chebyshev function to get the adaptive dimension-reduced Chebyshev metamodel, and on this basis，the lightweight design of bulk cargo ship structure is carried out. The results show that the proposed method has higher accuracy and efficiency, and is more suitable for high-dimensional complex models.

Key words: Bulk cargo ship; Dimension-reduced algorithm; Chebyshev polynomial; Adaptive; Structure optimization

作 者 简 介

李　锋　男，1977 年生，教授。主要从事结构可靠性分析和优化设计。

曲石君　男，1995 年生，硕士研究生。主要从事有限元和边界元耦合分析。

周亦辰　男，1998 年生，硕士研究生。主要从事结构可靠性分析。

那景新　男，1957 年生，教授。主要从事 CAE 软件开发和车身结构轻量化设计。

*通讯作者：那景新

基于量子粒子群优化算法的螺旋桨参数优化探索

单 敏[1]，白亚强[2,3]，李潇河[2,3]，孙 俊[*1]

（1. 江南大学 人工智能与计算机学院，无锡 214122；
2. 中国船舶科学研究中心，无锡 214082；
3. 深海技术科学太湖实验室，无锡 214082）

摘 要

螺旋桨是船舶推进系统的主要装置，螺旋桨的设计要求随着行业的发展不断地提升。提出一种基于量子行为粒子群优化算法的螺旋桨综合性能设计优化方法。首先，使用量子粒子群优化算法对螺旋桨数据进行预处理，神经网络拟合螺旋桨性能代理模型。接着，使用量子行为粒子群优化算法多目标优化敞水效率、叶背最小压力和脉动压力代理模型，获得性能更优的参数组合。对比量子粒子群优化后的螺旋桨与原始螺旋桨的性能，实验结果显示，我们所提出的方法可以用于船舶螺旋桨参数优化。

关 键 词：代理模型；量子粒子群优化；螺旋桨优化
中图分类号：U664

0 引 言

近年来，航运业的快速发展对船舶的综合性能提出了更高的要求，螺旋桨仍然是最重要的推进装置，其综合性能直接影响船舶的快速性、安全性与舒适性。因此螺旋桨的设计与优化是很重要的课题，要从效率、空泡及激振等多方面进行综合优化。

常见的螺旋桨数值计算方法有面元法和计算流体力学(CFD)方法，能够准确计算出螺旋桨的水动力性能。蔡昊鹏[1]对已有设计方案进行了改进，提出了基于面元法的螺旋桨设计方法。王超等[2]运用CFD软件对螺旋桨的水动力性能进行了计算研究，模拟了螺旋桨在不同进速系数下的推力系数、转矩系数、螺旋桨叶片表面的压力分布以及螺旋桨后尾流场情况等。但是以上方法计算周期长，需要花费大量的时间和精力，不利于高效的螺旋桨优化设计。

因此，我们提出了基于量子粒子群优化算法的螺旋桨设计优化方法。螺旋桨设计优化方法首先要建立螺旋桨性能快速预报代理模型。神经网络[3]拥有强大的非线性表达能力，能够发掘螺旋桨几何参数和性能之间的数学意义。孙群等[4]利用人工神经网络技术，建立螺旋桨数值预测的修正方法，提高了螺旋桨敞水性能预测的精度。祝建平等[5]提出了一种基于高维优化的RBF神经网络性能估计器，能够快速预报敞水性能。我们采取BP神经网络分别构建敞水效率、叶背最小压力和脉动压力预报代理模型。

缪爱琴等[6]以船型变换参数为设计变量，兴波阻力为目标函数，通过MOPSO算法对多目标函数进行优化，成功得到系列优化船型。刘旭等[7]结合NFFD技术、多输出高斯近似模型以及NSGA-II多目标优化算法，构建一套包括螺旋桨变形重构-水动力性能快速预测-多目标优化的螺旋桨高效自动优化方法。王广东[8]优化螺旋桨的效率，减少螺旋桨桨叶表面空泡作为约束条件，采用改进遗传算法，优化了螺距、进速系数、盘面比、桨叶数等几何参数，获得了性能更加优化的螺旋桨数据模型。

收稿日期：2022-10-20；修改稿收稿日期：2022-12-05
基金项目：船舶总体性能创新研究开放基金(26322209)

本文的优化目标是提升敞水效率的情况下，实现螺旋桨的叶背最小压力和脉动压力的协同优化。量子粒子群优化算法(quantum particle swarm optimization, QPSO)[9]是群体智能算法中拥有比较好的全局优化性能的算法之一。将粒子放入量子空间，用波函数表示粒子的位置，建立粒子的量子势能场模型，应用Monte Carlo方法求出粒子的位置，并且利用所有粒子自身最优位置的中心点对粒子位置进行更新。QPSO算法采用仅有位移的模型，参数较少，易于实现。因此，将量子粒子群算法应用于解决多目标优化问题上具有优势。

最后，本文在不同螺旋桨原型上进行了实验，实验结果显示，本文所提出的方法在提升效率的情况下，显著提升了螺旋桨的叶背最小压力，降低了最大航速工况下的脉动压力。

1 基于量子粒子群优化算法的螺旋桨优化

本文提出了一种基于量子粒子群优化算法的螺旋桨参数优化方法，首先用量子粒子群优化算法对螺旋桨的几何参数进行特征降维，结合BP神经网络建立预报代理模型，再用多目标量子粒子群优化算法同时优化螺旋桨的效率、叶背最小压力和脉动压力。

1.1 基于量子粒子群优化算法的特征选择

量子粒子群优化算法是群体智能算法中拥有比较好的全局优化性能的算法之一。在一个N维的目标搜索空间中，QPSO算法由M个代表潜在问题解的粒子组成群体$X=X_1, X_2, \cdots, X_M$，在t次迭代、第i个粒子位置表示为$X_i(t)$，$i=1,2,\cdots,m$，在QPSO中粒子没有速度向量。个体最优位置表示为$pbest_i(t)$，种群的全体最好位置表示为$G(t)$，且有$G(t)=pbest_g(t)$，其中g为处于全局最好位置粒子的下标，$g \in \{1,2,\cdots,M\}$。

QPSO算法的粒子位置更新方程为：

$$p_i(t) = \varphi(t) \cdot pbest_i(t) + [1 - \varphi(t)] \cdot G(t) \tag{1}$$

$$X_i(t+1) = p_i(t) \pm \alpha |mbest(t) - X_i(t)| \cdot \ln[1/u_i(t)] \tag{2}$$

式中，$\varphi(t) \sim U(0,1)$，$u_i(t) \sim U(0,1)$，α是系数，$mbest(t)$表示平均最好位置，定义为所有粒子个体最好位置的平均值。

$$mbest(t) = \frac{1}{M} \sum_{i=1}^{M} pbest_i(t) \tag{3}$$

螺旋桨数据集的参数包括桨叶数Z、盘面比A_E/A_o、0.7R螺距$P_{0.7R}$、螺距分布P/D、弦长分布C/D和进速系数J_o。其中螺距分布和弦长分布包含不同半径下对应的螺距分布和弦长分布。螺距分布和弦长分布内的参数相关性高，会导致代理模型缺乏稳定性，参数的微小扰动都可能带来很大的变化，并且会影响代理模型的精度。

因此，我们需要对螺旋桨几何参数进行特征选择，降低多重共线性对预报代理模型的影响。采用量子粒子群优化算法实现特征选择，将预报代理模型的精度作为目标函数，粒子的位置表示螺旋桨几何参数的组合，从而得到代理模型对应的最优参数组合。

1.2 预报代理模型

BP(Back Propagation)神经网络是一种误差反向传播的多层前馈网络。BP神经网络模型拓扑结构包括输入层、隐藏层和输出层，输入层各神经元负责接收外界的输入信息，并传递给隐藏层的各神经元；隐藏层是内部信息处理层，负责信息变换，最后一个隐藏层输出层各神经元的信息，经进一步处理之后，完成一次学习的正向传播处理过程，由输出层向外界输出结果。当输出与期望不符时，进入误差的反向传播阶段。误差通过输出层，按误差梯度下降的方式修正各层权值，向隐藏层、输出层逐层反传。周而复始的信息正向传播和误差反向传播过程，是各层权值不断调整的过程，也是网络学习的过程，此过程一直到输出误差达到规定值或者达到预设定的学习次数为止。

将特征选择后的螺旋桨几何参数作为网络的输入参数，输出参数分别为敞水效率η，叶背最小压力$Cpmin$和脉动压力K_p，分别建立预报代理模型。设置网络的隐含层为两层，节点数均为8，学习速率为0.01，迭代次数上限设置为5000，学习精度设置10^{-8}。

1.3 多目标优化螺旋桨参数选择

本文将螺旋桨参数优化过程建模为一个多目标问题的求解过程。目标函数为

$$\min\{f(x_1), f(x_2), f(x_3)\} \qquad (4)$$

$$x = \{桨叶数, 盘面比, 0.7R螺距, 螺距分布, 弦长分布, 进速系数\}$$

式中，$f(x_1)$，$f(x_2)$，$f(x_3)$分别对应敞水效率、叶背最小压力和脉动压力模型。敞水效率和叶背最小压力的优化目标是越大越好，而脉动压力反之，设计目标之前存在矛盾，多目标优化的优点是可以获得均满足要求的设计方案，可以从多个备选方案中选择最适合的方案，从而实现提升效率的情况下，显著提升了螺旋桨的叶背最小压力，降低了最大航速工况下的脉动压力。

首先初始化大小为$N×26$的粒子群X，粒子表示螺旋桨几何参数组合，N表示参数的数量，计算适应值，即性能参数。根据粒子的位置划分网格，随后根据网格信息计算粒子密度，根据粒子的密度信息用轮盘赌从非支配解集选择全局最优位置$gbest$，其密度值越低，选择的概率就越大。再根据QPSO更新公式更新粒子的位置。为保证粒子的多样性，加入变异。

在粒子变异后，要比较变异后的粒子是否更优秀，如果变异后的粒子更优秀则更新粒子，否则不更新。重新判断粒子之间的支配关系，处于非支配关系的粒子加入非支配解集rep。再判断非支配解集内粒子之间的支配关系，更新非支配解集rep，数量超出$Nrep$，对于粒子数多于1个的网格，删除PN个粒子。

$$PN = Int\left(\frac{len(rep) - Nrep}{len(rep)} \times 网格粒子数 + 0.5\right) \qquad (5)$$

最终，我们得到非支配解集，非支配解集中所有解均是pareto解集，其表示在一组解集中，至少存在一个目标优于其他所有的解，这就意味着，我们得到的解集是均衡解，可以根据设计需求选择其中一组解。

2 实验

2.1 参数约束

该实验引入专家经验对螺旋桨模型进行约束，如表1所示。量子粒子群算法是随机生成粒子，优化后的螺距分布和弦长分布不符合实际生产需求。为了使优化后的螺旋桨符合生产，结合螺旋桨的几何关系，我们在优化过程中加入螺距分布和弦长分布约束模型。利用BP神经网络建立0.7R螺距和螺距分布，盘面比和弦长分布的模型。

表1 螺旋桨专家知识约束

	桨叶数	盘面比	0.7R螺距	螺距分布	弦长分布	进速系数
取值范畴	[3,7]整数	[0.35,1.05]	[0.5,1.4]	[0.41,1.4]	[0,0.58]	[0.1,1.5]

2.2 实验分析

实验按照8：2的比例将螺旋桨数据集划分成训练集和测试集，误差函数为：

$$Accuracy = mean\left(\frac{|predict_y - y|}{|y|}\right) \quad (6)$$

式中，$predict_y$表示预测值，y为测试集数据。采用QPSO特征选择后的数据分别训练敞水效率、叶背最小压力和脉动压力的模型，表2表示测试集测试代理模型的误差，我们可以看出特征选择后的代理模型中脉动压力的误差最小，叶背最小压力的误差最大，但是误差并不大。

表 2 BP 神经网络拟合代理模型误差

	敞水效率	叶背最小压力	脉动压力
Accuracy	1.74%	2.51%	0.05%

本文选择了三种螺旋桨的设计原型参数进行实验，桨叶数、盘面比、0.7R螺距、螺距分布、弦长分布和进速系数为原始设计参数，敞水效率、叶背最小压力和脉动压力为待优化参数，其中进速系数保持不变。

表3分别选取了进速系数为0.4，0.5，0.7的螺旋桨参数优化过程，其中螺距分布和弦长分布为0.2R处，完整螺距分布和弦长分布如图1所示。图1可以看出优化过的螺距分布和弦长分布并不是崎岖不平的，而是先增长再降低，能够满足实际需求。表3可以看出量子粒子群优化算法优化后的效率，叶背最小压力和脉动压力均得到优化。

表 3 螺旋桨参数优化结果示例

		桨叶数	盘面比	0.7R螺距	螺距分布	弦长分布	进速系数	敞水效率	叶背最小压力	脉动压力
示例一	优化前	5	0.9	0.6	0.6	0.29	0.4	0.6362	-3.3637	0.020
	优化后	6	1.05	0.70	0.64	0.32	0.4	0.7692	-4.8032	0.015
								20.91%	42.80%	25%
示例二	优化前	5	0.6	0.8	0.8	0.19	0.5	0.4241	-4.8859	0.03
	优化后	7	1.05	0.5	0.51	0.32	0.5	0.5214	-1.7980	0.012
								22.94%	79.53%	60%
示例三	优化前	5	0.9	1	1	0.29	0.7	0.6362	-1.8716	0.020
	优化后	4	0.79	0.98	0.96	0.14	0.7	0.7885	-0.7314	0.007
								23.31%	60.82%	65%

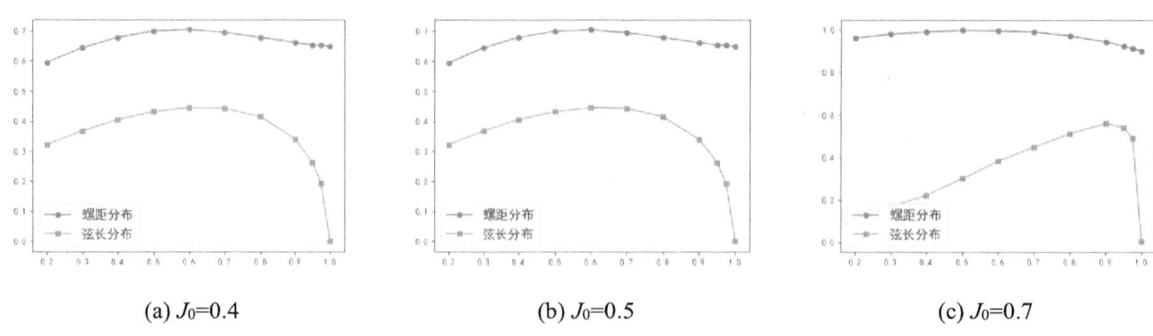

(a) $J_0=0.4$　　(b) $J_0=0.5$　　(c) $J_0=0.7$

图 1 不同工况下优化后的螺距分布和弦长分布

3 结 论

本文提出了一种基于量子粒子群优化算法的螺旋桨参数优化方法，首先用 QPSO 对螺旋桨几何参数进行特征选择，再建立预报代理模型。最后将效率，叶背最小压力和脉动压力模型作为目标函数，用 QPSO 算法优化设计。通过对螺旋桨数据实验，能够得到性能更优的几何参数组合，证明该方法的有效性。但目前优化过程中，仅考虑了螺旋桨参数优化，尚未在船机桨匹配设计的条件下进行螺旋桨设计，接下来，我们将进一步结合船机桨匹配设计，完善基于量子粒子群优化算法的螺旋桨设计方法，并应用到实际船舶设计中。

参 考 文 献

[1] 蔡昊鹏. 基于面元法理论的船用螺旋桨设计方法研究[D]. 哈尔滨: 哈尔滨工程大学, 2011.
[2] 王超, 黄胜, 解学参. 基于 CFD 方法的螺旋桨水动力性能预报[J]. 海军工程大学学报, 2008, 20(4): 107.
[3] 翟鑫钰, 陆金桂. 基于神经网络的螺旋桨敞水性能预测[J/OL]. 南京工业大学学报(自然科学版), 2022, 44(3): 112.
[4] 孙群, 范余明. 基于 BP 神经网络的螺旋桨敞水性能数值预报的修正方法 [C]// 第十二届中国国际船艇展暨高性能船学术报告会, 2007.
[5] 祝建平, 刘潇潇, 王冠男. 基于高维优化的 RBF 神经网络螺旋桨性能预测[J]. 舰船科学技术, 2022, 44(5): 54-58.
[6] 缪爱琴, 万德成. 基于 MOPSO 算法的船舶兴波阻力多目标优化[J]. 水动力学研究与进展(A 辑), 2019, 34(03): 291-298.
[7] 刘旭, 周喜宁, 朱耀龙. 基于 NFFD 和高斯近似的螺旋桨多目标优化[J]. 舰船科学技术, 2022, 44(19): 46-51.
[8] 王广东, 杨丽, 余建星. 基于改进进化算法的螺旋桨设计方法研究[J]. 船舶工程, 2004, 026(002): 20-23.
[9] JUN SUN, FANG W, WU X, et al. Quantum-behaved particle swarm optimization: analysis of individual particle behavior and parameter selection[J]. Evolutionary Computation, 2012, 20(3): 349-393.

Optimization of propeller parameters based on quantum particle swarm optimization algorithm

SHAN Min[1], BAI Yaqiang[2,3], LI Xiaohe[2,3], SUN Jun[*1]

(1. School of Artificial Intelligence and Computer Science, Jiangnan University, Wuxi 214122, China;
2. China Ship Scientific Research Center, Wuxi 214082, China;
3. Taihu Laboratory of Deepsea Technological Science, Wuxi 214082, China)

Abstract

The propeller is the main device of the ship propulsion system, and the design requirements of the propeller are constantly improving with the development of the industry. A design optimization method of propeller comprehensive performance is proposed based on quantum behavior particle swarm optimization algorithm. Firstly, the propeller data are preprocessed by using quantum particle swarm optimization algorithm, and the propeller parameter surrogate model is fitted by neural network. Then, the quantum behavior particle swarm optimization algorithm is used to multi-objective optimize the proxy model of water flowing efficiency, minimum pressure at the blade back and fluctuating pressure to obtain a better combination of design parameters. Comparing the performance of the propeller optimized by quantum particle swarm optimization with that of the original propeller, the experimental results show that the proposed method can provide a propeller design scheme with better performance.

Key words: Surrogate model; Quantum behavior particle swarm optimization; Propeller optimization

作者简介

单 敏 女,1998年生,硕士研究生。主要从事智能优化、建模等方面工作。
白亚强 男,1990年生,硕士研究生。主要从事流体力学、自动控制等方面工作。
李潇河 男,1994年生,博士。主要从事船舶能耗建模及航速优化、机器学习、软件开发等方面的工作。
孙 俊 男,1971年生,教授。主要从事人工智能、计算智能、机器学习、大数据分析、生物信息学的研究等方面工作。
*通讯作者:孙俊